공통과목 1, 2권(校 · 長 · 尉) + [illegible] 3권(長 · 尉)

2022

소방승진 시험대비

Field 필드

소방전술 3

소방학 박사 **김경진** 저

제 · 개정 완벽 반영

기출문제분석 출제경향 파악

핵심이론완벽 분석 및 정리

동영상 강의는 firemanexam.co.kr

Field 119

머 리 말

소방에 입문한 지 어느덧 35여년이 지났습니다.

그동안 현실보다는 먼 미래를 바라보면서 하루하루 열심히 살아왔고 이제 한 번쯤 되돌아볼 여유를 가져봅니다.

지금 생각해 보면 가장 힘들었던 시기는 아마도 119안전센터에서 격일제 근무를 하면서 승진시험 준비에 매진했던 때가 아니었나 싶습니다.

소방위 계급을 달 때까지 한 번도 책을 놓은 적이 없었지만 출제방향과 핵심을 몰라 쓸데없는 시간을 허비한 적도 많았습니다.

때로는 어리석게도 수많은 교재를 무조건 외우기도 했습니다.

다행히도 노력한 결과 지금까지 업무에 큰 도움이 되었고 여기까지 올 수 있었습니다.

그러나 한편으로는 시험의 핵심을 알지 못해 무모한 학습방법으로 많은 시간을 허비한 것은 아쉽기만 합니다.

이제 수험생 여러분께 이러한 문제를 해결하고 최소한의 시간으로 큰 효과를 올릴 수 있도록 핵심공부 방법을 제시하고자 합니다.

본 교재는 다음과 같은 점에 중점을 두었습니다.

❶ 소방전술의 특성상 복잡한 내용을 알기 쉽게 요약 정리하였습니다.

❷ 관련법규 등 필요한 보충자료를 삽입하여 쉽게 이해할 수 있도록 하였습니다.

❸ 중요한 부분은 ★ 밑줄(_)로 처리하여 반복할 수 있도록 하였습니다.

❹ 기출문제에는 ★〈21년 소방장〉으로 표시하여 중요성을 강조하였습니다.

저자는 지금까지 주로 현장과 관련된 부서(119안전센터, 소방본부구조구급과, 소방학교 전술교관, 중앙119구조본부 긴급기동팀장, 소방방재청 훈련 · 구급계장, 소방서장, 소방청119종합상황실장, 서울소방학교장)에 근무해 오면서 다양한 현장경험과 기획업무를 바탕으로 수험생 여러분께 체계적이고 정확한 학습요령을 제시하고 합격가능성을 높이고자 하오니 아무쪼록 끝까지 인내하시어 합격의 영광을 누리시길 기원합니다.

저자 씀

최신 「중앙소방학교 공통교재」에 충실하였습니다.

소방승진시험은 중앙소방학교 공통교재 내용을 벗어날 수 없습니다.
본 수험서는 공통교재+법・규정+SOP+기출문제 분석+최신개정내용수록+핵심내용정리 등 수험생 여러분들이 이해하기 쉽도록 정리하였습니다.
소방전술은 분량이 많고 복잡하고 현장경험이 없으면 이해하기가 어렵습니다.
몇 가지 학습방법을 제시하오니 참고하셔서 좋은 성과 있으시길 바랍니다.

1. 우선 관련 법, 규정을 철저히 암기합시다.

모든 승진시험에서 관련 법, 규정의 틀을 벗어날 수 없습니다. 따라서 소방전술공통교재, 119구조구급에 관한법률, 재난 및 안전관리기본법, 화재조사보고규정, 재난현장SOP 등을 철저히 이해하고 암기하여야 합니다. 이것을 바탕으로 학습해야만 이해가 빠르고 핵심내용을 파악하여 최대한 효과를 올릴 수 있습니다.

2. 공통교재를 철저히 파악합시다.

지금 출제범위는 중앙소방학교 공통교재이고 매년 전국소방학교 소방전술 교수들이 참여하여 내용을 수정보완하고 있습니다. 따라서 공통교재의 범위를 벗어나지 않을 뿐만 아니라 내용을 너무 확대 해석하여 주관적인 의미를 부여할 수도 없는 것입니다. 본 기본서는 공통교재 내용을 중심으로 쉽게 이해할 수 있도록 정리하였습니다.

3. 출제 경향을 분석합시다.

매년 실시되는 승진시험은 출제경향이 반드시 있습니다. 예를 들면 최근 대형 인명피해 사고 이후, 현장활동의 중요성이 인식되면서 현장지휘능력이 이슈화되었고, 구조실무, 현장안전관리, 환자응급처치 등과 관련된 문제들이 다수 출제되는 경향을 보이고 있습니다. 따라서 본 참고서의 핵심문제를 새롭게 정리하였으므로 큰 도움이 될 것으로 생각합니다.

4. 반복해서 눈으로 익혀야 합니다.

승진시험과목의 많은 분량을 모두 머리에 담을 수는 없습니다. 따라서 반복해서 눈으로 익히는 방법이 가장 좋습니다. 일단 전체적으로 정독하고 그리고 잊어버리는 것을 두려워해서는 안 됩니다. 잊어버린 후 또다시 정독하고 되풀이 하면 어느 순간에 눈에 들어오기 시작할 것입니다. 그리고 중요한 부분은 반복 체크하시면 큰 성과가 있을 것입니다.

기출문제분석표

[화재 / 재난]

분야		세부출제범위	소방위	소방장	소방교
화재 분야	화재 진압 및 현장 활동	· 화재의 의의 및 성상	· 화재의 진행단계 · RECEO · 유염화재, 무염화재 · 화재의 진행단계 · 가연물질의 구비조건 · Back Draft 현상	· 전도, 대류 · 시안화수소 특성 · 자연발화 설명 · 위험물 냉각소화 · 화재진압방법 · 백드래프트	· 열의전달 · 연소의 4요소 · 위험물 소화방법 · 대상물 강제처분 · 백 드래프트 · 표면 연소
		· 단계별화재진압활동 · 지휘이론 · 화재진압전술	· 가연물질 구비조건 · 배연순서 · 고층화재 진압 · 중성대 활용 · 화재방어검토회의 · 분무주수 개념 · 지휘권 확립 8단계 · 외부화점확인요령 · 공격적 내부진압전술 · 내화조 건물 진압전술 · 기상조건관창 배치 · 엄호주수 · 분대편성이점	· 농연내 진입요령 · 지하화재 소화 · 내부화점 확인요령 · 3D주수기법 · 오일오버 · 분진폭발조건 · 중성대 개념 · 연소생성물질 · 고층화재 전술환경 · 화재진행 영향을 미치는 요인 · 중속분무주수 요령 · 송풍기 배연 · 자동노출	· 오일오버 · 지하화재 · 3D주수기법 · 백화점화재 · 현장지휘책임완수 · 제거소화 · 방어검토회의 · 화재진행단계 · 소방호스 · 지시와 통제능력 · 소방용수설비 · 단계별 진화방법 · 배연의 기본목적
	소방 용수 시설 및 소방 차량	· 상수도소화 용수설비 등	· 소방용수시설 설치기준	· 소방용수시설 설치기준	
		· 소방자동차 구조 및 원리 · 고가, 굴절차	· 소방차량안전수칙 · 연결송수관송수요령 · 소방차 포혼합방식 · 소방차구조원리 · 소방차 진공펌프	· 소방자동차 운용 · 공기포 · 서어징	· 소방차 운용 · 케비테이션 · 고가차 안전수칙 · 소방차 지수밸브
	현장 안전 관리	· 재해의 원인, 예방 및 조사	· 재해예방 관리적 대책 · 안전관리 10대원칙 · 대책선정의 원칙	· 불안전한 행동원인	· 최신도미노이론
		· 안전교육	· 소방안전관리의 특성 · 위험예지훈련 훈련시트 · 안전교육 사례연구법	· 안전관리 특성 · 4M · 하인리히 도미노이론	· 안전관리 특성 · 위험예지 · 사례연구법
	소화 약제 등	· 소화약제, 연소, 폭발이론, 위험물성상	· 위험물류별 특성 · 청정소화약제 화학식 · 포소화약제 · 가연물질 구비조건	· 산화성고체 표지 · 연소생성물 · 수성막포 특성 · 첨가제 증점제(cmc)	· 아세틸렌 용기색깔
재난 관리	재난 관리 및 화재 조사	· 재난 및 안전관리 기본법	· 건물동수 산정 · 재난현장 프리핑 · 재난사태선포절차 · 지통단장 긴급조치 · 중앙 긴급통제단장 · 재난사태선포절차 · 통제단 대응단계		
		· 화재조사 관련법령	· 화재긴급보고 특수화재 · 화재조사 용어정의	· 화재원인조사 · 동일, 별건, 72시간	· 화재건수 · 화재조사 용어

[구 조]

분야		세부출제범위	소방위	소방장	소방교
구조 분야	구조 개론 등	• 119구조 · 구급에 관한 법률	• 소방용수시설 벌칙 • 위급상황 과태료 • 연도별 집행계획	• 항공구조구급대 업무 • 119구조 · 구급 평가자료 제출 • 중앙119구조대 발대연혁	• 기본 및 집행계획수립 • 구조요청 거절 사유 • 구조대지원 요청사항
		• 구조개론, 구조활동전개, 군중통제	• 갇혔거나 길을 잃은 경우 • 건물붕괴취약 • 신체감기하강 • size-up, 롤오버 • 구조출동도중 조치사항 • 붕괴건물 지주설치 • 구조활동의 순위	• 구조최단거리, 단독행동 • 피난계단 우선순위 • 구조활동 우선순위 • 확보요령 설명 • 사다리이용 응급하강 • 캔틸레버형 붕괴	· 구조의 4단계 · 출동경로 • 안전, 경계지역 • 인명구조의 4단계 • 구조활동 순서 • 구조활동 상황기록 • 수심과 공기소모량 관계
		• 구조장비개론 및 조작	• 로프관리 • 공기호흡기관리 • 동적로프 • 유압엔진펌프 • 기본 로프매듭 • 콘크리트 화재 열손상 • 마취총 사용시 주의사항 • 에어백 작동 • 엘리베이터 과주행 방지	• 유압식전개기 • 동적로프, 슬링, Z형 • 에어백 활용요령 • 견인부목 사용법 • A급 화학복 착용순서 • 동력절단기 유의사항 • 로프수명 • 로프 내열성 • 측정용 구조장비 특성	· 매듭종류 · 2행정 오일량 • 분리형 들것 • 선량계 정의 • 유압전개기 작동 • 로프매듭 • 엘리베이터 안전장치 • 대원임무부여 • 인양구조장비
		• 전문구조활동	• SOP 풀파이어 • 수중탐색요령 • 잠수표 원리 • 수중탐색 • 건물붕괴징후 • 수중구조요령 • 미국(DOT)표지색상 • 어깨걸어내리기 • 수직맨홀 요구조자 구조매듭 • 수중인명구조 물의특성 • 수중탐색방법 • 방호복(보호복)의 성능	• 윈치이용 로프설치 • 자동차사고구조 • 자동차사고구조 • 감압정지 등 용어정의 • 자동차유리창 파괴방법 • 고속도로구조 차량주차 • 수중잠수병 종류 • 자동차사고 구조활동 • DOT표시 및 종류 • 수상구조(의식이 있는 자) • 곡선도로구조 차량주차 • 원형탐색	· 신체역학적 들어올리기 · 공기색전증 • 건물붕괴징후 • 잠수물리 • 고속도로 주차방법 • 구조 확보요령 • 수중잠수병 • 붕괴안전지역 설정방법 • 소용돌이 검색요령 • 위험물질 표시(인화성, 자극성) • 감압병 증상
		• 생활안전구조	• 현장물품 접촉금지 • 119생활안전대 주요활동	• 생활안전구조의 범위	• 생활안전대원 자격요건
		• 현장안전관리	• 현장안전점검관	• 가정과 사실 • 안전관리 대책수립	• 위험예지훈련

[구 급]

분야		세부출제범위	소방위	소방장	소방교
구급 분야	응급 의학 총론 및 장비 운영	• 응급의료개론과 총론	• START 중증도 분류 • 동의의 법칙 • 통제구역 구급활동 • 감염질환 예방 • 구급요청 거절사유 • START분류법 • 구급차 현장주차요령 • 감염노출관리요령 • 전기화상	• 소독, 살균 • 응급처치 시간척도 • 감염전파경로 • 이물질 제거과정 • 영아 심폐소생술 • SAMPLE력 • 연부조직손상 응급처치 • 감염질환 종류 • 심폐소생술	· 응급처치정의 · 항공기환자이송 • 구급차 배치 • 수축기압 • 유기의 정의 • 응급의료 개념 • 죽음 정서반응 • START 분류법 • 생체징후 환자상태
		• 응급의료 장비운영	• 입인두기도기 사용법 • 호흡보조기구 사용	• 휴대용흡인기 15초 • BVM사용요령 • 부목 사용요령 • 제세동기사용 후 조치사항	• 단순얼굴마스크 • 구급차량배치 • 소아호흡기계 특징 • 감염예방법 • 기도확보유지 장비 • 부목종류 및 특성 • 호흡마스크 특성 • 제세동사용
	임상 응급 의학	• 임상응급의학	• 감염노출 지혈요령 • 당뇨환자, 아세톤 • 신생아 처치요령 • GCS혼수척도 • 경련 시 응급처치 • 뱀 응급처치 • APGAR 고려사항 • 화상환자 중증도 분류 • COPD적응성 • 둔위분만 응급처치 • 중증외상환자 평가 • 응급의료 법률 벌금 • 열 손상	• 감염관리 • 들숨, 날숨 • GCS혼수척도 • 화상환자 중증도 • 산소중독 • START 분류법 • 화상환자 분류 • 내장적출환자 처치법 • 전기화상 • 당뇨병 환자 • 산모와 신생아 처치	• 무의식환자의 구강흡입

소방공무원승진시험의 필기시험과목(제28조 관련) 〈개정 2020.3.13〉

구 분	과목수	필기시험과목
소방령 및 소방경 승진시험	3	행정법, 소방법령Ⅰ·Ⅱ·Ⅲ, 선택1 (행정학, 조직학, 재정학)
소방위 승진시험	3	행정법, 소방법령Ⅳ, 소방전술
소방장 승진시험	3	소방법령Ⅱ, 소방법령Ⅲ, 소방전술
소방교 승진시험	3	소방법령Ⅰ, 소방법령Ⅱ, 소방전술

※ 비고

1. 소방법령Ⅰ : 소방공무원법(같은 법 시행령 및 시행규칙을 포함한다. 이하 같다)
2. 소방법령Ⅱ : 소방기본법, 화재예방, 소방시설설치유지 및 안전관리에 관한 법률
3. 소방법령Ⅲ : 위험물안전관리법, 다중이용업소의 안전관리에 관한 특별법
4. 소방법령Ⅳ : 소방공무원법, 위험물안전관리법
5. 소방전술 : 화재진압·구조·구급 관련 업무수행을 위한 지식·기술 및 기법 등

승진시험과목 『소방전술』 세부 출제범위(제8조제3항 관련)

분야	출제범위	비 고
화재 분야	· 화재의 의의 및 성상 · 화재진압의 의의 · 단계별 화재진압활동 및 지휘이론 · 화재진압 전술 · 소방용수 총론 및 시설 · 상수도 소화용수설비 등	
	· 재난현장 표준작전 절차(화재분야)	소방교, 소방장 제외
	· 안전관리의 기본 · 소방활동 안전관리 · 재해의 원인, 예방 및 조사 · 안전 교육	
	· 소화약제 및 연소·폭발이론	소방교 제외
	· 위험물성상 및 진압이론	
	· 화재조사실무(관계법령 포함)	
구조 분야	· 구조개론 · 구조활동의 전개요령 · 군중통제, 구조장비개론, 구조장비 조작 · 기본구조훈련(로프, 확보, 하강, 등반, 도하 등) · 응용구조훈련 · 일반(전문) 구조활동(기술)	
	· 재난현장 표준작전 절차(구조분야)	소방교, 소방장 제외
	· 안전관리의 기본 및 현장활동 안전관리 · 119구조·구급에 관한 법률(시행령, 규칙포함)	
	· 재난 및 안전관리 기본법(시행령, 규칙 포함)	소방교, 소방장 제외
구급 분야	· 응급의료 개론 · 응급의학 총론 · 응급의료장비 운영	
	· 심폐정지, 순환부전, 의식장해, 출혈, 일반외상, 두부 및 경추 손상, 기도·소화관이물, 대상이상, 체온이상, 감염증, 면역부전, 급성복통, 화학손상, 산부인과질환, 신생아질환, 정신장해, 창상	소방교 제외
소방 차량	· 소방자동차 일반 · 소방자동차 점검 · 정비 · 소방자동차 구조 및 원리 · 고가 · 굴절 사다리차	

※ 소방전술 세부범위는 시험일 기준 당해 연도 발행되는 **신임교육과정 공통교재(소방전술 I·II·III) 범위**로 한다.

PART 01 소화약제 등(소방교 승진시험 제외)

PART 02 임상응급의학(소방교 승진시험 제외)

PART 03 재난관리(소방교 · 장 승진시험 제외)

PART 04 재난현장 표준작전 절차(SOP)(소방교 · 장 승진시험 제외)

부록 21년~14년 소방전술 승진시험 복원문제

화재

1

PART

소화약제 등
(소방교 승진시험 제외)

Chapter 1 소화약제

학습 목표

- 소화의 원리를 이해함.
- 소화약제의 조건을 이해함.
- 소화약제의 분류를 이해함.

제1절 소화원리

제거 소화	연소는 가연성가스와 산소와의 접촉반응이므로 이를 차단하기 위한 방법은 가연성 물질을 격리하거나 가연물의 소멸 또는 수용성 가연물은 농도를 희석하면 결국 제거가 되는 것이며 가스화재에서는 공급밸브를 차단하는 방법이 있고 산림화재에서 산불화재의 확산방지를 위해서는 화재가 진행되는 방향의 전면의 나무를 벌목하여 제거하는 방법도 제거소화라 볼 수 있으며 가연물을 화원으로부터 격리하는 방법이다. ☆ 21년 소방교
질식 소화	가연성 물질의 연소에서 연소의 범위는 연소하한계와 연소상한계의 범위내의 농도에서만 연소가 이루어진다. 따라서 화염에 강풍을 불어 화염을 불 안정화하는 방법과 화염온도를 발화온도 이하로 낮추거나 산소의 농도를 10~15% 이하로 하여 소화하는 방법으로 가스계 소화약제 또는 포 소화약제를 이용하여 연소면을 산소가 접촉되지 못하도록 차단하는 방법이 있으며 밀폐공간의 화재실 전체에 주로 불연성가스의 퍼지에 의해 산소의 농도가 낮게 함으로서 소화하는 방법이다.
냉각 소화	물은 100℃로 증발될 때 증발잠열이 약 539Kcal/Kg으로 매우 크고 이산화탄소 고압식의 경우 66.6Kcal/Kg, 할론은 28.2Kcal/Kg로서 물은 연소면을 냉각하는데 타 소화약제보다 우수한 성능을 가지고 있다.
부촉매 소화	화학적인 소화방법으로 소화약제의 화학적인 성질을 이용하는 것으로 연쇄반응을 차단하는 방법으로 약제의 화학반응 시 연쇄반응을 지배하는 Radical을 기(基) 또는 단(團)이라 하며 수소 연소를 제어하는 방법과 같이 화염은 소멸되는 것이다.
유화 소화	유류면의 화재에서 물은 작은 입자상태의 높은 압력으로 방사 시 유류면의 표면에 유화층이 형성되어 에멀젼상태를 유지하는데 유류가스의 증발을 막는 차단효과를 발휘한다. 따라서 지속적인 가연성 가스의 생성이 억제되어 화염은 발생되지 않게 되는 것이다.
피복 소화	목재나 유류의 표면화재에서 공기보다 무거운 기체를 방사하면 연소면은 불연성 물질로 피복되어 연소에 필요한 산소는 차단되어 질식하게 하는 것으로 주로 이산화탄소를 사용하는 것으로 표면화재와 심부화재에 적합하다.
방진 소화	제3종분말소화약제를 고체 화재면에 방사 시 메타인산(HPO_3)이 생성되어 유리질의 피막을 형성하므로 열분해 생성으로 인한 방진효과가 나타나게 된다.
탈수 효과	제3종 분말소화약제의 열분해 시 올르토인산(H_3PO_4)이 셀롤로우즈에 작용하면 물이 생성되는데 가연물 내부에서 생성되는 가스와의 화학작용으로 탈수작용을 하게 되어 탈수 소화효과를 가져오게 된다.

제2절 소화약제의 조건

① 연소의 4요소 중 한 가지 이상을 제거할 수 있는 능력이 탁월할 것
② 가격이 저렴할 것
③ 저장 안정성이 있을 것
④ 환경에 대한 오염이 적을 것
⑤ 인체에 대한 독성이 없을 것

제3절 소화약제의 분류

▌소화약제의 분류▐

소화약제	수계 소화약제	물
		포 소화약제
	가스계 소화약제	이산화탄소 소화약제
		할로겐화합물 및 청정소화약제
		분말소화약제

▌각종 소화약제의 특성 비교▐ ★★☆ 13년 충북 소방교, 16년 부산 소방장

종 류 / 특 성	수계 소화약제		가스계 소화약제		
	물	포	이산화탄소	할로겐화합물	분말
주된 소화 효과	냉각	질식, 냉각	질식	부촉매	부촉매, 질식
소화속도	느리다	느리다	빠르다	빠르다	빠르다
냉각 효과	크다	크다	적다	적다	극히 적다
재발화 위험성	적다	적다	있다	있다	있다
대응하는 화재규모	중형 ~ 대형	중형 ~ 대형	소형 ~ 중형	소형 ~ 중형	소형 ~ 중형
사용 후의 오염	크다	매우 크다	전혀 없다	극히 적다	적다①
적응 화재	A급	A, B급	B, C급②	B, C급②	A, B, C급③

① 분말은 털면 떨어지기 때문에 일반적으로 오염의 정도는 적지만 정밀 기기류나 통신 기기 등에는 적합하지 않다. 그러나 소화기구의 장소별 적응성(화재안전기준 별표1)을 보면 전기실 및 전산실에 적응성이 있는 것으로 되어있어 전기실 및 전산실의 분말소화설비 설치여부는 설치자의 선택에 따른다.
② 밀폐 상태에서 방출되는 경우에는 일반화재에도 사용이 가능하다.

③ ABC 분말 소화약제는 일반화재에도 적용되지만 분말이 도달되지 않는 대상물에는 부적당하다.

❙ 각종 소화약제의 적응 화재와 효과 ❙

화재의 종류	가연물의 종류	적응 소화약제	개략적인 소화 효과
A급 화재	(일반 가연 물질) 목재, 고무, 종이, 플라스틱류, 섬유류 등	· 물 · 수성막포(AFFF) · ABC급 분말 · Halon 1211	냉각, 침투 냉각, 질식, 침투 억제, 피복, 냉각 억제, 냉각
B급 화재	(가연성 액체) 휘발유, 그리스, 페인트, 래커, 타르 등	· 수성막포(AFFF) · BC급 분말 · ABC급 분말 · Halon 1211 · 1301 · CO_2	냉각, 질식 질식, 냉각 억제, 질식 억제, 질식, 냉각 질식, 냉각
C급 화재	(통전 중인 전기 기구) 전선, 발전기, 모터, 판넬, 스위치, 기타 전기 설비 등	· BC급 분말 · ABC급 분말 · Halon 1211, 1301 · CO_2	부도체 부도체 부도체 부도체
AB급 화재	일반 가연물과 가연성 액체, 기체의 혼합물	· 수성막포(AFFF) · ABC급 분말 · Halon 1211, 1301	질식, 냉각 억제, 질식 억제, 질식, 냉각
BC급 화재	가연성 액체 · 기체와 통전 중인 전기기구와의 혼 합물	· BC급 분말 · ABC급 분말 · Halon 1211, 1301 · CO_2	억제, 질식, 부도체 억제, 질식, 부도체 억제, 질식, 냉각, 부도체 질식, 냉각, 부도체
ABC급 화재	일반 가연물과 가연성 액체, 기체와 통전 중인 전기 기구와의 혼합물	· ABC급 분말 · Halon 1211	억제, 질식, 부도체 억제, 질식, 냉각, 부도체
D급 화재	가연성 금속과 가연성 금속의 합금	· 금속화재용 분말	질식(공기 차단), 냉각

제4절 소화약제의 물

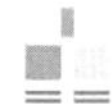

학습목표

- 물의 물리적 성질을 이해함.
- 물의 화학적 성질을 이해함.
- 물의 주수형태에 따른 분류를 이해함.
- 물 소화약제의 첨가제를 이해함.
- 물의 소화효과를 이해함.
- 물 소화약제의 한계를 이해함.

물이 소화약제로 널리 사용되고 있는 가장 큰 이유는 ① 우선 구하기가 쉽고, ② 비열과 증발 잠열이 커서 냉각 효과가 우수하며, ③ 펌프, 파이프, 호스 등을 사용하여 쉽게 운송할 수 있기 때문이다.

✪ 사용 후 2차 피해인 수손이 발생하고 추운 곳에서는 사용할 수 없는 단점도 있다. 특별한 경우를 제외하고는 주로 일반화재(A급 화재)에만 사용된다.

제1관 물의 물리적 성질★★★ ☆ 13년 인천 소방장, 17년 소방장

① 물은 상온에서 비교적 안정된 액체로 자연 상태에서는 기체(수증기), 액체, 고체(얼음)의 세 가지 형태로 존재한다.

② 0℃의 얼음 1g이 0℃의 액체 물로 변하는 데 필요한 용융열(용융 잠열)은 79.7cal/g이다.

③ 100℃의 액체 물 1g을 100℃의 수증기로 만드는 데 필요한 열량인 증발 잠열(기화열)은 539.6cal/g으로 다른 물질에 비해 매우 큰 편이다.

▮물질의 용융열과 증발 잠열▮

물질명	용융열 (cal/g)	증발 잠열 (cal/g)	물질명	용융열 (cal/g)	증발 잠열 (cal/g)
물	79.7	539.6	에틸알코올	24.9	204.0
아세톤	23.4	124.5	납	5.4	222.6
벤젠	30.1	94.3	파라핀왁스	35.0	-
사염화탄소	4.1	46.3	LPG	-	98.0

④ 물 1g을 1℃ 올리는 데 필요한 열량인 비열은 1cal/g・℃로 다른 물질에 비해 상당히 큰 편이다. 따라서 20℃의 물 1g을 100℃까지 가열하기 위해서는 80cal의 열이 필요하다.

⑤ 대기압 하에서 100℃의 물이 액체에서 수증기로 바뀌면 체적은 약1,700배 정도 증가한다(100℃의 포화수와 건조포화수증기의 비체적은 각각 0.001044 L/g, 1.673 L/g).

▌물질의 비열▐

물 질 명	비 열(cal/g・℃)	물 질 명	비 열(cal/g・℃)
물(얼음, 0℃)	1.000(0.487)	구 리	0.019
아세톤	0.528	유 리	0.161
공기	0.240	철	0.113
알루미늄	0.217	수 은	0.033
부탄	0.549	나 무	0.420

⑥ 1atm에서 물의 빙점(융점)은 0℃, 비점은 100℃이다. 이들 값은 압력에 따라 변한다.

⑦ 물의 비중은 1atm을 기준으로 4℃일 때 0.999972로 가장 무거우며 4℃보다 높거나 낮아도 이 값보다 작아진다.

⑧ 물은 압력을 받으면 약간은 압축되나 기체에 비하면 무시해도 좋을 정도이므로 비압축성 유체로 간주할 수 있다. 온도에 따라 다르기는 하지만 1kg/㎠의 압력 증가에 평균 3.0×10^{-10}~5.0×10^{-10}씩 부피가 감소한다.

⑨ 물의 점도는 1atm, 20℃에서 1.0cP(1centipoise=0.01g/㎝・sec)이며 온도가 올라가면 점도는 작아진다(50℃에서는 0.55cP).

⑩ 물의 표면 장력은 20℃에서 72.75dyne/㎝이며 온도가 상승하면 표면 장력은 작아진다(40℃에서는 69.48dyne/㎝).

제2관 • 물의 화학적 성질

① 물은 수소 2원자와 산소 1원자로 이루어져 있으며 이들 사이의 화학결합은 극성 공유 결합이다.

② 물은 극성 분자이기 때문에 분자간의 결합은 쌍극자-쌍극자 상호 작용(극성 분자의 양의 말단과 다른 극성 분자의 음의 말단 사이에 작용하는 정전기적 인력)의 일종인 수소 결합(hydrogen bond)에 의해 이루어진다. 물의 비정상적인 성질은 대부분 이 수소 결합의 결과이다. 물이 비교적 큰 표면 장력을 갖는 것도 분자간의 인력의 세기와 직접적인 관계가 있으며, 비교적 큰 비열도 수소 결합을 끊는 데 큰 에너지가 필요하기 때문이다.

제3관 물의 주수 형태★★★ ☆ 13년 충북 소방교·소방장

봉 상	·막대 모양의 굵은 물줄기를 가연물에 직접 주수하는 방법 ·소방용 방수노즐을 이용한 주수가 대부분 여기에 속한다. ·열용량이 큰 일반 고체 가연물의 대규모 화재에 유효한 주수 형태이다. ·감전의 위험이 있기 때문에 어느 정도의 안전거리를 유지하여야 한다.
적 상	·스프링클러 소화설비 헤드의 주수 형태로 살수(撒水)라고도 한다. ·저압으로 방출되기 때문에 물방울의 평균 직경은 0.5 ~ 6㎜ 정도이다. ·일반적으로 실내 고체 가연물의 화재에 사용된다.
무 상	·물분무 소화 설비의 헤드나 소방대의 분무 노즐에서 고압으로 방수할 때 나타나는 안개 형태의 주수로 물방울의 평균 직경은 0.1~1.0㎜ 정도이다. ·소화 효과의 측면에서 본 최저 입경은 열전달과 물방울의 최대 속도와의 관계로부터 이론적으로 유도해보면 0.35㎜ 정도이다. ·중질유 화재(중질의 연료유, 윤활유, 아스팔트 등과 같은 고비점유의 화재)의 경우에는 물을 무상으로 주수하면 급속한 증발에 의한 질식 효과와 에멀젼 효과에 의해 소화가 가능하다. ·물을 사용하여 소화할 수 있는 유류화재는 유류의 인화점이 37.8℃(100°F) 이상인 경우이다. ·무상 주수는 다른 주수법에 비하면 전기 전도성이 좋지 않기 때문에 전기화재에도 유효하나 이때에는 일정한 거리를 유지하여 감전을 방지해야 한다. ※ 에멀젼 효과란 물의 미립자가 기름의 연소면을 두드려서 표면을 물과 기름이 섞인 유화상으로 만들어 기름의 증발 능력을 떨어뜨려 연소성을 상실시키는 효과

제4관 물소화약제의 첨가제★★☆ 14년 경기 소방장

동결방지제 (부동제)	· 소화약제로서 물의 큰 단점은 저온에서의 동결이다. · 이와 같은 단점을 보완하기 위해서 첨가하는 약제가 동결방지제이며 물의 물리 · 화학적 성질을 고려하여 일반적으로 자동차 냉각수 동결방지제로 많이 사용되는 에틸렌글리콜(ethylene glycol, $C_2H_4(OH)_2$)을 가장 많이 사용하고 있다.
증점제	· 물은 유동성이 크기 때문에 소화 대상물에 장시간 부착되어 있지 못한다. · 화재에 방사되는 물소화약제의 가연물에 대한 접착성질을 강화시키기 위하여 첨가하는 물질을 증점제라 하며, · 물의 사용량을 줄일 수 있고 높은 장소(공중 소화)에서 사용 시 물이 분산되지 않으므로 목표물에 정확히 도달할 수 있어 소화 효과를 높일 수 있는 장점이 있어 산림화재 진압용으로 많이 사용된다. · 증점제로 유기계는 알킨산나트륨염, 펙틴(pectin), 각종 껌 등의 고분자 다당류, 셀룰로오스 유도체, 비이온성 계면 활성제가 있고 무기계로는 벤토나이트, 붕산염 등이 사용되고 있으며 산림화재용으로 사용되는 대표적인 증점제로는 CMC(Sodium Carboxy Methyl Cellulose) 등이 있다.
침투제	· 물은 표면장력이 커서 방수 시 가연물에 침투되기가 어렵기 때문에 표면장력을 작게하여 침투성을 높여주기 위해 첨가하는 계면활성제의 총칭을 침투제(Wetting Agent)라 한다. · 일반적으로 첨가하는 계면 활성제의 양은 1% 이하이다. · 침투제가 첨가된 물을 "Wet Water"라고 부르며, 이것은 가연물 내부로 침투하기 어려운 목재, 고무, 플라스틱, 원면, 짚 등의 화재에 사용되고 있다.
강화액 소화약제	· 동절기 물소화약제가 동결되는 단점을 보완하고 물의 소화력을 높이기 위하여 화재에 억제 효과가 있는 염류를 첨가한 것이다. · 염류로는 알칼리 금속염의 탄산칼륨(K_2CO_3)과 인산암모늄[$(NH_4)_2PO_4$] 등이 사용되고 여기에 침투제 등을 가하여 제조한다. · 수소 이온농도(pH)는 약알칼리성으로 11 ~ 12이며, 응고점은 −26℃ ~ −30℃ 이다. · 색상은 일반적으로 황색 또는 무색의 점성이 있는 수용액이다. · 강화액의 소화 효과는 물이 갖는 소화효과와 첨가제가 갖는 부촉매 효과를 합한 것이다. · 용도는 주로 소화기에 충약해서 목재 등의 고체 형태인 일반가연물 화재에 사용한다.
Rapid water	· 소방활동에서 호스 내의 물의 마찰손실을 줄이면 보다 많은 양의 방수가 가능해지고 가는 호스로도 방수가 가능해지므로 소방관의 부담이 줄게 된다. · 이와 같은 목적을 위해 첨가하는 약제로 미국 Union carbide사에서의 『rapid water』라는 명칭의 첨가제를 발매하고 있다. · 이것의 성분은 폴리에틸렌옥사이드(polyethylene oxide, HO−(CH_2CH_2)N−CH_2CH_2OH)) 이것을 첨가하면 물의 점성이 약 70% 정도 감소하여 방수량이 증가하게 된다.
유화제	중유나 엔진오일 등은 인화점이 높은 고 비점 유류이므로 화재 시 Emulsion형성을 증가시키기 위해 계면활성제(Poly Oxyethylene Alkylether)를 첨가하여 사용하는 약제이다.

산 알카리제	· 산(H_2SO_4)과 알카리(N_aHCO_3)의 두 가지 약제가 혼합되면 화학작용에 의하여 이산화탄소와 포(거품)이 형성되어 용기 내에서 발생된 이산화탄소의 증기압에 의하여 포가 방출된다. · 주로 소화기에 이용되며 내통과 외통으로 구분하여 따로 약제를 저장하며 내부 저장용기에 물 30%와 진한 황산 70%의 수용액, 외부저장용기에는 물 90%와 탄산수소나토륨 10% 수용액을 충전하여 사용하는데 저장 및 보관, 용기에 대한 부식성, 불완전한 약제의 혼합이 소화의 신뢰성이 떨어져 거의 사용을 하지 않고 있다. · 산과 알카리 소화약제는 수용액 상태로 분리 저장되어 있다가 방출시 중간 혼합실에서 알카리와 산의 화학작용에 의하여 CO_2의 발생에 의하여 방출원의 압력을 동력원으로 하여 사용되며 소화기에 사용하는 것으로서 A급 화재에만 사용되고 있다. 알카리와 산의 반응식은 아래와 같다. $2N_aHCO_3 + H_2SO_4 \rightarrow N_{a2}SO_4 + 2H_2O + 2CO_2$

제5관 • 소화효과

1 냉각 효과

물의 비열은 헬륨의 1.25cal/g·℃, 수소의 3.41cal/g·℃를 제외하고는 천연 물질 중에서 가장 크고 기화열(539cal/g)도 모든 액체 중에서 가장 크다. 따라서 물의 소화 효과 중 가장 대표적인 것은 냉각 효과이다.

2 질식 효과

100℃의 물이 100℃의 수증기로 변하면 체적이 약 1,700배 정도 늘어나 화재 현장의 공기를 대체하거나 희석시켜 질식 효과를 나타낸다.

① 발생된 수증기가 연소 영역을 제한한다면 질식 효과는 한층 더 빨라질 것이다.
② 가장 효과적인 질식을 위해서는 물에 약간의 포 소화 약제를 첨가하는 것이 바람직하다.
③ 유류화재의 진압을 위해서는 유류 표면에 부드럽게 분무 형태(무상)로 주수해야 한다.

3 유화 효과

유류화재에 물을 무상으로 주수하면 앞에서 설명한 질식 효과 이외에도 유탁액(emulsion)이 생성되어 유화 효과가 나타난다.

유화 효과란 물의 미립자가 기름의 연소 면을 두드려서 표면을 유화상으로 하여 가연성 증기의 발생을 억제함으로써 기름의 연소성을 상실시키는 효과를 말한다.

✪ 유화 효과를 높이기 위해서는 유면에의 타격력을 증가(속도 에너지 부가)시켜 주어야 하므로 질식 효과를 기대할 때보다 물방울의 입경을 약간 크게 하고 좀 더 강하게 분무하여야 한다.

4 희석효과(dilution-Effect)

물에 용해하는 수용성 가연물질인 알코올·에테르·에스테르·케톤류 등의 화재 시 많은 양의 물을 일시에 방사하여 가연물질의 연소농도를 소화농도 이하로 묽게 희석시켜 소화하는 방법이다.

> ✪ 희석소화작용이라 함은 대부분 수용성가연물질의 화재 시에 적용하는 소화작용으로서 물에 어떠한 비율로도 용해가 가능한 물질에 대하여 적용되며, 물을 방사하는 방법에 따라 소화에 소요되는 시간에 다소의 차이는 있으나 분무상 보다는 봉상 또는 적상으로 소화약제를 방사하는 경우에 효율적인 소화효과를 얻을 수 있다.

5 타격 및 파괴 효과

물을 봉상이나 적상으로 주수하면 가연물은 파괴되어 연소가 중단된다. 그러나 유류화재의 경우에는 봉상으로 주수하면 거품이 격렬하게 발생되기 때문에 봉상 주수는 피해야 한다.

> ✪ 물 소화 효과의 특성
> · 가격이 싸고 어디에서도 쉽게 구할 수 있으며
> · 기화열이 크며 연소물체에 도달하기 쉽고,
> · 사용하기 편리하고
> · 침투성이 높다.

제6관 • 물 소화약제의 한계 ☆ 18년 소방장

물은 가장 널리 사용되는 소화약제이지만 겨울철 동결의 우려가 있고 수손피해가 발생할 수 있으며, 가연물의 특성상 물의 사용을 금지하거나 주의를 해야 한다.

구분	내용
B급(유류) 화재 적용 시	① 물보다 비중이 작은 누출 유류의 화재에서 주수를 하면 유류입자가 물의 표면에 부유함으로써 오히려 화염면을 확대시킬 수 있다. ② 물보다 비중이 큰 유류인 중유의 탱크 화재에서는 무상(霧狀)이 아닌 봉상(棒狀)이나 적상(滴狀)으로 분사하면 물의 분사 압력으로 불이 붙은 중유입자가 물입자와 함께 탱크 밖으로 비산하여 화재를 더욱 확대시킬 우려가 있다. ③ 석유류 화재에 있어서는 물의 적용은 신중하여야 하며 중유화재에는 분무상의 물을 분사하여 유화소화를 하는 것이 유리하다.
C급(전기) 화재 적용 시	전기화재에서 물을 사용한 소화는 가능하지만 감전사고의 위험이 있다. 이러한 감전사고의 위험성을 줄이기 위해서는 일정한 거리를 유지하면서 무상으로 분사하여야 한다.
D급(금속) 화재 적용 시	① 제3류 위험물에 해당하는 리튬(Li), 나트륨(Na), 칼륨(K) 등 알카리금속과 칼슘(Ca)등의 알카리토금속, 제2류 위험물에 해당하는 철가루, 마그네슘 등 금속 또는 금속가루는 물과 반응하여 가연성·폭발성인 수소가스를 발생한다. ② 이들의 화재 시 물을 사용하면 오히려 화재가 확대되며 특히 화염의 온도가 높은 경우

	에는 이와 같은 현상이 두드러지게 나타난다. 따라서 물이 함유된 소화약제는 금속화재에 절대로 사용해서는 안된다.	
특수화재와 물	① 화학제품 (카바이드, 아산화물)	화학제품과 물이 반응하면 가연성가스와 열 발생되어 오히려 화재를 확대시키는 것으로 생석회가 물에 젖은 상태에서 열 방출이 되지 않으면 일정시간 후 자연발화 한다.
	② 가연성 금속	K, Al, Mg, Na, Zn, Fe등 가연성 금속은 물과 반응 시 수소를 발생시키고 금속화재에서 연소반응 온도가 높기 때문에 더욱 위험하게 된다.
	③ 방사성 금속	물이 방사능에 오염 시 처리가 어려우므로 물은 소화약제로서 적합하지 않다.
	④ 가스화재	가스화재에서는 수용성 가스에 적용 시 분무상으로 방사하면 가스농도가 희석되어 연소범위이내가 되어 소화가 가능하며 주로 화재 시 과열된 탱크의 냉각 시 탱크 외부에 분무하면 탱크 내부 온도가 낮아지게 되어 가연성 증기의 발생이 억제되고 소화가 되는 것이다.
물과 반응하는 화학물질	① 금속류 외에 물과 반응하여 조연성·가연성 가스 또는 독성가스를 발생하는 화학물질이 있다. ② 제1류 위험물에 해당하는 무기과산화물(과산화나트륨, 과산화칼륨, 과산화칼슘 등), 삼산화크롬(CrO_3) 등은 물과 반응하여 산소를 발생하고, ③ 제3류 위험물에 해당하는 알킬알루미늄, 알킬리튬, 탄화칼슘(CaC_2), 탄화알루미늄 등은 물과 반응하여 메탄·에탄·아세틸렌 등 가연성가스를 생성한다. ④ 제3류 위험물인 금속의 인화물(인화칼륨, 인화칼슘 등)은 물과 만나면 맹독성 포스핀가스(PH_3)를 발생하며, 제6류 위험물인 질산은 물과 만나면 급격히 발열하여 폭발에 이르기도 한다.	
그 밖의 한계	① 방사성 물질 화재에서 물을 사용하면 방사능오염이 확대될 수 있으며 고온의 표면에 물이 닿는 경우 수증기폭발이 발생할 수 있으므로 가연물의 성질과 상태를 정확히 파악하는 것이 중요하다. ② 중요한 문화재나 가치가 높은 예술품의 화재 시 주수에 의한 수손피해로 그 가치가 훼손될 수 있으므로 물로 소화가 가능할지라도 가스계 소화약제 등 다른 소화약제의 적용을 고려하여야 한다.	

제5절 포(泡) 소화약제

학습목표

- 포 소화약제의 종류를 이해함.
- 포 소화약제의 팽창비를 이해하고 계산할 수 있음.
- 포 소화약제의 구비조건을 이해함.
- 공기포 소화약제의 종류를 파악함.
- 포 소화약제의의 소화효과 및 적응화재를 이해함.

물에 약간의 첨가제(포 소화약제)를 혼합한 후 여기에 공기를 주입하면 포(foam)가 발생된다. 이와 같이 생성된 포는 유류보다 가벼운 미세한 기포의 집합체로 연소물의 표면을 덮어 공기와의 접촉을 차단하여 질식 효과를 나타내며 함께 사용된 물에 의해 냉각 효과도 나타난다.

- 포에는 두 가지 약제의 혼합 시 화학반응으로 발생하는 이산화탄소를 핵으로 하는 화학포와 포 원액을 물에 섞은 다음 공기를 기계적인 방법으로 혼합하여 공기거품을 발생시키는 기계포(일명 공기포라고도 함)가 있다.

  포 소화약제는 포가 유류의 표면을 덮어서 질식시키기 때문에 유류화재의 소화에 가장 효과적이나 일반화재에도 사용할 수 있다.

> ✪ 일반적으로 물만으로는 소화 효과가 약하든지, 주수에 의하여 오히려 화재가 확대될 우려가 있는 가연성 액체의 소화에 사용한다.
>
> ✪ 포 소화약제는 질식효과와 냉각효과에 의해 화재를 진압한다.

제1관 포 소화약제 종류

발포 기구(mechanism)에 의해 크게 화학포 소화약제와 공기포 소화 약제로 나누어진다.

화학포	• 산성액과 알칼리성액의 화학 반응에 의해 발생되는 탄산가스를 핵으로 한 포이다.
공기포 (기계포) ☆ 21년 소방장	• 물과 약제의 혼합액의 흐름에 공기를 불어 넣어서 발생시킨 포이다. • 기계적으로 발생시켰기 때문에 기계포(mechanical foam)라고도 부른다. • 기계포는 팽창비에 따라 저팽창포, 중팽창포, 고팽창포로 나눌 수 있다.

※ 우리나라는 팽창비가 20 미만인 저팽창포와 80 이상인 고팽창포의 2가지로 구분하고 있다. 저팽창포에는 단백포, 불화단백포, 합성계면활성제포, 수성막포, 내알코올포가 있고, 고팽창포에는 합성계면활성제포가 있다.

❙ 팽창비에 의한 기계포 소화약제의 분류 ❙

종 류	한국, 일본(소방법)	미국(NFPA*기준)	유 럽
저팽창	20 이하	20 미만	6 이상 50 미만
중팽창	–	20 이상 200 미만	50 이상 500 미만
고팽창	80 이상 250 미만(제1종) 250 이상 500 미만(제2종) 500 이상 1,000 미만(제3종)	200 이상 1,000 미만	500 이상 1,000 미만

※ NFPA : National Fire Protection Association(미국방화협회)

❙ 포소화약제의 구비조건 ❙

내열성	방출된 포가 파포되지 않기 위해서는 내열성이 강해야 하며 특히 B급 화재에서 포의 내열성능이 매우 중요하다. 포가 소멸되지 않기 위해서는 단백포를 사용하며 금속염을 소량 첨가한 것이며 발포배율과 환원시간이 길어야 한다.
발포성	포 거품의 체적비율을 팽창비라 하며 수성막포는 5배 이상, 기타는 6배 이상이어야 한다. 25%환원시간은 합성계면 활성제포의 경우는 3분이상이며 기타는 1분이상 유지 하여야 한다.
내유성	포 소화약제는 주로 유류화재에 이용되므로 포가 유류에 오염되거나 파포되지 않아야 한다. 내유성이 강한 소화약제로는 불화단백포가 있으며 유류 탱크 내부 또는 표면아래에서 분출되는 표면하주입방식에 이용된다.
유동성	유류 화재에 방사 시 유면상을 자유로이 확산할 수 있도록 유동되어야 한다. 표면하 주입방식으로 사용하기 위해서는 환원시간도 길어야 하고 포의 유동이 좋아야 하며 유류면의 직경이 60m 이상의 유류탱크 화재에는 유동속도가 느리게 되어 조기 소화에 지장이 있다.
점착성	포 소화약제의 소화효과는 질식성이므로 표면에 잘 점착되어야 한다. 고팽창의 경우 포 내부의 수분이 부족하여 저팽창포 보다는 점착성이 부족하고 화염의 영향으로 흐트러지기 쉽다.

제2관 화학포

1 개 요

① 화학포는 2가지의 소화약제가 화학 반응을 일으켜 생성되는 기체(이산화탄소)를 핵으로 하는 포이다.

② 우리나라에서는 이 약제를 사용한 소화기가 가장 먼저 보급되었다.

③ 소화기는 구조가 간단하고 고장이 없고, 조작이 간편하여 사용하기 쉽고, 소화효과가 우수하기 때문에 널리 보급되어 사용되었으나,

④ 동결이 잘 되고(응고점 : −5℃) 약제의 부식성, 발포 장치의 복잡성 등의 문제점 때문에 소방시설의 설치·유지 및 위험물제조소등의 기준 등에 관한 규칙(내무부령 제419호, 1984. 8. 16)에 의해 사용을 인정하지 않고 있다.

2 성분 및 특성

(1) 화학포는 A약제인 탄산수소나트륨(중조 또는 중탄산나트륨, $NaHCO_3$)과 B약제인 황산알루미늄($Al_2(SO_4)_3$)의 수용액에 발포제와 안정제 및 방부제를 첨가하여 제조한다.

(2) 이들 두 약제의 화학 반응식은 다음과 같다.

$$6NaHCO_3 + Al_2(SO_4)_3 \cdot 18H_2O \rightarrow 6CO_2 + 3Na_2SO_4 + 2Al(OH)_3 + 18H_2O$$

- 수용액을 혼합하면 화학 반응에 의해 다량의 이산화탄소가 발생되어 소화기 내부가 고압 상태가 되고 그 압력에 의하여 반응액이 밖으로 밀려나가 방사된다. 방사되는 순간에 이산화탄소를 핵으로 하는 포가 불꽃을 덮어서 불이 꺼지게 된다.
- 반응에 의해 생성된 수산화알루미늄은 끈적끈적한 교질상으로 여기에 A약제에 포함된 수용성 단백질이 혼합되면 점착성이 좋은 포가 생성되어 가연물 표면에 부착되어 불꽃을 질식시킨다.

3 소화 효과

① 화학포는 점착성이 커서 연소물에 부착되어 냉각과 질식 작용으로 화재를 진화한다.
② 유류화재에 대해서는 액면을 포로 덮어서 내화성이 강한 층을 형성하기 때문에 우수한 소화효과를 나타낸다.

- 단점 : 가격이 비싸고, 발생과 사용이 어렵고, 생성된 포막은 대단히 견고하여 일단 구멍이 생기면 쉽게 막을 수 없고, 포의 질이 용액의 온도에 크게 좌우된다.

제3관 공기포(기계포)

(1) 공기포는 포 소화약제와 물을 기계적으로 혼합시키면서 공기를 흡입하여(공기를 핵으로 하여) 발생시킨 포로 일명 기계포라고도 한다.

(2) 화학포 소화약제보다 농축되어 있기 때문에 약제 탱크의 용량이 작아질 수 있는 큰 장점이 있다.

(3) 크게 단백계와 계면활성제계로 나누어지며 단백계에는 단백포 소화약제, 불화단백포 소화약제, 계면활성제계에는 합성계면활성제포 소화약제, 수성막포 소화약제, 내알코올포(수용성액체용포) 소화약제가 있다.

제4관 공기포 소화약제★★☆ 08년 경북 소방교 / 21년 소방장

1 단백포 소화약제(protein foaming agents)

(1) 동물성 단백질인 동물의 피, 뿔, 발톱을 알칼리로 가수 분해 과정의 중간 정도 상태에서 분해를 중지시킨 것이 이 소화약제의 주성분으로 흑갈색의 특이한 냄새가 나는 끈끈한 액체이다.

(2) 내화성을 높이기 위해 금속염인 염화철 등을 가한 것이 이 약제의 원액이다.

① 원액은 6%형(원액 6%에 물 94%를 섞어서 사용하는 형)과 이를 다시 농축시킨 3%형이 있으며 현재는 3%형이 주류를 이루고 있다.

② 주로 팽창비 10이하의 저팽창포로 사용되며 원액의 비중은 약 1.1, pH는 6.0 ~ 7.5 정도이다.

③ 단백질의 농도는 3%형이 40wt% 전후, 6%형이 30wt% 전후로 3%형이 6%형을 약 1.5배 정도 농축한 것이다.

④ 이 원액은 수용액으로 보존하면 가수 분해가 진행되어 변질되기 때문에 사용 시에 규정 농도의 수용액으로 제조하여 사용해야 한다.

⑤ 약제의 저장수명은 대략 3년 정도이지만 이것은 저장 환경에 따라 크게 달라질 수 있다. 즉, 산화를 방지하기 위하여 원액 탱크를 단열하거나, 질소 등을 봉입하거나, 햇빛을 차단하거나 하면 약제의 수명은 연장된다.

✪ 유효 기간이 지난 약제는 변질되어 악취가 발생하므로 저장 및 취급에 주의해야 한다.

2 불화단백포 소화약제(fluoroprotein foaming agents)★☆ 17년 소방위

① 단백포 소화약제에 불소계 계면활성제를 첨가하여 단백포와 수성막포의 단점을 보완한 약제로, 유동성과 내유염성(耐油染性 : 포가 기름으로 오염되기 어려운 성질)이 나쁜 단백포의 단점과 표면에 형성된 수성막이 적열된 탱크 벽에 약한 수성막포의 단점을 개선한 것이다.

② 불소계 계면활성제를 첨가함으로써 안정제인 철염의 첨가량을 줄였기 때문에 침전물이 거의 생성되지 않아 장기 보관(8 ~ 10년)이 가능하다.

③ 계면활성제를 첨가했기 때문에 유류와 친화력을 갖지 않고 겉돌게 되므로 유류를 오염시키지 않는다.

✪ 기름에 의한 오염이 적고, 포의 유동성이 좋고, 저장성이 우수하나, 단백포보다 값이 비싼 것이 단점

> ✪ 불화단백포는 수성막포와 함께 표면하 포주입방식(subsurface injection system)에 적합한 포 소화약제로 알려져 있다. 표면하 포주입방식은 포가 유류 하부로부터 부상하는 방식이기 때문에 기름을 오염시키지 않는 불화단백포 소화약제나 수성막포 소화약제를 사용해야 한다. 이 방식은 포가 바닥에서 액면으로 부상하면서 탱크 아래 부분의 차가운 기름을 상부로 이동시켜 상부층을 냉각시켜주기 때문에 소화를 촉진시킬 수 있는 장점도 있다.
>
> ✪ 표면포 방출방식은 포 방출구가 탱크의 윗부분에 설치되어 있기 때문에 화재 시 폭발이나 화열에 의하여 파손되기 쉽지만 표면하 포주입방식은 포 방출구가 탱크 하부에 설치되어 있어서 이의 파손 가능성이 적으므로 설비에 대한 안정성이 크다.

3 합성계면활성제포 소화약제(synthetic foaming agents)*

① 합성 세제의 주성분인 계면활성제에 안정제, 부동제, 방청제 등을 첨가한 약제이다.

② 단백포 소화약제와 마찬가지로 물과 혼합하여 사용한다. 3%, 4%, 6%의 여러 가지 형이 있으나 3%형과 6%형이 가장 많이 사용된다.

③ 대부분의 소화약제가 팽창비 10이하의 저팽창포로 사용되나 이 약제는 저팽창포로부터 고팽창포까지 넓게 사용되고 있다.

④ 고팽창포로 사용하는 경우는 사정거리(포의 방출구에서 화재 지점까지 포를 도달시킨 거리)가 짧은 것이 문제점이다.

⑤ 동성은 좋은 반면 내열성, 유면 봉쇄성이 좋지 않기 때문에 다량의 유류화재 특히, 가연성 액체 위험물의 저장탱크 등의 고정소화설비에는 효과적이지 못하다.

⑥ 단백포 소화약제에 비하여 저장 안정성은 매우 우수하나 합성계면활성제가 용이하게 분해되지 않기 때문에 세제공해와 같은 환경 문제를 일으킨다.

4 수성막포 소화약제(aqueous film foaming agents)** ☆ 14년 부산 소방장 / 20년 소방장

① 불소계 계면활성제를 주성분으로 한 것으로 역시 물과 혼합하여 사용한다.

② 수성막포는 합성 거품을 형성하는 액체로서 일반 물은 물론 해수와도 같이 사용할 수 있다.

③ 물과 적절한 비율로 혼합하여 기존의 포방출구로 방사하면 물보다 가벼운 인화성 액체 위에 물이 떠 있도록 하는 획기적인 약제이다.

④ 기름의 표면에 거품과 수성의 막(aqueous film)을 형성하기 때문에 질식과 냉각 작용이 우수하다.

⑤ 대표적으로 미국 3M사의 라이트 워터(Light Water)라는 상품명의 제품이 많이 팔리고 있는데 유면상에 형성된 수성막이 기름보다 가벼운 것처럼 보이기 때문에 만들어진 상품명이다.

⑥ 유류화재에 우수한 소화효과를 나타낸다. 3%, 6%, 10%형이 있으나 주로 3%, 6%형이 많이 사용된다.

⑦ 장기 보존성은 원액이든 수용액이든 타 포 원액보다 우수하다. 약제의 색깔은 갈색이며 독성은 없다.

⑧ 포 자체의 내열성이 약하고 가격이 비싸며, 수성의 막은 한정된 조건이 아니면 형성되지 않는다.

5 내알코올(수용성액체용)포 소화약제* ☆ 12년 경북 소방장

① 물과 친화력이 있는 알코올과 같은 수용성 액체(극성 액체)의 화재에 보통의 포 소화약제를 사용하면 수용성 액체가 포 속의 물을 탈취하여 포가 파괴되기 때문에 소화 효과를 잃게 된다. 이와 같은 현상은 액체의 온도가 높아지면 더욱 뚜렷이 나타난다.

② 내알코올포 소화약제는 이와 같은 단점을 보완한 약제로 여러 가지의 형이 있으나 초기에는 단백질의 가수분해물에 금속비누를 계면활성제로 사용하여 유화·분산시킨 것을 사용하였다.

③ 물에 녹지 않기 때문에 여기에 물을 혼합하여 사용한다. 일명 수용성 액체용 포 소화약제라고도 하며 알코올, 에테르, 케톤, 에스테르, 알데히드, 카르복실산, 아민 등과 같은 가연성인 수용성 액체의 화재에 유효하다.

④ 단백질의 가수분해물에 불용의 지방산 금속염을 분산시켰기 때문에 장시간 저장하면 이들이 침전되는 단점이 있다.

⑤ 물과 혼합한 후에는 2~3분 이내에 사용하지 않으면 포가 생성되기 전에 수류 중에 금속염의 침전이 생겨 소화 효과가 떨어지고 설비 상에도 장애가 생기게 된다.

⑥ 소화 후 재연소 방지에는 효과가 우수하다.

⑦ 수용성 액체는 극성도(極性度), 관능기(官能基), 탄소수에 따라 연소성, 반응성 등이 달라지기 때문에 액체의 종류에 따라 소화 효과가 각각 다르게 나타난다.

> ✪ 메탄올(CH_3OH), 에탄올($_C2H_5OH$)과 같이 극성이 크고 탄소수가 작은 것은 소화가 용이하나, 부탄올(C_4H_9OH) 이상의 고급 알코올은 극성이 작고 연소열이 크기 때문에 소화가 곤란할 수 있다. 또한 알데히드류와 같이 반응성이 큰 것은 소화약제와 반응하여 소화 불능의 상태가 되는 경우도 있다. 그러므로 현재까지는 모든 수용성 액체에 만능인 내알코올포 소화약제는 없는 실정이다.

▌포 소화약제의 특성▐ ※ 참고바랍니다.

약 제	PH	비 중	특 성
단백포	6.0~7.5	1.1~1.2	① 동물성 단백질 가수분해물에 염화제일철염의 안정제를 첨가한 약제 ② 특이한 냄새가 나는 흑갈색 액체 ③ 다른 포약제에 비해 부식성이 크다. ④ 옥외 저장시에는 보온조치가 필요하다.
합성계면 활성제포	6.5~8.5	0.9~1.2	① 고급 알콜 황산에스테르와 고급알콜 황산염을 사용하여 안정제를 첨가한 소화약제 ② 저발포와 고발포를 임의로 발포할수 있다. ③ 카바이트, 칼륨, 나트륨, 전기설비에는 부적합하다.
수성막포 20년 소방장	6.0~8.5	1.0~1.15	① 유류화재 진압용으로 가장 우수하다. ② light water 또는 AFFF(Aqueouss film forming foam)라고도 한다. ③ 안정성이 좋아 장기보관이 가능하다. ④ 내약품성이 좋아 타약제와 겸용이 가능하다. ⑤ 보존성이 좋고 독성이 없는 흑갈색 원액이다. ⑥ 단백포에 비해 300%의 효과가 있다.

내알콜형포	6.0~8.5	0.9~1.2	① 단백질의 가수분해물에 합성세제를 혼합하여 제조한 약제 ② 알콜, 에스테르 등 수용성인 액체에 적합하다. ③ 가연성 액체에 적합하다.
불화단백포	-	-	① 단백포에 불소계 계면활성제를 혼합하여 제조한 약제 ② 소화성능이 우수하나 가격이 비싸다. ③ 표면하 주입방식에 적합하다.

제5관 소화 효과 및 적응 화재

1 소화 효과

포가 가연물질의 표면을 덮기 때문에 나타나는 질식 효과와 상당량의 수분에 의한 냉각 효과이다. 이외에도 고발포 포의 경우는 포가 차지하는 체적이 매우 크기 때문에 대류와 복사에 의한 열의 이동 차단, 주변 공기의 배출, 가연성 증기의 생성 억제 등의 소화 효과도 기대할 수 있다. 포는 얇은 막으로 이루어져 있지만 점착성이 좋고 내열성이 있기 때문에 이상과 같은 소화 효과를 나타내게 된다.

✪ 포 소화약제의 소화효과 : ① 질식효과, ② 냉각효과, ③ 열의 이동 차단, ④ 주변 공기 배출, ⑤ 가연성 증기 생성억제

2 적응 화재

포 소화약제는 비행기 격납고, 자동차 정비공장, 차고, 주차장 등 주로 기름을 사용하는 장소, 특수 가연물을 저장, 취급하는 장소, 위험물 시설(제1, 2, 3류 위험물의 일부와 제4, 5, 6류 전부)에 사용되며, 합성계면활성제 포소화약제의 경우 팽창범위가 넓어 LNG가 저장탱크로부터 유출된 때 고발포의 포로 덮어서 외기로부터의 열을 차단해서 증발을 억제시켜 소화하기도 한다.

✪ 포 소화약제의 결점
① 소화 후의 오손 정도가 심하다.
② 청소가 힘들다.
③ 감전의 우려가 있어 전기화재나 통신 기기실, 컴퓨터실 등에는 부적합하다.
④ 제5류 위험물과 같이 자체적으로 산소를 함유하고 있는 물질과 Na, K 등과 같이 물과 반응하는 금속, 인화성 액화가스에는 부적합하다.

(1) 적응 구분과 특수한 사용법

① 저장 탱크 등 유층이 깊은 경우의 화재와,
② 평면상으로 유출된 화재가 있다.

✪ 압력에 의해 분출되는 유류화재는 포로 소화할 수 없기 때문에 여기서는 제외한다.

▌유류화재 시 저발포 포의 사용 구분▐

포의 종류 / 화재의 종류	단백포	불화단백포	계면활성제포	수성막포
저장탱크 화재	○	○		
저장탱크 화재(SSI*용)		○		○
유출화재	○	○	○	○

※ Subsurface Injection System : 표면하 포 주입 방식

※ 고발포의 포는 소화 이외에도 제연과 증발 억제의 효과가 있다. 지하가의 화재시 고발포의 포를 주입해서 연기를 배출시키면서 소화하기도 한다. 또한 고발포의 포에서는 사람이 질식하지 않고 활동할 수 있는 특징이 있다. 단, 발포에 사용된 공기는 신선한 공기여야 한다. 이는 사람의 호흡을 위해서만이 아니고 가스를 사용하여 발포하면 포의 성능이 떨어지기 때문이다.

(2) 포 소화약제의 병용성

① 소화 활동 시 각종 포 소화 약제를 같이 사용하는 것은 일반적으로 큰 문제가 없다.

② 병용한 경우의 특성은 개개의 소화약제가 갖는 특성치의 중간이 되지만 화재의 규모나 형태에 따라 달라지기 때문에 한마디로 말할 수는 없다. 예를 들면 유출 화재에서는 단백포보다 계면활성제포 또는 수성막포가 소화 효과가 좋기 때문에 이들을 병용하는 것이 유리할 것이다.

③ 보통의 포는 이처럼 병용이 가능하지만 내알코올포는 일반포와 병용하면 그 특성이 저하되기 때문에 함께 사용하지 말아야 한다.

④ 같은 포 소화약제인 경우에도 약제의 종류가 다르면 원액 및 수용액을 혼합하여 사용해서는 안 된다. 또한 같은 원액이라도 오래된 원액에 새로운 원액을 추가·보충하는 것도 바람직하지 않다.

⑤ 포 소화약제는 분말 소화약제와 함께 사용하면 분말 소화약제의 소포(消泡) 작용 때문에 좋지 않다. 포 층에 분말 소화 약제를 살포해 놓으면 포 층의 형성이 매우 어려워진다.

✪ 수성막포 소화약제의 포는 소포되지 않기 때문에 분말 소화약제와의 병용이 가능하다. 포 소화약제와 병용할 수 있는 분말 소화약제로는 CDC(Compatible Dry Chemical)가 개발되어 있다.

※ 포소화약제의 환경성 규제

2007년 인도네시아의 발리에서 UN기후변화 당사국회의가 개최되고 1997년 도쿄의정서에서 선진 39개국의 유해가스 배출을 의무적으로 일정량을 감축하도록 협약함으로서 개발도상국으로 특혜를 누리던 우리나라도 2012년 이후는 환경규제에 적용되게 되었다. 그간 현실적으로 배출량의 측정 가능한 검증이 이루어지지 않았고 특히 소화약제는 생산량으로 조절할 수밖에 없는 실정이다. 우리나라도 저탄소녹색성장 기본법에 의하여 할론계물질(HFCs), 과불화탄소(PFCs)의 생산을 규제하고 있으나 별다른 효과가 없는 실정이다. 포소화약제의 생성물인 PFOS(Perfluoro Octanoic Sulfonate)은 출생 직후 사망 한다던가 생식독성, 발암유발, 호르몬계 및 면역체계를 교란하는 물질로 알려져 2011년 2월 28일 소방방제청에서

불소가 함유되지 않은 친환경 포 소화약제를 사용토록 권고하고 있다. 따라서 전 세계적으로 친환경 소화약제의 사용이 의무화되어가고 있는 실정이다.

제6절 이산화탄소 소화약제

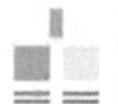

학습목표

- 이산화탄소 소화약제의 일반적 성질을 파악함.
- 이산화탄소 소화약제의 소화효과를 이해함.
- 이산화탄소 소화약제의 소화농도를 이해함.
- 포 소화약제의의 적응화재를 이해함.

제1관 개요**

① 이산화탄소는 탄소의 최종 산화물로 더 이상 연소 반응을 일으키지 않기 때문에 질소, 수증기, 아르곤, 할론 등의 불활성 기체와 함께 가스계 소화약제로 널리 이용되고 있다.

② 이산화탄소는 유기물의 연소에 의해 생기는 가스로 공기보다 약 1.5배 정도 무거운 기체이다. 상온에서는 기체이지만 압력을 가하면 액화되기 때문에 고압가스 용기 속에 액화시켜 보관한다.

③ 방출 시에는 배관 내를 액상으로 흐르지만 분사 헤드에서는 기화되어 분사된다. 가장 큰 소화효과는 질식 효과이며 약간의 냉각 효과도 있다.

④ 이산화탄소는 사용 후에 오염의 영향이 전혀 없다는 큰 장점이 있다. 보통 유류화재(B급 화재), 전기화재(C급화재)에 주로 사용되며 밀폐 상태에서 방출되는 경우는 일반화재(A급 화재)에도 사용이 가능하다.

⑤ 또한 액체 이산화탄소는 자체 증기압이 21℃에서 57.8kg/㎠·G(-18℃에서 20.4kg/㎠·G) 정도로 매우 높기 때문에 다른 가압원의 도움 없이 자체 압력으로도 방사가 가능하다.

⑥ 이산화탄소의 일반적 성질은 다음과 같다.

- 무색, 무취이며 전기적으로 비전도성이고 공기보다 1.5배 정도 무거운 기체이다.
- 공기 중에 약 0.03vol% 존재하며 동·식물의 호흡 및 유기물의 연소에 의해서도 발생되고 천연 가스, 광천수 등에도 함유되어 있다.

▌이산화탄소의 물성▐

명 칭	물 성 치	명 칭	물성치
증기비중	1.529(공기=1)	열전도도(20℃)	3.60×10−5cal/㎝·s·℃
기체밀도(0℃, 1atm)	1.976g/L	굴절률	1.000449
승화점(1atm)	−78.50℃	정압비열(Cp)(0℃, 1atm)	0.199cal/g·℃
임계온도(Tc)	31.35℃	정적비열(Cv)(0℃, 1atm)	0.153cal/g·℃
임계압력(Pc)	72.9kg/㎠	증발잠열(0℃, 35.54kg/㎠)	56.13cal/g·℃
삼중점	5.1kg/㎠, −56.7℃	액체밀도(0℃, 50kg/㎠)	1.066g/cc

제2관 · 소화 효과

질식 효과	① 이산화탄소의 가장 큰 소화 효과는 질식 효과이다. ② 질식 효과는 앞에 설명한 것처럼 대기 중의 산소 농도가 어느 정도 이하로 떨어지면 소화되는 효과로 소화에 필요한 이산화탄소의 농도는 가연물의 종류에 따라 달라진다. ③ 일반적으로 소화를 위한 이산화탄소의 농도는 대개 34vol% 이상으로 설계되며, 이 때 산소의 농도는 14vol% 정도가 된다.
냉각 효과	① 유류탱크 화재에 직접 방출하는 경우에 가장 효과적으로 나타난다. ② 산소 농도 저하에 따른 질식 효과가 사라진 후에도 냉각된 액체(유류)는 연소에 필요한 가연성 기체를 증발시키지 못하기 때문에 재연소를 방지할 수 있다. ③ 특히 방출되는 이산화탄소에 미세한 드라이아이스 입자가 존재하는 경우에는 냉각 효과가 한층 더 커지게 된다.

제3관 · 소화 농도

① 이산화탄소의 주된 소화 효과는 산소 농도 저하에 의한 질식 효과이다.

② 가연성 고체에 대한 소화 농도는 복사와 대류에 의한 열손실 속도가 가연물의 물리적 상태에 따라 크게 변하기 때문에 가연성 기체나 액체와 같이 나타내기는 어렵다.

③ 최소 설계 농도(minimum design CO_2 concentration)는 이론적으로 구한 최소 소화 농도(theoretical minimum CO_2 concentration)에 일정량의 여유분(최소 소화 농도의 20%)을 더한 값이다.

④ 이산화탄소의 최소 설계 농도는 보통 34vol% 이상으로 설계하기 때문에 위와 같이 구한 최소 설계 농도가 34vol% 이하일 때에도 34vol%로 설계해야 한다.

⑤ 이론적인 최소 소화 농도는 보통 실험이나 공인된 자료 등을 통하여 구하지만 소화에 필요한 산소의 농도를 알 수 있는 경우는 다음 공식으로부터 계산에 의해서 구할 수 있다.

$$\%CO_2 = \frac{(21 - \%O_2)}{21} \times 100$$

⑥ 공기 중에는 산소가 21vol% 존재하지만 이것이 희석되어 농도가 개략적으로 15vol% 이하가 되면 연소는 중단된다(가연 물질에 따라 산소 농도가 15vol% 이하가 되어도 소화되지 않는 경우도 있음).

⑦ 이산화탄소의 최소 설계 농도를 34vol%로 하는 경우 산소의 농도를 위 식으로부터 구해 보면 약 14vol%가 된다.

제4관 • 적응 화재

① 연소물 주변의 산소 농도를 저하시켜서 소화하기 때문에 자체적으로 산소를 가지고 있거나, 연소 시에 공기 중의 산소를 필요로 하지 않는 가연물 이외에는 전부 사용할 수 있다.

② 일반화재(A급 화재), 유류화재(B급 화재), 전기화재(C급 화재)(이산화탄소는 전기 절연성)에 모두 적응성이 있으나 주로 B・C급 화재에 사용되고 A급은 밀폐된 경우에 유효하다.

③ 이산화탄소는 표면 화재에는 우수한 효과를 나타내나 심부 화재에 사용하는 경우에는 재발화의 위험성이 있다. 그러므로 심부 화재의 경우에는 고농도의 이산화탄소를 방출시켜 소요 농도의 분위기를 비교적 장시간 유지시켜 줌으로써 일차적인 소화는 물론 재발화의 가능성도 제거해 줄 필요가 있다.

④ 이산화탄소는 사용 후 소화제에 의한 오손이 없기 때문에 통신기기실, 전산기기실, 변전실 등의 전기 설비, 물에 의한 오손이 걱정되는 도서관이나 미술관, 소화 활동이 곤란한 선박 등에 유용하다. 그리고 주차장 등에도 사용되나 인명에 대한 위험 때문에 무인의 기계식 주차탑 이외에는 사용하지 않는 것이 바람직하다. 이외에도 제4류 위험물, 특수 가연물 등에도 사용된다.

제5관 사용 제한 및 독성

1 사용 제한

장점	① 소화 후 소화약제에 의한 오손이 없다. ② 한냉지에서도 동결될 염려가 없다. ③ 전기 절연성이다. ④ 장시간 저장해도 변화가 없다. ⑤ 자체 압력으로 방출되기 때문에 방출용 동력이 필요하지 않는다.
사용 제한	① 제5류 위험물(자기 반응성 물질)과 같이 자체적으로 산소를 가지고 있는 물질 ② CO_2를 분해시키는 반응성이 큰 금속(Na, K, Mg, Ti, Zr 등)과 금속수소화물(LiH, NaH, CaH_2) ③ 방출 시 인명 피해가 우려되는 밀폐된 지역

2 독성

이산화탄소는 자체의 독성은 무시할 만하나 다량 발생 시 공기 중의 산소량을 저하시켜 질식의 위험이 있다.

▌이산화탄소가 인체에 미치는 영향▐

CO_2의 농도(vol%)	증 상
1.0(20.79)*	공중 위생상의 허용 농도
2.0(20.58)	수 시간의 흡입으로도 큰 증상은 없다. 불쾌감이 있다.
3.0(20.37)	호흡수가 늘어나고 호흡이 깊어진다.
4.0(20.16)	눈, 목의 점막에 자극이 있다. 두통, 귀울림, 어지러움, 혈압 상승 등이 일어난다.
6.0(19.74)	호흡수가 현저히 증가한다.
8.0(19.32)	호흡이 곤란해진다.
10.0(18.90)	시력 장애, 몸이 떨리며 2~3분 이내에 의식을 잃으며 그대로 방치하면 사망한다.
20.0(16.80)	중추 신경이 마비되어 사망한다.

※ ( )안의 숫자는 공기 중의 산소의 농도(vol%)를 나타냄.

✪ 전역 방출 방식으로 CO_2 소화 설비를 작동시킬 경우 실내의 CO_2 농도는 약 1분 후에 20%(공기 중에 이산화탄소의 농도가 20vol%이면 산소의 농도는 16.8vol%로 떨어짐)를 초과하여 치사량에 도달한다. 따라서 방출 전에 음향경보 등에 의한 피난 경보를 발하여 인원을 피난시키고 또 방출과 동시에 출입 금지의 표시를 하여야 한다. 소화 후에도 환기 장치를 이용하여 이산화탄소를 외부로 방출시켜야 한다.
이산화탄소의 경우 독성을 나타내는 수치의 하나인 TLV(Threshold Limit Value, 평균적인 성인 남자가 매일 8시간씩 주 5일을 연속해서 이 농도의 가스(증기)를 함유하고 있는 공기 중에서 작업을 해도 건강에는 영향이 없다고 생각되는 한계 농도)는 5000ppm으로 일산화탄소의 50ppm, 시안화수소의 10ppm, 포스겐의 0.1ppm에 비하면 자체의 유독성 보다는 상대적인 산소농도에 기인하여 위험을 초래하는 기체임을 알 수 있다.

제7절 할로겐화합물 소화약제★ ☆ 14년 경남 소방장

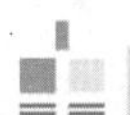

학습목표

- 할로겐화합물 소화약제의 명명법을 이해함.
- 할로겐화합물 소화약제의 구조를 이해함.
- 할로겐화합물 소화약제의 종류 및 특성을 이해함.
- 포 소화약제의의 적응화재를 이해함.

제1관 개요

1 개요☆ 16년 경기 소방교

① 할로겐화합물 소화약제는 지방족 탄화수소인 메탄, 에탄 등에서 분자 내의 수소 일부 또는 전부가 할로겐족 원소(F, CI, Br, I)로 치환된 화합물을 말하며 일명으로 Halon(Halogenated Hydrocarbon의 준말)이라고 부르고 있다.

② 이 소화약제는 다른 소화약제와는 달리 연소의 4요소 중의 하나인 <u>연쇄반응을 차단</u>시켜 화재를 소화한다. 이러한 소화를 <u>부촉매소화 또는 억제소화</u>라 하며 이는 화학적 소화에 해당된다.

③ 각종 Halon은 상온, 상압에서 기체 또는 액체 상태로 존재하나 저장하는 경우는 액화시켜 저장한다. 일반적으로 <u>유류화재(B급 화재), 전기화재(C급 화재)에 적합</u>하나 <u>전역 방출과 같은 밀폐 상태에서는 일반화재(A급 화재)에도 사용</u>할 수 있다.

2 명명법★ ☆ 13년 서울 소방장

(1) 할론 명명법

물질의 순수한 화학명칭 대신 숫자를 붙여 명명하는 것은 1950년 미육군 기술연구소에서 소방기술연구에 종사하던 James Malcolm 박사가 제안한 명명법에서 시작된다.

① 제일 앞에 Halon이란 명칭을 쓴다.

② 그 뒤에 구성 원소들의 개수를 C, F, Cl, Br, I의 순서대로 쓰되 해당 원소가 없는 경우는 0으로 표시한다.

③ 맨 끝의 숫자가 0으로 끝나면 0을 생략한다(즉, I의 경우는 없어도 0을 표시하지 않는다).

(2) 이와 같은 명명법으로는 할로겐 원소로 치환되지 않은 수소 원자의 개수가 나타나지 않는다는 단점이 있다. Halon 번호를 보고 남아 있는 수소 원자의 개수를 계산하는 것은 포화탄화수소가 가지고 있는 수소의 수[(탄소수 × 2) + 2]에서 치환된 할로겐족 원소의 합인 나머지 숫자를 빼면 된다.

수소 원자의 수 = (첫번째 숫자 × 2) + 2 - 나머지 숫자의 합

예를 들면 Halon 1001(CH3Br)의 경우에 치환되지 않은 수소 원자의 수는(1×2)+2-1=3이다.

3 구조

(1) Halon은 지방족 탄화수소인 메탄(CH_4)이나 에탄(C_2H_6) 등의 수소 원자 일부 또는 전부가 할로겐 원소(F, CI, Br, I)로 치환된 화합물로 이들의 물리・화학적 성질은 메탄이나 에탄과는 판이하게 다르다.

> ✪ 메탄은 가볍고, 인화성이 강한 기체이지만 사불화탄소(CF_4)는 기체이면서 화학적으로 불활성이고 인화성이 없으며 독성도 아주 낮은 물질이다. 또한 사염화탄소(CCl_4)는 증발성 액체로 인화성이 없어 그의 독성에도 불구하고 오랫동안 소화약제로 사용되어 왔다.

(2) 불소는 주기율표상 오른쪽 상단에 위치하며 가장 전기 음성도가 큰 물질이다. 따라서 이 물질이 다른 물질과 결합할 경우 결합에 관여한 전자를 강하게 잡아당기기 때문에 결합 길이도 짧고 결합력도 강해진다.

(3) 전기 음성도가 크다는 것은 다른 원소를 산화시키는 힘이 크다는 것을 의미한다. 따라서 불소는 모든 원소 중에서 산화력이 가장 크다.

> ✪ 불소가 함유되어 있는 Halon은 연료로 사용되는 메탄과는 정반대로 중심 탄소가 산화되어 있는 상태이기 때문에 불연성이며 대기 중에서도 잘 분해되지 않는 안정된 물질이다.

(4) Halon의 중요한 특징 중의 하나는 독성이 적다는 것인데 이는 탄소-불소 사이의 결합력이 강해 다른 물질과의 상호 작용이 적어지기 때문이다.

(5) 그러나 염소나 브롬이 이 분자 내에 들어오면 탄소-염소, 탄소-브롬 사이의 결합력은 그다지 크지 않지만 불소의 강한 힘이 염소와 브롬을 끌어당겨 이분자의 독성을 작게 한다.

> ✪ 이산화탄소, 할론 1211이나 할론 2402(할론 1301 제외)는 독성 때문에 실내 지하층, 무창층 또는 밀폐된 거실로서 바닥면적이 20㎡ 미만의 장소에는 사용 할 수 없게끔 화재안전기준에 규정되어 있다. 그리고 할론1301이 독성이 적다하더라도 화재의 불꽃과 반응하게 되면 여러 가지 독성가스를 방출한다. 일반적으로 할로겐화합물 중에 불소는 불활성과 안전성을 높여 주고 브롬은 소화 효과를 높여 준다. 또한, Halon은 분자 내의 결합력은 강한 반면, 분자간의 결합력은 약하기 때문에 쉽게 기화되어 소화 후 잔사가 남지 않는 장점도 지니고 있다.

▌할로겐화합물에서 할로겐 원소의 역할▐

특징 \ 할로겐 원소	불 소	염 소	브 롬
안 정 성	강화	–	–
독 성	감소	강화	강화
비 점	감소	강화	강화
열 안 정 성	강화	감소	감소
소 화 효 과	–	강화	강화

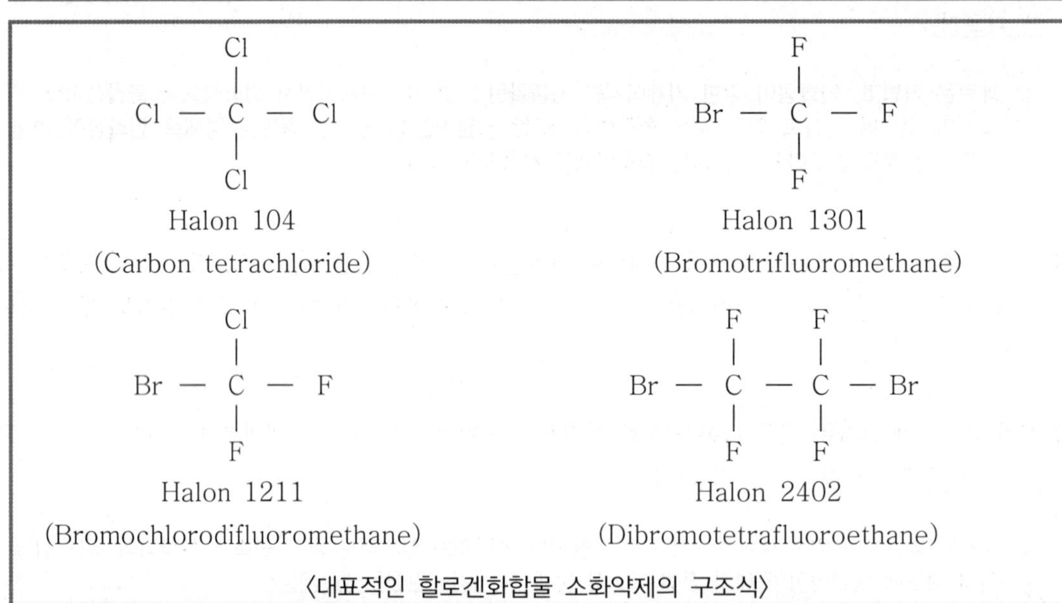

〈대표적인 할로겐화합물 소화약제의 구조식〉

제2관 종류 및 특성

할로겐화합물 소화약제의 종류는 매우 다양하나 현재는 Halon 1301, Halon 1211, Halon 2402가 가장 많이 사용되고 있다.

✪ 이들 소화약제는 1908년 증발성 액체인 사염화탄소(Halon 104)가 최초로 휴대용 소화기에 사용된 이래 발전을 거듭하여 1954년에는 유류화재와 전기화재에 사용할 목적으로 압축가스 소화기에 Halon 1301을 사용하였고, 1973년에는 Halon 1211을 사용한 소화기가 실용화되었으며 1974년에는 상온, 상압에서 액체인 Halon 2402를 사용한 소화기가 등장하게 되었다. 그러나 할론2402의 독성 때문에 소화기용으로는 사용하지 않는다.

▌할로겐화합물 소화약제의 개략적인 물성▌

특성 \ 종류	Halon 1301	Halon 1211	Halon 2402
분자식	CF3Br	CF2BrCI	C2F4Br2
분자량	148.9	165.4	259.8
비점(℃, 1atm)	-57.8	-3.4	47.3
빙점(℃)	-168.0	-160.5	-110.5
임계온도(℃)	67.0	153.8	214.5
임계압력(atm)	39.1	41.8	34.0
증발잠열(㎈/g, 비점)	28.4	32.3	25.0
액체점도(cP, 25℃)	0.16	0.34	0.72
액체비열(㎈/g · ℃, 25℃)	0.19	0.18	0.18
액체비중(20℃)	1.57	1.83	2.18
기체비중(공기=1)	5.1	5.7	9.0
상태(상온, 상압)	기체	기체	액체

▌할로겐화합물 소화약제의 성상▌ ★※ 참고바랍니다.

약 제	분자식	분자량	적응화재	성 상
할론 1301	CF3Br	148.9	B, C급	① 메탄에 불소 3분자와 취소 1분자가 치환된 약제 ② 상온에서 기체이다. ③ 무색, 무취로 전기전도성이 없다. ④ 공기보다 5.1배 무겁다. ⑤ 21℃에서 약 14kg/㎠의 압력을 가하면 액화할 수 있다.
할론 1211	CF2ClBr	165.4	B, C급	① 메탄에 불소 2분자, 염소 1분자, 취소 1분자가 치환된 약제 ② 상온에서 기체이다. ③ 공기보다 5.7배 무겁다. ④ 비점이 -4℃로서 방출 시 액체상태로 방출된다.
할론 1011	CH2ClBr	129.4	B, C급	① 메탄에 염소 1분자와 취소 1분자가 치환된 약제 ② 상온에서 액체이다. ③ 공기보다 4.5배 무겁다.
할론 2402	C2F4Br2	259.8	B, C급	① 에탄에 불소 4분자, 취소 2분자가 치환된 약제 ② 공기보다 9.0배 무겁다.

제3관 소화 기구(extinguishing mechanism)

물리적 효과	· 기체 및 액상 Halon의 열흡수, 액상 Halon의 기화 등에 의한 냉각 효과와 공기중의 산소 농도 저하에 따른 질식 효과가 있다. · 이러한 물리적 효과는 화학적 효과에 비하면 매우 작은 편이다. · Halon의 주된 소화 효과는 화학적 소화 효과로 이에 대한 소화 기구는 아직까지 정확하게 알려져 있지 않다.
화학적 효과	Halon이 연소의 연쇄 반응(chain reaction)을 차단시키거나 방해 또는 억제하는 반응 기구에는 자유활성기 이론(free radical theory)과 이온 이론(ionic theory)의 두 가지가 있는데 Halon 1301을 예로 설명하면 다음과 같다.

① 자유활성기 이론(Free radical theory)

- Halon은 화염 속에서 다음 식과 같이 열분해 되어 두 개의 활성기로 나누어진다.

$$CF3Br \rightarrow CF3^* + Br^*$$

- 분리된 Br*은 가연 물질(R-H)과 다음과 같이 반응한다.

$$(R - H) + Br^* \rightarrow R^* + HBr$$

- HBr은 반응 영역에서 활성화된 수산기(OH*)와 반응한다.

$$HBr + OH^* \rightarrow H_2O + Br^*$$

- 활성화된 Br*은 다시 다른 가연 물질과 반응을 계속한다.

이상과 같은 반응을 통해 활성화된 H*, OH* 등이 활성을 잃게 되고 반응성이 적은 알킬 활성기(alkyl radical)가 남게 된다.

② 이온 이론(Ionic theory)

무제한적인 연소 공정 중에서 산소 분자들이 탄화수소 분자의 이온화에 의해 생성된 전자들을 포획하여 산소 이온으로 되는 단계가 있다.

Halon의 열분해에 의해 생성된 브롬 원자는 산소보다 단면이 커서 많은 전자를 포획한다. 이 결과 산소의 활성화에 필요한 전자가 부족하게 되어 연소의 연쇄 반응이 억제된다.

제4관 적응 화재

주로 유류화재(B급화재), 전기화재(C급화재)에 유효하며 밀폐된 장소에서 방출하는 전역 방출 방식의 경우는 일반화재(A급화재)에도 유효하다.

① 사용 가능한 소화 대상물

- 기상, 액상의 인화성 물질
- 변압기, oil switch 등과 같은 전기 위험물
- 가솔린 또는 다른 인화성 연료를 사용하는 기계
- 종이, 목재, 섬유 같은 일반적인 가연물질
- 위험성 고체
- 컴퓨터실, 통신기기실, control room 등
- 도서관, 자료실, 박물관 등

② 사용이 제한되는 소화 대상물
- 셀룰로오스 질산염 등과 같은 자기 반응성 물질 또는 이들의 혼합물
- Na, K, Mg, Ti(티타늄), Zr(지르코늄), U(우라늄), Pu(플루토늄) 같은 반응성이 큰 금속
- 금속의 수소 화합물(LiH, NaH, CaH2, LiAH4 등)
- 유기과산화물, 히드라진(N2H4)과 같이 스스로 발열 분해하는 화학제품

제5관 소화 농도

① 이산화탄소는 질식 효과에 의해 소화하기 때문에 소화에 필요한 농도가 매우 높은 편이나(소화에 필요한 CO_2의 설계 농도 : 34~75vol% 정도) Halon의 경우는 화학적 억제효과에 의해 소화하기 때문에 소화에 필요한 최소 농도는 CO_2 비해 상당히 작은 편이다.

② 불꽃 소화에 필요한 Halon의 실험적 최소 소화 농도(experimental threshold concen tration)는 이황화탄소(CS_2)나 수소를 제외하고는 개략적으로 10vol% 이하이다.

③ 따라서 산소 결핍에 의한 질식의 위험은 아주 적다. 예를 들어 공기 중의 Halon 농도를 10vol%로 하면 공기중의 산소 농도는 약 18.9vol% (21vol% × 0.9 = 18.9vol%)가 된다. 통상 가연물의 한계 산소 농도(MOC, Minimum Oxygen for Combustion)를 15vol% 이하로 본다면 산소 농도 저하에 의한 질식 위험은 없다고 볼 수 있다.

제6관 Halon의 오존층 파괴

① 할로겐화합물은 할로겐 원소의 독특한 특성 때문에 독성이 거의 없는 안정된 화합물을 형성한다. 이러한 장점 때문에 할로겐화합물은 냉매, 세정제, 발포제, 분사 추진제, 용제, 소화제 등으로 널리 사용되어 과학 기술의 발전에 크게 기여한 물질의 하나로 평가받고 있다.

② 그러나 1980년대 이후 일부 할로겐화합물이 오존층을 파괴하고 지구 온난화에 기여하는 온실효과(green house Effect) 물질로 판명되면서 지구 환경을 보호하려는 국제 협약에 의해 규

제 받게 되었다.

③ 이와 같은 협약 중 '오존층 파괴 물질에 대한 몬트리올 의정서(The Montreal protocol on substances that deplete the ozone layer)'는 이미 발효 중이며 기후 변화 협약도 조만간 체결될 가능성이 높다.

✪ 1987년 9월 16일 캐나다 몬트리올에서 조인되어 1989년 1월 1일부터 발효된 몬트리올의정서에는 오존층을 파괴하는 할로겐화합물로 알려진 CFCs(chlorofluorocarbons, 일반적으로 freon 가스라고도 함), Halon 소화약제, 사염화탄소, 메틸클로로포름 등을 대부분 금세기 내에 전폐하기로 하는 강제 규정과 이를 지키지 않을 경우에 대한 강력한 제재 조항이 포함되어 있다.
우리나라는 1992년 5월에 76번째로 몬트리올 의정서에 가입하여 활동하고 있다. 이중 Halon 소화약제에 대한 생산량 규제 일정은 다음과 같다.

1. 선진국 : 1994년부터 생산금지
2. 개발도상국(우리나라)
   - 1993년 1월 1일 : 1986년 소비량으로 생산량 동결, 정부의 배정량 한도내에서 생산 (한도 : CFC 포함 0.3 OCP환산 kg/인)
   - 2002년 1월 1일 : 1995~1997년 평균생산량으로 동결
   - 2005년 1월 1일 : 1995~1997년 평균생산량의 50%
   - 2010년 1월 1일 : 생산금지

✪ 1992년 1월부터 1986년 수준으로 동결하고 1995년 1월부터는 1986년의 50% 수준으로 동결하며 2003년 이후부터는 사용을 금지하기로 되어 있다. 그러나 1992년 11월 23일 덴마크의 코펜하겐에서 열린 제4차 몬트리올 의정서에서는 현행 규제 일정이 오존층 파괴의 심각성에 비추어 볼 때 충분하지 못하다고 판단되어 규제 일정을 앞당기게 되었다.

✪ 선진국의 경우는 1994년 1월 1일부터 생산 및 사용을 완전 중단하기로 합의하였다. 단, 필수적인 경우는 예외로 하며 우리나라의 경우 개발도상국 조항을 적용 받아 규제 시기가 2010년부터 생산 및 소비가 중단될 예정이어서 지금까지 할론 소화 약제를 사용하여 화재의 위험으로부터 귀중한 인명과 재산을 보호하던 곳에서는 새로운 대응이 필요하게 되었으며 이를 계기로 연구 개발되어진 하론 대체 소화약제가 청정소화약제이다.

제8절 할로겐화합물 및 불활성기체 소화약제

학습목표

- 할로겐화합물 및 불활성기체 소화약제의 소화 성능을 파악함.
- 할로겐화합물 및 불활성기체 소화약제의 종류 및 특성 이해함.
- 할로겐화합물 및 불활성기체 소화약제의 환경영향성을 이해함.

1 개 요

"청정소화약제"란 할로겐화합물(할론 1301, 할론 2402, 할론 1211 제외) 및 불활성 기체로서 전기적으로 비전도성이며, 휘발성이 있거나 증발 후 잔여물을 남기지 않는 소화약제를 말한다.

2 소화성능

Halon소화약제의 소화성능을 실험실에서 측정하는 표준화된 방법은 아직 없다.

(1) 절대적 소화성능 측정

실질적으로 매우 어렵기 때문에 어떤 소화약제의 소화성능을 측정하기 위해서는 대개 상대적 소화성능을 측정한다.

(2) 상대적 소화성능 측정

불활성소화법	공기와 연료가 섞여있는 가연성 혼합물을 불연성 혼합물로 만드는 데 필요한 소화약제의 양을 측정
불꽃 소화방법	불꽃에 소화약제가 확산되어 불을 끄는 데 필요한 소화약제의 농도를 측정

✪ 현재 가장 많이 사용되는 소화성능 측정법 : 불꽃소화방법으로서 시험장치가 간단하고 조작이 간편하며 소화 약제 사용량이 적다. Halon의 최소소화농도가 작을수록 우수한 소화성능을 갖고 있다.

(3) n-Heptane을 연료로 사용한 불꽃 소화방법으로 Halon의 최소소화농도가 Halon 1301이 3.5%, Halon 1211 3.8%, Halon 2402가 2.1%이다.

(4) Halon 대체소화약제의 소화성능도 이와 유사한 낮은 값을 가져야 인간의 질식위험 없이 소화에 사용될 수 있다.

3 Halon 대체 소화약제의 종류

(1) 몬트리올 의정서에 의해 할론의 규제가 시작된 1987년부터 본격적으로 할론 대체소화약제의 개발연구가 시작되었으나 아직까지 확실하게 부각된 물질은 없고 다만 여러 물질군의 유력한 후보물질이 선정되어 성능평가가 활발히 이루어지고 있다.

(2) **할론 대체물질**

① 제1세대 대체물질은 기존 할론보다 오존파괴능력이 작지만 약간은 파괴능력이 있는 물질이거나 소화성능이 떨어지는 물질들로 HBFC-22bl, FC-3-1-10, HCFC-123, HCFC-124, HFC-23, HFC-227ea, HFC-236fa 등이 이에 해당된다.

② 제2세대 대체물질은 현재 FIC-13I1 등이 개발된 상태다.

(3) 할로겐화합물 및 불활성기체소화약제는 불소·염소·브롬·요오드 중 하나 이상 원소를 포함하고 있는 유기화합물을 기본 성분으로 하는 "할로겐화합물 청정소화약제"와 헬륨·네온·아르곤·질소 중 하나 이상의 원소를 기본 성분으로 하는 "불활성가스 청정소화약제"로 구분된다.

> ✪ 청정소화약제의 사용금지장소* 참고하시기 바랍니다.
> · 질산염 및 화약 등의 저장·취급소
> · 리튬, 나트륨, 마그네슘, 티타늄, 우라늄 등과 같이 반응성 금속물질의 저장·취급소
> · 금속수소화합물, 자기열분해물질의 저장·취급소

4 특성★★☆ 12년 · 20년 소방위.

(1) FC-2-1-8(플루오르프로판)

① FC계 물질은 탄소원자에 접한 모든 물질이 불소인 물질을 총칭하는 것으로 미국 3M사가 소화약제로 개발하여 발표하였다. 이 FC계 물질은 깨끗하고, 안정되고, 독성이 없고, 불활성이며, 비전도성이고, ODP(오존층 파괴지수)가 0이다.

② FC-2-1-8은 끓는점이 -36.7℃로 전역방출방식의 소화약제로 적합하나 heptane 불꽃의 소화농도가 7.3vol%로 같은 FC계열의 FC-3-1-10의 5.0-5.9vol%보다 떨어진다. 다만 FC계 대체물질은 다른 대체물질에 비해 대기 중 수명이 길어 지구온난화에 미치는 영향이 크기 때문에 SNAP Program에서는 다른 대체물질이 없는 제한된 용도에서만 사용이 허용되고 있다.

(2) FC-3-1-10 (플루오르부탄)

① 화학식은 C4F10이고 끓는점이 -2.2℃로 전역방출방식에 사용되며 소화농도가 5.0-5.9vol%로 비교적 소화성능도 우수하다. 또한 NOAEL(No Observed Adverse Effect Level : 심장의 역반응이 나타나지 않는 최고 농도)이 40vol%로 소화농도보다 훨씬 높기 때문에 거실에서도 사용할 수 있는 장점이 있다.

② 같은 화재에 대해 FC-3-1-10은 할론1301에 비해 무게비로 약 2배의 양을 사용해야 소화된다. 현재 이 FC-3-1-10은 SNAP 프로그램은 물론 NFPA 2001에 등재되어 있으며 UL에서는 소화약제 및 소방설비의 Pre-engineered System에 대한 인정을 받은 상태이다.

(3) HCFC BLEND A(하이드로클로로 플루오르카본 혼합제)

① HCFC BLEND A는 HCFC-123, HCFC-22, HCFC-124와 C10H16의 혼합물로 이루어진 소화약제로서 캐나다에서 개발하였다. 이 소화약제는 ODP가 0.044이고 대기 중에서의 잔존수명이 7년인 할론1301의 대체물질이다. 소화농도가 7.2vol%이고, LC50이 64vol%, NOAEL이 10vol%로 사람이 있는 거실에서 사용이 가능하다.

② 이 물질은 SNAP program, NFPA 2001, UL Canada에 등재되어 있으며 현재 생산하여 판매되고 있다. 이 소화약제의 HCFC물질은 오존층보호를 위한 몬트리올의정서에서 경과물질로 규정되어 있어 2030년에는 생산이 금지된다.

(4) HCFC-124(클로로테트라 플루오르에탄)

① HCFC-124는 HCFC계 물질로 끓는점이 -11.0℃이며 전역방출방식 및 휴대용 소화약제의 후보물질이다. HCFC-124는 미국 Du Pont사에서 F E-241이라는 상품명으로 판매되고 있다.

② n-heptane 불꽃의 소화농도는 6.4~8.2vol%이고 독성은 LC50이 23~29vol%, NOAEL이 1.0vol%, LOAEL(Lowest Observed Adverse Effect Level: 심장의 역반응이 나타나는 최저 농도)이 2.5vol%이다.

③ 할론1301과 비교할 때 무게비로 1.6배 부피비로 2.3배를 투입하여야 효과적으로 소화할 수 있다.

(5) HFC-125(펜타플루오르에탄)

① 이 물질도 미국의 Du Pont사가 FE-25라는 상품명으로 개발한 전역방출방식용의 할론 대체 소화약제이다. HFC-125는 할론1301과 아주 유사한 물성을 지니고 있다. 다만 밀도는 1.249g/ml로 할론1301의 1.548g/ml보다 낮고 임계온도도 비교적 낮기 때문에 용기에 대한 소화약제의 저장비율이 약간 떨어진다.

② 불꽃의 소화농도는 8.1~9.4vol%로 할론1301에 비해 높으며 증발잠열은 27.1cal/g으로 할론1301의 19.7cal/g에 비해 훨씬 크므로 완전히 기화시켜 배출하는 데 어려움이 있다. NOAEL은 7.5%, LOAEL은 10.0%이고 인 LC50은 70% 이상으로 독성이 비교적 적다. 그러나 NOAEL은 소화농도보다 낮기 때문에 거실에서는 사용할 수 없다.

③ HFC-125는 안정성이 뛰어나기 때문에 대부분의 금속과 고무 등에 상용성이 있다. HFC-125는 기존의 할론에 비해 소화성능이 현저히 떨어지기 때문에 궁극적인 대체물질은 아니다.

④ 이 물질은 기존의 전역방출방식 시설을 약간 보완만 하면 그대로 사용할 수 있는 장점이 있다. 다만 설계농도를 약 12vol%로 유지해야 하므로 더 큰 저장용기가 필요하다.

(6) HFC-227ea(헵타플루오르프로판)

① 미국의 Great Lakes Chemical사가 FM-200이라는 상품명으로 개발한 소화약제로 ODP가 0이며 끓는점이 -16.4℃로 전역방출방식에 적합하다. 이 소화약제의 불꽃소화농도는 5.8~

6.6vol%로 비교적 소화성능이 우수한 편이다. 독성은 NOAEL이 9.0vol%, LC50이 80vol%이상으로 낮아 사람이 있는 곳의 전역방출방식으로 사용이 가능하다.

② 현재 SNAP program, NFPA 2001, UL 및 FMRC의 Engineered System 및 Pre-ngi neered System에서 전역방출방식으로 인증을 취득하였고 휴대용 소화기로는 SNAP program에서 심사 중이다.

③ 소화능력, ODP, GWP, 독성 등을 종합적으로 판단할 때 현재 개발된 HFC계 소화약제 중에서는 가장 우수한 것으로 판단되지만 가격이 약간 높은 것이 단점이다.

(7) HFC-23(트리플루오르메탄)

① FC에 수소가 첨가된 HFC계의 대체물질로 대기 중 수명이 FC에 비해 줄어들어 GWP도 작도록 개발된 물질이다. HFC계 물질은 브롬과 염소도 함유하지 않아 ODP가 0이며 독성도 낮다. 다만 이 물질의 단점은 브롬이 함유되지 않아 화학적 소화성능은 없고 물리적 소화성능만 발휘하기 때문에 소화성능이 기존의 할론에 미치지 못하는 점이다.

② HFC-23은 미국의 Du Pont사가 FE-13이라는 상품명으로 개발한 전역방출방식용의 할론대체 소화약제이다. 이 물질은 처음에 화학중간원료, 냉매 등으로 사용되어 왔다. LC50은 65vol% 이상이고 NOAEL도 50vol%이어서 독성이 낮다. 반면에 불꽃소화농도는 12.0 ~ 12.7vol%로 할론1301소화성능의 1/4 정도이다.

③ HFC- 23은 증기압이 높고 밀도가 낮기 때문에 기존 할론1301 시스템을 사용할 수 없고, 다만 HFC-23의 증기압이 이산화탄소와 비슷하고 밀도는 더 커서 이산화탄소의 대체물질로는 매우 유망하다.

④ 따라서 이산화탄소에 비해 낮은 소화농도, 낮은 독성 및 기존의 장치를 이용할 수 있다는 점이 매우 매력적인 장점이다. HFC-23은 임계온도가 25.9℃로 낮기 때문에 사용할 때 주의가 필요하다.

(8) HFC-236fa(헥사플루오로프로판)

미국의 Du Pont사가 FE-36이라는 상품명으로 개발한 소화약제로서 화학식은 CF3CH2CF3로 FE에 수소가 첨가된 HFC계의 대체물질로 HFC계 물질은 브롬과 염소를 함유하지 않아 ODP가 0이며 독성도 낮은 편이다.

(9) FIC-13I1(트리플루오로이오다이드)* ☆ 14년 경남 소방장 / 20년 소방위

① 미국의 NMERI(New Mexico Engineering Research Institute)에서 개발한 소화약제로서 CF3I는 할론-1301의 분자구조 중 브롬원자를 요오드 원자로 대치한 형태이며 대기 중 수명이 1.15일에 불과하고 GWP가 1이하, 계산상 ODP가 0.008 이하로 추정된다.

② CF3I의 장점은 이 소화약제가 물리적 소화성능 뿐만 아니라 화학적 소화성능을 지니고 있는 점이다. 따라서 이 소화약제의 소화농도는 3.1%로 매우 우수하다. 다만 이 물질의 NOAEL이 0.2%, LOAEL이 0.4%로 나타나 사람이 존재하는 곳에서는 사용이 곤란하다.

③ 이 약제는 사람이 없는 지역에서 SNAP program에 등재되었고 휴대용으로는 심사가 진행 중이며 앞으로 폭발방지용 약제로도 유력한 대체물질이다. 이 소화약제의 단점은 가격이 비싼

요오드를 함유하고 있는 점이다.

(10) IG-541(불연성 · 불활성기체 혼합가스)

① IG-541은 질소 52%, 아르곤 40%, 이산화탄소 8%로 이루어진 혼합소화약제로 A급 및 B급 화재의 소화에 적합하다. 이 소화약제는 할론이나 분말소화제와 같이 화학적 소화특성을 지니고 있는 것은 아니고 주로 밀폐된 공간에서 산소농도를 낮추는 것에 의해 소화한다.

② 이 소화제의 장점은 소화성능을 발휘할 수 있는 약제의 농도에서도 사람의 호흡에 문제가 없으므로 사람이 있는 곳에서도 사용할 수 있다는 점이다.

(11) IG-01 · IG-55 · IG-100(불연성 · 불활성기체혼합가스)

① IG-01은 아르곤이 99.9vol% 이상, IG-55는 질소가 50vol%, 아르곤이 50vol%인 성분으로 되어 있으며 IG-100은 질소가 99.9vol% 이상이다.

② 불연성 · 불활성기체 혼합가스 소화약제로서 대기 잔존지수와 GWP가 0이며 ODP도 0이다. 이들 소화약제는 할론이나 분말소화제와 같이 화학적 소화특성을 지니고 있는 것은 아니고 주로 밀폐된 공간에서 산소농도를 낮추는 것에 의해 소화한다.

5 독성**

GWP	할론은 분자내 C-CL, C-F, C-Br 결합에 의해 파장 8-13㎛부근의 적외선을 강력히 흡수하기 때문에 대기중에서 온실효과를 내는 물질이며 이밖에도 이산화탄소, 수증기, 오존, 메탄, 이산화질소, CCL4 등 50여종 이상이 온실효과 물질로 알려져 있다. 일정무게의 CO_2가 대기중에 방출되어 지구온난화에 기여하는 정도를 1로 정하였을 때 같은 무게의 어떤 물질이 기여하는 정도를 GWP(Global Warming Potential, 지구온난화지수)로 나타내며 다음 식으로 정의된다. * GWP(지구온난화지수) $= \frac{\text{물질 1kg이 기여하는 온난화 정도}}{\text{CFC-11 1kg이 기여하는 온난화 정도}}$
ODP	우수한 소화제였던 할론이 생산 금지되는 이유가 오존층을 보호하기 위한 것이기 때문에 새로 개발되는 대체 소화제는 필히 오존층을 파괴하지 않아야 한다. 따라서 대체물질의 오존파괴능력을 상대적으로 나타내는 지표가 정의되었는데 이를 ODP(Ozone Depletion Potential, 오존파괴지수)라 한다. 이 ODP는 기준물질로 CFC-11($CFCL_3$)의 ODP를 1로 정하고 상대적으로 어떤 물질의 대기권에서의 수명, 물질의 단위질량당 염소나 브롬질량의 비, 활성염소와 브롬의 오존파괴능력 등을 고려하여 물질의 ODP가 정해지는데 계산식은 다음과 같다. * ODP(오존파괴지수) $= \frac{\text{어떤 물질 1kg이 파괴하는 오존량}}{\text{CFC-11 1kg이 파괴하는 오존량}}$

※ 독성 검토

① 할론소화제가 사용되기 직전까지 잔사가 없는 소화제로 이용되고 있던 CCL_4, CH_3Br, CH_2CLBr가 라론소화제로 대체된 이유는 이 물질들이 독성이 있기 때문이다.

② 할론 1301은 지금 사용되고 있는 할론소화제중 가장 독성이 적은 물질로 15분간 노출시킬 경우의 치사농도가 83.2%이다. 이에 비해 할론1211은 32.4%, 할론2402는 12.5%, CCL_4는 2.8%로 독성이 크다.

③ 일반적으로 건물의 전역방출방식용 할론1301 대체소화제는 밀폐된 실내에서 사용해야 하므로 독성이 낮아야 하며 휴대용 소화제인 할론1211의 대체소화제는 개방된 대기중에서 사용되므로 상대적으로 독성이 약간 높아도 무방하다.

④ 할론대체소화제의 흡입독성은 일반적으로 ALC, NOAEL, LOAEL, LC50로 평가되며 다음과 같이 정의된다.

- ALC(Approximate Lethal Concentration)
  ⇒ 실험용쥐의 1/2이 15분 이내에 사망하는 농도로 ALC값이 클수록 물질의 독성이 낮다
- NOAEL(No Observed Adverse Effect Level)
  ⇒ 농도를 증가시킬 때 아무런 악영향도 감지할 수 없는 최대농도
- LOAEL(Lowest Observed Adverse Effect Level)
  ⇒ 농도를 감소시킬 때 악영향을 감지할 수 있는 최소농도
- LC50(50% Lethal Concentation) ⇒ 반수(半數) 치사농도(ppm)

제9절 분말 소화약제**

학습목표

- 분말 소화약제의 종류 및 특성을 파악함.
- 분말 소화약제의 열분해 반응식을 이해함.
- 금속화재용 분말 소화약제의 종류를 이해함.
- 분말 소화약제의의 소화효과 및 적응화재를 이해함.

제1관 개요** ☆ 13년 서울 소방장

① 고체의 미세한 분말은 정도의 차이는 있으나 소화능력을 가지고 있으며, 분말이 미세하면 미세할수록 이 능력은 커진다. 이러한 특성을 이용한 것이 분말소화약제이다.

② 분말 소화약제는 탄산수소나트륨, 탄산수소칼륨, 제1인산암모늄 등의 물질을 미세한 분말로 만들어 유동성을 높인 후 이를 가스압(주로 N_2, 또는 CO_2의 압력)으로 분출시켜 소화하는 약제이다.

③ 사용되는 분말의 입도는 10~70㎛ 범위이며 최적의 소화효과를 나타내는 입도는 20~25㎛이다.
④ 분말 소화약제는 습기와 반응하여 고화되기 때문에 이를 방지하기 위하여 금속의 스테아린산염이나 실리콘 수지 등(현재는 대부분 실리콘 수지를 사용한다.)으로 방습 가공을 해야 한다.
⑤ 분말 소화 설비는 가압 가스의 충전 상태에 따라 축압식과 가압식으로 구분된다. 축압식은 약제 저장 탱크에 분말 소화약제를 충전한 후 가압용 가스를 함께 충전한 방식이고 가압식은 약제 저장 탱크와는 별도로 가압용 가스용기를 설치하여 이를 약제 저장 탱크에 주입시켜 약제를 외부로 방출시키는 방식이다.
⑥ 약제의 주된 소화 효과는

- 분말 운무에 의한 방사열의 차단 효과
- 부촉매 효과, 발생한 불연성 가스에 의한 질식 효과
- 가연성 액체의 표면 화재에 매우 효과적
- 분말이 비전도체이기 때문에 전기화재에도 효과
- 일반적으로 유류화재와 전기화재에 효과적이나 제3종 분말 소화약제의 경우는 유류화재, 전기화재는 물론 일반화재에도 효과가 있다.

제2관 종류 및 특성

1 분류의 기준

(1) 가압가스의 충전상태에 따라

구분	내용
축압식	약제 저장탱크에 분말 소화약제를 충전한 후 가압용 가스를 함께 충전한 방식을 말한다.
가압식	약제 저장탱크와는 별도로 가압용 가스용기를 설치하여 이를 약제 저장탱크에 주입시켜 약제를 외부로 방출시키는 방식을 말한다.

(2) 적응화재에 따라

구분	내용
BC 분말	유류화재(B급 화재)나 전기화재(C급 화재)에 사용하는 분말을 말하며, BC 분말에는 제1종 분말(탄산수소나트륨을 주성분으로 한 분말), 제2종 분말(탄산수소칼륨을 주성분으로 한 분말), 제4종 분말(탄산수소칼륨과 요소가 반응한 분말)이 있다.
ABC 분말	B·C급 화재는 물론이고 일반화재(A급 화재)에도 사용할 수 있는 분말을 말하며, ABC 분말에는 제3종 분말(인산염을 주성분으로 한 분말)이 있다. 이외에도 특수 용도의 CDC(Compatible Dry Chemical) 분말과 금속화재용 분말이 있다.

▌분말 소화약제의 종류 및 특성▐

종 별	주 성 분	분 자 식	색 상	적응화재
제1종 분말	탄산수소나트륨 (Sodium bicarbonate)	$NaHCO_3$	백색	B급, C급
제2종 분말	탄산수소칼륨 (Potasium bicarbonate)	$KHCO_3$	담회색	B급, C급
제3종 분말	제1인산암모늄 (Monoammonium phosphate)	$NH_4H_2PO_4$	담홍색 (또는 황색)	A급, B급, C급
제4종 분말	탄산수소칼륨과 요소와의 반응물 (Urea-based potassium bicarbonate)	$KC_2N_2H_3O_3$	회색	B급, C급

▌분말 소화약제 주성분의 성상▐

항 목 \ 성 분	탄산수소나트륨	탄산수소칼륨	제1인산암모늄
분 자 식	$NaHCO_3$	$KHCO_3$	$NH_4H_2PO_4$
별 칭	중탄산나트륨, 중탄산소다(중조)	중탄산칼륨	인산이수소암모늄, 인산일암모늄
형 태	무색 결정(단사정계)	무색 결정(단사정계)	무색 결정(정방정계)
용해도(물)	8.8g/100g(15℃)	36.1g/100g(26℃)	22.7g/100g(0℃)
비 중	2.21	2.17	1.80

2 분말소화약제 특성★☆ 14년 서울 소방장, 17년 소방장

제1종 분말	① 탄산수소나트륨($NaHCO_3$)을 주성분으로 하고 이들이 습기에 의해 고화되는 현상을 막기 위해 금속의 스테아린산염이나 실리콘 수지로 표면 처리(방습처리)하고 ② 분말의 유동성을 높여주기 위하여 탄산마그네슘($MgCO_3$), 인산삼칼슘($Ca_3(PO_4)_2$) 등의 분산제를 첨가한 약제로 백색으로 착색되어 있다. ③ 초기소화 효과 ㉠ 탄산수소나트륨이 열분해 될 때 발생하는 이산화탄소와 수증기에 의한 질식 효과 ㉡ 열 분해시의 흡열 반응에 의한 냉각 효과 ㉢ 분말 운무에 의한 열방사의 차단 효과 ㉣ 연소 시 생성된 활성기가 분말의 표면에 흡착되거나, 탄산수소나트륨의 Na^+이온에 의해 안정화되어 연쇄 반응이 차단되는 효과가 큰 영향을 미치는 것으로 이해되고 있다. ㉤ 탄산수소나트륨은 약 60℃ 부근에서 분해시작 270℃와 850℃ 이상에서 열분해 ※ 요리용 기름이나 지방질 기름의 화재 시에 비누화 반응, 이때 생성된 비누 상 물질은 가연성 액체의 표면을 덮어서 질식소화 효과와 재 발화 억제 효과를 나타낸다. ※ 유류화재 및 전기화재에는 유효하나 일반화재에는 일반적으로 잘 사용되지 않는다(일반 가연물의 표면 화재에는 일시적인 소화 효과가 있음).

제2종 분말	① 탄산수소칼륨(KHCO3)으로 바뀐 것 이외에는 제1종 분말 소화약제와 거의 동일하다. 제1종에 비하여 소화 효과는 우수한 편이며 약제는 담회색으로 착색되어 있다. ② 소화 효과는 제1종 분말 소화약제와 거의 비슷하나 소화 능력은 제1종 분말 소화 약제보다 우수하다(소화에 필요한 약제량으로 계산할 때 약 2배 정도 우수). ③ 요리용 기름이나 지방질 기름과 비누화 반응을 일으키지 않기 때문에 이 경우에는 제1종 분말 소화약제보다 소화력이 떨어진다. ④ 소화 능력이 우수한 이유는 칼륨(K)이 나트륨(Na)보다 반응성이 더 크기 때문이다. ⑤ 칼륨 이온(K+)이 나트륨 이온(Na+)보다 화학적 소화 효과(부촉매 효과)가 크다. ⑥ 알칼리 금속에서 화학적 소화 효과는 원자 번호에 의해 Cs 〉 Rb 〉 K 〉 Na 〉 Li의 순서대로 커진다. ⑦ 탄산수소나트륨 계열의 것은 불꽃과 만나면 황색의 빛을 내는 반면, 탄산수소칼륨 계열의 것은 자주색의 빛을 내기 때문에 일명 purple K(미국 Ansul사의 상품명)라고도 부른다. ⑧ 유류화재 및 전기화재에는 유효하나 일반화재에는 일반적으로 잘 사용되지 않는다. 소화 효과는 제1종 분말 소화약제와 거의 비슷하다.
제3종 분말	① 분말 소화약제는 불꽃 연소에는 대단한 소화력을 발휘하지만 작열 연소의 소화에는 그다지 큰 소화력을 발휘하지 못하는 단점이 있다. ② 주성분은 알칼리성의 제1인산암모늄(NH4H2PO4)이며, 담홍색으로 착색되어 있다. ③ 소화효과는 냉각, 질식, 방진, 부촉매, 열차단, 탈수 탄화작용 ④ A급, B급, C급 화재 사용, 현재 생산되는 분말 소화약제의 대부분이 제3종임. ⑤ 요리용 기름이나 지방질 기름과는 비누화 반응을 일으키지 않기 때문에 사용안함. ⑥ 우리나라에서는 차고나 주차장에 설치토록 규정하고 있음.
제4종 분말 ☆ 14년 인천 소방장	① 제2종 분말을 개량한 것으로 탄산수소칼륨(KHCO3)과 요소(CO(NH2)2)와의 반응물(KC2N2H3O3)을 주성분으로 하며, 약제는 회색으로 착색되어 있다. ② 소화력은 분말 소화약제 중 가장 우수하다. 특히 B급, C급 화재에는 소화 효과가 우수하나 A급 화재에는 별 효과가 없다.★ ③ 성분이 동일한 분말 소화약제는 입자가 작아지면 작아질수록 소화효과는 커진다.

3 특수 소화약제

(1) CDC(Compatible Dry Chemical)

① 포와 함께 사용할 수 있는 분말 소화 약제를 의미한다.

② 분말 소화약제는 빠른 소화 능력을 갖고 있으나 유류화재 등에 사용되는 경우는 소화 후 재착화의 위험성이 있다.

> ✪ 포 소화약제는 소화에 걸리는 시간은 길지만 소화 후 장시간에 걸쳐 포가 유면을 덮고 있기 때문에 재착화의 위험은 아주 적으므로 이들의 장점만 살리기 위하여 두 가지 약제를 함께 사용하는 방법을 생각하게 되었으나 분말소화약제인 소포성 때문에 실현되기 어려웠다. 이에 소포성이 없는 분말 소화약제인 CDC가 개발되게 되었다.

③ 분말 소화약제 중에서는 ABC 분말 소화약제가 가장 소포성이 적기 때문에 이것을 개량해서 소포성이 거의 없는 CDC를 개발, 주로 비행장에서 사용되고 있다.

(2) 금속화재용 분말 소화약제(dry powder)

① 일반적으로 금속화재는 가연성 금속인 알루미늄(Al), 마그네슘(Mg), 나트륨(Na), 칼륨(K), 나트륨/칼륨 합금, 리튬(Li), 지르코늄(Zr), 티타늄(Ti), 우라늄(U) 등이 연소하는 것을 말한다.

② 이러한 금속은 비중에 따라서 두 가지로 분류되며 연소 성상은 다음과 같다.

비중이 가벼운 경금속	융점이 낮고 연소하면서 녹아 액상이 되고 증발하여 불꽃을 내면서 연소한다.
비중이 무거운 금속	융점이 1000℃를 넘고 연소하기 어렵지만 연소하면 불꽃을 내면서 비산한다.

③ 금속화재는 연소 온도가 매우 높기 때문에 소화하기가 어렵고 물은 급격한 반응을 일으키거나 수증기 폭발을 일으킬 위험이 있기 때문에 사용을 금해야 한다.

> ✪ 금속소화약제 성질
> · 고온에 견딜 수 있을 것
> · 냉각 효과가 있을 것
> · 요철 있는 금속 표면을 피복할 수 있을 것
> · 금속이 용융된 경우(Na, K 등)에는 용융 액면상에 뜰 것 등

④ 위와 같은 성질을 갖춘 물질로는 흑연, 탄산나트륨, 염화나트륨, 활석(talc) 등이 있다.

⑤ 가열에 의해 유기물이 용융되어 주성분을 유리상으로 만들어 금속 표면을 피복하여 산소의 공급을 차단한다.

| 금속화재용 분말 소화약제 종류 |

종류	내용
G-1	· 흑연화된 주조용 코크스를 주성분으로 하고 여기에 유기 인산염을 첨가한 약제이다. · 흑연은 열의 전도체이기 때문에 열을 흡수하여 금속의 온도를 점화 온도 이하로 낮추어 소화한다. 또한 흑연 분말은 질식 효과도 있다. · Mg, K, Na, Ti, Li, Ca, Zr, Hf, U, Pt 등과 같은 금속화재에 효과적이다.
Met-L-X	· 염화나트륨(NaCl)을 주성분으로 하고 분말의 유동성을 높이기 위해 제3인산칼슘과 가열되었을 때 염화나트륨 입자들을 결합하기 위하여 열가소성 고분자 물질을 첨가한 약제이다. · Mg, Na, K와 Na-K 합금의 화재에 효과적이다. · 고온의 수직 표면에 오랫동안 붙어 있을 수 있기 때문에 고체 금속 조각의 화재에 특히 유효하다.
Na-X	· Na 화재를 위해서 특별히 개발된 것이다. · 탄산나트륨을 주성분으로 하고 여기에 비흡습성과 유동성을 향상시킬 수 있는 첨가제를 첨가한 약제이다.
Lith-X	· Li 화재를 위해서 특별히 만들어진 것이다. · 그러나 Mg이나 Zr 조각의 화재 또는 Na과 Na-K 화재에도 사용된다. · 흑연을 주성분으로 하고 유동성을 높이기 위해 첨가제를 첨가하였다.

제3관 소화 효과

질식 효과	· 분말 소화약제가 열에 의해 분해될 때 발생되는 CO_2, 수증기 등의 불연성 기체에 의해 공기 중의 산소 농도가 저하되어 나타나는 현상이다.
냉각 효과	· 열분해 시 나타나는 흡열 반응에 의한 냉각 효과와 고체 분말에 의한 화염 온도 저하(고농도인 경우)
방사열의 차단 효과	· 방출되면 화염과 가연물 사이에 분말의 운무를 형성하여 화염으로부터의 방사열을 차단하며, 유류화재의 소화 시에 큰 효과를 나타내는 것으로 알려져 있다.
화학적 소화 효과	· 가연물의 연소 시 발생되는 H*나 OH*등의 활성기(free radical)에 의한 연쇄 반응(chain reaction)을 차단하는 것이다. · 강력한 흡열 반응을 일으키기 때문에 불꽃의 온도를 낮추거나 연소계로부터 에너지를 제거하여 연쇄 반응에 영향을 미친다.
방진 효과	· 제3종 분말 소화약제에서만 나타나는 소화 효과로 제1인산암모늄이 열분해 될 때 생성되는 용융 유리상의 메타인산(HPO3)이 가연물의 표면에 불침투의 층을 만들어서 산소와의 접촉을 차단하는 것이다. · 이러한 소화 효과를 나타내는 경우는 A급 화재에도 사용이 가능하다.
탈수·탄화 효과	· 일반 가연물의 연소는 열분해 시 생성되는 가연성 기체에 의해 일어나는데 제1인산암모늄은 이와 같은 기체의 발생을 억제하기 때문에 연소가 중지된다. · 제1인산암모늄은 190℃ 부근에서 암모니아(NH3)와 오쏘-인산(H3PO4)으로 열분해 된다. · 이때 생성된 오쏘-인산은 목재, 섬유, 종이 등을 구성하고 있는 섬유소를 탈수·탄화시켜 난연성의 탄소와 물로 분해시키기 때문에 연소 반응이 중단된다.

제4관 적응 화재

1 분말 소화 설비의 적응 대상물

① 인화성 액체를 취급하는 장소 : 유류 탱크, 도료 반응기, 도장실, 도장 건조로, 자동차 주차장, 보일러실, 엔진룸, 주유소, 위험물 창고 등
② 인화성 액체 또는 가스 등의 분출로 인한 화재 발생의 위험이 있는 장소 : 송유관, 반응탑, 가스 플랜트, LNG 방유제 내 등
③ 전기화재가 일어날 수 있는 장소 : 변압기, 유입 차단기, 전기실 등
④ 종이, 직물류 등의 일반 가연물로 표면 연소가 일어나는 경우

2 분말 소화약제 사용 제한

① 정밀한 전기·전자 장비가 설치되어 있는 장소(컴퓨터실, 전화 교환실 등)

> ✪ 화재안전기준의 소화기구의 설치적응성에 전기실 및 전산실의 적응성을 인정하고 있는 것은 전기실 및 전산실에서의 분말소화설비는 설치자의 선택사항임.

② 자체적으로 산소를 함유하고 있는 자기 반응성 물질
③ 가연성 금속(Na, K, Mg, AI, Ti, Zr 등)
④ 소화약제가 도달될 수 없는 일반 가연물의 심부 화재

기출 및 예상문제

01 소화 약제의 조건이 아닌 것은?

① 인체에 대한 독성이 없을 것.
② 환경에 대한 오염이 적을 것.
③ 연소의 4요소 중 두 가지 이상을 제거할 수 있는 능력이 탁월할 것.
④ 저장 안정성이 있을 것.

해설 ✪ 소화약제의 조건
· 연소의 4요소 중 한 가지 이상을 제거할 수 있는 능력이 탁월할 것.
· 가격이 저렴할 것.
· 저장 안정성이 있을 것.
· 환경에 대한 오염이 적을 것.
· 인체에 대한 독성이 없을 것.

02 포 소화약제의 결점에 대한 내용으로 틀린 것은?

① 소화 후의 오손 정도가 심하다.
② 감전의 우려가 있어 전기화재나 통신 기기실, 컴퓨터실 등에는 부적합하다.
③ 청소가 힘들다.
④ Na, K 등과 같이 물과 반응하는 금속, 인화성 액화가스에는 적합하다.

해설 포 소화약제의 결점
① 소화 후의 오손 정도가 심하다.
② 청소가 힘들다.
③ 감전의 우려가 있어 전기화재나 통신 기기실, 컴퓨터실 등에는 부적합하다.
④ 제5류 위험물과 같이 자체적으로 산소를 함유하고 있는 물질과 Na, K 등과 같이 물과 반응하는 금속, 인화성 액화가스에는 부적합하다.

03 소화약제 중 C급 화재에 적응성이 없는 것은?

① 포
② 이산화탄소
③ 할로겐화합물
④ 분말

해설 ✪ 물과 포는 수계소화약제로서 C급에는 적응성이 없다.★ ☆ 13년 충북 소방교

정답 01. ③ 02. ④ 03. ①

04 다음 내용과 관계 깊은 것은?

> 질식효과, 냉각효과, 열의 이동 차단, 주변 공기 배출, 가연성 증기 생성억제

① 이산화탄소 소화약제　② 포 소화약제
③ 분말소화약제　④ 할로겐화합물 소화약제

해설 포 소화약제의 소화효과는 ① 질식효과, ② 냉각효과, ③ 열의 이동 차단, ④ 주변 공기 배출, ⑤ 가연성 증기 생성억제 이다.

05 "물의 물리적 성질"에 관한 내용으로 옳은 것은?

① 물은 상온에서 비교적 안정한 액체로 자연 상태에서는 기체(수증기), 액체, 고체(얼음)의 세 가지 형태로 존재한다.
② 0℃의 얼음 1g이 0℃의 액체 물로 변하는 데 필요한 용융열(용융 잠열)은 179.7cal/g이다.
③ 20℃의 물 1g을 100℃까지 가열하기 위해서는 180cal/g의 열이 필요하다.
④ 대기압 하에서 100℃의 물이 액체에서 수증기로 바뀌면 체적은 약 700배 정도 증가한다.

해설 ※ 물의 물리적 성질★ ☆12년 경북 소방교, 13년 인천 소방장 / 17년 소방장

1. 물은 상온에서 비교적 안정한 액체로 자연 상태에서는 기체(수증기), 액체, 고체(얼음)의 세 가지 형태로 존재한다.
2. 0℃의 얼음 1g이 0℃의 액체 물로 변하는 데 필요한 용융열(용융 잠열)은 79.7cal/g이다.
3. 100℃의 액체 물 1g을 100℃의 수증기로 만드는 데 필요한 열량인 증발 잠열(기화열)은 539.6cal/g으로 다른 물질에 비해 매우 큰 편이다.
4. 물 1g을 1℃ 올리는 데 필요한 열량인 비열은 1cal/g·℃로 다른 물질에 비해 상당히 큰 편이다. 따라서 20℃의 물 1g을 100℃까지 가열하기 위해서는 80cal의 열이 필요하다.
5. 대기압 하에서 100℃의 물이 액체에서 수증기로 바뀌면 체적은 약 1,700배 정도 증가한다.(100℃의 포화수와 건조포화수증기의 비체적은 각각 0.001044L/g, 1.673L/g)
6. 1atm에서 물의 빙점(융점)은 0℃, 비점은 100℃이다. 이들 값은 압력에 따라 변한다.
7. 물의 비중은 1atm을 기준으로 4℃일 때 0.999972로 가장 무거우며 4℃보다 높거나 낮아도 이 값보다 작아진다.
8. 물은 압력을 받으면 약간은 압축되나 기체에 비하면 무시해도 좋을 정도이므로 비압축성 유체로 간주할 수 있다. 온도에 따라 다르기는 하지만 1kg/㎠의 압력 증가에 평균 3.0×10−10~5.0×10−10씩 부피가 감소한다.
9. 물의 점도는 1atm, 20℃에서 1.0cP(1centipoise=0.01g/㎝·sec)이며 온도가 올라가면 점도는 작아진다(50℃에서는 0.55cP).
10. 물의 표면 장력은 20℃에서 72.75dyne/㎝이며 온도가 상승하면 표면 장력은 작아진다(40℃에서는 69.48dyne/㎝).

정답 04. ② 05. ①

06 물의 주수형태에 대한 설명 중 "적상(滴狀)"에서 물방울의 평균 직경은?

① 0.5~6㎜ ② 0.1~1.0㎜
③ 0.1~5㎜ ④ 0.5~1.0㎜

해설 ✪ 무상은 물분무소화설비헤드 형태의 주수로 물방울 평균직경의 0.1~1.0㎜ 정도이다*
☆ 13년 충북 소방장·소방교

적 상	· 스프링클러 소화설비 헤드의 주수 형태로 살수(撒水)라고도 한다. · 저압으로 방출되기 때문에 물방울의 평균 직경은 0.5~6㎜ 정도이다. · 일반적으로 실내 고체 가연물의 화재에 사용된다.

07 다음 내용을 읽고 답하시오.

알코올·에테르·에스테르·케톤류 등의 화재 시 많은 양의 물을 일시에 방사하여 가연물질의 연소농도를 소화농도 이하 낮추어 소화하는 방법

① 냉각효과 ② 질식효과
③ 유화효과 ④ 희석효과

해설 희석소화 작용이라 함은 대부분 수용성가연물질의 화재 시에 적용하는 소화작용으로서 물에 어떠한 비율로도 용해가 가능한 물질에 대하여 적용되며, 물을 방사하는 방법에 따라 소화에 소요되는 시간에 다소의 차이는 있으나 분무상보다는 봉상 또는 적상으로 소화약제를 방사하는 경우에 효율적인 소화효과를 얻을 수 있다.

08 물 소화약제 첨가제로써 다음 내용과 관계있는 것은?

동절기 물소화약제가 동결되는 단점을 보완하고 물의 소화력을 높이기 위하여 화재에 억제 효과가 있는 염류를 첨가한 것

① 동결방지제(부동제) ② 증점제
③ 침투제 ④ 강화액 소화약제

해설 ✪ 강화액 소화약제
· 동절기 물소화약제가 동결되는 단점을 보완하고 물의 소화력을 높이기 위하여 화재에 억제 효과가 있는 염류를 첨가한 것이다.
· 염류로는 알칼리 금속염의 탄산칼륨(K2CO3)과 인산암모늄[(NH4)2PO4] 등이 사용되고 여기에 침투제 등을 가하여 제조한다.
· 수소 이온농도(pH)는 약알칼리성으로 11~12이며, 응고점은 −26℃~−30℃ 이다.
· 색상은 일반적으로 황색 또는 무색의 점성이 있는 수용액이다.
· 강화액의 소화 효과는 물이 갖는 소화효과와 첨가제가 갖는 부촉매 효과를 합한 것이다.
· 용도는 주로 소화기에 충약해서 목재 등의 고체 형태인 일반가연물 화재에 사용한다.

정답 06. ① 07. ④ 08. ④

09 물소화약제 첨가제로써 산불화재용으로 사용되는 대표적인 증점제는?

① 펙틴(pectin)

② CMC(Sodium Carboxy Methyl Cellulose)

③ 인산암모늄$(NH_4)_2PO_4$

④ 알킨산나트륨염

해설 ✪ 증점제★★☆ 14년 경남 소방장

· 물은 유동성이 크기 때문에 소화 대상물에 장시간 부착되어 있지 못한다.

· 화재에 방사되는 물소화약제의 가연물에 대한 접착성질을 강화시키기 위하여 첨가하는 물질을 증점제라 하며,

· 물의 사용량을 줄일 수 있고 높은 장소(공중 소화)에서 사용 시 물이 분산되지 않으므로 목표물에 정확히 도달할 수 있어 소화 효과를 높일 수 있는 장점이 있어 산림화재 진압용으로 많이 사용된다.

· 증점제로 유기계는 알킨산나트륨염, 펙틴(pectin), 각종 껌 등의 고분자 다당류, 셀룰로오스 유도체, 비이온 성계면 활성제가 있고 무기계로는 벤토나이트, 붕산염 등이 사용되고 있으며 산림화재용으로 사용되는 대표적인 증점제로는 CMC(Sodium Carboxy Methyl Cellulose) 등이 있다.

10 다음 중 물소화약제 첨가제로서 "동결방지제"에 가장 많이 사용하는 것은?

① 에틸렌글리콜(ethylene glycol, $C_2H_4(OH)_2$)

② CMC(Sodium Carboxy Methyl Cellulose)

③ 탄산칼륨(K_2CO_3)

④ 인산암모늄$(NH_4)_2PO_4$

해설 ✪ 동결방지제(부동제)☆ 14년 경기 소방장

· 소화약제로서 물의 큰 단점은 저온에서의 동결이다.

· 이와 같은 단점을 보완하기 위해서 첨가하는 약제가 동결방지제이며 물의 물리·화학적 성질을 고려하여 일반적으로 자동차 냉각수 동결방지제로 많이 사용되는 에틸렌글리콜(ethylene glycol, $C_2H_4(OH)_2$)을 가장 많이 사용하고 있다.

11 포 소화약제 중 저팽창포의 팽창비는?

① 20 이하　　② 30 이상

③ 50 미만　　④ 80 이상

해설 우리나라는 팽창비가 20미만인 저팽창포와 80이상인 고팽창포의 2가지로 구분하고 있다. 저팽창포에는 단백포, 불화단백포, 합성계면활성제포, 수성막포, 내알코올포가 있고, 고팽창포에는 합성계면활성제포가 있다.

정답 09. ② 10. ① 11. ①

12 화학포에 대한 설명으로 틀린 것은? ☆ 21년 소방장

① 화학포는 2가지의 소화약제가 화학 반응을 일으켜 생성되는 기체(이산화탄소)를 핵으로 하는 포이다.

② 우리나라에서는 이 약제를 사용한 소화기가 가장 먼저 보급되었으며, 지금도 널리 사용되고 있다.

③ 이 소화기는 구조가 간단하고 고장이 없고, 조작이 간편하여 사용하기 쉽다.

④ 점착성이 커서 연소물에 부착되어 냉각과 질식 작용으로 화재를 진화한다.

해설 동결이 잘 되고(응고점 : −5℃) 약제의 부식성, 발포 장치의 복잡성 등의 문제점 때문에 소방시설의 설치 · 유지 및 위험물제조소등의 기준 등에 관한 규칙(내무부령 제419호, 1984. 8. 16)에 의해 사용을 인정하지 않고 있다.

13 해수와도 사용할 수 있고 유류화재에 우수한 소화효과를 나타내는 것은?

① 단백포 소화약제　　② 수성막포 소화약제

③ 합성계면 활성제포 소화약제　　④ 내알콜포 소화약제

해설 ✪ 수성막포 소화약제★★ ☆ 14년 부산 소방장, 17년 소방위, 20년 소방장

① 불소계 계면활성제를 주성분으로 한 것으로 역시 물과 혼합하여 사용한다.

② 수성막포는 합성 거품을 형성하는 액체로서 일반 물은 물론 해수와도 같이 사용할 수 있다.

③ 물과 적절한 비율로 혼합하여 기존의 포방출구로 방사하면 물보다 가벼운 인화성 액체 위에 물이 떠 있도록 하는 획기적인 약제이다.

④ 기름의 표면에 거품과 수성의 막(aqueous film)을 형성하기 때문에 질식과 냉각 작용이 우수하다.

⑤ 대표적으로 미국 3M사의 라이트 워터(Light Water)라는 상품명의 제품이 많이 팔리고 있는데 유면상에 형성된 수성막이 기름보다 가벼운 것처럼 보이기 때문에 만들어진 상품명이다.

⑥ 유류화재에 우수한 소화효과를 나타낸다. 3%, 6%, 10%형이 있으나 주로 3%, 6%형이 많이 사용된다.

⑦ 장기 보존성은 원액이든 수용액이든 타 포 원액보다 우수하다. 약제의 색깔은 갈색이며 독성은 없다.

14 다음 중 분말소화약제와 병용이 가능한 소화약제는?

① 수성막포 소화약제

② 단백포 소화약제

③ 합성계면 활성제포 소화약제

④ 불화단백포 소화약제

해설 ✪ 수성막포 소화약제와 병용성

수성막포 소화약제의 포는 소포되지 않기 때문에 분말 소화약제와의 병용이 가능하다. 포 소화약제와 병용할 수 있는 분말 소화약제로는 CDC(Compatible Dry Chemical)가 개발되어 있다.

정답 12. ② 13. ② 14. ①

15 이산화탄소의 일반적 성질로써 옳은 것은?

① 무색, 무취이다.
② 전도성이다.
③ 공기보다 1.5배 정도 가벼운 기체이다.
④ 공기 중에 약 0.3vol% 존재한다.

해설 1. 무색, 무취이며 전기적으로 비전도성이고 공기보다 1.5배 정도 무거운 기체이다.
2. 공기 중에 약 0.03vol% 존재하며 동·식물의 호흡 및 유기물의 연소에 의해서도 발생되고 천연 가스, 광천수 등에도 함유되어 있다.

16 이산화탄소 소화약제에 대한 내용으로써 옳지 않은 것은?

① 소화 후 소화약제에 의한 오손이 없다.
② 장시간 저장해도 변화가 없다.
③ 전기 절연성이다.
④ 방출용 동력이 필요하다.

해설 ✪ 이산화탄소 소화약제는
1. 소화 후 소화약제에 의한 오손이 없고,
2. 한냉지에서도 동결될 염려가 없고,
3. 전기 절연성이고,
4. 장시간 저장해도 변화가 없고,
5. 자체 압력으로 방출되기 때문에 방출용 동력이 필요하지 않는다.

17 이산화탄소 농도(vol%)가 4.0(20.16)인 경우 증상은?

① 호흡수가 늘어나고 호흡이 깊어진다.
② 호흡수가 현저히 증가한다.
③ 시력 장애, 몸이 떨리며 2~3분 이내에 의식을 잃으며 그대로 방치하면 사망한다.
④ 눈, 목의 점막에 자극이 있다. 두통, 귀울림, 어지러움, 혈압 상승 등이 일어난다.

해설 ✪ 이산화탄소가 인체에 미치는 영향

CO2의 농도(vol%)	증 상
4.0(20.16)	눈, 목의 점막에 자극이 있다. 두통, 귀울림, 어지러움, 혈압 상승 등이 일어난다.

정답 15. ① 16. ④ 17. ④

18 이산화탄소 소화약제의 적응성이 있는 것은?

① 제5류 위험물과 같이 자체적으로 산소를 가지고 있는 물질
② Na, K 등과 같이 CO_2를 분해시키는 반응성이 큰 금속
③ 통신기기실, 전산기기실, 변전실 등의 전기설비
④ 방출 시 인명피해가 우려되는 밀폐된 장소

해설 통신기기실, 전산기기실, 변전실 등의 전기설비에는 적응성이 있다.

19 할론 명명법에 대한 수소원자의 수를 계산하는 방식으로 옳은 것은?

① 수소 원자의 수 = (첫번째 숫자 × 2) + 2 - 나머지 숫자의 합
② 수소 원자의 수 = (두번째 숫자 × 2) + 1 - 나머지 숫자의 합
③ 수소 원자의 수 = (첫번째 숫자 × 1) + 2 - 나머지 숫자의 합
④ 수소 원자의 수 = (두번째 숫자 × 2) + 2 - 나머지 숫자의 합

해설 ✪ 할론 명명법★ ☆ 13년 서울 소방장

할론 명명법으로는 할로겐 원소로 치환되지 않은 수소 원자의 개수가 나타나지 않는다는 단점이 있다. Halon 번호를 보고 남아 있는 수소 원자의 개수를 계산하는 것은 포화탄화수소가 가지고 있는 수소의 수[(탄소수 × 2) + 2]에서 치환된 할로겐족 원소의 합인 나머지 숫자를 빼면 된다.

수소 원자의 수 = (첫번째 숫자 × 2) + 2 - 나머지 숫자의 합

· Halon 1001(CH3Br)의 경우에 치환되지 않은 수소 원자의 수는 (1×2)+2-1=3이다.

20 할로겐화합물 소화약제에 대한 설명으로 틀린 것은?

① 연쇄반응을 차단시켜 화재를 소화한다.
② Halon은 상온, 상압에서 기체 또는 액체 상태로 존재하나 저장하는 경우는 액화시켜 저장한다.
③ 유류화재(B급화재), 전기화재(C급화재)에 적합하다.
④ 밀폐 상태에서는 일반화재(A급화재)에 사용할 수 없다.

해설 일반적으로 유류화재(B급화재), 전기화재(C급화재)에 적합하나 전역 방출과 같은 밀폐 상태에서는 일반화재(A급화재)에도 사용할 수 있다.

정답 18. ③ 19. ① 20. ④

21 다음은 할론 대체소화약제에 대한 설명으로 관계 깊은 것은?

> 할론이나 분말소화제와 같이 화학적 소화특성을 지니고 있는 것은 아니고 주로 밀폐된 공간에서 산소농도를 낮추는 것에 의해 소화한다.

① IG-541
② FIC-13I1
③ HFC-125
④ IG-01 · IG-55 · IG-100

해설 ✪ IG-01 · IG-55 · IG-100(불연성 · 불활성기체혼합가스)

① IG-01은 아르곤이 99.9vol% 이상, IG-55는 질소가 50vol%, 아르곤이 50vol%인 성분으로 되어 있 으며 IG-100은 질소가 99.9vol% 이상이다.

② 불연성 · 불활성기체 혼합가스 소화약제로서 대기 잔존지수와 GWP가 0이며 ODP도 0이다. 이들 소화약제는 할론이나 분말소화제와 같이 화학적 소화특성을 지니고 있는 것은 아니고 주로 밀폐된 공간에서 산소농도를 낮추는 것에 의해 소화한다.

22 할로겐 소화약제를 사용할 수 없는 곳은?

① 변압기, oil switch 등과 같은 전기 위험물
② 위험성 고체
③ 도서관, 자료실, 박물관 등
④ 셀룰로오스 질산염 등과 같은 자기 반응성 물질 또는 이들의 혼합물

해설 ✪ 사용 가능한 소화 대상물은 다음과 같다.

1. 기상, 액상의 인화성 물질
2. 변압기, oil switch 등과 같은 전기 위험물
3. 가솔린 또는 다른 인화성 연료를 사용하는 기계
4. 종이, 목재, 섬유 같은 일반적인 가연물질
5. 위험성 고체
6. 컴퓨터실, 통신기기실, control room 등
7. 도서관, 자료실, 박물관 등

✪ 사용이 제한되는 소화 대상물

1. 셀룰로오스 질산염 등과 같은 자기 반응성 물질 또는 이들의 혼합물
2. Na, K, Mg, Ti(티타늄), Zr(지르코늄), U(우라늄), Pu(플루토늄) 같은 반응성이 큰 금속
3. 금속의 수소 화합물(LiH, NaH, CaH2, LiAH4 등)
4. 유기과산화물, 히드라진(N2H4)과 같이 스스로 발열 분해하는 화학제품

정답 21. ④ 22. ④

23 할론 2세대 대체물질 중 다음 보기 내용을 읽고 옳은 것을 고르시오.

> 소화약제의 장점은 물리적 소화성능 뿐만 아니라 화학적 소화성능을 지니고 있고, 단점으로는 가격이 비싼 요오드를 함유하고 있는 점이다.

① HFC-125 ② HFC-23
③ FIC-1311 ④ IG-541

해설 ✪ FIC-1311(트리플루오로이오다이드)★ ☆ 14년 경남 소방장 / 20년 소방위

① 미국의 NMERI(New Mexico Engineering Research Institute)에서 개발한 소화약제로서 CF_3I는 할론-1301의 분자구조 중 브롬원자를 요오드 원자로 대치한 형태이며 대기 중 수명이 1.15일에 불과하고 GWP가 1 이하, 계산상 ODP가 0.008 이하로 추정된다.

② CF_3I의 장점은 이 소화약제가 물리적 소화성능 뿐만 아니라 화학적 소화성능을 지니고 있는 점이다. 따라서 이 소화약제의 소화농도는 3.1%로 매우 우수하다.
다만 이 물질의 NOAEL이 0.2%, LOAEL이 0.4%로 나타나 사람이 존재하는 곳에서는 사용이 곤란하다.

③ 이 약제는 사람이 없는 지역에서 SNAP program에 등재되었고 휴대용으로는 심사가 진행 중이며 앞으로 폭발방지용 약제로도 유력한 대체물질이다. 이 소화약제의 단점은 가격이 비싼 요오드를 함유하고 있는 점이다.

24 분말소화약제의 주된 소화 효과로써 틀린 것은?

① 분말 운무에 의한 방사열의 차단 효과
② 가연성 액체의 표면 화재에 매우 효과적
③ 분말이 전도체이기 때문에 전기화재에는 성능이 저하됨
④ 부촉매 효과, 발생한 불연성 가스에 의한 질식 효과

해설 ✪ 분말 소화약제의 주된 소화효과

1. 분말 운무에 의한 방사열의 차단 효과
2. 부촉매 효과, 발생한 불연성 가스에 의한 질식 효과
3. 가연성 액체의 표면 화재에 매우 효과적
4. 분말이 비전도체이기 때문에 전기화재에도 효과
5. 일반적으로 유류화재와 전기화재에 효과적이나 제3종 분말 소화약제의 경우는 유류화재, 전기화재는 물론 일반화재에도 효과가 있다.

25 분말소화약제에 대한 설명으로 잘못된 것은?

① 탄산수소나트륨, 탄산수소칼륨, 제1인산암모늄 등의 물질을 미세한 분말로 만들어 유동성을 높인 후 이를 가스압(주로 N2, 또는 CO2의 압력)으로 분출 시켜 소화하는 약제이다.
② 사용되는 분말의 최적의 소화효과를 나타내는 입도는 10~70㎛이다.
③ 분말 소화 설비는 가압 가스의 충전 상태에 따라 축압식과 가압식으로 구분된다.
④ 분말이 비전도체이기 때문에 전기화재에도 효과가 있다.

정답 23. ③ 24. ③ 25. ②

해설 ✪ 사용되는 분말의 입도는 10~70㎛ 범위이며 <u>최적의 소화효과를 나타내는 입도는 20~25㎛</u>이다.
★★☆ 13년 서울 소방장

26 분말소화약제의 종류에서 제1종 분말, 탄산수소나트륨의 색상은?

① 담홍색 ② 백색
③ 담회색 ④ 회색

해설 ✪ 분말소화약제의 종류 및 특징

종별	주 성 분	분자식	색상	적응화재
제1종 분말	탄산수소나트륨(Sodium bicarbonate)	$NaHCO_3$	백색	B급, C급
제2종 분말	탄산수소칼륨(Potasium bicarbonate)	$KHCO_3$	담회색	B급, C급
제3종 분말	제1인산암모늄(Monoammonium phosphate)	$NH_4H_2PO_4$	담홍색 (또는 황색)	A급, B급, C급
제4종 분말	탄산수소칼륨과 요소와의 반응물 (Urea-based potassium bicarbonate)	$KC_2N_2H_3O_3$	회색	B급, C급

27 다음 내용과 관계있는 것은?

> 어떤 화재에도 사용할 수 있기 때문에 일명 ABC 분말 소화약제라 한다.

① 제1종 분말소화약제
② 제2종 분말소화약제
③ 제3종 분말소화약제
④ 제4종 분말소화약제

해설 제3종 분말로써 소화효과는 냉각, 질식, 방진, 부촉매, 열차단, 탈수 탄화작용으로서 ABC급 모두 사용

28 다음 중 "포와 함께 사용할 수 있는 분말 소화 약제"는 무엇인가?

① 제1종 분말소화약제
② 제2종 분말소화약제
③ 제3종 분말소화약제
④ CDC

해설 제3종분말 소화약제 : CDC(Compatible Dry Chemical)는 포와 함께 사용할 수 있는 분말 소화 약제이다.

정답 26. ② 27. ③ 28. ④

29 금속화재용 분말 소화약제 종류로써 아래 내용과 관계있는 것은?☆ 20년 소방위

탄산나트륨을 주성분으로 하고 여기에 비흡습성과 유동성을 향상시킬 수 있는 첨가제를 첨가한 약제이다.

① G-1　　② Met-L-X
③ Na-X　　④ Lith-X

해설

Na-X	· Na 화재를 위해서 특별히 개발된 것이다. · 탄산나트륨을 주성분으로 하고 여기에 비흡습성과 유동성을 향상시킬 수 있는 첨가제를 첨가한 약제이다.

30 4종 분말약제의 주성분은 무엇인가?

① 탄산수소나트륨
② 탄산수소칼륨
③ 제1인산암모늄
④ 탄산수소칼륨과 요소와의 반응물

해설 탄산수소칼륨과 요소와의 반응물

31 제3종 분말 소화약제의 장점이 아닌 것은?

① 열 차단　　② 탈수 탄화
③ 작열연소　　④ 방진 효과

해설

✪ 제3종 분말★☆ 14년 서울 소방장

① 분말 소화약제는 불꽃 연소에는 대단한 소화력을 발휘하지만 작열 연소의 소화에는 그다지 큰 소화력을 발휘하지 못하는 단점이 있다.
② 주성분은 알칼리성의 제1인산암모늄(NH4H2PO4)이며, 담홍색으로 착색되어 있다.
③ 소화효과는 냉각, 질식, 방진, 부촉매, 열차단, 탈수 탄화작용
④ A급, B급, C급 화재 사용, 현재 생산되는 분말 소화약제의 대부분이 제3종임.
⑤ 요리용 기름이나 지방질 기름과는 비누화 반응을 일으키지 않기 때문에 사용안함.
⑥ 우리나라에서는 차고나 주차장에 설치토록 규정하고 있음.

정답 29. ③　30. ④　31. ③

32 분말소화설비의 적응대상물이 아닌 것은?

① 자동차 주차장, 보일러실, 엔진룸, 주유소
② 송유관, 반응탑, 가스 플랜트설비
③ 소화약제가 도달될 수 없는 일반 가연물의 심부 화재
④ 변압기, 유입 차단기, 전기실

해설 ✪ 분말 소화약제 사용제한☆ 17년 소방장

1. 정밀한 전기·전자 장비가 설치되어 있는 장소(컴퓨터실, 전화 교환실 등)
✪ 화재안전기준의 소화기구의 설치적응성에 전기실 및 전산실의 적응성을 인정하고 있는 것은 전기실 및 전산실에서의 분말소화설비는 설치자의 선택사항임.
2. 자체적으로 산소를 함유하고 있는 자기 반응성 물질
3. 가연성 금속(Na, K, Mg, Al, Ti, Zr 등)
4. 소화약제가 도달될 수 없는 일반 가연물의 심부 화재

33 제4종 분물소화약제에 대한 설명으로 잘못된 것은?

① 분말 소화약제 중 가장 우수하다.
② 일반 화재에 효과가 제일 좋다.
③ 현재는 거의 사용하지 않고 있다.
④ 약제는 회색으로 착색되어 있다.

해설 ✪ 제4종 분말

① 제2종 분말을 개량한 것으로 탄산수소칼륨($KHCO_3$)과 요소($CO(NH_2)_2$)와의 반응물($KC_2N_2H_3O_3$)을 주성분으로 하며, 약제는 회색으로 착색되어 있다.
② 소화력은 분말 소화약제 중 가장 우수하다. 특히, B급, C급 화재에는 소화 효과가 우수하나 A급 화재에는 별 효과가 없다.☆ 14년 인천 소방장
③ 성분이 동일한 분말 소화약제는 입자가 작아지면 작아질수록 소화효과는 커진다.

34 금속소화약제의 성질로써 잘못된 것은?

① 고온에 견딜 수 있을 것
② 냉각 효과가 있을 것
③ 금속이 용융된 경우(Na, K 등)에는 용융 액면상에 가라앉을 것 등
④ 요철 있는 금속 표면을 피복할 수 있을 것

해설 금속소화약제 성질

- 고온에 견딜 수 있을 것
- 냉각 효과가 있을 것
- 요철 있는 금속 표면을 피복할 수 있을 것
- 금속이 용융된 경우(Na, K 등)에는 용융 액면상에 뜰 것 등

정답 32. ③ 33. ② 34. ③

35 **금속화재용 분말소화약제에 대한 설명으로 틀린 것은?**

① 가열에 의해 유기물이 용융되어 주성분을 유리상으로 만들어 금속 표면을 피복하여 산소의 공급을 차단한다.

② 비중이 큰 금속은 융점이 1000℃를 넘고 연소하기 어렵지만 연소하면 불꽃을 내면서 비산한다.

③ 금속화재는 연소 온도가 매우 높기 때문에 물로 냉각소화가 용이하다.

④ 일반적으로 금속화재는 가연성 금속인 알루미늄(Al), 마그네슘(Mg), 나트륨(Na), 칼륨(K), 나트륨/칼륨 합금 등이 연소하는 것을 말한다.

해설 ✪ 금속화재용 분말 소화약제(dry powder)☆ 18년 소방장

① 일반적으로 금속화재는 가연성 금속인 알루미늄(Al), 마그네슘(Mg), 나트륨(Na), 칼륨(K), 나트륨/칼 륨 합금, 리튬(Li), 지르코늄(Zr), 티타늄(Ti), 우라늄(U) 등이 연소하는 것을 말한다.

② 이러한 금속은 비중에 따라서 두 가지로 분류되며 연소 성상은 다음과 같다.

비중이 가벼운 경금속	융점이 낮고 연소하면서 녹아 액상이 되고 증발하여 불꽃을 내면서 연소한다.
비중이 무거운 금속	융점이 1000℃를 넘고 연소하기 어렵지만 연소하면 불꽃을 내면서 비산한다.

③ 금속화재는 연소 온도가 매우 높기 때문에 소화하기가 어렵고 물은 급격한 반응을 일으키거나 수증기 폭발을 일으킬 위험이 있기 때문에 사용을 금해야 한다.

④ 위와 같은 성질을 갖춘 물질로는 흑연, 탄산나트륨, 염화나트륨, 활석(talc) 등이 있다.

⑤ 가열에 의해 유기물이 용융되어 주성분을 유리상으로 만들어 금속 표면을 피복하여 산소의 공급을 차단한다.

정답 35. ③

Chapter ②

연소 · 폭발이론

학습 목표

- 연소의 정의 및 연소의 형태(양상)를 설명할 수 있다.
- 정상연소와 비정상연소(완전연소와 불완전연소)를 구분할 수 있다.
- 연소의 공기량 및 연소방정식의 원리를 설명 할 수 있다.
- 연소불꽃 색상 별 차이를 비교할 수 있다.

제1절 연소의 의의

1 연소의 정의★★☆ 12년 소방위, 14년 경기 소방교

연소란 「가연물이 공기 중의 산소 또는 산화제와 반응하여 열과 빛을 발생하면서 산화하는 현상」을 말한다.

① 발열반응이 계속되면 발생되는 열에 의해 가연물질이 고온화되어 연소는 계속 진행된다.

② 이러한 연소의 화학반응은 연소할 수 있는 가연물질이 공기 중의 산소뿐만 아니라 산소를 함유하고 있는 산화제에서도 일어난다.

③ 반응을 일으키기 위해서는 활성화 에너지(최소 점화에너지)가 필요한데 이 에너지를 점화에너지 · 점화원 · 발화원 또는 최소점화(착화)에너지라고 한다.

> ✪ 가연물질의 활성화를 위해 필요한 에너지는 충격, 마찰, 자연발화, 전기불꽃, 정전기, 고온표면, 단열압축, 자외선, 충격파, 낙뢰, 나화, 화학열 등에 의해 공급되고 있다.

▍가연성가스와 공기의 혼합가스 최소점화 에너지▍

물 질	분 자 식	가연성가스농도(vol%)	최소점화에너지(mj)
메 탄	CH_4	8.5	0.28
에 탄	C_2H_6	6.5	0.25
프 로 판	C_3H_8	5.0~5.5	0.26

부 탄	C_4H_{10}	4.7	0.25
헥 산	C_6H_{14}	3.8	0.24
벤 젠	C_6H_6	4.7	0.20
에틸에테르	$C_4H_{10}O$	5.1	0.019
아 세 톤	C_3H_6O	—	0.019
수 소	H_2	28~30	0.019
이황화탄소	CS_2	—	0.019

2 연소의 양상* ☆ 16년 부산 소방교

불꽃연소	· 고체인 가연물의 열분해 · 액체의 증발에 따른 기체의 확산 · 기체인 가연물에 산소가 공급되어 연쇄반응을 일으키는 현상을 말한다. · 단위시간당 방출하는 열량이 많아 연소속도가 매우 빠르고 그 양상도 복잡하다. · 대략 연소 시 발생하는 열량의 절반 이상은 가연물을 가열하여 연소가스의 방출에 소모되고 나머지는 주위의 복사열로 방출된다. · 정상상태에서는 발생되는 열량과 주위로 잃어버리는 열량이 시간적으로 같으나 발생되는 열량이 더 많아지면 화세가 강해지고, 반대로 주위로 방출되는 열량이 많아지면 화세는 약해진다.
표면연소(작열연소)	· 고체상태의 표면에 산소가 공급되어 연소가 이루어진다.

✪ 불꽃연소는 가솔린 등 석유류의 액면화재에 의한 연소, 열가소성수지류의 액화 · 분해 · 증발에 의한 불꽃연소 등이 있고, 연탄 · 목재 · 종이 · 짚 등은 불꽃연소와 표면연소가 연이어 발생한다. 즉 고체 상태에서 열분해 된 가연성가스가 연소할 때 불꽃연소가 일어나며, 이후 표면연소로 진행된다.

✪ 표면연소만 일어나는 경우는 금속분, 목탄(숯), 코크스와 쉽게 산화될 수 있는 금속물질 즉 알루미늄, 마그네슘, 나트륨 등에서 일어난다.

3 정상연소와 비정상연소

정상 연소	가연물질의 연소 시 충분한 공기의 공급이 이루어지고 연소시의 기상조건이 양호할 때에는 정상적인 연소가 이루어지므로 화재의 위험성이 적으며, 연소상의 문제점이 발생되지 않고 연소장치 · 기기 및 기구에서의 열효율도 높으며, 연소가 일어나는 곳의 열의 발생속도와 방산속도가 서로 균형을 이루고 있다.
비정상 연소	가연물질이 연소할 때 공기의 공급이 불충분하거나 기상조건이 좋지 않은 경우 정상적으로 연소가 이루어지지 않고 이상 연소현상이 발생되므로 화재의 위험성이 증가하며, 연소상의 문제점이 많이 발생함으로써 연료를 취급 · 사용하는 연소장치 · 기기 및 기구의 안전관리에 주의가 요구된다. 폭발의 경우와 같이 연소가 격렬하게 일어나며, 이는 열의 발생속도가 방산속도를 능가할 때이다.

✪ 액체나 고체의 경우에는 공기의 공급에 따라서 주어진 산소의 양 만큼만 연소하게 되므로 비정상연소는 일어나지 않지만 기체의 있어서는 산소가 공급되는 방법에 따라 정상연소 또는 비정상연소를 하게 된다.

4 완전연소와 불완전연소

가연물질이 연소하면 탄소(C), 수소(H) 및 산소(O_2)에 의해 일산화탄소(CO)·이산화탄소(CO_2) 및 수증기(H_2O)가 발생한다. 이때, 공기 중의 산소 공급이 충분하면 완전연소반응이 일어나고 산소의 공급이 불충분하면 불완전연소 반응이 일어난다.

✪ 완전연소 시에는 이산화탄소(CO_2)가 불완전연소 시에는 일산화탄소(CO)가스가 발생

구분	내용
완전연소	① 산소의 공급이 충분한 상태에서의 연소이다. ② 탄화수소화합물인 경우 연소생성물로는 이산화탄소와 수증기가 발생한다. ③ 연소온도는 불완전연소의 경우보다 더 높다. ④ 화염의 색은 불완전연소의 경우보다 더 밝게 보인다.
불완전연소	① 산소 공급이 불충분한 상태에서 이루어지는 연소이다. ② 탄화수소화합물인 경우 연소생성물로는 일산화탄소와 수증기가 발생한다.

▌가연성 가스의 연소와 산소농도▐

가연성 가스를 공기 중에서 연소시킬 때 공기 중의 산소 농도가 증가하면	가연성가스의 불완전연소의 원인은
① 연소속도는 빨라진다. ② 화염의 온도는 높아진다. ③ 발화온도는 낮아진다. ④ 폭발한계는 넓어진다. ⑤ 점화에너지는 작아진다.	① 가스의 조성이 균일하지 못할 때 ② 공기 공급량이 부족할 때 ③ 주위의 온도가 너무 낮을 때 ④ 환기 또는 배기가 잘 되지 않을 때 등이다.

✪ 연소공기

구분	내용
실제공기량	가연물질을 실제로 연소시키기 위해서 사용되는 공기량으로써 이론공기량보다 크다.
이론공기량	가연물질을 연소시키기 위해서 이론적으로 계산하여 산출한 공기량이다.
과잉공기량	실제공기량에서 이론공기량을 차감하여 얻은 공기량이다.
이론산소량	가연물질을 연소시키기 위해서 필요한 최소의 산소량이다. ·이론산소량 = 이론공기량 × 21/100
공기비	실제공기량에서 이론 공기량을 나눈 값 ·과잉공기량 = 실제공기량 − 이론공기량 ·공기비 = 실제공기량/이론공기량 = 실제공기량/실제공기량 − 과잉공기량

·일반적으로 공기비는 기체가연물질은 1.1~1.3, 액체가연물질은 1.2~1.4, 고체가연 물질은 1.4~2.0이 된다.

5 연소불꽃의 색상

① 가연물질의 완전 연소 시에는 공기의 공급량이 충분하기 때문에 연소불꽃은 휘백색으로 나타난다.
② 보통 불꽃온도는 1,500℃에 이르게 되며 금속이 탈 때는 3,000℃ 내지 3,500℃에 이른다.
③ 공기 중의 산소의 공급이 부족하면 연소불꽃은 담암적색에 가까운 색상을 나타내며 생성물인

일산화탄소를 많이 발생하여 사람이 마시면 혈액 속에 들어있는 헤모글로빈과 결합으로 질식사하게 된다.

‖ 연소불꽃의 색상에 따른 온도 ‖ ★★☆ 13년 경남 소방장

연소불꽃의 색	온도(℃)	연소불꽃의 색	온도(℃)
암 적 색	700	황 적 색	1,100
적　　색	850	백 적 색	1,300
휘 적 색	950	휘 백 색	1,500 이상

6 연소방정식

① 탄소(C)와 수소(H)로 구성된 탄화수소계 가연성가스에 대한 연소방정식은 일반적으로 다음과 같이 나타낼 수 있다.

$$CmHn + (m + \frac{n}{4})O_2 \rightarrow mCO_2 + \frac{n}{2}H_2O$$

② 가연성가스인 $CmHn$을 완전연소시키면 이산화탄소(CO_2)와 물(H_2O)이 발생되나 공기의 양이 부족하면 불완전연소 하여 일산화탄소(CO)가 발생된다.

※ 탄화수소계 가연성가스의 완전연소식

- 부탄(C_4H_{10}) : $C_4H_{10} + 6.5O_2 \rightarrow 4CO_2 + 5H_2O$ + 687.64㎉
- 프로판(C_3H_8) : $C_3H_8 + 5O_2 \rightarrow 3CO_2 + 4H_2O$ + 530.60㎉
- 메탄(CH_4) : $CH_4 + 2O_2 \rightarrow CO_2 + 2H_2O$ + 212.80㎉

따라서 액화천연가스의 주성분인 메탄이 연소할 때에는 2몰, 프로판은 5몰, 부탄은 6.5몰의 산소가 필요한데 프로판이나 부탄이 연소하려면 메탄보다 2~3배의 산소가 더 필요한 것을 알 수 있다.

※ 이론 공기량을 구해보면
- 이론산소량 = 이론공기량 × 21/100 이므로
- 이론공기량 = 이론산소량 ÷ 0.21
- 그러므로 부탄은 31, 프로판은 24, 메탄은 9.5배의 공기가 필요하다.

※ 몰(mole) : 물질의 양을 표현할 때 사용하는 단위로 1몰이란 원자, 분자, 이온의 개수가 6.02×1023개(아보가드로수)일 때를 말한다.

제2절 연소 용어**

학습목표

- 인화점, 발화점, 연소점
- 연소범위, 연소속도, 증기비중
- 비점, 비열, 융점, 잠열, 점도

1 인화점☆ 12년 경북 소방장

① 연소범위에서 외부의 직접적인 점화원에 의하여 인화될 수 있는 최저 온도 즉, 공기 중에서 가연물 가까이 점화원을 투여하였을 때 불붙는 최저의 온도이다.

② 인화성 혼합물이란 연소범위 내의 혼합물이며 점화시켰을 때 점화원으로부터 화면을 멀리 전파할 수 있는 것을 말하는 것이다.

> ✪ 디에틸에테르의 경우는 -40℃ 이하에서 인화성 증기를 발생하여 연소 범위를 만들어 점화원에 의하여 인화한다.

③ 인화현상은 액체와 고체에서 볼 수 있다. 이 두 현상 간에는 차이점을 가지는데, 액체의 경우는 증발과정으로 고체의 경우는 열분해과정으로 이해할 수 있다.

▎액체가연물질의 인화점 ▎

액체가연물질	인화점(℃)	액체가연물질	인화점(℃)
디에틸에테르	-40	클레오소트유	74
이 황 화 탄 소	-30	니 트 로 벤 젠	87.8
아세트알데히드	-40	글 리 세 린	160
아 세 톤	-18	방 청 유	200
휘 발 유	-20 ~ -43	메 틸 알 콜	11
톨 루 엔	4.5	에 틸 알 콜	13
등 유	30 ~ 60	시 안 화 수 소	-18
중 유	60 ~ 150	초 산 에 틸	-4

▌액체와 고체의 인화현상의 차이점▐

구 분	액 체	고 체
가연성가스 공급	증발과정	열분해과정
인화에 필요한 에너지	적 다	크 다

2 발화점(착화점, 발화온도)* ☆ 15년 소방장

① 외부의 직접적인 점화원이 없이도 스스로 가열된 열의 축적에 의하여 발화가 되고 연소가 되는 최저온도이다.

② 산소와의 친화력이 큰 물질일수록 발화점이 낮고 발화하기 쉬운 경향이 있으며 고체 가연물의 발화점은 가열공기의 유량, 가열속도, 가연물의 시료나 크기, 모양에 따라 달라질 수 있다.

③ 발화점은 보통 인화점보다 수백도 높은 온도이며 잔화정리를 할 때 계속 물을 뿌려 가열된 건축물을 냉각시키는 것은 발화점(착화점) 이상으로 가열된 건축물이 열로 인하여 다시 연소되는 것을 방지하기 위한 것이다.

발화점이 낮아지는 이유	발화점이 달라지는 요인
① 분자의 구조가 복잡할수록 ② 발열량이 높을수록 ③ 압력, 화학적 활성도가 클수록 ④ 산소와 친화력이 클수록 ⑤ 금속의 열전도율과 습도가 낮을수록	① 가연성가스와 공기의 조성비 ② 발화를 일으키는 공간의 형태와 크기 ③ 가열속도와 가열시간 ④ 발화원의 재질과 가열방식 등에 따라 달라진다.

물 질	발화점(℃)	물 질	발화점(℃)
황 린	34	셀룰로이드	180
이황화탄소	100	무 연 탄	440~500
적 린	260	목 탄	320~400
에틸알코올	363	고 무	400~450
탄 소	800	프 로 판	423
목 재	400~450	일산화탄소	609
견 사	650	헥 산	223
휘 발 유	257	암 모 니 아	351
부 탄	365	산화에틸렌	429

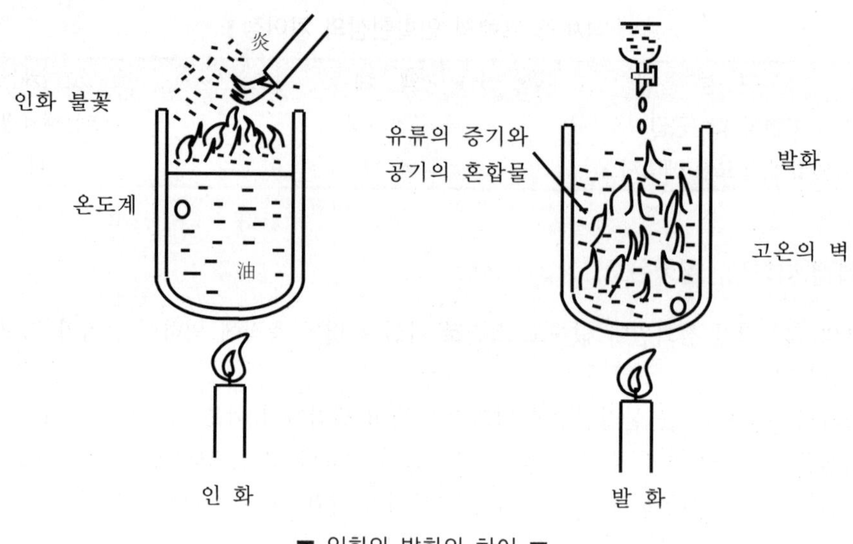

■ 인화와 발화의 차이 ■

3 연소점 ☆ 14년 경기 소방장

① 연소상태가 계속 유지될 수 있는 최저온도를 말한다.
② 인화점보다 대략 10℃ 정도 높은 온도로서 연소상태가 5초 이상 유지 될 수 있는 온도이다.
③ 가연성 증기 발생속도가 연소속도보다 빠를 때에만 이루어지며 발화된 후 연소를 지속시킬 만큼 충분한 증기를 발생시킬 수 있는 최저온도를 말한다.

✪ 인화점 < 연소점 < 발화점

4 연소범위(vol%) ☆ 08년 경북 소방교

① 가연성증기와 공기와의 혼합 상태에서의 증기의 부피를 말하며 연소 농도의 최저 한도를 하한, 최고 한도를 상한이라 한다.
② 수소와 공기 혼합물은 대기압 21℃에서 수소비율 4.1~75%의 경우 연소가 계속된다.
③ 혼합물중 가연성 가스의 농도가 너무 희박해도 너무 농후해도 연소는 일어나지 않는데 이것은 가연성 가스의 분자와 산소와의 분자수가 상대적으로 한쪽이 많으면 유효충돌 횟수가 감소하여 충돌했다 하더라도 충돌에너지가 주위에 흡수·확산되어 연소반응의 진행이 방해되기 때문이다.
④ 연소 범위는 온도와 압력이 상승함에 따라 대개 확대되어 위험성이 증가한다.

| 가연성 증기의 연소범위 |

기체 또는 증기	연소범위(vol%)	기체 또는 증기	연소범위((vol%)
수 소	4.1~75	에 틸 렌	3.0~33.5
일산화탄소	12.5~75	시안화수소	12.8~27
프 로 판	2.1~9.5	암 모 니 아	15.7~27.4
아 세 틸 렌	2.5~82	메틸알코올	7~37
에틸에테르	1.7~48	에틸알코올	3.5~20
메 탄	5.0~15	아 세 톤	2~13
에 탄	3.0~12.5	휘 발 유	1.4~7.6

| 메탄의 온도변화에 따른 연소범위 변화추이 |

구 분	연소범위(vol%)	
	하 한	상 한
20℃	6.0	13.2
250℃	4.6	14.0
500℃	3.7	15.2

5 연소 속도

① 가연물에 공기가 공급되어 연소가 되면서 반응하여 연소생성물을 생성할 때의 반응속도

② 연소생성물 중에서 불연성 물질인 질소(N2), 물(H2O), 이산화탄소(CO2) 등의 농도가 높아져서 가연물질에 산소가 공급되는 것을 방해 또는 억제시킴으로서 연소속도는 느려진다.

③ 온도가 높아질수록 반응속도가 상승하며, 압력을 증가시키면 단위부피 중의 입자수가 증가하므로 결국 기체의 농도가 증가하므로 반응속도도 상승한다.

④ 촉매는 반응속도를 변화시키는 물질로서 반응속도를 빠르게 하는 정촉매와 반응속도를 느리게 하는 부촉매가 있다.

> ✪ 연소속도에 영향을 미치는 요인
> ① 가연물의 온도
> ② 산소의 농도에 따라 가연물질과 접촉하는 속도
> ③ 산화반응을 일으키는 속도
> ④ 촉매
> ⑤ 압력 등

6 증기 비중*

① 어떤 증기의 "증기비중"은 같은 온도, 같은 압력 하에서 동 부피를 공기의 무게에 비교한 것으로 증기비중이 1보다 큰 기체는 공기보다 무겁고 1보다 작으면 공기보다 가벼운 것이 된다.
② 탄산가스는 분자량이 44이기 때문에 공기보다 무거워서 소화기에서 방출되면 낮은 아래 부분에 쌓이게 된다. 증기비중이 1보다 큰 가연성증기는 낮은 곳에 체류하므로 연소(폭발)범위에 있고 점화원이 있으면 연소(폭발) 위험성이 커진다.

※ 증기비중 = $\frac{\text{분자량}}{29}$ (29 : 공기의 평균 분자량)

7 비점(沸點)

① 액체의 증기압은 대기압에서 동일하고 액체가 끓으면서 증발이 일어날 때의 온도
② 비점이 낮은 경우는 액체가 쉽게 기화되므로 비점이 높은 경우보다 연소가 잘 일어난다.
③ 일반적으로 비점이 낮으면 인화점이 낮은 경향이 있는데 예를 들면 휘발유는 비점이 30 ~ 210℃, 인화점은 -43 ~ -20℃인데, 등유의 비점은 150 ~ 300℃, 인화점이 40 ~ 70℃이다.

8 비열 (比熱)

① 어떤 물질 1g을 1℃ 올리는 데 필요한 열량을 비열이라 한다. 예를 들어 1g의 물을 1℃ 올리는 데 드는 열량은 1cal이고 구리를 1℃ 올리는데 필요한 열량은 0.0924cal이다. 이는 물질이 갖는 고유한 특성 중의 하나이다.
② 물질에 따라 비열은 많은 차이가 있으며 물 이외의 모든 물질은 대체로 비열이 1보다 작다.
③ 비열은 어떤 물체를 위험 온도까지 올리는 데 필요한 열량이나 고온의 물체를 안전한 온도로 냉각시키는 데 제거하여야 할 열량을 나타내는 비교 척도가 된다.
④ 물이 소화제로서 효과가 있는 이유 중의 하나가 물의 비열이 다른 물질보다 크기 때문이다.

9 융점(融點)

① 대기압(1atm)하에서 고체가 녹아 액체가 되는 온도이다.
② 융점이 낮은 경우 액체로 변화하기가 용이하고 화재 발생 시에는 연소 구역의 확산이 용이하기 때문에 위험성이 매우 높다.

10 잠열(潛熱)

① 고체에서 액체로 또는 액체에서 고체로 변할 때 출입하는 열을 융해 잠열이라 하고, 액체가 기체로 또는 기체에서 액체로 변할 때 출입하는 열을 증발잠열 이라한다.

② 어떤 물질이 온도 변화 없이 고체에서 액체로 변할 때나 액체에서 기체로 변할 때는 열을 흡수한다.
③ 대기압에서의 물의 융해 잠열은 80cal/g, 100℃에서의 증발 잠열은 539cal/g이다.
④ 물의 증발 잠열이 큰 것은 물이 좋은 소화제가 될 수 있는 이유 중의 하나이다.
⑤ 0℃의 얼음 1g이 100℃의 수증기가 되기까지는 약 719cal의 열량이 필요하다.
⑥ 대개의 물질은 잠열이 물보다 작다.

11 점도(粘度)

① 액체의 점도는 점착과 응집력의 효과로 인한 흐름에 대한 저항의 측정 수단이다.
② 모든 액체는 점성을 가지고 있다.
③ 인화성 위험물은 상온에서 액체상태의 경우가 많으므로, 온도가 상승하는 경우 인화점, 발화점 등을 주의하도록 하여 취급하지만 점성이 낮아지면 유동하기에 용이해진다.

학습목표

연소현상을 이해하는데 있어서 다양한 의미를 가지는 용어들이 있다. 연소의 시작에는 인화점, 발화점, 연소점이 있고 연소의 특성을 이해하는 데에는 연소범위, 연소속도, 증기비중과 또한 열과 점성에 관련된 비점, 비열, 융점, 잠열, 점도 등이 있다.

제3절 연소의 4요소

학습목표

- 가연물질
- 산소 공급원
- 점화원
- 연쇄반응

가연물질(기체·액체 및 고체상태)이 연소하기 위해서는 산소를 공급하는 산소공급원(공기·오존·산화제·조연성물질) 및 점화원(활성화에너지)이 있어야만 정상적인 연소의 화학반응을 유지할 수 있는데 이와 같이 연소반응의 유지를 위해서 사용되는 가연물질·산소공급원·점화원을 연소의 3요소라고 한다. 또한 연소의 3요소에 화학적인 연쇄반응을 합하여 연소의 4요소라 한다.

1 가연물질**

가연물은 우리 주위에 무수히 많이 잔존해 있는 유기화합물의 대부분과 Na, Mg 등의 금속, 비금속, LPG, LNG, CO 등의 가연성 가스가 해당되는데 즉, 산화하기 쉬운 물질이며 이는 산소와 발열반응을 일으키는 물질을 말한다. 이에 비하여 불연성 물질은 반대로 산화하기 어려운 것(활성화에너지의 양이 큰 물질)으로서 물, 흙과 같이 이미 산화되어 더 이상 산화되지 아니하는 물질이다.

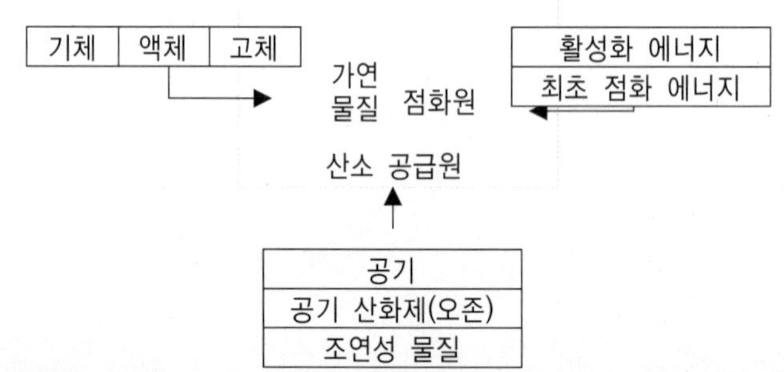

가연물질의 구비조건 ☆ 14년, 16년 소방위 / 21년 소방위	① 화학반응을 일으킬 때 필요한 활성화에너지의 값이 적어야 한다. ② 일반적으로 산화되기 쉬운 물질로서 산소와 결합할 때 발열량이 커야 한다. ③ 열의 축적이 용이하도록 열전도의 값이 적어야 한다. (열전도율 : 기체<액체<고체 순서로 커지므로 연소순서는 반대이다) ④ 지연성(조연성) 가스인 산소·염소와의 친화력이 강해야 한다. ⑤ 산소와 접촉할 수 있는 표면적이 큰 물질이어야 한다.(기체>액체>고체) ⑥ 연쇄반응을 일으킬 수 있는 물질이어야 한다.

가연물이 될 수 없는 조건★ ☆ 15년 소방위	① 주기율표 0족의 불활성기체로서 산소와 결합하지 못한다. : 헬륨(He), 네온(Ne), 아르곤(Ar), 크립톤(Kr), 크세논(Xe) 등 ② 이미 산소와 결합하여 더 이상 산소와 화학반응을 일으킬 수 없는 물질 : 물(H_2O), 이산화탄소(CO_2), 산화알루미늄(Al_2O_3), 산화규소(SiO_2) 등 ※ 일산화탄소(CO)는 산소와 반응하기 때문에 가연물이 될 수 있다. ③ 산소와 화합하여 산화물을 생성하나 발열반응을 하지 않고 흡열 반응하는 물질 : 질소 또는 질소 산화물 N_2, NO 등 ④ 자체가 연소하지 아니하는 물질 : 돌, 흙 등

2 산소 공급원★★

가연물이 연소하려면 산소와 혼합되어 불이 붙을 수 있는 조건을 만들어야 하는데, 이를 연소 범위라 한다. 보통 공기 중에는 약 21%의 산소가 포함되어 있어서 공기는 산소공급원 역할을 할 수 있다. 일반적으로 산소의 농도가 높을수록 연소는 잘 일어나고 일반 가연물인 경우 산소농도 15% 이하에서는 연소가 어렵다.

✪ 물질 자체가 분자 내에 산소를 보유하고 있어서 마찰·충격 등의 자극에 의해 산소를 방출하는 물질이 있는데 이를 산화성물질이라 하며 화재에서 산소 공급원 역할을 하는 위험한 물질이므로 위험물안전관리법에서 위험물로 분류하여 관리하고 있다.

(1) 공 기

일반적으로 공기 중에 함유되어 있는 산소(O_2)의 양은 용량으로 계산하면 전체 공기의 양에 대하여 21용량%(vol%)이며, 질량으로 계산하면 23중량%(wt%)로 존재하고 있어 연소에 필요한 산소는 공기 중의 산소가 이용되고 있다.

❙공기의 조성범위❙

성 분 / 조성비	산 소	질 소	이산화탄소	기 타
용 량(vol%)	20.99	78.03	0.03	0.95
중 량(wt%)	23.15	75.51	0.04	1.30

(2) 산화제

위험물 중 제1류·제6류 위험물로서 가열·충격·마찰에 의해 산소를 발생한다.

① 제1류 위험물은 산소를 함유하고 있는 강산화제로서 염소산염류, 과염소산염류, 과산화물, 질산염류, 과망간산염류, 무기과산물류 등

② 제6류 위험물인 과염소산, 질산 등이 있다.

(3) 자기반응성 물질

분자 내에 가연물과 산소를 충분히 함유하고 있는 제5류 위험물로서 연소 속도가 빠르고 폭발을 일으킬 수 있는 물질이다.

✪ 니트로글리세린(NG), 셀룰로이드, 트리니트로톨루엔(TNT) 등

(4) 조연성 물질

자신은 연소하지 않고 가연물의 연소를 돕는 기체로 산소(O_2), 불소(F2), 오존(O_3), 염소(Cl_2)와 할로겐원소 등이 있다.

3 점화원

연소반응이 일어나려면 가연물과 산소공급원이 적절한 조화를 이루어 연소범위를 만들었을 때 외부로부터 최소의 활성화 에너지가 필요한데, 이를 점화원이라고 한다.

▌점화원의 종류▐

구분	내용	
전기불꽃	· 전기 합선으로 일어나는 불꽃 스파크에 의한 방전, 접점 스파크 등	
충격 및 마찰	· 두 물체의 충격·마찰로 생긴 불꽃은 가연성 가스에 착화를 일으킬 수 있다.	
단열압축	· 기체를 높은 압력으로 압축하면 온도가 상승하는데, 여기에 각종 오일이나 윤활유가 열분해 되어 저온 발화물을 생성하며 발화물질이 발화하여 폭발을 하게 된다.	
나화 및 고온표면	· 나화란 항상 화염을 가지고 있는 열 또는 화기로서 위험한 화학물질 및 가연물이 존재하고 있는 장소에서 나화의 사용은 대단히 위험하다. · 고온표면 작업장의 화기, 가열로, 건조장치, 굴뚝, 전기·기계설비 등으로서 항상 화재의 위험성이 내재되어 있다.	
정전기 불꽃* ☆ 08년 경북 소방교	· 물체가 접촉하거나 결합한 후 떨어질 때 양(+)전하와 음(-)전하로 전하의 분리가 일어나 발생한 과잉 전하가 물체(물질)에 축적되는 현상을 말하는데, 이렇게 되는 경우 정전기의 전압은 가연물질에 착화가 가능하다. · 예를 들면 화학섬유로 만든 의복 및 절연성이 높은 옷 등을 입으면 대단히 높은 전위가 인체에 대전되어 접지 물체에 접촉하면 방전 불꽃이 발생한다. ※ 정전기를 방지하기 위한 예방대책 ① 정전기의 발생이 우려되는 장소에 접지시설을 한다. ② 실내의 공기를 이온화하여 정전기의 발생을 예방한다. ③ 습도가 낮거나 압력이 높을 때 많이 발생하므로 상대습도를 70% 이상으로 한다. ④ 전기의 저항이 큰 물질은 대전이 용이하므로 전도체 물질을 사용한다.	
자연발화 ☆ 18년 소방장	· 인위적으로 가열하지 않아도 일정한 장소에 장시간 저장하면 열이 발생하여 축적됨으로서 발화점에 도달하여 부분적으로 발화되는 현상을 말한다.	
	자연발화 원인	① 분해열에 의한 발열 : 셀룰로이드, 니트로셀룰로오스 ② 산화열에 의한 발열 : 석탄, 건성유 ③ 발효열에 의한 발열 : 퇴비, 먼지 ④ 흡착열에 의한 발열 : 목탄, 활성탄 등이 있다. ⑤ 중합열에 의한 발열 : HCN, 산화에틸렌 등

	자연발화 방지	① 통풍구조를 양호하게 하여 공기유통을 잘 시킬 것 ② 저장실 주위의 온도를 낮춘다. ③ 습도상승을 피한다. ④ 열이 쌓이지 않도록 퇴적한다.
	자연발화를 일으키기 쉬운 물품보관	① 칼륨(K), 나트륨(Na), 리튬(Li) : 석유류 속에 저장 ② 황린, 이황화탄소 : 물속에 저장 ③ 니트로셀룰로오스 : 알콜 속 저장 ④ 알킬알루미늄 : 공기가 접촉되지 않도록 밀봉 저장 ⑤ 아세틸렌 : 아세톤 속에 저장
복사열	· 물체에서 방출하는 전자기파를 직접 물체가 흡수하여 열로 변했을 때의 에너지를 말한다. · 전자기파에 의해 열이 매질을 통하지 않고 고온의 물체에서 저온의 물체로 직접 전달되는 현상이다. · 물질에 따라서 비교적 약한 복사열도 장시간 방사로 발화 될 수 있다. · 예를 들어 햇빛이 유리나 거울에 반사되어 가연성 물질에 장시간 쪼일 때 열이 축적되어 발화될 수 있다.	

※ 자연발화에서 수분은 반응속도를 증가하는 촉매 작용을 한다.

학습요약

연소의 3요소에는 가연물(기체, 액체, 고체)과 산소공급원(공기, 산화제, 지연성가스)과 점화원(활성화 에너지, 발화원, 최초점화 에너지)이며 연쇄반응(H*, OH)이 포함되면 연소의 4요소가 된다.

핵심가이드

소방에 있어서 연소의 3요소 및 4요소는 화재진압 및 제어에 있어서 매우 중요하며 이들 중 관리가 잘못되면 화재확산 및 인명피해를 더 키울 수 있으므로 확실한 인지가 필요하다고 본다.

제4절 연소의 형태

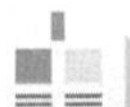

학습목표

- 기체연소(확산연소(발염연소), 예혼합연소, 폭발연소)
- 액체연소(증발연소(액면연소), 분해연소)
- 고체연소(표면연소(직접연소), 증발연소, 분해연소, 자기연소)

1 기체의 연소**

① 불꽃은 있으나 불티가 없는 연소로 발염연소, 확산연소라 한다.
② 가연성 기체는 공기와 적당한 부피비율로 섞여 연소범위에 들어가면 연소가 일어난다.
③ 기체의 연소가 액체 가연물질 또는 고체 가연물질의 연소에 비해서 가장 큰 특징은 연소시의 이상 현상인 폭굉이나 폭발을 수반한다는 것이다.

확산연소 (발염연소)	연소버너 주변에 가연성 가스를 확산시켜 산소와 접촉, 연소범위의 혼합가스를 생성하여 연소하는 현상으로 기체의 일반적 연소 형태이다. ※ 예를 들면 LPG - 공기, 수소 - 산소의 경우이다.
예혼합연소	연소시키기 전에 이미 연소 가능한 혼합가스를 만들어 연소시키는 것으로 혼합기로의 역화를 일으킬 위험성이 크다. ※ 예를 들면 가솔린엔진의 연소와 같은 경우이다.
폭발연소	· 가연성 기체와 공기의 혼합가스가 밀폐용기 안에 있을 때 점화되면 연소가 폭발적으로 일어나는데 예혼합연소의 경우에 밀폐된 용기로의 역화가 일어나면 폭발할 위험성이 크다. · 이것은 많은 양의 가연성 기체와 산소가 혼합되어 일시에 폭발적인 연소현상을 일으키는 비정상연소이기도 하다.

2 액체의 연소★ ☆ 08년 경북 소방교, 12년 부산 소방장

<table>
<tr><td>증발연소
(액면연소)</td><td>· 액체 가연물질이 액체 표면에 발생한 가연성 증기와 공기가 혼합된 상태에서 연소가 되는 형태로 액체의 가장 일반적인 연소형태이다.
· 연소원리는 화염에서 복사나 대류로 액체표면에 열이 전파되어 증발이 일어나고 발생된 증기가 공기와 접촉하여 액면의 상부에서 연소되는 반복적 현상이다.
※ 에테르, 이황화탄소, 알코올류, 아세톤, 석유류 등이다.
[연소의 4요소]
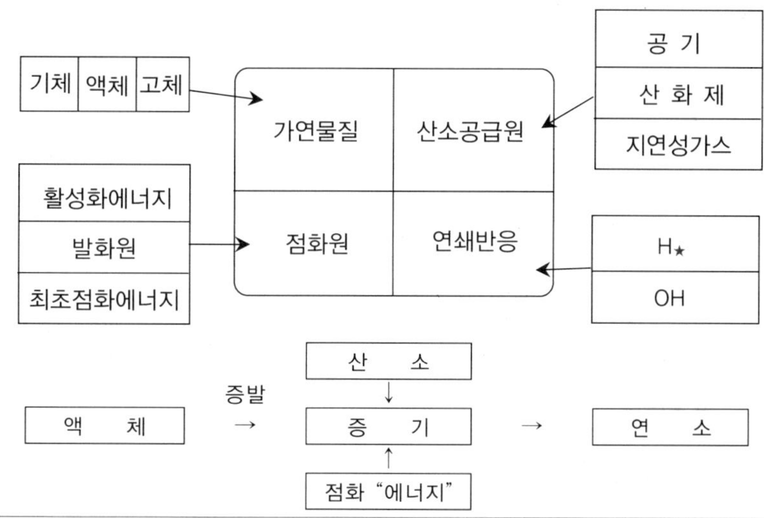
</td></tr>
<tr><td>분해연소</td><td>· 점도가 높고 비 휘발성이거나 비중이 큰 액체 가연물이 열분해 하여 증기를 발생케 함으로써 연소가 이루어지는 형태이며 이는 상온에서 고체 상태로 존재하고 있는 고체 가연물질의 경우도 분해연소의 형태를 보여준다.
· 또한 점도가 높고 비휘발성인 액체의 점도를 낮추어 버너를 이용하여 액체의 입자를 안개상태로 분출하여 표면적을 넓게 함으로서 공기와의 접촉면을 많게 하여 연소시키는 형태를 액적연소라 한다.</td></tr>
</table>

3 고체의 연소★★ ☆ 08년 경북 소방교, 19년 소방위

표면연소 (직접연소)	· 고체 가연물이 열분해나 증발하지 않고 표면에서 산소와 급격히 산화 반응하여 연소하는 현상 즉, 목탄 등이 열분해에 의해서 가연성 가스를 발생하지 않고 그 물질 자체가 연소하는 현상으로 불꽃이 없는 것(무염연소)이 특징이다. ※ 목탄, 코우크스, 금속(분·박·리본 포함) 등의 연소가 해당되며 나무와 같은 가연물의 연소 말기에도 표면연소가 이루어진다.
증발연소	· 고체 가연물이 열분해를 일으키지 않고 증발하여 증기가 연소되거나 먼저 융해된 액체가 기화하여 증기가 된 다음 연소하는 현상을 말한다. ※ 액체 가연물질의 증발연소 형태와 같으며, 황(S), 나프탈렌(C10H8), 파라핀(양초) 등이 있다.
분해연소	· 고체 가연물질을 가열하면 열분해를 일으켜 나온 분해가스 등이 연소하는 형태를 말하며 열분해에 의해 생기는 물질에는 일산화탄소(CO), 이산화탄소(CO_2), 수소(H2), 메탄(CH4) 등이 있다. ※ 분해연소 물질에는 목재·석탄·종이·섬유·프라스틱·합성수지·고무류 등이 있으며 이들은 연소가 일어나면 연소열에 의해 고체의 열분해는 계속 일어나 가연물이 없어질 때까지 계속된다.

	유기고체 →(열분해) 가 연 가 스 → 연 소 (산 소 ↓ 가 연 가 스, 점화에너지 ↑ 가 연 가 스)
자기연소 (내부연소)	· 가연물이 물질의 분자 내에 산소를 함유하고 있어 열분해에 의해서 가연성 가스와 산소를 동시에 발생시키므로 공기 중의 산소 없이 연소할 수 있는 것을 말한다. ※ 위험물안전관리법시행령 별표 1의 제5류 위험물인 니트로셀룰로오스(NC), 트리니트로톨루엔(TNT), 니트로글리세린(NG), 트리니트로페놀(TNP) 등이 있으며 대부분 폭발성을 지니고 있으므로 폭발성 물질로 취급되고 있다.

※ 표면연소와 심부화재

- 일반적으로 표면화재의 연소특성은 가연물 자체로부터 발생된 증기나 가스가 공기 중의 산소와 혼합기를 형성하여 연소하며, 연소속도가 매우 빠르고 불꽃과 열을 내며 연소하므로 일명 불꽃연소라고 하며 이에 연소 시 가연물 · 열 · 공기 · 순조로운 연쇄반응이 필요하다.
- 반면, 심부화재는 표면화재와 달리 순조로운 연쇄반응이 아닌 가연물 · 열 · 공기 등의 화재의 요소만 가지고 가연물이 연소하는 것으로서 연소속도가 느리고 불꽃 없이 연소하며 가연물과 공기의 중간지대에서 연소가 국부적으로 되는 표면연소의 형태를 보이기 때문에 일명 표면연소 또는 작열연소라고 한다.

학습목표

연소에 있어서 가연물의 상태에 따라 기체연소, 액체연소, 고체연소로도 구분 할 수 있다.

제5절 연소의 확대★★

학습목표

· 전도(Conduction) · 대류(Convection) · 복사(Radiation) · 비화(Fire Sporting)

전도 ☆ 21년 소방교 ☆ 21년 소방장	· 열이 물체를 통하여 전달되는 현상으로 고온 측에서 저온 측으로 이동하는데 고체는 기체보다 잘 전도되고, 고온 측과 저온 측의 온도차, 길이 및 두께에 따라 달라지며, 주로 금속류가 높다. · 공기는 열전도가 낮은 편인데 압력이 낮으면 열전도는 느리게 되고 진공 상태에서는 열의 전도가 이루어지지 않는다.
대류★ ☆ 14년 경기 소방장	· 공기의 운동이나 유체의 흐름에 의해 열이 이동되는 현상으로 액체나 기체에 온도를 가하면 비중이 작아져 분자의 운동이 활발하여지고 팽창하면서 고온의 열기류는 상승하게 된다. · 화재현장의 연기가 위로 향하는 것이나 화로에 의해 방안의 공기가 더워지는 것이 대류에 의한 현상이다.
복사 ☆ 13년 인천 소방장	· 물체가 가열되면 열에너지를 전자파로 방출되는데 이 전자파에 의해 열이 이동하는 것으로 난로가에 열을 쬐거나, 양지바른 곳에서 햇볕을 쬐면 따뜻한 것은 복사열을 받기 때문이며 화재현장에서 열의 이동에 가장 크게 작용하여 주위 건물을 연소시키는 것은 복사열이 주원인이다.★
비화 (불똥)	· 불티나 불꽃이 기류를 타고 다른 가연물로 전달되어 화재가 일어나는 것을 말한다.

핵심요약

연소할 때 발생한 열은 열 기류가 되어 다양한 형태로 이동되어 화재 시 연소확대의 요인이 되는데 그 형태로는 전도, 대류, 복사, 비화 등으로 구분된다.

학습가이드

화재 시 열의 이동 중 복사열에 의한 열 이동피해가 제일 크게 나타나며 특히 비화는 먼 거리까지 화재의 확산을 초래한다.

▌이상연소 현상▐

역화 (Back fire)	대부분 기체연료를 연소시킬 때 발생되는 이상연소 현상으로서 연료의 분출속도가 연소속도보다 느릴 때 불꽃이 연소기의 내부로 빨려 들어가 혼합관 속에서 연소하는 현상을 말한다. ※ 역화의 원인으로는 ① 혼합 가스량이 너무 적을 때 ② 노즐의 부식으로 분출구멍이 커진 경우 ③ 버너의 과열 ④ 연소속도보다 혼합가스의 분출속도가 느릴 때 등이 있다.
선화 (Lifting)	역화의 반대 현상으로 연료가스의 분출속도가 연소속도보다 빠를 때 불꽃이 버너의 노즐에서 떨어져서 연소하는 현상으로 완전한 연소가 이루어지지 않는다. ※ 선화의 원인 ① 혼합가스의 분출속도가 연소속도보다 빠를 경우 ② 가스압의 과다로 가스가 지나치게 많이 토출되는 경우 ③ 1차 공기량이 너무 많아 혼합 가스량이 많아진 경우 ④ 연소기의 노즐 부식으로 분출 구멍이 막혀 압력 증가로 분출속도가 빨라지는 경우
블로우 오프 (blow-off)현상	선화 상태에서 연료가스의 분출속도가 증가하거나 주위 공기의 유동이 심하면 화염이 노즐에 정착하지 못하고 떨어져 화염이 꺼지는 현상을 말한다. 버너의 경우 가연성 기체의 유출속도가 연소속도보다 클 경우 일어난다.
불완전연소	연소 시 가스와 공기의 혼합이 불충분하거나 연소온도가 낮을 경우 등 여러 가지 요인으로 노즐의 선단에 적황색 부분이 늘어나거나, 그을음이 발생하는 연소현상으로 그 원인은 ① 공기의 공급이 부족 할 때 ② 연소온도가 낮을 때 ③ 연료 공급 상태가 불안정할 때 등이 있다.
연소 소음	연소에 수반되어 발생되는 소음을 말하며 발생원인은 연소속도나 분출속도가 대단히 클 때와, 연소장치의 설계가 잘못되어 연소 시 진동이 있는 경우에 발생하며, 종류로는 연소음, 가스 분출음, 공기 흡입음, 폭발음, 공명음 등이 있다.

▌Flash over 와 Back draft▐

구 분	Flash Over	Back Draft
개 념	① 구획 내 가연성 재료의 전 표면이 불로 덮이는 전이현상. 즉, 화재가 발생하는 과정에 있어서 화원 근처에 한정되어 있던 연소영역이 조금씩 확대된다. ② 이 단계에서 발생한 가연성가스는 천장 근처에 체류한다. 이 가스농도가 증가하여 연소범위내의 농도에 도달하면 착화하여 화염에 쌓이게 된다. ③ 그 이후에는 천장 면으로 부터의 복사열에 의하여 바닥면 위의 가연물이 급속히 가열 착화하여 바닥면 전체가 화염으로 덮이게 된다.	소화활동을 위하여 화재실의 문을 개방할 때 신선한 공기가 유입되어 실내에 축적되었던 가연성가스가 단시간에 폭발적으로 연소함으로써 화재가 폭풍을 동반하여 실외로 분출하는 현상이다.

조 건	· 평균온도 : 500℃ 전후 · 산소농도 : 10%	· 실내가 충분히 가열 · 다량 가연성가스 축적
발생시기	성장기	감쇠기
공급요인	열 공급	산소 공급

※ 연소소음

연소에 수반되어 발생되는 소음을 말하며 발생원인은 연소속도나 분출속도가 대단히 클 때와, 연소장치의 설계가 잘못되어 연소 시 진동이 발생하는 경우에 발생하며, 종류로는 연소음, 가스 분출음, 공기 흡입음, 폭발음, 공명음 등이 있다.

제6절 연소생성물의 종류와 유해성

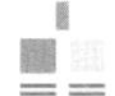

학습목표

· 연기(Smoke) · 열(Heat) · 화염(Flame) · 연소가스(fire gas)(유해생성물질)

- 건축재료, 가구, 의류 등 유기가연물은 일반적으로 화재열을 받으면 열분해한 다음 공기 중의 산소와 반응하여 연소하며 여러 가지 생성물을 발생시킨다. 이 열분해 연소과정은 실제로는 매우 복잡하게 진행된다.
- 고분자물질 등 유기물의 구성 원소는 일반적으로 탄소, 수소를 중심으로 산소, 질소를 함유하는 경우가 있고, 거기에 유황, 인, 할로겐(염소, 불소, 염소 등) 등을 포함하는 경우가 있다.
- 완전연소의 경우 생성물의 수는 적으며, 탄소는 탄산가스, 수소는 물, 산소는 탄산가스 및 물 등의 산화물, 질소는 질소가스, 유황은 아황산가스, 인은 오산화인으로, 또한 할로겐은 염화수소 등의 할로겐화수소로 된다. 그러나 불완전연소의 경우 상기 생성물 외에 다수의 산화물이나 분해생성물이 발생한다.

① 화재에 있어서 가장 사망원인이 큰 것은 연기에 의한 것이다.
② 화재에서 생성되는 연기는 마취성(질식성) 가스 및 자극성 물질을 포함한다.

✪ 연기에서 발견되는 가장 일반적인 마취성 가스로는 일산화탄소(CO), 시안화수소(HCN), 및 이산화탄소 등이 있다.

③ 자극성 물질은 호흡장애 및 눈, 호흡기관, 피부의 염증 등을 일으키는 물질들이다.
④ 연기에 포함되어있는 가장 일반적인 위험물질은 일산화탄소(CO)이다.

✪ 일산화탄소는 연기에서 발견되는 물질 중에 가장 위험한 물질은 아니지만 연소반응이 일어날 때는 거의 언제나 존재한다.

⑤ 일산화탄소는 화재로 인한 사상자의 혈액 속에서 가장 쉽게 발견되는 물질이다.

⑥ 연소하는 가스가 빛을 내는 것을 화염이라 하며, 적절한 양의 산소와 가연성 가스가 섞이게 되면, 그 화염은 더욱 뜨거워지게 된다.

- 고분자물질 등 유기물의 구성 원소는 일반적으로 탄소, 수소를 중심으로 산소, 질소를 함유하는 경우가 있고, 거기에 유황, 인, 할로겐(염소, 불소, 염소 등) 등을 포함하는 경우가 있다.
- 완전연소의 경우 생성물의 수는 적으며, 탄소는 탄산가스, 수소는 물, 산소는 탄산가스 및 물 등의 산화물, 질소는 질소가스, 유황은 아황산가스, 인은 오산화인으로, 또한 할로겐은 염화수소 등의 할로겐화수소로 된다. 그러나 불완전연소의 경우 상기 생성물 외에 다수의 산화물이나 분해생성물이 발생한다.

핵심요약

연소생성물에는 연기(Smoke), 열(Heat), 화염(Flame), 연소가스(fire gas)가 있다. 그중에 화재 때 사람에 대한 화재피해는 연소가스에 대한 피해가 가장 높게 나타나고 있다.

제7절 연기의 이동과 중성대

학습목표

- 연기의 이동력(굴뚝효과, 부력, 팽창, 바람의 방향, HVAV시스템.)
- 중성대의 형성과 활동(중성대의 형성, 중성대의 활용)

연기의 이동은 공기의 흐름을 따라 이동하게 된다. 연기 이동력에는 굴뚝효과, 부력, 팽창, 바람, HVAC (heating, ventilating and air conditioning) 시스템, 그리고 엘리베이터의 피스톤 효과가 포함된다. 일반적으로 화재에서 연기이동은 이들 이동력의 결합에 의해서 발생되고 지배를 받는다.

1 연기의 특성

연기가 인체에 미치는 영향	· 실내 가연물에 열분해를 일으켜서 방출시키는 열분해 생성물 및 미반응 분해물을 말한다. · 일종의 불완전한 연소생성물로 산소공급이 불충분하게 되면 탄소분이 생성하여 검은색 연기로 되며 인체에 미치는 영향은 다음과 같다. ① 시야를 방해하여 피난행동 및 소화활동을 저해한다. ② 유독가스(일산화탄소, 포스겐 등)의 발생으로 생명이 위험하다. ③ 정신적으로 긴장 또는 패닉 현상에 빠지게 되는 2차적 재해의 우려가 있다. ④ 최근 건물화재의 특징은 난연 처리(방염처리)된 물질을 사용하여 연소 그 자체는 억제되고 있지만 다량의 연기입자 및 유독가스를 발생하는 특징이 있다.
연기 속도	· 연기의 유동 및 확산은 벽 및 천장을 따라 진행하며 일반적으로 수평방향으로는 0.5~1m/sec 정도로 인간의 보행속도 1~1.2m/sec보다 늦다. 그러나 계단실 등에서의 수직방향은 화재 초기상태의 연기일지라도 1.5m/sec, 화재성장기에는 3~4m/sec로 인간의 보행속도보다 빨라지며, 굴뚝효과가 발생하는 건물구조에선 5m/sec 이상이 된다. · 연기 속 보행 속도는 건물구조, 내부 밝기, 건물 구조의 숙지도 외에 연기 농도와 연기가 눈을 자극하는 정도에 따라 좌우된다. 특히 발밑과 벽면에 보이지 않을 정도가 되면 보행속도가 현저하게 늦어져 불특정 다수자가 운집한 곳에서는 정신적 공황상태에 빠질 위험이 크다. · 연기의 유동속도는 ① 수평방향 : 0.5~1m/sec ② 수직방향 : 2~3m/sec ③ 계　　단 : 3~5m/sec
확산 원인	· 건물 내에서의 연기 확산은 여러 가지 이유가 있지만 연기를 포함함 공기(농연)의 온도에 따라 좌우되며, 농연은 높은 열을 내포하고 있어, 열에 의하여 공기가 유동하고 그 공기에 포함되어 있는 연기도 확산되는 것이다.

※ 연기의 정의

- 입자지름은 0.01㎛~수십㎛이다.
- 연기생성물 중에 고체나 액체의 미립자가 들어 있어 눈으로 볼 수 있는 상태
- 기체 가운데 완전 연소되지 않은 가연물이 고체 미립자가 되어 떠돌아다니는 상태
- 탄소함유량이 많은 가연성 물질이 산소 부족 시 연소할 경우 다량의 탄소입자가 생성되는 것

2 연기의 이동력 ※ 연기는 공기의 흐름을 따라 이동하게 된다.

굴뚝 효과 (연돌 효과)	건물 내부와 외부 공기밀도 차이로 인해 발생한 압력 차이에 의해 발생하며, 겨울철 화재와 같이 건물 내부가 따뜻하고 건물 외부가 찬 경우 기압은 건물내부가 낮아, 지표면상에서 건물로 들어온 공기는 건물 내부의 상부로 이동하게 되고, 이러한 압력 차이에 의해 야기된 공기의 흐름은 굴뚝에서의 연기 흐름과 유사하게 된다. ※ 여름철과 같이 외기가 건물 내부보다 따뜻할 경우 하향으로 공기가 이동하는 현상
부력	화재에서 고온의 연기는 자체의 감소된 밀도에 의해 부력을 가진다. 이는 굴뚝효과의 압력 해석과 같이 동일한 방법으로 해석할 수 있다. 따라서 화재구획실과 그 주변사이의 압력차에 의한 부력으로 인해 연기가 상층으로 이동하게 되고 화염으로부터 연기가 이동할 때 온도 강하는 열전달과 희석작용에 기인하여 부력효과는 화염으로부터 거리가 멀어질수록 감소하게 된다.
팽창	화재로부터 방출되는 에너지는 연소가스를 팽창시킴으로 연기이동의 원인이 될 수 있다. 건물에 하나의 개구부만 있는 화재구획실에서 공기는 화재구획실로 흐를 것이고 뜨거운 연기는 구획실 밖으로 흘러갈 것이다. 그러나 발화지점 주변에 개방된 개구부가 여러 곳 존재한다면 화재구역에서 개구부 사이의 압력차는 무시된다.
바람 영향	바람은 고층빌딩에 풍압을 가하며 이런 풍압의 효과로 인해 초고층 건축물에서 구조적 하중에 대한 특별한 고려를 하게 된다. 또한, 바람에 의한 풍압은 빌딩내부의 공기누출과 공기이동을 일으키기도 한다. 이는 빌딩 내의 냉난방 및 화재 시 연기의 이동에 대한 주요 고려대상이며, 틈새가 많거나 창이나 문이 많은 건물인 경우 바람의 영향은 더욱 많이 받는다.
AVAC 시스템	화재발생 시 공조기기(HVAC 시스템)은 화재확산을 가속하고 화재 진화 시 멀리 연기를 보내거나, 화재발생 구역으로 신선한 공기를 제공하여 연소를 돕게 된다. 그러므로 HVAC시스템은 화재 또는 연기의 감지로부터 송풍기를 일시 정지시키거나 특별한 제연작동 모드로 전환되도록 설계해야 한다.
엘리베이터 피스톤효과	엘리베이터가 샤프트 내에서 이동할 때, 흡입압력(피스톤 효과)이 발생한다. 이 흡입압력은 엘리베이터 연기제어에 영향을 미치고, 이러한 피스톤 효과는 정상적으로 가압된 엘리베이터 로비나 샤프트로 연기를 유입시킬 수 있다.

3 중성대 개념

건물 내부의 압력이 외부의 압력과 일치하는 수직적인 위치가 생긴다. 이 위치를 건물의 중성대(NPL : Neutral Pressure Level)라 한다. 이론적으로 틈새(crack)나 다른 개구부가 수직적으로 균일하게 분포되어 있다면 중성대는 정확하게 건물의 중간 높이가 될 것이다.

✪ 건물의 상부에 큰 개구부가 있다면 중성대는 올라갈 것이고 건물의 하부에 큰 개구부가 있다면 중성대는 내려올 것이다.

(1) 중성대 형성

건물화재가 발생하면 연소열에 의하여 온도가 상승함으로써 부력에 의해 실의 천정 쪽으로 고온기체가 축적되고 온도가 높아져 기체가 팽창하여 실내외의 압력이 달라지는데 대체적으로 실의 상부는 실외보다 압력이 높고 하부는 압력이 낮다.

따라서 그 사이 어느 지점에 실내외의 정압이 같아지는 경계층(0 point)이 형성되는데 그 층을 중성대(Neutral Zone)라고 한다.

✪ 중성대 위쪽은 실내 정압이 실외보다 높아 실내에서 기체가 외부로 유출되고 중성대 아래쪽에는 실외에서 기체가 유입되며, 중성대의 상부는 열과 연기로, 그리고 중성대의 하층부는 신선한 공기가 존재하게 된다.

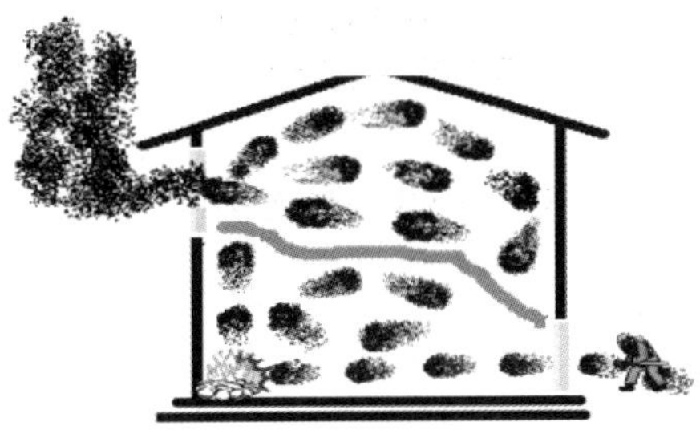

■ 중성대이론 ■

(2) 중성대의 특징☆ 20년 소방장

중성대는 내부에서 밖으로 밀려나가는 배기압력과 밖에서 내부로 작용하는 급기압력이 같아지는 경계층으로써 압력의 평형을 이루므로 공기의 유동이 일어나지 않게 되며 개구부의 크기나 위치에 따라 달라질 수 있다.

✪ 연기의 이동
건물화재의 연기는 풍향이나 개구부의 위치에 따라 연기의 배기 측과 신선한 공기의 급기측이 형성되며, 배기 측의 연기는 짙고 열기가 있기 때문에 진입이 어렵다. 따라서 내화조 건물이나 지하실·터널 등 연기가 충만하기 쉬운 건물화재에서는 급기 측 진입이 원칙이다.

✪ 중성대가 개구부의 최하단에 형성되어 있다면
: 외부에서 공기가 들어올 여지가 없기 때문에 연소는 정지한다.

✪ 중성대를 위로 올린다면(예컨대 연소 중인 건물의 지붕을 일부 파괴한 경우)
: 공기는 개구부로부터 왕성하게 내부로 들어가게 되고 열 기류는 지붕에 뚫린 구멍을 통하여 위로 전부 빨려나가게 되어 연소는 더욱 강렬하게 된다.

※ 이상과 같은 이론을 종합하면 결국 아래층으로부터 유입되는 공기의 압력이 화재를 계속 진행시켜가는 원동력이 되는 것이다.

① 중성대가 위로 올라가면 올라갈수록 화재기류는 위로 올라가게 되므로 입체적인 건물은 아래층에서 위층으로 연소 확대해 가는 것이다.

② 중성대의 상층부는 열과 연기로부터 생존할 수 없는 지역이 되고 중성대의 하층부는 신선한 공기에 의해 생존할 수 있는 지역이 된다.

(3) 중성대의 활용* ☆ 19년 소방위 / 20년 소방장 · 소방위 / 21년 소방위

① 화재현장에서는 중성대의 형성 위치를 파악하여 배연 등의 소방활동에 활용하는 요령이 필요하다.

② 즉, 배연을 할 경우에는 중성대 위쪽에서 배연을 하여야 효과적이며 이것은 또한 새로운 공기의 유입증가 현상을 촉발하여 화세가 확대될 수도 있음에 유의해야 한다.

③ 밀폐된 건물내부에서 화재가 발생했을 때 신선한 공기의 유입이 없으므로 연소의 확대는 없다.

하층 개구부로 신선한 공기가 유입되면	연소확대와 동시에 연기량은 증가하여 연기 층이 급속히 아래로 확대되면서 중성대의 경계층은 하층으로 내려오게 되고 생존가능성은 낮아진다.
상층 개구부를 개방한다면	연소는 확대되지만 발생한 연기는 빠른 속도로 상승하여 외부로 배출되므로 중성대의 경계층은 위로 올라가고 중성대 하층의 면적이 커지므로 대원과 대피자들의 활동공간과 시야가 확보되어 신속히 대피할 수 있다.

④ 중성대의 범위를 위로 축소시킬 수 있는 개구부 위치는 지붕중앙부분 파괴가 가장 효과적이며, 그 다음으로 지붕의 가장자리 파괴, 상층부 개구부의 파괴 순서이다. ☆ 21년 소방위

화재현장 도착 시 하층 출입문으로 짙은 연기가 배출된다면	상층 개구부가 개방을 고려하고 하층개구부에서 연기가 배출되고 있지 않다면 상층개구부가 개방되어 있다고 판단하고 신선한 공기가 유입되는 출입문 쪽을 급기측으로 판단한다.
화재현장 도착 시 하층 개구부에서 연기가 배출되고 있지 않다면	다른 쪽 상층개구부가 이미 개방되어 중성대의 경계선이 위로 올라가 있다는 증거이므로 출입문 쪽은 신선한 공기가 유입되는 급기 측이라고 판단하여 즉시 진입한다.

✪ 중성대가 형성된 경우 확인사항 : 요구조자, 화점, 연소범위

4 연소생성가스의 종류** ☆ 12년 부산 소방장 / 14년 소방위 / 18년, 20년, 21년 소방장

(1) 일산화탄소(CO)**

일산화탄소는 무색·무취·무미의 환원성이 강한 가스로서 300℃이상의 열분해 시 발생한다. 13~75%가 폭발한계로서 푸른 불꽃을 내며 타지만 다른 가스의 연소는 돕지 않으며, 혈액중의 헤모글로빈과 결합력이 산소보다 210배에 이르고 흡입하면 산소결핍 상태가 된다. 인체에 대한 허용농도는 50ppm이다.

▌일산화탄소의 공기 중의 농도와 중독증상▐

공기 중의 농도		경과시간(분)	중독증상
%	ppm		
0.02	200	120~180	가벼운 두통 증상
0.04	400	60~120	통증·구토증세가 나타남
0.08	800	40	구토·현기증·경련이 일어나고 24시간이면 실신

0.16	1,600	20	두통・현기증・구토 등이 일어나고 2시간이면 사망
0.32	3,200	5~10	두통・현기증이 일어나고 30분이면 사망
0.64	6,400	1~2	두통・현기증이 심하게 일어나고 15~30분이면 사망
1.28	12,800	1~3	1~3분 내 사망

(2) 이산화탄소(CO_2)

이산화탄소는 물질의 완전 연소 시 생성되는 가스로 무색・무미의 기체로서 공기보다 무거우며 가스 자체는 독성이 거의 없으나 다량이 존재할 때 사람의 호흡 속도를 증가시키고 혼합된 유해 가스의 흡입을 증가시켜 위험을 가중시킨다. 인체에 대한 허용농도는 5,000ppm이다.

(3) 황화수소(H_2S)

황을 포함하고 있는 유기 화합물이 불완전 연소하면 발생하는데 계란 썩은 냄새가 나며 0.2%이상 농도에서 냄새 감각이 마비되고 0.4~0.7%에서 1시간 이상 노출되면 현기증, 장기혼란의 증상과 호흡기의 통증이 일어난다. 0.7%를 넘어서면 독성이 강해져서 신경 계통에 영향을 미치고 호흡기가 무력해진다.

(4) 이산화황(SO_2)

일명 아황산가스라고도 하며, 유황이 함유된 물질인 동물의 털, 고무와 일부 목재류 등이 연소하는 화재 시에 발생하는 것으로 무색의 자극성 냄새를 가진 유독성 기체로 눈 및 호흡기 등에 점막을 상하게 하고 질식사할 우려가 있다.

- 특히 유황을 저장 또는 취급하는 공장에서의 화재 시 주의를 요하는 것으로, 화재로 발생하는 아황산가스는 대기상에도 큰 피해를 준다.
- 1952년 영국 런던에서는 7일간 계속된 높은 습도와 정체된 기단으로 인한 스모그가 발생하여 호흡장애와 질식으로 약 4천명 이상의 사망자가 발생하였다. 이 '런던 스모그 사건'은 바로 아황산가스에 의한 대기오염 피해 사건으로 알려져 있다.

(5) 암모니아(NH_3)* ☆ 14년 경기 소방장, 18년 소방장

질소 함유물이 연소할 때 발생하는 연소생성물로서 유독성이 있으며 강한 자극성을 가진 무색의 기체로 흡입 시 점액질과 기도조직에 심한 손상을 초래하고, 타는 듯한 느낌, 기침, 숨 가쁨 등을 초래하며, 냉동시설의 냉매로 많이 쓰이고 있으므로 냉동창고 화재 시 누출가능성이 크므로 주의해야 하며, 독성의 허용 농도는 25ppm이다.

(6) 시안화수소(HCN)★ ☆ 14년 소방위 / 20년, 21년 소방장

질소성분을 가지고 있는 합성수지, 동물의 털, 인조견 등의 섬유가 불완전 연소할 때 발생하는 맹독성 가스로 0.3%의 농도에서 즉시 사망할 수 있다. 청산가스라고도 한다.

인화성이 매우 강한 무색의 화학물질로 연소 시 유독가스를 발생시키고, 특히 수분이 2%이상 포함되어 있거나 알칼리 등이 포함되어 있으면 폭발할 우려가 크다.

(7) 포스겐($COCl_2$)★ ☆ 14년 경기 소방장

① 열가소성 수지인 폴리염화비닐(PVC), 수지류 등이 연소할 때 발생되며 2차 세계대전 당시 독일군이 유태인 대량학살에 사용했을 만큼 맹독성가스로 허용농도는 0.1ppm(㎎/㎥)이다.

② 일반적인 물질이 연소할 경우는 거의 생성되지 않지만 일산화탄소와 염소가 반응하여 생성하기도 한다.

(8) 염화수소(HCl)★

PVC와 같이 염소가 함유된 수지류가 탈 때 주로 생성되는데 독성의 허용농도는 5ppm(㎎/㎥)이며 향료, 염료, 의약, 농약 등의 제조에 이용되고 있고, 자극성이 아주 강해 눈과 호흡기에 영향을 준다.

(9) 이산화질소(NO_2)

질산셀룰오스가 연소 또는 분해될 때 생성되며 독성이 매우 커서 200~700ppm 정도의 농도에 잠시 노출되어도 인체에 치명적이다.

(10) 불화수소(HF)

합성수지인 불소수지가 연소할 때 발생되는 연소생성물로서 무색의 자극성 기체이며 유독성이 강하다. 허용농도는 3ppm(㎎/㎥)이며 모래나 유리를 부식시키는 성질이 있다.

| 화재현장에서 발생하는 유독가스 | ★ ☆ 15년 소방위, 16년 경북 소방교

종 류	발 생 조 건	허용농도 (TWA)
일산화탄소 (CO)	불완전 연소 시 발생	50 ppm
아황산가스 (SO_2)	중질유, 고무, 황화합물 등의 연소 시 발생	5 ppm
염화수소 (HCl)	플라스틱, PVC	5 ppm
시안화수소 (HCN)	우레탄, 나일론, 폴리에틸렌, 고무, 모직물 등의 연소	10 ppm
암모니아 (NH_3)	열경화성 수지, 나일론 등의 연소 시 발생	25 ppm
포스겐 ($COCl_2$)	프레온 가스와 불꽃의 접촉	0.1 ppm

✪ 체내산소농도에 따른 인체영향
- 보통 공기 중 산소농도 20%가 15%로 떨어지면 근육이 말을 듣지 않는다.
- 14%~10%로 떨어지면 판단력을 상실하고 피로가 빨리 온다.
- 10%~6%이면 의식을 잃지만 신선한 공기 중에서 소생할 수 있다. 기진한 상태에서는 산소요구량이 많아지므로 상기 농도보다 높아도 증세가 나타날 수 있다.

핵심요약

- 연소생성물에는 연기(Smoke), 열(Heat), 화염(Flame), 연소가스(fire gas)가 있다. 그중에 화재 때 사람에 대한 화재피해는 연소가스에 대한 피해가 가장 높게 나타나고 있다.

제8절 폭 발

학습목표

- 폭발의 정의
- 폭발반응의 원인
- 폭발의 성립조건

제1관 폭발 개념

1 폭발의 정의

폭발을 명확히 정의하는 것은 어려우나 「압력의 급격한 발생 또는 해방의 결과로서 굉음을 발생하며 파괴하기도 하고, 팽창하기도 하는 것」, 「화학변화에 동반해 일어나는 압력의 급격한 상승현상으로 파괴 작용을 수반하는 현상」등으로 설명할 수 있다.

2 폭발반응의 원인

빛, 소리 및 충격 압력을 수반하는 순간적으로 완료되는 화학변화를 폭발 반응이라 하며 기체상태의 엔탈피(열량) 변화가 폭발반응과 압력상승의 원인이다.

① 발열화학 반응 시에 일어난다.
② 강력한 에너지에 의한 급속가열로 예를 들면 부탄가스통의 가열시 폭발하는 것과 같다.
③ 액체에서 기체 상태로 변화를 증발, 고체에서 기체 상태로의 변화를 승화라 하는데 이처럼 응축상태에서 기상으로 변화(상변화)시 일어난다.

3 폭발의 성립 조건

① 밀폐된 공간이 존재하여야 된다.
② 가연성 가스, 증기 또는 분진이 폭발 범위 내에 있어야 한다.
③ 최소점화원(Energy)이 있어야 한다.

✪ 간략하게 정리하면, 연소의 3요소에 밀폐된 공간이 있으면 성립한다.

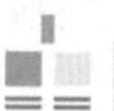

핵심요약

폭발의 원인 및 폭발의 성립조건의 인지는 화재현장에서 불의의 사고 예방에 많은 도움이 될 수 있으므로 평소 때 관련 내용을 숙지 및 생활화 할 필요가 있다.

제2관 • 폭발 형태

학습목표

- 물리적 폭발과 화학적 폭발의 차이를 구분할 수 있다.
- 화학적 폭발 현상의 종류를 설명할 수 있다.
- 폭발물의 물리적 상태에 따른 폭발의 종류를 예를 들어 설명할 수 있다.

1 물리적 폭발과 화학적 폭발★★ ☆ 19년 소방위

폭발이란 급격한 압력의 발생, 해방의 결과로 그 현상이 격렬하게 폭음을 동반한 이상 팽창 현상으로 크게는 물리적인 폭발과 화학적 폭발로 구분하며, 물리적 상태에 따라 응상폭발과 기상폭발로 구분한다.

(1) 물리적 폭발

① 진공용기의 파손에 의한 폭발현상
② 과열액체의 급격한 비등에 의한 증기폭발
③ 고압용기에서 가스의 과압과 과충전 등에 의한 용기의 파열에 의한 급격한 압력개방폭발

✪ BLEVE : Boiling Liquid Expanding Vapor Explosion

(2) 화학적 폭발

산화 폭발 (연소 폭발)	① 연소의 한 형태인데 연소가 비정상상태로 되어서 폭발이 일어나는 형태이다. ② 가연성 가스, 증기, 분진, 미스트 등이 공기와의 혼합물, 산화성, 환원성 고체 및 액체혼합물 혹은 화합물의 반응에 의하여 발생된다. ③ 산화 폭발사고는 대부분 가연성 가스가 공기 중에 누설되거나 인화성 액체 저장탱크에 공기가 혼합되어 폭발성 혼합가스를 형성함으로서 점화원에 의해 착화되어 폭발하는 현상이다. ④ 공간부분이 큰 탱크장치, 배관 건물 내에 다량의 가연성 가스가 공간 전체에 채워져 있을 때 폭발하게 되지만 큰 파괴력이 발생되어 구조물이 파괴되며, 이 때 폭풍과 충격파에 의하여 멀리 있는 구조물까지도 피해를 입힌다. ※ LPG-공기, LNG-공기 등이며 가연성 가스의 혼합가스 점화에 의한 폭발을 말한다.
분해 폭발	① 공기나 산소 없이 단독으로 가스가 분해하여 폭발하는 것이다. ② 산화에틸렌(C_2H_4O), 아세틸렌(C_2H_2), 히드라진(N_2H_4) 같은 분해성 가스와 디아조화합물 같은 자기분해성 고체류는 분해하면서 폭발한다. ※ 아세틸렌은 분해성 가스의 대표적인 것으로 반응시 발열량이 크고, 산소와 반응하여 연소시 3,000℃의 고온이 얻어지는 물질로서 금속의 용단, 용접에 사용된다.
중합 폭발	① 중합해서 발생하는 반응열을 이용해서 폭발하는 것으로 초산비닐, 염화비닐 등의 원료인 모노머가 폭발적으로 중합되면 격렬하게 발열하여 압력이 급상승되고 용기가 파괴되는 폭발을 일으키는 경우가 자주 있다. ② 중합반응은 고분자 물질의 원료인 단량체(모노머, Monomer)에 촉매를 넣어 일정온도, 압력 하에서 반응시키면 분자량이 큰 고분자를 생성하는 반응을 말하며, 이 반응은 대부분 발열반응을 하므로 적절한 냉각설비를 반응장치에 설치하여 이상반응이 되는 것을 방지하여야 한다. 그러나 반응 시 냉각에 실패하는 경우 반응온도가 급격히 상승하여 미반응 모노머의 팽창, 비등이 발생하여 이상고압으로 되는 경우 반응장치를 파괴시키는 경우가 있다. ③ 중합이 용이한 물질은 촉매를 주입하지 않아도 공기 중의 산화와 산화성 물질, 알칼리성 물질이 촉매역할을 하여 반응을 일으킬 수도 있으므로 반응 중지제를 준비하여야 한다. 중합폭발을 하는 가스로는 시안화수소(HCN), 산화에틸렌(C_2H_4O) 등이 있다.
촉매 폭발	촉매에 의해서 폭발하는 것으로 수소(H_2)+산소(O_2), 수소(H_2)+염소(Cl_2)에 빛을 쪼일 때 일어난다.

2 응상폭발과 기상폭발

응상폭발	용융 금속이나 금속조각 같은 고온물질이 물속에 투입되었을 때 고온의 열이 저온의 물에 짧은 시간에 전달되면 일시적으로 물은 과열상태로 되고 급격하게 비등하여 폭발현상이 나타나게 되는 것. ※ 수증기 폭발이 대표적이다.
기상폭발	수소, 일산화탄소, 메탄, 프로판, 아세틸렌 등의 가연성 가스와 조연성 가스와의 혼합기체에서 발생하는 가스폭발

3 응상폭발

응상이란 고상 및 액상의 것을 말하고, 응상은 기상에 비하여 밀도가 102~103배이므로 그 폭발의 양상이 다르다.

(1) 증기 폭발

① 증기 폭발의 의의

액체에 급속한 기화현상이 발생되어 체적 팽창에 의한 고압이 생성되어 폭풍을 일으키는 현상

㉠ 물, 유기액체 또는 액화가스 등의 액체들이 과열상태가 될 때 순간적으로 증기화되어 폭발현상을 나타내는 것을 말한다.

㉡ 지상에 있는 물웅덩이에 작열된 용융카바이트나 용융철을 떨어뜨릴 경우 또는 탱크속의 비등점의 낮은 액체가 중합열 또는 외부로부터 가해지는 화재의 열 때문에 온도가 상승되어 증기압을 견디지 못하고 용기가 파열될 때 남아있던 가열 액체는 순간적으로 심한 증기폭발을 일으킨다.

② 증기 폭발의 분류

보일러 폭발 (고압포화액의 급속액화)	· 보일러와 같이 고압의 포화수를 저장하고 있는 용기가 파손 등의 원인으로 동체의 일부분이 열리면 용기 내압이 급속히 하락되어 일부 액체가 급속히 기화하면서 증기압이 급상승하여 용기가 파괴된다. · 내용물이 가연성 물질인 경우 비등 기화로 액체 입자를 포함하는 증기가 대량으로 대기에 방출됨으로써 화염원으로부터 착화되어 화구를 형성하게 된다. · 100℃ 이상 과열된 압력하의 물을 폭발수(explosive water)라 한다.
수증기 폭발 (액체의 급속 가열)	· 물 또는 물을 함유한 액체에 고온 용융금속, 용융염 등이 대량으로 유입되는 경우 이 물질로 인해 밀폐된 상태의 물이 급격히 증발되고 밀폐로 인한 고압이 발생되어 폭발하는 현상이다. · 수증기 폭발의 발생은 고온 용융염의 투입속도가 빠를수록 용기의 단면적이 작을수록 잘 일어난다.
극저온 액화가스의 증기 폭발 (수면유출)	· LNG 등의 저온액화가스가 상온의 물위에 유출될 때 급격하게 기화되면서 증기폭발이 발생된다. · 이때 뜨거운 유체로 작용하는 것은 물(15℃)이며 LNG는 −162℃에서 액화된 가스이므로 차가운 액체로 작용한다. · 이때의 에너지원은 물의 현열이다.

(2) 전선 폭발

전선 폭발은 고체인 무정형 안티몬이 동일한 고상의 안티몬으로 전이할 때 발열함으로써 주위의 공기가 팽창하여 폭발하는 경우가 있다.

① 고상 간의 전이에 의한 폭발로 불린다. 또한 고상에서 급격한 액상을 거쳐 기상으로 전이할 때도 폭발현상이 나타나는 전선폭발이 있다.

② 알루미늄제 전선에 한도 이상의 대전류가 흘러 순식간에 전선이 가열되고 용융과 기화가 급속하게 진행되어 폭발을 일으켜 피해를 주는 경우이다.

4 기상폭발

(1) 가스 폭발

가연성 가스와 조연성 가스가 일정비율로 혼합된 가연성 혼합기는 발화원에 의해 착화되면 가스 폭발을 일으킨다. 이것을 폭발성 혼합기(폭발성 혼합가스)라 부른다.

> ✪ 가연성 가스에는 수소, 천연가스, 아세틸렌가스, LPG 외에 휘발유, 벤젠, 톨루엔, 알코올, 에테르 등의 가연성 액체로부터 나오는 증기도 포함된다.

(2) 분해 폭발

① 기체 분자가 분해할 때 발열하는 가스는 단일성분의 가스라고 해도 발화원에 의해 착화되면 혼합가스와 같이 가스 폭발을 일으킨다. 이것을 가스의 분해폭발이라고 하며 산소가 없어도 폭발한다.

② 분해 폭발성 가스는 아세틸렌, 산화에틸렌, 에틸렌, 프로파디엔, 메틸아세틸렌, 모노비닐아세틸렌, 이산화염소, 히드라진 등이 있다.

(3) 분무 폭발

① 공기 중에 분출된 가연성 액체가 미세한 액적이 되어 무상으로 되고 공기 중에 부유하고 있을 때 착화에너지가 주어지면 발생한다.

② 분출한 가연성 액체의 온도가 인화점 이하로 존재하여도 무상으로 분출된 경우에는 폭발하는 경우가 있다.

> ✪ 고압의 유압설비로부터 기계유의 분출 후에 공기 중에서 미세한 액적이 되어 일어난다.

(4) 분진 폭발★★★ ☆ 12년 경북 소방장

① 분진 폭발의 의의

가연성고체의 미분 또는 가연성 액체의 미스트(mist)가 일정 농도이상 공기와 같은 조연성 가스 등에 분산되어 있을 때 발화원에 의하여 착화됨으로서 일어나는 현상

> ✪ 금속, 플라스틱, 농산물, 석탄, 유황, 섬유질 등의 가연성 고체가 미세한 분말상태로 공기 중에 부유하여 폭발 하한계 농도 이상으로 유지될 때 착화원이 존재하면 가연성 혼합기와 동일한 폭발현상을 나타나며, 탄광의 갱도, 유황 분쇄기, 합금 분쇄 공장 등에서 가끔 분진 폭발이 일어난다.

분진의 발화폭발 조건★★ ☆ 20년 소방장	· 가연성 : 금속, 플라스틱, 밀가루, 설탕, 전분, 석탄 등 · 미분상태 : 200mesh(76㎛) 이하 · 지연성 가스(공기)중에서의 교반과 운동 · 점화원의 존재
가연성 분진의 착화폭발 기구	· 입자표면에 열에너지가 주어져서 표면온도가 상승한다. · 입자표면의 분자가 열분해 또는 건류작용을 일으켜서 기체 상태로 입자 주위에 방출한다. · 기체가 공기와 혼합하여 폭발성 혼합기가 생성된 후 발화되어 화염이 발생된다. · 화염에 의해 생성된 열은 다시 다른 분말의 분해를 촉진시켜 공기와 혼합하여 발화 전파한다.

② 분진 폭발의 특성★★ ☆ 14년 서울 소방장

㉠ 연소속도나 폭발압력은 가스폭발에 비교하여 작으나 연소시간이 길고, 에너지가 크기 때문에 파괴력과 타는 정도가 크다.

> ✪ 발생에너지는 가스폭발의 수백 배이고 온도는 2,000~3,000℃까지 올라간다. 그 이유는 단위 체적당의 탄화수소의 양이 많기 때문이다.

㉡ 폭발의 입자가 연소되면서 비산하므로 이것에 접촉되는 가연물은 국부적으로 심한 탄화를 일으키며 특히 인체에 닿으면 심한 화상을 입는다.

㉢ 최초의 부분적인 폭발에 의해 폭풍이 주위의 분진을 날리게 하여 2차, 3차의 폭발로 파급됨에 따라 피해가 크게 된다.

㉣ 가스에 비하여 불완전한 연소를 일으키기 쉬우므로 탄소가 타서 없어지지 않고 연소 후의 가스상에 일산화탄소가 다량으로 존재하는 경우가 있어 가스에 의한 중독의 위험성이 있다.

> ✪ 폭발성 분진★ ☆ 20년 소방장
> · 탄소제품 : 석탄, 목탄, 코크스, 활성탄
> · 비　료 : 생선가루, 혈분 등
> · 식료품 : 전분, 설탕, 밀가루, 분유, 곡분, 건조효모 등
> · 금속류 : Al, Mg, Zn, Fe, Ni, Si, Ti, V, Zr(지르코늄)
> · 목질류 : 목분, 콜크분, 리그닌분, 종이가루 등
> · 합성 약품류 : 염료중간체, 각종 플라스틱, 합성세제, 고무류 등
> · 농산가공품류 : 후추가루, 제충분, 담배가루 등
> ✪ 폭발성 분진의 위험성이 없는 것 : 석회가루, 시멘트가루, 대리석가루, 탄산칼륨 ※ 참고바람

③ 분진의 폭발성에 영향을 미치는 인자★ ☆ 15년 소방장

분진의 화학적 성질과 조성	· 분진의 발열량이 클수록 폭발성이 크며 휘발성분의 함유량이 많을수록 폭발하기 쉽다. · 탄진에서는 휘발분이 11% 이상이면 폭발하기 쉽고, 폭발의 전파가 용이하여 폭발성 탄진이라고 한다.
입도와 입도분포	· 분진의 표면적이 입자체적에 비하여 커지면 열의 발생속도가 방열 속도보다 커져서 폭발이 용이해진다. · 평균 입자경이 작고 밀도가 작을수록 비표면적은 크게 되고 표면 에너지도 크게 되어 폭발이 용이해진다. · 입도분포 차이에 의한 폭발특성 변화에 대해서는 상세히 알 수 없으나 작은 입경의 입자를 함유하는 분진의 폭발성이 높다고 간주한다.
입자의 형성과 표면의 상태	· 평균입경이 동일한 분진인 경우, 분진의 형상에 따라 폭발성이 달라진다. 즉 구상, 침상, 평편상 입자순으로 폭발성이 증가한다. · 입자표면이 공기(산소)에 대하여 활성이 있는 경우 폭로시간이 길어질수록 폭발성이 낮아진다. 따라서 분해공정에서 발생되는 분진은 활성이 높고 위험성도 크다.
수 분	· 분진 속에 존재하는 수분은 분진의 부유성을 억제하게 하고 대전성을 감소시켜 폭발성을 둔감하게 한다. · 반면에 마그네슘, 알루미늄 등은 물과 반응하여 수소를 발생하고 그로 인해 위험성이 더 높아진다.
폭발압력	· 분진의 최대폭발압력은 양론적인 농도보다 훨씬 더 큰 농도에서 일어난다.(가스폭발의 경우와 다름) · 최대폭발압력 상승속도는 입자의 크기가 작을수록 증가하는데 이는 입자의 크기가 작을수록 확산되기 쉽고 발화되기 쉽기 때문이다.

핵심요약

폭발에는 다양한 메카니즘이 작용하며 그중 대표적인 폭발 현상으로 물리적 폭발(증기폭발, BLEVE)과 화학적 폭발(산화폭발, 분해폭발, 중압폭발, 촉매폭발)로 대별하며 상의 구분에 따라 응상폭발(증기폭발, 보일러폭발, 전선폭발)과 기상폭발(가스폭발, 분해폭발, 분무폭발, 분진폭발)로 나눌 수 있다.

제3관 폭발 한계

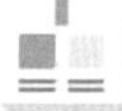

학습목표

· 폭발하한계(LEL)와 폭발상한계(UEL) 의 차이를 구분할 수 있다.
· 폭발한계를 정의할 수 있다.
· 폭발이 영향을 미치는 범위를 구분하여 설명할 수 있다.

1 폭발한계의 정의☆ 16년 부산 소방장

가연성 가스와 공기(또는 산소)의 혼합물에서 가연성 가스의 농도가 낮을 때나 높을 때 화염의 전파가 일어나지 않는 농도가 있다. 농도가 낮을 경우를 폭발 하한계, 높을 경우를 폭발 상한계라 하고 그 사이를 폭발 범위라고 한다. 그리고 연소한계, 가연한계라고도 한다.

폭발하한계(LEL)	발화원이 있을 때 불꽃이 전파되는 증기 혹은 가스의 최소 농도로서 공기나 산소 중의 농도로 나타낸다. 단위는 부피%이다.
폭발상한계(UEL)	발화원과 접촉 시 그 이상의 농도에서는 화염이 전파되지 않는 기체나 증기의 공기 중의 최대농도를 나타낸다. 단위는 부피%이다.

2 폭발한계에 대한 영향을 주는 요소

온도의 영향	① 일반적으로 폭발범위는 온도상승에 의하여 넓어지게 되며 폭발한계의 온도의존은 비교적 규칙적이다. ② 공기 중에서 연소하한계 L은 온도가 100℃ 증가함에 따라 약 8% 증가한다. ③ 공기 중에서 연소상한계 U는 온도가 100℃ 증가함에 따라 약 8% 증가한다.
압력의 영향	압력이 상승되면 연소하한계 L은 약간 낮아지나 연소상한계 U는 크게 증가한다.
산소의 영향	① 산소 중에서의 연소하한계 L은 공기 중에서의 L과 같다. (공기 중의 산소는 L에서 연소에 필요한 이상의 양이 존재한다) ② 연소상한계 U는 산소량이 증가할수록 크게 증가한다.
기타 산화제	Cl_2등의 산화제 분위기 중에서의 폭발범위는 공기 중에서 보다 넓고 O_2분위기와 비슷하다 (가연성물질이 Cl_2에 의해 산화되기 때문이다).

3 폭발영향

압 력	· 폭발압력은 물질이 폭발에 의해 생긴 막대한 기체의 양 때문에 생긴다. · 기체는 발화지점으로부터 빠른 속도로 확산되려고 하는데, 이때 양성압력(positive pressure)과 음성압력(negative pressure)이 열의 방향을 따라서 생성된다. · 기체가 밖으로 나가려고 하는 것과 교체된 공기는 양성압력이며, 낮은 압력으로 인해 발화지점으로 향하는 공기는 음성압력으로 알려져 있다. · 발화지점 밖으로 나가려는 양성압력은 음성압력보다 힘이 세며, 대부분의 압력피해를 일으키는 주원인이 되고 있다. 음성압력은 낮은 기압상태로 양성압력이 빠르게 밖으로 나가려는 성질 때문에 생긴다.
비 산	· 비산은 압력의 결과로 나타나는데 압력이 클수록 비산범위도 넓어진다. · 구조물과 용기 등은 부서지거나 쪼개져서 멀리까지 날아가서 또 다른 손상을 일으키거나 그 물체에 의해 사상자가 발생할 수도 있다. · 물체의 재질과 압력에 따라 크거나 작은 입자 등으로 분산되는데 비산물은 전력선이나 주택, 상가 등 다른 외물(外物)에 직접적인 타격을 주어 폭발이 발생한 지점으로부터 범위를 벗어나 또 다른 재해를 발생시키는 것이다.

열	· 연소폭발은 폭발과 동시에 주변으로 많은 열을 방출시키고 에너지가 크기 때문에 근처의 다른 물질을 연소시키기도 하지만 사람이 있었다면 인명피해를 일으킬 수도 있게 된다. · 열을 동반한 폭발은 화재와 폭발 중 어느 것이 선행된 것인지 판단하기 곤란할 때가 많지만 보통은 폭발과 동시에 화재를 수반하는 경우가 많이 존재한다. · 특히 화학적 폭발일 경우 더욱 많은 열을 발생시키는데, 폭굉폭발은 매우 짧은 시간에 높은 온도를 발생시키지만 폭연폭발은 낮은 열을 가지고 오랫동안 지속되는 특징이 있다.
지 진	· 폭발압력이 최고조로 팽창되어 더 이상 버틸 수 없는 상황에 이르게 되면 폭발지점을 중심으로 형성된 압력에 의해 구조물이 흔들리거나 균열이 발생하고 상황이 더욱 악화되면 붕괴에 이르게 될 것이다. · 이때 폭발압력으로 인한 진동이나 충격은 직접적으로 건물에 손상을 불러오지만 진동현상이 땅으로 전달되면 주변에 취약한 다른 건물로 그 영향이 미칠 수 있게 된다. ※ 특히 지면을 통해 진동이 전달되기 때문에 가스관로 또는 파이프라인, 탱크와 연결된 배관 등에 영향이 미치게 된다.

핵심요약

위험성물질에 있어서는 폭발의 한계 즉 폭발하한계(LFL)와 폭발상한계(UFL)의 차이가 크면 클수록 위험성은 크지고 그 차의 영향은 크기가 구분되며 압력, 비산, 열, 지진 등은 폭발에 영향을 미칠 수 있다.

제4관 • 폭연과 폭굉★★ ☆ 08년 경북 소방교, 13년 인천 소방장

학습목표

• 폭연(Deflagration) • 폭굉(Detonation)

1 폭연과 폭굉의 개념

폭 연 (Deflagration)	• 압력파 또는 충격파의 전파속도가 음속보다 느리게 이동하는 경우이다. • 개방된 대기 중에서 혼합가스가 발화할 경우 연소가스는 자유로이 팽창하여 화염속도가 늦은 경우 압력과 폭발음이 거의 발생하지 않지만 화염속도가 빠르고 압력파를 만들면 폭발음이 발생하게 되는데 이러한 경우를 폭연이라 한다.
폭 굉 (Detonation)	• 음속보다 빠르게 이동하는 경우이다. • 발열반응의 연소과정에서 압력파 또는 충격파의 전파속도가 음속보다 빠르게 이동하는 경우를 말하는 것으로 충격파란 초음속으로 진행하는 파동이며, 충격파를 받는 매질은 같은 압력의 단열 압축보다 높은 온도상승을 일으킨다. • 매질이 폭발성이면, 그 온도상승에 의하여 반응이 계속 일어나 폭굉파를 일정속도로 유지한다.

2 폭연과 폭굉의 차이

구 분	충격파 전파속도	특 징	전파 에너지	완전연소 소요시간
폭 연 (Deflagration) ★	음속보다 느리게 이동한다.(기체의 조성이나 농도에 따라 다르지만 일반적으로 0.1~10㎧ 범위)	• 폭굉으로 전이될 수 있다. • 충격파의 압력은 수 기압(atm) 정도이다. • 반응 또는 화염면의 전파가 분자량이나 난류확산에 영향을 받는다. • 에너지 방출속도가 물질전달속도에 영향을 받는다.	전도, 대류, 복사에너지	1/300초
폭 굉 (Detonation) ★★	음속보다 빠르게 이동한다. (1,000~3,500㎧ 정도로 빠르며, 이때의 압력은 약 1,000kgf/㎠)	• 압력상승이 폭연의 경우보다 10배, 또는 그 이상이다. • 온도의 상승은 열에 의한 전파보다 충격파의 압력에 기인한다. • 심각한 초기압력이나 충격파를 형성하기 위해서는 아주 짧은 시간 내에 에너지가 방출되어야 한다. • 표면에서 온도, 압력, 밀도가 불연속적으로 나타난다.	충격파 에너지	1/1,000초

핵심요약

폭연(Deflagration)은 화재에 연소적으로 영향을 미치나 폭굉(Detonation)은 불연속적이다.

제5관 가연성 가스의 폭발

학습목표

- 증기운폭발(UVCE(Unconfined Vapor Cloud Explosion))
- BLEVE(Boiling Liquid Expanding Vapor Explosion)
- BLEVE와 Fire Ball

1 증기운 폭발

대기 중에 대량의 가연성가스가 유출되거나 대량의 가연성액체가 유출되면 그것으로부터 발생하는 증기가 공기와 혼합해서 가연성 혼합 기체를 형성하고 발화원에 의하여 발생하는 폭발, 개방된 대기 중에서 발생하기 때문에 자유공간 중의 증기운폭발(UVCE : Unconfined Vapor Cloud Explosion)이라고 한다.

(1) 증기운 폭발이 발생하는 과정

① <u>상온, 대기압에서 액체이며 인화점이 상온보다 낮은 물질(가솔린)</u>
유출한 액체는 지면으로부터 열이 공급되면 액면에서 연속적으로 증기를 발생하여 주위에 확산한다.

② <u>상온, 가압 하에서 액화되어 있는 물질(LPG, 액화부탄) 또는 그 물질의 비점 이상의 온도에 있지만 가압되어서 액화된 물질(반응기 내의 벤젠, 핵산)</u>
고압 하에서 기상과 액상의 평형상태에 있는 물질이 대기압 하에 유출되는 경우이며, 유출된 액체의 온도는 대기압의 비점까지 낮아진다. 이처럼 순간적으로 기화하는 현상을 flash라고 부른다. flash에 의해 순간적으로 기화한 후에는 주위의 열을 흡수하여 증발이 계속된다.

③ <u>대기압 하에서 저온으로 하여 액화된 물질(LNG)</u>
LNG 와 같이 아주 낮은 온도에 있는 저온 액화가스가 유출하면 지면 및 주위의 열에 의하여 급속한 비등을 일으킨다. 지면의 온도가 저하되면 증발속도는 저하되지만 단시간에 대량의 가연성 증기운이 생긴다.

(2) 증기운이 발생하면 다음과 같은 경우가 된다.

① 발화하지 않고 누출한 가스나 증기가 재해를 일으키지 않고 확산한다.
② 가스, 증기의 유출과 동시에 화재가 발생하지만, 폭발로 전이되는 경우도 있다.
③ 대량의 증기운 발생한 후 화재로 화염의 속도가 빨라져서 폭풍이 발생한다.
④ 화염속도가 음속을 넘으면 폭굉이 되어서 더욱 강한 폭풍을 일으키게 된다.
※ 이러한 대량의 가연성 물질 유출사고는 대부분 폭발을 발생시키고 다량 누출된 가 연성 증기가 발화하기 전에 공기와 잘 혼합되어 양론비에 가까운 조성의 가연성 혼 합 기체를 만들면 이러한 폭굉의 발생 가능성이 크다.

2 BLEVE(Boiling Liquid Expanding Vapor Explosion)의 단계적 설명

프로판 등 액화가스탱크의 외부에서 화재가 나면 탱크가 가열되어 내부의 액체에 높은 증기압이 발생하고 그 증기압이 탱크의 내압을 초과하게 되면 결국 탱크는 파열에 이르게 된다.
① 프로판 탱크가 화염에 노출되면 탱크 내의 압력이 상승한다.
② 안전밸브가 작동하고 내압을 방출한다.
③ 탱크가 너무 가열되면 안전밸브로는 파열을 방지할 수 없다.

압력용기 등에 사용되는 두께 13mm의 강판은 보통 최저인장응력이 414MPa, 설계응력이 100MPa인데 화재에 노출되면 690℃에서 8분 후에 그 값에 도달하게 된다. 이 온도에서는 압력에 의하여 2.5분 후에 파열된다고 예상된다. 실제화재에서 파열될 때까지의 시간은 10~30분이다.

① 액화가스의 탱크가 파열하면 순간증발을 일으켜 가연성 가스의 혼합물이 대량 분출
② 이것이 발생하면 지면에서 반구상(A)의 화염이 되어 부력으로 상승하는 동시에 주변의 공기를 빨아들임
③ 주변에서 빨아들인 화염은 공모양(B)으로 되고 더욱 상승하여 버섯모양(C)의 화염을 만듬
※ BLEVE에 의해 발생된 화염은 최초엔 지표면 부근에서 발생하여 거대하게 성장하는데, 반구형의 형태를 형성한 후 부력에 의해 상승하면서 버섯모양으로 변하는데 이 화염을 파이어볼(Fire Ball)이라 한다.

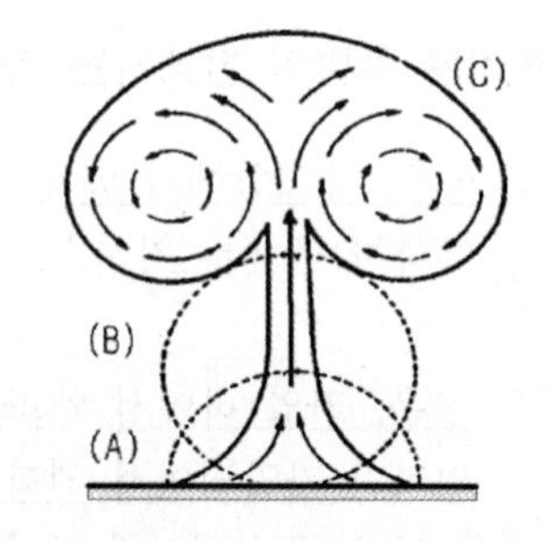

■ 전형적인 파이어볼의 성장 ■

3 BLEVE와 Fire Ball

(1) BLEVE(Boiling Liquid Expanding Vapor Explosion)란

액체가스가 기화해서 팽창하여 폭발하는 현상을 말한다. 즉 비등점이 낮은 인화성 액체탱크가 화염에 노출되면 과열된 액체가 폭발적으로 증발하는 현상을 말한다. 외부와의 평형을 이루려는 압력의 폭발적인 방출로 증발하지 않고 있던 액체가 확산되며 용기 또는 탱크가 폭발하게 된다.

BLEVE 발생과정	① BLEVE는 저장탱크가 화재에 노출되면 용기 내부의 액체온도가 증가하고 ② 이때 액체의 온도는 기체보다 열전도율이 커서 300℃ 정도까지 상승하며, 용기내부 기상부의 경우는 온도가 매우 증가하여(1,000℃ 정도) 위험한 상태에 이른다. ③ 특히 기상. 액상부분의 경우 철의 접합부가 급격한 인장력의 감쇠와 항복점이 저하되어 저장탱크가 파열되면서 탱크내부의 고온고압의 가스가 외부와 평형을 이루려는 성질에 의하여 급격하게 확산 되어가는 현상
Fire Ball 의 발생 Mechanism	① Fire Ball이란 대량의 증발한 가연성 액체가 갑자기 연소할 때 생기는 구상의 불꽃을 말한다. ② BLEVE 발생 시 탱크외부로 방출된 증발기체가 주위의 공기와 혼합하여 방출시의 고압으로 인하여 탱크상부로 버섯모양의 증기운을 형성하여 상승 ③ 이때 증발된 기체가 주위의 공기와 혼합하여 가연범위 내에 들어오면서 점화원이 있을 경우 대형의 버섯모양의 화염을 형성 ④ 이를 Fire Ball이라하며 Fire Ball의 경우 발생 열보다 그 복사열의 피해가 심각하여 매우 위험하다
BLEVE와 Fire Ball의 차이점	① BLEVE의 위험성은 폭발압력으로 탱크가 파열되는 순간 방출되는 폭발압력으로 인근 건물의 유리창이 파손된다. ② Fire의 경우는 그 복사열로 인한 피해가 매우 커서 500m 이내의 가연물이 모두 타버릴 정도로 위험하다.
BLEVE 의 방지 및 소화대책	① 용기의 압력상승 방지를 위한 Blow down 방법을 사용하여 용기내의 압력이 대기압 근처에서 유지되도록 한다. ※ Blow down : 용기 내부의 압력을 외부로 분출시키는 방법 ② 용기의 온도상승 방지를 위한 조치로는 탱크주위에 살수설비 또는 소방차로 물을 살수하여 용기를 냉각한다.
소방활동대책	① 현장대원은 반드시 방열복을 착용하고 현장활동에 임한다. ② 현장활동 대원이외의 모든 인원은 안전지대로 대피한다. ③ 고막의 가장 약하므로 고막보호용 마개를 착용하고 현장활동에 임한다.

4 UVCE와 BLEVE

가스 저장탱크의 대표적 중대재해로 둘 다 가열된 풍부한 증기운이 자체의 상승력에 의하여 위로 올라가 버섯구름 모양의 불기둥(Fire Ball)을 발생시키며 그 위력은 수 km까지 미치는 것으로 알려져 있다.

증기운 폭발(UVCE : Unconfined Vapor Cloud Explosion)

- 저장탱크에서 유출된 가스가 대기 중의 공기와 혼합하여 구름을 형성하고 떠다니다가 점화원(점화스파크, 고온표면 등)을 만나면 발생할 수 있는 격렬한 폭발사고이며, 심한 위험성은 폭발압이다.

액화가스탱크 폭발(BLEVE : Boiling Liquid Expanding Vapor Explosion)

- 가스 저장탱크지역의 화재발생시 저장탱크가 가열되어 탱크 내 액체부분은 급격히 증발하고 가스부분은 온도상승과 비례하여 탱크 내 압력의 급격한 상승을 초래하게 된다.
- 탱크가 계속 가열되면 용기강도는 저하되고 내부압력은 상승하여 어느 시점이 되면 저장탱크의 설계압력을 초과하게 되고 탱크가 파괴되어 급격한 폭발현상을 일으킨다.
- 인화성 액체저장탱크는 화재시 BLEVE 억제를 위한 탱크의 냉각조치(물분부장치 등)를 취하지 않으면 화재발생 10여분 경과후 BLEVE가 발생할 수도 있다.

PART 03 소화약제 등

기출 및 예상문제

01 "연소의 정의"에 대한 설명이 틀린 것은?

① 가연물이 공기 중의 산소 또는 산화제와 반응하여 열과 빛을 발생하면서 산화하는 현상을 말한다.
② 발열반응이 계속되면 발생되는 열에 의해 가연물질이 고온화 되어 연소는 계속 진행된다.
③ 연소가 이루어지려면 가연물질, 산소공급원, 연쇄반응의 세 가지 요소가 필요하다.
④ 연소의 화학반응은 연소할 수 있는 가연물질이 공기 중의 산소뿐만 아니라 산소를 함유하고 있는 산화제에서도 일어난다.

해설 ✪ 연소의 정의★★☆ 12년 소방위, 14년 경기 소방교

① 가연물이 공기 중의 산소 또는 산화제와 반응하여 열과 빛을 발생하면서 산화하는 현상을 말한다.
② 발열반응이 계속되면 발생되는 열에 의해 가연물질이 고온화되어 연소는 계속 진행된다.
③ 이러한 연소의 화학반응은 연소할 수 있는 가연물질이 공기 중의 산소뿐만 아니라 산소를 함유하고 있는 산화제에서도 일어난다.
④ 반응을 일으키기 위해서는 활성화 에너지(최소 점화에너지)가 필요한데 이 에너지를 점화에너지 · 점화원 · 발화원 또는 최소점화(착화)에너지라고 한다.

※ 가연물질의 활성화를 위해 필요한 에너지는 충격, 마찰, 자연발화, 전기불꽃, 정전기, 고온표면, 단열압축, 자외선, 충격파, 낙뢰, 나화, 화학열 등에 의해 공급되고 있다.

02 "표면연소현상"에 대한 설명으로 옳은 것은?

① 연탄 · 목재 · 종이 · 짚 등 연소이다.
② 고체 상태에서 열분해 된 가연성가스가 연소할 때 일어난다.
③ 고체상태의 표면에 산소가 공급되어 연소가 이루어진다.
④ 가솔린 등 석유류의 액면화재에 의한 연소 현상이다.

해설 연소의 양상☆ 16년 부산 소방교

정답 01. ③ 02. ③

불꽃연소	· 고체인 가연물의 열분해·액체의 증발에 따른 기체의 확산·기체인 가연물에 산소가 공급되어 연쇄반응을 일으키는 현상을 말한다. · 단위시간당 방출하는 열량이 많아 연소속도가 매우 빠르고 그 양상도 복잡하다. · 대략 연소 시 발생하는 열량의 절반 이상은 가연물을 가열하여 연소가스의 방출에 소모되고 나머지는 주위의 복사열로 방출된다. · 정상상태에서는 발생되는 열량과 주위로 잃어버리는 열량이 시간적으로 같으나 발생되는 열량이 더 많아지면 화세가 강해지고, 반대로 주위로 방출되는 열량이 많아지면 화세는 약해진다.
표면연소 (작열연소)	· 고체상태의 표면에 산소가 공급되어 연소가 이루어진다.

03 가연성 가스를 공기 중에 연소시킬 때 산소농도가 증가하면 나타나는 현상으로 틀린 것은?

① 점화에너지는 작아진다.　② 폭발한계는 넓어진다.
③ 발화온도는 높아진다.　④ 연소속도는 빨라진다.

해설 ✪ 가연성 가스를 공기 중에서 연소시킬 때 공기 중의 산소 농도가 증가하면
1. 연소속도는 빨라진다.
2. 화염의 온도는 높아진다.
3. 발화온도는 낮아진다.
4. 폭발한계는 넓어진다.
5. 점화에너지는 작아진다.

04 다음 중 불완전 연소의 원인으로 틀린 것은?

① 가스의 조성이 균일하지 못할 때
② 공기 공급량이 부족할 때
③ 주위 온도가 너무 높을 때
④ 환기 또는 배기가 잘 되지 않을 때

해설 ✪ 불완전연소의 원인은
1. 가스의 조성이 균일하지 못할 때
2. 공기 공급량이 부족할 때
3. 주위의 온도가 너무 낮을 때
4. 환기 또는 배기가 잘 되지 않을 때 등이다.

05 가연물질의 완전연소 시 나타나는 불꽃의 색상은?

① 암적색　② 휘백색
③ 백적색　④ 암적색

해설 · 가연물질의 완전 연소 시에는 공기의 공급량이 충분하기 때문에 연소불꽃은 휘백색으로 나타난다.

정답 03. ③　04. ③　05. ②

06 다음 중 연소불꽃의 색상에 따른 온도변화에 대한 설명으로 옳은 것은?

① 암적색 : 850도　　② 황적색 : 70도
③ 적　색 : 1,300도　　④ 휘적색 : 950도

해설 ✪ 연소불꽃의 색상에 따른 온도★★☆ 13년 경남 소방장

연소불꽃의 색	온도(℃)	연소불꽃의 색	온도(℃)
암 적 색	700	황 적 색	1,100
적　　색	850	백 적 색	1,300
휘 적 색	950	휘 백 색	1,500 이상

07 공기 중의 산소의 공급이 부족하면 나타나는 연소불꽃의 가장 가까운 색상은?

① 담암적색　　② 휘백색
③ 백적색　　④ 휘적색

해설 · 공기 중의 산소의 공급이 부족하면 연소불꽃은 담암적색에 가까운 색상을 나타내며 생성물인 일산화탄소를 많이 발생하여 사람이 마시면 혈액 속에 들어있는 헤모글로빈과 결합으로 질식사하게 된다.

08 다음 중 발화점에 관한 설명으로 틀린 것은?

① 연소상태가 중단되지 않고 계속 유지될 수 있는 최저온도이다.
② 산소와의 친화력이 큰 물질일수록 발화점이 낮다.
③ 고체가연물의 발화점은 가열공기의 유량, 가열속도, 가연물의 시료나 크기 모양에 따라 달라진다.
④ 외부의 직접적인 점화원 없이 스스로 가열된 열의 축적에 의하여 발화되고 연소되는 최저 온도이다.

해설 ✪ 발화점☆ 12년 경북 소방장, 15년 소방장

· 외부의 직접적인 점화원이 없이도 스스로 가열된 열의 축적에 의하여 발화가 되고 연소가 되는 최저온도이다.
· 산소와의 친화력이 큰 물질일수록 발화점이 낮고 발화하기 쉬운 경향이 있으며 고체 가연물의 발화점은 가열공기의 유량, 가열속도, 가연물의 시료나 크기, 모양에 따라 달라질 수 있다.
· 발화점은 보통 인화점보다 수백도 높은 온도이며 잔화정리를 할 때 계속 물을 뿌려 가열된 건축물을 냉각시키는 것은 발화점(착화점) 이상으로 가열된 건축물이 열로 인하여 다시 연소되는 것을 방지하기 위한 것이다.

정답 06. ④　07. ①　08. ①

09 "발화점이 낮아지는 이유"로써 틀린 것은?

① 분자의 구조가 복잡할수록
② 압력, 화학적 활성도가 클수록
③ 발열량이 높을수록
④ 금속의 열전도율과 습도가 높을수록

해설 ✪ 발화점이 낮아지는 이유
1. 분자의 구조가 복잡할수록
2. 발열량이 높을수록
3. 압력, 화학적 활성도가 클수록
4. 산소와 친화력이 클수록
5. 금속의 열전도율과 습도가 낮을수록 등이다.

10 연소점에 대한 설명으로 옳은 것은?

① 가연성 증기 발생속도가 연소속도보다 느릴 때에만 이루어진다.
② 인화점보다 대략 10℃ 정도 높은 온도로서 연소상태가 50초 이상 유지될 수 있는 온도이다.
③ 연소상태가 계속 유지될 수 있는 최저온도를 말한다.
④ 발화된 후 연소를 지속시킬 만큼 충분한 증기를 발생시킬 수 있는 최고온도를 말한다.

해설 ✪ 연소점☆ 14년 경기 소방장
- 연소상태가 계속 유지될 수 있는 최저온도를 말한다.
- 인화점보다 대략 10℃ 정도 높은 온도로서 연소상태가 5초 이상 유지 될 수 있는 온도이다.
- 가연성 증기 발생속도가 연소속도보다 빠를 때에만 이루어지며 발화된 후 연소를 지속시킬 만큼 충분한 증기를 발생시킬 수 있는 최저온도를 말한다.

※ 인화점 < 연소점 < 발화점

11 연소범위에서 대기압 21℃에서 연소가 계속될 수 있는 수소비율은?

① 4.1~60%　　② 4.1~70%
③ 4.1~65%　　④ 4.1~75%

해설 ✪ 연소범위(vol%)☆ 08년 경북 소방교
- 가연성증기와 공기와의 혼합 상태에서의 증기의 부피를 말하며 연소 농도의 최저 한도를 하한, 최고 한도를 상한이라 한다.
- 수소와 공기 혼합물은 대기압 21℃에서 수소비율 4.1~75%의 경우 연소가 계속된다.
- 혼합물중 가연성 가스의 농도가 너무 희박해도 너무 농후해도 연소는 일어나지 않는데 이것은 가연성 가스의 분자와 산소와의 분자수가 상대적으로 한쪽이 많으면 유효충돌 횟수가 감소하여 충돌했다 하더라도 충돌에너지가 주위에 흡수·확산되어 연소반응의 진행이 방해되기 때문이다.
- 연소 범위는 온도와 압력이 상승함에 따라 대개 확대되어 위험성이 증가한다.

정답 09. ④ 10. ③ 11. ④

12 메탄 250℃일 때 온도변화에 따른 연소범위(vol%)로써 옳은 것은?

① 하한 6.0~상한 13.2
② 하한 3.7~상한 15.2
③ 하한 7.0~상한 12.5
④ 하한 4.6~상한 14.0

해설 ✪ 메탄의 온도변화에 따른 연소범위 변화추이

구 분	연소범위(vol%)	
	하 한	상 한
20℃	6.0	13.2
250℃	4.6	14.0
500℃	3.7	15.2

13 연소 용어의 설명으로 옳은 것은?

「대기압 하에서 고체가 녹아 액체가 되는 온도」

① 비점(沸點)
② 비열(比熱)
③ 융점(融點)
④ 잠열(潛熱)

해설 ✪ 융점 (融點)

- 대기압(1atm)하에서 고체가 녹아 액체가 되는 온도이다.
- 융점이 낮은 경우 액체로 변화하기가 용이하고 화재 발생시에는 연소 구역의 확산이 용이하기 때문에 위험성이 매우 높다.

14 다음 중 가연물이 아닌 것은?

① LPG
② CO
③ Na
④ H_2O

해설 가연물은 우리 주위에 무수히 많이 잔존해 있는 유기화합물의 대부분과 Na, Mg 등의 금속, 비금속, LPG, LNG, CO 등의 가연성 가스가 해당되는데 즉, 산화하기 쉬운 물질이며 이는 산소와 발열반응을 일으키는 물질을 말한다.

15 "가연물질의 구비조건"에 대한 설명으로 틀린 것은?

① 연쇄반응을 일으킬 수 있는 물질이어야 한다.
② 이미 산소와 결합하여 더 이상 산소와 화학반응을 일으킬 수 없는 물질
③ 산소와 접촉할 수 있는 표면적이 큰 물질이어야 한다.
④ 일반적으로 산화되기 쉬운 물질로서 산소와 결합할 때 발열량이 커야 한다.

정답 12. ④ 13. ③ 14. ④ 15. ②

해설 ✪ 가연물질의 구비조건★ ☆ 14년 소방위, 16년 소방위, 21년 소방위

1. 화학반응을 일으킬 때 필요한 최소의 에너지(활성화에너지)의 값이 적어야 한다.
2. 일반적으로 산화되기 쉬운 물질로서 산소와 결합할 때 발열량이 커야 한다.
3. 열의 축적이 용이하도록 열전도의 값이 적어야 한다.
   (열전도율 : 기체<액체<고체 순서로 커지므로 연소순서는 반대이다)
4. 지연성(조연성) 가스인 산소·염소와의 친화력이 강해야 한다.
5. 산소와 접촉할 수 있는 표면적이 큰 물질이어야 한다.(기체>액체>고체)
6. 연쇄반응을 일으킬 수 있는 물질이어야 한다.

16 다음 중 산소공급원에 대한 설명으로 옳은 것은?

① 보통 공기 중에는 15%의 산소가 포함된다.
② 일반적으로 산소의 농도가 낮을수록 연소는 잘 일어난다.
③ 일반가연물인 경우 산소농도가 21% 이하에서는 연소가 어렵다.
④ 분자 내 산소를 보유하고 있어서 마찰, 충격에 의해 산소를 방출하는 물질을 산화성 물질이라 한다.

해설 보통 공기 중에는 약 21%의 산소가 포함되어 있어서 공기는 산소공급원 역할을 할 수 있다. 일반적으로 산소의 농도가 높을수록 연소는 잘 일어나고 일반 가연물인 경우 산소농도 15% 이하에서는 연소가 어렵다.

17 다음 중 "산화제"에 대한 설명으로 틀린 것은?

① 제1류, 5류 위험물이다.
② 가열, 충격, 마찰에 의해 산소가 발생한다.
③ 1류 위험물은 강산화제이다.
④ 과염소산, 질산 등이 해당된다.

해설 ✪ 산화제

1. 위험물 중 제1류·제6류 위험물로서 가열·충격·마찰에 의해 산소를 발생한다.
2. 제1류 위험물은 산소를 함유하고 있는 강산화제로서 염소산염류, 과염소산염류, 과산화물, 질산염류, 과망간산염류, 무기과산물류 등
3. 제6류 위험물인 과염소산, 질산 등이 있다.

18 다음 중 "정전기를 방지하기 위한 예방대책"으로 잘못된 것은?

① 정전기의 발생이 우려되는 장소에 접지시설을 피한다.
② 전기의 저항이 큰 물질은 대전이 용이하므로 전도체 물질을 사용한다.
③ 실내 공기를 이온화하여 정전기의 발생을 예방한다.
④ 상대습도를 70% 이상으로 한다.

정답 16. ④ 17. ① 18. ①

해설 ✪ 정전기를 방지하기 위한 예방대책☆ 08년 경북 소방교
1. 정전기의 발생이 우려되는 장소에 접지시설을 한다.
2. 실내의 공기를 이온화하여 정전기의 발생을 예방한다.
3. 습도가 낮거나 압력이 높을 때 많이 발생하므로 상대습도를 70% 이상으로 한다.
4. 전기의 저항이 큰 물질은 대전이 용이하므로 전도체 물질을 사용한다.

19 "자연발화를 일으킬 수 있는 원인"으로 바른 것은?

① 산화열에 의한 발열 : 셀룰로이드, 니트로셀룰로오스
② 발효열에 의한 발열 : 석탄, 건성유
③ 흡착열에 의한 발열 : 퇴비 먼지
④ 종합열에 의한 발열 : HCN, 산화에틸렌

해설 ✪ 자연발화를 일으키는 원인☆ 18년 소방장
1. 분해열에 의한 발열 : 셀룰로이드, 니트로셀룰로오스
2. 산화열에 의한 발열 : 석탄, 건성유
3. 발효열에 의한 발열 : 퇴비, 먼지
4. 흡착열에 의한 발열 : 목탄, 활성탄 등
5. 종합열에 의한 발열 : HCN, 산화에틸렌 등

20 "자연발화를 방지할 수 있는 방법"으로 틀린 것은?

① 습도 상승을 피한다.
② 저장실 주위의 온도를 높인다.
③ 열이 쌓이지 않도록 퇴적한다.
④ 통풍 구조를 양호하게 하여 공기유통을 잘 시킨다.

해설 ✪ 자연발화를 방지하기 위해서는☆ 18년 소방장
1. 통풍을 한다.
2. 주위 온도를 낮춘다.
3. 습도를 낮게 유지한다.
4. 열의 축적을 방지한다.

21 연소형태 중 "LPG – 공기, 수소 – 산소"와 관계있는 것은?

① 예혼합연소 ② 폭발연소
③ 확산연소 ④ 표면연소

해설

확산연소 (발염연소)	연소버너 주변에 가연성 가스를 확산시켜 산소와 접촉, 연소범위의 혼합가스를 생성하여 연소하는 현상으로 기체의 일반적 연소 형태이다. – 예를 들면 LPG – 공기, 수소 – 산소의 경우이다.

정답 19. ④ 20. ② 21. ③

22 "고체연소의 특징"에 대한 설명으로 틀린 것은?

① 표면연소는 불꽃이 없는 것이 특징이다.
② 증발연소는 먼저 융해된 액체가 기화하여 증기가 된 다음 연소하는 현상이다.
③ 분해연소 물질에는 플라스틱, 석탄 등이 있다.
④ 자기연소는 공기 중의 산소 없이도 연소할 수 있는 것을 말하며 합성수지, 고무류 등이 해당된다.

해설 ✪ 합성수지, 고무류 등은 분해연소에 해당된다.★★ ☆ 08년 경북 소방교, 19년 소방위

23 "액체연소의 특징"에 대한 설명으로 틀린 것은?

① 액면연소는 액체 가연물질이 액체 표면에 발생한 가연성 증기와 공기가 혼합된 상태에서 연소가 되는 형태이다.
② 화염에서 복사나 대류로 액체 표면에 열이 전파되어 증발이 일어나는 과정을 거친다.
③ 가연물이 물질의 분자 내 산소를 함유하고 있다.
④ 증발연소에는 에테르, 이황화탄소, 알코올류, 아세톤, 석유류 등이 있다.

해설 ✪ ③은 고체연소 중 자기연소에 해당된다.★ ☆ 08년 경북 소방교, 12년 부산 소방장

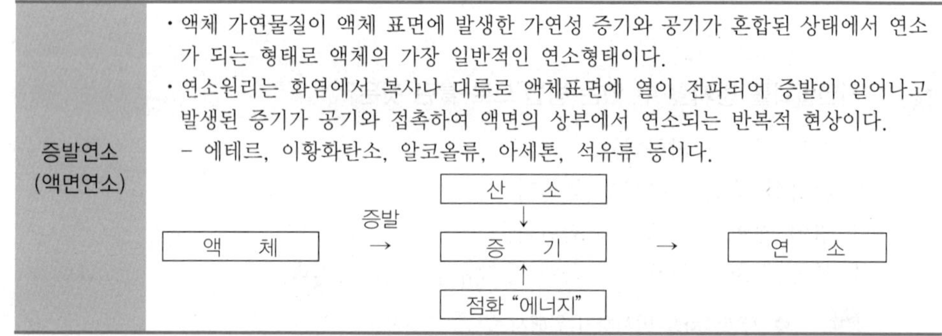

증발연소 (액면연소)	· 액체 가연물질이 액체 표면에 발생한 가연성 증기와 공기가 혼합된 상태에서 연소가 되는 형태로 액체의 가장 일반적인 연소형태이다. · 연소원리는 화염에서 복사나 대류로 액체표면에 열이 전파되어 증발이 일어나고 발생된 증기가 공기와 접촉하여 액면의 상부에서 연소되는 반복적 현상이다. – 에테르, 이황화탄소, 알코올류, 아세톤, 석유류 등이다. 액 체 →(증발) 증 기 → 연 소 (산 소 ↓ 증 기, 점화 "에너지" ↑ 증 기)

24 연소의 확대에 대한 설명으로써 "난로가에 열을 쬐거나, 양지바른 곳에서 햇볕을 쬐면 따뜻한 것"은 무슨 현상인가? ☆ 21년 소방장

① 대류
② 비화
③ 전도
④ 복사

해설

복사 ☆ 17년 소방장	· 물체가 가열되면 열에너지를 전자파로 방출되는데 이 전자파에 의해 열이 이동하는 것으로 *난로가에 열을 쬐거나, 양지바른 곳에서 햇볕을 쬐면 따뜻한 것은 복사열을 받기 때문이며 화재현장에서 열의 이동에 가장 크게 작용하여 주위 건물을 연소시키는 것은 복사열이 주원인이다.

정답 22. ④ 23. ③ 24. ④

25 역화의 원인으로 옳은 것은?

① 연소속도보다 혼합가스의 분출속도가 빠를 때
② 버너의 과열
③ 혼합 가스량이 너무 많을 때
④ 노즐의 부식으로 분출구멍이 작아진 경우

해설 ✪ 역화의 원인
1. 혼합 가스량이 너무 적을 때
2. 노즐의 부식으로 분출구멍이 커진 경우
3. 버너의 과열
4. 연소속도보다 혼합가스의 분출속도가 느릴 때 등

26 "Flash over"에 대한 설명으로 잘못된 것은?

① 평균온도 500℃ 전후
② 산소농도 10%
③ 성장기
④ 다량 가연성가스 축척

해설

구 분	Flash Over
개 념	구획 내 가연성 재료의 전표면이 불로 덮이는 전이현상. 즉, 화재가 발생하는 과정에 있어서 화원 근처에 한정되어 있던 연소영역이 조금씩 확대된다. 이 단계에서 발생한 가연성가스는 천장 근처에 체류한다. 이 가스농도가 증가하여 연소범위내의 농도에 도달하면 착화하여 화염에 쌓이게 된다. 그 이후에는 천장면으로부터의 복사열에 의하여 바닥면 위의 가연물이 급속히 가열 착화하여 바닥면 전체가 화염으로 덮이게 된다.
조 건	평균온도 : 500℃ 전후, 산소농도 : 10%
발생시기	성장기
공급요인	열 공급

27 다음 중 "화재현장에서 발생하는 유독가스"가 바르게 연결된 것은?

① 아황산가스 : 플라스틱, PVC
② 염화수소 : 우레탄, 나이론
③ 시안화수소 : 우레탄, 폴리에틸렌
④ 암모니아 : 고무, 모직물 등의 연소

정답 25. ② 26. ④ 27. ③

해설 ✪ 화재현장에서 발생하는 유독가스

종 류	발 생 조 건	허용농도 (TWA)
일산화탄소 (CO)	불완전 연소 시 발생	50 ppm
아황산가스 (SO_2)	중질유, 고무, 황화합물 등의 연소 시 발생	5 ppm
염화수소 (HCl)	플라스틱, PVC	5 ppm
시안화수소 (HCN)	우레탄, 나일론, 폴리에틸렌, 고무, 모직물 등의 연소	10 ppm
암모니아 (NH_3)	열경화성 수지, 나일론 등의 연소 시 발생	25 ppm
포스겐 ($COCl_2$)	프레온 가스와 불꽃의 접촉	0.1 ppm

28 연소생성물 중 다음 내용과 관계 깊은 것은?

1952년 영국 런던에서는 7일간 계속된 높은 습도와 정체된 기단으로 인한 스모그가 발생하여 호흡장애와 질식으로 약 4천명 이상의 사망자가 발생하였다

① 이산화탄소(CO_2)
② 이산화황(SO_2)
③ 시안화수소(HCN)
④ 황화수소(H_2S)

해설 ✪ 이산화황(SO_2)

일명 아황산가스라고도 하며, 유황이 함유된 물질인 동물의 털, 고무와 밀부 목재류 등이 연소하는 화재 시에 발생하는 것으로 무색의 자극성 냄새를 가진 유독성 기체로 눈 및 호흡기 등에 점막을 상하게 하고 질식사할 우려가 있다.

✪ 특히 유황을 저장 또는 취급하는 공장에서의 화재 시 주의를 요하는 것으로, 화재로 발생하는 아황산가스는 대기상에도 큰 피해를 준다.

✪ 1952년 영국 런던에서는 7일간 계속된 높은 습도와 정체된 기단으로 인한 스모그가 발생하여 호흡장애와 질식으로 약 4천명 이상의 사망자가 발생하였다. 이 '런던 스모그 사건'은 바로 아황산가스에 의한 대기오염 피해 사건으로 알려져 있다.

29 연소생성물 중 "시안화수소"에 대한 설명으로 옳은 것은?

① 무색·무미의 기체로서 공기보다 무거우며 가스 자체는 독성이 거의 없다.
② 질소성분을 가지고 있는 합성수지, 동물의 털, 인조견 등의 섬유가 불완전 연소할 때 발생하는 맹독성 가스로 0.3%의 농도에서 즉시 사망할 수 있다.
③ 질소 함유물(나이론, 나무, 실크, 아크릴 플라스틱, 멜라닌수지)이 연소할 때 발생하는 연소생성물로서 유독성이 있다.
④ 동물의 털, 고무 등이 연소 시 발생되며 무색의 자극성 냄새를 가진 유독성 기체이다.

해설 ✪ 시안화수소(HCN)★☆ 14년 소방위 / 20년 소방장

질소성분을 가지고 있는 합성수지, 동물의 털, 인조견 등의 섬유가 불완전 연소할 때 발생하는 맹독성 가스로 0.3%의 농도에서 즉시 사망할 수 있다. 청산가스라고도 한다.

정답 28. ② 29. ②

30 "체내 산소농도에 따른 인체영향"에 대한 설명 중 옳은 것은?

① 공기 중 산소농도가 20%에서 15%로 떨어지면 판단력을 상실하고 피로가 빨리 온다.
② 공기 중 산소농도가 14%에서 10%로 떨어지면 의식을 잃지만 신선한 공기 중에서 소생 가능하다.
③ 공기 중 산소농도가 10%에서 6%로 떨어지면 근육이 말을 듣지 않는다.
④ 기진한 상태에서는 산소요구량이 많아진다.

해설 ✪ 체내산소농도에 따른 인체영향

1. 보통 공기 중 산소농도 20%가 15%로 떨어지면 근육이 말을 듣지 않는다.
2. 14%~10%로 떨어지면 판단력을 상실하고 피로가 빨리 온다.
3. 10%~6%이면 의식을 잃지만 신선한 공기 중에서 소생할 수 있다.
4. 기진한 상태에서는 산소요구량이 많아지므로 상기 농도보다 높아도 증세가 나타날 수 있다.

31 다음 중 "포스겐가스"와 관계없는 것은?

① 2차 세계대전 당시 독일군이 유태인 대량학살에 사용했을 만큼 맹독성이다.
② 일반적인 물질이 연소할 경우는 거의 생성되지 않지만 일산화탄소와 염소가 반응하여 생성된다.
③ 맹독성가스로 허용농도는 0.5ppm(㎎/㎥)이다.
④ 열가소성 수지인 폴리염화비닐(PVC), 수지류 등이 연소할 때 발생한다.

해설 ✪ 포스겐($COCl_2$)★ ☆ 14년 경기 소방장 / 21년 소방장

① 열가소성 수지인 폴리염화비닐(PVC), 수지류 등이 연소할 때 발생되며 2차 세계대전 당시 독일군이 유태인 대량학살에 사용했을 만큼 맹독성가스로 허용농도는 0.1ppm(㎎/㎥)이다.
② 일반적인 물질이 연소할 경우는 거의 생성되지 않지만 일산화탄소와 염소가 반응하여 생성된다.

32 다음 중 "연소생성물"에 대한 설명과 관계있는 것은?

- 동물의 털, 고무 등이 연소하는 화재 시에 발생된다.
- 무색의 자극성 냄새를 가진 유독성 기체이다.
- 눈, 호흡기 등 점막을 상하게 하고 질식사할 우려가 있다.

① 황화수소(H_2S)
② 암모니아(NH_3)
③ 이산화황(SO_2)
④ 시안화수소(HCN)

해설 ✪ 이산화황(SO_2)★ ☆ 12년 부산 소방장 / 21년 소방장

- 유황이 함유된 물질인 동물의 털, 고무 등이 연소하는 화재시에 발생되며 무색의 자극성 냄새를 가진 유독성 기체로 눈 및 호흡기 등에 점막을 상하게 하고 질식사 할 우려가 있다.
- 양모, 고무 그리고 일부 목재류 등의 연소시에도 생성된다.
- 유황을 저장 또는 취급하는 공장에서의 화재시 주의를 요한다. 아황산가스라고도 한다.

정답 30. ④ 31. ③ 32. ③

33 "암모니아"에 대한 설명으로 틀린 것은?

① 독성의 허용 농도는 60ppm이다.
② 냉동시설의 냉매로 많이 쓰이고 있으므로 냉동창고 화재 시 누출가능성이 크므로 주의해야 한다.
③ 흡입 시 점액질과 기도조직에 심한 손상을 초래하고, 타는 듯한 느낌, 기침, 숨 가쁨 등을 초래한다.
④ 질소 함유물이 연소할 때 발생하는 연소생성물로서 유독성이 있으며 강한 자극성을 가진 무색의 기체이다.

해설 ✪ 암모니아(NH_3)★ ☆ 14년 경기 소방장 / 18년, 21년 소방장
질소 함유물이 연소할 때 발생하는 연소생성물로서 유독성이 있으며 강한 자극성을 가진 무색의 기체로 흡입 시 점액질과 기도조직에 심한 손상을 초래하고, 타는 듯한 느낌, 기침, 숨 가쁨 등을 초래하며, 냉동시설의 냉매로 많이 쓰이고 있으므로 냉동창고 화재 시 누출가능성이 크므로 주의해야 하며, 독성의 허용 농도는 25ppm이다.

34 화재현장에서 발생하는 유독가스로써 "암모니아(NH^3)"와 관계있는 것은?

① 플라스틱, PVC, 5ppm
② 열경화성 수지, 나일론 등의 연소 시 발생, 25ppm
③ 프레온 가스와 불꽃의 접촉, 0.1ppm
④ 불완전 연소 시 발생, 50ppm

해설 ✪ 화재현장에서 발생하는 유독가스★ ☆ 15년 소방위, 16년 경북 소방교

종 류	발 생 조 건	허용농도(TWA)
일산화탄소 (CO)	불완전 연소 시 발생	50ppm
아황산가스 (SO^2)	중질유, 고무, 황화합물 등의 연소 시 발생	5ppm
염화수소 (HCl)	플라스틱, PVC	5ppm
시안화수소 (HCN)	우레탄, 나일론, 폴리에틸렌, 고무, 모직물 등의 연소	10ppm
암모니아 (NH^3)	열경화성 수지, 나일론 등의 연소 시 발생	25ppm
포스겐 ($COCl^2$)	프레온 가스와 불꽃의 접촉	0.1ppm

35 "연기가 인체에 미치는 영향"에 대한 설명으로 틀린 것은?

① 연기성분인 포스겐, 일산화탄소 등의 발생으로 생명이 위험하다.
② 시야는 확보되지만 독성가스 흡입으로 피난행동 및 소화활동을 저해한다.
③ 최근 건물화재의 특징은 난연 처리(방염처리)된 물질을 사용하여 연소 그 자체는 억제되고 있지만 다량의 연기입자 및 유독가스를 발생하는 특징이 있다.
④ 정신적으로 긴장, 패닉현상에 빠지게 되는 2차 재해의 우려가 있다.

정답 33. ① 34. ② 35. ②

해설 1. 실내 가연물에 열분해를 일으켜서 방출시키는 열분해 생성물 및 미반응 분해물을 말한다.
2. 일종의 불완전한 연소생성물로 산소공급이 불충분하게 되면 탄소분이 생성하여 검은색
- 시야를 감퇴하며 피난행동 및 소화활동을 저해한다.
- 연기성분중인 유독물(일산화탄소, 포스겐 등)의 발생으로 생명이 위험하다.
- 정신적으로 긴장 또는 패닉 현상에 빠지게 되는 2차적 재해의 우려가 있다.
- 최근 건물화재의 특징은 난연 처리(방염처리)된 물질을 사용하여 연소 그 자체는 억제되고 있지만 다량의 연기입자 및 유독가스를 발생하는 특징이 있다.

36 "연기의 이동 속도"에 대한 설명으로 바른 것은?

① 연기의 유동 및 확산은 공기의 흐름에 영향을 받지만 벽 및 천장을 따라 진행한다.
② 수평방향으로는 1~1.2m/sec 정도로, 인간의 보행속도 0.5~1m/sec보다 빠르다.
③ 계단실 등에서의 수직방향에서 화재성장기에는 1.5m/sec로 인간의 보행속도와 비슷하다.
④ 굴뚝효과가 발생하는 건물구조에선 2m/sec 이상이 된다.

해설 ✪ 연기속도
연기의 유동 및 확산은 벽 및 천장을 따라 진행하며 일반적으로 수평방향으로는 0.5~1m/sec 정도로 인간의 보행속도 1~1.2m/sec보다 늦다. 그러나 계단실 등에서의 수직방향은 화재 초기상태의 연기일지라도 1.5m/sec, 화재성장기에는 3~4m/sec로 인간의 보행속도보다 빨라지며, 굴뚝효과가 발생하는 건물구조에선 5m/sec 이상이 된다.

37 화재현장에서 "연기의 이동력"과 관계가 크지 않은 것은?

① 굴뚝효과　　② AVAC 시스템
③ 부력　　④ 에스컬레이터

해설
- 연기의 이동력 → 연기는 공기의 흐름을 따라 이동하게 된다.
- 연기의 이동력과의 관계는 굴뚝효과, 부력, 팽창, 바람방향, AVAC시스템, 엘리베이터이다.

38 "중성대 활용"에 대한 설명으로 옳은 것은?

① 중성대의 범위를 위로 축소시킬 수 있는 개구부 위치는 지붕중앙부분 파괴가 가장 효과적이다.
② 신속히 대피하기 위해서는 중성대 하층을 개방하여야 한다.
③ 상층 개구부를 개방하면 대피자들의 시야가 확보되지 않아 신속히 대피할 수 없다.
④ 화재현장에 도착한 소방대원들은 가장먼저 하층 출입문을 개방하고 진입한다.

해설 ✪ 중성대의 활용★ ☆ 19년 소방위 / 20년 소방장 · 소방위 / 21년 소방위
- 화재현장에서는 중성대의 형성 위치를 파악하여 배연 등의 소방활동에 활용하는 요령이 필요하다.
- 즉, 배연을 할 경우에는 중성대 위쪽에서 배연을 하여야 효과적이며 이것은 또한 새로운 공기의 유입증가 현상을 촉발하여 화세가 확대될 수도 있음에 유의해야 한다.
- 밀폐된 건물내부에서 화재가 발생했을 때 신선한 공기의 유입이 없으므로 연소의 확대는 없다.
- 중성대의 범위를 위로 축소시킬 수 있는 개구부 위치는 지붕중앙부분 파괴가 가장 효과적이며, 그 다음으로 지붕의 가장자리 파괴, 상층부 개구부의 파괴 순서이다.

정답 36. ①　37. ④　38. ①

39 중성대가 형성된 경우 우선 확인사항으로 틀린 것은?

① 요구조자 ② 대원의 위치
③ 화점 ④ 연소범위

해설 ✪ 중성대가 형성된 경우 확인사항 : 요구조자, 화점, 연소범위

40 "폭발이 발생할 수 있는 성립조건" 중 틀린 것은?

① 분진이 폭발 범위 내에 있어야 한다.
② 점화원이 있어야 한다.
③ 연소의 3요소에 개방된 공간이 필요하다.
④ 가연성 가스, 증기가 폭발 범위 내에 있어야 한다.

해설 ✪ 폭발의 성립조건

1. 밀폐된 공간이 존재하여야 된다.
2. 가연성 가스, 증기 또는 분진이 폭발 범위 내에 있어야 한다.
3. 점화원(Energy)이 있어야 한다.
4. 간략하게 정리하면 연소의 3요소에 밀폐된 공간이 있으면 성립한다.

41 "분진폭발의 특성"에 대한 설명으로 틀린 것은?

① 연소후의 가스상에 일산화탄소가 다량으로 존재하는 경우가 있어 가스에 의한 중독의 위험성이 있다.
② 최초의 부분적인 폭발에 의해 폭풍이 주위의 분진을 날리게 하여 2차, 3차의 폭발로 파급됨에 따라 피해가 크게 된다.
③ 폭발의 입자가 연소되면서 비산하므로 이것에 접촉되는 가연물은 국부적으로 심한 탄화를 일으키며 특히 인체에 닿으면 심한 화상을 입는다.
④ 연소속도나 폭발압력은 가스폭발에 비교하여 크고 연소시간이 짧다. 또한 에너지가 크기 때문에 파괴력과 타는 정도가 크다.

해설 ✪ 분진폭발의 특성★★☆ 12년 경북 소방장, 14년 서울 소방장

- 연소속도나 폭발압력은 가스폭발에 비교하여 작으나 연소시간이 길고, 에너지가 크기 때문에 파괴력과 타는 정도가 크다.
- 폭발의 입자가 연소되면서 비산하므로 이것에 접촉되는 가연물은 국부적으로 심한 탄화를 일으키며 특히 인체에 닿으면 심한 화상을 입는다.
- 최초의 부분적인 폭발에 의해 폭풍이 주위의 분진을 날리게 하여 2차, 3차의 폭발로 파급됨에 따라 피해가 크게 된다.
- 가스에 비하여 불완전한 연소를 일으키기 쉬우므로 탄소가 타서 없어지지 않고 연소후의 가스상에 일산화탄소가 다량으로 존재하는 경우가 있어 가스에 의한 중독의 위험성이 있다.
  - 발생에너지는 가스폭발의 수 백배 이고 온도는 2,000~3,000℃까지 올라간다. 그 이유는 단위 체적당의 탄화수소의 양이 많기 때문이다.

정답 39. ② 40. ③ 41. ④

42 "분진폭발의 조건"에 대한 설명으로 맞지 않는 것은?

① 점화원의 불필요
② 금속, 플라스틱
③ 200mesh 이하
④ 가연성 가스(공기)중에서의 교반과 운동

해설 ✪ 분진의 발화폭발 조건☆ 20년 소방장
1. 가연성 : 금속, 플라스틱, 밀가루, 설탕, 전분, 석탄 등
2. 미분상태 : 200mesh(76㎛) 이하
3. 지연성 가스(공기)중에서의 교반과 운동
4. 점화원의 존재

43 다음 설명 중 틀린 것은?

① 탄진에서는 휘발분이 11% 이상이면 폭발하기 쉽고, 폭발의 전파가 용이하다.
② 폭발성 분진에서 탄소제품에는 석탄, 목탄 등이 있다.
③ 분진폭발에서 발생되는 에너지는 가스폭발의 수백 배이고 온도는 200℃~300℃까지 올라간다.
④ 탄광의 갱도, 유황 분쇄기, 합금분쇄공장 등에서 가끔 분진폭발이 일어난다.

해설 분진폭발에서 발생되는 에너지는 가스폭발의 수백 배이고 온도는 2000℃~3000℃까지 올라간다.

44 "폭굉"에 대한 설명으로 옳은 것은?

① 음속보다 느리게 이동한다.
② 압력상승이 폭연의 경우보다 10배 이상이다.
③ 반응 또는 화염면의 전파가 분자량이나 난류확산에 영향을 받는다.
④ 에너지 방출속도가 물질전달속도에 영향을 받는다.

해설 ✪ ③은 폭굉에 대한 설명이며, 나머지는 폭연에 대한 설명이다.★★ ☆ 08년 경북 소방교, 13년 인천 소방장

45 폭발성 분진의 위험성이 없는 것은?

① 생선가루
② 설탕
③ 종이가루
④ 석회석 가루

해설 • 석회석가루, 시멘트가루, 대리석가루, 탄산칼륨 등은 분진폭발이 없다.☆ 20년 소방장

정답 42. ① 43. ③ 44. ② 45. ④

46 액화가스탱크 폭발(BLEVE)에 대한 설명이 아닌 것은?

① 가스 저장탱크지역의 화재발생시 저장탱크가 가열되어 탱크 내 액체부분은 급격히 증발하고 가스부분은 온도상승과 비례하여 탱크 내 압력의 급격한 상승을 초래하게 된다.

② 저장탱크에서 유출된 가스가 대기 중의 공기와 혼합하여 구름을 형성하고 떠다니다가 점화원을 만나면 발생할 수 있는 격렬한 폭발사고이다.

③ 탱크가 계속 가열되면 용기강도는 저하되고 내부압력은 상승하여 어느 시점이 되면 저장탱크의 설계압력을 초과하게 되고 탱크가 파괴되어 급격한 폭발현상을 일으킨다.

④ 인화성 액체저장탱크는 화재시 탱크의 냉각조치를 취하지 않으면 화재발생 10여분 경과 후 발생할 수도 있다.

해설

✪ 증기운 폭발 – UVCE(Unconfined Vapor Cloud Explosion)
저장탱크에서 유출된 가스가 대기 중의 공기와 혼합하여 구름을 형성하고 떠다니다가 점화원(점화스파크, 고온표면 등)을 만나면 발생할 수 있는 격렬한 폭발사고이며, 심한 위험성은 폭발압이다.

✪ 액화가스탱크 폭발(BLEVE : Boiling Liquid Expanding Vapor Explosion)

- 가스 저장탱크지역의 화재발생시 저장탱크가 가열되어 탱크 내 액체부분은 급격히 증발하고 가스부분은 온도상승과 비례하여 탱크 내 압력의 급격한 상승을 초래하게 된다.
- 탱크가 계속 가열되면 용기강도는 저하되고 내부압력은 상승하여 어느 시점이 되면 저장탱크의 설계압력을 초과하게 되고 탱크가 파괴되어 급격한 폭발현상을 일으킨다.
- 인화성 액체저장탱크는 화재시 BLEVE 억제를 위한 탱크의 냉각조치(물분부장치 등)를 취하지 않으면 화재발생 10여분 경과후 BLEVE가 발생할 수도 있다.

정답 **46. ②**

위험물 성상 및 진압이론

Chapter ③

학습 목표

위험물의 정의를 학습한다.
- 위험물안전관리법에서 말하는 위험물을 이해함.
- 물질의 상태에 대해 설명할 수 있음.
- 위험물별 각 위험성을 구분할 수 있음.

제1절 위험물 개요

1 위험물의 정의

위험물안전관리법에서는『인화성 또는 발화성 등의 성질을 가지는 것으로서 대통령령이 정하는 물품』이라고 정의하고 있다. 여러 가지 위험성 중에서도 화재와 관련한 위험성만을 기준으로 위험물을 정의하고 있는 것이다. 화학물질의 성질은 다양하다. 부식성, 독성이 있는 물질은 사람에게 또는 환경이 치명적인 결과를 초래 할 수 있는 위험성이지만 위험물안전관리법상의 위험성으로 보지 않는다. 물론 독성과 더불어 인화 또는 발화성이 있으면 위험물안전관리법상의 위험물이다.

2 위험물의 분류

(1) 제1류 위험물(산화성고체)

물질자체는 연소하지 않지만 다른 물질을 강하게 산화시키는 성질을 가지고 있는 고체로서 가연물과 혼합할 때 열, 충격, 마찰에 의해 분해하여 매우 강렬하게 연소를 일으키는 물질이다.

(2) 제2류 위험물(가연성 고체)

화염에 의해 착화하기 쉬운 고체 또는 비교적 낮은 온도(섭씨 40도 미만)에서 인화하기 쉬운 고체로서 발화하기 쉽고, 연소가 빨라 소화가 곤란한 물질이다.

(3) 제3류 위험물(자연발화성물질 및 금수성물질)

공기와 접촉하면 자연적으로 발화하거나 물과 접촉하여 발화 또는 가연성 가스가 발생하는 물질이다.

(4) 제4류 위험물(인화성 액체)

액체로서 점화원에 의해 쉽게 인화가 되는 물질이다.

(5) 제5류 위험물(자기반응성물질)

고체 또는 액체로서 가열하면 분해하여 비교적 낮은 온도에서 다량의 열을 발생하거나 폭발적으로 반응하는 물질이다. 가연성 가스 없이도 연소가 일어난다.

(6) 제6류 위험물(산화성액체)

물질 자체는 연소하지 않는 액체이지만 가연물과 혼합하면 가연물의 연소를 촉진하는 물질이다.

3 위험물안전관리법

(1) 위험물안전관리법 시행령 별표 1

위험물안전관리법 시행령 별표 1에서 규정하고 있는 위험물의 분류 및 지정수량은 표1과 같다.

▌위험물안전관리법상 위험물의 분류 및 지정수량▐ ☆ 16년 부산 소방장

유별	성질	품명	지정수량
제1류	산화성 고체	1. 아염소산염류	50킬로그램
		2. 염소산염류	50킬로그램
		3. 과염소산염류	50킬로그램
		4. 무기과산화물	50킬로그램
		5. 브롬산염류	300킬로그램
		6. 질산염류	300킬로그램
		7. 요오드산염류	300킬로그램
		8. 과망간산염류	1,000킬로그램
		9. 중크롬산염류	1,000킬로그램
		10. 그밖에 행정안전부령이 정하는 것	50킬로그램, 300킬로그램 또는 1,000킬로그램
		11. 제1호 내지 제10호의 1에 해당하는 어느 하나 이상을 함유한 것	
제2류	가연성 고체	1. 황화린	100킬로그램
		2. 적린	100킬로그램
		3. 유황	100킬로그램
		4. 철분	500킬로그램
		5. 금속분	500킬로그램
		6. 마그네슘	500킬로그램
		7. 그밖에 행정안전부령이 정하는 것	100킬로그램 또는 500킬로그램
		8. 제1호 내지 제7호의 1에 해당하는 어느 하나 이상을 함유한 것	

		9. 인화성고체		1,000킬로그램
제3류	자연 발화성 물질 및 금수성 물질	1. 칼륨		10킬로그램
		2. 나트륨		10킬로그램
		3. 알킬알루미늄		10킬로그램
		4. 알킬리튬		10킬로그램
		5. 황린		20킬로그램
		6. 알칼리금속(칼륨 및 나트륨을 제외한다) 및 알칼리토금속		50킬로그램
		7. 유기금속화합물(알킬알루미늄 및 알킬리튬을 제외한다)		50킬로그램
		8. 금속의 수소화물		300킬로그램
		9. 금속의 인화물		300킬로그램
		10. 칼슘 또는 알루미늄의 탄화물		300킬로그램
		11. 그밖에 행정안전부령이 정하는 것		10킬로그램, 50킬로그램 또는 300킬로그램
		12. 제1호 내지 제11호의 1에 해당하는 어느 하나 이상을 함유한 것		
제4류	인화성 액체	1. 특수인화물		50리터
		2. 제1석유류	비수용성액체	200리터
			수용성액체	400리터
		3. 알코올류		400리터
		4. 제2석유류	비수용성액체	1,000리터
			수용성액체	2,000리터
		5. 제3석유류	비수용성액체	2,000리터
			수용성액체	4,000리터
		6. 제4석유류		6,000리터
		7. 동식물유류		10,000리터
제5류	자기 반응성 물질	1. 유기과산화물		10킬로그램
		2. 질산에스테르류		10킬로그램
		3. 니트로화합물		200킬로그램
		4. 니트로소화합물		200킬로그램
		5. 아조화합물		200킬로그램
		6. 디아조화합물		200킬로그램
		7. 히드라진 유도체		200킬로그램
		8. 히드록실아민		100킬로그램
		9. 히드록실아민염류		100킬로그램
		10. 그 밖에 행정안전부령이 정하는 것		10킬로그램, 100킬로그램 또는 200킬로그램
		11. 제1호 내지 제10호의 1에 해당하는 어느 하나 이상을 함유한 것		
제6류	산화성 액체	1. 과염소산		300킬로그램
		2. 과산화수소		300킬로그램
		3. 질산		300킬로그램
		4. 그 밖에 행정안전부령이 정하는 것		300킬로그램
		5. 제1호 내지 제4호의 1에 해당하는 어느 하나 이상을 함유한 것		300킬로그램

1) "산화성고체"라 함은 고체[액체(1기압 및 섭씨 20도에서 액상인 것 또는 섭씨 20도 초과 섭씨 40도 이하에서 액상인 것을 말한다. 이하 같다) 또는 기체(1기압 및 섭씨 20도에서 기상인 것을 말한다) 외의 것을 말한다. 이하 같다]로서 산화력의 잠재적인 위험성 또는 충격에 대한 민감성을 판단하기 위하여 소방청

장이 정하여 고시(이하 "고시"라 한다)하는 시험에서 고시로 정하는 성질과 상태를 나타내는 것을 말한다. 이 경우 "액상"이라 함은 수직으로 된 시험관(안지름 30밀리미터, 높이 120밀리미터의 원통형유리관을 말한다)에 시료를 55밀리미터까지 채운 다음 당해 시험관을 수평으로 하였을 때 시료액면의 선단이 30밀리미터를 이동하는데 걸리는 시간이 90초 이내에 있는 것을 말한다.

2) "가연성고체"라 함은 고체로서 화염에 의한 발화의 위험성 또는 인화의 위험성을 판단하기 위하여 고시로 정하는 시험에서 고시로 정하는 성질과 상태를 나타내는 것을 말한다.
3) 유황은 순도가 60중량퍼센트 이상인 것을 말한다. 이 경우 순도측정에 있어서 불순물은 활석 등 불연성물질과 수분에 한한다.
4) "철분"이라 함은 철의 분말로서 53마이크로미터의 표준체를 통과하는 것이 50중량퍼센트 미만인 것은 제외한다.
5) "금속분"이라 함은 알칼리금속·알칼리토류금속·철 및 마그네슘외의 금속의 분말을 말하고, 구리분·니켈분 및 150마이크로미터의 체를 통과하는 것이 50중량퍼센트 미만인 것은 제외한다.
6) 마그네슘 및 제2류제8호의 물품중 마그네슘을 함유한 것에 있어서는 다음 각목의 1에 해당하는 것은 제외한다.
   - 2밀리미터의 체를 통과하지 아니하는 덩어리 상태의 것
   - 직경 2밀리미터 이상의 막대 모양의 것
7) 황화린·적린·유황 및 철분은 제2호의 규정에 의한 성상이 있는 것으로 본다.
8) "인화성고체"라 함은 고형알코올 그 밖에 1기압에서 인화점이 섭씨 40도 미만인 고체를 말한다.
9) "자연발화성물질 및 금수성물질"이라 함은 고체 또는 액체로서 공기 중에서 발화의 위험성이 있거나 물과 접촉하여 발화하거나 가연성가스를 발생하는 위험성이 있는 것을 말한다.
10) 칼륨·나트륨·알킬알루미늄·알킬리튬 및 황린은 제9호의 규정에 의한 성상이 있는 것으로 본다.
11) "인화성액체"라 함은 액체(제3석유류, 제4석유류 및 동식물유류에 있어서는 1기압과 섭씨 20도에서 액상인 것에 한한다)로서 인화의 위험성이 있는 것을 말한다.
12) "특수인화물"이라 함은 이황화탄소, 디에틸에테르 그 밖에 1기압에서 발화점이 섭씨 100도 이하인 것 또는 인화점이 섭씨 영하 20도 이하이고 비점이 섭씨 40도 이하인 것을 말한다.
13) "제1석유류"라 함은 아세톤, 휘발유 그 밖에 1기압에서 인화점이 섭씨 21도 미만인 것을 말한다.
14) "알코올류"라 함은 1분자를 구성하는 탄소원자의 수가 1개부터 3개까지인 포화1가 알코올(변성알코올을 포함한다)을 말한다. 다만, 다음 각목의 1에 해당하는 것은 제외한다.
   - 1분자를 구성하는 탄소원자의 수가 1개 내지 3개의 포화1가 알코올의 함유량이 60중량퍼센트 미만인 수용액
   - 가연성액체량이 60중량퍼센트 미만이고 인화점 및 연소점(태그개방식인화점측정기에 의한 연소점을 말한다. 이하 같다)이 에틸알코올 60중량퍼센트 수용액의 인화점 및 연소점을 초과하는 것
15) "제2석유류"라 함은 등유, 경유 그 밖에 1기압에서 인화점이 섭씨 21도 이상 70도 미만인 것을 말한다. 다만, 도료류 그 밖의 물품에 있어서 가연성 액체량이 40중량퍼센트 이하이면서 인화점이 섭씨 40도 이상인 동시에 연소점이 섭씨 60도 이상인 것은 제외한다.
16) "제3석유류"라 함은 중유, 클레오소트유 그 밖에 1기압에서 인화점이 섭씨 70도 이상 섭씨 200도 미만인 것을 말한다. 다만, 도료류 그 밖의 물품은 가연성 액체량이 40중량퍼센트 이하인 것은 제외한다.
17) "제4석유류"라 함은 기어유, 실린더유 그 밖에 1기압에서 인화점이 섭씨 200도 이상 섭씨 250도 미만의 것을 말한다. 다만 도료류 그 밖의 물품은 가연성 액체량이 40중량퍼센트 이하인 것은 제외한다.
18) "동식물유류"라 함은 동물의 지육 등 또는 식물의 종자나 과육으로부터 추출한 것으로서 1기압에서 인

화점이 섭씨 250도 미만인 것을 말한다. 다만, 법 제20조제1항의 규정에 의하여 안전행정부령으로 정하는 용기기준과 수납·저장기준에 따라 수납되어 저장·보관되고 용기의 외부에 물품의 통칭명, 수량 및 화기엄금(화기엄금과 동일한 의미를 갖는 표시를 포함한다)의 표시가 있는 경우를 제외한다.

19) "자기반응성물질"이라 함은 고체 또는 액체로서 폭발의 위험성 또는 가열분해의 격렬함을 판단하기 위하여 고시로 정하는 시험에서 고시로 정하는 성질과 상태를 나타내는 것을 말한다.

20) 제5류제11호의 물품에 있어서는 유기과산화물을 함유하는 것 중에서 불활성고체를 함유하는 것으로서 다음 각 목의 1에 해당하는 것은 제외한다.
   - 과산화벤조일의 함유량이 35.5중량퍼센트 미만인 것으로서 전분가루, 황산칼슘2수화물 또는 인산1수소칼슘2수화물과의 혼합물
   - 비스(4클로로벤조일)퍼옥사이드의 함유량이 30중량퍼센트 미만인 것으로서 불활성고체와의 혼합물
   - 과산화지크밀의 함유량이 40중량퍼센트 미만인 것으로서 불활성고체와의 혼합물
   - 1·4비스(2-터셔리부틸퍼옥시이소프로필)벤젠의 함유량이 40중량퍼센트 미만인 것으로서 불활성고체와의 혼합물
   - 시크로헥사놀퍼옥사이드의 함유량이 30중량퍼센트 미만인 것으로서 불활성고체와의 혼합물

21) "산화성액체"라 함은 액체로서 산화력의 잠재적인 위험성을 판단하기 위하여 고시로 정하는 시험에서 고시로 정하는 성질과 상태를 나타내는 것을 말한다.

22) 과산화수소는 그 농도가 36중량퍼센트 이상인 것에 한하며, 제21호의 성상이 있는 것으로 본다.

23) 질산은 그 비중이 1.49 이상인 것에 한하며, 제21호의 성상이 있는 것으로 본다.

24) 위 표의 성질란에 규정된 성상을 2가지 이상 포함하는 물품(이하 이 호에서 "복수성상물품"이라 한다)이 속하는 품명은 다음 각목의 1에 의한다.
   - 복수성상물품이 산화성고체의 성상 및 가연성고체의 성상을 가지는 경우 : 제2류제8호의 규정에 의한 품명
   - 복수성상물품이 산화성고체의 성상 및 자기반응성물질의 성상을 가지는 경우 : 제5류제11호의 규정에 의한 품명
   - 복수성상물품이 가연성고체의 성상과 자연발화성물질의 성상 및 금수성물질의 성상을 가지는 경우 : 제3류제12호의 규정에 의한 품명
   - 복수성상물품이 자연발화성물질의 성상, 금수성물질의 성상 및 인화성액체의 성상을 가지는 경우 : 제3류제12호의 규정에 의한 품명
   - 복수성상물품이 인화성액체의 성상 및 자기반응성물질의 성상을 가지는 경우 : 제5류제11호의 규정에 의한 품명

25) 위 표의 지정수량란에 정하는 수량이 복수로 있는 품명에 있어서는 당해 품명이 속하는 유(類)의 품명 가운데 위험성의 정도가 가장 유사한 품명의 지정수량란에 정하는 수량과 같은 수량을 당해 품명의 지정수량으로 한다. 이 경우 위험물의 위험성을 실험·비교하기 위한 기준은 고시로 정할 수 있다.

26) 동 표에 의한 위험물의 판정 또는 지정수량의 결정에 필요한 실험은 「국가표준기본법」에 의한 공인시험기관, 한국소방산업기술원, 중앙소방학교 또는 소방청장이 지정하는 기관에서 실시할 수 있다.

(2) 행정안전부령이 정하는 것

위험물안전관리법시행령 별표 1 중 제1류의 품명란 제10호, 제3류의 품명란 제11호 및 제5류의 품명란 제10호의 규정에 의하여 행정안전부령(위험물안전관리법 시행규칙 제3조의 제1항 내지 제3항)이 정하는 위험물 품명의 지정수량은 다음 표와 같다.

▌행정안전부령이 정하는 위험물 종류▐

유 별	품 명	지정수량	유 별	품 명	지정수량
제1류	과요오드산염류	300kg	제1류	퍼옥소이황산염류	300kg
	과요오드산	300kg		퍼옥소붕산염류	300kg
	크롬, 납 또는 요오드의 산화물	300kg	제3류	염소화규소화합물	300kg
	아질산염류	300kg	제5류	금속의 아지화합물	200kg
	차아염소산염류	50kg		질산구아니딘	200kg
	염소화이소시아눌산	300kg	제6류	할로겐간화합물	300kg

(3) 복수성상 물품 위험물

화학물질의 성질은 하나의 특정한 성질만 나타내는 것이 아니고 여러 가지 성질을 동시에 나타낼 수 있다. 예를 들어 인화성이 있으면서 자기반응성을 동시에 가지는 경우가 있을 수 있다. 이를 「위험물안전관리법」에서는 복수성상 물품이라 한다. 복수성상 물품이란 「위험물안전관리법 시행령」 별표 1의 성질 란에 규정된 성상을 2가지 이상 포함하는 물품으로 품명은 다음 각목의 1에 의한다.

① 복수성상물품이 산화성고체의 성상 및 가연성고체의 성상을 가지는 경우
: 제2류 제8호의 규정에 의한 품명
② 복수성상물품이 산화성고체의 성상 및 자기반응성물질의 성상을 가지는 경우
: 제5류 제11호의 규정에 의한 품명
③ 복수성상물품이 가연성고체의 성상과 자연발화성물질의 성상 및 금수성물질의 성상을 가지는 경우
: 제3류 제12호의 규정에 의한 품명
④ 복수성상물품이 자연발화성물질의 성상, 금수성물질의 성상 및 인화성액체의 성상을 가지는 경우
: 제3류 제12호의 규정에 의한 품명
⑤ 복수성상물품이 인화성액체의 성상 및 자기반응성물질의 성상을 가지는 경우
: 제5류 제11호의 규정에 의한 품명

(4) 두 가지 이상의 위험물이 혼합된 위험물

같은 성질을 가지는 위험물이 두 가지 이상 혼합되어 있을 경우 위험물의 지정수량 이 동일한 경우에는 문제가 없으나 다를 경우에 문제가 된다. 지정수량 란에 정하는 수량이 복수로 있는 품명에 있어서는 당해 품명이 속하는 유(類)의 품명 가운데 위험성의 정도가 가장 유사한 품명의 지정수량 란에 정하는 수량과 같은 수량을 당해 품명의 지정수량으로 한다. 이 경우 위험물의 위험성을 실험・비교하기 위한 기준은 고시로 정할 수 있다.

▌기체, 액체, 고체 상태의 일반적 성질▐

종류 \ 성질	기체상태	액체상태	고체상태
부피	자유롭게 변한다.	일정하다.	일정하다.
모양	어떤 그릇도 가득 채울 수 있다.	담는 그릇에 따라 모양이 변한다.	일정하다.
압축성	쉽게 압축된다.	압축되지 않는다.	압축되지 않는다.
흐름	사방으로 잘 퍼진다.	잘 흐른다.	흐르지 않는다.

▌몇 가지 물질들의 녹는점과 끓는점▐

물질	녹는점(m.p /℃)	끓는점(b.p/℃)	비고
산소(O_2)	-219	-183	기체
암모니아(NH_3)	-78	-33	기체
물(H_2O)	0	100	액체
메탄올(CH_3OH)	-97.78	64.7	액체
요오드(I_2)	114	183	고체
이산화탄소(CO_2)	-78	-56	기체

(5) 위험물의 위험성 구분

인화성	가연성 증기를 발생하는 액체 또는 고체가 공기 중에 그 표면 가까이 적은 화염이 닿은 때 그 도화선이 되어 표면 근처에서 연소하기에 충분한 농도의 증기를 발생하여 불이 붙는 성질을 인화성이라 하고 이때의 최저온도를 인화점(인화온도)라고 말한다.
자연발화성	가연성 물질 또는 혼합물에 다른 화염, 전기불꽃 등의 점화원을 주지 않고 공기 또는 산소 중에서 가열한 경우 어느 시점에서 자연적으로 연소(발화 또는 폭발)가 개시되는데 이를 발화성이라 하고 이때 필요한 최저온도를 발화점(발화온도, 착화점, 착화온도라고도 말한다)이라고 말한다.
산화성	일반적으로 넓게 전자를 빼앗기는 변화 또는 그것에 따르는 화학반응을 산화라 말한다. 이에 반해 전자를 주어진 변화 또는 그것에 따르는 화학변화를 환원이라고 한다. 원래는 어느 순물질이 산소와 화합하는 것을 산화라 하고 어느 순물질이 수소를 잃는 경우도 산화에 해당한다. 탄소가 산소와 화합하여 이산화탄소로 되는 반응에서 탄소가 산화되어 탄소를 산화하는 물질을 산화성 물질 또는 산화제라고 부른다.
자기반응성	외부로부터 산소의 공급 없이도 가열, 충격 등에 의해 연소폭발을 일으킬 수 있는 성질을 말한다. 즉 이와 같은 성질을 가진 물질은 공기 중 산소를 필요로 하지 않고 분자 중에 포함되어 있는 산소에 의해 연소한다. ※ 유기과산화물 및 유기질소화합물이 자기반응성의 성질을 가지고 있다.
금수성	물과 반응하여 발화하거나 가연성가스를 발생시키는 성질을 말한다. 일반적으로 물을 소화약제로 많이 사용하는데 금수성이 있는 물질의 화재 시 물을 사용하게 되면 화재를 더욱더 키우는 역할을 하기 때문에 주의할 필요가 있으며, 금수성 물질을 이송 중 누출사고가 발생하게 되면 주변의 논, 수로, 하천 등에 흘러 들어가게 되어 화재를 확산시키기 때문에 매우 위험하게 될 수 있다. ※ 알칼리금속류, 유기금속화합물류, 수소화합물류 등이 있다.

(6) 위험물이 둘이상일 경우

① 위험물이 산화성과 가연성을 동시에 가지는 경우
: 위험물이 가지는 산화성 보다는 가연성이 더 위험한 성질로서 가연성의 성상을 가지는 것으로 본다.
② 위험물이 산화성과 자기반응성을 동시에 가지는 경우
: 위험물이 가지는 산화성 보다는 자기반응성이 더 위험한 성질로서 자기반응성의 성상을 가지는 것으로 본다.
③ 위험물이 가연성과 자연발화성 및 금수성을 동시에 가지는 경우
: 위험물이 가지는 가연성 보다는 자연발화성 및 금수성이 더 위험한 성질로서 자연 발화성 및 금수성의 성상을 가지는 것으로 본다.
④ 위험물이 자연발화성 및 금수성과 인화성을 동시에 가지는 경우
: 위험물이 가지는 인화성 보다는 자연발화성 및 금수성이 더 위험한 성질로서 자연 발화성 및 금수성의 성상을 가지는 것으로 본다.
⑤ 위험물이 인화성과 자기반응성을 동시에 가지는 경우
: 위험물이 가지는 인화성 보다는 자기반응성이 더 위험한 성질로서 자기반응성이 있는 것으로 본다.

(7) 위험물의 종류별 성상 판정시험의 종류

구분	시험
제1류	· 산화성 시험 : 연소시험, 대량연소시험 · 충격민감성 시험 : 낙구타격 감도시험, 철관시험
제2류	· 착화성 시험 : 작은 불꽃 착화시험 · 인화성 시험 : 인화점 측정시험
제3류	· 자연발화성 시험 · 금수성 시험 : 물과의 반응성 시험
제4류	· 인화성 시험 : 인화점 측정시험, 연소점 측정시험, 발화점 측정시험, 비점 측정시험, 동점도 측정시험, 가연성액체량 측정시험, 액상 확인시험
제5류	· 폭발성 시험 : 열분석 시험 · 가열분해성 시험 : 압력용기 시험
제6류	· 산화성 시험 : 연소시험

▌위험물 성상판정시험의 종류▐

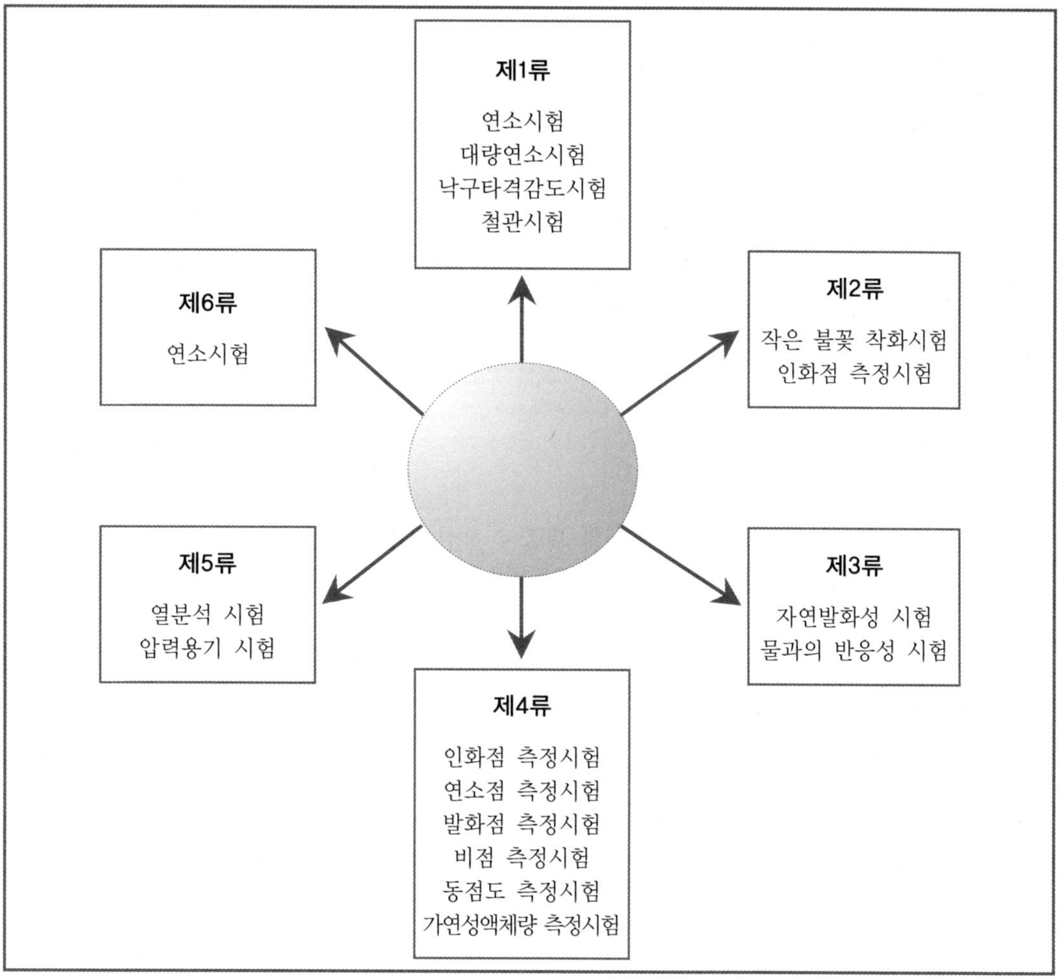

제1류
연소시험
대량연소시험
낙구타격감도시험
철관시험

제2류
작은 불꽃 착화시험
인화점 측정시험

제3류
자연발화성 시험
물과의 반응성 시험

제4류
인화점 측정시험
연소점 측정시험
발화점 측정시험
비점 측정시험
동점도 측정시험
가연성액체량 측정시험

제5류
열분석 시험
압력용기 시험

제6류
연소시험

제2절 위험물 특성 및 진압방법

핵심요약

위험물의 유별을 학습한다.

- 제1류~제6류 위험물에 대해 이해함.
- 각 유별에 대한 품명을 파악함.
- 각 물질별 특성에 대해 설명할 수 있음.

1 제1류 위험물(산화성고체)★ ☆ 12년 부산 소방장 / 20년 소방위

(1) 산화성고체란

산화성고체는 제6류 위험물 산화성액체와 더불어 자신은 불연성이지만 조연성의 성질이 있어서 연소속도를 빠르게 하기 때문에 위험물안전관리법상 위험물로 분류하여 관리하고 있다.

▮산화성 고체의 종류 및 지정수량▮

품 명	지정수량	설 명
1. 아염소산염류	50 kg	아염소산($HClO_2$)의 수소가 금속 또는 양성원자단으로 치환된 화합물
2. 염소산염류	50 kg	염소산($HClO_3$)의 수소가 금속 또는 양성원자단으로 치환된 화합물
3. 과염소산염류	50 kg	과염소산($HClO_4$)의 수소가 금속 또는 양성원자단으로 치환된 화합물
4. 무기과산화물	50 kg	알칼리금속의 과산화물, 알칼리토금속의 과산화물 등
5. 브롬산염류	300 kg	브로민산($HBrO_3$)의 수소가 금속 또는 양성원자단으로 치환된 화합물
6. 질산염류	300 kg	질산(HNO_3)의 수소가 금속 또는 양성원자단으로 치환된 화합물
7. 요오드산염류	300 kg	아이오딘산(HIO_3)의 수소가 금속 또는 양성원자단으로 치환된 화합물
8. 과망간산염류	1,000 kg	과망가니즈산($HMnO_4$)의 수소가 금속 또는 양성원자단으로 치환된 화합물
9. 중크롬산염류	1,000 kg	다이크로뮴산($H_2Cr_2O_7$)의 수소가 금속 또는 양성원자단으로 치환된 화합물
10. 그 밖에 행정안전부령이 정하는 것	50 kg	차아염소산염류(하이포아염소산염류)
	300 kg	과요오드산염류(과아이오딘산염류) 과요오드산(과아이오딘산) 크롬, 납 또는 요오드의 산화물(크로뮴, 납 또는 아이오딘산의 산화물) 아질산염류 염소화이소시아눌산(염소화아이소사이아눌산) 퍼옥소이황산염류 퍼옥소붕산염류

11. 위의 어느 하나 이상을 함유한 것	50 kg, 300 kg 또는 1,000 kg	

(2) 일반성질★★☆ 20년 소방위

① 대부분 산소를 포함하는 무기화합물이다.(염소화이소시아눌산은 제외)
② 반응성이 커서 가열, 충격, 마찰 등으로 분해하여 O2를 발생한다.
③ 자신은 불연성 물질이지만 가연성 물질의 연소를 돕는다.(지연성, 조연성)
④ 대부분 무색결정이거나 백색분말이다.
⑤ 물보다 무거우며 물에 녹는 것이 많다. 수용액에서도 산화성이 있다.
⑥ 조해성이 있는 것도 있다.
⑦ 단독으로 분해 폭발하는 경우는 적지만 가연물이 혼합하고 있을 때는 연소 폭발한다.
⑧ 물과 작용하여 열과 산소를 발생시키는 것도 있다.(무기과산화물, 퍼옥소붕산염류 등은 물과 반응하여 산소를 방출하고 발열한다. 특히 알칼리금속의 과산화물은 물과 급격히 반응한다.)

(3) 저장 및 취급 방법

① 가열금지, 화기엄금, 직사광선차단, 충격, 타격, 마찰금지
② 용기가 굴러 떨어지거나 넘어지지 않도록 조치할 것
③ 공기, 습기, 물, 가연성 물질과 혼합, 혼재방지, 환기가 잘되는 냉암소에 저장
④ 강산과의 접촉 및 타류 위험물과 혼재금지
⑤ 분해촉매, 이물질과의 접촉방지, 조해성물질은 방습, 용기는 밀봉한다.

(4) 화재진압방법★★☆ 18년 소방위 / 20년 소방위

① 알칼리금속의 과산화물 및 이를 함유한 것은 물을 절대로 사용하여서는 안 된다. 초기단계에서 탄산수소염류 등을 사용한 분말소화기, 마른모래 또는 소화질석을 사용한 질식소화가 유효하다.
② 폭발위험이 크므로 충분한 안전거리를 확보하고 보호 장비를 착용하여야 한다.
③ 가연물과 격리하는 것이 우선이며, 격리가 곤란한 경우, 물과 급격히 반응하지 않는 것은 다량의 물로 냉각소화가 가능하다.
④ 소화잔수도 산화성이 있으므로 오염 건조된 가연물은 연소성이 증가할 수 있다.

(5) 위험물 주의사항

① 화기, 충격주의 및 가연물접촉주의
② 알칼리금속의 과산화물 함유한 것 : "화기・충격주의", "물기엄금 및 가연물접촉주의"

2 제2류 위험물(가연성고체)

(1) 가연성고체란

가연성고체는 다른 가연물에 비해 착화온도가 낮아 저온에서 발화가 용이하며 연소속도가 빠르고 연소 시 다량의 빛과 열을 발생한다. 일부 가연성 고체류에 대해서는 입자의 크기에 대한 규정이 있는데 이것은 큰 덩어리로 되어 있을 경우에는 화재의 위험이 적지만, 미세한 가루 또는 박 모양일 경우 산화 표면적의 증가로 공기와 혼합 및 열전도가 적어 열의 축적이 쉬워져 발화의 위험성이 증가하기 때문이다.

일반적으로 입자의 크기가 작은 분말상태일 때 연소위험성이 증가하는 이유로는 표면적의 증가로 반응면적의 증가, 체적의 증가로 인한 인화, 발화의 위험성 증가, 보온성의 증가로 인한 발생열의 축적 용이, 비열의 감소로 인한 적은 열로 고온 형성, 유동성의 증가로 인한 공기와 혼합가스 형성, 부유성의 증가로 인한 분진운의 형성, 복사선의 흡수율 증가로 인한 수광면의 증가, 대전성의 증가로 인한 정전기의 발생 등이 있다.

▌가연성 고체의 종류 및 지정수량▐

품 명	지정수량	설 명
1. 황화린	100kg	황(S)과 적린(P)의 화합물, 삼황화인(P4S3), 오황화인(P2S5), 칠황화인(P4S7)
2. 적 린	100kg	성냥의 원료인 붉은인(P)
3. 유 황	100kg	순도가 60 wt% 이상인 황(S)
4. 철 분	500kg	철의 분말(Fe), (53 ㎛의 표준체를 통과하는 것이 50 wt% 이상인 것)
5. 금속분	500kg	알칼리금속・알칼리토금속・철・마그네슘 외의 금속분말 (구리분・니켈분 및 150 ㎛의 체를 통과하는 것이 50 wt% 미만인 것은 제외)
6. 마그네슘	500kg	Mg, (2㎜의 체를 통과하지 아니하는 덩어리 상태의 것과 직경 2㎜ 이상의 막대 모양의 것은 제외)
7. 그 밖에 행정안전부령이 정하는 것	100kg 또는 500kg	
8. 위의 어느 하나 이상을 함유한 것		
9. 인화성고체	1,000kg	고형알코올, 1기압에서 인화점이 40 ℃ 미만인 고체

(2) 일반성질*

① 비교적 낮은 온도에서 착화하기 쉽고, 연소속도가 빠르며 연소열이 큰 고체이다.

② 모두 산소를 함유하고 있지 않은 강한 환원성 물질이다.
③ 산소화의 결합이 용이하고 저농도의 산소 하에서도 잘 연소한다.
④ 철분, 금속분, 마그네슘은 물과 산의 접촉으로 수소가스를 발생하고 발열한다. 특히, 금속분은 습기와 접촉할 때 조건이 맞으면 자연발화의 위험이 있다.
⑤ 대부분 비중이 1보다 크며 물에 녹지 않는다.
⑥ 산화제와 혼합한 것은 가열, 충격, 마찰에 의해 발화 또는 폭발위험이 있다.
⑦ 유황가루, 철분, 금속분은 밀폐된 공간 내에서 부유할 때 분진폭발의 위험이 있다.
⑧ 연소 시 다량의 유독가스를 발생하고 금속분 화재인 경우 물을 뿌리면 오히려 수소가스가 발생하여 2차 재해를 가져온다.

(3) 저장 및 취급방법

① 화기엄금, 가열엄금, 고온체와 접촉방지
② 강산화성 물질(제1류 위험물 또는 제6류 위험물)과 혼합을 피한다.
③ 철분, 금속분, 마그네슘분의 경우는 물 또는 묽은 산과의 접촉을 피한다.
④ 저장용기를 밀폐하고 위험물의 누출을 방지하여 통풍이 잘 되는 냉암소(冷暗所)에 저장한다.

(4) 화재진압방법★ ☆ 15년 소방위, 18년 소방위, 20년 소방위

① 황화인은 CO2, 마른 모래, 건조분말에 의한 질식소화를 한다.
② 철분, 금속분, 마그네슘은 마른 모래, 건조분말, 금속화재용 분말 소화약제를 사용하여 질식소화한다.
③ 적린, 유황, 인화성 고체는 물을 이용한 냉각소화가 적당하다.
④ 다량의 열과 유독성의 연기를 발생하므로 반드시 방호복과 공기호흡기를 착용하여야한다.
⑤ 분진폭발이 우려되는 경우는 충분히 안전거리를 확보한다.

(5) 위험물 주의사항

① 철분, 금속분, 마그네슘 등 함유 : "화기주의" 및 "물기엄금"
② 인화성고체 : "화기엄금"
③ 그 밖의 것 : "화기주의"

3 제3류 위험물(자연발화성 물질 및 금수성 물질)

(1) 자연발화성 및 금수성 물질이란

자연발화성물질이란 공기 중에서 발화의 위험성이 있는 것을 말하고, 금수성 물질이란 물과 접촉하여 발화하거나 가연성 가스를 발생시킬 위험성이 있는 물질을 말한다. 대부분 자연발화성과 금수성을 모두 갖고 있으나 황린은 금수성이 없는 자연발화성 물질이며, 알칼리금속(K, Na 제외)과 알칼리토금속은 자연발화성이 없는 금수성 물질이다.

▌산화성 고체의 종류 및 지정수량▐ ☆ 16년 부산 소방장, 18년 소방장

품 명	지정수량	설 명
1. 칼륨	10kg	K
2. 나트륨	10kg	Na
3. 알킬알루미늄	10kg	알킬기 (C_nH_{2n+1}, R)와 알루미늄(Al)의 화합물
4. 알킬리튬	10kg	알킬기 (C_nH_{2n+1}, R)와 리튬(Li)의 화합물
5. 황린	20kg	P_4
6. 알칼리금속 및 알칼리토금속 (나트륨, 칼륨, 마그네슘은 제외)	50kg	Li, Rb, Cs, Fr, Be, Ca, Sr, Ba, Ra
7. 유기금속화합물 (알킬알루미늄 및 알킬리튬은 제외)	50kg	알킬기(C_nH_{2n+1})와 아닐기(C_6H_5-)등 탄화수소와 금속원자가 결합된 화합물, 즉, 탄소-금속 사이에 치환결합을 갖는 화합물
8. 금속의 수소화물	300kg	수소(H)와 금속원소의 화합물
9. 금속의 인화물	300kg	인(P)과 금속원소의 화합물
10. 칼슘 또는 알루미늄의 탄화물	300kg	칼슘(Ca)의 탄화물 또는 알루미늄(Al)의 탄화물
11. 그 밖에 행정안전부령이 정하는 것	300kg	염소화규소화합물(염화규소)
12. 위의 어느 하나 이상을 함유한 것	10kg, 20kg, 50kg, 또는 300kg	

(2) 일반성질★ ☆ 20년 소방위

① 무기 화합물과 유기 화합물로 구성되어 있다.

② 대부분이 고체이다.(단, 알킬알루미늄, 알킬리튬은 고체 또는 액체이다)

③ 칼륨(K), 나트륨(Na), 알킬알루미늄(RAl), 알킬리튬(RLi)을 제외하고 물보다 무겁다.

④ 물과 반응하여 가연성가스를 발생한다.(황린 제외)

⑤ 칼륨, 나트륨, 알칼리금속, 알칼리토금속은 보호액(석유)속에 보관한다.

⑥ 알킬알루미늄, 알킬리튬은 물 또는 공기와 접촉하면 폭발한다.(헥산 속에 저장)

⑦ 황린은 공기와 접촉하면 자연발화한다.(pH9의 물 속에 저장)

⑧ 가열 또는 강산화성 물질, 강산류와 접촉으로 위험성이 증가한다.

(3) 저장 및 취급방법

① 용기는 완전히 밀폐하고 공기 또는 물과의 접촉을 방지하여야 한다.
② 제1류 위험물, 제6류 위험물 등 산화성 물질과 강산류와의 접촉을 방지한다.
③ 용기가 가열되지 않도록 하고 보호액에 들어있는 것은 용기 밖으로 누출되지 않도록 한다.
④ 알킬알루미늄, 알킬리튬, 유기금속화합물은 화기를 엄금하고 용기내압이 상승하지 않도록 한다.
⑤ 황린은 저장액인 물의 증발 또는 용기파손에 의한 물의 누출을 방지하여야 한다.

(4) 화재진압대책☆ 20년 소방위

① 절대로 물을 사용하여서는 안 된다.(황린 제외)
② 화재 시에는 화원의 진압보다는 연소확대 방지에 주력해야 한다.
③ 마른모래, 팽창질석, 팽창진주암, 건조석회(생석회, CaO)로 상황에 따라 조심스럽게 질식 소화한다.
④ 금속화재용 분말 소화약제에 의한 질식소화를 한다.

(5) 수납하는 위험물 주의사항

① 자연발화성 물질 : "화기엄금" 및 "공기접촉엄금"
② 금수성 물질 : "물기엄금"

4 제4류 위험물(인화성액체)

(1) 인화성액체란

인화성액체란 액체로서 인화의 위험성이 있는 것을 말한다. 인화의 위험성이란 액체가 온도 상승에 의해 증기가 발생하게 되고 점화를 시키면 증기가 점화원에 의해 순간 연소하는 현상을 말하는 것으로 인화의 위험성을 판단하기 위한 시험방법으로는 태그 밀폐식, 신속평형법, 펜스키마텐스 밀폐식, 클리브랜드 개방식 등이 있다.

▌인화성 액체의 종류 및 지정수량▐

품 명		지정수량	설 명
1. 특수인화물		50L	- 이황화탄소, 디에틸에테르(다이에틸에터) - 1기압에서 발화점이 100℃ 이하인 것 - 1기압에서 인화점이 -20℃ 이하이고, 끓는점이 40℃ 이하인 것
2. 제1석유류	비수용성	200L	- 아세톤, 휘발유
	수용성	400L	- 1기압에서 인화점이 21℃ 미만인 것
3. 알코올류		400L	- 1분자를 구성하는 탄소원자의 수가 1~3개 까지인 포화1가 알코올 - 변성알코올

4. 제2석유류	비수용성	1,000 L	- 등유, 경유
	수용성	2,000 L	- 1기압에서 인화점이 21 ℃ 이상 70 ℃ 미만인 것
5. 제3석유류	비수용성	2,000 L	- 중유, 클레오소트유
	수용성	4,000 L	- 1기압에서 인화점이 70 ℃ 이상 200 ℃ 미만인 것
6. 제4석유류		6,000 L	- 기어유, 실린더유 - 1기압에서 인화점이 200℃ 이상 250 ℃ 미만인 것
7. 동식물유류		10,000 L	- 동물의 지육 등 또는 식물의 종자나 과육으로부터 추출한 것으로서 1기압에서 인화점이 250 ℃ 미만인 것

(2) 일반성질* ☆ 20년 소방위

① 물보다 가볍고 물에 녹지 않는 것이 많다.
② 대부분 유기 화합물이다.
③ 발생증기는 가연성이며 대부분의 증기비중은 공기보다 무겁다.
④ 발생증기는 연소하한이 낮아(1~2 vol%) 매우 인화하기 쉽다.
⑤ 인화점, 발화점이 낮은 것은 위험성이 높다.
⑥ 전기의 불량도체로서 정전기의 축적이 용이하고 이것이 점화원이 되는 때가 많다.
⑦ 유동하는 액체화재는 연소 확대의 위험이 있고 소화가 곤란하다.
⑧ 대량으로 연소 시엔 다량의 복사열, 대류열로 인하여 열전달이 이루어져 화재가 확대된다.
⑨ 비교적 발화점이 낮고 폭발위험성이 공존한다.

(3) 저장 및 취급방법

① 화기 또는 가열을 피하며, 고온체와의 접근을 방지하여야 한다.
② 낮은 온도를 유지하고 찬 곳에 저장한다.
③ 직사광선을 차단하고 통풍과 발생증기의 배출에 노력한다.
④ 용기, 탱크, 취급시설 등에서 누출을 방지하여야 한다.
⑤ 정전기의 발생·축적·스파크 발생을 억제하여야 한다.(접지한다)
⑥ 인화점이 낮은 석유류에는 불연성가스를 봉입하여 혼합기체의 형성을 억제하여야 한다.

(4) 화재진압방법☆ 20년 소방위

① 수용성과 비수용성, 물보다 무거운 것과 물보다 가벼운 것으로 구분하여 진압에 용이한 방법과 연계하는 것이 좋다.
② 초기화재- CO2, 포, 물분무, 분말, 할론
③ 소규모화재- CO2, 포, 물분무, 분말, 할론
④ 대규모화재- 포에 의한 질식소화
⑤ 수용성 석유류의 화재- 알코올형포, 다량의 물로 희석소화
⑥ 물보다 무거운 석유류의 화재- 석유류의 유동을 일으키지 않고 물로 피복하여 질식소화 가능, 직접적인 물에 의한 냉각소화는 적당하지 않다.

⑦ 대량화재의 경우는 방사열 때문에 접근이 곤란하므로 충분한 안전거리를 확보한다.

⑧ 대형 tank의 화재 시는 boil over, slope over등 유류화재의 이상현상에 대비하여 신중한 작전이 요구된다.

(5) 수납하는 위험물 주의사항 : "화기엄금"

5 제5류 위험물(자기반응성 물질)★☆ 15년 소방장, 18년 소방장, 소방위

(1) 자기반응성 물질이란

자기반응성물질(self reactive substances)이라 함은 고체 또는 액체로서 폭발의 위험성 또는 가열분해의 격렬함을 판단하기 위하여 고시로 정하는 시험에서 고시로 정하는 성질과 상태를 나타내는 것을 말한다. 분자내 연소를 하는 물질로서 외부로부터 산소의 공급 없이도 연소, 폭발할 수 있는 물질이다.

▌자기반응성 물질의 종류 및 지정수량▐

품 명	지정수량	설 명
1. 유기과산화물	10 kg	과산화기(-O-O-)를 가진 유기 화합물
2. 질산에스테르류	10 kg	질산(HNO3)의 수소가 알킬기로 치환된 형태의 화합물
3. 니트로화합물	200 kg	나이트로기(-NO2)를 가진 유기 화합물
4. 니트로소화합물	200 kg	나이트로소기(-NO)를 가진 유기 화합물
5. 아조화합물	200 kg	아조기(-N=N-)를 가진 유기 화합물
6. 디아조화합물	200 kg	다이아조기(=N2)를 가진 유기 화합물
7. 히드라진 유도체	200 kg	하이드라진(N2H4)으로부터 유도된 화합물
8. 히드록실아민	100 kg	하이드록실아민(NH2OH)
9. 히드록실아민염류	100 kg	하이드록실아민(NH2OH)과 산의 화합물
10. 그 밖에 행정안전부령이 정하는 것	200 kg	금속의 아지화합물- 금속과 N3와의 화합물 (금속의 삼질소화합물) 질산구아니딘- 질산(HNO3)과 구아니딘(C(NH)(NH2)2)의 화합물
11. 위의 어느 하나 이상을 함유한 것	10 kg, 100 kg 또는 200 kg	

(2) 일반성질

① 대부분 유기 화합물이며 유기과산화물을 제외하고는 질소를 함유한 유기 질소화합물이다.(하이드라진 유도체는 무기 화합물)

② 모두 가연성의 액체 또는 고체물질이고 연소할 때는 다량의 유독가스를 발생한다.

③ 대부분이 물에 잘 녹지 않으며 물과 반응하지 않는다.

④ 분자 내에 산소를 함유(조연성)하므로 스스로 연소할 수 있다.

⑤ 연소속도가 대단히 빨라서 폭발성이 있다. 화약, 폭약의 원료로 많이 쓰인다.

⑥ 불안정한 물질로서 공기 중 장기간 저장 시 분해하여 분해열이 축적되는 분위기에서는 자연발화의 위험이 있다.

⑦ 가열, 충격, 타격, 마찰에 민감하며 강산화제 또는 강산류와 접촉 시 위험성이 현저히 증가한다.
⑧ 유기과산화물은 구조가 독특하며 매우 불안정한 물질로서 농도가 높은 것은 가열, 직사광선, 충격, 마찰에 의해 폭발한다.

(3) 저장 및 취급방법

① 잠재적 위험성이 크고 그 결과는 폭발로 이어지는 것이 많으므로 사전안전조치가 중요하다.
② 화염, 불꽃 등 점화원의 엄격한 통제 및 기계적인 충격, 마찰, 타격 등을 사전에 피한다.
③ 직사광선의 차단, 강산화제, 강산류와의 접촉을 방지한다.
④ 가급적 작게 나누어서 저장하고 용기파손 및 위험물의 누출을 방지한다.
⑤ 안정제(용제 등)가 함유되어 있는 것은 안정제의 증발을 막고 증발되었을 때는 즉시 보충한다.

(4) 화재진압 방법★★ ☆ 13년 충북 소방장·소방교 / 15년 인천 소방장

① 자기반응성 물질이기 때문에 CO_2, 분말, 하론, 포 등에 의한 질식소화는 효과가 없으며, 다량의 물로 냉각소화하는 것이 적당하다.
② 초기화재 또는 소량화재 시에는 분말로 일시에 화염을 제거하여 소화할 수 있으나 재발화가 염려되므로 결국 최종적으로는 물로 냉각소화하여야 한다.
③ 화재 시 폭발위험이 상존하므로 충분히 안전거리를 유지하고 접근 시에는 엄폐물을 이용하며 방수 시에는 무인방수포 등을 이용한다.
④ 밀폐공간 내에서 화재발생 시에는 반드시 공기호흡기를 착용하여 질식되는 일이 없도록 한다.

(5) 위험물 주의사항 : "화기엄금 및 충격주의"

6 제6류 위험물(산화성 액체)

(1) 산화성 액체란

산화성액체란 제1류 위험물 산화성고체와 더불어 자신은 불연성이지만 조연성의 성질이 있어서 연소속도를 빠르게 하기 때문에 위험물안전관리법상 위험물로 분류하여 관리하고 있다. 일반적으로 산화성 액체는 산화성고체보다 더 위험하다고 할 수 있는데 이는 산화성액체는 그 자체가 점화원이 될 수 있고 액체상이기 때문이다.

▌산화성 액체의 종류 및 지정수량▐

품 명	지정수량	설 명
1. 과염소산	300 kg	HClO4
2. 과산화수소		H2O2, 농도가 36 wt% 이상인 것
3. 질산		HNO3, 비중이 1.49 이상인 것
4. 그 밖에 행정안전부령이 정하는 것		할로젠간화합물(할로젠간화합물)
5. 위의 어느 하나 이상을 함유한 것	300 kg	

(2) 일반성질

① 모두 불연성 물질이지만 다른 물질의 연소를 돕는 산화성·지연성 액체이다.
② 산소를 많이 함유하고 있으며(할로겐간화합물은 제외) 물보다 무겁고 물에 잘 녹는다.
③ 증기는 유독하며(과산화수소 제외) 피부와 접촉 시 점막을 부식시키는 유독성·부식성 물질이다.
④ 염기와 반응하거나 물과 접촉할 때 발열한다.
⑤ 강산화성 물질(제1류 위험물)과 접촉 시 발열하고 폭발하며 이때 가연성 물질이 혼재되어 있으면 혼촉발화의 위험이 있다.

(3) 저장 및 취급 방법

① 용기의 파손, 변형, 전도 방지
② 용기 내 물, 습기의 침투 방지
③ 가연성 물질, 강산화제, 강산류와의 접촉 방지
④ 가열에 의한 유독성가스의 발생 방지

(4) 화재진압 방법☆ 18년 소방위

① 화재 시 가연물과 격리한다.
② 소량화재는 다량의 물로 희석할 수 있지만 원칙적으로 물을 사용하지 말아야 한다.
③ 유출 시 마른 모래나 중화제로 처리한다.
④ 화재진압 시는 공기호흡기, 방호의, 고무장갑, 고무장화 등 보호장구는 반드시 착용한다.

(5) 수납하는 위험물 주의사항 : “가연물접촉주의”

제3절 위험물 사고 대응요령

핵심요약

위험물 사고의 대응 요령을 학습한다.
- 위험물사고 발생시 취하여야 할 조치에 대해 이해함.
- 위험물 사고 시 대응요령에 대해 이해함.

1 현장 도착 전 파악해야 할 사항

위험물사고 발생 시 현장도착 전까지 사고 발생과 관련하여 파악 할 수 있는 모든 정보를 사전에 파악하는 것이 중요하다. 현장도착전 파악해야할 필수 사항을 알아보면 다음과 같다.

① 누출된 물질명이 무엇인지 알아야 한다.
② 누출된 물질의 사고대응요령을 파악한다.
③ 바람의 방향을 파악한다.

2 현장접근

위험물 사고 현장에 접근할 때는 가능한 한 천천히 그리고 조심스럽게 높은 곳으로부터 바람이 불어오는 쪽에서 접근하여야 한다. 바람을 등에 지고 낮은 쪽으로 움직여야 한다는 것이다. 또한 연기, 증기운, 화재 또는 폭발음 등의 현장상황에 주의하고, 잔디 또는 나무, 새 또는 다른 동물들이 죽어 있는지 확인한다.

3 현장보안

사고현장에는 많은 사람이 운집한다. 사고가 난 현장의 관계자, 기자들, 그리고 주변 주민들 등이 운집할 것이다. 이런 사람들은 현장활동에 아무런 도움이 되지 못하며 오히려 신속하고 효율적인 현장활동에 방해가 될 뿐이다. 따라서 다음과 같은 현장보안 활동이 이루어져야 한다.

① 현장에 들어가지 말고 현장을 고립시킨다.
② 인명 및 주위환경의 안전을 확보한다.
③ 현장에 인명출입을 통제한다.
④ 장비를 옮기거나 철수를 위한 공간을 확보한다.

4 위험성 확인

사고와 관련된 위험물의 어떤 위험성이 있는 것인지 현장상황으로부터 파악하여야 한다. 위험물의 위험성을 판단할 수 있는 몇 가지 단서를 알아보면 다음과 같다.

(1) 감각 이용(조심스럽게)

많은 위험물질은 냄새를 가지고 있거나 식별 가능한 증기운을 발생한다. 몇몇 물질들은 매우 낮은 또는 무독성의 수준에서 냄새로서 식별할 수 있고, 어떤 물질들은 냄새 없이도 치명적일 수 있다. 만일 냄새가 난다면 이미 너무 가깝게 접근했을 수 있으며 퇴각할 필요가 있다.

(2) 사고현장의 용도 이용

건물의 형태에 따라서 어떤 종류의 물질이 있을 거라고 예측할 수 있다. 예를 들어 헛간 등에는 살충제나 제초제 등이 있을 수 있다. 제조시설에는 다양한 종류의 솔벤트가 있기 쉽다.

(3) 컨테이너의 형태

컨테이너가 사고에 포함 되어 있다면 그 형태가 내용물에 대한 단서를 제공할 것이다.

(4) 용기, 건물 또는 시설에 붙어 있는 표지판

위험물을 저장하는 시설이나 탱크 등은 표지판을 부착하도록 되어 있다. 이러한 표지판을 이용하면 유해화학물질의 종류를 파악하는데 단서를 제공할 것이다. 이러한 표지판은 가능한 최대한 거리를 두고 확인하여야 한다. 따라서 초기 대응 자는 망원경을 휴대할 필요가 있다.

(5) 유해화학물질과 관련한 서류

이송중일 경우 선적서류 등에서 사고 관련 물질에 대한 정보를 얻을 수 있고, 고정 시설의 경우 비치되어 있는 MSDS(Material Safety Data Sheets)를 이용하면 관련 정보를 얻을 수 있다.

5 상황평가

다음과 같은 사항을 고려하여 현재 위험물사고의 상황평가를 실시하여야 한다.

① 화재, 누출여부
② 기후조건
③ 지형
④ 위험에 처한 것이 무엇인지(사람, 재산, 환경)
⑤ 인명대피가 필요한지
⑥ 방유제의 설치가 필요한지[어떤 자원(사람, 장비)이 필요하고 쉽게 구할 수 있는지]

6 도움요청

종합상황실에 연락하여 관련 전문기관의 전문가의 도움을 요청하여야 한다.

7 현장진입 결정

① 인명구조, 재산 및 환경보호를 위한 모든 노력들은 대원이 사고를 당할 가능성과 비교 검토하여 결정하여야 한다.

② 적절한 보호장구를 갖춘 경우에만 진입한다.

8 사고대응

- 초기 대응자는 사고대응 시 우선 누출을 조절하고 퍼지는 것을 방지할 수 있는 안전거리에서 방어적 활동을 수행하여야 한다.
- 이런 활동들은 위험물의 누출영향으로부터 인접한 사람, 재산 그리고 환경을 보호하는데 집중되어져야 한다.
- 일반적으로 초기 대응자가 주어진 상황과 물질에 대응하기 위한 특수훈련을 받지 않았다면 사고발생지점에 들어가면 안 된다.

(1) 위험물의 누출만 있을 경우(화재 미발생)

초기 대응자는 누출된 위험물이 하수구나 배수로를 통해 요염이 확산되는 것을 방지하기 위해 방유제를 쌓거나 유체의 흐름을 차단하는 등의 조치를 해야 한다. 이는 사람에게 노출되는 것을 방지하기 위해 누출된 유체가 흘러가기 전에 해야 하고, 위험하지 않을 경우에만 해야 한다. 가스의 제거를 위해 무인관창을 이용한 물분무 등으로 증기운을 억제할 수 있을 것이다. 특히 독성 유증기가 대량 누출됐을 경우 누출장소의 바람의 하류 방향 또는 낮은 쪽의 사람들을 집안에 있게 하거나 대피를 고려하여야 한다.

(2) 누출 및 화재 발생 시

① 모든 대원의 임무가 미리 논의 되어져야 하고 화재를 진압할 것인 지 여부 및 어떻게 진압할 것인지도 결정되어져야 한다.

② 연소생성물이 누출된 화학물질의 덜 유해하다면 최선의 방호책은 타도록 내버려 두는 것이다. 가능한 모든 요소들을 저울질 하여 부하직원과 지역 주민의 위험을 최소화하는 길을 택해야 한다.

③ 폼(foam)은 많은 인화성 액체의 화재를 진압하고 증기발생을 억제하는데 효과적이다.

④ 물과 반응하는 물질에는 폼을 사용하는 것이 바람직하지 않다.

⑤ 만일 폼을 이용해서 화재를 진압코자 할 경우에는 진압에 임하기 전에 충분한 폼이 현장에 있는지 반드시 확인해야 한다.

⑥ 이산화탄소와 분말소화약제는 많은 화학물질에 효과적이다.

⑦ 이산화탄소나 할론은 밀폐된 장소에서 진화에 매우 효과적이나 진압요원을 질식시킬 우려가 있다.

⑧ 무인관창에 의한 물분무는 증기발생을 억제하는데 효과적이다.

⑨ 많은 액체탱크는 가열 됐을 때 BLEVE 또는 폭발할 수 있다.

⑩ BLEVE시 탱크의 조각은 먼 거리까지 날아 갈 수 있다. 이러한 탱크조각의 방향은 예측할 수 없으며 탱크의 부분에 따라 다르다.
⑪ MSDS를 사용할 수 있다면 이는 가장 좋은 물질에 대한 정보를 제공할 것이다.
⑫ 사고발생지점의 희생자를 구조할 것인지 여부를 결정하는 것은 어려운 일이다. 위험물질과 관련하여 고도의 훈련을 받았거나 화학 보호복이 없다면 구조하지 말아야 한다. 일반적인 방화복은 위험물질 사고로부터 자신을 보호할 수 없다.

9 기타 주의사항

① 누출된 물질을 만지거나, 밟지 말아야 한다.
② 유독성물질이 없다고 판명되었어도 물질의 증기, 연기 등을 흡입하지 말아야 한다.
③ 냄새가 없어도 가스나 증기가 무해하다고 생각하지 말아야 한다. (냄새가 없는 가스 및 증기도 해로울 수 있음)

제4절 위험물 분류 및 표지기준(GHS)

학습목표

- GHS 기준을 학습한다.
- 위험물의 분류에 대해 이해함.
- GHS의 표시방법에 대해 설명할 수 있음.

1 GHS란 무엇인가?

GHS란, 화학물질 분류표지에 관한 세계조화 시스템(Globally Harmonized System on Classification and Labeling for Chemicals)으로써, 전 세계적으로 통일된 분류기준에 따라 화학물질의 유해위험성을 분류하고, 통일된 형태의 경고표지 및 MSDS로 정보를 전달하는 방법을 말한다.

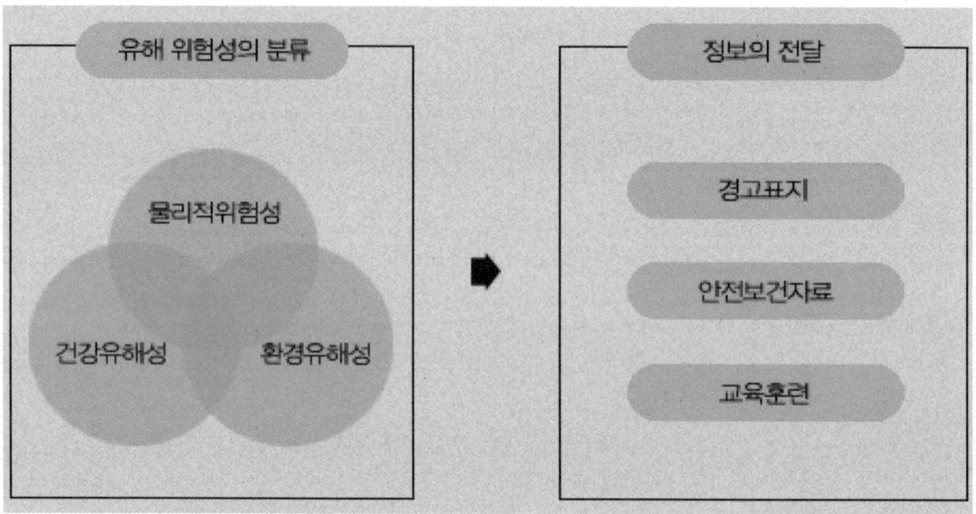

2 주요내용 및 표시방법

구 분	주요내용	비 고
유해 위험성 분류	ㅇ 29개 항목 - 물리적 위험성(16개) : 폭발성 물질 또는 화약류, 인화성 가스, 인화성 에어로졸, 산화성 가스, 고압가스, 인화성 액체, 인화성 고체, 자기반응성 물질, 자연발화성 액체, 자연발화성 고체, 자기발열성 물질, 물 반응성 물질, 산화성 액체, 산화성 고체, 유기과산화물, 금속부식성 물질, 둔감화된 폭발성 물질 - 건강 유해성(10개) : 급성독성, 피부 부식성 또는 자극성, 심한 눈 손상 또	제3조 및 제5조 제1항 별표3

	는 눈 자극성, 호흡기 또는 피부과민성, 생식세포 변이원성, 발암성, 생식독성, 특정 표적장기 독성(1회 노출), 특정표적장 기독성(반복 노출), 흡인유해성 물질 - 환경 유해성(2개) : 수생환경 유해성 물질, 오존층 유해물질	
경 고 표 지	○ 6개정보 : 제품정보, 그림문자, 신호어, 유해·위험문구(H-Code), 예방조치 문구(P-Code), 공급자 정보 - 경고표지에는 다음 각 호의 항목을 포함 · 제품정보 : 물질명 또는 제품명, 함량 등에 관한 정보 · 그림문자 : 분류기준에 따라 위험성의 내용을 나타내는 그림 · 신호어 : 위험성의 심각성 정도에 따라 표시하는 "위험" 또는 "경고"로 표시하는 문구 · 유해·위험 문구(H-CODE) : 분류기준에 따라 위험성을 알리는 문구 · 예방조치 문구(P-CODE) : 화학물질에 노출되거나 부적절한 저장·취급 등으로 발생하는 위험성을 방지하거나 최소화하기 위한 권고조치를 명시한 문구 · 공급자 정보 : 제조자 또는 공급자의 명칭, 연락처 등에 관한 정보	제4조 제1항 별표1
표지부착 방법	○ 단일 용기·포장과 이중 용기·포장으로 구분 - 운송그림문자의 우선 적용 표시, 운송과 조합한 표시도 가능토록 규정 - 전체크기 및 그림문자 크기를 탄력적으로 조정 가능 - 색상 : 바탕은 백색으로, 문자와 테두리는 흑색으로 하되, 용기의 표면을 바탕색으로 사용할 수 있다. 다만, 바탕색이 흑색에 가까운 경우 문자와 테두리를 바탕색과 대비되는 색상	제4조 제5항 별표2

3 표시방법★ ☆ 21년 소방장, 소방위

구 분	표시방법		구 분	표시방법	
1. 폭발성물질 또는 화약류	폭탄의 폭발 (Exploding bomb)		5. 고압가스	가스실린더	
	신호어	위험/경고		신호어	경고
2. 인화성가스 6. 인화성액체 7. 인화성고체 13. 인화성에어로졸	불꽃(Flame)		8. 자기 반응성 물질 및 혼합물 15. 유기과산화물	폭탄의 폭발과 불꽃	
	신호어	위험/경고		신호어	위험/경고

구분	그림문자	신호어	구분	그림문자	신호어
11. 자기발열성 물질 및 혼합물 12. 물반응성 물질 및 혼합물	불꽃(Flame)	신호어: 위험/경고	9. 자연발화성액체 10. 자연발화성 고체	불꽃(Flame)	신호어: 위험
4. 산화성가스 13. 산화성액체 14. 산화성고체	원위의 불꽃 (Flame over circle)	신호어: 위험/경고	16. 금속부식성물질	부식성 (Corrosion)	신호어: 경고

※ 황린의 경고표지 (예시)

황린
(Yellow Phosphorus)

위험
공기에 노출되면 자연발화

• 예방조치문구

예방 : 열 · 스파크 · 화염 · 고열로부터 멀리하시오

– 금연

공기에 접촉시키지 마시오.

보호장갑 · 보호의 · 보안경 · 안면보호구를 착용하시오.

대응 : 피부로부터 입자상 물질을 털어내고, 차가운 물에 담그거나 젖은 붕대로 감싸시오.
화재 시 불을 끄기 위해 소화기를 사용하시오.

저장 : 발열성이 있으므로 저온으로 보관하시오

폐기 : 없음

• 공급자 정보 : ㅇㅇ화학, 경기도ㅇㅇ시
ㅇㅇ동 ㅇㅇㅇ번지 ☏(031)000-0000

PART 03 소화약제 등

기출 및 예상문제

01 다음 중 1류 위험물과 관계없는 것은?

① 가연성 고체
② 대부분 무색결정, 백색분말
③ 불연성 및 지연성
④ 대부분 무기화합물

해설 ✪ 제1류 위험물 일반성질★★★☆ 12년 부산 소방장 / 20년 소방위
① 대부분 산소를 포함하는 무기화합물이다.(염소화이소시아눌산은 제외)
② 반응성이 커서 가열, 충격, 마찰 등으로 분해하여 O2를 발생한다.
③ 자신은 불연성 물질이지만 가연성 물질의 연소를 돕는다.(지연성, 조연성)
④ 대부분 무색결정이거나 백색분말이다.
⑤ 물보다 무거우며 물에 녹는 것이 많다. 수용액에서도 산화성이 있다.
⑥ 조해성이 있는 것도 있다.
⑦ 단독으로 분해 폭발하는 경우는 적지만 가연물이 혼합하고 있을 때는 연소 폭발한다.
⑧ 물과 작용하여 열과 산소를 발생시키는 것도 있다.(무기과산화물, 퍼옥소붕산염류 등은 물과 반응하여 산소를 방출하고 발열한다. 특히 알칼리금속의 과산화물은 물과 급격히 반응한다.)

02 제1류 위험물과 관계 깊은 것은?

① 화기주의 ② 화기엄금
③ 물기엄금 ④ 화기, 충격주의

해설 ✪ 위험물 운반용기 외부포장 표시사항 중 주의사항 표시
① 제1류 위험물 : 화기, 충격주의
② 제2류 위험물 : 화기주의
③ 제3류 위험물 중 금수성 물질 : 물기엄금
④ 제4, 5류 위험물 : 화기엄금

03 "2류 위험물의 소화 방법"으로 옳지 않은 것은?

① 황화인은 CO2, 마른 모래, 건조분말에 의한 질식소화를 한다.
② 분진폭발이 우려되는 경우는 충분히 안전거리를 확보한다.
③ 적린, 유황, 인화성 고체는 물을 이용한 냉각소화는 위험하다.
④ 반드시 방호복과 공기호흡기를 착용하여야한다.

정답 01. ① 02. ④ 03. ③

해설 ✪ 화재진압방법★ ☆ 15년 소방위, 18년 소방위, 20년 소방위

① 황화인은 CO_2, 마른 모래, 건조분말에 의한 질식소화를 한다.
② 철분, 금속분, 마그네슘은 마른 모래, 건조분말, 금속화재용 분말 소화약제를 사용하여 질식 소화한다.
③ 적린, 유황, 인화성 고체는 물을 이용한 냉각소화가 적당하다.
④ 다량의 열과 유독성의 연기를 발생하므로 반드시 방호복과 공기호흡기를 착용하여야한다.
⑤ 분진폭발이 우려되는 경우는 충분히 안전거리를 확보한다.

04 "제2류 위험물의 일반성질"이 아닌 것은?

① 대부분 비중이 1보다 작으며 물에 녹는다.
② 모두 산소를 함유하고 있지 않은 강한 환원성 물질이다.
③ 산화제와 혼합한 것은 가열, 충격, 마찰에 의해 발화 또는 폭발위험이 있다.
④ 비교적 낮은 온도에서 착화하기 쉽고, 연소속도가 빠르며 연소열이 큰 고체이다.

해설 ✪ 제2류 위험물의 일반적 성질☆ 20년 소방위

① 비교적 낮은 온도에서 착화하기 쉽고, 연소속도가 빠르며 연소열이 큰 고체이다.
② 모두 산소를 함유하고 있지 않은 강한 환원성 물질이다.
③ 산소화의 결합이 용이하고 저농도의 산소 하에서도 잘 연소한다.
④ 철분, 금속분, 마그네슘은 물과 산의 접촉으로 수소가스를 발생하고 발열한다. 특히, 금속분은 습기와 접촉할 때 조건이 맞으면 자연발화의 위험이 있다.
⑤ 대부분 비중이 1보다 크며 물에 녹지 않는다.
⑥ 산화제와 혼합한 것은 가열, 충격, 마찰에 의해 발화 또는 폭발위험이 있다.
⑦ 유황가루, 철분, 금속분은 밀폐된 공간 내에서 부유할 때 분진폭발의 위험이 있다.
⑧ 연소 시 다량의 유독가스를 발생하고 금속분 화재인 경우 물을 뿌리면 오히려 수소가스가 발생하여 2차 재해를 가져온다.

05 제2류 위험물의 저장취급방법으로 볼 수 없는 것은?

① 화기엄금, 가열엄금, 고온체와 접촉방지
② 강산화성 물질(제1류 위험물 또는 제6류 위험물)과 혼합을 피한다.
③ 철분, 금속분, 마그네슘의 경우는 물 또는 묽은 산과의 접촉을 피한다.
④ 저장용기를 공기가 잘 통하도록 개방하여야 한다.

해설 ✪ 제2류 위험물 저장취급 방법

① 화기엄금, 가열엄금, 고온체와 접촉방지
② 강산화성 물질(제1류 위험물 또는 제6류 위험물)과 혼합을 피한다.
③ 철분, 금속분, 마그네슘의 경우는 물 또는 묽은 산과의 접촉을 피한다.
④ 저장용기를 밀폐하고 위험물의 누출을 방지하여 통풍이 잘 되는 냉암소(冷暗所)에 저장한다.

정답 04. ① 05. ④

06 제3류 위험물에 대한 소화방법으로 옳지 않는 것은?

① 절대로 물을 사용하여서는 안 된다.(황린 제외)
② 금속화재용 분말 소화약제에 의한 냉각소화를 한다.
③ 화재 시에는 화원의 진압보다는 연소확대 방지에 주력해야 한다.
④ 마른모래, 팽창질석, 팽창진주암, 건조석회(생석회, CaO)로 상황에 따라 조심스럽게 질식 소화한다.

해설 ✪ 제3류 위험물의 진압대책☆ 18년 소방장 / 20년 소방위
① 절대로 물을 사용하여서는 안 된다.(황린 제외)
② 화재 시에는 화원의 진압보다는 연소확대 방지에 주력해야 한다.
③ 마른모래, 팽창질석, 팽창진주암, 건조석회(생석회, CaO)로 상황에 따라 조심스럽게 질식 소화한다.
④ 금속화재용 분말 소화약제에 의한 질식소화를 한다.

07 다음 중 설명이 바르게 된 것은?

① 황린은 물과 반응할 때 가연성 가스를 발생한다.
② 제2류 위험물은 가연성증기 발생을 억제한다.
③ 산화성 고체는 질식소화가 가능하다.
④ 제2류, 5류 위험물의 공통점은 가연성 물질이다.

해설 ✪ 제2류, 5류는 가연성 물질이며 산화성 고체는 냉각소화가 더 효과적이다. 가연성 증기 발생 억제는 제4류 위험물에 해당하고, 제3류 위험물은 물과 반응하여 수소, 아세틸렌, 메탄 등 가연성 가스가 발생된다.

08 "제3류 위험물의 성상"에 대한 설명으로 잘못된 것은?

① 자연발화성물질이란 공기 중에서 발화의 위험성이 있는 것을 말한다.
② 금수성 물질이란 물과 접촉하여 발화하거나 가연성 가스를 발생시킬 위험성이 있는 물질을 말한다.
③ 대부분 자연발화성과 금수성을 모두 갖고 있으나 황린은 금수성이 없는 자연발화성 물질이다.
④ 황린은 금수성 물질이다.

해설 ✪ 제3류 위험물의 성상☆ 16년 부산 소방장 / 20년 소방위
자연발화성물질이란 공기 중에서 발화의 위험성이 있는 것을 말하고, 금수성 물질이란 물과 접촉하여 발화하거나 가연성 가스를 발생시킬 위험성이 있는 물질을 말한다. 대부분 자연발화성과 금수성을 모두 갖고 있으나 황린은 금수성이 없는 자연발화성 물질이며, 알칼리금속(K, Na 제외)과 알칼리토금속은 자연발화성이 없는 금수성 물질이다.

정답 06. ② 07. ④ 08. ④

09 위험물 저장방법이 잘못된 것은?

① 탄산칼슘 - 밀폐용기 저장
② 칼륨 - 등유 속 저장
③ 나트륨 - 밀폐용기 저장
④ 황린 - 물속저장

해설 나트륨과 칼륨은 습기나 물과의 접촉을 피하고 보호액(석유)으로부터 위험물이 노출되지 않도록 저장하여야 한다.

10 소방차량에 비치되어 있는 포를 이용하여 진화가 가능한 것으로 묶어진 것은?

① 제1석유류, 마그네슘
② 적린, 유황
③ 제6류 위험물
④ 칼륨, 나트륨

해설
① 칼륨, 나트륨은 공기 중 수분을 흡수하여 발화하며 수소를 발생시킨다.
② 제1석유류는 포를 사용하여 진화가 가능하지만 마그네슘은 수소를 발생시킨다.
③ 제6류 위험물은 물과 반응하여 발열하는 특성을 가지고 있다.

11 "제4류 위험물 화재진압방법"으로 잘못된 것은?

① 대량화재의 경우는 방사열 때문에 접근이 곤란하므로 충분한 안전거리를 확보
② 수용성의 위험물화재에는 특수한 내알코올포를 사용
③ 대규모화재는 CO2, 포, 물분무, 분말, 할론에 의한 질식소화
④ 분말, 무상의 강화액 등으로 소화

해설
✪ 화재진압방법☆ 20년 소방위
① 수용성과 비수용성, 물보다 무거운 것과 물보다 가벼운 것으로 구분하여 진압에 용이한 방법과 연계하는 것이 좋다.
② 초기화재- CO2, 포, 물분무, 분말, 할론
③ 소규모화재- CO2, 포, 물분무, 분말, 할론
④ 대규모화재- 포에 의한 질식소화
⑤ 수용성 석유류의 화재- 알코올형포, 다량의 물로 희석소화
⑥ 물보다 무거운 석유류의 화재- 석유류의 유동을 일으키지 않고 물로 피복하여 질식소화 가능, 직접적인 물에 의한 냉각소화는 적당하지 않다.
⑦ 대량화재의 경우는 방사열 때문에 접근이 곤란하므로 충분한 안전거리를 확보한다.
⑧ 대형 tank의 화재 시는 boil over, slope over등 유류화재의 이상현상에 대비하여 신중한 작전이 요구된다.

12 제5류 위험물 성질과 관계없는 것은?

① 가열, 충격, 타격, 마찰에 민감하며 강산화제 또는 강산류와 접촉 시 위험성이 현저히 증가한다.
② 연소속도가 대단히 빨라서 폭발성이 있다. 화약, 폭약의 원료로 많이 쓰인다.
③ 대부분이 물에 잘 녹으며, 물과 반응한다.
④ 분자 내에 산소를 함유(조연성)하므로 스스로 연소할 수 있다.

정답 09. ③ 10. ② 11. ③ 12. ③

해설 ✪ 제5류 위험물 일반성질★☆ 15년 소방장, 18년 소방장

① 대부분 유기 화합물이며 유기과산화물을 제외하고는 질소를 함유한 유기 질소화합물이다.(하이드라진 유도체는 무기 화합물)
② 모두 가연성의 액체 또는 고체물질이고 연소할 때는 다량의 유독가스를 발생한다.
③ 대부분이 물에 잘 녹지 않으며 물과 반응하지 않는다.
④ 분자 내에 산소를 함유(조연성)하므로 스스로 연소할 수 있다.
⑤ 연소속도가 대단히 빨라서 폭발성이 있다. 화약, 폭약의 원료로 많이 쓰인다.
⑥ 불안정한 물질로서 공기 중 장기간 저장 시 분해하여 분해열이 축적되는 분위기에서는 자연발화의 위험이 있다.
⑦ 가열, 충격, 타격, 마찰에 민감하며 강산화제 또는 강산류와 접촉 시 위험성이 현저히 증가한다.
⑧ 유기과산화물은 구조가 독특하며 매우 불안정한 물질로서 농도가 높은 것은 가열, 직사광선, 충격, 마찰에 의해 폭발한다.

13 "제5류 위험물의 화재진압 방법"으로 올바른 것은?

① 다른 위험물에 비해 화재발생 시에 유독가스에 의한 질색의 우려는 없다.
② 자기반응성 물질이기 때문에 CO2, 분말, 하론, 포 등에 의한 질식소화는 효과가 없으며, 다량의 물로 냉각소화하는 것이 적당하다
③ 초기화재 또는 소량화재 시 분말로 일시에 화염을 제거하여 소화할 수 있으나 재발화가 염려되므로 최종적으로 제거 소화한다.
④ 자기연소성 물질이기 때문에 이산화탄소, 분말, 할론, 포 등에 의한 질식소화에 효과가 있다.

해설 ✪ 제5류 위험물의 화재진압 방법☆ 18년 소방위

① 자기반응성 물질이기 때문에 CO2, 분말, 하론, 포 등에 의한 질식소화는 효과가 없으며, 다량의 물로 냉각소화하는 것이 적당하다
② 초기화재 또는 소량화재 시에는 분말로 일시에 화염을 제거하여 소화할 수 있으나 재발화가 염려되므로 결국 최종적으로는 물로 냉각 소화하여야 한다.
③ 화재 시 폭발위험이 상존하므로 충분히 안전거리를 유지하고 접근 시에는 엄폐물을 이용하며 방수 시에는 무인방수포 등을 이용한다.
④ 밀폐공간 내에서 화재발생 시에는 반드시 공기호흡기를 착용하여 질식되는 일이 없도록 한다.

14 제5류 위험물의 적응성 소화설비는?

① 스프링클러설비
② 할로겐소화설비
③ 이산화탄소소화설비
④ 분말소화설비

해설 제5류 위험물은 자기반응성 물질로 화재발생 시 옥내소화전, 스프링클러 등을 이용한 다량의 물에 의한 주수소화가 적응성이 있다.

정답 13. ② 14. ①

15 제6류 위험물에 대한 설명으로 틀린 것은?

① 산소를 많이 함유하고 있으며 물보다 무겁고 물에 잘 녹는다.
② 화염, 불꽃 등 점화원의 엄격한 통제 및 기계적인 충격, 마찰, 타격 등을 사전에 피한다.
③ 증기는 유독하며 피부와 접촉 시 점막을 부식시키는 유독성 · 부식성 물질이다.
④ 모두 불연성 물질이지만 다른 물질의 연소를 돕는 산화성 · 지연성 액체이다.

해설 ✪ 제6류 위험물의 일반성질

① 모두 불연성 물질이지만 다른 물질의 연소를 돕는 산화성 · 지연성 액체이다.
② 산소를 많이 함유하고 있으며(할로겐간화합물은 제외) 물보다 무겁고 물에 잘 녹는다.
③ 증기는 유독하며(과산화수소 제외) 피부와 접촉 시 점막을 부식시키는 유독성 · 부식성 물질이다.
④ 염기와 반응하거나 물과 접촉할 때 발열한다.
⑤ 강산화성 물질(제1류 위험물)과 접촉 시 발열하고 폭발하며 이때 가연성 물질이 혼재되어 있으면 혼촉발화의 위험이 있다.

16 다음 GHS 표시 명칭은?

① 폭발성 물질
② 인화성액체
③ 산화성액체
④ 자기발열성금속부식성 물질

해설 ✪ 인화성가스, 인화성액체, 인화성고체, 인화성에어로졸

정답 15. ②

구급

PART 2

임상응급의학(소방교 승진시험 제외)

Chapter ①

환자 평가

학습 목표

- 현장의 안전성을 확인하고 평가할 수 있다.
- 환자 1차 평가를 할 수 있다.
- 의식수준(AVPU)을 평가 할 수 있다.
- 환자 2차 평가를 할 수 있다.
- 비외상환자를 평가하고 처치할 수 있다.
- 의식 유무에 따른 평가와 처치를 할 수 있다.
- 외상환자의 손상기전을 알고 처치할 수 있다.
- 빠른 외상환자평가와 재평가를 할 수 있다.

현장에 도착해서 환자평가와 무엇이 필요한지를 결정하지 못한다면 적절한 처치를 할 수 없다. 이를 위해서는 환자를 평가하고 대화를 통해 정보를 수집해야 한다. 환자평가는 조직적이고 단계별로 평가해야 하며 만약 위험한 환경이라면 현장안전부터 확인해야 한다.

✪ 환자평가의 단계
현장 안전 확인 → 1차(즉각적인) 평가 → 주요 병력 및 신체 검진 → 세부 신체 검진 → 재평가(보통 15분마다 평가해야 하며 위급한 환자인 경우는 5분마다 평가해야 한다.)

1 개 요

(1) 현장 확인

① 현장이 안전한지를 확인하고 위험물을 평가하거나 통제해야 한다.

② 개인 보호장비를 착용하고 시위현장, 끊어진 전선, 위험물질 유출 등을 조심해야 한다. 필요하다면 1차 평가 전에 한전, 경찰, 견인차, 시청 등 추가지원을 요청해야 한다.

③ 환자의 사고경위나 병력을 환자나 가족 또는 주변사람으로부터 파악해야 한다.

(2) 1차 평가

평가의 주요 목적은 치명적인 상태를 발견하고 현장에서 바로 처치하기 위해서이다.

① 환자의 전반적인 상태

② 환자 평가(의식, 기도, 호흡, 순환)

③ 치명적인 상태에는 즉각적인 처치를 실시한다.
   - 기도 유지, 산소공급, 인공호흡 제공, 치명적인 출혈에 대한 지혈 등
④ 이송여부 결정

(3) 주요 병력 및 신체검진

① 일차평가의 주요목적은 발견되지 않은 치명적인 손상이나 질환이 있는지를 알아보기 위해서이다.
② 내과환자인지 외과환자인지에 따라 달라지며 기본적인 생체징후와 SAMPLE력 평가는 같다.
   ※ 기본 생체징후는 맥박, 혈압, 호흡, 피부상태를 포함하며 SAMPLE력 평가의 목적은 환자의 호소에 따른 자료 수집에 있다.

> ✪ SAMPLE☆ 16년 경기 소방장, 17년 소방장
> - Signs/Symptoms - 질병의 증상 및 징후
> - Allergies - 약물, 음식, 환경 요소 등에 대한 알레르기
> - Medications - 현재 복용 중인 약물
> - Pertinent past medical history - 관련 있는 과거병력
> - Last oral intake - 마지막 음식물 섭취
> - Events - 현재 질병이나 손상을 일으킨 사건

③ 비외상 환자에서 구급대원은 관련 있는 과거병력뿐 아니라 현 질병의 증상 및 징후를 결정하는 SAMPLE력을 이용해야 한다.
④ 내과환자의 신체검진 범위는 환자의 증상 및 징후로 크게 결정된다. 외상 환자는 손상기전 파악이 중요하며 머리에서 발끝까지 신속하게 신체를 평가하고 또한 기본 병력과 생체징후를 파악해야 한다.
⑤ 모든 환자는 위급정도에 따라 분류된 다음 1차 평가를 하고 주요 병력과 신체검진을 실시해야 한다.

(4) 세부 신체검진

① 치명적인 상황을 처치한 후에 실시해야 하며 머리에서부터 시작하고 신체검진 범위는 환자의 질병과 손상에 따라 다양해진다.
② 단순한 손상인 경우는 세부 신체검진이 필요하지 않을 경우도 많다. 일반적으로 비외상 환자보다 외상환자 평가에 더 의미가 있다.

(5) 재평가

① 환자의 평가는 계속 바뀔 수 있으며 상태가 악화되거나 호전될 수 있다. 이런 이유로 재평가가 필요하며 1차 평가 및 주요 병력 그리고 신체검진을 통해 얻은 정보를 기본으로 하고 재평가를 통한 수치와 비교하여 호전되었는지 악화되었는지를 알 수 있다.
② 또한 구급대원의 처치가 환자에게 어떤 영향을 미쳤는지도 평가할 수 있다. 보통 15분마다 평가해야 하며 위급한 환자인 경우는 5분마다 평가해야 한다.

2 현장 확인

(1) 출동 중 정보

기관으로부터의 정보 등을 통해 환자의 수, 사고유형, 위험물질, 구조 필요성 등을 알 수 있다. 범죄 현장이나 정신질환자 등 현장 위험이 있는 경우는 구급 대원에게 알리고 추가 지원이나 다른 기관에 지원요청을 해야 한다.

(2) 현장 안전

전염병, 차량충돌로 인한 끊어진 전선 등 있다. 잠재적인 위험성에 대해 주의 깊게 생각해야 하며 대원 자신뿐만 아니라 환자, 주변인 모두의 안전을 생각해야 한다. 현장 안전에 대한 확인은 다음과 같은 방법으로 알 수 있다.

현장 확인 방법

1. 상황실 또는 신고자로부터의 정보를 이용한다.
2. 항상 주변 환경에 주의를 기울인다.
   - 끊어진 전선, 새는 연료, 폭력적인 군중, 방치하는 개 등 그리고 비탈진 곳, 얼음 위, 진흙길 등 이동 경로
3. 주변 소리에 주의를 기울인다.
   - 다른 기관의 도착 소리, 가스 새는 소리, 스파크 소리 등
4. 항상 최악의 사태를 가정한다.
   - 위험한 것이 무엇인지 파악하고 탈출 경로를 파악해야 한다. 예를 들면, 끊어진 전선이 있다면 전기가 흐른다고 생각하고 안전거리를 유지해야 하며 연료가 새고 있다면 소화기나 수관을 준비해야 한다.
5. 현장이 안전하지 않다면 안전을 위한 조치를 취한다.
   - 화재, 위험물 등에 대한 훈련을 받았다면 조치를 취하고 만약, 그렇지 않다면 안전거리에서 추가 지원을 요청해야 한다.

① 개인 보호 장비

장갑, 보안경, 마스크, 가운은 손상이나 감염으로부터 보호하는 장비로 현장 도착 전에 정보를 수집・판단하여 착용해야 한다. 사전 정보로는 출혈 상태, 전염성 여부 등을 파악하고 그에 따라 단순히 장갑만 착용할 것인지 전신 보호 장비를 착용해야 하는지 판단해야 한다.

② 개인 안전 수칙

혈액이나 체액뿐만 아니라 현장에는 잠재적인 위험물이 많이 존재할 수 있다. 현장에서 위험지역을 정의하고 안전을 위해 단계적인 조치를 취해야 한다.

범죄현장	① 범죄현장은 폭력에 노출될 위험성이 있으므로 주의해야 한다. ② 현장이 안전하지 않다면 들어가서는 안 되며 경찰에 도움을 요청해야 한다. ③ 현장 안전이 확인될 때까지 현장으로부터 안전거리를 유지해야 한다.
자동차 충돌 현장	① 깨진 유리, 날카로운 금속, 기름 유출, 화재 그리고 끊어진 전선 등 잠재적인 위험물이 있을 수 있다. ② 차량에 있는 환자를 구출하기 전에는 가장 중요한 것은 환자 처치 전 차량이 안전한지를 확인하는 것이다. ③ 개인 보호 장비, 구조복, 구조장갑, 보안경, 헬멧 등을 착용해야 하며 야간에는 빛에 반사되는 옷을 입어야 한다. ④ 현장 안전을 위해 차량을 통제하거나 차단하는 것을 고려해야 한다.
위험물과 독성물질	① 전에 정보를 파악했다면 위험물질 제거반이 동시에 출동해야 한다. ② 현장에서 위험물을 표시하는 물질이나 차량으로부터 위험물이 새는 등의 상황이라면 즉시 추가 지원을 요청해야 한다. ③ 위험물이 표시되지 않았다면 관계자나 운전자를 통해 다시 한 번 내용물을 확인해 안전을 확보하는 것도 중요하다. ④ 공장이나 사무실에서 똑같은 증상을 호소하는 다수의 사람이 있다면 주위에 위험물질이 노출되었는지 확인해야 한다. ※ 예를 들면 사무실 출동에서 많은 사람이 두통, 오심 그리고 허약감을 호소했다면 난방·환기 상의 문제로 일산화탄소 중독을 의심할 수 있다.
자연재해	① 위험한 이동경로(얼음, 진흙, 비탈길, 강 등), 기상악화(더위, 추위, 바람, 눈), 위험한 동물(개, 뱀, 동물원 사고) 등은 손상이나 질병을 야기 시킬 수 있다. ② 위험한 현장으로부터 안전한 곳으로 환자를 우선적으로 이동시켜야 한다.

③ 환자안전

㉠ 현장이 안전하지 않다면 처치에 앞서 환자를 우선적으로 이동시켜야 한다.

㉡ 현장 확인에 있어 도착 전에 무슨 일이 있었는지 확인하고 환자 상태를 악화시키는 현장에 얼마나 노출되었는지도 확인해야 한다.(위험물, 기상악화-추위, 더위, 비 등)

㉢ 환자의 안전에 앞서 대원의 안전을 우선적으로 확인해야 하며 대원의 안전이 보다 나은 환자처치를 제공할 수 있음을 명심해야 한다.

④ 주변인 안전

현장 확인을 통해 주변인들이 환자가 아니라고 판단되면 군중들을 통제할 필요가 있다. 통제선이나 기타 차단역할을 할 수 있는 물체를 이용해 현장에 가까이 가지 못하도록 통제해야 하고 만약, 통제를 거부한다면 정중하고 단호하게 답변해 주고 필요하다면 경찰의 도움을 받는다.

(3) 현장 평가

현장 안전을 확인했다면 현장을 평가해야 한다. 이는 환자처치와 관련된 정보를 수집하기 위해 필요하다. 비외상 환자라면 질병의 상태를 파악하고 외상 환자라면 사고경위를 파악해야 하며, 또한 환자수를 파악하고 필요한 장비 및 지원을 요청해야 한다.

① 질병의 상태

환자, 가족, 주변인 그리고 신고자를 통해 정보를 수집할 수 있으며 주로 환자의 주 호소에 중점을 둔다. 그 뿐만 아니라 환자의 나이, 첫인상 그리고 1차 평가, 병력, 신체검진 등을 통해서도 알 수 있다. 환자가 무의식 상태이거나 말을 할 수 없다면 가족, 주변인, 신고자를 통해 확인해야 한다.

② 손상 기전

무엇이 물리적으로 환자 손상을 유발시켰는지를 알아보는 것으로 차량충돌, 낙상 등이 있다. 이러한 기전을 파악하는 것은 2가지 중요한 이유가 있다. 첫 번째는 현장안전 확인에 필요하다. 즉, 손상기전이 구급대원에게도 그대로 적용될 수 있기 때문이다. 두 번째는 환자처치를 위해서이다. 손상기전을 통해 손상유형을 파악해 적절한 처치를 할 수 있기 때문이다.

㉠ 둔기외상

ⓐ 힘은 크기와 속도의 작용이다.

ⓑ 힘이 크면 클수록 손상가능성이 커진다.

ⓒ 움직이는 물체는 에너지를 갖고 있다.

㉡ 차량 충돌

차량충돌로 인한 손상기전에서 알아야 할 것은 3가지 충돌에 대한 이해가 중요하다.

▬ 차량과 물체의 충돌 ▬

▬ 차량내부물체와 인체 충돌 ▬

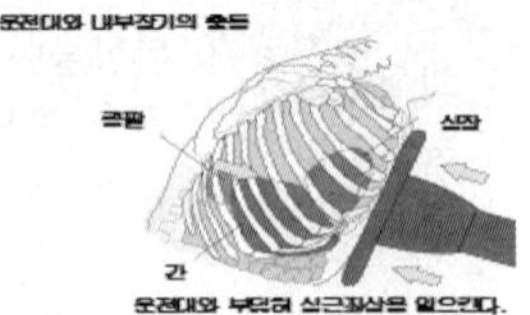

▬ 인체내부 기관과 인체 내부충돌 ▬

ⓐ 전방충돌

- 대부분 치명적이며 충격에 의해 사람이 앞으로 튕겨 나간다.
- 안전벨트를 미착용 했을 때는 다음과 같이 두 가지 손상기전으로 나눌 수 있다.
  - 첫 번째, 사람이 충격에 의해 붕 뜰 경우에는 운전대와 앞 유리창에 부딪치며 대개는 머리, 목, 가슴 그리고 배에 손상을 입는다.
  - 두 번째, 붕 뜨지 않고 운전대 밑으로 쏠리는 경우가 있는데 이때에는 엉덩이, 무릎, 발에 손상을 입는다.

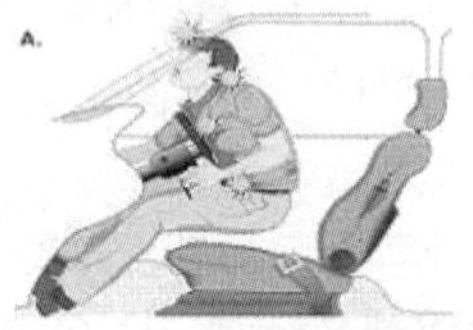

▬ A 머리, 목, 가슴과 배의 손상 위-전면 방향　B 골반, 무릎과 다리의 손상 아래-밑면 방향 ▬

ⓑ 후방충돌 : 목, 머리, 가슴 손상을 유발시킨다. 또한 후방충돌과 동시에 전방충돌도 일어날 수 있다.

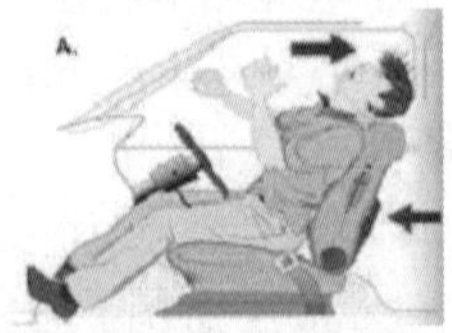

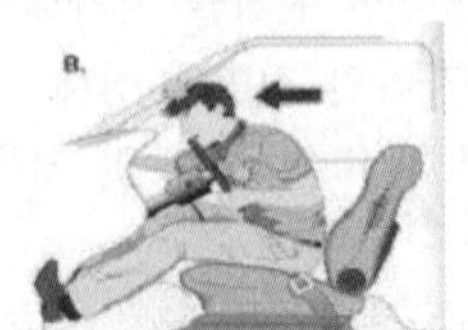

▬ 고정되지 않은 운전자의 머리는 A 격렬하게 뒤쪽으로 그리고 다시 B 앞쪽으로 과격하게 이동되어 목, 머리, 가슴 손상의 원인이 된다. ▬

ⓒ 측면충돌 : 측면 충돌에는 거의 보호 장치가 없어 위험에 노출될 가능성이 크다. 현장에서 환자가 충돌된 측면에 앉아 있었는지 그렇지 않은지 파악하는 것은 중요하다. 만약 충돌 측면에 있었다면 머리, 목, 가슴, 배 그리고 골반외상이 심각할 수 있다.

■ 측면충돌 ■
머리와 목의 손상 원인이 되며 가슴, 배, 골반과 다리에 더 큰 손상을 줄 수 있다.

ⓓ 차량전복 : 다양한 손상을 나타낼 수 있다. 안전벨트를 착용하지 않았다면 구르는 동안 다양한 충격을 받을 수 있다.

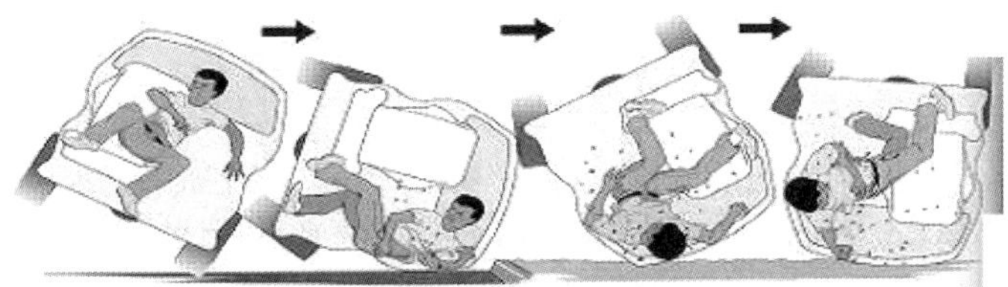

■ 전복. 고정되지 않은 운전자는 복합적인 충격과 손상을 경험하게 된다. ■

ⓔ 기타

관통상	조직을 뚫고 나가는 것을 말하며 손상기전을 확인하기에 앞서 현장 안전을 확인해야 한다. 머리, 목, 몸통 그리고 팔다리 몸쪽의 관통상은 가볍게 판단해서는 안 된다. 들어간 부위는 작지만 내부손상으로 치명적인 결과를 가져올 수 있기 때문이다.
폭발로 인한 외상	폭발은 폭발과 파편으로 손상을 입는다. 화재현장, 산업현장, 군부대 등에서 일어날 수 있으며 손상은 크게 3가지 형태로 나눌 수 있다. ① 폭발로 인한 파장으로 갑작스런 주위 압력 상승으로 인한 손상 · 허파와 장 같이 비어있는 조직과 눈과 방광 같이 액체가 가득한 조직은 파장으로 파열될 수 있다. 대개는 외부적인 징후가 없으므로 주의깊게 관찰해야 한다. ② 폭발로 날아가는 파편으로 인한 손상 : 관통상 · 열상, 골절 그리고 화상 등 ③ 파장에 의해 환자가 튕겨져 나가는 손상 · 어떤 물체에 어느 정도의 힘으로 부딪쳤는지에 따라 다르다.
낙 상	주변에 흔히 볼 수 있는 손상으로 높이, 지면 상태, 처음 닿는 인체 부위에 따라 손상 정도가 달라진다. 성인은 6m 이상, 소아는 3m 이상의 높이에서 위험하며 내부 장기와 척추손상이 주로 발생한다.

(4) 환자 수 파악

현장 평가를 통해 환자수를 파악하고 추가 지원 여부를 결정해야 한다. 만약, 쉽게 파악할 수 없거나 위험물로 인해 추가 환자가 발생할 수 있다면 계속 현장을 재평가하면서 지원을 요청해야 한다.

3 1차 평가★★☆ 12년 소방위, 12년 서울·경북 소방장, 13년 경기 소방장·서울 소방교

① 단 계

단계적인 평가는 적절한 평가와 즉각적인 처치 그리고 우선순위를 결정할 수 있다. 1차 평가의 단계는 다음과 같다.

> ✪ <u>첫인상 - 의식수준 - 기도 - 호흡 - 순환 - 위급 정도 판단(이송여부 판단)</u>
>
> ✪ 1차 평가를 통해 치명적인 상태파악과 즉각적인 처치가 제공되어야 한다. 처치란 평가와 동시에 처치를 하는 것을 말한다.

② 첫인상 평가

㉠ 처음 단계로 얼마나 중한지, 무엇을 즉각적으로 처치해 주어야 하는지 그리고 이송여부를 결정해준다.

㉡ 일반적인 인상은 환자의 주 호소, 주변 환경, 손상 기전 그리고 환자의 나이와 성별 등을 근거로 한다.

㉢ 주 호소는 무엇을 즉각적으로 해주어야 하는지를 결정해 준다. 또한 나이와 성별은 소아와 노인에게 종종 질병이나 외상에 심각한 손상을 입는다는 것과 여성의 복통은 산부인과적 응급상황을 의심할 수 있으므로 중요하다.

㉣ 일반적인 인상에서 내과환자는 질병의 정도 등을 파악하고 외상환자는 손상기전을 파악해야 한다.

③ 의식수준 평가

㉠ 의식수준은 환자의 반응 정도를 통해 알 수 있다.

㉡ 정상적으로 뇌는 인체의 일부분이나 주변 환경으로부터 정보나 자극을 수용하고 반응한다.

㉢ 반응은 눈, 말, 움직임을 통해 나타낸다. 만약 1차 평가에서 환자가 적절한 반응을 하지 못한다면 뇌 손상을 의심해야 한다.

> ✪ 의식 장애를 초래할 수 있는 원인
> 1. 순환기계 손상으로 뇌로 가는 혈류량 저하
> 2. 호흡기계 장애로 뇌로 가는 산소 저하
> 3. 호흡장애로 뇌에 이산화탄소 증가
> 4. 당과 관련된 문제로 뇌로 가는 당 저하

 의식수준 4단계★★☆ 11년 부산 소방장, 12년 경북 소방장

1. A(Alert 명료) : 질문에 적절한 반응이나 대답을 할 수 있는 상태
2. V(Verbal Stimuli 언어지시에 반응) : 질문에 적절한 반응이나 대답은 할 수 없으나 소리나 고함에 소리로 반응하는 상태(신음소리도 가능)
3. P(Pain Stimuli 자극에 반응) : 언어지시에는 반응하지 않고 자극에는 반응하는 상태
4. U(Unresponse 무반응) : 어떠한 자극에도 반응하지 않는 상태

④ 기도 평가☆ 16년 부산 소방교

의식이 있는 환자	일차평가에서 기도가 개방되고 깨끗한지 확인, 의식이 있는 환자라면 기도 평가는 단순할 수 있다. 환자가 말을 하거나 고함치거나 우는 경우는 기도가 개방된 상태임을 의미한다. ① 머리기울임 / 턱 들어올리기법, 턱 들어올리기법 등을 사용할 수 있다. ② 상기도내 이물질은 흡인을 통해 제거해 주어야 한다. ③ 기도가 완전히 폐쇄된 경우에는 이물질 제거법을 이용해야 한다.
무의식 환자	기도를 개방해 주어야 한다. ① 비 외상 환자인 경우 머리기울임/턱 들어올리기법을 실시해야 한다. ② 외상환자는 턱 들어올리기법을 실시해야 한다. ③ 기도개방과 동시에 이물질을 제거해 주어야 한다. ④ 기도 유지를 위해서는 입・코인두기도기를 삽입할 수 있다.

⑤ 호흡 평가

기도 유지 후에는 호흡을 평가해야 한다. 비정상적인 호흡이라면 산소 공급 또는 포켓마스크나 BVM을 통해 인공호흡을 실시해야 한다. 호흡정지가 일어나면 양압환기를 제공해야 한다.

㉠ 반응이 있는 환자의 호흡평가

ⓐ 비정상적인 호흡수* : 24회/분 이상 또는 8회/분 이하

ⓑ 불규칙한 호흡

ⓒ 비정상적인 양상*

- 비대칭적인 호흡음 또는 호흡 감소 또는 무호흡
- 들숨 시 비대칭적이거나 부적절한 가슴 팽창
- 목, 어깨, 가슴, 배의 호흡보조근 사용 등 힘든 호흡(특히, 소아)
- 얕은 호흡
- 의식 장애
- 창백하거나 청색증
- 피부견인 : 빗장뼈 위, 갈비뼈 사이 그리고 가슴 아래
- 고통스러운 호흡, 헐떡거리거나 불규칙한 호흡은 보통 심정지 전에 나타남

ⓓ 비정상적인 호흡의 징후를 보이는 모든 환자에게는 비재호흡마스크를 통해 고농도의 산소(85% 이상)를 공급해 주어야 한다. 만약, 호흡이 없거나 고통스럽거나 산소 공급으로도 호전되지 않는다면 포켓마스크나 BVM으로 양압환기를 제공해 주어야 한다.

✪ 아래와 같은 징후가 한 가지라도 나타나면 고농도산소 제공

- 가슴통증
- 가쁜 호흡
- 일산화탄소 중독 가능성 환자
- 의식장애

㉡ 무반응 환자의 호흡평가

호흡이 적정할 때	기도를 유지하고 비재호흡마스크를 통해 10~15L/분 고농도산소를 제공한다.
호흡이 부적정할 때	기도를 유지하고 비재호흡마스크를 통해 15L/분 고농도산소를 제공한다. 만약, 산소공급에도 호전되지 않는다면 포켓마스크나 BVM을 통해 양압환기를 제공해준다.
무호흡일 때	기도를 유지하고 포켓마스크나 BVM을 이용 양압환기를 실시하며 15L/분의 산소를 제공해준다.

⑥ 순환 평가

인체 조직이 재 기능을 하는데 적절한 혈액량을 공급하는지를 평가하는 것이다.

㉠ 맥박* ☆ 14년 부산 소방장

ⓐ 처음에는 노동맥을 평가한다. 만약 없다면 목동맥을 촉진한다.

ⓑ 2세 이하 소아인 경우는 위팔동맥으로 촉진한다. 맥박이 없다면 CPR을 실시한다.

㉡ 외부 출혈

ⓐ 출혈은 적절한 순환을 유지할 수 없게 하므로 1차 평가를 통해 적절한 처치를 제공해 주어야 한다.

ⓑ 하지만 모든 출혈이 아닌 심한 상태이거나 계속적인 출혈을 나타내는 부위에 한해 1차 평가와 더불어 즉각적인 처치를 실시해야 한다.

ⓒ 평가전 개인 보호장비를 착용하고 머리에서 발끝까지 신체검진을 실시해야 한다.

ⓓ 피부에 붙은 옷은 제거하고 바닥에 있는 상처를 확인해야 한다.

ⓔ 이때 통나무 굴리기법을 이용해 환자의 자세를 변경하고 평가하면 된다.

㉢ 피 부

피부는 부적절한 순환을 나타내는 징후 중 하나로, 피부색, 온도 그리고 상태(습도) 등으로 알 수 있다. 소아의 경우 모세혈관 재충혈로 평가할 수 있다.

피부색*	인종에 따라 피부색이 다르므로 손톱, 입술 그리고 아래눈꺼풀을 이용해 평가하는 것이 좋다. 비정상적인 양상으로는, • 창백 : 실혈, 쇼크, 저혈압, 정신적 스트레스로 인한 혈관 수축 • 청색증 : 부적절한 호흡 또는 심장기능 장애로 인한 저산소증 • 붉은색 : 심장질환과 중증 일산화탄소 중독, 열 노출 • 노란색 : 간 질환 • 얼룩덜룩한 색 : 일부 쇼크 환자
피부온도와 상태	적절한 평가를 위해 대원의 손등을 이용해 평가하면 좋다. 환자 배 등 정상 피부는 따뜻하고 건조한 상태로 비정상적인 경우는 다음과 같다. • 차갑고 축축함 : 관류가 부적절한 경우와 혈액량이 감소된 경우 (열손상 환자, 쇼크 환자, 흥분 상태) • 차가운 피부 : 차가운 환경에 노출된 환자 • 뜨겁고 건조함 : 열이 있거나 중증 열손상 환자
모세혈관 재충혈	손톱이나 발톱을 몇 초간 누른 후 2초 이내로 정상으로 회복되는지를 평가하는 것으로 순환상태를 알 수 있다.

⑦ 소아 평가

소아평가에서 평가내용이나 처치원리는 성인과 같다. 그러나 성인과 해부적, 생리적 그리고 발달 단계별로 다르기 때문에 평가를 실시할 때 주의해야 할 점이 있다.

㉠ 의식수준 평가를 위한 자극으로 손가락을 튕겨 발바닥을 때린다. 울어야지 정상반응이다.
㉡ 기도 개방을 위해 목이 과신전되지 않도록 주의해서 신전해야 한다.
㉢ 피부를 만졌을 때 흐느적거리거나 늘어졌다면 비정상이다.
㉣ 연령별 정상 호흡수, 맥박수(위팔동맥 촉진)인지 확인한다.
㉤ 느린맥은 부적절한 기도유지 또는 호흡으로 인한 것이다.
㉥ 모세혈관 재충혈을 확인한다.
㉦ 비정상적인 환자 자세에 대해서 기록한다.

⑧ 환자 분류(우선순위)*

1차 평가에서 마지막 단계로 우선순위에 따른 처치 및 이송을 제공해야 한다. 우선적인 처치 및 이송이 필요한 환자는 다음과 같다.

㉠ 일반적인 인상이 좋지 않은 경우
㉡ 무의식 또는 의식장애
㉢ 호흡곤란
㉣ 기도유지 또는 평가가 곤란한 경우
㉤ 부적절한 순환 징후
㉥ 지혈이 안 되는 출혈
㉦ 난산
㉧ 호흡 또는 심정지
㉨ 90mmHg 이하의 수축기압과 같이 나타나는 가슴통증
㉩ 심한 통증
㉪ 고열
㉫ 알지 못하는 약물에 의한 중독 및 남용

4 2차 평가

(1) SAMPLE력☆ 16년 경기 소방장 · 대구 소방교, 17년 소방장, 20년 소방장

환자 병력 평가는 다음의 평가 및 처치에 도움을 줄 수 있다. <u>환자로부터 직접 듣는 것이 가장 좋은 방법이지만 그렇지 못하는 경우에는 가족, 주변인 그리고 신고자로부터 정보를 수집할 수 있다.</u> 환자의 병력을 효과적으로 수집하기 좋은 방법으로는 SAMPLE형식이 있다.

- S(Signs/Symptoms) – 증상 및 징후
- A(Allergies) – 알레르기
- M(Medications) – 복용한 약물
- P(Pertinent past medical history) – 관련 있는 과거력
- L(Last oral intake) – 마지막 구강 섭취
- E(Events) – 질병이나 손상을 야기한 사건

※ SAMPLE력을 평가할 때
- 눈을 맞추고 분명한 어조를 이용해 질문해야 한다.
- 소아인 경우 특히, 눈높이를 맞추고 자신을 소개하고 무엇을 할 것인지 설명해주어야 한다.
- 전문적인 용어는 피하고 중요한 것은 환자의 말에 경청할 것과 기록하는 것이다.

① 증상 및 징후(S)* ☆ 11년 부산 소방장 / 17년 소방장

㉠ 징후는 구급대원이 문진이 아닌 시진, 청진, 촉진 등을 이용해서 알아낸 객관적인 사실이다.

> ✪ 호흡보조근 사용을 보고, 호흡음을 듣고, 피부가 차갑고 축축한 것을 느끼고, 호흡에서 아세톤 냄새가 나는 것 등은 징후이다.

㉡ 증상은 환자가 말하는 주관적인 내용으로 가슴이 아프다, 숨이 가쁘다, 토할 거 같다 등이다. 증상을 알기 위해서는 '예, 아니요'라는 단답형 답을 유도하는 질문은 피해서 "어디가 불편하시죠?" "무슨 문제가 있나요?"라는 개방형 질문을 해야 한다.

② 알레르기(A)

약물, 음식, 환경 등에 알레르기가 있는지 "약물이나 기타 음식물에 알레르기가 있나요?"라고 물어야 한다.

③ 약물(M)

㉠ 환자가 현재 복용하고 있는 약물이 무엇인지 아는 것은 과거병력 및 현질환에 대한 중요한 단서를 제공한다.

㉡ 약물의 부작용과 약물 복용으로 인한 환자의 신체 반응(변화)에 대해 알아야 한다.

㉢ 환자가 무슨 약을 복용하였는지 평소 복용하는 약물이 있는지 알기 위해서는 "규칙적으로 복용하는 약이 있나요?", "오늘 혹시 먹은 약이 있나요?"라는 질문을 해야 하며 특히, 병력이 있는 환자에게는 더더욱 질문해야 한다.

㉣ 만약 여성 환자라면 피임약을 먹고 있는지도 질문해야 한다.

④ 현재까지 지속되는 과거병력(P)

과거병력을 평가하기 위해 다음과 같은 질문을 한다.

- "과거에 어떤 내과적인 문제가 있었는지(질병이 있었는지)?"
- "최근에 다친 적이 있는지?"
- "전에 입원한 적이 있는지?"
- "현재 어떤 질환으로 병원치료를 받고 있는 것이 있는지?
  최근에 의사를 찾아 간 적이 있는지? 병원 이름, 진료과목, 의사이름은 어떻게 되는지?"
- "과거에 지금과 같은 증상이 있었는지?"

㉠ 과거력이 있다면 과거증상과 비교해서 현재는 어떻게 다른지도 평가한다. 일반적으로 과

거력은 되풀이되는 경향이 있기 때문이다.

※ 천식으로 가쁜 호흡을 경험했던 환자는 다시 같은 문제로 구급신고를 할 수 있기 때문이다.

㉡ 과거력이 있는 환자의 경우 가슴통증 환자는 니트로글리세린, 천식환자는 천식약 그리고 알레르기환자는 자가 에피네프린 약 등을 갖고 있는 경우가 많다. 이 경우 환자가 갖고 있는 약을 복용할 수 있도록 옆에서 도와줘야 한다.

⑤ 마지막 음식 섭취(L)

㉠ "마지막으로 마시거나 먹은 시간이 언제였습니까? 그리고 무엇을 먹었습니까?" 이런 질문으로 얻어진 정보는 복통이나 가슴통증환자를 진단하는 데 도움이 된다.

㉡ 또한 수술이 필요한 경우 외과의사와 마취과의사가 시간을 결정하는 데 도움을 준다. 보통 위 내용물 흡인과 같은 합병증 위험을 줄이기 위해 수술 전 최소한 6시간을 금식해야 하기 때문이다.

⑥ 질병이나 상해를 일으킨 사건(E)

㉠ 질병이나 상해를 일으킨 사건을 알아내는 것은 환자 병력에서 중요한 부분이다. 환자가 무엇을 했고 언제 증상이 시작되었는지는 환자평가에 있어 중요하다.

※ 가슴통증 환자는 많은 량의 산소를 공급받고 똑같은 처치를 받는다. 그러나 새벽 3시에 가슴통증으로 깨어난 환자는 체육관에서 운동 중 가슴통증을 호소하는 환자보다 심근경색일 가능성이 높다.

㉡ 현재 호소하는 질병이나 상해를 일으킨 사건에 대해 알기 위해 "이 증상이 나타나기 전에 무엇을 하고 있었습니까?"라는 질문이 좋다.

(2) 생체징후★★★ ☆ 16년 소방교, 18년 소방교

<u>생체징후는 호흡, 맥박, 혈압을 포함하며 동시에 의식수준(AVPU)도 평가해야 한다.</u> 의식수준 평가는 무반응환자 또는 심한 의식변화를 가진 환자에게 중요하다. 생체징후를 전부 평가하는 범위에는 피부와 동공 상태 평가도 포함된다. 처음 측정한 생체징후를 기본으로 재평가를 통해 계속 비교·평가해야 한다. 생체징후의 변화는 환자상태를 나타내는 척도로 항상 평가한 후에 기록해 두어야 한다.

① 맥박★ ☆ 12년 부산 소방장, 13년 부산 소방장

㉠ 맥박은 뼈 위를 지나가며 피부표면 근처에 위치한 동맥에서 촉지할 수 있다. <u>왼심실의 수축으로 생기는 압력의 파장</u>으로 생기며 주로 노동맥에서 촉지 된다.

㉡ <u>노동맥은 손목 안쪽 엄지손가락 쪽에서 촉지</u>할 수 있다.

㉢ <u>촉지되지 않는다면 목동맥을 촉지</u>해야 한다.

㉣ <u>영아의 경우 위팔동맥에서 촉지</u>해야 한다.

㉤ 1차 평가에서 맥박유무를 살폈다면 신체검진에서는 맥박수와 양상을 평가해야 한다.

✪ 맥박수는 분당 맥박이 뛰는 횟수로 보통 30초간 측정하고 2를 곱해 기록한다. 맥박수는 환자의 나이, 흥분도, 심장병, 약물복용 등 다양한 요인에 의해 영향을 받는다.

구 분	맥박수(회/분)	구 분	맥박수(회/분)
성 인	60~100	유아(2~4)	80~130
청소년기(11~14)	60~105	6~12개월	80~140
학령기(7~11)	70~110	5개월 미만	90~140
미취학기(4~6)	80~120	신생아	120~160

✪ 성인의 경우 100회/분 이상을 빠른맥이라 한다. 원인은 감정에서 심전도계 이상 등 다양하다. 맥박이 느린 경우는 느린맥이라고 하며 심장약 복용 또는 심장질환 등 다양한 원인이 있다.

| 맥박 양상 | ☆ 13년 소방장, 18년 소방교

맥 박	원 인
빠르고 규칙적이며 강함	운동, 공포, 열, 고혈압, 출혈 초기, 임신
빠르고 규칙적이며 약함	쇼크, 출혈 후기
느림	머리손상, 약물중독, 심질환, 소아의 산소결핍
불규칙적	심전도계 문제
무맥	심장마비, 중증 출혈, 중증 저체온증

ⓑ 맥박은 심장의 수축으로 생기므로 약한 맥박은 심장 그리고 순환계에 문제가 있음을 의미한다.

ⓢ 맥박의 규칙성은 심전도계의 문제점을 나타내므로 중요하다.

ⓞ 불규칙한 맥박을 부정맥이라 하며 무의식 환자 또는 의식장애 환자에게선 위급한 상태임을 나타낸다.

※ 소아 : 정상 맥박보다 느린 경우에는 기도와 호흡을 즉각적으로 평가해야 한다. 산소가 결핍될 경우 심장마비 전에 느린맥이 나타나기 때문이다. 기도유지를 위해서는 이물질 제거 및 흡인을 실시하고 호흡을 돕기 위해 포켓마스크나 BVM을 통해 보조 산소기구로 인공호흡을 실시해 줘야 한다. 호흡은 정상이나 느린맥인 경우에는 많은 량의 산소를 공급해 주어야 한다.

② 호흡

㉠ 호흡 평가는 호흡수, 양상 그리고 규칙성을 살펴야 한다.

㉡ 분당 호흡수를 측정하는 방법으로는 가슴의 오르내림을 확인하거나 가슴에 손을 대고 측정한다.

㉢ 청진기로 듣는 방법 등이 있다.

㉣ 정상 호흡수는 나이에 따라 달라진다.

| 호흡수 | ☆ 21년 소방교

구 분	정상 호흡수	구 분	정상 호흡수
성 인	12~20회/분(24회/분 이상 또는 10회/분회 미만인 경우 위험)	유아(2~4)	20~30회/분
청소년기(12~15)	15~30회/분	6~12개월	20~30회/분
학령기(7~11)	15~30회/분	5개월 미만	25~40회/분
미취학기(4~6)	20~30회/분	신생아	30~50회/분

- 무의식 환자의 호흡수가 10초간 없다면 즉시 포켓마스크나 BVM으로 인공호흡을 시작하고 입인두 또는 코인두기도기 삽관을 고려해야 한다.
- 호흡기계 응급환자의 호흡수는 보통 높으며 정상보다 낮은 호흡수를 보이는 환자는 많은 양의 산소를 공급하고 보조 환기구를 이용해야 한다.

정상 호흡	호흡장애가 없으며 호흡보조근 사용이 없거나 부적절한 호흡 징후가 없는 경우
호흡 곤란	힘들게 호흡을 하는 경우로 끙끙거리거나 천명, 비익확장, 호흡보조근 사용, 뒷당김 등이 나타난다. 특히, 아동의 경우 갈비뼈 사이와 빗장뼈가 당겨 올라간다.
얕은 호흡	호흡하는 동안 가슴과 배의 오르내림이 미미할 때
시끄러운 호흡	호흡을 내쉴 때 소리가 나는 경우로 코를 고는 소리, 쌕쌕거림, 꾸르륵거리는 소리, 까마귀소리 등. 이는 기도폐쇄로 인한 것으로 기도를 개방하고 이물질을 제거하거나 흡인해야 한다.

| 호흡의 양상 | ☆ 18년 소방교

호흡음	원인 / 처치
코고는 소리	기도 폐쇄/기도 개방
쌕쌕거림	천식과 같은 내과적 문제/처방약 복용유무 확인 및 신속한 이송
꾸르륵 소리	기도에 액체가 있는 경우/기도 흡인과 신속 이송
귀에 거슬리는 소리	현장처치로 완화되지 않는 내과적 문제/신속 이송(까마귀 소리 등)

- 규칙성은 뇌졸중과 당뇨응급환자와 같은 호흡조절능력 상실로 불규칙한지를 확인하는 것이다.
- 이 경우에는 주의 깊게 관찰하고 보조 산소 또는 양압호흡을 제공할 준비를 해야 한다.

③ 혈압 ☆ 21년 소방장

㉠ 순환계는 인체 각 부분에 혈액을 공급해 주는 역할을 하며 심장은 피를 뿜어내는 역할을 한다. 이때 혈관 벽에 전해지는 힘을 **혈압**이라고 한다.

ⓐ 혈압이 낮으면 충분한 혈액을 공급받지 못해 조직은 손상을 받는다.

ⓑ 혈압이 높으면 뇌동맥이 파열되어 뇌졸중을 유발하고 조직은 손상 받는다.

㉡ 인체 혈관은 항상 압력을 받는 상태로 왼심실이 피를 뿜어 낼 때 혈압이 올라간다. 이때를 **수축기압**이라고 하며 왼심실이 쉬는 동안의 동맥 내 압력을 **이완기압**이라고 한다.

㉢ 혈압은 수은의 'mm' 단위, 즉 'mmHg'로 측정된다.

ⓐ 성인의 경우 수축기압이 90 미만인 경우 낮다고 하며 140 이상이거나 이완기압이 90 이상일 때를 높다고 한다.

ⓑ 고혈압은 치명적이지 않지만 수축기압이 200 이상이거나 이완기압이 120 이상인 경우에는 위험하다.

※ 똑같은 혈압이라도 여자 운동선수의 혈압이 80/60이 나오는 것과 노인이 똑같은 혈압이 나오는 것은 틀리며 이 경우 노인은 위험한 상태이다.

㉣ 한번 혈압 측정은 별의미가 없으며 현장에서 이송, 병원도착까지 여러 번의 측정이 필요하다. 즉, 혈압의 변화는 생체 리듬과 관계있으며, 초기단계에서 정상 측정되었으나 분단위로 변할 수 있기 때문이다.

㉤ 혈압계는 위팔동맥을 감싸는 커프, 커프의 바람을 넣고 빼는 혈압구, 수치를 나타내는 압력계가 있다.

■ 혈압을 측정하는 방법 ■★ ☆ 13년 서울 소방교, 16년 서울 소방교

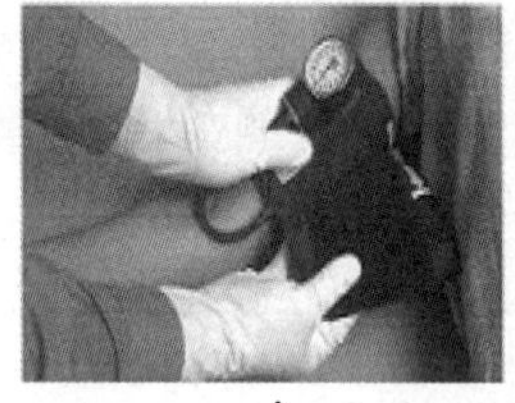
A

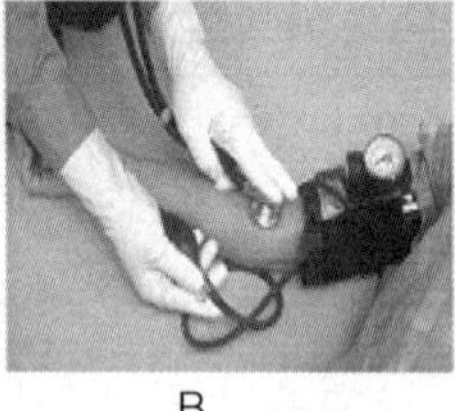
B

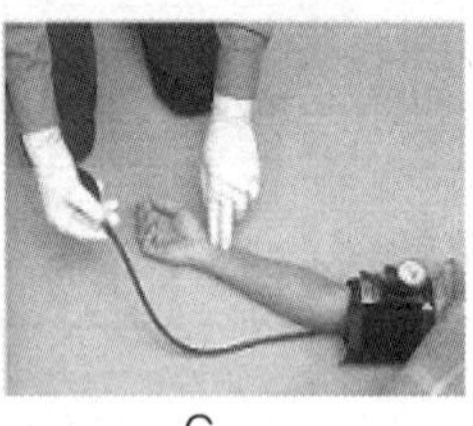
C

촉진	① 환자상태에 따라 앉거나 눕게 한다. 앉아있는 환자는 팔을 약간 굽히고 심장 높이가 되도록 올린다. ② 커프의 밑단이 팔꿈치에서 2.5cm 위로 올라오게 위팔부위에 커프를 감는다. 소아나 비만환자의 경우 커프 폭이 위팔의 2/3 이상을 감쌀 수 있는 커프를 선택해서 측정해야 한다. 너무 작은 커프는 혈압이 높게 측정된다. ③ 팔꿈치 안쪽 접히는 부분 위 중간에서 위팔동맥을 촉지하고 공기를 주입해 맥박이 사라지는지 확인한다(노동맥에서도 가능하다) ④ 공기를 천천히 빼면서 위팔동맥이 느껴질 때까지 계속 계기판을 주시하고 맥박이 돌아올 때의 수치를 기록한다. 이것은 촉지로 측정한 수축기압이다.
청진기 이용	① 청진기를 위팔동맥을 촉지한 부위에 놓고 맥박이 사라질 때까지 공기를 주입한다. ② 3~5mmHg/초 이하의 속도로 천천히 공기를 빼야 하며 계기판을 주시하며 동시에 청진기로 들어야 한다. 처음 소리가 들릴 때의 압력을 수축기압이라고 한다. ③ 계속 공기를 빼고 소리가 들리지 않을 때의 압력을 이완기압이라고 한다. ④ 혈압을 기록하고 촉진과 청진으로 잰 혈압이 10~20mmHg 이상 차이가 나는 경우에만 촉진과 청진으로 나누어서 기록한다. ⑤ 시끄러운 현장이나 구급차 이동 중에서는 촉진을 이용한 수축기압 측정만이 가능하다. 만약 촉진으로만 측정한 혈압인 경우에는 "혈압 140/P"(촉지)이라고 기록해야 한다.

▌정상 혈압범위▌

구 분	수축기압	이완기압
성인	90~150(나이+100)	60~90mmHg
아동과 청소년	약 80+(나이×2)	약 2/3 수축기압
청소년(12~15세)	평균 114	평균 76
아동(7~11세)	평균 105	평균 69
소아(4~6세)	평균 99	평균 65

④ 피부

㉠ 계속 재평가 되어야 하며 색, 온도, 피부상태를 평가해야 한다.

㉡ 피부색의 변화는 순환정도를 나타내며 평가하기 좋은 부분은 손톱, 입술, 아래눈꺼풀이다.

㉢ 피부온도와 상태를 평가하기 위해서는 장갑을 끼지 않은 상태에서 손등으로 측정해야 한다. 이때 환자의 혈액이나 체액에 닿지 않도록 조심해야 한다.

⑤ 동공★ ☆ 17년 소방장, 18년 소방교

㉠ 정상동공은 어두운 곳에서는 커지고 밝은 곳에서는 수축하는 것이 정상이며 양쪽이 같은 크기에 같은 반응을 보여야 한다.

㉡ 동공평가에 있어서 양쪽 눈이 모두 빛에 반응하는지, 같은 크기인지, 같은 모양인지 평가해야 한다.

> ※ 평가방법
> - 빛을 비추기 전 양쪽 눈의 동공크기를 평가한다. 극소수의 사람만이 동공의 크기가 다를 뿐 보통은 같아야 한다. 비정상적인 경우는 의식장애를 의심해야 한다.
> - 빛을 비추면 동공이 수축되고 빛을 치우면 다시 이완되어야 한다. 비정상적인 경우는 의식장애를 의심해야 한다. 재평가를 위해선 1, 2초 후에 실시해야 한다.

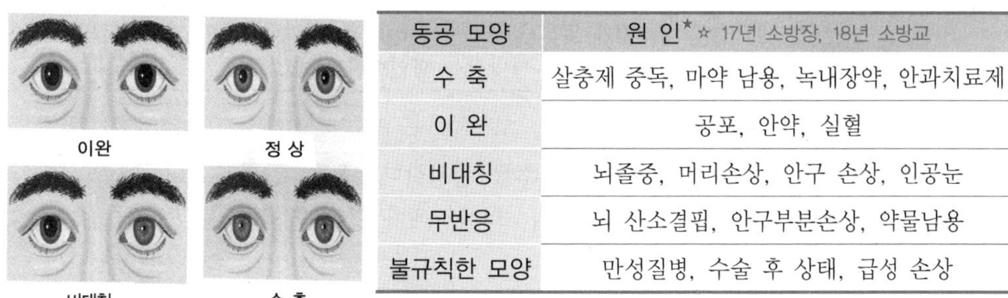

동공 모양	원 인★ ☆ 17년 소방장, 18년 소방교
수 축	살충제 중독, 마약 남용, 녹내장약, 안과치료제
이 완	공포, 안약, 실혈
비대칭	뇌졸중, 머리손상, 안구 손상, 인공눈
무반응	뇌 산소결핍, 안구부분손상, 약물남용
불규칙한 모양	만성질병, 수술 후 상태, 급성 손상

5 주요 병력 및 세부 신체검진(비외상 환자)

(1) 주요 병력 및 신체 검진

① 비외상 환자의 주요 병력 및 신체검진은 주 호소와 현 질병에 초점을 맞추어야 한다. 비외상 환자평가 과정 중에는 현 질병에 대한 정보와 SAMPLE력 그리고 기본 생체징후를 평가해야 한다.

② 신체검진은 주 호소와 현 질병과 관련되어 신속하게 평가되어야 한다. 평가는 환자가 의식이 있는지, 없는지에 따라 달라진다.

· 무의식 환자 : 빠른 외상평가 실시 ➔ 기본 생체징후 평가 ➔ SAMPLE력
· 의식 환자 : 현 병력 및 SAMPLE력 평가 ➔ 주요 신체검진 실시 ➔ 기본 생체징후 평가

(2) 무의식 환자

① 빠른 외상평가 실시

머 리	외상을 시진·촉진한다. 타박상, 열상, 부종, 압좌상, 귀 안에 혈액이 있는지를 확인한다. 머리 외상은 무의식을 나타낼 수 있으며 외상이 있다면 목뼈 손상 가능성이 있으므로 목 고정을 실시하고 기도 개방을 유지시켜야 한다.
목 뼈	환자임을 나타내는 표시(목걸이)가 있는지 확인하고 목정맥 팽창(JVD)이 있는지 평가한다. 경정맥 팽창은 환자가 앉아 있을 때 잘 관찰할 수 있고 심장의 수축기능이 원활하게 수행되지 않을 때 나타나는 징후로 울혈성심부전증(CHF)을 나타낸다.
가 슴	호흡할 때 양쪽 가슴이 적절하게 그리고 똑같이 올라오는지 관찰한다. 가슴과 목 아래 호흡보조근을 사용하는지, 호흡음은 똑같이 적절하게 들리는지 평가한다.
배	배의 부종과 색을 평가하고 만져지는 덩어리나 압통이 있는지 촉진한다. 배대동맥의 정맥류는 배 가운데에서 촉지 될 수 있다. 만약, 이 정맥류에서 출혈이 발생하면 의식변화나 무의식을 초래할 수 있다.
골반과 아랫배	아랫배 팽창 유무를 시진·촉진하고 골반뼈와 엉덩이뼈에 압통이 있는지도 촉진한다. 젊은 여성의 아랫배 압통은 산부인과적 응급상황일 수 있다. 엉덩뼈 골절은 보행 중 또는 낙상으로 노인에게 많이 일어난다.
팔다리	팔에서 다리 순으로 실시하며 환자임을 나타내는 팔찌가 있는지 확인한다. 부종, 변형, 탈구가 있는지 그리고 팔에 주사자국(약물 중독)이나 허벅지에 주사자국(당뇨환자)이 있는지 확인한다. 팔다리에 맥박이 똑같은 강도로 있는지, 운동기능과 감각기능도 평가한다.
등 부위	환자를 조심스럽게 옆으로 돌린다. 특히, 목과 머리손상이 의심된다면 척추손상에 주의해야 한다. 손상, 변형, 타박상을 확인한다.

② 기본 생체징후 측정

빠른 외상평가 후에는 기본 생체징후를 실시한다. 호흡수, 피부상태, 맥박, 동공, 혈압을 측정하고 동시에 의식수준도 평가한다. 의식장애가 있는 환자의 경우에는 더욱 중요하다.

③ 환자 자세 변경

무의식 환자는 기도를 유지할 수 없기 때문에 이물질 제거 및 기도유지를 실시해 주어야 한다. 기도 개방 상태를 유지하기 위해서는 측와위, 회복자세가 도움이 된다. 이 자세는 이송 중 구급대원을 마주 보는 자세로 관찰 및 흡인하는데 편리한 자세이다. 기도를 계속 유지하기 위해서는 기도기를 이용할 수 있다.

④ SAMPLE력

무의식 환자인 경우는 가족, 주변인, 신고자를 통해 환자에 대한 정보 및 현 상태를 유발한 사건 등에 대한 정보를 얻어야 한다.

⑤ 세부 신체검진 실시

세부 신체검진으로 이송을 지연시키면 안 되며 신속한 신체검진과 기도유지 그리고 이송을 우선으로 해야 한다. 그 다음 상태가 안정이 되면 세부 신체검진을 실시해야 한다. 이 검진은 무의식 상태를 초래한 원인을 모를 때 중요하다.

(3) 의식이 있는 환자

① 현 병력-OPQRST☆ 16년 소방장, 18년 소방교

의식이 있는 경우는 많은 정보를 얻을 수 있다. SAMPLE력과 신체검진을 실시하고 OPQRST를 질문한다. 이 검진은 특히 호흡이 가쁘거나 가슴통증을 호소할 때 중요하다.

Onset of the event	증상이 나타날 때 무엇을 하고 있었는지?(휴식 중/활동 중/스트레스), 시작이 갑자기 또는 천천히 시작됐는지?(혹은 만성적인지)
Provocation or Palliation	어떤 움직임이나 압박 또는 외부요인이 증상을 악화 또는 완화시키는지?(쉬면은 진정이 되는지?)
Quality of the pain	어떻게 아픈지 환자가 표현할 수 있게 개방형으로 질문한다.(표현:날카롭게 아픈지/뻐근한지/타짓누르는 아픔인지/찢어지게 아픈지 등)(패턴:지속되는지/간헐적으로 나타나는지 등)
Region and Radiation	어느 부분이 아프지 그리고 아픈 증상이 다른 부위까지 나타나는지? 이것은 종종 턱과 팔에 방사통을 호소하는 심근경색환자 진단에 중요 요소가 될 수 있다.
Severity	어느 정도 아픈지?(0에서 10이라는 수치로 비교 표현/0은 통증이 없는 것을 의미하며 10은 죽을것 같은 통증을 의미한다.)
Time(history)	통증이 얼마간 지속되는지? 통증이 시작된 이후로 변화가 있었는지?(나아졌는지/심해졌는지/다른 증상이 나타났는지) 이전에도 이런 통증을 경험했는지?

✪ 질문은 개방형 질문을 사용해서 단답형의 대답이 나오지 않도록 주의해야 한다.

② 부분 신체검진

무의식 환자인 경우 의식장애를 초래한 원인을 알기 위해 빠른 외상평가를 실시한다면 의식이 있는 환자는 주 호소와 관련된 부분 신체검진을 실시한다. 예를 들면 가슴통증 호소 환자는 JVD(목정맥팽대), 가슴 압통 유무와 시진, 호흡음 청진 등을 실시해야 한다. 만약 전신의 통증을 호소한다면 무의식 환자에서와 같은 빠른 외상평가를 실시해야 한다.

③ 생체징후

호흡수, 피부상태, 맥박, 동공, 혈압을 측정하고 동시에 의식수준도 평가한다.

④ 응급처치 제공

1차 평가, 주요 병력과 신체검진을 통해 응급처치를 제공해야 한다. 이러한 응급처치는 산소공급과 이송이 동시에 제공되어야 한다. 즉각적인 이송이 필요한 환자는 가슴통증, 의식장애, 심한 통증, 호흡곤란 환자이다.

⑤ 세부 신체검진 실시

전신이 아닌 주 호소와 환자가 호소하는 증상 및 징후에 관련된 일부만 신체검진을 실시하면 된다.

6 주요 병력 및 세부 신체검진(외상 환자)

외상 환자 평가는 현장 확인과 1차 평가를 제외하고는 비외상 환자와 다르다. 비외상 환자는 환자병력을 중시하는 반면, 외상 환자는 외상 발견에 중점을 둔다.

(1) 손상 기전

① 현장 확인으로 손상기전을 확인하고 주요 병력 및 신체검진을 실시해야 한다. 손상 기전이 얼마나 심각한지에 따라 주요 병력 및 신체검진 과정을 결정해야 한다. 아래와 같이 심각한 경우에는 빠른 외상평가를 실시해야 한다.

㉠ 차량 사고 : 차 밖으로 나온 환자, 사망자가 있는 차량 내부 환자, 전복된 차량 내부 환자, 고속 충돌 환자, 안전벨트 미착용 환자, 운전대가 변형된 차량 내부 환자

㉡ 차에 부딪힌 보행자

㉢ 오토바이 사고 환자

㉣ 6m 이상의 낙상 환자

㉤ 폭발사고 환자

㉥ 머리, 가슴, 배의 관통상

② 소아 환자는 아래와 같은 경우 심각한 외상을 초래할 수 있다.

㉠ 3m 이상의 낙상 환자

㉡ 부적절한 안전벨트를 착용한 차량 환자 - 특히, 배에 벨트 자국이 있는 경우

㉢ 중속의 차량 충돌

㉣ 자전거 - 특히, 배에 자전거 핸들이 부딪힌 경우

③ 1차 평가로 의식장애, 호흡장애, 순환장애가 나타났다면 빠른 외상평가를 실시해야 한다. 만약 경증 손상인 경우는 손상 부분 외상평가와 손상과 관련된 병력만 수집하면 된다.

- 중증 외상 : 현장 확인과 1차 평가, 손상기전 확인 ➔ 척추 고정 ➔ 기본소생술 제공 ➔ 이송여부 결정 ➔ 의식수준 재평가 ➔ 빠른 외상평가 ➔ 기본 생체징후 평가 ➔ SAMPLE력 ➔ 세부 신체검진
- 경증 외상 : 현장 확인과 1차 평가, 손상기전 확인 ➔ 주 호소와 손상기전과 관련된 부분 신체검진 ➔ 기본 생체징후 평가 ➔ SAMPLE력 ➔ 세부 신체검진 ☆ 18년 소방위

(2) 중증 외상★ ☆ 18년 소방위

구급대원의 역할은 중증여부를 판단하고 1차 평가를 통한 응급처치를 제공하며 병력과 신체 검진을 통해 증상/징후, 손상 정도를 판단하는 것이다.

① 척추 고정

현장 확인을 통해 손상 기전을 확인한 후 필요하다면 척추고정을 실시해야 한다. 1차 평가 동안 한명의 대원은 손을 이용해 머리고정을 실시해 주어야 한다.

② 기본소생술 제공

기도유지 및 CPR을 제공해 주어야 한다. 단, 꼭 필요한 경우를 제외한 나머지 처치로 이송을 지

연시켜서는 안 된다.

③ 이송여부 결정

가능한 신속한 이송이 필요하다는 것을 잊어서는 안 된다. 빠른 외상평가를 통해 심각한 손상이나 상태 악화가 나타났다면 신속한 이송을 실시해야 한다. 현장에서의 이송을 판단하는 것에는 현장의 위험도, 이송 가능한 차량, 환자의 상태에 따라 달라진다.

④ 의식수준 재평가

1차 평가에서와 마찬가지로 AVPU를 이용한 의식수준을 평가한다. 특히, 의식수준이 악화될 때 주의 깊게 평가해야 한다.

⑤ 신속한 외상평가

㉠ 외상과 관련된 병력 및 신체검진을 빠른 외상평가라고 한다.

㉡ 평가순서는 머리에서 발끝 순이며 이를 통해 손상의 증상 및 징후를 발견할 수 있다.

㉢ 손상 유형으로는 변형, 타박상, 찰과상, 관통/천자상, 화상, 압통, 열상 그리고 부종이 있다.

㉣ 첫 글자를 따라서 DCAP-BTLS라고도 한다. 이러한 손상은 시진과 촉진을 통해 알 수 있다.

㉤ 몸의 전방을 검진한 후에는 통나무 굴리기법으로 환자를 옆으로 눕혀 후방을 검진해야 한다. 만약 시간이 된다면 세부 신체검진을 실시할 수 있다.

‖ 빠른 외상평가 ‖

신 체	평 가
머 리	얼굴과 머리뼈 시진, 촉진
목	· JVD(목정맥팽대) : 울혈성심부전증이나 위급한 상태
가 슴	· 비정상적인 움직임 : 연가양 가슴 호흡음 - 허파 위와 아래 음을 양쪽 비교하면서 청진
배	팽창, 경직(촉진), 안전벨트 표시(소아인 경우 중상 의심)
골 반	골반을 부드럽게 누를 때와 움직일 때의 통증 유무, 대·소변 실금
팔다리	· 맥박 - 양쪽 발등동맥과 노동맥 비교 · 감각 - 의식이 있으면 양쪽 비교해서 질문하고 무의식인 경우 통증자극 · 운동 - 의식이 있으면 손가락과 발가락 움직임을 지시하고 무의식인 경우 자발적인 움직임 유무를 관찰

⑥ 기본 생체징후

비정상적인 생체징후 및 악화는 쇼크를 의심할 수 있다. 빠른맥은 성인의 경우 혈압이 떨어지기 전에 나타나는 증상이기 때문에 중요하다. 또한 창백하고 차갑고 축축한 피부 역시 쇼크 증상이다.

⑦ SAMPLE력

비외상 환자와는 달리 부분 병력 및 신체검진 후에 마지막으로 실시한다.

⑧ 세부 신체검진

위급하지 않은 손상과 상태에 대한 정보를 수집하기 위한 검진으로 위급한 처치 및 상태 안정을 확인한 후에 실시해야 한다. 세부 신체검진으로 이송시간을 지연시켜서는 안 되며 머리에서 발끝 순으로 실시해야 한다.

(3) 경증 외상

① 우선순위

현장 확인을 통한 손상기전과 1차 평가를 실시한다. 손상정도를 판단하기 위해 부분 병력 및 신체검진을 실시해야 한다. 만약 중증이라면 빠른 외상 평가를 실시하고 경증이라면 일반적인 신체검진, 생체징후 그리고 SAMPLE력을 평가하면 된다.

② 부분 신체검진

1차 평가 및 위급한 상태가 아님을 확인했다면 손상 부분 및 통증 호소 부분을 검진한다. 시진과 촉진을 이용해 DCAP-BTLS 유형을 평가하고 빠른 외상평가와 다른 점은 머리에서 발끝 까지 검진하는 것이 아니라 부분만 검진한다는 점이다.

③ 생체징후와 SAMPLE력

부분 신체검진 후 생체징후 측정과 SAMPLE력을 평가해야 한다. 평가 정보는 모두 기록지에 남겨야 한다.

④ 세부 신체검진

경증인 경우 대개는 필요하지 않은 검진으로 부분 신체검진 및 재평가를 통해 손상 부위를 평가해야 한다. 그러나 출혈양상, 환자의 통증호소 및 비정상적인 감각에는 주의를 기울여야 한다.

7 재평가

환자의 상태는 계속 변할 수 있으므로 주의 깊게 관찰해야 하며 재평가를 통해 추가적인 의료처치를 실시하고 기록해야 한다. 대개는 구급차 내에서 실시하고 이송이 지연되면 현장에서도 실시해야 한다.

(1) 단 계

1차 평가, 주 병력 그리고 신체검진을 재평가해야 한다. 평가를 하면서 동시에 적절한 의료처치를 실시해야 한다. 재평가는 다음과 같다.

① 의식 평가 : AVPU로 나눈다.

② 기도 개방 유지 및 관찰(필요 시 흡인)

③ 호흡 평가 : 보고, 듣고, 촉지 한다. 만약 부적절하다면 인공호흡을 실시한다.

④ 맥박 평가

⑤ 피부색과 상태 평가

보고 만져서 관찰하며 소아인 경우 모세혈관 재충혈을 실시한다.

⑥ 처치의 우선순위를 다시 확인한다.

환자상태 변화에 따라 우선순위를 조정한다.

⑦ 생체징후 재평가 및 기록

⑧ 통증과 손상부위를 재평가

손상 또는 통증 호소부위를 재평가한다. 만약 새로운 부위를 호소한다면 이 부분을 평가한다.

⑨ 중간 효과 재점검

㉠ 산소보조기구나 인공호흡이 적절한지

㉡ 지혈이 잘 되었는지

㉢ 기타 중재에 대한 환자반응 평가

⑩ 평가에 대한 기록

(2) 평가 시점* ☆ 13년 경남 소방장

재평가는 모든 환자에게 실시해야 한다. 물론 치명적인 상태에 대한 처치를 끝낸 후에 실시해야 하며 세부 신체검진 후에 실시한다. 그렇다면 얼마나 자주 실시해야 하는지는 환자상태에 따라 달라진다.

① 위급한 환자(무의식환자, 심한 손상기전, 소생술이 필요한 환자)는 적어도 매 5분마다 실시한다.

② 의식이 있는 환자, 정상 생체징후, 경상 환자는 매 15분마다 실시한다.

③ 환자의 상태가 갑자기 변한다면 즉각적으로 재평가하고 평가내용은 기록해야 한다.

요 약

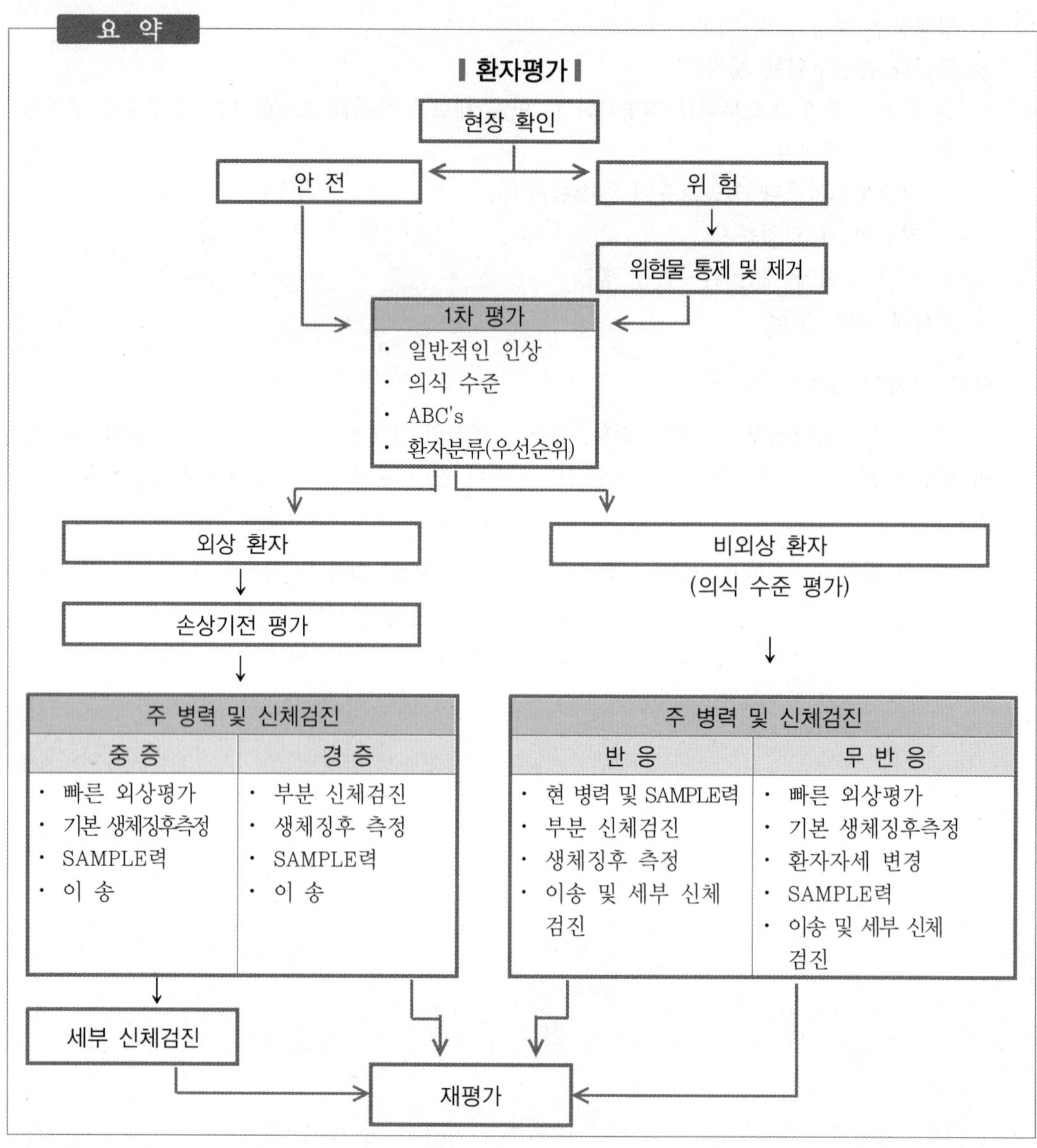

▌환자평가▐
현장 확인
안 전
위 험
위험물 통제 및 제거
1차 평가
· 일반적인 인상
· 의식 수준
· ABC's
· 환자분류(우선순위)
외상 환자
손상기전 평가
비외상 환자
(의식 수준 평가)
주 병력 및 신체검진
중 증
· 빠른 외상평가
· 기본 생체징후측정
· SAMPLE력
· 이 송
경 증
· 부분 신체검진
· 생체징후 측정
· SAMPLE력
· 이 송
주 병력 및 신체검진
반 응
· 현 병력 및 SAMPLE력
· 부분 신체검진
· 생체징후 측정
· 이송 및 세부 신체 검진
무 반 응
· 빠른 외상평가
· 기본 생체징후측정
· 환자자세 변경
· SAMPLE력
· 이송 및 세부 신체 검진
세부 신체검진
재평가

Chapter 2

기도 유지

학습 목표

- 기도유지의 중요성을 이해할 수 있다.
- 정상호흡과 비정상호흡을 평가할 수 있다.
- 기도확보를 할 수 있으며, 기도유지 보조기구를 사용할 수 있다.
- 인공호흡기구와 흡인기구 등을 사용할 수 있다.
- 산소공급을 평가하고 산소처치기구를 사용할 수 있다.
- 적응증에 따라 비재호흡마스크와 코삽입관 등을 사용할 수 있다.
- 특수상황에 따른 산소요법을 적용할 수 있다.

환자가 의식이 없는 경우 기도폐쇄의 유발원인의 대부분은 혀의 근육이완으로 인해 야기되는데 이로 인해 산소결핍과 이산화탄소의 축적이 발생되어지며, 이는 호흡부전 및 호흡정지와 같은 치명적인 결과를 초래하므로 효과적인 호흡을 위해 환자의 상황에 따라 적절한 기도를 확보하고 산소를 공급하는 것에 대해 명확하게 알고 있어야 한다.

※ 환자의 1차 평가 단계 중 기도유지는 가장 기본적이면서도 생명과 직결되어 있는 중요한 응급처치이다.

1 기도 유지의 중요성

① 일반적으로 현장응급처치에서 기도유지는 생명과 직결되어 있는 환자의 1차평가 시 우선적으로 실시되는 기술이다.

② 인체의 세포는 적절한 기능과 생명보존을 위해서 산소가 필요하다. 기도가 개방되어 있지 않으면 공기가 들어오지 못하고, 기도가 열려 있어도 호흡을 하지 못하면 산소는 인체에 들어오지 못한다.

③ 또한 심장이 움직이지 않으면 산소를 운반하는 혈액을 전신에 보내지 못한다.

④ 따라서 ABC의 문제가 발생되었을 때 즉각적인 응급처치는 생명유지를 위해 가장 기본적이면서 매우 중요하다.

2 호 흡

(1) 정상호흡과 비정상호흡

호흡계의 기능은 들숨으로 신체기관과 모든 세포에 사용되는 산소를 얻고 날숨으로 이산화탄소를 내보내는 것이다. 이런 기능의 이상 작용이 발생되면 호흡은 짧아지고 호흡부전을 초래하게 된다.

※ 호흡부전은 생명을 유지하기에 충분하지 않은 산소공급으로 호흡감소를 의미한다.

※ 호흡정지는 호흡이 완전히 멈춘 경우를 의미하는데, 이는 심장마비, 뇌졸중, 기도폐쇄, 익사, 감전사, 약물남용, 중독, 머리손상, 심한 가슴통증, 질식 등의 하나의 증상으로 나타날 수 있다.

(2) 평가 방법

환자의 호흡이 적절한지를 평가하고 적절한 기도유지를 실시하기 위해서는 다음과 같은 평가를 시행한다.

시 진	호흡 시 환자의 가슴이 대칭적으로 충분히 팽창하고 하강하는가? ※ 호흡의 횟수, 규칙성, 호흡의 깊이에 대해 기록해야 한다.
청 진	호흡음은 양쪽 가슴에서 똑같이 들려야 하며 입과 코에서의 호흡이 정상이어야 한다. ※ 비정상 – 헐떡거림, 그렁거림, 쌔근거림, 코고는 소리 등
촉 진	입이나 코를 통한 공기의 흐름, 양 손을 이용한 가슴 팽창

부적절한 호흡의 징후*

- 가슴의 움직임이 없거나 미미할 때
- 복식호흡을 하는지(배만 움직일 때)
- 입과 코에서의 공기흐름이나 가슴에서의 호흡음이 정상 이하로 떨어질 때
- 호흡 중에 비정상적인 호흡음
- 호흡이 너무 빠르거나 느릴 때
- 호흡의 깊이가 너무 낮거나 깊을 때 그리고 힘들어 할 때
- 피부, 입술, 혀, 귓불, 손톱색이 파랗거나 회색일 때(청색증)
- 들숨와 날숨 시 기도 폐쇄가 없는지
- 가쁜 호흡으로 말을 못하거나 말을 끊어서 할 때
- 비익(콧구멍)이 확장될 때(특히, 소아의 경우)
- 환자의 자세가 무릎과 가슴이 가깝게 앞으로 숙이고 있는 경우(기좌호흡)

(3) 응급처치 : 호흡곤란 및 호흡부전

※ 기본적인 처치과정

① 기도를 개방하고 유지한다.

② 호흡을 돕기 위해 산소를 공급한다.

③ 호흡이 없는 환자에게는 인공호흡을 실시하고 부적절한 호흡을 하는 환자에게 양압환기를 제공한다.

④ 필요 시 흡인한다.

3 기도 확보

① 기도는 공기가 들어오고 나오는 통로로 코, 입, 인두, 후두, 기관, 기관지, 세기관지, 허파의 경로로 구성되어 있다.
② 기도를 평가・개방하고 인공호흡을 실시하기 위해서는 환자를 앙와위로 취해줘야 한다.
③ 추손상이 의심된다면 주의해야 하는데 아래와 같은 경우 척추손상을 의심해야 한다.
- 계단이나 사다리 근처 환자, 차량사고, 다이빙, 스포츠사고 환자
- 어깨 윗부분에 손상이 있는 환자
- 주위 목격자의 증언 등

④ 고개를 앞으로 숙이면 혀는 기도 안으로 들어가 종종 기도폐쇄를 유발한다.
⑤ 의식이 없는 환자의 경우 혀의 근육이완으로 기도를 폐쇄시킨다.
※ 기도개방 방법으로는 머리기울임/턱들어올리기법과 척추손상 의심환자에 사용되는 턱 밀어올리기법이 있다.

(1) 머리기울임 / 턱 들어올리기 법*

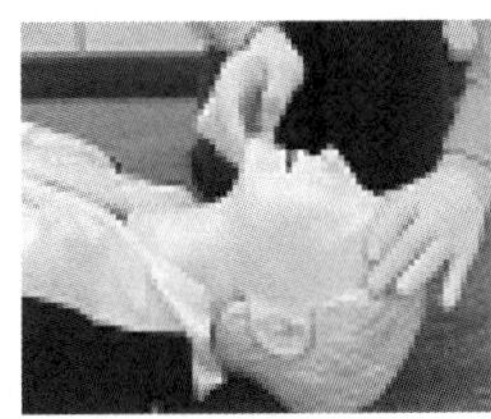

※ 기도를 최대한 개방시키는 방법으로 기도를 유지하고 호흡을 원활하게 하기 위해 사용된다. 허로 인한 기도폐쇄에 가장 좋은 방법이다.

① 환자를 누운자세로 취해준 다음 한손은 이마에 다른 손의 손가락은 아래턱의 가운데 뼈에 둔다.
② 이마에 있는 손에 힘을 주어 부드럽게 뒤로 젖혀 준다.
③ 손가락으로 턱을 올려주고 아래턱을 지지해 준다. 단, 기도를 폐쇄시킬 수 있는 아래턱 아래의 연부조직을 눌러서는 안 된다.
④ 환자의 입이 닫혀지지 않도록 한다. 이를 위해서는 엄지손가락으로 턱을 아래쪽으로 밀어 주는데 이때 손가락을 입안으로 넣으면 안 된다.

✪ 주의사항 : 의식이 없거나 외상 환자의 경우 대부분 척추손상을 의심할 수 있으므로 위의 방법을 사용해서는 안 된다.

(2) 하악견인법(턱 들어올리기)

의식이 없는 환자이거나 척추손상이 의심될 경우 사용하는 방법이다.

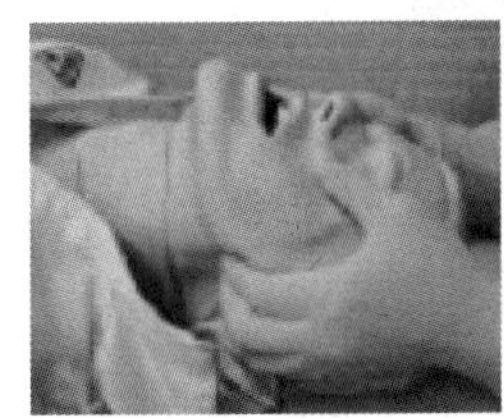

※ 이때, 환자의 머리를 흔들거나 회전시켜서는 안 된다.

① 환자의 머리, 목, 척추가 일직선이 되도록 조심스럽게 환자의 자세를 앙와위로 취해준다.

② 환자의 머리 정수리부분에 무릎을 꿇고 앉은 다음 팔꿈치를 땅바닥에 댄다.
③ 조심스럽게 환자의 귀 아래 아래턱각 양측에 손을 댄다.
④ 환자의 머리를 고정시킨다.
⑤ 검지를 이용해서 아래턱각을 환자 얼굴 전면을 향해 당긴다.
⑥ 이때, 환자의 머리를 흔들거나 회전시켜서는 안 된다.

4 기도유지 보조기구

기도 유지는 전 처치 과정에서 지속적으로 이루어져야 하며 기도 유지를 위한 보조기구는 무의식환자의 기도 유지를 위한 초기 처치에 사용될 수 있다. 기도 유지 보조기구의 종류는 다양하나 가장 보편적으로 이용되는 기구는 입인두기도기와 코인두기도기가 있다.

(1) 보조기구 사용 규칙★★ ☆ 16년 부산 소방장·대구 소방교, 17년 소방위

① 구토반사가 없는 무의식 환자인 경우에만 입인두기도기를 사용할 수 있다. 구토반사는 인두를 자극하면 구토가 일어나는 반사로 무의식 환자에게는 보통 일어나지 않는다.
② 기도기를 사용하기 전에 손으로 환자의 기도를 개방시켜야 한다.
③ 삽입할 때 환자의 혀를 안으로 밀어 넣지 않도록 주의한다.
④ 만약 환자에게 구토반사가 나타나면 기도기의 삽입을 즉시 중단하고 손으로 계속 기도를 유지하며 기도기를 삽입하여서는 안 된다.
⑤ 기도기를 삽입한 환자인 경우 계속 손으로 기도를 유지하고 관찰해야 하며 필요하다면 흡인할 준비를 해야 한다.
⑥ 구토반사가 나타나면 즉시, 기도기를 제거하고 흡인할 준비를 해야 한다.

(2) 입인두기도기(의식이 없는 환자) ☆ 18년 소방교

① 기도가 개방되면 기도를 유지하기 위해 입인두기도기를 삽관할 수 있다.
② 곡선형 모양에 대개는 플라스틱으로 만들어져 있다.
③ 환자의 입에 위치하는 플랜지가 있고 나머지 부분은 혀가 인후로 넘어가지 않게 유지하는 역할을 한다.
④ 입인두기도기는 크기별로 있으며 환자에 따라 적절한 크기를 사용해야 한다.
⑤ 크기를 선택하기 위해서는 환자의 입 가장자리에서 귓불까지 또는 입 가운데에서(누워 있는 상태에서 입의 가장 튀어나온 윗부분) 아래턱각까지의 길이를 재어야 한다.

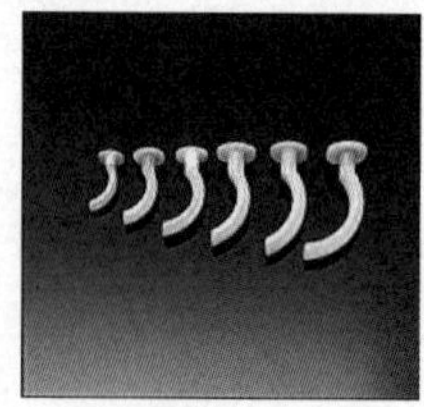

■ 입인두기도기 ■

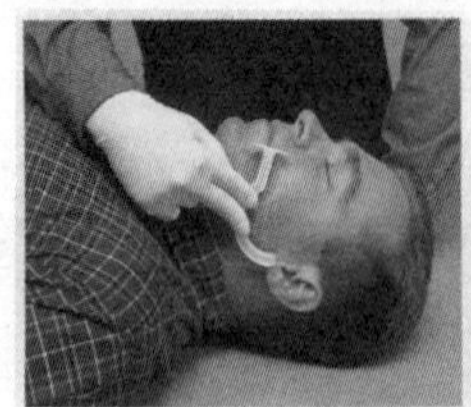

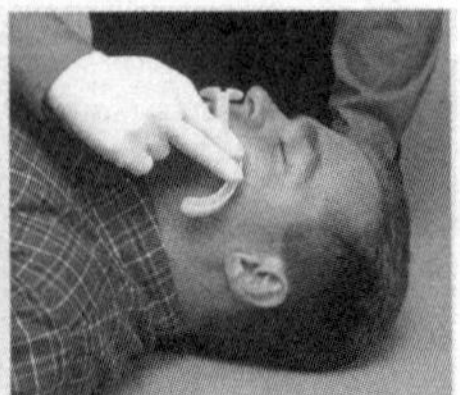

■ 입가장자리~귓볼까지 / 입중앙선~아래턱각까지 ■

⑥ 입인두기도기의 적당한 크기를 사용하는 것은 매우 중요하다. 너무 길거나 너무 짧은 기도기의 삽관은 오히려 기도폐쇄를 유발할 수 있다.

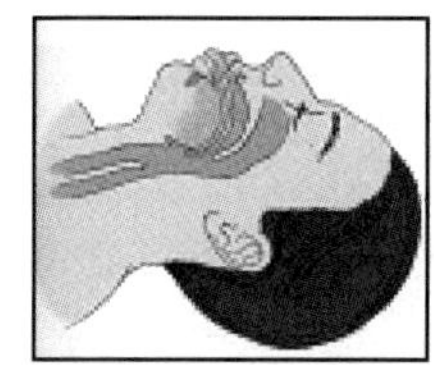
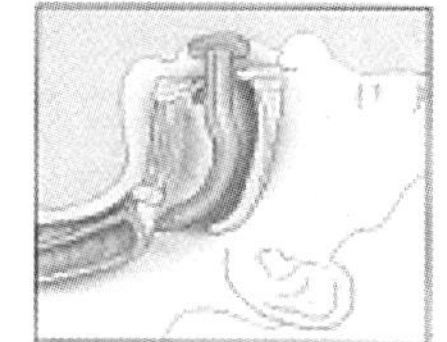
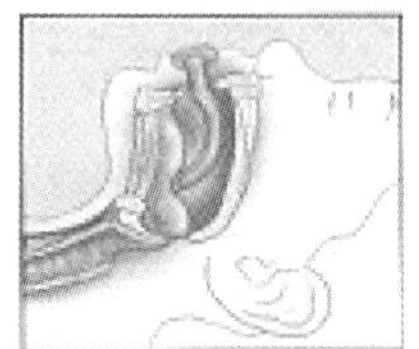

■ 적절한 기도기 위치 ■ ■ 너무 긴 기도기의 삽입 / 너무 짧은 기도기의 삽입 ■

입인두기도기의 삽입방법

1. 처치자는 환자의 머리 위 또는 측면에 위치한다.
   일반적인(비외상 환자)의 경우 머리기울임 / 턱 들어올리기 법으로 기도를 개방 후 삽관하고 척추 손상이 의심되는 환자의 경우 턱 들어올리기 법을 사용하여 기도를 조작하여 삽관하여야 한다.
2. 한 손으로 엄지와 검지를 교차(손가락교차법)하고 환자의 위·아래 치아를 벌려 입을 개방시킨다.
3. 기도기의 끝이 입천장으로 향하게 하여 물렁입천장에서 저항이 느껴질 때까지 넣는다.
   혀가 인두로 넘어가지 않도록 주의해야 하며 설압자를 사용해서 쉽게 넣을 수도 있다.
4. 기도기의 끝이 입천장에 닿으면 기도기를 부드럽게 180° 회전시켜 끝이 인두로 향하게 한다.
   이 방법은 혀가 뒤로 밀려들어 가는 것을 방지하기 위함이다.
   ※ **입 가장자리에서 입안으로 넣은 후 90° 회전시켜 기도기의 굴곡면이 아래를 향하게 하며 인두로 밀어 넣는 방법도 있다.**
5. 비외상 환자라면 머리기울임/턱들어올리기법을 실시한다.
6. 플랜지가 환자 입에 잘 위치해 있는지 확인한다.
   만약 기도기가 너무 길거나 짧다면 기도기를 제거하고 알맞은 크기로 다시 삽관한다.
7. 인공호흡이 필요하다면 마스크로 기도기를 덮어서 실시한다.
8. 주의 깊게 환자를 관찰해야 한다.
   만약 구토반사가 나타나면 즉시 제거해야 하는데 제거할 때에는 돌리지 말고 곡선에 따라 제거하면 된다.
   ※ **기도기를 유지하고 있는 환자는 계속적인 흡인이 필요하다.**

(3) 코인두기도기* ☆ 14년 소방위, 18년 소방교 ※ **삽관불가사항**

① 코인두기도기는 구토반사를 자극하지 않아 사용빈도가 높다.

② 구강의 상처가 있거나 입을 벌릴 수 없는 경우 그리고 구토반사가 있는 환자 모두에게 사용될 수 있다.

③ 대부분 부드럽고 유연성 있는 라텍스 재질로 연부 조직의 손상이나 출혈 가능성이 적다.

삽관하는 방법

1. 콧구멍보다 약간 작은 코인두기도기를 선택한다.
2. 삽관 전에 수용성 윤활제를 기도기에 발라준다.
   - 비수용성 윤활제는 감염과 조직손상 위험이 있으므로 사용해서는 안 된다.
3. 환자의 머리는 중립자세로 위치시키고 곡선을 따라 삽관한다.
   - 대부분의 코인두기도기는 오른 콧구멍에 맞게 제작되어 있다. 끝의 사면이 코중간뼈을 향하도록 해야 한다.
4. 끝부분에 가깝게 잡고 플랜지가 콧구멍에 닿을 때까지 부드럽게 넣는다.
   - 만약, 저항이 느껴진다면 다른 비공으로 시도해 본다.

※ 주의 : 만약 코와 귀에서 뇌척수액이 나왔다면 코인두기도기를 삽관해서는 안 된다.
⇒ 환자의 머리뼈 골절을 의미하므로 기도기로 인해 뇌손상을 초래할 수 있기 때문임.

✪ 입·코인두기도기는 혀의 근육이완으로 인한 상기도 폐쇄를 예방하고 기도를 유지하는 데 목적이 있다. 완전하게 기도를 유지하기 위해서는 기도삽관을 해야 한다.

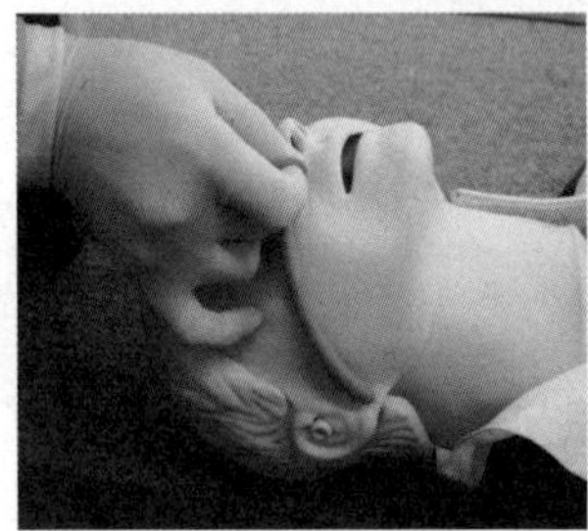
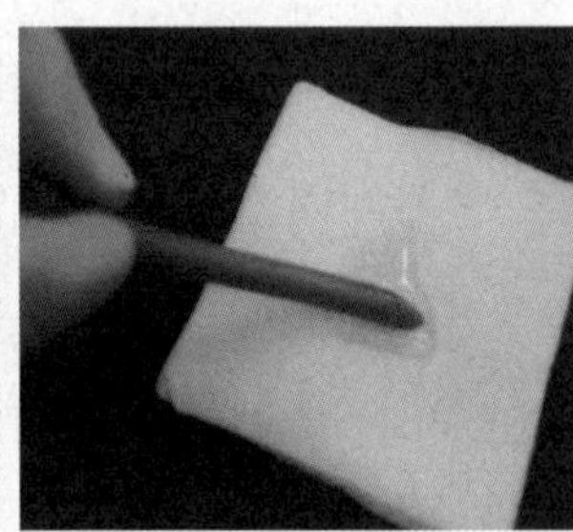
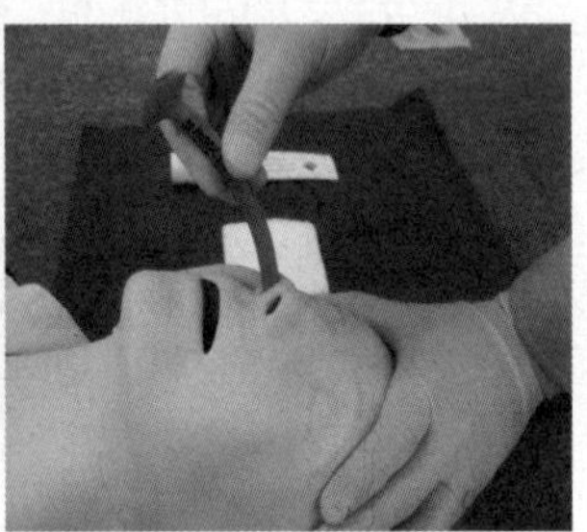

① 환자의 코가장자리에서 귓불까지의 길이를 측정한다.
② 수용성 윤활제를 바른다.
③ 부드럽게 비스듬한 단면이 콧구멍 바닥이나 코중간뼈(콧구멍을 나누는 벽)을 향하여 넣는데 플랜지가 콧구멍에 걸릴 때까지 기도기를 넣는다.

장 점	단 점
① 빨리 삽입할 수 있다. ② 혀를 피할 수 있다. ③ 구강 손상환자에게 사용 할 수 있다.	① 너무 세게 흡인할 경우 비출혈 발생 ② 비 점막 괴사 우려가 있다. ③ 두개 기저부 골절에는 사용할 수 없다.

5 인공호흡법

인공호흡법에는 구강대 마스크법, 2인 BVM, 1인 BVM, 자동식 인공호흡기 등이 사용되고 있으나 구강대 구강법은 가급적 추천되지 않으며 환자의 침, 혈액, 토물로부터 처치자의 적절한 격리가 필요하므로 휴대용 기구 등을 사용하는 것이 바람직하다.

인공호흡 시 환자에게 적절한 환기를 위한 평가*

1. 매 환기 시 환자의 가슴이 자연스럽게 상승, 하강하는가?
2. 환기의 비율은 적절한가?
   (성인 10~12회/분, 소아·영아 12~20회 이상/분, 신생아 40~60회/분)
3. 환자의 심박동수가 정상으로 돌아 왔는가?
4. 환자의 피부색이 호전되었는가(혈색의 회복 등)
   인공호흡 시 적절한 환기를 위해서는 다음의 사항을 준수하여야 한다.
5. 항시 기도의 개방상태를 유지한다.
6. 환자의 안면과 마스크가 완전히 밀착되어야 한다.
7. 고농도의 산소를 공급한다.
8. 공기가 위로 유입되지 않도록 한다.(위팽창 예방)
9. 환자에게 적당한 환기량과 비율로 환기를 제공한다.
10. 날숨을 완전히 허용한다.

(1) 구강 대 마스크법* ☆ 14년 인천 소방장, 17년 소방장

① 포켓마스크는 무호흡 환자에게 사용되는 입대 마스크법의 일종으로 휴대 및 사용하기에 용이하며 대부분 산소연결구가 부착되어 산소를 연결하여 사용 시 50%의 산소 공급율을 보인다.

② 포켓마스크는 대부분 일방향 밸브가 부착되어 환자의 날숨, 구토물 등으로부터의 감염방지의 역할을 하며, 마스크부분이 투명하여 환자의 입과 코에서 나오는 분비물을 볼 수 있다.

③ 마스크 측면에 달린 끈은 1인 응급처치 시 환자의 머리에 고정시키고 가슴압박을 할 수 있기에 유용하다. 하지만 인공호흡 시에는 손으로 포켓마스크를 얼굴에 밀착하여 고정시켜야 한다.

㉠ 환자 머리 위에 무릎을 꿇고 기도를 개방시킨다. 입안의 이물질을 제거하고 필요하다면 입인두기도기로 기도를 유지시킨다.

㉡ 산소를 연결시켜 분당 12~15 L로 공급한다.

㉢ 삼각형 부분이 코로 오도록 환자의 입에 포켓마스크를 씌운다.

㉣ 적절한 하악견인을 유지하면서 마스크를 환자의 얼굴에 완전히 밀착 시킨다. 양 엄지와 검지손가락으로 마스크 옆을 잡고 남은 세 손가락으로 귓불 아래 아래턱각을 잡고 앞으로 살짝 들어 올린다.

㉤ 숨을 불어 넣는다 : 성인과 소아 1초간(이때 가슴이 올라오는지 살핀다)

㉥ 포켓마스크에서 입을 떼어 호흡이 나올 수 있도록 한다.

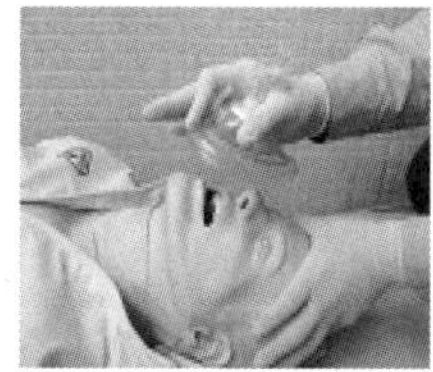
콧등 첨부위에 마스크를 1초간 올려 놓는다.

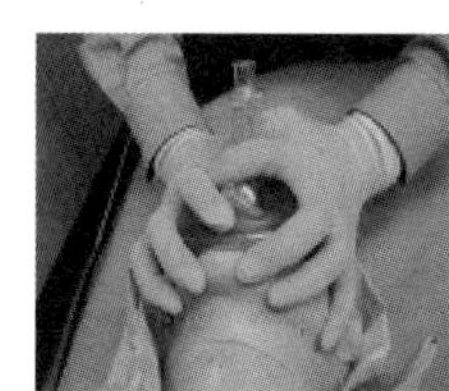
마스크를 'c'와 'e'로 잡는다.

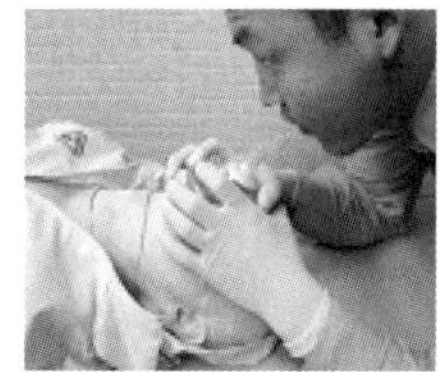
완전하게 밀착시켜 기도를 개방한다.

가슴을 보며 호흡을 불어 넣는다.

(2) 백-밸브 마스크(BVM)★★★ ☆ 13년 경기 소방장

손으로 인공호흡을 시키는 기구로 호흡곤란, 호흡부전, 약물남용 환자에 사용된다. BVM은 감염 방지에 유용하며 유아용, 아동용, 성인용 크기가 있다.

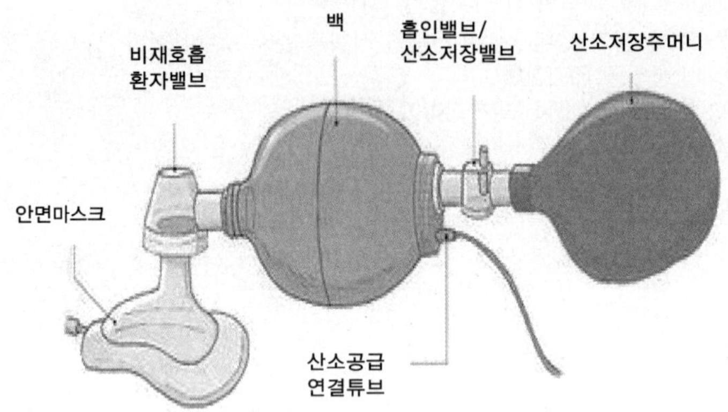

① 백은 짜고 나면 다시 부풀어 올라야 하며 세척이 용이하고 멸균상태여야 한다.
② 산소 연결구를 통해 15L/분의 산소를 연결시키고 밸브는 비재호흡 기능을 갖고 있다.
③ BVM의 원리는 산소연결로 저장낭에 산소가 공급되고 백을 짜면 백의 공기주입구가 닫히고 산소가 환자에게 공급된다.
④ 산소저장낭은 거의 100% 산소를 공급하며 저장낭이 없는 BVM이라면 약 40~60%의 산소를 공급한다.
⑤ 만약 백을 짜는 것이 지연된다면 환자의 수동적인 날숨이 나타날 수 있다.
⑥ 환자가 숨을 내쉬는 동안 산소는 다음 공급을 위해 저장낭으로 들어간다.
⑦ 백은 크기에 따라 다르지만 1~1.6L를 보유할 수 있다.
⑧ 한번 공급하는 량은 적어도 0.5L가 되어야 한다.
⑨ BVM을 통한 인공호흡시 가장 어려운 점은 마스크가 잘 밀착되어 새지 않도록 하는 것이다.
⑩ 한 손으로 백을 짜고 다른 손으로 마스크를 밀착·유지시키는 것은 어려운 일이다. 따라서 두 명의 구급대원이 필요하며 척추 또는 머리손상 환자에게는 마스크를 유지하는 대원이 동시에 아래턱견인을 실시해야 한다.

✪ 두 명의 구급대원이 일반 환자를 대상으로 BVM을 사용하는 방법
1. 머리기울림-턱들어올리기법으로 기도 개방(필요하다면 흡인과 기도기 삽관)
2. 적당한 크기의 BVM마스크를 선택한다.
3. 환자 머리맡에 무릎을 꿇고 마스크의 윗부분에 엄지와 검지손가락을 놓고('C'모양) 잡고 남은 세손가락으로 귓불 아래 아래턱각을 잡고('E'모양) 환자 얼굴 전면을 향해 당긴다.
4. 삼각형 모양의 마스크 윗부분을 환자의 콧등에 위치시키고 아랫부분은 턱 윗부분에 위치시켜 입과 코를 덮어야 한다.
5. 중지, 약지와 새끼손가락을 이용해 턱을 들어 올려 유지시킨다.
6. 다른 대원은 마스크에 백을 연결시키고 환자의 가슴이 올라올 때까지 백을 눌러야 한다. - 성인 환자의 경우 5초간 1회, 소아의 경우 3초간 1회 백을 눌러야 한다. 만약 CPR을 하는 과정이라면 가슴압박을 한 후에 인공호흡을 제공해야 한다.
7. 백을 누르는 힘을 풀어 환자가 수동적으로 날숨을 하도록 해야 한다.
   - 그동안 백에 산소가 충전된다.

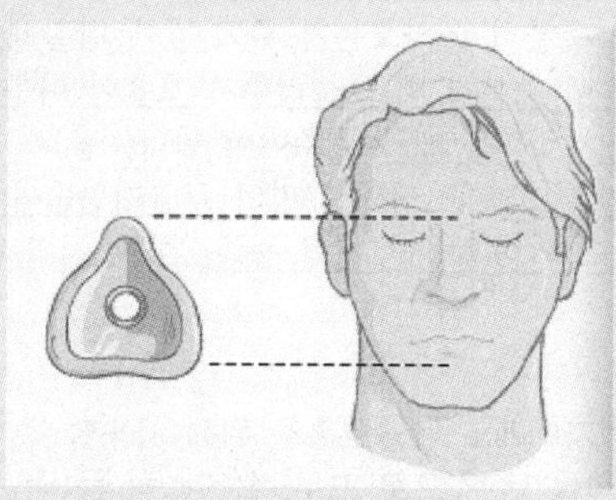

알맞은 크기의 마스크를 사용하여야 정확한 마스크 밀착을 유지할 수 있다.
마스크의 크기는 코의 미간과 턱의 들어간 부위 위가 가장 정확하다.

※ 외상환자에게 BVM을 이용할 때는 같은 단계로 실시하나 머리기울림/턱들어올리기방법 대신 턱 들어올리기방법을 실시해야 하며 다른 대원은 한 손으로 마스크를 밀착시키고 다른 손으로 인공호흡을 제공해야 한다. 1인 BVM 사용은 가급적이면 모든 인공호흡방법이 안 되는 경우에만 사용해야 한다. 왜냐하면 1인이 마스크를 충분히 밀착하고 백을 짜는 것이 효과적이지 못하기 때문이다.

(3) 1인 BVM 사용방법

① 환자 머리 위에 위치해 기도가 개방 상태인지 확인한다.
- 필요하다면 흡인하고 입인두기를 삽입한다.

② 적당한 크기의 마스크를 선택하고 환자의 코와 입을 충분히 덮을 수 있게 마스크를 위치시킨다.

③ 엄지와 검지가 "C"모양이 되게 마스크를 밀착시키고 나머지 손가락으로 "E"모양을 만들어 턱을 들어 올린다.

④ 다른 손은 환자 가슴이 충분히 올라오도록 백을 눌러야 한다.
- 1회의 호흡량은 500～600㎖을 유지하고 1초에 걸쳐 실시하여야 한다.
- 성인 환자의 경우 5～6초마다 1회 백을 누르고 소아의 경우 3～5초 마다 1회 백을 눌러야 한다.
- 만약 1L의 백을 사용할 경우에는 백의 1/2～2/3 정도로 압박하며 2L의 백을 사용할 경우에는 백의 1/3 정도를 압박하여 인공호흡을 실시한다.

⑤ 백을 누르는 힘을 풀어 환자가 수동적으로 날숨을 하도록 해야 한다.
- 그 동안 백에 산소가 충전된다.

※ 만약, 환자의 가슴이 올라오지 않는다면 다음과 같은 처치를 실시해야 한다.

㉠ 머리 위치를 재조정한다.

㉡ 마스크가 세지 않는지 확인하고 손가락으로 재 밀착시킨다.

㉢ 기도 또는 기구의 막힌 부분이 없나 확인하고 필요하다면 흡인한다.
마지막으로 기도유지기 삽관을 고려해 본다.

㉣ 위의 방법에도 가슴이 올라오지 않는다면 다른 인공호흡법을 사용해야 한다.
· 포켓마스크, 산소소생기

BVM을 통한 호흡보조	① 부적절한 호흡을 하는 환자에게 단순히 많은 양의 산소를 공급하는 것만으로 생명을 유지하기에는 충분하지 않을 수 있다. ② 환자의 호흡이 너무 느릴 때 추가 호흡을 제공하거나 부적절한 호흡을 하는 환자의 호흡 깊이를 증가시키기 위해 BVM을 통해 호흡을 보조해 주어야 한다. ③ 보조하는 동안 환자의 가슴이 충분히 올라오는지 주의 깊게 관찰해야 하며 호흡이 얕은 경우에는 가슴이 올라갈 때 충분히 백을 눌러주고 호흡이 너무 느린 경우에는 가슴이 내려가자마자 바로 BVM호흡을 제공해 주어야 한다. ④ BVM은 CPR 동안에도 사용할 수 있다. 만약, 1명의 구급대원만이 있는 경우에는 CPR동안 BVM보다 포켓마스크를 이용하는 것이 좋다. 이는 시간적으로나 효과적으로도 효율적이기 때문이다. ※ 구강호흡을 위한 BVM BVM은 기도절개관을 삽입한 환자에게도 인공호흡을 위해 사용할 수 있다. 관은 호흡을 위해 목에 외과적으로 구멍을 낸 것으로 고무, 플라스틱 등 약간 굽은 형태로 되어 있다. 대부분 분비물이 관을 막아 호흡곤란이나 호흡정지가 나타나므로 흡인과 동시에 BVM 사용이 권장된다.
2인 처치법	① 관을 막고 있는 분비물을 제거한다. ② 중립자세로 환자의 머리와 목이 위치하도록 한다. ③ 소아용 마스크로 관 주위를 덮는다. ④ 환자 나이에 따른 적절한 비율로 인공호흡을 실시한다. ⑤ 만약 관을 통해 인공호흡을 할 수 없다면 관을 막고 입과 코를 통해 인공 호흡을 시도해 본다. · 기관이 입, 코, 인두와 통해 있을 때만 가능하며 그렇지 않은 경우에는 불가능 하다. · BVM은 완전 분해될 수 있고 사용 후에는 소독해야만 한다.

✪ 후드절개 후 호흡통로의 변화 / BVM을 이용하여 기관절개관으로 호흡시키는 모습

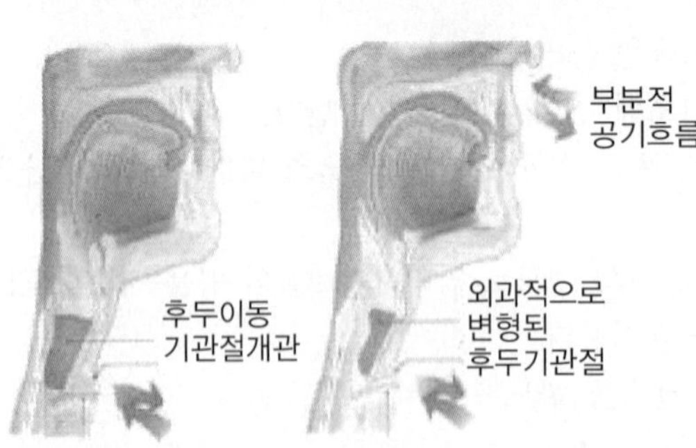

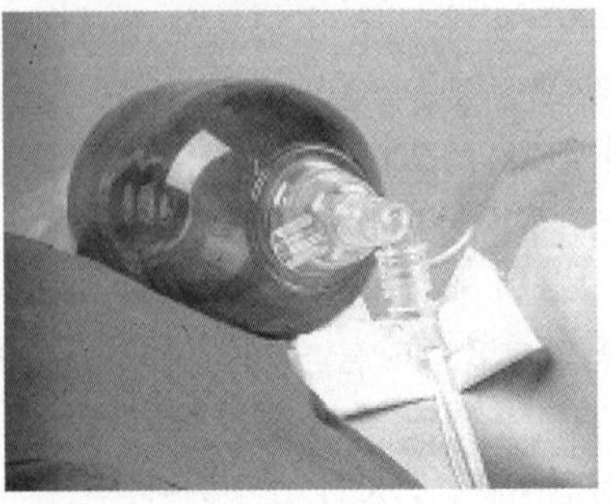

완전후두절개술　　부분 완전후두절개술

✪ 자동식 인공호흡기

순간적으로 호흡이 정지된 환자나 호흡부전 및 호흡곤란 환자에게 자동 및 수동으로 적정량의 산소를 안전하고 효과적으로 공급하는 장비로 사용된다.

① 압축 산소를 동력원으로 작동하는 부피/시간 방식
② 공기가 허파에 차는 것을 최소화하기 위하여 들숨 대 배기 시간이 1:2 비율
③ 배팽만을 방지하기 위하여 체중이나 상태에 따라 6단계 산소공급량 조절가능
④ 분당 호흡횟수와 공급 산소량을 조절 할 수 있는 1회 환기량 조절버튼
⑤ 최대 기도압력 60cmH_2O 이상 시 경보음과 함께 압력이 외부로 자동배출
⑥ 인공호흡 시 99.9% 이상의 산소 공급
⑦ 구토물에 의한 자동 전환기의 오염 방지를 위해 다이아프램이 설치되어 있고 세척 및 교체 가능
⑧ 산소 공급을 일시적으로 중단시킬 수 있는 차단버튼 설치
⑨ CPR이 끝난 후 수동으로 산소를 공급할 수 있는 수동버튼 장착
⑩ 수동버튼 사용 중 일정 시간(4~10초) 작동시키지 않을 경우 자동전환

6 흡인과 흡인기구

(1) 장착용 흡인기구*

① 대부분의 구급차량 내부에 장착되어 있으며 쉽게 사용할 수 있도록 환자 측 벽면에 위치해 있다.
② 엔진이나 전기를 이용해 흡인을 위한 진공을 형성한다.
③ 효과적으로 사용하기 위해 흡인기는 흡인관 끝부분에서 30~40L/분의 공기를 흡인해야 하며, 흡인관을 막았을 때 300mmHg 이상의 압력이 나와야 효과적인 흡인이 될 수 있다.* ☆ 11년 부산 소방장

(2) 휴대용 흡인기구

① 휴대용은 전기형, 산소 또는 공기형, 수동형 등 다양한 형태가 있다.
② 휴대용 역시 효과적 사용을 위해 40L/분으로 공기를 흡인해야 한다.

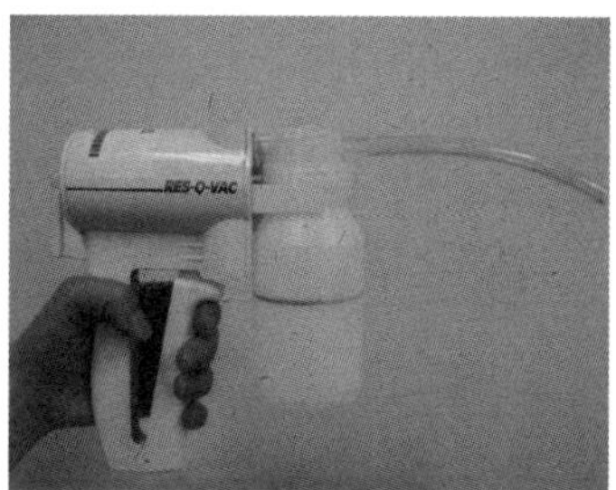

■ 수동식 휴대용흡인기 ■

■ 충전식 휴대용흡인기 ■

(3) 연결관, 팁, 카테터

연결관	① 흡인기에 부착되어 있는 연결관은 두꺼워야 하고 변형이 없고 직경이 커야만 한다. ② 또한, 흡인으로 변형되지 않아야 되고 큰 분비물도 통과할 수 있어야 한다. ③ 마지막으로 사용하기 편리하게 충분히 길어야 한다.
흡인 팁	① 경성 인두 흡인 팁을 주로 사용하며 입과 인후에 있는 분비물을 효과적으로 흡인할 수 있다. ② 연성보다 직경이 넓어 큰 이물질을 흡인할 수도 있다. 경성은 무의식환자에게 좋으나 의식이 약간 있거나 회복된 환자에게 사용할 때는 주의해야 한다. ③ 이는 인두를 자극하면 구토반사를 일으켜 미주신경을 자극해 느린맥이 나타나기 때문이다.
흡인 카테터	① 연성 플라스틱으로 다양한 크기가 있다. ② 보통은 구토물이나 두꺼운 분비물 등을 흡인하기에 충분하게 크지 않으며 경성 팁을 사용할 수 없는 경우를 대비해 만들어 졌다. ③ 예를 들면 코인두기도기나 기관내관과 같은 튜브를 갖고 있는 환자를 흡인할 때 주로 사용된다.
수집통	단단하고 분리가 쉬우며 오염되지 않도록 제작되어야 한다. 장갑, 보안경, 마스크 착용은 흡인할 때뿐만 아니라 기구를 세척할 때도 착용해야 한다.
물 통	① 흡인기 근처에 위치해 있어야 하며 깨끗한 물을 사용해야 한다. ② 연결관의 부분 폐쇄를 예방하기 위해 흡인관 또는 카테터를 물통에 담가 흡인해야 한다. ③ 그래도 막혀 있다면 다른 흡인관이나 카테터로 교체해야 한다. ※ 구토물이나 많은 분비물을 흡인할 때는 직경이 넓은 경성 흡인관을 사용하고 흡인 후에는 보통 흡인관으로 바꾸어 사용하도록 한다.

(4) 흡인하는 방법★★ ☆ 13년 경북 소방교, 17년 소방교

① 흡인하는 동안 감염예방에 주의해야 한다.
- 보안경, 마스크, 장갑, 가운 착용

② 성인의 경우 한번에 15초 이상 흡인해서는 안 된다.

㉠ 기도 유지와 흡인이 필요한 환자는 종종 의식이 없거나 호흡 또는 심정지환자이다. 이러한 환자는 호흡공급이 매우 중요한데 흡인하는 동안은 산소를 공급할 수 없으므로 1회 15초 이상 실시하면 안 되며 흡인 후 인공호흡 또는 산소 공급이 제대로 이루어지는지 확인해야 한다. 15초 흡인하면 양압환기를 2분간 실시해야 한다.

㉡ 흡인 전·후 환자를 과환기 시킬 수 있다. 이는 흡인으로 인한 산소 미공급을 보충하기 위해 흡인 전·후에 빠르게 양압환기를 제공할 때 생긴다.

③ 경성 흡인관을 사용할 때 크기를 잴 필요는 없으나 연성 카테터를 사용할 때는 입인두기도기 크기를 잴 때와 같은 방법으로 실시해야 한다.

④ 흡인기는 조심스럽게 넣어 흡인해야 하며 환자는 대개 측위를 취해 분비물이 입으로 잘 나오도록 해주어야 한다.

⑤ 목 또는 척추손상 환자는 긴 척추 고정판에 고정시킨 후 흡인해 주어야 한다.

⑥ 경성·연성 카테터는 강압적으로 넣어서는 안 되며 경성은 특히, 조직손상과 출혈을 일으킬 수 있다.

7 산소 치료

(1) 산소공급의 중요성**

대기 중에는 약 21%의 산소가 있으며 정상인은 대기 중 산소로 충분히 제 기능을 할 수 있다. 하지만 다음과 같은 상태의 환자는 추가적인 산소 공급이 필요하다.

① 호흡 또는 심정지
고농도의 산소공급은 생존 가능성을 높여 준다.

② 심장 발작 또는 뇌졸중
뇌 또는 심장에 충분한 혈액이 공급되지 않아 발생하는 응급상황으로 산소공급이 중요하다.

③ 가슴통증
심장의 응급상황으로 산소가 필요하다.

④ 가쁜 호흡
산소공급이 필요하다.

⑤ 쇼크(저관류성)
심혈관계가 각 조직에 충분한 혈액을 공급하지 못해 발생하며 산소공급으로 혈액 중 산소포화도를 높이는 효과가 있다

⑥ 과다 출혈
내부 또는 외부출혈로 혈액, 적혈구가 감소되어 산소 공급을 못해 준다.

⑦ 허파질환
허파는 가스교환을 하는 곳으로 기능상실 시 조직 내 산소공급이 필요하다.

(2) 저산소증*

① 화재로 인해 갇혀 있는 경우
- 연기, 일산화탄소를 함유한 공기를 호흡할 경우에는 산소량이 줄어들어 저산소증을 유발한다.

② 허파공기증 환자
- 가스교환을 제대로 하지 못해 저산소증을 유발한다.

③ 호흡기계를 통제하는 뇌 기능을 저하시키는 약물 남용
- 분당 5회 이하로 호흡하는 경우 저산소증을 유발한다.

④ 다양한 원인으로 뇌졸중, 쇼크 등이 있다.

※ 중요한 것은 저산소증의 징후를 알고 적절한 처치를 제공하는 것으로 일반적인 징후로는 청색증과 의식장애, 혼돈, 불안감을 나타낸다. 저산소증에 대한 처치로는 산소공급이 있다.

(3) 맥박 – 산소포화도 측정기구*

외부에서 측정할 수 있는 기구로 맥박과 혈액 내 산소포화도를 측정할 수 있다.

① 정상 산소포화도는 95~100%이며 95% 이하인 경우, 저산소증을 나타낸다.

② 이 경우 고농도 산소를 공급해 주어야 한다. 이 기구로 저산소증을 즉시 알 수 있고 기도유지

및 산소 공급을 실시할 수 있다.

③ 그래도 산소포화도가 떨어지면 BVM을 이용하여 양압환기를 실시한다.

측정기구를 사용할 때 일반적으로 알아야 할 사항

1. 맥박
   - 산소포화도 측정기구에 전적으로 의존해서는 안 된다.
   - 정치가 정상이라고 해서 산소공급이 필요하지 않은 것은 아니다. 가슴통증, 빠른호흡, 쇼크 징후 등을 보이는 모든 환자에게는 수치에 상관없이 고농도 산소를 공급해 주어야 한다.
2. 측정기구가 정상으로 작동하는지 확인한다.
   - 대부분의 기구는 산소포화도를 나타낸 후에 맥박을 표시한다. 이 때 구급대원이 측정한 맥박 횟수와 다르다면 산소포화도 수치도 정확하지 않다는 것을 의미한다.
   - 쇼크 또는 측정부위가 차가운 경우에는 정확한 수치가 나오기 어렵다. 게다가 매니큐어를 칠한 손톱을 측정하는 경우는 더더욱 부정확하므로 아세톤을 이용해 제거한 후에 측정해야 한다.
3. 몇몇 건강상태에서는 정확성이 떨어진다.
   - 일산화탄소 중독인 경우 심각한 저산소증임에도 불구하고 산소포화도가 높게 나온다.

(4) 산소치료의 위험성

산소공급은 매우 효과적이면서도 주의 깊게 사용되어야만 한다. 산소치료의 위험성은 크게 관리적인 측면과 내과적인 측면으로 나뉘는데

① 관리적인 측면

㉠ 응급처치용으로 사용되는 산소는 약 13,800～15,180KPa(138～151.9kg/㎠) 압력에 의해 저장되므로 만약 통이나 밸브가 파손되면 터질 수 있다. 이는 콘크리트벽도 뚫을 수 있으므로 주의해야 한다.

㉡ 55℃ 이상의 온도에서 산소통을 저장해서는 안 된다.

㉢ 산소는 연소를 더욱 촉진시키는 역할을 하므로 화재에 주의해야 한다.

㉣ 압력이 있는 상태에서는 산소와 기름은 섞이지 않고 폭발과 같은 반응을 나타내므로 산소 공급기구에 기름을 치거나 석유성분이 있는 접착테이프와 접촉하지 않도록 주의해야 한다.

② 내과적인 측면

㉠ 신생아 안구 손상

신생아에게 하루 이상 산소를 공급하면 눈의 망막이 흉터조직으로 변한다. 따라서 부적절한 호흡을 하는 신생아에게는 주의해서 산소를 공급해 주어야 한다.

㉡ 호흡곤란 또는 호흡정지

ⓐ COPD(만성폐쇄성폐질환) 환자의 경우 호흡을 조절하는 혈중 이산화탄소수치가 항상 높기 때문에 호흡조절 기능을 상실할 수 있다.

ⓑ 이 경우 혈중 이산화탄소농도가 낮아질 경우에만 호흡하는 'Hypoxic drive'현상이 나타날 수 있다. 하지만 고농도산소를 공급하지 않는 것이 공급하는 것보다 더 해롭기 때문에 공급해 주어야 한다.

(5) 산소처치기구★ ☆ 11년 부산 소방장

① 대부분의 산소처치기구는 산소통, 압력조절기 그리고 공급기구(마스크 또는 케뉼라)가 있다.

② 통의 크기에 따라 내용적이 2L~20L까지 다양하며 약 1,500~2,200psi(105.6~154.9kg/㎠) 압력의 산소로 채워져 공급할 때는 약 50psi(3.52kg/㎠)로 감압하여 제공된다.

③ 구급대원은 산소통의 압력을 항상 점검하고 충압하여 적절한 처치가 이루어질 수 있도록 해야 한다.

④ 사용할 수 있는 시간은 산소통과 제공하는 산소의 양(L/min)에 따라 달라지며 압력게이지가 200psi(14kg/㎠) 이상으로 유지되어야 한다.

⑤ 산소처치기구를 사용할 때 주의해야 할 사항

㉠ 떨어뜨리거나 다른 물체와 충돌하지 않도록 주의한다.
환자이동 시 특히, 주의해야 한다.

㉡ 사용 중에는 담배 등 화재 위험이 있는 물체는 피해야 한다.

㉢ 구리스, 기름, 지방성분 비누 등이 산소통에 닿지 않도록 주의한다. 연결할 때 이러한 성분이 없는 도구를 사용해야 한다.

㉣ 산소통 보호 또는 표시를 위해 접착테이프를 사용해서는 안 된다. 산소는 테이프와 반응해서 화재를 유발할 수 있기 때문이다.

㉤ 산소통을 옮길 때 끌거나 돌리는 등의 행동은 피해야 한다.

㉥ 비철금속 산소용 렌치를 사용해 조절기와 계량기를 교환해야 한다. 다른 기구를 사용하게 되면 불꽃이 일어날 수 있다.

㉦ 개스킷(실린더 결합부를 메우는 고무)과 밸브 상태를 항상 확인한다.

㉧ 산소통을 열 때는 항상 끝까지 열고 다시 반 정도 잠가 사용한다. 왜냐하면 다른 대원이 산소가 잠겼다고 생각하고 열려고 하기 때문이다.

㉨ 저장소는 서늘하고 환기가 잘되며 안전한 장소에 보관해야 한다.

㉩ 5년에 한번 점검하고 마지막 점검 날짜는 통에 표시해야 한다.

(6) 압력조절기

산소는 고압으로 저장되어 있다가 압력조절기를 통해 약 30~70psi(2.1~4.9kg/㎠) 압력으로 공급된다. 압력조절기 주입 필터는 손상과 오염을 예방해 주기 때문에 항상 깨끗이 관리되어 있어야 한다.

(7) 유량계

분당 산소량을 조절할 수 있으며 압력조절기와 연결되어 있다. 원하는 산소량이 제대로 들어가는지 확인할 수 있다.

(8) 가습기

① 가습된 산소를 제공하기 위해 유량계와 연결되어 있다.

② 건조한 산소는 환자의 기도와 허파의 점막을 건조시킬 수 있다.

③ 짧은 시간 사용할 경우에는 문제가 되지 않으나 이송시간이 길어지는 경우에는 가습이 필요하며 특히, 소아나 COPD(만성폐쇄성폐질환)환자의 경우에는 가습을 해주어야 한다.

④ 가습기는 잘 깨지지 않는 용기로 유량계 옆에 붙어 있고 산소가 물을 통과하면서 가습이 되는 원리로 항상 깨끗하게 유지해야 한다.

⑤ 가습기 통은 조류, 유해한 박테리아 그리고 위험한 균성 유기체가 자라기 쉬우므로 소독 및 주기적인 관리가 필요하며 감염 위험이 있으므로 짧은 이송 거리에서는 사용하지 않는다.

(9) 산소 관리

산소처치기구에 대한 사용법 및 관리는 훈련이 필요하며 환자상태에 따라 적절한 기구를 통해 산소를 공급해 주어야 한다. 교육이나 훈련 없이 산소처치기구를 사용하거나 관리하는 것은 위험하다.

(10) 호흡이 있는 환자에게 산소공급★★☆ 15년 소방장

저산소증의 가능성이 있는 환자에게 공급하는 것으로 일반적으로 비재호흡마스크와 코삽입관를 많이 사용한다.

※ 질환에 따른 산소처리
- 심정지 및 중환자 100%
- 만성폐쇄성폐질환(COPD)환자는 보통 35%를 투여하고 필요시 증량한다.
- 분당 6L이상의 투여시에는 상기도 점막의 건조를 막기 위해 가습기를 사용한다.
- 소아는 24~100% 범위를 투여한다.

▌비재호흡마스크와 코삽입관의 비교▐

기 구	유 량	산소(%)	적응증
비재호흡마스크	10~15L/분	85~100%	호흡곤란, 청색증, 차고 축축한 피부, 가쁜 호흡, 가슴통증, 의식장애, 심각한 손상
코삽입관	1~6L/분	24~44%	마스크 거부환자, 약간의 호흡곤란을 호소하는 COPD 환자

① 비재호흡마스크

㉠ BVM과 자동식 인공호흡기를 제외하고 비재호흡마스크는 고농도의 산소를 제공할 수 있는 방법으로 구급대원에게 많이 사용된다.

㉡ 고농도의 산소를 공급하기 위해서는 마스크를 잘 밀착시켜야 하며 크기는 연령별로 성인용, 아동용, 소아용으로 나누어진다.

㉢ 저장낭은 마스크를 착용하기 전에 부풀려야 하며 저장낭을 부풀리기 위해서는 마스크와 저장낭을 손으로 연결하고 백을 부풀려야 한다.

㉣ 저장낭은 항상 충분한 산소를 갖고 있다가 환자가 깊게 들여 마실 때 1/3 이상 줄어들지 않게 해야 한다.

㉤ 적절한 산소량은 보통 10~15L/분으로 환자의 날숨은 저장낭으로 다시 들어오지 않는다.

ⓑ 이 마스크는 85~100%의 산소를 제공할 수 있다(85% 이상의 산소를 종종 고농도산소라고 불린다).

ⓢ 압력조절기로 최소의 산소량을 보낼 수 있는 량은 8L/분이고 최고량은 10~15L/분이다.

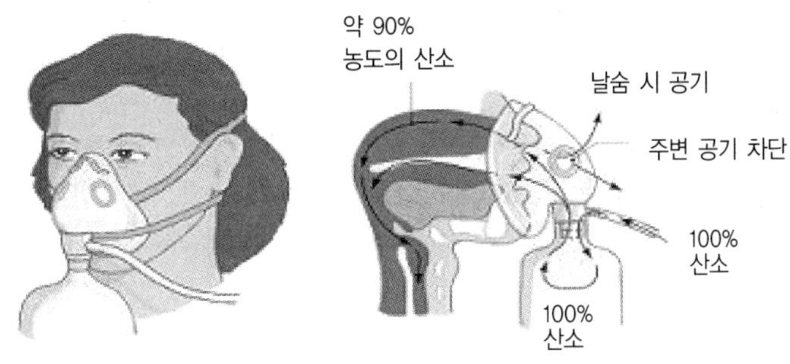

■ 비재호흡마스크 ■

② 코삽입관 ☆ 18년 소방장 / 20년 소방위

㉠ 약 24~44%의 산소를 환자의 비공을 통해 제공해준다.

㉡ 흘러내리지 않게 귀에 걸어 고정시키며 마스크에 거부감을 느끼는 환자나 약간의 호흡곤란을 호소하는 COPD(만성폐쇄성폐질환) 환자에게 주로 사용된다.

㉢ 산소량은 1~6L/분 이하이어야 하며 그 이상인 경우에는 비점막이 건조되어 불편감을 느낄 수 있다.

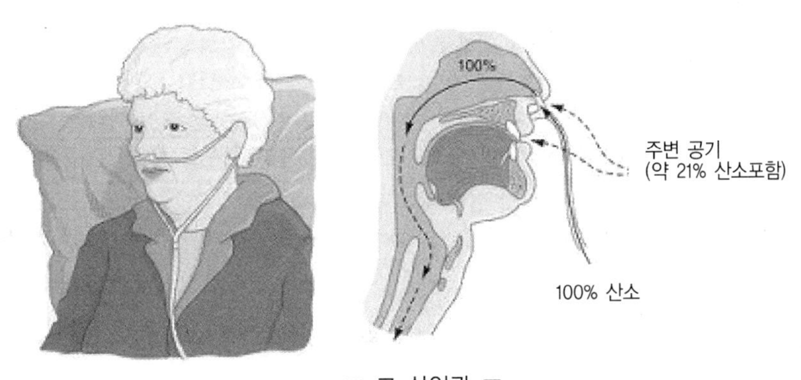

■ 코 삽입관 ■

▌환자의 호흡 상태에 따른 적절한 처치방법▐

환자 상태	징 후	처 치
· 정상 호흡 – 호흡은 정상이나 내·외과적 상태로 인해 추가 산소가 필요한 경우	· 호흡수와 깊이-정상 · 비정상적인 호흡음 – 없음 · 자연스러운 가슴의 움직임 · 정상 피부색	· 코삽입관 : 환자의식이 명료하고 정서적으로 안정되었을 때 사용한다. · 비재호흡마스크 : 환자가 흥분되었거나 말을 끊어서 할 때 사용한다.

·비정상 호흡 – 호흡은 있으나 너무 느리거나 얕은 경우 – 짧게 끊어 말하거나 매우 흥분한 상태이며 땀을 흘릴 때 – 마치 잠을 자는 듯한 상태	·호흡은 있으나 충분하지 않음 ·호흡수 또는 깊이가 비정상 수치 ·호흡음 감소 또는 결여 ·이상한 호흡음 ·창백하거나 청색증	·포켓마스크, BVM, 자동식인공호흡기를 통한 양압환기, 환자의 자발적인 호흡을 도와주는 처치로 빠르거나 느린 호흡에 대해 적정호흡수로 교정하는 역할을 해준다. ·주의 : 비재호흡마스크는 호흡이 부적절하거나 없는 환자에게 사용하게 되면 충분한 산소를 공급할 수 없다.
·무호흡	·가슴상승이 없음 ·입이나 코에서의 공기흐름이 없음 ·호흡음이 없음	·포켓마스크, BVM, 산소소생기를 이용해 양압환기 – 성인 : 10~12회/분 – 소아 : 20회/분 ·주의 : 소아의 경우 산소소생기를 사용해서는 안 된다.

(12) 특수한 상황

얼굴부위 손상이나 화상	·얼굴은 많은 혈관들이 분포되어 있기 때문에 둔기로 인한 상처는 심각한 부종을 초래하거나 출혈로 인한 기도폐쇄를 의심할 수 있다. ·얼굴부위에 화상을 입은 환자의 기도는 쉽게 붓고 기도를 폐쇄시킨다. 따라서 흡인을 자주 해 주어야 하며 적절한 보조기도유지기 삽입이나 기관 내 삽관이 필요하다.
폐 쇄	·치아와 음식물과 같은 이물질은 기도폐쇄를 초래한다. ·배밀어올리기, 가슴압박 또는 손가락으로 이물질 제거 등을 통해 이물질을 제거해야 한다. ·벌에 쏘이거나 약물로 인한 알레르기반응으로 혀와 입술의 부종을 야기해 기도를 폐쇄시키기도 한다. ·처치로는 환자를 편안한 자세로 신속하게 병원으로 이송시키는 것이다.
치과용 기구	의치가 빠져 기도를 폐쇄시킬 수 있으므로 수면 중에는 의치를 빼고 자는 것이 좋다.
소아의 경우 해부학적으로	·입과 코가 작아 성인에 비해 쉽게 폐쇄될 수 있다. ·영유아의 혀는 성인에 비해 구강 내 많은 공간을 차지한다. ·기도가 연약하고 유연하다. ·기도가 좁고 쉽게 부종으로 폐쇄된다. ·가슴벽이 약하고 호흡할 때 가로막에 더욱 의존한다.
기도유지를 위해서는	기도확보를 위하여 영아는 누운 자세로 눕혀 중립상태를 유지하고 소아는 목을 약간만 신전시킨다. ·BVM을 이용할 때에는 많은 양과 압력은 피하고 가슴을 약간 들어 올리는 정도로만 한다. ·얼굴에 맞는 크기의 마스크를 사용해야 한다. ·산소를 강제적으로 환기하는 기구는 영아와 아동에게 사용해서는 안 된다. ·산소공급을 위한 비재호흡마스크와 코삽입관는 소아크기에 맞게 사용해야 한다. ·영아와 아동은 환기하는 동안에 위가 팽배되는 경향이 있다. ·구강이나 비강기도 유지기는 다른 방법이 실패했을 때 사용한다. ·정확한 위치를 흡인하기 위해서 경성팁을 사용해야하며 물렁입천장에 닿지 않도록 주의해야 한다. 의식이 없거나 비협조적인 환자에게는 경성팁을 사용하는 것이 효과적이다. ·한번에 15초 이상 흡인해서는 안 된다.

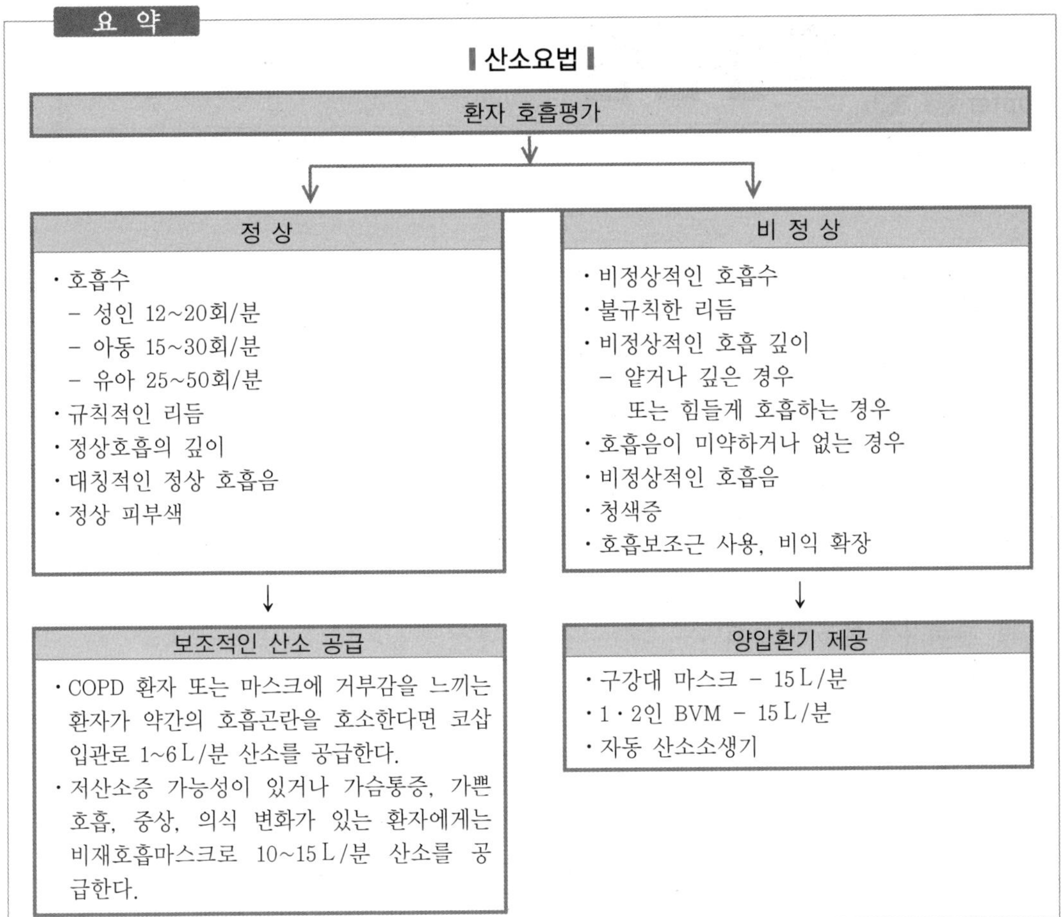

요 약

▌산소요법▌

환자 호흡평가

정 상	비 정 상
· 호흡수 – 성인 12~20회/분 – 아동 15~30회/분 – 유아 25~50회/분 · 규칙적인 리듬 · 정상호흡의 깊이 · 대칭적인 정상 호흡음 · 정상 피부색	· 비정상적인 호흡수 · 불규칙한 리듬 · 비정상적인 호흡 깊이 – 얕거나 깊은 경우 또는 힘들게 호흡하는 경우 · 호흡음이 미약하거나 없는 경우 · 비정상적인 호흡음 · 청색증 · 호흡보조근 사용, 비익 확장
↓	↓
보조적인 산소 공급	**양압환기 제공**
· COPD 환자 또는 마스크에 거부감을 느끼는 환자가 약간의 호흡곤란을 호소한다면 코삽입관로 1~6L/분 산소를 공급한다. · 저산소증 가능성이 있거나 가슴통증, 가쁜 호흡, 증상, 의식 변화가 있는 환자에게는 비재호흡마스크로 10~15L/분 산소를 공급한다.	· 구강대 마스크 - 15L/분 · 1·2인 BVM - 15L/분 · 자동 산소소생기

Chapter ③

호흡곤란

학습 목표

- 호흡기계의 해부학적 구조와 생리학적 기능을 이해할 수 있다.
- 정상호흡과 비정상호흡을 구분하여 평가할 수 있다.
- 호흡곤란을 평가하고 처치할 수 있다.
- 신생아와 소아의 호흡양상을 평가할 수 있다.
- 호흡기계의 흡입손상을 평가하고 처치할 수 있다.

1 호흡기계 해부학과 생리학★★ ☆ 13년 소방위 - 들숨과 날숨 설명

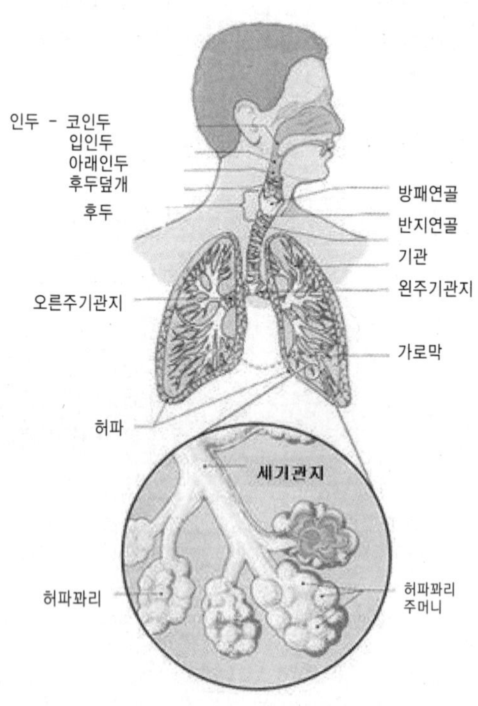

(1) 호흡은 생명을 유지하기 위한 작용으로 호흡기계 구조와 기능에 대한 이해는 응급처치에 있어 꼭 필요하다.

(2) 호흡기계★★☆ 14년 소방위

① 공기는 **입**과 **코**로 들어와서 **인두**를 지나간다. 코 뒤에 위치한 부분은 **코인두**, 입 뒤에 위치한 부분은 **입인두**라고 한다. 인두 아래 부분은 **인두후두부**이고 그 아래에는 공기와 음식이 따로 들어갈 수 있도록 2부분으로 나누어진다.

② **식도**는 음식물이 위로 들어가는 길이고 **기관**은 공기가 허파로 들어가는 길이다.

③ 음식물이 기관으로 들어오는 것을 막기 위해 잎 모양의 **후두덮개**이 있어 음식물이 들어오면 기관 입구를 덮는다.

④ 후두덮개 아래, 기관 윗부분은 **후두**라고 하며 여기에 성대가 있다. 반지연골은 후두 아래 부분에 있다. 기관은 **기관지**라 불리는 2개의 관으로 나눠진다. 기관지는 각각 좌・우 허파와 연결되어 있고 다시 **세기관지**로 나누어진다.

⑤ 세기관지는 가스교환이 이루어지는 **허파꽈리**라 불리는 수 천 개의 작은 공기주머니와 연결되어 있다. 오른쪽 허파는 3개 엽을 갖고 있고 왼쪽 허파는 2개 엽을 갖고 있다. 배와 가슴을 나누는 것은 가로막이다.

⑥ 들숨은 가로막과 늑간근이 수축할 때 일어난다. 이때 갈비뼈는 올라가고 팽창되며 가로막은 내려간다. 이로 인해 흉강 크기는 증가하고 허파로의 공기유입을 증가시킨다.

⑦ 날숨은 이러한 근육이 이완될 때 일어나며 흉강 크기는 작아지고 갈비뼈는 아래로 내려가고 수축되며 가로막은 올라간다.

> ※ 신생아와 소아의 경우에는 다음과 같이 성인과 다른 점이 있다.☆ 20년 소방교
> - 성인에 비해 기도가 작아 쉽게 폐쇄된다.
> - 혀가 성인에 비해 입안 공간을 많이 차지해서 쉽게 기도를 막을 수 있다.
> - 기관이 작고 연해서 부종, 외상, 목의 신전・굴곡에 의해 쉽게 폐쇄된다.
> - 반지연골이 성인보다 딱딱하지 않다.
> - 가슴벽이 부드러워 호흡할 때 가로막에 더 의존한다.

2 정상호흡과 비정상호흡

(1) 정상호흡 및 비정상호흡

① 호흡은 자발적으로 일어나는 작용으로 특별한 노력을 요하지 않는다.

② 뇌는 분당 일정 횟수로 호흡할 것을 조절하고 횟수와 깊이는 환자의 나이와 활동에 따라 달라진다.

③ 질병 역시 호흡에 많은 영향을 미친다. 정상호흡은 호흡수, 규칙성, 양상이 정상인 경우를 말한다.

구 분	정 상 호 흡	비 정 상 호 흡
호흡수	· 성인 12~20회/분 · 아동 15~30회/분 · 유 · 아 25~50회/분	연령대별 정상 횟수보다 높거나 낮은 경우
규칙성	호흡간격이 일정하고 말할 때에도 규칙적이다.	불규칙
양 상	· 호흡음 – 양쪽 허파음이 같다. · 가슴팽창 – 양쪽이 같다. · 호흡노력 힘들게 호흡하거나 호흡보조근을 사용하지 않는다. · 깊이 – 적정하다.	· 호흡음 – 허파음 약하거나 들리지 않을 경우 잡음, 양쪽 허파음이 다른 경우 · 가슴팽창 – 양쪽이 틀린 경우 · 호흡노력 힘들게 호흡하거나 호흡보조근을 사용한다. · 깊이 – 깊거나 얕은 경우 · 피부 – 창백하거나 청색, 차갑고 축축함

(2) 인공호흡법

① 호흡정지나 곤란에 대한 처치로 인공호흡법이 있다. 인공호흡법에는 보조산소와 포켓마스크, 보조 산소와 2인 BVM, 보조 산소와 1인 BVM 등이 있다. 무엇을 사용하든지 다음과 같은 징후를 관찰해야 한다.

㉠ 기구에 맞춰 가슴의 오르내림이 일정한지

㉡ 성인 12회/분, 소아 20회/분 적정 인공호흡을 제공하는지

㉢ 맥박이 정상으로 회복되는지

② 만약 적절한 인공호흡이 되고 있지 않다면 재교정해야 한다.

③ 기도가 개방되었는지 확인하고 그렇지 않다면 머리를 이용해 교정하거나 입인두 · 코인두기도기를 삽관한다.

④ 마스크가 절절하게 착용되었는지 확인하고 산소와 제대로 연결되었는지, 산소는 잘 나오는지도 확인한다. 산소량과 인공호흡 비율도 조절한다.

3 호흡곤란

· 호흡에 어려움이 있는 상태를 호흡곤란이라고 하며 빠른 호흡에서 호흡정지까지 넓은 범위를 차지하고 있다.

· 호흡곤란을 유발하는 원인으로는 질병, 알레르기 반응, 심장 문제, 머리 · 얼굴 · 목 · 가슴 손상 등이 있다.

· 호흡계 질환 역시 호흡곤란을 유발한다.

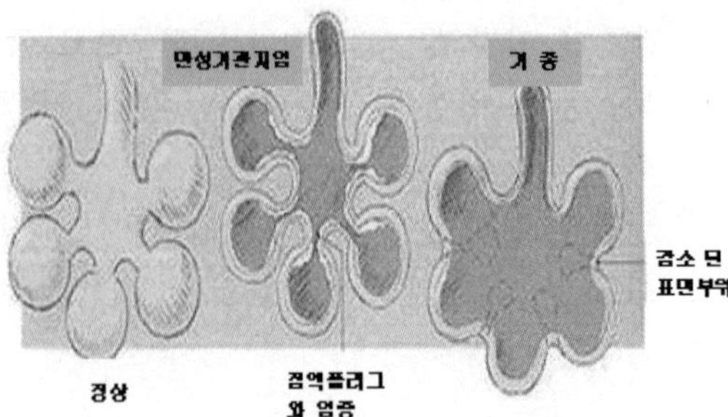

▌호흡계 질환에 따른 증상 및 징후▐

질 병	설 명
허파기종	COPD는 허파꽈리벽을 파괴하고 탄력성을 떨어뜨린다. 과도한 분비물로 허파꽈리가 손상받아 허파에서의 공기이동을 저하시킨다.
만성기관지염	세 기관지 염증, 점액의 과도한 분비는 세기관지부터 점액을 제거하려는 섬모운동을 방해한다.
천 식	① 천식은 COPD가 아니다. 알레르기, 운동, 정신적인 스트레스, 세기관지 수축, 점액 분비로 일어난다. 고음의 천명음과 심각한 호흡곤란이 나타난다. ② 천식은 노인이나 소아환자에게 많으며 불규칙한 간격으로 갑자기 일어난다. ③ 간격 사이에서는 증상이 없어진다.
만성심부전	심장으로 인해 야기되나 허파에 영향을 미친다. 심부전은 적정량을 뿜어내지 못해 허파순환이 저하되어 허파부종을 일으킨다. 따라서 호흡곤란이 야기되며 시끄러운 호흡음, 빠른 맥, 축축한 피부, 창백하거나 청색증, 발목 부종이 나타난다. 심한 경우 핑크색 거품의 가래가 나오기도 한다.

※ 호흡곤란 환자의 현장처치는 기도를 유지하고 산소공급으로 적절한 호흡을 돕는 것이 중요하다.

(1) 평 가

① 호흡곤란은 경증에서 중증까지 다양하다. 한 가지 분명한 것은 호흡곤란 환자는 종종 흥분되며 죽음에 대한 공포를 호소하므로 환자를 평가 및 처치하는 동안 침착한 태도를 유지해야 한다.
② 현장 확인을 통해 호흡곤란을 유발한 요소가 있는지 확인하고 1차 평가를 실시한다.
③ 일반적인 인상에서 환자 자세를 살펴야 하는데 대부분 호흡곤란으로 좌위나 반좌위를 취한다.
④ 안절부절 못하거나 초조해 하거나 반응이 없는 경우는 산소부족으로 인한 뇌 반응이므로 주의해야 한다. 또한 완전한 문장이 아닌 짧은 단어로 이야기하는 것도 산소부족을 의미한다.
⑤ ABC를 평가할 때 특히, 기도와 호흡에 주의해야 한다. 호흡에서 이상한 소리가 나는 것은 기도 내 장애물이 있음을 알려주므로 기도 유지를 위해 자세 교정 및 흡인이 필요하다.
⑥ 호흡을 평가할 때에는 적절한 호흡인지를 잘 평가하고 부적절한 호흡양상을 보이면 평가를 중지하고 산소공급 또는 인공호흡 등을 통해 응급처치를 실시해야 한다.
⑦ 호흡이 정상으로 회복되면 다시 평가를 실시한다. 의식이 있는 환자라면 주요 병력 및 신체검진을 실시한다.
⑧ 질병이 있는 환자의 경우에는 병력이 중요하다.

▌OPQRST식 문진▐

심장박동조절부위에 문제가 있는 환자로부터 정보를 얻기 위해 쓰이는 질문	
Onset	언제 통증이 시작됐고 그 때 무엇을 하고 있었는지?
Provocation	무엇이 통증을 악화시켰는지?
Quality	통증이 어떻게 아픈지?
Region/Radiation	호흡곤란과 관련된 통증 부위가 있는지? / 통증이 다른 부위까지 퍼졌는지?
Severity	1에서 10이라는 수치라는 가정 하에 통증이 어느 정도인지?
Time	얼마나 오랫동안 통증이 지속됐는지?

※ 호흡곤란의 증상 및 징후★★☆ 13년 부산 소방장
- 비정상적인 호흡수 · 불규칙한 호흡양상 · 얕은 호흡
- 시끄러운 호흡음 · 목, 가슴 위쪽에 있는 호흡보조근 사용 및 늑간 견축
- 성인은 빠른맥, 소아는 느린맥, 짧은 호흡 · 불안정, 흥분, 의식장애
- 창백, 청색증, 홍조 · 삼각자세 또는 앉아서 앞으로 숙인 자세
- 통모양의 가슴(보통 허파기종 환자) · 대화장애(완전한 문장 표현 어려움)

(2) 응급처치

① 현장 확인과 1차 평가에서 비정상적인 호흡 또는 호흡이 없다면 기도개방 여부를 확인하고 기도유지를 한다.
- 필요하다면 기도를 유지하기 위해 입 · 코인두기도기를 이용한다.

② 고농도 산소를 양압환기를 통해 제공한다.

③ 신속하게 병원으로 이송한다.

(3) 혈중산소농도 조절

① 호흡은 불수의적으로 일어나며 뇌가 체내 수용체를 통해 혈중 이산화탄소 수치에 따라 호흡수를 조절한다.

② 이산화탄소 수치가 증가하면 호흡수도 증가한다. COPD(만성폐쇄성폐질환)환자의 경우 혈중 이산화탄소 수치가 계속 높기 때문에 수용체는 호흡이 더 필요한 상태에서도 필요성을 못 느낄 수 있다.

③ 이 경우 뇌는 혈중 산소포화도를 감지하는 수용체를 통해 인식하고 호흡자극이 일어난다.

④ 산소 수치가 내려가면 뇌는 빠르고 깊게 호흡하도록 지시한다. 이를 혈중산소농도 조절이라고 한다.

⑤ 이와 같은 상태의 환자에게 산소가 주어진다면 수용체는 뇌에 산소가 풍부하다는 정보를 주게 되고 뇌는 다시 호흡계에 느리게 심지어 정지하라고 지시한다.

⑥ 다행인 것은 이런 경우는 드물며 일부 COPD환자의 경우에 일어날 수 있다.

⑦ 과거에는 모든 COPD환자에게 산소를 주면 안 된다고 되어 있었으나 최근에는 산소를 공급하

지 않는 것이 더 해롭다는 평가가 나와 있다.

⑧ 심한 호흡곤란, 가슴통증, 외상, 기타 응급상황에서 COPD환자에게 고농도 산소를 비재호흡 마스크로 공급해 주어야 한다. 단, 세심하게 환자를 관찰해야 하며 만약 환자의 호흡이 느려지거나 멈추면 즉각적으로 인공호흡을 실시할 준비를 해야 한다.

만성폐쇄성폐질환(Chronic Obstructive Pulmonary Disease) ※ 참고자료*

만성 폐쇄성 폐질환은 폐를 손상시켜서 시간이 지남에 따라서 점점 호흡이 힘들어지는 질환들의 그룹을 말한다. 가장 흔한 두 가지 형태의 만성 폐쇄성 폐질환은 만성기관지염과 폐기종이다. 두 가지 모두 폐 속의 공기 흐름을 좋지 않게 하는 만성 질환이다. 현재 시점에서 만성 폐쇄성 폐질환은 미국에서 적어도 수백만 명에게 영향을 주어, 매년 십만 명 이상의 사망을 초래하고, 80% 이상의 환자에서 이 질환은 흡연과 연관되어 있다.

4 신생아와 소아 호흡곤란* ☆ 14년 경기 소방장

(1) 성인과 다른 호흡곤란 징후가 나타나는데 예를 들면, 목, 가슴, 갈비뼈 사이 견인이 심하게 나타난다.

(2) 날숨 시 비익이 확장되고 들숨 시 비익이 축소되며 호흡하는 동안 배와 가슴이 각기 다른 방향으로 움직이는 것을 볼 수 있다.

(3) 소아는 저산소증에 성인보다 늦게 청색증이 나타나며 또한 성인과 달리 심한 저산소증에서 맥박이 느려진다.

(4) 만약 처치결과로 성인의 맥박이 느려지면 호전을 나타내지만 소아의 경우는 심정지를 의미할 수 있다. 비정상적인 호흡과 맥박저하를 보이면 즉시 많은 량의 산소를 공급해주어야 한다.

(5) 인공호흡을 실시하고 맥박이 정상 이하일 때에는 처치에 대한 재평가를 실시해야 한다.

(6) 기도가 개방된 상태인지, 이물질은 없는지, 산소는 충분한지, 튜브는 꼬이거나 눌리지 않았는지 확인하고 필요하다면 흡인하고 코・입인두유지기를 사용한다.

(7) 소아의 경우 가능하다면 상기도폐쇄로 인한 것인지 하기도 질병으로 인한 것인지 구분하는 것이 중요하다.

① 상기도는 입, 코, 인두, 후두덮개로 이루어져 있고 연약하고 좁은 구조로 질병이나 약한 외상에도 쉽게 부어오른다.
② 하기도는 후두아래 구조로 기관, 기관지, 허파 등을 포함한다.
③ 상기도 폐쇄나 하기도 질병은 소아 호흡곤란을 야기시킬 수 있다.
④ 이 모든 경우 산소공급과 편안한 자세를 취해주는 것이 중요하다.

⑤ 상기도 폐쇄는 이물질로 인한 경우와 기도를 막는 후두덮개엽 부종 등의 질병으로 인한 경우가 있다.

⑥ 이물질이 분명히 보이지 않는다면 상기도를 검사하지 않는 것이 중요하다.

⑦ 상기도에 이물질이 있는 소아의 입과 인두를 무리하게 검사하는 것은 외상 또는 인두의 경련 수축을 야기해서 기도를 완전히 폐쇄시킬 수 있기 때문이다.

(8) 소아의 호흡곤란이 상기도폐쇄로 인한 것인지 하기도 질병으로 인한 것인지 결정하는 것은 매우 어려울 수 있다.

① 거칠고 고음의 천명이 들리면 대개 상기도 협착을 의심할 수 있다.

② 먹다 남은 음식이나 구슬 등이 주변에 보인다면 상기도 폐쇄를 의심할 수 있다.

> ✪ 이물질이 보이지 않고 끄집어 낼 수 없는 위치에 있다면 절대로 제거하려 해서는 안 된다는 것이다.

(9) 소아는 낯선 사람에게는 불안감을 느끼므로 침착하게 현재 호흡곤란을 도와주기 위해 어떠한 행동을 한다는 것을 설명해 주어야 한다. 아동이 대부분 편안하게 생각하는 자세는 부모가 안고 앉아 있는 자세이다.

5 연기 흡입

호흡기계 손상의 3가지 중요한 요소는 다음과 같다.

연기 흡입	들숨 시 낮은 산소 포화도를 야기한다. 호흡기계 자극, 화상 가능성이 있으며 주위 공기와 타는 물질에 따라 일산화탄소 농도가 달라진다.
연소로 인한 독성물질 흡입	황화수소 또는 시안화칼륨과 같은 물질로 기도 내 화학화상을 유발하고 혈중 독성 물질을 생산하기도 한다. 증상 및 징후가 몇 시간 후에 나타날 수도 있다.
화 상	가열된 공기, 증기 그리고 불꽃이 기도로 들어와 화상을 일으키는 경우로 부종과 기도 폐쇄를 유발한다.

(1) 연기 흡입이 의심될 때 나타나는 추가 증상 및 징후*

① 화재현장에서 환자 발견(특히, 밀폐된 공간)

② 입 또는 코 주변의 그을음

③ 머리카락이나 코털이 그을린 자국

④ 천명이나 쌕쌕거림

⑤ 쉰 목소리

⑥ 기침

(2) 응급처치 방법

① 현장 확인

장비가 없거나 훈련 받지 않은 대원이라면 무리하게 구조를 시도하지 않는다.
② 화재 현장에서 안전한 곳으로 환자 이동
③ 1차 평가를 실시하고 인공호흡을 실시하거나 환기를 제공한다.
적절한 호흡보조 기구를 이용해 고농도 산소를 공급한다.
④ 주 병력과 신체검진을 실시하고 기타 손상 가능성에 대해 주의를 기울인다.
⑤ 신속하게 병원으로 이송한다.

Chapter 4 응급 심장질환

학습 목표

- 심혈관계의 해부학적 구조 및 생리학적 기능을 이해할 수 있다.
- 심정지환자를 평가하고 처치할 수 있다.
- 자동심장충격기의 원리와 종류를 이해할 수 있다.
- 심장리듬을 분석하고 자동심장충격기를 사용할 수 있다.

1 심혈관계 해부학과 생리학

① 심장은 2개의 심방과 2개의 심실로 구성되어 있으며 전신에 혈액을 뿜어내는 역할을 담당하고 있다. 혈액의 역류를 막기 위해 판막으로 연결되어 있으며 심장의 오른쪽은 허파로 피를 보내고 왼쪽은 온몸으로 피를 뿜어낸다.

② 왼심실에서 나가는 주요 동맥을 대동맥이라고 하며 심장동맥이라 불리는 작은 동맥은 심장에 혈액을 공급해 준다. 심장에 산소를 공급하는 것은 외부에 위치한 심장동맥에 의한 것이지 심장 내부에 흐르는 혈액에 의한 것이 아니다. 심장동맥 혈류량 감소는 심장근육의 허혈을 야기시킨다. 예를 들면, 혈전 또는 저혈압 등이 있다.

③ 모든 근육은 생존을 위해 산소가 필요하며 이러한 산소를 적혈구에 의해 운반된다는 점을 명심해야 한다. 허혈이 지속되면 심근경색이 진행되므로 심질환 의심환자에게는 산소를 공급해 주어야 한다. 허혈과 관련된 통증을 협심증이라고 하며 심장동맥이 좁아져 협심증이 진행되면 심근경색 또는 심장마비라고 한다. 따라서 초기 산소공급은 이러한 진행을 예방할 수 있다.

※ 율동장애
심장근육은 심장 수축을 유도하는 전기 자극에 반응하는 특수한 조직으로 구성되어 있다. 이러한 자극을 전달하는 경로에 손상을 받으면 심박동이 불규칙해지는데 이를 율동장애라고 한다. 율동장애는 심장 수축을 멈춰 심장마비를 일으키는데 자동제세동기 사용으로 이러한 문제를 해결하고 정상으로 회복시킬 수 있다.

2 심질환

- 일반적으로 가슴통증, 빠른 호흡과 같은 증상을 야기하는 심질환은 심장박동조절부위로 인한 것으로 심장박동조절부위에 문제가 있는 환자는 다양하다.
- 어떤 환자는 건강한 외모에 정상 생체징후를 나타내고 어떤 환자는 생체징후 없이 심장 마비를 보이기도 한다.
- 심장마비는 가슴통증 또는 가슴통증 없이 단순하게 아픈 느낌을 호소할 수 있다.
- 심장박동조절부위의 문제로 인한 증상 및 징후는 다른 내과적 문제로 인한 증상과 징후와 비슷할 수 있다.
- 이런 경우 심장박동조절부위 상의 문제를 가진 환자로 간주하고 응급처치를 실시해야 한다.

(1) 평 가

현장 안전을 우선적으로 확인하고 개인 보호 장비를 착용한다. 1차 평가를 실시하고 만약 환자가 무의식, 무맥인 경우에는 CPR을 실시하고 AED를 작동시켜야 한다. 의식이 있는 환자인 경우에는 주요 병력 평가와 신체검진을 실시해야 한다.

■ 가슴통증의 대표적인 통증부위와 방사통 ■

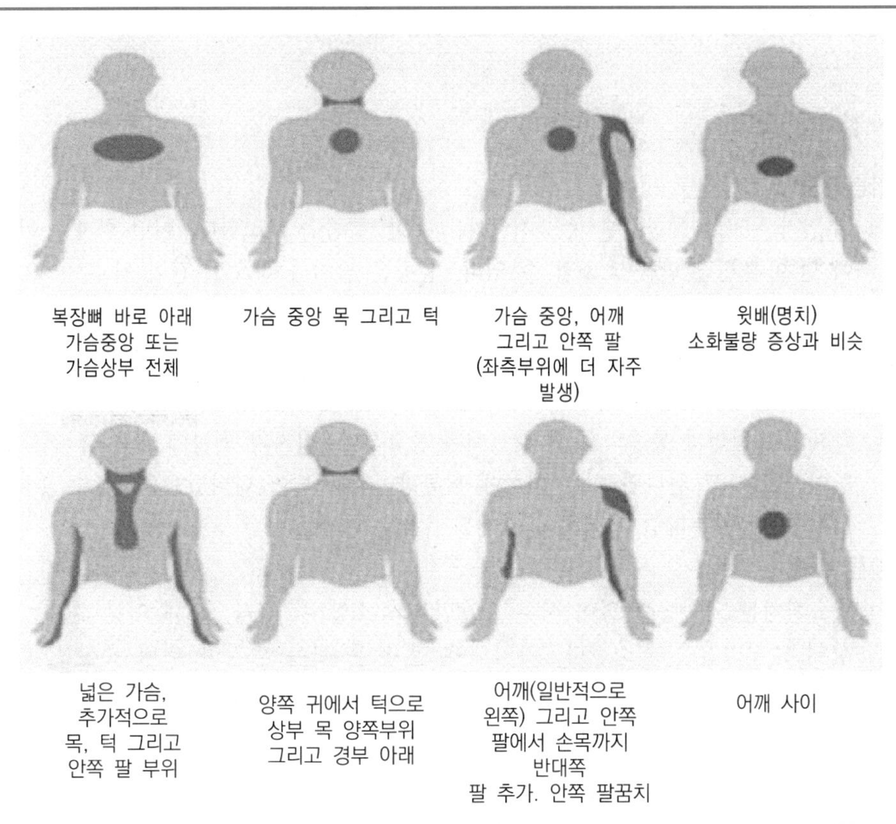

▌OPQRST식 문진▐

심장박동조절부위에 문제가 있는 환자로부터 정보를 얻기 위해 쓰이는 질문	
Onset	언제 통증이 시작됐고 그때 무엇을 하고 있었는지?
Provocation	무엇이 통증을 악화시켰는지?
Quality	통증이 어떻게 아픈지?
Region / Radiation	어느 부분이 아픈지?/통증이 다른 부위까지 퍼졌는지?
Severity	1에서 10이라는 수치라는 가정 하에 통증이 어느 정도인지?
Time	얼마나 오랫동안 통증이 지속됐는지?

※ 증상과 징후
- 가슴, 윗배, 목 또는 왼쪽 어깨에 통증, 압박감, 불편감
- 빠른 호흡
- 빠른 맥
- 갑작스럽게 많은 땀을 흘림
- 오심/구토
- 흥분 또는 불안감
- 절박감
- 부정맥
- 비정상적인 혈압

① 가슴통증

㉠ "무언가 누르는 듯한, 쑤시는, 쥐어짜는 듯한" 통증을 호소한다. 어떤 환자는 이러한 통증 없이 단지 불편감 만을 호소할 수 있다. 통증은 팔이나 목으로 전이 될 수 있으며 유도 질문은 피해서 환자 스스로 표현하도록 격려해야 한다. 만약, 과거에 환자가 가슴통증을 경험했다면 현재와 비교해서 어떤지를 물어야 한다. 환자가 심장마비를 과거에 경험했고 지금 통증이 과거와 비슷하다고 하면 심장문제로 인한 통증임을 추측할 수 있다.

㉡ 환자의 움직임과 통증과의 관계는 매우 중요하다. 환자가 최근에 짧은 거리를 걸은 후에 통증이 있었다고 한다면 이는 심장에 혈류량이 감소되어 나타났음을 알 수 있다. 적절한 치료를 받지 않는다면 경색증이 초래될 수 있다.

② 빠른 호흡

㉠ 당뇨환자는 가슴통증 없이 빠른 호흡만을 호소할 수 있다. 보통 이런 환자는 매우 흥분된 상태로 절박감을 호소한다. 기억해야 할 점은 모든 환자가 위의 증상을 호소한다고 할 수 없다는 점이다.

㉡ 생체징후 특히, 맥박과 혈압은 중요한 지표가 될 수 있다. 맥박은 세기와 규칙성 그리고 횟수를 평가해야 한다.

ⓐ 느린 맥 : 맥박이 60회/분 이하인 경우

ⓑ 빠른 맥 : 맥박이 100회/분 이상인 경우

㉢ 심장박동조절부위에 문제가 있는 경우 빠른 맥과 느린 맥 모두 나타날 수 있으며 불규칙한 맥

박을 나타내기도 한다. 혈압은 정상을 나타내기도 한다.

㉣ 몇몇 환자는 수축기압이 150mmHg 이상이거나 이완기압이 90mmHg 이상인 고혈압을 나타내거나 수축기압이 90mmHg 미만인 저혈압이 나타나기도 한다.

㉤ 저혈압은 심각한 저관류 또는 쇼크를 의미한다. 이는 심장이 효과적으로 수축하는 능력을 상실했기 때문이다. 쇼크 상태에서는 심장을 포함한 인체 모든 조직에 혈류량이 감소하고 허혈 또는 경색증을 일으킬 수 있다. 뇌의 경우는 의식을 잃어 실신을 야기할 수 있다.

(2) 심 질환 환자의 응급처치

① 편안한 자세를 취해준다.

㉠ 대부분 앉아 있는 자세로 만약 환자가 저혈압이라면 앙와위에 발을 심장보다 높게 해줘야 한다. 이 자세는 보다 많은 혈액이 뇌와 심장으로 가도록 도와준다.

㉡ 호흡곤란 또는 울혈성 심부전 환자는 앉아 있는 자세가 편안함을 줄 수 있다.

② 산소포화도를 측정하여 90% 미만일 경우 코 삽입관으로 4~6L의 산소를 공급한다. 그 후에도 산소포화도가 90% 이상을 초과하지 못할 경우에는 마스크 또는 비재호흡마스크를 통해 높은 농도의 산소를 공급한다. 호흡이 불규칙하여 청색증 또는 호흡이 없다면 포켓마스크, BVM 등을 이용하여 산소를 공급한다.

③ 계속 ABC's를 관찰해야 한다.

- 심장마비에 대비해 CPR과 AED를 준비해야 한다.

④ 니트로글리세린을 처방받은 환자라면 복용하도록 옆에서 도와주어야 한다.

⑤ 신속하게 병원으로 이송한다.

(3) 니트로글리세린

① 협심증 환자의 가슴통증에 사용되는 약으로 혈관을 이완시키고 심장의 부하량을 줄여준다.

② 적절한 복용을 위해 적응증, 복용법, 금기사항, 효능에 대해 알아야 하고, 유효기간이 지나면 약효가 떨어지므로 유효기간을 확인해야 한다.

③ 만약 유효기간이 넘은 약을 복용했다면 환자에게 두통이나 혀에 이상한 감각이 느껴지는지 물어봐야 한다.

※ 참고자료

이소프로테레놀	ㆍ심장응급 시 서맥에서 심박동수를 증가시키는데 사용 ㆍ심한 천식 발작상태일 때 사용 ㆍ심박동수 증가, 심근 수축력을 증대하기 때문에 심박출량은 증대하나 말초혈관이 현저하게 확장되어 혈압은 떨어진다. ㆍ서맥(느린맥)으로 인한 쇼크에 사용되어야 하며, 심실세동이나 심실빈맥이 올 수 있다.
에피네프린	ㆍ비외상성 심정지 환자에서 심폐소생술과 함께 우선적으로 투여하는 약물이다. ㆍ효과는 대개 90초 이내에 나타나고 짧은 지속시간을 갖는다. ㆍ심근 수축력을 증가시키며 관상동맥 혈류와 수축기 및 이완기 혈압을 증가시킨다. ㆍ아나필락시스(과민성 쇼크)반응으로 쇼크가 나타나는 환자에게 사용 ㆍ심혈관계 질환이나 고혈압 환자는 금기이다.

(4) 울혈성 심부전증(Congestive Heart Failure, CHF)

심장의 부적절한 수축으로 몸의 일부 기관, 허파에 과도한 체액이 축적되는 상태를 말한다. 이러한 축적은 부종을 야기한다. 울혈성 심부전증은 심장의 판막질환, 고혈압, 허파기종으로 인해 나타날 수 있다.

(5) 심장질환의 종류★★☆ 13년 서울 소방장

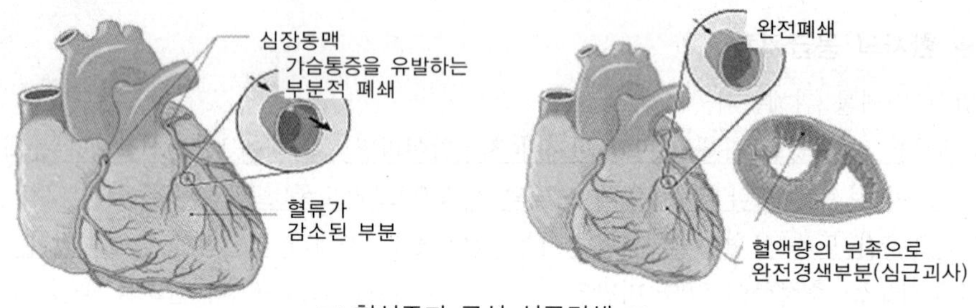

■ 협심증과 급성 심근경색 ■

3 심장마비

① 심장 박동이 멈추거나 다른 종류의 전기적 활동이 대신하는 경우로 때때로 빠른맥이 나타나거나 심장근육에 세동이 나타날 수 있다.
② 이러한 비정상적인 활동은 전신에 적절한 혈류량을 제공해 주지 못한다.
③ 심장마비환자는 맥박 또는 호흡이 없고 무의식상태를 나타낸다.
④ 심박동이 멈추면 세포는 죽어가기 시작하고 4~6분 내에 뇌세포도 죽기 시작한다. 신속하고 효과적인 처치가 없다면 사망에 이를 수 있다.

성인심장 마비환자 생존사슬★★ ☆ 13년 경남 소방장	㉠ 신속한 심정지 확인과 신고 ㉡ 신속한 심폐소생술 실시 : 도착 즉시 30 : 2의 비율로 가슴압박과 인공호흡을 실시한다. ㉢ 신속한 제세동 실시 : 심장마비는 심장의 전기 자극이 매우 빠르거나 조화를 이루지 못할 때 일어난다. 적절한 제세동 실시는 많은 경우 정상으로 회복시킬 수 있다. ㉣ 효과적인 전문 소생술 : 자발순환을 회복시키려면 약물투여로 확보, 혈관수축제 또는 항부정맥제 등의 약물 투여, 전문기도유지술 등의 전문 소생술을 시행해야 한다. ㉤ 심정지 후 통합 치료 : 최근에 자발순환이 회복된 환자에서 통합적인 심정지 후 치료가 강조되고 있다. 심정지 후 치료는 일반적인 중환자 치료와 더불어 저체온 치료, 급성심근경색에 대한 관상동맥중재술, 경련발작의 진단 및 치료 등이 포함된 통합적 치료과정이다.  심정지의 예방과 조기발견 / 신속한 신고 / 신속한 심폐소생술 / 신속한 제세동 / 효과적인 전문소생술과 심정지 후 통합치료
소아심장 마비환자 생존사슬★★★ ☆ 14년 소방위, 15년 소방장	성인 심정지가 종종 갑자기 심장 자체의 문제로 일어나는 반면 소아의 경우 호흡 문제나 쇼크에 의해 이차적으로 나타나는 경우가 많다. 따라서 이러한 심정지를 야기시키는 문제를 근본적으로 낮추는 노력과 소생과 회복을 최대화시키는 것이 중요하다. ※ 미국과 달리 한국의 경우 대한심폐소생협회에 따르면 신속한 신고 후 심폐소생술을 할 것을 권장하고 있다. ㉠ 심정지 방지(즉, 호흡문제와 쇼크에 대한 처치) ㉡ 신속한 신고(응급의료체계 발동) ㉢ 초기 수행능력을 가진 목격자에 의한 심폐소생술 실시 ㉣ 효과적인 전문 소생술(전문 처치병원으로 이송 및 상태 호전을 포함한다) ㉤ 심정지 후 통합치료  심정지의 적절한 예방과 신속한 심정지 확인 / 신속한 신고 / 신속한 심폐소생술 / 신속한 제세동 / 효과적인 전문소생술과 심정지 후 통합치료

4 제세동

① 심정지의 대부분은 심실세동에 의해 유발되며, 심실세동에서 가장 중요한 처치는 전기적 제세동이다.

② 제세동 처치는 빨리 시행할수록 효과적이므로 현장에서 신속하게 시행되어야 한다.

③ 심실세동에서 제세동이 1분 지연될 때마다 세세동의 성공 가능성은 7~10%씩 감소한다.

④ 자동제세동기는 의료지식이 충분하지 않은 일반인이나 의료제공자들이 쉽게 사용할 수 있도록 환자의 심전도를 자동으로 분석하여 제세동이 필요한 심정지를 구분해주며, 사용자가 제세동할 수 있도록 유도하는 장비이다.

⑤ 심실세동과 무맥성 심실빈맥은 제세동으로 치료가 될 수 있다.

심실세동 (V-Fib) ☆ 17년 소방위	심장마비 후 8분 안에 심장마비 환자의 약 1/2에서 나타난다. 이는 심장의 많은 다른 부위에서 불규칙한 전기적 자극으로 일어나며 심장은 진동할 뿐 효과적으로 피를 뿜어내지 못한다. <u>초기에 제세동을 실시하면 매우 효과적일 수 있다.</u> 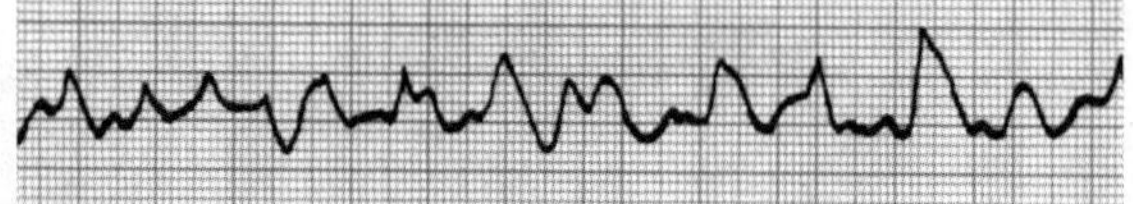
심실빈맥 (V-Tach)	리듬은 규칙적이나 매우 빠른 경우를 말한다. 너무 빨리 수축해서 피가 충분히 심장에 고이지 않아 심장과 뇌로 충분한 혈액을 공급할 수 없다. V-Tach은 심장마비환자의 10%에서 나타나며 제세동은 반드시, 무맥 또는 무호흡 그리고 무의식 환자에게만 실시해야 한다. 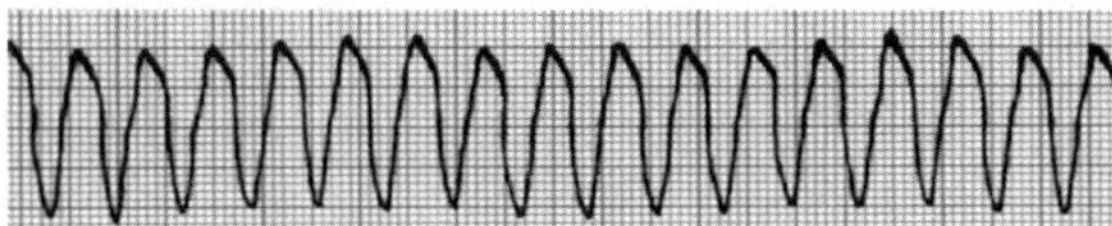

5 내부 심장충격기

과거 심장마비 경험이 있고 앞으로 가능성이 있는 환자의 경우 병원에서 설치한 내부 제세동기를 갖고 있을 수 있다. AICD(automatic implantable cardioverter defibrillator)로 알려진 이 기구는 피부아래 위치해 있으며 외부 제세동기와 같은 기능을 갖고 있다. 이 기구를 갖고 있는 환자가 심장마비를 보일 경우에는 AICD에서 적어도 약 3cm 떨어진 부분에 전극패드를 부치고 제세동을 실시해야 한다. 심장박동조율기의 경우에도 마찬가지이다.

※ 외부 제세동기는 반자동과 전자동이 있다.

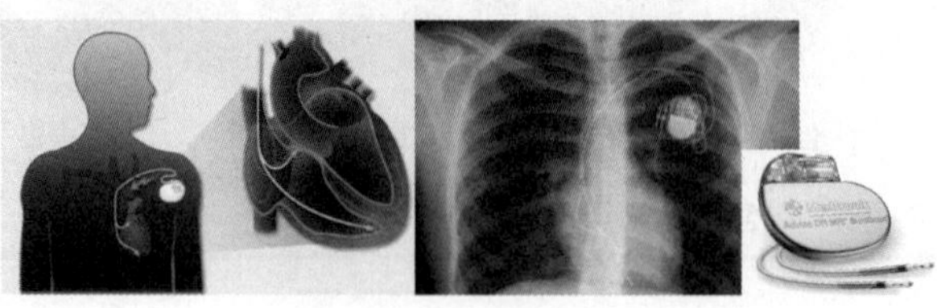

■ 심박조율기 ■

6 외부 심장충격기

전자동 심장충격기	구급대원은 단순히 전극(패드)을 부착하고 전원을 켜기만 하면 된다. 기계는 자동으로 분석하고 적절한 전기 충격량을 결정하고 자동으로 제세동을 실시한다.
반자동 심장충격기	구급대원은 전극(패드)을 부착하고 전원을 켜고 리듬분석 버튼을 눌러야 한다. 심장충격기는 리듬을 분석하고 분석 및 행동에 대한 지시를 하고 구급대원은 이에 따라 제세동 버튼을 눌러야만 한다.

※ 심장충격기의 이점 및 사용

① 전자동 심장충격기가 나옴으로써 구급대원의 조작이 쉬워졌고 제세동 사용에 걸리는 시간이 줄어들었다.
② 심장충격기 오류는 기계적 오류보다 부적절한 패치부착 및 배터리 방전 등 사용·관리 미숙으로 인한 것이 많다.
③ 패치를 부착하는 위치는 통상적으로 가장 많이 사용되는 전외 위치법은 한 전극을 오른 빗장뼈의 바로 아래에 위치시키고 다른 전극은 좌측 유두의 왼쪽으로 중간겨드랑이에 부착한다.
④ 다른 방법은 양쪽 겨드랑이에 위치시키는 좌우 위치법과 한 전극은 복장뼈의 좌측에 다른 전극은 등의 어깨뼈 밑에 위치시키는 전후 위치법이 있다.

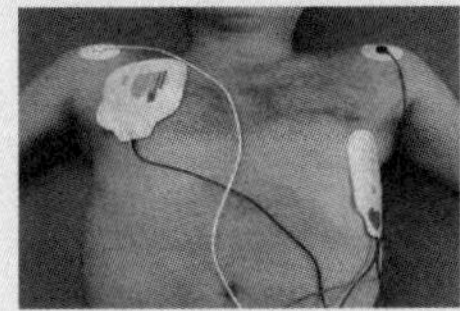
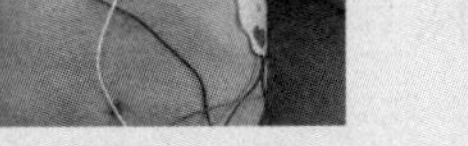

■ 전외위치법 ■

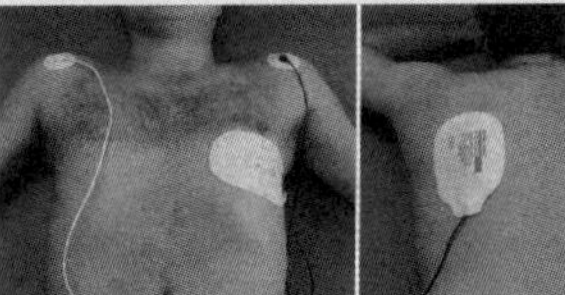

■ 전후위치법 ■

※ 심장 리듬을 분석하고 전기 충격을 자동으로 결정한다.

※ 실시요령★ ☆ 15년 소방장

① 심폐소생술 시행 도중 자동 또는 수동 심장충격기를 가진 사람이 도착하면 즉시 심전도 리듬을 분석하여 심실세동이나 맥박이 없는 심실빈맥이면 1회의 제세동을 실시한다.
② <u>제세동 후에는 맥박 확인이나 리듬 분석을 시행하지 않고 곧바로 가슴압박을 실시</u>하며 5주기의 심폐소생술을 시행한 후에 다시 한 번 심전도를 분석하여 적응증이 되면 제세동을 반복한다.
③ 제세동이 필요 없는 심전도 리듬인 경우에는 가슴압박과 인공호흡을 계속한다. 심장충격기를 사용하는 과정에서도 가능하면 가슴압박의 중단이 최소화 되도록 노력한다.
④ 현장에서 자동 심장충격기를 사용하는 경우 5~10분 정도의 심폐소생술을 시행한 후 가까운 병원으로 이송하는 것을 권장하며 이송 중에도 가능하면 계속 심폐소생술을 시행한다.

(1) 심장충격기 적응 증

심장마비 환자에게 쓰이나 모든 심장마비 환자에게 쓰이는 것은 아니다.
심장충격기 **적응증** 환자는 다음과 같다.

① <u>모든 심장마비 환자(단, 아래 금기 환자 제외)</u>

※ 1세 미만의 영아에게는 소아 제세동 용량으로 변경시킨 뒤에 심장충격기를 적용하나, 소아용 패드나 에너지 용량 조절장치가 구비되어 있지 않는 경우에는 1세 미만의 영아에게도 성인용 심장충격기를 사용하여 2~4J/kg으로 제세동 한다.

② 심실세동, 무맥성심실빈맥, 불안정한 다형심실빈맥을 보이는 환자

> ※ 제세동 사용불가 환자
> 1. 의식, 맥박, 호흡이 있는 환자는 오히려 사망에 이르게 할 수 있다.
> 2. 심각한 외상환자의 심정지
>   - 대부분 심각한 출혈과 생체기관이 한 개 또는 둘 이상 손상이 되며 환자에게 제세동이 실시된다고 하여도 성공의 가능성은 없다.
>   - 또한 이러한 심각한 외상의 경우에는 현장에서 가능하면 최소한의 시간을 사용하여야 하고 환자는 수술이 가능한 병원으로 신속히 이송되어야 한다.

(2) 주의사항* ☆ 13년 경남 소방장

① 비 오는 바깥이나 축축한 장소에서의 사용은 금지한다.

> ※ 만약, 물에 빠진 환자라면 젖은 옷을 벗기고 건조한 곳으로 이동 후 사용해야 한다.

② 금속 들것이나 표면에 환자가 있다면 비금속 장소로 이동 후에 실시한다.

③ 시작 전에 환자 머리에서 발끝까지 둘러보면서 "모두 물러나세요."라고 소리치고 눈으로 확인한다.

④ 당뇨 환자 배에 혈당조절기를 위한 바늘이 삽입된 경우에는 제거한 후에 실시한다.

⑤ 끊어진 전선이 주위에 있다면 장소를 옮겨 사용한다.

(3) CPR과 심장충격기*

① 조기 심장충격기는 회복 가능성을 높이므로 가능한 신속하게 실시해야 한다.

② 기본 CPR은 제세동 과정에서 필수 요소로 심장의 기능을 대신해 피와 산소를 조직에 공급해 주는 역할을 한다.

③ 한 명의 대원이 AED를 준비하는 동안 다른 대원은 CPR을 실시해야 한다.

④ AED준비가 끝나면 CPR을 멈추고 환자 주위 사람들을 모두 물러나게 한 후 제세동을 실시해야 한다.

(4) 심장 마비 환자 평가

① 현장 안전을 확인하고 개인 보호 장비를 착용한 후 현장에 진입해야 한다. 1차 평가를 통해 심장 마비가 의심된다면 앞부분에서 언급한 심장질환 환자에 대한 평가와 처치를 실시해야 한다.

② 맥박과 호흡이 없는 환자에게는 즉시 CPR을 실시하며, AED가 준비되면 즉시 리듬을 분석하여 필요 시 제세동을 실시한다.

③ 추가 대원이 있다면 주요 병력 및 신체 검진을 실시하여 언제 시작 했는지 와 그 전에 증상과 징후가 있었다면 무엇인지를 알아봐야 한다.

심장마비 환자의 AED와 CPR 처치

① CPR을 시작한다.
   - 고농도의 산소를 제공한다.

② 제세동 준비를 한다.
   - 사생활 보호에 유의하며 가슴을 노출시킨다. (시간지연 금지)
   - 가슴과 배에 부착된 기구가 있다면 제거하고 너무 많은 가슴 털은 면도를 해준다.
   - 환자의 가슴이 젖어 있다면 수건 등으로 물기를 닦는다.

③ AED 전원을 켠다.

④ 패치를 환자의 가슴 적정한 위치에 부착시킨다.

⑤ 연결장치(컨넥터)를 기계와 연결한다.

⑥ 기계로부터 "분석중입니다. 물러나세요"라는 음성지시가 나오면 CPR을 중단하고 환자 주위 사람들을 모두 물러나게 한다.

⑦ 기계가 "제세동이 필요합니다."라는 음성지시가 나오면 에너지가 충전될 때까지 가슴압박을 계속한다.

⑧ 충전이 완료되면 "모두 물러나세요"라고 말하여 주변 사람들을 물러서게 한 후 제세동 버튼을 누른다.

⑨ 버튼을 누른 후 즉시 가슴압박을 시작한다.

⑩ 2분간 5주기의 CPR을 실시한 후 리듬을 재분석 한다.
   - 회복상태라면 호흡과 맥박을 확인하고 산소공급과 신속한 이송을 실시한다.
   - 비 회복상태라면 CPR과 제세동을 반복하여 실시한다.

⑪ 분석 버튼을 눌렀을 때 회복상태를 나타내면 호흡과 맥박을 확인한다.
   - 호흡이 비정상이라면 BVM을 이용한 인공호흡으로 고농도산소를 제공, 이송해야 한다.
   - 호흡이 정상이라면 비재호흡마스크를 이용해서 10~15L/분 산소를 공급하고 이송해야 한다.

요 약

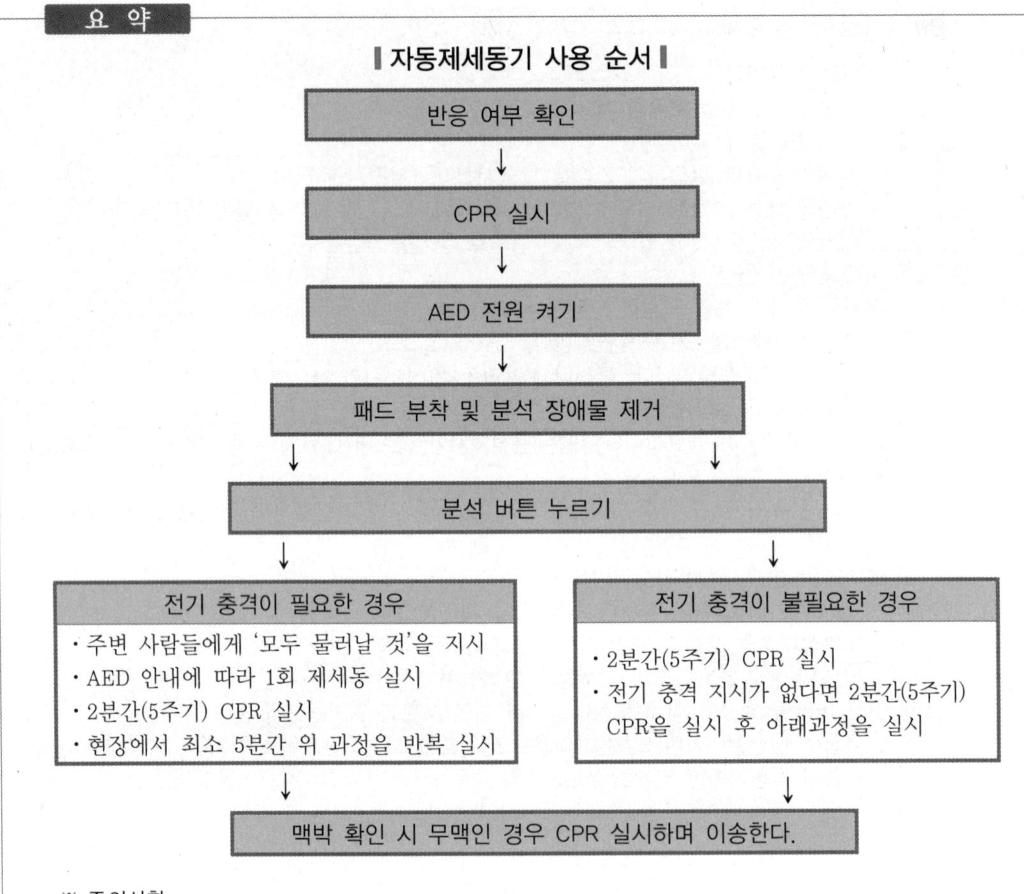

※ 주의사항

- '전기충격 지시'가 없을 때마다 2분간(5주기) CPR을 실시한다.
  만약 맥박이 있다면 호흡을 확인하고 산소를 공급하거나 고농도 산소로 환기를 제공해준다.
- 전기 충격을 준 후'전기 충격이 불필요하다'란 안내가 나온다면 위 도표에서 오른쪽 부분의 지시에 따르면 된다.
- 처음에 '전기 충격이 불필요하다'란 안내 후에 다음 분석에서 '전기 충격이 필요하다'란 안내가 나오면 위 도표에서 왼쪽 부분의 지시에 따른다.

Chapter 5 급성 복통

학습 목표

- 소화기계통의 해부학적 구조를 이해할 수 있다.
- 복통을 평가하고 처치할 수 있다.
- OPQRST를 이용하여 환자정보를 수집할 수 있다.
- SAMPLE 병력을 이용하여 환자평가를 할 수 있다.
- 복통을 유발하는 질병을 평가하고 처치할 수 있다.

1 배의 해부학 및 생리학

배는 가로막과 골반 사이를 말하며 소화, 생식, 배뇨, 내분비기관과 조절기능을 담당하는 다양한 기관이 위치해 있다. 흔히 배내 기관이 소화 작용만 하는 것으로 알고 있지만 혈당을 조절하기 위한 인슐린 분비(이자의 랑게르한스섬), 혈액 여과작용, 면역 반응 보조역할(지라), 독소제거(간) 등 보다 더 많은 역할을 하고 있다.

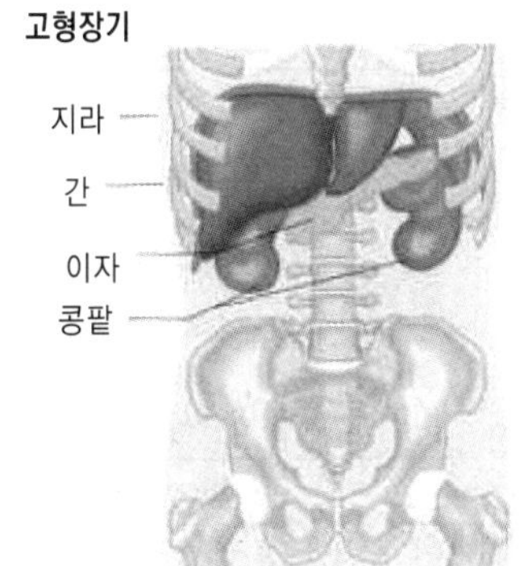

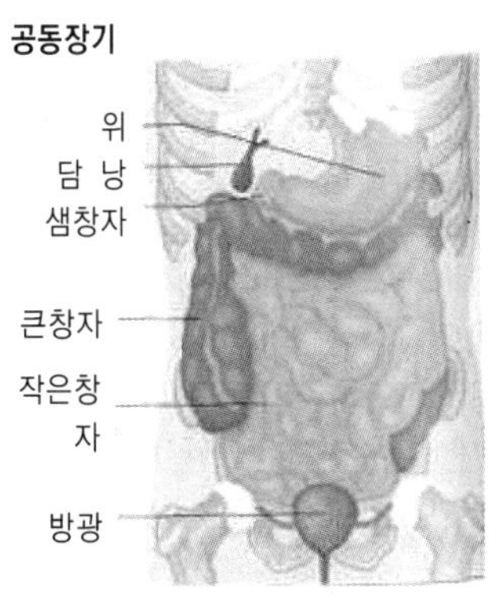

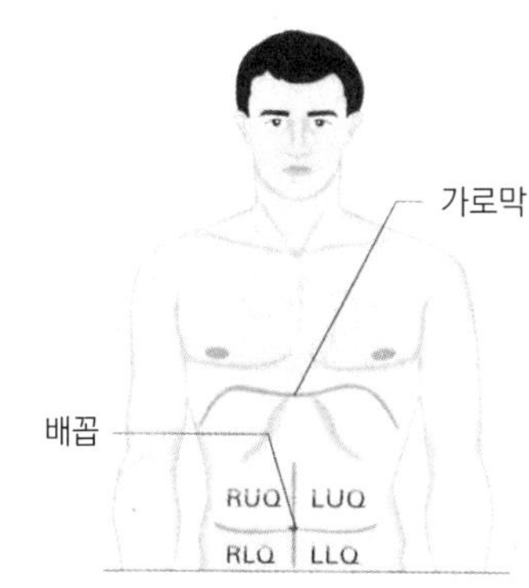

▌배내 장기 및 구조▐

장 기	유 형	기 능
식 도	속이 빈 소화기관	음식물을 입과 이두로부터 위까지 이동시킨다.
위	속이 빈 소화기관	가로막 아래 위치한 팽창기관이며 작은창자와 식도를 연결한다.
작은창자	속이 빈 소화기관	샘창자, 공장, 회장으로 구성되었으며 큰창자와 연결되어 있다. 영양소를 흡수한다.

큰창자	속이 빈 소화기관	물을 흡수하고 대변을 만들어 직장과 항문을 통해 배출시킨다.
막창자	속이 빈 림프관	소화기능이 없는 림프조직이 풍부한 장 주머니로 통증과 수술이 필요한 염증반응이 나타날 수 있다.
간	고형체의 소화기관 혈액조절과 해독 기능	· 혈액 내 탄수화물과 다른 물질의 수치 조절 · 지방 소화를 위한 담즙분비 · 해독작용
쓸 개	속이 빈 소화기관	작은창자로 분비되기 전 담즙 저장
지 라	고형체의 림프조직	비정상 혈액세포 제거 및 면역반응과 관련
이 자	고형체의 소화기관	음식을 흡수 가능한 분자로 만들어 작은창자로 내려보내는 효소를 분비하고 혈당을 조절하는 인슐린 분비
콩 팥	고형체의 비뇨기계	· 노폐물을 배출하고 여과 · 물, 혈액, 전해질 수치 조절 · 독소 배출
방 광	속이 빈 비뇨기계	콩팥으로부터 소변 저장

※ 배는 4부분으로 나눌 수 있는데 통증, 압통, 불편감, 손상 또는 기타 비정상 소견 등 정확한 부위를 묘사할 때 사용된다. 배 내 대부분의 장기는 복막으로 둘러싸여 있다. 복막은 두개의 층(장기를 감싸는 내장 쪽 복막과 복벽과 닿는 벽 쪽 복막)으로 구성되어 있다. 두 층 사이는 윤활액으로 채워져 있다. 몇몇 장기는 복막 뒤에 있는데 이러한 장기로는 콩팥, 이자, 큰창자가 있다. 여성의 생식기관은 배와 골반사이에 위치해 있으며 이러한 기관으로는 난소, 나팔관, 자궁이 있고 여성의 복통을 유발하는 원인이 될 수도 있다.

2 복 통★ ☆ 12년 부산 소방장, 19년 소방위

내장 통증	· 배내 장기는 많은 신경섬유를 갖고 있지 않아 종종 둔하고 아픈 듯 또는 간헐적으로 통증이 나타나 정확한 위치를 알아내기 힘들다. · 간헐적이고 마치 분만통증과 같은 복통은 흔히 배내 속이 빈 장기로 인해 나타난다. 그리고 둔하고 지속적인 통증은 종종 고형체의 장기로 인해 나타난다.
벽쪽 통증	· 복강을 따라 벽쪽 복막에서 나타나는 통증이다. 넓게 분포하고 신경섬유로 인해 벽쪽 복막으로부터 유발된 통증은 내장 통증보다 더 쉽게 부위를 알 수 있으며 묘사할 수 있다. · 벽측 통증은 복막의 부분 자극으로 직접 나타난다. 이러한 통증은 내부출혈로 인한 자극 또는 감염·염증에 의해 나타날 수도 있다. 또한 날카롭거나 지속적이며 국소적인 경향을 나타낸다. · SAMPLE력을 조사할 때 환자는 이러한 통증을 무릎을 굽힌 자세 또는 움직이지 않으면 나아지고 움직이면 다시 아프다고 표현하기도 한다.
쥐어뜯는 듯한 통증	· 복통으로는 흔하지 않은 유형으로 대동맥을 제외한 대부분의 배내 장기는 이러한 통증을 느끼는 감각을 갖고 있지 않다. · 배대동맥류 (abdominal aortic aneurysm)의 경우 대동맥 내층이 손상 받아 혈액이 외층으로 유출될 때 등쪽에서 이러한 통증이 나타난다. · 유출된 혈액이 모여 마치 풍선과 같은 유형을 나타내기도 한다.
연관 통증	· 통증 유발부위가 아닌 다른 부위에서 느끼는 통증으로 예를 들어 방광에 문제가 있을 때 오른 어깨뼈에 통증이 나타나는 것을 말한다. · 방광으로부터 나온 신경이 어깨부위 통증을 감지하는 신경과 같이 경로를 나눠 쓰는 척수로 돌아오기 때문이다.

※ 주의 사항
심근경색으로 인한 통증은 배의 불편감(마치 소화가 안 되는 듯한)으로 나타나기도 한다. 이러한 통증은 보통 윗배에 나타나므로 주의해야 한다.

3 환자 평가

복통을 유발하는 잠재적인 원인은 다양하므로 구급대원은 어떠한 진단을 내리는데 시간을 낭비해서는 안 된다. 환자 평가에서 다루어야 할 점은 정확한 신체 검진과 SAMPLE력 그리고 쇼크와 같은 심각한 상태 가능성이 있는지 판단하는 것이 중요하다.

① 현장 확인 : 가능한 손상기전 확인
② 1차 평가 : 일반적인 인상, 의식수준, 기도, 호흡 그리고 순환
산소를 공급하고 이송여부를 판단 후 이송한다.
③ 환자 자세 : 주위를 조용히 하고 환자가 안정감을 찾도록 도와준다.
④ SAMPLE력, 신체검진 그리고 생체 징후
⑤ 5분마다 재평가

(1) 현장 확인

① 도착해서 현장을 확인하는 단계에서 구토의 가능성이 있으므로 옷과 얼굴을 보호하는 개인보호 장비를 착용해야 한다.
② 냄새는 진단하는 데 중요한 역할을 하기도 하는데 예를 들면, 구토물에 혈액이 있거나 대변에서 독특하고 강한 냄새가 나면 쇼크 가능성을 암시하기도 한다.

(2) 1차 평가

① 일반적인 인상은 환자 상태의 심각성과 즉각적인 처치의 필요성을 결정하는데 중요한 역할을 한다.
② 우선 의식수준으로 기도처치의 필요유무를 판단할 수 있고 의식변화, 홍분, 창백, 차가운 피부 그리고 빠른맥과 빠른호흡은 쇼크 전 단계임을 나타낸다.
③ 환자의 자세 또한 중요한데 배를 감싸고 있거나 무릎을 굽힌 자세를 취하고 있다.
④ 복통을 호소하는 환자의 처치로는 비재호흡마스크를 통해 10~15L/분의 산소를 투여해야 한다.

(3) SAMPLE력

① 증상 및 징후*
개방성 질문을 통해 환자가 묘사하는 통증을 그대로 기록한다. 질문으로는 OPQRST를 이용 정보를 수집한다.

Onset	언제부터 통증 또는 불편감이 시작됐는지? 쉬는 중에 아니면 일하는 중에 시작됐는지? 통증이 어떻게 시작됐는지? (지속적으로, 심하게, 점점 심해지는지 등)
Provocation/Palliation	어떻게 하면 완화 또는 악화되는지? 어떠한 자세를 취하면 완화 또는 악화되는지? 움직임이 통증에 영향을 미치는지?
Quality	통증을 느끼는 그대로 묘사하도록 한다.
Region/Radiation	부위를 가리키거나 볼 수 있는지? 기타 연관 통증이 있는지?
Severity	1~10이란 수치를 기준으로 통증의 정도를 묻는다.
Time	지속된 시간과 시간 경과에 따른 변화가 있는지?

② 알레르기

알레르기가 있는지 묻는다.

③ 약물

복용하는 약물이 있는지 묻는다. 예를 들면, 심장마비와 뇌졸중을 예방하는 데 쓰이는 아스피린은 위출혈을 야기할 수 있다. 당뇨환자는 처방약 복용으로 인한 비정상 혈당 증상으로 복통을 호소할 수 있다.

④ 연관된 과거력

환자의 병력은 현 증상과 관련된 과거 병력으로 정보를 수집할 수 있다. 과거 배와 관련된 병력이 있다면 무엇이었는지? 쇼크를 일으켰는지? 수술했는지? 등을 물어야 한다. 윗배 불편감을 호소하는 환자가 과거 심장과 관련된 병력이 있다면 심장마비를 염두해야 한다.

⑤ 마지막 구강섭취

복통환자에게 매우 중요한 부분으로 무엇을 언제 그리고 환자에게 섭취하는 데 아무런 영향을 주지 않는지 판단해야 한다.

⑥ 상황을 야기한 사건

증상 및 징후의 시간에 따른 과정을 알 수 있다. 문제와 관련된 상황(며칠 전부터) - 구토, 오심, 설사, 변비 등을 묻고 내용물이 암적색, 선홍색 또는 커피색인지를 기록해야 한다.

⑦ 여성 환자인 경우

㉠ 가임기 여성인 경우 SAMPLE력 외에 추가적인 질문을 통해 정보를 수집해야 한다. 자궁외 임신과 같은 응급상황은 치명적일 수 있으며 병력을 수집해야 한다. 기타 난소낭 파열, 골반 염증질환 그리고 불규칙한 생리 역시 특징적인 통증을 유발할 수 있다. 가임기 여성에게 수집해야 할 정보는 지극히 사적이지만 중요하므로 환자 본인에게 직접 질문해야 한다.

ⓐ 생리주기는?

ⓑ 생리기간이 지났는데도 생리를 안 하는지?

ⓒ 현재 생리기간이 아닌데도 질출혈이 있는지?

ⓓ 생리중이라면 양은 정상인지?

ⓔ 전에도 이러한 통증을 경험한 적이 있는지?

ⓕ 언제부터 그랬는지?

㉡ 가임기 여성이라면 혹시 임신했는지를 묻고 신속한 이송이 필요한 자궁외 임신을 의심해야 한다.

(4) 배 신체검진

① 청진을 통해 장음을 듣는 것은 병원 전 단계에서 많은 시간이 소요되므로 현장에서는 시진과 촉진을 통해 평가해야 한다.

② 평가 전에 외상 환자인 경우 어느 부위가 다쳤는지를 우선 질문해 환자가 부위를 가르치도록 해야 한다.

구분	내용
시 진	배 팽창, 변색, 비정상적인 돌출 또는 기타 비정상적인 외형을 살피고 배의 모양이 최근 들어 변했는지를 물어야 한다.
촉 진	· 몇 개의 손가락 끝을 이용해 부위별로 부드럽게 눌러야 한다. · 촉진 중에 딱딱한 느낌이 든다면 환자에게 통증을 느끼는지 질문해야 한다. · 처음에는 부드럽고 얕게 촉진해서 환자가 아무런 불편감을 호소하지 않는다면 다음에는 좀 더 깊게 촉진하도록 한다. · 만약 첫 촉진에서 통증, 불편감이나 이상을 발견했다면 추가 촉진은 필요하지 않다.

③ 환자가 배를 감싸고 있거나 무릎을 굽힌 자세는 배를 보호하거나 복통을 감소시키려고 취하는 자세이다.

④ 배 대동맥류인 경우 맥박이 뛰는 덩어리를 촉지하거나 등 쪽에 찢어지는 또는 날카로운 통증이 나타날 수 있다.

⑤ 만약 촉진을 통해 배대동맥류를 느꼈다면 재차 촉진해서는 안되며 이송병원에 알려 주어야 한다. 또한, 그 전에 심하지 않거나 수술이 불가능하여 처치하지 않은 배 대동맥류를 진단 받았는지를 물어야 한다.

⑥ 매우 마른 사람인 경우 심부 촉진을 통해 약하게 배대동맥의 맥박을 촉지할 수도 있다는 점을 주의해야 한다.

⑦ 비만환자인 경우 배대동맥류가 있어도 촉지할 수 없으므로 이런 경우 등 쪽의 심한 통증을 통해 의심할 수 있다.

(5) 생체 징후

① 복통 환자라면 즉각적으로 생체 징후를 측정하고 5분마다 재평가해야 한다.

② 측정해야 하는 생체징후로는 맥박, 호흡, 혈압, 피부색, 체온 그리고 환자상태가 있다.

③ 의식수준 역시 중요한데 쇼크는 빠른 맥, 빠른 호흡, 창백, 축축한 피부 그리고 흥분 상태와 함께 바로 나타난다는 것을 주의해야 한다.

④ 혈압저하는 이에 비해 늦게 나타날 수 있다.

4 환자 처치

① 1차 평가 동안 기도를 유지한다. 의식변화가 있다면 기도를 유지해야 하며 복통환자인 경우 구토를 할 수 있으므로 필요 시 흡인해야 한다.

② 비재호흡마스크를 통해 분당 10~15 L의 산소를 공급한다.

③ 환자가 편하다고 생각하는 자세를 취해준다. 그러나 쇼크 또는 기도유지에 문제가 있다면 상태에 따른 자세를 취해줘야 한다.

④ 복통 또는 불편감을 호소하는 환자에게는 구강으로 아무것도 주어서는 안 된다.

⑤ 환자가 흥분하지 않게 침착한 자세로 안정감을 유지하며 신속하게 이송한다.

5 복통유발 질병★★☆ 19년 소방장

(1) 충수돌기염(맹장염)

수술이 필요하며 증상 및 징후로는 오심/구토가 있으며 처음에는 배꼽부위 통증(처음)을 호소하다 RLQ부위의 지속적인 통증을 호소한다.

(2) 담낭염(쓸개염)/담석

쓸개염은 종종 담석으로 인해 야기되며 심한 통증 및 때때로 갑작스런 윗배 또는 RUQ 통증을 호소한다. 또한 이러한 통증을 어깨 또는 등쪽에서도 나타날 수 있다. 통증은 지방이 많은 음식물을 섭취할 때 더 악화될 수 있다.

(3) 췌장염(이자염)

만성 알콜환자에게 흔히 나타나며 윗배 통증을 호소한다. 췌장(이자)이 위 아래, 후복막에 위치해 있어 등/어깨에 통증이 방사될 수 있다. 심한 경우 쇼크 징후가 나타나기도 한다.

(4) 궤양/내부 출혈

소화경로 내부 출혈 (위궤양)	식도에서 항문까지 어느 곳에서도 나타날 수 있으며 혈액은 구토(선홍색 또는 커피색) 또는 대변(선홍색, 적갈색, 검정색)으로 나온다. 이로 인한 통증은 있을 수도 있지만 없을 수도 있다.
복강내 출혈 (외상으로 인한 지라출혈)	복막을 자극하고 복통/압통과도 관련이 있다.

(5) 배대동맥류(AAA)

① 배를 지나가는 대동맥벽이 약해지거나 풍선처럼 부풀어 올랐을 때 나타난다.
② 약하다는 것은 혈관의 안층이 찢어져 외층으로 피가 나와 점점 커지거나 심한 경우 터질 수 있다(만약 터진다면 사망가능성이 높아진다).
③ 작은 크기인 경우에는 즉각적인 수술이 필요하지 않다. 병력을 통해 배대동맥류를 진단 받은 적이 있고 현재 복통을 호소한다면 즉각적인 이송을 실시해야 한다.
④ 혈액유출이 서서히 진행된다면 환자는 날카롭거나 찢어질 듯한 복통을 호소하고 등쪽으로 방사통도 호소할 수 있다.

(6) 탈 장

① 복벽 밖으로 내장이 튀어나온 것을 말하며 무거운 물건을 들거나 힘을 주었을 때 나타날 수 있다.
② 보통 무거운 것을 들은 후 갑작스러운 복통을 호소하고 배나 서혜부 촉진을 통해 덩어리가 만져질 수 있다.
③ 매우 심한 통증을 호소하나 장이 꼬이거나 막혔을 때를 제외하고는 치명적이지 않다.

(7) 신장/요로 결석

콩팥에 작은 돌이 요로를 통해 방광으로 내려갈 때 심한 옆구리 통증과 오심/구토 그리고 서혜부 방사통이 나타날 수 있다.

Chapter 6

출혈과 쇼크

학습 목표

- 순환계의 해부학적 구조를 이해할 수 있다.
- 출혈을 평가하고 처치할 수 있다.
- 지혈대를 사용할 수 있다.
- 쇼크의 증상을 평가하고 처치할 수 있다.

1 순환계★☆ 19년 소방장

순환계는 3개의 주요 요소(심장, 혈관, 혈액)로 구성되어 있다. 이 요소들은 인체조직세포로 산소와 영양분을 운반해 주고 폐기물을 받아 운반해 준다. 이런 과정을 관류라고 한다. 순환계의 효과적인 활동을 위해서는 이 3가지 요소가 적절한 기능을 해야 한다.

(1) 심 장

심장은 순환계의 중심으로 하가슴 내 복장뼈 좌측에 위치한 주먹크기 만한 근육조직이다.

① 혈액을 받아들이는 2개의 심방과 심장 밖으로 혈액을 뿜어내는 2개의 심실로 되어 이루어져 있다.

② 기능적으로는 좌·우로 나뉘는데 오른심방은 압력이 낮고 주요 정맥으로부터 혈액을 받아들여 산소교환을 위해 허파로 보내는 기능을 맡고 있다.

③ 왼심방은 허파로부터 그 혈액을 받아들이고 왼심실은 고압으로 동맥을 통해 피를 뿜어낸다.

④ 왼심실의 작용으로 생기는 힘은 맥박을 형성하고 이는 손목의 노동맥처럼 뼈 위를 지나가는 동맥에서 촉지할 수 있다.

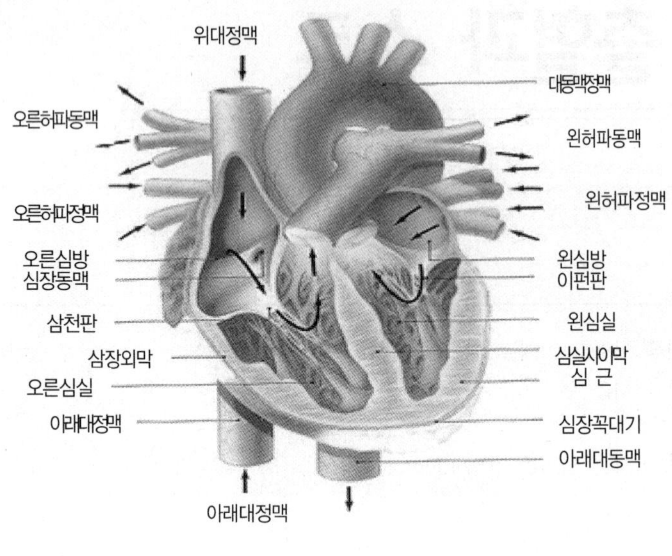

■ 심장 구조 ■

(2) 혈 관

① 동맥

㉠ 심장으로부터 혈액을 멀리 운반하며 주요 동맥을 대동맥이라고 한다.

㉡ 혈액은 왼심실로부터 대동맥-소동맥-세동맥-모세혈관으로 분지된다.

② 정맥

㉠ 혈액을 오른심방으로 이동시키는 역할을 한다.

㉡ 모세혈관-소정맥-대정맥-오른심방으로 유입시킨다.

㉢ 동맥과 비교할 때 벽이 얇으며 압력이 낮다.

㉣ 오른심방으로 들어 온 피는 오른심실에서 허파로 이동해 산소를 교환하고 왼심방으로 들어와 왼심실에서 전신으로 동맥을 통해 뿜어져 나간다.

③ 모세혈관

모세혈관의 뚜께는 하나의 세포 뚜께 정도이며 이 얇은 벽을 통해 산소, 영양분, 그리고 폐기물이 교환된다.

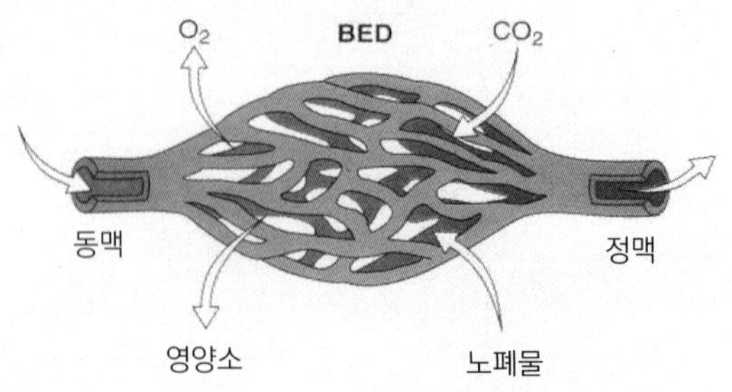

(3) 혈 액*

※ 성인의 경우 체중 1kg당 약 70㎖의 혈액량을 갖고 있다.	
적혈구	세포에 산소를 운반해 주고 이산화탄소를 받으며 혈액의 색을 결정하는 요소이다.
백혈구	면역체계의 일부분으로 감염을 방지한다.
혈소판	세포의 특수한 부분으로 지혈작용을 한다.
혈 장	혈액량의 1/2 이상을 차지하며 전신에 혈구와 혈소판을 운반하는 역할을 하고 있다.

2 출 혈*

✪ 저관류 또는 쇼크
순환계는 꾸준히 조직에 산소를 운반해 주고 이산화탄소와 폐기물을 이동시켜 주는 역할을 한다. 이러한 기능에 문제가 발생하면 관류가 제대로 이루어지지 않아 조직은 충분한 혈액과 영양을 받지 못하고 폐기물은 계속 쌓이게 된다. 결국 인체 세포는 죽게 되는 것을 말한다.

① 성인의 경우 갑작스런 100cc 출혈은 문제가 되지 않지만 전체 혈액량이 500~800cc인 신생아에게는 심각한다.
② 일반적으로 성인은 1L, 소아는 0.5L, 신생아는 0.1L 실혈될 경우 위험하다.
③ 외부출혈이라도 옷, 장식천, 깔개, 땅 등에 흡수된 실혈량은 측정할 수 없으며 내부출혈인 경우 더더욱 알 수 없다는 문제점이 있다.
④ 정상적인 출혈 반응은 손상 혈관이 수축되고 혈소판과 응고인자는 혈액을 응고시켜 지혈반응을 나타내는데 심한 출혈에는 이 기능이 정상적으로 작용하지 않을 수 있다.

✪ 지혈에 영향을 주는 요소
환자가 복용하는 약물 중 혈액 응고기능을 떨어뜨리는 Coumadin(wafarin)이라는 약물이 있다. 이 약은 인공심장밸브를 갖고 있는 환자나 만성 부정맥을 갖고 있는 노인환자 그리고 투석을 하는 환자에게 보통 처방되며 비정상정인 출혈 반응을 보인다. 이런 약물 복용 환자의 경우 출혈이 계속 진행될 수 있으므로 주의해야 한다.

3 외부 출혈

피부손상으로 나타나며 외부 물체로 인한 것뿐만 아니라 내부의 골절된 뼈에 의해서도 나타날 수 있다.

(1) 출혈 형태***

동맥 출혈	동맥이나 세동맥 손상으로 일어난다. 산소가 풍부하고 고압 상태이므로 선홍색을 띄며 심박동에 맞춰 뿜어져 나온다. 보통 양이 많으며 고압으로 인해 지혈이 어렵다. 지혈되지 않으면 쇼크 증상을 초래하며 열상에서 많이 나타난다.	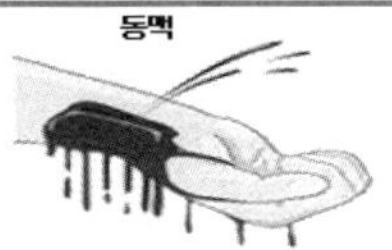

정맥 출혈	정맥이나 세정맥 손상으로 일어난다. 산소가 풍부하지 않으며 저압 상태이므로 검붉은 색을 띠며 흘러나오는 양상을 나타낸다. 열상에서 많이 나타나며 지혈이 쉽다.	정맥
모세혈관 출혈	모세혈관은 얇고 출혈도 느리며 스며 나오듯이 나온다. 색은 검붉은 색이며 찰과상에서 흔히 볼 수 있다. 지혈이 쉬우며 실혈량도 적고 자연적으로 지혈되는 형태이다.	모세혈관

※ 평가할 때 고려해야 할 요소로는 상처 형태나 부위에 따라 출혈의 정도가 달라진다.

(2) 응급처치 순서

개인보호 장비착용 ➔ 현장안전을 확인 ➔ 1차 평가실시 ➔ 지혈 ➔ 재평가

(3) 지혈 방법

치명적인 출혈의 경우 기도와 호흡을 제외한 응급처치 중에서 제일 먼저 실시하여야 한다.

직접 압박	장갑 낀 손으로 출혈부위를 직접 누른다. 압박을 계속 유지하기 위해서는 소독 드레싱을 실시한다. 만약 출혈이 계속 된다면 다음 단계를 실시한다.
거상	상처부위를 심장보다 높게 올리는 방법으로 근골격계 손상이나 척추손상이 의심되는 경우에는 거상해서는 안 된다. 예를 들면, 손목 출혈 환자가 위팔뼈골절을 갖고 있다면 거상해서는 안 된다. 만약 출혈이 계속 된다면 다음 단계를 실시한다.
압박점	뼈 위로 지나는 큰 동맥에 위치해 있으며 팔다리상처로 인한 실혈량을 줄일 수 있다. 보통 압박점으로 팔은 윗팔동맥, 다리는 넙다리동맥, 얼굴은 관자동맥을 이용한다. 압박점은 환자의 자세에 상관없이 사용할 수 있는 장점이 있다.

관자동맥
윗팔동맥
넙다리동맥

(4) 지혈 기구★☆ 13년 인천 소방장

경성 부목	경성이나 고정부목은 팔·다리 지혈에 도움을 준다. 팔다리의 움직임을 줄여 실혈량을 줄이는 역할을 한다.
공기를 이용한 부목	공기부목, 진공부목 그리고 항쇼크바지는 큰 상처부위에 압력을 가해 지혈작용을 하며 움직임을 줄여 실혈량을 줄인다. 출혈부위와 부목이 직접 닿지 않도록 거즈를 댄 후에 입으로 공기를 불어 넣거나 진공부목의 경우 펌프를 이용해야 한다.

지혈대	절단 부위로부터 치명적인 출혈을 보일 때 마지막 수단으로 보통 사용된다. 지혈대 사용은 근육, 혈관, 신경에 커다란 손상을 초래할 수 있으며 이는 환자 상태를 악화시키고 접합수술을 불가능하게 만들 수 있다. 만약 사용하게 된다면 아래의 사항들을 유념해야 한다. 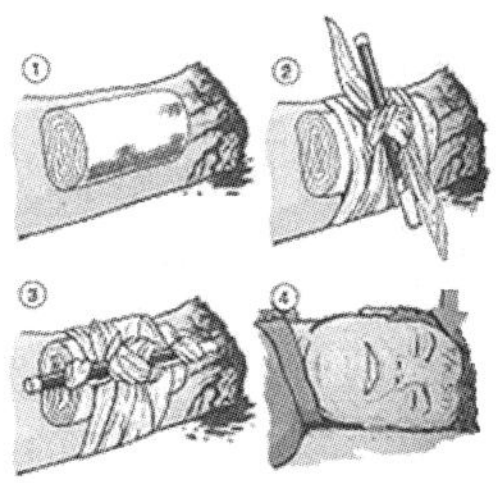

✪ 지혈대 사용 시 유의사항*

1. 항상 넓은 지혈대를 사용해야 한다.
2. 철사, 밧줄, 벨트 등은 조직을 손상시키므로 사용해서는 안 된다.
3. 한 번 조인 지혈대는 병원에 올 때까지 풀어서는 안 된다.
4. 관절 위에 사용해서는 안 된다.

✪ 지혈대 사용방법*

1. 상처 부위에 가깝게 붕대를 둔다.
2. 10cm 폭에 6-8겹의 붕대를 두 번 감아 묶고 매듭 안으로 지혈대를 넣는다.
3. 출혈이 멈추면 막대가 풀려 느슨해지지 않도록 주의한다.
4. 지혈대를 사용한 시간을 기록지에 적는다.
5. 상처부위 감염을 방지하기 위해 소독드레싱을 실시한다.
6. 추가 출혈이 있는지 계속 관찰한다.
7. 의료기관 외에서 지혈대를 풀어서는 안 된다.

※ 혈압기계의 커프를 지혈대로 사용할 수도 있다. 이는 치명적인 출혈일 때에만 사용해야 하며 지혈대를 사용할 때의 압력과 시간을 기록해야 한다. 커프에 바람이 빠지는지 관찰하고 필요하다면 바람을 불어 넣어주거나 겸자로 줄을 조여도 된다.

① 특수한 상황

㉠ 귀, 코, 입에서의 출혈은 다양한 원인으로 일어날 수 있으며 특별한 주의가 요구된다.

㉡ 대개는 이 부위의 직접적인 손상으로 출혈이 일어나며 머리뼈 골절에 의해서도 일어 날 수 있다.

㉢ 외상으로 인한 출혈 외에 호흡기계 감염, 고혈압, 응고장애 등이 원인이 된다.

㉣ 일반적인 처치법으로 귀 출혈은 느슨하게 드레싱을 해서 감염을 방지하는 것과 입 출혈은 기도유지가 필요하다.

㉤ 비 출혈은 코후빔, 심한 건조, 고혈압, 호흡기계 감염, 응고장애 등으로 일어나며 다음과 같은 처치를 실시한다.

ⓐ 환자의 혈압이 높거나 불안정 하다면 환자를 최대한 안정시킨다.

ⓑ 가능한 환자를 앉은 상태에서 머리를 앞으로 기울이도록 하여 혈액이 허파로 유입되지 않도록 한다.

ⓒ 윗입술과 잇몸 사이에 둥글게 말은 거즈를 위치시키거나 코를 손가락으로 눌러 압박

을 한다.

ⓓ 코 위에 얼음물 주머니를 올려놓거나 국소적 냉각 치료는 지혈에 도움이 된다.

4 내부 출혈

내부 출혈은 외부 출혈과는 달리 눈에 보이지 않으며 둔기외상, 혈관 파열이나 기타 원인으로 발생한다. 출혈량이 많은 경우 쇼크나 사망이 빠르게 진행된다. 특히, 가슴, 배, 골반인 경우 치명적이다.

(1) 내부 출혈과 관련된 손상기전

① 낙상은 5m 이상 높이에서의 낙상이나 환자 키의 3배 이상의 높이에서 떨어진 경우는 특히 위험하다.

② 오토바이 운전자는 대부분 오토바이로부터 튕겨져 나간다.

③ 차에 치인 보행자는 3번의 충격(차량 범퍼, 보닛이나 전면유리, 도로나 차량)을 받을 수 있다.

④ 차량 충돌 – 고속 충돌, 전복, 추락 등으로 심각한 내부 손상을 초래할 수 있다.

⑤ 총상 – 손과 발 이외의 모든 총상은 심각한 내부 출혈을 야기한다.

⑥ 천자상 – 머리, 목, 가슴, 배, 골반, 몸쪽 팔다리 부위 천자상은 심각한 내부 출혈을 일으킬 수 있다.

✪ 내부 출혈의 특징적인 증상 및 징후* ☆ 13년 경기 소방장
- 빠른맥
- 손상 부위의 찰과상, 타박상, 변형, 충격 흔적, 머리 · 목 · 가슴 · 배 · 골반 부종
- 입, 항문, 질, 기타 구멍으로부터의 출혈
- 갈색이나 붉은색의 구토물
- 검고 끈적거리거나 붉은 색의 대변
- 부드럽고 딱딱하거나 팽창된 배

※ 내부출혈이 심각한 경우 쇼크의 증상 및 징후가 나타난다.

(2) 응급 처치

외부 출혈과는 달리 구급대원이 내부 출혈을 지혈시킬 수 있는 방법은 거의 없다. 응급처치의 목적은 내부출혈을 진단하고 병원에 도착할 때까지 아래와 같은 처치를 실시해야 한다.

① 개인 보호 장비를 착용한다.

② 현장을 확인한다. – 외상으로 인한 잠재적인 내부손상을 파악한다.

③ 1차 평가를 실시한다. – 초기 환자 상태 및 의식상태, ABC 등

④ 병력 청취 및 신체검진을 통해 내부 출혈 가능성을 평가한다.
 – 팔다리변형, 부종, 통증 호소 시, 쇼크 증상 및 징후는 내부 출혈을 의심해야 한다.

⑤ 많은 양의 산소를 공급한다.

⑥ 변형, 부종, 통증 호소 부위가 팔다리인 경우 부목으로 고정시켜 준다.

⑦ 쇼크 증상 및 징후가 보인다면 즉각적으로 환자를 이송한다.

⑧ 이송 중 5분마다 재평가를 실시해야 한다.

5 저혈량 쇼크

순환계는 인체 조직에 산소를 공급하고 세포로부터의 배설물을 제거하는 기능이 제대로 이루어지지 않을 경우 발생하는 것이다.

✪ 저혈류를 야기하는 3가지 주요 요소
- 심장기능 장애
- 정상 혈관 수축 기능 저하
- 실혈이나 체액 손실

▌실혈에 따른 각 조직의 반응 및 증상/징후▐ ★☆ 14년 소방위, 17년 소방장

기 관	실혈 반응	증상 및 징후
뇌	심장과 호흡기능 유지를 위한 뇌 부분의 혈류량 감소	의식 변화 - 혼돈, 안절부절, 흥분
심혈관계	심박동 증가, 혈관수축	빠른 호흡, 빠르고 약한 맥박 저혈압, 모세혈관 재충혈 시간 지연
위장관계	소화기계 혈류량 감소	오심/구토
콩 팥	염분과 수분 보유 기능 저하	소변생산량 감소, 심한 갈증
피 부	혈관 수축으로 인한 혈류량 감소	차갑고 창백하며 축축한 피부, 청색증
팔다리	관류량 저하	말초맥박 저하, 혈압 저하

✪ 쇼크증상 및 징후가 나타날 때 응급처치

① 현장안전을 확인한다.
② 개인 보호 장비를 착용한다.
③ 기도 개방을 유지한다.
- 호흡이 부적절할 때에는 인공호흡을 실시한다.

④ 외부 출혈을 지혈한다.
⑤ 필요하다면 항쇼크바지를 입힌다(현장에서 병원까지의 이송기간이 20분 이상 소요되는 경우).
⑥ 약 20~30cm 정도 다리를 올린다.
- 척추, 머리, 가슴, 배의 손상 증상 및 징후가 있다면 앙와위를 취해주어야 한다. 즉, 긴척추고정판으로 환자를 옮겨 다리를 올린다.

⑦ 골절이나 탈구 부위는 부목으로 고정한다.
⑧ 보온을 유지한다.
⑨ 신속하게 병원으로 이송한다.
⑩ 재평가를 실시한다.
- 이송 중에 의식장애, 생체징후 등을 평가해야 한다.

※ 소아의 경우 성인과 달리 저혈량 쇼크에 대한 생리적 반응이 틀리다. 소아의 경우 성인보다 혈압과 심박동 보상반응이 더 오래 유지되기 때문에 전체 혈액량의 1/2 이상이 실혈되어야 혈압이 떨어진다. 일단 혈압이 떨어지면 급속도로 심장마비로 진행되어 위험하다. 이런 이유로 쇼크 증상 및 징후 없이 외상 평가로 신속한 처치를 제공해야 한다.

요약

외부 출혈 처치

개인 보호 장비 착용
↓
현장 확인
↓
1차 평가 및 ABC 확인
- 기도 개방 유지
- 비정상적인 호흡 시 인공호흡 제공
- 쇼크 증상 및 징후 시 산소공급

↓
출혈 처치
- 직접 압박
- 손상 부위 거상
- 동맥점 압박
- 지혈대 사용(최후 방법)

↓
주 병력, 신체 검진, 세부 검진, 재 평가를 통한 추가 출혈 평가

내부 출혈 처치

개인 보호 장비 착용
↓
현장 및 잠재적인 손상 기전 확인
↓
1차 평가
- ABC 확인
- 심각한 외부 출혈 시 지혈
- 기도·호흡·지혈 상 문제가 있다면 즉각적인 처치와 신속한 이송 실시

↓
주 병력, 신체 검진 (특히, 일반적인 인상과 손상기전으로 내부출혈이 의심되는 경우)
↓
10~15ℓ/분 산소 제공
↓
통증, 부종, 변형 부위 부목 고정

쇼크 처치

현장 안전 확인

↓

개인 보호 장비 착용

↓

기도개방 유지, 비정상 호흡 시 인공호흡 실시

↓

10-15ℓ/분 산소 공급

↓

외부 출혈 지혈 처치

↓

필요시 항 쇼크 바지 사용

↓

척추, 머리, 가슴, 배, 다리 손상 증상 및 징후가 없다면
다리 거상 실시(20-30㎝)

↓

뼈와 관절 손상 의심 시 부목 고정
(쇼크 징후가 있다면 부목으로 시간을 지연시키면 안 된다.)

↓

추가 열손실 방지 및 보온 유지

↓

신속한 이송

Chapter 7 연부조직 손상

학습 목표

- 피부의 해부학적 구조와 생리적 기능을 이해할 수 있다.
- 연부조직 손상을 평가하고 처치할 수 있다.
- 드레싱과 붕대사용을 할 수 있다.
- 조직손상에 따른 화상을 분류하고 처치할 수 있다.
- 9의 법칙에 의해 화상면적을 산출할 수 있다.

근육, 신경, 혈관 그리고 조직을 포함한 피부의 손상을 연부조직손상이라고 한다. 이러한 손상에는 경증의 찰과상에서 중증 화상, 가슴 관통상과 같은 치명적인 손상이 있다.

1 피부의 기능과 구조

(1) 피부의 기능

① 인체를 보호하고 감염을 방지하는 보호벽 기능
② 인체 내부 수분과 기타 체액을 유지하는 기능
③ 체온조절기능(혈관의 수축과 확장 그리고 땀의 분비로 체온을 조절)
④ 외부 충격으로부터 내부 장기 보호 기능

(2) 피부의 구성**

표 피	피부의 바깥층으로 표피의 바깥부분은 죽은 피부세포로 구성되어 있으며 감염에 대한 첫 번째 보호막 역할을 한다. 혈관과 신경세포는 없으며 털과 땀샘이 표피층을 통과한다.
진 피	표피 아래층으로 혈관, 신경섬유, 땀샘, 피지선, 모낭을 포함한 다양한 조직이 있다. 따라서 진피의 손상은 많은 량의 출혈과 통증을 초래한다.
피하층	진피아래 피하조직으로 불리는 지방층으로 지방과 연결조직은 외부충격을 완화시키는 역할을 한다. 큰 혈관과 신경섬유가 통과하는 곳이다.

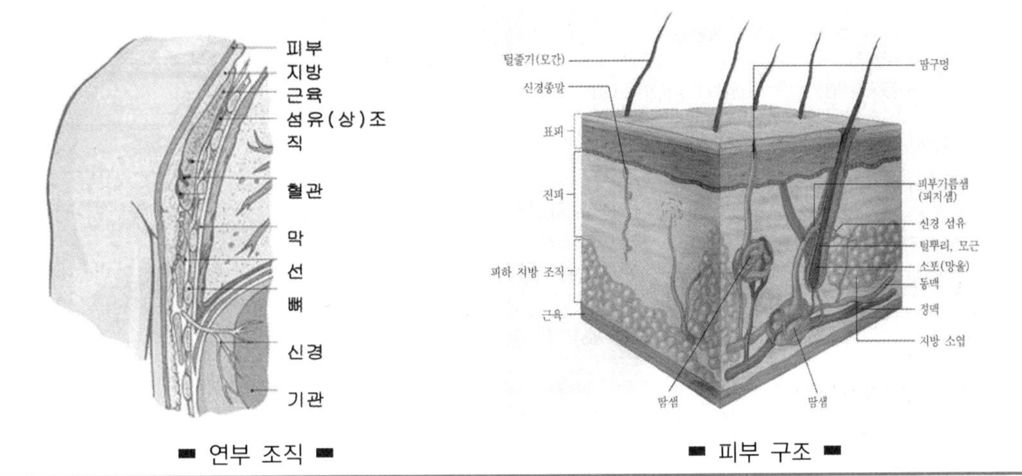

■ 연부 조직 ■

■ 피부 구조 ■

2 연부조직 손상

피부표면 아래 조직은 손상 받아도 피부 표면은 찢기지 않은 경우를 폐쇄성 손상, 반대로 피부표면이 찢겨져 나간 경우는 개방성 손상이라고 한다.

(1) 폐쇄성 연부조직 손상★★☆ 13년 부산, 강원 소방장

둔탁한 물체로 인한 손상으로 주먹, 차량사고로 핸들에 가슴을 부딪친 경우 등이 있다. 형태로는 타박상, 혈종, 폐쇄성 좌상이 있다.

타박상	· 진피는 그대로이나 안에 세포나 혈관은 손상을 받은 형태이다. · 손상된 조직에서 진피 내로 출혈이 유발되어 반상출혈(일명 '멍')이 든다. · 손상부위는 통증과 부종 그리고 압통이 나타난다.
혈 종	· 타박상과 비슷하나 진피와 피하지방 조직층에 좀 더 큰 혈관과 조직손상으로 나타난다. · 피부 표면에 다른 색으로 부어 있거나 뇌, 배와 같은 인체내부에서도 일어날 수 있다. · 혈종의 위치와 크기에 따라 쇼크를 유발할 수 있다.
폐쇄성 압좌상	· 신체외부에서 내부까지 손상을 받은 형태로 피부 표면손상 없이도 많은 조직 손상을 초래할 수 있다. · 망치로 손가락을 친 상태, 산업기계에 팔이 눌린 상태, 건물 붕괴로 묻힌 상태 등이 있다. · 손상 부위 및 원인 물체의 무게 등에 따라 손상 정도와 실혈량이 달라진다. · 통증, 부종, 변형, 골절 등을 함께 동반할 수 있다. ※ 특수한 형태의 외상형 질식 가슴의 갑작스런 압력이 가해졌을 때 심장과 허파에 압력이 전달되고 가슴 내의 피를 밖으로 짜내어 머리와 목 그리고 어깨로 전달되는 현상이다.

| 연부조직의 타박상(좌상)에 대한 징후 | ★

징 후	손상 가능성이 있는 장기 및 처치
직접적인 멍	타박상 아래 장기 지라, 간, 콩팥 손상 가능성
부종 또는 변형	골절 가능성
머리 또는 목의 타박상	목뼈 또는 뇌 손상 가능성이 있으므로 입, 코, 귀에서의 혈액 확인이 필요
몸통, 복장뼈, 갈비뼈의 타박상	가슴손상 가능성, 환자가 기침을 할 때 피가 섞인 거품을 보인다면 허파 손상 가능성이 있으므로 호흡곤란이 있는지 확인한다. 또한 청진기를 이용해 양쪽 허파음을 들어 이상한 소리가 있는지 그리고 양쪽이 똑같은지 비교해 본다.
배의 타박상	배내 장기 손상 가능성, 환자가 토하는 경우 특히 배 타박상이 있는지 시진하고 구토물에서 커피색 혈액이 나오는지 확인한다. 또한 배 촉진을 실시한다.

(2) 평가 및 응급 처치

개인 보호 장비를 착용하고 현장을 확인하고 사고경위를 파악한다. 척추손상이 의심된다면 환자를 똑바로 눕힌 상태에서 1차 평가를 실시해야 한다. 외상평가를 실시하고 척추 손상이 의심되면 목보호대를 착용시켜야 한다.

① 개인 보호 장비를 착용한다.

② 턱 들어올리기법으로 기도를 유지한다.

③ 호흡곤란이나 쇼크 증상 및 징후가 나타나면 고농도의 산소를 공급한다.

④ 호흡정지나 호흡장애가 나타나면 인공호흡을 실시한다.

⑤ 통증이 있고 붓거나 변형된 팔다리는 부목으로 고정시킨다.
이는 통증을 감소시키고 실혈을 늦추고 추가 손상을 감소시킨다.

⑥ 부종과 통증을 가라앉히기 위해서 혈종과 타박상에 얼음찜질을 해준다.

⑦ 병원으로 이송한다.

(3) 개방성 연부조직 손상★ ☆ 13년 강원 소방장, 19년 소방위

구분	내용
찰과상	표피가 긁히거나 마찰된 상태로 보통은 진피까지 손상을 입는다. 출혈은 적지만 심한 통증을 호소하며 대부분 상처 부위가 넓다. 오토바이 사고 환자에게 많다.
열 상	피부손상 깊이와 넓이가 다양하며 날카로운 물체에 피부가 잘린 상처이다. 상처부위는 일직선으로 깨끗하게 또는 불규칙하게 잘릴 수 있으며 출혈은 상처부위 손상 정도에 따라 달라진다. 큰 혈관 손상을 동반한 열상은 치명적이며 얼굴, 머리, 생식기 부위 등 혈액 공급이 풍부한 곳은 출혈량이 많다.
결출상	피부나 조직이 찢겨져 너덜거리는 상태로 많은 혈관 손상으로 종종 출혈이 심각하다. 보통 산업현장에서 많이 발생한다.
절 단	신체로부터 떨어져 나간 상태로 완전절단과 부분절단이 있다. 출혈은 적거나 많을 수 있는데 절단 부위가 어디냐에 따라 달라진다.

관통/ 찔린 상처	날카롭고 뾰족하거나 빠른 속도의 물체가 신체를 뚫은 형태로 피부표면의 상처뿐 아니라 내부 조직 손상도 초래한다. 외부출혈은 없어도 내부에서는 출혈이 진행될 수 있으며 머리, 목, 몸통부위 손상이라면 특히 주의해야 한다.
개방성 압좌상	피부가 파열되어 찢겨진 형태로 연부조직, 내부 장기 그리고 뼈까지 광범위하게 손상을 나타낸다. 이 손상 역시 외부출혈 외에도 내부출혈이 있을 수 있으므로 주의해야 한다.

(4) 평가 및 응급 처치

① 평가

연부조직 손상 환자 처치에 앞서 항상 개인 보호 장비를 착용해야 하며 적어도 장갑만큼은 착용해야 한다. 심한 경우는 가운과 보안경도 착용해야 한다. 현장을 확인하는 동안 사고경위를 파악하고 척추손상이 있는지도 알아야 한다. 척추손상을 알 수 없다면 환자를 일직선으로 똑바로 눕힌 후 실시해야 한다. 1차 평가에서 기도유지, 호흡 상태를 평가하고 생명에 위험한 외부출혈에 대해 즉각적인 처치를 제공하고 외상환자 평가를 실시한다.

② 드레싱과 붕대★☆ 15년 소방장 / 18년 소방장

㉠ 대부분의 개방성 손상은 드레싱과 붕대를 이용한 처치가 필요하다.

㉡ 드레싱은 지혈과 추가 오염을 예방하기 위해 손상부위에 거즈 등을 붙이는 처치로 항상 멸균상태여야 한다.

㉢ 붕대는 드레싱 부위가 움직이지 않게 하는 처치로 멸균상태일 필요는 없다.

㉣ 현장에서 만약 드레싱 재료가 준비되어 있지 않다면 깨끗한 옷, 수건, 시트 등을 사용할 수 있다.

㉤ 드레싱 크기는 상처의 크기나 출혈상태에 따라 다르게 사용되어야 한다.

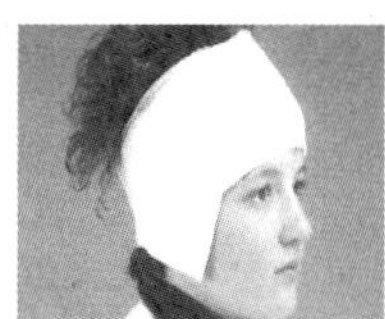

이마 또는 귀(머리뼈손상 제외)
손상부위를 드레싱으로 덮은 후 붕대로 고정시킨다.

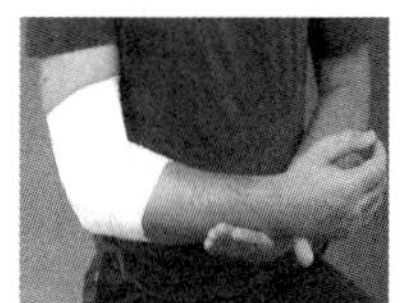

팔꿈치 또는 무릎
손상부위를 "8자"모양으로 붕대를 감는다.

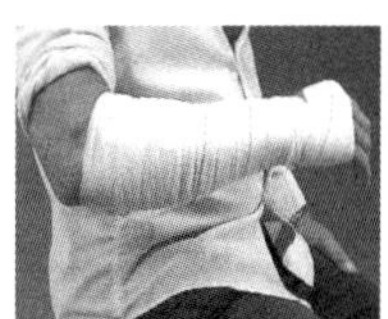

아래팔 또는 다리
붕대로 손상부위를 먼쪽에서 몸쪽 방향으로 감는다.

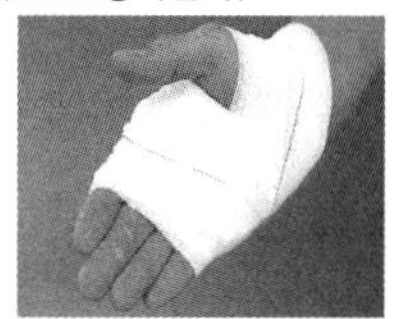

손
손목까지 붕대로 감아 고정시킨다.

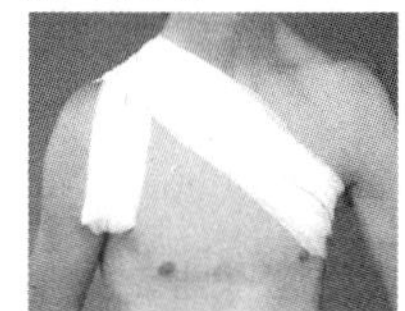

어 깨
액와부에 패드를 댄 후'8자' 모양으로 붕대를 감는다.

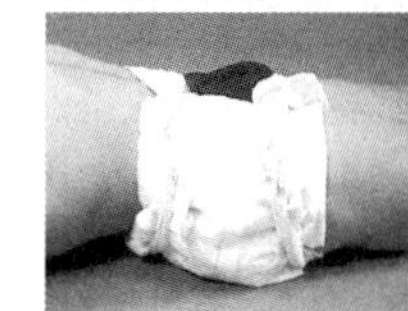

골 반
손상부위를 큰 드레싱으로 덮은 후 우선 삼각건을 접어 허리부분을 고정시킨 후 두 번째 삼각건을 접어 넙다리를 고정시킨다.

| 드레싱과 붕대 | ☆ 18년 소방장

일반드레싱	크고 두꺼운 드레싱으로 배손상과 같은 넓은 부위를 덮는데 사용된다.
압박드레싱	지혈에 사용되는데 거즈패드를 우선 손상부위에 놓고 두꺼운 드레싱을 놓은 후 붕대로 감는다. 이때, 먼쪽 맥박을 평가해 붕대를 재조정(조이거나 느슨하게)해야 한다.
폐쇄드레싱	공기유입을 막는 형태로 배나 가슴의 개방성 손상 그리고 경정맥 과다출혈에 사용되어야 한다.

③ 응급처치

드레싱	㉠ 개인 보호장비를 착용한다. ㉡ 손상부위를 노출시킨다. 전체 손상부위를 볼 수 있도록 옷 등을 제거한다. ㉢ 멸균거즈를 이용해 손상부위를 덮는다. 이때, 드레싱 끝을 잡아 최대한 오염되지 않도록 주의해야 한다. ㉣ 단순 출혈의 경우에는 붕대 없이 드레싱과 반창고를 이용해 고정시키고 지혈이 필요한 경우에는 붕대를 이용해 압박 드레싱하여 고정시켜야 한다. ㉤ 드레싱한 부분을 현장에서 제거해서는 안 된다. 제거할 경우 재출혈 또는 드레싱에 붙은 조직이 떨어져 나갈 수 있기 때문이다. 드레싱한 부위에 계속 출혈양상이 보인다면 새로운 드레싱을 그 위에 덧대고 붕대로 감아준다. ※ 현장에서 드레싱한 부분을 제거해야 하는 경우도 있다. 일반드레싱의 경우 피로 흠뻑 젖은 경우 새 드레싱으로 교체하며 직접압박을 해야 한다.
붕 대	㉠ 붕대를 감을 때 너무 조여 동맥의 흐름을 방해해서는 안 된다. ㉡ 너무 느슨한 경우 손상 부위로부터 벗어날 수 있으므로 주의해야 한다. ㉢ 환자가 움직일 때 매듭이 풀리지 않도록 주의해야 한다. ㉣ 혈액순환과 신경검사에 필요한 손가락과 발가락은 감싸지 말아야 한다(손가락과 발가락 화상 시에는 제외). 통증, 피부색 변화, 차가움, 저린감각 등은 붕대를 너무 조일 때 나타난다. ㉤ 드레싱 부위는 모두 붕대로 감싸 추가 오염을 방지해야 한다. 단, 삼면드레싱의 경우 제외

※ 팔다리를 붕대로 감싸는 경우 두 가지 문제가 발생
1. 작은 부위를 붕대로 감쌀 경우 국소적 압박이 발생할 수 있으므로 넓게 붕대를 감아 지속적이며 일정한 압박을 받을 수 있도록 처치해야 한다. 또한, 먼쪽에서 몸쪽으로 감싸야 한다.
2. 관절부위를 붕대로 감쌀 경우 순환장애 및 붕대가 느슨해지는 문제가 발생할 수 있다. 따라서 부목을 이용해 느슨해지는 것을 예방하거나 팔걸이를 이용해 관절부위 순환장애를 예방할 수 있다.

(5) 특수한 손상에 대한 응급 처치

① 개방성 가슴손상 ☆ 18년 소방장

가슴벽에 관통, 천공 상처가 있는 것을 말하며 외부공기가 직접 흉강으로 들어온다는 것을 의미한다. 종종 '빨아들이는 소리'나 '상처부위 거품'을 볼 수 있다. 치명적인 손상으로 분류되며 공기는 가슴벽 안과 허파에 쌓이고 호흡곤란과 허파허탈을 초래한다.

✪ 응급처치
1. 개인 보호 장비를 착용한다.
   - 공기 축적으로 인한 압력은 호흡 중 개방 상처부위로 피를 뿜어내므로 개인 보호 장비가 필요하다.
2. 고농도산소를 공급한다.
3. 상처 위에 폐쇄드레싱을 해준다.

· 공기의 유입을 막기 위한 목적이다. 드레싱은 상처부위보다 5cm 더 넓게 해야 하며 폐쇄해야 한다.
4. 환자가 편안하게 느끼는 자세를 취해주도록 한다.
   · 척추손상 환자 제외
5. 신속하게 이송한다.
   · 경우에 따라 폐쇄드레싱은 흉강내 공기가 빠져나가지 못해 흉강압력이 올라가 긴장성 기흉 상태가 나타날 수 있다. 만약 이송 중 환자가 의식저하, 호흡곤란 악화, 저혈압 징후를 보이면 흉강내 공기가 빠져나오게 폐쇄드레싱을 제거하거나 삼면 드레싱을 해주어야 한다.

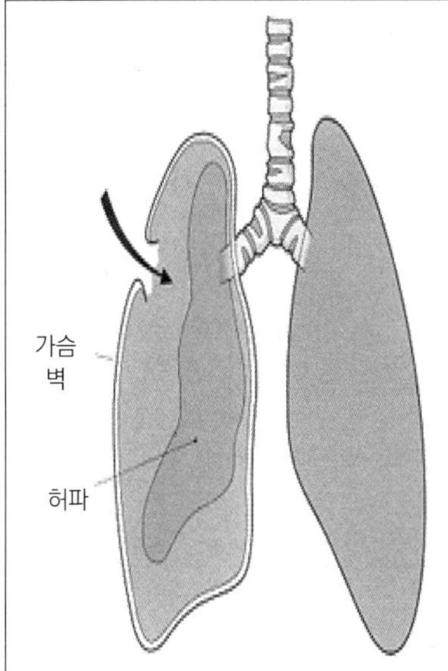

뚫린 가슴벽을 통해 공기가 흉강 내로 들어와 기흉, 허파 허탈과 호흡장애가 나타날 수 있다.

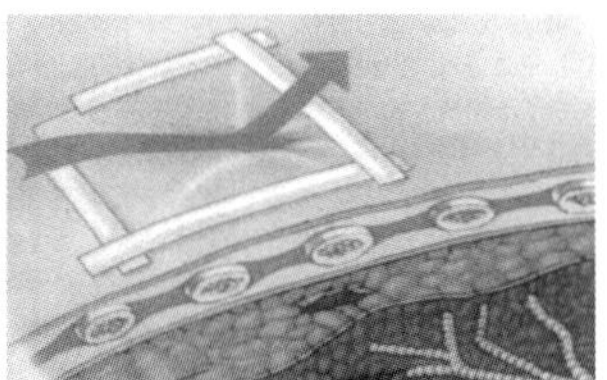

들숨 시 공기가 들어가는 것을 막기 위해 상처를 드레싱으로 덮는다.

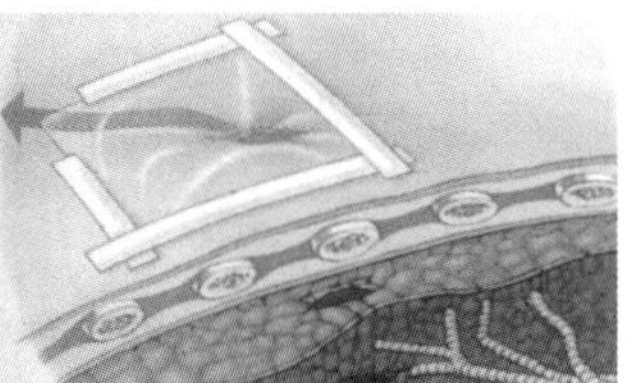

① 날숨 시 밀폐되지 않은 쪽으로 안에 있던 공기가 빠져 나온다.
② 적합한 개방성 가슴창의 드레싱인 "플루터" 밸브이다.
③ 이 형태의 드레싱은 흉강으로부터 공기의 유입을 억제한다.

② 개방성 배 손상☆ 18년 소방장 / 20년 소방장

배 내 장기가 외부로 나와 있는 개방성 배 손상은 드문 경우로 내장적출이라고도 한다.

✪ 응급처치
1. 개인 보호 장비를 착용한다.
2. 고농도 산소를 공급한다.
3. 상처 부위를 옷 등을 제거시켜 노출시킨다.
   · 나온 장기에 닿지 않도록 주의해야 하며 다시 집어넣으려 시도하면 안 된다.
4. 생리식염수를 적신 멸균거즈로 노출된 장기를 덮고 드레싱 한다.
5. 무릎과 엉덩이에 상처가 없다면 무릎을 구부리도록 한다(무릎 아래에 베개나 말은 이불을 대어 준다).
   · 이 자세는 복벽에 가해지는 스트레스를 줄여준다.
6. 신속하게 병원으로 이송시킨다.

◎ 개방성 배손상 처치

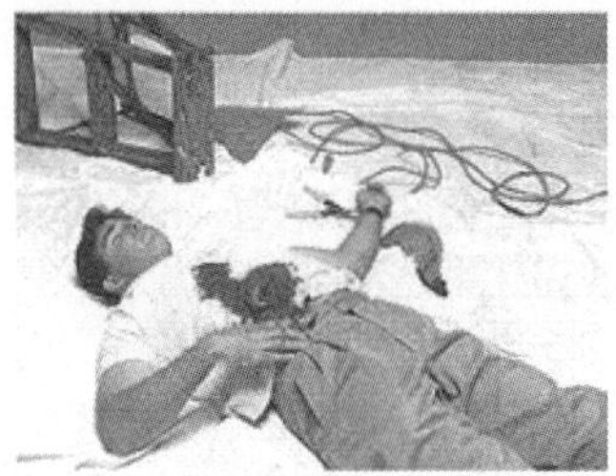
〔내장 적출된 배손상 환자〕

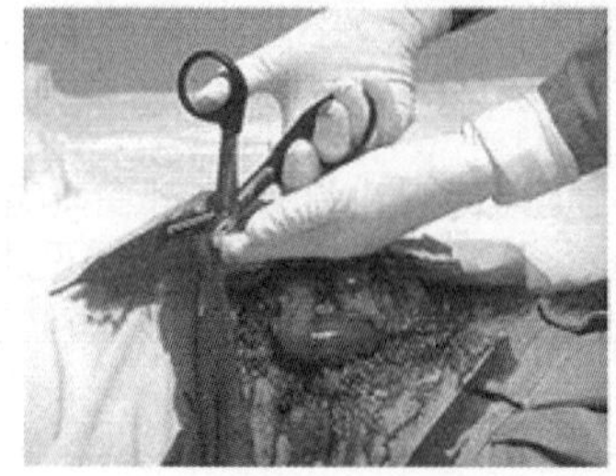
〔상처주위 옷을 자르고 제거〕

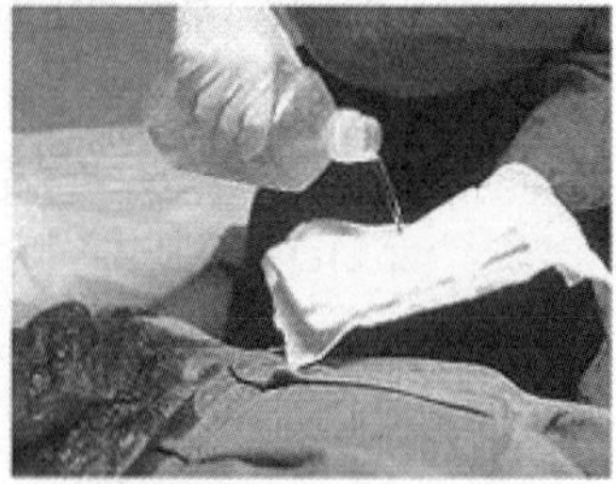
〔멸균생리식염수 사용〕

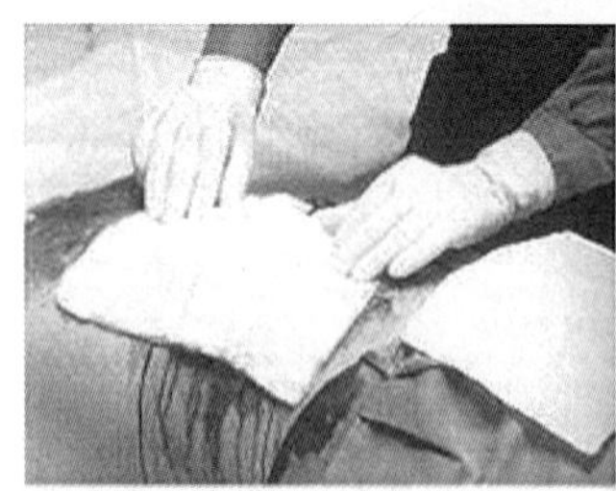
〔상처에 적신 드레싱을 놓는다〕

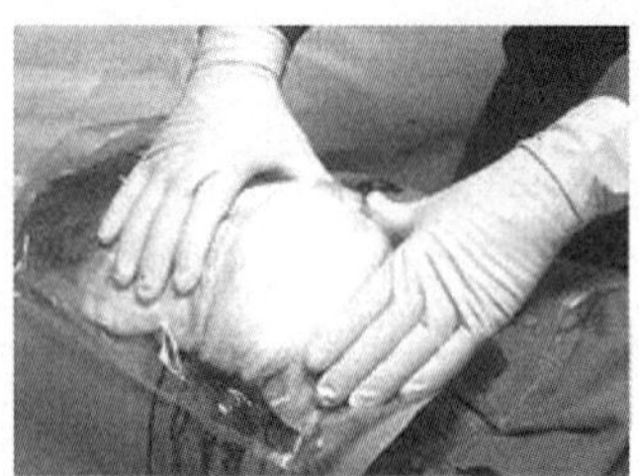
〔젖은 드레싱으로 상처 위와 아래 붕대로 느슨하게 드레싱〕

③ 관통상★☆ 12년 부산 소방장, 18년 소방장

조직을 관통한 날카로운 물체로 인해 더 이상의 손상을 막기 위해 고정시키는 것이 중요하다.

◎ 응급처치

1. 개인 보호 장비를 착용한다.
2. <u>관통한 물체를 제거하지 않고 상처부위에 고정시킨다. 단, 아래 사항의 경우는 제외시킨다.</u>
   - 물체로 인해 이송할 수 없는 경우(크기나 무게 그리고 고정상태 등)
   - CPR 등 응급한 상황에서의 처치에 방해가 될 때
   - 단순하게 뺨을 관통한 상태(기도유지를 위해서나 추가적인 입안 손상을 막기 위해)
3. 상처부위를 노출시키기 위해 옷 등을 가위로 자른다.
4. 지혈시킨다.
   - 관통부위가 아닌 옆 부분을 직접 압박한다.
5. 물체를 고정시키기 위해 압박붕대로 드레싱 한다.
   - 물체 주위를 겹겹이 드레싱한다.
6. 고정 부위가 움직이지 않게 주의하며 병원으로 이송한다.

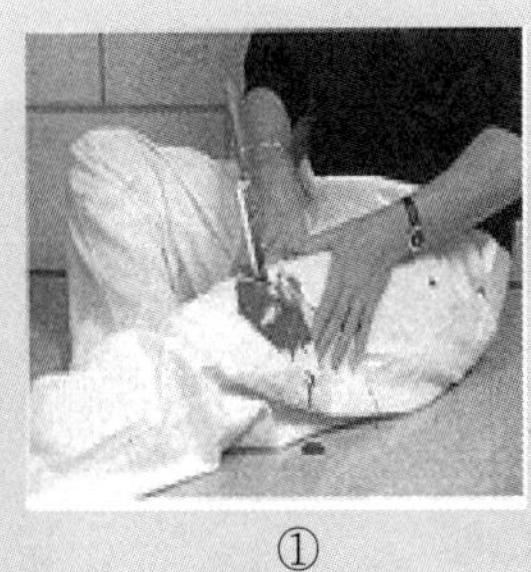
①

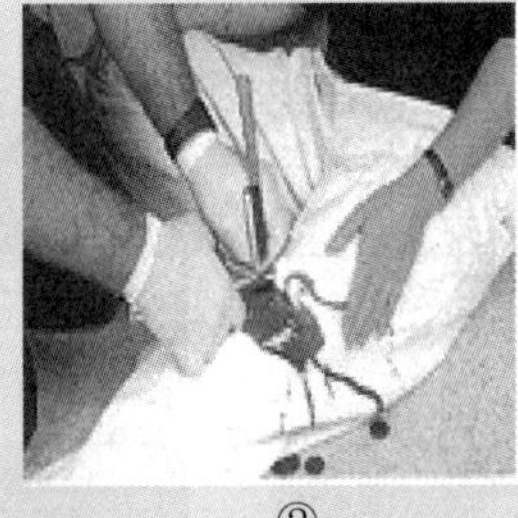
②

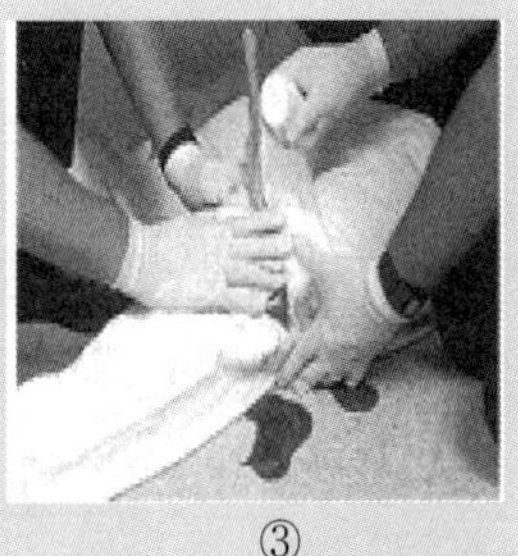
③

① 부엌칼에 찔린 환자
② 상처부위의 옷을 제거하는 동안 이물질을 손으로 안전하게 고정시킨다.
③ 출혈을 처치(관리)할 때 이물질을 안전하게 두꺼운 드레싱을 하고 그 부위를 붕대로 고정한다.

④ 목부위 큰 개방성 상처

목동맥이나 목정맥으로 부터 많은 량의 출혈을 종종 볼 수 있다.

㉠ 첫 번째 위험은 공기가 손상된 정맥으로 들어가 공기색전이나 공기방울이 되어 심장과 허파에 유입되면 사망할 수 있다는 점이다.

㉡ 두 번째로는 목부위 지혈을 위한 압박은 목동맥의 흐름을 방해해 뇌졸중을 유발시킬 수 있다는 점이다.

※ 응급처치
1. 개인 보호 장비를 착용한다.
2. 기도가 개방된 상태인지 확인한다.
3. 지혈을 위해 상처 위를 장갑 낀 손으로 직접 압박한다.
4. 상처 부위에서 5cm 이상 덮을 수 있는 두꺼운 거즈로 폐쇄드레싱을 하고 지혈을 위해 압박붕대로 감는다.
   - 꼭 필요한 경우를 제외하고는 목동맥에 압박을 주는 행위는 피해야 하며 양측 목동맥을 동시에 압박해서는 안 된다.
5. 신속하게 병원으로 이송한다.

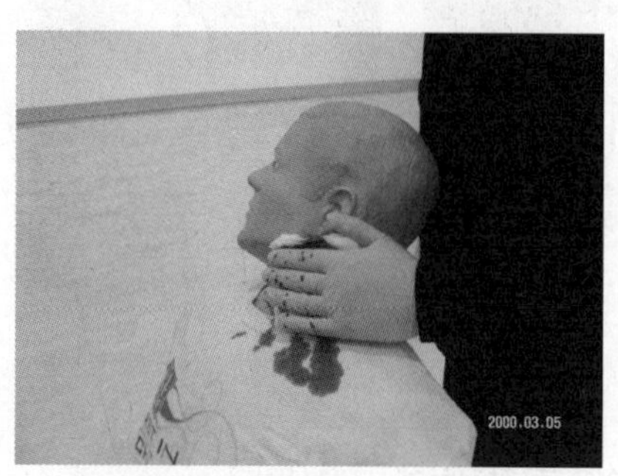

즉시 출혈 부위에 장갑 낀 손으로 직접 압박을 한다.

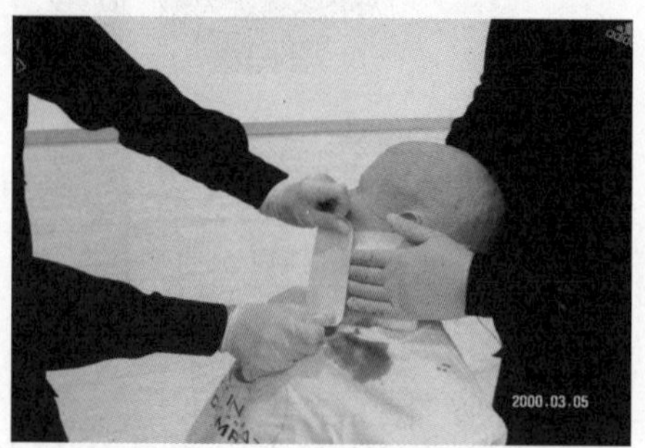

5cm 이상 두껍게 거즈를 이용하여 상처부위에 폐쇄 드레싱을 한다.(4면)

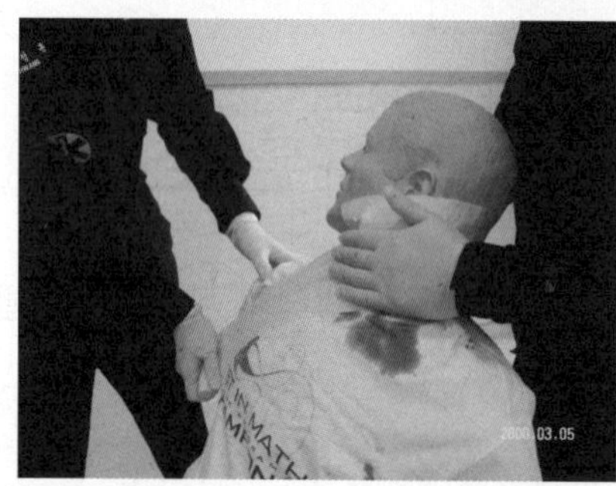

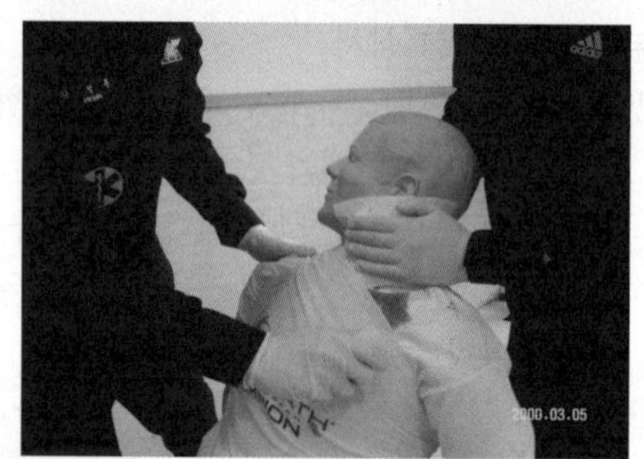

폐쇄드레싱 위에 외과용 거즈를 대고 팔 아래로 붕대를 감을 때 8자 붕대법을 이용한다. 절대 목 주위를 붕대로 돌려 감지 않는다.

⑤ 절단★☆ 14년 서울 소방장

지혈과 절단부위 처치가 중요하다. 접합수술이 가능하지 않아도 절단부위 회복에 필요할 수 있으므로 절단부위는 환자와 함께 이송해야 한다.

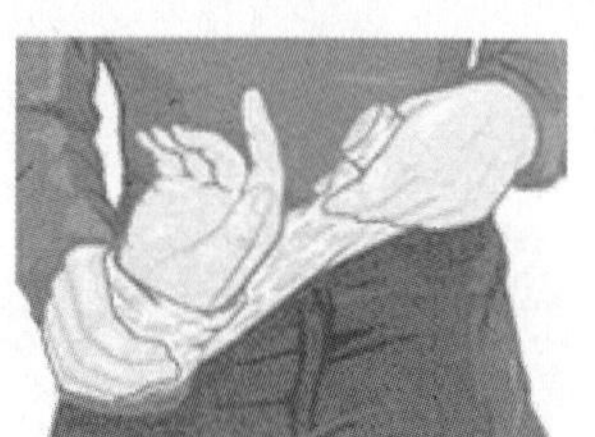

㉠ 절단 부위를 멸균거즈로 감싼다.

㉡ 비닐백에 넣어 밀봉한다.

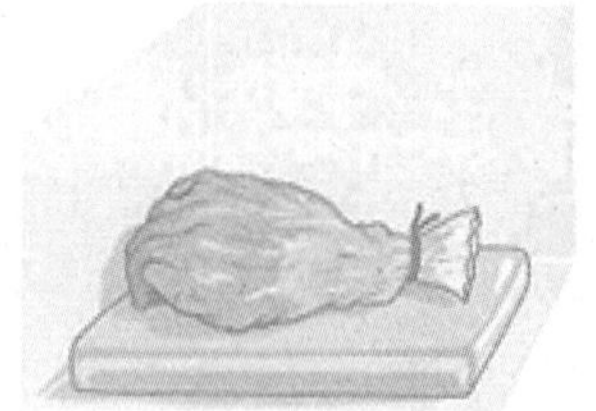

㉢ 백을 시원한 곳에 놓는다. 얼음이나 얼음백에 직접 닿지 않게 주의한다. (조직이 얼지 않게 한다.)

※ 응급처치
1. 개인보호 장비를 착용한다.
2. 지혈을 실시한다. 절단된 끝부분에 압박드레싱을 해준다. 지혈대(tourniquet)는 최후 수단으로 사용해야 한다.
3. 부분절단인 경우 완전절단이 되지 않도록 유의해야 한다. – 절단부위가 약간이라도 몸체와 붙어 있다면 접합수술 가능성이 있으므로 고정시키거나 부목을 대주어야 한다.
4. 완전절단이라면
   - 생리식염수를 적신 멸균 거즈로 감싼다.
   - 비닐백에 조직을 넣어 밀봉 후 차갑게 유지해야 하는데 얼음에 직접 조직이 닿지 않도록 해야 한다.
   - 벗겨진 조직에 환자 이름, 날짜, 부위 명을 적어 환자와 같이 이송한다.

⑥ 결출상

벗겨진 조직이 아직 붙어 있는 결출상인 경우 벗겨진 조직이 상처로부터 분리되는 것을 막아야 한다. 넓은 피부 판이나 조직이 벗겨져 있다면 절단부위 처치와 같은 방법으로 처치한 후 이송해야 한다.

※ 응급처치
1. 벗겨진 조직이 더 이상 손상되거나 상처로부터 분리되지 않도록 해준다.
2. 가능하다면 벗겨진 피부나 조직의 원래 위치에 있도록 해준다.
3. 지혈을 위해 압박드레싱을 실시한다.
4. 환자를 이송한다.

※ 완전히 조직이 분리된 상태
1. 지혈을 위해 압박드레싱을 실시한다.
2. 벗겨진 조직은
   - 생리식염수를 적신 멸균 거즈로 감싼다.
   - 비닐백에 조직을 넣어 밀봉 후 차갑게 유지해야 하는데 얼음에 직접 조직이 닿지 않도록 해야 한다.
   - 벗겨진 조직에 환자 이름, 날짜, 부위명을 적어 환자와 같이 이송한다.

3 화 상

현장사망	대부분 기도손상과 호흡장애로 일어나며 현장에서의 응급처치가 중요하다.
지연사망	체액손실로 인한 쇼크와 감염으로 인해 일어난다. 따라서 구급대원의 신속한 평가와 응급처치 그리고 이송이 필요하다.

(1) 분 류

① 메커니즘

메커니즘	원인 인자
열	불, 뜨거운 액체, 뜨거운 물체, 증기, 열기, 방사선
화 학	산, 염기, 부식제 등
전 기	교류, 직류, 낙뢰
방 사	핵물질, 자외선

② 화상 깊이★★☆ 16년 부산 소방교 / 20년 소방장

1도 화상	· 경증으로 표피만 손상된 경우이다. · 햇빛(자외선)으로 인한 경우와 뜨거운 액체나 화학손상에서 많이 볼 수 있다. · 화상부위는 발적, 동통, 압통이 나타나며, 범위가 넓은 경우 심한 통증을 호소할 수 있으므로 처치가 필요한 경우가 있다.
2도 화상	· 표피와 진피가 손상된 경우로 열에 의한 손상이 많다. · 내부 조직으로 체액손실과 2차 감염과 같은 심각한 합병증을 유발할 수 있다. · 화상부위는 발적, 창백하거나 얼룩진 피부, 수포가 나타난다. · 손상부위는 체액이 나와 축축한 형태를 띠며 진피에 많은 신경섬유가 지나가 심한 통증을 호소한다.
3도 화상	· 대부분의 피부조직이 손상된 경우로 심한 경우 근육, 뼈, 내부 장기도 포함되는 경우가 있다. · 화상부위는 특징적으로 건조하거나 가죽과 같은 형태를 보이며 창백, 갈색 또는 까맣게 탄 피부색이 나타난다. · 신경섬유가 파괴되어 통증이 없거나 미약할 수 있으나 보통 3도 화상 주변 부위가 부분화상임으로 심한 통증을 호소한다.

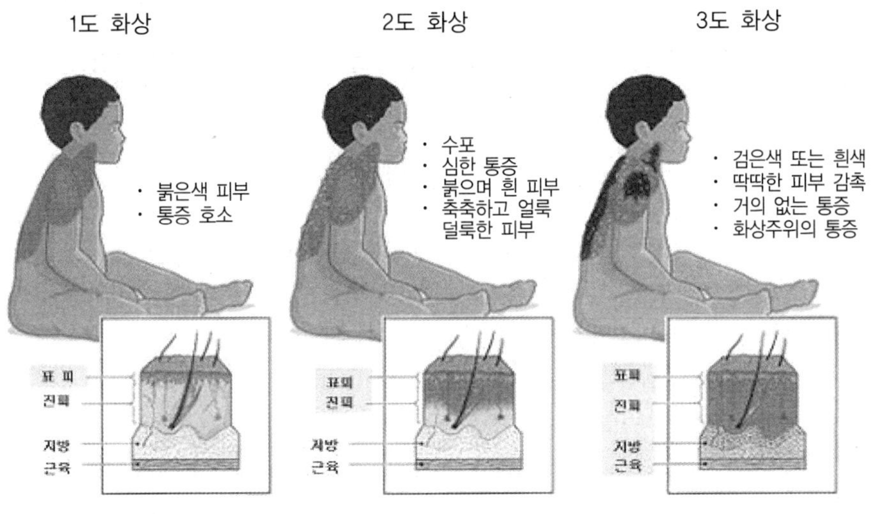

■ 깊이에 따른 화상 분류 ■

③ **화상범위** ☆ 17년 소방위 / 20년 소방장

처치와 이송 전에 화상범위를 파악해야 하며 '9법칙'이라 불리는 기준을 이용한다. 9의 법칙은 범위가 큰 경우 사용하며, 범위가 작은 경우에는 환자의 손바닥크기를 1%라 가정하고 평가하면 된다.

- **소아** : 소아의 경우 성인과 달리 몸에 비해 머리가 크므로 달리 평가해야 한다.

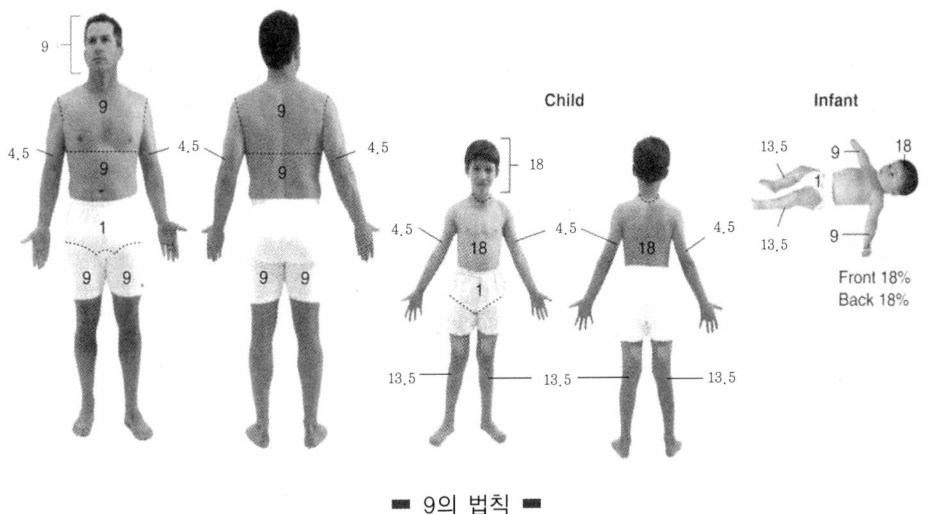

■ 9의 법칙 ■

(2) 중증도**

중증도 분류는 3단계로 이송여부를 결정할 때 유용하다. 화상의 깊이와 범위는 중증도를 분류하는 요소로 작용하며 기타 아래 사항들도 중증도를 나누는데 영향을 미친다.

나 이	6세 미만 56세 이상 환자는 화상으로 인한 합병증이 심하며 다른 연령대의 중증도보다 한 단계 높은 중증도로 보면 된다.
기도화상	입 주변, 코털, 빠른호흡 등은 호흡기계 화상을 의심할 수 있다. 밀폐된 공간에서의 화상환자에게 많으며 급성 기도폐쇄나 호흡부전을 나타낼 수 있으므로 즉각적인 응급처치가 필요하다.
질 병	당뇨, 허파질환, 심장질환 등을 갖고 있는 환자는 더욱 심각한 손상을 받는다.
기타 손상	내부 출혈, 골절이나 탈구 등
화상 부위	얼굴, 손, 발, 생식기관 등은 오랫동안 합병증에 시달리거나 특별한 치료가 요구된다.
원통형 화상	(신체나 신체 일부분을 둘러싼 화상) 피부를 수축시키고 팔다리에 손상을 입은 경우 먼쪽 조직으로의 순환을 차단 할 수 있기 때문에 심각해 질 수 있다. 관절이나 가슴, 배에 화상을 입어 둘레를 감싸는 화상흉터로 인해 정상기능의 제한을 주는 경향이 있다.

▍성인의 중증도 분류▍ *☆ 16년 부산 소방교, 17년 소방장, 19년 소방위, 20년 소방장 · 소방위 / 21년 소방장

중 증 Critical burn	① 흡인화상이나 골절을 동반한 화상 ② 손, 발, 회음부, 얼굴화상 ③ 체표면적 10% 이상의 3도 화상인 모든 환자 ④ 체표면적 25% 이상의 2도 화상인 10세 이상 50세 이하의 환자 ⑤ 체표면적 20% 이상의 2도 화상인 10세 미만 50세 이후의 환자 ⑥ 영아, 노인, 기왕력이 있는 화상환자 ⑦ 원통형 화상, 전기화상
중등도 Moderate burn	① 체표면적 2% 이상 - 10% 미만의 3도 화상인 모든 화상 ② 체표면적 15% 이상, 25% 미만의 2도 화상인 10세 이상 50세 이하의 환자 ③ 체표면적 10% 이상, 20% 미만의 2도 화상인 10세 미만 50세 이후의 환자
경 증 Minor burn	① 체표면적 2% 미만의 3도 화상인 모든 환자 ② 체표면적 15% 미만의 2도 화상인 10세 이상 50세 이하의 환자 ③ 체표면적 10% 미만의 2도 화상인 10세 미만 50세 이후의 환자

(3) 평 가

① 1차 평가

환자의 기도를 평가하는 것이 1차 평가에서 가장 중요하다.

✪ 응급구조사는 호흡곤란, 천명(환자의 상기도가 막혔다는 위험 신호), 안면부 화상, 눈썹이나 코털이 탄 경우, 코와 구강내의 그을음, 기침, 가래에 그을음이 섞인 경우, 쉰 목소리, 목 주위를 둘러 싼 화상 등이 있는지 자세히 관찰하여야 한다. 이런 징후가 발견되면 흡입 화상의 가능성이 크므로 기도유지에 주의한다.

② 2차 평가

2차 평가를 시작할 때는 생체징후를 우선 측정한다.

㉠ 화상이 없는 팔다리에서 혈압을 측정하여야 유용하지만 팔다리전체가 화상을 입었으면 소독된 거즈를 상처부위에 감고 측정한다.

㉡ 심혈관 질환 등의 병력이 있었거나 심한 화상을 입은 경우에는 심전도 감시를 한다.

(4) 응급 처치★ ☆ 14년 부산 소방장

① 손상이 진행되는 것을 차단한다.

옷에서 불이나 연기가 난다면 물로 끄고 기름, 왁스, 타르와 같은 반고체 물질은 물로 식혀 줘야 하며 제거하려고 시도해서는 안 된다.

② 기도가 개방된 상태인지 계속 주의를 기울여야 한다.

기도화상, 호흡곤란, 밀폐공간에서의 화상환자는 고농도산소를 주어야 한다.

③ 화상 입은 부위를 완전히 노출하기 위해 감싸고 있는 옷을 제거한다.

화상 입은 부위의 반지, 목걸이, 귀걸이와 같은 장신구는 제거하고 피부에 직접 녹아 부착된 합성물질 등이 있다면 떼어 내려고 시도하지 말아야 한다.

④ 화상 중증도를 분류한다.★ ☆ 12년 부산 소방장

- 중증이라면 즉각 이송해야 하며 그렇지 않다면 다음 단계의 처치를 실시하도록 한다.
- 경증화상(2도 15%)이라면 국소적인 냉각법을 실시한다.

⑤ 손상부위 오염을 방지하기 위해서 건조하고 멸균된 거즈로 드레싱한다.

손과 발의 화상은 거즈로 분리시켜 드레싱 해야 하며 수포를 터트리거나 연고, 로션 등을 바르면 안 된다.

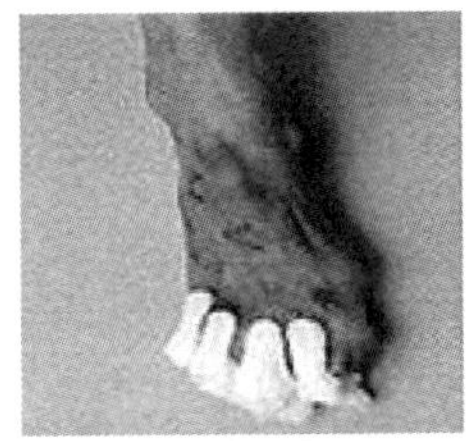

멸균거즈로 화상부위 발가락들을 분리한다.

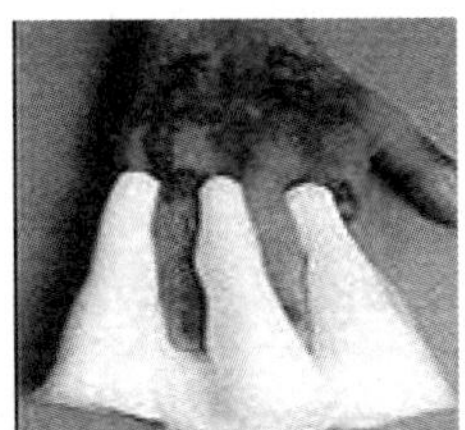

멸균거즈로 화상부위 손가락들을 분리한다.

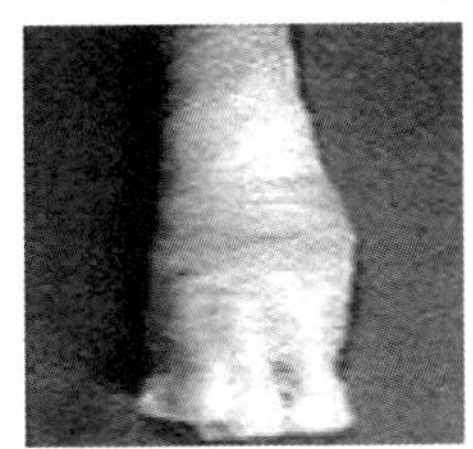

손가락 발가락을 멸균거즈로 덮는다.

⑥ 중증화상은 체온유지기능을 저하시키기 때문에 보온을 유지한다.

⑦ 화상환자에게 발생된 다른 외상을 처치하고 즉시 화상치료가 가능한 병원으로 이송한다.

(5) 소아인 경우

화상처치에 대한 일반적인 원리는 성인과 같으나 몇 가지 주의해야 할 점이 있다. 성인보다 신체크기에 비해 체표면적이 넓어 체액손실이 많고 그로 인해 저체온이 될 가능성이 높다는 점이다. 또한 해부적·생리적으로 다르기 때문에 성인과 다르게 중증도를 분류한다.

▌소아의 중증도 분류표▐ ★☆ 14년 경남 소방장

중증도 분류	화상 깊이 및 화상 범위
중 증	전층 화상과 체표면의 20% 이상의 부분층 화상
중등도	체표면의 10~20%의 부분층 화상
경 증	체표면의 10% 미만의 부분층 화상

게다가 6세 미만의 유아화상은 성인 분류상 중등도 화상이라면 유아는 한 단계 위인 중증 화상으로 분류해야 한다. 아동학대로 인한 화상이라면 아래 사항이 있는지 살펴야 한다.

① 담배, 다리미 등과 같은 자국
② 양쪽에 같은 형태의 화상
③ 과거 유사한 병력
④ 뜨거운 물에 신체 일부를 넣은 경우 원통형의 손상

(6) 전기 · 화학 화상

전기와 화학물질에 의한 화상은 특수한 경우로 현장에 도착한 구급대원은 우선적으로 현장안전을 확인해야 한다.

① **전기 화상**★☆ 12년 소방위 / 20년 소방장

㉠ 전선이나 낙뢰에 의해 일어나며 일반적으로 전압과 전류량이 높을수록 더욱 심한 화상을 입게 된다.
㉡ 교류(AC, alternating current)는 직류(DC, direct current)보다 심한 화상을 입히며 전기가 들어온 곳과 나온 곳이 몸에 표시되어 남아 있다.
㉢ 낙뢰에 의한 화상환자는 특징적으로 양치류 잎과 같은 모양의 화상이 나타난다.
㉣ 전기화상은 몸 안에서는 심각하더라도 밖으로는 작은 흔적만 남을 수 있기 때문에 주의해야 한다.
㉤ 갑작스러운 근육수축으로 탈골되거나 골절될 수도 있다.
㉥ 가장 위험한 경우는 심전도계 장애로 심장 마비나 부정맥이 나타나기도 한다.

✪ 현장에서의 행동은 우선 현장이 안전한지를 확인하고 천천히 접근해야 하는데 이때, 다리가 저린 증상이 나타나면 전류가 흐른다는 뜻이므로 즉시 되돌아와야 한다. 훈련을 받지 않았다면 무모하게 환자를 옮기거나 전원을 차단하는 행동을 해서는 안 되며 전기전문기사나 구조대원이 올 때까지 기다려야 한다.

✪ 교류와 직류

- 직류(DC, Direct Current)란 시간적으로 변화하지 않고 항상 일정한 값을 유지하는 전압이나 전류를 말한다. 따라서 주파수가 존재하지 않는다.
- 교류(AC, Alternating Current)는 반대로 시간적으로 변화, 즉 주파수 성분이 존재하는 전압이나 전류를 말한다. 국내 상용주파수는 60hz, 이는 초당 60번씩 전압 혹은 전류가 +, − 방향으로 교번한다는 것이다.
- 전기화상에서 유의할 점은 전기흐름에 의한 심장 부정맥 유발이라 할 수 있으며, 이는 심장박동

과 관련 있는 전기적 기능이 직류보다는 +, - 변화가 있는 교류가 더 많은 영향을 준다는 것이다.

✪ 응급처치

1. 기도 확보
   - 전기 충격으로 심각한 기도 부종을 야기할 수 있기 때문이다.
2. 맥박 확인
   - 심장리듬 변화가 보통 나타날 수 있으므로 제세동기를 이용해 분석·처치를 제공해 주어야 한다.
3. 쇼크에 대한 처치 및 고농도 산소 공급
4. 척추·머리 손상 및 심각한 골절에 대한 처치 제공
   - 전기 충격으로 심각한 근골격 수축이 나타나므로 골절 및 손상에 따른 척추 고정 및 부목 고정이 필요하다.
5. 환자 몸에 전기가 들어오고 나간 곳을 찾아 평가한다.
6. 화상 부위를 차갑게 하고 멸균 거즈로 드레싱 한다.
7. 전력, 전류량 등에 대한 내용을 구급일지에 기록한다.
8. 신속하게 병원으로 이송한다.

② 화학 화상

㉠ 화학 화상에는 강산, 피부의 층을 직접 부식시키는 염기, 화학작용과 더불어 인체 내부에서 열을 생산하는 화학물질 등 다양한 물질이 있다.

㉡ 아주 작은 양이 피부에 닿았다 하더라도 위험할 수 있으므로 주의해야 한다.

㉢ 현장에서는 최소한 글러브와 보안경을 착용해야 하며 화상처치는 일반 화상처치와 같으며 추가적인 처치 사항은 다음과 같다.

ⓐ 손상 부위를 많은 양의 물로 세척해야 하는 것이 가장 중요하다. 이는 화학물질을 씻어내어 작용을 완화시키거나 정지시키는 역할을 해준다.

ⓑ 단, 금수성 물질인 경우에는 폭발위험이 있으므로 주의해야 한다.

ⓒ 씻어 낸 물이 다른 부위로 흘러내리지 않도록 해야 하며 특히, 눈이나 얼굴을 씻어 낼 때 정상 눈에 들어가지 않도록 주의해야 한다.

ⓓ 이송 중에도 가능하다면 세척을 계속 실시하도록 한다.

ⓔ 건조 석회와 같은 화학물질은 세척 전에 브러시로 털어내야 하는데 가루가 날려 호흡기계로 들어가거나 정상 부위에 닿지 않도록 주의해야 한다.

요 약

▌화상 환자 일반 응급처치▐

화상 진행 과정 차단

↓

현장 안전 확인

↓

개인 보호 장비 착용

↓

기도 평가 및 계속적인 관찰
밀폐된 공간, 호흡곤란, 기도 화상 징후 시 고농도 산소 제공

↓

화상 부위 노출을 위해 주변 옷 제거
귀걸이, 목걸이, 팔찌 등 액세서리 제거

↓

화상부위 평가

- 화상 깊이
- 화상 범위
- 악화시키는 요소
  (중증인 경우 신속한 이송, 경증인 경우 다음 단계)

↓

추가 오염 방지를 위해 건조된 멸균 거즈 드레싱

- 수포는 터트리지 않는다.
- 연고, 로션 등 도포 금지

↓

보온 유지

↓

기타 손상 처치

↓

이송 및 재평가

Chapter 8 근골격계 손상

학습 목표

- 근골격계의 해부학적 구조를 이해할 수 있다.
- 근골격계 손상환자를 평가하고 처치할 수 있다.
- 부목의 종류를 이해할 수 있다
- 당김덧대(견인부목), MAST 등을 적용할 수 있다.

1 근골격계 해부와 생리

근골격의 3가지 주요 기능으로는 첫째, 인체 외형을 형성하고, 둘째, 내부 장기를 보호하며, 셋째, 인체 움직임을 제공한다.

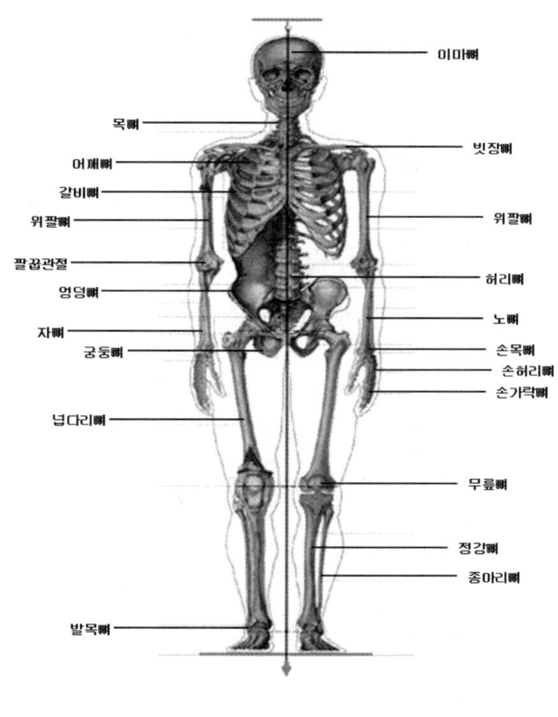

■ 골 격 계 ■

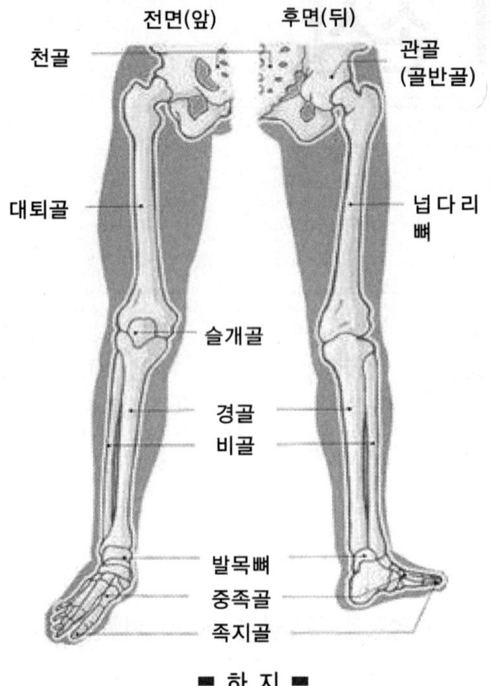

■ 하 지 ■

하 지	
우리말	해부학용어
· 엉덩뼈 · 궁둥뼈 · 두덩뼈 · 엉치뼈	· 골반골 · 좌골 · 치골 · 천골
· 넙다리뼈 · 무릎뼈 · 정강뼈 · 종아리뼈	· 대퇴골 · 슬개골 · 경골 · 비골
· 발허리뼈 · 발가락뼈	· 중족골 · 족지골

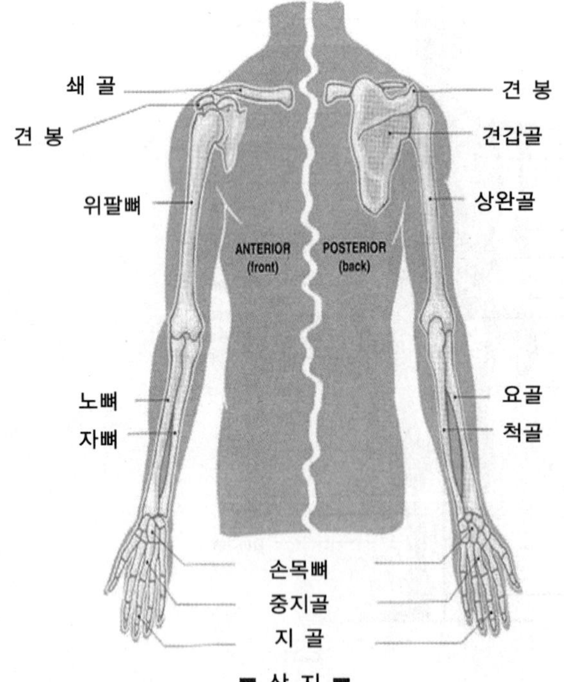

■ 상 지 ■

상 지	
우리말	해부학용어
· 빗장뼈 · 어깨뼈 · 봉우리	· 쇄골 · 견갑골 · 견봉
· 위팔뼈 · 자뼈 · 노뼈	· 상완골 · 척골 · 노뼈
· 손허리뼈 · 손가락뼈	· 중수골 · 지골

(1) 골반과 팔다리

① 근골격계에서 골격은 인체의 물리적 구조를 형성하고 내부 장기를 보호한다.

② 골반은 엉덩뼈와 궁둥뼈 2쌍의 뼈로 이루어졌고 앞으로는 두덩뼈 뒤로는 엉치척추의 양쪽에 연결되어 있고 엉덩뼈 능선은 옆구리에서 궁둥뼈는 아래에서 촉지 할 수 있다.

③ 다리는 엉덩관절을 형성하는 절구라고 불리는 골반의 들어 간 곳에 있는 넙다리뼈 머리에서 시작하고 큰돌기에서 아래로 넙다리각은 넙다리뼈를 형성한다.

④ 무릎관절은 세 개의 뼈(넙다리뼈 말단부위, 무릎뼈, 몸쪽 정강뼈)로 구성되어 있고 종아리는 정강뼈와 측면에 위치한 종아리뼈로 구성되어 있다.

⑤ 종아리뼈의 말단 측면부분을 가쪽복사뼈라고 하고 정강뼈의 말단 중간부분을 안쪽복사뼈라고 하며 이 두 복사뼈는 발목뼈와 종아리뼈의 결합으로 형성된 발목관절의 표면 경계표 역할을 한다.

⑥ 발꿈치뼈라 불리는 발목뼈는 대부분 발의 뒷부분에 위치해 있다. 발의 중간은 발가락과 연결된 발허리뼈이며 발가락은 임상적으로 숫자로 나뉘어 불린다.

⑦ 엄지발가락은 첫 번째 발가락 그리고 새끼발가락은 다섯 번째 발가락이라 불리며 팔은 어깨에서 시작된다. 각각의 어깨는 어깨뼈, 빗장뼈 그리고 견봉으로 구성되었다.

⑧ 위팔뼈머리는 어깨관절에 위치해 있다. 위팔뼈은 팔의 몸쪽을 형성하며 팔꿉관절은 위팔뼈의 먼 쪽과 두개의 뼈(엄지손가락 측의 노뼈와 새끼손가락 쪽의 자뼈)로 구성되어 있다.

⑨ 팔꿈치의 뒷부분에 쉽게 촉지되는 뼈의 융기부분은 자뼈의 팔꿈치머리이다. 손목은 노뼈와 자뼈의 먼쪽과 손목이라 불리는 손의 몸쪽 부분으로 구성되어 있다.

⑩ 손목은 손바닥뼈를 형성하는 손허리뼈와 연결되어 있으며 손가락 역시 임상적으로 숫자로 나뉘고 엄지손가락은 첫 번째 손가락, 새끼손가락은 다섯 번째 손가락이라 불린다.

(2) 연결조직, 관절, 근육

① 골격계가 움직일 수 있는 것은 많은 관절이 있기 때문이다.

② 관절은 뼈와 뼈 사이의 연결부위로 인대라 불리는 연결조직으로 이어졌다.

③ 일반적인 두 가지 관절유형으로는 엉덩관절과 같은 구상관절과 손가락관절과 같은 타원관절이 있다.

④ 근육은 힘줄로 뼈에 연결되어 있어 관절을 움직이게 할 수 있다.

골격근육 (수의근)	신체근육의 대부분을 차지하고 있으며 대부분 골격에 직접 붙어있다. 뇌의 의도에 따라 움직이므로 "수의근"이라 부른다.
내장근육 (불수의건)	현미경으로 관찰하면 골격근육에서 발견되는 가로무늬가 관찰되지 않아 '내장근육'이라 하며, 의도와 상관없이 자율적으로 시행되는 신체 운동의 대부분을 수행하여 '불수의근'이라고도 한다.
심장근육 (불수의근)	특이한 구조와 기능으로 인하여 불수의근이면서 골격근육에 해당한다.

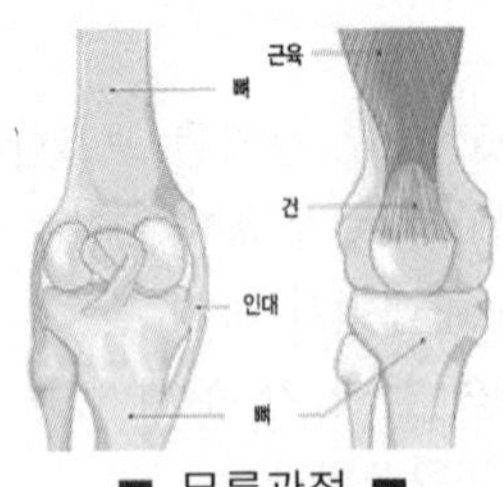
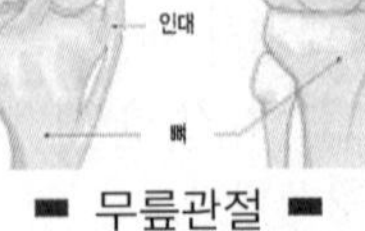

■ 무릎관절 ■

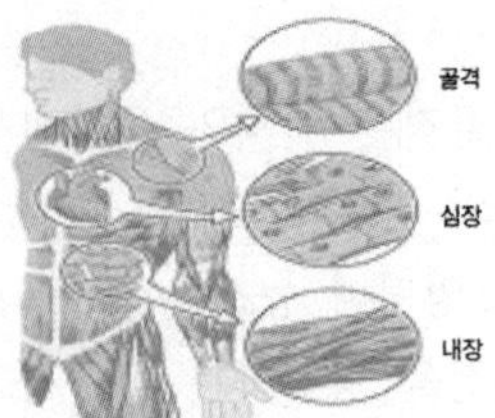

■ 근육의 3가지 유형 ■

2 외상과 근골격계

근골격계 외상에서 가장 심각한 형태 중 하나는 골절이다. 골절은 뼈로 인해 지탱되던 인체 형태가 변형될 수 있으며 심각한 출혈을 야기할 수 있다. 이러한 출혈 중에는 뼈 자체로 인한 것이 있는데 이는 뼈가 비록 단단하나 풍부한 혈액 공급을 갖고 있는 살아있는 조직으로 구성되어 있기 때문이다.

✪ 골절부위 출혈★ ☆ 13년 소방위
- 정강뼈과 종아리뼈의 단순 골절 시 출혈 500cc
- 넙다리뼈 골절 시 1000cc
- 골반 골절 시에는 1500cc~3000cc

(1) 근골격계 손상 기전

직접적인 충격	·가장 쉽게 이해할 수 있는 기전으로 뼈나 다른 구조물에 직접 힘이 가해지는 것을 말한다. ·손상은 힘이 가해진 부분에서 발생한다.
간접적인 충격	·인체에 가해진 에너지가 뼈를 통해 다른 부분을 손상 시키는 경우이다. ※ 운전자의 무릎에 전달된 에너지가 다리로 올라가 넙다리뼈 골절이나 엉덩관절이 탈구되는 경우이다.
변형된 (비틀림 등) 충격	간접적인 충격의 변형형태로 인체 무게와 움직임 자체가 뼈와 관절의 비정상적인 긴장을 유발한다. 이 기전은 스포츠 활동에서 주로 볼 수 있다. ※ 스키를 타다 몸통과 다리가 반대로 뒤틀릴 경우에 생긴다.

(2) 근골격계 손상 형태★★ ☆ 21년 소방위

골 절	·뼈가 부러진 경우를 말하며 심각한 출혈과 통증, 장기간 안정이 필요하다. ·관절을 형성하는 뼈의 끝부분이나 성장판이라 불리는 아동의 성장부위 골절은 심각한 결과를 초래한다.
탈 구	·연결부분에 위치한 관절의 정상 구조에서 어긋난 경우로 관절부위의 심한 굴곡이나 신전으로 발생한다. ·손가락 관절과 어깨 그리고 엉덩이에서 종종 발생한다.
염 좌	관절을 지지하거나 둘러싼 인대의 파열이나 비정상적인 잡아당김으로 생긴다. 보통 인체에 변형된 충격(뒤틀림 등)으로 인해 발생한다.
좌 상	뼈와 근육을 연결하는 힘줄이 비정상적으로 잡아 당겨져 생긴다.

(3) 개방·폐쇄형 근골격계 손상

① 연부조직손상에 따라 개방형과 폐쇄형으로 나뉜다.
② 개방형 팔다리손상인 경우 외부 물체로 인한 것보다는 골절로 인해 뼈가 피부를 뚫은 경우가 많다.
③ 개방형 골절은 노출된 뼈로 인해 팔·다리 감염 위험이 높기 때문에 정형외과적 응급상황이다.

(4) 평 가

① 근골격계 손상은 종종 피투성이로 불쾌감을 주며 주의를 분산시킬 수 있기 때문에 침착한 평가와 치명적인 손상에 대한 처치가 중요하다.
② 우선적으로 ABC에 관련된 처치를 실시한 후에 근골격계 손상 처치를 실시해야 한다.
③ 손상기전과 신체검진을 실시해야 한다. 환자가 의식이 없고 손상이 심각하다면 빠른 외상평가를 실시해야 한다. 만약 그렇지 않다면 세밀하게 외상평가를 실시한다. 또한 기본 생체징후와 SAMPLE력도 기록한다.

(5) 증상 및 징후

근골격계 손상 의심환자를 평가할 때에는 다음과 같은 증상 및 징후가 있는지 확인해야 한다.

✪ 뼈, 힘줄, 근육, 인대가 손상되었을 때 나타나는 증상 및 징후
1. 팔다리의 비정상적인 변형
2. 손상부위 통증 및 압통 그리고 부종
3. 손상부위 멍이나 변색
4. 팔다리를 움직일 때 뼈 부딪치는 소리나 감각
5. 뼈가 보이거나 손상 부위가 찢어짐
6. 관절이 정상적으로 움직일 수 없거나 고정된 상태
7. 팔다리의 먼 쪽이 차갑고 창백하거나 맥박이 없음(동맥 손상 의심)

※ 이러한 증상 및 징후에서 대표적인 것으로는 팔다리의 통증, 부종 그리고 변형이다.

(6) 응급 처치

팔다리가 변형되었거나 통증과 부종을 호소하는 환자를 접했을 경우에는 근골격계 손상을 의심해야 한다. 치료는 골절되었다는 가정 하에 처치해야 하며 골절이 되지 않았다하여도 병원 전 응급처치는 같다. 손상부위를 부목으로 고정하는 것이 응급처치의 중요한 부분을 차지하여도 전반적인 환자의 상태를 항상 주목해야 한다. 즉, 기본적인 ABC 평가와 처치가 중요하다.

✪ 일반적인 응급처치
1. 현장을 확인한다.
   - 개인 보호 장비를 착용하고 현장안전과 잠재적인 손상기전을 확인한다.
2. 1차 평가를 실시한다.
   - ABC상에 문제가 있다면 즉각적인 처치를 하고 신속한 이송을 실시한다. 대신 부분 부목이 아닌 전신을 긴 척추보호대로 고정시킨 후 이송한다.
3. 호흡장애에 쇼크 징후가 보인다면 많은 량의 산소를 공급한다.
4. 개방손상부위 지혈을 실시한다.
5. 위급한 상황에 대한 처치가 끝났다면 손상 부위를 부목으로 고정시킨다.
6. 부목으로 고정시킨 후 가능하다면 손상부위를 올리고 부종과 통증을 감소시키기 위해 얼음찜질을 해주면 좋다.

3 부 목★ ☆ 15년 소방장

근골격계 손상을 처치하는 목적은 추가 손상 방지와 통증 감소를 위해 손상부위 안정에 있다. 이를 위해 주로 사용하는 것은 부목이다. 이때, 주의해야 할 것은 치명적인 상황에 대한 처치를 우선적으로 해야 한다는 점이다.

부목을 하지 않은 경우	· 골절로 생긴 날카로운 뼈의 단면으로 신경, 근육, 혈관의 추가 손상 · 움직임으로 추가적인 연부조직 손상으로 내부 출혈 증가 · 움직임으로 통증 호소 · 뼈의 날카로운 단면 움직임으로 폐쇄형에서 개방형으로 전환
부목사용이 잘못된 경우	· 너무 느슨하게 부목을 고정하면 위와 같은 결과가 나타난다. · 너무 조이면 혈관, 신경, 근육 또는 연부조직이 압박된다. · 만약, 치명적인 상태에서는 부목고정보다 처치나 이송이 우선시되어야 한다. 치명적인 상태를 무시하거나 부적절한 처치를 한 경우에는 사망에 이르기도 한다.

(1) 부목 형태

부목은 손상부위 정도에 따라 다양한 형태로 손상부위를 안정시키도록 만들어졌다. 만약, 적절한 장비를 사용하지 않는다면 오히려 해가 될 수 있으므로 손상부위에 따른 부목을 적절하게 사용해야 한다.

① **경성 부목**★ ☆ 15년 소방교

경성부목은 견고한 재료로 만들어지며 손상된 팔다리의 측면과 전면, 후면에 부착할 수 있다.

■ 경성부목 ■

골절부목

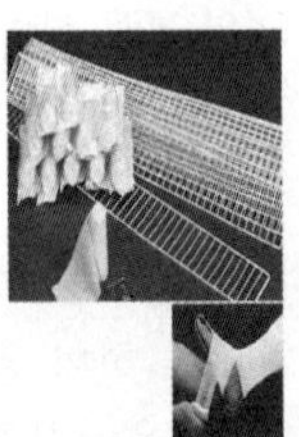
철사부목

성형부목

알루미늄부목

② **연성 부목**★ ☆ 14년 경기 소방장

㉠ 가장 많이 사용되는 연성부목은 공기부목과 진공부목이다.

㉡ 공기부목은 환자에게 편안하며 접촉이 균일하고 외부 출혈이 있는 상처에 압박을 가할 수 있으므로 지혈도 가능하다는 장점이 있으나, 온도 및 공기압력에 의해 변화가 생기는 단점이 있다.

> ✪ 환자상태를 확인하면서 입으로 공기를 불어넣는다.

㉢ 진공부목은 내부를 진공상태로 만들면 특수소재가 견고하게 변하여 고정되는 부목으로, 심하게 각이 졌거나 구부러진 곳에서 효과적으로 사용된다.

✪ 펌프를 이용 공기를 빼는 것이 공기부목과 다르다.

■ 연성 부목 ■

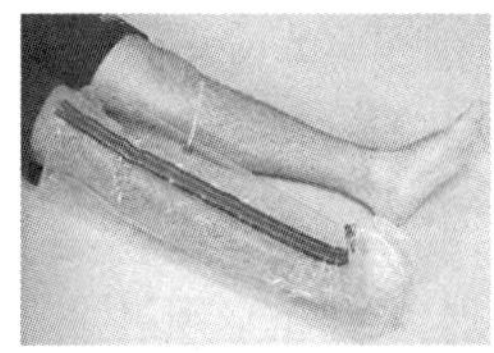

공기 부목

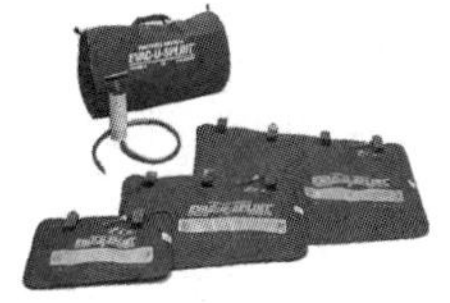

진공 부목

③ 견인 부목

㉠ 관절 및 다리 하부의 손상이 동반되지 않은 넙다리 몸통부 손상시 사용된다.

㉡ 외적인 지지와 고정뿐만 아니라 넙다리 손상시 발생되는 근육경련으로 인해 뼈끝이 서로 겹쳐 발생되는 통증과 추가적인 연부조직 손상을 줄여, 내부출혈을 감소시킬 수 있는 장비이다.

④ 항 쇼크 바지(PASG 또는 MAST)

저체액성 쇼크 환자에서 혈압을 유지시키는 목적으로 사용되는 장비로 골반골절이나 다리골절 시 고정효과가 있다.

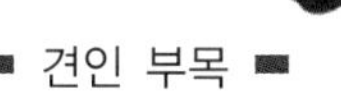

■ 견인 부목 ■

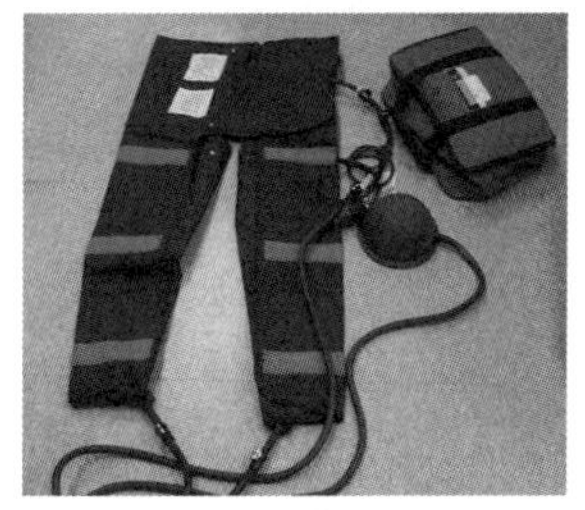

■ M A S T ■

⑤ 삼각건과 걸이

삼각건은 어깨, 위팔, 팔꿈치 그리고 아래팔에 사용된다. 걸이는 팔꿈치와 아래팔을 지지한다.

※ 주위 물건을 이용해 즉흥적으로 만들 수 있는데 베게는 발목관절을 고정하는데 좋고 신문지를 말면 아래팔을 고정시키는 경성부목으로 사용할 수도 있다.

(2) 일반적인 부목 사용방법

① 부목 외에 다른 불필요한 것은 제거한다.

② 손상부위에 따라 가장 적합한 부목을 사용해라.

③ 뼈 손상 여부가 의심될 경우에는 손상됐다고 가정하고 부목으로 고정한다.

④ 근골격계 손상환자가 쇼크 징후 등을 보이면 즉각적으로 이송해야 하며, 부목에 앞서 신속한 이송이 필요한 경우는 긴 척추고정판을 이용해 환자를 고정해야 한다.

⑤ 심각한 손상 환자는 부목으로 고정하기 위해 시간을 지연해서는 안 되며 신속하게 이송해야 한다.

⑥ 부목 고정 전에 한 명의 대원은 손상부위 양 쪽을 각각 잡아 손상부위를 고정시킨다. 이는 부목으로 완전히 고정될 때까지 잡고 있어야 한다.

⑦ 부목 고정 전에 팔·다리 손상 먼쪽의 맥박, 운동기능 그리고 감각을 평가해야 한다. 부목 고정 후에도 다시 한 번 평가한다. 항상 부목 고정 전·후에 대해 기록해야 한다.

⑧ 손상부위의 의복은 잘라 내어 개방시킨 후 평가해야 한다.

⑨ 개방 상처는 멸균거즈로 드레싱한 후에 부목으로 고정해야 한다.

⑩ 팔다리의 심각한 변형이나 먼쪽의 청색증 또는 맥박이 촉지 되지 않는다면 부드럽게 손으로 견인하여 정상 해부학적 위치로 맞춘 후 부목으로 고정시킨다.

⑪ 뼈가 손상 부위 밖으로 나와 있다면 다시 원래 위치로 넣으려고 해서는 안 된다.

⑫ 불편감과 압박을 예방하기 위해 패드를 대준다.

⑬ 가능하다면 환자와 부목사이 빈 공간에 패드를 대준다.

⑭ 가능하다면 환자를 움직이기 전에 부목을 대준다. 위급한 상황이나 치명적인 상태인 경우에는 제외이다.

⑮ 손상부위 위·아래에 있는 관절을 고정시켜야 한다. 예를 들면 아래팔골절에는 팔목과 팔꿉관절을 고정시켜야 한다.

⑯ 관절부위 손상에는 위·아래 뼈를 고정시켜야 한다. 예를 들면 팔꿈치골절에는 위팔과 아래팔을 고정시켜야 한다.

⑰ 손과 다리를 포함한 먼쪽 팔다리손상에서 부목을 대줄 때는 순환상태를 평가하기 위해 손끝과 발끝은 보이게 해야 한다.

⑱ 팔, 손목, 손, 손가락 부목 전에는 팔찌, 시계, 반지 등을 제거해야 한다. 부종으로 인해 순환에 장애를 줄 수 있기 때문이다.

(3) 손상된 팔다리 정렬

근골격계 손상으로 팔다리의 먼쪽으로 가는 혈류에 장애가 생긴다면 부목으로 고정 전에 팔다리를 맞춰야만 한다. 이 경우는 팔다리의 먼쪽이 창백하거나 청색증을 나타내며 맥박 촉지가 되지 않는다. 많은 구급대원의 경우 뼈를 맞출 때 환자가 더한 통증을 호소할 것에 망설이는 경우가 많다. 하지만 재 정렬이 필요하다면 다음과 같이 실시한다.

① 손상 부위 위와 아래를 우선 지지한다.

② 뼈를 부드럽게 위·아래로 잡아당긴다.

③ 돌려야 하는 경우에는 부드러운 동작으로 동시에 잡아당기면서 돌려야 한다.

④ 통증과 뼈로부터 나는 소리가 날 수 있으나 이는 팔다리 손상을 예방하기 위함이라는 것을 명심해야 한다.

⑤ 많은 저항이 느껴지거나 뼈가 피부 밖으로 나올 염려가 있는 경우에는 실시해서는 안 된다.

(4) 긴 뼈 부목☆ 21년 소방위

긴뼈로는 팔에 위팔뼈, 노뼈, 자뼈, 엉덩뼈, 손가락뼈가 있고 다리에는 넙다리뼈, 정강뼈, 종아리뼈, 발허리뼈, 발가락뼈가 있다. 긴 뼈 손상은 근처 관절손상을 동반할 수 있으므로 주의해야 한다.

① 현장 확인(손상기전 및 현장안전 확인) 및 개인 보호 장비 착용
② 손으로 손상부위 고정
③ 부목 고정 전에 팔·다리 손상 먼쪽의 맥박, 운동 및 감각기능을 평가해야 한다.
④ 심각한 변형이나 먼쪽에 청색증이나 맥박이 촉지되지 않는다면 손으로 견인하여 원래 위치로 재정렬해야 한다.
  · 두드러진 저항이 느껴지면 시도하지 말고 그대로 부목으로 고정한다.
⑤ 적절한 부목을 선택해서 사용한다.
⑥ 손상부위뿐 아니라 위·아래 관절도 고정시켜야 한다.
⑦ 부목 고정 후에 맥박, 운동기능, 감각을 재평가한다.
⑧ 부목 고정 후 움직임으로부터 보호해야 한다.
⑨ 가능하다면 고정한 부위를 올리고 차가운 팩을 대준다.

(5) 부위별 처치법

팔	· 위팔뼈는 삼각건을 이용하는 것이 좋다. 경성부목도 걸이와 삼각건을 이용해 사용할 수 있다. · 아래팔뼈는 롤붕대와 골절부목(padded board splint) 또는 공기를 이용한 부목이 좋다. 부목으로 고정한 후에는 걸이로 목에 걸고 삼각건으로 고정시킨다.
손	· 손, 손목, 아래팔을 고정시킬 때에는 기능적 자세로 고정시켜야 한다. · 손의 경우 손가락을 공을 잡듯이 약간 구부린다. · 환자가 붕대를 쥐게 한 후 골절부목으로 아래팔을 고정시켜 손목과 손을 고정시킨다. 아래팔, 손목 그리고 손은 롤 거즈붕대로 감고 걸이로 고정시킨다.
발	· 발은 다리와 90° 각도이므로 철사부목이나 다리부목을 이용하는 것이 좋다. · 높은 곳에서의 낙상은 발꿈치와 척추손상을 유발하므로 발과 다리를 부목으로 고정시키고 긴 척추고정판으로 척추를 고정시켜야 한다.
다 리	· 경성부목이 좋으며 이를 사용할 때에는 손상된 다리의 무릎과 발목을 고정하기 충분한 길이어야 한다. · 부목이 없다면 접거나 말은 이불을 사용할 수도 있다.
허벅지* ☆ 15년 소방장	· 넙다리뼈 손상은 심각한 출혈을 야기할 수 있는 심각한 손상으로 쇼크가 나타나기도 한다. · 허벅지의 큰 근육들은 힘이 강해 넙다리가 골절되면 뼈끝을 잡아당긴다. · 이때, 날카로운 뼈의 단면은 조직과 큰 동맥에 심각한 손상을 초래할 수 있다. · 견인부목은 출혈을 줄이고 추가 합병증을 예방하는 데 좋다. · 우선 손상부위 주변에 2곳의 고정지점(골반과 발목)을 정한다. 장력은 부목의 제동기로 두 점 사이에 형성한다. 장력이 증가하면서 부러진 넙다리뼈 끝이 재정렬되고 조직, 신경, 혈관 손상 가능성이 줄어든다.

※ 견인부목을 사용해서는 안 되는 경우★★ ☆ 20년 소방장

1. 엉덩이나 골반 손상
2. 무릎이나 무릎 인접부분 손상
3. 발목 손상
4. 종아리 손상
5. 부분 절상이나 견인기구 적용부위의 결출상

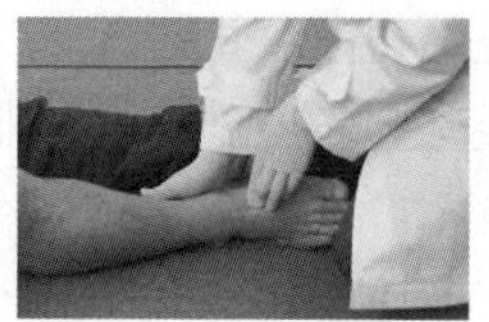

1. 다리 말초의 맥박, 운동과 감각 기능을 평가한다.

2. 안전하며 조심스럽게 다리를 손으로 견인을 한다.

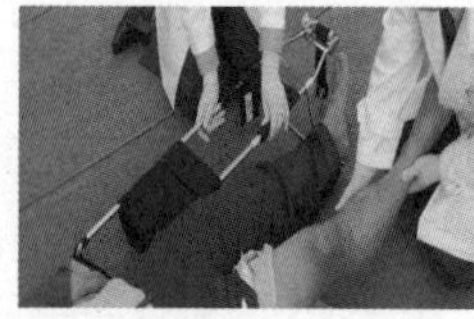

3. 부목의 알맞은 길이를 조정한다.(궁둥뼈패드를 엉덩뼈능선에서 밴드가 발목까지)

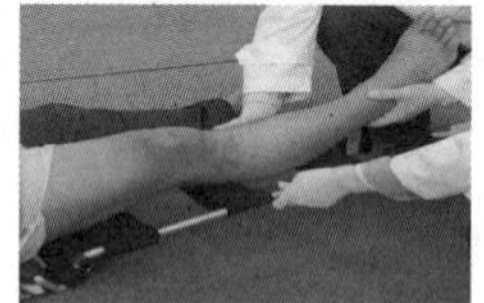

4. 궁둥뼈패드 받침대에 엉덩뼈능선부위를 안착시켜 손상된 다리부위를 부목 위에 위치시킨다.

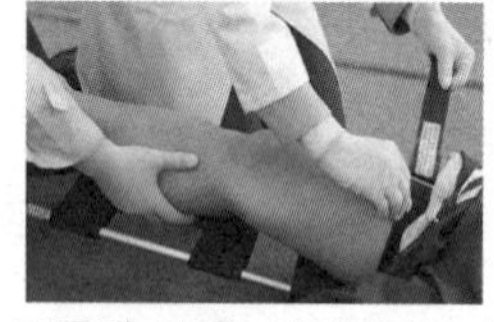

5. 궁둥뼈 끈을 서혜부와 넙다리에 결착한다.

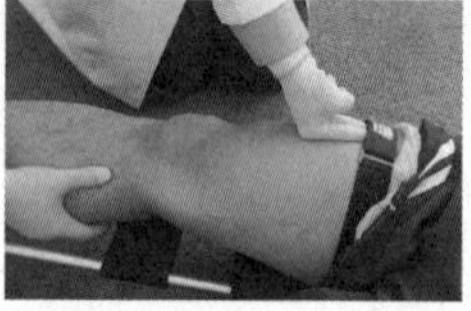

6. 끈을 확실하고 안전하게, 그러나 넙다리의 순환을 완전히 차단해서는 안 된다.

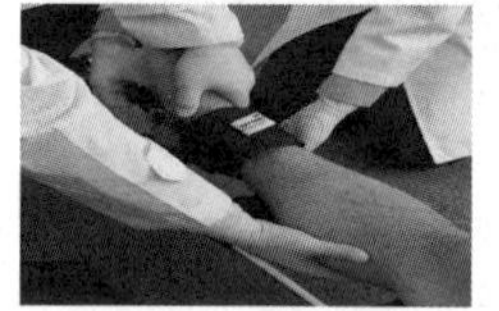

7. 발목 고리를 확실하게 환자 발과 수직으로 고정한다.

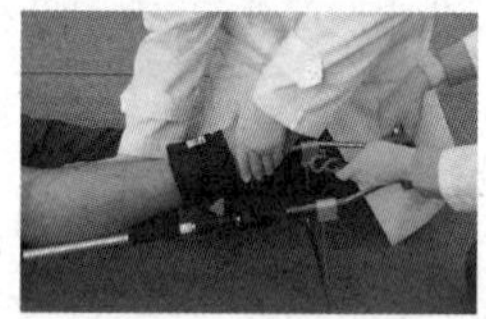

8. 발목고리의 D고리와 S고리를 결착하고 <u>통증과 근육경련이 감소할 때까지 기계적인 견인을 시행한다.</u> 반응이 없는 환자는 손상되지 않은 다리와 거의 같은 길이가 될 때까지 견인을 조절한다. ☆ 20년 소방장

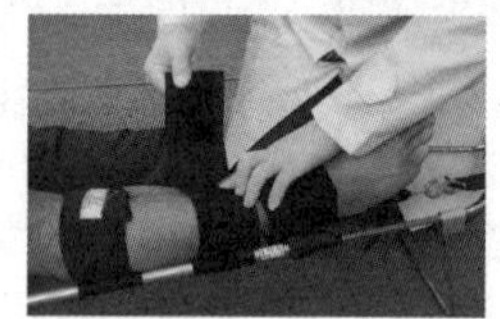

9. 다리받침 끈을 고정한다.

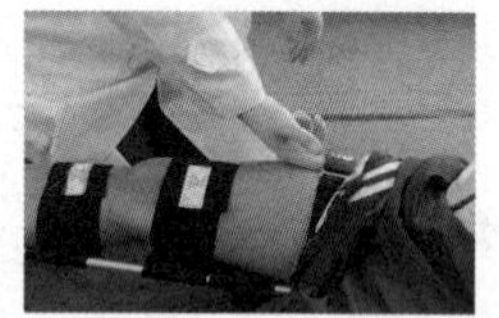

10. 넙다리끈과 발목 끈을 재확인하고 확실히 고정했는지 확인한다.

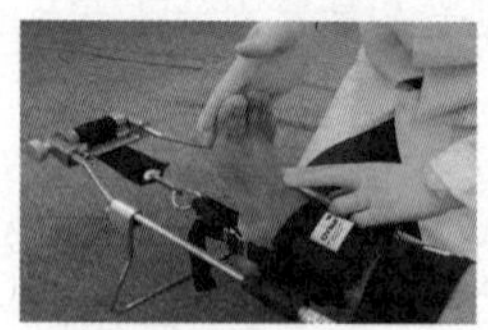

11. 부목을 착용하고 말초의 맥박, 운동과 감각 기능을 재평가한다.

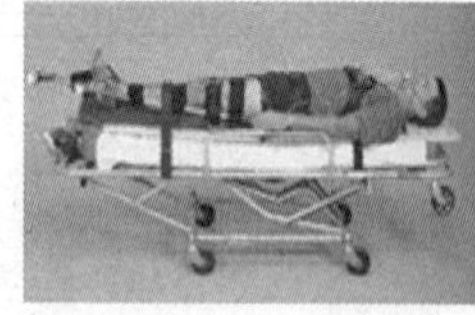

12. 환자를 긴척추고정판에 위치시키고 안전하게 고정한다. 다리 사이에 패드를 대어주고 고정판에 부목을 확실히 고정한다.

■ 견인부목을 이용하는 방법 ■

관 절★ 21년 소방위	긴 뼈 손상과 같은 방법으로 처치되며 종종 관절 손상으로 기능을 상실한다. 엉덩이 골절에는 손상 받은 부위의 발이 바깥쪽으로 돌아가고 다리가 짧아진다. ※ 관절 손상 환자에 대한 응급처치 ① 현장 확인 · 손상 기전과 현장 안전 확인 ② 개인 보호 장비 착용 ③ 손으로 손상부위 지지 · 안정화 ④ 부목 고정 전에 손상 먼쪽의 맥박, 운동기능, 감각 평가 ⑤ 일반적으로 발견되었을 때 자세 그대로 부목 고정 · 먼 쪽 청색증이나 맥박 촉지가 안 될 때에는 부드럽게 손으로 견인하여 관절을 재정렬한다. 만약, 통증을 심하게 호소하면 멈추고 그대로 부목으로 고정시킨다. ⑥ 가능하다면 손상부위뿐만 아니라 위 · 아래 관절까지 고정 · 엉덩이와 어깨관절은 대부분 불가능하다. ⑦ 부목으로 고정한 후에 맥박, 운동기능, 감각을 재평가 ⑧ 고정 후 움직임으로 인한 손상을 예방 ⑨ 가능하다면 손상 관절부위에 차가운 팩 대기
엉덩이와 골반★	① 엉덩이는 넙다리뼈 몸쪽과 골반의 절구로 이루어진 관절이다. ② 대부분 노인환자에서 낙상으로 많이 발생하며 엉덩이 관절에서 넙다리뼈 몸쪽 골절이 많다. ③ 엉덩이 통증과 압통 그리고 다리가 밖으로 돌아가고 짧아진 변형 형태가 나타난다. ④ 엉덩이에는 많은 연부조직이 있어 부종을 감지하기 어렵다. ⑤ 골반골절은 단순 낙상보다 더 강한 힘에 의해 나타나며 차량 간 충돌이나 보행자 사고에서 많이 나타난다. ⑥ 골반 옆부분을 부드럽게 눌러보거나 앞에서 골반을 아래로 눌러 보면 압통을 호소한다. 골반골절은 내부 실혈로 치명적일 수 있다. ⑦ 긴 척추고정판으로 환자를 고정시켜야 하며 쇼크에 주의해야 한다. ⑧ PASG를 사용할 수 있다.
어 깨	· 운동 중에 종종 일어나며 보통 압통, 부종, 변형이 나타난다. · 환자는 대부분 앉은 상태에서 정상 팔로 앞으로 처져 있는 손상된 어깨를 붙잡고 있다. 걸이와 삼각건을 이용하는 것이 좋다.
팔꿈치	· 혈관과 신경이 팔꿉관절에 매우 가깝게 지나가므로 위험한 부위이다. · 맥박, 운동기능 감각을 잘 평가해야 한다. · 보통 팔걸이와 삼각건을 많이 이용하며 팔꿈치 골절 시에는 긴 패드부목으로 고정시킨다.
발 목	· 계단을 내려오다 발목이 꺾이면서 자주 일어나는 손상으로 가쪽 복사뼈 위로 압통, 부종 그리고 변형이 나타난다. · 발과 발목은 기능적 자세로 하고 무릎 위까지 긴 패드부목으로 고정시킨다. · 부목이 없다면 접은 이불, 베개를 이용해 고정시키고 끈으로 묶을 수 있다.

요 약

▌근골격계 손상 처치▌

개인 보호 장비 착용

↓

현장 및 잠재적인 손상 기전 확인

↓

1차 평가 및 즉각적인 처치 제공(기도, 호흡, 순환)

↓

호흡곤란, 부적절한 호흡, 쇼크 징후 시 10~15L/분 산소 공급

↓

개방성 손상 부위 지혈 처치

↓

통증, 부종, 변형 부위에 따른 부목 선택

↓

손상부위 맥박, 운동, 감각 평가

↓

부목 고정 및 손상부위 맥박, 운동, 감각 재평가

↓

부목 부위 거상, 통증·부종 감소를 위해 차가운 팩 적용

↓

이송 및 재평가

Chapter 9 머리와 척추 손상

학습 목표

- 머리, 척추, 중추신경계의 해부학적 구조를 이해할 수 있다.
- 척추손상환자를 평가하고 처치를 할 수 있다.
- 척추 고정기구, 목 고정대, 구출고정대(KED)등을 사용할 수 있다.
- 머리와 뇌손상환자를 평가하고 처치할 수 있다.
- 헬멧 제거방법을 이해하고 시행할 수 있다

1 머리, 척추 그리고 중추신경계 해부

머리, 목뼈, 척추 손상은 심각한 결과를 초래할 수 있는데, 그 이유는 뇌와 중추신경계가 포함되어 있기 때문이다. 이 부분들의 상처에 대해 적절한 처치를 하기 위해서는 해부학적인 지식이 필요하다.

(1) 두 부

① 머리뼈는 뇌를 보호하는 뇌머리뼈와 얼굴뼈, 모두 22개의 뼈로 구성되어 있다.

② 머리뼈는 성인에 이르기까지 계속 팽창되어 크다가 딱딱하게 굳어진다.

③ 머리뼈 부분명칭은 이마뼈, 뒤통수뼈, 마루뼈, 관자뼈 등이 있다.

④ 얼굴을 이루고 있는 뼈들은 몇 가지 기능이 있는데 모든 얼굴뼈들은 전방에서 오는 충격으로부터 뇌를 보호하는 기능이 있다.

⑤ 눈확(orbit)은 눈을 보호하기 위해 눈을 둘러 싼 몇 개의 뼈로 구성되어 있고 아래턱과 위턱은 이를 지지하고 있다.

⑥ 코뼈는 코의 후각기능을 지지하고 광대뼈는 뺨을 형성하여 얼굴 형태를 만든다.

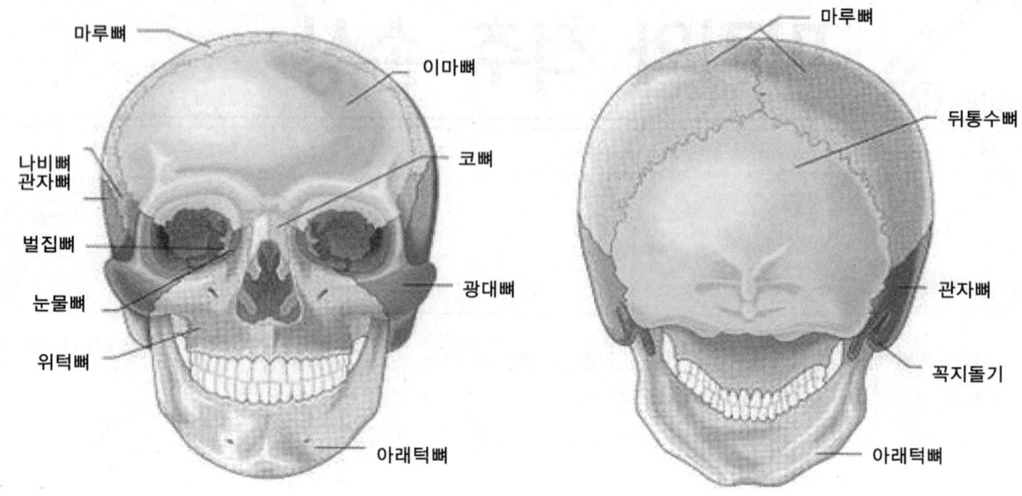

(2) 척 주(Vertebral column)* ☆ 16년 경기 소방장

① 척주는 머리를 지지해주고 뇌의 기저부분에서 골반까지 이어지고 척수를 유지하고 보호해준다.
② 척주는 인체를 지탱하는 중요한 역할을 하고 있으며 33개의 척추뼈로 구성되어 있다.
③ 척주는 5부분인 목뼈 7개, 등뼈 12개, 허리뼈 5개, 골반의 뒷벽을 구성하는 엉치뼈 5개, 꼬리뼈 4개로 나뉘며 등뼈는 갈비뼈에 의해 지지되고 엉치뼈와 꼬리뼈는 골반에 의해 지지되므로 목뼈와 허리뼈보다 손상을 덜 받는다.

(3) 중추신경계

① 중추신경계는 뇌와 척수로 이루어져 있으며 뇌는 머리뼈 내에 위치해 있다.
② 뇌는 호흡과 같은 기본적인 기능 외에도 생각·기억과 같은 기능을 담당하고 있다.
③ 척수는 뇌저에서 시작해서 척주의 척추뼈에 의해 보호받으면서 등 아래로 내려간다.
④ 척수는 뇌에서부터 신체에 이르기까지 메시지를 전달하는 역할을 한다.
⑤ 말초신경계 지시를 포함한 이러한 메시지는 수의근의 움직임을 야기한다.
⑥ 척수는 또한 신체에서 뇌로 메시지를 다시 전달하는데 말초신경계로부터 인체 기능과 환경에 대한 정보를 포함한다.

2 척추 손상

척추손상에서 가장 위험한 것은 척수의 손상이다. 이는 수의근의 통제력 상실을 의미한다. 이러한 통제력 상실 즉, 마비는 종종 영구적이다.

- 척수손상은 단순 팔다리근육뿐 아니라 호흡근육에도 영향을 미치기 때문에 목뼈손상에서는 특히, 주의해야 한다.

· 척주의 척추뼈는 척수를 둘러싸고 지지하며 보호하는 역할을 하고 있다.
  = 척추뼈 손상만으로 마비 또는 척수손상의 증상 및 징후가 나타나지는 않는다. 그러나 척추뼈 손상은 척수 손상을 야기하거나 마비를 초래할 수 있다.
· 척수 손상 시에는 손상부위 말단 신경계 기능이 일반적으로 상실된다.

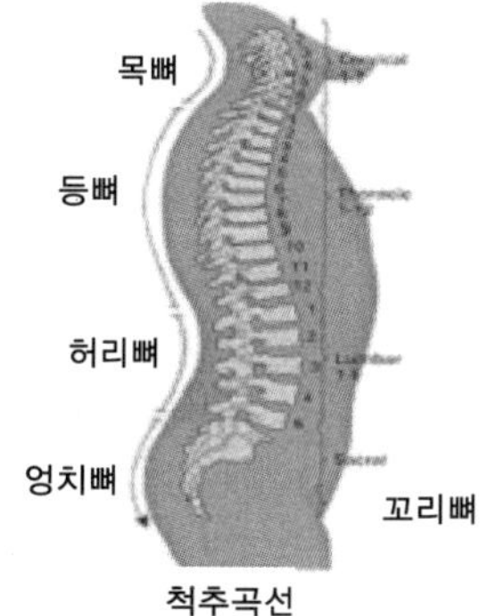

척추곡선

※ 첫 번째 또는 두 번째 목뼈가 손상되면 양 팔과 다리를 움직일 수 없다. 게다가 목뼈의 심한 손상은 호흡정지를 초래할 수 있는 호흡근을 통제하는 신경에 영향을 미친다.

척 추	척주를 구성하는 개개의 뼈로 척추뼈 몸통과 척추뼈 고리로 구성되어 있다.
척 주	척추뼈로 구성되어 있으며 섬유연결인 척추사이 원만이 몸통을 연결해 우리 몸의 지주 역할을 한다.

(1) 손상 기전

몇몇 손상기전은 척주와 척수에 손상 위험성을 증가시킬 수 있다. 척추의 비정상적 또는 과도한 움직임을 야기하는 어떤 기전은 이러한 손상을 야기할 수 있다.

굴 곡	척추의 앞쪽으로 굽은 것으로 정면충돌과 다이빙에서 보통 일어난다.
신 전	척추의 뒤쪽으로 굽은 것으로 후방충돌에서 보통 일어난다.
측면 굽힘	척추의 측면으로 굽은 것으로 측면충돌에서 종종 일어난다.
회 전	척추가 꼬인 것으로 차량 충돌과 낙상에서 일어난다.
압 박	척추의 아래나 위로부터 직접 힘이 가해진 것으로 차량충돌, 낙상 그리고 다이빙에서 일어난다.
분 리	척수와 척추 뼈가 따로따로 분리되어지는 힘에 의한 손상으로 목매달기와 차량충돌에서 일어난다.
관 통	어떤 물체가 척수나 척주에 들어오는 경우로 총이나 칼에 의한 손상에서 일어난다.

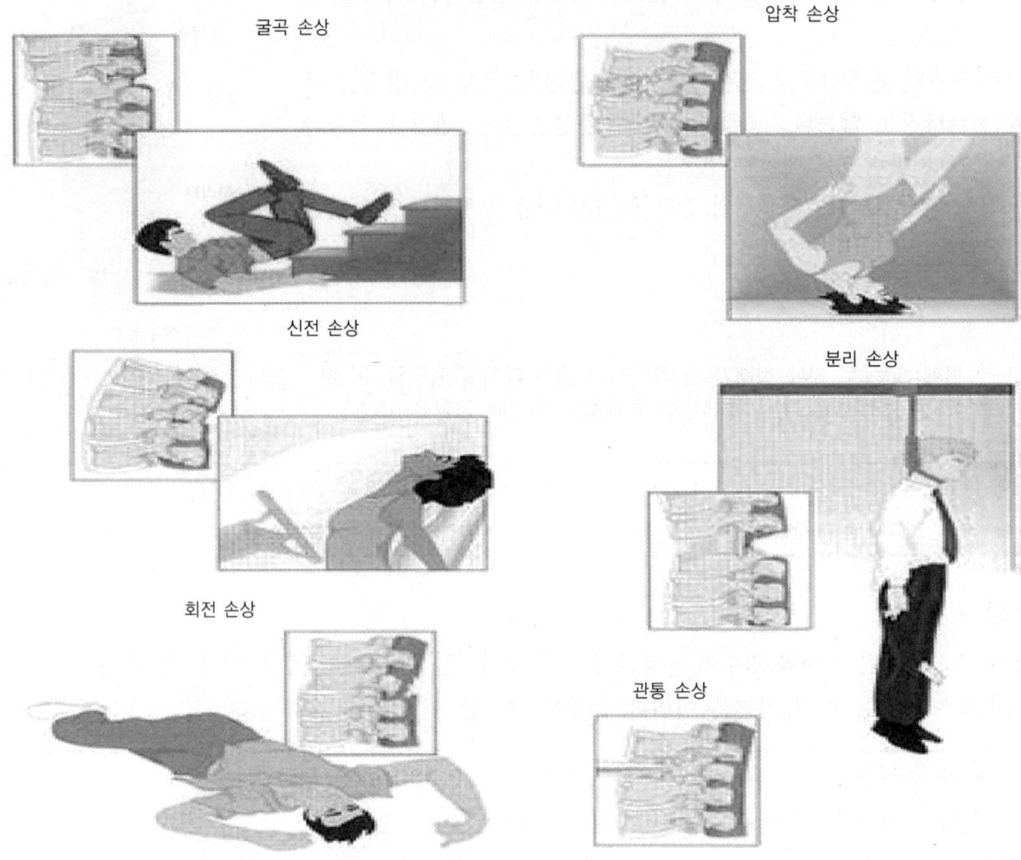

(2) 평 가

① 척추손상이 의심되는 환자라면 환자를 일직선상으로 눕히고 척추를 고정시켜야 한다.

② 만약 현장에서 환자가 서있거나 걷는다고 해서 척추손상이 없다고 판단해서는 안 된다.

- 환자에게 설명하고 환자를 일직선상으로 눕게 한 후 척추 손상의 증상 및 징후가 있는지 평가해야 한다.

③ 기도 폐쇄와 호흡장애는 종종 심각한 척추손상을 의미한다.

- 턱 들어올리기방법으로 기도를 개방하고 필요시 양압환기를 제공할 준비를 해야 한다.

④ 주 병력과 신체 검진-외상 평가, 생체징후, SAMPLE-을 실시하고 만약, 환자가 의식이 있다면 팔다리의 감각과 운동신경을 검사하기 위해 신경검사를 실시한다.

㉠ 손가락과 발가락을 움직일 수 있는지 묻는다.

㉡ 양손으로 구급대원의 손가락을 잡고 꽉 쥐어 보도록 시킨다.

- 힘과 반응이 같은지 양손을 비교한다.

㉢ 구급대원의 손을 발가락으로 부드럽게 밀어 보도록 시킨다.

- 힘과 반응이 같은지 양발을 비교한다.

㉣ 손가락과 발가락을 만졌을 때 감각이 있는지 묻는다.

척추손상이 의심되는 환자 평가 시에는 아래 사항을 유의해야 한다.

㉤ 무의식환자는 척추손상 가능성이 있다고 가정해야 한다.

㉥ 척추부위 압통이 없다고 하는 환자는 척추손상이 있을 수 있음을 유의해야 한다.

㉦ 척추손상 판단을 위해 척추를 움직이게 하는 행동은 절대 금물이다.

⑤ 의식이 있는 환자라면 SAMPLE력 평가동안 아래와 같은 질문을 통해 더 많은 정보를 얻어야 한다.

㉠ 무슨 일이 일어났는지?

㉡ 목이나 등을 다쳤는지?

㉢ 손과 다리를 움직일 수 있는지?

㉣ 손과 다리에 통증이나 저림 또는 무감각이 있는지?

㉤ 구급대원이 도착하기 전에 스스로 또는 다른 사람에 의해 움직였는지?

※ 환자가 무의식상태라면 가족이나 주변인에게 SAMPLE력을 얻어야 하며 손상기전과 도착 전의 환자 상태 및 의식 변화 등에 대한 정보를 얻어야 한다. 주 병력과 신체검진

※ 척추손상의 증상 및 징후★★☆ 18년 소방장

- 손상 부위 척추의 압통
- 척추의 변형
- 척추손상과 관련된 연부조직 손상
  - 머리, 목 손상 : 목뼈 손상 가능성
  - 어깨, 등, 배 손상 : 등뼈, 허리뼈 손상 가능성
  - 골반, 다리 손상 : 허리뼈, 엉치뼈 손상 가능성
- 척추손상이 의심되는 부분 아래로 감각손실이나 마비
- 팔과 다리에 허약감이나 저린 증상과 같은 비정상적 감각이나 무감각
- 지속 발기증, 지속적이며 감정적으로 근거 없는 발기증
- 대변실금이나 요실금
- 호흡장애
- 척주의 움직임에 상관없는 통증
- 엉덩이와 다리에 계속적이거나 간헐적인 통증

⑥ 척수손상의 합병증 ※ 참고자료★★

합병증	원 인
· 호흡장애 · 혈압저하 · 근육위축, 감염증 · 욕창	· 가로막 마비, 갈비 사이근 마비 · 혈관의 이완 · 운동기능의 저하 · 감각기능의 저하

(3) 고 정

① 고정은 척추손상 의심환자에게 중요한 처치로 추가 손상을 방지해 준다.

② 척추고정은 다른 처치(기도개방, 산소공급, 양압환기, 쇼크처치)와 같이 실시되어야 한다.

※ 소 아
소아의 척추는 성인보다 유연하기 때문에 척주의 손상 없이도 척수가 쉽게 손상 받을 수 있다. 척수손상을 갖고 있는 소아환자의 25~50%는 x-ray상 척추뼈의 골절이 보이지 않는다고 한다. 이런 이유로 소아환자의 경우 척추부위 압통이나 통증이 없다고 하여도 척추손상이 의심된다면 고정 및 처치해야 한다.

(4) 응급 처치

① 손을 이용한 머리 고정*

㉠ 척추고정에서 제일 먼저 실시하는 단계로 손으로 환자의 머리를 중립자세로 유지해야 한다.

㉡ 이는 목보호대 착용, 짧은 고정판이나 구출고정대(KED) 장비 그리고 긴 고정판에 고정 전까지 목뼈의 움직임을 예방해 준다. 이는 머리가 완전히 고정될 때까지 계속 유지해야 한다.

ⓐ 만약 환자의 목이 앞으로 구부러졌거나 옆으로 돌아갔다면 몸을 긴축으로 머리와 목을 중립자세로 해 주어야 한다.

ⓑ 환자가 땅에 누워있다면 대원은 환자 머리맡에 가서 머리 양쪽에 손을 대고 중립자세가 되도록 취해주어야 한다.

ⓒ 만약 구조나 구출이 늦어진다면 손을 이용한 고정시간이 늘어나 대원의 피로 도는 증가할 것이다.

ⓓ 이때에는 땅에 팔꿈치를 대거나 앉아 있는 환자인 경우 환자의 어깨나 의자 등받이를 이용해야 한다.

② 목보호대

㉠ 목보호대는 손을 이용한 머리고정과 척추고정판을 이용한 고정과 함께 사용되어야 한다.

㉡ 목보호대만으로 환자에게 적정한 처치를 제공할 수 없음을 유의해야 한다.

㉢ 효과적인 사용을 위해서는 환자에 맞는 크기의 목보호대를 사용해야 한다.

㉣ 부적절한 크기는 목을 과신전 시키거나 움직이게 하고 척추 손상을 악화시키며 기도 폐쇄를 유발시킬 수 있다.

ⓐ 뒤에서 환자 머리를 중립상태로 고정시킨 후 목보호대 크기를 잰다.

ⓑ 목보호대 크기를 조절하고 턱과 보호대가 닿는 부분이 턱을 들어올리거나 목이 과신전 되지 않게 주의한다.

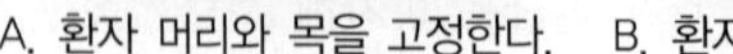

A. 환자 머리와 목을 고정한다.

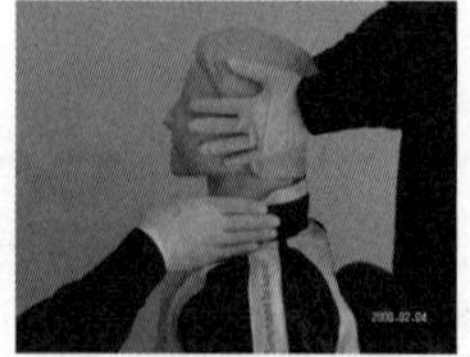

B. 환자의 목 길이를 측정한다.

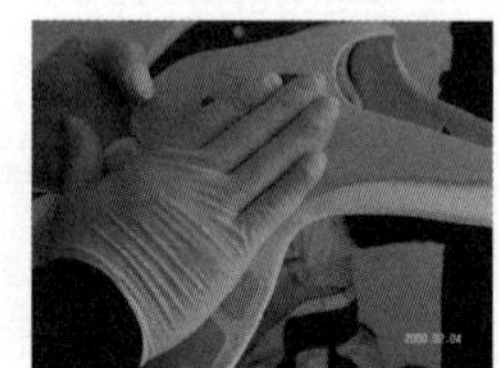

C. 목보호대의 사이즈를 측정한다.

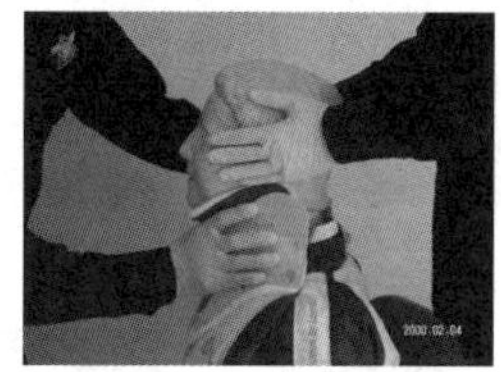

D. 목보호대 밑부분을 정확히 위치시킨다.

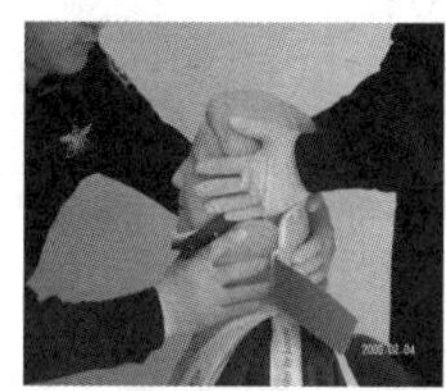

E. 목둘레를 정확히 감싼다.

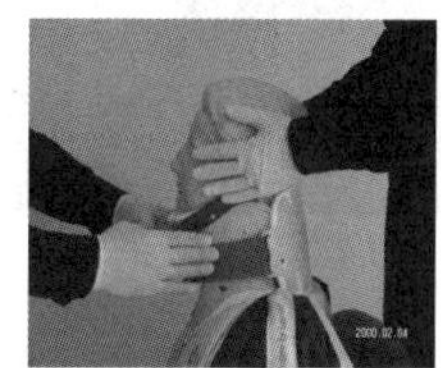

F. 손으로 머리와 목을 안전하게 고정한다.

■ 앉아 있는 환자에게 목보호대 착용법 ■

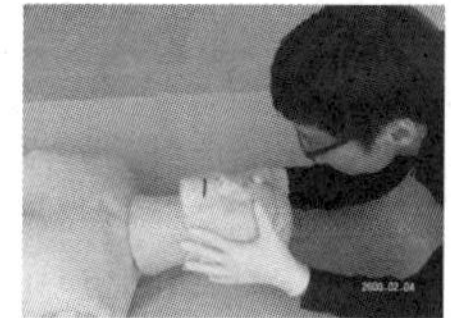

A. 환자의 머리 위에 무릎을 꿇고 머리와 목을 고정한다.

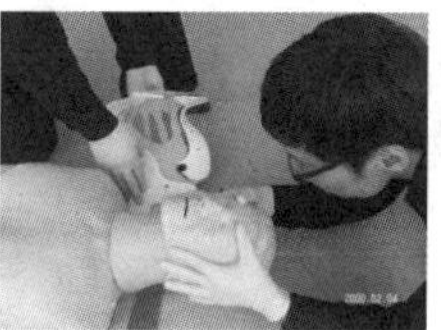

B. 목보호대를 적절히 위치시킨다.

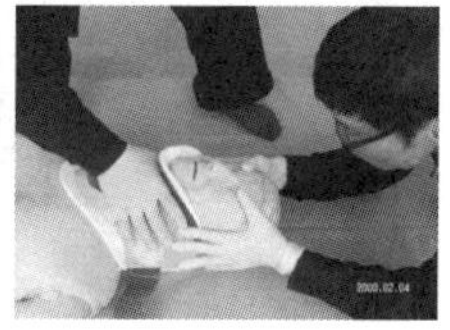

C. 목보호대를 결착한다.

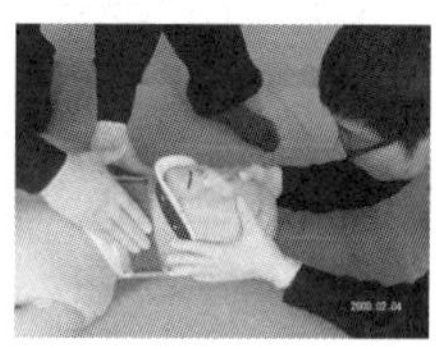

D. 손으로 안전하게 머리와 목을 계속 고정한다.

■ 누워 있는 환자에게 목보호대 착용법 ■

③ 짧은 척추고정기구

㉠ 짧은 척추고정판과 구출고정대(KED) 장비가 있다. 이 장비들은 차량 충돌사고로 차에 앉아 있는 환자가 척추손상이 의심될 때 고정을 위해 사용되며 머리, 목, 몸통을 고정시켜 준다.

㉡ 환자를 짧은 장비로 고정시킨 후에 긴 척추 고정판에 바로 누운 자세로 눕힌 후 다시 고정시켜야 한다.

✪ 일반적 과정☆ 21년 소방위

1. 손으로 환자의 머리를 고정하고, 환자의 A,B,C 상태를 확인한다.
   (이때, 환자의 A,B,C에 심각한 문제가 있는 경우 목보호대 및 긴척추고정판을 이용하여 빠른 환자구출법을 시행한다)
2. 적절한 크기의 목보호대를 선택하여 착용시킨다.
3. 빠른 외상환자 1차 평가를 시행한다.
4. 구출고정대(KED)를 환자의 등 뒤에 조심스럽게 위치시키며, 구출고정대(KED)를 몸통의 중앙으로 정열하고 날개부분을 겨드랑이에 밀착시킨다.
5. 구출고정대(KED)의 몸통 고정끈을 중간, 하단, 상단의 순으로 연결하고 조인다.
6. 양쪽 넙다리 부분에 패드를 적용하고 다리 고정끈을 연결한다.
7. 구출고정대(KED)의 뒤통수에 빈 공간을 채울 정도만 패드를 넣고 고정한다.
8. 환자를 90°로 회전시키고 긴 척추고정판에 눕힌 후 긴 척추고정판을 들어 바닥에 내려놓는다.
9. 환자가 긴 척추고정판의 중립위치에 있는지 확인하고 다리, 가슴끈을 느슨하게 해준다.
10. 긴 척추고정판에 환자를 고정하고, PMS(팔다리의 순환, 운동, 감각 기능)를 확인한다.

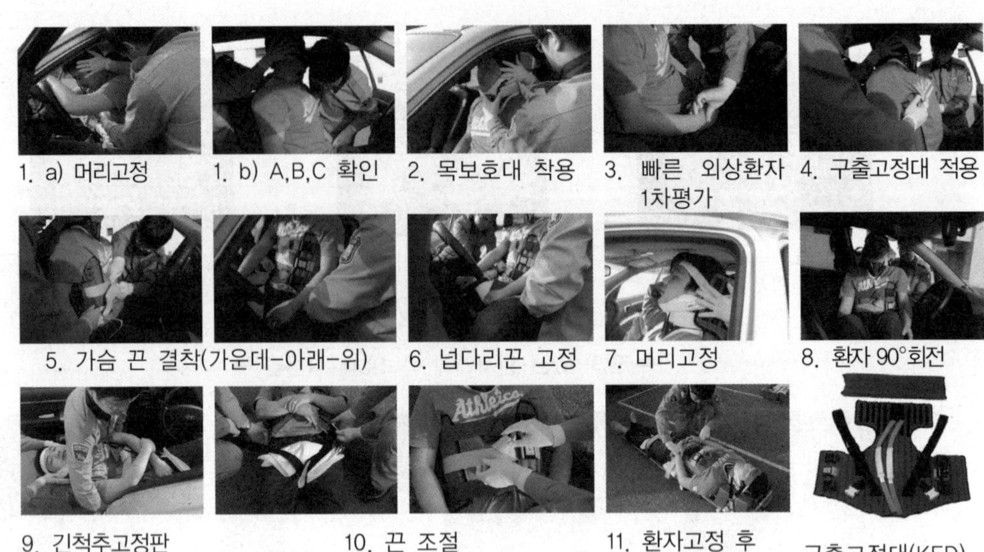

■ 구출고정대(KED) 착용법 ■

④ 전신 척추 고정 기구

긴 척추 보호대로도 불리 우며 이는 머리, 목, 몸통, 골반, 팔다리 모두 고정됨을 의미한다. 이 기구는 누워있거나 앉아있거나 또는 서있는 환자 모두에게 사용할 수 있으며 짧은 척추 고정대와 종종 같이 사용되어진다.

㉠ 일반적인 과정으로는

ⓐ 전 과정에 걸쳐 손을 이용한 머리고정을 실시한다.

ⓑ 팔다리의 맥박, 운동기능 그리고 감각을 평가한다.

ⓒ 목뼈 부위를 평가한다.

ⓓ 목보호대 크기를 조절하고 고정시킨다.

ⓔ 환자 옆에 긴 척추 고정판을 놓는다.

ⓕ 환자를 통나무 굴리기법이나 적절한 이동방법으로 긴 척추 고정판 위로 이동시킨다.

※ 통나무 굴리기법

1. 대원 1명은 환자의 머리 쪽에서 손을 이용한 머리고정을 실시한다.
2. 3명의 대원은 환자의 한쪽에서 무릎을 꿇고 환자 반대편을 손으로 잡는다. 머리 쪽에 있는 대원의 구령에 맞게 척추가 뒤틀리지 않게 동시에 환자를 구급대원 쪽으로 잡아 당겨야 한다.
3. 한명의 대원은 환자의 목과 등을 재빠르게 시진, 촉진하고 평가해야 한다.
4. 한명의 대원은 환자 밑으로 긴 척추 고정판을 넣는다.
5. 머리 쪽에 있는 대원의 구령에 맞게 척추가 뒤틀리지 않도록 동시에 환자를 고정판에 눕힌다.

㉡ 환자와 판사이 공간은 패드를 이용한다.

· 성인의 경우 몸이나 목 아래 공간이 있는지 주의해야 한다. 소아의 경우 어깨 아래에서부터 발뒤꿈치까지 패드가 필요하다.

㉢ 골반과 윗가슴 위로 끈을 이용해 고정시킨다.

・가능하다면 환자가 편안하게 느껴야 한다.

㉣ 머리는 지지대와 끈을 이용해 고정시킨다.

㉤ 무릎 위와 아래를 끈을 이용해 다리를 고정시킨다.

㉥ 의식이 있다면 배 위로 손을 교차해서 있도록 유도한다.

・무의식환자라면 붕대나 끈을 이용해 교차시키거나 옆에 고정시킨다.

㉦ 팔다리의 맥박, 운동기능 그리고 감각을 재평가한다.

※ 주의해야 할 점은 환자의 가슴와 골반을 끈으로 고정시킨 후에 머리를 고정시켜야 한다는 것이다. 만약, 머리를 먼저 고정시키면 몸무게로 인해 목뼈가 좌우로 흔들릴 수 있기 때문이다.

⑤ 응급처치 - 척추손상 의심환자

㉠ 손상기전을 염두하고 현장을 확인한다.

㉡ 환자평가를 실시하고 손을 이용한 머리고정을 실시한다.

ⓐ 환자가 통증을 호소하거나 머리 이동이 쉽지 않은 경우를 제외하고 척추를 축으로 머리를 중립자세로 취해준다.

ⓑ 머리가 긴 척추고정판에 완전 고정될 때까지 계속 중립을 유지해 주어야 한다.

㉢ 1차 평가를 실시한다.

- 환기나 산소가 필요한 경우에는 턱 들어올리기법을 사용하여 기도를 유지한다.

㉣ 팔다리의 맥박, 운동기능 그리고 감각을 평가한다.

㉤ 손상, 변형, 압통과 같은 징후가 목뼈와 목 부위에 있는지 평가한다.

㉥ 목보호대의 크기를 측정하고 고정시킨다.

㉦ <u>환자의 자세와 상태에 따라 척추 고정 방법과 기구를 선택</u>한다.

ⓐ 만약 땅에 누워있는 환자라면 긴 척추고정판을 직접 사용할 수 있다.

ⓑ 앉아 있고 위급하지 않으며 주변 환경이 위험하지 않다면 짧은 척추고정판을 이용한다.

ⓒ 앉아 있고 위급하거나 주변 환경이 위험한 경우에는 긴 척추고정판을 이용하여 빠른 환자구출법으로 환자를 이동한다.

㉧ 긴 척추 고정판에 완전히 환자를 고정한 후에는 팔다리의 맥박, 운동기능 그리고 감각을 재평가해야 한다.

㉨ 고농도 산소를 공급하고 필요 시 양압 환기를 제공하며 신속하게 이송한다.

※ 의식저하 환자에서 척수손상을 의심할 수 있는 소견** ※ 참고자료

・호흡하는 동안 흉벽보다는 배벽이 주로 움직임

・서맥이 동반된 혈압저하

・통증자극에 대한 무반응 혹은 운동장애

・기타 : 배변, 배뇨, 지속발기증 등

※ 소 아
- 소아의 경우 고정되어지는 것을 장시간 참을 수 없기 때문에 보호자가 옆에 동승해서 계속 지지해주는 것이 좋다.
- 소아용 목보호대가 없다면 수건을 말아 머리와 목옆에 놓고 고정시킨다.
- 소아의 뒤통수는 매우 튀어나와있기 때문에 어깨에서 발뒤꿈치까지 길게 패드를 대주어야 한다.
- 소아용 안전의자에 있는 경우에는 말은 수건으로 의자와 소아사이 머리와 목 부위공간을 대준다.

3 머리 손상☆ 16년 서울 소방장

머리손상은 일반적으로 뇌손상, 연부조직과 뼈 손상으로 나뉜다. 머리뼈과 얼굴뼈는 뇌를 보호해준다. 머리의 연부 조직과 뼈의 손상은 뇌손상보다 일반적으로 덜 치명적이다. 머리는 혈액공급이 풍부한 곳으로 단순 열상으로도 과다출혈이 일어날 수 있다. 또한 안면부 손상은 코와 입에 피가 고이고 부종과 손상으로 변형되어 상부호흡기도의 부분 또는 완전 폐쇄를 유발할 수 있다.

※ 노인 : 나이가 들어감에 따라 뇌는 줄어들어 머리뼈과 뇌사이 공간이 더 늘어난다. 이는 뇌를 둘러 싼 조직의 출혈 시 뇌를 압박해서 증상이 나타나기까지 많은 시간이 걸린다는 것을 의미한다. 더욱이 혈관이 약해 손상 받기 쉬워 출혈 경향이 높다. 이런 이유로 현재는 정상이라 해도 뇌손상 증상 및 징후가 늦게 나타날 수 있다는 점을 유의해야 한다.

※ 머리의 연부조직과 뼈의 손상은 뇌손상보다 일반적으로 덜 치명적이다. 그러나 이러한 손상은 심각한 문제를 야기 시킬 수 있다. 예를 들면 머리는 혈액공급이 풍부한 곳으로 단순 열상으로도 과다출혈이 일어날 수 있다. 또한, 안면부 손상은 코와 입에 피가 고이고 부종과 손상으로 변형되어 상부호흡기도의 부분 또는 완전 폐쇄를 유발할 수 있다.

(1) 머리뼈 및 얼굴손상★★☆ 12년 서울 소방장, 13년 경남 소방장

구분	내용
두피 열상	작은 열상이라도 적절한 초기 조치가 이루어지지 않으면 대량 출혈에 따라 쇼크가 발생할 수 있으므로 출혈 정도에 따라 적절한 지혈과 압박의 응급처치가 필요하다. ※ 참고바람
뇌진탕★	물리적 충격에 의해 뇌의 구조적인 변화를 초래하지 않으면서 나타나는 일시적인 기능 장애로 영구적인 손상은 유발하지 않는다. ※ 참고바람
뇌좌상	외부의 물리적 충격에 의한 뇌의 타박상으로 뇌조직의 손상을 입으며 뇌진탕 보다 오랜 시간 지속되거나 영구적인 손상을 입을 수 있으며 손상 부위에 따라 의식장애, 생체징후 변화 등이 있고 출혈과 부종으로 인한 뇌압상승으로 호흡장애를 초래할 수도 있다. ※ 참고바람
뇌손상	① 뇌 외상의 심각성은 다양하다. 때때로 뇌 조직은 열상이나 타박상으로 손상 받거나 혈종이나 뇌와 머리뼈 사이 얇은 조직층 사이에 피가 고이기도 한다. ② 머리뼈은 딱딱하고 외부 부종을 허용하지 않기 때문에 이런 혈종은 뇌를 급속도로 압박할 수 있다. ③ 뇌 조직은 손상 받으면 부어오르고 머리뼈 내 압력을 증가시키며 더 나아가 뇌 손상을 야기 시킨다. ④ 개방성 연부조직 손상이 머리뼈을 통과해 뇌에까지 이른 경우를 개방성 머리손상이라고 하고 심한 경우 뇌 조직이 상처를 통해 보일 수 있다. ⑤ 다양한 물체로 인해 발생되며 이러한 물질은 억지로 제거하지 말고 움직이지 않고 고정시켜야 한다. ⑥ 뇌손상의 특징은 의식상태 변화이다. 따라서 의식수준을 평가하고 아래와 같은 내용을 평가해야 한다.

	・오심/구토 ・불규칙한 호흡 양상 ・정상 신경기능 상실 - 몸 한 쪽만 운동이나 감각 기능이 증가하거나 소실 ・경련 ・의식변화와 양쪽 동공 크기 불일치
머리뼈 및 얼굴 손상	머리뼈 손상의 징후 ① 상당한 힘에 의한 손상기전 ② 두피에 심각한 타박상, 깊은 열상, 혈종 ③ 머리뼈 표면에 함몰과 같은 변형 ④ 귀나 코에서 혈액이나 맑은 액체 (뇌척수액)가 흘러나옴 ⑤ 눈 주위 반상출혈(일명 '너구리 눈') ⑥ 귀 뒤 유양돌기 위에 반상출혈 (일명 'Battle's sign') ※ 뇌척수액이 누출되는 부위는 누출부위를 소독하고 소독된 거즈로 살며시 덮어주어야 한다(압박해서는 안 됨). 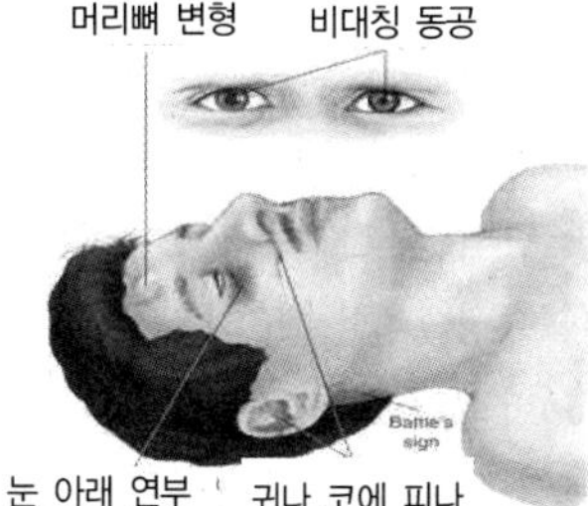

※ 안면 손상의 징후
- 눈의 출혈 및 변색
- 치아의 손상 또는 흔들림
- 얼굴 변형
- 턱 부위 부종
- 얼굴 타박상

※ 머리손상 시 뇌손상을 의심할 수 있는 소견* ※ 참고자료
- 의식저하 또는 의식이 명료하다가 점차 나빠지는 경우
- 두통 및 구토가 점차 심해지는 경우(오심/구토)
- 시력장애나 복시(물체가 2개로 보임)가 나타나는 경우
- 감각기능이나 운동기능이 저하되는 경우
- 정상신경기능상실
- 경련
- 의식변화와 양쪽 동공 크기 불일치

(2) 평 가

① 우선 환자 머리에 가해진 힘에 대해 확인해야 한다.

> ※ 예를 들면 차량충돌 사고에서는 앞 유리창을, 오토바이나 자전거 사고에서는 헬멧의 손상부위와 정도를 살펴야 한다.

② 머리손상의 경우 출혈이 심하고 기도에 피가 고여 피를 토하는 경우가 많기 때문에 개인 보호장비를 꼭 착용해야 한다.

③ 1차 평가도중 목뼈손상 가능성을 염두하고 평가해야 하며 빗장뼈 윗부분의 손상을 가진 환자라면 척추손상을 의심해야 한다.

④ 의식수준은 AVPU를 이용하고 기도와 호흡에 대한 처치를 실시한다.
⑤ 기도개방을 위해서는 턱 들어올리기방법을 사용한다. 필요하다면 산소공급과 양압환기를 제공한다.
⑥ 주 병력과 신체검진(외상환자 평가와 생체징후 그리고 SAMPLE력)을 실시한다.
⑦ 머리와 뇌손상의 증상 및 징후가 있는지 평가한다.
⑧ 환자가 의식이 있다면 뇌손상으로 의식이 악화될 수 있으므로 유의해야 하며 한 명의 대원이 외상환자 평가를 실시하는 동안 다른 대원은 SAMPLE력을 평가해야 한다.
⑨ 만약 환자가 의식이 없다면 가족이나 주변인으로부터 SAMPLE력을 얻어야 한다.
⑩ 손상 기전, 도착 전 환자상태, 도착한 환자 의식상태 변화 등에 대해 질문해야 한다.
⑪ 머리손상 환자에게서 변형, 함몰, 열상 그리고 관통한 물체를 촉지한다. 그러나 과도한 압력을 주거나 머리뼈를 찌르는 등의 행동을 해서는 안 된다.

(3) 응급 처치 – 머리손상

① 현장안전을 확인하고 개인 보호 장비를 착용한다.
② 목뼈손상이 있다고 가정하고 손을 이용한 머리고정을 실시한다.
③ 기도 개방(턱 들어올리기방법)을 유지한다.
④ 적절한 산소를 공급한다.
- 호흡이 정상이라면 비재호흡마스크로 많은 양의 산소를 공급하고 비정상이라면 양압환기를 제공한다.

⑤ 환자의 자세와 우선순위에 의해 척추를 고정시킨다.
- 필요하다면 긴급 구출법을 사용해야 한다.

⑥ 악화 징후에 따른 기도, 호흡, 맥박, 의식상태를 밀접하게 관찰해야 한다.
- 피, 분비물, 토물에 대한 흡인준비를 해야 한다.

⑦ 머리손상으로부터의 출혈을 지혈시킨다.
- 개방성 머리손상이나 머리뼈 함몰부위에 과도한 압력은 피해야 한다. 관통한 물체는 고정시키고 많은 액체가 환자의 귀와 코에서 나오면 멈추게 해서는 안 되며 흡수하기 위해 거즈로 느슨하게 드레싱 해 준다.

⑧ 신속하게 병원으로 이송한다.

(4) 헬멧 제거

헬멧을 쓰고 있는 환자라면 평가와 처치 전에 몇 가지 결정을 해야 한다. 가장 기본적인 결정은 환자를 평가하고 처치하고 고정시키기 위해 헬멧을 제거할건지를 결정하는 것이다.

헬멧 제거하지 말아야 함	· 헬멧이 환자를 평가하고 기도나 호흡을 관찰하는데 방해가 되지 않을 때 · 현재 기도나 호흡에 문제가 없을 때 · 헬멧 제거가 환자에게 더한 위험을 초래할 때 · 헬멧을 착용한 상태가 오히려 적절하게 고정되어 질 수 있을 때 · 헬멧을 쓴 상태가 긴 척추고정판에 환자를 고정시켰을 때 머리의 움직임이 없을 때
헬멧 제거	· 헬멧이 기도와 호흡을 평가하고 관찰하는데 방해가 될 때 · 헬멧이 환자의 기도를 유지하고 인공호흡을 방해할 때 · 헬멧 형태가 척추고정을 방해할 때 - 예를 들면, 소방관 헬멧의 경우 넓은 가장자리 때문에 머리와 목을 고정시키기에는 부적절하다. · 고정시키기엔 헬멧 안에서의 공간이 넓어 머리가 움직일 때 · 환자가 호흡정지나 심장마비가 있을 때
헬멧 제거 방법	1. 대원은 환자의 아래턱 부분에 손가락을 이용해서 양 측 헬멧을 잡아 머리를 고정시킨다. 2. 대원은 헬멧 고정 끈을 제거한다. 3. 대원은 한 손으로 환자의 아래턱각을 지지한다. - 엄지와 검지를 이용해 양측을 지지한다. 4. 대원의 다른 손은 '가'대원이 헬멧을 제거할 때까지 머리 고정을 위해 환자의 뒷머리 아래 손을 넣어 고정·지지한다. 5. 대원은 양쪽 귀가 나올 때까지 헬멧을 벌리면서 위로 잡아당긴다. 만약, 환자가 안경을 쓰고 있다면 안경을 우선적으로 제거한다. 6. 대원은 헬멧을 제거하는 동안 머리가 흔들기지 않도록 고정시켜 주고 '가'대원은 턱 밀어올리기법으로 머리고정과 동시에 기도를 유지해 주어야 한다.

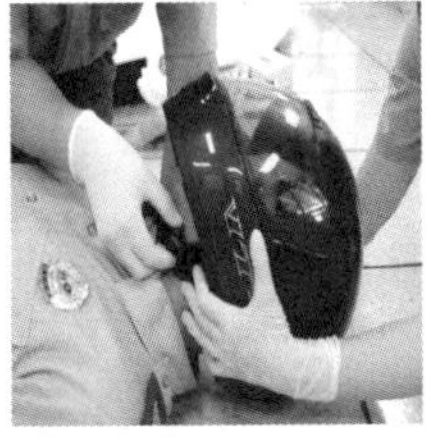
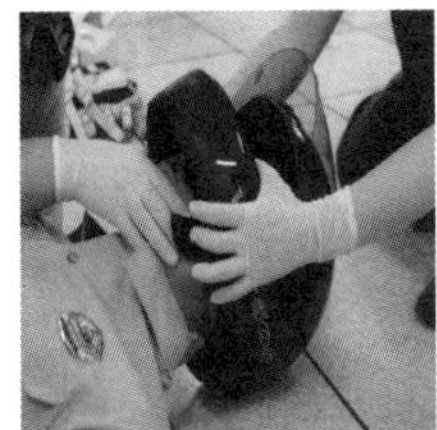
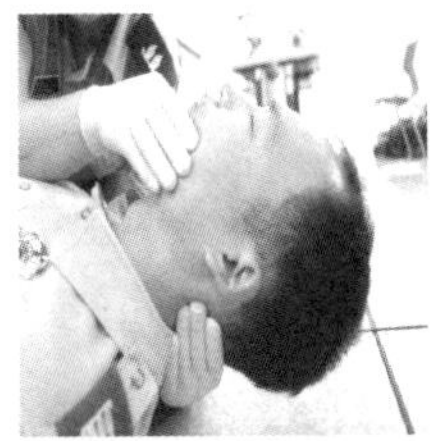
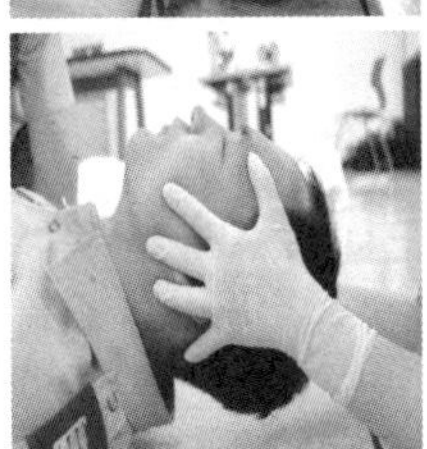
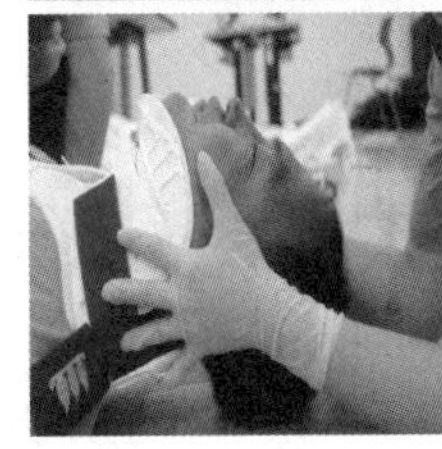
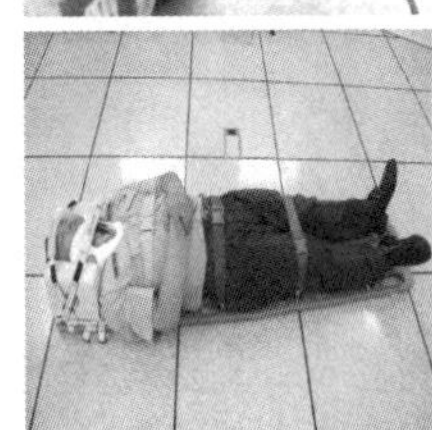
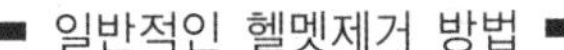

■ 일반적인 헬멧제거 방법 ■

Chapter ⑩

의식장애

학습 목표

- 의식장애 발생기전을 이해하고 장애 별 처치를 할 수 있다.
- 당뇨병의 종류를 구별하고 처치 할 수 있다.
- 경련환자를 평가하고 처치 할 수 있다.
- 뇌졸중환자를 평가하고 처치 할 수 있다.

의식장애는 경미한 착란현상, 지남력장애에서 무반응까지 다양하다. 의식장애를 초래하는 원인으로는 뇌로 가는 당, 산소, 혈액결핍 등이 있으며 뇌는 영구적으로 그리고 쉽게 손상 받을 수 있다는 문제점이 있다. 의식장애 환자는 신속한 이동이 가장 중요하다.

※ 의식장애를 초래하는 원인
- 머리손상, 감염, 경련, 경련 후 상태
- 쇼크, 중독, 저산소증, 뇌졸중
- 당뇨, 약물이나 알코올 남용

※ 의식변화를 초래한 원인을 진단하는 것은 의사의 고유 권한으로 구급대원의 업무는 기도, 호흡, 순환 평가 및 처치 그리고 이송이다. 그러나 환자평가를 통해 원인을 안다면 신속하고 적절한 처치에 도움을 줄 수 있다.

1 당뇨와 의식장애*

뇌로 가는 혈액차단 및 혈액 내에 산소와 포도당이 저하되면 의식장애를 초래한다. 당뇨환자는 인체의 혈당을 조절하지 못하는 문제점이 있어 의식장애 문제점이 많다.

✪ 당뇨의 생리학* ☆ 14년 경기 소방장, 16년 경기 소방장, 19년, 21년 소방위
- 당은 음식물 소화로 얻어지고 포도당으로 전환된다.
- 포도당과 영양분은 장에서 혈관으로 흡수되고 포도당이 뇌와 조직으로 흡수되기 위해서는 인슐린이라 불리는 호르몬이 필요하다.
- 인슐린은 포도당을 혈액에서 조직으로 이동시키고 포도당은 세포가 활동하는 것을 돕는다.
- 당뇨환자는 혈액내의 포도당을 조직으로 이동시키지 못한다.
- 당뇨환자는 크게 Ⅰ형과 Ⅱ형으로 나눌 수 있다. Ⅰ형은 적정량만큼 인슐린을 생산하지 못하는 경우로 인슐린 투여가 필요한 환자이다.
- 통상 학령기 아동의 2/1000가 Ⅰ형으로 성장과 활동에 따라 인슐린 양이 달라진다.
- 대부분의 환자는 Ⅱ형으로 인체 세포가 인슐린에 적절히 반응하지 못하는 것으로 노인환자가 많다.

이런 환자의 경우는 세포가 혈액으로부터 인슐린을 취하도록 구강용 혈당저하제를 복용해야 한다.

- 위의 Ⅰ,Ⅱ형 모두 혈액내 당수치가 증가되어 있기 때문에 인슐린과 구강용 혈당저하제로 혈액내 당을 조직으로 이동시켜 혈당을 낮추어야 한다. 고혈당으로 인한 의식변화가 저혈당보다 더 일반적이며 저혈당은 처방약을 과다복용하거나 너무 빠르게 혈당이 떨어졌을 때 일어난다.

(1) 저혈당의 원인☆ 21년 소방위.

① 인슐린 복용 후 식사를 하지 않은 경우
② 인슐린 복용 후 음식물을 토한 경우
③ 평소보다 힘든 운동이나 작업을 했을 경우

▌당뇨병의 포도당 사용비교▐ *

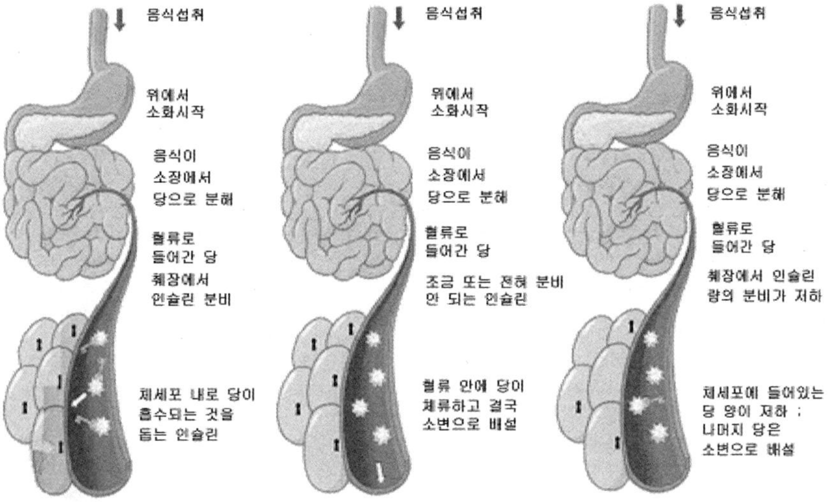

▌저혈당과 고혈당을 비교했을 때 3가지 전형적인 차이점▐ ***

☆ 16년 서울 소방장, 17년 소방장, 18년 소방장

시 작	·저혈당은 갑자기 나타나는 반면 고혈당은 보통 서서히 진행된다. ·그 이유는 고혈당인 경우 뇌로 혈당이 전달되는 반면 저혈당은 혈당이 뇌에 도달할 수 없어 갑자기 경련이 일어나기 때문이다.
피 부	고혈당환자는 따뜻하고 붉으며 건조한 피부를 갖는 반면 저혈당 환자는 차갑고 창백하며 축축한 피부를 나타낸다.
호 흡	·고혈당 환자의 호흡에서는 아세톤 냄새가 나기도 한다. ·고혈당 환자는 종종 빠르고 깊은 호흡을 나타내고 구갈증, 복통, 구토 증상도 나타난다. ·고혈당과 저혈당을 분명히 구분하기 위해서는 혈당측정기를 이용해 판단해야 한다.

(2) 환자 평가

당뇨환자를 나타내는 표시나 인슐린 펌프, 냉장고에 인슐린 약 등이 있는지 확인한다. 1차 평가를 실시한다.

의식장애가 있는 당뇨환자의 일반 증상 및 징후

① 중독된 모습(마치 술에 취한 듯), 빠르고 분명치 않은 말, 비틀거리는 걸음
② 무반응
③ 폭력적이고 호전적인 행동
④ 흥분 상태
⑤ 무의미한 행동
⑥ 경련
⑦ 배고픔 호소
⑧ 차고 축축한 피부
⑨ 빠른 맥

✪ 의식장애 환자평가를 실시 후 아래와 같은 질문을 실시
- 증상이 일어나기 전에 평소와 같이 인슐린을 투여했는지?
- 마지막으로 음식물을 섭취한 시간과 무엇을 섭취했는지?
- 음식물을 섭취한 후 토했는지?
- 증상이 일어나기 전에 평소보다 힘든 운동이나 작업을 했는지?

(3) 응급 처치

① 기도를 개방한다. 외상환자의 경우 턱 들어올리기방법을 이용하고 의식장애가 있는 당뇨환자의 경우 구토와 분비물로 인한 기도폐쇄가 있을 수 있으므로 흡인을 실시한다.
② 다량의 산소를 공급한다.
③ 환자가 삼킬 수 있는지 확인하고 지도 의사의 허락을 받고 환자가 갖고 있는 구강 혈당조절제를 투여한다.

2 경 련

경련은 뇌의 부적절한 자극으로 정상 신경반응이 일시적으로 갑자기 변화되면서 일어난다. 경련하는 동안과 경련 후 몇 분간은 의식장애를 나타내며 그 이후로는 점차적으로 회복된다.

- 소아 : 갑작스러운 고열
- 성인 : 경련병력이 있는 경우가 대부분
- 기타 원인 : 머리손상, 중독, 간질, 뇌졸중, 저혈당 그리고 저산소증이 있다.

※ 경련지속증
경련은 의식장애뿐만 아니라 비정상적인 신체움직임을 나타낸다. 현장에 가면 환자는 갑자기 의식을 잃고 비정상적인 행동을 시작하거나 매우 이상한 행동을 보인다. 예를 들면 괴상하게 행동하거나 인체의 한 부분을 반복해서 잡아당기거나 짧은 시간동안 멍하니 응시하는 등의 행동을 보인다. 경련은 아주 짧거나 15분 이상 지속될 수 있다. 만약 경련이 연속적으로 일어난다면 치명적일 수 있으며 대부분의 경련은 수분 내로 끝나며 치명적이지 않다.

(1) 환자 평가

※ SAMPLE력을 수집하고 현재병력을 기록한다.
1. 경련 전에 환자가 무엇을 하고 있었는지?
2. 경련 중에 주위 사람들이 처치를 했다면 무엇을 했는지?
3. 소변이나 대변을 경련 중에 보았는지?
4. 경련 중에 환자가 의식이 있었는지?
5. 경련이 얼마나 지속되는지?
6. 환자가 혀를 물었는지?

※ 경련의 증상 및 징후
1. 몸의 일부가 욱신거리고 뻣뻣해지거나 경련을 일으킨다.
2. 경련 전에 전조증상이 나타나기도 한다.
   • 전조증상의 예 : 이상한 냄새, 시력장애, 위에서 음식물이 올라오는 느낌 등
3. 착란
4. 무반응
5. 근육 경직
6. 이완과 발작이 번갈아 일어남
7. 대변이나 소변 조절이 안 됨
8. 혀를 깨물음

(2) 응급 처치* ☆ 19년 소방장 / 20년 소방위

① 주위 위험한 물건은 치운다. 치울 수 없다면 손상 가는 부분에 쿠션 및 이불을 대어 손상을 최소화시킨다. (안경을 쓴 환자라면 제거)
② 사생활 보호를 위해 관계자의 주변 사람들은 격리시킨다. (치마를 입은 환자라면 이불을 이용해 덮어준다.)
③ 경련 중에 혀를 깨물지 못하도록 억지로 혀에 무언가를 넣지 말아야 하며 신체를 구속시켜서는 안 된다. 단, 머리보호를 위해 주위에 위험한 물질은 치운다.
④ 기도를 개방한다. 경련 중에 기도를 개방하기란 어려운 행동이지만 흡인과 더불어 기도를 개방하고 고농도 산소를 공급한다.
⑤ 목뼈손상이 의심이 되지 않는다면 환자를 회복자세로 눕힌다.
⑥ 환자가 청색증을 보이면 기도개방을 확인하고 인공호흡기로 고농도 산소를 공급한다.
⑦ 환자를 병원으로 이송한다. 이송 중 ABC와 생체징후를 관찰한다.

3 뇌졸중

- 뇌졸중은 심근경색과 같이 작은 혈전이나 방해물이 뇌의 일부분으로 가는 뇌동맥을 차단하면서 발생한다. 이런 차단 결과는 빠르게 뇌에 영향을 미치고 영향을 받은 부분이 담당하고 있는 기능을 상실한다. 어떤 뇌졸중은 약해진 혈관(동맥류)을 파열시키거나 영구적인 손상 심지어 죽음을 초래하기도 한다.
- 뇌졸중 증상이 시작된 지 3시간이 지나지 않은 환자는 CT촬영으로 진행정도를 평가하고 혈전용해제로 뇌혈관을 막고 있는 혈전을 녹이는 치료를 받는다.

· 빠른 치료를 위해서는 뇌졸중의 증상을 빨리 파악하여 병원으로 신속히 이송하는 것이 중요하다.

(1) 뇌졸중의 일반적인 징후

① 얼굴, 한쪽 팔과 다리의 근력저하나 감각이상
② 갑작스러운 언어장애나 생각의 혼란
③ 한쪽이나 양쪽의 시력손실
④ 갑작스런 보행장애, 어지러움
⑤ 평형감각이나 운동조절기능 마비
⑥ 원인불명의 심한 두통 등

※ 기타 증상 및 징후★★
- 어지러움, 혼란에서부터 무반응까지 다양한 의식변화
- 비대칭 동공
- <u>편마비 된 쪽으로부터 눈이 돌아감</u>
- 의식장애 전에 심한 두통 및 목 경직 호소
- 편마비, 한쪽 감각의 상실
- 시력장애나 복시 호소
- 오심/구토

(2) 의식이 있는 뇌졸중환자를 평가하는 방법★ ☆ 15년 소방장

F(face)	입 꼬리가 올라가도록 웃으면서 따라서 웃도록 시킨다. 치아가 보이지 않거나 양쪽이 비대칭인 경우 비정상
A(arm)	눈을 감고 양 손을 동시에 앞으로 들어 올려 10초간 멈추도록 한다. 양손의 높이가 다르거나 한 손을 전혀 들어 올리지 못할 경우 비정상이다.
S(speech)	하나의 문장을 얘기하고 따라하도록 시킨다. 말이 느리거나 못한다면 비정상이다.
T(time)	시계가 있다면 몇 시인지 물어보고 없다면 낮인지 밤인지 물어본다.

※ 응급처치
- 환자를 안정시키기 위해 주위를 조용히 하고 지속적으로 환자의 생체징후를 측정하며, 고농도산소를 공급한다.
- 호흡곤란을 호소하면 BVM으로 고농도산소를 공급하고 인공호흡을 준비한다.
- 의식이 없거나 기도를 유지할 수 없는 의식저하 상태라면 기도를 유지하고 고농도산소를 공급하고 마비된 쪽을 밑으로 한 측와위 형태로 이송한다.
- 신속하게 병원으로 이송하며, 재평가를 실시한다.
- 이송 중 병원에 연락을 취해 병원도착 예정시간과 증상이 나타난 시간을 알려준다.

요 약

▌경련 환자 응급처치▐

경련 중 환자 입에 강압적으로 무언가를 넣거나
환자를 신체적으로 구속하면 안 된다.

↓

기도 개방 확인, 고농도 산소 공급, 흡인 준비

↓

목뼈 손상이 없는 환자인 경우, 회복 자세로 측와위를 취해준다.

↓

청색증이 나타나면 기도 개방을 확인하고, 고농도 산소로
인공호흡을 제공해 준다.

↓

환자를 이송하여 ABC와 생체징후를 주의 깊게 관찰한다.

▌CVA(뇌졸중) 환자 응급처치▐

현장 확인과 개인 보호 장비 착용

↓

1차 평가

↓

기도 유지와 코삽입관를 통한 산소공급
호흡곤란 시 비재호흡마스크로 고농도 산소 제공
호흡정지 시 BVM으로 인공호흡 제공

↓

마비된 신체부위가 아래로 향하도록 위치시킨다.

↓

신속한 병원 이송

Chapter 11

중독 및 알레르기 반응

학습 목표

- 독극물 중독의 기전을 이해할 수 있다.
- 중독환자를 평가하고 처치할 수 있다.
- 알레르기 발생기전을 이해하고 처치할 수 있다.

- 독극물은 인체에 유해한 물질로 주변에 흔히 있는 화장품, 세정제, 살충제 등을 부적절하게 사용했을 때 나타난다.
- 알레르기를 일으키는 물질은 인체면역체계의 과도한 반응을 유발시킨다.
- 이런 반응은 이물질에 대한 인체의 방어 반응이지만 과도하게 나타나면 인체를 유해하게 할 수 있다. 이러한 과도한 반응을 알레르기 반응이라고 하고 응급처치가 필요하다.

1 중 독

인체를 둘러 싼 외부 환경은 잠재적으로 독이 될 수 있는 많은 물질들로 구성되어 있다. 특히, 소방대원의 경우 화재현장에서 흔히 생성되는 일산화탄소, 황화수소 그리고 청산염에 많이 노출된다. 독성 물질은 일반 가정에서 세척제, 표백제, 부동액, 연료첨가제 등에서 찾아 볼 수 있다. 일반 비타민제라 하더라도 과다복용하게 되면 독성을 나타내는데 아이들의 경우 호기심이 많기 때문에 특히 주의해야 한다.

(1) 노출 경로

① 구강 복용 : 일반적인 노출 경로로 아이들의 경우 호기심으로 흔히 일어나고 성인의 경우 자살을 시도하기 위해 과다 복용하는 경우가 많다.
② 흡입 : 일산화탄소중독이 가장 흔하다.
③ 주입 : 주사기를 이용해 혈관에 약물을 주입하거나 곤충이나 뱀에 물렸을 때를 말한다.
④ 흡수 : 유기인산화합물과 용매와 같은 화학물질의 단순 피부접촉으로도 중독된다.

(2) 환자 평가

① 우선적으로 현장안전을 확인한 후 기도평가를 첫 번째로 실시해야 한다.
② 중독환자는 특히 약물로 인한 기도부종 및 분비물이 과다로 기도유지에 문제점이 발생하거나 갑작스러운 의식저하로 혀가 기도를 막는 경우가 발생하기 때문이다.

다음으로 병력을 청취하는 것이 중요하다.

- 물질 : 중독을 일으킨 물질이 무엇인지?
- 시간 : 언제 복용/노출 되었는지?
- 양 : 얼마나 복용/노출 되었는지?, 술을 함께 마셨는지?
- 기간 : 얼마동안 복용/노출 되었는지?
- 처치 : 처치를 했다면 어떤 처치를 했는지?(물이나 우유를 마시는 등)
- 몸무게 : 환자의 몸무게는 얼마인지?

(3) 평가 및 처치

구분	내용
구강 복용 환자	**소아**: 호기심으로 좋은 냄새가 나고 색깔이 예쁜 비타민제를, **성인**: 자살목적으로 수면제를 흔히 복용한다. ① 일반적인 증상 및 징후로는 ・독성 물질 복용에 대한 병력, 오심/구토, 복통, 의식장애 ・입 주변과 입안의 화학화상, 호흡에서 이상한 냄새 ② 응급처치로는 ・기도가 개방되었는지 확인한다. ・의식장애나 호흡곤란 징후가 보이면 산소를 공급한다. 단, 파라콰트 성분의 농약제를 마신 환자의 경우는 산소를 공급해서는 안 된다. 왜냐하면 산소와 결합해서 유해산소를 발생시키며 다른 조직에 비해 허파조직에 10배 이상의 고농도로 축적되기 때문에 허파섬유화를 불러온다. ・호흡을 평가해 부적절하면 BVM을 이용해 호흡을 돕는다. ・장갑을 낀 손으로 환자 입에 남아 있는 약물을 제거한다. ・복용한 약물과 같이 환자를 병원으로 이송한다. ・재평가 및 처치를 실시한다. 기도와 호흡을 평가하고 흡인 및 산소공급을 한다.
흡입에 의한 중독 환자	독성 물질을 흡입하게 되면 몇몇 물질은 기도를 자극하고 상처를 입히기도 한다. 또한 어느 물질은 산소 대신에 적혈구와 결합해서 저산소증을 유발시키기도 한다. 대원 역시 독성 물질을 흡입할 수 있으므로 충분한 개인보호 장비를 착용한 후에 진입해야 한다. ① 일반적인 증상 및 징후로는 ・독성물질을 흡입한 병력 → 호흡곤란 → 가슴통증 → 기침 → 쉰 목소리 ・어지러움 → 두통 → 의식장애 → 발작 ② 응급처치로는 ・독성물질을 흡입할 수 있는 현장이라면 현장에서 환자를 이동시킨다. ・고농도산소를 BVM을 이용한 양압환기를 제공한다. ・병원 이송 시 독성물질을 확인할 수 있는 병이나 라벨을 같이 갖고 간다. ・재평가 및 처치를 실시한다. 기도와 호흡을 평가하고 흡인 및 산소공급을 한다.
주입에 의한 중독 환자	혈관 내 주입과 동물이나 곤충에 물렸을 때 발생한다. 주로 코카인, 헤로인과 같은 마약을 혈관내로 투여하는데 마약의 일반적인 증상인 반응저하, 호흡곤란, 축동 현상이 일어난다. 또한 현장에 주사바늘이 있는 경우가 대부분이므로 주사바늘로 인한 감염에 주의해야 한다. ① 일반적인 증상 및 징후로는 ・약물을 주입했다는 병력 ・허약감, 어지러움, 오한, 열, 오심/구토, 축동, 의식장애, 호흡곤란 ② 주사바늘 및 환자의 폭력에 주의를 하며 아래의 현장처치를 실시한다.

	・현장안전을 확인하고 개인 안전장비를 착용한다. ・기도를 개방・유지한다. ・산소를 공급한다. ・중독된 약물과 같이 환자를 병원으로 이송한다. ・재평가를 실시한다. 특히, 기도유지, 호흡 평가, 흡인을 실시한다.
흡수로 인한 중독 환자	독성이 강하고 치명적이기 때문에 환자와 대원 모두에게 위험할 수 있다. 현장 확인 전에 개인보호 장비를 착용 후 필요하다면 위험물 제거반의 도움을 요청해야 한다. 일반적인 증상 및 징후로는 ・독성물질을 흡수한 병력・환자 피부에 남아 있는 액체나 가루 ・과도한 침분비・과도한 눈물・설사・화상・가려움증 ・피부자극・발적 ① 응급처치로는 ・기도 개방 유지 ・산소 공급 ・독성물질 제거 - 오염된 의복을 제거한다. - 가루인 경우 솔을 이용해 제거한다. 이때 주위에 퍼지거나 날리지 않도록 주의하고 현장을 20분 이상 물로 씻어낸다. - 액체인 경우 현장에서 20분 이상 깨끗한 물로 씻어낸다. - 눈은 20분 이상 흐르는 물에 씻어내고 씻어낸 물이 다시 들어가거나 반대편 눈에 들어가지 않도록 주의한다. ・이송 중 위험이 없다면 독성물질과 같이 병원으로 이송한다. ・재평가 및 처치를 실시한다. 기도와 호흡을 평가하고 흡인 및 산소공급을 한다.

2 알레르기 반응

인체면역체계는 감염이나 이물질에 대해 대항하여 감염을 억제하는 기능이 있다. 하지만 과도하게 반응을 하게 되면 치명적인 알레르기반응을 유발하기도 한다. 주요 생리적인 변화로는 혈관의 긴장 및 능력을 상실한다. 따라서 조직으로 체액이 흘러 나와 얼굴, 목, 혀, 상부호흡기도와 세기관지 등에 부종을 야기시킨다. 기도폐쇄로 충분한 산소공급이 되지 않으면 쇼크를 일으키는데 이를 과민성 쇼크라고 한다. 쇼크는 혈관의 이완에 의해 더욱 악화된다. 알레르기 반응으로는 눈물, 콧물에서부터 쇼크, 호흡부전에 이르기까지 다양하다.

※ 알레르기 반응으로는 눈물, 콧물에서부터 쇼크, 호흡부전 등 다양하다.

※ 일반적인 원인★★ ☆ 14년 소방위

- 독을 갖고 있는 곤충에게 물리거나 쏘일 때(벌, 말벌 등)
- 견과류, 갑각류(게, 새우, 조개), 우유, 달걀, 초콜릿 등 음식섭취
- 독성이 있는 담쟁이덩굴, 오크, 두드러기 쑥(일명 돼지풀), 풀 가루 등 식물 접촉
- 페니실린, 항생제, 아스피린, 경련약, 근이완제 등의 약품
- 기타 먼지, 고무, 접착제, 비누, 화장품 등
  - 많은 환자들은 과거의 경험에 의해 알레르기 물질을 알고 있는 경우가 많다.

(1) 환자 평가

① 과거에 알레르기 반응이 나타난 적이 있는지?
② 어떤 물질에 환자가 노출됐는지?
③ 노출 후 얼마나 지났는지?
④ 어떤 증상이 나타났는지?

※ 예를 들면 : 가쁜 호흡, 가슴이 답답하거나 조이는 느낌, 피부나 얼굴에 저린 증상, 더운 느낌, 얼굴 부종, 약간의 두통 등

⑤ 언제 처음 증상이 나타나고 현재는 어떤지?
⑥ 평소 알레르기 반응이 나타나면 복용하는 약이 있는지?
 : 기본적인 생체징후를 측정하고 신체검진을 실시한다.
⑦ 피부 : 얼굴, 입술, 혀, 목, 손의 부종, 가려움증, 두드러기, 발적
⑧ 호흡기계 : 기침, 빠른호흡, 호흡곤란, 시끄러운 호흡음, 쉰 목소리, 들숨 시 협착음, 쌕쌕거림
⑨ 심혈관계 : 빠른맥, 고혈압, 차고 끈적끈적한 피부
⑩ 의식장애
⑪ 기타 : 눈이 가렵고 눈물이 남, 두통, 콧물, 발진

(2) 환자 처치

알레르기 반응으로 호흡곤란과 쇼크 증상을 보이는 환자에게

① 호흡곤란을 해소하기 위해서 양압환기를 제공한다.
② 병원에서 알레르기 반응 시 투여할 수 있는 에피네프린 약품이 있는지 확인한다.
③ 지정 병원 의사와 통신 후 투여를 결정하며 환자를 이송한다.
④ 생체징후 평가는 매 5분마다 실시한다.
⑤ 인체를 조이는 반지, 팔찌, 넥타이 등은 제거한다.
⑥ 환자의 상태가 악화되면 아래와 같은 처치를 실시한다.
 ㉠ 쇼크 증상에 대한 처치를 실시한다.
 ㉡ 100%산소를 공급한다.
 ㉢ CPR을 실시한다.
 ㉣ 심정지 상태이면 AED를 실시한다.
⑦ 환자에게 일어난 모든 일들을 기록한다.

Chapter 12

환경 응급

학습 목표

- 체온조절의 기전을 이해할 수 있다.
- 한냉손상과 열손상환자를 평가하고 처치할 수 있다.
- 익사(익수)환자를 평가하고 처치할 수 있다.
- 물림과 쏘임을 평가하고 처치할 수 있다.

1 체온조절과 신체

인체는 체온조절기전을 통해 중심체온 37℃를 유지하려고 한다. 체온조절기전은 열생산과 열손실 조절을 통해 하루 동안 약 1℃ 내외의 온도차로 균형을 유지한다. 체온은 내부 화학반응(음식 섭취와 활동을 포함한 열 생산 반응)에 의해 생성된다. 추위에 노출되면 몸을 떨어 열을 생산하기도 한다.

- 고체온증 : 생산과 유지가 열손실에 비해 많을 경우
- 저체온증 : 생산과 유지에 비해 열손실이 많은 경우

복 사	· 인체로부터 파장과 복사선 형태로 에너지를 방사하는 것이다. 이는 옷을 입지 않거나 단열되지 않은 신체부분이 추운 환경에 노출되었을 때 일어난다. · 주로 아무것도 걸치지 않은 머리에서 많이 일어난다.
전 도	· 차가운 물체에 직접 접촉됨으로써 일어나며 환자가 차가운 바닥에 누워있을 때 종종 일어난다. · 또한 차가운 물에서는 열 손실이 대기보다 약 25배 빠르게 진행된다.
대 류	· 차가운 공기흐름으로 발생하며 주로 바람이 많이 부는 환경에서 일어난다. · 바람이 인체 주위에 따뜻하게 형성된 공기층을 밀어내면서 생기며 주로 야외 활동이 많은 사람에게서 일어난다.
기 화	· 액체가 기체가 되면서 발생하며 따뜻하고 축축한 호흡을 내쉬면서 일어난다. · 또한 땀이 증발하면서 일어나는데 단, 공기 중 습도가 75% 이상에서는 증발이 이루어지지 않는다. · 환자는 종종 위에 언급한 기전들이 복합적으로 작용하여 열이 손실되며 열 손실은 주위 환경, 노출 시간, 환자가 입고 있는 정도에 따라 달라진다.

※ 신생아 : 신생아는 피부에 묻어 있는 양수와 기타 액체로 인한 기화 그리고 큰 머리에서의 복사로 인해 열 손실 위험이 크다. 따라서 태어나자마자 몸의 수분을 제거하고 신생아 모자 등을 이용해 머리를 감싸야 한다.

2 한랭 손상

한랭손상은 다양한 인자(건강, 나이, 노출 시간 등)에 의해 영향을 받으며 크게 전신에 영향을 주는 저체온증과 부분 한랭손상으로 나뉜다.

(1) 일반적인 저체온증

체온이 35℃ 이하인 경우를 말하며 단계별로 경증에서 중증으로 나뉜다. 증상 및 징후는 중심체온의 변화에 따라 달라진다.

▌중심체온에 따른 증상 및 징후▐

중심체온	증상 및 징후
35.0~37.0℃	오한
32.0~35.0℃	오한, 의식은 있으나 언어 장애가 나타남
30.0~32.0℃	오한, 강한 근육 경직, 협력장애로 기계적인 움직임, 생각이 명료하지 못하고 이해력도 늦으며 기억력 장애 증상
27.0~30.0℃	이성을 잃고 환경에 대한 반응 상실(바보같은 모습), 근육 경직, 맥박과 호흡이 느려짐, 심부정맥
26.0~27.0℃	의식 손실, 언어지시에 무반응, 모든 반사반응 상실, 심장기능 장애

▌저체온증을 유발하는 인자▐

구분	내용
추 위 또는 추운환경	반드시 극심한 추위로 저체온증이 유발되는 것이 아니며 일반 추위에도 장시간 노출되면 일어날 수 있다. 특히, 노인의 경우 경제적 부담으로 적정한 난방을 하지 못해 일어나는 경우가 많다.
나 이	· 아동의 경우 몸의 크기에 비교해서 넓은 체표면적(특히 머리)을 갖고 있어 성인에 비해 열손실이 빠르고 지방과 근육양이 적어 보온 및 몸 떨림으로 열을 생산하는 능력이 떨어진다. · 노인의 경우 복용하는 약의 작용으로 체온조절능력이 떨어지거나 경제력 상실로 영양부족(열 생산 저하) 및 난방 유지가 안 되는 경우가 많다. · 아동과 노인 모두 주변 온도에 따른 적절한 의복을 입지 못하는 경우가 많다. · 소아는 스스로 옷을 입거나 벗는 것이 어려우며 노인은 치매나 온도 감각 장애로 옷을 적절하게 입지 못하기 때문이다.
질 병	당뇨환자가 저혈당인 경우에 저체온증 위험이 높으며 패혈증인 경우 초기에 열이 오르다가 심한 열 손실이 나타날 수 있다.
약물과 중독	고혈압약, 정신과약과 같은 몇몇 약물은 체온조절기전을 방해한다. 게다가 알코올 함유 음료는 추위에 수축되는 혈관을 오히려 이완시켜 열 손실을 촉진시킨다.
손 상	· 몇몇 손상은 저체온증 위험을 증가시킨다. · 화상 : 피부 소실은 체액손실을 유발하고 다시 기화로 인해 열 손실을 촉진시킨다. 또한 단열작용을 하지 못하고 추위에 반응하여 피부에 위치한 혈관을 수축시키는 작용도 하지 못한다. · 머리 손상 : 체온조절을 담당하는 뇌 손상은 저체온증을 악화시킬 수 있다. · 척추 손상 : 혈관 수축과 오한과 같은 활동을 관장하는 신경이 손상된다. · 쇼크 : 저혈류량으로 인한 쇼크는 정상체온의 환자보다 저체온증 위험이 크다.
익 수	물에서의 열전도는 공기보다 약 25배 이상 빠르므로 저체온증이 빠르게 진행된다.

(2) 저체온증 환자 평가

① 1차 평가에서 주요 질문으로는 다음과 같다.
- ㉠ 추위에 얼마나 오래 노출되었는지?
- ㉡ 의식손실이 있었는지?
- ㉢ 알코올 섭취나 질병 또는 손상과 같은 저체온증 관련 요소가 있었는지?

② 1차 평가동안 다음과 같은 저체온증 증상 및 징후가 있는지 평가한다.

첫인상	주변 환경, 외상과 손상
의식 수준	저체온증이 진행되면서 의식은 떨어진다. 초기에는 약간의 감정변화, 조작능력 저하, 기억상실, 언어장애, 어지러움, 감각 장애 등이 나타난다. 판단력 장애로 환자는 옷을 벗는 행동을 하고 심한 경우에는 반응이 없거나 무의식상태를 보인다.
호 흡	초기에는 비정상적으로 빠르다가 후기에는 느려진다.
순 환	초기에는 빠르다가 후기에는 느려진다. 중증 저체온증에서는 맥박이 30 이하로 떨어지고 팔다리의 순환이 감소되어 촉지하기 힘들다. 피부는 창백하거나 청회색을 종종 나타낸다.

③ 1차 평가의 마지막 단계는 우선순위를 결정하는 것으로 이송과 CPR 등을 결정해야 한다. 의식장애, 호흡이나 순환 장애 등은 즉각적인 이송이 필요하다. 생체징후와 주요 신체검진을 실시할 때 다음과 같은 사항에 유의해야 한다.
- ㉠ 혈압이 낮거나 측정되지 않을 때
- ㉡ 동공 빛 반사가 늦을 때
- ㉢ 오한이 있거나 없을 때
- ㉣ 근육 경직이나 굳은 자세일 때

④ 현장에서 정확하게 체온을 측정하기는 어려우며 만약 체온측정이 여의치 않은 경우에는 환자 배위에 손등을 대어 평가하는 것도 좋은 방법이다.

(3) 응급 처치

대부분의 저체온증 환자는 추위에 오래 노출되어 있었기 때문에 현장에서 완전하게 정상으로 회복되기는 힘들다.

① 병원 전 처치의 목적
- ㉠ 추운 환경에서부터 환자를 이동하기 위해
- ㉡ 더 이상의 열손실을 막기 위해
- ㉢ 기도 개방을 유지하기 위해
- ㉣ 환자의 호흡과 순환을 지지하기 위해

※ 모든 처치과정에서 주의해야 할 사항은 환자를 조심스럽게 다루어야 한다는 점이다. 그 이유는 심장이 쉽게 과민반응을 보여 심장 마비나 심실세동과 같은 부정맥이 나타나기 때문이다. 만약 심장마비를 보이는 저체온증환자인 경우에는 현장도착 즉시 CPR을 실시해야 한다. 또한 환자가 경직된 상태로 맥박이 촉지 되지 않는다면 CPR을 실시하고 신속하게 병원으로 이송해야 한다. 일반적으로 저체온상태에서 뇌를 보호하기 위해 인체반응이 나타나므로 심정지 상태의 환자라도 순환과 호흡이 돌아와 회복될 수 있다. 따라서 정상체온으로 회복된 후에야 사망을 결정할 수 있다.

② 저체온증 환자의 일반적인 응급처치* ☆ 13년 경남 소방장

㉠ 현장을 확인

· 위험물질 확인, 추가 지원 요청

㉡ 개인 보호 장비 착용

㉢ 추운 곳에서 더운 곳으로 환자 이동

㉣ 가능한 환자를 조심스럽게 이동

㉤ 추가 열손실 방지

㉥ 보온 및 열 공급

㉦ 무반응이거나 반응이 적절하지 않다면 다음과 같은 소극적인 처치법을 실시한다.

ⓐ 차갑거나 젖거나 조이는 옷은 제거한다.

ⓑ 이불을 덮어준다.

ⓒ 구급차 내 온도를 올린다.

③ 의식이 명료한 상태라면 적극적인 처치법* ☆ 13년 경남 소방장

㉠ 인체 외부 특히, 주요 동맥이 표면에 흐르는 곳에 따뜻한 것을 대준다. (가슴, 목, 겨드랑이, 서혜부)

㉡ 기도 개방 유지 - 필요 시 흡인

㉢ 호흡과 순환지지

호흡과 맥박이 느려지기 때문에 CPR을 실시하기 전에 적어도 30~45초간 평가해야 한다.

㉣ 많은 량의 산소 공급

· 가능하다면 가온 가습한 산소

㉤ 환자가 힘을 쓰거나 걷지 않게 한다.

㉥ 자극제(카페인, 알콜 음료 등)를 먹거나 마시지 않게 한다.

㉦ 팔·다리 마사지 금지

㉧ 신속한 병원 이송

㉨ 재평가 실시

(4) 국소 한랭손상

① 일반적인 저체온증으로 발전하지 않고도 추위 노출로 인해 고통 받을 수 있다. 추위에 부적절하게 보온하는 것은 국소 한랭손상을 유발시킨다.

② 몸의 중심에서 먼 부위는 이러한 손상에 노출될 위험이 더욱 크며 귀, 코 그리고 얼굴 일부분에서 많이 나타난다.

③ 저체온증 환자는 국소 한랭손상 위험이 크며 당뇨 또는 알코올중독 환자 역시 추위 감각이 떨어지기 때문에 국소 한랭손상 위험이 증가한다.
④ 소아와 노인의 경우는 적절한 자기 보온을 하지 못하기 때문에 위험에 노출되어 있다.
⑤ 국소 한랭손상은 특징적인 연부조직손상이 나타나며 화상과 같이 조직 손상 깊이는 얼마나 노출되었는가에 달려 있다.

▌국소 한랭손상 종류▐

동 창	·초기 또는 표면 국소 한랭손상은 피부가 하얗게 되거나 창백하게 변색된다. ·손상부위를 촉진하면 피부는 계속 창백하게 남아 있고 대부분 모세혈관 재충혈이 되지 않는다. ·변색되었음에도 불구하고 만졌을 때 피부가 부드러운 경우에는 감각이상이나 손실을 호소하는 경우가 많다. ·초기에 적절한 처치를 받는다면 조직의 영구적인 손상 없이 완전히 회복할 수 있다. ·정상체온으로의 회복동안 환자는 종종 저린 증상을 호소하는데 이는 손상부위에 정상 혈액 순환이 되어 회복을 나타내는 것이라는 설명을 해주어야 한다.
동 상	·후기 또는 깊은 국소 한랭손상은 피부색을 띈다. 촉지하면 피부는 나무와 같이 딱딱하고 물집이나 부분부종이 나타나기도 한다. 대부분 산악인에게 많이 발생하며 근육과 뼈까지 손상되는 경우도 있다. 손상 부위가 녹으면서 자주빛, 파란색 그리고 얼룩덜룩한 피부색을 보인다.

(5) 응급 처치

국소 한랭손상에 대한 처치 목적은 추가손상 방지 또는 조직결빙 예방에 있다. 이런 이유로 조직을 따뜻하게 회복시키는 처치법은 현장이 아닌 병원에서 보통 실시된다. 현장에서는 손상부위를 녹이고 다시 추위로 인해 손상을 받을 경우에 더욱 악화되기 때문이다.

초기 또는 표면 손상인 경우	① 손상 부위를 부목으로 고정한다. ② 소독 거즈로 드레싱 한다. ③ 손상 부위의 반지나 액세서리를 제거한다. ④ 손상부위를 문지르거나 마사지하지 않는다. ⑤ 다시 추위에 노출되지 않도록 주의한다.
후기 또는 깊은 손상인 경우	① 손상 부위를 부목으로 고정한다. ※ 다리부분 손상인 경우에는 걷지 않도록 한다. ② 마른 옷이나 드레싱으로 손상부위를 덮는다. ③ 손상 부위의 반지나 액세서리를 제거한다. ④ 손상부위를 문지르거나 마사지하지 않는다. ⑤ 물집을 터트리지 않는다. ⑥ 손상부위에 직접적인 열이나 따뜻하게 회복시키는 처치법을 실시하지 않는다. ⑦ 다시 추위에 노출되지 않도록 주의한다

※ 이송이 지연되는 경우에는 손상부위를 정상체온으로 회복시키기 위한 처치법이 실시되는데 이때, 주의해야 할 점은 다시 추위로 인한 재손상을 받지 않는다는 가정 하에 실시해야 한다. 처치법은 약 42℃ 따뜻한 물에 손상부위 전체가 잠기도록 하며 물이 쉽게 차갑게 되므로 계속 물 온도가 떨어지지 않게 추가로 더운 물을 넣어 주어야 한다. 시간은 손상부위가 부드러워지고 색과 감각이 돌아올 때까지 실시한다(약 20~30분). 그 다음에는 소독거즈로 드레싱한다. 손가락과 발가락인 경우에는 사이사이에 거즈를 넣고 드레싱한다. 손상부위에 정상 순환이 회복되면서 심한 통증을 호소하므로 환자를 안정시키고 이유를 설명해 주어야 한다. 마지막으로 야외에서 손상부위를 녹이기 위해 불을 피우는 것은 금지해야 하는데 이는 손상부위 감각 손실로 화상을 입게 되면 더 많은 부분이 손상되기 때문이다.

3 열 손상

(1) 열손상의 진행

① 더운 곳에서 체온조절기전은 2가지 주요 대사인 방사와 증발을 갖고 있다. 더운 환경에서 인체는 방사를 통해 체온을 내리고 체온 이상의 더위에는 방사로 체온조절을 할 수 없으며 열로 인한 손상이 진행된다.

② 고온에서 인체는 증발을 통해 체온을 내리는데 땀은 수분, 염분성분으로 구성되어 있다. 인체는 시간당 1L 이상의 땀을 흘릴 수 있으나 체온을 내리는 데는 한계가 있다.

③ 증발하기 위해서는 습도 역시 중요한 인자가 된다. 만약 습도가 높다면 증발은 감소하고 체온조절능력도 감소한다.

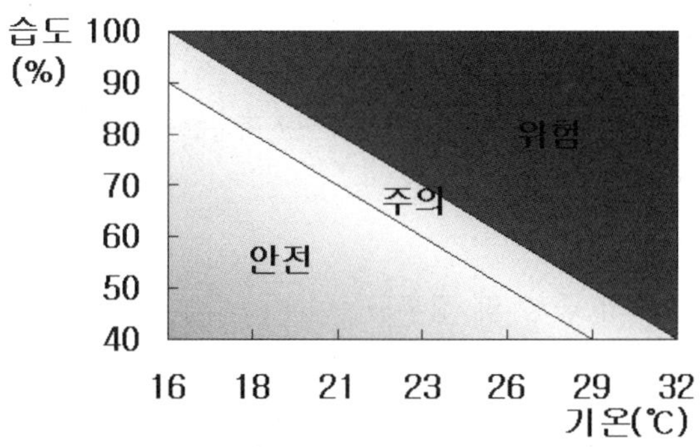

④ 체온조절능력이 감소되면 체온은 올라가고 열 손상이 일어난다. 열 손상과 관련된 영향인자로는 아래와 같다.

나 이	· 유아(체온조절능력 미숙과 더위에 옷을 스스로 벗을 수 없다) · 노인(체온조절능력 저하, 약물, 심혈관계 질환, 열악한 환경)
직 업	· 운동선수, 소방관, 노동직, 군인
건 강	· 당뇨, 심질환, 열, 탈수, 비만

※ 열 손상은 크게 열경련, 소모성 열사병, 열사병으로 나뉜다. 이 중에서 열사병이 가장 심각하며 증상 및 징후를 평가하고 초기 응급처치를 하지 못한다면 사망에 이를 수 있다.

(2) 열손상의 종류* ☆ 18년 소방위

① 열 경련

㉠ 더운 곳에서 격렬한 활동으로 땀을 많이 흘려 전해질(특히, 나트륨) 부족으로 나타난다.

㉡ 근육경련이 나타나지만 심각하지는 않으며 대부분은 시원한 곳에서 휴식하고 수분을 보충하면 정상으로 회복된다.

㉢ 회복 후에는 다시 활동을 재기할 수 있어 적절한 처치 없이 방치하면 소모성 열사병으로 진행된다.

② 일사병*

㉠ 체액소실로 나타나며 보통 땀을 많이 흘리고 충분한 수분을 섭취하지 않아 발생한다.

㉡ 응급처치를 하지 않으면 쇼크를 초래하고 증상 및 징후는 얼마나 체액을 소실했는지에 따라 달라진다.

㉢ 초기에는 피로, 가벼운 두통, 오심/구토, 두통을 호소하며 피부는 정상이거나 차갑고 창백하며 축축하다.

㉣ 처치가 이루어지지 않으면 빠른 맥, 빠른 호흡, 저혈압을 포함한 쇼크 징후가 나타난다.

㉤ 적절한 휴식 없이 진화하는 소방대원 및 통풍이 안 되는 작업복을 입고 일할 때 많이 발생한다.

③ 열사병

㉠ 열 손상에서 가장 위험한 단계로 체온조절기능 부전으로 나타난다.

㉡ 여름철에 어린아이나 노약자에게 많이 일어나며 보통 며칠에 걸쳐 진행된다.

㉢ 소모성열사병 환자와 같이 체온이 정상이거나 약간 오르지 않고 41~42℃ 이상 오른다.

㉣ 피부는 뜨겁고 건조하거나 축축하다. 의식은 약간의 혼돈상태에서 무의식상태까지 다양하게 의식변화가 있다.

> ※ 만약, 의식은 명료하나 피부가 뜨겁고 건조하거나 축축한 환자가 있다면 적극적인 체온저하 처치를 실시해야 한다.

㉤ 응급처치

일반적인 열손상 환자의 증상 및 징후로는

· 근육경련, 허약감이나 탈진, 어지러움이나 실신, 빠른맥, 빠르고 얕은 호흡

· 두통, 경련, 의식장애

※ 피부는 정상이거나 차갑고 창백하며 축축한 피부 또는 뜨겁고 건조하며 축축한 피부(위급한 상태)

※ 열손상 환자의 응급처치

시원한 곳으로 이동
(냉방 된 구급차 등)

↓

많은 양의 산소 공급

정상이거나 차가우며 창백하고 축축한 피부인 경우	뜨겁고 건조하거나 축축한 피부인 경우
시원하게 옷을 벗기고 느슨하게 한다.	시원하게 옷을 벗기고 느슨하게 한다.
부채질 등 증발을 이용해 시원하게 해준다.	목, 겨드랑이, 서혜부에 차가운 팩을 댄다.
다리를 약간 올리고 앙와위를 취해준다.	차가운 물로 몸을 축축하게 해주고(수건, 스펀지 이용) 부채질(선풍기) 해준다.
반응이 있고 구토가 없다면 앉혀서 물이나 이온음료를 마시게 하고 그렇지 않다면 좌측위로 병원으로 이송한다.	구강으로 아무것도 주어서는 안 되며 냉방기를 최고로 맞춰 놓고 신속하게 이송한다.
이송 중 계속 환자를 평가 및 처치한다.	이송 중 계속 환자를 평가 및 처치한다.

※ <u>환자의 회복도와 생존율은 응급처치와 신속한 병원이송에 달려있다.</u>

4 익사(익수) 사고

익 사	물에 잠김 후에 질식에 의하여 사망하는 경우로 정의된다.
익 수	물에 잠긴 후에 최종결과에 관계없이 일시적이더라도 환자가 생존한 경우를 의미한다.

※ 익사는 바다에서보다 민물에서 자주 발생하며 생존율은 아래 요인들의 영향을 받는다.
- 구조 전에 얼마나 오랫동안 물속에 있었는지?
- 척추손상과 같은 상처가 있는지?
- 수온

① 뇌에 산소공급이 되지 않으면 수 분 내에 뇌사가 진행되므로 물에 있었던 시간이 얼마나 짧았는가에 생존율이 달려있다.

② 다이빙사고와 사고경위를 알 수 없는 경우에는 척추손상을 의심해 봐야 하며 이 경우 얕은 물에서도 익사할 수 있다.

③ 더운 물보다 차가운 물에서의 생존율이 높은데 이는 '물속에서 포유류의 반사작용' 때문이다.

④ 1시간 이상 물에 빠진 아동의 경우 완전 회복되었다는 보고도 있다. 그러므로 차가운 물에서 구조된 환자가 호흡, 맥박이 없어도 CPR을 포함한 적극적인 처치를 실시해야 한다.

아동	대부분 풀장에서 어른의 부주의로 일어나며 연령대로는 4세 이하 유아가 많다. 예방만 한다면 사고를 미리 막을 수 있는 경우로 수영장에서 아동을 돌보는 성인이 술을 마시거나 안전요원 및 장비가 없는 곳을 피해야 한다.
노인	보통 목욕 중에도 일어나며 감각이 떨어지면서 뜨거운 물에 화상을 입는 경우도 있다

(1) 물에 빠진 환자에 대한 응급 처치

① 현장안전을 확인한다.
② 사고경황을 모르거나 다이빙 중 사고환자라면 척추손상을 의심해야 한다.
③ 호흡이 없다면 환자에 다가가 가능하다면 바로 인공호흡을 실시해야 한다.
④ 척추손상 가능성이 없다면 환자를 측위로 눕혀 물, 토물, 이물질 등이 나오게 한다.
⑤ 필요하다면 흡인한다.
⑥ 비재호흡마스크로 많은 량의 산소를 공급한다.
⑦ 환자의 배가 팽창되어 있다면 적절한 양압 인공호흡을 위해서 위에 있는 압력을 다음과 같이 감소시켜야 한다.
　㉠ 큰 구멍이 있는 팁과 튜브를 갖춘 흡인세트를 준비한다.
　㉡ 흡인을 예방하기 위해 환자를 좌측위로 취해준다.
　㉢ 인공호흡을 다시 시작하기 전에 흡인으로 상기도를 깨끗이 유지한다.

▌익수환자가 척추손상을 입었다면 환자를 이동하기 전에 긴 척추고정판으로 구조▐

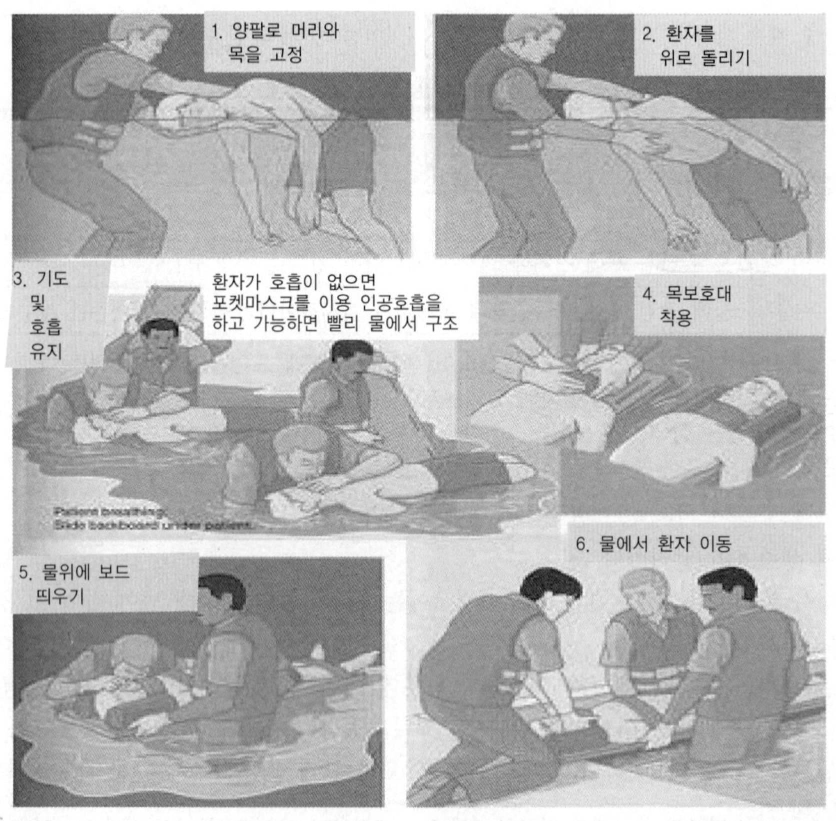

(2) 특수한 상황

① 얼음에서의 구조

차가운 물에 빠진 환자는 더운 물에 빠진 환자보다 상대적으로 생존률이 높다. 하지만 환자를 구출하는 구조대원이 위험에 빠질 가능성은 더욱 높아진다.

㉠ 현 상황에 맞게 훈련 받은 대원으로 구성되어 있어야 한다.

㉡ 건식 잠수복을 착용해야 한다.

㉢ 개인수상안전조끼를 착용한다.

㉣ 로프로 육상의 단단한 물체에 지지점을 확보하고 활동대원 모두 연결시킨다.

㉤ 얼음 위에서의 대원은 그들의 몸무게로 얼음이 깨질 수 있으므로 상황에 맞게 다음과 같은 방법을 이용한다.

ⓐ 얇은 얼음에서는 걷지 말고 기어간다.

ⓑ 얼음 위로 사다리를 놓고 그 위로 지나간다.

ⓒ 바닥이 평평한 배를 이용해 접근한다.

② 스쿠버 다이빙과 관련된 응급상황

하강과 관련된 압력손상	• 내려가는 동안 물의 무게와 중력으로 잠수부 신체에 압력이 약해질 것이다. • 내이와 부비동과 같이 공기로 채워진 인체 공간은 압착되고 귀와 얼굴의 통증을 유발한다. • 심한 경우에는 고막이 파열되어 출혈이 생길 수도 있다.
상승과 관련된 압력손상	• 급격한 상승에서 기인한다. 인체에 있는 가스는 수면으로 올라오면서 팽창하는데 팽창된 가스는 조직을 심한 경우 파열시키기도 한다. – 치아 : 구강 내 공기 주머니 팽창은 심한 통증을 유발시킨다. – 위장 : 복통을 유발하고 트림이나 방귀가 자주 나온다. – 허파 : 허파의 일부분을 파열시키며 피하조직으로 공기가 들어가 피하기종을 유발할 수 있다. • 혈류에 들어간 공기는 기포나 기포덩어리가 되어 일반 순환과 관류를 방해하는 공기색전증을 유발하기도 한다. • 공기색전증으로 심장마비, 경련, 마비 증상이 나타날 수 있다.

※ 감압병(DCS, Decompression sickness) : 공기 중에 약 70%를 차지하는 질소가스가 조직과 혈류내 축적되면서 발생한다. 보통 빠르게 상승할 때 발생하며 증상이 나타나는 시간은 30분 이내에 50%, 1시간 이내에 85%, 3시간 이내에 95%가 나타난다. 증상은 질소방울이 어느 인체부위에 나타나는가에 따라 달라지는데 보통 두통, 현기증, 피로감, 팔다리의 저린 감각, 반신마비 등이 나타나며 드물게는 호흡곤란, 쇼크, 무의식, 사망도 나타난다. 예방법으로는 수심 30m 이상 잠수하지 않으며, 상승 시 1분당 9m의 상승속도를 준수하는 것이다. 감압병이 의심된다면 꼭 진찰을 받아야 하는데 그 이유는 상태가 악화될 수 있기 때문이다.

※ 감압병의 증상 및 징후★
- 의식 변화, 피로감, 근육과 관절의 심부통증
- 피부 가려움증과 얼룩 또는 반점, 저린 감각 또는 마비
- 질식감, 기침, 호흡곤란, 중독된 듯한 모습, 가슴통증

③ 응급처치☆ 21년 소방교

㉠ 환자를 안전하게 구조한다.

㉡ 앙와위 또는 측와위로 눕히며 기도를 확보한다.

㉢ 비재호흡마스크로 100% 산소를 10~15L/분로 공급한다.
 - 즉각적인 산소공급은 종종 증상을 감소시키지만 나중에 다시 나타날 수 있다.

㉣ 호흡음을 청진한다.
 - 기흉의 경우는 호흡음이 감소하게 되며, 항공후송의 금기가 된다.

㉤ 보온유지 및 걷거나 힘쓰는 일은 하지 않는다.

㉥ 신속하게 이송한다.

㉦ 가압실이 설치되어 있는 병원과 연락한다.
 - 다이빙과 관련된 심각한 상태는 특수한 고압산소치료가 필요하기 때문에 미리 연락을 해야 한다.

5 물림과 쏘임

(1) 곤충에 쏘임★ ☆ 14년 경기 소방장

일반적으로 벌에 많이 쏘이는데 벌은 인체에 독이 되는 독물을 갖고 있다. 일반적인 반응으로는 국소 통증, 발적, 국소 부종, 전신 통증, anaphylaxis와 같은 전신반응 등이 있다.

※ 응급처치
1. 현장 안전을 확인한다.
2. 침이 있다면 제거해야 한다.
 - 신용카드의 끝부분으로 문질러 제거한다. 족집게나 집게로 제거해서는 안 된다. 이는 상처부위로 독물을 더욱 짜 넣는 결과를 나타낸다.
3. 부드럽게 손상부위를 세척한다.
4. 부종이 시작되기 전에 악세서리 등을 제거한다.
5. 손상부위를 심장보다 낮게 유지한다.
6. 전신 알레르기 반응이나 anaphylaxis 징후가 나타나는지 관찰한다.
7. 재평가를 실시한다.

(2) 뱀에 물림

① 국내 독사는 4과 8속 14종으로 살모사, 불독사, 까치살모사가 있다. 활동 시기는 4월 하순부터 11월 중순으로 독액은 약 0.1~0.2cc 나온다. 증상 및 징후는 뱀의 종류 및 독의 정도에 따라 달라진다.

㉠ 일반적인 증상 및 징후
 ⓐ 물린 부위 및 주변이 부어오른다.
 ⓑ 오심/구토
 ⓒ 입안이 저리면서 무감각해진다.
 ⓓ 허약감과 어지러움, 졸림(눈꺼풀이 늘어진다)
 ⓔ 호흡과 맥박 증가
 ⓕ 쇼크, 저혈압, 두통
 ⓖ 비정상적인 출혈

㉡ 응급처치☆ 20년 소방위

ⓐ 현장 안전을 확인하고 환자를 눕히거나 편한 자세로 안정을 취해준다.

ⓑ 부드럽게 물린 부위를 세척한다.

ⓒ 붓기 전에 물린 부위를 조일 수 있는 액세사리 등은 제거한다.

ⓓ 물린 부위를 심장보다 낮게 유지한다.

ⓔ 움직이지 않게 한다. - 물린 팔다리를 부목으로 고정한다.

ⓕ 물린 부위에서 몸 쪽으로 묶어준다.(단, 지혈대가 아닌 탄력붕대 이용)

ⓖ 전신 증상이 보이면 비재호흡마스크로 많은 양의 산소를 공급한다.

ⓗ 신속하게 이송한다.(구토 증상을 보일 경우 회복자세를 취해준다)

ⓘ 계속적으로 평가한다.

※ 금기사항☆ 20년 소방위

- 물린부위 절개 또는 입으로 독을 빼내는 행위
- 전기 충격, 민간요법으로 얼음이나 허브를 물린 부위에 대는 행위
- 40분 이상 묶으면 조직 내 허혈증 유발

② 현장처치로 이송을 지연시키면 안 되므로 항뱀독소가 있는 병원에 연락하고 신속하게 이송해야 한다. 항뱀독소는 사망률을 20%에서 1% 이하로 낮추는 역할을 한다.

요 약

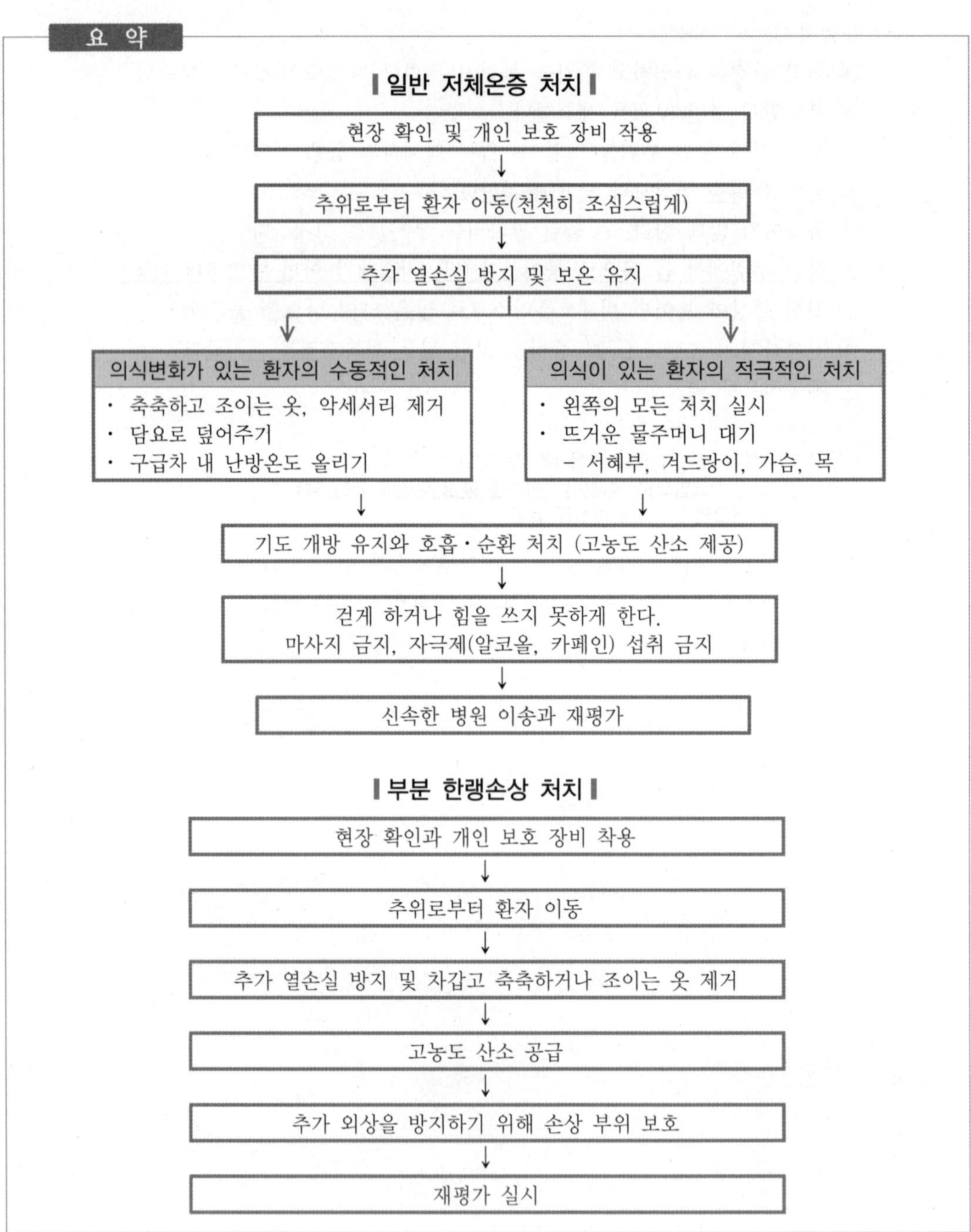
일반 저체온증 처치
현장 확인 및 개인 보호 장비 작용
추위로부터 환자 이동(천천히 조심스럽게)
추가 열손실 방지 및 보온 유지
의식변화가 있는 환자의 수동적인 처치
· 축축하고 조이는 옷, 악세서리 제거
· 담요로 덮어주기
· 구급차 내 난방온도 올리기
의식이 있는 환자의 적극적인 처치
· 왼쪽의 모든 처치 실시
· 뜨거운 물주머니 대기
– 서혜부, 겨드랑이, 가슴, 목
기도 개방 유지와 호흡·순환 처치 (고농도 산소 제공)
걷게 하거나 힘을 쓰지 못하게 한다.
마사지 금지, 자극제(알코올, 카페인) 섭취 금지
신속한 병원 이송과 재평가
부분 한랭손상 처치
현장 확인과 개인 보호 장비 착용
추위로부터 환자 이동
추가 열손실 방지 및 차갑고 축축하거나 조이는 옷 제거
고농도 산소 공급
추가 외상을 방지하기 위해 손상 부위 보호
재평가 실시

Chapter 13 산부인과

학습 목표

- 임산부의 해부생리학적 변화를 알 수 있다.
- 정상 분만과 비정상 분만 과정을 평가하고 처치할 수 있다.
- 분만 합병증을 평가하고 처치할 수 있다.
- 임신 중의 응급상황을 평가하고 처치할 수 있다.
- 응급분만을 유도할 수 있다.
- 신생아의 응급상황을 평가하고 처치할 수 있다.

1 임신 해부학과 생리학

- 여성의 생식기계는 아랫배에 있는 골반 내에 위치해 있다. 주요 구조로는 2개의 난소와 2개의 나팔관 그리고 이와 연결된 자궁과 질, 경부로 구성되어 있다.
- 출산경로는 이 중에 자궁 아랫부분과 자궁목, 질로 구성되어 있다. 외부 질 입구와 항문사이는 회음부라고 불리며 이 모든 부분은 풍부한 혈액이 공급되는 부위로 출혈 시에는 응급상황이 발생한다.
- 정상 임신과정은 한 개의 난소에서 난자를 생성하고 난자는 나팔관을 지나 정자와 수정된다.
- 수정된 난자는 자궁벽에 착상하고 성장을 통해 배아가 된다. 양막은 양수로 채워져 태아를 보호하고 분만을 원활하게 진행시키는 역할을 한다.
- 태반은 제대를 통해 모체와 태아사이 풍부한 혈액과 영양, 산소를 공급해 주고 배설물을 제거시켜 주기도 한다.
- 정상 임신기간은 수정에서 분만까지 약 9달이며 초기, 중기, 말기로 나뉜다.
- 임신 초기에는 두개의 세포에서 두드러진 성장이 나타난다.
- 중기에는 태아가 빠르게 성장하며 5개월에는 자궁이 배꼽선에서 만져진다. 말기에는 자궁이 윗배에서 만져진다.

▌임신기간 중 생리적 변화▌ ★☆ 14년 서울 소방장

변 화	의 미
혈류량과 혈관분포정도가 증가한다.	맥박은 증가하고 혈압은 감소한다.
자궁이 커지면서 소화기계를 압박한다.	구토할 가능성이 높다.
자궁이 하대정맥을 눌러 심장으로 가는 혈류량을 감소시킨다.	앙와위는 저혈압과 태아절박가사를 초래할 수 있다.

- 임신부는 보통 여자보다 혈류량과 심박동수가 증가하고 생식기계에 공급되는 혈관의 수와 크기가 증가한다.
- 이는 혈압을 감소시키고 임신말기 자궁은 소화기계를 압박해 소화를 지연시키거나 토하게 한다. 또한 앙와위의 임부는 하대정맥을 눌러 심장으로 가는 혈류량을 감소시켜 저혈압을 유발시킨다.
- 저혈압은 산모에게 위험할 뿐만 아니라 태아절박가사를 초래할 수 있다.
- 이러한 상태는 산모를 좌측으로 눕게 한 다음 오른쪽 엉덩이 아래에 이불 등으로 지지하면 쉽게 호전된다.

2 분 만

(1) 분만통의 징후

① 임신 말기에 태아는 회전해서 머리가 보통 아래로 향하게 되는데 회전하지 않으면 둔위가 된다. 자궁목는 분만 1기에 확장하기 위해 부드러워지며 진진통 전에 가진통이 나타날 수 있다.

② 본격적인 진통이 시작되면 태아의 머리는 아래로 내려오고 자궁벽은 붉게 충혈되고 경부는 짧고 얇아진다.

③ 분만이 다가오면 수축시간이 짧아지고 수축 빈도는 30분에서 3분으로 줄어든다.

④ 수축하는 동안 배를 촉지하면 딱딱함을 알 수 있다. 태아가 내려오고 경부가 이완되면 양막은 보통 파열된다.

⑤ 정상적으로는 깨끗해야 하며 녹색이나 노란색을 띄는 갈색인 경우는 태아 스트레스로 인해 태변으로 오염되었음을 짐작할 수 있다.

⑥ 분만 1기에 자궁 경부가 확장되면서 피가 섞인 점액질 덩어리가 나오는데 이를 '이슬'이라고 한다. 분만에 걸리는 시간은 4-6시간으로 다양하다.

⑦ 분만 2기는 자궁수축 빈도가 증가하고 통증이 심해진다. 새로운 호소로는 "대변을 보고 싶다."고 하는데 이는 태아가 내려오면서 직장을 누르기 때문이다.

⑧ 2기가 시작되면서 분만은 빠르게 진행된다. 따라서 산모평가를 통해 현장에서 분만할 것인지 이송할 것인지를 결정해야 한다.

(2) 분만의 단계★ ☆ 19년 소방장

1기	규칙적인 자궁수축을 시작으로 자궁목이 얇아지고 점차적으로 확장되어 완전히 확장될 때까지(10cm)(자궁수축 시작부터 경부완전 열릴 때까지)	
2기	태아가 분만경로로 들어와 태어날 때까지 (아기가 산도내로 진입해서 만출 때까지)	
3기	태아가 나온 후 기타 적출물(태반, 제대, 양막 등)이 나올 때까지 (태반만출)	

※ 현장에서 응급분만을 고려해야 할 사항 ※ 참고사항
① 수분이내에 태아가 분만될 것으로 예상되는 경우
② 천재지변이나 교통사고 때문에 병원으로 이송 불가한 경우
③ 이용할 만한 이송차량이 없는 경우
④ 병원으로 이송 중 태아의 머리가 질로 돌출될 때

3 정상 분만

(1) 분만 장비 - 구급차 내 분만세트

① 감염방지를 위한 소독된 외과용 장갑
② 산모를 감쌀 수건이나 포
③ 신생아를 닦을 수 있는 거즈
④ 구형흡입기
⑤ 제대 결찰기
⑥ 제대를 묶을 수 있는 테이프
⑦ 제대를 자르기 위한 외과용 가위
⑧ 보온을 위한 신생아 포
⑨ 적출물을 담을 봉투
⑩ 피와 체액을 흡수하기 위한 산모용 생리대

(2) 산모 평가

질문, 배림, 생체징후 등으로 이송여부를 결정해야 하며 서두르는 행동은 산모를 불안하게 만들 수 있다. 대원은 침착하고 전문적인 행동으로 정서적 지지와 처치를 실시해야 한다.
평가를 통해 수 분 안에 분만이 진행된다면 현장에서 분만준비를 해야 한다. 산모 평가로는,

① 산모의 이름, 나이 그리고 출산예정일을 묻는다.
- 초산인 경우 출산예정일보다 먼저 분만이 시작되는 경우가 있다.

② 초산인지를 묻는다.
- 초산인 경우 분만에 걸리는 시간은 약 16~17시간으로 경산부로 갈수록 짧아진다.

③ 진통 양상을 묻는다.

· 기간, 빈도 그리고 이슬이나 양수 그리고 출혈이 있는지 묻는다.

④ 잡아당기는 듯하고 장이 움직이는 듯한 느낌('대변을 보고 싶다는 느낌')이 나는지 묻는다.

· 이것은 태아가 출산경로로 이동하면서 직장 위 자궁벽을 눌러서 생기는 증상으로 분만이 곧 진행됨을 알 수 있다. 이때 산모가 화장실에 가게 해서는 안 된다.

⑤ 배림현상이 있는지 평가한다.* ☆ 19년 소방위

· 회음부위가 불룩 튀어나와 있거나 태아의 일부분이 보이는지 평가한다. 배림현상이 보이면 분만준비를 바로 해야 한다. 질 부위를 노출하게 되면 산모는 대부분 당황하게 되는데 항상 사전에 왜 실시해야 하는지 설명해야 한다. 분만준비로는 시트로 양 다리를 감싸고 엉덩이와 회음부 아래 놓는다.

⑥ 자궁수축을 촉지한다.

· 무엇을 할 것인지 우선 설명하고 장갑을 낀 손을 산모의 배꼽 윗배에 놓는다. 이때에는 옷 위에서도 촉지 할 수 있다. 자궁의 수축기간과 빈도를 평가하고 수축기간은 시작에서 멈출 때까지이며 빈도는 수축시작에서 다음 수축시작까지의 시간이다. 분만이 가까워지면 빈도와 강도가 증가한다.

⑦ 수축 사이에 생체징후를 평가한다.

· 초산이며 긴장감이나 배림현상이 없다면 이송을 실시해야 한다. 2분 단위로 자궁수축을 보인다면 분만이 곧 진행됨을 알 수 있다. 이송 중 분만할 것 같다는 산모의 불안감에는 현재까지의 평가에 대한 결론과 구급차 내에는 분만세트가 있으며 분만에 대한 교육을 받았다는 설명으로 정서를 지지한다. 만약, 배림현상이 나타나면 구급차를 안전한 곳에 세운 후 분만준비를 해야 한다.

(3) 분만 과정

현장에 도착했을 때 분만이 임박한 상황이라면 분만준비를 해야 한다. 이때, 명심해야 할 점은 환자가 산모와 신생아 2명이라는 점이다. 만약 구급대원이 2명뿐이라면 추가 인원을 요청해야 한다.

① 분만 전 처치*

㉠ 사생활 보호를 위해 꼭 필요한 사람 외에는 나가 있게 한다.

㉡ 분만 중 피와 체액으로부터 보호하기 위해 개인보호 장비를 착용한다.

㉢ 산모를 침대나 견고한 장소에 눕히고 이불을 이용해 엉덩이를 높여 준다. 산모는 다리를 세워 벌리고 있게 한다.

※ 산모의 엉덩이 아래 공간은 적어도 60cm가 되어야 신생아 처치를 즉각적으로 할 수 있다.

㉣ 질이 열리는 것을 보기 위해 장애(옷 등)가 되는 것을 치운다. 분만세트에서 소독된 장갑과 그렇지 않은 장갑을 꺼낸다.

- 소독포로 산모의 양쪽 다리를 감싸고 엉덩이와 회음부 아래에도 놓는다.

㉤ 동료대원이나 산모가 동의한 협조자는 산모의 머리맡에 위치한다.

- 산모가 토할 때나 힘들어 할 때 격려하거나 도와주는 역할을 한다.

ⓗ 분만세트는 탁자나 의자에 놓는다.

- 모든 기구는 쉽게 잡을 수 있는 위치에 놓는다.

② 분만 중 처치★★☆ 19년 소방장

㉠ 정서적 지지, 생체징후 측정, 구토에 대비해 협조자는 산모의 머리맡에 위치하도록 한다.

㉡ 태아의 머리가 보이면 장갑을 착용하고 준비해야 한다.

㉢ 태아의 머리를 지지해준다.

• 한 손은 손가락을 쫙 펴서 태아의 머리 아래에 두어야 하는데 이때, 숨구멍을 누르지 않도록 조심해야 한다. 다른 한 손으로는 질과 항문사이가 찢어지지 않도록 소독된 거즈로 지지해주어야 한다. 태아를 잡아 당겨서는 안 된다.

㉣ 태아의 머리가 보이는데도 양막이 터지지 않았다면 손가락이나 분만세트 안에 있는 클램프로 양막을 터트린다.

• 태아의 입과 코에서 멀리 떨어진 막을 터트린다.

㉤ 머리가 나왔다면 제대가 목을 감고 있는지 확인한다.

• 확인하는 동안 산모에게 힘을 주지 말고 짧고 빠른 호흡을 하도록 격려한다. 그 동안 제대를 느슨하게 해줘야 하는데 찢어지지 않도록 조심해야 한다. 우선 태아의 목 뒤 제대 아래로 두 손가락을 넣어 앞으로 당긴 후 머리 위로 넘겨야 한다. 만약 느슨하게 할 수 없다면 즉각적으로 2개의 제대감자로 결찰한 후에 자르고 태아의 목을 감고 있는 제대를 풀어내고 분만을 진행시킨다.

㉥ 태아의 기도를 확인한다.

• 대부분의 태아는 머리를 아래로 하고 질 밖으로 나와서 왼쪽이나 오른쪽으로 머리를 돌린다. 따라서 태아의 머리가 산모의 항문 쪽에 닿지 않도록 지지해 주어야 한다. 태아의 머리가 완전히 나왔다면 한손으로 계속 지지해 주고 다른 손은 소독된 거즈로 닦고 구형흡입기로 입, 코 순으로 흡인한다. 구형흡입기를 누른 다음 입에 약 2.5~3.5cm 넣고 흡인하고 뺀 후에는 수건에 흡인물을 버리도록 한다. 이 과정을 두세번 반복하고 코는 1~2번 반복한다. 코에는 1.2cm 이하로 넣어야 한다.

㉦ 어깨가 나오는 것을 돕는다.

• 부드럽게 태아의 머리를 아래로 향하게 하여 위 어깨가 나오는 것을 돕는다. 위 어깨가 나오고 아래 어깨가 나오는 것이 늦어지면 태아의 머리를 위로 살짝 올려 나오는 것을 돕는다.

㉧ 전 과정동안 태아를 지지해야 한다.

• 태아는 미끄럽기 때문에 주의해야 하며 다리까지 모두 나왔다면 머리를 약간 낮추고 한쪽으로 눕혀 입과 코에 있는 이물질이 잘 나오도록 한다. 구형흡입기로 다시 입과 코를 흡입하고 제대에 맥박이 만져지지 않을 때까지 태아와 산모 높이가 같도록 유지한다. 신생아는 따뜻하고 건조한 포로 감싼다.

㉨ 출생시간을 기록한다.

㉩ 제대에 맥박이 촉지 되지 않으면 제대를 결찰하고 자른다.

㉪ 신생아에 대한 평가와 처치가 즉각적으로 이루어져야 한다.

ⓔ 분만 3기에서의 제대와 태반 분리에 대해 준비한다.

ⓕ 정서적 지지를 계속 실시한다.

▌정상 분만과정 중 처치▐

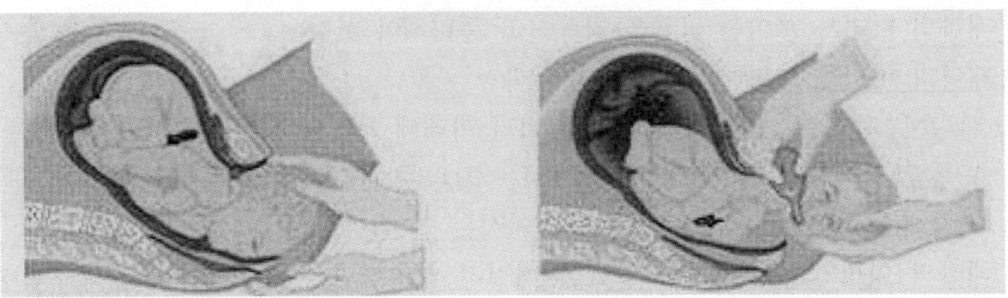

1. 아기의 머리를 지지한다.

2. 아기의 입과 코를 흡인한다.

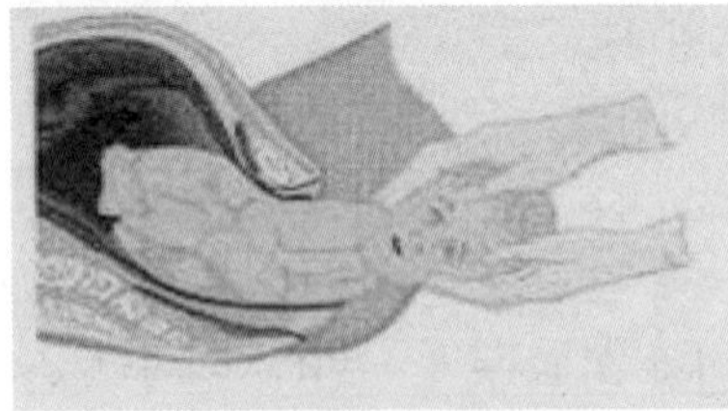

3. 머리를 지지하여 급작스럽게 나오는 것을 예방한다. 상부어깨 만출을 돕는다.

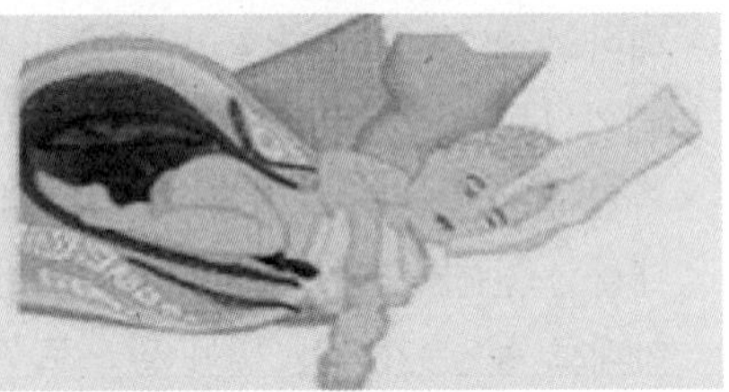

4. 어깨와 같이 몸통을 지지한다.

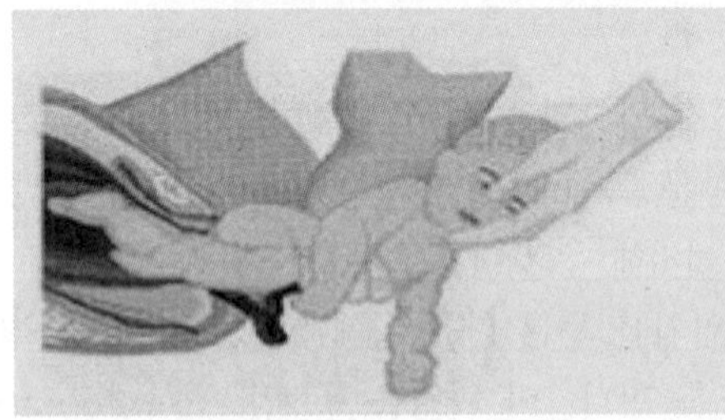

5. 손을 사용하여 아기의 발을 함께 지지한다.

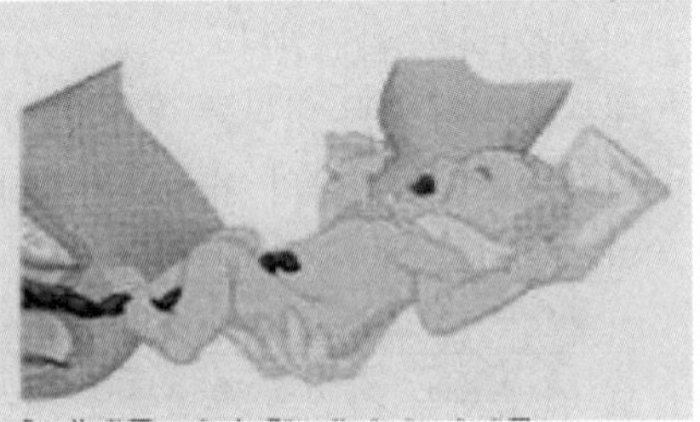

6. 제대를 절단 할 때까지 아기와 산모가 수평이 되도록 유지한다.

(4) 신생아 평가와 처치

① **평가**★★☆ 16년 경기 소방장, 17년 소방위, 18년, 19년 소방장, 20년 소방위

신생아의 상태는 아프가 점수(APGAR score)를 이용하여 평가할 수 있다. 출생 1분과 5분에 각각 측정하는데, 건강한 신생아의 전체 점수의 합은 10점이다. 대부분의 신생아들은 생후 1분의 점수가 8~10점이다. 6점 이하이면 신생아의 집중관리가 필요하므로 기도확보 및 체온유지를 하면서 신속히 병원으로 이송한다.

▌APGAR score 평가▐

일반적인 외형 (Appearance, 피부색)	몸 전체가 분홍색이면 2점, 몸은 분홍빛이지만 발과 입술이 푸르스름하면 1점, 몸 전체가 청색을 띄거나 창백하면 0점이다.
맥 박(Pulse)	청진기를 사용할 수 없는 경우에는 손가락으로 제대의 박동수를 촉지하여 측정한다. 100회 이상의 맥박수는 2점이고, 100회 이하이면 1점, 맥박이 없으면 0점이다.
반사흥분도 (Grimace, 찡그림)	코 안쪽을 자극할 때, 신생아가 기침이나 재채기를 하면 2점, 얼굴만 찡그리면 1점, 반응이 없으면 0점이다.(찡그림)
활동력 (Activity, 근육의 강도)	구부린 상태에서 곧장 뻗으려고 하면 2점, 약하게 뻗을 수 있으면 1점, 근육 긴장력이 없으면 0점이다.
호 흡(Respiration)	규칙적이며 빠른 호흡(울음)은 2점, 느리고 불규칙적이면 1점, 호흡이 없으면 0점이다.

▌APGAR 점수(출생 후 1분, 5분 후 재평가 실시▐ ★☆ 19년 소방장

평가내용	점 수		
	0	1	2
피부색 : 일반적 외형	청색증	몸은 핑크, 손과 팔다리는 청색	손과 발까지 핑크색
심장 박동수	없음	100회 이하	100회 이상
반사흥분도 : 찡그림	없음	자극 시 최소의 반응 /얼굴을 찡그림	코 안쪽 자극에 울고 기침, 재채기 반응
근육의 강도 : 움직임	흐늘거림/부진함	팔과 다리에 약간의 굴곡 제한된 움직임	적극적으로 움직임
호흡 : 쉼 쉬는 노력	없음	약하고/느림/불규칙	우렁참

※ 8~10점 : 정상출산으로 기본적인 신생아 관리
3~7점 : 경증의 질식 상태, 호흡을 보조함, 부드럽게 자극, 입-코 흡인
0~2점 : 심한 질식 상태, 기관 내 삽관, 산소공급, CPR

② 신생아 소생술 ☆ 18년 소방장 / 21년 소방위

- 신생아에 대한 처치 과정

㉠ 보온 유지 및 기도내 이물질 제거

: 구형흡입기로 우선 입을 흡인하고 그 다음에 코를 흡인한다. 입과 코 주변의 분비물은 소독된 거즈로 닦아낸다.

※ 주의 : 코를 먼저 흡인하면 신생아는 헐떡거리거나 호흡을 시작하게 되고 이때, 입에 있는 태변, 혈액, 체액, 점액이 허파에 흡인될 수 있다.

㉡ 신생아를 소아용 침대에 한쪽으로 눕히고 구형흡입기로 다시 입, 코 순으로 흡인한다(준비된 장소가 없다면 품에 안고 실시할 수도 있다).

㉢ 호흡 평가☆ 21년 소방위

ⓐ 기도 내 이물질을 제거한 순간부터 자발적으로 호흡하는 것이 정상이며 30초 내에 호흡을 시작해야 한다.

ⓑ 만약 그렇지 않다면 호흡을 격려해야 하는데 등을 부드럽게 그리고 활발하게 문지르거나 손가락으로 발바닥을 자극하는 방법이 있다.

ⓒ 발바닥을 치켜들고 손바닥으로 쳐서는 안 되며 호흡이 있으나 팔다리에 약간의 청색증이 있다고 해서 등을 문지르거나 발바닥을 자극해서는 안 된다.

ⓓ 태어나서 수분동안은 이런 팔다리의 청색증이 정상이다. 만약 호흡이 얕고 느리며 없다면 40~60회/분 인공호흡을 실시해야 한다.

※ 주의 : 구강대 마스크를 이용한다면 신생아용 소형 퍼프를 사용해야 하며 유아용 백-밸브 마스크를 사용할 때에는 백을 조금만 짜야한다. 30초 후에 호흡을 재평가해서 호전되지 않는다면 계속 실시해야 한다.

㉣ 심박동 평가☆ 17년 소방위

ⓐ 왼쪽 유두 윗부분에서 제일 잘 들리며 100회/분 이하이면 40~60회/분 인공호흡을 실시해야 한다.

ⓑ 30초 후에 재평가해서 60~80회/분이고 심박동수가 올라갔다면 계속 인공호흡을 실시하고 30초 후에 재평가를 해야 한다.

ⓒ 만약 60회/분 이하이며 올라가지 않았다면 인공호흡과 더불어 가슴압박을 실시해야 한다.

ⓓ 가슴압박 횟수는 120회/분이며 양엄지 손가락은 복장뼈 중앙에 나머지 손가락은 등을 지지하고 압박해야 한다.

ⓔ 압박깊이는 가슴의 1/3 정도이고 호흡과 가슴압박의 비율은 1:3이 되어야 하며 1분에 90회의 가슴 압박과 30회의 호흡으로 실시해야 한다.

㉤ 호흡과 맥박은 정상이나 몸통에 청색증을 계속 보이면 산소를 공급한다. 산소는 10~15 L/분로 공급하며 직접 주는 것이 아니라 얼굴 가까이 산소튜브를 놓고 공급해야 한다.

㉥ 이송 중에 계속 평가를 실시해야 한다.

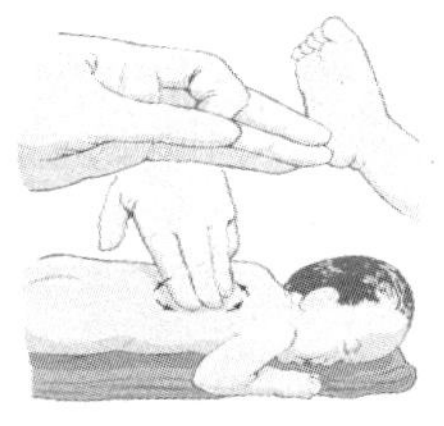

※ 신생아의 발바닥을 향하여 집게손가락으로 치거나 부드럽지만 강하게 아기의 등을 문질러 주어서 호흡을 "자극"할 수 있다.

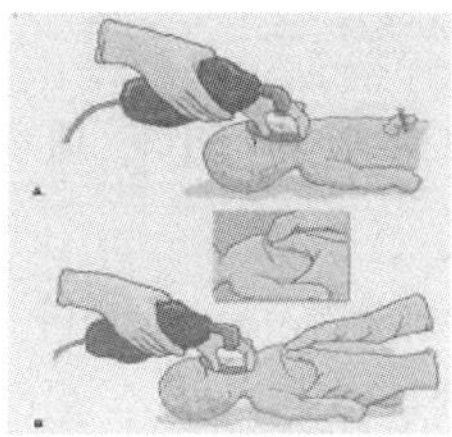

1. 신생아에게 백밸브마스크를 사용하여 양압환기를 제공한다. 마스크를 밀착시키고 가슴이 상승하기에 충분한 양이어야 한다.
2. 가슴압박을 할 때 손가락으로 몸통을 감싸고 신생아의 복장뼈가 상선 아래에 두 엄지손가락을 위치시킨다. 만약에 신생아가 매우 작으면 엄지손가락을 겹친다. 반면에 신생아가 매우 크면 유두선에서 한손가락길이 아래쪽을 세 번째와 네 번째 손가락으로 복장 뼈을 압박한다. 분당 120회의 속도로 가슴의 1/3정도의 깊이로 압박한다.

③ 제대 결찰

정상적으로는 제대를 결찰하거나 잘라내기 전에 스스로 신생아가 호흡을 시작하며, 제대를 결찰하거나 잘라내기 전에 손가락으로 맥박이 뛰지 않는 것을 확인해야 한다.

※ 일반적인 과정

1. 신생아 보온을 유지한다.
   - 제대 결찰 전에 수분을 없애고 신생아 포로 전신을 감싸야 한다. 태지는 보호막임으로 물로 닦아서는 안 된다.
2. 분만용 세트에서 제대감자로 제대가 찢어지지 않도록 천천히 결찰한다.
3. 첫 번째 제대감자의 결찰높이는 신생아로부터 약 10cm 정도 떨어져 결찰한다.
4. 두 번째 제대감자의 결찰높이는 첫 번째 제대에서 신생아 쪽으로 5cm 정도 떨어져 결찰한다.
5. 소독된 가위로 제대감자 사이를 자른다.
   - 자른 후에는 결찰을 풀거나 다시 하려고 시도해서는 안 된다. 태반측 제대는 피, 체액, 배설물에 닿지 않게 놓고 신생아편 제대 끝에서는 출혈되지 않는지 확인해야 한다. 출혈이 있다면 가능하다면 현 제대감자에 가깝게 다른 제대감자로 결찰한다.
6. 신생아를 옮길 때 제대에 충격이 가지 않도록 주의한다.
   - 제대에서 약간의 실혈로도 치명적일 수 있다.

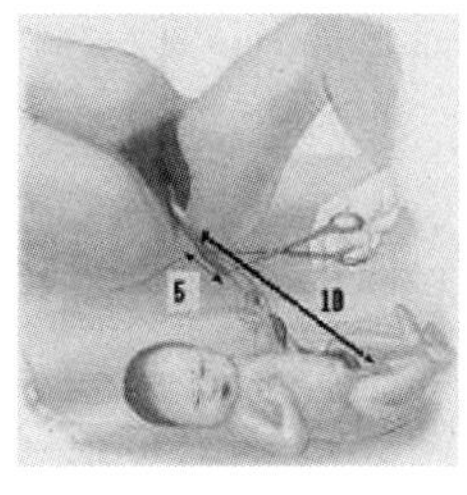

※ 주의 : 신생아가 호흡하지 않는다면 제대를 결찰해서는 안 된다. (제외사항 - 제대가 신생아의 목을 조이는 상황과 CPR을 실시해야 하는 상황) 제대에서 맥박이 뛴다면 결찰해서는 안 된다.☆ 18년 소방장

④ 보온 유지

태어나자마자 수건으로 물기를 제거하고 따뜻하고 건조된 수건, 이불, 포대기 등으로 신생아를 감싸야 한다. 신생아의 얼굴이 아닌 머리부위도 감싸줘야 한다. 태반이 분리되는 동안 산모의 배위에 신생아를 놓아 안게 하거나 동료대원이 신생아를 안고 있도록 한다. 구급차 내 적정온도를 유지한다.

(5) 계속적인 산모 처치

분만 현장에서는 산모와 신생아 2명의 환자가 있다는 점을 명심하고 태반, 질 출혈에 대한 처치를 실시해야 한다.

① 태반

- 분만 3기는 제대 일부, 양막, 자궁의 일부조직을 포함한 태반이 분리되는 시기이다. 이때, 태아가 나온 후 멈춘 분만통이 짧게 나타난다.
- 태반이 자궁으로부터 분리되면 제대길이가 길어지는 것으로 알 수 있다. 대부분 분만 후 수분 내에 일어나며 30분 정도가 걸린다.
- 촉진시키기 위해 자궁 위 배에 압력을 가하거나 제대를 잡아당겨서는 안 된다. 산모와 태아가 모두 건강하다면 태반이 분리될 때까지 20분 정도 병원이송을 지연시킬 수 있다.
- 분만 시 나온 모든 조직들은 분만 세트 내의 보관함에 산모 이름, 시간, 내용물을 기록한 후 병원에 인계해야 한다. 만약 20분이 경과해도 태반이 분리되지 않는다면 신속하게 병원으로 이송해야 한다.

> ※ 산모를 신속히 병원으로 이송해야 할 경우 ※ 참고사항
> · 태아분만 후 30분 이상이 지나도 태반이 나오지 않는 경우
> · 태반이 나오기까지 250cc 이상의 출혈이 있을 때
> · 태반이 나온 후 지속적인 출혈이 있을 때

② 분만 후 질 출혈 처치

- 정상적으로는 500cc 이상 출혈되지 않으며 질 출혈 처치는 다음과 같다.

㉠ 질 입구에 패드를 댄다.

㉡ 발을 올려준다.

㉢ 자궁수축을 돕기 위해 부드럽게 원을 그리며 자궁을 마사지 한다.
- 자궁이 수축하고 단단해지며 출혈량이 줄어들 것이다.

㉣ 자궁마사지에도 불구하고 출혈이 계속된다면 신속하게 병원으로 이송해야 한다.
- 많은 양의 산소를 제공하고 쇼크에 대한 처치를 실시해야 한다. 분만 후 출혈로는 질과 항문 사이 피부로부터 일어날 수 있다. 분만과정에서 회음부위가 찢어지면서 출혈과 불편감을 호소할 수 있다. 이 경우 멸균거즈로 압박하고 드레싱을 해준다.

③ 정서적 지지

분만 전·후 모든 과정을 통해 이루어져야 하며 이 과정 중의 정서적 경험은 작은 일에도 민감하게 반응하며 오랫동안 기억된다. 산모의 얼굴과 손을 축축한 수건으로 닦아주고 마른 수건으로 다시 닦아 주는 행위는 정서적 지지에 도움이 된다. 이불을 덮어주는 행위도 안정감과 보온을 동시에 제공할 수 있다.

4 분만 합병증

(1) 제대 탈출

태아보다 제대가 먼저 나오는 경우로 태아와 분만경로 사이에 눌리게 된다. 이는 태아로 가는 산소공급을 차단하기 때문에 위급한 상태로 둔위분만이나 불완전 둔위분만의 경우에 종종 나타난다. 응급처치 목적은 병원 이송 전까지 태아에게 산소를 최대한 공급하는 것이다.

※ 응급처치
1. 개인 보호 장비를 착용한다.
2. 분만 경로의 압력을 낮추기 위해 이불 등을 이용해 엉덩이를 올리고 머리를 낮춘다.
3. 비재호흡마스크를 통해 고농도 산소를 공급한다.
4. 멸균 장갑을 착용한다.
5. 제대에 가해지는 압력을 낮추기 위해 질 안으로 손을 넣는다는 것을 설명한다.
6. 질 안으로 손가락 몇 개를 집어 넣고 제대를 누르고 있는 태아의 신체 일부를 부드럽게 밀어낸다.
7. 병원으로 신속하게 이송한다.
8. 촉진으로 제대순환이 제대로 되는지 확인한다.
9. 가능하다면 멸균된 거즈를 따뜻하고 축축하게 한 다음 제대를 감싸 건조되는 것을 예방한다.
10. 다른 처치자는 산모의 생체징후를 계속 측정한다.

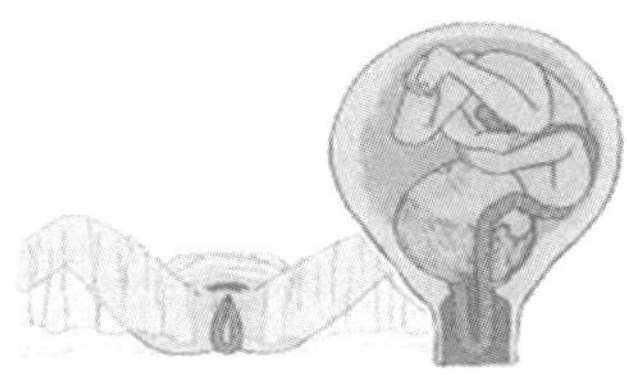

- 둔부를 올리고 산소를 공급하며 보온을 유지한다.
- 손가락을 넣어 아기 머리를 제대로부터 멀어지게 한다.
- 제대를 안으로 밀어 넣지 않도록 한다.
- 제대를 소독된 젖은 거즈로 감싼다.

(2) 둔위분만

엉덩이나 양 다리가 먼저 나오는 분만형태로 신생아에게 외상 및 제대 탈출 위험이 높다. 자발적으로 분만할 수도 있지만 합병증 비율이 높다.

※ 응급처치☆ 20년 소방위
1. 즉각적으로 이송한다.
2. 다리를 잡아당기는 등의 분만을 시도해서는 안 된다.
3. 고농도산소를 공급한다.
4. 골반이 올라오도록 머리를 낮추고 정서적 지지를 제공한다.
5. 만약, 엉덩이가 나온다면 손으로 지지해준다.

- 둔부를 올리고 산소를 공급하며 보온을 유지한다.
- 아기의 만출 시 다리를 절대로 잡아당기지 않는다.
- 즉시 이송한다.
- 만약 아기가 만출되면 처치한다.

(3) 불완전 둔위분만

머리가 아닌 팔다리가 먼저 나오는 형태로 둔위분만의 경우 발이 먼저 나온다. 이 경우 병원으로 빨리 이송해야 한다. 배림(crowning)때 머리가 아니 손, 다리, 어깨 등이 나오며 제대가 나올 수도 있다.

※ 응급처치
1. 제대가 나와 있다면 앞서 언급한 제대탈출에 따른 처치를 실시한다.
2. 골반이 올라오도록 머리를 낮춘다.
3. 비재호흡마스크로 고농도산소를 공급한다.
4. 신속하게 병원으로 이송한다.

(4) 다태아 분만

쌍둥이의 경우 과 장비 그리고 구급차가 더 필요하다. 다태아 분만의 경우 임부의 배가 보통 임부의 배보다 더 크며 한 명을 분만 후에도 크기의 변화가 적고 분만수축이 계속된다는 점이다. 두 번째 분만은 보통 수 분 내에 이루어지며 둔위분만인 경우는 드물다.

※ 응급처치
1. 추가 지원을 요청한다.
   - 분만장비, 인원, 구급차 등
2. 두 번째 분만 전에 제대를 결찰한다.
3. 태반은 한 개이거나 여러 개일 수 있다. 태반은 일반 분만과 같이 처치한다.
4. 각 태아별로 태어난 시간을 기록한다.
   - 태어난 순서를 식별하기 위해
5. 다태아의 경우 일반 태아보다 작으며 신속하게 분만이 이루어진다.
   - 신속하면서도 부드럽게 처치한다.

(5) 미숙아☆ 18년 소방장

미숙아는 태어나는 순간부터 특별한 처치가 필요하다.

※ 응급처치
1. 보온을 유지한다.
   - 보온을 위한 지방축적이 충분하지 않기 때문에 저체온증의 위험성이 높다. 따라서 물기를 닦아내고 따뜻한 이불로 포근하게 감싸줘야 한다. 또한 유아용 모자는 머리에서의 열손실을 막아준다.
2. 기도 내 이물질을 제거한다.
   - 입과 코로부터의 이물질을 흡인한다.
3. 상태에 따른 소생술을 실시한다.
   - 특히, 임신주수가 적은 경우 소생술을 준비한다.
4. 산소를 공급한다.
   - 직접적인 공급은 피하며 코 주변에서 산소를 공급한다.
5. 오염되지 않도록 한다.
   - 미숙아는 감염되기 쉬우므로 만약 산모가 분만 중에 대변을 보았다면 닿지 않도록 주의한다. 미숙아의 얼굴에 구급대원의 호흡이 직접적으로 닿지 않도록 한다.

6. 구급차 내 온도를 올린 후 이송한다.
 • 적절한 온도범위는 32~38℃이며 이송 전에 온도를 맞춰 놓는다. 여름인 경우는 냉각기를 사용해서는 안 되며 창문을 이용해 온도를 조절하며 바깥공기가 직접 닿지 않도록 해야 한다. 가급적이면 닫은 상태로 이송한다.

(6) 태 변

태아의 대변은 태아나 임부의 스트레스를 나타내는 징후이다. 태변은 양수를 녹색이나 노란 갈색으로 착색시킨다. 태변을 흡인한 태아는 호흡기계 위험성이 높다.

※ 응급처치
1. 흡인하기 전에 신생아를 자극시키지 않는다.
 • 태변과 관련된 대부분의 합병증은 신생아 허파로 태변이 흡인된 경우이다. 따라서 흡인 전에 신생아를 자극시키면 안 되며 입을 먼저 흡인한 후 코를 실시한다.
2. 기도를 유지하고 신생아를 평가한다.
 • 태변은 분만으로 인한 태아의 스트레스를 나타내는 징후이며 소생술이 필요할 수도 있다. 호흡과 심장의 상태에 따라 심폐소생술을 실시할 준비를 해야 한다.
3. 가능하면 즉각적으로 이송을 실시한다.
 • 이송 중 보온을 유지하며 이송병원에 도착 전에 정보를 제공한다.

5 임신 중 응급상황 및 처치

(1) 자연유산

임신 기간이 20주 내에 유산된 경우를 말하며 태아와 자궁조직이 경부를 통해 질 밖으로 나온다. 배의 경련이나 통증을 동반한 질 출혈을 호소하며 정서적인 스트레스를 받는다.

※ 환자 평가 및 처치 과정
1. 개인보호 장비를 착용하고 현장을 평가한다. 환자와 가족의 정서 상태는 때때로 구급대원에게 향하기도 한다.
2. 환자를 평가한다. 복통을 호소하며 보통은 호흡과 순환이 정상이다. 하지만 질 출혈이 지속됨으로써 비정상적인 생체징후를 나타내므로 응급처치와 더불어 이송을 실시해야 한다.
3. 정보를 수집한다. 임신주수를 알아보고 24~25주 이상의 태아는 살아 날 수도 있다.
4. 생체징후 및 신체검진을 실시한다. 질로부터 많은 출혈이나 덩어리가 나온다면 회음부위를 간단히 검사한 후 외부에 패드를 댄다. 사생활 보호를 유지한다.
5. 증상 및 징후에 따른 처치를 제공한다. 많은 량의 산소를 공급하고 질 출혈에 대해서는 질 외부에 산모용 생리대를 댄다.
6. 계속적으로 정서를 지지한다.
7. 자궁에서 나온 물질들을 병원에 인계한다.

(2) 임신 중 경련*

경련 중에는 호흡이 원활하게 이루어지지 않아 태아에게 영향을 미치기 때문에 임신 중의 경련은 특히 위험하다. 원인으로는 경련병력이 있거나 임신으로 인한 임신중독증이나 자간증으로 인해 일어난다.

① 자간증 환자는 임신후기에 보통 경련증상이 나타난다.

② 자간증의 증상 및 징후로는 두통, 고혈압, 부종이 있다. 환자를 평가할 때에는 개인보호 장비를 착용하고 환자의 의식상태, 기도와 호흡평가, 병력사정, 신체검진, 복용하는 약물, 부종 등을 평가해야 한다.

※ 평가 및 처치 과정
1. 주변의 위험한 물건 등을 치운다.
2. 기도가 개방되었는지 확인하고 유지한다.
3. 비재호흡마스크를 통해 많은 량의 산소를 공급한다.
4. 필요시 백-밸브마스크로 인공호흡을 도울 준비를 한다.
5. 필요하다면 흡인 기구를 즉각적으로 사용할 수 있도록 준비한다.
6. 좌측위로 환자를 이송한다.

(3) 임신 중 질 출혈

임신초기 질 출혈은 자연유산의 징후로 볼 수 있으며 임신후기 질 출혈 특히, 마지막 석달은 임부와 태아 모두에게 위험하다. 그 이유는 종종 태반으로 인한 출혈(태반박리, 전치태반 등) 때문이다. 임신후기의 질 출혈은 복통을 동반하지 않을 수도 있다.

※ 환자 평가 및 처치 과정
1. 개인보호 장비를 착용하고 현장을 확인한다.
2. 1차 평가동안 순환 상태 및 쇼크 증상이 있는지 주의한다.
3. 임신후기 질 출혈 환자는 즉각적으로 병원으로 이송한다.
4. 증상 및 징후에 따른 처치를 제공한다. 많은 량의 산소를 공급하고 피를 흡수하기 위해 패드를 댄다. 단, 질 안에 거즈를 넣어서는 안 되며 좌측위로 환자를 이송한다.

(4) 임신 중 외상

임부의 상태는 태아에게 직접적으로 영향을 미친다. 임부의 외상처치는 일반외상처치와 같으나 태아에 대한 걱정으로 심한 스트레스를 받는다는 점과 태아에게 영향을 미친다는 점이 틀리다.

※ 평가 및 처치 과정
1. 개인보호 장비를 착용하고 현장이 안전한지를 확인한다.
2. 1차 평가를 실시한다.
3. 병력과 신체검진 그리고 생체징후를 측정한다. 이때, 보통 비임부 여성과 임부의 생체징후는 틀리다는 것을 알아야 한다. 임부의 경우 맥박은 빠르고 혈압은 보통 낮다. 하지만 외상으로 인해 생체징후가 변할 수 있다는 점을 유의하고 적절한 처치를 실시해야 한다.
4. 증상 및 징후에 따른 처치를 제공한다. 일반 외상환자와 같이 처치를 하되 많은 량의 산소를 공급하고 좌측위로 환자를 이송해야 한다.
5. 정서적인 지지를 제공해야 한다. 현재 제공하는 응급처치가 태아와 환자에게 모두 도움이 된다는 점을 알려준다.

6 부인과 응급

(1) 질 출혈

외상이나 생리로 인한 질 출혈 외의 출혈은 응급상황으로 보통 복통도 같이 호소한다. 가장 위험한 합병증으로는 실혈로 인한 저혈량성 쇼크이다.

※ 평가 및 처치 과정
1. 개인보호 장비를 착용하고 현장을 평가한다.
2. 1차 평가를 실시한다.
   - 의식상태, 기도개방 확인, 호흡과 순환 평가.
3. 증상 및 징후에 따른 처치를 제공한다. 쇼크 상태라면 많은 량의 산소를 공급한다.
4. 신속하게 병원으로 이송한다.

(2) 외부 생식기관 외상

보통 환자가 처치를 거부하거나 심한 통증을 동반하기 때문에 처치하기 곤란하다. 외부 생식기관은 혈액공급량이 많은 부위로 많은 출혈을 동반한다.

※ 평가 및 처치 과정으로는
1. 개인보호 장비를 착용하고 상처부위를 확인한다.
2. 1차 평가를 실시한다.
3. 증상 및 징후에 따른 처치를 제공한다. 출혈부위는 거즈를 이용해 직접압박을 실시하되 지혈을 위해 질 안에 거즈를 넣어서는 안 된다. 냉찜질은 심한 통증을 감소시키는데 유용하다.
4. 사생활보호를 위해서 주위 사람들을 물리치고 필요할 때에만 상처부위를 노출시킨다.

(3) 성폭행

환자처치는 의학적·정신적·법적인 면을 모두 고려해야 한다. 성폭행 피해자는 굉장한 스트레스를 받기 때문에 다양한 감정변화를 나타낸다. 이런 경우 개인적인 판단은 피하며 전문적 태도를 보여야 하며 동정하는 태도를 보여서는 안 된다. 정보수집 및 응급처치를 제공하는 것은 같은 성의 구급대원이 하는 것이 좋다.

※ 평가 및 처치 과정
1. 현장 안전을 확인한다. 범죄현장이 의심된다면 안전을 확보하고 필요하다면 경찰의 도움을 요청한다.
2. 1차 평가에서 환자의 의학적·정신적인 면을 모두 평가한다.
3. 성폭행으로 인한 다른 상처가 있는지 신체검진과 정보 수집을 실시한다. 심한 출혈이 있다면 생식기를 검사한다.
4. 증상과 징후에 따른 처치를 제공한다. 단, 증거가 훼손되지 않도록 주의해야 한다.
5. 법적인 자료가 될 수 있으므로 기록에 유의한다.
6. 증거(정액)확보를 위해 환자를 걷게 하면 안 되며 들 것을 이용해 이동한다.

요 약

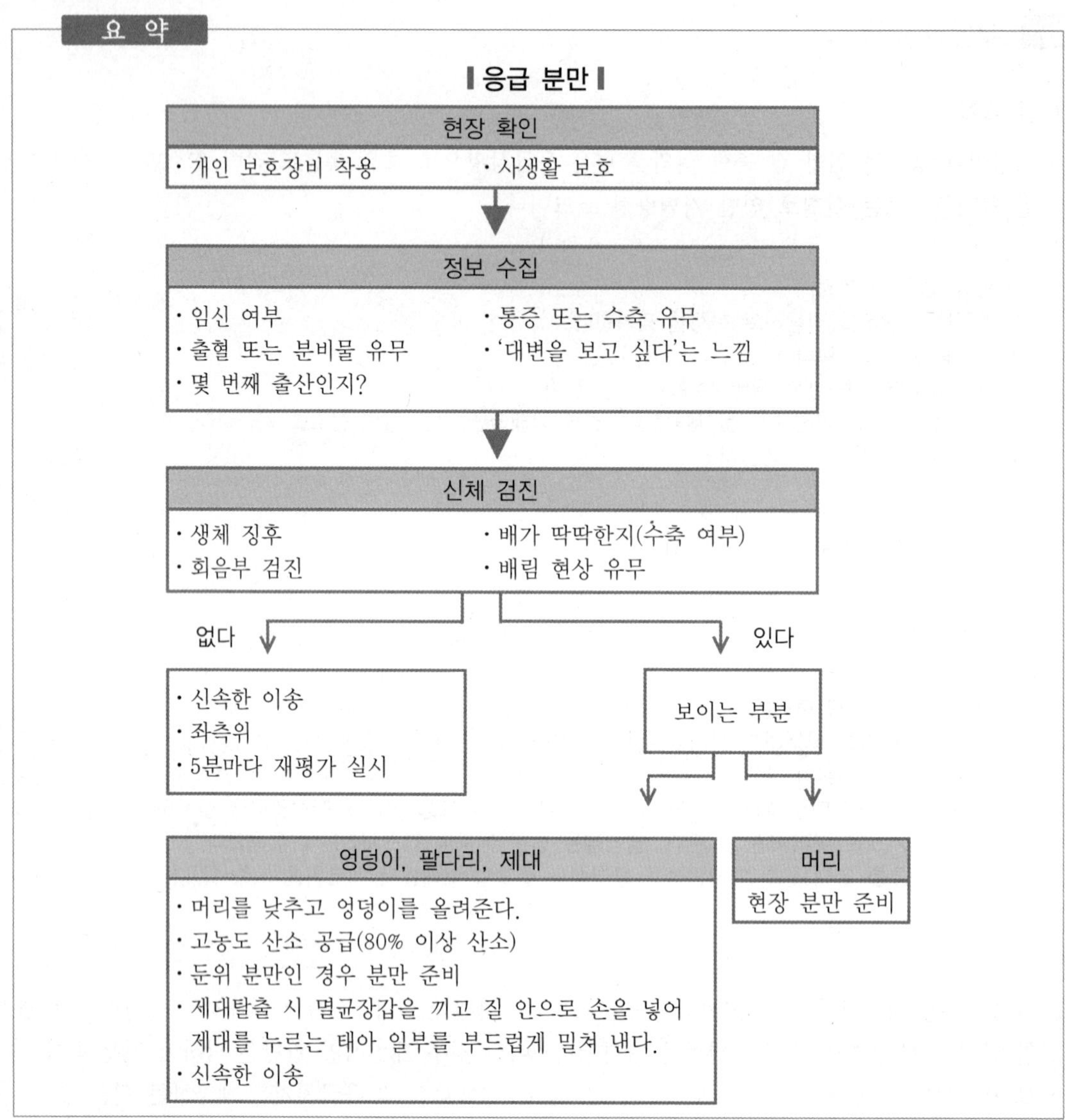

응급 분만
현장 확인
· 개인 보호장비 착용
· 사생활 보호
정보 수집
· 임신 여부
· 통증 또는 수축 유무
· 출혈 또는 분비물 유무
· '대변을 보고 싶다'는 느낌
· 몇 번째 출산인지?
신체 검진
· 생체 징후
· 배가 딱딱한지(수축 여부)
· 회음부 검진
· 배림 현상 유무
없다
있다
· 신속한 이송
· 좌측위
· 5분마다 재평가 실시
보이는 부분
엉덩이, 팔다리, 제대
· 머리를 낮추고 엉덩이를 올려준다.
· 고농도 산소 공급(80% 이상 산소)
· 둔위 분만인 경우 분만 준비
· 제대탈출 시 멸균장갑을 끼고 질 안으로 손을 넣어 제대를 누르는 태아 일부를 부드럽게 밀쳐 낸다.
· 신속한 이송
머리
현장 분만 준비

요 약

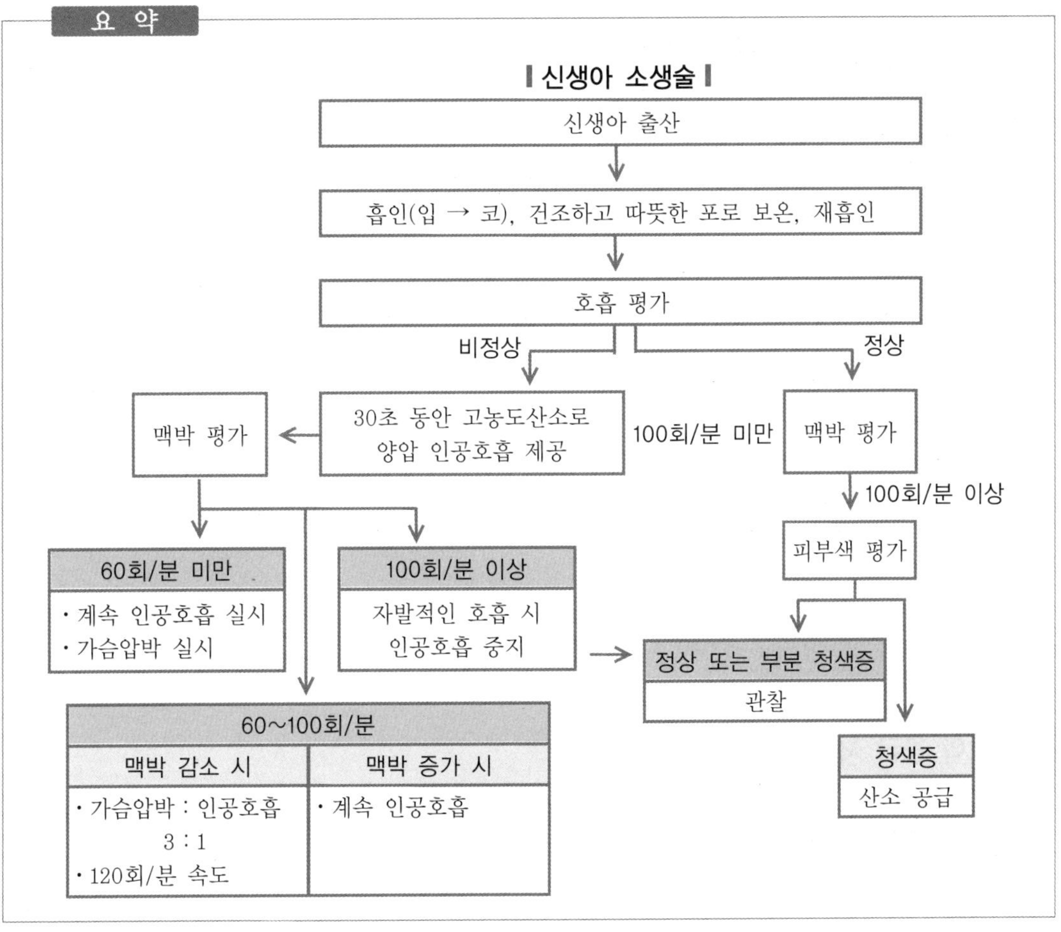
▌신생아 소생술▐
신생아 출산
흡인(입 → 코), 건조하고 따뜻한 포로 보온, 재흡인
호흡 평가
비정상
정상
30초 동안 고농도산소로 양압 인공호흡 제공
맥박 평가
100회/분 미만
맥박 평가
100회/분 이상
피부색 평가
60회/분 미만
• 계속 인공호흡 실시
• 가슴압박 실시
100회/분 이상
자발적인 호흡 시 인공호흡 중지
정상 또는 부분 청색증
관찰
청색증
산소 공급
60~100회/분
맥박 감소 시
• 가슴압박 : 인공호흡 3 : 1
• 120회/분 속도
맥박 증가 시
• 계속 인공호흡

Chapter 14

소아 응급

학습 목표

- 소아와 성인의 응급처치 차이를 이해할 수 있다.
- 소아와 성인의 해부생리학적 차이를 이해할 수 있다.
- 소아의 발달과정을 이해할 수 있다.
- 소아의 기도와 호흡을 관리할 수 있다.
- 소아의 기도폐쇄를 평가하고 처치할 수 있다.
- 소아의 내과적 질환을 평가하고 처치할 수 있다.
- 영아급사증후군을 이해할 수 있다.
- 소아 외상의 특징을 평가하고 처치할 수 있다.
- 아동학대와 방임을 평가하고 처치할 수 있다.

1 소아 응급 처치

성인에 비해 구급신고 및 위급한 사항이 일어나는 경우가 적으나 소아 응급은 성인보다 위급한 경우가 많다. 해부적·생리적 차이점을 이해하는 것은 응급처치를 하는 데 도움이 된다.

2 해부와 생리

(1) 소아는 성장에 따라 해부적·생리적 변화를 겪게 된다. 소아는 계속 성장하는 단계로 모든 조직 특히, 머리뼈, 갈비뼈 그리고 긴뼈와 같은 골격계는 성장에 적합한 구조로 되어 있다.

(2) 기관의 반지연골 역시 부드러워 외상으로 인한 영향과 기도를 이해하는 것이 중요하다.

(3) 소아는 성인에 비해 질병에 걸리는 비율이 낮다.

① 협심증과 심근경색 그리고 급성 심장사와 같은 심장동맥질환이 드물다.
② 감염과 천식과 같은 호흡기계 문제는 성인에 비해 만성화되거나 허파공기증 등을 일으킬 수 있다.
③ 소아의 건강한 기관은 성인에 비해 질병 특히, 호흡기계와 심혈관계와 관련한 질병에 대한 저항력이 높다.
④ 질병이나 손상에 대한 회복력이 빠른 반면에 반응도 빨라 호흡곤란이 나타나면 맥박이 떨어지고 심정지가 빠르게 진행된다.

▌성인과 소아의 차이점▐

차이점	평가와 처치에 영향
· 상대적으로 큰 혀, 좁은 기도, 많은 분비물, 젖니(탈락성)	· 기도 폐쇄 가능성 증가
· 평평한 코와 얼굴	· 얼굴 마스크 밀착 시 어려움
· 몸에 비례해서 큰 머리, 발달이 덜 된 목과 근육	· 외상에 있어 쉽게 머리손상 증가
· 완전히 결합되지 않은 머리뼈	· 숨구멍(대천문, 소천문)이 올라가면 두개 내 압력을 의미, 내려가면 탈수를 의미 (울 때 올라가는 것은 정상)
· 얇고 부드러운 뇌조직	· 심각한 뇌손상 가능성
· 짧고 좁으며 유연한 기관	· 과신전 시 기관 폐쇄
· 짧은 목	· 고정 및 안정시키기 어려움
· 배 호흡	· 호흡 측정 어려움
· 빠른 호흡	· 호흡근이 쉽게 피로해져 호흡곤란을 야기함
· 신생아는 처음에 비강호흡을 함	· 코가 막혀 있다면 구강호흡을 자동으로 할 수 없는 경우가 있어 쉽게 기도가 폐쇄됨
· 신체에 비례해 넓은 체표면적	· 높은 저체온 가능성
· 약한 골격계	· 골절은 적고 휘어질 가능성이 높음. 따라서 외부 압력은 갈비뼈 골절 없이 내부로 전달되어 장기를 손상시킬 수 있다(특히, 허파 손상).
· 이자과 간 노출 증가	· 배에 외부 압력으로 쉽게 손상된다.

3 발달 과정

소아는 신체적인 발달뿐만 아니라 정서적 성장도 일어난다. 정서적 발달단계는 병원 전 처치에 있어 중요한데 그 이유는 질병과 손상에 어떻게 반응하는지와 행동하는지를 알 수 있기 때문이다.

▌소아의 정서적·사회적 특성▐

연 령	정서적·사회적 특성	처 치
2세 이하	· 부모와의 격리불안 · 낯선 것에 대한 약간의 불안감 · 움직이는 것을 눈으로 쫒음 · 산소마스크에 대한 거부감	· 처치·평가 시 부모가 곁에 있도록 한다. · 보온유지(처치자 손과 기구도 포함) · 가급적 거리를 두고 가슴의 움직임과 피부색으로 호흡을 평가한다. · 머리는 맨 나중에 평가하고 심장과 허파를 우선적으로 평가한다. · 산소는 소아용 비재호흡마스크를 이용해 얼굴에서 약간 떨어진 상태에서 공급한다.

2~4세	· 낯선 사람과의 신체접촉을 싫어함 · 부모와의 격리불안 · 질병·손상이 자기가 잘못해서 벌 받는 것이라 생각 · 옷을 벗기는 것을 싫어함 · 주사바늘이나 통증에 대해 쉽게 흥분하고 과잉행동을 보임 · 산소마스크에 대한 거부감	· 처치·평가 시 부모가 곁에 있도록 한다. · 환아의 잘못 때문에 아픈 것이 아니라는 것을 확인시켜 준다. · 꼭 필요한 경우에만 옷을 제거한다. · 머리는 맨 나중에 평가해 불암감을 최소화시켜준다. · 이해할 수 있는 나이라면 처치 전 꼭 설명을 하고 실시한다.
4~7세	· 낯선 사람과의 접촉 및 부모와의 격리를 싫어함 · 옷을 벗는 것을 창피하게 생각함 · 질병·손상이 자기가 잘못해서 벌 받는 것이라 생각 · 혈액, 통증, 영구손상에 대한 두려움 · 호기심, 사회성이 있으며 협조적일 수 있다. · 산소마스크에 대한 거부감	· 처치·평가 시 부모가 곁에 있도록 한다. · 옷을 제거 시에는 사생활 존중 · 침착하고, 전문적이며 신뢰감 있는 행동 · 처치 전 충분한 설명 · 산소는 소아용 비재호흡마스크를 이용해 얼굴에서 약간 떨어진 상태에서 공급한다.
7~13세	· 또래 문화이며 자기 의견에 대해 경청해줄 것을 원한다. · 혈액, 통증, 미관손상, 영구손상에 대한 두려움 · 옷을 벗는 것을 창피하게 생각함	· 환아가 자신에 대해 설명하는 것에 대해 경청한다. · 처치 전 충분한 설명 · 침착하고, 전문적이며 신뢰감 있는 행동 · 환아의 자존심 존중
13~19세	· 성인과 같이 취급해 줄 것을 원함 · 영구손상 및 미관손상에 대한 두려움 · 정서적으로 민감하며 신체변화에 대해 불안감을 느낄 수 있다.	· 어린아이 취급을 삼가고 사생활을 보호해 준다. · 침착하고, 전문적이며 신뢰감 있는 행동 · 처치 전 충분한 설명 · 자존심 존중 및 경우에 따라 평가·처치 시 부모가 곁에 있는 것을 싫어하는 경우가 있다. · 가능하다면 같은 성(性)의 구급대원이 처치하도록 한다.

4 기도와 호흡 유지

호흡기계의 치명적인 문제는 심각한 질병을 가진 소아에게 종종 일어난다. 기도 폐쇄와 호흡곤란은 대부분 심장마비로 이어진다. 그러므로 호흡기계에 대한 처치는 구급대원에게 중요한 부분 중 하나이다. 성인뿐만 아니라 소아에 있어서 1차 평가와 더불어 호흡기계의 처치가 중요하다. 성인과 비교하여 소아기도 처치에 필요한 해부적·생리적 고려사항은 다음과 같다.

· 얼굴, 코 그리고 입이 작다. ☆ 17년 소방장
  : 입과 코의 직경이 작아 쉽게 분비물에 의해 폐쇄될 수 있다.
· 상대적으로 혀가 차지하는 공간이 크다.
  : 무의식 상태에서 쉽게 기도를 폐쇄시킬 수 있다.
· 기관이 부드럽고 유연하다.
  : 기도유지를 위해 목과 머리를 과신전하면 기도가 폐쇄될 수 있다. 또한 머리를 앞으로 굽혀

도 기도가 폐쇄된다.

- 흡인 시 인두의 자극으로 심박동이 갑자기 떨어질 수 있다.
  : 저산소증으로 느린맥이 나타날 수 있다.
- 유아는 입보다 코를 통해 숨을 쉰다.
  : 만약 코가 막히면 입으로 숨을 쉬는 법을 모른다.
- 가슴벽은 부드럽고 호흡할 때 호흡보조근 보다 가로막에 더 의존한다.
- 소아는 호흡기계 문제 시 단기간에 호흡수를 늘려 보상작용을 할 수 있다. 보상작용은 복근을 포함해 호흡보조근을 사용하며 호흡곤란으로 빠르게 심정지가 일어나기도 한다.
- 저산소증은 급속한 심정지를 일으키는 느린맥을 초래할 수 있다.

※ 소아기도 처치 시 다음과 같이 성인과의 다른 점에 유의해야 한다.

- 포켓 마스크나 BVM 이용 시 잘 밀착시키기 위해 적당한 크기를 사용해야 하며 적당한 크기가 없는 경우 마스크를 거꾸로 사용하기도 한다.
- 산소 공급 시 소아용 비재호흡마스크와 코삽입관를 사용해야 한다.
- 부드럽게 기도를 개방해야 한다.
  : 접은 수건을 어깨 아래 넣어 목을 약간 뒤로 젖힌다.
- 혀로 인한 기도폐쇄 가능성으로 구급대원은 계속 기도 개방을 유지해야 한다.
- 기도의 직경이 작아 기도 내에 기구를 삽입하는 것은 부종을 쉽게 유발시킬 수 있다. 따라서 다른 기도개방을 위한 처치가 안 되는 경우 최후의 수단으로 기구를 삽입해야 한다.
- 흡인 시 경성 흡인관을 사용해야 한다. 그러나 기도와 입의 표면에 외상이 생기지 않도록 주의해야 한다. 자극은 부종을 일으켜 폐쇄를 일으키기 때문이다. 또한 인후 뒷부분을 계속 자극하는 것은 갑작스런 느린맥을 유발할 수 있다.
- 코와 코인두 내 분비물을 흡인하는 것은 두드러지게 호흡을 향상시킬 수 있다.

※ 호흡곤란 증상 즉, 비익확장, 호흡보조근 사용 등 빠른호흡을 나타내면 고농도 산소를 공급하고 재평가를 실시해야 하고 느린맥이 나타나면 저산소증이라고 가정하고 즉시 15L/분 산소를 제공하고 필요하다면 BVM이나 포켓마스크로 인공호흡을 제공해야 한다.

(1) 기도에 대한 처치

① 기도 개방

㉠ 모든 처치에서 제일 먼저 실시해야 하며 소아의 목이 과신전되지 않도록 머리기울임/턱들어올리기법으로 기도를 개방해야 한다.

㉡ 외상이 의심된다면 턱 들어올리기법을 이용한다. 이때 하악아래 연부조직이 아닌 아래턱뼈에 손을 위치시켜야 한다. 연부조직 압박은 기관압박을 초래하기 때문이다.

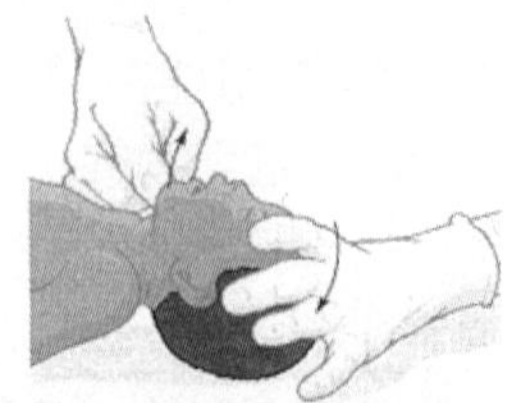

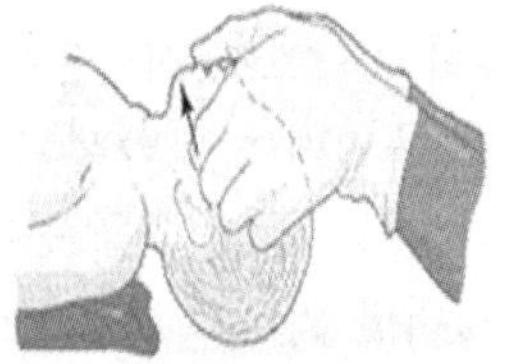

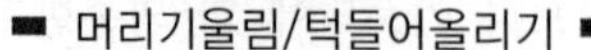

■ 머리기울림/턱들어올리기 ■ ■ 턱 들어올리기 ■

② 흡인

㉠ 분비물 또는 입과 코의 기타 액체 성분을 흡인해야 하며 특히, 의식장애가 있는 경우 중요하다.

> ※ 왜냐하면 기도를 보호하는 능력이 없거나 감소하기 때문이다. 구형흡입기, 연성흡입관 또는 경성흡입관이 사용될 수 있으며 환자의 나이와 상황에 따라 달라진다.

㉡ 흡인은 잠재적인 위험성을 갖고 있는데 특히, 저산소증을 주의해야 한다.

> ※ 흡인 전에 100% 산소를 공급하거나 15L/분 산소를 공급해 저산소증을 예방해야 하고 15초 이상 흡인해서는 안 된다.

㉢ 인두 깊숙이 흡인하는 것 역시 미주신경을 자극해 느린맥이나 심정지를 유발할 수 있다.

> ✪ 눈으로 보이지 않는 깊이까지 흡인해서는 안 되며, 흡인시간이 한번에 15초를 넘지 않도록 주의해야 한다.

㉣ 유아의 경우 비강호흡을 하므로 코가 막히지 않도록 해야 하며 너무 깊게 흡입관이 들어가지 않도록 주의해야 한다.

③ 기도 내 이물질 제거

㉠ 상기도 폐쇄는 소아사망에 있어 주요한 원인 중 하나이다. 따라서 기도 내 이물질 제거는 세심하게 다루어져야 한다. 현장에서 기도폐쇄가 완전 또는 부분적인지 판단하는 것이 중요하다.

경미한 기도폐쇄	쉰 목소리를 내고 기침을 하거나 들숨 시 고음의 소리를 낸다. 성급한 처치는 잘못하면 완전 기도폐쇄를 유발시킬 수 있으므로 편안한 자세로 신속히 이송해야 하며 완전 기도폐쇄 증상이 나타나는지 관찰해야 한다.
심각한 기도폐쇄	· 환자가 반응이 있거나 무반응일 수 있다. 무반응의 소아는 청색증을 나타내고 반응이 있는 소아의 경우 말하거나 울지 못하고 청색증을 나타낸다. · 영아에서는 5회 등 두드리기를 하고 5회 가슴 밀어내기를 이물이 나올 때까지 또는 의식이 없어질 때 까지 반복한다. · 영아에서는 간이 상대적으로 크기 때문에 배 밀어내기는 간 손상의 위험이 있으므로 시행하지 않는다. · 소아에서 기도폐쇄가 심하다고 판단되면 가로막아래 복부밀어내기(하임리히법)를 이물이 나올 때까지 또는 의식이 없어질 때까지 시행한다.

㉡ 이물질 제거는 꼭 눈으로 확인하고 제거해야지 그냥 실시하게 되면 이물질을 다시 안으로 집어넣을 수 있다.

④ 기도유지기 사용

㉠ 입・코인두기도기는 인공호흡을 오래 필요로 하는 소아와 영아에게 사용된다.

㉡ 성인과 달리 인공호흡이 시작되자마자 기도유지기를 위치시켜야 하지만 초기 인공호흡을 위해서 사용되어서는 안 된다.

> ※ 왜냐하면 소아나 영아의 호흡노력과 산소화는 100% 인공호흡의 결과로 종종 빠르게 나아지므로 가끔은 기도유지기가 필요하지 않는다.

㉢ 기구사용은 오히려 상태를 악화시킬 수 있으며 빠른 호흡 향상이 나타날 수 있으므로 가급적이면 기도유지기 사용을 피해야 한다.

㉣ 기도유지기 합병증으로는 연부조직 손상으로 출혈이나 부종, 구토 그리고 느린맥이나 심장마비를 유발할 수 있는 미주신경 자극이 있다.

㉤ 입인두기도기의 사용상 주의사항

ⓐ 연령별로 다양한 크기가 있으므로 적절한 크기를 사용해야 한다.

ⓑ 너무 작은 경우는 입안으로 들어가 기도를 폐쇄할 수 있으며 큰 경우는 기도폐쇄, 외상이 나타날 수 있다.

ⓒ 크기는 입 가장자리와 귓불 사이 길이를 재어 결정하면 된다.

ⓓ 구토반사가 있는 경우는 구토반사를 자극해 구토를 유발하고 심박동을 증가시키기 때문이다.

㉥ 입인두기도기 처치법★☆ 08년 소방위

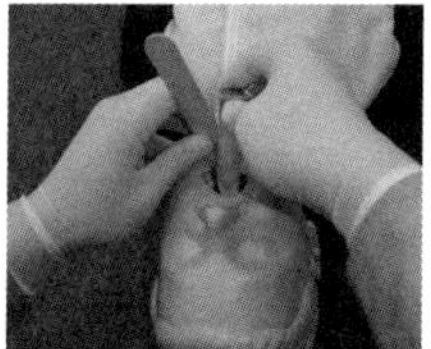

■ 기도기 삽입법 ■

ⓐ 설압자를 입에 넣어 본다.

- 만약, 기침, 구토반사가 있다면 기도기 삽입은 중지해야 한다. 대신에 머리위치를 변경해 기도를 개방시키고 비강기도기 사용을 고려해야 한다.

ⓑ 구토반사가 없다면 설압자로 넣고 머리 쪽으로 약간 벌리면서 혀를 누른다.

- 공간을 벌려 기도기를 넣기 편하게 하기 위해서이다.

ⓒ 기도기 플랜지(입구)가 입술에 닿을 때까지 바로 기도기를 삽입한다.

- 회전 없이 바로 넣는다.

ⓓ 삽관 후 기침 또는 구토반사가 나타나면 기도기를 제거하고 필요하다면 흡인해준다.

⑤ 코인두기도

소아환자에서 대개는 사용하지 않으나 구토반사가 있는 소아환자에게 인공호흡을 유지할 필요가 있는 경우에 효과적이다. 코인두기도기는 연령별로 크기가 다양하지만 1년 이하의 신생아에게는 일반적으로 사용되지 않는다. 콧구멍 크기에 맞는 기도기를 선택해야 하며 보통은 환자의 새끼손가락 크기와 비슷하다.

※ 코인두기도기 처치법

㉠ 적당한 크기의 기도기를 선택한다.
㉡ 기도기 몸체와 끝에 수용성 윤활제를 바른다.
㉢ 비중격을 향해 사선으로 기도기를 넣는다.
만약, 저항이 느껴지면 다른 콧구멍으로 시도해 본다.
㉣ 천천히 코인두 내로 넣는다.
삽입도중 기침이나 구토반사가 나타나면 즉시 제거하고 머리 위치를 변경해 기도를 개방·유지시킨다.

※ 합병증으로 비출혈이 종종 나타나며 비익부분을 눌러 지혈처치를 실시해야 한다. 필요하다면 흡인해 주어야 한다. 다른 합병증으로는 머리뼈 골절로 부적절하게 삽관되어 코 또는 두개내 손상을 유발할 수 있다.

※ 코, 얼굴 또는 머리 외상이 있는 경우에는 코인두기도기를 사용해서는 안 된다.

(2) 산소 공급

호흡장애나 쇼크 증상 및 징후가 있는 경우에는 고농도산소를 공급해주어야 한다. 고농도산소공급에 사용되는 기구에는 소아용 비재호흡마스크가 있다. 낯선 것에 대한 두려움이 있는 소아인 경우 마스크를 구급대원이나 보호자에게 우선 착용시키고 설명과 함께 정서적 지지를 한 후 마스크를 착용시켜야 한다.

※ 계속 거부감을 나타내면 기구를 코 근처에 가까이 해서 공급해주어야 한다.

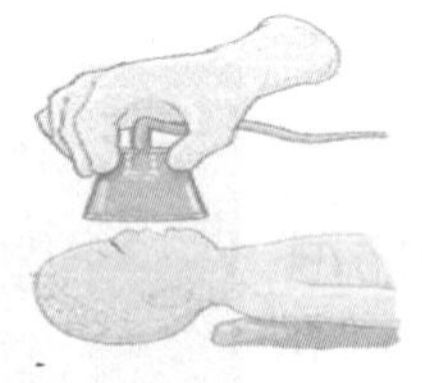

① 종이컵과 산소공급관을 이용한 산소공급

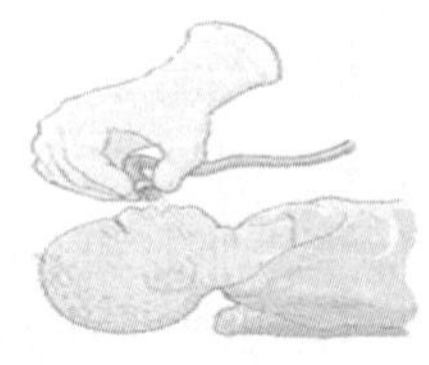

② 아이의 얼굴로부터 약 5cm 높이에서 산소공급관을 이용한 산소공급

■ 산소공급 방법 ■

(3) 인공호흡☆ 18년 소방장 / 21년 소방장

호흡정지 또는 호흡부전에는 즉각적으로 고농도의 인공호흡을 실시해 주어야 한다. 소아의 인공호흡 비율은 분당 12회~20회(3초~5초마다 1번 호흡)로 실시한다. 각 호흡은 1초간 하고 가슴이 부풀어 오를 정도의 일회 호흡량을 유지한다.

① 느린맥(60회 이하)과 부적절한 호흡이 같이 나타난 경우에는 인공호흡을 실시해야 한다. 이는 저산소증으로 인한 심장마비 위험이 있기 때문이다.
② 만약 환자의 호흡이 너무 느리다면 자발적 호흡 사이에 추가적인 환기를 제공해 주어야 한다.
③ 호흡동안 소아의 가슴이 오르는 것을 주의 깊게 관찰하고 들숨와 동시에 인공호흡을 실시해 주어야 한다.

④ <u>인공호흡 기구로는 포켓마스크와 BVM이 있다.</u> 마스크 크기는 입과 코를 충분히 덮을 수 있어야 하며 산소가 세지 않게 한 손 또는 두 손으로 잘 밀착시켜야 한다.

<table>
<tr>
<td>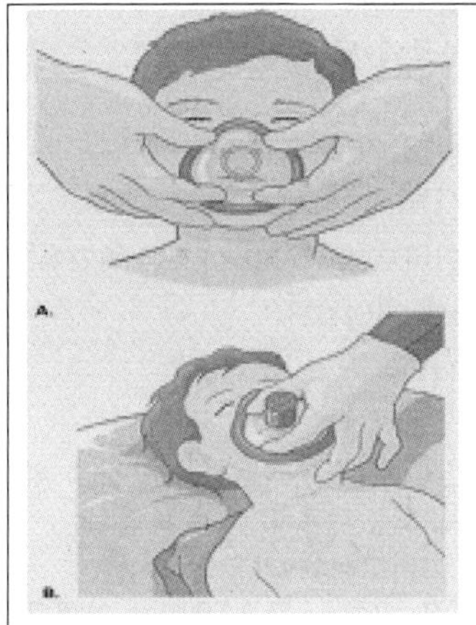
1. 두 손으로 잡고 마스크 밀착하기
2. 한 손으로 잡고 마스크 밀착하기</td>
<td>ⓐ 느린맥(60회 이하)과 부적절한 호흡이 같이 나타난 경우에는 인공호흡을 실시해야 한다.
ⓑ 이는 저산소증으로 인한 심장마비 위험이 있기 때문이다. 만약 환자의 호흡이 너무 느리다면 자발적 호흡 사이에 추가적인 환기를 제공해 주어야 한다.
ⓒ 호흡동안 소아의 가슴이 오르는 것을 주의 깊게 관찰하고 들숨와 동시에 인공호흡을 실시해 주어야 한다.
ⓓ 인공호흡 기구로는 포켓마스크와 BVM이 있다. 마스크 크기는 입과 코를 충분히 덮을 수 있어야 하며 산소가 세지 않게 한 손 또는 두 손으로 잘 밀착시켜야 한다.</td>
</tr>
</table>

※ 인공호흡 시 주의사항
1. 과도한 압력이나 산소량은 피해야 한다.
   - 백은 천천히 지속적으로 눌러야 하며 가슴이 충분히 올라 갈 정도면 된다.
2. 적정한 크기의 마스크를 사용해야 한다.
3. <u>자동식 산소소생기는 소아에게 사용해서는 안 된다.</u>
4. 인공호흡 도중에 종종 위 팽창이 나타난다. 위 팽창은 가로막을 밀어 올리고 허파의 팽창을 제한해 효과를 떨어뜨린다. 이 경우 비위관을 삽입할 필요가 있다.
5. 입・코인두기도기는 다른 방법으로 기도를 유지할 수 없고 인공호흡을 지속시켜야 할 때 사용되어야 한다.
6. 인공호흡 동안 흡인을 할 경우에는 경성 흡인관을 사용해 기도 뒤를 자극하지 않도록 주의해서 사용해야 한다.
7. 인공호흡 동안 목이 과신전 되지 않도록 주의해야 한다.
8. 턱 들어올리기법은 머리 또는 척추손상 환자를 인공호흡 시킬 때 사용해야 한다.
9. BVM에 부착된 저장낭을 사용해 100% 산소를 공급해 준다.
10. 산소 주입구가 달린 포켓마스크를 사용한다면 고농도 산소를 연결시켜 줘야 한다.

5 평 가

모든 환자에서와 같이 현장 확인과 1차 평가 그리고 병력 및 신체 검진을 실시해야 한다.

(1) 1차 평가 : 현장에 도착했을 때 실시하는 것으로 손상 기전, 환경, 일반적인 인상을 포함

일반적인 인상	일반적인 인상에 대한 정보에는 다음과 같은 요소가 있다. ① 피부색 : 회색, 창백, 얼룩, 청색 ② 말이나 울음소리 : 기도와 호흡평가에 있어 중요하다. ③ 주위 환경에 대한 반응 : 눈 맞춤, 움직임, 부모에 대한 반응 등 ④ 정서 상태 : 나이와 상황에 맞는 정서 상태 ⑤ 구급대원에 대한 반응 : 낯선 사람에 대한 두려움이나 호기심 등 ⑥ 자세 및 근육의 탄력성 : 이상한 자세, 절뚝거림, 슬흉위 등
의식 수준	AVPU를 이용해 의식 수준을 확인한다. 처음엔 언어로 확인하고 나중에 자극을 통해 확인한다. 의식 장애는 종종 뇌 혈류량 감소로 인해 일어난다.
기도, 호흡, 순환	① 호흡수 측정 : 령별 정상 수치에 있는지 확인한다. ② 들숨 시 좌우 대칭인지 충분히 가슴이 올라오는지 확인한다. : 얕은 호흡이나 비대칭적인 가슴의 움직임은 호흡이 부적절하다는 것을 의미한다. ③ 얼마나 힘들게 호흡하는지 기록한다. : 호흡보조근 사용과 비익 확장 등 ④ 비정상적인 호흡음 청진 : 그르렁거림, 천명 그리고 시끄러운 소리 등 ⑤ 좌·우 가슴 모두 청진기로 청진 : 양쪽이 같은 크기의 같은 음인지 확인한다. ※ 순환은 소아평가에 있어 중요한 요소 중 하나이다. ⑥ 말초 순환 평가 : 팔다리에 있는 맥박을 촉진하거나 6세 미만의 소아인 경우에는 모세혈관 재충혈로 평가한다. 손톱이나 발톱을 눌러 2초 내에 회복되면 정상이다. ⑦ 피부의 색·습도·온도 평가 : 쇼크 징후로 창백하거나 피부가 얼룩지고 피부는 차갑고 축축하다. ⑧ 4세 이상이라면 혈압을 측정한다. : 적절한 크기의 커프를 사용해 측정해야 한다.

※ 소아의 연령별 호흡, 맥박, 혈압

나 이	호 흡 수	맥 박	혈 압	
			수축기압	이완기압
신생아	30-50회/분	120-160회/분	80+(나이×2)	2/3 수축기압
-5개월	25-40회/분	90-140회/분		
6-12개월	20-30회/분	80-140회/분		
2-4세	20-30회/분	80-130회/분		
4-6세	20-30회/분	80-120회/분	80-115	평균 65
7-11세	15-30회/분	70-110회/분	80-120	평균 70
12-15세	12-20회/분	60-105회/분	90-140	평균 80

(2) 병력과 신체 검진

대부분 소아의 과거력은 한정적이며 만약 있다면 매우 중요하므로 기록해 두어야 한다. 현 병력도 평가해야 하며 연령과 상태는 신체검진을 결정하는데 필요하다. <u>신체검진을 할 때에는 팔·다리를 우선 실시하고 몸을 한 다음에 머리는 맨 마지막으로 실시해야 한다.</u> 이는 소아의 두려움을 감소시키는데 도움을 줄 수 있기 때문이다.

6 일반적인 내과 문제

구급대원이 소아환자의 처치에 있어 일반적으로 법정에 소환되는 몇 가지 이유가 있다. 이는 응급상황에서의 처치 및 기록이 얼마나 중요한지를 알 수 있다. 따라서 아래와 같은 상황에서의 이해와 처치가 필요하다.

· 기도 폐쇄 · 호흡기계 응급상황 · 경련 · 의식 장애 · 열 · 중독 · 쇼크 · 익수 · 신생아돌연사증후군

(1) 기도 폐쇄

소아의 경우 입으로 물질을 확인하거나 삼켜 기도 폐쇄 위험이 매우 높다. 기도 폐쇄 현장에서 우선해야 할 사항으로는 부분 폐쇄인지 완전 폐쇄인지 확인하는 것이다.

구 분	증 상	응급처치
경미한 폐쇄	· 들숨 시 천명음과 움추린 자세 · 시끄러운 호흡음 · 심한 기침 · 명료한 의식 수준 · 정상적인모세혈관 재충혈 · 정상 피부색	· 환자가 편안하게 느끼는 자세를 취해준다. – 소아의 경우 부모가 팔로 지지한 상태로 앉아 있는 자세(강압적으로 눕히면 폐쇄를 악화시킬 수 있다.) · 정서적 안정을 위해 흥분한 태도를 보이면 안 된다. · 꼭 필요한 검사만 실시한다(혈압측정 안함). · 가능한 신속한 병원이송 실시 · 산소 공급마스크에 거부감을 느끼면 코 근처에서 공급한다. · 주의 깊게 환자를 관찰한다.
심각한 폐쇄 또는 청색증이나 의식변화가 있는 경미한 폐쇄	· 청색증 · 말을 못하거나 울지 못함 · 미미한 기침 · 의식 장애 · 천명음과 동시에 호흡곤란 증가	· 기도 내 이물질 제거 – 2세 미만 소아의 경우 등 두드리기와 가슴 밀어내기를 실시하고 입안의 이물질을 확인·제거한다. 2세 이상의 소아는 배 밀어내기를 실시하고 입안의 이물질을 확인·제거한다. · BVM을 이용한 인공호흡을 실시한다. · 신속하게 이송한다.

(2) 호흡기계 응급상황

① 상기도 폐쇄와 하기도 질환

㉠ 상기도 폐쇄와 하기도 질환의 차이점을 아는 것은 구급대원에게 중요하다. 그 이유는 각각에 대한 응급처치가 다르기 때문이다.

※ 예를 들면 상기도 폐쇄에 대해 보이는 이물질을 손가락으로 제거하는 것은 올바른 처치법이나 하기도 질환에서 손가락을 입에 넣는 것은 기도폐쇄를 유발할 수 있는 경련이 나타날 수 있기 때문에 주의를 기울여야 한다.

㉡ 기도폐쇄에 대한 징후는 위에 언급한 것을 참조하고 하기도 질환에서는 천명음 대신 씨근덕거리는 소리가 들리고 호흡을 힘들게 한다.

② 호흡기계 응급상황 구별

초기 호흡곤란	증 상	응급처치
초기 호흡곤란	· 비익 확장 · 호흡보조근 사용 · 협착음 · 날숨 시 그렁거림 · 헐떡거림 · 호흡 시 배와 목 근육 사용	· 응급처치로는 가능하다면 고농도산소를 공급해주어야 한다. · 비재호흡마스크가 가장 좋으며 거부감을 호소하는 소아인 경우 코 근처에서 공급해주어도 좋다. · 호흡부전이나 정지에 대한 세심한 관찰을 해야 하며 만약 천식이 있고 자가 흡입제가 있다면 흡입할 수 있도록 도와야 한다.
심한 호흡곤란 /호흡부전	· 호흡수가 10회/분 미만 또는 60회/분 이상 · 청색증 · 심한 호흡보조근 사용 · 말초 순환 저하 · 의식 장애 · 심하고 지속적인 그렁거림	응급처치로는 BVM을 통해 100% 산소를 인공호흡을 통해 주어야 한다.
호흡 정지	· 호흡 저하 · 무반응 · 느린맥 · 느린맥 또는 무맥	· BVM을 통해 인공호흡을 실시해야 한다. · 만약 계속 인공호흡을 해야 하는 상황이라면 입인두기도기를 삽관하고 제공해야 한다.

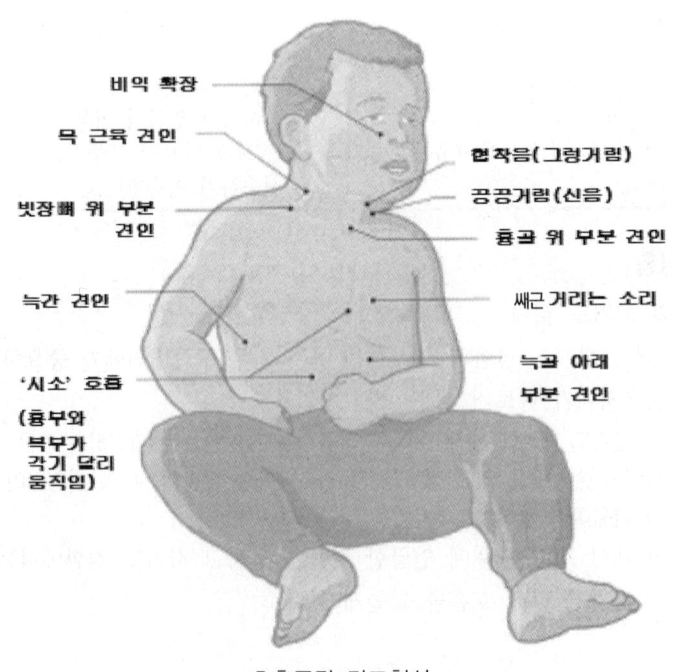

■ 호흡곤란 건조현상 ■

(3) 경 련*

주로 열에 의해 갑자기 일어나며 기왕력이 있는 경우에도 자주 일어난다. 뇌수막염, 머리 손상, 저혈당, 중독, 저산소증과 같은 원인으로도 일어날 수 있다. 대부분 짧고 치명적이지 않지만 구급대원은 모든 경련을 심각하게 다루어야 한다. 기도가 개방되었는지 호흡은 적절한지를 평가해야 하는데 경련 중이나 후에 기도 내 분비물이나 약간의 호흡곤란은 정상이다. 경련 후 의식장애도 정상으로 경련을 야기한 원인이 있었는지를 보호자에게 물어야 한다.

① 최근 질병이나 열이 났는지?

② 과거에도 경련을 했는지 물어보고 있다면 항경련제를 복용한 상태에서도 한 것인지와 과거와 비교했을 때 어땠는지를 물어본다.

※ 보통의 경련과는 다른 양상이거나 시간이 지연되면 치명적일 수 있다.

※ 응급처치
1. 기도 개방을 확인한다.
2. 척추손상이 없다면 측위를 취해준다.
3. 필요 시 흡인한다.
4. 산소를 공급해 준다.
5. 호흡부전 징후가 나타나면 BVM으로 100% 산소를 제공하고 호흡정지 시에는 인공호흡을 실시한다.
6. 이송한다.
 · 비록 현재 생명에 위험하지 않아도 경련을 유발하는 잠재적인 상태일 수 있으므로 이송해야 한다.

(4) 의식 장애

보호자는 보통 “평소하고 달라요”라고 표현하는데 이때, 정상적인 반응이 있는지를 평가해야 한다.

원 인	저혈당, 고혈당, 중독, 경련 후, 감염, 머리손상, 저산소증, 쇼크 등이 있다. 현장에서 원인을 알아내고 최근 병력도 평가한다.
응급 처치	· 기도 개방을 유지하고 필요 시 흡인한다. · 추가 산소를 공급한다. · 인공호흡을 실시하거나 준비한다. · 이송한다.

(5) 열

소아인 경우 현장 출동 중 가장 많은 원인이 되며 치명적이지는 않다. 주의해야 할 원인 인자로는 뇌수막염, 뇌와 척수를 둘러 싼 조직의 감염이 있다. 이 경우 목 경직, 경련, 전신 발작 등을 동반한 열이 나타난다.

치명적인 잠재성	· 경련이나 의식변화를 동반한 열 · 1개월 미만에서의 열 · 3세 미만 소아에서의 고열(39.2℃ 이상) · 발진을 동반한 열
응급처치	· 소아의 옷이나 싸개를 느슨하게 한다. – 심장 압박을 줄이기 위해 · 병원에 이송한다. · 호흡 장애나 경련과 같은 환자 상태 변화에 유의한다.

(6) 중 독

호기심으로 입을 통해 중독되는 경우가 대부분으로 현장에 도착한 즉시, 약물을 확인하고 환자이송 시 같이 병원으로 인계해야 한다. 응급처치는 반응 유무에 따라 달라진다.

반응이 있는 경우	· 산소를 공급한다. · 이송한다. · 환자상태가 갑자기 변할 수 있으므로 지속적인 평가 및 관찰이 필요
반응이 없는 경우	· 기도 개방을 유지한다. : 필요 시 흡인 · 산소를 공급한다. · 호흡부전이나 정지 징후가 보이면 인공호흡을 실시한다. · 이송한다. · 의식변화 요인으로 외상이 있는지 확인한다.

(7) 저혈류량 쇼크*

대부분은 구토나 설사로 인한 탈수, 외상, 감염, 배 손상으로 인한 실혈 등이 원인이며 때때로 알레르기 반응, 중독, 심장질환으로 일어나기도 한다.

▌소아 저혈류량 쇼크▐ **

증상 및 징후	· <u>호흡곤란을 동반하거나 동반하지 않은 빠른 호흡</u> · 차갑고 창백하며 축축한 피부 · 말초 맥박이 약하거나 촉지 되지 않음 · 모세혈관 재충혈 시간이 2초 이상 · 의식 변화 · <u>우는데도 불구하고 눈물을 흘리지 않음(탈수 징후)</u> · <u>소변량 감소(기저귀 교환 시기나 화장실 가는 것이 보통 때보다 적은지)</u> · 신생아인 경우 숨구멍(대천문, 소천문)의 함몰
응급처치	· 기도 개방 유지 · 고농도산소 공급 · 외부출혈인 경우 지혈 · 척추손상이 의심되지 않다면 다리 거상 – 의심된다면 척추고정판에 고정시킨 후 다리부분만 거상 · 보온 유지 · 신속한 병원 이송

기 관	경증 (실혈량 30% 이하)	중등도 (실혈량 30~45%)	중증 (실혈량 45% 이상)
심혈관계	약하고 빠른 맥박 정상 수축기압 (80~90+2×나이)	약하고 빠른 맥박 말초맥박 촉지 못함 낮은 수축기압 (70~80+2×나이)	서맥후 빈맥 저혈압 (70+2×나이) 이완기압 촉지 못함
중추신경계	흥분, 혼돈, 울음	기면상태 통증에 둔한 반응	혼수상태
피부	차갑고 얼룩진 색, 모세혈관재충혈 지연	청색증 모세혈관재충혈 지연	창백, 차가운 피부
소변량	점점 줄어듬	아주 조금	없음

▌저혈량 쇼크에 따른 기관 반응▐

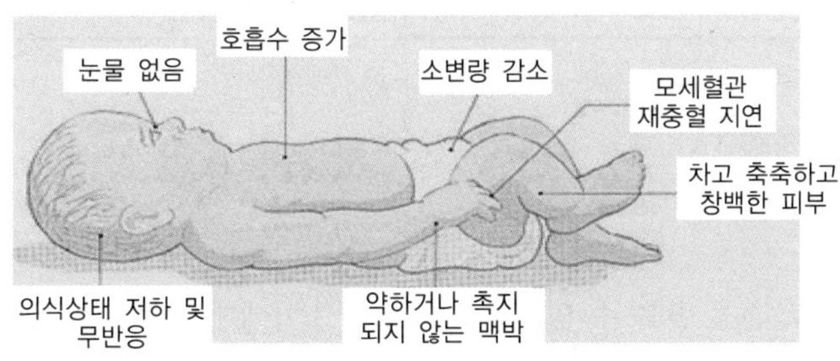

■ 저혈량 쇼크의 징후 ■

(8) 영아급사증후군(SIDS)

보통영아에서 일어나며 명확한 원인은 밝혀지지 않았지만 연구에 의하면 아이를 똑바로 누운 것보다 엎어 놓은 경우 많이 발생하며 이른 아침에 많이 발견된다는 보고가 있다. 영아급사증후군은 가족에게 죄책감과 실망감 심지어 이혼을 유발시킬 수 있다.

> ※ 응급처치
> 1. 사후강직이 일어나기 전이라면 즉각적으로 소생술을 실시한다.
> 2. 신속하게 병원으로 이송한다.
> 3. 비난이 섞인 말은 피해야 한다. 예를 들면 “조금만 일찍 발견했더라면…”등

(9) 익 수

신생아는 목욕 중, 유아는 풀장 근처 주의 태만으로, 10대는 술이나 다이빙과 관련된 수영으로 일어난다.

유의 사항	· 현장 안전을 확인한다. : 수상안전조끼를 착용한다. · 다이빙과 관련된 사고나 높은 곳에서 물로 떨어진 경우는 척추손상을 의심해야 한다. · 일반적인 저체온증 가능성을 염두 해 두어야 한다. · 청소년기인 경우 술로 인한 의식 장애와 구토 가능성을 생각해야 한다.
응급 처치	· 기도 개방을 확인한다. – 척추손상 의심 시에는 턱들어올리기법을 이용한다. · 필요 시 기도를 흡인한다. · 자발적인 호흡을 하지 못하는 경우 고농도산소를 공급한다. : 호흡곤란을 호소한다면 고농도산소를 공급한다. · 호흡 장애, 부전이나 정지 징후가 나타나면 BVM을 통해 100% 인공호흡을 실시하거나 포켓 마스크로 고농도산소를 제공한다. : 호흡부전이나 정지 징후가 나타나면 BVM을 통해 100%의 고농도산소로 인공호흡을 하거나 포켓마스크에 고농도산소를 연결해 인공호흡을 실시한다. · 손상이 의심된다면 목보호대나 긴 척추보호대로 고정시킨다. : 손상이 의심된다면 목보호대 착용 후 척추고정판에 고정시킨다. · 젖은 옷은 제거하고 이불 등을 이용해 보온을 유지한다.

7 외상

(1) 손상 기전

성인과 같은 방법으로 손상 받을 수 있지만 성인보다 소아에게 많이 나타나는 형태가 다음과 같이 있다.

안전벨트 손상	안전벨트로 인해 허리뼈골절과 배장기 손상이 나타날 수 있다. 만약 배에 안전벨트 자국이 있다면 척추 고정과 신속한 이송이 필요하다.
자전거 사고	단순한 찰과상에서 치명적인 골절까지 다양한 손상이 나타날 수 있다. 손잡이가 배를 강타한 경우에는 작은창자의 혈종과 이자과 간의 손상을 포함한 심각한 배손상을 의심할 수 있다. 만약 자동차와 부딪쳤다면 머리, 척추, 배 손상을 받을 수 있다.
보행자 사고	성인의 경우 차량범퍼 충돌로 하지 손상을 의심할 수 있지만 소아인 경우 더 심각한 손상을 가져온다. 소아는 체구나 키가 작기 때문에 범퍼에 몸통이 부딪쳐 심각한 넙다리/골반골절, 목뼈/머리손상 그리고 배 내부 출혈이 나타날 수 있다.
머리/목뼈 손상	손상 원인은 야외활동, 낙상, 신체 학대 등 다양하므로 현장 확인을 통해 자세히 관찰해야 한다. 우선 목뼈와 척추를 보호대로 고정시키고 혀로 인한 기도폐쇄에 유의해야 한다. 고농도산소(80%이상)제공과 턱 밀어올리기법을 이용한 기도유지가 필요하다.
화상	화상 원인으로는 뜨거운 물로 인한 화상이 많고 화상 정도를 표시하는 수치가 성인과 다른 점을 유의해야 한다. 일반적으로 20%이상 중등도 이상의 화상과 손, 얼굴, 기도, 생식기를 포함한 경우를 중증 화상으로 분류되어 화상전문병원의 치료가 필요하다. 모든 화상은 비접착성 멸균거즈로 드레싱 해야 하며 기도 손상유무를 확인하고 호흡곤란 징후가 나타나지 않는지 관찰해야 한다.

(2) 신체부위별 외상

두 부	① 응급처치에서 가장 중요한 부분은 기도와 호흡유지이다. 무의식 환자인 경우 혀로 인한 기도 폐쇄가 자주 일어난다. ② 기도 폐쇄는 저산소증과 호흡/심정지를 초래하므로 하악견인법(턱 들어올리기)을 이용해 기도를 개방시켜야 한다. ③ 머리손상은 오심/구토 증상이 나타날 수 있으므로 흡인을 준비해야 한다. 심각한 머리 손상은 호흡/심정지를 유발할 수 있으므로 100% 산소를 포켓마스크나 BVM을 통한 인공호흡을 준비해야 한다. ④ 척추손상은 대부분 머리손상과 같이 나타나므로 척추고정을 시켜 주어야 한다. 머리 손상은 내부 장기 특히, 가슴와 배 손상을 동반할 수 있으며 실혈로 인한 쇼크에 유의해야 한다.
가슴	갈비뼈는 약해 작은 충격에도 심각한 가슴손상이 나타날 수 있으며, 연하고 탄력적이어서 뼈의 골절 없이 에너지가 전달되어 폐와 심장을 손상시킬 수 있다. 만약 가슴에 압통, 타박상, 염발음 등의 징후가 있다면 심각한 손상을 의심해야 한다.
복 부	심각한 배 손상은 평가할 때 바로 나타나지 않을 수 있다. 그러나 간과 이자과 같은 내부 장기는 치명적인 실혈을 야기할 수 있다. 많은 외부 출혈 없이 쇼크 징후가 나타난다면 배손상을 의심해 보아야 한다.
사 지	골격 손상은 성인보다 많은 입원기간과 장기치료를 요하며 병원 전 처치는 성인과 같다.

(3) 응급 처치

① 하악견인법(턱 들어올리기)을 이용한 기도 개방
② 필요 시 기도유지를 위한 흡인
③ 많은 양의 산소 공급
④ 호흡 정지 시 인공호흡 실시
⑤ 척추 고정 실시
⑥ 심각한 저혈량 쇼크 시 항쇼크바지 사용
: 단, 소아용 크기를 사용해야 하며 배 부분을 압박하는 것은 호흡을 방해하므로 주의해야 한다.
⑦ 신속한 이송

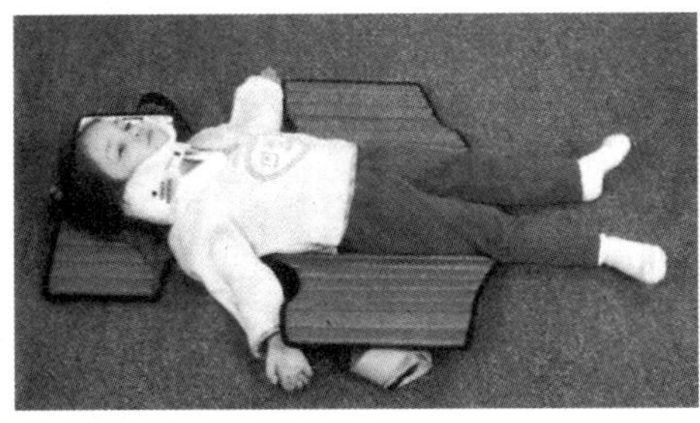

1. KED를 펼쳐 로그롤을 이용하여 그림과 같이 환아를 눕힌다.

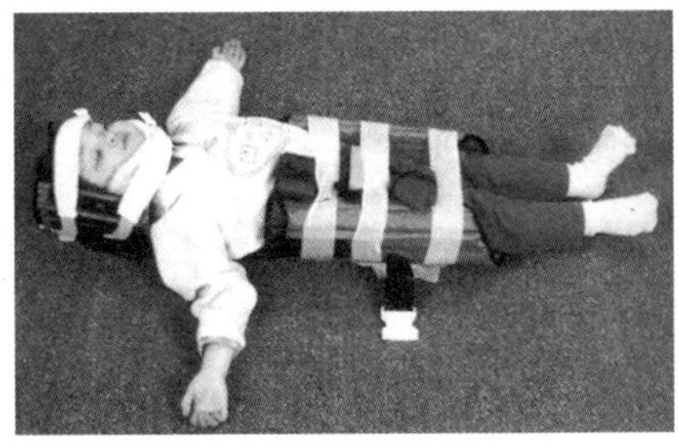

2. 가슴과 배는 볼 수 있도록 감싸지 않아야 하며 골반 아래와 머리 부위는 그림과 같이 감싸준다.

8 아동 학대와 방임

학대는 손상을 초래하는 과격하거나 부적절한 행동을 의미하며 방임은 충분한 주의나 보살핌을 주지 못하는 것을 의미한다.

신체적 학대의 일반적인 증상 및 징후	① 회복단계가 각각 다른 여러 손상 부위 - 타박상은 처음 빨간색에서 검정색과 파란색으로 변하며 마지막으로 희미한 색을 띄거나 노랗게 변한다. ② 손상기전과 다른 손상 - 손상기전에 따라 손상형태를 추측할 수 있는데 손상기전과 다른 형태를 나타내거나 더 심각한 경우 의심해 보아야 한다. ③ 선명한 화상 - 담배자국이나 손과 발 등 국소 화상인 경우 ④ 반복적인 구급신고 ⑤ 부모나 보모의 부적절한 대답 및 회피 반응
방임과 관련된 상태	① 손상 잠재성에 대한 부모의 부주의 - 아이를 혼자 두거나 위험한 곳에서 놀게 할 때 ② 위험한 환경에 방임 - 위험한 물건을 안전한 곳이나 안전장치를 하지 않았을 때 ③ 만성 질병에 대한 적절한 치료를 하지 않을 때 - 천식, 당뇨 등 ④ 영양실조

※ 학대와 방임 현장에서는 이송이 지연되고 아동이 흥분될 수 있다. 만약 부모나 보모가 구급대원의 접근 및 이송을 거부한다면 경찰에 협조요청을 취해야 한다. 또한 학대와 방임에 대한 징후를 기록하고 이송기관에 알려야 한다. 이러한 기록은 객관적이어야 하며 법적 증거가 될 수 있음을 명심해야 한다.

- 아동도 성인과 같이 기도, 호흡, 순환이 처치의 제1순위라는 것
- 하지만, 성인의 축소판이 아니며 발달단계, 해부적, 생리적으로 처치가 틀려진다는 것
- 소아장비에 숙달되도록 연습하고 평가 기술을 습득하는 것

요 약

소아평가

1차 평가

↓

일반적인 인상

- 피부색
- 울음 또는 말하는 정도
- 주변 환경과 반응정도
- 정서 상태
- 구급대원에 반응하는 정도
- 자세 및 근력

일반적인 인상 / 호흡 / 순 환(모세혈관 재충혈)

↓

의식 수준 평가(AVPU)

↓

ABC's 평가

- 호흡수
- 들숨 시 가슴 상승정도 및 대칭 여부
- 시진 - 견인, 비익 확장,'시소'호흡
- 청진 - 그렁거림, 협착음, 시끄러운 소리 등
- 청진기를 이용한 양측 가슴 청진
- 말초혈액 순환 평가
  - 노뼈, 넙다리 동맥 촉진
  - 6세 이하인 경우 모세혈관 재충혈 평가
  - 피부색, 습도, 온도

↓

병력 및 신체검진

비외상 환자

- 기도 폐쇄
- 경련
- 열
- 쇼크
- SIDS
- 호흡기계 응급
- 의식 변화
- 중독
- 익수

외상 환자

- 안전벨트 손상
- 보행자 사고
- 화상
- 자전거 사고
- 머리 손상
- 학대 및 방임

Chapter ⑮

노인 응급

학습 목표

- 노화에 따른 해부·생리학적 변화와 기전을 이해할 수 있다.
- 노인환자와의 의사소통방법을 알 수 있다.
- 노인환자를 평가하고 문제상황에 따른 처치를 수행할 수 있다.

1 노인의 해부와 생리

노화로 인해 인체는 해부학적 구조와 생리적 기능의 변화가 나타난다. 일반적으로 인체는 노화가 시작되면서 기능이 저하되기 시작한다.

노인들은 질병과 외상에 쉽게 노출됨은 물론 정상인보다 치료가 어렵고 많은 시간이 소요됨을 알아야 한다.

▌노화에 따른 해부학적 생리학적인 변화▐

신체계통	노화에 따른 변화	임상적 중요성
신경계	· 뇌조직 위축 · 기억력 감소 · 일반적인 우울증 · 일반적인 의식상태 변화 · 불균형	· 머리손상 당했을 시 증상 발현 지연 · 환자평가의 어려움 · 낙상가능성의 증가
심혈관계	· 동맥의 탄성 감소 및 경화 · 심박동, 리듬, 효율성의 변화	· 일반적 고혈압 · 뇌졸중, 심장마비가능성의 증가 · 작은 손상에서의 출혈가능성의 증가
호흡계	· 호흡근육의 장력 및 협조능력의 감소 · 기침, 구개반사의 저하	· 호흡기계 감염가능성의 증가
근골격계	· 뼈 장력의 감소(골다공증) · 관절유연성 및 장력의 감소(골관절염)	· 골절 가능성의 증가 · 치유지연 · 낙상가능성의 증가
위장관계	· 소화기능의 감소	· 일반적 변비 · 영양결핍가능성의 증가
콩팥계	· 콩팥 크기 및 기능의 감소	· 약독성 문제 증가
피 부	· 야위고 허약해짐 · 발한 감소	· 열상 및 욕창 · 타박상 · 치유지연 · 열과 관련된 응급상황 증가

2 노인환자에 대한 접근

노인환자에게 퉁명스럽게 대하거나 추측하는 등의 행동은 피해야 한다. 왜냐하면 환자는 보이는 것과 달리 느리게 반응하여 환자의 정신 수용능력이 감소되어 있기 때문이다. 따라서 노인환자가 말하는 것에 대해 생각하고 적절한 반응을 할 수 있도록 충분한 시간을 주어야 한다.
환자의 가족, 치료 시설의 요원에게 말하는 것이 빠르고 쉽다할 지라도 환자 본인에게 직접 말해야 한다. 이는 환자 자존심은 물론 존경을 나타내는 것이기 때문이다. 대화는 환자의 위치에 맞추어 자세를 낮추고 눈을 맞추며 천천히 분명하게 말해야 한다.

※ 현장 확인
- 요양원에 살고 있는 환자들은 결핵 위험성이 높으므로 호흡기계 문제를 가진 환자 처치에 앞서 특수한 마스크를 착용해야 한다.
- 뜨겁거나 차가운 것에 대한 신체의 적응능력은 나이가 들 경우 종종 감소하므로 이와 관련된 손상으로부터 더욱더 고통 받기 쉽게 될 수 있다. 게다가 경제적인 요인으로 연료비를 절약하다보면 겨울에 현저히 낮거나 여름에 현저히 높은 온도에 노출될 수 있다.
- 정기적인 약물 복용에 대한 정보를 전달하는데 의사소통문제가 있을 수 있으므로 직접 처방전, 약물, 기구 등을 통해 확인해야 한다.

3 평 가

환자평가의 우선순위-기도유지, 호흡, 순환, 의식상태 평가, 환자우선순위 평가-는 연령을 불문하고 모든 환자에게서 동일하다. 그러나 노인환자는 공통적으로 젊은 환자들보다 섬세하고 장기간의 평가가 요구된다. 그 이유로는 다음과 같다.

(1) 많은 질병을 갖고 있는 상태

종종 한 가지 또는 그 이상의 만성 질환을 가지고 있다. 급성 손상이나 질병이 발생하였을 때 다른 질병의 존재는 급성 문제를 좀 더 복잡하게 만들 수 있다.

※ 예를 들어 만성 호흡 문제를 가진 환자가 자동차 사고에 의한 가슴손상을 입었다면 이로 인해 호흡곤란의 정도가 어느 정도인지 정확하게 평가하기 어렵다.

(2) 다양한 처방약 복용

종종 만성 질병에 하나 또는 그 이상의 처방약을 복용하므로 언제, 왜 사용했는지 확인하는 것이 어려울 수 있다. 게다가 한 사람 이상의 의사로부터 처방을 받아왔을 때 이러한 혼란은 가중될 수 있다.

(3) 의사소통의 어려움

나이가 들면서 시력 또는 청력감소가 나타나 돋보기나 보청기를 사용하는 경우가 많다. 따라서 적절한 음량과 속도 그리고 이해하기 쉬운 용어로 대화해야 한다. 무조건적으로 큰 소리로 말하는 것은 환자에게 불쾌감을 줄 수 있으므로 주의해야 한다. 대화를 시작하기 전에는 우선 눈을 맞추고 간단하고 명료한 어조를 이용해 대화해야 한다.

(4) 의식상태 저하

몇몇 노인들은 알츠하이머(Alzheimer's disease, 퇴행성 뇌질환)나 통상적인 의식 혼탁을 갖고 있을 수 있다. 환자의 의식 혼탁이 만성적인 것인지 최근에 발전된 것인지 현재의 응급환경으로 유발된 것인지 결정짓는 게 중요하다. 이것에 대해서는 가족 또는 보호자를 통해 알아보고 더불어 최근 문제들에 대해서도 알아보도록 한다.

4 외 상

외상은 노인에게 있어 죽음과 직결될 수 있는 주된 요인이다. 중증 이상의 외상을 입은 노인 환자들은 비슷한 정도의 외상을 입은 젊은 환자보다 더 많이 사망하는 경향이 있다.

(1) 낙 상

① 낙상은 노인 환자들에 있어 가장 흔한 유형의 외상이다. 대체로 노인환자들 중 낙상을 하면 세 번에 한 번꼴로 골절을 입는다. 노인에게 가장 흔한 낙상과 관련된 골절 부위는 몸쪽 넙다리 골절 또는 엉덩이골절이다. 그 외에 낙상과 관련된 노인 환자들의 골절 부위는 → 골반 → 전완 먼쪽 → 위팔 몸쪽 → 갈비뼈 → 목뼈 등이 있다.

② 낙상된 노인 환자들을 평가 시 손상에 대한 둔부, 골반, 가슴, 아랫팔, 위팔 등을 촉진 및 검진하는 것이 중요하다. 골절과 더불어 낙상은 노인 환자들의 약 10%에서 심각한 뇌 또는 배 손상을 초래하기도 한다. 몇몇 노인 환자들은 간단한 실족 및 낙상일지라도 다른 의학적 상황과 함께 낙상이 원인이 된 한 부분으로 변질되기 쉽다.

※ 예를 들어 불규칙한 심장리듬은 환자 의식소실의 원인이 되기도 하며 그 직후 낙상하여 스스로에게 손상을 준다. 낙상된 노인환자를 평가하는 동안 환자가 낙상 또는 의식소실에 대해 기억하는지 질문해야 한다. 또한 다른 의학적 응급상황이나 심장의 이상 징후에 대해서도 평가해야 한다.

③ 처음 생체징후를 측정할 때에는 혈압 및 맥박을 주의 깊게 평가하고 특히 심부정맥을 암시하는 불규칙한 맥박에 주의해야 한다.

④ 낙상된 노인 환자들의 평가 시에는 낙상의 원인 및 낙상 전의 사건에 대한 동기도 주의 깊게 평가해야 한다.

(2) 자동차 사고

① 노령으로 운전인구가 해마다 감소한다 할지라도 자동차사고의 잠재적 위험성은 증가한다. 이러한 증가요인에는 여러 가지 요인이 있는데 중요한 요인 중 하나로 노화가 진행될수록 측면 또는 말초 시야가 감퇴하기 때문이다.

② 이러한 말초시야 감퇴와 위험에 대한 반응시간 감소는 측면 충돌사고 증가를 유발시킬 수 있다. 측면 충돌 또는 "T-bone" 사고는 노인 운전자의 차가 보통 시간 안에 보는 것을 실패하여 다른 운전자의 측면을 치기 때문에 종종 일어난다.

③ 자동차 사고에서 노인환자의 손상은 충돌 기전에 광범위하게 의존한다. 자동차 사고를 당한

노인환자를 평가하고 치료할 때 젊은 환자들보다 사망률이 높다는 것을 유의해야 한다.

④ 목뼈손상은 가장 흔한 손상으로 노화에 따라 경화되고(관절염에 의한) 약해지는 경향(골다공증에 의한)이 있기 때문이다. 따라서 자동차사고를 포함해 모든 노인환자 응급처치에서는 초기 평가단계에서 즉각적인 목뼈 고정 장치를 적용해야 한다.

⑤ 노인환자의 쇼크 징후를 판단하는 것은 어려울 수 있다.

※ 예를 들어 빠른맥은 저관류의 일반적인 조기 징후이나 노인환자에게서는 때때로 없을 수 있다. 이는 만성 심질환 또는 빠른맥 방지를 위해 약을 처방받고 복용하고 있기 때문이다. 이러한 약들은 고혈압이나 과거에 심근경색에 의한 심장마비를 경험한 환자들에게 종종 처방된다.

⑥ 노인환자의 혈압은 젊은 환자보다 높게 측정되기 때문에 평소 160/90이라는 정상혈압을 가진 환자라면 110/80은 후반기 쇼크의 징후를 나타내므로 주의해야 한다.
노인 환자들은 쇼크 및 저관류의 일반적인 징후들이 보여 지지 않기 때문에 심각한 자동차 사고를 당한 모든 노인환자들에게 쇼크 상태라 가정하고 치료해야 한다.

⑦ 이것은 특히 환자가 혼돈이나 흥분과 같은 정신상태 변화가 있다면 꼭 실시해야 한다. 의식장애는 노인에게 있어 쇼크의 가장 흔한 징후 중 하나이기 때문이다.

(3) 머리손상

① 머리 손상은 나이든 사람들에게 낙상, 교통사고, 폭행으로 많이 발생된다.

② 노인 환자의 경우에는 피부가 얇고 혈관이 약하기 때문에 심각한 손상을 초래할 수 있다. 머리 손상 후 의식 변화는 심각한 머리손상 가능성을 나타내 준다.

③ 혈전 용해제인 쿠마딘(Coumadin)과 같은 약물을 복용하는 노인환자들은 경한 머리손상이라 할지라도 치명적인 출혈 위험성이 있다.

④ 노인환자는 외상발생 시 목뼈골절 위험이 높기 때문에 항상 척추 고정을 실시해야 한다. 그러나 나이로 인한 척추 변형으로 앙와위 시 머리가 척추보호대에 닿지 않을 수 있다. 따라서 자세를 고정하기 위해 담요나 수건을 이용해야 한다.

(4) 학 대

① 노인환자들을 평가하고 치료 할 때 정신적, 신체적 학대의 가능성에 대해서도 고려하여야 한다. 학대는 가족구성원, 간병인, 다른 연장자에 의해서 일어날 수 있다.

② 환자, 주변인, 간병인 또는 가족에 의해 알려진 손상이 심각할 경우에는 아동 학대의 경우처럼 신체학대에 대해 의심하여야 한다. 몇몇 경우에 따라서는 노인학대가 의심되는 경우 구급대원의 신고가 필요하다.

③ 종종 환자들은 그들의 보살핌이 학대자에 의존해야 하기 때문에 학대신고를 두려워한다. 비록 노인학대가 의심되어 직접적인 신고가 필요하지 않다 하더라도 후송 병원 관계자에 그 사실을 알리고 기록해야 한다.

(5) 의학적 응급상황

① 대개 노인환자들은 젊은 성인들과 같은 의학적 응급상황들에 처하게 된다. 그러나 노인 환자

는 젊은 사람보다 질병이 더 심각할 수 있다.

② 물론 질병의 증상이나 증후는 다를 수 있다. 노인환자를 평가할 때 항상 치명적인 질병이나 심각한 증상에 대한 주 호소를 고려해야한다.

- 실신, 현기증 → 갑작스러운 의식 혼란 → 가슴통증 → 호흡곤란 → 복통

(6) 실 신

이는 뇌로 가는 혈류의 저하로 발생하는 일시적인 의식 소실이다. 노인의 경우 종종 부정맥이나 저혈압으로 인해 발생할 수도 있다. 처치로는 산소공급 및 쇼크에 대한 처치, 낙상과 관련된 손상처치를 포함한다.

(7) 급성 혼돈

① 다양한 질병을 경험하는 노인환자들은 갑작스런 의식 변화나 혼돈을 호소할 수 있다. 건강상태에 따라 뇌졸중, 심장 마비, 심각한 감염증상, 혈당, 쇼크 등으로 의식변화가 나타날 수 있다.

② 이런 경우 환자의 현재 의식상태가 정상인지, 변화가 있는지 판단해야 하며 가족, 친구 혹은 간병인에게 평상시 의식상태가 현재와 어떻게 다른지 물어보아야 한다.

(8) 가슴통증과 빠른 호흡

① 많은 노인 환자들은 심장 발작 시 가슴 불편감이 거의 없을 수 있다. 실제로 빠른 호흡은 노인 환자에게 있어 심장에 이상이 생겼다는 유일한 징후일 수도 있다.

② 가슴통증 또는 빠른 호흡을 가진 노인 환자는 잠재적으로 불안정한 상태임을 고려해야 하고 고농도 산소공급과 주의 깊게 평가를 해야 한다.

③ 만성적인 가슴통증을 경험한 환자들은 니트로글리세린을 투여할 수도 있다. 환자의 가슴통증, 빠른 호흡은 협심증의 대표적인 증상이다.

(9) 복 통

복통은 다양한 질병의 증상으로 노인 환자에서 복통은 매우 심각할 수 있다. 왜냐하면 젊은 사람보다 충수돌기염 같이 배 상태에 따라 사망률이 10배 이상 높이기 때문이다. 게다가 배 동맥 파열과 같이 치명적인 상태인 경우 노인 환자에서 복통이 나타나기 때문에 주의해야 한다.

요 약

▌노인 환자평가▌

현장 확인

- 개인 보호 장비 착용(특히, 결핵환자 시 특수마스크 착용)
- 노인 환자 가정의 실내 온도가 너무 춥거나 더운지 평가
- 현재 복용 중인 약물 여부(냉장고, 서랍 등)

↓

평 가

- 복합적인 질병 여부
- 대화 장애 여부 확인
- 복용 약물 확인
- 의식 변화 시 현재 발생한 것인지 여부

↓

외상 평가

- 낙상 : 사건 · 사고(실신)
- 차량 충돌 및 머리손상
  - 손을 이용한 목뼈 중립유지
  - 척추고정판 이용
  - 쇼크 환자 처치

비외상 평가

- 실신 또는 기절
- 흉통
- 호흡 곤란
- 복통
- 착란
- 환자 상태에 따른 처치 제공

Chapter 16

행동 응급

학습 목표

- 정신과적 행동응급을 이해하고 환자를 평가할 수 있다.
- 자살 등의 특수상황을 이해하고 환자평가를 할 수 있다.
- 행동응급환자에 대한 처치를 할 수 있다.
- 특수 환자에 관한 기록을 할 수 있다.

1 행동 응급

행동응급은 주어진 상황에서의 비정상적인 행동을 말한다. 예를 들면 아무 이유 없이 길거리에서 괴성을 지르거나 폭력적인 행동을 보이는 것을 말한다.

(1) 행동변화 요인

저혈당	엉뚱하거나 적개적인 행동(마치 술을 마신 듯 한 행동), 어지러움, 두통, 실신, 경련, 혼수, 빠른호흡, 허기, 침이나 코를 흘리고 빠른맥 증상이 빠르게 나타난다.
산소결핍	안절부절, 혼돈, 청색증, 의식장애
뇌졸중	혼돈, 어지러움, 언어장애, 두통, 기능상실이나 반신마비, 오심/구토, 산동
머리외상	흥분에서부터 폭력까지 다양한 의식변화, 분별없는 행동, 의식장애, 기억상실, 혼돈, 불규칙한 호흡, 혈압상승, 빠른맥
약물 중독	약물에 따른 다양한 증상 및 징후
저체온증	몸의 떨림, 무감각, 의식장애, 기면, 비틀걸음, 느린 호흡, 느린맥
고체온증	의식장애

※ 생리적 원인에 의한 응급행동
1. 환자의 호흡에서 이상한 냄새가 난다.
2. 동공변화 – 산동, 축동, 비대칭 크기
3. 일반적으로 증상의 시작이 빠르게 나타난다.
4. 과도한 침 분비
5. 대소변 조절능력 상실
6. 환청보다 환시 호소

(2) 상황별 스트레스 반응

현장에서 행동이나 환자면담을 서두르게 되면 환자의 불안감은 가중되므로 다급한 모습을 보이면 안 된다. 스트레스반응을 보이는 환자를 처치하기 위한 행동요령으로는 다음과 같다.

① 차분하게 행동한다.
② 환자에게 감정을 조절할 시간을 준다.
③ 침착하고 주의 깊게 상황을 평가한다.
④ 대원 자신의 감정을 조절한다.
⑤ 솔직하게 환자에게 설명한다.
⑥ 환자의 말에 경청한다.
⑦ 갑작스런 행동변화에 유의한다.

(3) 정신적인 응급상황

흥분, 공포, 우울증, 양극성 장애, 편집증, 정신분열증 등 이상한 행동에 따른 현장에서의 기본적인 처치로는 다음과 같다.

① 대원의 신분 및 역할을 설명한다.
② 천천히 분명하게 말한다.
③ 환자의 말에 경청하고 필요하다면 환자의 말을 반복한다.
④ 판단적인 말을 해서는 안 되며 동정이 아닌 공감을 표현한다.
⑤ 긍정적인 몸짓을 사용해야 하며 팔짱을 끼는 등의 행동은 안 된다.
⑥ 환자로부터 적어도 1m 이상 떨어져 있어야 하며 환자에게 무리하게 다가가 환자의 감정을 폭발시키지 않도록 한다.
⑦ 환자의 감정변화에 주의해야 하며 본인의 안전을 우선적으로 생각해야 한다.

(4) 환자 평가 시 증상 및 징후

① 두려움 및 흥분
② 공포
③ 비정상적인 행동 - 반복적인 행동이나 위협적인 행동
④ 비위생적이며 의복 및 외모가 헝클어져 있다.
⑤ 비정상적인 언어형태 - 너무 빠르거나 반복하는 등의 대화 장애
⑥ 우울
⑦ 위축
⑧ 혼돈
⑨ 분노 - 부적절하며 종종 짧게 표현하지만 격렬하게 표현하기도 한다.
⑩ 이상한 행동이나 생각
⑪ 현실감 상실, 환각
⑫ 자살이나 자해행위

⑬ 적개적인 행동

(5) 응급 처치

① 현장 안전을 확인하고 필요하다면 경찰에 도움을 요청한다.
② 1차 평가를 통해 위급한 상태를 응급처치 한다.
③ 행동응급을 초래할 수 있는 내과적 · 외과적 원인이 있는지 알아본다.
④ 환자의 말에 경청하고 대화를 통해 정보를 수집한다.
- 불필요한 신체접촉이나 갑작스런 움직임은 피하고 등을 보여서는 안 된다.
⑤ 환자의 말에 동의를 표한다.
⑥ 환자가 표현하는 환각에 협조해서는 안 되며 거짓말을 해서는 안 된다.
⑦ 필요하다면 대화에 가족이나 친구를 포함시키며 환자를 선동시킨다면 다른 곳으로 갈 것을 요구한다.
⑧ 가능하다면 병력 및 신체검진을 실시하고 응급처치를 제공한다.
⑨ 현장이 안전하고 환자가 손상을 갖고 있다고 판단되면 세부신체검진을 실시한다.
⑩ 필요하다면 경찰의 도움으로 환자를 억제시킨다.
⑪ 적절한 치료기관으로 이송한다.

2 특수한 상황

(1) 자 살

환자의 자살위험 정도를 평가하는 데 고려해야 할 사항

① 우울증 : 절망이나 자살에 대한 환자의 느낌이나 표현을 심각하게 받아들여라.
② 최근의 스트레스 정도 : 현재에도 있는지 알아본다.
③ 최근 마음의 상처 : 해고, 인간관계 상실, 질병, 구속, 투옥 등
④ 나이 : 15~25세, 40세 이상에서 높은 자살비율이 나타난다.
⑤ 술 및 약물남용
⑥ 자살 징후 : 주변 사람에게 자살을 미리 말한다.
⑦ 자살 계획 : 자살에 대한 기록 및 자살방법을 계획한다.
⑧ 자살시도 과거력 : 자살을 시도한 과거력이 있는 환자는 그렇지 않은 환자보다 자살을 더 많이 시도한다.
⑨ 우울증에서 갑작스러운 기분 호전 : 자살을 결정한 환자의 경우 우울하다가 갑자기 쾌활한 성격이 나타날 수 있다.

(2) 적대적이고 공격적인 환자

주로 머리나 신경계 손상, 대사 장애, 스트레스, 술 · 약물 남용, 정신장애 등이 원인으로 현장에는 고함, 부서진 기구, 약병 등을 볼 수 있다. 환자의 자세로 폭력 가능성을 미리 예측할 수 있으며 환자 평가를 위한 추가적인 징후로는

① 부적절한 반응
② 파괴적이며 폭력적인 시도
③ 빠른 맥과 빠른 호흡
④ 말과 행동이 보통 빨라짐
⑤ 신경질적이고 흥분적인 상태

※ 안전과 관련하여 주의할 사항

① 혼자서 환자와 같이 있으면 안 된다. 탈출로를 확보해야 하며 문 가까이 위치해 있어야 한다. 환자가 문과 대원 사이에 위치해 있지 않도록 해야 한다. 환자가 폭력적이면 바깥으로 나가서 경찰이 올 때까지 기다려야 한다.
② 환자에게 위협을 줄 만한 행동을 해서는 안 된다.
③ 무기가 있을 만한 장소는 피한다. (부엌 등)
④ 환자의 갑작스런 행동 변화에 유의해야 한다.
⑤ 다른 대원이나 기관과의 연락을 위해 항상 휴대용 무전기를 갖고 있어야 한다.

(3) 제지 및 구속*

환자를 제지하는 것은 환자 자신과 다른 사람의 안전을 위해 필요하다. 소방대원은 법적으로 환자를 구속시킬 수 없기 때문에 경찰의 도움을 받아야 한다. 구속이 필요하다면 경찰에 협조할 수 있다.

※ 구속할 때 알아두어야 할 사항

1. 협력자를 다시 한 번 확인한다.
2. 행동을 미리 계획한다.
3. 환자의 팔·다리 행동반경을 미리 예측하고 그 밖에 위치해 있어야 한다.
4. 구속과정을 협력자들과 상의한다.
5. 적어도 4명의 대원이 동시에 빠른 행동으로 팔다리에 접근해 행동한다.
6. 팔·다리를 억제한다.
7. 환자가 고개를 들거나 내리게 한다. 이 자세는 환자가 순순히 구속을 받는다는 의미와 호흡장애를 미리 예방할 수 있다.
8. 환자에 맞게 적절한 구속도구를 사용한다.
9. 환자가 대원에게 침을 뱉는다면 오심/구토, 호흡장애가 없는 환자에게는 마스크를 씌운다.
10. 억제시킨 부분의 순환상태를 계속 평가하고 억제한 이유와 방법 등을 기록한다.

3 기 록

환자의 행동 및 관찰한 사항을 적는 것은 중요하다. 기록은 전문적이고 분명하게 적어야 하며 현장 상황도 적어야 한다. 만약 환자가 약물이나 알코올과 관련이 있다면 이에 대해서도 적어야 한다. 마지막으로 경찰관계자 및 목격자 그리고 협력자 등의 이름도 기록해 두어야 한다.

Chapter 17

기본소생술

학습 목표

- 기본 소생술의 개념을 이해할 수 있다.
- 기도유지 방법과 인공호흡을 이해하고 수행할 수 있다.
- 가슴압박을 이해하고 수행할 수 있다.
- 심폐소생술(성인, 소아, 영아)과정을 이해하고 적용할 수 있다.
- 자동 제세동기(AED)를 이해하고 적용할 수 있다.
- 이물질에 의한 기도폐쇄를 이해하고 해소시킬 수 있다.

1 기본소생술의 개요

기본인명소생술이란 응급으로 산소를 공급하면서 기도를 확보하고, 호흡보조로서 인공호흡을 실시하면서 허파에 산소를 공급하는 것이다. 또한 심정지는 일차적으로 반응, 호흡, 맥박의 유무로 확인하고 소생을 위해 가슴압박과 인공호흡을 실시하는 것이다.

✪ 기본소생술의 목적은 전문인명소생술에 의하여 혈액순환이 회복될 때까지 뇌와 심장에 산소를 공급하는 것이다. 따라서 기본소생술의 성공여부는 호흡 또는 심정지 후 얼마나 빠른 시간 내에 기본소생술이 시행되느냐에 달려 있다.

CAB's 단계별 내용

구 분	평 가	내 용	주의사항
반응 확인	의식 확인	어깨를 두드리면서 "괜찮으세요?" 라고 소리쳐서 반응을 확인	응급의료체계 신고(119) – 반응이 없으면 즉시 119신고 및 제세동기 요청
호흡, 맥박	호흡 관찰 (맥박확인)	호흡의 유무 및 비정상 여부 판별 (일반인), 호흡 및 맥박 동시 확인 (의료제공자)	무호흡, 비정상 호흡(심정지) 판단 의료제공자의 경우 호흡확인과 동시에 목동맥에서 맥박확인(5~10초 이내)
C (순환)	가슴압박	일반인 – 인공호흡 없이 가슴압박만 계속하는 심폐소생술 또는 인공호흡을 할 수 있는 사람은 가슴압박과 인공호흡을 같이 시행 의료제공자 – 심폐소생술 실시 가슴압박 : 인공호흡 비율을 30:2	압박위치 : 가슴뼈의 아래쪽 1/2 압박깊이 : 성인 약 5cm 소아 4~5cm 영아 4cm 압박속도 : 분당 100~120회
A (기도)	기도개방	인공호흡하기 전 기도개방 실시	비외상 – 머리기울임 – 턱들어올리기 외 상 – 턱 들어올리기법

B (호흡)	인공호흡	기도개방 후 인공호흡 실시 - 1회에 1초간 총 2회	가슴 상승이 눈으로 확인될 정도로 2번 인공호흡 실시. 인공호흡을 과도하게 하여 과환기를 유발하지 말 것.

(1) 심폐소생술의 정의

심폐소생술은 심정지가 의심되는 환자에서 인공으로 혈액순환과 호흡을 유지함으로써 조직으로의 산소공급을 유지시켜서 생물학적 사망으로의 전환을 지연시키고자 하는 노력이다.

- 심폐소생술의 목적은 심폐의 정지 또는 부전에 따른 비가역적 뇌의 무산소증을 방지함에 있다.
- 뇌의 무산소증은 심폐정지 후 4분 내지 6분 이상을 방치하면 발생하므로 이 시간 이내에 소생술이 시작되어야 한다는 것을 의미한다.

(2) 심폐소생술의 역할

① 심정지가 발생하였을 때 환자의 소생에 가장 중요한 것은 빠른 시간 내에 심폐소생술로서 순환 및 호흡을 유지시켜 조직 내에 산소를 공급하는 것이다.

② 전문소생술이 가능할 때까지 혈액 내로의 산소 공급과 신체 조직으로의 혈류를 유지함으로써 중요한 장기(뇌, 심장)의 허혈성 손상을 최소화하여 시간을 벌어준다.

③ 기본소생술만으로 심폐정지 환자를 소생시킬 수 있는 경우는 아주 드물며, 자발순환과 자발호흡을 되살리기 위해서는 심실제세동을 포함한 전문소생술을 신속하게 뒤따라서 시행되어야 한다.

(3) 환자 평가

환자 평가는 중요한 부분으로 평가 없이 환자를 처치하거나 소생술을 실시해서는 안 된다.

구분	내용
반응 확인	① 첫 단계는 즉시 환자의 반응을 확인하는 것이다. ② 환자의 어깨를 두드리면서 "괜찮으세요?"라고 소리쳐서 반응을 확인한다. ③ 쓰러져 있는 환자의 머리나 목의 외상이 의심되면 불필요한 움직임을 최소화하여 손상이 악화되지 않도록 한다. ※ 반응을 확인하여 무반응시에는 119신고와 함께 자동제세동기를 요청한다. 만약 환자가 반응이 없고, 호흡이 없거나 심정지 호흡처럼 비정상적인 호흡을 보인다면 심정지 상태로 판단한다. 특히, 심정지 호흡은 심정지 환자에게서 첫 수 분간 흔하게 나타나며, 이러한 징후를 놓치면, 심정지 환자의 생존 가능성은 낮아진다.
호흡과 맥박 확인	① 의식반응을 확인한 후 반응이 없으면 119신고와 제세동기 요청을 한 후 맥박과 호흡의 유무 및 비정상 여부를 5~10초 이내에 판별해야 한다. ② 특히 심정지 호흡이 있는 경우에는 살아 있는 것으로 착각을 하게 되고 심정지 상황에 대한 인지가 늦어져 가슴압박의 시작이 지연되기 때문이다. 만약 반응이 없고 정상 호흡이 아니라고 판단이 되면 심정지 상황으로 인식해야 한다. ※ 심정지 호흡(agonal gasps) · 심정지 환자에서 발생 후 초기 1분간 40% 정도에서 나타날 수 있다. · 심정지 호흡을 심정지의 징후라고 인식하는 것이 신속한 심폐소생술을 진행하고 소생 성공률을 높이는 데 매우 중요하다. · 보건의료인의 경우 호흡확인과 동시에 목동맥에서 맥박확인을 5~10초 이내에 한다. · 여러 연구 결과에서 심정지 의심 환자의 맥박 확인 과정은 일반인뿐 아니라 의료인에게도 어렵고 부정확한 것으로 알려져 있다.

	• 맥박은 성인 심정지 환자에서 목동맥의 촉지로 확인하는데 응급의료종사자도 10초를 넘지 않아야 하며, 맥박확인을 위해 가슴압박을 지연해서는 안 된다.
가슴 압박	① 효과적인 가슴압박은 심폐소생술 동안 심장과 뇌로 충분한 혈류를 전달하기 위한 필수적 요소이다. ② 가슴압박으로 혈행을 효과적으로 유지하려면, 복장뼈(흉골)의 아래쪽 절반 부위를 강하게 규칙적으로 그리고 빠르게 압박해야 한다. ③ 성인의 심정지 경우 가슴압박의 속도는 적어도 분당 100회 이상을 유지하면서 분당 120회를 넘지 않아야 하고, 압박 깊이는 5cm를 유지해야 한다. ④ 가슴을 압박할 때 손의 위치는 '가슴의 중앙'이 되어야 한다. 또한 가슴압박 이후 가슴의 이완이 충분히 이루어지도록 한다. ⑤ 가슴압박이 최대한으로 이루어지기 위해 가슴압박이 중단되는 시간과 빈도를 최소한으로 줄여야 한다. ⑥ 가슴압박과 인공호흡의 비율은 30:2로 한다. ⑦ 가슴압박을 시작하고 1분 정도가 지나면 압박 깊이가 줄어들기 때문에 매 2분마다 또는 5주기(1주기는 30회의 가슴압박과 2회의 인공호흡)의 심폐소생술 후에 가슴압박 시행자를 교대해주는 것이 구조자의 피로도를 줄이고 양질의 심폐소생술을 제공할 수 있다. ⑧ 임무를 교대할 때에는 가능하면 가슴압박이 5초 이상 중단되지 않도록 한다. ⑨ 1인 또는 2인 이상의 구조자가 심폐소생술을 하는 경우 성인의 가슴압박 대 인공호흡의 비율은 30:2를 유지한다. ⑩ 기관내삽관 등 전문기도가 유지되고 있는 경우에는 더 이상 30:2의 비율을 지키지 않고 한 명의 구조자는 분당 100회 이상 120회 미만의 속도로 가슴압박을 계속하고 다른 구조자는 백-밸브 마스크로 6초에 한번씩(분당 10회) 호흡을 보조한다. ⑪ 심폐소생술의 일관적인 질 유지와 구조자의 피로도를 고려하여 2분마다 가슴압박과 인공호흡을 교대할 것을 권장한다.

2 기도유지 방법 및 인공호흡

(1) 기도유지 방법

대부분의 기도 폐쇄 원인은 혀로 인한 것이 많다. 앙와위에서 머리가 앞으로 굽은 상태의 환자는 혀가 기도로 내려앉으며 의식이 없다면 턱 근육을 포함한 혀 근육이 이완되면서 기도폐쇄는 더더욱 심각해진다. 따라서 머리젖히고-턱들기방법이나 턱 들어올리기방법을 통해 기도를 개방시켜 주어야 한다.

머리젖히고-턱들기법	턱 들어올리기법(하악견인법)
기도를 최대한 개방시켜 주는 방법으로 기도와 호흡을 유지하는 데 유용하다. 특히, 혀로 인한 폐쇄를 예방하는데 좋다. 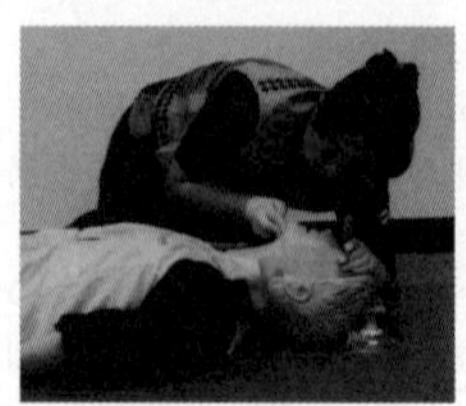	머리, 목, 척추 손상 등이 의심되는 환자에게 사용되는 기도개방 처치법 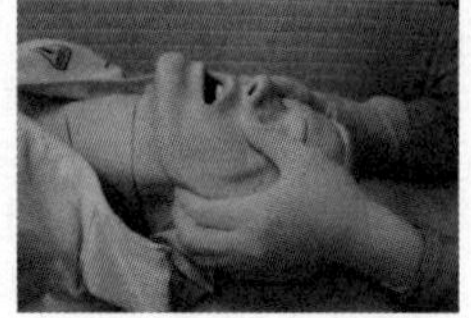

※ 척추손상이 의심되는 환자에게 사용해서는 안 된다.	
응급처치법으로는 ① 환자를 앙와위로 눕힌다. 한 손은 환자의 이마에 다른 손가락은 환자의 턱뼈 위에 놓는다. ② 부드럽게 이마를 뒤로 젖히며 턱을 들어준다. (이때, 턱뼈 아래 연부조직을 누르면 기도폐쇄 위험이 있으므로 주의해야 한다.) ③ 환자의 입이 닫히지 않도록 주의한다. 엄지손가락으로 턱을 아래쪽으로 내려야 하는데 이 때 엄지손가락이 환자 입안으로 들어가지 않도록 주의해야 한다.	① 조심스럽게 환자의 머리, 목, 척추가 일직선을 유지하도록 앙와위를 취해준다. ② 환자 머리맡에 무릎을 꿇고 바닥에 팔꿈치를 댄다. ③ 귀 아래 하악각 양 옆을 네 손가락으로 부드럽게 잡는다. ④ 구급대원의 아래팔을 이용해서 환자 머리를 고정시킨다. ⑤ 검지로 하악각을 구급대원 쪽으로 잡아당긴다. ⑥ 입이 닫히지 않도록 엄지손가락을 이용해 아랫입술을 구급대원 반대쪽으로 밀어낸다. ⑦ 환자의 머리를 신전·굴곡·회전 시켜서는 안 된다.

(2) 인공호흡☆ 16년 부산 소방장

① 정상인에서는 산소화와 이산화탄소 배출을 유지하기 위해 1kg당 8~10㎖의 일회 호흡량이 필요하지만 심폐소생술에 의한 심박출량은 정상의 약 25~33% 정도이므로, 폐에서의 산소/이산화탄소 교환량이 감소한다.

② 심폐소생술 중에는 정상적인 일회 호흡량이나 호흡수 보다 더 적은 환기를 하여도 효과적인 산소화와 이산화탄소의 교환을 유지할 수 있다. 따라서 성인 심폐소생술 중에는 500~600㎖(6~7㎖/kg)의 일회 호흡량을 유지한다. 이 일회 호흡량은 가슴 팽창이 눈으로 관찰될 때 생성되는 일회 호흡량과 일치한다.

③ 과도한 환기

㉠ 불필요하며 위 팽창과 그 결과로써 역류, 흡인 같은 합병증을 유발할 수 있다.

㉡ 흉곽내압을 증가시키고 심장으로 정맥혈 귀환을 저하시켜 심박출량과 생존율을 감소시키므로 주의해야 된다.

㉢ 심폐소생술 동안 심정지 환자에게 과도한 인공호흡을 시행해서는 안 된다.

④ 심폐소생술시 인공호흡의 목적

㉠ 1차적 목적 : 적절한 산소화를 유지하는 것

㉡ 2차적 목적 : 이산화탄소를 제거하는 것

⑤ 심정지가 갑자기 발생한 경우

㉠ 심폐소생술이 시작되기 전까지 동맥혈 내의 산소 함량이 유지되며 심폐소생술 첫 몇 분 동안은 혈액 내 산소함량이 적절하게 유지된다.

㉡ 심정지가 발생한 후 시간이 지남에 따라 혈액과 폐 속의 산소가 대폭 감소되기 때문에 심정지가 지속된 환자에게는 인공호흡과 가슴압박 모두가 중요하다.

㉢ 저산소증에 의해 유발되는 익사환자와 같은 질식성 심정지 환자에게도 인공호흡은 반드시 시행되어야 한다.

✪ 인공호흡의 일회 호흡량 및 인공호흡 방법의 권장사항
1. 1회에 걸쳐 인공호흡을 한다.
2. 가슴상승이 눈으로 확인될 정도의 일회 호흡량으로 호흡한다.
3. 2인 구조자 상황에서 인공기도(기관 튜브, 후두마스크 기도기 등)가 삽관된 경우에는 1회 호흡을 6~8초(8~10회/분)마다 시행한다.
4. 가슴압박 동안에 인공호흡이 동시에 이루어지지 않도록 주의한다.
5. 인공호흡을 과도하게 하여 과환기를 유발하지 않는다.

입대 마스크 호흡(포켓용 마스크 이용)

① 환자 머리에 무릎을 꿇고 앉은 후 마스크를 준비한다.
② 불어 넣은 공기가 새어나오지 않도록 마스크를 완전히 밀착시킨다.
③ 기도를 개방하고 호흡을 불어 넣을 때 가슴이 올라오는지 확인한다. 자발적 날숨 시 가슴의 움직임을 관찰한다.

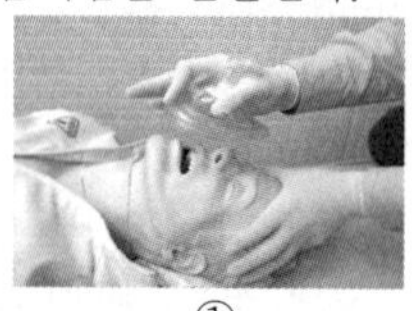
①

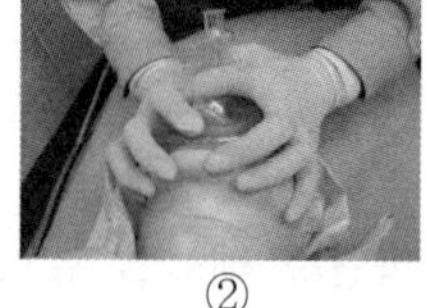
②

③

※ 백마스크 인공호흡
- 백마스크를 사용하여 인공호흡을 할 수 있다.
- 백마스크 인공호흡은 전문기도유지 없이 양압의 환기를 제공하므로 위팽창과 이로 인한 합병증을 유발할 수 있다.
- 능숙하게 사용하기 위해서는 상당한 연습이 필요하고 경험있는 2인 이상의 구조자가 사용할 때 효과적이다.
- 성인환자에게 약 500~600ml의 일회 호흡량을 성인용 백(1~2L)으로 제공한다.
- 만약 기도가 확보되어 있다면, 얼굴과 마스크 사이를 밀착시키고 1L 성인용 백을 2/3 정도 또는 2L 성인용 백을 1/3 정도 압박하면 적절한 일회호흡량을 제공할 수 있다.
- 가능하면 산소(산소농도 40% 이상, 최소 10~12L/min)를 함께 투여한다.

(3) 맥박 확인

① 가슴압박을 실시하기 전에 목동맥을 이용해 맥박을 확인해야 한다.

✪ 만약, 일반인 구조자라면 반응이 없는 환자가 정상적인 호흡을 보이지 않을 경우에 맥박 확인을 하지 않고 가슴압박을 하도록 권장한다.

② 한 손으로 머리를 약간 젖히고 목젖 위에 검지와 중지손가락을 대고 옆으로 살짝 내려와 촉진한다.

※ 엄지를 사용하면 환자 맥박이 아닌 처치자의 맥박을 느낄 수 있으므로 피해야 하며 처치자 측이 아닌 반대 측으로 내려와 촉진하면 기도를 압박할 수 있으므로 주의해야 한다.

③ 영아의 경우 윗팔동맥을 이용하여 촉진하고 맥박이 없다면 가슴압박을 즉각적으로 실시해야 한다. 그리고 맥박을 촉지하는 소요 시간이 10초가 넘지 않도록 하여야 한다.

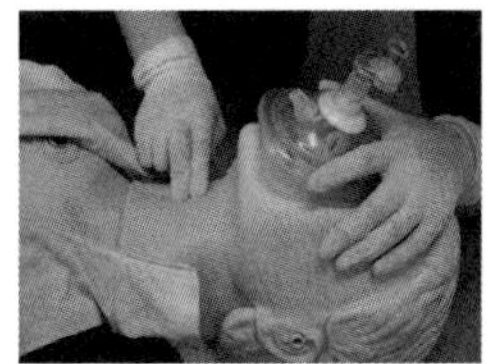
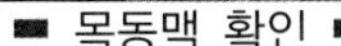

■ 목동맥 확인 ■

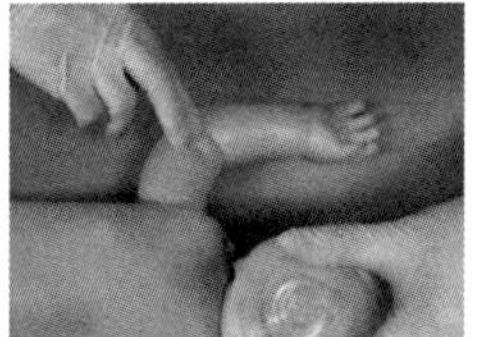

■ 윗팔동맥 확인 ■

(4) 가슴압박

① 심정지 환자의 가슴을 "빠르고, 강하게" 압박하면 혈액순환을 유지할 수 있다.

② 가슴압박을 하면 직접 심장이 눌리는 심장펌프 기전과 흉강내압의 변화에 의해 혈류가 발생되는 흉강펌프 기전이 함께 작용하여 혈류를 발생시키는 것으로 알려졌다.

③ 가슴압박으로 발생되는 심박출량은 정상의 1/4에서 1/3에 불과하다.

④ 가슴압박으로 유발되는 수축기 혈압은 60~80mmHg 이상이지만 이완기 혈압은 매우 낮다.

> ✪ 심정지가 의심되면 즉시 가슴압박을 시작하여야 한다.

※ 가슴 압박 요령★★★ ☆ 11년 부산 소방교

딱딱한 바닥에 환자를 앙와위로 눕히고 처치자의 손으로 가슴을 누르는 처치로 가슴 내에 압력을 증가시켜 혈액을 짜내고 받아들이는 역할을 한다.

① 환자의 가슴 중앙(복장뼈 아래쪽 1/2)에 손꿈치를 올려놓고 팔꿉관절이 굽혀지지 않도록 하여 일직선을 유지한다. 가슴압박 중에는 처치자의 손가락이 환자의 가슴에 가능한 닿지 않도록 하여야 가슴압박에 의한 합병증을 줄일 수 있다.

② 처치자의 손과 어깨는 일직선을 유지하고 환자의 가슴과는 직각을 유지한다(바닥에 무릎을 꿇은 자세를 취해줘야 한다).

③ 압박 깊이는 보통 체격의 성인에서는 가슴압박 깊이는 약 5cm가 되어야 한다.(6cm를 넘는 경우에는 합병증 발생의 가능성 증가) 환자의 체격에 따라 가슴압박의 깊이를 조절할 수 있다. 소아와 영아에서는 가슴 전후직경의 1/3 정도가 압박되도록 한다.

④ 가슴을 압박한 후, 가슴 벽이 정상 위치로 완전히 올라오도록 해야 한다.
- 이완과 압박의 비율은 50 : 50이 되어야 한다.

⑤ 가슴압박의 속도는 최소 분당 100~120회는 넘지 않도록 해야 하며 가슴압박 대 인공호흡의 비율은 심장동맥 관류압에 중요한 영향을 주는 것으로 알려져 있다.
- 가슴압박이 진행될수록 심장동맥 관류압은 점차 상승하는 것으로 알려져 있다.
- 성인인 경우 처치자의 수와 관계없이 가슴압박 : 인공호흡의 비율을 30:2로 한다.

⑥ 가슴 압박의 중단을 최소화하려고 노력해야 하며 맥박확인, 심전도 확인, 제세동 등 필수적인 치료를 위하여 가슴압박의 중단이 불가피한 경우에도 10초 이상 가슴 압박을 중단해서는 안 된다.(Hands off time 〈 10초)

3 심폐소생술

(1) 1인 심폐소생술

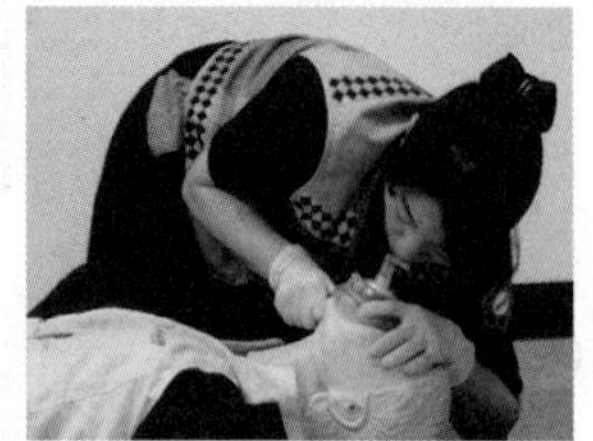

① CPR은 2분 내에 5주기(30회 가슴 압박과 2회 인공호흡×5회)를 실시하고 목동맥을 이용해 맥박을 확인한다.

② 맥박이 없는 경우 가슴압박을 실시하고 맥박은 있으나 호흡이 없는 경우는 인공호흡만 실시한다.

성인 1인 심폐소생술의 순서

1. 현장안전 및 감염방지
2. 반응검사 - 환자의 어깨를 두드리며 "괜찮습니까?" 등으로 소리쳐 반응 유무를 확인하는 표현을 한다.
3. 응급의료체계에 신고하고 AED 요청
4. 호흡맥박확인 - 5~10초 동안 무호흡 또는 비정상호흡(심정지호흡)과 함께 목동맥에서 맥박을 확인한다.
5. 가슴압박 실시
   - 분당 100회에서 120회의 속도(15~18초 이내)로 30회의 압박을 실시한다.
   - 가슴의 중앙, 복장뼈(흉골)의 아래쪽 절반에 해당되는 지점에 손꿈치를 위치시키고 팔꿈치를 곧게 편 상태에서 수직으로 압박한다.
   - 압박위치를 유지하면서 5cm 깊이로 압박을 실시한다.
6. 기도개방(머리젖히고-턱들기방법)
7. 인공호흡 실시
   - 포켓마스크를 사용하여 인공호흡 2회 실시
   - 마스크를 얼굴에 바르게 위치하여 밀착시키고 기도를 유지하면서 인공호흡을 1초씩 2회 실시한다.
8. 가슴압박과 인공호흡을 30 : 2로 5주기 실시
   - 매 주기마다 30 : 2의 비율로 가슴압박과 인공호흡을 정확히 시행한다.
   - 가슴압박 중단시간은 10초 이내로 한다(hands-off time).
9. 맥박확인 - 5주기 시행 후 목동맥에서 맥박을 확인한다.

(2) 2인 심폐소생술

① 보통 가슴압박을 2분 이상하면 자신도 모르는 사이에 가슴압박의 효율이 감소하는 것으로 알려져 있어 처치자가 2인 이상일 때에는 5주기의 가슴압박(약 2분)마다 교대하여 가슴압박의 효율이 감소하지 않도록 해야 한다.

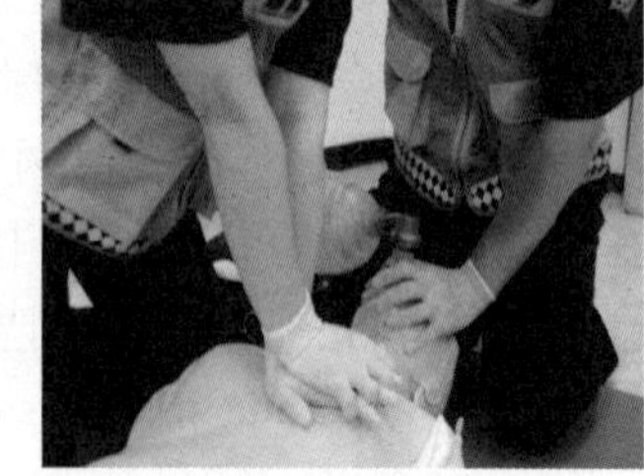

② 위치를 바꾸고자 할 때는 인공호흡을 담당하고 있던 처치자가 인공호흡을 한 후, 가슴압박을 시작할 수 있는 자세로 옮기고 가슴압박을 하고 있던 처치자는 30회의 압박을 한 후 환자의 머리 쪽으로 자신의 위치를 옮겨서 맥박 확인을 하고 맥박이 없다면 인공호흡을 하고 있던 처치자가 가슴압박을 할 수 있도록 한다.

※ 임무를 교대할 때는 가능하면 가슴압박이 5초 이상 중단되지 않도록 한다.

▌심폐소생술 지침의 연령에 따른 요약▐ ☆ 20년 소방장

심폐소생술 수기	성 인	소 아	영 아
심정지의 확인	무반응, 무호흡 혹은 심정지 호흡 5초 이상 10초 이내 확인된 무맥박(의료인만 해당)		
심폐소생술의 순서	가슴압박 - 기도유지 - 인공호흡		
가슴압박 속도	분당 100회 ~ 120회		
가슴압박 깊이	가슴뼈의 아래쪽 1/2(5cm)	가슴 깊이의 1/3(4~5cm)	가슴 깊이의 1/3(4cm)
가슴 이완	가슴압박 사이에는 완전한 가슴 이완		
가슴압박 중단	가슴압박의 중단은 최소화(10초 이내)		
기도유지	머리기울임-턱들어올리기(외상환자 의심 시 턱 밀어올리기)		
가슴압박 : 인공호흡			
전문기도 확보 이전	30 : 2(1인·2인 구조자)	30 : 2(1인 구조자) 15 : 2(2인 구조자)	
전문기도 확보 이후	6초마다 인공호흡(분당 10회) ※ 단, 1회 인공호흡을 1초에 걸쳐 실시하며 가슴압박과 동시에 환기되지 않도록 주의한다.		

(3) 심폐소생술 시 고려 사항

① 심폐소생술 효과 확인

CPR이 효과적으로 실시되는지 확인하기 위해서는 가슴압박은 목동맥 촉진, 인공호흡은 가슴이 충분히 올라오는 것으로 알 수 있다. 또한 아래의 징후들을 통해 알 수 있다.

- 동공 수축
- 피부색 회복
- 자발적인 심박동과 호흡
- 팔다리의 움직임
- 삼키는 행위
- 의식 회복

② CPR 시작 및 중단

㉠ 심정지가 발생한 환자를 목격하거나 발견하였을 경우에는 특별한 이유가 없는 한 CPR이 시행되어야 한다.

㉡ 환자가 무의식이며 호흡이 없다 해도 맥박이 있다면 CPR을 실시해서는 안 된다.

㉢ 환자의 사망이 명백하거나 처치자가 위험에 처한 경우, 심폐소생술에 의한 소생가능성이 명백히 없는 경우에는 CPR을 시작하지 않을 수 있다.

ⓐ 환자발생장소에 구조자의 신변에 위험요소가 있는 경우

ⓑ 환자의 사망이 명백한 경우 : 시반의 발생, 외상에 의한 뇌 또는 체간의 분쇄손상, 신체 일부의 부패, 허파 또는 심장의 노출, 몸이 분리된 경우

※ 시반현상 : 중력에 의해 혈액이 낮은 곳으로 몰려들어 피부색이 빨간색 또는 자주색을 띄는 것을 말한다. 이는 추운 환경에 노출된 경우를 제외하고 사망한지 15분 이상 경과되었음을 나타낸다.

ⓒ 사후 강직 상태 : 사후 강직은 사망 후 4~10시간 이후에 나타난다.

※ CPR을 중단할 수 있는 경우
① 환자의 맥박과 호흡이 회복된 경우
② 의사 또는 다른 처치자와 교대할 경우
③ 심폐소생술을 장시간 계속하여 처치자가 지쳐서 더 이상 심폐소생술을 계속할 수 없는 경우
④ 사망으로 판단할 수 있는 명백한 증거가 있는 경우
⑤ 의사가 사망을 선고한 경우

③ 심폐소생술의 합병증

심폐소생술이 시행된 환자의 약 25%에서는 심각한 합병증이 발생하며, 약 3%에서는 치명적인 손상이 발생한다. 심폐소생술 중 발생하는 합병증은 주로 가슴압박에 의하여 유발된다. 가장 흔히 발생하는 합병증은 갈비뼈골절로서 약 40%에서 발생된다.

▌심폐소생술의 합병증▐ ☆ 13년 소방위, 부산 소방장, 14년 경기 소방교, 19년 소방위

구분	합병증
가슴압박이 적절하여도 발생하는 합병증	· 갈비뼈골절 · 복장뼈 골절 · 심장좌상 · 허파좌상
부적절한 가슴압박으로 발생하는 합병증	· 상부 갈비뼈 또는 하부갈비뼈의 골절 · 기흉 · 간 또는 지라의 손상 · 심장파열 · 심장눌림증 · 대동맥손상 · 식도 또는 위점막의 파열
인공호흡에 의하여 발생하는 합병증	· 위 내용물의 역류 · 구토 · 허파흡인

4 기도 내 이물질 제거

기도폐쇄는 혀로 인한 것 외에 이물질-음식, 얼음, 장난감, 토물 등-에 의해서도 일어날 수 있다. 주로 소아와 알코올·약물 중독환자에게서 볼 수 있으며 손상 환자의 경우 혈액, 부러진 치아나 의치에 의해 폐쇄된다.

구분	내용
경미한 기도 폐쇄	의식이 있는 경우 목을 'V'자로 잡거나 입을 가리킨다. 환자에게 "목에 뭐가 걸렸나요?"라고 질문하고 이에 긍정하면 먼저 스스로 기침할 것을 유도한다. ※ 심각한 기도폐쇄 징후가 나타나면 아래와 같은 처치법을 시행한다.
심각한 기도 폐쇄	심각한 기도폐쇄의 징후로는 공기 교환 불량, 호흡곤란 증가, 소리가 나지 않는 기침, 청색증, 말하기나 호흡능력 상실 등이 있다. 처치자가 "목에 뭐가 걸렸나요?"라는 질문을 하고 환자가 고개를 끄덕인다면 도움이 필요한 상황이다. 만약, 무반응 상태라면 CPR을 실시하고 인공호흡을 하기 위해 머리젖히고-턱들기법으로 기도를 열 때마다 입 안을 조사하여 이물질을 확인하고 보이면 제거해야 한다.

※ 심각한 기도폐쇄 조치

성인	아동	영아
기도폐쇄유무 질문 복부밀어내기 또는 가슴밀어내기 (이물질이 나오거나 의식을 잃을 때까지)		증상 확인 (갑자기 심한 호흡곤란, 약하거나 소리 없는 기침 또는 울음) 등두드리기 5회, 가슴밀쳐올리기 5회 반복

※ 환자가 의식이 없어지면
① 바닥에 환자를 눕힌다.
② 응급의료체계에 신고
③ 가슴압박 30회 실시 : 환자의 입안 확인(제거가 가능한 이물질인 경우 제거)
④ 인공호흡 1회 실시하고 재기도 유지한 후 다시 1회 호흡 실시
– 가슴압박과 인공호흡(이물질 확인) 반복

(1) 이물질 제거 과정☆ 20년 소방장

① 기도를 개방한다.
- 머리젖히고-턱들기방법, 턱 들어올리기 방법

② 무의식, 무맥 상태라면 인공호흡을 시작하고 호흡이 제대로 들어가지 않는다면 환자의 기도를 재개방하고 재실시한다.

※ 재실시에도 호흡이 불어 넣어지지 않는다면 기도 폐쇄를 의심할 수 있다.

③ 이물질을 제거한다.
- 배·가슴 밀어내기, 손가락을 이용한 제거법(단, 이물질이 육안으로 확실히 보이는 경우에만 사용)

(2) 배 밀어내기(하임리히법)

의식이 있고 서있거나 앉아 있는 환자

① 환자 뒤에 서거나 환자가 아동인 경우 무릎을 꿇은 자세로 환자 허리를 양팔로 감싼다.
② 주먹을 쥐고 칼돌기와 배꼽사이 가운데에 놓는다. 이때, 복장뼈 바로 아래에 위치하지 않도록 주의해야 한다.
③ 다른 손으로 주먹을 감싸 쥐고 강하고 빠른 동작으로 후상방향으로 배 밀어내기를 실시한다. 단, 만 1세 이하 영아에서는 복부밀어내기를 실시하지 않는다.
④ 이물질이 나오거나 환자가 의식을 잃을 때까지 계속 실시한다.

※ 의식이 있으나 환자의 키가 너무 커서 처치자의 처치가 효과적이지 않거나 노약자의 경우 서있기 힘들어 할 경우에는 환자를 앉힌 상태에서 배 밀어내기를 실시한다.

(3) 가슴 밀어내기☆ 17년 소방위

배 밀어내기가 효과적이지 않거나 임신, 비만 등으로 인해 배를 감싸 안을 수 없는 경우에는 가슴 밀어내기를 사용할 수 있다. 방법은 다음과 같이 처치한다.

① 환자가 서 있는 경우 등 뒤로 가서 겨드랑이 밑으로 손을 넣어 환자 가슴 앞에서 양손을 잡는다.

② 오른손을 주먹 쥐고 칼돌기 위 2~3손가락 넓이의 복장뼈 중앙에 엄지손가락 측이 위로 가도록 놓는다.

③ 다른 손으로는 주먹 쥔 손을 감싸고 등 쪽을 향해 5회 가슴 밀어내기를 실시한다.

■ 배 밀어내기 ■

■ 가슴밀어내기 ■

※ 무의식 환자
1. 환자를 앙와위로 취해준다.
2. 기도를 개방한다.
   · 머리 젖히고-턱들기법, 턱 들어올리기법
3. 입안을 확인한다.
   · 이물질이 눈에 보이는 경우만 제거
4. 호흡을 확인하고 무호흡인 경우 2회의 인공호흡을 실시한다.
5. 인공호흡이 잘 안된다면 기도를 재개방하고 인공호흡을 실시한다.
6. 기도 재개방 및 두 번의 인공호흡 시도 후 가슴압박을 바로 실시한다.

(4) 기도 내 이물질 제거**

환자가 무의식 상태라면 처치 전에 119에 구급신고를 한 후에 실시해야 한다.
기도 내 이물질 제거과정이 효과적임을 나타내는 경우는 다음과 같다.

① 자발적인 호흡이 돌아왔을 때

② 이물질이 입 밖으로 나왔을 때

③ 무의식 환자가 의식이 돌아왔을 때

④ 환자 피부색이 정상으로 회복될 때

※ 경미한 기도폐쇄로 말이나 기침을 할 수 있는 경우는 이물질을 제거하기 위한 환자의 기침동작을 방해해서는 안 된다. 단, 심각한 기도폐쇄로 바뀔 경우 즉각적으로 처치할 준비를 해야 한다.

(5) 영아인 경우**

소아의 경우는 성인과 이물질 제거과정이 비슷하나 영아(만 1세 이하)인 경우 5회 등 두드리기와 5회 가슴 밀어내기를 실시해야 한다. 의식이 소실되면 흉부압박부터 시작하여 CPR을 실시한다.

① 처치자의 무릎위에 영아를 놓고 의자에 앉거나 무릎을 꿇고 앉는다.

② 가능하다면 영아의 상의를 벗긴다.

③ 처치자의 아래팔에 영아 몸통을 놓고 머리가 가슴보다 약간 낮게 위치시킨다. 이때, 손으로 영아의 턱과 머리를 지지하고 기도를 누르지 않게 유의하며 아래팔은 다시 허벅지에 위에 놓는다.

④ 손 뒤꿈치로 영아의 양 어깨뼈 사이를 이물질이 나오게 강하게 5번 두드린다.

⑤ 두드린 손을 영아 등에 놓고 손바닥은 머리를 지지(뒤통수)하고 다른 손은 얼굴과 턱을 지지하며 영아를 뒤집어 머리가 몸통보다 낮게 위치시킨다.

⑥ CPR 압박부위를 초당 1회의 속도로 5회 압박한다.

※ 성인과 다른 점은 다음과 같다.

㉠ 영아는 간이 상대적으로 크기 때문에 배 밀어내기를 실시하지 않는다.

㉡ 이물질이 눈으로 보이는 경우에만 손가락으로 제거한다.

■ 영아의 기도폐쇄 처치 ■

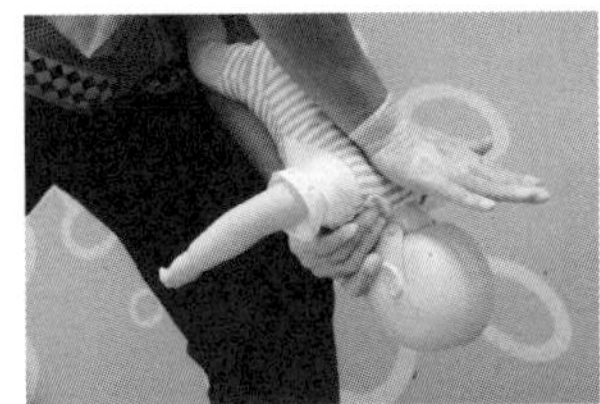

1단계 등 두드리기 5회

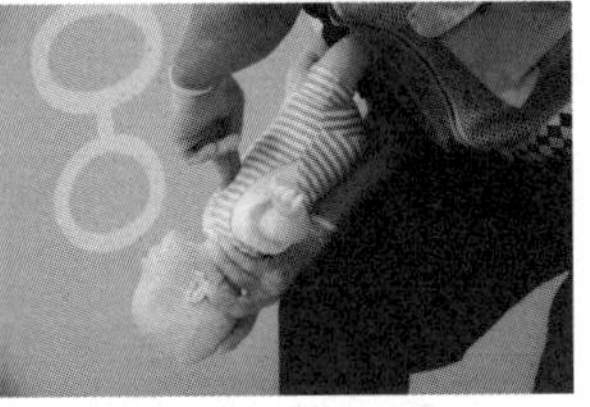

2단계 가슴압박 5회

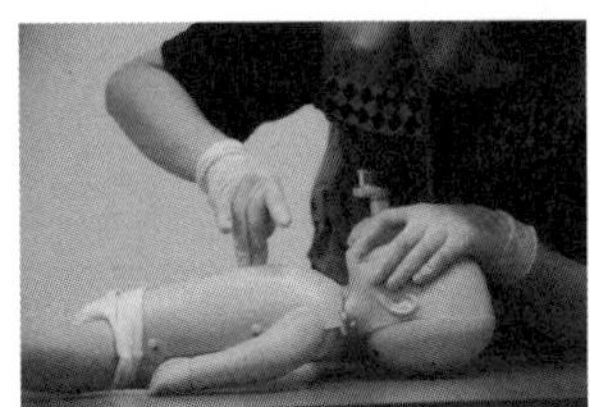

3단계 의식소실시 CPR

요 약

▌1인 성인 심폐소생술▐

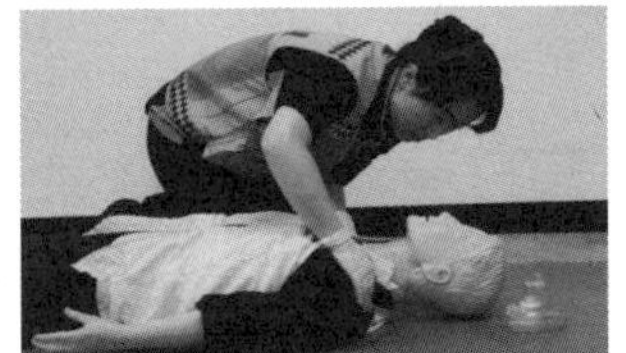

(1) 반응의 확인
: 반응이 없는 환자 발견

(2) 119신고 및 AED 준비
(요청)

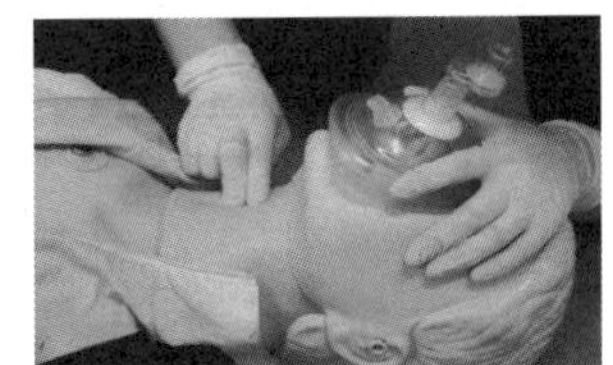

(3) 맥박과 무호흡 또는 비정상 호흡을 동시에 확인(10초 이내)

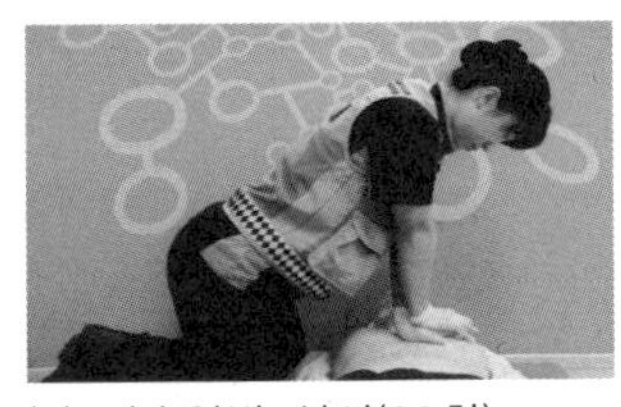

(4) 가슴압박 실시(30회)

(5) 기도유지 및 인공호흡(2회)

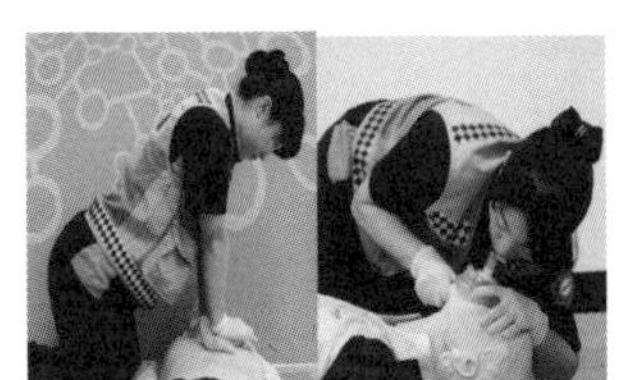

(6) 심폐소생술 반복 5주기(2분)
(가슴압박 : 인공호흡 30:2 반복)

요 약

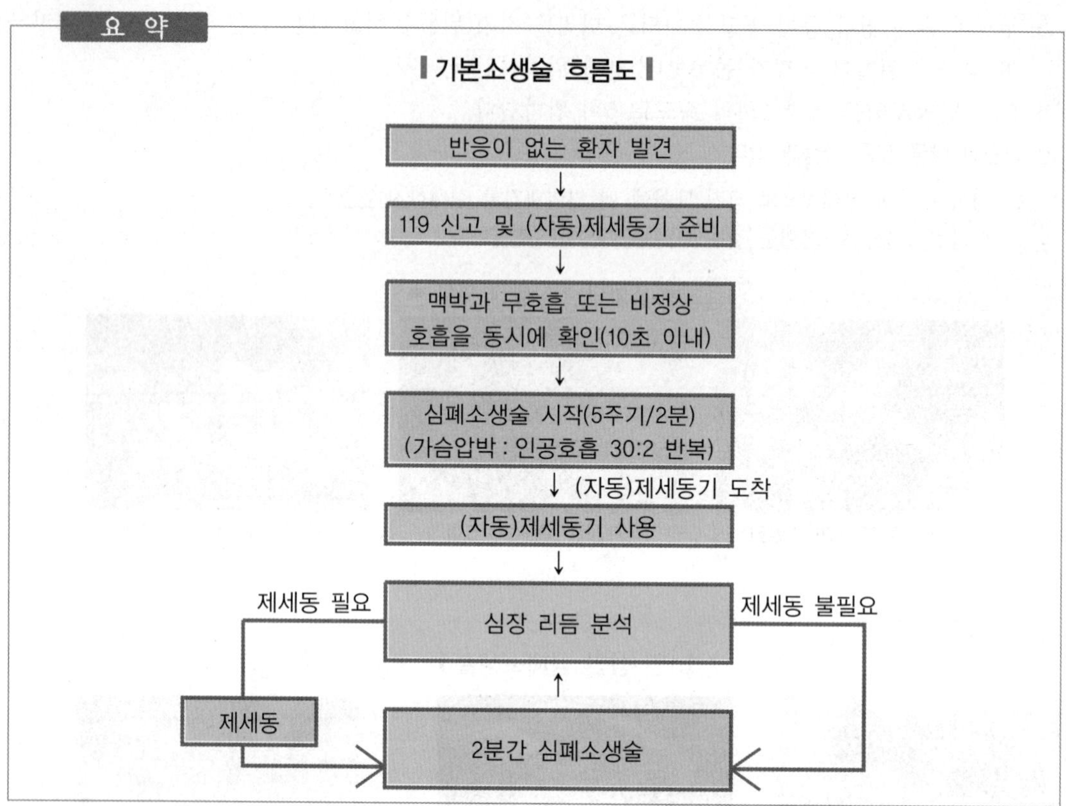
기본소생술 흐름도
반응이 없는 환자 발견
119 신고 및 (자동)제세동기 준비
맥박과 무호흡 또는 비정상 호흡을 동시에 확인(10초 이내)
심폐소생술 시작(5주기/2분) (가슴압박 : 인공호흡 30:2 반복)
(자동)제세동기 도착
(자동)제세동기 사용
제세동 필요
심장 리듬 분석
제세동 불필요
제세동
2분간 심폐소생술

PART 02 기출 및 예상문제

01 손상기전에서 중증외상환자 평가사항으로 (　　)안에 들어갈 내용은?

> 현장 확인과 1차 평가, 손상기전 확인 → 기본소생술 제공

① 척추고정
② 이송여부결정
③ 빠른외상평가
④ SAMPLE력

해설 ✪ 중증 외상 : 현장 확인과 1차 평가, 손상기전 확인 → 척추고정 → 기본소생술 제공 → 이송여부 결정 → 의식수준 재평가 → 빠른 외상평가 → 기본 생체징후 평가 → SAMPLE력 → 세부 신체검진☆ 18년 소방위
✪ 경증 외상 : 현장 확인과 1차 평가, 손상기전 확인 → 주 호소와 손상기전과 관련된 부분 신체검진 → 기본 생체징후 평가 → SAMPLE력 → 세부 신체검진

02 "환자평가 단계"에서 가장 먼저 해야 할 것은?

① 1차(즉각적인) 평가
② 세부 신체 검진
③ 현장 안전 확인
④ 주요 병력 및 신체 검진

해설 ✪ 환자평가의 단계★
① 현장 안전 확인
② 1차(즉각적인) 평가
③ 주요 병력 및 신체 검진
④ 세부 신체 검진
⑤ 재평가(보통 15분마다 평가해야 하며 위급한 환자인 경우는 5분마다 평가해야 한다).

정답 01 ① 02 ③

03 1차 평가에서 의식장애를 초래할 수 있는 원인으로 틀린 것은?

① 순환기계 손상으로 뇌로 가는 혈류량 저하
② 호흡기계 장애로 뇌로 가는 산소 저하
③ 호흡장애로 뇌에 이산화탄소 저하
④ 당과 관련된 문제로 뇌로 가는 당 저하

해설 ✪ 의식 장애를 초래할 수 있는 원인
1. 순환기계 손상으로 뇌로 가는 혈류량 저하
2. 호흡기계 장애로 뇌로 가는 산소 저하
3. 호흡장애로 뇌에 이산화탄소 증가
4. 당과 관련된 문제로 뇌로 가는 당 저하

04 외상환자의 1차 평가 순서로써 바르게 연결된 것은?

① 의식확인 - 기도유지 - 호흡확인 - 순환확인 - 위급정도 판단
② 기도유지 - 호흡확인 - 순환확인 - 위급정도 판단 - 의식확인
③ 호흡확인 - 순환확인 - 위급정도 판단 - 의식확인 - 기도유지
④ 순환확인 - 위급정도 판단 - 의식확인 - 기도유지 - 의식확인

해설 ✪ 첫인상 - 의식확인 - 기도유지 - 호흡확인 - 순환확인 - 위급정도 판단(이송여부 판단)*
☆ 13년 경기 소방장 · 서울 소방교

05 "순환평가"란 인체 조직이 재 기능의 적절한 혈액량을 공급하는 평가"로써 아닌 것은?

① 피부
② 맥박
③ 외부출혈
④ 안구검사

해설 ✪ 순환평가항목 : 맥박, 외부출혈, 피부

06 "SAMPLE"의 "A"는 무슨 뜻인가?

① Allergies - 알레르기
② Air bacterium - 공기 중 병원균
③ Allergic disease - 알레르기성 질환
④ Aids - 후천성 면역 결핍증

해설 ✪ SAMPLE ☆ 17년, 20년 소방장
- S(Signs/Symptoms) - 증상 및 징후
- A(Allergies) - 알레르기
- M(Medications) - 복용한 약물
- P(Pertinent past medical history) - 관련 있는 과거력
- L(Last oral intake) - 마지막 구강 섭취
- E(Events) - 질병이나 손상을 야기한 사건

정답 03 ③ 04 ① 05④ 06 ①

07 "SAMPLE"에서 증상(Symptoms)에 해당되는 것은?

① 호흡음　　② 피부느낌
③ 주호소　　④ 호흡수

해설 ✪ 증상(Symptoms) 및 징후(Sign)★☆ 11년 부산 소방장, 16년 서울 소방교 / 17년 소방장

- 징후는 구급대원이 문진이 아닌 시진, 청진, 촉진 등을 이용해서 알아낸 객관적인 사실이다. 예를 들면 호흡보조근 사용을 보고, 호흡음을 듣고, 피부가 차갑고 축축한 것을 느끼고, 호흡에서 아세톤 냄새가 나는 것 등은 징후이다.
- 증상은 환자가 말하는 주관적인 내용으로 가슴이 아프다, 숨이 가쁘다, 토할 거 같다 등이다. 증상을 알기 위해서는 '예, 아니요'라는 단답형 답을 유도하는 질문은 피해서 "어디가 불편하시죠?", "무슨 문제가 있나요?"라는 개방형 질문을 해야 한다.

08 다음 중 "의식수준확인의 4단계" 내용이 아닌 것은?

① H(Health ; 건강)
② V(Verbal Stimuli ; 언어지시에 반응)
③ P(Pain Stimuli ; 자극에 반응)
④ U(Unresponse ; 무반응)

해설 ✪ 의식수준 4단계★★★☆ 12년 소방위 · 서울 소방장

1. A(Alert ; 명료) : 질문에 적절한 반응이나 대답을 할 수 있는 상태
2. V(Verbal Stimuli ; 언어지시에 반응) : 질문에 적절한 반응이나 대답은 할 수 없으나 소리나 고함에 소리로 반응하는 상태(신음소리도 가능)
3. P(Pain Stimuli ; 자극에 반응) : 언어지시에는 반응하지 않고 자극에는 반응하는 상태
4. U(Unresponse ; 무반응) : 어떠한 자극에도 반응하지 않는 상태

09 피부색으로 환자를 평가하는 방법이 "붉은색"일 경우 증상은?

① 간 질환　　② 심장질환
③ 저혈압　　④ 쇼크

해설 ✪ 피부색 증상

- 창백 : 실혈, 쇼크, 저혈압, 정신적 스트레스로 인한 혈관 수축
- 청색증 : 부적절한 호흡 또는 심장기능 장애로 인한 저산소증
- 붉은색 : 심장질환과 중증 일산화탄소 중독, 열 노출
- 노란색 : 간 질환
- 얼룩덜룩한 색 : 일부 쇼크 환자

정답 07 ③　08 ①　09 ②

10 "맥박"에 대한 설명으로 잘못된 것은?

① 왼심실의 수축으로 생기는 압력의 파장으로 생기며 주로 노동맥에서 촉지 된다.
② 노동맥은 손목 안쪽 엄지손가락 쪽에서 촉지할 수 있다.
③ 촉지되지 않는다면 목동맥을 촉지해야 한다.
④ 영아의 경우 목동맥을 촉지해야 한다.

해설 ✪ 맥박
㉠ 맥박은 뼈 위를 지나가며 피부표면 근처에 위치한 동맥에서 촉지할 수 있다. 왼심실의 수축으로 생기는 압력의 파장으로 생기며 주로 노동맥에서 촉지 된다.
㉡ 노동맥은 손목 안쪽 엄지손가락 쪽에서 촉지할 수 있다.
㉢ 촉지되지 않는다면 목동맥을 촉지해야 한다.
㉣ 영아의 경우 위팔동맥에서 촉지해야 한다.
㉤ 1차 평가에서 맥박유무를 살폈다면 신체검진에서는 맥박수와 양상을 평가해야 한다.
✪ 맥박수는 분당 맥박이 뛰는 횟수로 보통 30초간 측정하고 2를 곱해 기록한다. 맥박수는 환자의 나이, 흥분도, 심장병, 약물복용 등 다양한 요인에 의해 영향을 받는다.

11 1차 순환평가 마지막단계로 "우선적인 처치 및 긴급이송이 필요한 환자"가 아닌 것은?

① 무의식 또는 의식장애 ② 시야장애
③ 심한통증 ④ 난산

해설 ✪ 우선적인 처치 및 이송이 필요한 환자
· 일반적인 인상이 좋지 않은 경우
· 호흡곤란
· 부적절한 순환 징후
· 난산
· 90mmHg 이하의 수축기압과 같이 나타나는 가슴통증
· 고열
· 무의식 또는 의식장애
· 기도유지 또는 평가가 곤란한 경우
· 지혈이 안 되는 출혈
· 호흡 또는 심정지
· 심한 통증
· 알지 못하는 약물에 의한 중독 및 남용

12 환자평가의 주요 생체징후에 대한 설명으로 올바른 것은?

① 의식수준 평가는 무반응환자 또는 심한 의식변화를 가진 환자에게 중요하다.
② 생체징후를 전부 평가하는 범위에는 피부와 동공 상태 평가는 포함되지 않는다.
③ 처음 측정한 생체징후를 기본으로 재평가를 통해 계속 비교·평가해야 한다.
④ 생체징후의 변화는 환자상태를 나타내는 척도로 항상 평가한 후에 기록해 두어야 한다.

해설 ✪ 생체징후(맥박, 호흡, 혈압, AVPU) ☆ 16년 소방교, 18년 소방교
① 의식수준 평가는 무반응환자 또는 심한 의식변화를 가진 환자에게 중요하다.
② 생체징후를 전부 평가하는 범위에는 피부와 동공 상태 평가도 포함된다.
③ 처음 측정한 생체징후를 기본으로 재평가를 통해 계속 비교·평가해야 한다.
④ 생체징후의 변화는 환자상태를 나타내는 척도로 항상 평가한 후에 기록해 두어야 한다.

정답 10 ② 11 ② 12 ②

13 "혈압"에 대한 설명으로서 옳은 것은?

① 혈관 벽에 전해지는 힘을 말한다.
② 왼심실이 쉬는 동안의 동맥 내 압력을 수축기압이라고 한다.
③ 혈압이 낮으면 뇌동맥이 파열되어 뇌졸중을 유발하고 조직은 손상 받는다.
④ 혈압이 높으면 충분한 혈액을 공급받지 못해 조직은 손상을 받는다.

해설 ✪ 혈 압★ ☆ 21년 소방장

- 혈압이 낮으면 충분한 혈액을 공급받지 못해 조직은 손상을 받는다.
- 혈압이 높으면 뇌동맥이 파열되어 뇌졸중을 유발하고 조직은 손상 받는다.
- 인체 혈관은 항상 압력을 받는 상태로 왼심실이 피를 뿜어 낼 때 혈압이 올라간다. 이때를 수축기압이라고 한다.
- 왼심실이 쉬는 동안의 동맥 내 압력을 이완기압이라고 한다.

14 "무의식환자 빠른 외상환자평가"에 대한 설명으로 바르지 못한 것은?

① 머리 : 시진과 촉진을 통한 얼굴과 머리뼈를 평가한다.
② 목뼈 : 환자임을 나타내는 표시(목걸이)가 있는지 확인하고 목정맥 팽창(JVD)이 있는지 평가
③ 팔다리 : 다리에서 팔 순서로 실시하며 환자를 나타내는 팔찌가 있는지 확인
④ 가슴 : 호흡할 때 양쪽 가슴이 적절하게 그리고 똑같이 올라오는지 관찰한다.

해설

팔다리	팔에서 다리 순으로 실시하며 환자임을 나타내는 팔찌가 있는지 확인한다. 부종, 변형, 탈구가 있는지 그리고 팔에 주사자국(약물 중독)이나 허벅지에 주사자국(당뇨환자)이 있는지 확인한다. 팔다리에 맥박이 똑같은 강도로 있는지, 운동기능과 감각기능도 평가한다.

15 "동공반응" 평가방법이 아닌 것은?

① 빛을 비추면 동공이 수축되고 빛을 치우면 다시 이완되어야 한다.
② 비정상적인 경우는 의식장애를 의심해야 한다.
③ 재평가를 위해선 1, 2초 후에 실시해야 한다.
④ 빛을 비춘 후 양쪽 눈의 동공크기를 평가한다.

해설 ✪ 평가방법

- 빛을 비추기 전 양쪽 눈의 동공크기를 평가한다. 극소수의 사람만이 동공의 크기가 다를 뿐 보통은 같아야 한다. 비정상적인 경우는 의식장애를 의심해야 한다.
- 빛을 비추면 동공이 수축되고 빛을 치우면 다시 이완되어야 한다. 비정상적인 경우는 의식장애를 의심해야 한다. 재평가를 위해선 1, 2초 후에 실시해야 한다.

정답 13 ① 14 ③ 15 ④

16 환자호흡평가방법으로서 "부적절한 호흡의 징후"가 아닌 것은?

① 피부, 입술, 혀, 귓불, 손톱색이 파랗거나 회색이다.
② 가슴의 움직임이 없거나 미미하다.
③ 비익(콧구멍)이 좁아진다(특히 소아의 경우).
④ 복식호흡을 하는지(배만 움직일 때)

해설 ✪ 부적절한 호흡의 징후
- 가슴의 움직임이 없거나 미미할 때
- 복식호흡을 하는지(배만 움직일 때)
- 입과 코에서의 공기흐름이나 가슴에서의 호흡음이 정상 이하로 떨어질 때
- 호흡 중에 비정상적인 호흡음
- 호흡이 너무 빠르거나 느릴 때
- 호흡의 깊이가 너무 낮거나 깊을 때 그리고 힘들어 할 때
- 피부, 입술, 혀, 귓불, 손톱색이 파랗거나 회색일 때(청색증)
- 들숨와 날숨 시 기도 폐쇄가 없는지
- 가쁜 호흡으로 말을 못하거나 말을 끊어서 할 때
- 비익(콧구멍)이 확장될 때(특히, 소아의 경우)
- 환자의 자세가 무릎과 가슴이 가깝게 앞으로 숙이고 있는 경우(기좌호흡)

17 동공 반응평가 방법으로서 "이완"일 경우 원인은?

① 안약 ② 머리손상
③ 안구부분 손상 ④ 만성질병

해설 ✪ 동공반응★★ ☆ 14년 인천 소방장, 18년 소방교

동공 모양	원 인
수 축	살충제 중독, 마약 남용, 녹내장약, 안과치료제
이 완	공포, 안약, 실혈
비대칭	뇌졸중, 머리손상, 안구 손상, 인공눈
무반응	뇌 산소결핍, 안구부분손상, 약물남용
불규칙한 모양	만성질병, 수술 후 상태, 급성 손상

18 환자의 피부색의 순환정도를 평가하기 위해 좋은 부분이 아닌 것은?

① 귀 ② 손톱
③ 입술 ④ 아래 눈꺼풀

해설 ✪ 피부는 색, 온도, 피부상태를 평가해야 하고, 피부색의 변화는 순환정도를 나타내며 평가하기 좋은 부분은 손톱, 입술, 아래눈꺼풀이다.

정답 16 ③ 17 ① 18 ①

19 다음 중 “정상적인 피부체온 및 상태”는?

① 차갑고 건조함　② 따뜻하고 건조함
③ 차갑고 습함　④ 따뜻하고 끈적거림

해설 ✪ 정상피부 : 따뜻하고 건조함 / 차갑고 끈적거림 : 쇼크징후, 불안 / 차갑고 습함 : 신체의 열손실 / 차갑고 건조함 : 추위노출 / 뜨겁고 건조함 : 고열, 열에 노출

20 아래 내용과 관계 깊은 것은?

> 기도를 유지하고 비재호흡마스크를 통해 15L/분 고농도산소를 제공한다. 만약, 산소공급에도 호전되지 않는다면 포켓마스크나 BVM을 통해 양압환기를 제공해준다.

① 호흡 부적정　② 호흡 적정
③ 무호흡　④ 정상호흡

해설 ✪ 무반응 환자의 호흡평가

호흡이 적정할 때	기도를 유지하고 비재호흡마스크를 통해 10~15L/분 고농도산소를 제공한다.
호흡이 부적정할 때	기도를 유지하고 비재호흡마스크를 통해 15L/분 고농도산소를 제공한다. 만약, 산소공급에도 호전되지 않는다면 포켓마스크나 BVM을 통해 양압환기를 제공해준다.
무호흡일 때	기도를 유지하고 포켓마스크나 BVM을 이용 양압환기를 실시하며 15L/분의 산소를 제공해준다.

21 “의식이 없거나 척추손상이 의심되는 환자”의 기도개방방법으로서 옳은 것은?

① 하악견인법　② 머리기울임법
③ 트렌델렌버그법　④ 상악견인법

해설 하악견인법은 의식이 없는 환자이거나 척추손상이 의심될 경우 사용하는 방법이다.

22 기도유지 보조기구사용에 대한 설명으로서 잘못된 것은?

① 무의식환자의 기도유지를 위한 초기 처치에 사용될 수 있다.
② 삽입할 때 환자의 혀를 안으로 밀어 넣지 않도록 주의한다.
③ 보편적으로 이용되는 기구는 입인두기도기와 코인두기도기가 있다.
④ 구토반사가 없는 무의식 환자인 경우에만 코인두기도기를 사용할 수 있다.

정답 19 ② 20 ① 21 ① 22 ④

해설 구토반사가 없는 무의식 환자인 경우에만 입인두기도기를 사용할 수 있다.☆ 17년 소방위 / 18년 소방교

23 입인두기도기에 대한 설명으로 옳은 것은?

① 대부분 부드럽고 유연성 있는 라텍스 재질로 연부 조직의 손상이나 출혈 가능성이 적다.
② 의식이 없는 환자에게 적합하다.
③ 구강의 상처가 있거나 입을 벌릴 수 없는 경우 사용이 용이하다.
④ 구토반사가 있는 환자 모두에게 사용될 수 있다.

해설 ✪ 입인두기도기(의식이 없는 환자)★ ☆ 16년 소방교, 18년 소방교
① 기도가 개방되면 기도를 유지하기 위해 입인두기도기를 삽관할 수 있다.
② 곡선형 모양에 대개는 플라스틱으로 만들어져 있다.
③ 환자의 입에 위치하는 플랜지가 있고 나머지 부분은 혀가 인후로 넘어가지 않게 유지하는 역할을 한다.
④ 입인두기도기는 크기별로 있으며 환자에 따라 적절한 크기를 사용해야 한다.
⑤ 크기를 선택하기 위해서는 환자의 입 가장자리에서 귓불까지 또는 입 가운데에서(누워있는 상태에서 입의 가장 튀어나온 윗부분) 아래턱각까지의 길이를 재어야 한다.
⑥ 입인두기도기의 적당한 크기를 사용하는 것은 매우 중요하다. 너무 길거나 너무 짧은 기도기의 삽관은 오히려 기도폐쇄를 유발할 수 있다.

24 코인두기도기에 대한 설명 중 옳지 않은 것은?

① 코와 귀에서 뇌척수액이 나온 경우도 삽관이 가능하다.
② 구강의 상처가 있거나 입을 벌릴 수 없는 경우에도 사용될 수 있다.
③ 연부 조직의 손상이나 출혈 가능성이 적다.
④ 구토반사를 자극하지 않아 사용빈도가 높다.

해설 ✪ 코인두기도기 ※ 삽관불가사항★ ☆ 14년 소방위, 18년 소방교
① 코인두기도기는 구토반사를 자극하지 않아 사용빈도가 높다.
② 구강의 상처가 있거나 입을 벌릴 수 없는 경우 그리고 구토반사가 있는 환자 모두에게 사용될 수 있다.
③ 대부분 부드럽고 유연성 있는 라텍스 재질로 연부 조직의 손상이나 출혈 가능성이 적다.
※ 주의 : 만약 코와 귀에서 뇌척수액이 나왔다면 코인두기도기를 삽관해서는 안 된다.
→ 환자의 머리뼈 골절을 의미하므로 기도기로 인해 뇌손상을 초래할 수 있기 때문임.

25 인공호흡 시 환자에게 적절한 환기의 비율에 대한 설명으로 바르지 못한 것은?

① 소아 12~20회 이상/분
② 신생아 40~60회/분
③ 성인 10~12회/분
④ 영아 30~50회/분

정답 23 ① 24 ① 25 ④

해설 ✪ 인공호흡 시 환자에게 적절한 환기를 위한 평가☆ 21년 소방위
1. 매 환기 시 환자의 가슴이 자연스럽게 상승, 하강하는가?
2. 환기의 비율은 적절한가?
(성인 10~12회/분, 소아·영아 12~20회 이상/분, 신생아 40~60회/분)
3. 환자의 심박동수가 정상으로 돌아 왔는가?
4. 환자의 피부색이 호전되었는가(혈색의 회복 등)
인공호흡 시 적절한 환기를 위해서는 다음의 사항을 준수하여야 한다.
5. 항시 기도의 개방상태를 유지한다.
6. 환자의 안면과 마스크가 완전히 밀착되어야 한다.
7. 고농도의 산소를 공급한다.
8. 공기가 위로 유입되지 않도록 한다.(위팽창 예방)
9. 환자에게 적당한 환기량과 비율로 환기를 제공한다.
10. 날숨을 완전히 허용한다.

26 산소포화도 측정에 있어서 정상 산소포화도는 몇 %인가?

① 100
② 95~100
③ 80~95
④ 70~80

해설 정상 산소포화도는 95~100%이며 95% 이하인 경우, 저산소증을 나타낸다.

27 "흡인 시 유의사항"으로서 잘못 설명된 것은?☆ 13년 경북 소방교, 16년 경기 소방장, 17년 소방장

① 성인의 경우 한번에 15초 이상 흡인해서는 안 된다.
② 환자는 대개 측위를 취해 분비물이 입으로 잘 나오도록 해주어야 한다.
③ 척추손상 환자는 긴 척추 고정판에 고정시킨 후 흡인해 주어야 한다.
④ 15초 실시하면 양압환기를 5분간 실시해야 한다.

해설
- 성인은 한번에 15초 이상 흡인해서는 안 된다.
- 15초 실시하면 양압환기를 2분간 실시해야 한다.
- 목 또는 척추손상 환자는 긴 척추 고정판에 고정시킨 후 흡인해 주어야 한다.

28 다음 중 "추가적인 산소공급이 필요한 환자"가 아닌 것은?

① 쇼크(저관류성)
② 과호흡환자
③ 심장 발작 또는 뇌졸중
④ 허파질환

정답 26 ② 27 ④ 28 ②

해설 ✪ 추가적인 산소공급이 필요

① 호흡 또는 심정지
② 심장 발작 또는 뇌졸중
③ 가슴통증
④ 가쁜 호흡
⑤ 쇼크(저관류성)
⑥ 과다 출혈
⑦ 허파질환

✪ 저산소증 원인

① 화재로 인해 갇혀 있는 경우
② 허파공기증 환자
③ 호흡기계를 통제하는 뇌 기능을 저하시키는 약물 남용
④ 다양한 원인으로 뇌졸중, 쇼크 등이 있다.

– 저산소증의 징후를 알고 적절한 처치를 제공하는 것으로 일반적인 징후로는 청색증과 의식장애, 혼돈, 불안감을 나타낸다. 저산소증에 대한 처치로는 산소공급이 있다.

29 "산소처치기구"에 대한 설명으로 잘못된 것은?

① 산소통, 압력조절기 그리고 공급기구(마스크 또는 케뉼라)가 있다.
② 압력게이지가 200psi(14kg/㎠) 이하로 유지되어야 한다.
③ 5년에 한번 점검하고 마지막 점검 날짜는 통에 표시해야 한다.
④ 약 1,500~2,200psi(105.6~154.9kg/㎠) 압력의 산소로 채워져 공급할 때는 약 50psi(3.52kg/㎠)로 감압하여 제공된다.

해설 ✪ 산소처치기구★ ☆ 11년 부산 소방장

① 대부분의 산소처치기구는 산소통, 압력조절기 그리고 공급기구(마스크 또는 케뉼라)가 있다.
② 통의 크기에 따라 내용적이 2L~20L까지 다양하며 약 1,500~2,200psi(105.6~154.9kg/㎠) 압력의 산소로 채워져 공급할 때는 약 50psi(3.52kg/㎠)로 감압하여 제공된다.
③ 구급대원은 산소통의 압력을 항상 점검하고 충압하여 적절한 처치가 이루어질 수 있도록 해야 한다.
④ 사용할 수 있는 시간은 산소통과 제공하는 산소의 양(L/min)에 따라 달라지며 압력게이지가 200psi(14kg/㎠) 이상으로 유지되어야 한다.

※ 5년에 한번 점검하고 마지막 날짜는 통에 표시해야 한다.

30 다음 중 "코 삽입관"의 설명으로서 옳은 것은?

① 산소흡입량은 85% 이상이다.
② 호흡곤란, 가습통증환자에게 적합하다.
③ COPD(만성폐쇄성폐질환)환자에게 주로 사용된다.
④ 적절한 산소의 량은 분당 10~15L이다.

해설 ✪ 비재호흡마스크와 코삽입관의 비교☆ 18년 소방장 / 20년 소방위

기 구	유 량	산소(%)	적응증
비재호흡마스크	10~15L/분	85~100%	호흡곤란, 청색증, 차고 축축한 피부, 가쁜 호흡, 가슴통증, 의식장애, 심각한 손상
코삽입관	1~6L/분	24~44%	마스크 거부환자, 약간의 호흡곤란을 호소하는 COPD환자

정답 29 ② 30 ③

31 "산소치료의 위험성"을 설명한 것으로 옳지 않은 것은?

① 응급처치용으로 사용되는 산소는 약 13,800~15,180KPa(138~151.9kg/㎠) 압력에 의해 저장되므로 주의해야 한다.

② 55℃ 이상의 온도에서 산소통을 저장해서는 안 된다.

③ 신생아에게 하루 이상 산소를 공급하지 않으면 눈의 망막이 흉터조직으로 변한다.

④ COPD(만성폐쇄성폐질환) 환자의 경우 호흡을 조절하는 혈중 이산화탄소수치가 항상 높기 때문에 호흡조절 기능을 상실할 수 있다.

해설 ✪ 신생아에게 하루 이상 산소를 공급하면 눈의 망막이 흉터조직으로 변한다. 따라서 부적절한 호흡을 하는 신생아에게는 주의해서 산소를 공급해 주어야 한다.

32 "호흡기계 공기의 흐름 순서"가 바르게 된 것은?

① 코, 입-인두-기관지-인두후두부-세기관지-허파꽈리

② 코, 입-기관지-후두-허파꽈리-세기관지-인두후두부

③ 코, 입-인두후두부-인두-세기관지-기관지-허파꽈리

④ 코, 입-인두-인두후두부-기관지-세기관지-허파꽈리

해설 ✪ 호흡 시 공기의 흐름★ ☆ 14년 소방위

① 코, 입 ② 코인두, 입인두 ③ 인두후두부 ④ 후두덮개 ⑤ 후두
⑥ 반지연골 ⑦ 기관지 ⑧ 세기관지 ⑨ 좌우허파(폐) ⑩ 허파꽈리

33 "호흡계 질환"에 따른 증상으로 다음 내용과 관계있는 것은?

> COPD가 아니다. 알레르기, 운동, 정신적인 스트레스, 세기관지 수축, 점액 분비로 일어난다. 고음의 천명음과 심각한 호흡곤란이 나타난다.

① 만성기관지염 ② 천식
③ 만성심부전 ④ 허파기종

해설 ✪ 천식 증상 및 징후★

심장으로 인해 야기되나 허파에 영향을 미친다. 심부전은 적정량을 뿜어내지 못해 허파순환이 저하되어 허파부종을 일으킨다. 따라서 호흡곤란이 야기되며 시끄러운 호흡음, 빠른 맥, 축축한 피부, 창백하거나 청색증, 발목 부종이 나타난다. 심한 경우 핑크색 거품의 가래가 나오기도 한다.

정답 31 ③ 32 ④ 33 ②

34 소아의 호흡기계와 성인과 차이점을 설명한 것으로 잘못된 것은?

① 반지연골이 성인보다 딱딱하다.
② 기관이 좁아 부종으로 쉽게 폐쇄된다.
③ 가슴벽이 부드러워 호흡할 때 가로막에 더 의존한다.
④ 나이가 어린 소아일수록 비강호흡을 한다.

해설 ✪ 소아의 호흡기계 성인과 다른 점☆ 17년 소방장, 19년 소방교, 20년 소방교, 21년 소방교
① 입과 코가 작아 쉽게 폐쇄될 수 있다.
: 상대적으로 혀가 차지하는 공간이 크다.
② 나이가 어린 소아일수록 비강호흡을 한다.
: 코가 막혔을 때 입으로 숨을 쉬는 것을 모른다.
③ 기관과 반지연골이 연하고 신축성이 있다.
: 따라서 부드럽게 기도를 개방해야 하며 머리를 중립으로 또는 약간 신전해야 한다.
④ 머리가 크기 때문에 쉽게 뒤로 넘어가거나 앞으로 떨어질 수 있다.
: 계속적인 관찰이 필요하다.
⑤ 기관이 좁아 부종으로 쉽게 폐쇄된다.
⑥ 가슴벽이 연약해 호흡할 때 가로막에 더욱 의존하는 경향이 있다.

35 호흡기계의 기전으로 “들숨과 날숨”에 대한 설명으로 올바른 것은?

① 공기 통로는 입과 코, 인두, 인후두부, 식도, 기관지, 허파꽈리로 연결되어 있다.
② 들숨은 가로막과 늑간근이 수축되면 늑골은 올라가고 가로막은 내려간다.
③ 호기 중에는 가로막과 늑간근이 수축하여 흉강은 넓어지면서 가로막은 올라간다.
④ 늑간근이 이완하면 늑골을 밀어 올려 흉강을 위 아래로 벌리는 역할을 한다.

해설 ✪ 호흡기계☆ 14년 소방위 / 21년 소방교, 소방장
㉠ 공기는 입과 코로 들어와서 인두를 지나간다. 코 뒤에 위치한 부분은 코인두, 입 뒤에 위치한 부분은 입인두라고 한다. 인두 아래 부분은 인두후두부이고 그 아래에는 공기와 음식이 따로 들어갈 수 있도록 2부분으로 나누어진다.
㉡ 식도는 음식물이 위로 들어가는 길이고 기관은 공기가 허파로 들어가는 길이다.
㉢ 음식물이 기관으로 들어오는 것을 막기 위해 잎 모양의 후두덮개이 있어 음식물이 들어오면 기관 입구를 덮는다.
㉣ 후두덮개 아래, 기관 윗부분은 후두라고 하며 여기에 성대가 있다. 반지연골은 후두 아래 부분에 있다. 기관은 기관지라 불리는 2개의 관으로 나눠진다. 기관지는 각각 좌·우 허파와 연결되어 있고 다시 세기관지로 나누어진다.
㉤ 세기관지는 가스교환이 이루어지는 허파꽈리라 불리는 수 천 개의 작은 공기주머니와 연결되어 있다. 오른쪽 허파는 3개 엽을 갖고 있고 왼쪽 허파는 2개 엽을 갖고 있다. 배와 가슴을 나누는 것은 가로막이다.
㉥ 들숨은 가로막과 늑간근이 수축할 때 일어난다. 이 때 갈비뼈는 올라가고 팽창되며 가로막은 내려간다. 이로 인해 흉강 크기는 증가하고 허파로의 공기유입을 증가시킨다.
㉦ 날숨은 이러한 근육이 이완될 때 일어나며 흉강 크기는 작아지고 갈비뼈는 아래로 내려가고 수축되며 가로막은 올라간다.

정답 34 ① 35 ②

36 다음 중 "호흡곤란 증상"으로 볼 수 있는 것은?

① 정상적인 호흡수
② 성인은 느린맥, 소아는 빠른맥
③ 조용한 호흡음
④ 통모양의 가슴

해설 ✪ 호흡곤란의 증상 및 징후★☆ 13년 부산 소방장

- 비정상적인 호흡수
- 얕은 호흡
- 성인은 빠른맥, 소아는 느린맥
- 창백, 청색증, 홍조
- 통모양의 가슴(보통 허파기종 환자)
- 삼각자세 또는 앉아서 앞으로 숙인 자세
- 불규칙한 호흡양상
- 시끄러운 호흡음
- 짧은 호흡, 불안정, 흥분, 의식장애
- 대화 장애(완전한 문장 표현 어려움)
- 목, 가슴 위쪽에 있는 호흡 보조근 사용 및 늑간 견축

37 "신생아와 소아의 호흡곤란 증세"로 설명이 맞지 않은 것은?

① 소아는 저산소증에 성인보다 빨리 청색증이 나타난다.
② 소아의 경우 상기도 폐쇄나 하기도 질병은 호흡곤란을 야기시킬 수 있다.
③ 비정상적인 호흡과 맥박저하를 보이면 즉시 많은 량의 산소를 공급해 주어야 한다.
④ 목, 가슴, 갈비뼈 사이 견인이 심하게 나타난다.

해설 ✪ 신생아와 소아 호흡곤란★☆ 14년 경기 소방장, 16년 대구 소방교

① 성인과 다른 호흡곤란 징후가 나타나는데 예를 들면, 목, 가슴, 갈비뼈 사이 견인이 심하게 나타난다.
② 날숨 시 비익이 확장되고 들숨 시 비익이 축소되며 호흡하는 동안 배와 가슴이 각기 다른 방향으로 움직이는 것을 볼 수 있다.
③ 소아는 저산소증에 성인보다 늦게 청색증이 나타나며 또한 성인과 달리 심한 저산소증에서 맥박이 느려진다.
④ 만약 처치결과로 성인의 맥박이 느려지면 호전을 나타내지만 소아의 경우는 심정지를 의미할 수 있다.
  - 비정상적인 호흡과 맥박저하를 보이면 즉시 많은 량의 산소를 공급해 주어야 한다.
⑤ 인공호흡을 실시하고 맥박이 정상 이하일 때에는 처치에 대한 재평가를 실시해야 한다.
⑥ 기도가 개방된 상태인지, 이물질은 없는지, 산소는 충분한지, 튜브는 꼬이거나 눌리지 않았는지 확인하고 필요하다면 흡인하고 코·입인두유지기를 사용한다.
⑦ 소아의 경우 가능하다면 상기도폐쇄로 인한 것인지 하기도 질병으로 인한 것인지 구분하는 것이 중요하다.

38 "연기 흡입이 의심될 때 나타나는 증상"으로 틀린 것은?

① 밀폐된 화재현장에서 환자 발견
② 천명이나 쌕쌕거림
③ 큰 목소리
④ 머리카락이나 코털이 그을린 자국

정답 36 ④ 37 ① 38 ③

해설 ✪ 연기 흡입이 의심될 때 나타나는 추가 증상 및 징후
① 화재현장에서 환자 발견(특히 밀폐된 공간)
② 입 또는 코 주변의 그을음
③ 머리카락이나 코털이 그을린 자국
④ 천명이나 쌕쌕거림
⑤ 쉰 목소리
⑥ 기침

39 "심질환 환자"에 대한 응급처치요령으로 옳은 것은?

① 환자가 저혈압이라면 앙와위에 발을 심장보다 낮게 해줘야 한다.
② 호흡곤란 또는 울혈성 심부전 환자는 누워있는 자세가 가장 편안함을 줄 수 있다.
③ 비재호흡마스크를 통해 30L/분 산소를 공급한다.
④ 산소포화도가 90% 이상을 초과하지 못할 경우에는 마스크 또는 비재호흡마스크를 통해 높은 농도의 산소를 공급한다.

해설 ✪ 심질환 환자에 대한 응급처치
① 편안한 자세를 취해준다.
㉠ 대부분 앉아 있는 자세로 만약 환자가 저혈압이라면 앙와위에 발을 심장보다 높게 해줘야 한다. 이 자세는 보다 많은 혈액이 뇌와 심장으로 가도록 도와준다.
㉡ 호흡곤란 또는 울혈성 심부전 환자는 앉아 있는 자세가 편안함을 줄 수 있다.
② 산소포화도를 측정하여 90% 미만일 경우 코 삽입관으로 4~6L의 산소를 공급한다. 그 후에도 산소포화도가 90% 이상을 초과하지 못할 경우에는 마스크 또는 비재호흡마스크를 통해 높은 농도의 산소를 공급한다. 호흡이 불규칙하여 청색증 또는 호흡이 없다면 포켓마스크, BVM 등을 이용하여 산소를 공급한다.
③ 계속 ABC's를 관찰해야 한다.
– 심장마비에 대비해 CPR과 AED를 준비해야 한다.
④ 니트로글리세린을 처방받은 환자라면 복용하도록 옆에서 도와주어야 한다.
⑤ 신속하게 병원으로 이송한다.

40 다음 중 "제세동 사용불가" 환자는?

① 맥박이 약한 환자
② 심각한 외상환자의 심정지
③ 의식이 있는 환자
④ 9세 어린이 환자

해설 ✪ 제세동 사용불가 환자
1. 의식, 맥박, 호흡이 있는 환자는 오히려 사망에 이르게 할 수 있다.
2. 심각한 외상환자의 심정지
· 대부분 심각한 출혈과 생체기관이 한 개 또는 둘 이상 손상이 되며 환자에게 제세동이 실시된다고 하여도 성공의 가능성은 없다.
· 또한 이러한 심각한 외상의 경우에는 현장에서 가능하면 최소한의 시간을 사용하여야 하고 환자는 수술이 가능한 병원으로 신속히 이송되어야 한다.

정답 39 ④ 40 ②

41 "심장마비 환자"에 대한 설명으로 옳은 것은?

① 신속한 심폐소생술 실시는 도착 즉시 30 : 1의 비율로 가슴압박과 인공호흡을 실시한다.
② 심박동이 멈추면 세포는 죽어가기 시작하고 10분 이상 지나면 뇌세포도 죽기 시작한다.
③ 심장마비환자는 맥박 또는 호흡은 있으나 의식이 혼미하다.
④ 때때로 빠른 맥이 나타나거나 심장근육에 세동이 나타날 수 있다.

해설 ✪ 심장마비 환자
- 심장 박동이 멈추거나 다른 종류의 전기적 활동이 대신하는 경우로 때때로 빠른맥이 나타나거나 심장근육에 세동이 나타날 수 있다.
- 심장마비환자는 맥박 또는 호흡이 없고 무의식상태를 나타낸다.
- 심박동이 멈추면 세포는 죽어가기 시작하고 4~6분 내에 뇌세포도 죽기 시작한다. 신속하고 효과적인 처치가 없다면 사망에 이를 수 있다.

42 "성인생존사슬" 중 두 번째 사항은?

심정지예방과 조기발견, 신속한 신고, 신속한 심폐소생술, 신속한 제세동, 효과적 전문소생술과 심정지 후 치료

① 신속한 제세동
② 심정지예방과 조기발견
③ 신속한 신고
④ 신속한 심폐소생술

해설

소아심장 마비환자 생존사슬★★★ ☆ 14년 소방위, 15년 소방장	※ 미국과 달리 한국의 경우 대한심폐소생협회에 따르면 신속한 신고 후 심폐소생술을 할 것을 권장하고 있다. ① 심정지 방지(즉, 호흡문제와 쇼크에 대한 처치) ② 신속한 신고(응급의료체계 발동) ③ 초기 수행능력을 가진 목격자에 의한 심폐소생술 실시 ④ 효과적인 전문 소생술(전문 처치병원으로 이송 및 상태 호전을 포함한다) ⑤ 심정지 후 통합치료

43 "제세동기"에 대한 설명으로 틀린 것은?

① 심정지의 대부분은 심실빈맥에 의해 유발되며, 심실빈맥에서 가장 중요한 처치는 전기적 제세동이다.
② 제세동 처치는 빨리 시행할수록 효과적이므로 현장에서 신속하게 시행되어야 한다.
③ 심실세동에서 제세동이 1분 지연될 때마다 세세동의 성공 가능성은 7~10%씩 감소한다.
④ 심실세동과 무맥성 심실빈맥은 제세동으로 치료가 될 수 있다.

정답 41 ④ 42 ③ 43 ①

해설 ✪ 심정지의 대부분은 심실세동에 의해 유발되며, 심실세동에서 가장 중요한 처치는 전기적 제세동이다.

44 현장에서 자동 제세동기를 사용하는 경우 몇 분 정도의 심폐소생술을 실시한 후 병원으로 이송하도록 권장하고 있는가?

① 3~5분　② 5~10분
③ 10~15분　④ 15~20분

해설 현장에서 자동 제세동기를 사용하는 경우 5~10분 정도의 심폐소생술을 시행한 후 가까운 병원으로 이송 하는 것을 권장하며 이송 중에도 가능하면 계속 심폐소생술을 시행하도록 한다.

45 제세동기 사용 후 곧바로 시행해야 할 것은?

① 가슴압박　② 맥박확인
③ 니트로글리세린 투여　④ 리듬분석

해설 제세동 사용 후에는 맥박확인이나 리듬분석을 시행하지 않고 곧바로 가슴압박을 실시하며, 5주기의 심폐소생술을 시행한 후에 다시 한 번 심전도를 분석하여 적응증이 되면 제세동을 반복한다.★ ☆ 15년 소방장

46 "제세동기 사용 시 주의사항"으로 잘못된 것은?

① 비 오는 바깥이나 축축한 장소에서의 사용은 금지한다.
② 금속 들것에 누워있는 환자에게 사용하는 것이 효과적이다.
③ 당뇨 환자 배에 혈당조절기를 위한 바늘이 삽입된 경우에는 제거한 후에 실시한다.
④ 끊어진 전선이 주위에 있다면 장소를 옮겨 사용한다.

해설 ✪ 제세동 사용 시 주의 사항★ ☆ 13년 경남 소방장
① 비 오는 바깥이나 축축한 장소에서의 사용은 금지한다.
· 만약, 물에 빠진 환자라면 젖은 옷을 벗기고 건조한 곳으로 이동 후 사용해야 한다.
② 금속 들것이나 표면에 환자가 있다면 비금속 장소로 이동 후에 실시한다.
③ 시작 전에 환자 머리에서 발끝까지 둘러보면서 "모두 물러나세요."라고 소리치고 눈으로 확인한다.
④ 당뇨 환자 배에 혈당조절기를 위한 바늘이 삽입된 경우에는 제거한 후에 실시한다.
⑤ 끊어진 전선이 주위에 있다면 장소를 옮겨 사용한다.

정답 44 ② 45 ① 46 ②

47 심장마비 환자에 대한 AED와 CPR 처치과정에서 설명이 잘못된 것은?

① 2분간 5주기의 CPR을 실시한 후 리듬을 재분석 한다.
② 회복된 상태라면 CPR과 제세동을 반복하여 실시한다.
③ 사생활 보호에 유의하며 가슴을 노출시킨다.
④ 호흡이 비정상이라면 BVM을 이용한 인공호흡으로 고농도산소를 제공하고 이송해야 한다.

해설 ✪ 2분간 5주기의 CPR을 실시한 후 리듬을 재분석 한다.
① 회복상태라면 호흡과 맥박을 확인하고 산소공급과 신속한 이송을 실시한다.
② 비 회복상태라면 CPR과 제세동을 반복하여 실시한다.

48 “복통”과 관련하여 다음 내용과 깊은 관계가 있는 것은?

> 배대동맥류(abdominal aortic aneurysm)의 경우 대동맥 내층이 손상 받아 혈액이 외층으로 유출될 때 등쪽에서 이러한 통증이 나타난다.

① 벽쪽통증 ② 쥐어뜯는 뜻한 통증
③ 내장통증 ④ 연관통증

해설 ✪ 복통의 종류★☆ 12년 부산 소방장, 19년 소방위
복통에는 내장통증, 벽쪽통증, 쥐어뜯는 듯한 통증, 연관통증이 있다.

쥐어뜯는 듯한 통증	· 복통으로는 흔하지 않은 유형으로 대동맥을 제외한 대부분의 배내 장기는 이러한 통증을 느끼는 감각을 갖고 있지 않다. · 배대동맥류 (abdominal aortic aneurysm)의 경우 대동맥 내층이 손상 받아 혈액이 외층으로 유출될 때 등쪽에서 이러한 통증이 나타난다. · 유출된 혈액이 모여 마치 풍선과 같은 유형을 나타내기도 한다.

49 심실세동”에 대한 설명으로 다음 내용과 관계 깊은 것은?

> 심장마비 후 (㉠)분 안에 심장마비 환자의 약 (㉡)에서 나타난다. 이는 심장의 많은 다른 부위에서 불규칙한 전기적 자극으로 일어나며 심장은 진동할 뿐 효과적으로 피를 뿜어내지 못한다. (㉢)에 제세동을 실시하면 매우 효과적일 수 있다.

① 8, 1/2, 초기 ② 10, 1/3, 말기
③ 5, 1/2, 중기 ④ 8, 1/3, 초기

해설 ✪ 심장마비 후 8분 안에 심장마비 환자의 약 1/2에서 나타난다. 이는 심장의 많은 다른 부위에서 불규칙한 전기적 자극으로 일어나며 심장은 진동할 뿐 효과적으로 피를 뿜어내지 못한다. 초기에 제세동을 실시하면 매우 효과적일 수 있다.

정답 47 ② 48 ② 49 ①

50 "복통을 유발하는 질병"으로 다음 내용과 관계가 있는 것은?* ☆ 19년 소방장

수술이 필요하며 증상 및 징후로는 오심/구토가 있으며 처음에는 배꼽부위 통증(처음)을 호소하다 RLQ부위의 지속적인 통증을 호소한다.

① 충수돌기염　② 췌장염
③ 탈장　④ 요로결석

해설

충수돌기염(맹장염)	수술이 필요하며 증상 및 징후로는 오심/구토가 있으며 처음에는 배꼽부위 통증(처음)을 호소하다 RLQ부위의 지속적인 통증을 호소한다.

51 복통 환자의 OPQRST력 정보수집 방법으로 틀린 것은?* ☆ 18년 소방교

① P : 쉬는 중에 아니면 일하는 중에 시작됐는지?
② O : 증상이 나타날 때 무엇을 하고 있었는지?
③ R : 어느 부분이 아프지 그리고 아픈 증상이 다른 부위까지 나타나는지?
④ Q : 어떻게 아픈지 환자가 표현할 수 있게 개방형으로 질문한다.

해설

Provocation or Palliation	어떤 움직임이나 압박 또는 외부요인이 증상을 악화 또는 완화시키는지? (쉬면은 진정이 되는지?)

52 다음 중 "순환계"의 3가지 주요 요소가 아닌 것은?

① 콩팥　② 심장
③ 혈관　④ 혈액

해설 순환계는 3개의 주요 요소 : 심장, 혈관, 혈액* ☆ 19년 소방장

53 혈관의 각 기능으로 혈액을 오른심방으로 이동시키는 역할을 하는 것은?

① 동맥　② 정맥
③ 심장　④ 콩팥

정답 50 ① 51 ① 52 ① 53 ②

해설 ✪ 혈관의 기능

① 동맥
- 심장으로부터 혈액을 멀리 운반하며 주요 동맥을 대동맥이라고 한다.
- 혈액은 왼심실로부터 대동맥-소동맥-세동맥-모세혈관으로 분지된다.

② 정맥
- 혈액을 오른심방으로 이동시키는 역할을 한다.
- 모세혈관-소정맥-대정맥-오른심방으로 유입시킨다.
- 동맥과 비교할 때 벽이 얇으며 압력이 낮다.
- 오른심방으로 들어 온 피는 오른심실에서 허파로 이동해 산소를 교환하고 왼심방으로 들어와 왼심실에서 전신으로 동맥을 통해 뿜어져 나간다.

③ 모세혈관
- 모세혈관의 뚜께는 하나의 세포뚜께 정도이며 이 얇은 벽을 통해 산소, 영양분, 폐기물이 교환된다.

54 다음 중 “백혈구”에 대한 설명으로 옳은 것은?

① 면역체계의 일부분으로 감염을 방지한다.
② 세포에 산소를 운반해 주고 이산화탄소를 받으며 혈액의 색을 결정하는 요소이다.
③ 세포의 특수한 부분으로 지혈작용을 한다.
④ 혈액량의 1/2 이상을 차지하며 전신에 혈구와 혈소판을 운반하는 역할을 하고 있다.

해설 ✪ 혈액

- 성인의 경우 체중 1kg당 약 70㎖의 혈액량을 갖고 있다.

구분	설명
적혈구	세포에 산소를 운반해 주고 이산화탄소를 받으며 혈액의 색을 결정하는 요소이다.
백혈구	면역체계의 일부분으로 감염을 방지한다.
혈소판	세포의 특수한 부분으로 지혈작용을 한다.
혈 장	혈액량의 1/2 이상을 차지하며 전신에 혈구와 혈소판을 운반하는 역할을 하고 있다.

55 “출혈”에 대한 설명으로서 옳은 것은?

① 일반적으로 혈액의 50% 이상 출혈되면 쇼크로 진행된다.
② 신생아의 갑작스런 100cc 출혈은 문제가 되지 않는다.
③ 일반적으로 성인은 0.1L, 소아는 0.5L, 신생아는 1L 실혈될 경우 위험하다.
④ 외부출혈이라도 옷, 장식천, 깔개, 땅 등에 흡수된 실혈량은 측정할 수 없다.

해설 ✪ 출혈

① 성인의 경우 갑작스런 100cc 출혈은 문제가 되지 않지만 전체 혈액량이 500~800cc인 신생아에게는 심각한다.
② 일반적으로 성인은 1L, 소아는 0.5L, 신생아는 0.1L 실혈될 경우 위험하다.
③ 외부출혈이라도 옷, 장식천, 깔개, 땅 등에 흡수된 실혈량은 측정할 수 없으며 내부출혈인 경우 더더욱 알 수 없다는 문제점이 있다.
④ 정상적인 출혈 반응은 손상 혈관이 수축되고 혈소판과 응고인자는 혈액을 응고시켜 지혈반응을 나타내는데 심한 출혈에는 이 기능이 정상적으로 작용하지 않을 수 있다.

정답 54 ① 55 ④

56 다음 중 출혈형태에 대한 내용으로 "동맥출혈"과 관련 있는 것은?

① 산소가 풍부하지 않으며 저압 상태이므로 검붉은 색을 띠며 흘러나오는 양상을 나타낸다.
② 선홍색을 띠며 심박동에 맞춰 뿜어져 나온다.
③ 색은 검붉은 색이며 찰과상에서 흔히 볼 수 있다.
④ 열상에서 많이 나타나며 지혈이 쉽다.

해설 ✪ 출혈 형태

동맥 출혈	동맥이나 세동맥 손상으로 일어난다. 산소가 풍부하고 고압 상태이므로 선홍색을 띠며 심박동에 맞춰 뿜어져 나온다. 보통 량이 많으며 고압으로 인해 지혈이 어렵다. 지혈 되지 않으면 쇼크 증상을 초래하며 열상에서 많이 나타난다.
정맥 출혈	정맥이나 세정맥 손상으로 일어난다. 산소가 풍부하지 않으며 저압 상태이므로 검붉은 색을 띠며 흘러나오는 양상을 나타낸다. 열상에서 많이 나타나며 지혈이 쉽다.
모세혈관 출혈	모세혈관은 얇고 출혈도 느리며 스며 나오듯이 나온다. 색은 검붉은 색이며 찰과상에서 흔히 볼 수 있다. 지혈이 쉬우며 실혈량도 적고 자연적으로 지혈되는 형태이다.
※ 평가할 때 고려해야 할 요소로는 상처 형태나 부위에 따라 출혈의 정도가 달라진다.	

57 다음 지혈방법 중 "거상"에 대한 설명으로서 옳은 것은?

① 장갑 낀 손으로 출혈부위를 직접 누른다.
② 보통 압박점으로 팔은 윗팔동맥, 다리는 넙다리동맥, 얼굴은 관자동맥을 이용한다.
③ 상처부위를 심장보다 높게 올리는 방법으로 근골격계 손상이나 척추손상이 의심되는 경우 사용해서는 안 된다.
④ 뼈 위로 지나는 큰 동맥에 위치해 있으며 팔다리상처로 인한 실혈량을 줄일 수 있다.

해설 ✪ 지 혈

직접 압박	장갑 낀 손으로 출혈부위를 직접 누른다. 압박을 계속 유지하기 위해서는 소독 드레싱을 실시한다. 만약 출혈이 계속 된다면 다음 단계를 실시한다.
거 상	상처부위를 심장보다 높게 올리는 방법으로 근골격계 손상이나 척추손상이 의심되는 경우에는 거상해서는 안 된다. 예를 들면, 손목 출혈 환자가 위팔뼈골절을 갖고 있다면 거상해서는 안 된다. 만약 출혈이 계속 된다면 다음 단계를 실시한다.
압박점	뼈 위로 지나는 큰 동맥에 위치해 있으며 팔다리상처로 인한 실혈량을 줄일 수 있다. 보통 압박점으로 팔은 윗팔동맥, 다리는 넙다리동맥, 얼굴은 관자동맥을 이용한다. 압박점은 환자의 자세에 상관없이 사용할 수 있다는 장점이 있다.

정답 56 ② 57 ③

58 "지혈기구"에 대한 설명으로 다음 내용과 관련 있는 것은?

> 절단 부위로부터 치명적인 출혈을 보일 때 마지막 수단으로 보통 사용된다.

① 경성부목
② 지혈대
③ 공기부목
④ 진공부목

해설
✪ 지혈대★★☆ 13년 인천 소방장
절단 부위로부터 치명적인 출혈을 보일 때 마지막 수단으로 보통 사용된다. 지혈대 사용은 근육, 혈관, 신경에 커다란 손상을 초래할 수 있으며 이는 환자 상태를 악화시키고 접합수술을 불가능하게 만들 수 있다. 만약 사용하게 된다면 아래의 사항들을 유념해야 한다.

59 "지혈대 사용 시 유의사항"으로 옳은 것은?

① 지혈대는 병원 도착 전 반드시 풀어야 한다.
② 철사, 밧줄, 벨트 등을 사용하는 것이 좋다.
③ 관절 위에 사용하기가 편리하다.
④ 항상 넓은 지혈대를 사용해야 한다.

해설
✪ 지혈대 사용 시 유의사항
① 항상 넓은 지혈대를 사용해야 한다.
② 철사, 밧줄, 벨트 등은 조직을 손상시키므로 사용해서는 안 된다.
③ 한번 조인 지혈대는 병원에 올 때까지 풀어서는 안 된다.
④ 관절 위에 사용해서는 안 된다.

60 내부출혈의 증상 및 징후로서 잘못된 것은?

① 느린맥
② 입, 항문, 질, 기타 구멍으로부터의 출혈
③ 갈색이나 붉은색의 구토물
④ 검고 끈적거리거나 붉은 색의 대변

해설
✪ 내부 출혈의 특징적인 증상 및 징후★☆ 13년 경기 소방장
- 빠른맥
- 손상 부위의 찰과상, 타박상, 변형, 충격 흔적, 머리·목·가슴·배·골반 부종
- 입, 항문, 질, 기타 구멍으로부터의 출혈
- 갈색이나 붉은색의 구토물
- 검고 끈적거리거나 붉은 색의 대변
- 부드럽고 딱딱하거나 팽창된 배 등으로 내부출혈이 심각한 경우 쇼크의 증상 및 징후가 나타난다.

정답 58 ② 59 ④ 60 ①

61 쇼크의 주요원인이 아닌 것은?

① 심장기능 장애
② 정상 혈관 수축 기능 저하
③ 실혈이나 체액 손실
④ 폐포손상

해설 ✪ 쇼크 3가지 주요 요소
· 심장기능 장애
· 정상 혈관 수축 기능 저하
· 실혈이나 체액 손실

62 "저혈량 쇼크"의 실혈에 따른 증상 및 징후가 아닌 것은?

① 팔다리 : 혈관의 수축으로 인한 혈압상승
② 심혈관계 : 빠른호흡과 빠르고 약한 맥박
③ 위장관계 : 오심과 구토
④ 피부 : 차갑고 창백하거나 청색증

해설 ✪ 실혈에 따른 각 조직의 반응 및 증상/징후★ ☆ 13년 서울 소방장, 14년 소방위, 17년 소방장

기 관	실혈 반응	증상 및 징후
뇌	심장과 호흡기능 유지를 위한 뇌 부분의 혈류량 감소	의식 변화 – 혼돈, 안절부절, 흥분
심혈관계	심박동 증가, 혈관수축	빠른호흡, 빠르고 약한 맥박 저혈압, 모세혈관 재충혈 시간 지연
위장관계	소화기계 혈류량 감소	오심/구토
콩 팥	염분과 수분 보유 기능 저하	소변생산량 감소, 심한 갈증
피 부	혈관 수축으로 인한 혈류량 감소	차갑고 창백하며 축축한 피부, 청색증
팔다리	관류량 저하	말초맥박 저하, 혈압 저하

63 신체부위별 "드레싱과 붕대"를 이용한 처치에 대한 설명으로 바르지 못한 것은?

① 아래팔 또는 다리 손상 시 손상부위를 몸쪽에서 먼 쪽 방향으로 감는다.
② 어깨손상 시 액와부에 패드를 댄 후 8자 모양으로 붕대를 감는다.
③ 손의 손상 시 손목까지 붕대로 감아 고정 시킨다.
④ 팔꿈치 또는 무릎 손상 시 손상 부위를 8자 모양으로 붕대를 감는다.

해설 ✪ 아래팔 또는 다리 손상 시 손상부위를 먼 쪽에서 몸 쪽 방향으로 감는다.★ ☆ 15년 소방장 / 18년 소방장

정답 61 ④ 62 ① 63 ①

64 **다음 중 "폐쇄성 연부조직손상"의 형태와 관계있는 것은?**

① 찰과상 ② 절단
③ 혈종 ④ 열상

해설 · 폐쇄성 연부조직손상 : 타박상, 혈종, 폐쇄성 압좌상
· 개방성 연부조직손상 : 찰과상, 열상, 결출상, 절단, 관통/찔린 상처, 개방성 압좌상

65 **"피부의 기능"에 대한 설명으로서 잘못된 것은?**

① 인체 내부 수분과 기타 체액을 유지하는 기능
② 인체를 보호하고 감염을 방지하는 보호벽 기능
③ 외부 충격으로부터 내부 장기 보호 기능
④ 인체 외부와 내부체온을 차단하는 기능

해설 ✪ 피부의 기능
① 인체를 보호하고 감염을 방지하는 보호벽 기능
② 인체 내부 수분과 기타 체액을 유지하는 기능
③ 체온조절기능(혈관의 수축과 확장 그리고 땀의 분비로 체온을 조절)
④ 외부 충격으로부터 내부 장기 보호 기능

66 **"개방성 배 손상환자"에 대한 설명으로 틀린 것은?**

① 생리식염수로 장기를 세척한다.
② 고농도 산소를 제공한다.
③ 나온 장기에 닿지 않도록 조심하고 다시 집어넣으려 시도하면 안 된다.
④ 무릎과 엉덩이에 상처가 없다면 무릎을 구부리도록 한다.

해설 ✪ 개방성 배 손상)☆ 18년 소방장 / 20년 소방장
배 내 장기가 외부로 나와 있는 개방성 배 손상은 드문 경우로 내장적출이라고도 한다.
※ 응급처치
1. 개인 보호 장비를 착용한다.
2. 고농도 산소를 공급한다.
3. 상처 부위를 옷 등을 제거시켜 노출시킨다.
 · 나온 장기에 닿지 않도록 주의해야 하며 다시 집어넣으려 시도하면 안 된다.
4. 생리식염수를 적신 멸균거즈로 노출된 장기를 덮고 드레싱 한다.
5. 무릎과 엉덩이에 상처가 없다면 무릎을 구부리도록 한다(무릎 아래에 베게나 말은 이불을 대어 준다).
 · 이 자세는 복벽에 가해지는 스트레스를 줄여준다.
6. 신속하게 병원으로 이송시킨다.

정답 64 ③ 65 ④ 66 ①

67 다음의 "개방성 연부조직 손상"에 대한 설명과 관계 깊은 것은?☆ 13년 강원 소방장, 19년 소방위

피부나 조직이 찢겨져 너덜거리는 상태로 많은 혈관 손상으로 종종 출혈이 심각하다. 보통 산업현장에서 많이 발생한다.

① 결출상
② 찰과상
③ 열상
④ 절단

해설 ✪ 결출상★
피부나 조직이 찢겨져 너덜거리는 상태로 많은 혈관 손상으로 종종 출혈이 심각하다. 보통 산업현장에서 많이 발생한다.

68 "폐쇄성 연부조직 손상"과 관련 없는 것은?★★☆ 13년 부산·강원 소방장

① 진피는 그대로이나 안에 세포나 혈관은 손상을 받은 형태이다.
② 피부손상 깊이와 넓이가 다양하며 날카로운 물체에 피부가 잘린 상처이다.
③ 통증, 부종, 변형, 골절 등을 함께 동반할 수 있다.
④ 피부 표면에 다른 색으로 부어 있거나 뇌, 배와 같은 인체내부에서도 일어날 수 있다.

해설 ✪ ②는 개방성 연부조직손상에 대한 설명이다.

69 응급처치 시 "붕대의 사용요령" 중 잘못된 것은?

① 삼면드레싱 부위는 모두 붕대로 감싸 추가 오염을 방지해야 한다.
② 혈액순환과 신경검사에 필요한 손가락과 발가락은 감싸지 말아야 한다.
③ 붕대를 감을 때 너무 조여 동맥의 흐름을 방해해서는 안 된다.
④ 통증, 피부색 변화, 저린 감각 등은 붕대를 너무 조일 때 나타난다.

해설

붕 대	① 붕대를 감을 때 너무 조여 동맥의 흐름을 방해해서는 안 된다. ② 너무 느슨한 경우 손상 부위로부터 벗어날 수 있으므로 주의해야 한다. ③ 환자가 움직일 때 매듭이 풀리지 않도록 주의해야 한다. ④ 혈액순환과 신경검사에 필요한 손가락과 발가락은 감싸지 말아야 한다. (손가락과 발가락 화상 시에는 제외) 통증, 피부색 변화, 차가움, 저린감각 등은 붕대를 너무 조일 때 나타난다. ⑤ 드레싱 부위는 모두 붕대로 감싸 추가 오염을 방지해야 한다. 단, 삼면드레싱의 경우 제외

정답 67 ① 68 ② 69 ①

70 목 부위에 큰 상처가 났을 때 응급처치 요령에 대한 설명으로 다음 ( ) 안에 들어갈 내용은?

상처 부위에서 ( ) 이상 덮을 수 있는 두꺼운 거즈로 폐쇄드레싱을 하고 지혈을 위해 압박붕대로 감는다.

① 2cm ② 3cm
③ 5cm ④ 7cm

해설 ✪ 목 부위 상처 났을 때 응급처치 요령
① 개인 보호 장비를 착용한다.
② 기도가 개방된 상태인지 확인한다.
③ 지혈을 위해 상처 위를 장갑 낀 손으로 직접 압박한다.
④ 상처 부위에서 5cm 이상 덮을 수 있는 두꺼운 거즈로 폐쇄드레싱을 하고 지혈을 위해 압박붕대로 감는다.
· 꼭 필요한 경우를 제외하고는 목동맥에 압박을 주는 행위는 피해야 하며 양측 목동맥을 동시에 압박해서는 안 된다.
⑤ 신속하게 병원으로 이송한다.

71 관통상일 경우 응급처치 요령으로 틀린 것은?

① 관통부위를 직접 압박하여 지혈시킨다.
② 관통한 물체를 제거하지 않고 상처부위에 고정시킨다.
③ 물체를 고정시키기 위해 압박붕대로 드레싱 한다.
④ 상처부위를 노출시키기 위해 옷 등을 가위로 자른다.

해설 ✪ 관통상일 경우 응급처치★★ ☆ 18년 소방장
① 개인 보호 장비를 착용한다.
② 관통한 물체를 제거하지 않고 상처부위에 고정시킨다. 단, 아래 사항의 경우는 제외시킨다.
· 물체로 인해 이송할 수 없는 경우(크기나 무게 그리고 고정상태 등)
· CPR 등 응급한 상황에서의 처치에 방해가 될 때
· 단순하게 뺨을 관통한 상태(기도유지를 위해서나 추가적인 입안 손상을 막기 위해)
③ 상처부위를 노출시키기 위해 옷 등을 가위로 자른다.
④ 지혈시킨다.
· 관통부위가 아닌 옆 부분을 직접 압박한다.
⑤ 물체를 고정시키기 위해 압박붕대로 드레싱 한다.
· 물체 주위를 겹겹이 드레싱 한다.
⑥ 고정 부위가 움직이지 않게 주의하며 병원으로 이송한다.

72 다음 "9법칙"에서 오른쪽다리 전체와 복부화상 환자의 화상범위는? ☆ 17년 소방위 / 20년 소방장

① 36% ② 18%
③ 30% ④ 27%

정답 70 ③ 71 ① 72 ④

해설 ✪ 처치와 이송 전에 화상범위를 파악해야 하며 '9법칙'이라 불리는 기준을 이용함.
· 오른쪽다리 전체 18% + 복부 9% = 27%

73 다음 중 "절단" 시 응급처치 요령으로 잘못된 것은?

① 절단부위를 비닐백에 넣어 밀봉한다.
② 우선지혈대를 이용해 지혈을 실시한다.
③ 비닐백은 얼음에 직접 닿지 않도록 한다.
④ 절단된 끝부분에 압박드레싱을 해준다.

해설 ✪ 절 단★ ☆ 14년 서울 소방장
지혈과 절단부위 처치가 중요하다. 접합수술이 가능하지 않아도 절단부위 회복에 필요할 수 있으므로 절단부위는 환자와 함께 이송해야 한다.
※ 응급처치
1. 개인보호 장비를 착용한다.
2. 지혈을 실시한다. 절단된 끝부분에 압박드레싱을 해준다. 지혈대(tourniquet)는 최후 수단으로 사용해야 한다.
3. 부분절단인 경우 완전절단이 되지 않도록 유의해야 한다. – 절단부위가 약간이라도 몸체와 붙어 있다면 접합수술 가능성이 있으므로 고정시키거나 부목을 대주어야 한다.
4. 완전절단이라면
· 생리식염수를 적신 멸균 거즈로 감싼다.
· 비닐백에 조직을 넣어 밀봉 후 차갑게 유지해야 하는데 얼음에 직접 조직이 닿지 않도록 해야 한다.
· 벗겨진 조직에 환자 이름, 날짜, 부위 명을 적어 환자와 같이 이송한다.

74 다음 중 "2도 화상"에 해당되는 것은?

① 햇빛(자외선)으로 인한 경우와 뜨거운 액체나 화학손상에서 많이 볼 수 있다.
② 화상부위는 특징적으로 건조하거나 가죽과 같은 형태를 보인다.
③ 화상부위는 발적, 창백하거나 얼룩진 피부, 수포가 나타난다.
④ 지방 및 근육이나 뼈까지 손상을 받은 경우 조직이 탄화된 상태이다.

해설 ✪ 2도 화상☆ 16년 부산 소방교 / 20년 소방장
· 표피와 진피가 손상된 경우로 열에 의한 손상이 많다.
· 내부 조직으로 체액손실과 2차감염과 같은 심각한 합병증을 유발할 수 있다.
· 화상부위는 발적, 창백하거나 얼룩진 피부, 수포가 나타난다.
· 손상부위는 체액이 나와 축축한 형태를 띠며 진피에 많은 신경섬유가 지나가 심한 통증을 호소한다.

75 다음 중 "중증도 분류"에 필요한 요소가 아닌 것은?

① 나이　② 질병
③ 몸무게　④ 화상부위

해설 ✪ 중증도 분류에 필요한 요소는 나이, 기도화상, 질병, 기타손상, 화상부위, 원통형 화상이다.★ ☆ 12년 부산 소방장

정답 73 ② 74 ③ 75 ③

76 화상환자에 대한 "성인의 중증도 분류"에 있어서 "중증"에 해당되지 않는 것은?

① 영아, 노인, 기왕력이 있는 화상환자
② 손, 발, 회음부, 얼굴화상
③ 체표면적 2% 이상~10% 미만의 3도 화상인 모든 화상
④ 원통형 화상, 전기화상

해설 ✪ ③은 "중등도"에 대한 설명이며, 나머지는 "중증"이다.★
☆ 14년 인천 소방장, 16년 부산 소방장, 17년 소방장, 19년 소방위, 20년 소방장 · 소방위

77 "화상환자에 대한 응급처치 요령"으로 잘못된 것은?

① 손과 발의 화상은 거즈로 분리시켜 드레싱 해야 하며 수포를 터트리거나 연고, 로션 등을 바르도록 한다.
② 중증이라면 즉각적으로 이송해야 하며 그렇지 않다면 다음 단계의 처치를 실시하도록 한다.
③ 기도화상, 호흡곤란, 밀폐공간에서의 화상환자는 고농도산소를 주어야 한다.
④ 타르와 같은 반고체 물질은 물로 식혀 줘야 하며 제거하려고 시도해서는 안 된다.

해설 ✪ 화상환자 응급 처치★ ☆ 12, 14년 부산 소방장
① 손상이 진행되는 것을 차단한다.
- 옷에서 불이나 연기가 난다면 물로 끄고 기름, 왁스, 타르와 같은 반고체 물질은 물로 식혀 줘야 하며 제거하려고 시도해서는 안 된다.
② 기도가 개방된 상태인지 계속 주의를 기울여야 한다.
- 기도화상, 호흡곤란, 밀폐공간에서의 화상환자는 고농도산소를 주어야 한다.
③ 화상입은 부위를 완전히 노출하기 위해 감싸고 있는 옷을 제거한다.
- 화상입은 부위의 반지, 목걸이, 귀걸이와 같은 장신구는 제거하고 피부에 직접 녹아 부착된 합성물질 등이 있다면 떼어 내려고 시도하지 말아야 한다.
④ 화상 중증도를 분류한다.
- 중증이라면 즉각적으로 이송해야 하며 그렇지 않다면 다음 단계의 처치를 실시하도록 한다.
⑤ 손상부위 오염을 방지하기 위해서 건조하고 멸균된 거즈로 드레싱한다.
- 손과 발의 화상은 거즈로 분리시켜 드레싱 해야 하며 수포를 터트리거나 연고, 로션 등을 바르면 안 된다.

78 "소아화상"의 분류상 "중등도"에 해당하는 것은?

① 체표면의 10~20%의 부분층 화상
② 체표면의 15% 이상 20% 미만의 부분층 화상
③ 체표면의 20% 이상 30% 미만의 부분층 화상
④ 체표면의 10% 미만의 부분층 화상

정답 76 ③ 77 ① 78 ①

해설 ✪ 소아의 중증도 분류표★ ☆ 14년 경남 소방장

중증도 분류	화상 깊이 및 화상 범위
중 증	전층 화상과 체표면의 20% 이상의 부분층 화상
중등도	체표면의 10~20%의 부분층 화상
경 증	체표면의 10% 미만의 부분층 화상

※ 6세 미만의 유아화상은 성인 분류상 중등도화상 이라면 유아는 한 단계 위인 중증화상으로 분류해야 한다.

79 다음 중 아동 확대로 인한 화상형태로 볼 수 없는 것은?

① 담배, 다리미 등과 같은 자국
② 양쪽과 다른 형태의 화상
③ 과거 유사한 병력
④ 뜨거운 물에 신체일부를 넣은 경우 원통형의 손상

해설 ✪ 양쪽과 같은 형태의 화상

80 "전기화상"의 특징으로서 잘못 설명된 것은?

① 전기화상은 밖으로는 심각하더라도 몸 안에는 작은 흔적만 남을 수 있기 때문에 주의해야 한다.
② 낙뢰에 의한 화상환자는 특징적으로 양치류 잎과 같은 모양의 화상이 나타난다.
③ 갑작스러운 근육수축으로 탈골되거나 골절될 수도 있다.
④ 교류는 직류보다 심한 화상을 입힌다.

해설 ✪ 전기 화상★ ☆ 12년 소방위 / 20년 소방장
① 전선이나 낙뢰에 의해 일어나며 일반적으로 전압과 전류량이 높을수록 더욱 심한 화상을 입는다.
② 교류(AC, alternating current)는 직류(DC, direct current)보다 심한 화상을 입히며 전기가 들어온 곳과 나온 곳이 몸에 표시되어 남아 있다.
③ 낙뢰에 의한 화상환자는 특징적으로 양치류 잎과 같은 모양의 화상이 나타난다.
④ 전기화상은 몸 안에서는 심각하더라도 밖으로는 작은 흔적만 남을 수 있기 때문에 주의한다.
⑤ 갑작스러운 근육수축으로 탈골되거나 골절될 수도 있다.
⑥ 가장 위험한 경우는 심전도계 장애로 심장 마비나 부정맥이 나타나기도 한다.

81 "전기화상 시 응급처치 요령"으로 틀린 것은?

① 환자 몸에 전기가 들어오고 나간 곳을 찾아 평가한다.
② 화상 부위를 따뜻하게 하고 멸균 거즈로 드레싱 한다.
③ 전력, 전류량 등에 대한 내용을 구급일지에 기록한다.
④ 척추·머리 손상 및 심각한 골절에 대한 처치 제공

정답 79 ② 80 ① 81 ②

해설 ✪ 화상환자 응급처치

① 기도 확보
  - 전기 충격으로 심각한 기도 부종을 야기할 수 있기 때문이다.

② 맥박 확인
  - 심장리듬 변화가 보통 나타날 수 있으므로 제세동기를 이용해 분석·처치를 제공해 주어야 한다.

③ 쇼크에 대한 처치 및 고농도 산소 공급

④ 척추·머리 손상 및 심각한 골절에 대한 처치 제공
  - 전기 충격으로 심각한 근골격 수축이 나타나므로 골절 및 손상에 따른 척추 고정 및 부목 고정이 필요하다.

⑤ 환자 몸에 전기가 들어오고 나간 곳을 찾아 평가한다.

⑥ 화상 부위를 차갑게 하고 멸균 거즈로 드레싱 한다.

⑦ 전력, 전류량 등에 대한 내용을 구급일지에 기록한다.

⑧ 신속하게 병원으로 이송한다.

82 다음 내용과 관계 깊은 것은?

> 특이한 구조와 기능으로 인하여 불수의근이면서 골격근육에 해당한다.

① 심장근육 ② 내장근육
③ 불수의근 ④ 골격근육

해설 ✪ 근육(힘줄로 뼈에 연결되어 있어 관절을 움직이게 할 수 있음)

골격근육 (수의근)	신체근육의 대부분을 차지하고 있으며 대부분 골격에 직접 붙어있다. 뇌의 의도에 따라 움직이므로 "수의근"이라 부른다.
내장근육 (불수의건)	현미경으로 관찰하면 골격근육에서 발견되는 가로무늬가 관찰되지 않아 '내장근육'이라 하며, 의도와 상관없이 자율적으로 시행되는 신체 운동의 대부분을 수행하여 '불수의근'이라고도 한다.
심장근육 (불수의근)	특이한 구조와 기능으로 인하여 불수의근이면서 골격근육에 해당한다.

83 근골격계 손상형태로 "염좌"에 대한 설명으로 옳은 것은?

① 뼈가 부러진 경우를 말하며 심각한 출혈과 통증, 장기간 안정이 필요하다.
② 손가락 관절과 어깨 그리고 엉덩이에서 종종 발생한다.
③ 관절을 지지하거나 둘러싼 인대의 파열이나 비정상적인 잡아당김으로 발생한다.
④ 뼈와 근육을 연결하는 힘줄이 비정상적으로 잡아 당겨져 생긴다.

정답 82 ① 83 ③

해설 ✪ 근골격계 손상형태

골절	・뼈가 부러진 경우를 말하며 심각한 출혈과 통증, 장기간 안정이 필요하다. ・관절을 형성하는 뼈의 끝부분이나 성장판이라 불리는 아동의 성장부위 골절은 심각한 결과를 초래한다.
탈구	・연결부분에 위치한 관절의 정상 구조에서 어긋난 경우로 관절부위의 심한 굴곡이나 신전으로 발생한다. ・손가락 관절과 어깨 그리고 엉덩이에서 종종 발생한다.
염좌	관절을 지지하거나 둘러싼 인대의 파열이나 비정상적인 잡아당김으로 생긴다. 보통 인체에 변형된 충격(뒤틀림 등)으로 인해 발생한다.
좌상	뼈와 근육을 연결하는 힘줄이 비정상적으로 잡아 당겨져 생긴다.

84 근골격계(뼈, 힘줄, 근육, 인대)손상에서 대표적으로 나타나는 증상은?

① 손상부위 멍이나 변색
② 뼈가 보이거나 손상 부위가 찢어짐
③ 팔다리의 통증, 부종 그리고 변형
④ 관절이 정상적으로 움직일 수 없거나 고정된 상태

해설 ✪ 전형적인 근골격계 손상 : 팔다리의 통증, 부종, 변형

85 다음 중 "뼈, 힘줄, 근육, 인대가 손상"되었을 때 나타나는 증상 및 징후들로서 틀린 것은?

① 팔다리의 비정상적인 변형
② 팔다리의 가까운 쪽은 차갑고 먼 쪽은 창백하거나 맥박이 없음
③ 관절이 정상적으로 움직일 수 없거나 고정된 상태
④ 손상부위 통증 및 압통 그리고 부종

해설 ✪ 뼈, 힘줄, 근육, 인대가 손상되었을 때 나타나는 증상 및 징후
① 팔다리의 비정상적인 변형
② 손상부위 통증 및 압통 그리고 부종
③ 손상부위 멍이나 변색
④ 팔다리를 움직일 때 뼈 부딪치는 소리나 감각
⑤ 뼈가 보이거나 손상 부위가 찢어짐
⑥ 관절이 정상적으로 움직일 수 없거나 고정된 상태
⑦ 팔다리의 먼 쪽이 차갑고 창백하거나 맥박이 없음(동맥 손상 의심)
※ 이러한 증상 및 징후에서 대표적인 것으로는 팔다리의 통증, 부종 그리고 변형이다.

정답 84 ③ 85 ②

86 부위별 처치에서 "삼각건"을 이용하기 가장 좋은 부위는?

① 팔
② 발
③ 다리
④ 허벅지

해설

팔 ☆ 15년 소방장	· 위팔뼈는 삼각건을 이용하는 것이 좋다. 경성부목도 걸이와 삼각건을 이용해 사용할 수 있다. · 아래팔뼈는 롤붕대와 골절부목(padded board splint) 또는 공기를 이용한 부목이 좋다. 부목으로 고정한 후에는 걸이로 목에 걸고 삼각건으로 고정시킨다.

87 다음 중 "넙다리뼈 골절 시 출혈" 정도는?

① 500cc
② 1000cc
③ 1500cc~3000cc
④ 300cc

해설

✪ 골절부위 출혈★ ☆ 13년 소방위

- 정강뼈와 종아리뼈의 단순 골절 500cc
- 넙다리뼈 골절 1000cc
- 골반 골절 1500cc~3000cc

88 다음 중 "손상된 팔다리 정렬" 방법으로 틀린 것은?

① 손상 부위 위와 아래를 우선 지지한다.
② 뼈를 부드럽게 위·아래로 잡아당긴다.
③ 돌려야 하는 경우에는 부드러운 동작으로 동시에 잡아당기면서 돌려야 한다.
④ 많은 저항이 느껴지거나 뼈가 피부 밖으로 나올 염려가 있는 경우에도 실시하도록 한다.

해설

✪ 손상된 팔다리 재 정렬 방법

① 손상 부위 위와 아래를 우선 지지한다.
② 뼈를 부드럽게 위·아래로 잡아당긴다.
③ 돌려야 하는 경우에는 부드러운 동작으로 동시에 잡아당기면서 돌려야 한다.
④ 통증과 뼈로부터 나는 소리가 날 수 있으나 이는 팔다리 손상을 예방하기 위함이라는 것을 명심해야 한다.
⑤ 많은 저항이 느껴지거나 뼈가 피부 밖으로 나올 염려가 있는 경우에는 실시해서는 안 된다.

89 "견인부목"을 사용하기 좋은 부위는?

① 엉덩이나 골반 손상
② 무릎이나 무릎 인접부분 손상
③ 발목 손상
④ 허벅지 손상

정답 86 ① 87 ② 88 ④ 89 ④

해설 ✪ 견인부목을 사용해서는 안 되는 경우☆ 20년 소방장
① 엉덩이나 골반 손상
② 무릎이나 무릎 인접부분 손상
③ 발목 손상
④ 종아리 손상
⑤ 부분 절상이나 견인기구 적용부위의 결출상

90 일반적인 "부목사용 방법"으로서 잘못된 것은?

① 뼈 손상 여부가 의심될 경우에는 손상됐다고 가정하고 부목으로 고정한다.
② 불편감과 압박을 예방하기 위해 패드를 대준다.
③ 뼈가 손상 부위 밖으로 나와 있다면 다시 원래 위치로 넣도록 한다.
④ 팔, 손목, 손, 손가락 부목 전에는 팔찌, 시계, 반지 등을 제거해야 한다.

해설 뼈가 손상 부위 밖으로 나와 있다면 다시 원래 위치로 넣으려고 해서는 안 된다.

91 "연성부목"에 대한 설명으로서 잘못된 것은?

① 가장 많이 사용되는 연성부목은 공기부목과 진공부목이다.
② 공기부목은 지혈이 가능하고 심하게 각이 졌거나 구부러진 곳에서 효과적으로 사용된다.
③ 진공부목은 내부를 진공상태로 만들면 특수소재가 견고하게 변하여 고정된다.
④ 공기부목은 환자에게 편안하며 접촉이 균일하고 지혈도 가능하다.

해설 ✪ 연성 부목★★☆ 14년 경기 소방장, 16년 서울 소방교
- 가장 많이 사용되는 연성부목은 공기부목과 진공부목이다.
- 공기부목은 환자에게 편안하며 접촉이 균일하고 외부 출혈이 있는 상처에 압박을 가할 수 있으므로 지혈도 가능하다는 장점이 있으나, 온도 및 공기압력에 의해 변화가 생기는 단점이 있다.
- 환자상태를 확인하면서 입으로 공기를 불어넣는다.
- 진공부목은 내부를 진공상태로 만들면 특수소재가 견고하게 변하여 고정되는 부목으로, 심하게 각이 졌거나 구부러진 곳에서 효과적으로 사용된다.
  - 펌프를 이용 공기를 빼는 것이 공기부목과 다르다.

92 다음 중 경성부목의 종류가 아닌 것은?

① 골절부목　　② 철사부목
③ 공기부목　　④ 성형부목

해설 경성부목의 종류 : 골절부목, 철사부목, 성형부목, 알루미늄부목★☆ 15년 소방교

정답 90 ③　91 ②　92 ③

93 다음 내용과 관계가 깊은 것은?

> 저체액성 쇼크 환자에서 혈압을 유지시키는 목적으로 사용되는 장비로 골반골절이나 다리골절 시 고정효과가 있다.

① 견인 부목
② 항 쇼크 바지
③ 연성부목
④ 경성부목

해설 ✪ 항 쇼크 바지(PASG 또는 MAST)
저체액성 쇼크 환자에서 혈압을 유지시키는 목적으로 사용되는 장비로 골반골절이나 다리골절 시 고정효과가 있다.

94 "두부"에 대한 설명이 아닌 것은?

① 뇌를 보호하는 뇌머리뼈와 얼굴뼈, 모두 22개의 뼈로 구성되어 있다.
② 머리를 지지해 주고 뇌의 기저부분에서 골반까지 이어진다.
③ 성인에 이르기까지 계속 팽창되어 크다가 딱딱하게 굳어진다.
④ 눈확(orbit)은 눈을 보호하기 위해 눈을 둘러 싼 몇 개의 뼈로 구성되어 있고 아래턱과 위턱은 이를 지지하고 있다.

해설 ✪ 두부★ ☆ 19년 소방장
① 머리뼈는 뇌를 보호하는 뇌머리뼈와 얼굴뼈, 모두 22개의 뼈로 구성된다.
② 머리뼈는 성인에 이르기까지 계속 팽창되어 크다가 딱딱하게 굳어진다.
③ 머리뼈 부분명칭은 이마뼈, 뒤통수뼈, 마루뼈, 관자뼈 등이 있다.
④ 얼굴을 이루고 있는 뼈들은 몇 가지 기능이 있는데 모든 얼굴뼈들은 전방에서 오는 충격으로부터 뇌를 보호하는 기능이 있다.
⑤ 눈확(orbit)은 눈을 보호하기 위해 눈을 둘러 싼 몇 개의 뼈로 구성되어 있고 아래턱과 위턱은 이를 지지하고 있다.
⑥ 코뼈는 코의 후각기능을 지지하고 광대뼈는 뺨을 형성하여 얼굴 형태를 만든다.
✪ ②는 척주에 대한 설명임★

95 척추의 뒤쪽으로 굽은 것으로 후방충돌에서 보통 일어나는 것은?

① 회전
② 분리
③ 신전
④ 관통

해설 ✪ 신전 : 척추의 뒤쪽으로 굽은 것으로 후방충돌에서 보통 일어난다.

정답 93 ② 94 ② 95 ③

96 머리부터 골반까지 연결되어 있으며 척수를 보호하는 역할을 하는 척추의 5가지 구성부분으로서 연결이 바르지 못한 것은?

① 목뼈-7개 ② 등뼈-12개
③ 엉치뼈-4개 ④ 꼬리뼈-4개

해설 ✪ 척추는 머리에서 골반까지 연결되어 있으며 척수를 보호하는 역할을 한다. 척추는 33개의 척추골로 구성되어 있고 5부분[목뼈(7개), 등뼈(12개), 허리뼈(5개), 엉치뼈(5개), 꼬리뼈(4개)]로 나눌 수 있다.★
☆ 13년 경기 소방교·소방장, 19년 소방장

97 척추손상의 증상으로 틀린 것은?

① 대변실금이나 요실금
② 팔과 다리에 허약감이나 저린 증상과 같은 비정상적 감각이나 무감각
③ 지속적인 발기 감퇴증
④ 척추손상이 의심되는 부분 아래로 감각손실이나 마비

해설 ✪ 척추손상의 증상 및 징후★★ ☆ 18년 소방장
환자가 무의식상태라면 가족이나 주변인에게 SAMPLE력을 얻어야 하며 손상기전과 도착 전의 환자 상태 및 의식 변화 등에 대한 정보를 얻어야 한다.(주 병력과 신체검진)
① 손상 부위 척추의 압통
② 척추의 변형
③ 척추손상과 관련된 연부조직 손상
· 머리, 목 손상 : 목뼈 손상 가능성
· 어깨, 등, 배 손상 : 등뼈, 허리뼈 손상 가능성
· 골반, 다리 손상 : 허리뼈, 엉치뼈 손상 가능성
④ 척추손상이 의심되는 부분 아래로 감각손실이나 마비
⑤ 팔과 다리에 허약감이나 저린 증상과 같은 비정상적 감각이나 무감각
⑥ 지속 발기증, 지속적이며 감정적으로 근거 없는 발기증
⑦ 대변실금이나 요실금
⑧ 호흡장애
⑨ 척주의 움직임에 상관없는 통증
⑩ 엉덩이와 다리에 계속적이거나 간헐적인 통증

98 척추손상환자에게 가장 먼저 실시해야 할 응급처치는?

① 손으로 환자의 머리 고정
② 적절한 크기의 목보호대를 선택하여 착용
③ 빠른 외상환자 1차 평가를 시행
④ 긴 척추고정판에 환자를 고정하고, 팔다리의 순환, 운동, 감각 기능을 확인한다.

해설 ✪ 척추손상환자 응급처치 과정 ☆ 21년 소방위
① 손으로 환자의 머리를 고정하고, 환자의 A,B,C 상태를 확인한다.

정답 96 ③ 97 ③ 98 ①

(이때, 환자의 A,B,C에 심각한 문제가 있는 경우 목보호대 및 긴척추고정판을 이용하여 빠른 환자구출법을 시행한다.)

② 적절한 크기의 목보호대를 선택하여 착용시킨다.
③ 빠른 외상환자 1차 평가를 시행한다.
④ 구출고정대(KED)를 환자의 등 뒤에 조심스럽게 위치시키며, 구출고정대(KED)를 몸통의 중앙으로 정열하고 날개부분을 겨드랑이에 밀착시킨다.
⑤ 구출고정대(KED)의 몸통 고정끈을 중간, 하단, 상단의 순으로 연결하고 조인다.
⑥ 양쪽 넙다리 부분에 패드를 적용하고 다리 고정끈을 연결한다.
⑦ 구출고정대(KED)의 뒤통수에 빈 공간을 채울 정도만 패드를 넣고 고정한다.
⑧ 환자를 90°로 회전시키고 긴 척추고정판에 눕힌 후 긴 척추고정판을 들어 바닥에 내려놓는다.
⑨ 환자가 긴 척추고정판의 중립위치에 있는지 확인하고 다리, 가슴끈을 느슨하게 해준다.
⑩ 긴 척추고정판에 환자를 고정하고, 팔다리의 순환, 운동, 감각 기능을 확인한다.

99 교통사고 시 운전자가 앉아있는 채로 발견되어 척추를 고정하려 할 때, 제일 먼저 처치해야 하는 단계로 올바른 것은?

① 목보호대로 고정
② 짧은 척추고정기구(KED) 착용
③ 전신 척추고정기구 착용
④ 손을 이용한 머리 고정

해설 ✪ 손을 이용한 머리고정*
① 척추고정에서 제일 먼저 실시하는 단계로 손으로 환자의 머리를 중립자세로 유지해야 한다.
② 이는 목보호대 착용, 짧은 고정판이나 구출고정대(KED) 장비 그리고 긴 고정판에 고정 전까지 목뼈의 움직임을 예방해 준다. 이는 머리가 완전히 고정될 때까지 계속 유지해야 한다.
- 만약 환자의 목이 앞으로 구부러졌거나 옆으로 돌아갔다면 몸을 긴축으로 머리와 목을 중립자세로 해주어야 한다.
- 환자가 땅에 누워있다면 대원은 환자 머리맡에 가서 머리 양쪽에 손을 대고 중립자세가 되도록 취해주어야 한다.
- 만약 구조나 구출이 늦어진다면 손을 이용한 고정시간이 늘어나 대원의 피로 도는 증가할 것이다.
- 이때에는 땅에 팔꿈치를 대거나 앉아 있는 환자인 경우 환자의 어깨나 의자 등받이를 이용해야 한다.

100 "머리뼈 및 얼굴손상"에 관한 설명으로 잘못된 것은?

① 두피열상은 초기 조치가 이루어지지 않으면 대량 출혈에 따라 쇼크가 발생할 수 있다.
② 뇌진탕은 물리적 충격에 의해 뇌의 구조적인 변화를 초래하지 않으면서 나타나는 일시적인 기능 장애가 나타난다.
③ 뇌척수액이 누출되는 부위는 누출부위를 소독하고 소독된 거즈로 압박해서 막아주어야 한다.
④ 두개 내 출혈 시에는 지주막(지망막)하 출혈이 나타난다.

해설 ✪ 머리뼈 손상과 얼굴 손상* ☆ 12년 서울, 경남 소방장
뇌척수액이 누출되는 부위를 소독하고 소독된 거즈로 살며시 덮어주어야 한다.(압박해서는 안됨)

정답 99 ④ 100 ③

101 **의식저하 환자에게 척수손상을 의심할 수 있는 소견으로 틀린 것은?**

① 통증자극에 대한 무반응 혹은 운동장애
② 지속 발기증
③ 서맥이 동반된 혈압저하
④ 호흡하는 동안 배격보다는 흉벽이 주로 움직임

해설 ✪ 의식저하 환자에서 척수손상을 의심할 수 있는 소견
- 호흡하는 동안 흉벽보다는 배벽이 주로 움직임
- 서맥이 동반된 혈압저하
- 통증자극에 대한 무반응 혹은 운동장애
- 기타 : 배변, 배뇨, 지속발기증 등

102 **머리손상 시 응급처치 순서로 가장 마지막에 처치해야 할 것은?**

① 머리손상으로부터의 출혈을 지혈시킨다.
② 적절한 산소를 공급한다.
③ 기도 개방(턱 들어올리기방법)을 유지한다.
④ 환자의 자세와 우선순위에 의해 척추를 고정시킨다.

해설 ✪ 응급 처치 - 머리손상
① 현장안전을 확인하고 개인 보호 장비를 착용한다.
② 목뼈손상이 있다고 가정하고 손을 이용한 머리고정을 실시한다.
③ 기도 개방(턱 들어올리기방법)을 유지한다.
④ 적절한 산소를 공급한다.
⑤ 환자의 자세와 우선순위에 의해 척추를 고정시킨다.
⑥ 악화 징후에 따른 기도, 호흡, 맥박, 의식상태를 밀접하게 관찰해야 한다.
⑦ 머리손상으로부터의 출혈을 지혈시킨다.
⑧ 신속하게 병원으로 이송한다.

103 **다음 중 "통나무굴리기방법"에 대한 설명으로 바르지 못한 것은?**

① 들것으로 환자를 옮길 때 주로 사용된다.
② 척추의 움직임을 최소화하기 위해서 3~4명이 한 팀을 이루어 실시해야 한다.
③ 환자를 굴릴 때 손과 어깨를 사용한다.
④ 허리를 지렛대 역할로 사용하는 것이 좋다.

해설 ✪ 통나무굴리기 방법
들것으로 환자를 옮길 때 주로 사용되며 척추의 움직임을 최소화하기 위해서 3~4명이 한 팀을 이루어 실시해야 한다. 통나무 굴리기 방법으로는 그림과 같으며 다음 사항을 유의하여야 한다.
- 등은 일직선상을 유지한다.
- 환자를 굴릴 때 손과 어깨를 사용한다.
- 허리를 지렛대 역할로 사용하는 것은 피한다.

정답 101 ④ 102 ① 103 ④

104 구급대원이 조치해야 할 사항이 아닌 것은?

① 기도개방 ② 쇼크원인 진단
③ 호흡평가 ④ 순환평가

해설 ✪ 의식장애를 초래하는 원인
- 머리손상, 감염, 경련, 경련 후 상태, 중독, 저산소증, 뇌졸중, 당뇨, 쇼크
- 약물이나 알코올 남용, 호흡곤란으로 이산화탄소 축척
- 의식변화를 초래한 원인을 진단하는 것은 의사의 고유 권한으로 구급대원의 업무는 기도, 호흡, 순환 평가 및 처치 그리고 이송이다. 그러나 환자평가를 통해 원인을 안다면 신속하고 적절한 처치에 도움을 줄 수 있다.

105 "당뇨의 생리학적" 설명으로 틀린 것은?

① 당뇨환자는 혈액내의 포도당을 조직으로 이동시키지 못한다.
② 당은 음식물 소화로 얻어지고 포도당으로 전환된다.
③ 고혈당은 갑자기 나타나는 반면 저혈당은 보통 서서히 진행된다.
④ 인슐린은 포도당을 혈액에서 조직으로 이동시키고 포도당은 세포가 활동하는 것을 돕는다.

해설 ③ 저혈당은 갑자기 나타나는 반면 고혈당은 보통 서서히 진행된다.
✪ 당뇨의 생리학★ ☆ 14년 경기 소방장, 16년 서울 소방장, 18년 소방장, 19년, 21년 소방위
- 당은 음식물 소화로 얻어지고 포도당으로 전환된다.
- 포도당과 영양분은 장에서 혈관으로 흡수되고 포도당이 뇌와 조직으로 흡수되기 위해서는 인슐린이라 불리는 호르몬이 필요하다.
- 인슐린은 포도당을 혈액에서 조직으로 이동시키고 포도당은 세포가 활동하는 것을 돕는다.
- 당뇨환자는 혈액내의 포도당을 조직으로 이동시키지 못한다.
- 당뇨환자는 크게 Ⅰ형과 Ⅱ형으로 나눌 수 있다. Ⅰ형은 적정량만큼 인슐린을 생산하지 못하는 경우로 인슐린 투여가 필요한 환자이다.
- 통상 학령기 아동의 2/1000가 Ⅰ형으로 성장과 활동에 따라 인슐린 양이 달라진다.
- 대부분의 환자는 Ⅱ형으로 인체 세포가 인슐린에 적절히 반응하지 못하는 것으로 노인환자가 많다. 이런 환자의 경우는 세포가 혈액으로부터 인슐린을 취하도록 구강용 혈당저하제를 복용해야 한다.
- 위의 Ⅰ,Ⅱ형 모두 혈액내 당수치가 증가되어 있기 때문에 인슐린과 구강용 혈당저하제로 혈액내 당을 조직으로 이동시켜 혈당을 낮추어야 한다. 고혈당으로 인한 의식변화가 저혈당보다 더 일반적이며 저혈당은 처방약을 과다복용하거나 너무 빠르게 혈당이 떨어졌을 때 일어난다.

106 의식이 있는 "뇌졸중 환자에게 평가하는 FAST방법"으로 내용이 틀린 것은?

① F(face) ② A(art)
③ S(speech) ④ T(time)

해설 ✪ 의식이 있는 뇌졸중환자를 평가하는 방법★ ☆ 15년 소방장
① F(face) : 입 꼬리가 올라가도록 웃으면서 따라서 웃도록 시킨다. 치아가 보이지 않거나 양쪽이 비대칭인 경우 비정상

정답 104 ② 105 ③ 106 ②

② A(arm) : 눈을 감고 양 손을 동시에 앞으로 들어 올려 10초간 멈추도록 한다. 양손의 높이가 다르거나 한 손을 전혀 들어 올리지 못할 경우 비정상
③ S(speech) : 하나의 문장을 얘기하고 따라하도록 시킨다. 말이 느리거나 못한다면 비정상
④ T(time) : 시계가 있다면 몇 시인지 물어보고 없다면 낮인지 밤인지 물어본다.

107 의식장애로 인한 뇌졸중의 증상 및 징후로서 잘못된 것은?

① 양쪽 팔다리의 감각 이상
② 평형감각이나 운동조절기능 마비
③ 갑작스러운 언어장애
④ 원인불명의 심한 두통

해설 ✪ 뇌졸중의 일반적인 징후
① 얼굴, 한쪽 팔과 다리의 근력저하나 감각이상
② 갑작스런 언어장애나 생각의 혼란
③ 한쪽이나 양쪽의 시력손실
④ 갑작스런 보행장애, 어지러움
⑤ 평형감각이나 운동조절기능 마비
⑥ 원인불명의 심한 두통 등

108 의식장애가 있는 당뇨환자의 일반적 증상으로 옳은 것은?

① 건조하고 따뜻한 피부
② 느린 맥
③ 배 아픔 호소
④ 폭력적이고 호전적인 행동

해설 ✪ 의식장애가 있는 당뇨환자의 일반 증상 및 징후
① 중독된 모습(마치 술에 취한 듯), 빠르고 분명치 않은 말, 비틀거리는 걸음
② 무반응
③ 폭력적이고 호전적인 행동
④ 흥분 상태
⑤ 무의미한 행동
⑥ 경련
⑦ 배고픔 호소
⑧ 차고 축축한 피부
⑨ 빠른맥

109 뇌졸중의 여러 증상에 대한 설명으로 틀린 것은?

① 어지러움, 혼란에서부터 무반응까지 다양한 의식변화
② 편마비, 한쪽 감각의 상실
③ 편마비 안 된 쪽으로부터 눈이 돌아감,
④ 비대칭 동공, 시력장애나 복시 호소

정답 107 ① 108 ④ 109 ③

해설 ✪ 뇌졸중의 기타 증상 및 징후
① 어지러움, 혼란에서부터 무반응까지 다양한 의식변화
② 편마비, 한쪽 감각의 상실
③ 비대칭 동공, 시력장애나 복시 호소
④ 편마비 된 쪽으로부터 눈이 돌아감.
⑤ 의식장애 전에 심한 두통 및 목 경직 호소, 오심/구토

110 **다음 중 "견과류, 땅콩, 유류, 계란"을 먹다가 발생할 수 있는 유형은?**

① 이물질 제거
② 과민성 쇼크
③ 심장성 쇼크
④ 신경성 쇼크

해설 ✪ 과민성 쇼크의 일반적인 원인★★☆ 14년 소방위
- 독을 갖고 있는 곤충에게 물리거나 쏘일 때(벌, 말벌 등)
- 견과류, 갑각류(게, 새우, 조개), 우유, 달걀, 초콜릿 등 음식섭취
- 독성이 있는 담쟁이덩굴, 오크, 두드러기 쑥(일명 돼지풀), 풀 가루 등 식물 접촉
- 페니실린, 항생제, 아스피린, 경련약, 근이완제 등의 약품
- 기타 먼지, 고무, 접착제, 비누, 화장품 등
  많은 환자들은 과거의 경험에 의해 알레르기 물질을 알고 있는 경우가 많다.

111 **"저체온증 환자"의 의식이 명료한 상태에서 적극적인 처치법이 아닌 것은?**

① 주요 동맥이 표면에 흐르는 곳에 따뜻한 것을 대준다.
② 환자가 힘을 쓰거나 걷지 않게 한다.
③ 팔·다리 마사지를 해준다.
④ 많은 양의 산소 공급

해설 ✪ 의식이 명료한 상태라면 적극적인 처치법★☆ 13년 경남 소방장
- 인체 외부 특히, 주요 동맥이 표면에 흐르는 곳에 따뜻한 것을 대준다.
- 기도 개방 유지
- 호흡과 순환지지
- 많은 량의 산소 공급
- 환자가 힘을 쓰거나 걷지 않게 한다.
- 자극제(카페인, 알콜 음료 등)를 먹거나 마시지 않게 한다.
- 팔·다리 마사지 금지
- 신속한 병원 이송
- 재평가 실시

정답 110 ② 111 ③

112 인체의 "중심체온"에 따른 증상으로 다음 내용과 관계가 깊은 것은?

> 오한, 강한 근육 경직, 협력장애로 기계적인 움직임, 생각이 명료하지 못하고 이해력도 늦으며 기억력 장애 증상

① 35.0~37.0℃ ② 32.0~35.0℃
③ 27.0~30.0℃ ④ 30.0~32.0℃

해설 ✪ 오한, 강한 근육 경직, 협력장애로 기계적인 움직임, 생각이 명료하지 못하고 이해력도 늦으며 기억력장애 증상(30.0~32.0℃)*

113 국소 한랭손상에서 "동창"에 대한 증상으로 옳지 않은 것은?

① 초기에는 피부가 하얗게 되거나 창백하게 변색된다.
② 정상체온으로의 회복동안 환자는 종종 저린 증상을 호소한다.
③ 초기에 적절한 처치를 받는다면 조직의 영구적인 손상 없이 완전히 회복할 수 있다.
④ 촉지하면 피부는 나무와 같이 딱딱하고 물집이나 부분부종이 나타나기도 한다.

해설 ✪ 동상
후기 또는 깊은 국소 한랭손상은 하얀 피부색을 띈다. 촉지하면 피부는 나무와 같이 딱딱하고 물집이나 부분부종이 나타나기도 한다. 대부분 산악인에게 많이 발생하며 근육과 뼈까지 손상되는 경우도 있다. 손상부위가 녹으면서 자주빛, 파란색 그리고 얼룩덜룩한 피부색을 보인다.

114 국소 한랭손상이 깊을 경우 응급처치 방법으로 옳은 것은?

① 손상부위를 부드럽게 문지르거나 마사지하도록 한다.
② 물집은 신속히 터트려서 약물치료를 한다.
③ 손상부위에 직접적인 열이나 따뜻하게 회복시키는 처치법을 실시한다.
④ 마른 옷이나 드레싱으로 손상부위를 덮는다.

해설
· 마른 옷이나 드레싱으로 손상부위를 덮는다.
· 손상 부위의 반지나 액세서리를 제거한다.
· 손상부위를 문지르거나 마사지하지 않는다.
· 물집을 터트리지 않는다.
· 손상부위에 직접적인 열이나 따뜻하게 회복시키는 처치법을 실시하지 않는다.

정답 112 ④ 113 ④ 114 ④

115 "열사병"에 대한 설명으로 틀린 것은?

① 열 손상에서 가장 위험한 단계로 체온조절기능 부전으로 나타난다.
② 적절한 휴식 없이 진화하는 소방대원 및 통풍이 안 되는 작업복을 입고 일할 때 많이 발생한다.
③ 여름철에 어린아이나 노약자에게 많이 일어나며 보통 며칠에 걸쳐 진행된다.
④ 피부는 뜨겁고 건조하거나 축축하다. 의식은 약간의 혼돈상태에서 무의식상태까지 다양하게 의식변화가 있다.

해설 ✪ 열사병 ☆ 18년 소방위
㉠ 열 손상에서 가장 위험한 단계로 체온조절기능 부전으로 나타난다.
㉡ 여름철에 어린아이나 노약자에게 많이 일어나며 보통 며칠에 걸쳐 진행된다.
㉢ 소모성열사병 환자와 같이 체온이 정상이거나 약간 오르지 않고 41~42℃ 이상 오른다.
㉣ 피부는 뜨겁고 건조하거나 축축하다. 의식은 약간의 혼돈상태에서 무의식상태까지 다양하게 의식변화가 있다.
※ ②는 일사병에 대한 내용임

116 "감압병"에 대한 응급처치요령으로 틀린 것은?

① 가압실이 설치되어 있는 병원과 연락한다.
② 비재호흡마스크로 100% 산소를 10~15L/분로 공급한다.
③ 호흡음을 청진한다.
④ 반좌위로 눕히며 기도를 확보하는 것도 가능하다.

해설 ✪ 감압병 응급처치
① 환자를 안전하게 구조한다.
② 앙와위 또는 측와위로 눕히며 기도를 확보한다.
③ 비재호흡마스크로 100% 산소를 10~15L/분로 공급한다.
④ 호흡음을 청진한다.
⑤ 보온유지 및 걷거나 힘쓰는 일은 하지 않는다.
⑥ 신속하게 이송한다.
⑦ 가압실이 설치되어 있는 병원과 연락한다.

117 벌에 쏘였을 때 응급처치 사항으로 바르지 못한 것은?

① 족집게나 집게로 제거하도록 한다.
② 부종이 시작되기 전에 악세서리 등을 제거한다.
③ 손상부위를 심장보다 낮게 유지한다.
④ 부드럽게 손상부위를 세척한다.

해설 ✪ 집게사용은 상처부위로 독물을 더욱 짜 넣는 결과를 나타낸다.★ ☆ 14년 경기 소방장

정답 115 ② 116 ④ 117 ①

118 "감압병"에 대한 설명으로 틀린 것은?

① 공기 중에 약 70%를 차지하는 질소가스가 조직과 혈류 내 축적되면서 발생한다.
② 보통 빠르게 상승할 때 발생하며 증상이 나타나는 시간은 30분 이내에 50%, 1시간 이내에 85%, 3시간 이내에 95%가 나타난다.
③ 예방법으로는 수심 50m 이상 잠수하지 않는다.
④ 상승 시 1분당 9m의 상승속도를 준수하는 것이다.

해설 ✪ 감압병(DCS, Decompression sickness)
공기 중에 약 70%를 차지하는 질소가스가 조직과 혈류내 축적되면서 발생한다. 보통 빠르게 상승할 때 발생하며 증상이 나타나는 시간은 30분 이내에 50%, 1시간 이내에 85%, 3시간 이내에 95%가 나타난다. 증상은 질소방울이 어느 인체부위에 나타나는가에 따라 달라지는데 보통 두통, 현기증, 피로감, 팔다리의 저린 감각, 반신마비 등이 나타나며 드물게는 호흡곤란, 쇼크, 무의식, 사망도 나타난다. 예방법으로는 수심 30m 이상 잠수하지 않으며, 상승 시 1분당 9m의 상승속도를 준수하는 것이다. 감압병이 의심된다면 꼭 진찰을 받아야 하는데 그 이유는 상태가 악화될 수 있기 때문이다.

119 뱀에 물렸을 때 증상 및 응급처치 방법으로 옳은 것은?

① 입안이 저리면서 무감각해진다.
② 호흡과 맥박 떨어진다.
③ 물린 부위를 심장보다 높게 유지한다.
④ 물린 부위에서 바깥쪽으로 묶어준다.

해설 ✪ 일반적인 증상 및 징후
① 물린 부위 주변이 부어오른다.
② 오심/구토
③ 입안이 저리면서 무감각해진다.
④ 허약감, 어지러움, 졸리움(눈꺼풀이 늘어진다)
⑤ 호흡과 맥박 증가
⑥ 쇼크, 저혈압, 두통
⑦ 비정상적인 출혈
※ 응급처치
① 현장 안전을 확인하고 환자를 눕히거나 편한 자세로 안정을 취해준다.
② 부드럽게 물린 부위를 세척한다.
③ 붓기 전에 물린 부위를 조일 수 있는 액세사리 등은 제거한다.
④ 물린 부위를 심장보다 낮게 유지한다.
⑤ 움직이지 않게 한다. - 물린 팔다리를 부목으로 고정한다.
⑥ 물린 부위에서 몸 쪽으로 묶어준다.(단, 지혈대가 아닌 탄력붕대 이용)
⑦ 전신 증상이 보이면 비재호흡마스크로 많은 양의 산소를 공급한다.
⑧ 신속하게 이송한다.(구토 증상을 보일 경우 회복자세를 취해준다)
⑨ 계속적으로 평가한다.

정답 118 ③ 119 ①

120 "임신기간 중 생리적 변화"에 대한 설명으로 틀린 것은?

① 보통여자보다 혈류량과 혈관분포정도가 감소한다.
② 앙와위의 임부는 하대정맥을 눌러 태아절박가사를 초래할 수 있다.
③ 자궁이 커지면서 소화기계를 압박해 구토할 가능성이 높다.
④ 산모의 저혈압은 좌측으로 눕게 한 다음 오른쪽 엉덩이 아래에 이불 등으로 지지하면 쉽게 호전된다.

해설 ✪ 임신기간 중 생리적 변화★ ☆ 14년 서울 소방장

변 화	의 미
혈류량과 혈관분포정도가 증가한다.	맥박은 증가하고 혈압은 감소한다.
자궁이 커지면서 소화기계를 압박한다.	구토할 가능성이 높다.
자궁이 하대정맥을 눌러 심장으로 가는 혈류량을 감소시킨다.	앙와위는 저혈압과 태아절박가사를 초래할 수 있다.

121 임신후기 경련으로 인한 자간증(Eclamsia)의 증상 및 징후로 볼 수 없는 것은?

① 배뇨과다
② 부종
③ 두통
④ 고혈압

해설 ① 자간증 환자는 임신후기에 보통 경련증상이 나타난다.
② 자간증의 증상 및 징후로는 두통, 고혈압, 부종이 있다. 환자를 평가할 때에는 개인보호 장비를 착용하고 환자의 의식상태, 기도와 호흡평가, 병력사정, 신체검진, 복용하는 약물, 부종 등을 평가해야 한다.

122 "아프가 점수"에서 고려되지 않은 사항은?

① 피부색
② 심장박동수
③ 몸무게
④ 호흡

해설 ✪ APGAR 평가내용은 피부색, 심장 박동수, 반사흥분도, 근육의 강도, 호흡이다.★
☆ 13년 서울·경남 소방장, 16년 경기 소방장, 17년 소방위, 19년 소방장, 20년 소방위

123 성인과 비교하여 "소아기도 처치"에 대한 고려사항으로 틀린 것은?

① 유아는 만약 코가 막히면 입으로 숨을 쉬는 법을 모른다.
② 흡인 시 인두의 자극으로 심박동이 갑자기 떨어질 수 있다.
③ 상대적으로 혀가 차지하는 공간이 작다.
④ 가슴벽은 부드럽고 호흡할 때 호흡보조근 보다 가로막에 더 의존한다.

정답 120 ① 121 ① 122 ③ 123 ③

해설 허가 차지하는 공간이 크므로 무의식 상태에서 쉽게 기도를 폐쇄시킬 수 있다.

124 **분만에 있어서의 합병증과 임신 중의 응급상황에 대한 처치로 틀린 것은?**

① 제대탈출에서 압력을 낮추기 위해 질 안으로 손을 넣는다는 설명 후 손가락으로 태아를 부드럽게 밀어낸다.
② 둔위분만에서 골반이 올라오도록 머리를 낮추고 엉덩이가 나온다면 손으로 지지해 준다.
③ 미숙아에서 구급차 내 적절한 온도범위는 32~38°C이며, 여름에는 냉각기를 사용해서 온도를 조절한다.
④ 질 출혈과 임부의 외상에서는 많은 량의 산소공급과 좌측위로 이송해야 한다.

해설 ✪ 미숙아에서 구급차 내 적절한 온도범위는 32~38°C이며, 여름인 경우는 냉각기를 사용해서는 안 되며, 창문을 이용해 온도를 조절하며 바깥공기가 직접 닿지 않도록 해야 한다. 문은 가급적이면 닫은 상태로 이송한다.☆ 18년 소방장

125 **"둔위분만의 경우 응급처치" 요령으로 잘못된 것은?**

① 다리를 잡아당기는 등의 분만을 시도해야 한다.
② 고농도산소를 공급한다.
③ 골반이 올라오도록 머리를 낮추고 정서적 지지를 제공한다.
④ 만약, 엉덩이가 나온다면 손으로 지지해 준다.

해설 ✪ 응급처치☆ 20년 소방위
① 즉각적으로 이송한다.
② 다리를 잡아당기는 등의 분만을 시도해서는 안 된다.
③ 고농도산소를 공급한다.
④ 골반이 올라오도록 머리를 낮추고 정서적 지지를 제공한다.
⑤ 만약, 엉덩이가 나온다면 손으로 지지해 준다.

126 **자연유산이란 임신기간이 몇 주 내 유산된 경우를 말하는가?**

① 10주 ② 15주
③ 20주 ④ 25주

해설 ✪ 자연유산이란 임신기간 20주 내 유산된 경우를 말한다.

정답 124 ③ 125 ① 126 ③

127 "소아의 심각한 기도폐쇄"의 경우 조치사항으로 틀린 것은?

① 반응이 있는 소아의 경우 말하거나 울지 못하고 청색증을 나타낸다.
② 영아에서는 5회 등 두드리기를 하고 5회 가슴 밀어내기를 이물이 나올 때까지 반복한다.
③ 영아에서는 간이 상대적으로 크기 때문에 배 밀어내기를 시행하도록 한다.
④ 소아에서 기도폐쇄가 심하다고 판단되면 가로막아래 복부밀어내기(하임리히법)를 이물이 나올 때까지 또는 의식이 없어질 때까지 시행한다.

해설 ✪ 소아의 심각한 기도폐쇄 및 처치
- 환자가 반응이 있거나 무반응일 수 있다. 무반응의 소아는 청색증을 나타내고 반응이 있는 소아의 경우 말하거나 울지 못하고 청색증을 나타낸다.
- 영아에서는 5회 등 두드리기를 하고 5회 가슴 밀어내기를 이물이 나올 때까지 또는 의식이 없어질 때까지 반복한다.
- 영아에서는 간이 상대적으로 크기 때문에 배 밀어내기는 간 손상의 위험이 있으므로 시행하지 않는다.
- 소아에서 기도폐쇄가 심하다고 판단되면 가로막아래 복부밀어내기(하임리히법)를 이물이 나올 때까지 또는 의식이 없어질 때까지 시행한다.

128 "소아의 입인두기도기 처치법"에 대한 설명으로 잘못된 것은?

① 기도기 플랜지(입구)가 입술에 닿을 때까지 바로 기도기를 삽입한다.
② 기침, 구토반사가 있다면 멈췄다가 다시 삽입을 실시해야 한다.
③ 구토반사가 없다면 설압자로 넣고 머리 쪽으로 약간 벌리면서 혀를 누른다.
④ 삽관 후 기침 또는 구토반사가 나타나면 기도기를 제거하고 필요하다면 흡인해 준다.

해설 ✪ 입인두기도기 처치법* ☆ 08년 소방위
① 설압자를 입에 넣어 본다.
 · 만약, 기침, 구토반사가 있다면 기도기 삽입은 중지해야 한다. 대신에 머리 위치를 변경해 기도를 개방시키고 비강기도기 사용을 고려해야 한다.
② 구토반사가 없다면 설압자로 넣고 머리 쪽으로 약간 벌리면서 혀를 누른다.
 · 공간을 벌려 기도기를 넣기 편하게 하기 위해서이다.
③ 기도기 플랜지(입구)가 입술에 닿을 때까지 바로 기도기를 삽입한다.
 · 회전 없이 바로 넣는다.
④ 삽관 후 기침 또는 구토반사가 나타나면 기도기를 제거하고 필요하다면 흡인해 준다.

129 소아의 호흡기계 응급상황구분으로 "심한 호흡곤란 시 증상"으로 옳은 것은?

① 청색증　　② 호흡 저하
③ 날숨 시 그렁거림　　④ 비익 확장

정답 127 ③ 128 ② 129 ①

해설 ✪ 심한 호흡곤란 시 증상☆ 18년 소방장
· 호흡수가 10회/분 미만 또는 60회/분 이상
· 청색증
· 심한 호흡 보조근 사용
· 말초 순환 저하, 의식장애
· 심하고 지속적인 그렁거림

130 **"흥분, 공포, 우울증 등 이상한 행동을 하는 환자"에 대한 구급대원의 현장기본처치 요령 중 잘못된 것은?**

① 환자의 말에 경청하고 필요하다면 환자의 말을 반복한다.
② 판단적인 말을 해서는 안 되며 동정이 아닌 공감을 표현한다.
③ 환자에게 가까이 붙어서 친근감을 표시해야 한다.
④ 긍정적인 몸짓을 사용해야 하며 팔짱을 끼는 등의 행동은 안 된다.

해설 ✪ 흥분, 공포, 우울증, 양극성 장애, 편집증, 정신분열증 등 이상한 행동에 따른 현장에서의 기본적인 처치는 다음과 같다.
① 대원의 신분 및 역할을 설명한다.
② 천천히 분명하게 말한다.
③ 환자의 말에 경청하고 필요하다면 환자의 말을 반복한다.
④ 판단적인 말을 해서는 안 되며 동정이 아닌 공감을 표현한다.
⑤ 긍정적인 몸짓을 사용해야 하며 팔짱을 끼는 등의 행동은 안 된다.
⑥ 환자로부터 적어도 1m 이상 떨어져 있어야 하며 환자에게 무리하게 다가가 환자의 감정을 폭발시키지 않도록 한다.
⑦ 환자의 감정변화에 주의해야 하며 본인의 안전을 우선적으로 생각해야 한다.

131 **특수한 상황에서의 "환자를 구속"할 때 알아두어야 할 사항으로 틀린 것은?**

① 환자의 팔·다리 행동반경을 미리 예측하고 그 밖에 위치해 있어야 한다.
② 절대 구속도구를 사용해서는 안된다.
③ 호흡장애를 미리 예방하기 위해 환자가 고개를 들거나 내리게 한다.
④ 억제시킨 부분의 순환상태를 계속 평가하고 억제한 이유와 방법을 기록한다.

해설 ✪ 환자를 구속할 때 알아두어야 할 사항
1. 협력자를 다시 한 번 확인한다.
2. 행동을 미리 계획한다.
3. 환자의 팔·다리 행동반경을 미리 예측하고 그 밖에 위치해 있어야 한다.
4. 구속과정을 협력자들과 상의한다.
5. 적어도 4명의 대원이 동시에 빠른 행동으로 팔다리에 접근해 행동한다.
6. 팔다리를 억제한다.
7. 환자가 고개를 들거나 내리게 한다. 이 자세는 환자가 순순히 구속을 받는다는 의미와 호흡장애를 미리 예방할 수 있다.

정답 130 ③ 131 ②

8. 환자에 맞게 적절한 구속도구를 사용한다.
9. 환자가 대원에게 침을 뱉는다면 오심/구토, 호흡장애가 없는 환자에게는 마스크를 씌운다.
10. 억제시킨 부분의 순환상태를 계속 평가하고 억제한 이유와 방법 등을 기록한다.

132 "소아의 저혈류량 쇼크"의 증상으로 틀린 것은?

① 차갑고 창백하며 축축함
② 소변량 증가
③ 맥박이 약하거나 촉지되지 않음
④ 신생아인 경우 대천문 함몰

해설 ✪ 소아의 저혈류량 쇼크
- 호흡곤란을 동반하거나 동반하지 않은 빠른 호흡
- 차갑고 창백하며 축축한 피부
- 말초 맥박이 약하거나 촉지 되지 않음
- 모세혈관 재충혈 시간이 2초 이상
- 의식 변화
- 우는데도 불구하고 눈물을 흘리지 않음(탈수 징후)
- 소변량 감소(기저귀 교환 시기나 화장실 가는 것이 보통 때보다 적은지)
- 신생아인 경우 숨구멍(대천문, 소천문)의 함몰

133 사후 강직 상태는 사망 후 몇 시간 이후에 발생하는가?

① 2~5시간
② 4~10시간
③ 10~12시간
④ 12시간 이후

해설 사후 강직은 사망 후 4~10시간 이후에 나타난다.

134 심폐소생술 목적은 뇌의 무산소증을 방지하기 위함인데 심폐정지 후 몇 분이 지나면 발생하는가?

① 2~4분
② 4~6분
③ 6~8분
④ 8~10분

해설 뇌의 무산소증은 심폐정지 후 4~6분이 지나면 발생하므로 이 시간 내에 소생술이 시작되어야 한다.★
☆ 13년 경기 소방장

135 "성인심폐소생술"에 대한 설명으로 잘못된 것은?

① 심폐소생술 순서는 가슴압박 - 기도유지 - 인공호흡이다.
② 가슴압박의 중단은 최소화하고 불가피한 중단 시는 20초 이내로 한다.
③ 6초마다 인공호흡(분당 10회)을 실시한다.
④ 가슴압박 깊이는 가슴뼈 아래쪽 1/2, 약 5㎝로 한다.

해설 가스압박 중단은 최소화, 10초 이내로 한다. ☆ 20년 소방장

정답 132 ② 133 ① 134 ② 135 ②

136 **CPR을 중단할 수 있는 경우가 아닌 것은?**

① 환자의 늑골이 골절된 상태
② 의사가 사망을 선고한 경우
③ 심폐소생술을 장시간 계속하여 처치자가 지쳐서 더 이상 심폐소생술을 계속할 수 없는 경우
④ 의사 또는 다른 처치자와 교대할 경우

해설 ✪ CPR을 중단할 수 있는 경우
① 환자의 맥박과 호흡이 회복된 경우
② 의사 또는 다른 처치자와 교대할 경우
③ 심폐소생술을 장시간 계속하여 처치자가 지쳐서 더 이상 심폐소생술을 계속할 수 없는 경우
④ 사망으로 판단할 수 있는 명백한 증거가 있는 경우
⑤ 의사가 사망을 선고한 경우

137 **"시반현상"은 일반적으로 사망한 지 몇 분 이상 경과 시 발생하는가?**

① 5분
② 10분
③ 15분
④ 20분

해설 ✪ 시반현상 : 중력에 의해 혈액이 낮은 곳으로 몰려들어 피부색이 빨간색 또는 자주색을 띄는 것을 말한다. 이는 추운 환경에 노출된 경우를 제외하고 사망한지 15분 이상 경과되었음을 나타낸다.

138 **심폐소생술의 가슴압박요령으로 올바른 것은?**

① 가슴압박의 중단이 불가피한 경우에도 10분 이상 가슴 압박을 중단해서는 안 된다
② 성인인 경우 처치자의 수와 관계없이 가슴압박 : 인공호흡의 비율을 15:2로 한다.
③ 성인에서는 가슴압박 깊이는 최소 5cm를 유지해야 한다.
④ 가슴압박의 속도는 최소 분당 120회 이상 유지하도록 해야 한다.

해설 ✪ 가슴 압박 요령★★☆ 11년 부산 소방교 / 20년 소방장
딱딱한 바닥에 환자를 앙와위로 눕히고 처치자의 손으로 가슴을 누르는 처치로 가슴 내에 압력을 증가시켜 혈액을 짜내고 받아들이는 역할을 한다.
① 환자의 가슴 중앙(복장뼈 아래쪽 1/2)에 손꿈치를 올려놓고 팔꿉관절이 굽혀지지 않도록 하여 일직선을 유지한다. 가슴압박 중에는 처치자의 손가락이 환자의 가슴에 가능한 닿지 않도록 하여야 가슴압박에 의한 합병증을 줄일 수 있다.
② 처치자의 손과 어깨는 일직선을 유지하고 환자의 가슴과는 직각을 유지한다(바닥에 무릎을 꿇은 자세를 취해줘야 한다).
③ 압박 깊이는 보통 체격의 성인에서는 가슴압박 깊이는 약 5cm가 되어야 한다.(6cm를 넘는 경우에는 합병증 발생의 가능성 증가) 환자의 체격에 따라 가슴압박의 깊이를 조절할 수 있다. 소아와 영아에서는 가슴 전후직경의 1/3 정도가 압박되도록 한다.
④ 가슴을 압박한 후, 가슴 벽이 정상 위치로 완전히 올라오도록 해야 한다.
- 이완과 압박의 비율은 50 : 50이 되어야 한다.
⑤ 가슴압박의 속도는 최소 분당 100~120회는 넘지 않도록 해야 하며 가슴압박 대 인공호흡의 비율은 심장동맥 관류압에 중요한 영향을 주는 것으로 알려져 있다.

정답 136 ① 137 ③ 138 ③

– 가슴압박이 진행될수록 심장동맥 관류압은 점차 상승하는 것으로 알려져 있다.
– 성인인 경우 처치자의 수와 관계없이 가슴압박 : 인공호흡의 비율을 30:2로 한다.

⑥ 가슴 압박의 중단을 최소화하려고 노력해야 하며 맥박확인, 심전도 확인, 제세동 등 필수적인 치료를 위하여 가슴압박의 중단이 불가피한 경우에도 10초 이상 가슴 압박을 중단해서는 안 된다(Hands off time 〈10초).

139 "심폐소생술의 합병증"으로서 가슴압박이 적절하여도 발생하는 것은?

① 허파좌상　② 기흉
③ 대동맥손상　④ 허파흡인

해설 ✪ 가슴압박이 적절하여도 발생하는 합병증★ ☆ 13년 부산 소방장·소방위, 14년 경기 소방교, 19년 소방위
· 갈비뼈골절, 복장뼈골절, 심장좌상, 허파좌상

140 다음 중 "CAB's 단계별 처치내용"으로 잘못된 것은?

① 의료제공자의 경우 호흡확인과 동시에 목동맥에서 맥박을 확인한다.
② 의료인외에 일반인은 맥박을 확인하지 않는다.
③ 인공호흡하기 전에 기도를 개방한다.
④ 인공호흡은 1회 2초간 총5회 하도록 한다.

해설 기도개방 후 인공호흡을 실시하는데 1회 1초간 총 2회 실시한다.

141 심폐소생술에 대한 설명으로 잘못된 것은?

① 순서는 기도유지 - 인공호흡 - 가슴압박이다.
② 압박속도는 분당 100회~120회이다.
③ 압박 중단은 10초 이내로 한다.
④ 가슴압박 깊이는 소아의 경우 가슴깊이의 1/3이다.

해설 심폐소생술 순서는 가슴압박 - 기도유지 - 인공호흡 순이다.

142 의식이 있고 앉아 있는 1세 이하 영아에게 실시하지 않아야 하는 것은?

① 등 두드리기　② 복부밀어내기
③ 증상확인　④ 가슴밀어내기

해설 만 1세 이하 영아에서는 복부밀어내기를 실시하지 않는다.

정답 139 ①　140 ④　141 ①　142 ②

143 **심폐소생술 시행 환자에게서 가장 많이 발생하는 합병증은?**

① 갈비뼈(늑골) 골절
② 복장뼈(흉골) 골절
③ 심장좌상
④ 허파좌상

해설 ✪ 심폐소생술이 시행된 환자의 약 25%에서는 심각한 합병증이 발생하며, 약 3%에서는 치명적인 손상이 발생한다. 심폐소생술 중 발생하는 합병증은 주로 가슴압박에 의하여 유발된다. 가장 흔히 발생하는 합병증은 갈비뼈골절로서 약 40%에서 발생된다.

144 **"이물질 제거과정"에 대한 설명으로 틀린 것은?**

① 이물질이 보이지 않을 때 입안의 이물질을 손가락으로 꺼낸다.
② 무의식, 무맥 상태라면 인공호흡을 시작하고 호흡이 제대로 들어가지 않는다면 환자의 기도를 재개방하고 재실시한다.
③ 재실시에도 호흡이 불어 넣어지지 않는다면 기도 폐쇄를 의심할 수 있다.
④ 먼저 기도를 개방한다.

해설 ✪ 이물질이 육안으로 확실히 보이는 경우에만 제거하도록 한다. ☆ 20년 소방장

145 **가슴압박요령으로서 (   ) 안에 들어갈 내용으로 맞는 것은?**

> 기관내삽관 등 전문기도가 유지되고 있는 경우에는 더 이상 30:2의 비율을 지키지 않고 한 명의 구조자는 분당 최저 (   )회의 속도로 가슴압박을 계속하고 다른 구조자는 백-밸브 마스크로 (   )초에 한 번씩 호흡을 보조한다.

① 100회, 6초
② 150회, 8초
③ 100회, 8~15초
④ 150회, 8~15초

해설 ① 1인 또는 2인 이상이 심폐소생술을 하는 경우 성인의 가슴압박 대 인공호흡의 비율은 30:2를 유지한다.
② 기관 내 삽관 등 전문기도가 유지되고 있는 경우에는 더 이상 30:2의 비율을 지키지 않고 한 명의 구조자는 분당 최저 100회(최고 120회)의 속도로 가슴압박을 계속하고 다른 구조자는 백-밸브 마스크로 6초에 한 번씩(10회/분) 호흡을 보조한다.
③ 심폐소생술의 일관적인 질 유지와 구조자의 피로도를 고려하여 2분마다 가슴압박과 인공호흡을 교대할 것을 권장한다.

정답 143 ① 144 ① 145 ①

146 "심폐소생술 효과 확인" 사항이 아닌 것은?

① 의식 회복
② 동공 색깔
③ 삼키는 행위
④ 자발적인 심박동과 호흡

해설 ✪ 심폐소생술 효과 확인
CPR이 효과적으로 실시되는지 확인하기 위해서는 가슴압박은 목동맥 촉진, 인공호흡은 가슴이 충분히 올라오는 지로 알 수 있다. 또한 아래의 징후들을 통해 알 수 있다.
· 동공 수축, 자발적인 심박동과 호흡, 삼키는 행위, 피부색 회복, 팔다리의 움직임, 의식 회복

147 다음 (　) 안에 들어갈 내용은?

> 영아의 경우 (　)을 이용하여 촉진하고 맥박이 없다면 (　)을 즉각적으로 실시해야 한다. 그리고 맥박을 촉지하는 소요 시간이 (　)초가 넘지 않도록 하여야 한다.

① 윗팔동맥, 가슴압박, 10초
② 노동맥, 가슴압박, 20초
③ 목동맥, 인공호흡, 2초
④ 위팔동맥, 인공호흡, 10초

해설 영아의 경우 윗팔동맥을 이용하여 촉진하고 맥박이 없다면 가슴압박을 즉각적으로 실시해야 한다. 그리고 맥박을 촉지하는 소요 시간이 10초가 넘지 않도록 하여야 한다.

정답 146 ② 147 ①

Memo

구조

PART 3

재난관리(소방교 · 장 승진시험 제외)

Chapter 1 총 칙

학습 목표

- 재난의 유형 및 용어의 개념, 재난관리주관기관/책임기관을 이해한다.
- 긴급구조, 긴급구조기관/지원기관, 재난관리 개념을 이해한다.
- 국가 및 지방자치단체와 국민의 책무를 이해한다.

제1절 목 적

이 법은 각종 재난으로부터 국토를 보존하고 국민의 생명·신체 및 재산을 보호하기 위하여 국가와 지방자치단체의 재난 및 안전관리체제를 확립하고, 재난의 예방·대비·대응·복구와 안전문화활동 그 밖에 재난 및 안전관리에 필요한 사항을 규정함을 목적으로 한다.

제2절 기본이념

이 법은 재난을 예방하고 재난이 발생한 경우 그 피해를 최소화하는 것이 국가와 지방자치단체의 기본적 의무임을 확인하고, 모든 국민과 국가·지방자치단체가 국민의 생명 및 신체의 안전과 재산보호에 관련된 행위를 할 때에는 안전을 우선적으로 고려함으로써 국민이 재난으로부터 안전한 사회에서 생활할 수 있도록 함을 기본이념으로 한다.

제3절 용어의 뜻★ ☆ 15년 소방위

1 재난★★

재난이란 국민의 생명·신체 및 재산과 국가에 피해를 주거나 줄 수 있는 것으로서 다음 각 목의 것을 말한다.

자연 재난	태풍, 홍수, 호우(豪雨), 강풍, 풍랑, 해일(海溢), 대설, 한파, 낙뢰, 가뭄, 폭염, 지진, 황사(黃砂), 조류(藻類)대발생, 조수(潮水), 화산활동, 소행성・유성체 등 자연 우주물체의 추락・충돌 그 밖에 이에 준하는 자연현상으로 인하여 발생하는 재해
사회 재난	화재・붕괴・폭발・교통사고(항공 및 해상사고를 포함한다), 화생방사고・환경오염사고 등으로 인하여 발생하는 대통령령으로 정하는 규모이상의 피해와 국가핵심기반의 마비, 「감염병의 예방 및 관리에 관한 법률」에 따른 감염병 또는 「가축전염병예방법」에 따른 가축전염병의 확산, 「미세먼지 저감 및 관리에 관한 특별법」에 따른 미세먼지 등으로 인한 피해

✪ 대통령령으로 정하는 규모 이상의 피해
1. 국가 또는 지방자치단체 차원의 대처가 필요한 인명 또는 재산의 피해
2. 그밖에 제1호의 피해에 준하는 것으로서 행정안전부장관이 재난관리를 위하여 필요하다고 인정하는 피해

2 해외재난

해외재난이란 대한민국의 영역 밖에서 대한민국 국민의 생명・신체 및 재산에 피해를 주거나 줄 수 있는 재난으로서 정부차원에서 대처할 필요가 있는 재난을 말한다.

3 재난관리

재난관리란 재난의 예방・대비・대응 및 복구를 위하여 하는 모든 활동을 말한다.

4 안전관리

안전관리란 재난이나 그 밖의 각종 사고로부터 사람의 생명・신체 및 재산의 안전을 확보하기 위하여 하는 모든 활동을 말한다.
4의2. "안전기준"이란 각종 시설 및 물질 등의 제작, 유지관리 과정에서 안전을 확보할 수 있도록 적용하여야 할 기술적 기준을 체계화한 것을 말하며, 안전기준의 분야, 범위 등에 관하여는 대통령령으로 정한다.

5 재난관리책임기관

재난관리책임기관이란 재난관리업무를 하는 다음 각 목의 기관을 말한다.
① 중앙행정기관 및 지방자치단체
② 지방행정기관・공공기관・공공단체(공공기관 및 공공단체의 지부 등 지방조직을 포함한다) 및 재난관리의 대상이 되는 중요시설의 관리기관 등으로서 대통령령으로 정하는 기관.

▌재난관리책임기관▐

1. 재외공관 2. 농림축산검역본부 3. 지방우정청 4. 국립검역소 5.유역환경청, 지방환경청 및 수도권대기환경청 6. 지방고용노동청 7. 지방항공청 8.지방국토관리청 9. 홍수통제소 10. 지방해양수산청 11. 지방산림청 12. 시·도의 교육청 및 시·군·구의 교육 지원청 13. 한국철도공사 14. 서울교통공사 15. 대한석탄공사 16. 한국농어촌공사 17.한국농수산식품유통공사 18. 한국가스공사 19. 한국가스안전공사 20. 한국전기안전공사 21. 한국전력공사 22. 한국환경공단 23. 수도권매립지관리공사 24. 한국토지주택공사 25. 한국수자원공사 26. 한국도로공사 27. 인천교통공사 28. 인천국제공항공사 29. 한국공항공사 30. 국립공원관리공단 31. 한국산업안전보건공단 32. 한국산업단지공단 33. 부산교통공사 34. 국가철도공단 35. 한국시설안전공단 36. 한국원자력연구원 37. 한국원자력안전기술원 38. 농업협동조합중앙회 39. 수산업협동조합중앙회 40. 산림조합중앙회 41. 대한적십자사 42. 「하천법」 따른 댐등의 설치자 43. 「원자력안전법」따른 발전용원자로 운영자 44. 「방송통신발전 기본법」 따른 재난방송 사업자 45. 국립수산과학원 46. 국립해양조사원 47. 한국석유공사 48. 대한송유관공사 49. 한국전력거래소 50. 서울올림픽기념국민체육진흥공단 51. 한국지역난방공사 52. 한국관광공사 53. 국립자연휴양림관리소 54. 한국마사회 55. 지방자치단체소속시설관리공단 56. 지방자치단체 소속 도시개발공사 57. 한국남동발전주식회사 58. 한국중부발전주식회사 59. 한국서부발전주식회사 60. 한국남부발전주식회사 61. 한국동서발전주식회사 62. 한국수력원자력주식회사 63. 유로도로 관리청으로부터 유료도로관리권을 설정 받은 자 64. 공항철도주식회사 65. 서울시메트로9호선주식회사 66. 여수광양항만공사 67. 한국해양교통안전공단 68. 사단법인 한국선급 69. 독립기념관 70. 예술의전당 71. 대구지하철공사 72. 광주광역시도시철도공사 73. 대전광역시도시철도공사 74. 부산항만공사 75. 인천항만공사 76. 울산항만공사 77. 경기평택항만공사 78. 의정부경량전철주식회사 79. 신분당선주식회사 80. 부산김해경전철주식회사 81. 해양환경관리공단 82. 가축위생방역지원본부 83 국토지리정보원 84. 항공교통본부 85. 김포골드라인운영주식회사 86. 경기철도주식회사 87. 주식회사에스알

6 재난관리주관기관

재난관리주관기관이란 재난이나 그 밖의 각종 사고에 대하여 그 유형별로 예방·대비·대응 및 복구 등의 업무를 주관하여 수행하도록 대통령령으로 정하는 관계중앙행정기관을 말한다.

▌재난 및 사고유형별 재난관리주관기관▐

재난관리주관기관	재난 및 사고의 유형
교육부	학교 및 학교시설에서 발생한 사고
과학기술정보통신부	1. 우주전파 재난 2. 정보통신 사고 3. 위성항법장치(GPS) 전파혼신 4. 자연우주물체의 추락, 충돌
외교부	해외에서 발생한 재난
법무부	법무시설에서 발생한 사고
국방부	국방시설에서 발생한 사고

행정안전부	1. 정부중요시설 사고 2. 공동구재난(국토교통부가 관장하는 공동구는 제외) 3. 내륙에서 발생한 유도선등의 수난사고 4. 풍수해(조수는 제외), 지진, 화산, 낙뢰, 가뭄, 한파, 폭염으로 인한 사고로서 다른 재난관리주관기관에 속하지 아니하는 재난 및 사고
문화체육관광부	경기장 및 공연장에서 발생한 사고
농림축산식품부	1. 가축 질병　　2. 저수지 사고
산업통상자원부	1. 가스 수급 및 누출 사고 2. 원유수급 사고 3. 원자력안전 사고(파업에 따른 가동중단을 포함한다) 4. 전력 사고 5. 전력생산용 댐의 사고
보건복지부	보건의료 사고
질병관리청	감염병 재난
환경부	1. 수질분야 대규모 환경오염 사고 2. 식용수 사고 3. 유해화학물질 유출 사고 4. 조류(藻類) 대발생(녹조에 한정한다) 5. 황사 6. 환경부가 관장하는 댐의 사고 7. 미세먼지
고용노동부	사업장에서 발생한 대규모 인적 사고
국토교통부	1. 국토교통부가 관장하는 공동구 재난 2. 고속철도 사고 3. 도로터널 사고 4. 육상화물운송 사고 5. 도시철도 사고 6. 항공기 사고 7. 항공운송 마비 및 항행안전시설 장애 8. 다중밀집건축물 붕괴 대형사고로서 다른 재난관리주관기관에 속하지 아니하는 재난 및 사고
해양수산부	1. 조류 대발생(적조에 한정한다) 2. 조수(潮水) 3. 해양 분야 환경오염 사고 4. 해양 선박 사고
금융위원회	금융 전산 및 시설 사고
원자력안전위원회	원자력안전 사고(파업에 따른 가동중단은 제외한다.) 인접국가 방사능 누출 사고
소방청	1. 화재, 위험물사고 2. 다중밀집시설대형화재
문화재청	문화재 시설 사고
산림청	1. 산불　　2. 산사태

해양경찰청	해양에서 발생한 유도선 등의 수난사고

※ 재난관리주관기관이 지정되지 않았거나 분명하지 않은 경우에는 행정안전부장관이 「정부조직법」에 따른 관장 사무와 피해 시설의 기증 또는 재난 및 사고 유형 등을 고려하여 재난관리주관 기관을 정한다.
※ 감염병 재난 발생 시 중앙사고수습본부는 법 제34조의5제1항제1호에 따른 위기관리 표준메뉴얼에 따라 설치 · 운영한다.

7 긴급구조

긴급구조란 재난이 발생할 우려가 현저하거나 재난이 발생하였을 때에 국민의 생명·신체 및 재산을 보호하기 위하여 긴급구조기관과 긴급구조지원기관이 하는 인명구조, 응급처치, 그 밖에 필요한 모든 긴급한 조치를 말한다.

8 긴급구조기관**

긴급구조기관이란 소방청·소방본부·소방서를 말한다. 다만, 해양에서 발생한 재난의 경우 해양경찰청·지방해양경찰청 및 해양경찰서이다.

9 긴급구조지원기관*

긴급구조지원기관이란 긴급구조에 필요한 인력·시설 및 장비, 운영체계 등 긴급구조능력을 보유한 기관이나 단체로서 대통령령으로 정하는 기관과 단체를 말한다.

1. 유역환경청, 지방환경청
2. 지방국토관리청
3. 지방항공청
4. 보건소
5. 지하철공사, 도시철도공사
6. 한국가스공사
7. 한국가스안전공사
8. 한국농어촌공사
9. 한국전기안전공사
10. 한국전력공사
11. 대한석탄공사
12. 한국광물자원공사
13. 한국수자원공사
14. 한국도로공사
15. 한국공항공사
16. 항만공사
17. 한국원자력안전기술원, 한국원자력의학원
18. 국립공원관리공단
19. 소방청장이 정하여 고시하는 기간통신사업자

10 국가재난관리기준

국가재난관리기준이란 모든 유형의 재난에 공통적으로 활용할 수 있도록 재난관리의 전 과정을 통일적으로 단순화·체계화한 것으로서 행정안전부장관이 고시한 것을 말한다.

- "안전문화활동"이란 안전교육, 안전훈련, 홍보 등을 통하여 안전에 관한 가치와 인식을 높이고 안전을 생활화하도록 하는 등 재난이나 그 밖의 각종 사고로부터 안전한 사회를 만들어가기 위한 활동을 말한다.
- "안전취약계층"이란 어린이, 노인, 장애인 등 재난에 취약한 사람을 말한다.

11 재난관리정보

재난관리정보란 재난관리를 위하여 필요한 재난상황정보, 동원가능 자원정보, 시설물정보, 지리정보를 말한다.

12 재난안전의무보험

재난안전의무보험이란 재난이나 그 밖의 각종 사고로 사람의 생명·신체 또는 재산에 피해가 발생한 경우 그 피해를 보상하기 위한 보험 또는 공제(共濟)로서 이 법 또는 다른 법률에 따라 일정한 자에 대하여 가입을 강제하는 보험 또는 공제를 말한다.

13 재난안전통신망

재난안전통신망이란 재난관리책임기관·긴급구조기관 및 긴급구조지원기관이 재난관리업무에 이용하거나 재난현장에서의 통합지휘에 활용하기 위하여 구축·운영하는 무선통신망을 말한다.

14 국가핵심기반

에너지, 정보통신, 교통수송, 보건의료 등 국가경제, 국민의 안전·건강 및 정부의 핵심기능에 중대한 영향을 미칠 수 있는 시설, 정보기술시스템 및 자산 등을 말한다.

제4절 국가 등의 책무

1 국가 및 지방자치단체 책무

국가와 지방자치단체는 재난이나 그 밖의 각종 사고로부터 국민의 생명·신체 및 재산을 보호할 책무를 지고, 재난이나 그 밖의 각종 사고를 예방하고 피해를 줄이기 위하여 노력하여야 하며, 발생한 피해를 신속히 대응·복구하기 위한 계획을 수립·시행하여야 한다.

2 재난관리책임기관의 장

재난관리책임기관의 장은 소관 업무와 관련된 안전관리에 관한 계획을 수립하고 시행하여야 하며, 그 소재지를 관할하는 특별시·광역시·특별자치시·도·특별자치도와 시·군·구의 재난 및 안전관리업무에 협조하여야 한다.

3 국민의 책무

국민은 국가와 지방자치단체가 재난 및 안전관리업무를 수행할 때 최대한 협조하여야 하고, 자기가 소유하거나 사용하는 건물·시설 등으로부터 재난이나 그 밖의 각종 사고가 발생하지 아니하도록 노력하여야 한다.

4 재난 및 안전관리업무의 총괄 · 조정

행정안전부장관은 국가 및 지방자치단체가 행하는 재난 및 안전관리 업무를 총괄·조정한다.

제5절 다른 법률과의 관계 등

① 재난 및 안전관리에 관하여 다른 법률을 제정하거나 개정하는 경우에는 이 법의 목적과 기본이념에 맞도록 하여야 한다.
② 재난 및 안전관리에 관하여 「자연재해대책법」 등 다른 법률에 특별한 규정이 있는 경우를 제외하고는 이법에서 정하는 바에 따른다.

Chapter 2

안전관리기구 및 기능

학습 목표

- 중앙재난안전대책본부, 안전관리조정위원회, 실무위원회 등의 운영과 역할을 이해한다.
- 중앙재난안전대책본부, 수습지원단, 중앙사고수습본부, 지역재난안전대책본부 등의 구성과 운영에 관한 사항을 이해한다.
- 재난안전상황실 운영과 보고유형 및 보고체계를 이해한다.

우리나라에는 현재 「재난 및 안전관리기본법」상 재난관리조직체제로 심의기구 및 수습기구와 긴급구조기구 그리고 상설 재난관리행정조직이 운영되고 있다. 국가재난관리와 관련된 심의기구는 국가의 안전관리에 관한 중요정책의 심의 및 총괄·조정, 관계부처간의 협의·조정 등의 업무를 수행한다. 반면에 국가재난관리 수습기구는 대규모 재난의 예방·대비·대응·복구 등에 관한 사항을 총괄·조정하고 필요한 조치를 수행하며, 긴급구조기구는 재난 시 긴급구조에 관한 사항의 총괄·조정, 긴급구조활동의 역할분담 및 지휘통제를 한다.

제1절 중앙안전관리위원회 등

1 중앙안전관리위원회

재난 및 안전관리에 관한 다음 각 호의 사항을 심의하기 위하여 국무총리 소속으로 중앙안전관리위원회를 둔다.

- 재난 및 안전관리에 관한 중요 정책에 관한 사항
- 국가안전관리기본계획에 관한 사항
- 재난 및 안전관리 사업 관련 중기사업계획서, 투자우선순위 의견 및 예산요구서에 관한사항
- 중앙행정기관의 장이 수립·시행하는 계획, 점검·검사, 교육·훈련, 평가 등 재난 및 안전관리업무의 조정에 관한 사항
- 안전기준에 관한 사항
- 재난사태의 선포에 관한 사항
- 특별재난지역의 선포에 관한 사항

· 재난이나 그밖에 각종 사고가 발생하거나 발생할 우려가 있는 경우 이를 수습하기 위한 관계 기관 간 협력에 관한 중요 사항
· 재난안전의무보험의 관리 · 운용 등에 관한 사항
· 중앙행정기관의 장이 시행하는 대통령령으로 정하는 재난 및 사고의 예방사업 추진에 관한 사항
· 그 밖에 위원장이 회의에 부치는 사항

✪ 대통령령으로 정하는 재난 및 사고의 예방사업 범위
1. 「기상법」 제2조제13호에 따른 기상관측의 표준화를 위하여 시행하는 사업
2. 「농어촌정비법」 제2조제5호에 따른 농업생산기반 정비사업 중 수리시설(水利施設) 개수 · 보수 사업, 농경지 배수(排水) 개선사업, 저수지 정비사업, 방조제 정비사업
3. 「댐건설 및 주변지역지원 등에 관한 법률」 제18조의2에 따른 댐의 관리를 위한 사업
4. 「도로법」 제31조에 따른 도로공사 중 재난 및 안전관리를 위하여 시행하는 사업
5. 「산림기본법」 제15조에 따른 산림재해 예방사업
6. 「사방사업법」 제3조에 따른 사방사업(砂防事業)
7. 「어촌 · 어항법」 제2조제6호나목에 따른 어항정비사업
8. 「연안관리법」 제2조제4호에 따른 연안정비사업
9. 「지진재해대책법」 제15조에 따른 기존 공공시설물의 내진보강사업
10. 「하천법」 제27조에 따른 하천공사사업
11. 「항만법」 제9조에 따른 항만공사 중 재난 예방을 위한 사업
12. 그밖에 중앙위원회의 위원장이 정하는 사업

(1) 중앙안전관리위원회의 구성

① 중앙위원회의 위원장 : 국무총리
② 간사 1명 : 행정안전부장관

✪ 위원장이 부득이한 사유로 직무를 수행할 수 없을 때에는 행정안전부장관, 대통령령으로 정하는 중앙행정기관의장 순으로 직무를 대행한다.
· 기획재정부장관, 교육부장관, 과학기술정보통신부장관, 외교부장관, 통일부장관, 법무부장관, 국방부장관, 행정안전부장관, 문화체육관광부장관, 농림축산식품부장관, 산업통상자원부장관, 보건복지부장관, 환경부장관, 고용노동부장관, 여성가족부장관, 국토교통부장관, 해양수산부장관 및 중소벤처기업부장관
· 국가정보원장, 방송통신위원회위원장, 국무조정실장, 식품의약품안전처장, 금융위원회위원장 및 원자력안전위원회위원장
· 소방청장, 경찰청장, 문화재청장, 산림청장 및 기상청장 및 해양경찰청장
· 그밖에 중앙위원회의 위원장이 지정하는 기관 및 단체의 장

(2) 중앙안전관리위원회의 운영

중앙위원회의 회의는 위원의 요청이 있거나 위원장이 필요하다고 인정하는 경우에 위원장이 소집하며, 회의는 재적위원 과반수의 출석으로 개의하고, 출석위원 과반수의 찬성으로 의결한다. 기타 중앙위원회의 운영에 필요한 사항은 중앙위원회의 의결을 거쳐 위원장이 정한다.
행정안전부장관 등이 중앙위원회의 위원장의 직무를 대행할 때에는 행정안전부의 재난안전관리 사무를 담당하는 본부장이 중앙위원회 간사위원의 직무를 대행하고, 중앙위원회의 사무가 국가

안전보장과 관련된 경우에는 국가안전보장회의와 협의하여야 한다. 또 위원장은 그 소관 사무에 관하여 재난관리책임기관의 장이나 관계인에게 자료의 제출, 의견 진술, 그 밖에 필요한 사항에 대하여 협조를 요청할 수 있다. 이 경우 요청을 받은 사람은 특별한 사유가 없으면 요청에 따라야 한다.

2 안전정책조정위원회

중앙위원회에 상정될 안건을 사전에 검토하고 다음의 사무를 수행하기 위해 중앙위원회에 안전정책조정위원회(이하 "조정위원회"라 한다)를 둔다.

① 중앙행정기관의 장이 수립・시행하는 계획, 점검・검사, 교육・훈련, 평가 등 재난 및 안전관리업무의 조정에 관한 사항
② 안전기준관리에 관한 사항
③ 재난이나 그 밖의 각종 사고가 발생하거나 발생할 우려가 있는 경우 이를 수습하기 위한 관계기관 간 협력에 관한 중요 사항
④ 중앙행정기관의 장이 시행하는 대통령령으로 정하는 재난 및 사고의 예방사업 추진에 관한 사항의 사항에 대한 사전 조정
⑤ 중앙행정기관의 장이 국가안전관리기본계획에 따라 작성한 집행계획의 심의
⑥ 국가기반시설의 지정에 관한 사항의 심의
⑦ 재난 및 안전관리기술 종합계획의 심의 및 그 밖에 중앙위원회가 위임한 사항

(1) 안전정책조정위원회의 구성

중앙위원회에 두는 안전정책조정위원회의 위원장은 행정안전부장관이 되고 위원은 다음의 사람이 된다.

① 기획재정부차관, 교육부차관, 과학기술정보통신부차관, 외교부차관, 통일부차관, 법무부차관, 국방부차관, 행정안전부의 재난안전관리사무를 담당하는 본부장, 문화체육관광부차관, 농림축산식품차관, 산업통상자원부차관, 보건복지부차관, 환경부차관, 고용노동부차관, 여성가족부차관, 국토교통부차관, 해양수산부차관 및 중소벤처기업부차관, 이 경우 복수차관이 있는 기관은 재난 및 안전관리 업무를 관장하는 차관으로 한다.
② 국가정보원 제2차장, 방송통신위원회 상임위원, 국무조정실 제2차장 및 금융위원회 부위원장
③ 그 밖에 재난 및 안전관리에 관한 지식과 경험이 풍부한 사람 중에서 조정위원회 위원장이 임명하거나 위촉하는 사람

(2) 실무위원회

안전정책조정위원회 업무의 효율적 운영을 위하여 필요한 경우 실무위원회를 둘 수 있으며, 위원장 1명을 포함하여 50명 내외의 위원으로 구성한다.

① 구성

실무위원회의 위원장은 행정안전부의 재난안전관리 사무를 담당하는 본부장이 되고, 실무위원회는 다음 어느 하나에 해당하는 사람 중에서 실무위원장이 임명하거나 위촉하는 사람으로 구성한다.

- 관계 중앙행정기관의 고위공무원단에 속하는 공무원 또는 3급 상당 이상에 해당하는 공무원 중에서 해당 중앙행정기관의 장이 추천하는 공무원
- 재난 및 안전관리에 관한 지식과 경험이 풍부한 사람
- 그 밖에 실무위원장이 필요하다고 인정하는 분야의 전문지식과 경력이 충분한 사람

② 운영 및 심의사항

실무위원회의 회의는 위원 5명 이상의 요청이 있거나 실무위원장이 필요하다고 인정하는 경우에 실무위원장이 소집하며 실무위원장이 회의마다 지정하는 25명 내외의 위원으로 구성하여 과반수의 출석으로 개의하고, 출석위원 과반수의 찬성으로 의결하고 다음과 같은 사항을 심의한다.

- 재난 및 안전관리를 위하여 관계 중앙행정기관의 장이 수립하는 대책에 관하여 협의·조정이 필요한 사항
- 재난 발생 시 관계 중앙행정기관의 장이 수행하는 재난의 수습에 관하여 협의·조정이 필요한 사항
- 그 밖에 실무위원회의 위원장이 회의에 부치는 사항

3 재난 및 안전관리 사업예산의 사전협의

① 중앙행정기관의 장은 재난 및 안전관리 사업(행정안전부장관이 기획재정부장관과 협의하여 정하는 사업을 말한다)과 관련된 중기사업계획서와 해당 기관의 재난 및 안전관리 사업에 관한 투자우선순위 의견을 매년 1월31일까지 행정안전부장관에게 제출하여야 한다.

② 관계 중앙행정기관의 장은 기획재정부장관에게 제출하는 재난 및 안전관리 사업 관련예산요구서를 매년 5월31일까지 행정안전부장관에게 제출하여야 한다.

③ 행정안전부장관은 중기사업계획서, 투자우선순위 의견 및 예산요구서를 검토하고 중앙위원회의 심의를 거쳐 다음 각 호의 사항을 매년 6월30일까지 기획재정부장관에게 통보하여야 한다.

- 재난 및 안전관리 사업의 투자 방향
- 관계 중앙행정기관별 재난 및 안전관리 사업의 투자우선순위, 투자적정성 중점 추진방향등에 관한 사항
- 재난 및 안전관리 사업의 유사성·중복성 검토결과
- 그 밖에 재난 및 안전관리 사업의 투자효율성을 높이기 위하여 필요한 사항

④ 행정안전부장관은 매년 재난 및 안전관리 사업의 효과성 및 효율성을 평가하고 그 결과를 관계 중앙행정기관의 장에게 통보하여야 한다. 평가를 위하여 중앙행정기관의 장 또는 지방자치단체의 장에게 자료를 요청할 경우 특별한 사유가 없으면 자료를 제출하여야 한다.

4 지역위원회(시 · 도 안전관리위원회 및 시 · 군 · 구 안전관리위원회)

(1) 지역별 재난 및 안전관리에 관한 중요정책의 심의 및 총괄·조정하기 위하여 특별시장·광역시장·특별자치시장·도지사·특별자치도지사 소속으로 시·도 안전관리위원회를, 시장·군수·구청장 소속으로 시·군·구 안전관리위원회를 둔다.

(2) 시·도위원회의 위원장은 시·도지사가 되고, 시·군·구위원회의 위원장은 시장·군수·구청장이 된다.

(3) 시·도위원회와 시·군·구위원회의 회의에 부칠 의안을 검토하고, 재난 및 안전관리에 관한 관계기관 간의 협의·조정 등을 위하여 지역위원회를 효율적으로 운영하기 위하여 지역위원회에 안전정책실무조정위원회를 둘 수 있다.

(4) 지역위원회 및 안전정책실무조정위원회 구성과 운영에 필요한 사항은 해당 지방자치단체의 조례로 정한다.

(5) **심의 · 조정 사항**

① 해당 지역에 대한 재난 및 안전관리정책에 관한 사항
② 법 제24조 또는 25조에 따른 안전관리계획에 관한 사항
③ 해당 지역을 관할하는 재난관리책임기관(중앙행정기관과 상급 지방자치단체는 제외한다)이 수행하는 재난 및 안전관리업무의 추진에 관한 사항
④ 재난이나 그 밖의 각종 사고가 발생하거나 발생할 우려가 있는 경우 이를 수습하기 위한 관계기관 간 협력에 관한 사항
⑤ 다른 법령이나 조례에 따라 해당 위원회의 권한에 속하는 사항
⑥ 그밖에 해당 위원회의 위원장이 회의에 부치는 사항의 심의

5 재난방송협의회

(1) **중앙재난방송협의회**

재난에 관한 예보·경보·통지나 응급조치 및 재난관리를 위한 재난방송이 원활히 수행될 수 있도록 중앙위원회에 중앙재난방송협의회를 둘 수 있으며, 지역 차원에서 재난에 대한 예보·경보·통지나 응급조치 및 재난방송이 원활히 수행될 수 있도록 지역위원회에 시·도 또는 시·군·구 재난방송협의회를 둘 수 있다.

① 중앙재난방송협의회 구성
중앙재난방송협의회 위원장 1명과 부위원장 1명을 포함한 25명 이내의 위원으로 구성한다.
㉠ 과학기술정보통신부, 행정안전부, 국무조정실, 방송통신위원회 및 기상청의 고위공무원단

에 속하는 일반직 공무원 또는 이에 상응하는 공무원 중에서 해당 기관의 장이 지명하는 사람 각 1명

㉡ 관계 중앙행정기관(제1호의 위원이 소속된 기관은 제외한다)의 고위공무원단에 속하는 일반직 공무원 또는 이에 상당하는 공무원 중에서 재난의 유형에 따라 해당 중앙행정기관의 장의 추천을 받아 과학기술정보통신부장관이 임명하는 사람. 이 경우 과학기술정보통신부장관은 임명 대상에 대하여 방송통신위원회위원장과 미리 협의하여야 한다.

㉢ 다음 각 목의 어느 하나에 해당하는 사람 중에서 방송통신위원회위원장과 협의하여 과학기술정보통신부장관이 위촉하는 사람

- 「방송법 시행령」 제1조의2제1호에 따른 지상파텔레비전방송사업자(「방송법 시행령」 제25조의2에 따른 지역방송을 하는 방송사업자는 제외한다)에 소속된 사람으로서 재난방송을 총괄하는 직위에 있는 사람
- 「방송법 시행령」 제1조의2제6호에 따른 텔레비전방송채널사용사업자 중 종합편성 또는 보도전문편성을 행하는 방송채널사용사업자에 소속된 사람으로서 재난방송을 총괄하는 직위에 있는 사람
- 「고등교육법」에 따른 대학·산업대학·전문대학 및 기술대학에서 재난 또는 방송과 관련된 학문을 교수하는 사람으로서 조교수 이상의 직위에 있는 사람
- 재난 또는 방송 관련 연구기관이나 단체 또는 산업 분야에 종사하는 사람으로서 해당 분야의 경력이 5년 이상인 사람

※ 위원장은 위원 중에서 과학기술정보통신부장관이 지명하는 사람이 되고, 부위원장은 중앙재난방송협의회의 위원 중에서 호선하며, 위원장은 중앙재난방송협의회를 대표하고 중앙재난방송협의회의 사무를 총괄한다.

② 중앙재난방송협의회 심의사항

㉠ 재난에 관한 예보·경보·통지나 응급조치 및 재난관리를 위한 재난방송의 효율적 전파방안

㉡ 재난방송과 관련하여 중앙행정기관, 특별시·광역시·특별자치시·도·특별자치도 및 방송사업자 간의 역할분담 및 협력 체제 구축에 관한 사항

㉢ 언론에 공개할 재난 관련 정보의 결정에 관한 사항

㉣ 재난방송 관련 법령과 제도의 개선사항

㉤ 그밖에 재난방송이 원활히 수행되도록 하기 위하여 필요한 사항으로서 방송통신위원회위원장과 미래창조과학부장관이 요청하거나 중앙재난방송협의회 위원장이 필요하다고 인정하는 사항

6 안전관리민관협력위원회의 구성과 운영

조정위원회의 위원장은 재난 및 안전관리에 관한 민관협력관계를 원활히 하기 위하여 중앙안전관리민관협력위원회를 구성·운영할 수 있으며 지역안전관리위원회의 위원장은 재난 및 안전관리에 관한 지역 차원의 민관 협력관계를 원활히 하기 위하여 시·도 또는 시·군·구 안전관리민

관협력위원회를 구성·운영할 수 있다. 중앙안전관리민관협력위원회의 구성 및 운영에 필요한 사항은 대통령령으로 정하고, 지역안전관리민관협력위원회의 구성 및 운영에 필요한 사항은 해당 지방자치단체의 조례로 정한다.

(1) 중앙안전관리민관협력위원회 구성

공동위원장 2명을 포함하여 35명 이내의 위원으로 구성되며, 공동위원장은 행정안전부의 재난안전관리사무를 담당하는 본부장과 위촉된 민간위원 중에서 중앙민관협력위원회의 의결을 거쳐 행정안전부장관이 지명하는 사람이 된다.

① 당연직 위원 : 행정안전부 안전정책실장, 재난관리실장, 재난협력실장

② 민간위원
  ㉠ 재난 및 안전관리 활동에 적극적으로 참여하고 전국 규모의 회원을 보유하고 있는 협회 등의 민간단체 대표
  ㉡ 재난 및 안전관리 분야 유관기관, 단체·협회 또는 기업 등에 소속된 재난 및 안전관리 전문가
  ㉢ 재난 및 안전관리 분야에 학식과 경험이 풍부한 사람

③ 기능
  ㉠ 재난 및 안전관리 민관협력활동에 관한 협의
  ㉡ 재난 및 안전관리 민관협력활동사업의 효율적 운영방안의 협의
  ㉢ 평상시 재난 및 안전관리 위험요소 및 취약시설의 모니터링·제보
  ㉣ 재난발생 시 인적·물적 자원 동원, 인명구조·피해복구 활동 참여, 피해주민 지원서비스 제공 등에 관한 협의

④ 재난긴급대응단 구성 및 임무
  ㉠ 구성
  재난 발생 시 신속한 재난대응 활동 참여 등 중앙민관협력위원회의 기능을 지원하기 위하여 중앙안전관리민관협력위원회에 재난긴급대응단을 둘 수 있다.
  ㉡ 임무
  재난긴급대응단은 중앙민관협력위원회에 참여하는 유관기관, 단체·협회 또는 기업에서 파견된 인력으로 구성하고 다음과 같은 임무를 수행하며 시·군·구 재난안전대책본부 소속 통합지원본부의 장 또는 현장지휘를 하는 긴급구조통제단장의 지휘·통제를 따른다.
  - 재난 발생 시 인명구조 및 피해복구 활동 참여
  - 평상시 재난예방을 위한 활동 참여
  - 그 밖에 신속한 재난대응을 위하여 필요한 활동

제2절 중앙재난안전대책본부 등

1 중앙재난안전대책본부

대통령령으로 정하는 대규모 재난의 대응·복구 등에 관한 사항을 총괄·조정하고 필요한 조치를 하기 위하여 행정안전부에 중앙재난안전대책본부를 둔다.

(1) 중앙재난안전대책본부의 운영

① 중앙대책본부에 본부장과 차장을 두며, 본부장은 행정안전부장관이 된다.

② 중앙대책본부장은 중앙대책본부의 업무를 총괄하고 중앙재난안전대책본부회의를 소집할 수 있다.

③ 해외재난 ⇒ 외교부장관, 방사능재난 ⇒ 중앙방사능방재대책본부의 장이 각각 중앙대책본부장의 권한을 행사한다.

④ 중앙대책본부장은 대규모재난이 발생하거나 발생할 우려가 있는 경우에는 대통령령으로 정하는 바에 따라 실무반을 편성하고 중앙재난안전대책본부상황실을 설치하는 등 해당 대규모재난에 대하여 효율적으로 대응하기 위한 체계를 갖추어야 한다. 이 경우 중앙재난안전상황실과 인력, 장비, 시설 등을 통합 운영할 수 있다.

> ✪ 대규모 재난의 범위
> 1. 재난 중 인명 또는 재산의 피해 정도가 매우 크거나 재난의 영향이 사회적·경제적으로 광범위하여 주무부처의 장 또는 법 제16조 제2항에 따른 지역재난안전대책본부의 본부장의 건의를 받아 법 제14조 제2항에 따른 중앙재난안전대책본부의 본부장이 인정하는 재난
> 2. 위의 재난에 준하는 것으로서 중앙본부장이 재난관리를 위하여 중앙재난안전대책본부의 설치가 필요하다고 판단하는 재난

(2) 중앙재난안전대책본부장의 권한

① 중앙대책본부장은 대규모 재난을 효율적으로 수습하기 위하여 관계 재난관리 책임기관의 장에게 행정 및 재정상의 조치, 소속 직원의 파견, 그 밖에 필요한 지원을 요청할 수 있다. 이 경우 요청을 받은 관계 재난관리책임기관의 장은 특별한 사유가 없으면 요청에 따라야 한다.

② 중앙대책본부장은 해당 대규모재난의 수습에 필요한 범위에서 수습본부장 및 지역대책본부장을 지휘할 수 있다.

(3) 중앙재난안전대책본부 및 중앙재난안전대책본부회의의 구성

① 중앙대책본부의 구성(행정안전부장관이 본부장일 경우)*

중앙대책본부에는 차장과 총괄조정관·통제관 및 담당관을 둔다. 차장·총괄조정관·대변인·통제관·부대변인 및 담당관은 다음 각 목의 사람이 된다.(방사능재난의 경우 중앙방사능방재대책본부 별도)

– 차장·총괄조정관·대변인·통제관 및 담당관: 행정안전부 소속 공무원 중에서 행

정안전부장관이 지명하는 사람
- 부대변인 : 재난관리주관기관 소속 공무원 중에서 소속 기관의 장이 추천하여 행정안전부장관이 지명하는 사람

※ 해외재난의 경우에는 외교부장관이 소속 공무원 중에서 지명하는 사람이 차장 · 총괄조정관 · 대변인 · 통제관 · 부대변인 및 담당관이 된다.

※ 국무총리가 본부장일 경우

재난의 효과적인 수습을 위하여 다음 각 호의 어느 하나에 해당하는 경우에는 국무총리가 중앙대책본부장의 권한을 행사할 수 있다.

- 국무총리가 범정부적 차원의 통합 대응이 필요하다고 인정하는 경우
- 행정안전부장관이 국무총리에게 건의하는 경우
- 수습본부장의 요청을 받아 행정안전부장관이 국무총리에게 건의하는 경우는 행정안전부장관, 외교부장관(해외재난의 경우에 한정한다) 또는 원자력안전위원회 위원장(방사능 재난의 경우에 한정한다)이 차장이 되며, 총괄조정관 · 대변인 · 통제관 · 부대변인 및 담당관은 다음 각 호의 사람이 된다.

구분	내용
총괄조정관 통제관 담당관	차장이 소속 중앙행정기관 공무원 중에서 지명하는 사람
대 변 인	차장이 소속 중앙행정기관 공무원 중에서 추천하여 국무총리가 지명하는 사람
부대변인	재난관리주관 소속 공무원 중에서 소속 기관의 장이 추천하여 국무총리가 지명하는 사람
통 제 관	행정안전부 소속 공무원 중 해당 재난업무를 총괄하는 고위 공무원단에 속하는 일반직 공무원
담 당 관	행정안전부 소속 공무원 중 해당 재난업무를 담당하는 고위 공무원단에 속하는 일반직 공무원

② 중앙재난안전대책본부회의의 구성 및 심의 · 협의사항

중앙대책본부장은 중앙대책본부의 업무를 총괄하고 필요하다고 인정하면 중앙재난안전대책본부회의를 소집할 수 있다.

㉠ 중앙재난안전대책본부회의 구성

다음 각 호의 하나에 해당하는 기관의 고위공무원단에 속하는 일반직공무원(국방부의 경우에는 이에 상당하는 장성급(將星級) 장교를, 경찰청 및 해양경찰청의 경우에는 치안감 이상의 경찰공무원을, 소방청의 경우에는 소방감 이상의 소방공무원을 말한다) 중에서 소속기관의 장의 추천에 받아 중앙대책본부장이 임명하는 사람으로 구성

ⓐ 기획재정부, 교육부, 과학기술정보통신부, 외교부, 통일부, 법무부, 국방부, 행정안전부, 문화체육관광부, 농림축산식품부, 산업통상자원부, 보건복지부, 환경부, 고용노동부, 여성가족부, 국토교통부, 해양수산부 및 중소벤처기업부

ⓑ 조달청, 경찰청, 소방청, 문화재청, 산림청, 기상청 및 해양경찰청

ⓒ 그 밖에 중앙대책본부장이 필요하다고 인정하는 행정기관

㉡ 심의·협의 사항

중앙대책본부회의는 재난복구계획에 관한 사항을 심의·확정하는 외에 다음 사항을 협의한다.

ⓐ 재난예방대책에 관한 사항

ⓑ 재난응급대책에 관한 사항

ⓒ 국고지원 및 예비비 사용에 관한 사항

ⓓ 그밖에 중앙대책본부장이 회의에 부치는 사항

2 수습지원단

중앙대책본부장은 국내 또는 해외에서 발생한 대규모재난 수습을 지원하기 위하여 관계중앙행정기관 및 관계기관·단체의 재난관리에 관한 전문가 등으로 수습지원단을 구성하여 현지에 파견할 수 있다. 또한 구조·구급·수색 등의 활동을 신속하게 지원하기 위하여 행정안전부·소방청 또는 해양경찰청 소속의 전문 인력으로 구성된 특수기동구조대를 편성하여 재난현장에 파견할 수 있다.

① 구성

재난유형별로 관계 재난관리책임기관의 전문가 및 민간전문가로 구성한다. 다만, 해외재난의 경우에는 따로 수습지원단을 구성하지 아니하고 「119구조·구급에 관할 법률」 제9조에 따른 국제구조대로 갈음할 수 있다. 수습지원단의 단장은 수습지원단원 중에서 중앙대책본부장이 지명하는 사람이 된다.

② 임무

㉠ 지역대책본부장 등 재난발생지역의 책임자에 대하여 사태수습에 필요한 기술자문·권고 또는 조언

㉡ 중앙대대책본부장에 대하여 재난수습을 위한 재난현장상황, 재난발생의 원인, 행정적·재정적으로 조치할 사항 및 진행 상황 등에 관한 보고

3 중앙사고수습본부

재난관리주관기관의 장은 재난이 발생하거나 발생할 우려가 있는 경우에는 재난상황을 효율적으로 관리하고 재난을 수습하기 위한 중앙사고수습본부를 신속하게 설치·운영하여야 한다.

① 수습본부의 장 : 해당 재난관리주관기관의 장

② 운영

㉠ 수습본부장은 재난정보의 수집·전파, 상황관리, 재난발생 시 초동조치 및 지휘 등을 위한 수습본부상황실을 설치·운영하여야 한다. 이 경우 재난안전상황실과 인력, 장비, 시설 등을 통합·운영할 수 있다.

㉡ 수습본부장은 재난을 수습하기 위하여 필요하면 관계 재난관리책임기관의 장에게 행정상 및 재정상의 조치, 소속 직원의 파견, 그 밖에 필요한 지원을 요청할 수 있다. 이 경우 요청을

받은 관계 재난관리책임기관의 장은 특별한 사유가 없으면 요청에 따라야 한다.

㉢ 수습본부장은 지역사고수습본부를 운영할 수 있으며, 지역사고수습본부의 장은 수습본부장이 지명한다.

㉣ 수습본부장은 해당 재난의 수습에 필요한 범위에서 시·도지사 및 시장·군수·구청장(시·도대책본부 및 시·군·구 대책본부가 운영되는 경우에는 해당 본부장)을 지휘할 수 있다.

㉤ 수습본부장은 재난을 수습하기 위하여 필요하면 수습지원단을 구성·운영할 것을 중앙대책본부장에게 요청할 수 있다.

4 지역재난안전대책본부

해당 관할 구역에서 재난의 수습 등에 관한 사항을 총괄·조정하고 필요한 조치를 하기 위하여 시·도지사는 시·도재난안전대책본부를, 시장·군수·구청장은 시·군·구 재난안전대책본부를 둘 수 있다. 다만, 해당 재난과 관련하여 대규모재난을 수습하기 위한 중앙대책본부의 대응체계가 구성·운영되는 경우에는 시·도지사나 시장·군수·구청장은 시·도 대책본부나 시·군·구 대책본부를 두어야 한다.

※ 지역대책본부의 본부장 : 시·도지사 또는 시장·군수·구청장

(1) 지역대책본부장의 권한 등

① 지역대책본부장은 재난의 수습을 효율적으로 이루어질 수 있게 하기 위하여 해당 시·도 또는 시·군·구를 관할구역으로 하는 재난관리책임기관의 장에게 행정 및 재정상의 조치나 그 밖에 필요한 업무협조를 요청할 수 있다. 이 경우 요청을 받은 재난관리 책임기관의 장은 특별한 사유가 없으면 요청에 따라야 한다.

② 시·군·구대책본부의 장은 재난현장의 총괄·조정 및 지원을 위하여 재난현장통합지원본부를 설치·운영할 수 있다. 이 경우 통합지원본부의 장은 긴급구조에 대해서는 시·군·구긴급구조통제단장의 현장지휘에 협력하여야 한다.

※ 통합지원본부의 장 : 관할 시·군·구의 부단체장

③ 지역대책본부장은 재난의 수습을 위하여 필요하다고 인정하면 해당 시·도 또는 시·군·구의 전부 또는 일부를 관할구역으로 하는 재난관리책임기관의 장에게 소속직원의 파견을 요청할 수 있다. 이 경우 요청을 받은 재난관리책임기관의 장은 특별한 사유가 없으면 즉시 요청에 따라야 한다.

※ 파견된 직원은 재난의 수습이 끝날 때까지 지역대책본부에서 상근하여야 한다.

④ 재난의 효율적인 수습을 위한 행정상의 조치를 위하여 시·도 또는 시·군·구를 관할구역으로 하는 재난관리책임기관의 장에게 다음의 내용이 포함된 재난상황대응계획서의 작성 및 제출을 요청할 수 있다.

㉠ 재난발생의 장소·일시·규모 및 원인

㉡ 재난대응조치에 관한 사항

㉢ 재난의 예상 진행 상황

㉣ 재난의 진행 단계별 조치계획
㉤ 그밖에 지역대책본부장이 정하는 사항

(2) 지역대책본부회의 심의사항

① 자체 재난복구계획에 관한 사항
② 재난예방대책에 관한 사항
③ 재난응급대책에 관한 사항
④ 재난에 따른 피해지원에 관한 사항
⑤ 그밖에 지역대책본부장이 필요하다고 인정하는 사항

제3절 재난안전상황실 등

1 재난안전상황실 설치 · 운영

행정안전부장관등은 재난정보의 수집 · 전파, 상황관리, 재난발생 시 초동조치 및 지휘 등의 업무를 위하여 다음과 같이 재난안전상황실을 설치 · 운영하여야 한다.

행정안전부	중앙재난안전상황실
시 · 도 및 시 · 군 · 구	시 · 도별 및 시 · 군 · 구별 재난안전상황실
중앙행정기관	소관 업무분야의 재난안전상황실 또는 재난상황을 관리할 수 있는 체계
재난관리책임기관	재난안전상황실을 설치 · 운영 가능
※ 중앙재난안전상황실 및 다른 기관의 재난안전상황실은 유기적인 협조체제 유지	

※ 대처상황실 운영 : 행정안전부장관, 특별시장 · 광역시장 · 특별자치시장 · 도지사 · 특별자치도지사, 시장 · 군수 · 구청장 및 소방서장은 재난으로 인하여 재난안전상황실이 그 기능의 전부 또는 일부를 수행할 수 없는 경우를 대비

2 재난 신고 등

누구든지 재난의 발생이나 재난이 발생할 징후를 발견하였을 때는 즉시 그 사실을 시장 · 군수 · 구청장 · 긴급구조기관, 그 밖의 행정기관에 신고하여야 한다. 그리고 신고를 받은 시장 · 군수 · 구청장 · 긴급구조기관, 그밖에 행정기관의 장은 관할 긴급구조기관의 장에게, 긴급구조기관의 장은 그 소재지 관할 시장 · 군수 · 구청장 및 재난관리주관기관의 장에게 통보하여 응급대처방안을 마련할 수 있도록 조치하여야 한다.

3 재난상황의 보고

(1) 시장·군수·구청장, 소방서장, 해양경찰서장, 재난관리책임기관의 장 또는 국가기반시설의 장은 그 관할구역, 소관 업무 또는 시설에서 재난이 발생하거나 발생할 우려가 있으면 대통령령으로 정하는 바에 따라 재난상황에 대해서는 즉시, 응급조치 및 수습현황에 대해서는 지체 없이 각각 행정안전부장관, 관계 재난관리주관기관의 장 및 시·도지사에게 보고하거나 통보하여야 한다. 이 경우 관계 재난관리주관기관의 장 및 시·도지사는 보고받은 사항을 확인·종합하여 행정안전부장관에게 통보하여야 한다.

(2) 또한 시장·군수·구청장, 소방서장, 해양경찰서장, 재난관리책임기관의 장 또는 국가기반시설의 장은 재난이 발생한 경우 또는 재난 발생을 신고 받거나 통보받은 경우에는 즉시 관계 재난관리책임기관의 장에게 통보하여야 한다.

(3) 해외재난상황의 보고

재외공관의 장은 관할 구역에서 해외재난이 발생하거나 발생할 우려가 있으면 외교부장관에게 보고하여야 한다.

(4) 재난상황보고**

① 재난발생의 일시 및 장소와 재난의 원인
② 재난으로 인한 피해내용
③ 응급조치 사항
④ 대응 및 복구활동 사항
⑤ 향후 조치계획
⑥ 그 밖에 해당 재난을 수습할 책임이 있는 중앙행정기관의 장이 정하는 사항

(5) 재난보고 구분*☆ 15년 소방위

① 재난상황보고(시장·군수·구청장·해양경찰서장 · 재난관리책임기관의장 · 국가핵심기관의장)*

구분	내용
최초보고	인명피해 등 주요 재난발생시 지체 없이 서면(전자문서를 포함한다)·팩스, 전화 중 가장 빠른 방법으로 하는 보고
중간보고	전산시스템 등을 활용하여 재난의 수습기간 중에 수시로 하는 보고.
최종보고	수습이 종료되거나 소멸된 후 재난상황 보고사항을 종합하여 하는 보고

② 응급조치내용 보고(시장·군수·구청장·해양경찰서장)
응급조치 내용보고는 응급복구조치상황 및 응급구호조치 상황으로 구분하여 재난기간 중 1일 2회 이상 보고하여야 한다.

③ 재난보고사항
• 재난 발생의 일시 · 장소와 재난의 원인

- 재난으로 인한 피해내용
- 응급조치사항
- 대응 및 복구활동 사항
- 향후조치계획
- 그 밖에 해당 재난을 수습할 책임이 있는 중앙행정기관의 장이 정하는 사항

‖ 재난상황보고체계 ‖

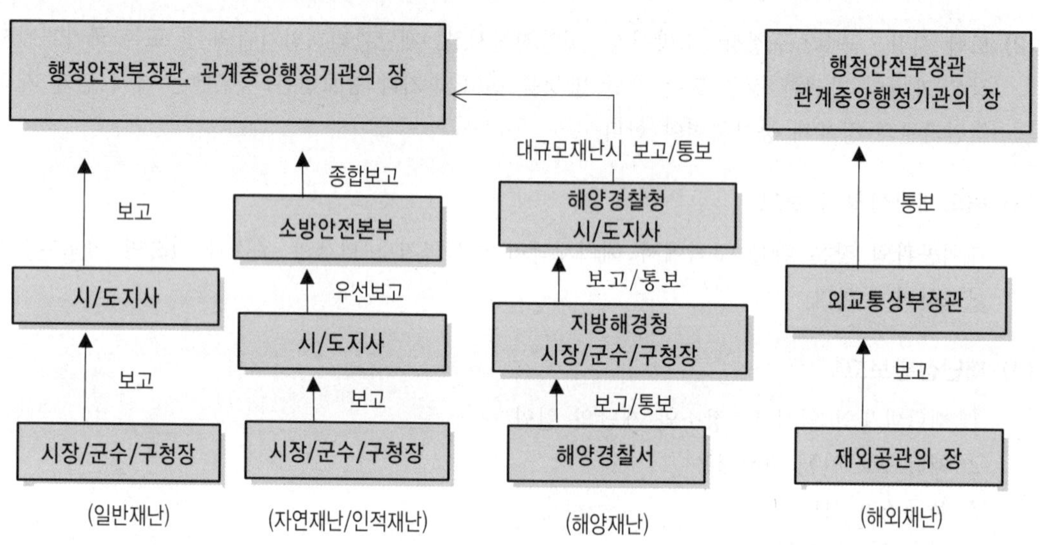

Chapter 3 안전관리계획

학습 목표

1. 국가안전관리기본계획 및 집행계획의 작성책임 및 절차를 이해한다.
2. 시·도 및 시·군·구의 안전관리기본계획 및 집행계획의 작성책임과 절차를 이해한다.

제1절 국가안전관리기본계획

1 국가안전관리기본계획의 의의

국가안전관리기본계획은 재난의 예방·대비·대응·복구 등 재난 및 안전관리를 위한 기본방향과 관련부처가 중점적으로 추진할 안전관리기본계획 등을 포함하는 것으로 5년마다 수립하는 국가재난관리의 장기적인 마스터플랜이다.

2 작성책임

국가안전관리기본계획의 작성책임은 국무총리에게 있다. 국무총리는 관계 중앙행정 기관의 장이 제출한 그 소관에 속하는 안전관리업무에 관한 기본계획을 종합하여 국가 안전관리기본계획을 작성한다.

3 작성절차

국무총리가 계획의 수립지침을 작성하여 이를 관계중앙행정기관의 장에게 시달하면, 관계 중앙행정기관의 장은 지침에 따라 계획을 작성하여 국무총리에게 제출한다. 이에 따라 국무총리는 제출된 계획을 종합하여 국가안전관리기본계획을 작성하고 중앙위원회의 심의를 거쳐 확정한 후 이를 관계 중앙행정기관의 장에게 시달하고 중앙행정기관의 장은 그 소관에 관한 사항을 관계 재난관리책임기관(중앙행정기관 및 지방자치단체 제외)의 장에게 시달한다.

4 국가안전관리기본계획의 구성 및 내용

(1) 국가안전관리기본계획의 구성

국가안전관리기본계획은 총칙과 다음 각 호의 대책으로 구성한다.

① 재난에 관한 대책
② 생활안전, 교통안전, 산업안전, 시설안전, 범죄안전, 식품안전 그 밖에 이에 준하는 안전관리에 관한 대책

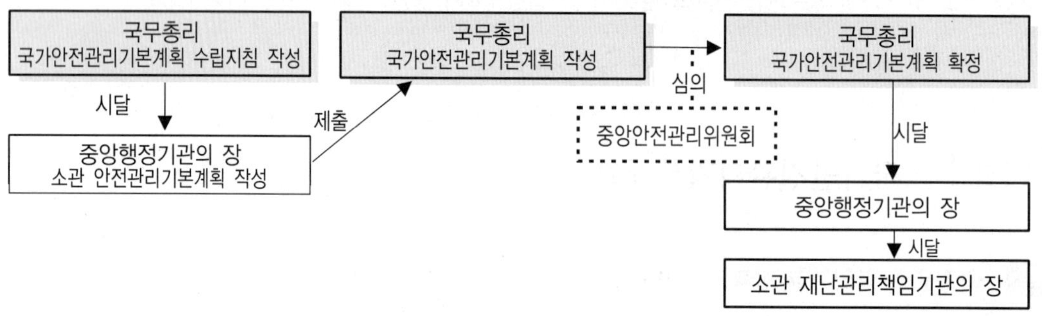

제2절 집행계획

1 집행계획의 의의

<u>매 5년마다 수립</u>하는 국가안전관리기본계획의 효율적 집행을 위하여 기본계획 중 관계중앙행정기관의 장이 소관업무에 관한 집행계획을 마련하여 재난관리책임기관의 장에게 시달하고, 재난관리책임기관의 장은 집행계획에 의하여 세부집행계획 중 소관 업무에 관하여 재난의 예방, 대비, 대응 및 복구단계별로 작성하여 재난상황발생에 대비토록 하는 데 목적이 있다.

2 작성책임

집행계획의 작성책임은 관계중앙행정기관의 장이다.

3 작성절차

(1) 관계 중앙행정기관의 장은 시달 받은 국가안전관리기본계획에 따라 그 소관업무에 관한 집행계획을 작성하여 조정위원회의 심의를 거쳐 국무총리의 승인을 얻어 이를 확정하며, 확정된 집행계획을 행정안전부장관에게 통보하고, 시·도지사 및 재난관리책임기관의 장

에게 시달하여야 한다.

(2) 중앙행정기관의 장은 확정된 집행계획에 변경사항이 있는 때는 이를 행정안전부장관과 협의한 후 국무총리에게 보고하여야 한다.

(3) 국무총리는 관계 중앙행정기관의 장이 작성하여 제출한 집행계획에 대하여 필요한 경우에는 이를 승인하기 전에 분과위원회 및 중앙위원회의 심의를 거치도록 할 수 있다.

(4) 재난관리책임기관의 장(재난관리책임기관의 장 중 본사에 해당하는 재난관리책임기관의 장에 한함)은 시달 받은 집행계획에 의거 세부집행계획을 작성하여 관할 시·도지사와 협의한 후 소속 중앙행정기관의 장의 승인을 얻어 이를 확정한다. 이 경우 그 재난관리책임기관의 장이 공공기관이나 공공단체의 장인 경우에는 그 내용을 지부 등 지방조직에 통보하여야 한다.

▌집행계획 작성절차▐

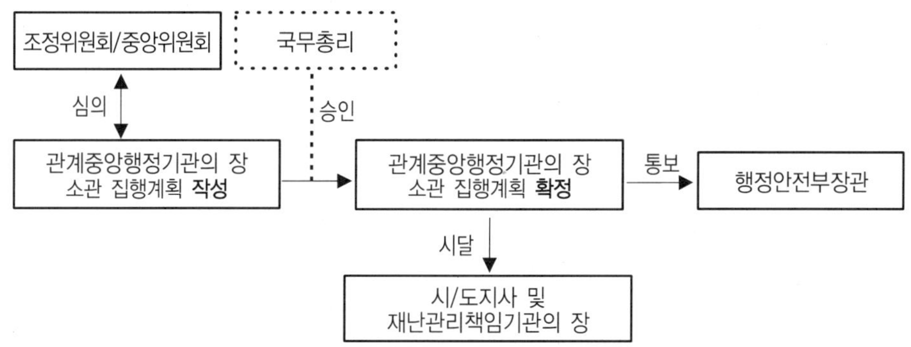

제3절 시·도 및 시·군·구 안전관리계획

1 시·도 및 시·군·구 안전관리계획의 의의

재난으로부터 지역주민의 생명과 재산을 보호하기 위해 관할구역의 안전관리계획을 수립·시행토록하고 있다. 시·도는 행정안전부의 재난 및 안전관리업무 수립지침에 따라, 시·군·구는 시·도의 재난 및 안전관리업무 수립지침에 따라 지방행정기관의 안전관리 업무에 관한 계획을 종합하여 수립토록 함으로서 국가안전관리계획의 기본방향에 부합 되도록 하고 있다.

2 작성책임

시・도 안전관리계획은 시・도지사, 시・군・구 안전관리계획은 시・군・구청장이 작성하여야 한다.

3 작성절차

(1) 관계 중앙행정기관의 장은 시달 받은 국가안전관리기본계획에 따라 그 소관 업무에 관한 집행계획을 작성하여 조정위원회의 심의를 거쳐 국무총리의 승인을 얻어 이를 확정하며, 확정된 집행계획을 매년 11월 30일까지 행정안전부장관에게 통보하여야 한다.

(2) 행정안전부장관은 집행계획을 효율적으로 수립하기 위하여 필요한 경우에는 집행계획의 작성지침을 마련하여 관계 중앙행정기관의 장에게 통보할 수 있고, 관계 중앙행정기관의 장은 집행계획을 작성하는 경우에 필요하면 세부집행 계획을 작성하여야 하는 재난관리책임기관의 장에게 집행계획의 작성에 필요한 자료의 제출을 요청할 수 있다.

(3) 중앙행정기관의 장은 확정된 집행계획에 변경사항이 있을 때에는 그 변경사항을 행정안전부장관과 협의한 후 국무총리에게 보고하여야 한다, 다만 다음에 해당하는 경미한 사항은 보고를 생략할 수 있다.

① 집행계획 중 재난 및 안전관리에 소요되는 비용 등의 단순 증감에 관한사항
② 다른 관계 중앙행정기관의 재난 및 안전관리에 영향을 미치지 않는 사항
③ 그밖에 행정안전부장관이 집행계획의 기본방향에 영향을 미치지 않는 것으로 인정하는 사항

(4) 관계 중앙행정기관의 장은 확정된 집행계획을 행정안전부장관에게 통보하고, 행정안전부장관은 시・도지사 및 재난관리책임기관의 장에게 시달하여야 하고, 시달 받은 집행 계획에 따라 재난관리책임기관의 장은 세부집행계획을 작성하여 관할 시・도지사와 협의한 후 소속 중앙행정기관의 장의 승인을 얻어 이를 확정한다. 이 경우 그 재난관리책임기관의 장이 공공기관이나 공공단체의 장인 경우에는 그 내용을 지부 등 지방조직에 통보하여야 한다.

4 작성내용

(1) 소관 재난 및 안전관리에 관한 기본방향

(2) 재난별 대응 시 관계 기관 간의 상호 협력 및 조치에 관한 사항

(3) 소관 재난 및 안전관리를 위한 사업계획에 관한 사항

(4) 그 밖에 재난 및 안전관리에 필요한 사항

‖ 집행계획 작성절차 ‖

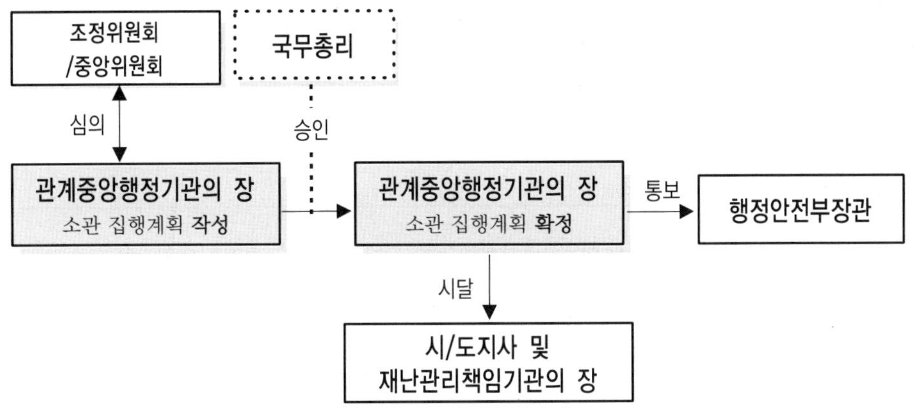

‖ 세부집행계획 작성절차 ‖

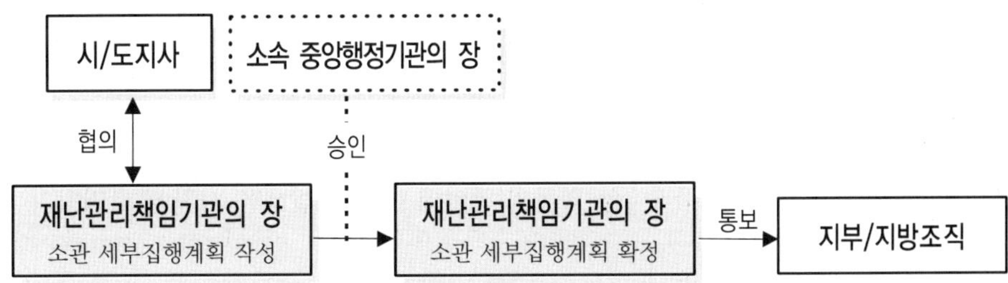

Chapter 4

재난의 예방 및 대비

학습 목표

- 재난관리책임기관의 장의 임무와 행정안전부장관의 재난사전방지조치 내용을 이해한다.
- 국가기반시설, 특정관리대상의 지정 및 관리절차와 내용을 이해한다.
- 긴급안전점검의 주체와 대상 및 내용을 이해한다.

재난의 예방이란 발생 가능한 재난의 위험성 평가 및 분석, 위험요인 제거, 관련법 정비·제정, 예방관련 정책수립시행 등을 통해 재난발생의 위험성을 사전에 제거하기 위한 모든 행위를 말한다.

제1절 재난관리책임기관의 장의 재난예방조치

1 재난관리책임기관의 장의 임무

(1) 재난관리책임기관의 장은 소관 관리대상 업무의 분야에서 재난 발생을 사전에 방지하기 위하여 다음의 조치를 하여야 한다.

① 재난에 대응할 조직의 구성 및 정비
② 재난의 예측과 정보전달체계의 구축
③ 재난 발생에 대비한 교육·훈련과 재난관리예방에 관한 홍보
④ 재난이 발생할 위험이 높은 분야에 대한 안전관리체계의 구축 및 안전관리규정의 제정
⑤ 국가기반시설의 관리
⑥ 특정관리시설 등에 관한 조치
⑦ 재난방지시설의 점검·관리
⑧ 재난관리자원의 비축 및 장비·인력의 지정
⑨ 그 밖에 재난을 예방하기 위하여 필요하다고 인정되는 사항

(2) 위의 예방조치를 효율적으로 시행하기 위하여 필요한 사업비를 확보하여야 한다.

(3) 다른 재난관리책임기관의 장에게 재난을 예방하기 위하여 필요한 협조를 요청할 수 있다. 이 경우 요청을 받은 다른 재난관리책임기관의 장은 특별한 사유가 없으면 요청에 따라야 한다.

(4) 재난관리의 실효성을 확보할 수 있도록 안전관리체계 및 안전관리규정을 정비·보완하여야 한다.

2 재난 사전 방지조치

(1) 행정안전부장관은 재난발생을 사전에 방지하기 위하여 다음 사항이 포함된 재난발생 징후 정보를 수집·분석하여 관계 재난관리책임기관의 장에게 미리 필요한 조치를 하도록 요청할 수 있다.

① 재난발생 징후가 포착된 위치
② 위험요인 발생원인 및 상황
③ 위험요인 제거 및 조치사항
④ 그 밖에 재난발생의 사전 방지를 위하여 필요한 사항

(2) 행정안전부장관은 재난징후정보의 효율적 조사·분석 및 관리를 위하여 재난징후정보관리시스템을 운영할 수 있다.

제2절 국가기반시설의 지정 및 관리 등

1 국가기반시설의 정의

국가기반시설이란 관계 중앙행정기관의 장이 소관 분야의 기반시설 중 에너지·통신·교통·금융·의료·수도 등 국가기반체계를 보호하기 위하여 계속적으로 관리할 필요가 있다고 인정하는 시설을 말한다.

2 지정 대상 및 절차

(1) 관계 중앙행정기관의 장은 다음 각 호의 기준에 따라 안전정책조정위원회의 심의를 거쳐 국가기반시설을 지정할 수 있다.

① 다른 기반시설이나 체계 등에 미치는 연쇄효과
② 2 이상의 중앙행정기관의 공동대응 필요성
③ 재난이 발생하는 경우 국가안전보장과 경제·사회에 미치는 피해 규모 및 범위
④ 재난의 발생 가능성 또는 그 복구의 용이성

(2) 관계 중앙행정기관의 장은 국가기반시설의 지정 여부를 결정하기 위하여 필요한 자료의 제출을 소관 재난관리책임기관의 장에게 요청할 수 있으며, 관계 중앙행정기관의 장은 소관 재난관리책임기관의 장이나 해당 시설 관리자의 의견을 들어 적합하게 국가기반시설을 지정하여야 한다.

(3) 관계 중앙행정기관의 장은 소관 재난관리책임기관이 해당 업무를 폐지·정지 또는 변경하는 경우에는 조정위원회의 심의를 거쳐 국가기반시설의 지정을 취소할 수 있다.

(4) 행정안전부장관은 국가기반시설에 대한 데이터베이스를 구축·운영하고, 국무총리 및 중앙행정기관의 장이 재난관리정책의 수립 등에 이용할 수 있도록 통합 지원할 수 있다.

제3절 특정관리대상시설 등의 관리

1 특정관리대상시설 등의 정의

특정관리대상시설이란 재난발생의 위험이 높거나 재난예방을 위하여 계속적으로 관리가 필요한 시설 및 지역을 말한다.

2 지정권자

(1) 중앙행정기관의 장 또는 지방자치단체의 장은 재난이 발생할 위험이 높거나 재난예방을 위하여 계속적으로 관리할 필요가 있다고 인정되는 시설 및 지역을 대통령령으로 정하는 바에 따라 특정관리대상 시설 및 지역으로 지정하여야 한다.

(2) 중앙행정기관의 장 또는 지방자치단체의 장은 특정관리대상시설 등을 지정하기 위하여 소관 시설의 현황을 매년 정기 또는 수시로 조사하여야 하고, 특정관리대상시설 등의 지정·관리에 관한 지침에서 정하는 세부 지정기준 등에 따라 특정관리대상시설 등으로 지정하거나 그 지정을 해제하여야 한다.

3 지정대상

재난 및 안전관리기본법에서 정하고 있는 특정관리대상시설 등의 지정 대상은 다음과 같다.

① 자연재난으로 인한 피해의 위험이 높거나 피해가 우려되는 시설 및 지역
② 재난예방을 위하여 관리할 필요가 있다고 인정되는 지역으로서 시행령 별표 2의2에 해당하는 시설 및 지역
③ 그밖에 재난관리책임기관의 장이 재난의 예방을 위하여 특별히 관리할 필요가 있다고 인정하는 시설

4 특정관리대상시설 등의 관리

(1) 재난관리책임기관의 장은 특정관리대상시설 등으로 지정된 시설 및 지역에 대하여 다음의 조치를 하여야 한다.

① 특정관리대상시설 등으로부터 재난 발생의 위험성을 제거하기 위한 장기·단기 계획의 수립·시행
② 특정관리대상시설 등에 대한 안전점검 또는 정밀안전진단
③ 그밖에 특정관리대상시설 등의 관리·정비에 필요한 조치

(2) 특정대상물 등의 안전등급 및 점검

① 안전등급
㉠ A등급 : 안전도가 우수한 경우
㉡ B등급 : 안전도가 양호한 경우
㉢ C등급 : 안전도가 보통인 경우
㉣ D등급 : 안전도가 미흡한 경우
㉤ E등급 : 안전도가 불량한 경우

② 안전점검
㉠ 정기안전점검
ⓐ A등급, B등급 또는 C등급에 해당하는 특정관리대상시설 등 : 반기별 1회 이상
ⓑ D등급에 해당하는 특정관리대상시설 등 : 월 1회 이상
ⓒ E등급에 해당하는 특정관리대상시설 등 : 월 2회 이상
㉡ 수시안전점검 : 재난관리책임기관의 장이 필요하다고 인정하는 경우

(3) 특정관리대상시설 등에 관한 보고 등

① 중앙행정기관의 장, 지방단체장 및 재난관리책임기관의 장은 특정관리대상시설 등의 지정 및 조치 결과에 관한 다음 각 호의 사항을 행정안전부장관에게 보고하거나 통보하여야 한다.
· 특정관리대상시설 등의 지정 현황
· 특정관리대상시설 등에 대한 정기 및 수시 점검과 정비·보수

② 행정안전부장관은 매년 1회 이상 특정관리대상시설 등에 대한 지정 및 조치 결과를 국무총리에게 보고하여야 하며, 필요한 경우에는 수시로 보고할 수 있다.

③ 행정안전부장관은 보고받거나 통보받은 사항을 정기적으로 또는 수시로 국무총리에게 보고하여야 한다.

④ 국무총리는 보고된 사항 중 재난을 예방하기 위하여 필요하다고 인정하는 사항에 대해서는 중앙행정기관의 장, 지방자치단체의 장 또는 재난관리책임기관의 장에게 시정조치나 보완을 요구할 수 있다.

5 재난방지시설의 관리

재난관리책임기관의 장은 관계 법령 또는 안전관리계획에서 정하는 바에 따라 재난방지시설을 점검·관리하여야 하며, 행정안전부장관은 재난방지시설의 관리 실태를 점검하고 필요한 경우 보수·보강 등의 조치를 재난관리책임기관의 장에게 요청할 수 있다. 이 경우 요청을 받은 재난관리책임기관의 장은 신속하게 조치를 이행하여야 한다.

✪ 대통령령으로 정하는 재난방지시설

1. 「소하천정비법」 제2조제3호에 따른 소하천부속물 중 제방·호안·보 및 수문
2. 「하천법」 제2조제3호에 따른 하천시설 중 댐·하구둑·제방·호안·수제·보·갑문·수문·수로터널·운하 및 같은 법 제2조제7호에 따른 수문조사시설 중 홍수발생의 예보를 위한 시설
3. 「국토의 계획 및 이용에 관한 법률」 제2조제6호마목에 따른 방재시설
4. 「하수도법」 제2조제3호에 따른 하수도 중 하수관로 및 공공하수처리시설
5. 「농어촌정비법」 제2조제6호에 따른 농업생산기반시설 중 저수지, 양수장, 우물 등 지하수이용시설, 배수장, 취입보(取入洑), 용수로, 배수로, 웅덩이, 방조제, 제방
6. 「사방사업법」 제2조제3호에 따른 사방시설
7. 「댐건설 및 주변지역지원 등에 관한 법률」 제2조제1호에 따른 댐
8. 「어촌·어항법」 제2조제5호다목(4)에 따른 유람선·낚시어선·모터보트·요트 또는 윈드서핑 등의 수용을 위한 레저용 기반시설
9. 「도로법」 제2조제2호에 따른 도로의 부속물 중 방설·제설시설, 토사유출·낙석 방지 시설, 공동구, 같은 법 시행령 제2조제2호에 따른 터널·교량·지하도 및 육교
10. 법 제38조에 따른 재난 예보·경보시설
11. 「항만법」 제2조제5호에 따른 항만시설
12. 그밖에 행정안전부장관이 정하여 고시하는 재난을 예방하기 위하여 설치한 시설

6 재난안전분야 종사자 교육

(1) 재난관리책임기관에서 재난 및 안전관리업무를 담당하는 공무원이나 직원은 행정안전부장관이 실시하는 전문교육을 정기 또는 수시로 받아야 한다.

(2) 교육의 종류 및 기간

관리자 전문교육	재난관리책임기관에서 재난 및 안전관리 업무를 담당하는 부서의 장
실무자 전문교육	재난관리책임기관에서 재난 및 안전관리 업무를 담당하는 부서의 공무원 또는 직원으로서 관리자 전문교육 대상이 아닌 사람

※ 전문교육의 대상자는 해당 업무를 맡은 후 1년 이내에 신규교육(3일 이내)을 받아야 하며, 신규교육을 받은 후 매 2년마다 정기교육(3일 이내)을 받아야 한다.

(3) 재난안전분야 종사자 교육을 위한 전문교육기관

① 행정안전부, 관계 중앙행정기관 또는 시·도 소속의 공무원 교육기관

② 재난관리책임기관(행정기관 외의 기관만 해당한다) 소속의 교육기관

③ 재난 및 안전관리 분야 교육 운영 실적이 있는 민간교육기관으로서 행정안전부장관이 지정하는 교육기관

제4절 재난예방을 위한 긴급안전점검

1 긴급안전점검

(1) 긴급안전점검의 주체

행정안전부장관 또는 재난관리책임기관(행정기관만을 말함)의 장은 대통령령으로 정하는 시설 및 지역에 재난이 발생할 우려가 있는 등 대통령령으로 정하는 긴급한 사유가 있으면 소속 공무원으로 하여금 긴급안전점검을 실시하게 하고 행정안전부장관은 다른 재난관리책임기관의 장에게 긴급안전점검을 하도록 요구할 수 있다.

(2) 긴급안전점검 대상

긴급안전점검의 대상이 되는 시설 및 지역은 특정관리대상시설과 그밖에 행정안전부장관, 시・도지사 또는 사장・군수・구청장이 긴급안전점검을 위하여 필요하다고 인정하는 시설 및 지역으로 한다.

(3) 긴급안전점검 사유

재난이 발생할 우려가 있는 등 긴급한 사유가 있는 경우로서 다음 사항을 말한다.

① 사회적으로 피해가 큰 재난이 발생하여 피해시설의 긴급한 안전점검이 필요하거나 이와 유사한 시설의 재난예방을 위하여 점검이 필요한 경우
② 계절적으로 재난이 우려되는 취약시설에 대한 안전대책이 필요한 경우

(4) 긴급안전점검의 절차

① 긴급안전점검을 실시할 때에는 미리 긴급안전점검 대상 시설 및 지역의 관계인에게 긴급안전점검의 목적・날짜 등을 서면으로 통지하여야 한다. 다만, 서면 통지로는 긴급안전점검의 목적을 달성할 수 없는 경우에는 말로 통지할 수 있다.

② 긴급안전점검을 하는 공무원은 관계인에게 필요한 질문을 하거나 관계 서류 등을 열람할 수 있다.

③ 긴급안전점검을 하는 공무원은 그 권한을 표시하는 증표를 지니고 이를 관계인에게 보여주어야 한다.

④ 행정안전부장관은 긴급안전점검을 하면 그 결과를 해당 재난관리책임기관의 장에게 통보하여야 한다.

※ 긴급안전점검을 하는 공무원은 재난 및 안전관리기본법에 규정된 범죄에 관하여는「사법경찰관리의 직무를 수행할 자와 그 직무범위에 관한 법률」에서 정하는 바에 따라 사법경찰관리의 직무를 수행한다.

(5) 점검결과 기록·유지

재난관리책임기관의 장은 긴급안전점검을 실시한 때에는 긴급안전점검대상 시설 및 지역의 관리에 관한 카드에 긴급안전점검 결과 및 안전조치사항 등을 기록·유지하여야 한다.

2 재난예방을 위한 안전조치 등

(1) 안전조치의 주체와 내용

행정안전부장관 또는 재난관리책임기관(행정기관만을 말한다.)의 장은 긴급안전점검 결과 재난 발생의 위험이 높다고 인정되는 시설 또는 지역에 대하여는 대통령령으로 정하는 바에 따라 그 소유자·관리자 또는 점유자에게 다음의 안전조치를 할 것을 명할 수 있다.

① 정밀안전진단(시설만 해당한다). 이 경우 다른 법령에 시설의 정밀안전진단에 관한 기준이 있는 경우에는 그 기준에 따르고, 다른 법령의 적용을 받지 아니하는 시설에 대하여는 행정안전부령으로 정하는 기준에 따른다.
② 보수(補修) 또는 보강 등 정비
③ 재난을 발생시킬 위험요인의 제거

(2) 안전조치 절차

① 안전조치명령서의 통지

행정안전부장관 또는 재난관리책임기관의 장은 안전조치에 필요한 사항을 명하고자 할 때에는 안전조치명령서에 다음과 같은 사항을 명시하여 시설 및 지역의 관계인에게 통지하여야 한다.

- 안전점검의 결과
- 안전조치를 명하는 이유
- 안전조치의 이행 기한
- 안전조치를 하여야 하는 사항
- 안전조치 방법
- 안전조치를 한 후 관계 재난관리책임기관의 장에게 통보하여야 하는 사항

② 위험시설의 사용 제한 또는 금지 조치

행정안전부장관 또는 재난관리책임기관의 장은 안전조치명령을 받은 자가 그 명령을 이행하지 아니하거나 이행할 수 없는 상태에 있고, 재난의 예방을 위하여 긴급하다고 판단하면 그 시설 또는 지역에 대하여 사용을 제한 또는 금지시킬 수 있다. 이 경우 그 제한 또는 금지하는 내용을 보기 쉬운 곳에 게시하여야 한다.

③ 재난예방을 위하여 긴급한 경우의 행정대집행

안전조치명령을 받아 이를 이행하여야 하는 자가 그 명령을 이행하지 아니하거나 이행할 수 없는 상태에 있고, 재난의 예방을 위하여 긴급하다고 판단하면 그 명령을 받아 이를 이행하여야 할 자를 갈음하여 필요한 안전조치를 할 수 있으며, 이 경우 행정대집행법을 준용한다.

④ 이행계획서에 포함되어야하는 사항

- 안전조치를 이행하는 관계인의 인적사항
- 이행할 안전조치의 내용 및 방법
- 안전조치의 이행 기한

(3) 안전조치 결과의 통보

안전조치명령을 받은 소유자·관리자 또는 점유자는 이행계획서를 작성하여 행정안전부장관 또는 재난관리책임기관의 장에게 제출한 후 안전조치를 하고, 안전조치 결과 통보서에 안전조치 결과를 증명할 수 있는 서류·사진 등을 첨부하여 행정안전부장관 또는 재난관리책임기관의 장에게 통보하여야 한다.

(4) 정부합동 안전점검

행정안전부장관은 재난관리책임기관의 재난 및 안전관리 실태를 점검하기 위하여 정부합동안전점검단을 편성하여 안전점검을 실시할 수 있으며, 행정안전부장관은 정부합동점검단을 편성하기 위하여 필요하면 관계 재난관리책임기관의 장에게 관련 공무원 또는 직원의 파견을 요청할 수 있다. 이 경우 요청을 받은 관계 재난관리책임기관의 장은 특별한 사유가 없으면 요청에 따라야 한다.

점검결과 및 조치요구사항을 통보받은 관계 재난관리책임기관의 장은 조치계획을 수립하여 필요한 조치를 한 후 그 결과를 국무총리 또는 행정안전부장관에게 통보하여야 한다.

(5) 안전관리전문기관에 대한 자료요구

행정안전부장관은 재난 예방을 효율적으로 추진하기 위하여 안전관리전문기관에 대하여 안전점검결과, 주요시설물의 설계도서 등 안전관리에 필요한 자료를 요구할 수 있다.

안전관리전문기관은 소속 중앙부처의 지도·감독을 받고 있으나 행정안전부장관 안전관리 주무기관으로서 우리나라 안전 분야에 대한 총체적인 안전대책을 추진하여야 하므로 관련단체에 대한 자료 요구권을 부여한 것이고, 행정안전부장관은 안전관리전문기관에 자료요구만 할 뿐 지도·감독 권한은 소관 중앙행정기관에 두어 이중 감독에 의한 부담 및 혼선을 방지하고 있다.

※ 안전관리전문기관(령40조)

1. 한국소방산업기술원
2. 한국농어촌공사
3. 한국가스안전공사
4. 한국전기안전공사
5. 한국에너지공단
6. 한국산업안전보건공단
7. 국토안전관리원
8. 한국교통안전공단
9. 도로교통공단
10. 한국방재협회
11. 한국소방안전원
12. 한국승강기안전공단
13. 그 밖에 행정안전부장관이 고시하는 기관

제5절 재난관리체계 등의 정비 · 평가

1 정비 · 평가권자

행정안전부장관은 대규모의 재난발생에 대비한 단계별 예방·대응 및 복구과정 등 재난관리체계 등에 대하여 정기적으로 평가할 수 있으며, 공공기관에 대하여는 관할 중앙행정기관의 장이 평가를 하고, 시·군·구에 대하여는 시·도지사가 평가를 한다. 다만, 우수한 기관을 선정하기 위하여 필요한 경우에는 행정안전부장관이 확인평가를 할 수 있다.

2 평가사항 및 내용

(1) 정기적 평가사항

① 대규모 재난의 발생에 대비한 단계별 예방·대응 및 복구과정
② 재난관리책임기관의 재난대응조직의 구성 및 정비실태
③ 안전관리체계 및 안전관리규정
④ 재난관리기금의 운용 현황

(2) 평가내용

① 집행계획, 세부집행계획, 시·도 안전관리계획 및 시·군·구 안전관리계획 평가
② 재난예방을 위한 교육·홍보
③ 재난 및 안전관리분야 종사자의 전문교육 이수 실태
④ 특정관리대상시설 및 국가기반시설의 관리실태
⑤ 재난유형별 위기관리 매뉴얼의 작성·운용 및 관리 실태
⑥ 응급대책을 위한 자재·물가·장비·이재민수용시설 등의 지정 및 관리실태
⑦ 재난상황관리의 운용실태
⑧ 재난복구사업 추진사항 등

3 평가방법

재난관리체계 등의 정비·평가는 서면 또는 현지조사의 방법에 의한다.

4 평가를 위한 자료요구

행정안전부장관은 재난관리체계 등의 평가를 위하여 필요하다고 인정하는 경우에는 관계 중앙행정기관의 장과 소관 재난관리책임기관의 장에게 각각 재난 및 안전관리체계의 구축, 안전관리규정의 제정 및 그 정비·보완에 관한 자료 제출을 요청할 수 있다.

5 평가결과 조치

행정안전부장관은 평가결가를 중앙위원회에 종합 보고하고, 필요하다고 인정하면 해당 재난관리 책임기관의 장에게 시정조치나 보완을 요구할 수 있으며, 우수한 기관에 대하여는 예산지원 및 포상 등의 조치를 할 수 있다. 다만, 공공기관의 장 및 시장・군구・구청장에게 시정조치나 보완 요구를 하려는 경우에는 관할 중앙행정기관 장 및 시・도지사에게 한다.

6 재난관리 실태 공시 등

(1) 시장・군수・구청장은 다음의 사항이 포함된 재난관리 실태를 매년 1회 이상 관할 지역 주민에게 공시하여야 한다.(매년 3월 31일까지 해당 지자체 공보에 공고)

① 전년도 재난의 발생 및 수습현황
② 재난예방조치 실적
③ 재난관리기금의 적립 현황
④ 현장조치 행동매뉴얼의 작성・운용현황
⑤ 그 밖에 대통령으로 정하는 재난관리에 관한 중요사항

제6절 재난의 대비

학습목표

- 재난관리자원의 비축관리, 재난분야 위기관리매뉴얼 작성과 운영 등의 내용과 절차를 이해한다.
- 국가재난관리 기준의 제정운영, 재난대응활용계획 등의 내용을 이해한다.
- 재난대비훈련 기본계획의 수립과 내용 및 절차를 이해한다.

1 재난자원의 비축 · 관리

(1) 재난관리책임기관의 장은 재난의 수습활동에 필요한 대통령령으로 정하는 장비, 물자 및 자재(이하 "재난관리자원"이라 한다)를 비축·관리하여야 한다.

> ✪ 대통령령으로 정하는 장비, 물자 및 자재
> 1. 포대류·묶음줄 등 수방자재
> 2. 시멘트·철근·하수관 및 강재(鋼材) 등 건설자재
> 3. 전기·통신·수도용 기자재
> 4. 자재·인력 등을 운반하기 위한 수송장비 및 연료
> 5. 불도저·굴삭기 등 건설장비
> 6. 양수기 등 침수지역 복구장비
> 7. 손전등·축전지·소형발전기 등 재난응급대책을 위하여 필요한 소형장비
> 8. 감염병 환자 등의 진료 또는 격리를 위한 시설
> 9. 이재민 등의 구호를 위한 시설
> 10. 그밖에 행정안전부장관이 재난응급대책 및 재난복구에 필요하다고 인정하여 고시하는 장비, 물자 및 자재 및 시설

(2) 재난관리책임기관의 장은 매년 10월 31일까지 다음 해의 재난관리자원에 대한 비축·관리계획을 수립하고 행정안전부장관에게 제출하며, 행정안전부장관은 매년 5월 31일까지 다음 해의 재난관리자원에 대한 비축·관리계획의 수립을 지원하기 위한 지침을 마련하여 재난관리책임기관의 장에게 통보할 수 있다.

(3) 재난관리책임기관의 장은 재난관리자원공동활용시스템에 그 기관에서 보유한 재난관리자원의 현황을 입력·관리하여야 한다.

(4) 행정안전부장관은 재난관리책임기관의 장으로 하여금 재난관리책임기관이 자체적으로 보유한 재난관리자원의 현황관리 등을 위한 시스템을 자원관리시스템과 연계하게 할 수 있다.

2 재난현장 긴급통신수단의 마련

① 재난관리책임기관의장은 재난의 발생으로 인하여 통신이 끊기는 상황에 대비하여 미리 유선이나 무선 또는 위성통신망을 활용할 수 있도록 긴급통신수단을 마련하여야 한다.

② 행정안전부장관은 재난현장에서 긴급통신수단이 공동 활용될 수 있도록 하기 위하여 재난관리책임기관, 긴급구조기관 및 긴급구조지원기관에서 보유하고 있는 긴급통신 보유 현황 등을 조사하고, 긴급통신수단을 관리하기 위한 체계를 구축·운영할 수 있다.

③ 행정안전부장관은 긴급통신수단이 효율적으로 활용될 수 있도록 긴급통신수단 관리지침을 마련하여 재난관리책임기관, 긴급구조기관 및 긴급구조지원기관의 장에게 통보하여야 하며 재난관리책임기관의 장은 긴급통신수단 관리지침에 따라 보유 중인 긴급통신수단이 효과적으로 연계되도록 수시로 점검하여야 한다.

3 국가재난관리기준의 제정 · 운용 등

행정안전부장관은 재난관리를 효율적으로 수행하기 위하여 다음의 사항이 포함된 국가재난관리기준을 제정하여 운용하여야 한다. 다만, 「산업표준화법」 따른 한국산업표준을 적용할 수 있는 사항에 대하여는 한국산업표준을 반영할 수 있다.

① 재난분야 용어정의 및 표준체계 정립
② 국가재난 대응체계에 대한 원칙
③ 재난경감·상황관리·자원관리·유지관리 등에 관한 일반적 기준
④ 재난에 관한 예보·경보의 발령 기준
⑤ 재난상황의 전파
⑥ 재난 발생 시 효과적인 지휘·통제 체제 마련
⑦ 재난관리를 효과적으로 수행하기 위한 관계기관 간 상호협력 방안
⑧ 재난관리체계에 대한 평가 기준이나 방법
⑨ 그밖에 재난관리를 효율적으로 수행하기 위하여 행정안전부장관이 필요하다고 인정하는 사항

4 기능별 재난대응 활동계획의 작성 · 활용

재난관리책임기관의 장은 재난관리가 효율적으로 이루어질 수 있도록 다음의 내용이 포함된 기능별 재난대응 활동계획을 작성하여 활용하여야 하며, 행정안전부장관은 재난대응활동계획의 작성에 필요한 작성지침을 재난관리책임기관의 장에게 통보할 수 있다.

① 재난상황관리 기능
② 긴급 생활안정 지원 기능
③ 긴급 통신 지원 기능
④ 시설피해의 응급복구 기능
⑤ 에너지 공급 피해시설 복구 기능

⑥ 재난관리자원 지원 기능
⑦ 교통대책 기능
⑧ 의료 및 방역서비스 지원 기능
⑨ 재난현장 환경 정비 기능
⑩ 자원봉사 지원 및 관리 기능
⑪ 사회질서 유지 기능
⑫ 재난지역 수색, 구조・구급지원 기능
⑬ 재난 수습 홍보 기능

5 재난분야 위기관리매뉴얼

(1) 재난분야 위기 매뉴얼 작성・운용

재난관리책임기관의 장은 재난을 효율적으로 관리하기 위하여 재난유형에 따라 위기관리 매뉴얼을 작성・운용하여야 하고 재난대응활동계획과 연계되도록 하여야 한다.

구분	내용
위기관리 표준매뉴얼	국가적 차원에서 관리가 필요한 재난에 대하여 재난관리 체계화, 관계 기관의 임무와 역할을 규정한 문서로 위기대응 실무매뉴얼의 작성기준이 되며, 재난관리주관기관의 장이 작성한다. 다만, 다수의 재난관리주관기관이 관련되는 재난에 대해서는 관계 재난관리주관기관의 장과 협의하여 행정안전부장관이 위기관리 표준매뉴얼을 작성할 수 있다.
위기대응 실무매뉴얼	위기관리 표준매뉴얼에서 규정하는 기능과 역할에 따라 실제 재난대응에 필요한 조치사항 및 절차를 규정한 문서로 재난관리 주관기관의 장과 관계기관의장이 작성한다. 재난관리주관기관의 장은 위기대응 실무매뉴얼과 위기관리 표준매뉴얼을 통합하여 작성할 수 있다.
현장조치 행동매뉴얼	재난현장에서 임무를 수행하는 기관의 행동조치 절차를 구체적으로 수록한 문서로 위기대응 실무매뉴얼을 작성한 기관의 장이 지정한 기관의 장이 작성한다. 다만, 시장・군수・구청장은 재난유형별 현장조치 행동매뉴얼을 통합하여 작성할 수 있다.

(2) 위기관리 매뉴얼 협의회 구성・운영

① 구성

위원장 1명(행정안전부장관 지명)을 포함하여 50명 이내의 위원(행정안전부장관 임명 또는 위촉)으로 구성

② 심의사항

- 위기관리 표준매뉴얼의 검토
- 위기관리 매뉴얼의 작성방법 및 운용기준 등에 관한 사항
- 위기관리 매뉴얼의 개선에 관한 사항
- 그 밖에 행정안전부장관이 위기관리 매뉴얼의 표준화 및 실효성 제고를 위하여 필요하다고 인정하는 사항

6 위기관리 매뉴얼의 작성운용

행정안전부장관은 위기관리 매뉴얼 관리시스템(이하 "관리시스템")을 구축·운영할 수 있으며 재난관리책임기관의 장에게 관련 자료의 제출을 요청하거나 관리 시스템을 통하여 위기관리 매뉴얼을 관리하도록 요청할 수 있다.
또한 행정안전부장관은 위기관리에 필요한 표준화된 매뉴얼을 연구·개발할 때에는 다음 각 호의 사항을 고려하여야 한다.

· 재난유형에 따른 국민행동요령의 표준화
· 재난유형에 따른 예방·대비·대응·복구 단계별 조치사항에 관한 연구 및 표준화
· 재난현장에서의 대응 및 상호협력 절차에 관한 연구 및 표준화
· 그 밖에 위기관리 매뉴얼의 개선·보완에 필요한 사항

7 재난안전통신망의 구축·운영

행정안전부장관은 체계적인 재난관리를 위하여 재난안전통신망을 구축·운영하여야 하며, 재난관리책임기관·긴급구조기관 및 긴급구조지원기관은 재난관리에 재난안전통신망을 사용하여야 한다. 재난관련기관은 평상시 또는 재난발생 시를 대비하여 재난안전통신망을 활용한 관련기관 간 재난대응 절차를 마련하여야 하며, 행정안전부장관은 재난관련기관에서 필요한 재난대응 절차를 연구·개발하여 보급할 수 있다.

8 재난대비훈련

행정안전부장관은 매년 재난대비훈련 기본계획을 수립하고 재난관리책임기관의 장에게 통보하여야 하며 국회 소관상임위원회에 보고하여야 한다. 재난관리책임기관의 장은 재난대비훈련 기본계획에 따라 소관분야별로 자체계획을 수립하여야 한다.

(1) 재난대비훈련 대상기관

구분	내용
주 관	행정안전부장관, 시·도지사, 시장·군수·구청장 및 긴급구조기관의 장
협 조	재난관리책임기관, 긴급구조지원기관 및 군부대 등 관계 기관
방 법	정기 또는 수시로 합동 재난대비훈련 실시

※ 2014.12.31. 기준 법35조에서는 훈련실시를 의무로 규정

(2) 재난대비훈련 실시

① 훈련주기 및 통보

훈련주관기관의 장은 관계 기관과 합동으로 참여하는 재난대비훈련을 각각 소관 분야별로 주관하여 연 1회 이상 실시하여야 한다.

훈련주관기관의 장은 재난대비훈련을 실시하는 경우에는 훈련일 15일 전까지 훈련일시, 훈련

장소, 훈련내용, 훈련방법, 훈련참여 인력 및 장비, 그 밖에 훈련에 필요한 사항을 훈련참여 기관의 장에게 통보하여야 한다.

② 사전교육

훈련주관기관의 장은 재난대비훈련 수행에 필요한 능력을 기르기 위하여 제1항에 따른 재난대비훈련 참석자에게 재난대비훈련을 실시하기 전에 사전교육을 하여야 한다. 다만, 다른 법령에 따라 해당 분야의 재난대비훈련 교육을 받은 경우에는 교육을 받은 것으로 본다.

③ 결과제출

재난관리책임기관 및 긴급구조지원기관의 장은 훈련상황을 점검하고, 재난대비훈련 실시 후 10일 이내에 그 결과를 훈련주관기관의 장에게 제출하여야 한다.

④ 재난대비훈련의 평가

㉠ 분야별 전문인력 참여도 및 훈련목표 달성 정도

㉡ 장비의 종류·기능 및 수량 등 동원 실태

㉢ 유관기관과의 협력체제 구축 실태

㉣ 긴급구조대응계획 및 세부대응계획에 의한 임무의 수행 능력

㉤ 긴급구조기관 및 긴급구조지원기관 간의 지휘통신체계

㉥ 긴급구조요원의 임무 수행의 전문성 수준

㉦ 그밖에 행정안전부장관이 정하는 평가에 필요한 사항

Chapter 5 재난의 대응과 긴급구조

학습 목표

- 재난사태선포권자, 선포절차 및 조치사항을 이해한다.
- 위기경보발령, 동원명령, 대피명령, 강제대피조치 등의 주체와 절차 및 내용을 이해한다.
- 긴급구조통제단, 긴급구조현장지휘대, 긴급구조활동평가, 긴급구조대응계획 등의 운영·절차 및 내용을 이해한다.

제1절 응급조치 등

1 재난사태 선포★★☆ 13년 소방위

태풍 등 대형재난 발생으로 인한 인명 및 재산상의 피해 경감을 위하여 국가적 차원에서 긴급한 조치가 필요한 경우, 재난의 규모에 따라 행정안전부장관이 재난사태를 선포하여 사전대비 태세를 강화토록 하고 있다.

(1) 재난사태 선포대상★

① 재난 중 극심한 인명 또는 재산의 피해가 발생하거나 발생할 것으로 예상되어 시・도지사가 중앙대책본부장에게 재난사태의 선포를 건의하는 경우

② 중앙대책본부장이 재난사태의 선포가 필요하다고 인정하는 재난(「노동조합 및 노동관계조정법」 제4장에 따른 쟁의행위로 인한 국가기반시설의 일시 정지를 제외한다)

(2) 재난사태 선포 절차★★☆ 21년 소방위

① 일반적인 선포 절차

행정안전부장관은 재난이 발생하거나 발생할 우려가 있는 경우 사람의 생명·신체 및 재산에 미치는 중대한 영향이나 피해를 줄이기기 위하여 긴급한 조치가 필요하다고 인정하면 중앙안전관리위원회의 심의를 거쳐 재난사태를 선포할 수 있다.

② 예외적 선포 절차

재난상황이 긴급하여 중앙위원회의 심의를 거칠 시간적 여유가 없다고 인정하는 경우에는 중앙위원회의 심의를 거치지 아니하고 행정안전부장관이 선포할 수 있다.

③ 재난사태의 해제

중앙위원회의 심의를 거치지 아니하고 재난사태를 선포한 경우에는 지체 없이 중앙위원회의 승인을 받아야 하며, 승인을 받지 못하면 행정안전부장관은 선포된 재난사태를 즉시 해제하여야 하며 재난으로 인한 위험이 해소되었다고 인정하는 경우 또는 재난이 추가적으로 발생할 우려가 없어진 경우에는 선포된 재난사태를 즉시 해제하여야 한다.

(3) 재난사태 선포 시 조치사항**

① 재난경보의 발령, 인력·장비 및 물자의 동원, 위험구역 설정, 대피명령, 응급지원 등 이 법에 따른 응급조치

② 해당 지역에 소재하는 행정기관 소속 공무원의 비상소집

③ 해당 지역에 대한 여행 등 이동 자제 권고

④ 휴업명령 및 휴원·휴교 처분의 요청

⑤ 그 밖에 재난예방에 필요한 조치

2 응급조치

응급조치는 재난이 발생할 우려가 있거나 재난이 발생하였을 때에 즉시 관계 법령이나 재난대응활동계획 및 위기관리매뉴얼에서 정하는 바에 따라 수방·진화·구조 및 구난 그 밖에 재난 발생을 예방하거나 피해를 줄이기 위하여 취하는 필요한 조치를 말한다.

(1) 응급조치의 주체

응급조치의 주체는 시·도 긴급구조통제단 및 시·군·구 긴급구조통제단의 단장(이하 "지역통제단장"이라 한다)과 시장·군수·구청장이다.

(2) 응급조치 사항*** ☆ 18년 소방위

① 경보의 발령 또는 전달이나 피난의 권고 또는 지시

※ 안전조치 : 정밀안전진단(시설만 해당한다)

이 경우 다른 법령에 시설의 정밀안전진단에 관한 기준이 있는 경우에는 그 기준에 따르고, 다른 법령의 적용을 받지 아니하는 시설에 대하여는 행정안전부령으로 정하는 기준에 따른다.

- 보수(補修) 또는 보강 등 정비
- 재난을 발생시킬 위험요인의 제거

② 진화·수방·지진방재, 그 밖의 응급조치와 구호

③ 피해시설의 응급복구 및 방역과 방범, 그 밖의 질서 유지

④ 긴급수송 및 구조수단의 확보

⑤ 급수수단의 확보, 긴급피난처 및 구호품의 확보

⑥ 현장지휘통신체계의 확보

⑦ 그밖에 재난 발생을 예방하거나 줄이기 위하여 필요한 사항
※ 지역통제단장의 경우 ② 중 진화에 대한 응급조치와 ④, ⑥의 응급조치만 가능

(3) 재난관리책임기관의 장의 의무

시・군・구의 관할 구역에 소재하는 재난관리책임기관의 장은 시장・군수・구청장이나 지역통제단장이 요청하면 관계 법령이나 시・군・구 안전관리계획에서 정하는 바에 따라 시장・군수・구청장이나 지역통제단장의 지휘 또는 조정하에 그 소관 업무에 관계되는 응급조치를 실시하거나 시장・군수・구청장이나 지역통제단장이 실시하는 응급조치에 협력하여야 한다.

3 위기경보의 발령

재난에 대한 징후를 식별하거나 재난발생이 예상되는 경우에는 그 위험 수준, 발생 가능성 등을 판단하여 그에 부합되는 조치를 할 수 있도록 위기경보를 발령할 수 있다.

(1) 위기경보의 발령권자

단일 재난유형의 경우	다수의 재난관리주관기관이 관련되는 재난의 경우
관계 재난관리주관기관의 장	행정안전부장관이 발령 가능

(2) 위기경보단계 구분

① 재난 피해의 전개 속도, 확대 가능성 등 재난상황의 심각성을 종합적으로 고려하여 관심・주의・경계・심각으로 구분할 수 있다.
② 재난관리주관기관의 장은 심각 경보를 발령 또는 해제할 경우에는 행정안전부장관과 사전에 협의하여야 한다.
※ 다만, 긴급한 경우에는 재난관리주관기관의 장은 우선 조치한 후 지체 없이 행정안전부장관과 협의하여야 한다.

4 재난 예보・경보체계 구축・운영

재난관리책임기관의 장은 사람의 생명・신체 및 재산에 대한 피해가 예상되면 그 피해를 예방하거나 줄이기 위하여 재난에 관한 예보 또는 경보 체계를 구축・운영할 수 있다.

재난관리책임기관의 장은 재난에 관한 예보 또는 경보가 신속하게 실시될 수 있도록 재난과 관련한 위험정보를 얻으면 즉시 행정안전부장관, 재난관리주관기관의 장, 시・도지사 및 시장・군수・구청장에게 통보하여야 한다.

(1) 조치 요청사항

행정안전부장관, 시・도지사 또는 시장・군수・구청장은 재난에 관한 예보・경보・통지나 응급조치를 실시하기 위하여 필요한 다음의 조치를 요청할 수 있다.

① 전기통신시설의 소유자 또는 관리자에 대한 전기통신시설의 우선 사용
② 주요기간 통신사업자에 대한 필요한 정보의 문자나 음성 송신 또는 인터넷 홈페이지 게시
③ 방송사업자에 대한 필요한 정보의 신속한 방송
④ 주요 신문사업자 및 인터넷신문사업자에 대한 필요한 정보의 게재

※ 요청을 받은 전기통신시설의 소유자 또는 관리자, 전기통신사업자, 방송사업자, 신문사업자 및 인터넷신문사업자는 정당한 사유가 없으면 요청에 따라야 하며, 전기통신사업자나 방송사업자, 휴대전화 또는 내비게이션 제조업자는 재난의 예보·경보 실시 사항이 사용자의 휴대전화 등의 수신기 화면에 반드시 표시될 수 있도록 소프트웨어나 기계적 장치를 갖추어야 한다.

(2) 재난 예·경보체계 구축 종합계획의 수립* ☆ 19년 소방위

위험구역 및 자연재해위험지구 등 재난으로 인하여 사람의 생명·신체 및 재산에 대한 피해가 예상되는 지역에 대하여 그 피해를 예방하기 위하여 재난 예·경보 체계구축 종합계획을 수립한다.

작성주체	· 시·군·구 재난 예보·경보체계 구축종합계획 : 시장·군수·구청장 · 시·도 재난 예보·경보체계 구축 종합계획 : 시·도지사
종합계획에 포함되어야 할 사항	· 재난 예보·경보체계의 구축에 관한 기본방침 · 재난 예보·경보체계 구축 종합계획의 수립 대상지역의 선정에 관한 사항 · 종합적인 재난 예보·경보체계의 구축 및 운영에 관한 사항 · 그 밖에 재난으로부터 인명 피해와 재산 피해를 예방하기 위하여 필요한 사항
수립주기 및 제출	· 시장·군수·구청장 : 매5년 단위로 수립하여 시·도지사에게 제출 · 시·도지사 : 5년 단위로 수립하여 행정안전부장관에게 제출 ※ 종합계획에 대한 사업시행계획의 경우 매년 작성하여 행정안전부장관에게 제출

① 동원명령

명령권자	중앙대책본부장, 시장·군수·구청장(시,군,구대책본부가 운영되는 경우에는 해당본부장)
발령조건	재난이 발생하거나 발생할 우려가 있다고 인정할 경우
명령할 수 있는 사항	· 민방위대의 동원 · 응급조치를 위하여 재난관리책임기관의 장에 대한 관계직원의 출동 또는 재난관리자원 및 지정된 장비·인력의 동원 등 필요한 조치의 요청 · 동원가능한 장비와 인력 등이 부족한 경우 국방부장관에 대한 군부대 지원요청

② 대피명령

명령권자	시장·군수·구청장·지역통제단장(긴급구조에 관한 권한을 행사하는 경우에만 해당)
발령조건	재난이 발생하거나 발생할 우려가 있는 경우에 사람의 생명 또는 신체에 대한 위해를 방지하기 위하여 필요한 경우
명령할 수 있는 사항	· 해당 지역 주민이나 그 지역 안에 있는 사람의 대피 · 해당 지역 주민이나 그 지역 안에 있는 사람에게 선박 또는 자동차 등을 대피 시킬 것

③ 위험구역의 설정

명령권자	시장·군수·구청장, 지역통제단장(긴급구조에 관한 권한을 행사하는 경우에만 해당) ※ 관계 중앙행정기관의 장은 시장·군수·구청장, 지역통제단장에게 요청 가능
발령조건	재난이 발생하거나 발생할 우려가 있는 경우에 사람의 생명 또는 신체에 대한 위해방지나 질서의 유지를 위하여 필요한 경우
명령할 수 있는 사항 (대상 : 응급조치에 종사하지 아니하는 사람)	· 위험구역에 출입하는 행위나 그 밖의 행위의 금지 또는 제한 · 위험구역에서의 퇴거 또는 대피

④ 강제대피조치

명령권자	시장·군수·구청장과 지역통제단장(긴급구조에 관한 권한을 행사하는 경우에만 해당)
발령조건	대피명령을 받은 사람 또는 위험구역 안에서의 퇴거나 대피명령을 받은 사람이 그 명령을 이행하지 아니하여 위급하다고 판단되는 경우
명령할 수 있는 사항	대피명령 지역 또는 위험구역 안의 주민이나 그 안에 있는 사람에 대한 강제 대피 또는 퇴거
명령의 집행	필요한 경우 관할 경찰관서의 장에게 필요한 인력 및 장비의 지원을 요청할 수 있으며 요청을 받은 경찰관서의 장은 특별한 사유가 없으면 요청에 따라야 함

⑤ 통행제한

조치권자	시장·군수·구청장, 지역통제단장(긴급구조에 관한 권한을 행사하는 경우에만 해당)
발령조건	응급조치의 실시에 필요한 물자를 긴급히 수송하거나 진화·구조 등을 하기 위하여 필요한 경우
조치할 수 있는 사항	응급조치에 필요한 물자를 긴급히 수송하거나 진화·구조 등을 하기 위하여 필요하면 경찰관서의 장에게 도로의 구간을 지정하여 해당 긴급수송 등을 하는 차량 외의 차량의 통행을 금지하거나 제한하도록 요청할 수 있다. ※ 요청시 대상구간 및 기간을 명확히 전달해야하며 요청받은 경찰관서의 장은 특별한 사유가 없으면 요청에 따라야 함

⑥ 응원

요청권자	시장·군수·구청장
발령조건	응급조치를 하기 위하여 필요한 경우
요청대상	다른 시·군·구나 관할 구역 안에 있는 군부대 및 관계 행정기관의 장, 그 밖의 민간기관·단체의 장
요청사항	인력·장비·자재 등 필요한 사항 ※ 응원에 종사하는 사람은 그 응원을 요청한 시장·군수·구청장의 지휘에 따라 응급조치에 종사하여야 한다.

⑦ 응급부담

명령권자	시장・군수・구청장, 지역통제단장(긴급구조에 관한 권한을 행사하는 경우에만 해당)
발령조건	관할 구역 안에서 재난이 발생하거나 발생할 우려가 있어 응급조치를 하여야 할 급박한 사정이 있는 경우
명령할 수 있는 사항	해당 재난현장에 있는 사람이나 인근에 거주하는 사람을 응급조치에 종사하게 하거나 다른 사람의 토지・건축물・인공구조물 그 밖의 소유물을 일시 사용, 장애물을 변경하거나 제거할 수 있음

〈응급부담의 절차〉

① 시장・군수・구청장 및 지역통제단장은 응급조치 종사명령을 할 때에는 그 대상자에게 응급조치종사명령서를 교부하여야 한다. 다만, 긴급한 경우에는 구두로 응급조치 종사를 명한 후 응급조치종사명령에 따른 사람에게 응급조치종사확인서를 교부하여야 한다.
② 다른 사람의 토지・건축물・공작물, 그 밖의 소유물을 일시 사용하거나 장애물을 변경 또는 제거할 때에는 그 관계인에게 응급부담의 목적・기간・대상 및 내용 등을 분명하게 적은 응급부담명령서를 교부하여야 한다. 다만, 긴급한 경우에는 구두로 응급부담을 명한 후 관계인에게 응급부담확인서를 교부하여야 한다.
③ 응급부담명령서를 교부할 대상자를 알 수 없거나 그 소재지를 알 수 없을 때에는 이를 해당 시・군・구의 게시판에 15일 이상 게시하여야 한다.

⑧ 주체별 응급조치 사항

시・도지사가 실시하는 응급조치	ⓐ 관할 구역에서 재난이 발생하거나 발생할 우려가 있는 경우로서 인명이나 재산의 피해가 매우 크고 그 영향이 광범위하거나 광범위할 것으로 예상되어 응급조치가 필요하다고 인정되는 경우 ⓑ 둘 이상의 시・군・구에 걸쳐 재난이 발생하거나 발생할 우려가 있는 경우 ※ 발령할 수 있는 사항 : 동원, 대피명령, 위험구역의 설정, 강제대피조치 등
재난관리책임기관의 장의 응급조치	재난이 발생하거나 발생할 우려가 있으면 즉시 그 소관 업무에 관하여 필요한 응급조치를 하고, 시・도지사, 시장・군수・구청장 또는 지역통제단장이 실시하는 응급조치가 원활히 수행될 수 있도록 필요한 협조를 하여야 한다.
지역통제단장의 응급조치	지역통제단장은 긴급구조를 위하여 필요하면 중앙대책본부장, 지역대책본부장 또는 시장・군수・구청장에게 권한 밖의 응급대책(응급조치・재난의 예보・경보체계구축・운영, 동원명령, 응원 등)을 요청할 수 있다. 지역통제단장이 응급조치를 실시한 때에는 이를 즉시 해당 시장・군수・구청장에게 통보하여야 한다.

Chapter 6

긴급구조

긴급구조라 함은 재난이 발생할 우려가 현저하거나 재난이 발생한 때에 국민의 생명·신체 및 재산을 보호하기 위하여 긴급구조기관과 긴급구조지원기관이 행하는 인명구조·응급처치 그밖에 필요한 모든 긴급한 조치를 말한다.

제1절 긴급구조

1 중앙긴급구조통제단★★☆ 13년 소방위, 16년 소방위

긴급구조에 관한 사항의 총괄·조정, 긴급구조기관 및 긴급구조지원기관이 하는 긴급구조활동의 역할 분담과 지휘·통제를 위하여 소방청에 중앙긴급구조통제단(중앙통제단)을 둔다.

단 장	소방청장(부단장은 소방청 차장)★★
기 능	· 국가 긴급구조대책의 총괄·조정 · 긴급구조활동의 지휘·통제 · 긴급구조지원기관간의 역할분담 등 긴급구조를 위한 현장활동계획의 수립 · 긴급구조대응계획의 집행 · 그밖에 중앙통제단장이 필요하다고 인정하는 사항

2 지역긴급구조통제단★★

지역별 긴급구조에 관한 사항의 총괄·조정, 해당 지역에 소재하는 긴급구조기관 및 긴급구조지원기관간의 역할분담과 재난현장에서의 지휘·통제를 위하여 시·도의 소방본부에 시·도 긴급구조통제단을 두고, 시·군·구의 소방서에 시·군·구 긴급구조통제단을 둔다.

단 장	· 시·도 긴급구조통제단 : 시·도 소방본부장 · 시·군·구 긴급구조통제단 : 관할 소방서장
지역긴급구조 통제단장의 권한과 임무	· 긴급구조를 위하여 필요하면 긴급구조지원기관 간의 공조체제를 유지하기 위하여 관계기관·단체의 장에게 소속 직원의 파견을 요청할 수 있다. · 재난이 발생하면 소속 긴급구조요원을 재난현장에 신속히 출동시키고 긴급구조활동을 하게 하여야 한다. · 긴급구조를 위하여 필요하면 긴급구조지원기관의 장에게 소속 긴급구조지원요원을 현장에 출동시키는 등 긴급구조활동을 지원할 것을 요청할 수 있다. · 요청에 따라 긴급구조활동에 참여한 긴급구조지원기관에 대하여는 그 경비의 전부 또는 일부를 지원할 수 있다. · 긴급구조활동을 하기 위하여 회전익항공기를 운항할 필요가 있으면 운항과 관련되는 사항을 헬기운항통제기관에 통보하고 헬기를 운항할 수 있다.

3 통제단의 운영기준

통제단은 상황에 따라 다음과 같이 4단계로 운영된다.*** ☆ 16년 소방위, 18년 소방위

단 계	발생재난의 규모	통제단 운영
대비단계	재난이 발생하지 아니한 상황	· 각급 긴급구조대응계획의 운용연습 및 재난대비훈련을 실시하는 단계 · 긴급구조지휘대만 상시 운영
대응 1단계	일상적으로 발생되는 소규모 사고 발생 상황	· 긴급구조지휘대가 현장지휘기능을 수행 · 시·군·구 긴급구조통제단은 필요에 따라 부분적으로 운영
대응 2단계	2개 이상의 시·군·구에 걸쳐 재난이 발생한 상황이나 하나의 시·군·구에 재난이 발생하였으나 해당 지역의 시·군·구 긴급구조통제단의 대응능력을 초과한 상황	· 해당 시·군·구 긴급구조통제단을 전면적으로 운영 · 시·도 긴급구조통제단은 필요에 따라 부분 또는 전면적으로 운영
대응 3단계	2개 이상의 시·도에 걸쳐 재난이 발생한 상황이나 하나의 시·군·구 또는 시·도에서 재난이 발생하였으나 시·도통제단이 대응할 수 없는 상황	· 해당 시·도 긴급구조통제단을 전면적으로 운영 · 중앙통제단은 필요에 따라 부분 또는 전면적으로 운영

▌중앙긴급구조통제단의 구성▐

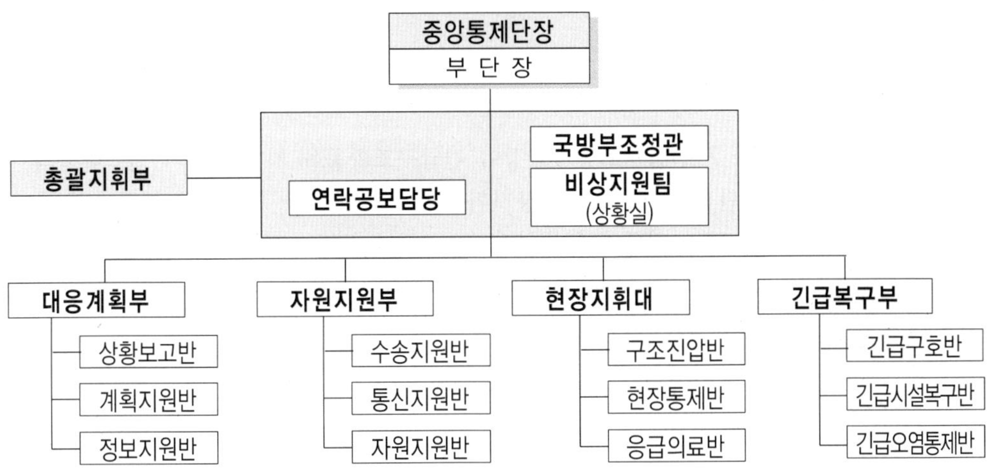

▌지역긴급구조통제단의 구성▐ ★☆ 15년 소방위

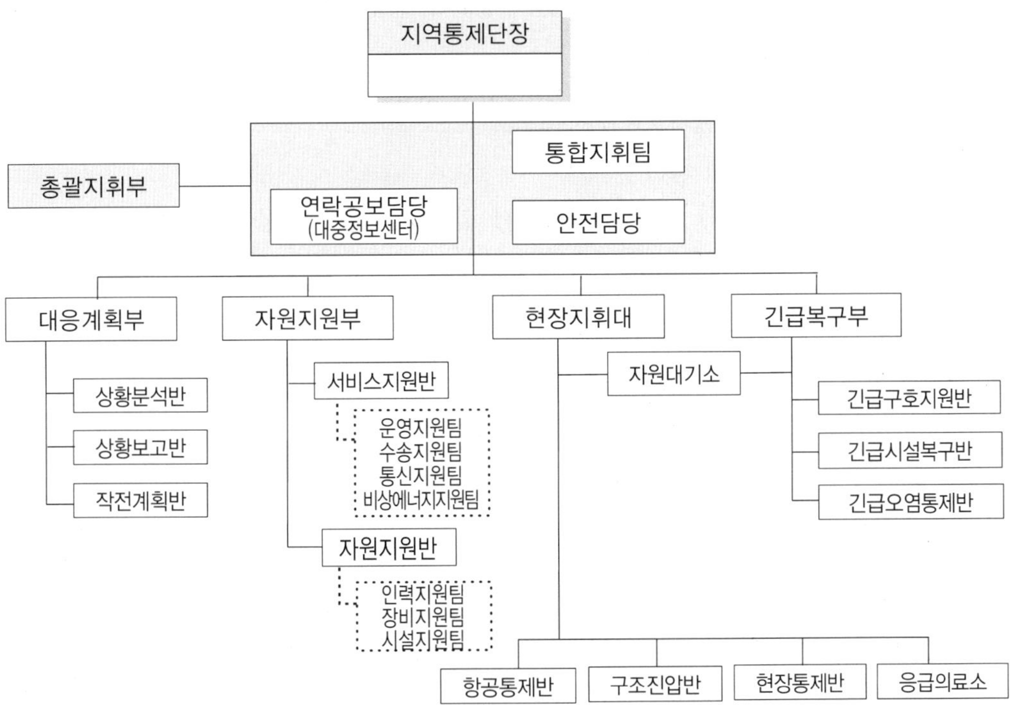

제2절 긴급구조 현장지휘

1 현장지휘

재난현장에서는 시・군・구 긴급구조통제단장이 긴급구조활동을 지휘한다. 다만, 다음의 경우에는 시・도 긴급구조통제단장 등이 직접 현장지휘를 할 수 있으며, 치안활동과 관련된 사항에 대하여는 관할 경찰관서의 장과 협의하여야 한다.

시・도 긴급구조통제단장	필요하다고 인정되는 경우
중앙통제단장	대통령령이 정하는 대규모의 재난이 발생하거나 그밖에 필요하다고 인정되는 경우

2 긴급구조통제단장의 현장지휘사항**

- 재난현장에서 인명탐색・구조
- 긴급구조기관 및 긴급구조지원기관의 인력・장비의 배치와 운용
- 추가 재난방지를 위한 응급조치
- 긴급구조지원기관 및 자원봉사자 등에 대한 임무 부여
- 사상자의 응급처치 및 의료기관으로의 이송
- 긴급구조에 필요한 물자의 관리
- 현장접근 통제, 현장주변의 교통정리, 그 밖에 긴급구조활동을 효율적으로 하기 위하여 필요한 사항

※ 치안활동과 관련된 사항은 경찰관서의 장과 협의하여야 함

3 시・도 및 중앙긴급구조통제단장의 현장지휘

시・군・구 긴급구조통제단장이 필요하다고 인정하면 직접 현장지휘를 할 수 있으며, 중앙긴급구조통제단장은 다음과 같은 대규모 재난이 발생하거나 필요하다고 인정하면 직접 현장지휘를 할 수 있다.

(1) 재난 중 인명 또는 재산의 피해 정도가 매우 크거나 재난의 영향이 사회적・경제적으로 광범위하여 주무부처의 장 또는 지역재난안전대책본부장의 건의를 받아 중앙재난안전대책본부장이 인정하는 재난

(2) 위에 따른 재난에 준하는 것으로서 중앙재난안전대책본부장이 재난관리를 위하여 중앙재난안전대책본부의 설치가 필요하다고 판단하는 재난

4 긴급구조활동 지휘・통제

재난현장에서 긴급구조활동을 하는 긴급구조요원과 긴급구조지원기관의 인력・장비・물자에 대한 운용은 현장지휘를 하는 각급통제단장의 지휘・통제에 따라야 한다.

5 긴급구조활동 협력

시・도 및 시・군・구재난안전대책본부장은 각급통제단장이 수행하는 긴급구조활동에 적극 협력하여야 하며, 시・군・구긴급구조통제단장은 시・군・구재난안전대책본부에 설치・운영하는 재난현장통합지원본부의 장에게 긴급구조에 필요한 인력이나 물자 등의 지원을 요청할 수 있으며 요청받은 기관의 장은 최대한 협조하여야 한다.

✪ 재난 및 안전관리기본법 16조3항

시군구 재난대책본부의 장은 재난현장의 총괄조정 및 지원을 위하여 재난현장통합지원보부를 설치, 운영할 수 있다. 이 경우 통합지원본부의 장은 긴급구조에 대해서는 시군구 긴급구조통제단장의 현장지휘에 협력하여야 한다. 시군구 통합지원본부의 장은 부단체장이 되며, 실무반을 편성하여 운영할 수 있다.

6 현장지휘소 운영***

중앙통제단장 및 지역통제단장은 재난현장의 긴급구조 등 현장지휘를 효과적으로 수행하기 위하여 재난현장에 현장지휘소를 설치・운영할 수 있다. 이 경우 긴급구조활동에 참여하는 긴급구조지원기관의 현장지휘자는 현장지휘소에 연락관을 파견하여야 하며, 이때의 연락관은 긴급구조지원기관의 공무원 또는 직원으로서 재난관련업무 실무책임자로 한다.

✪ 통제단장이 현장지휘소에 갖추어야 하는 시설 및 장비**

- 조명기구 및 발전장비
- 확성기 및 방송장비*
- 재난대응구역지도 및 작전상황판
- 개인용 컴퓨터, 프린터, 복사기, 팩스, 휴대전화, 카메라(스냅 및 동영상 촬영용을 말한다), 녹음기, 간이책상 및 걸상 등
- 지휘용 무전기 및 자원봉사자관리용 무전기
- 종합상황실의 자원관리시스템과 연계되는 무선데이터 통신장비
- 통제단 보고서 양식 및 각종 상황처리대장

7 통제선의 설치***

통제단장 및 지방경찰청장 또는 경찰서장은 재난현장 주위의 주민보호와 원활한 구조활동에 필요한 최소한의 통제규모를 설정하여 통제선을 설치할 수 있다.

(1) 구분

통제선은 다음과 같이 제1통제선과 제2통제선으로 구분하여 설치·운영*

제1통제선	통제단장이 구조활동에 직접 참여하는 인력 및 장비만을 출입할 수 있도록 설치
제2통제선	지방경찰청장 또는 경찰서장이 구조·구급차량 등의 출동주행에 지장이 없도록 긴급구조활동에 직접 참여하거나 긴급구조활동을 지원하는 인력 및 장비만을 출입할 수 있도록 설치·운영

(2) 통제선 안으로 출입을 할 수 있는 경우***

제1통제선	통제단장은 다음에 해당하는 자에게 출입증을 부착하도록 하여 제1통제선 안으로 출입하도록 할 수 있다. ·제1통제선 구역 내 소방대상물 관계자 및 근무자 ·전기·가스·수도·토목·건축·통신 및 교통분야 등의 구조업무 지원자 ·의사·간호사 등 응급의료요원 ·취재인력 등 보도업무 종사자 ·그 밖에 통제단장이 긴급구조활동에 필요하다고 인정하는 자
제2통제선	경찰관서장은 통제단장이 발급한 출입증을 가진 사람에 대하여는 제2통제선 안으로 출입하도록 하여야 하며, 구조활동에 필요하다고 인정하는 사람에 대하여는 제2통제선 안으로 출입하도록 할 수 있다.

8 언론발표

재난현장의 구조활동 등 초동 조치상황에 대한 언론 발표 등은 각급통제단장이 지명하는 자가 한다.

9 긴급구조활동의 종료

각급통제단장은 긴급구조 활동을 종료하려는 때에는 재난현장에 참여한 지역사고수습본부장, 재난현장통합지원본부의 장 등과 협의를 거쳐 결정하여야 하며, 긴급구조 활동 종료 사실을 지역대책본부장 및 재난현장에서 긴급구조활동을 하는 긴급구조지원기관의 장에게 통보하여야 한다.

10 현장지휘권 이양

재난현장에서 지역통제단장이 수행하는 긴급구조 현장지휘에 관한 사항은 긴급구조활동이 끝나

거나 지역대책본부장이 필요하다고 판단하는 경우에는,
지역통제단장과 지역대책본부장이 협의하여 지휘권 이양 협의 결과를 적시한 "지휘권 이양 합의서"를 작성하여 지역대책본부장에게 통보함으로서 지역대책본부장이 수행할 수 있다.

11 긴급대응협력관

긴급구조기관의 장은 긴급구조지원기관의 장에게 다음의 업무를 수행하는 긴급대응협력관을 지정·운영하게 할 수 있다.

- 평상시 해당 긴급구조지원기관의 긴급구조대응계획 수립 및 보유자원관리
- 재난대응업무의 상호 협조 및 재난현장 지원업무 총괄

12 지휘체계

현장지휘는 표준현장지휘체계에 의하여야 하며, 표준현장지휘체계란 긴급구조 기관 및 긴급구조지원기관이 체계적인 현장대응과 상호협조체제를 유지하기 위하여 공통으로 사용하는 표준지휘조직구조, 표준용어 및 재난현장표준작전절차를 말한다.

✪ 표준현장지휘체계에 의한 재난
- 2개 이상의 지방자치단체의 관할구역에 걸친 재난
- 하나의 지방자치단체 관할 구역 안에서 다수의 긴급구조기관 및 긴급구조지원 기관이 공동으로 대응하는 재난

| 표준지휘조직구조 |

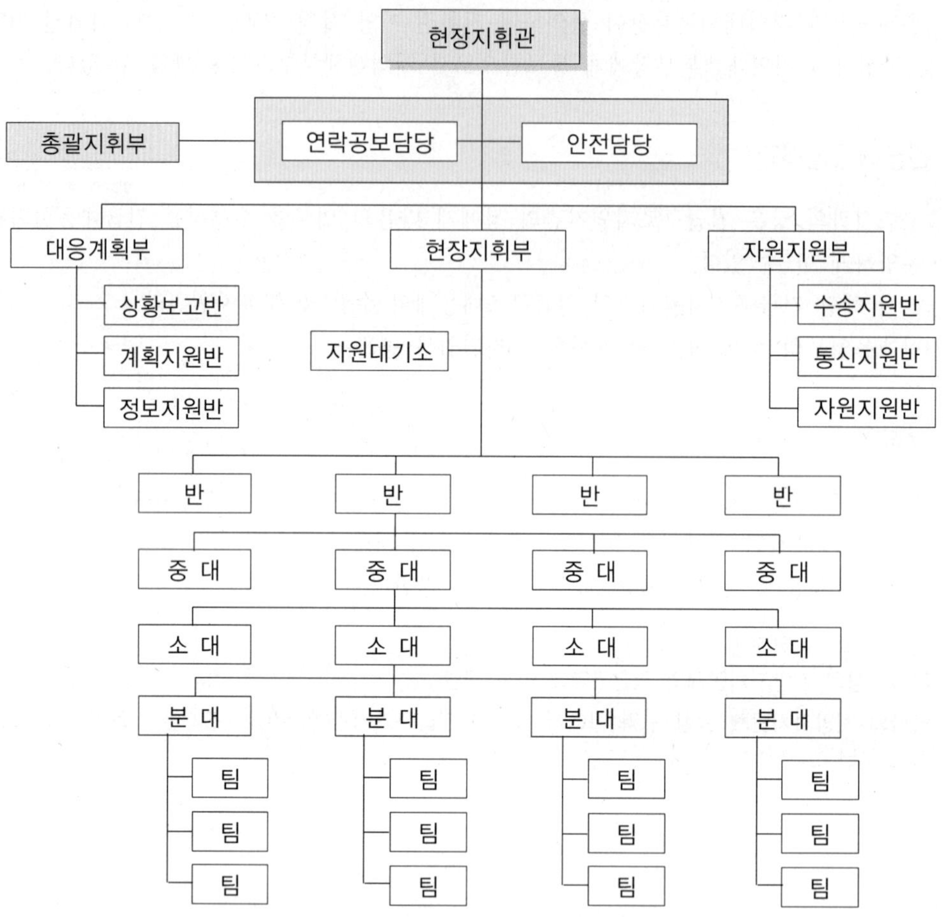

1. 부 : 현장지휘관의 임무수행을 기능별로 보좌하는 최고 단위조직
2. 반 : 2개 내지 4개의 중대를 하나의 통합지휘단위로 묶은 단위조직
3. 중대 : 2개 내지 4개의 소대를 하나의 통합지휘단위로 묶은 단위조직
4. 소대 : 2개 내지 4개의 분대를 하나의 통합지휘단위로 묶은 단위조직
5. 분대 : 2개 내지 4개의 팀을 하나의 통합지휘단위로 묶은 단위조직
6. 팀 : 동일임무를 함께 수행하는 3 내지 10명의 최소 단위조직

제3절 긴급구조 활동에 대한 평가

긴급구조활동의 평가는 대응활동 및 복구활동이 종료되는 시점에서 이루어지는 중요한 작업 중의 하나이다. 이는 긴급구조대응계획 및 세부대응계획의 이행여부, 대응목표와 대응활동결과의 비교 등을 통해 긴급구조관련기관의 대응능력을 평가하고 재 보완하기 위한 것으로 전반적인 대응시스템을 실제적으로 점검할 수 있는 기회가 된다.

1 실시권자

중앙통제단장과 지역통제단장은 재난상황이 끝난 후 긴급구조지원기관의 활동에 대하여 종합평가를 하여야 한다.

2 평가단의 구성**

통제단장은 재난상황이 종료된 후 긴급구조활동의 평가를 위하여 긴급구조기관에 긴급구조활동 평가단을 구성하여야 한다. 평가단의 단장은 통제단장으로 하고 단원은 다음에서 기술하는 자 중 어느 하나에 해당하는 자와 민간 전문가 2인 이상을 포함하여 5인 이상 7인 이하로 구성한다.

- 통제단장
- 통제단의 대응계획부장 또는 소속반장
- 자원지원부장 또는 소속반장
- 긴급구조 지휘대장
- 긴급복구부장 또는 소속 반장
- 긴급구조활동에 참가한 기관·단체의 요원 또는 평가에 관한 전문지식과 경험이 풍부한 자 중에서 통제단장이 필요하다고 인정하는 자

3 평가사항**

긴급구조지원기관의 활동에 대한 종합평가사항은 다음과 같다.

- 긴급구조활동에 참여한 인력 및 장비
- 긴급구조대응계획서의 이행실태
- 긴급구조요원의 전문성
- 통합 현장대응을 위한 통신의 적절성
- 긴급구조교육 수료자 현황
- 긴급구조대응상의 문제점 및 개선을 요하는 사항

4 재난활동보고서 등 제출요청

통제단장은 긴급구조활동의 평가를 위하여 긴급구조활동에 참여한 긴급구조지원기관의 장에게 일정한 기간을 정하여 긴급구조대응계획이 정하는 바에 따라 재난활동보고서와 관련자료의 제출을 요청하여야 하며, 평가단장은 평가와 관련된 업무를 수행함에 있어서 긴급구조지원기관의 장과 관계인의 출석·의견진술 및 자료제출 등을 요구할 수 있다.

5 평가 실시

긴급구조활동에 대한 평가는 재난활동보고서 및 관련자료와 대응기간동안 통제단에서 작성한 각종 서류, 동영상 및 사진, 긴급구조활동에 참여한 기관·단체 책임자들과의 면담자료 등을 근거로 하되 긴급구조지원기관에 대한 평가는 평가항목을 기준으로 소방청장이 정하는 평가표에 의하여 실시하고, 긴급구조세부대응계획을 작성한 긴급구조지원기관에 대한 긴급구조활동의 평가는 긴급구조세부대응계획을 기준으로 실시한다.

6 결과 조치

① 평가단은 긴급구조대응계획에서 정하는 평가결과보고서를 작성하여 통제단장에게 지체 없이 제출하여야 하며, 시·군·구 긴급구조통제단장은 시·도 긴급구조통제단장 및 시장·군수·구청장에게, 시·도 긴급구조통제단장은 행정안전부장관 및 특별시장·광역시장·특별자치시장·도지사·특별자치도지사에게 각각 보고하거나 통보하여야 한다.

② 통제단장은 평가결과 시정을 요하거나 개선·보완할 사항이 있는 경우에는 그 사항을 평가 종료 후 1월 이내에 해당 긴급구조지원기관의 장에게 통보하여야 하며, 통보받은 긴급구조지원기관의 장은 긴급구조세부대응계획의 수정, 긴급구조활동에 대한 제도 및 대응체제의 개선, 예산의 우선지원 등 필요한 대책을 강구하여야 한다.

또한 통제단장은 평가결과 다음 사항을 해당 긴급구조지원기관의 장에게 통보할 수 있다.
· 우수 재난대응관리자 또는 종사자 현황
· 재난대응을 하지 아니하거나 부적절하게 대응한 관리자 또는 종사자 현황

제4절 긴급구조 대응계획

재난 발생 시 모든 대응 및 단기복구활동 조직이 신속하고 효과적인 대응 및 복구활동을 수행하기 위하여 계획가동의 권한과 책임, 자원동원체계, 현장지휘체계 등을 기술하는 것으로 대응과 단기복구체계에 대한 목표 및 절차 기술서를 말한다.

1 작성책임

긴급구조기관의 장은 재난이 발생하는 경우 긴급구조기관과 긴급구조지원기관이 신속하고 효율적으로 긴급구조를 수행할 수 있도록 재난의 규모 및 유형에 따른 긴급구조대응계획을 수립하여야 한다.

2 긴급구조대응계획의 수립절차

(1) 소방청장은 매년 시·도 긴급구조대응계획의 수립에 관한 지침을 작성하여 시·도 긴급구조기관의 장에게 시달하여야 하며, 시·도 긴급구조기관의 장은 지침에 따라 시·도 긴급구조대응계획을 작성하여 소방청장에게 보고하고, 시·군·구 긴급구조대응계획의 수립에 관한 지침을 작성하여 시·군·구 긴급구조기관에 시달하여야 한다.

(2) 시·군·구 긴급구조기관의 장은 지침에 따라 시·군·구 긴급구조대응계획을 작성하여 시·도 긴급구조기관의 장에게 보고하여야 한다. 긴급구조대응계획을 변경하는 경우에도 이를 준용한다.

(3) 긴급구조기관의 장은 긴급구조대응계획을 수립하는 경우에는 긴급구조기관에 긴급구조대응계획 심의위원회를 구성하여 위원회의 심의를 거쳐 확정하여야 한다.

(4) 위원회의 위원장은 긴급구조기관의 장이 되고, 위원은 긴급구조지원기관의 장으로 구성하되 위원장을 포함하여 7인 이상 11인 이하로 한다.

(5) 긴급구조기관의 장은 긴급구조대응계획의 수립을 위하여 필요한 경우에는 긴급구조지원기관의 장에게 소관별 긴급구조세부대응계획을 수립하여 제출하도록 요청할 수 있다. 이 경우 긴급구조기관의 장은 긴급구조세부대응계획의 작성에 필요한 긴급구조세부대응계획의 수립에 관한 지침을 작성하여 배포하여야 한다.

▌긴급구조대응계획 및 긴급구조세부대응계획 수립절차▐

긴급구조기관		긴급구조지원기관
소방청장	지침 → / ← 제출	중앙긴급구조지원기관 / 긴급구조세부대응계획
지침시달↓ ↑보고		↕협의(필요시)
시·도 긴급구조기관의 장 (소방본부장) / 시·도 긴급구조대응계획	지침 → / ← 제출	관할긴급구조지원기관 / 긴급구조세부대응계획
지침시달↓ ↑보고		↕협의(필요시)
시·군·구 긴급구조기관의 장 (소방서장) / 시·군·구 긴급구조대응계획	지침 → / ← 제출	관할긴급구조지원기관 / 긴급구조세부대응계획

3 긴급구조대응계획의 내용

긴급구조대응계획은 기본계획, 기능별 긴급구조대응계획, 재난유형별 긴급구조대응계획으로 구분하여 작성한다.

(1) 기본계획

① 작성체계

기본계획은 다음 각 호의 모든 사항을 포함하여 작성하되 긴급구조기관의 여건을 감안하여 다르게 작성할 수 있다.

㉠ 긴급구조지원기관의 임무와 긴급구조대응계획에 따라 대응활동에 참여하는 자원 봉사자의 기본임무에 관한 사항

㉡ 기능별 긴급구조대응계획의 운영책임 및 주요임무에 관한 사항

㉢ 통제단의 반별 책임자의 지정 및 단계별 운영기준 등 긴급구조체제에 관한 사항

㉣ 긴급구조의 통신체계와 대체상황실 운영기준 등 종합상황실 운영에 관한 사항

㉤ 재난대응구역 운영의 방법 및 절차에 관한 사항

② 포함내용

㉠ 긴급구조 대응계획의 목적 및 적용범위

㉡ 긴급구조 대응계획의 기본방침과 절차

㉢ 긴급구조 대응계획의 운영책임에 관한 사항

(2) 기능별 긴급구조대응계획

① 작성체계

기능별 긴급구조대응계획의 작성체계는 다음과 같다.

㉠ 공통사항
ⓐ 계획의 목적
ⓑ 조직운영에 관한 사항
ⓒ 대응단계별 가동범위(비상경고계획 및 피해상황분석계획에 한함)
㉡ 임무수행사항
지휘통제계획, 비상경고계획, 대중정보계획, 피해상황분석계획, 응급의료계획, 긴급오염통제계획, 현장통제계획, 긴급복구계획 및 재난통신계획으로 구분하여 작성한다.

② 포함내용
㉠ 지휘통제 : 긴급구조체제 및 통제단운영체계 등에 관한 사항
㉡ 비상경고 : 긴급대피, 상황전파, 비상연락 등에 관한 사항
㉢ 대중정보 : 주민보호를 위한 비상방송시스템 가동 등 긴급 공동정보 제공에 관한 사항 및 재난상황 등에 관한 정보통제에 관한 사항
㉣ 피해상황분석 : 재난현장 상황 및 피해정보의 수집분석보고에 관한 사항
㉤ 구조진압 : 인명수색 및 구조, 화재진압 등에 관한 사항
㉥ 응급의료 : 대량사상자 발생 시 응급의료서비스 제공에 관한 사항
㉦ 긴급오염통제 : 오염노출통제, 긴급 전염병 방제 등 재난현장 공중보건에 관한사항
㉧ 현장통제 : 재난현장접근 통제 및 치안유지 등에 관한 사항
㉨ 긴급복구 : 긴급구조활동을 원활히 하기 위한 긴급구조차량 접근도로 복구 등에 관한 사항
㉩ 긴급구호 : 긴급구조요원 및 긴급대피 수용주민에 대한 위기상담, 임시 의식주 제공 등에 관한 사항
㉪ 재난통신 : 긴급구조기관 및 긴급구조지원기관간 정보통신체계 운영 등에 관한사항

(3) 재난유형별 긴급구조대응계획

① 작성체계
재난유형별 긴급구조대응계획은 다음의 재난유형별로 재난의 진행단계에 따라 조치하여야 하는 주요사항과 주민보호를 위한 대민정보사항을 포함하여 작성한다.

✪ 재난유형 : 홍수, 태풍, 폭설, 지진, 시설물 등의 붕괴, 가스 등의 폭발, 다중이용시설의 대형화재, 유해화학물질(방사능 포함)의 누출 및 확산

② 포함내용
㉠ 재난발생 단계별 주요긴급구조 대응활동사항
㉡ 주요 재난유형별 대응메뉴얼에 관한 사항
㉢ 비상경고 방송메세지 작성 등에 관한 사항

제5절 재난대비능력 보강

재난대비능력의 보강을 위해서 재난 및 안전관리기본법 제55조에서는 국가 및 지방자치단체로 하여금 재난관리에 필요한 인력·장비·시설의 확충, 통신망의 설치·정비 등 긴급구조능력을 보강하기 위하여 노력하고, 필요한 재정상의 조치를 마련하도록 하고 있으며, 긴급구조기관의 장은 긴급구조활동을 신속하고 효과적으로 할 수 있도록 긴급구조지휘대 등 긴급구조체제를 구축하고 상시 소속 긴급구조요원 및 장비의 출동태세를 유지한다.

【긴급구조 관련 특수번호 전화서비스 통합·연계】

"긴급구조 관련 특수번호서비스"란 전기통신번호 자원관리계획에 따라 부여하는 다음의 특수번호 전화서비스를 말한다.

① 특수번호 전화서비스
- 화재·구조·구급 등에 관한 긴급구조특수번호 전화서비스 : 119
- 범죄피해 등으로부터의 구조 등에 관한 긴급구조특수번호 전화서비스 : 112
- 그 밖에 긴급구조와 관련 과학기술정보통신부장관이 전기통신번호자원관리계획에 따라 부여하여 중앙행정기관, 지방자치단체 또는 공공기관에서 사용하는 특수번호 전화서비스

② 행정안전부장관은 특수번호 전화서비스의 통합연계체계 구축운영 업무수행
- 특수번호 전화서비스를 통한 정보공용활용 기반구축 및 통계관리
- 특수번호 전화서비스 통합연계 위한 공동관리운영시스템, 통합관제시스템 등 공동자원관리
- 특수번호 전화서비스 기술의 표준화
- 특수번호 전화서비스 운영실태 조사·분석결과 활용
- 그 밖에 특수번호 전화서비스의 통합·연계체계구축 운영에 필요한 사항

1 긴급구조지휘대

(1) 구성

긴급구조지휘대는 신속기동요원, 자원지원요원, 통신지휘요원, 안전담당요원, 국가경찰관서에서 파견된 연락관 및 권역응급의료센터에서 파견된 연락관으로 다음 표와 같이 구성하되, 소방본부 및 소방서의 긴급구조지휘대는 상시 구성·운영하여야 한다.

▌긴급구조지휘대 구성▐

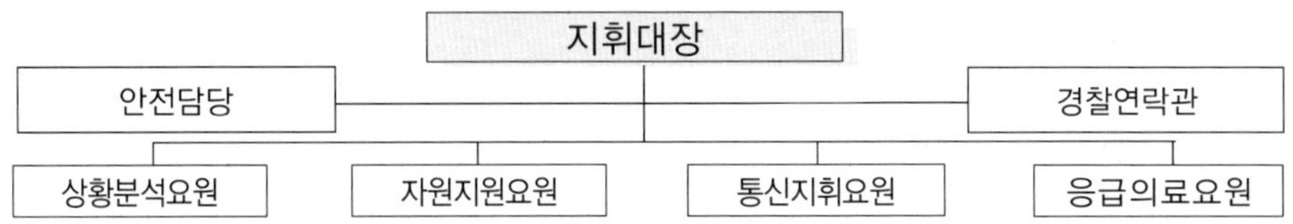

※ 통제단이 설치운영되는 경우 다음과 같이 해당부서에 배치
· 상황분석요원 ➔ 대응계획부, 자원지원요원 ➔ 자원지원부
· 통신지휘요원 ➔ 구조진압반, 안전담당요원 ➔ 연락공보담당 또는 안전담당
· 경찰파견 연락관 ➔ 현장통제반, 응급의료파견 연락관 ➔ 응급의료반

(2) 설치기준

재난의 유형 및 규모에 따라 소방서 및 소방본부별로 구성되는 지휘체계로는 그 한계가 있어 적절한 지휘체계를 확립하기 위해 2~4개 소방서를 1개 지휘대로 구성하고, 2~4개 소방본부를 1개 지휘대로 구성하는 등 예상하지 못한 재난 범위 및 규모에 따라 효율적으로 대처할 수 있도록 긴급구조지휘대를 구성하여야 한다.

긴급구조지휘대, 방면현장지휘대, 소방본부현장지휘대 및 권역현장지휘대로 구분하되, 구분된 긴급구조지휘대의 설치기준은 다음과 같다.

① 소방서현장지휘대 : 소방서별로 설치운영
② 방면현장지휘대 : 2개 이상 4개 이하의 소방서별로 소방본부장이 1개를 설치 운영
③ 소방본부현장지휘대 : 소방본부별로 현장지휘대 설치운영
④ 권역현장지휘대 : 2개 이상 4개 이하의 소방본부별로 소방청장이 1개를 설치 운영

▌긴급구조지휘대 체계 및 구성▐

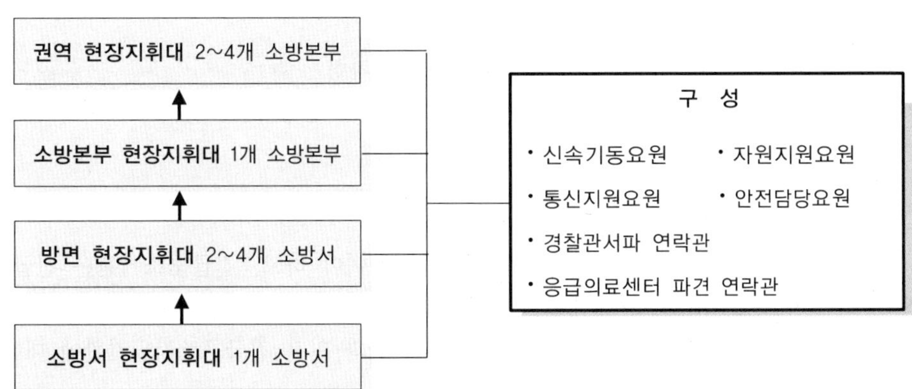

(3) 긴급구조지휘대의 기능

긴급구조지휘대는 다음의 기능을 수행한다.

① 통제단이 가동되기 전 재난초기 시 현장지휘
② 주요 긴급구조지원기관 합동으로 현장지휘 조정 · 통제

③ 광범위한 지역에 걸친 재난발생 시 전진지휘
④ 화재 등 일상적 사고 발생 시 현장지휘

2 긴급구조교육*

재난현장의 실질적 현장대응능력을 배양하기 위해 긴급구조업무 및 재난관리책임기관(행정기관 외의 기관에 한한다)의 재난관리업무 종사자는 연1회 이상 긴급구조에 관한 교육을 받아야 한다.

(1) 교육대상자

① 긴급구조기관 및 긴급구조지원기관의 재난관련 업무담당자 및 관리자
② 긴급구조기관 및 긴급구조지원기관의 긴급구조 현장활동요원

(2) 교육내용

① 긴급구조대응계획 및 긴급구조세부대응계획의 수립・집행 및 운용방법
② 재난대응 행정실무
③ 긴급재난대응 이론 및 기술
④ 긴급구조활동에 필요한 인명구조, 응급처치, 건축물구조안전조치, 특수재난 대응 방법 및 중앙긴급구조통제단장이 필요하다고 인정하는 사항

(3) 교육과정

① 긴급구조 대응활동 실무자과정
② 긴급구조대응 행정실무자 과정
③ 긴급구조대응 현장지휘자 과정
④ 중앙긴급구조통제단장이 필요하다고 인정하는 교육과정
⑤ 그밖에 지역대책본부장 및 지역통제단장이 필요하다고 인정하는 교육

3 긴급구조지원기관의 능력에 대한 평가

긴급구조지원기관은 긴급구조에 필요한 능력을 유지하여야 하고, 긴급구조기관은 긴급구조지원기관의 능력을 평가할 수 있으며, 개선 및 보완에 필요한 사항을 포함하여 평가결과를 통보하여야 한다.(상시 출동체계 및 자체 평가제도를 갖춘 기관과 민간 긴급구조지원기관에 대하여는 평가를 하지 아니할 수 있다.)

(1) 평가항목

① 다음 어느 하나에 해당하는 전문인력
㉠ 긴급구조에 관한 교육을 14시간 이상 이수한 사람
㉡ 긴급구조 관련 업무에 3년 이상 종사한 경력이 있는 사람
㉢ 해당 기관의 긴급구조 분야와 관련되는 국가자격 또는 민간자격을 보유한 사람

② 긴급구조활동에 필요한 다음의 시설이나 장비
㉠ 긴급구조기관으로부터 재난발생 상황 및 긴급구조 지원 요청을 접수하고 처리할 수 있는 상시 운영 시설
㉡ 재난이 발생할 우려가 현저하거나 재난이 발생하였을 때 긴급구조기관과 연락할 수 있는 정보통신 시설이나 장비
㉢ 긴급구조지원기관의 해당 분야별 긴급구조활동을 수행하는 데에 필요한 시설이나 장비
㉣ 전문인력과 시설·장비를 재난 현장으로 수송할 수 있는 장비
③ 재난 현장에서 긴급구조활동을 지속적으로 수행하는 데에 필요한 다음의 물자
㉠ 전문인력의 안전 확보 및 휴식·대기 등을 위한 물자
㉡ 시설 및 장비의 운영과 유지·보수 및 정비에 필요한 물자
④ 재난 현장에서 전문인력, 시설·장비 및 물자를 긴급구조기관과 연계하여 운영하기 위한 다음의 운영체계
㉠ 재난 현장에서의 의사전달 및 조정 체계
㉡ 재난 현장에 투입된 인력, 시설·장비, 물자 등의 상황을 신속하게 파악하고, 효율적으로 배치·관리할 수 있는 자원관리체계
㉢ 긴급구조기관과의 협조체제를 유지하기 위한 현장지휘체계

(2) 평가절차

소방청장은 평가지침을 매년 수립하여 긴급구조기관의 장에게 통보하고 평가지침에 따라 긴급구조지원기간에 대한 능력 평가계획을 수립하여 미리 평가대상이 되는 긴급구조지원기관의 장에게 통보한다.

① 평가지침의 내용
㉠ 긴급구조기관별로 평가하여야 하는 긴급구조지원기관
㉡ 긴급구조지원기관에 대한 평가방법 및 평가기준
㉢ 그 밖에 긴급구조지원기관에 대한 능력평가와 관련하여 소방청장이 필요하다고 인정하는 사항

(3) 평가 제외 대상

① 다음 연도에 한정하여 제외되는 대상
㉠ 재난대비훈련의 결과가 소방청장이 정하는 기준 이상에 해당하는 긴급구조지원기관
㉡ 긴급구조기관의 장이 긴급구조지원기관의 자체평가 제도와 그 결과를 확인하여 긴급구조에 필요한 능력을 갖춘 것으로 인정하는 긴급구조지원기관
② 다음 연도와 그 다음 연도에 한정하여 제외되는 대상
긴급구조활동에 대한 종합평가 결과 소방청장이 정하는 기준 이상에 해당하는 긴급구조지원기관

제6절 기타 상황의 긴급구조

1 일반적인 긴급구조

① 소방청장은 항공기 조난사고가 발생한 경우 항공기 수색과 인명구조를 위하여 항공기 수색·구조계획을 수립·시행하여야 한다. 다만, 다른 법령에 항공기의 수색·구조에 관한 특별한 규정이 있는 경우에는 그 법령에 따른다.

② 국방부장관은 항공기나 선박의 조난사고가 발생하면 관계법령에 따라 긴급구조업무에 책임이 있는 기관의 긴급구조활동에 대한 군의 지원을 신속하게 할 수 있도록 탐색구조본부를 설치·운영하고, 탐색구조부대를 지정 및 출동대기태세를 유지하며, 조난 항공기에 관한 정보를 제공하여야 한다.

※ 해상에서 발생한 선박이나 항공기 등 조난사고의 긴급구조활동은「수상에서 수색 · 구조 등에 관한 법률」에 따름

Chapter 7

재난의 복구

학습 목표

- 피해조사 및 복구계획의 주체 및 절차와 내용을 이해한다.
- 특별재난지역의 선포 및 지원에 관한 절차 및 내용을 이해한다.
- 재정 및 보상의 원칙 및 절차와 내용을 이해한다.

제1절 피해조사 및 복구 계획

1 재난피해 조사 및 복구

재난관리책임기관	재난으로 인하여 발생한 피해상황을 신속하게 조사한 후 그 결과를 중앙대책본부장에게 통보하여야 한다.
중앙재난안전대책본부	① 재난피해의 조사를 위하여 필요한 경우에는 관계 중앙행정기관 및 관계 재난관리책임기관의 장과 합동으로 중앙재난피해합동조사단을 편성하여 재난피해상황을 조사할 수 있다. ② 중앙재난피해합동조사단을 편성하기 위하여 관계 재난관리책임기관의 장에게 소속공무원이나 직원의 파견을 요청할 수 있다.

2 재난복구계획의 수립 · 시행

(1) 재난관리책임기관의 장은 피해조사를 마치면 지체 없이 피해시설별, 관리주체별 복구 내용, 일정 및 복구비용등이 포함된 자체 복구계획을 수립 · 시행하여야 하고, 중앙재난피해합동조사단이 편성되어 피해상황을 조사하는 경우에는 중앙대책본부장으로부터 재난피해복구계획을 통보받은 후에 수립 · 시행할 수 있다.

(2) 재난관리책임기관의 장은 중앙대책본부장으로부터 피해복구계획을 통보받으면 이를 기초로 소관 사항에 대한 자체복구계획을 수립·시행하여야 한다. 이 경우 지방자치단체의 장은 자체복구계획을 수립하면 지체 없이 재해복구를 위하여 필요한 경비를 지방자치단체의 예산에 계상하여야 한다.

3 재난복구사업의 관리

관리주체	재난관리책임기관의 장은 재난복구계획에 따라 시행하는 사업이 체계적으로 관리되도록 하여야 한다.
지도·점검	중앙대책본부장은 재난복구사업이 효율적으로 추진될 수 있도록 지도·점검하고, 필요하면 시정명령 또는 시정요청(현지 시정명령과 시정요청 포함)을 할 수 있다. 이 경우 시정명령 또는 시정요청을 받은 관계 기관의 장은 정당한 사유가 없으면 이에 따라야 한다.

제2절 특별재난지역의 선포 및 지원

1 선포의 목적

중앙대책본부장은 대통령령이 정하는 규모의 재난이 발생하여 국가의 안녕 및 사회질서의 유지에 중대한 영향을 미치거나 그 재난으로 인한 피해를 효과적으로 수습 및 복구하기 위하여 특별한 조치가 필요하다고 인정하거나, 지역대책본부장으로부터 관할지역의 발생 재난으로 특별재난지역의 선포를 건의 받았을 때 그 요청이 타당하다고 인정하는 경우에는 중앙위원회의 심의를 거쳐, 해당 지역을 특별재난지역으로 선포할 것을 대통령에게 건의할 수 있다.

2 특별재난의 범위**

중앙대책본부장이 대통령에게 특별재난지역의 선포를 건의할 수 있는 재난

① 자연재난으로서「재난구호 및 재난복구 비용 부담기준 등에 관한 규정」제5조제1항에 따른 <u>국고 지원 대상 피해 기준금액의 2.5배를 초과하는 피해가 발생한 재난,</u> 또는 시·군·구의 관할 읍·면·동에 국고 지원 대상 피해 기준금액의 4분의 1을 초과하는 피해가 발생한 재난

② 사회재난의 재난 중 재난이 발생한 해당 지방자치단체의 행정능력이나 재정능력으로는 재난의 수습이 곤란하여 국가적 차원의 지원이 필요하다고 인정되는 재난

③ 그 밖에 재난 발생으로 인한 생활기반 상실 등 극심한 피해의 효과적인 수습 및 복구를 위하여 국가적 차원의 특별한 조치가 필요하다고 인정되는 재난

3 절차

선포건의	중앙대책본부장은 중앙위원회의 심의를 거쳐 재난발생 지역을 특별재난지역으로 선포할 것을 대통령에게 건의할 수 있다.
선포 및 공고	특별재난지역의 선포를 건의 받은 대통령은 해당 지역을 특별재난지역으로 선포할 수 있다. 대통령이 특별재난지역으로 선포할 경우에는 특별재난지역의 범위 등을 명시하여 공고하여야 한다.

▌특별재난지역 선포 절차▐

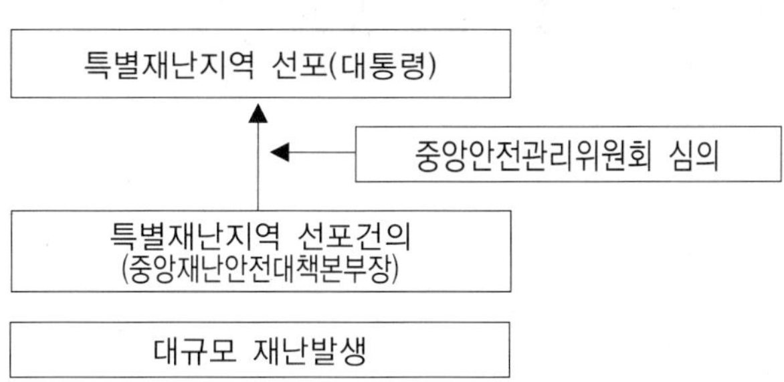

4 특별재난지역에 대한 지원*

국가나 지방자치단체는 특별재난지역으로 선포된 지역에 대하여는 응급대책 및 재난 구호와 복구에 필요한 행정상·재정상·금융상·의료상의 특별지원을 할 수 있다.

(1) 재난 및 안전관리기본법시행령 제69조 제1호에 해당하는 재난(자연재난)

① 「재난구호 및 재난복구 비용 부담기준 등에 관한 규정」에 의한 국고의 추가지원
② 「재난구호 및 재난복구 비용 부담기준 등에 관한 규정」에 따른 지원(산불로 인하여 특별재난지역으로 선포된 지역에 한한다)
③ 의료·방역·방제(防除) 및 쓰레기 수거 활동 등에 대한 지원
④ 의연금품의 특별지원
⑤ 농어업인의 영농·영어·시설·운전 자금 및 중소기업의 시설·운전 자금의 우선 융자, 상환 유예, 상환 기한 연기 및 그 이자 감면과 중소기업에 대한 특례보증 등의 지원
⑥ 그 밖에 재난응급대책의 실시와 재난의 구호 및 복구를 위한 지원

(2) 재난 및 안전관리기본법시행령 제69조 제1항 제2호 및 제3호에 해당하는 재난(사회재난 등) 해당 재난을 수습하는 지방자치단체의 재정능력과 피해의 규모를 감안하여 지방자치단체가 행하는 행정·재정·금융·의료지원에 소용되는 비용의 일부를 지원할 수 있다.

(3) 국가로부터 비용을 지원받은 지방자치단체가 이를 특별재난으로 인하여 사망자 또는 부상한 자에 대한 보상금으로 사용한 때에는 그 보상금의 총액은 아래 산정한 금액을 초과하지 않아야 한다.

사망자	사망 당시의 「최저임금법」에 따른 월 최저임금액에 240을 곱한 금액
부상자의 경우	위 산출된 금액의 1/2 이하의 범위에서 부상의 정도에 따라 행정안전부령으로 정하는 금액

Chapter 8 재정 및 보상 등

제1절 재정 및 보상

1 비용 부담의 원칙

- 재난관리에 필요한 비용에 대하여는 재난관리책임기관의 부담으로 하여 재난발생에 대하여 미리 예방을 철저히 할 수 있게 유도하고 있으며
- 재난관리 책임자에 대신하여 지방자치단체 등에서 응급대책을 시행할 경우 비용 부담자 선정으로 인한 업무의 혼선을 방지하고자 비용부담 주체를 명확히 하고 있다.
- 또한 응급사태 발생으로 타 기관에 응원을 요청할 경우 응원에 소요되는 비용을 응원요청자가 부담하도록 명문화함으로서 비용부담 주체선정에 따른 불필요한 행정력 낭비를 방지하고 신속한 복구가 되도록 하고 있으며,
- 응급조치로 인하여 이익을 받은 단체가 있는 경우에는 수익자부담의 원칙에 따라 그 이익을 받은 자치단체가 비용의 일부를 부담하도록 하여 형평성을 보장토록 하고 있다.

(1) 재난관리에 필요한 비용

① 재난관리에 필요한 비용은 재난 및 안전관리기본법 또는 다른 법령에 특별한 규정이 있는 경우 외에는 재난 및 안전관리기본법 또는 안전관리계획에서 정하는 바에 따라 그 시행 책임이 있는 자의 부담으로 한다.

② 시・도지사나 시장・군수・구청장이 다른 재난관리책임기관이 시행할 재난의 응급조치를 시행한 경우 그 비용은 그 응급조치를 시행할 책임이 있는 재난관리책임기관이 부담하고, 그 비용은 관계기관이 협의하여 정산한다.

(2) 응급지원에 필요한 비용

시장・군수・구청장은 응급조치를 위하여 필요한 때에는 다른 시・군・구 또는 관할구역 안에 있는 군부대 및 관계 행정기관의 장에게 소속공무원 등의 파견 등 필요한 응원을 요청할 수 있는데, 이 경우 응원을 받은 자는 그 응원에 드는 비용을 부담하여야 한다.

또한, 해당 응급조치로 인하여 다른 지방자치단체가 이익을 받은 경우 그 수익의 범위에서 이익을 받은 해당 지방자치단체가 그 비용의 일부를 분담하여야 한다. 이 경우 비용은 관계기관이 협의하여 정산한다.

2 손실보상 등

자의적 혹은 종사명령에 의한 타의적 재난구조나 구호활동으로 인해 신체적 위해를 당하거나 구조활동으로 인한 재산상의 손실에 대하여 국가 또는 지방지치단체가 보상을 하게 함으로서 재난발생 시 민간인이나 NGO 등 민간단체의 참여를 활성화시키고, 긴급구조활동 및 자치단체장이 재난과 관련하여 실시하는 응급조치나 응급부담으로 인하여 개인에게 손실이 발생할 경우에 이를 보상하는 규정을 둠으로서 국민이 안심하고 행정기관의 응급조치나 응급부담에 응하고 재난예방이나 재난발생에 협조할 수 있도록 하고 있다.

(1) 손실보상

국가나 지방자치단체는 동원명령 및 응급부담 조치로 인하여 손실이 발생하면 이를 보상하여야 한다. 손실보상에 관하여는 손실을 입은 자와 그 조치를 한 중앙행정기관의 장, 시・도지사 또는 시장・군수・구청장이 협의하여야 하며, 협의가 성립되지 아니하면 다음 절차에 따라 「공익사업을 위한 토지 등의 취득 및 보상에 관한 법률」 제51조의 규정에 따른 관할 토지수용위원회에 재결을 신청할 수 있다.

(2) 치료 및 보상

① 재난발생 시 긴급구조활동과 응급대책・복구 등에 참여한 자원봉사자, 응급조치 종사명령을 받은 사람 및 긴급구조활동에 참여한 긴급구조지원기관의 긴급구조 지원요원이 응급조치 및 긴급구조활동을 하다가 부상을 입은 경우 치료를 실시하고, 사망(부상으로 인하여 사망한 경우를 포함한다)하거나 신체에 장애를 입은 경우에는 그 유족이나 장애를 입은 사람에게 보상금을 지급한다. 다만, 다른 법령에 따라 국가나 지방 자치단체의 부담으로 같은 종류의 보상금을 지급받은 사람에게는 그 보상금에 상당하는 금액을 지급하지 아니한다.

② 재난의 응급대책・복구 및 긴급구조 등에 참여한 자원봉사자의 장비 등이 응급대책・복구 및 긴급구조와 관련하여 고장나거나 파손된 경우에는 그 자원봉사자에게 수리비용을 보상할 수 있다. 치료 및 보상금은 국가나 지방자치단체가 부담한다.

3 재난지역에 대한 국고보조 등의 지원

지방자치단체에서 감당할 수 없을 정도의 재난으로 인하여 대규모 재원이 필요한 경우 국가가 그 비용의 일부 또는 전부를 직접 부담하거나 지방자치단체에 보조해 줌으로서 열악한 지방재정으로 인하여 소홀해 질 수 있는 재난예방이나 복구에 완벽을 기하고 있으며, 재난으로 인하여 생활영위가 어렵고 생계안전이 필요한 이재민을 다양한 방법으로 지원할 수 있는 법적 근거를 마련, 경제적 안정을 찾을 수 있도록 하고 있다.

(1) 지방자치단체 등에 대한 국고보조*

① 국가는 특별재난지역으로 선포된 재난의 원활한 복구를 위하여 필요하면 그 비용의 전부 및 일

부를 국고에서 부담하거나 지방자치단체, 그 밖의 재난관리책임자에게 보조할 수 있다.(다만, 동원명령 및 대피명령을 방해하거나 위반하여 발생한 피해에 대해서는 그러하지 아니함).

② 재난복구사업의 재원은 재난의 구호 및 재난의 복구비용 부담기준에 따라 국고의 부담금 또는 보조금과 지방자치단체의 부담금·의연금 등으로 충당하되 지방자치단체의 부담금 중 시·도 및 시·군·구가 부담하는 기준은 다음과 같다.

자연재난	「재난구호및재난복구비용부담기준등에관한규칙」 제2조에 따른 비율에 따라 부담
사회재난	시·군·구의 부담률이 50퍼센트를 넘지 아니하는 범위에서 시·도의 조례로 정하는 비율에 따라 부담

(2) 이재민 지원**

국가 및 지방자치단체는 재난으로 피해를 입은 시설의 복구와 피해주민의 생계 안정을 위하여 다음 각 호의 지원을 할 수 있다.

㉠ 사망자, 실종자, 부상자 등 피해주민에 대한 구호
㉡ 주거용 건축물의 복구비 지원
㉢ 고등학생의 학자금 면제
㉣ 자금의 융자, 보증, 상환기한의 연기, 그 이자의 감면 등 관계 법령에서 정하는 금융지원
㉤ 세입자 보조 중 생계안정 지원
㉥ 관계 법령에서 정하는 바에 따라 국세, 지방세, 건강보험료, 연금보험료, 통신요금, 전기요금 등의 경감 또는 납부유예 등의 간접지원
㉦ 주 생계수단이 농업, 임업, 어업, 염생산업에 피해를 입은 경우에 해당 시설의 복구를 위한 지원
㉧ 공공시설 피해에 대한 복구사업비 지원
㉨ 그밖에 중앙 또는 지역재난안전대책본부회의에서 결정한 사항

제2절 안전문화 진흥

학습목표

- 안전문화 진흥 주체 및 내용을 이해한다.
- 지역축제 안전관리 계획수립의 주체 및 절차와 그 내용을 이해한다.
- 안전사업지구 지정 및 지원의 주체와 절차 및 내용을 이해한다.

1 안전문화 진흥을 위한 시책의 추진

(1) 시행주체 : 행정안전부장관 및 지방자치단체의 장

소관 재난 및 안전관리업무와 관련하여 국민의 안전의식을 높이고 안전문화를 진흥시키기 위하여 다음의 안전문화 활동을 적극 추진하여야 한다.

① 안전교육 및 안전훈련
② 안전의식을 높이기 위한 캠페인 및 홍보
③ 안전행동요령 및 기준, 절차 등에 관한 지침의 개발, 보급
④ 안전문화 우수사례의 발굴 및 확산
⑤ 안전관련 통계현황의 관리, 활용 및 공개
⑥ 안전에 관한 각종 조사 및 분석
⑦ 그밖에 안전문화를 진흥하기 위한 활동

※ 안전체험시설 설치·운영 가능, 행정안전부장관은 안전문화 활동의 추진에 관한 총괄·조정업무 관장

2 국민안전의 날 등**

국민안전의 날	매년 4월 16일로 하고, 국민안전의식 수준을 높이기 위한 필요한 행사를 실시한다.
안전점검의 날	매월 4일로 하고 재난취약시설에 대한 일제점검, 안전의식 고취 등 안전관련 행사를 실시한다.
방재의 날	매년 5월 25일로 하고 자연 재난에 대한 주민의 방재의식을 고취하기 위하여 재난에 대한 교육·홍보 등의 관련 행사를 실시한다.

3 안전관리헌장

국무총리는 재난을 예방하고, 재난이 발생할 경우 그 피해를 최소화하기 위하여 재난 및 안전관리업무에 종사하는 자가 지켜야 할 사항 등을 정한 안전관리헌장을 제정, 고시하여야 하며 그것을 실천하는 데 노력하여야 하며, 누구나 쉽게 볼 수 있는 곳에 항상 게시하여야 한다.

4 안전정보의 구축 · 활용

① 시행주체 : 행정안전부장관

② 대상정보

- 재난이나 그 밖의 각종 사고에 관한 통계, 지리정보 및 안전정책 정보
- 정부합동 안전 점검 결과 및 조치결과
- 재난관리체계 등에 대한 평가 결과
- 긴급구조지원기관의 능력 평가 결과
- 재난원인조사 결과
- 재난원인 조사결과 개선권고 등의 조치결과에 관한 정보
- 그 밖에 재난이나 각종 사고에 관한 정보로서 행정안전부장관이 수집·관리가 필요하다고 인정하는 정보

※ 행정안전부장관은 안전정보통합관리시스템 구축을 위한 관계행정기관의 장에게 필요한 자료를 요구할 수 있다.

5 안전지수의 조사 · 공표

① 시행주체 : 행정안전부장관

② 안전지수의 조사항목

· 지역별 재난 등의 발생 현황

· 재난 등에 대한 국민의 안전의식

· 그 밖에 행정안전부장관이 필요하다고 인정하는 사항

※ 공표방법 : 인터넷 등 활용

6 지역축제 개최 시 안전관리

(1) 지역축제 안전관리계획 수립

① 수립주체 : 중앙행정기관의 장 또는 지방자치단체의 장

② 대상

· 축제기간 중 순간 최대 관람객이 1천명 이상이 될 것으로 예상되는 지역축제

· 축제장소나 축제에 사용하는 재료 등에 사고 위험이 있는 지역축제로 산 또는 수면에서 개최하는 지역축제나 불, 폭죽, 석유류 또는 가연성 가스 등의 폭발성 물질을 사용하는 지역축제

③ 계획수립 시 포함해야할 사항

· 지역축제의 개요

· 축제 장소·시설 등을 관리하는 사람 및 관리조직과 임무에 관한 사항

· 화재예방 및 인명피해 방지조치에 관한 사항

· 안전관리인력의 확보 및 배치계획
· 비상시 대응요령, 담당 기관과 담당자 연락처

※ 중앙행정기관의 장 또는 지방자치단체의 장은 지역축제 안전관리계획을 수립하려면 개최지를 관할하는 지방자치단체, 소방서 및 경찰서 등 안전관리 유관기관의 의견을 미리 들어야 한다.

(2) 이행실태 지도 · 점검 : 행정안전부장관 또는 시 · 도지사

7 안전사업지구의 지정 및 지원

(1) 지 정 : 행정안전부장관

(2) 지정기준

· 안전사업에 대한 해당 지역주민의 참여 가능성 및 정도
· 안전사업에 관한 재원조달계획의 적정성 및 실현가능성
· 안전사업지구 지정으로 지역사회 안전수준의 향상에 기여할 것으로 예상되는 정도

(3) 방 법

안전사업지구로 지정을 받으려는 시장 · 군수 · 구청장은 안전사업지구를 지정하는 목적 달성에 필요한 사업(이하 "안전사업"이라 한다)에 관한 다음 각 호의 사항이 포함된 추진계획서 및 관련 자료를 첨부하여 행정안전부장관에게 제출하여야 한다.

· 안전사업 추진개요
· 안전사업 추진기간
· 안전사업에 지원하는 예산 · 인력 등의 내용
· 지역주민의 안전사업 추진에 대한 참여 방안
· 안전사업의 추진에 따른 기대효과

Chapter ⑨

보 칙

학습 목표

- 재난관리 기금의 적립 주체와 절차 및 내용을 이해한다.
- 재난상황의 기록관리, 정부합동재난원인조사사의 주체・절차 및 내용을 이해한다.
- 재난관리의무위반자 징계요구주체 및 절차와 내용, 위반법령과 벌칙 규정과의 인과관계를 이해한다.

제1절 재난관리기금

1 재난관리기금

재난 및 안전관리기본법에서는 지방자치단체의 재정사정을 감안하여 재난관리에 필요한 재원을 필수적으로 확보할 수 있게 재난관리기금 적립을 의무화 하고 있으며, 이러한 재난관리기금은 재난의 예방 및 응급조치 이외의 타 용도에 전용하지 못하도록 하여 재난예방과 복구라는 본래의 목적에만 사용토록 엄격히 제한하고 있다.

2 재난관리기금의 적립

지방자치단체는 재난관리에 드는 비용에 충당하기 위하여 매년 재난관리기금을 적립하여야 한다. <u>재난관리기금의 매년도 최저 적립액은 최근 3년 동안의 지방세기본법에 의한 보통세의 수입결산액 평균액의 100분의 1에 해당하는 금액으로 한다.</u>

3 재난관리기금의 용도

매년 최저적립액 중 일정 비율 이상은 응급복구 및 긴급한 조치에 우선적으로 사용하여야 한다.

① 지방자치단체가 수행하는 공공분야 재난관리 활동의 범위에서 해당 지방자치단체의 조례로 정하는 것

② 「지방자치단체 외의 자가 소유하거나 점유하는 시설에 대한 다음 각 목의 어느 하나에 해당하는 안전조치 비용으로서 해당 지방자치단체의 조례로 정하는 것.

- 공중의 안전에 위해를 끼칠 수 있는 경우로서 다음의 요건을 모두 충족하는 시설에 대한

안전조치
· 재난관련 법령에 따라 지정된 지역 또는 지구에 위치한 시설일 것
· 소유자 또는 점유자의 부재나 주소·거소가 불분명한 경우 등 소유자 또는 점유자를 특정하기 어렵거나 경제적 사정 등으로 인해 소유자 또는 점유자에게 안전조치를 기대하기 어려운 경우일 것
– 지방자치단체의 장이 재난예방을 위해 실시하는 안전조치

4 재난관리기금의 운용·관리

① 재난관리기금에서 생기는 수입은 그 전액을 재난관리기금에 편입하여야 하고, 시·도지사 및 시장·군수·구청장은 재난관리기금의 적립 시 전용계좌를 설치하여 관리하여야 하며, 매년 정립하는 재난관리기금의 법정적립액 총액의 100분의 15이상의 금액은 금융기관 등에 예치·관리하고 나머지 금액과 발생한 이자는 재난 관리기금의 용도에 따라 원활하게 사용될 수 있도록 운용·관리해야 한다.
② 재난관리기금의 용도 및 의무예치금액 사용에 관한 특례
시·도지사 및 시장·군수·구청장은 코로나바이러스감염증-19로 인해 경제적 어려움을 겪고 있는 소상공인·취약계층에 대한 지원, 코로나바이러스감염증-19 재난관리 및 2020년에 발생한 호우·태풍 피해 복구를 위한 지방재원(보조사업에 대한 지방비 부담분을 포함한다)으로 재난관리기금 및 의무예치금액을 사용할 수 있다.

제2절 정부합동 재난원인 조사

1 의 의

행정안전부장관은 재난이나 그 밖의 각종 사고의 발생원인과 재난 발생 시 대응과정에 관한 조사, 분석, 평가(이하 "재난원인조사"라 한다)를 효율적으로 수행하기 이하여 재난안전분야 전문가 및 전문기관 등이 공동으로 참여하는 정부합동 재난원인조사단을 편성하고, 현지에 파견하여 원인, 조사, 분석을 실시할 수 있다. 재난원인조사단은 재난발생원인조사결과를 조정위원회에 보고하여야 하며 재난원인조사를 위하여 필요하면 관계기관의장 또는 관계인에게 자료제출 등의 요청을 할 수 있고, 요청을 받은 관계기관의 장 또는 관계인은 특별한 사유가 없으면 요청에 따라야 한다.

2 조사대상

① 인명 또는 재산의 피해 정도가 매우 크거나 재난의 영향이 사회적·경제적으로 광범위한 재난으로서 대통령령으로 정하는 재난

> ※ 대통령령으로 정하는 재난이란
> ① 특별재난지역을 선포하게 한 재난
> ② 중앙재난안전대책본부, 지역재난안전대책본부 또는 중앙사고수습본부를 구성·운영하게 한 재난
> ③ 반복적으로 발생하는 재난으로서 행정안전부장관이 재발 방지를 위하여 재난원인조사가 필요하다고 판단하는 재난

② 행정안전부장관이 체계적인 재난원인조사가 필요하다고 인정하는 재난

3 재난원인조사단의 편성 및 운영

(1) 편 성 : 조사단장을 포함하여 50명 내외

행정안전부장관은 다음 각 호의 사람 중에서 조사단원을 선발하고, 조사단원 중에서 조사단장을 지명한다.

① 행정안전부 소속 재난 및 안전관리 업무 담당 공무원
② 관계 중앙행정기관 소속 재난 및 안전관리 업무 담당 공무원 중에서 해당 중앙행정기관의 장이 추천하는 공무원
③ 국립재난안전연구원에서 해당 재난 및 사고 분야의 업무를 담당하는 연구원
④ 발생한 재난 및 사고분야에 대하여 학식과 경험이 풍부한 사람
⑤ 그 밖에 재난원인조사의 공정성 및 전문성을 확보하기 위하여 행정안전부장관이 필요하다고 인정하는 사람

(2) 조사결과보고서의 작성내용

① 조사목적, 피해상황 및 현장정보
② 현장조사 내용
③ 재난원인 분석 내용
④ 재난대응과정에 대한 조사·분석·평가(위기관리 매뉴얼의 준수 여부에 대한 평가를 포함한다)에 대한 내용
⑤ 권고사항 및 향후 조치

※ 재난원인조사단은 조사결과보고서 작성을 완료한 날부터 3개월 이내에 그 결과를 조정위원회에 보고하여야 한다.

4 보고 및 조치

① 조사단은 재난원인조사 결과를 조정위원회에 보고하여야 한다.
② 재난원인조사 결과 개선 등이 필요한 사항에 대해서는 관계 기관의 장에게 그 결과를 통보하거나 개선권고 등의 필요한 조치를 요청할 수 있다. 요청을 받은관계 기관의 장은 개선권고 등에 따른 조치계획과 조치결과를 행정안전부장관에게 통보하여야 한다.
③ 행정안전부장관은 재난원인조사단의 재난원인조사 결과를 신속히 국회 소관 상임위원회에 제출·보고하여야 한다.

제3절 재난상황의 기록관리

1 의 의

재난 및 안전관리기본법에서는 동일 유사한 재난의 재발을 방지하고 정확한 피해상황을 산정하여 피해보상과 복구를 보다 효율적으로 할 수 있도록 관계 행정기관으로 하여금 피해상황기록 및 보관을 의무화하고 있다.

2 기록관리 책임 및 통보

재난관리책임기관의 장은 소관시설·재산 등에 관한 피해상황 등을 기록하고, 이를 보관하여야 한다. 이 경우 시장·군수·구청장을 제외한 재난관리책임기관의 장은 그 기록사항을 시장·군수·구청장에게 통보하여야 한다.

3 재난상황의 기록관리 사항

가. 일반적 사항

① 소관 시설·재산 등에 관한 피해상황을 포함한 재난상황
② 재난 발생 시 대응과정 및 조치사항
③ 재난원인조사(재난관리책임기관의 장이 실시한 재난원인조사에 한정한다) 결과
④ 개선권고 등의 조치결과
⑤ 그 밖에 재난관리책임기관의 장이 기록·보관이 필요하다고 인정하는 사항

나. 피해시설물 기록 및 작성사항

(1) 피해상황 및 대응 등

① 피해일시 및 피해지역
② 피해원인, 피해물량 및 피해금액

③ 동원인력, 장비 등 응급조치 내용
④ 피해지역 사진 및 도면, 위치정보
⑤ 인명피해 상황 및 피해주민 대처상황
⑥ 자원봉사자 등의 활동사항

(2) 복구상황

① 재해복구 공사의 종류별 복구물량 및 복구금액의 산출내역
② 복구공사의 명칭 · 위치 · 공사발주 및 복구추진 현황

(3) 그밖에 미담 · 수범사례 등 기록으로 보관 · 관리할 필요성이 있는 사항

4 보관기간*

시 · 도지사 및 시장 · 군수 · 구청장은 작성된 재난상황의 기록을 재난 복구가 끝난 해의 다음 연도부터 5년간 보관하여야 한다.

5 재난백서*

재난관리주관기관의 장은 대규모 재난(법 제14조)과 특별재난지역(법 제60조)으로 선포된 사회재난 또는 재난상황 등을 기록하여 관리할 특별한 필요성이 인정되는 재난에 관하여 재난수습 완료 후 수습상황과 재난예방 및 피해를 줄이기 위한 제도 개선의견 등을 기록한 재난백서를 작성하여야 한다. 이 경우 관계 기관의 장이 재난대응에 참고할 수 있도록 재난백서를 통보하여야 한다.

제4절 재난 및 안전관리에 필요한 과학기술의 진흥 등

재난 및 안전관리 기본법에서는 정부로 하여금 재난의 예방 · 원인조사 등을 위한 실험 · 조사 · 연구 · 기술개발 및 전문인력 양성 등 안전관리에 필요한 과학기술의 진흥시책을 마련하고, 학술조사 · 연구 및 기술개발에 필요한 지원을 할 수 있도록 규정하고 있다. 이는 재난의 사전예방 및 대비를 위하여 재난원인을 조사하고 안전관리기술을 체계적 · 전문적으로 개발하기 위하여 안전관리에 필요한 과학기술 진흥시책에 대한 정부의 의지이며 민간에서 안전관리에 필요한 기술개발 및 연구시 정부가 이에 필요한 지원을 할 수 있도록 근거 규정을 마련한 것이다.

1 재난 및 안전기술개발종합계획의 수립

(1) 계획수립의 절차 등

① 행정안전부장관은 안전관리에 필요한 과학기술의 진흥시책을 강구하기 위하여 5년마다 관계 중앙행정기관의 재난 및 안전기술개발에 관한 계획을 종합하여 조정위원회의 심의와 국가과학기술위원회의 심의를 거쳐 재난 및 안전기술개발종합계획을 수립하여야 한다.

② 개발계획의 수립을 위하여 관계 중앙행정기관의 장에게 소관분야 안전기술현황·예측자료를 요청하거나 재난 및 안전기술개발에 관한 계획의 수립 등을 요청할 수 있다.

③ 관계 중앙행정기관의 장은 안전기술개발종합계획에 따라 소관 업무에 관한 해당연도 시행계획을 수립하고 추진하여야 하며, 수립된 시행계획을 행정안전부장관에게 통보하여야 한다. 행정안전부장관은 전년도 추진실적과 해당 연도 시행계획을 종합하여 「과학기술기본법」에 따른 국가과학기술심의회에 보고하여야 한다.

(2) 재난안전기술개발종합계획의 내용

① 국가안전관리기본계획에 기초한 안전기술수준의 현황과 장기전망
② 재난·안전기술의 단계별 개발목표와 이의 달성을 위한 대책
③ 재난·안전기술의 경쟁력 강화 등 안전산업의 활성화 방안
④ 정부가 추진하는 안전기술 개발에 관한 사업의 연도별 투자 및 추진계획
⑤ 학교·학술단체·연구기관 등에 대한 재난·안전기술의 연구지원
⑥ 재난·안전기술정보의 수집·분류·가공 및 보급
⑦ 산·학·연·정 협동연구 및 국제안전기술협력을 촉진할 수 있는 방안
⑧ 그밖에 안전기술의 개발 및 안전산업의 육성

2 안전관련 산업의 육성 및 지원 등

재난 및 안전관리 기본법에서는 정부로 하여금 안전관련 기술의 개발과 보급을 위하여 민간기업의 발전과 육성을 위한 시책을 마련하고 이를 발전시키기 위한 육성책을 마련하도록 하고 있으며, 행정안전부장관으로 하여금 안전관련 기술을 개발하는 중소기업에 대해 필요한 지원을 함으로써 안전기술 개발기반을 확대하고 안전기술에 대한 수익성을 보장, 안전기술개발의 활성화를 도모하고, 안전관련 기술을 사업화 할 경우 이에 대한 사업화 방법과 기술료 수수료에 관한 근거 규정을 마련함으로써 차후 이로 인한 분쟁의 소지를 예방하고 있다.

(1) 재난·안전에 관한 연구개발사업의 추진

① 방법

행정안전부장관은 안전관련 산업의 건전한 발전과 육성을 위하여 연구기관과 협약을 맺어 안전기술개발산업을 실시할 수 있으며, 개발사업을 효율적으로 추진하기 위하여 협약을 맺은 연구기관으로 하여금 연구개발사업을 실시하게 할 수 있다.

② 사업화 지원내용
㉠ 시제품(試製品)의 개발・제작 및 설비투자에 필요한 비용의 지원
㉡ 연구개발사업의 성과로 발생한 특허권 등 지식재산권의 전용실시권(專用實施權) 또는 통상실시권(通常實施權)의 설정・허락 또는 그 알선
㉢ 사업화로 생산된 재난 및 안전 관련 제품 등의 우선 구매
㉣ 연구개발사업에 사용되거나 생산된 기기・설비 및 시제품 등의 사용권 부여 또는 그 알선
③ 협약을 맺을 수 있는 연구기관
㉠ 국・공립 연구기관
㉡ 「특정연구기관육성법」에 따른 특정연구기관
㉢ 「과학기술분야 정부출연연구기관등의 설립・운영 및 육성에 관한 법률」에 따라 설립된 과학기술분야 정부출연 연구기관
㉣ 「고등교육법」에 따른 대학・산업대학・전문대학 및 기술대학
㉤ 「민법」 또는 다른 법률에 따라 설립된 법인으로서 재난 또는 안전분야의 연구기관
㉥ 「기초연구진흥 및 기술개발지원에 관한 법률」 제15조제1항에 따른 기업부설연구소 또는 연구개발 전담부서

3 기술료의 징수 및 사용

행정안전부장관은 연구개발사업의 성과를 사업화함으로써 수익이 발생할 경우 사업자로부터 그 수익의 일부에 해당하는 금액을 징수할 수 있으며 기술료를 사용할 수 있는 용도는 다음과 같다.

① 재난 및 안전관리 연구개발사업 성과의 사업화 지원
② 그 밖에 재난 및 안전관리와 관련된 기술의 육성을 위한 사업

4 재난안전기술의 사업화 지원 등

행정안전부장관은 재난의 예방・대비・대응 및 복구 등 재난 및 안전관리에 관한 각종 기술(이하 "재난안전기술"이라 한다)의 사업화를 지원하기 위하여 다음 각 호의 사항을 추진하여야 한다.

① 재난안전기술의 사업화에 필요한 정책의 연구・개발
② 재난안전기술의 사업화에 필요한 정보의 제공 및 컨설팅 지원
③ 재난안전기술 사업화에 관한 실태 조사 및 통계의 작성
④ 그 밖에 재난안전기술의 사업화 지원을 위하여 행정안전부장관이 정하는 사항

5 전문기관 지정의 취소

행정안전부장관은 사업화 전문기관이 다음 각 호의 어느 하나에 해당하는 경우에는 그

지정을 취소하거나 6개월의 범위에서 기간을 정하여 업무의 전부 또는 일부를 정지할 수 있다. 다만, 제①호에 해당하는 경우에는 그 지정을 취소하여야 한다.
① 거짓이나 부정한 방법으로 지정을 받은 경우(취소사유)
② 업무를 적정하게 수행하지 아니하는 등 수행하는 업무가 그 지정의 목적을 벗어난 것으로 인정되는 경우
③ 지정기준에 적합하지 아니하게 된 경우

6 재난관리정보통신체계의 구축 · 운영

(1) 시행주체

행정안전부장관, 재난관리책임기관·긴급구조기관 및 긴급구조지원기관의 장

(2) 재난관리정보통신체계가 갖추어야 할 사항

① 재난 및 안전관리업무를 수행하기 위한 표준화된 정보시스템과 정보통신망 및 운영·관리 체계
② 재난안전상황실의 효율적인 운영을 위하여 필요한 정보시스템과 정보통신망
③ 그 밖에 행정안전부장관이 재난관리정보통신체계 구축·운영을 위하여 필요하다고 인정하는 사항

7 안전책임관

국가기관과 지방자치단체기관의 장은 해당기관의 재난 및 안전관리업무를 총괄하는 안전책임관 및 담당직원을 소속 공무원 중에서 임명할 수 있으며, 업무를 실질적으로 총괄·관리하는 직위에 있는 사람으로 임명하며, 필요한 경우에는 여러 명을 임명할 수 있다.
① 재난이나 그 밖의 각종 사고가 발생하거나 발생할 우려가 있는 경우 초기대응 및 보고에 관한 사항
② 위기관리 매뉴얼의 작성, 관리에 관한 사항
③ 재난 및 안전관리와 관련된 교육, 훈련에 관한 사항
④ 그 밖에 중앙행정기관의 장이 재난 및 안전관리업무를 위하여 필요하다고 인정하는 사항

제5절 재난보험 등의 가입

(1) 재난 보험 등의 가입

국가는 국민과 지방자치단체가 자기의 책임과 노력으로 재난에 대비할 수 있도록 재난 관련 보험·공제(이하 "보험 등"이라 한다)를 개발·보급하기 위하여 노력하여야 한다. 다음에 해당하는 시설 중 대통령령으로 정하는 시설을 소유·관리 또는 점유하는 자는 해당 시설에서 발생하는

화재, 붕괴, 폭발 등으로 인한 타인의 생명·신체나 재산상의 손해를 보상하기 위하여 보험 등에 가입하여야 한다.

① 가입대상
㉠ 「시설물의 안전관리에 관한 특별법」 제2조에 따른 시설물
㉡ 그 밖에 재난이 발생할 경우 타인에게 중대한 피해를 입힐 우려가 있는 시설

② 행정조치 및 자료요청
행정안전부장관은 보험등의 가입관리 업무를 위하여 필요한 경우 대통령령으로 정하는 바에 따라 중앙행정기관의 장 또는 지방자치단체의 장에게 행정적 조치를 하도록 요청하거나 관계 행정기관, 보험회사 및 보험 관련 단체에 보험등의 가입관리 업무에 필요한 자료를 요청할 수 있다. 이 경우 요청을 받은 자는 정당한 사유가 없으면 이에 따라야 한다.

③ 비용 지원
국가는 예산의 범위에서 대통령령으로 정하는 바에 따라 보험료와 공제회비의 일부, 보험등의 운영과 관리 등에 필요한 비용의 일부를 지원할 수 있다.

(2) 재난안전의무보험에 관한 법령이 갖추어야 할 기준

재난안전의무보험에 관한 법령을 주관하는 중앙행정기관의 장은 재난안전의무보험에 관한 법령을 제정·개정하는 경우에는 해당 법령에 다음 각 호의 기준이 적정하게 반영되도록 노력하여야 한다.

① 재난이나 그 밖의 각종 사고로 인한 사람의 생명·신체에 대한 손해를 적절히 보상하도록 대통령령으로 정하는 수준의 보상 한도를 정할 것
② 법률에 따른 재난안전의무보험의 가입의무자를 신속히 확인하고 관리할 수 있는 체계를 갖출 것
③ 법률에 따른 재난안전의무보험의 가입의무자에 해당함에도 가입을 게을리 한 자 또는 가입하지 아니한 자 등에 대하여 가입을 독려하거나 제재할 수 있는 방안을 마련할 것
④ 보험회사, 공제회 등 재난안전의무보험에 관한 법령에 따라 재난안전의무보험 관련사업을 하는 자(이하 "보험사업자"라 한다)가 대통령령으로 정하는 정당한 사유 없이 재난안전의무보험에 대한 가입 요청 또는 계약 체결을 거부하거나 보험계약 등을 해제·해지하는 것을 제한하도록 할 것
⑤ 재난이나 그 밖의 각종 사고의 발생 위험이 높은 가입의무자에 대하여 다수의 보험사업자가 공동으로 재난안전의무보험 계약을 체결할 수 있는 방안을 마련할 것
⑥ 재난이나 그 밖의 각종 사고로 피해를 입은 자가 최소한의 생활을 유지할 수 있도록 보험금 청구권에 대한 압류금지 등 피해자를 보호하는 조치를 마련할 것
⑦ 그 밖에 재난안전의무보험의 적절한 운용을 위하여 대통령령으로 정하는 기준을 갖출 것

제6절 재난관리 의무위반에 대한 징계 요구 등

① 국무총리 또는 행정안전부장관은 관계 중앙행정기관의 장 또는 지방자치단체의 장이 이 법에 따른 조치를 하지 아니한 경우에는 대통령령으로 정하는 바에 따라 기관경고 등 필요한 조치를 할 수 있다.
② 행정안전부장관, 시・도지사 또는 시장・군수・구청장은 재난응급조치・안전점검・재난상황관리 등의 업무를 수행할 때 지시를 위반하거나 부과된 임무를 게을리 한 재난관리책임기관의 공무원 또는 직원의 명단을 해당 공무원 또는 직원의 소속 기관의 장 또는 단체의 장에게 통보하고, 그 소속 기관의 장 또는 단체의 장에게 해당 공무원 또는 직원에 대한 징계 등을 요구할 수 있다.
③ 중앙통제단장 또는 지역통제단장은 현장지휘에 따르지 아니하거나 부과된 임무를 게을리 한 긴급구조요원의 명단을 해당 긴급구조요원의 소속 기관 또는 단체의 장에게 통보하고, 그 소속 기관의 장 또는 단체의 장에게 해당 긴급구조요원에 대한 징계를 요구할 수 있다. 통보를 받은 소속 기관의 장 또는 단체의 장은 해당 공무원 또는 직원에 대한 징계 등 적절한 조치를 하고, 그 결과를 해당 기관의 장에게 통보하여야 한다.
④ 행정안전부장관, 시・도지사, 시장・군수・구청장, 중앙통제단장 및 지역통제단장은 사실 입증을 위하여 소속 공무원으로 하여금 필요한 조사를 하게 할 수 있다.

제7절 권한의 위임 및 위탁

행정안전부장관의 권한은 그 일부를 시・도지사에게 위임할 수 있으며, 평가 등의 업무의 일부와 연구개발사업 성과의 사업화 지원 및 기술료 징수 및 사용에 관한 업무를 전문기관 등에 위탁할 수 있다. 행정안전부장관이 위탁한 업무를 수행하는 전문기관 등의 임직원은 벌칙적용 시 공무원으로 본다.

제8절 벌 칙

1 3년 이하의 징역 또는 3천만원 이하의 벌금

안전조치 명령을 이행하지 아니한 자

2 2년 이하의 징역 또는 2천만원 이하의 벌금

제74조의3제5항을 위반하여 재난 대응 이외의 목적으로 정보를 사용하거나 업무가 종료 되었음에도 해당 정보를 파기하지 아니한 자

3 1년 이하의 징역 또는 1천만원 이하의 벌금

- 정당한 사유 없이 제30조제1항에 따른 긴급안전점검을 거부 또는 기피하거나 방해한 자
- 정당한 사유 없이 제41조제1항제1호(제46조제1항에 따른 경우를 포함한다)에 따른 위험구역에 출입하는 행위나 그 밖의 행위의 금지명령 또는 제한명령을 위반 한 자
- 정당한 사유 없이 제74조의3제1항(정보 제공 요청)에 따른 중앙대책본부장 또는 지역대책본부장의 요청에 따르지 아니한 자
- 정당한 사유 없이 제74조의3제2항(위치 정보 제공 요청)에 따른 중앙대책본부장 또는 지역대책본부장의 요청에 따르지 아니한 자
- 제76조의4제4항을 위반하여 업무상 알게 된 재난안전의무보험 관련 자료 또는 정보를 누설하거나 권한 없이 다른 사람이 이용하도록 제공하는 등 부당한 목적으로 사용한 자

4 500만원 이하의 벌금

- 정당한 사유 없이 제45조(제46조제1항에 따른 경우를 포함한다)에 따른 토지·건축물·인공구조물, 그 밖의 소유물의 일시 사용 또는 장애물의 변경이나 제거를 거부 또는 방해한 자
- 제74조의2제3항을 위반하여 직무상 알게 된 재난관리정보를 누설하거나 권한 없이 다른 사람이 이용하도록 제공하는 등 부당한 목적으로 사용한 자

5 양벌규정

법인의 대표자나 법인 또는 개인의 대리인, 사용인, 그 밖의 종업원이 그 법인 또는 개인의 업무에 관하여 제78조의3, 제79조, 80조의 위반행위를 하면 그 행위자를 벌하는 외에 그 법인 또는 개인에게도 해당 조문의 벌금형을 과(科)한다. 다만, 법인 또는 개인이 그 위반행위를 방지하기 위하여 해당 업무에 관하여 상당한 주의와 감독을 게을리 하지 아니한 경우에는 그러하지 아니하다.

6 과태료

다음 중 어느 하나에 해당하는 사람에게는 200만원 이하의 과태료를 부과한다.

① 제34조의6제1항 본문에 따른 위기상황 매뉴얼을 작성·관리하지 아니한 소유자·관리자 또는 점유자

② 제34조의6제2항 본문에 따른 훈련을 실시하지 아니한 소유자·관리자 또는 점유자

③ 제34조의6제3항에 따른 개선명령을 이행하지 아니한 소유자・관리자 또는 점유자
④ 제40조제1항(제46조제1항에 따른 경우를 포함한다)에 따른 대피명령을 위반한 사람
⑤ 제41조제1항제2호(제46조제1항에 따른 경우를 포함한다)에 따른 위험구역에서의 퇴거명령 또는 대피명령을 위반한 사람 보험등에 가입하지 않은 자에게는 300만원 이하의 과태료를 부과한다.
⑥ 제76조의5 제2항을 위반하여 보험 또는 공제에 가입하지 않은 자에게는 300만원 이하의 과태료를 부과한다.

※ 과태료는 대통령령으로 정하는 바에 따라 시・도지사 또는 시장・군수・구청장이 부과・징수한다.

PART 03 재난관리

기출 및 예상문제

01 다음 중 "사회재난"에 속하는 것은?

① 황사　　② 홍수
③ 감염병 확산　　④ 조류(藻類)대발생

해설 ✪ 재난의 구분

구분	내용
자연재난	태풍, 홍수, 호우(豪雨), 강풍, 풍랑, 해일(海溢), 대설, 한파, 낙뢰, 가뭄, 폭염, 지진, 황사(黃砂), 조류(藻類)대발생, 조수(潮水), 화산활동, 소행성·유성체 등 자연 우주물체의 추락·충돌 그 밖에 이에 준하는 자연현상으로 인하여 발생하는 재해
사회재난	화재·붕괴·폭발·교통사고(항공 및 해상사고를 포함한다), 화생방사고·환경오염사고 등으로 인하여 발생하는 대통령령으로 정하는 규모이상의 피해와 국가핵심기반의 마비, 「감염병의 예방 및 관리에 관한 법률」에 따른 감염병 또는 「가축전염병예방법」에 따른 가축전염병의 확산, 「미세먼지 저감 및 관리에 관한 특별법」에 따른 미세먼지 등으로 인한 피해

02 재난관리주관으로서 "보건복지부" 사고유형인 것은?

① 감염병 재난　　② 미세먼지
③ 정부주요시설 사고　　④ 보건의료 사고

해설 질병관리청 사고유형은 "감염병 재난"사고이다.

03 "중앙안전관리위원회의 구성"에 있어서 위원장은 누구인가?

① 대통령　　② 국무총리
③ 기획재정부장관　　④ 행정안전부장관

해설 ✪ 중앙안전관리위원회 구성
· 중앙위원회의 위원장 : 국무총리
· 간사 1명 : 행정안전부장관

정답 01. ③　02. ④　03. ②

04 재난 및 안전관리기본법에서 말하는 용어의 정의로 잘못된 것은?

① 재난관리란 재난의 예방・대비・대응 및 복구를 위하여 하는 모든 활동을 말한다.
② 해외재난이란 대한민국의 영역 밖에서 대한민국 국민의 생명・신체 및 재산에 피해를 주거나 줄 수 있는 재난으로서 정부차원에서 대처할 필요가 있는 재난을 말한다.
③ 안전관리란 안전교육, 안전훈련 등을 통하여 안전에 관한 가치와 인식을 높이고 안전을 생활화하도록 하는 활동을 말한다.
④ 긴급구조기관이란 소방청・소방본부・소방서 및 해양경찰청・해양경찰서를 말한다.

해설 ✪ 재난 및 안전관리기본법 용어의 정의* ☆ 15년 소방위
"안전관리"란 재난이나 그 밖의 각종 사고로부터 사람의 생명・신체 및 재산의 안전을 확보하기 위하여 하는 모든 활동을 말한다.
"안전기준"이란 각종 시설 및 물질 등의 제작, 유지관리 과정에서 안전을 확보할 수 있도록 적용하여야 할 기술적 기준을 체계화한 것을 말하며, 안전기준의 분야, 범위 등에 관하여는 대통령령으로 정한다.

05 다음 중 "재난 및 안전관리기본법"의 제정 목적에 맞지 않은 것은?

① 안전문화 활동
② 국민의 생명・신체 및 재산을 보호
③ 재난의 예방・대비・대응・복구
④ 국민의 교통질서 확립

해설 ✪ 목적 : 각종 재난으로부터 국토를 보존하고 국민의 생명・신체 및 재산을 보호하기 위하여 국가와 지방자치단체의 재난 및 안전관리체제를 확립하고, 재난의 예방・대비・대응・복구와 안전문화활동 그 밖에 재난 및 안전관리에 필요한 사항을 규정함을 목적으로 한다.

06 다음 중 "재난관리주관기관"으로 옳은 것은?

① 질병관리청　　② 서울특별시
③ 부산소방본부　　④ 종로구청

해설 ✪ 재난관리주관기관 : 재난이나 그 밖의 각종 사고에 대하여 그 유형별로 예방・대비・대응 및 복구 등의 업무를 주관하여 수행하도록 대통령령으로 정하는 관계중앙행정기관을 말한다.
✪ 질병관리청은 "감염병재난" 관련 재난관리 주관기관이다.

07 다음 중 "긴급구조기관"이 아닌 것은?

① 소방청　　② 소방서
③ 해양경찰청　　④ 경찰서

해설 ・긴급구조기관 : 소방청, 소방본부 및 소방서, 해양경찰청, 해양경찰서

정답 04. ③ 05. ④ 06. ① 07. ④

08 다음 중 "긴급구조지원기관"이 아닌 것은?

① 국립공원관리공단 ② 한국공항공사
③ 한국가스안전공사 ④ 대한적십자사

해설 ✪ 긴급구조지원기관
1. 유역환경청, 지방환경청, 지방국토관리청, 지방항공청, 보건소, 지하철공사, 도시철도공사
2. 한국가스공사, 한국가스안전공사, 한국농어촌공사, 한국전기안전공사, 한국전력공사, 대한석탄공사
3. 한국광물자원공사, 한국수자원공사, 한국도로공사, 한국공항공사, 항만공사,
4. 한국원자력안전기술원, 한국원자력의학원, 국립공원관리공단,

09 다음 중 "안전정책조정위원회"의 위원장은?

① 소방청장 ② 행정안전부장관
③ 국무총리 ④ 대통령

해설 위원장은 행정안전부장관이 되고, 위원은 대통령령으로 정하는 중앙행정기관의 차관 또는 차관급 공무원과 재난 및 안전관리에 관한 지식과 경험이 풍부한 사람 중에서 위원장이 임명하거나 위촉하는 사람이 된다.

10 다음 중 "중앙재난안전대책본부장"은?

① 국무총리 ② 행정안전부장관
③ 행정안전부 2차관 ④ 대통령

해설 중앙대책본부에 본부장과 차장을 두며, 본부장은 행정안전부장관이 된다.

11 중앙재난방송협의회를 둘 수 있는 기관은?

① 중앙안전관리위원회
② 중앙재난안전대책본부
③ 중앙재난안전본부
④ 행정안전부

해설 재난에 관한 예보·경보·통지나 응급조치 및 재난관리를 위한 재난방송이 원활이 수행될 수 있도록 중앙위원회에 중앙재난방송협의회를 둘 수 있다.

정답 08. ④ 09. ② 10. ② 11. ①

12 "특별재난지역 및 재난사태선포심의"는 어디에서 주관하는가?

① 중앙재난안전대책본부
② 중앙안전관리위원회
③ 지역안전관리위원회
④ 행정안전부

해설 ✪ 중앙안전관리위원회 주요기능

1. 재난 및 안전관리에 관한 중요 정책에 관한 사항
2. 국가안전관리기본계획에 관한 사항
3. 재난 및 안전관리 사업 관련 중기사업계획서, 투자우선순위 의견 및 예산요구서에 관한사항
4. 중앙행정기관의 장이 수립・시행하는 계획, 점검・검사, 교육・훈련, 평가, 안전기준 등 재난 및 안전관리업무의 조정에 관한 사항
5. 안전기준관리에 관한사항
6. 재난사태선포에 관한사항
7. 특별재난지역의 선포에 관한 사항
8. 재난이나 그 밖의 각종 사고가 발생하거나 발생할 우려가 있는 경우 이를 수습하기 위한 관계기관 간 협력에 관한 중요 사항
9. 중앙행정기관의 장이 시행하는 대통령령으로 정하는 재난 및 사고의 예방사업 추진에 관한 사항
10. 그 밖에 위원장이 회의에 부치는 사항

13 "국가안전관리기본계획"은 몇 년마다 수립하는가?

① 2년
② 3년
③ 5년
④ 10년

해설 국가안전관리기본계획은 재난의 예방・대비・대응・복구 등 재난 및 안전관리를 위한 기본방향과 관련부처가 중점적으로 추진할 안전관리기본계획 등을 포함하는 것으로 5년 마다 수립하는 국가재난관리의 장기적인 마스터플랜이다.

14 다음 중 "재난안전상황실"설치・운영권자가 아닌 것은?

① 중앙119구조본부장
② 부산광역시장
③ 경기도지사
④ 영월군수

해설 ✪ 재난안전상황실 운영

행정안전부	중앙재난안전상황실
시·도 및 시·군·구	시·도별 및 시·군·구별 재난안전상황실
중앙행정기관	소관 업무분야의 재난안전상황실 또는 재난상황을 관리할 수 있는 체계
재난관리책임기관	재난안전상황실을 설치·운영 가능
※ 중앙재난안전상황실 및 다른 기관의 재난안전상황실은 유기적인 협조체제 유지	

정답 12. ② 13. ③ 14. ①

15 재난상황의 보고 및 통보사항으로 잘못된 것은?

① 재난발생의 일시 및 장소와 재난의 원인
② 해당 재난을 수습할 책임이 있는 지역행정기관의 장이 정하는 사항
③ 응급조치 사항
④ 대응 및 복구활동 사항

해설 ✪ 재난상황의 보고★★
① 재난발생의 일시 및 장소와 재난의 원인
② 재난으로 인한 피해내용
③ 응급조치 사항
④ 대응 및 복구활동 사항
⑤ 향후 조치계획
⑥ 그 밖에 해당 재난을 수습할 책임이 있는 중앙행정기관의 장이 정하는 사항

16 재난상황의 보고기관이 아닌 것은?

① 경찰서장　② 구청장
③ 해양경찰서장　④ 시장

해설 ✪ 재난상황보고(시장 · 군수 · 구청장 · 해양경찰서장 · 재난관리책임기관의 장 · 국가핵심기관의 장)★

17 재난사태 선포 절차에 대한 설명으로 옳은 것은?

① 행정안전부장관이 직접 선포할 수도 있다.
② 중앙위원회 사전심의를 반드시 거쳐야 한다.
③ 국방부장관에게 선포를 건의하여야 한다.
④ 승인을 받지 못하면 선포된 재난사태를 7일 후에 해제하여야 한다.

해설 ✪ 재난사태 선포 절차★★ ☆ 13년 소방위 /21년 소방위
① 일반적인 선포 절차
행정안전부장관은 재난이 발생하거나 발생할 우려가 있는 경우 사람의 생명·신체 및 재산에 미치는 중대한 영향이나 피해를 줄이기기 위하여 긴급한 조치가 필요하다고 인정하면 중앙안전관리위원회의 심의를 거쳐 재난사태를 선포할 수 있다.
② 예외적 선포 절차
재난상황이 긴급하여 중앙위원회의 심의를 거칠 시간적 여유가 없다고 인정하는 경우에는 중앙위원회의 심의를 거치지 아니하고 행정안전부장관이 선포할 수 있다.
③ 재난사태의 해제
중앙위원회의 심의를 거치지 아니하고 재난사태를 선포한 경우에는 지체 없이 중앙위원회의 승인을 받아야 하며, 승인을 받지 못하면 행정안전부장관은 선포된 재난사태를 즉시 해제하여야 하며 재난으로 인한 위험이 해소되었다고 인정하는 경우 또는 재난이 추가적으로 발생할 우려가 없어진 경우에는 선포된 재난사태를 즉시 해제하여야 한다.

정답 15. ② 16. ① 17. ①

18 재난사태 선포 시 조치사항으로 내용이 잘못된 것은?

① 해당지역에 대한 여행 금지
② 재난경보의 발령
③ 위험구역 설정
④ 휴업명령 및 휴원·휴교 처분의 요청

해설 ✪ 재난사태 선포 시 조치사항★★
① 재난경보의 발령, 인력·장비 및 물자의 동원, 위험구역의 설정, 대피명령, 응급지원 등 응급조치
② 해당 지역에 소재하는 행정기관 소속 공무원의 비상소집
③ 해당 지역에 대한 여행 등 이동 자제 권고
④ 휴업명령 및 휴원·휴교 처분의 요청
⑤ 그 밖에 재난예방에 필요한 조치

19 "중앙긴급구조통제단"의 단장이 될 수 있는 자는?

① 대통령
② 국무총리
③ 행정자치부장관
④ 소방청장

해설 ✪ 중앙긴급구조통제단 단장은 소방청장이며, 부단장은 소방청 차장이다.★★

20 재난상황보고 내용과 관계있는 것은?

> 전산시스템 등을 활용하여 재난의 수습기간 중에 수시로 하는 보고

① 최초보고
② 중간보고
③ 최종보고
④ 기타보고

해설 ✪ 재난의 구분★☆ 15년 소방위

최초보고	인명피해 등 주요 재난발생시 지체 없이 서면(전자문서를 포함한다)·팩스,전화 중 가장 빠른 방법으로 하는 보고.
중간보고	전산시스템 등을 활용하여 재난의 수습기간 중에 수시로 하는 보고.
최종보고	수습이 종료되거나 소멸된 후 재난상황 보고사항을 종합하여 하는 보고

21 재난상황 시 "응급조치내용" 보고 횟수로 적당한 것은?

① 1일 1회 이상
② 1일 2회 이상
③ 2일 1회 이상
④ 1일 3회 이상

해설 ✪ 응급조치내용 보고(시장·군수·구청장·해양경찰서장)★☆ 15년 소방위
응급조치 내용보고는 응급조치상황 및 응급구호조치상황으로 구분하여 재난기간 중 1일 2회 이상 보고하여야 한다.

정답 18. ① 19. ④ 20. ② 21. ②

22 **"해외재난상황 발생" 시 가장 먼저 보고하여야 할 곳은?**

① 외교부장관 ② 국방부장관
③ 행정안전부장관 ④ 경찰청장

해설 ✪ 재외공관의 장은 관할 구역에서 해외재난이 발생하거나 발생할 우려가 있으면 즉시 그 상황을 외교부장관에게 보고하여야 한다.

23 **"중앙긴급구조통제단"의 기능 중 잘못된 것은?**

① 국가 긴급구조대책의 총괄・조정
② 긴급구조대응계획의 집행
③ 국가 안전관리기본계획 및 집행계획의 심의
④ 긴급구조지원기관간의 역할분담

해설 ・③은 중앙위원회의 주요기능임

중통단 기능	・국가 긴급구조대책의 총괄・조정 ・긴급구조활동의 지휘・통제 ・긴급구조지원기관간의 역할분담 등 긴급구조를 위한 현장활동계획의 수립 ・긴급구조대응계획의 집행 ・그 밖에 중앙통제단장이 필요하다고 인정하는 사항

24 **경북 구미시에 대형 재난이 발생하였을 때 통제단장이 될 수 있는 자는?**

① 구미시장 ② 경북도지사
③ 구미경찰청장 ④ 구미소방서장

해설 시・도 긴급구조통제단과 시・군・구 긴급구조통제단(지역통제단)에는 각각 단장 1명을 두되, 단장은 시・도 긴급구조통제단의 경우에는 소방본부장이 되고, 시・군・구 긴급구조통제단의 단장은 소방서장이 된다.

25 **긴급구조통제단 운영에 관한 사항으로 "대응 2단계"의 역할로 옳은 것은?**

① 해당 시・군・구 긴급구조통제단을 전면적으로 운영
② 시・군・구 긴급구조통제단은 필요에 따라 부분적으로 운영
③ 중앙통제단은 필요에 따라 부분 또는 전면적으로 운영
④ 긴급구조지휘대만 상시 운영

정답 22. ① 23. ③ 24. ④ 25. ①

해설 ✪ 긴급구조통제단 운영☆ 16년 소방위, 18년 소방위

단 계	발생재난의 규모	통제단 운영
대비단계	재난이 발생하지 아니한 상황	· 각급 긴급구조대응계획의 운용연습 및 재난대비훈련을 실시하는 단계 · 긴급구조지휘대만 상시 운영
대응 1단계	일상적으로 발생되는 소규모 사고 발생 상황	· 긴급구조지휘대가 현장지휘기능을 수행 · 시·군·구 긴급구조통제단은 필요에 따라 부분적으로 운영
대응 2단계	2개 이상의 시·군·구에 걸쳐 재난이 발생한 상황이나 하나의 시·군·구에 재난이 발생하였으나 해당 지역의 시·군·구 긴급구조통제단의 대응능력을 초과한 상황	· 해당 시·군·구 긴급구조통제단을 전면적으로 운영 · 시·도 긴급구조통제단은 필요에 따라 부분 또는 전면적으로 운영
대응 3단계	2개 이상의 시·도에 걸쳐 재난이 발생한 상황이나 하나의 시·군·구 또는 시·도에서 재난이 발생하였으나 시·도 통제단이 대응할 수 없는 상황	· 해당 시·도 긴급구조통제단을 전면적으로 운영 · 중앙통제단은 필요에 따라 부분 또는 전면적으로 운영

26 중앙통제단 구성에 있어서 "현장지휘대"에 속하지 않는 것은?

① 구조진압반 ② 긴급구호반
③ 응급의료반 ④ 현장통제반

해설 ※ 중앙긴급구조통제단의 구성

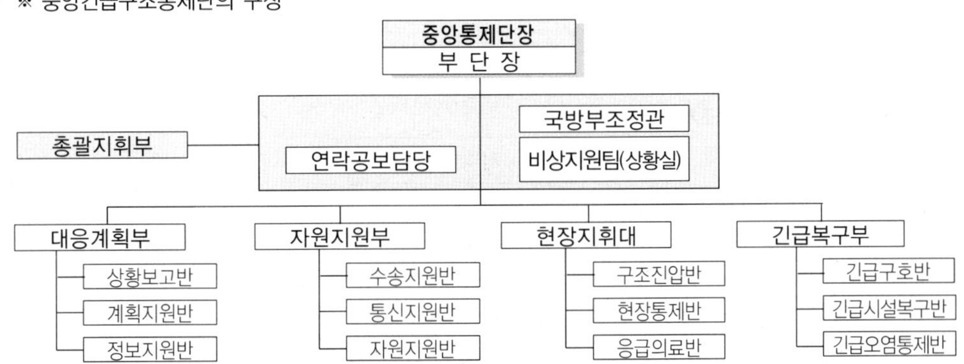

27 현장지휘소 운영에 있어서 연락관을 파견해야할 기관이 아닌 것은?

① 항만공사 ② 국립공원관리공단
③ 산림청 ④ 한국전력공사

정답 26. ② 27. ③

해설 긴급구조지원기관 간의 공조체제를 유지하기 위하여 관계기관·단체의 장에게 소속 직원의 파견을 요청할 수 있다.

✪ 긴급구조지원기관

1. 유역환경청, 지방환경청, 지방국토관리청, 지방항공청, 보건소, 지하철공사, 도시철도공사
2. 한국가스공사, 한국가스안전공사, 한국농어촌공사, 한국전기안전공사, 한국전력공사, 대한석탄공사
3. 한국광물자원공사, 한국수자원공사, 한국도로공사, 한국공항공사, 항만공사
4. 한국원자력안전기술원, 한국원자력의학원, 국립공원관리공단

28 "긴급구조지휘대" 구성에 있어서 바르게 연결된 것은?

① 소방서현장지휘대 : 119안전센터별로 설치운영
② 방면현장지휘대 : 1개 이상 3개 이하의 소방서별로 소방본부장이 1개를 설치 운영
③ 소방본부현장지휘대 : 소방서별로 설치운영
④ 권역현장지휘대 : 2개 이상 4개 이하의 소방본부별로 소방청장이 1개를 설치 운영

해설 ✪ 긴급구조지휘대 설치기준

1. 소방서현장지휘대 : 소방서별로 설치운영
2. 방면현장지휘대 : 2개 이상 4개 이하의 소방서별로 소방본부장이 1개를 설치 운영
3. 소방본부현장지휘대 : 소방본부별로 현장지휘대 설치운영
4. 권역현장지휘대 : 2개 이상 4개 이하의 소방본부별로 소방청장이 1개를 설치 운영

29 긴급구조지휘대 통제단 구성에 있어서 "상황분석요원"의 해당 부서는?

① 자원지휘부
② 대응계획부
③ 구조진압반
④ 현장통제반

해설 ※ 긴급구조지휘대 구성

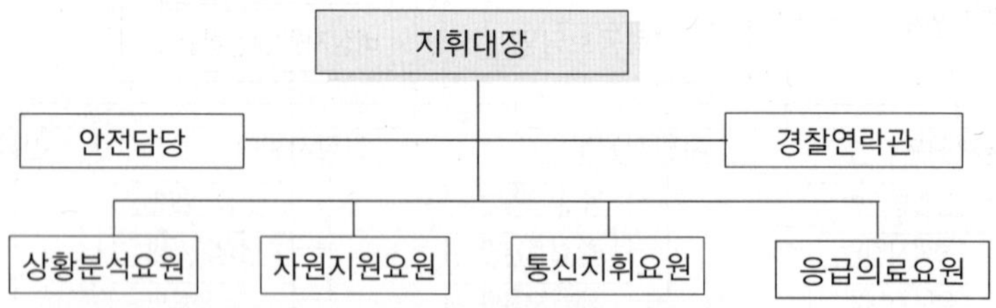

✪ 통제단이 설치운영되는 경우 다음과 같이 해당부서에 배치

- 상황분석요원 → 대응계획부, 자원지원요원 → 자원지원부
- 통신지휘요원 → 구조진압반, 안전담당요원 → 연락공보담당 또는 안전담당
- 경찰파견 연락관 → 현장통제반, 응급의료파견 연락관 → 응급의료반

정답 28. ④ 29. ②

30 특별재난의 범위를 설명한 것으로써 다음 ( ) 안에 들어갈 내용은?

자연재난으로서 국고 지원 대상 피해 기준금액의 ( )를 초과하는 피해가 발생한 재난

① 1.5배
② 2.5배
③ 3.5배
④ 4.5배

해설 ✪ 특별재난의 범위★★
중앙대책본부장이 대통령에게 특별재난지역의 선포를 건의할 수 있는 재난
1. 자연재난으로서 「재난구호 및 재난복구 비용 부담기준 등에 관한 규정」 제5조 제1항에 따른 국고 지원 대상 피해 기준금액의 2.5배를 초과하는 피해가 발생한 재난, 또는 시·군·구의 관할 읍·면·동에 국고 지원 대상 피해 기준금액의 4분의 1을 초과하는 피해가 발생한 재난
2. 사회재난의 재난 중 재난이 발생한 해당 지방자치단체의 행정능력이나 재정능력으로는 재난의 수습이 곤란하여 국가적 차원의 지원이 필요하다고 인정되는 재난
3. 그 밖에 재난 발생으로 인한 생활기반 상실 등 극심한 피해의 효과적인 수습 및 복구를 위하여 국가적 차원의 특별한 조치가 필요하다고 인정되는 재난

31 "안전관리헌장"제정, 고시권자는?

① 행정안전부장관
② 시도지사
③ 국무총리
④ 대통령

해설 ✪ 안전관리헌장
국무총리는 재난을 예방하고, 재난이 발생할 경우 그 피해를 최소화하기 위하여 재난 및 안전관리업무에 종사하는 자가 지켜야 할 사항 등을 정한 안전관리헌장을 제정, 고시하여야 하며 그것을 실천하는데 노력하여야 하며, 누구나 쉽게 볼 수 있는 곳에 항상 게시하여야 한다.

32 재난지역에 대한 국고보조 등의 지원에 있어서 "이재민 지원"내용으로 잘못된 것은?

① 사망자, 실종자, 부상자 등 피해주민에 대한 구호
② 대학생의 학자금 면제
③ 세입자 보조 중 생계안정 지원
④ 자금의 융자, 보증, 상환기한의 연기, 그 이자의 감면 등 관계 법령에서 정하는 금융지원

해설 ✪ 이재민 지원
① 사망자, 실종자, 부상자 등 피해주민에 대한 구호
② 주거용 건축물의 복구비 지원
③ 고등학생의 학자금 면제
④ 자금의 융자, 보증, 상환기한의 연기, 그 이자의 감면 등 관계 법령에서 정하는 금융지원
⑤ 세입자 보조 중 생계안정 지원
⑥ 관계 법령에서 정하는 바에 따라 국세, 지방세, 건강보험료, 연금보험료, 통신요금, 전기요금 등의 경감 또는 납부유예 등의 간접지원
⑦ 주 생계수단이 농업, 임업, 어업, 염생산업에 피해를 입은 경우에 해당 시설의 복구를 위한 지원
⑧ 공공시설 피해에 대한 복구사업비 지원

정답 30. ② 31. ③ 32. ②

33 **특별재난지역에서 발생한 사망자유족에 대한 보상금의 내용으로써 다음 (　)에 들어갈 것은?**

> 사망 당시의 「최저임금법」에 따른 월 최저임금액에 (　)을 곱한 금액

① 100　　② 150
③ 200　　④ 240

해설

사망자 유족의 경우	사망 당시의 「최저임금법」에 따른 월 최저임금액에 240을 곱한 금액
부상자의 경우	제1호에 따라 산출된 금액의 2분의 1 이하의 범위에서 부상의 정도에 따라 행정안전부령으로 정하는 금액

34 **"특별재난지역 선포"와 관련하여 설명이 잘못된 것은?**

① 중앙대책본부장은 중앙위원회의 심의를 거쳐, 해당 지역을 특별재난지역으로 선포할 것을 국무총리에게 건의할 수 있다.
② 사회재난의 재난 중 재난이 발생한 해당 지방자치단체의 행정능력이나 재정능력으로는 재난의 수습이 곤란하여 국가적 차원의 지원이 필요하다고 인정되는 재난
③ 재난 발생으로 인한 생활기반 상실 등 극심한 피해의 효과적인 수습 및 복구를 위하여 국가적 차원의 특별한 조치가 필요하다고 인정되는 재난을 말한다.
④ 자연재난으로 국고지원 대상 피해기준금액의 2.5배를 초과하는 피해가 발생한 재난

해설 중앙대책본부장은 중앙위원회의 심의를 거쳐 재난발생 지역을 특별재난지역으로 선포할 것을 대통령에게 건의할 수 있다.

35 **재난현장에서 통제선을 설치할 수 있는 자는?**

① 시장, 군수　　② 지방경찰청장
③ 군 사단장　　④ 도지사

해설 • 통제선을 설치할 수 있는 자 : 통제단장, 지방경찰청장, 경찰서장

36 **제1통제선에 출입할 수 없는 자는?**

① 전기, 가스업무 담당자　　② 의사, 간호사
③ 보험업무 종사자　　④ 소방대상물 관계자

정답 33. ④　34. ①　35. ②　36. ③

해설 ✪ 제1통제선 출입자
1. 제1통제선 구역내 소방대상물 관계자 및 근무자
2. 전기·가스·수도·토목·건축·통신 및 교통분야 등의 구조업무 지원자
3. 의사·간호사 등 응급의료요원
4. 취재인력 등 보도업무 종사자
5. 그 밖에 통제단장이 긴급구조활동에 필요하다고 인정하는 자

37 재난상황이 종료된 후 긴급구조활동 평가단 구성에 대한 설명으로 잘못된 것은?

① 평가단의 단장은 통제단장으로 한다.
② 민간 전문가 2인 이상을 포함하여 5인 이상 7인 이하로 구성한다.
③ 긴급구조 지휘대장도 평가단에 포함된다.
④ 소속 반장은 평가단에서 제외된다.

해설 ✪ 평가단의 구성★★
통제단장은 재난상황이 종료된 후 긴급구조활동의 평가를 위하여 긴급구조기관에 긴급구조활동평가단을 구성하여야 한다. 평가단의 단장은 통제단장으로 하고 단원은 다음에서 기술하는 자 중 어느 하나에 해당하는 자와 민간 전문가 2인 이상을 포함하여 5인 이상 7인 이하로 구성한다.
1. 통제단장
2. 통제단의 대응계획부장 또는 소속반장
3. 자원지원부장 또는 소속반장
4. 긴급구조 지휘대장
5. 긴급복구부장 또는 소속 반장
6. 긴급구조활동에 참가한 기관·단체의 요원 또는 평가에 관한 전문지식과 경험이 풍부한 자 중에서 통제단장이 필요하다고 인정하는 자

38 재난상황이 종료된 후 긴급구조지원기관의 활동에 대한 종합평가사항으로 잘못된 것은?

① 긴급구조교육 수료자 현황
② 긴급구조요원의 전문성
③ 긴급구조활동에 사용한 자금사용현황
④ 긴급구조대응계획서의 이행실태

해설 ✪ 긴급구조지원기관의 활동에 대한 종합평가사항★★
1. 긴급구조활동에 참여한 인력 및 장비
2. 긴급구조대응계획서의 이행실태
3. 긴급구조요원의 전문성
4. 통합 현장대응을 위한 통신의 적절성
5. 긴급구조교육 수료자 현황
6. 긴급구조대응상의 문제점 및 개선을 요하는 사항

정답 37. ④ 38. ③

39 "지역통제단장의 응급조치"로 잘못된 것은?

① 응급조치
② 위험구역의 설정
③ 구조수단의 확보
④ 위기경보의 발령

해설 ✪ 지역통제단장의 응급조치★★☆ 18년 소방위, 19년 소방위
지역통제단장은 긴급구조를 위하여 필요하면 중앙대책본부장, 지역대책본부장 또는 시장·군수·구청장에게 권한 밖의 응급대책(응급조치, 재난의 예보·경보체계구축·운영, 동원명령, 응원 등)을 요청할 수 있다. 지역통제단장이 응급조치를 실시한 때에는 이를 즉시 해당 시장·군수·구청장에게 통보하여야 한다.

40 재난발생 시 주민대피명령권자가 아닌 것은?

① 경찰서장
② 시장
③ 구청장
④ 소방서장

해설 ✪ 시장·군수·구청장·지역통제단장(긴급구조에 관한 권한을 행사하는 경우에만 해당)

41 지역통제단장의 "재난사태 선포 시 응급조치 사항"으로 틀린 것은?

① 진화
② 긴급수송 및 구조수단의 확보
③ 현장지휘통신체계의 확보
④ 경보의 발령 또는 전달이나 피난의 권고 또는 지시

해설 재난사태 선포 시 응급조치사항☆ 19년 소방위
① 경보의 발령 또는 전달이나 피난의 권고 또는 지시
※ 안전조치 : 정밀안전진단(시설만 해당한다).
이 경우 다른 법령에 시설의 정밀안전진단에 관한 기준이 있는 경우에는 그 기준에 따르고, 다른 법령의 적용을 받지 아니하는 시설에 대하여는 행정안전부령으로 정하는 기준에 따른다.
· 보수(補修) 또는 보강 등 정비
· 재난을 발생시킬 위험요인의 제거
② 진화·수방·지진방재, 그 밖의 응급조치와 구호
③ 피해시설의 응급복구 및 방역과 방범, 그 밖의 질서 유지
④ 긴급수송 및 구조수단의 확보
⑤ 급수 수단의 확보, 긴급피난처 및 구호품의 확보
⑥ 현장지휘통신체계의 확보
⑦ 그밖에 재난 발생을 예방하거나 줄이기 위하여 필요한 사항
※ 지역통제단장의 경우 ② 중 진화에 대한 응급조치와 ④, ⑥의 응급조치만 가능

정답 39. ④ 40. ① 41. ④

42 "긴급구조통제단장"의 현장지휘사항이 아닌 것은?

① 추가 재난방지를 위한 응급조치
② 재난에 대응할 조직의 구성 및 정비
③ 사상자의 응급처치 및 의료기관으로의 이송
④ 긴급구조지원기관 및 자원봉사자 등에 대한 임무 부여

해설 ✪ 중앙긴급구조통제단의 현장지휘★
- 재난현장에서 인명탐색·구조
- 긴급구조기관 및 긴급구조지원기관의 인력·장비의 배치와 운용
- 추가 재난방지를 위한 응급조치
- 긴급구조지원기관 및 자원봉사자 등에 대한 임무 부여
- 사상자의 응급처치 및 의료기관으로의 이송
- 긴급구조에 필요한 물자의 관리
- 현장접근 통제, 현장주변의 교통정리, 그 밖에 긴급구조활동을 효율적으로 하기 위하여 필요한 사항

※ 치안활동과 관련된 사항은 경찰관서의 장과 협의하여야 함

43 다음 중 지역긴급구조통제단 구성에 있어서 "대응기획부"에 속하는 것은?

① 상황분석반 ② 자원지원반
③ 서비스지원반 ④ 긴급구호지원반

해설 대응기획부 : 상황분석반, 상황보고반, 작전계획반★ ☆ 15년 소방위

44 "중앙긴급구조통제단"구성과 관계없는 것은?

① 총괄지휘부 ② 대응기획부
③ 안전담당 ④ 연락공보담당

해설 지역긴급구조통제단에 설치되어 있음

45 "긴급구조지휘대" 구성에 있어서 바르게 연결된 것은?

① 소방서현장지휘대 : 119안전센터별로 설치 운영
② 방면현장지휘대 : 1개 이상 3개 이하의 소방서별로 소방본부장이 1개를 설치 운영
③ 소방본부현장지휘대 : 소방서별로 설치운영
④ 권역현장지휘대 : 2개 이상 4개 이하의 소방본부별로 소방청장이 1개를 설치 운영

해설 ✪ 긴급구조지휘대 설치기준
1. 소방서현장지휘대 : 소방서별로 설치운영
2. 방면현장지휘대 : 2개 이상 4개 이하의 소방서별로 소방본부장이 1개를 설치 운영
3. 소방본부현장지휘대 : 소방본부별로 현장지휘대 설치운영
4. 권역현장지휘대 : 2개 이상 4개 이하의 소방본부별로 소방청장이 1개를 설치 운영

정답 42. ② 43. ① 44. ③ 45. ④

46 **다음 중 "긴급구조지휘대"의 기능으로 잘못된 것은?**

① 일상적 사고 발생(화재는 제외)시 현장지휘
② 광범위한 지역에 걸친 재난발생 시 전진지휘
③ 주요 긴급구조지원기관 합동으로 현장지휘 조정·통제
④ 통제단이 가동되기 전 재난초기 시 현장지휘

해설 ✪ 긴급구조지휘대의 기능
① 통제단이 가동되기 전 재난초기 시 현장지휘
② 주요 긴급구조지원기관 합동으로 현장지휘 조정·통제
③ 광범위한 지역에 걸친 재난발생 시 전진지휘
④ 화재 등 일상적 사고 발생 시 현장지휘

47 **재난대비훈련 주관기관이 아닌 것은?**

① 해양경찰서장 ② 영도구청장
③ 한국가스공사 ④ 부산시장

해설 ✪ 재난대비훈련 주관
행정안전부장관, 시·도지사, 시장·군수·구청장 및 긴급구조기관의 장, 연 1회 이상 실시

정답 46. ① 47. ③

화재

PART 4

재난현장 표준작전절차(SOP) (소방교 · 장 승진시험 제외)

Chapter 1 지휘통제절차

학습 목표

1. 현장지휘관은 해당 용어에 대한 개념을 정의하고 현장에 적용할 수 있다.
2. 재난현장에 대한 지휘책임의 공백이 발생하지 않도록 하는 것을 이해한다.
3. 현장지휘소 운영을 위한 표준절차를 모든 대원들이 이해할 수 있다.
4. 현장지휘관은 효율적인 긴급구조통제활동 및 긴급구조관련기관들의 유기적인 협력을 유도할 수 있다.
5. 현장지휘관은 사고 현장에서 다수의 출동대 또는 자원의 조정을 위한 최적의 현장지휘소를 선정할 수 있다.
6. 현장지휘관은 각각의 분리된 자원을 통합적 관리하고 대응노력을 최적화할 수 있다.

sop 100 현장지휘절차

1 선착대장 지휘

가. 선착대장은 현장 도착 즉시 최초 상황전파 및 지휘권 선언

- 출동대명 및 선착대장 지휘권 선언("00센터 00차 현장도착" "00센터 00(호출부호) 현장지휘")

나. 상황판단 : 대상물정보(용도, 층수 등), 요구조자 상황(인원수, 상태), 재난 상황(화재, 구조·구급) 파악

- 재난피해 당사자, 시설 관계자, 소방 및 지자체 보유 자료 등 다양한 방법으로 정보 수집
- 재난의 규모에 따라 정보수집 담당자를 지정·운영
- 범죄 등 형사적 문제가 인지될 경우 경찰에 통보

다. 재난규모에 따라 대응단계 발령(요청) 및 추가지원 요청

라. 후착대 선탑자는 현장지휘관(지휘권 선언자)에게 현장도착 보고 후 임무지정을 받고 배치 현장 대응

마. 상급지휘관이 현장에 도착하면 지휘권 이양절차(SOP 102)에 따라 지휘권 이양

2 지휘(통솔) 위치선정 및 상황평가

가. 직접지시가 가능하고, 현장상황이 잘 보이는 지휘(통솔)위치 선정

나. 실시간 현장 상황평가 - 변화되는 현장상황(재난 규모의 확대・축소, 보유자원의 여유・부족), 진압활동의 효과성 평가, 현장위험요인 및 자원할당 상황 파악

다. 현장지휘소 설치기준(SOP 101)에 따른 현장지휘소 위치선정

○ "Hot Zone(위험지역), Warm Zone(중립지역), Cold Zone(안전지역)" 고려

✪ 한 지역내의 위협 수준을 나타낸 개념으로 대부분의 사고 현장에는 핫 존 (오염 된 지역), 웜 존 (인원 및 장비의 오염 제거가 이루어지는 지역) 및 콜드 존 (작업자가 위험한 상황에 노출되어서는 안되는 오염되지 않은 지역)의 세 가지 영역이 있습니다.

① Hot Zone
직접적이고 즉각적인 위험하다고 간주되는 지역이나 위치로 방출된 위험물의 구역 외부인원에 대한 악영향을 방지하기 위하기에 충분히 멀리 확장되는 위험물사고를 즉각적으로 둘러싼 영역

② Warm Zone
직접적인 위협은 없으나 잠재적인 위협이 존재하는 지역이나 위치

③ Cold Zone(대피지역)
의료, 운송자원 등이 준비되는 화재, 붕괴 등으로부터 직, 간접적으로 노출되지 않은 지역이나 위치로
→ 위험 지역(핫 & 웜존) : 위험 지역이라 함은 위험한 상태로부터 사람들에게 즉시 위험의 가능성이 있는 지역이다. 이 지역은 현장 지휘관에 의해 설치되고 소방대에 의해 통제 된다. 이 지역의 접근은 엄격히 통제되며 임무가 부여되고 개인 보호복을 착용하고 교육을 받은 자에 한하여 들어갈 수 있다.

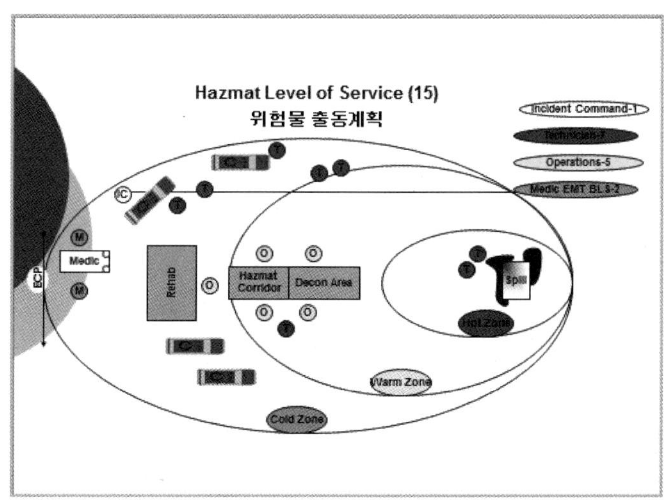

※ Hot Zone (Red), Warm Zone (Yellow), and Cold Zone (Green),Rehab(재활시설)
ECP(Entry Control Point),Spill(유출),Hazmat Corridor(위험물질 지대),Decon Area(제독지점)

▬ 미군소방대 위험물 출동계획 사례 ▬

3 대응활동계획 수립 · 시행

가. 화재대응우선순위 결정, 전략선택

- 대원들의 안전 위협요소는 있는가?
- 요구조자가 있는가?
- 외부 확대 위험이 있는가?
- 내부확대 위험이 있는가?
- 화점진압이 가능한가?
- 정밀검색 및 잔화정리가 필요한가?

나. 전략선택 : 공격, 공격적 방어, 방어적 공격, 방어 등

① 공격 : 신속한 문제해결을 위한 적극적 공격 중심(예 : 화점 진압)
② 공격적 방어 : 진압 위주로 우선, 동시에 방어활동을 위한 예비 수단 준비
③ 방어적 공격 : 화재확산 방지 위주로 우선, 동시에 화점공격 진압자원 배치, 방어 : 화재 확산을 방지하는 것에 한정하여 자원을 활용

다. 재난현장 도착 시 선착대장(현장지휘관)의 지휘권을 확립하고 자원의 선택적 사용을 가능하도록 대응절차를 제시

- 각 방면 및 단위지휘관은 지휘소에 집결, 임무부여 하되 현장상황에 따라 무전(전령)을 통해 임무부여 가능
- 후착대의 선임자는 도착 즉시 지휘위치(현장지휘관)로 집결하여, 임무 지정을 받은 후 각 대별 임무를 수행
- 기존 조직단위(본부, 서, 센터)를 임무단위로 활용
- 임무단위지휘관, 현장지휘관과의 통신수단 확보, 부여된 임무수행상황을 수시로 평가 · 조정
- 긴급탈출 또는 철수 시 집결장소를 공시

4 현장지휘조직 개발 · 운용

가. 현장지휘 통솔범위, 권한위임, 명령통일, 점진적 조직화 준수

나. 단위지휘관 지정(조직화)

- 상급단위 대는 방면, 지역, 임무(기능), 건축물 층별 등으로 지정
- 단위 출동대가 4개 대 이상으로 필요한 경우, 공간 또는 임무별로 부대를 편성 하고 담당 지휘관을 지정하여 지휘권과 지휘범위를 이양

(예시) - 방면별 명명법 : 좌측팀, 우측팀, 후방팀, 전방팀
- 지역별 명명법 : A 지역팀, B 지역팀, C 지역팀
- 기능별 명명법 : 진압팀, 배연팀, 구조팀, 대피팀
- 건축물의 층별 명명법 : 7층 팀, 8층 팀, 지하2층 팀

○ 지휘참모는 도착순서와 전문성을 고려 안전담당, 연락공보담당, 대응 계획부장 등 임무별로 필요에 따라 지정

다. 비상소집인력 운용(내근/비번자)

○ 비상소집 시 집결장소 공시, 지휘소에 비상소집 응소부 비치하고 응소자는 서명
○ 응소자는 개인안전장구를 지참(장착) 후 자원대기소에서 임무배정 시까지 이탈금지

라. 재난의 복잡성 또는 규모를 고려하여 현장지휘조직 확장운영

마. 현장 교대조 운영

○ 담당지휘관 및 안전담당은 대응활동계획(IAP, Incident Action Plan)에 투입시간과 철수예정시간 기록
○ 교대조의 순환은 현장지휘관의 판단에 따라 2교대 또는 3교대 등 교대로 편성
○ 교대투입과 철수 시 보고 및 현장 인수·인계 철저

5 현장철수·복귀

가. 현장 전술검토회의 개최요건(SOP106)에 따른 운영 검토

나. 현장철수·복귀 지시(세부운영사항은 SOP108에 따른다)

○ 현장 인원점검 : 단위대별 인원 이상 유무 보고 지시, 필요 시 특정장소에 집결 및 인원점검
○ 현장 장비점검 : 인원점검 완료 후 장비점검 실시
○ 인원·장비 이상 유무 확인 후 현장 철수·복귀 지시

sop 101 현장지휘소(통제단) 설치·운영기준

1 통제단 가동준비

가. 약식통제단을 우선 구성하고 사고 규모 등 상황에 따라 정식통제단으로 확대 운영

○ 약식통제단 : 지휘차 + 상황판 + 소방공무원 등
○ 특정통제단 : 상황별 필요 부(반)만 가동
○ 정식통제단 : [통제단의 모든 기능]

나. 현장의 인력, 소방서 잔류자, 상황실 근무자, 비번자 별 임무 분담

○ 현장 인력 : 약식 통제단 구성
○ 잔류자 및 비번자 : 소요 물품 및 장비를 수집하여 현장으로 이동·설치

○ 상황실 근무자 : 유관기관 통보, 자원동원

다. 비상소집인력 운용(내근/비번자)

○ 비상소집 시 집결장소 공시, 지휘소에 비상소집 응소부 비치하고 응소자는 서명
○ 임무배정 시 까지 자원대기소 이탈 금지, 응소자는 개인안전장구 수령/장착

라. 통제단 설치시 유의사항

○ 재난현장 지휘에 지장이 없는 곳에 설치
○ 헬기의 하향풍, 비·바람 등에 의한 통제단 기능 정지(저하)방지 조치
○ 일반군중, 언론관계자 등으로부터 통제단 분리·보호책 강구
○ 입간판 등을 활용 현장지휘소(통제단)임을 명확히 표시

2 현장지휘소 설치 위치

○ 재난 대상물은 물론 그 주변까지도 조망할 수 있는 곳(가시성)
○ 붕괴·낙하물·폭발력·열복사·소음·연기 등의 영향이 적은 곳
○ 통신과 전력공급에 지장이 없는 곳
○ 오염되지 않고 지반이 약하지 않은 곳
○ 차량·장비·인원의 활동을 방해하지 않는 곳
○ 현장과 외부로의 출입이 용이한 곳
○ 차폐성(구경꾼 등 여러 요소로부터의 차폐)이 좋을 것
○ 현장지휘체계 부서별로 적절한 작업공간이 확보될 것(독립성)
○ 비상상황의 확대에 따라 현장지휘체계를 확장가능한 곳(확장성)

3 현장지휘소 비치 물품(긴급구조대응활동 및 현장지휘에 관한 규칙)

○ 조명기구 및 발전장비
○ 확성기 및 방송장비
○ 재난대응구역 지도 및 작전상황판
○ 개인용 컴퓨터 · 프린터 · 복사기 · 팩스 · 휴대전화 · 카메라(스냅 · 영상 촬영용) · 녹음기, 간이책상 및 걸상 등
○ 지휘용 무전기 및 자원봉사자 관리용 무전기
○ 종합상황실의 자원관리시스템과 연계되는 무선데이터 통신장비
○ 통제단 보고서 양식 및 각종 상황처리대장
○ 그 밖에 현장지휘관이 필요하다고 판단되는 장비·물품

sop 102 지휘권 이양 절차

1 지휘권 이양목적과 시기

가. 지휘권 이양 목적

- 지휘권 이양 : 선착지휘관과 후착지휘관 또는 상급지휘관과 하급지휘관간에 지휘책임을 인수·인계하는 것
- 재난현장에 대한 지휘책임의 명확화와 지휘권의 공백이 발생하지 않도록 하기 위함

나. 지휘권 이양의 시기

- 법적으로 관할기관에서 지휘권을 행사하도록 규정하고 있는 경우
- 효율적 재난대응을 위하여 지휘권의 변화가 필요한 경우
- 사고의 복잡성이 변화할 경우
- 재난대응기간이 장기화 되어 현장지휘관의 휴식이 필요한 경우
- 현장지휘관의 개인적인 긴급사태 발생 시
- 상위의 지휘관이 현장에 도착할 경우 등

2 지휘권 이양 시 보고 내용

- 재난현장의 상황
- 대응활동계획(IAP - Incident Action Plan)에 근거한 현장대응목표와 우선순위
- 현재까지 구축한 긴급구조통제단 조직도
- 자원할당 내역
- 요청한 자원과 지원된 자원 현황
- 자원대기소, 자원집결지와 같은 부대 시설물 현황
- 재난통신계획
- 현장상황 진단과 관심사 그리고 다른 중요한 문제들
- 지휘참모와 일반참모 소개

3 지휘권 이양절차

가. 지휘권을 인수할 지휘관이 재난현장에 도착하는 즉시 지휘권을 이양

나. 상위지휘관이 재난현장을 떠나야 하거나 직접적인 지휘임무를 수행하기 곤란할 경우, 상위지휘관은 하위지휘관 또는 동급지휘관에게 지휘권을 이양가능

다. 지휘권은 공식적인 절차를 통해서 이양

- 인수인계 지휘관이 서로 대면을 원칙

- 지휘권을 인계하는 지휘관은 재난상황 · 대응활동상황 · 동원자원현황 등을 브리핑
- 지휘권을 인수받은 지휘관은 지휘권을 선언(무선통신 등을 통해 전파)
- 상황이 급박할 경우, 후착·상위지휘관의 지휘권을 인수한다는 간명한 의사표시로도 지휘권 이양 가능

라. 지휘권을 인수하지 않은 상위지휘관은 하위지휘관의 지휘권 행사에 개입 불가

마. 지휘권을 인계한 지휘관은 지휘권을 인수한 지휘관의 직근에서 또는 무선통신을 통해 참모역할 수행

바. 재난의 규모 · 복잡성 등을 고려하여 지휘권 분할·위임 가능

- 분할 · 위임된 지휘권은 단일한 계통으로 행사
- 지휘권을 분할·위임받은 지휘관은 소관사항에 대해서만 지휘
- 다른 지휘관의 소관사항에서 오류 발견 시 상위지휘관 또는 해당분야 지휘관을 통해서 시정조치

사. 지휘권 이양은 원칙적으로 선착대장-지휘대장(소방서장의 사전명령이나 위임에 따라 현장지휘를 실시하는 자)-소방서장-소방본부장-소방청장 순으로 이양

아. 현장도착 간부는 현장지휘관에 의해 임무지정을 받을 때까지는 현장 지휘소에 대기, 승인 없이 현장지휘소를 이탈 못함

sop 103 지휘활동기준 및 통합지휘절차

1 지휘형태 선택 기준

가. 전진 지휘

- 최일선에서 임무중심지휘방식, 즉각적·공격적 활동이 필요하고 지휘권을 이양하는 것이 부적절한 경우 선착대장이 사용
- 배연, 검색구조, 내부수관관리 등과 같은 실제임무를 이행하는 단위지휘관이 사용가능

나. 이동 지휘

- 지휘관이 재난현장주위를 돌아다니며 지휘, 원칙적으로 방면지휘관만 사용 가능

다. 고정 지휘

- 공식화된 지휘위치에서 단위지휘관을 총괄지휘, 다수의 단위대를 총괄조정 할 경우 고정지휘를 원칙
- 고정지휘소는 지휘차 또는 현장지휘소

2 지휘활동 기준

- 모든 지시는 수령자에게 확실히 전달하고 전달여부 재확인
- 음성(무선통신)으로 지시하는 것을 원칙 단, 명확히 하거나 보존이 필요한 경우 문서나 컴퓨터파일로 지시 가능
- 활동목표는 구체적으로 제시하고, 지시된 사항이 이행되는지 수시확인
- 지휘방침(전술)에 따라 일관성을 유지
- 인명구조와 대원의 안전확보를 가장 우선
- 임무단위와 대원들의 활동이 상충되거나 중복되지 않도록 함
- 모든 자원은 공정하게 배분, 균등하게 부하를 받도록 조정
- 비전문적이며 감정적이거나 즉흥적인 외부인(구경꾼, 기자, 정치인 등)의 부당한 관여 차단
- 활동목표, 실행방법, 재난정보 등에 대해서 수시로 재평가 실시
- 대두되는 난제와 위기를 해결할 수 있는 방안을 제시하거나 해결할 수 있도록 동기 부여
- 지휘업무를 지원할 참모를 두고 상황보고, 지휘관의 명령전달 등에 이들을 적극 활용
- 무선통신을 통한 원격지휘, 필요에 따라 직접 현장 확인 가능
- 지휘위치(통제단)에서 고정지휘, 필요시 이동지휘가능
- 무선통신을 녹음하거나 일지 또는 상황판에 지휘내용 기록·정리토록 조치
  (기록사항 : 시간, 수명자, 전달방법, 지시내용 등)
- 피로한 대원(임무단위) 적시 교체(배제)
- 대원들의 불평불만, 위험확산 등에 의해 동요되지 않도록 할 것
- 대외적으로 통제되어야 할 정보와 신속히 전파되어야 할 정보를 명확히 구분·관리
- 재난의 원인규명이나 범죄수사에 필요한 증거훼손 유의
- 재난의 원인·피해조사는 초기부터 작업
- 지휘를 위한 명령과 보고는 소방전술용 약어표준 또는 호출부호를 사용, 약어 또는 호출부호 이외의 내용은 표준 일상어를 간명하게 사용하여 전파사용을 최소화

3 유관기관 통합지휘절차

- 각 유관기관단체의 연락관은 현장 도착 즉시 현장지휘소의 연락담당에게 소속기관단체, 직책, 성명, 연락전화번호 통보
- 무전기를 지급 받은 후 현장지휘소에 상시 대기
- 현장지휘관(연락담당)은 유관기관 연락관에게 임무를 부여시 해당 유관기관의 연락관을 현장지휘소에 즉시 소집
- 현장지휘관(연락담당)은 유관기관의 임무를 부여 시 임무종류, 임무장소, 임무완수시간 등을 결정, 연락관회의를 통해 분담결정
- 유관기관의 연락관은 현장지휘관(연락담당)으로부터 임무를 지정받아 소속기관이나 단체의 지휘관에게 보고한 후 임무를 수행하고, 임무수행결과를 현장지휘관(연락담당)에게 즉시 보고

○ 유관기관의 연락관은 현장철수 시 현장지휘관(연락담당)에게 통보하고 분배받은 무전기를 반납 후 철수
○ 재난유형별 긴급구조지원기관은 각각의 지휘소를 가동하며 긴급구조통제단과 상호 협조 체제를 유지한다.

sop 104 위험구역진입절차 및 대원긴급탈출절차

1 위험구역 진입절차

○ 현장위험요인(유해물질, 폭발, 비산, 붕괴, 열복사 등) 숙지
○ 필요시 통제구역 설정(Fire-Line 등 안전선 설치)
○ 위험요인에 대한 유해성, 제독, 제거방법 정보 확인
○ 위험요인에 대한 유해성, 제독, 제거방법 정보 확인
○ 활동목표와 절차, 조치방법, 긴급탈출방법, 통신방법, 교대방법, 적응안전장구와 장비 결정
○ 개인안전장비 착용상태 확인은 대원 상호간 교차점검 → 현장 안전담당관 → 지휘관 최종 점검 순으로 한다.
○ 진입팀과 별도로 긴급대응팀 구성
○ 지휘관(안전담당)의 최종 지시, 승인을 받고 진입

2 대원긴급탈출절차

가. 현장지휘관, 안전담당, 단위부대지휘관은 긴박한 위험이 감지되는 즉시 긴급탈출 지시

나. 무전기, 지휘차의 방송장비, 재난현장 방송시설, 소방차의 싸이렌 등 기준 데시벨의 1.5배 이상의 장비를 사용하여 긴급탈출 지시를 전파

○ 무전기, 지휘차의 방송장비 : 음성으로 『긴급탈출』 5회 반복
○ 싸이렌 : 『[5초 취명] - 3초 간격 - [5초 취명] - 3초 간격 - [5초 취명] - 3초 간격 - [5초 취명] - 3초 간격 - [5초 취명]』 을 지속 반복

다. 1차 전파 이후 2분 이내 2차로 전파, 2차 전파 이후 5분 이내 인원점검 실시

라. 미확인 대원이 있는 경우 3차 전파와 동시에 추가적인 위험요소를 확인한 후 긴급대응팀 투입

sop 105 항공지휘 · 통제 절차

1 항공지휘 · 통제자 지정, 통신망 확보

가. 현장지휘관, 공중지휘통제관, 지상통제관 지정

- 현장지휘관 : 선착대장 → 현장지휘대장 → 긴급구조통제단장 순
- 공중지휘통제관 : 선착헬기 기장 → 관할지역 선임기장 순
- 지상통제관 : 현장지휘관이 지정한 자, 단 긴급구조통제단 가동시 항공통제반장이 임무수행

나. 상황별 지휘 · 통제 범위

- 공중지휘헬기 운용 가능 시 : 현장지휘관이 전체지휘, 공중지휘통제관이 공중지휘 · 통제, 지상통제관이 지상통제 임무 수행
- 공중지휘헬기 운용 불가 시 : 현장지휘관이 지상 · 공중 통합지휘, 지상통제관이 지상통제 임무 수행

다. 현장지휘관과 헬기 간 통신망 확보

- 119종합상황실은 출동 중인 헬기, 현장지휘관, 지상통제관과 교신이 가능한 통신망을 확보하여 전파
- 조종사는 사고지역 119종합상황실로부터 사용 주파수(채널)를 획득 후 출동
- (현장지휘관, 지상통제관 ↔ 소방헬기) 현장지휘관의 휴대용 무전기(UHF, TRS)와 헬기의 무전기로 교신하거나 지역별 별도의 항공통신망(VHF)으로 교신

라. 119종합상황실과 헬기 간 통신망 확보

- (119종합상황실 ↔ 소방헬기) 지정된 공통주파수, 해당지역 무전기 (UHF, VHF)로 교신 또는 PDA로 문자전송
  * 재난항공망 122.0㎒(주망), 127.8㎒(예비망), 항공구조구급망 130.125㎒
- (소방헬기 ↔ 지원헬기) 지정된 공통주파수로 교신

2 공중지휘 · 통제 임무수행 절차

가. 공중지휘 · 통제 임무

- 초기 상황보고(현장상황, 기상, 비행 안전장애 등) 및 추가 헬기 요청
- 항공기 상호 간의 통신 확인, 사고지역 공역통제
- 항공기 지상 및 공중대기 장소 지정 및 전파
- 항공기별 성능, 임무장비 및 기상상황을 고려하여 임무 지정
- 공중충돌 방지를 위한 임무고도, 현장진입 및 이탈방향, 속도 지정

○ 순차적 헬기 투입, 복귀 통제
○ 현장지휘관, 119종합상황실과 현장상황을 공유하여 헬기 지휘통제
○ 필요시 통신 중계(현장지휘관 ↔ 헬기 ↔ 119종합상황실 등)
○ 현장 영상정보 전송

나. 공중지휘기 지정 우선순위 및 임무 인계·인수

○ 현장지휘관은 다수의 헬기(2대 이상)가 출동, 사고현장 상공에서 동시 활동 시 공중지휘기(공중지휘통제관)를 지정
○ 공중지휘기 우선순위 : ① 관할지역 주관기관* 헬기, ② 관할지역 외 주관기관 헬기, ③ 지원기관 헬기 순
※ 육상재난(소방), 해상재난(해경), 산불(산림청), 일반테러(경찰)
○ 최초 현장도착 헬기는 공중지휘기 임무를 수행하고, 우선순위가 앞선 헬기가 도착 시 공중지휘기 임무를 인계
○ 연료보급, 환자이송 등으로 공중지휘기가 현장을 벗어날 경우 공중지휘기 우선순위에 의해 공중지휘기 임무 인계
○ 공중지휘기(공중지휘통제관) 임무 인계 사실은 무전을 통해 현장지휘관, 전체 헬기, 지상통제관 및 119종합상황실 등에 전파
○ 필요시 현장지휘관 또는 현장지휘관이 지정한 자가 탑승하여 직접 지휘통제 가능

3 지상통제 임무수행 절차

가. 헬기 이착륙 통제 및 비상헬기장 관리

○ 임무지역 헬기 이착륙 통제 및 운용현황 유지
○ 임무지역 현지기상(시정, 운고, 풍속, 돌풍) 및 비행장애물 정보 제공
※ 비행 제한 기상기준 : 시정 3,200m(야간 4,800m) 이하 운고 300m(야간 600m) 이하, 풍속은 기종별 교범 적용
○ 119종합상황실로부터 지정된 비상헬기장이 헬기 형태별(대·중·소형) 이착륙장으로 적합한지 확인
○ 비상헬기장은 헬기 한 대당 최소한 30m×30m 이상의 공간 확보
○ 비상헬기장 주위 4방위의 비행 장애물(전신주, 고압선, 표지판, 통신탑 등) 및 풍향풍속 확인, 조종사에게 통보
○ 헬기 착륙지점으로부터 60m 이내는 군중이 위치하지 않도록 조치하고, 응급의료진은 30m 외곽에 위치
○ 도로가 착륙지점이 되는 경우 양방향 통행을 통제하고(경찰 등 유관기관 협조), 착륙지점 50m 이내에 차량이 없도록 조치
○ 비상헬기장 바닥조명 및 위치식별 등화 준비
※ 소방차량 전조등은 바닥조명용으로, 경광등은 위치식별용으로 사용 가능, 조명시 조종사 시계에 영향을 주지 않도록 조치

- ○ 헬기 착륙지점 비산물 제거, 결착 및 드론 등 비행체 통제 조치
- ○ 소방차의 접근이 가능한 비포장 착륙지역은 먼지 발생 대비 물을 충분히 뿌려 둘 것
- ○ 헬기와 직접교신이 불가할 시는 이착륙 통제를 수신호 할 수 있는 유도 요원(무전기, 방풍고글, 반사조끼 등 착용)을 필히 배치
- ○ 헬기 유도요원은 항공기의 정면에 위치
- ○ 교신이 안되는 헬기는 통신수단이 확보될 때까지 사고지역 외각 안전한 곳에서 선회 또는 제자리 비행 대기 조치
- ○ 착륙중인 헬기에 불안전한 사항이 확인 되었을 때는 무전으로 "복행, 복행, 복행"을 전송하고, 착륙불가 수신호 사용

  ※ 야간에는 휴대용 전등으로 대각선 X자 형태 수신호
- ○ 헬기 이륙 후 2~3분간은 교신을 유지하고, 비상착륙에 대비

나. 지상 안전관리 임무 수행

- ○ 헬기 접근 시 통제요원을 배치하고, 항공대원의 통제 준수 조치
- ○ 항공대원 대기소 운영, 항공유 보급 지원
- ○ 유조차는 항공기로부터 6미터 이상 거리유지, 고임목 고정, 유조차 및 항공기로부터 지상에 접지선을 설치(3선 접지)하고, 소화기 배치 및 인근 화기통제
- ○ 비상헬기장, 항공유 취급장비 주변 관계자 외 출입금지 및 경계요원 배치

sop 106 현장 전술검토회의 운영절차

1 정식 또는 약식 전술검토회의 개최 요건

- ○ 유관기관단체의 지원이 필요한 사고
- ○ 다수 출동대의 출동으로 인한 전반적 자원통제가 필요한 사고
- ○ 분석을 통한 교훈적 가치가 있는 사건 등 비(非)일상적 사건
- ○ 시민이 부상 또는 사망한 사고
- ○ 활동대원이 심각하게 부상을 입거나 순직한 사고
- ○ 작전상 안전관리의 필요성이 심각하게 고려되었던 위험한 사고

2 전술검토회의 운영절차

가. 회의 주제를 구체화하고 참석 범위, 시간, 장소를 결정·통보

나. 회의에 필요한 자료와 장소 준비

- ○ 사고일시, 장소, 원인, 피해상황 및 대응상황 등 개요 전반

- 유관기관간 협력대응 조치상황과 결과분석
- 피해발생 원인 분석, 피해 감소를 위한 소방활동 전반 문제점
- 소방활동성과 종합평가, 교훈과 개선과제
- 향후 조치할 사항

다. 회의 시작 선언·회의(토론) 주제를 설명 후 관련 정보 제공

라. 참가자의 의견과 정보를 취합

마. 회의 결과 정리(결정)

바. 회의 결과 통보

사. 회의 결과의 이행을 확인

아. 이행 상 문제점을 발굴·시정

자. 추가적 회의개최 필요성을 판단

sop 107 재난현장 브리핑 절차

1 재난 현장 브리핑 목적과 내용

- 재난 발생 시 재난정보를 정확하고 시의적절하게 제공하고 재난 대응의 통일된 입장을 유지하여 국민의 신뢰를 확보하기 위함
- 브리핑 주체 본인 소개
- 사고일시, 장소 및 유형 등 사고개요
- 사고발생원인(목격자의 진술과 선착대원의 초기상황 설명)
- 인명피해 현황 및 인명구조 활동 정보
- 출동 소방력 및 유관기관의 재난현장 조치사항
- 그 밖에 긴급구조통제단장이 필요하다고 인정하는 사항
- 추가 문의사항 관련부서 및 연락처 공지

2 재난 현장 브리핑 절차

가. 현장 상황 등에 대한 최신 정보를 파악 및 숙지

나. 최신정보를 기초로 브리핑 자료를 간략하고 쉽게 작성

다. 예상 질의에 대한 답변 준비 및 사전 리허설 실시

라. 브리핑 시 유의사항

- 불확실한 정보 및 추측성 내용은 발표 금지

○ 인적피해에 대해 신중한 용어 사용 및 진솔한 애도와 위로 표명
○ 인명관련 집계는 확인된 현재시간 현황만 언급, 변동가능성 표명

마. 브리핑 방법☆ 21년 소방위

○ 브리핑 시점은 가급적 상황 발생 후 2시간 이내 실시(통제단장 결정)
○ 발표 주체 결정(대변인, 연락공보담당, 소방서장, 본부장 등)
 – 사회적 이목, 언론 관심 등 중요 재난은 직상급 기관 실시 원칙
 – 통제단장은 현장지휘를 최우선으로 하고, 상황이 종료되거나 재난규모 및 중요성 등을 고려하여 직접 브리핑 할 필요가 있다고 판단되는 경우 직접발표
○ 재난상황에 대한 보도자료를 작성하고 브리핑 시 언론매체에 배포
○ 환자분류, 이송 등 응급환자 관련 사항은 응급의료소장이 진행
○ 브리핑 종료 후 반드시 질의·답변 시간을 가짐

바. 브리핑은 정기적으로 실시하고 차후 브리핑 시간 사전 예고

사. 현장 상황변화에 따라 필요시 특별 브리핑 실시

아. 언론의 요구사항을 파악하고 적극적으로 새로운 정보 제공

sop 108 출동대 복귀 절차

1 지휘관의 철수조치 절차

○ 철수 명령을 받은 각 출동대 지휘관은 인원·장비를 점검한 후 종합상황실에 현장철수 보고를 하고 소속 관서로의 이동을 지휘하여야 하며, 복귀 시까지 교통법규 준수 등 안전을 관리함
○ 소방서나 119안전센터로 복귀한 각 출동대 지휘관은 다음 출동을 위한 소방차량 충수(充水) 및 주유, 공기호흡기 세척·충전, 배터리 충전, 소모품 보충, 소방호스 교체·건조 등을 최우선 임무로서 수행하도록 함

2 출동대 복귀전 인원점검 절차

가. 단위부대 지휘관은 소속 대원들에 대해서 인원 점검을 실시하며, 인원점검 시 대원 수, 부상유무, 건강상태, 피로도, 오염상황 등을 확인

○ 단위부대 지휘관은 인원점검 결과를 안전담당관이나 지휘관에게 구두 또는 전화, 무전기 등으로 보고

나. 필요 시 현장대기 소방력 지정

- 현장정리가 완전하여 더 이상의 감시가 필요 없다고 판단될 경우 현장대기 소방력을 두지 않을 수 있음
- 현장대기 소방력 책임자는 재발화방지 등 안전조치를 취하면서 현장에 대기하며 정기적으로 현장상황을 상황실이나 지휘관에게 보고하며, 완전 철수는 지휘관의 철수 명령에 따라 철수함

3 출동대 복귀전 장비점검절차

가. 재난현장에 남겨지는 장비가 없도록 하고 고장·멸실 된 장비와 소모된 물품의 양을 신속하게 파악하여 출동대비에 차질이 없도록 함

나. 단위부대 지휘관은 장비이상 확인 유·무를 지휘관에게 구두, 무선통신 등의 방법으로 보고

다. 오염장비는 가능한 경우 철수 전 현장에서 정화함

- 정밀하게 정화할 필요가 있는 경우 소방서나 전문업체로 이동하여 실시할 수 있음
- 철수가 곤란한 고장·오염·멸실장비는 별도의 처리반이 처리하도록 함

4 복귀전 현장인계절차

가. 재난 활동 이후 야기될 수 있는 법·행정적 문제와 민원발생을 최소화하기 위하여 현장 인계·인수 절차가 이루어져야 함

나. 지휘관 또는 참모가 관계기관(관계자)에 필요사항 설명 및 요청

- 원인규명이나 범죄수사를 위해서 현장을 보존할 필요가 있는 경우
- 현장에 재발화·낙하물·붕괴·잔류가스 등 위험요인이 상존하고 있을 경우, 위험요인과 유의사항을 충분히 설명
- 도난의 우려가 있는 경우
- 이재민이 있는 경우

Chapter 2 화재유형별 표준작전절차

학습 목표

1. 현장지휘관은 해당 용어에 대한 개념을 정의하고 현장에 적용할 수 있다.
2. 화재유형별 사고특성 및 위험요인 등에 대해 이해할 수 있다.
3. 비상상황에 대응하는 절차와 안전기준을 제공할 수 있다.
4. 인명탐색・구조(고립, 매몰 등)활동을 안전하고 효과적인 시행 기준을 제시할 수 있다.
5. 재난현장 자체 소방시설 등을(건물배치도 등 적극 활용) 사용할 수 있다.

sop 200 화재대응 공통 표준작전절차

1 출동지령 단계

가. 출동대원은 출동지령을 정확히 청취하고 소속 소방대의 출동여부 확인

나. 대상물 규모, 소재, 화재상황 및 출동로 확인

▌현장대원 출동요령▐

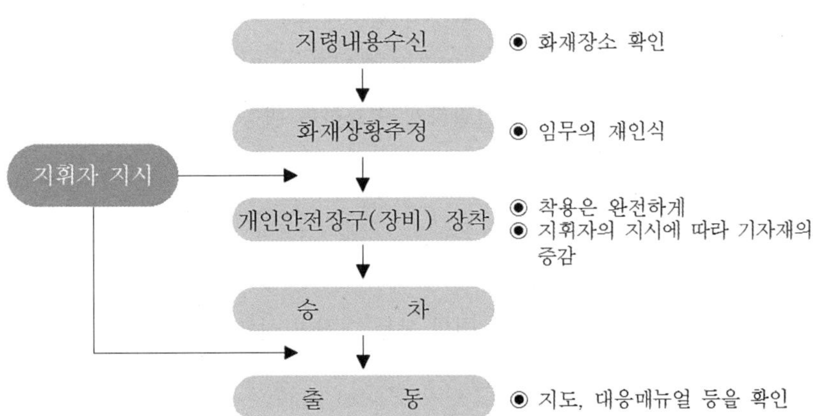

2 화재출동 단계

가. 상황실 무전청취, 개인안전장비 착용

※ 상황실에서 전파 된 한전 등 유관기관 상황 및 조치사항 확인

나. 현장상황 및 대상물 정보 추가 파악, 2개소 이상 예비소방용수 선정

다. 현장대응방안 모색 및 장비 선택, 필요 시 추가 장비 지원요청

라. 선착대는 육안으로 보이는 화재장소 주위의 상황을 전파

마. 후착대는 선착대의 정보를 참고하여, 소방활동에 반영

3 현장대응 단계

가. 선착대는 후착대(특수차량 등) 부서를 감안하여 대응위치 선정

나. 도착 즉시 화재대상물에 대한 개략적인 상황파악 및 보고(응원요청 사항 등을 포함), 요구조자 인명구조 및 화재진압활동 개시

○ 현장 안전조치(전기, 가스, 위험물 등 소방활동 상 장애요인 제거)

다. 필요시 각 대(원)별 임무부여

○ 소화활동설비 활용(연결송수관, 옥내소화전 등)

○ 화염이 발견되지 않고 방어의 필요가 없다고 판단되면 지휘관에게 보고 후 적절한 조치를 받는다.

○ 활동 중 현장변화 및 위험사항 등의 발견 시 즉시 보고하고, 지휘관은 전 대원에게 전파할 것

라. 인명검색 중점지역 확인(막다른 통로, 엘리베이터, 화장실, 창, 출입구, 계단, 침실, 피난기구 설치지역 등) 후 전 대원에게 전파

마. 현장상황에 따른 지속적인 작전변경 및 수정된 임무지시

※ 무전기를 활용하여 전 대원이 변경된 임무를 숙지할 수 있도록 조치

바. 각 소방대는 도착순서에 따라서 서로 긴밀하게 연계하여 활동

사. 필요 시 추가지원 요청

4 복귀 단계

가. 출동대별 단위 지휘관 또는 선임자는 각 대별 모든 대원의 신체이상 및 현장대응장비 이상여부 파악 후 지휘관에게 보고

나. 현장안전 최종확인

다. 주변 소방용수를 활용하여 충수 후 귀소(소방용수 사용 가능 시)

sop 201 화재대응 안전관리 표준작전절차

1 출동지령 단계

가. 현장대응에 필요한 추가 진압장비 적재, 출동지령을 듣지 못한 출동인원이 있는지 확인하고 출동지령을 전달

나. 출동 대원은 적재함 문이 닫혀 있음을 확인 후 차량 탑승하며, 출동인원 이상 유무를 선탑자에게 보고, 선탑자는 이상 없을 시 운전원에게 출발 지시

2 화재출동 단계

가. 개인안전장비 정상작동 상태 확인

나. 사이렌을 취명하고 라이트, 경광등을 켜서 긴급출동 차량임을 알리며 안전운전

다. 교차로 진입 시 안전 확인 후 진행

라. 상황실과 수시 연락하여 추가정보를 계속 수집, 안전한 대응방안 구상

3 현장대응 단계

가. 현장작업 대원을 보호할 수 있는 방식으로 차량 부서 및 긴급탈출로 확보, 고임목 설치 확인

나. 관계인에게 정보수집 시 현장 안전관련 대응방안 파악 및 소방활동지역 설정(화재장소, 활동공간, 경계구역)시 안전대책 확인

다. 화재현장에서 이동할 때는 낮은 자세를 유지하며, 출입문 주위는 장애물이 방치되지 않도록 조치

라. 지하실에 소방호스 연장 시 예비호스를 계단상단부에 배치하고 지하실 출입구에 위치한 대원은 지하실 입구 1층 상황 감시

마. 임무부여 시 대원의 능력, 건강상태, 보유장비 확인, 현장작업 대원에 대한 휴식처 지정 운영(충분한 휴식 제공), 휴식 후 추가 진입 시 건강상태 등 개인안전 확인 후 진입결정

바. 현장안전 확보 전 대원 진입 보류

사. 현장진입 대원은 안전을 확인 2인1조로 현장 진입, 지휘부에서는 진입대원 현황 파악 및 관리

아. 현장안전점검관 및 추가 인력·장비 지원으로 현장안전관리

4 복귀 절차

가. 화재현장 안전조치 사항 유관기관(지자체, 경찰, 관계인 등)에 인계

나. 대원 및 현장대응장비 안전 확인

다. 화재현장에서 소방관서로 복귀할 때에는 일반차량에 적용되는 도로교통법의 제반규정을 준수

라. 화재현장에서 소방관서로 복귀함과 동시에 재 출동에 대비 필요한 사항을 우선 조치

마. 현장사용 장비 세척 및 소독 실시, 대원 피복세탁 및 건조 시 감염방지 이행

sop 202 화재대응 일반절차

1 발화점 확인방법의 종류

가. 자동화재탐지설비 수신반 또는 방재센터 내 제어반 활용

나. 관계인, 목격자, 신고자 등 의견 청취

다. 수개 층에 연기가 차있는 경우 인명고립이 접수 된 층부터 확인

※ 지상은 직하층, 지하는 직상층으로 진입

라. 연기 흐름이 빨라질수록, 농도가 짙어질수록, 온도가 높아질수록 발화점이 가까워짐

마. 농연 속에서는 열화상카메라 이용, 장비 미 휴대 시 낮은 자세로 신속히 사방을 분무주수하며 물 끓는 소리 등으로 발화부위 확인

바. 후각, 알람밸브(유수검지장치), 공조시스템 등을 이용 화점확인

2 건물내부 요구조자 존재 가능성 파악

가. 신고자, 화재사고 목격자 및 거주자 등 관계자의 정보

나. 현장 도착 후 건물 외부 창문 또는 베란다 등 고립인원 목격

다. 기타 물증에 의한 예시

- 주택 및 아파트 등 공동주택 : 각 층별 주거 호실의 실내등 점등 상태, 출입구의 신발 수
- 여관, 모텔 등 숙박시설 : 호실표시등 점등상태 등
  - 사우나, 찜질방, 헬스클럽 : 이용현황(락커 번호) 또는 신발장 및 옷장 잠김 상태

라. 병원, 정신질환 수용시설 등 : 층별 입실현황

3 내부 진입

가. 지휘자의 지시에 의해 우선순위에 따라서 진입경로를 선정, 진입순서는 일반적으로 다음과 같다.

- 출화건물, 주위건물 순으로 한다.
- 화점실, 인근실, 연소층, 화점직상층, 화점상층, 화점하층의 순으로 한다.

나. 진입경로의 선정은 신속, 정확, 안전의 관점에서 판단

다. 진입구 설정을 위한 파괴는 지휘자의 명령에 의해 실시

라. 옥내(외) 계단, 비상용승강기, 개구부 등 내부진입에 있어서 이용할 수 있는 수단 활용

4 건물내부 인명탐색 중점범위

가. 발화지점의 거실 내부 : 화염발생 반대 지점의 장롱, 이불, 막힌 통로, 창가, 급기구 등

나. 발화층 : 발화지점과 별도로 구획된 거실 중 화장실, 베란다, 엘리베이터실, 기계실 등

다. 직상층 : 농연의 이동경로 상의 출입구 계단, 막힌 복도, 옥상 출입문, 창가 등

라. 여관, 고시원 등 미로형태의 객실이 많은 숙박 및 다중이용시설의 경우 : 발화층의 직하층 내부구조를 사전 숙지 후 탐색활동

마. 거실 인명탐색 : 출입구 → 바닥 → 벽 → 책상 등 집기류 →장롱 위, 내부 → 천장 내·외부 등

바. 기타 옷더미, 화재 잔해물, 건물잔해, 흙더미 등

5 인명탐색 방법

가. 우선탐색 : 선착대가 발화점 또는 직상층 등 위험지역 우선탐색

나. 교차탐색 : 발화층 또는 직상층 등 위험지역에 대한 선착대와 후착대 간의 교차탐색

다. 정밀탐색 : 인접건물 등 관계지역에 대한 정밀 인명구조 탐색

6 잔화정리절차

가. 연소구역 내에서 벽체, 닥트, 적재 가연물 등 불씨 잠복지점 확인

나. 무작위 다량주수를 지양하고 불씨에 정확히 주수

다. 화장실, 발코니, 도괴물 아래 등 사망자 검색을 병행

라. 붕괴·낙하물·유해가스 등 위험에 유의

마. 재 발화에 대비하여 소방력 대기 또는 관계자에게 감시 당부

※ 화재현장 보호 필요시 경계요원 및 경계관창을 배치

sop 203 인명구조 작전절차

1 구조의 기본

가. 요구조자를 발견한 경우 지휘자에게 보고 후 즉시 구조활동에 임한다.

나. 탈출방법 등은 지휘자의 명령에 근거한 방법으로 한다.(명령을 받을 겨를이 없는 경우 신속하고 안전하게 구출할 수 있는 방법으로 한다.)

다. 탈출 장소는 피난장소(지상)에 구출하는 것을 원칙으로 한다. 다만 구명이 긴급한 때는 일시적으로 응급처치를 취할 장소로 우선 이동한다.

라. 요구조자가 다수 있는 경우는 다음에 의한다.

- ○ 인명위험이 절박한 부분 또는 층을 우선으로 구조한다.
- ○ 중상자, 노인, 아이 등 위험도가 높은 사람을 우선으로 구조한다.
- ○ 자력 피난 불능자를 우선으로 구조한다.

2 구조요령

가. 화염 등에 의해 긴박한 경우는 엄호주수, 배연 등을 동시에 실시한다.

나. 연기 중에서의 구출자세는 되도록 몸을 낮게 한다.

다. 건물에 설치되어 있는 완강기 등의 구조기구를 활용하는 경우 사용법을 지도하고 전락 등의 2차재해의 발생에 주의한다.

라. 요구조자가 부상당한 경우는 부상위치와 그 정도를 관찰해 증상을 악화시키지 않도록 응급처치를 하는 등 유의해서 구출한다.

마. 인접건물을 활용할 경우 구조로프를 연장하여 인접 건물로 구조한다.

바. 사다리를 활용하여 인접 건물로 구조하는 때는 사다리를 접은 상태로 수평강도를 확보하고 구조로프를 병행 설치하여 구조한다.

sop 204 대원고립상황 대응절차

1 고립 시 확인사항

- ○ 현 위치, 출입구 방향, 낙하물 및 붕괴우려 등
- ○ 공기호흡기 잔압, 랜턴의 조도, 무전기 감도
- ○ 주변 화염과 연기의 유동 상태

○ 소방호스, 라이트라인, 로프 등과 같은 지표물
○ 다른 대원들의 소리, 장비가 작동하거나 부딪치는 소리 등

2 탈출방향 결정

○ 호스 커플링의 수나사 쪽, 놓여진 소방장비 하단방향이 출구
○ 빛 또는 신선한 공기가 들어오는 방향
○ 대원들이나 소방장비의 작동소리가 나는 방향
○ 소방차량의 사이렌 소리가 나는 도로 쪽 또는 경광등 불빛이 보이는 방향이 더 안전

3 고립사실 알리기

○ 무전기, 큰소리, 개구부로 물건 던짐 등으로 외부에 도움 요청
○ 개인용 안전경보장치 작동
○ 쇠막대 등을 이용하여 벽·구조물 등을 규칙적으로 두드림

4 행동요령 및 안전조치

○ 구조활동에 임하고 있는 소방력 이외에는 위험에 직면한 고립된 대원에 대한 소방력을 집중 투입, 다른 대원들의 동요 방지
○ 진입부터 현 위치까지의 진행 회상 등 수집된 정보로 탈출 구상
○ 공기호흡기의 사용시간 연장을 위한 호흡 조정
  - 벽에 닿으면 한쪽 방향을 정해서 일직선으로 기어감
  - 소방호스를 확인하여 진입로 방향으로 호스를 잡고 탈출
  - 창문까지 다다른 경우 손 또는 머리를 내밀고 구조 요청
  - 기타 상황에 맞는 적절한 방법과 수단을 동원하여 구조 요청

sop 205 낙하물·붕괴 위험 대응절차

1 낙하물 제거 선행작업

○ 전등, 선반위 물건, 부착물 등 낙하위험 물품은 사전 제거
○ 깨진 유리 제거시 낙하지점의 대원이 있는지를 확인하고, 접근 경계 및 '낙하물' 조심 통보

2 붕괴·폭발 등으로 인한 낙하 위험성 확인

○ 최성기에는 콘크리트 벽의 폭열로 박리나 균열 주의
○ 폭음, 균열음, 분리·낙하음 등 소리와 건물진동 감지

3 화재 건축물의 도괴 또는 붕괴 방지 · 예측 · 대처

- 소화수는 최소화하고 뿌려진 물의 배수방안 강구
- 구조물에 충격이나 진동을 주는 불필요한 직사주수 금지
- 붕괴가 임박한 위험한 부분은 사전 제거하고 붕괴된 건축물에서 지지역할인 수직방향의 벽, 기둥은 제거하지 않음
- 건물은 화염에 장시간 노출되고 대량 방수하면 붕괴 유의(방수포 사용 주의)
- 붕괴 우려 시 건축물의 높이에 해당하는 거리 밖까지 대원 철수

sop 206 방수임무 수행절차

1 운전요원의 펌프 조작

- 화재 현장을 볼 수 있는 방향에서 조작하고 수원확보 유의(불가 시 현장 확인이 용이한 지점에서 조작)
- 표준 방수압력을 기준으로 단계적으로 방수압력 조절(급격한 압력변화 금지)
- 관창수 또는 지휘자의 방수신호 또는 무전을 받고 방수

2 관창수의 방수요령

- 직사주수, 분무주수(고속, 중속, 저속), 확산주수, 반사주수 및 엄호주수 등 주수요령 및 특성, 안전관리에 대한 충분한 숙지
- 실내 전체가 연소하거나 농연으로 화점의 확인이 곤란한 경우에는「천장 → 벽면 → 수용물 → 바닥면」순으로 주수
- 연소되지 않은 부분 쪽에서 연소되고 있는 부분으로 주수
- 금수성물질(제1류 위험물 중 무기과산화물류, 제2류 위험물 중 금속분 등, 제3류 위험물 중 나트륨 등)은 주수 금지
- 밀폐된 공간의 작은 개구부를 통해 주수 시 화염 및 연기 분출 유의
- 양쪽 개구부의 한쪽에서 방수하면 다른 쪽은 화염 및 연기 분출 유의
- 특고압설비 등 전기설비에 대해 "Off" 등 확인되지 않은 상태에서 주수금지

3 안전한 방수자세

- 관창을 약간 열어 놓고, 물이 오는 것을 주시하여 방수 반동 유의
- 일거에 많은 물의 분출로 인한 강한 반동에 대비 지지물 활용

※ 방수반동은 분출되는 물의 양과 속도에 비례

○ 방수 위치가 높은 경우 소방호스 지지확보
○ 고온체 방수 시 증기폭발 대비 충분한 거리와 낮은 자세 유지

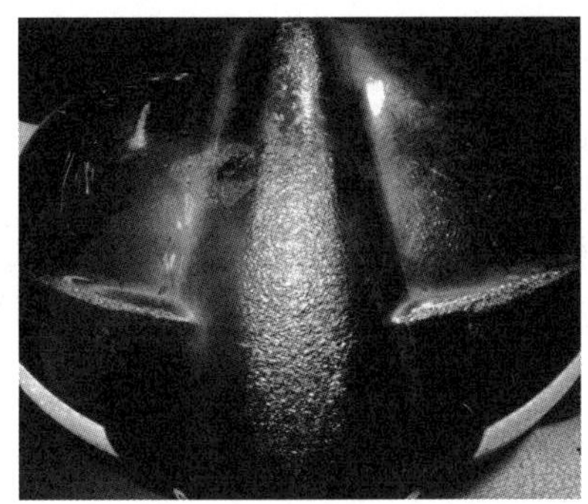

■ 2016.12. 00시장 방수모 용융 ■

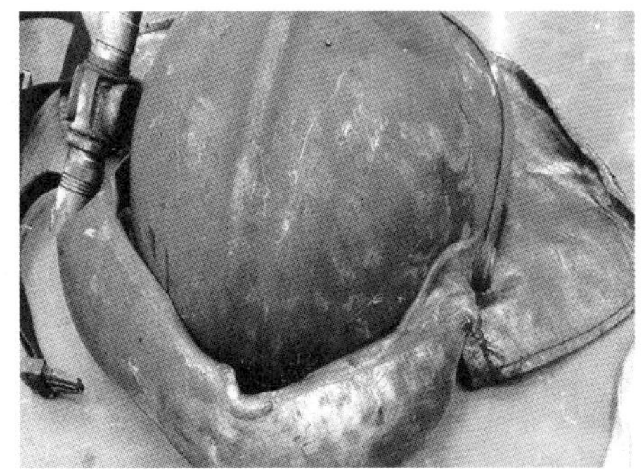

■ 2017.02 .00빌라화재 방수모 용융 ■

sop 207 방수포 및 사다리 활용절차

1 방수포를 활용한 주수요령

○ 화재실 내 진입대원이 있을 경우 원칙적으로 방수포 사용금지, 방수포 사용 시 건물 내 진입대원과 사전 정보공유(열기 역류로 인한 안전사고 방지)
○ 다량주수와 강한 파괴력으로 화세가 강한 화재와 국부파괴에 활용
○ 방수포 사용 시 소화전이나 물탱크차로부터 즉시 급수 조치
○ 방수 시 가공고압전선에 닿지 않도록 하는 등 안전에 유의
○ 주수방향을 변경할 때는 반동력에 주의, 서서히 조작
○ 방수개시 및 정지는 원칙적으로 펌프차의 방수포 밸브로 조작

2 사다리를 활용한 주수

○ 2인 1조로 사다리 운반법, 설치 및 등반법에 의거 실시
○ 사다리 설치각도는 약 75° 유지
○ 옥상 난간에 설치 시 창틀보다 가로대를 2개 정도 높게 전개
○ 사다리 위에서 작업할 때 한쪽 다리를 가로대에 감아서 지지
○ 사다리에서 횡방향 주수 시 및 반동력으로 인한 추락·전도에 대비

sop 208 소방호스 연장 표준작전절차

1 소방호스 연장지침

○ 호스전개의 우선순위 결정은 기본적으로 "RECEO"원칙을 기준으로 판단

✪ RECEO원칙 : 자원배치의 우선순위 결정기준으로 활용되는 것으로 (1) 생명보호(Rescue), (2) 외부확대 방지(Exposure), (3) 내부확대 방지(Confine), (4) 화재진압(Extinguish), (5) 재발방지를 위한 점검·조사(Overhaul) 5가지를 말한다.

○ 전개방향은「소방차량 → 방수위치」 또는 「위쪽 → 아래쪽」
○ 소방차량 · 방수위치 · 모퉁이에는 여유 호스 확보
○ 옥내 계단으로 연장이 어려울 경우 건물 개구부에서 로프를 내려 「말뚝매기 및 옭매듭」으로 묶어서 소방 호스를 끌어 올림
○ 높은 곳의 한 지점에서 다른 지점으로 소방호스가 건너갈 때에는 사다리 · 파이프 등으로 받침
○ 방수위치가 높은 곳일 경우, 중간 또는 방수위치 부근에서 소방호스를 지지물에 감거나 결착
○ 도로 통과, 외력, 날카로운 물건, 화염 등을 감안, 안전 조치

sop 209 굴절차 및 고가사다리차 활용절차

1 차량 부서 및 전개

○ 가공전선·간판 등 상부 장애물과 지반 경사(傾斜), 굴신(屈伸) 반경 등 전개장애 여부를 확인한 후 부서
○ 바스켓에 대원이 탑승한 상태에서 구조활동 전개
※ 화재건물에서는 즉시 방수할 수 있도록 조치
○ 붐(boom)을 건물에 접근시킬 때는 풍압(風壓), 탑승자의 움직임, 방수 반동, 유압밸브 조작 등에 의한 진동을 충분히 고려
○ 조작 속도는 일정하게 그리고 가능한 천천히 유지

2 안전조치

○ 바스켓의 적재적량 준수, 가이드바(guide bar)를 채움
○ 대원과 요구조자는 안전벨트를 매고 바스켓과 안전로프로 연결
○ 바스켓의 대원과 운전요원 간에는 통신체계 유지

sop 210 특수현상 징후 및 대응절차

1 플래시오버(Flashover)

- 국부적·연료지배형 화재에서 전면적·환기지배형 화재로 급격히 전이되는 화재상황. 성장기에서 최성기로 넘어가는 과도기적 시기
- 고온의 농연 감지, 자유연소 형태
- 폭발력으로 인한 건축물의 변형·강도약화로 인한 붕괴, 비산, 낙하물 피해와 방수모 등 개인보호장구 이탈에 대비, 자세를 낮추고 대피 강구
- 플래시오버 이후 건물 내·외부 연소확대 방지 주력

2 플래임오버(Flameover)

- 복도와 같은 통로공간에서 벽, 바닥 표면의 가연물에 화염이 급속하게 확산되는 현상
- 플래임오버(Flameover) 화재는 소방관들이 서있는 뒤쪽에 연소확대가 일어나 고립상황에 빠질 수 있음

3 롤오버(Rollover)

- 연소과정에서 발생된 가연성가스가 공기 중 산소와 혼합되어 천장부분에 집적된 상태에서 발화온도에 도달, 화재의 선단부분이 매우 빠르게 확대되어 가는 현상
- Rollover는 전형적으로 공간 내의 화재가 성장단계에 있고, 소방관들이 화점에 진입하기 전(前) 복도에 머무를 때 발생
- 롤오버(Rollover)는 플래시오버(Flashover)의 전조현상
- 복도에 대기 중인 소방관들은 연기와 열을 관찰하면서 Rollover의 징후가 있는지 천장부분 확인
- Rollover를 막기 위해 갈고리나 장갑 낀 손으로 화재가 발생한 아파트 출입구 문을 닫는다.

4 백드래프트(Backdraft)

- 불완전 연소된 가연성가스와 열이 집적된 상태에서 다량의 공기(산소)가 일시에 공급될 때 연소가스가 순간적으로 폭발하며 발화하는 현상
- 발생시점은 화재의 성장기와 감퇴기에서 주로 발생
- 고온의 일산화탄소 증기운이 화점공간의 한 코너에 집중될 때 검색작업을 위해 문을 개방하는 순간 전체 공간이 폭발할 수 있다.
- 균열된 틈이나 작은 구멍을 통하여 연기가 빠져 나오고 건물 안으로 공기가 빨려 들어가면서 휘파람소리 또는 진동 발생
- 아래쪽 개구부 개방은 금지하고 지붕 등 상부를 개방하여 수직배연 실시, 폭발적인 화염발생과 연소 확대에 대한 대피로 확보

5 풀 파이어(Pool fire)☆ 21년 소방위

○ 누출된 인화성액체가 고여 있는 곳이나 위험물 탱크에서 화재가 발생한 상황
○ 위험물 탱크에서 발화, 복사열로 인한 화상 우려
※ 복사열 위험반경 : 수포발생 =3.5×탱크지름(m), 통증발생 = 6.5×탱크지름(m)
* 거리= 화염중심 ↔ 대원
○ 위험반경 내 방열복 착용, 내폭화학차를 활용하여 포(泡-foam) 살포, 복사열 차단 및 냉각주수 시 보일오버 또는 슬롭오버 발생에 유의, 위험반경 내 대원들은 사전 대피방안을 준비
○ 흡착포, 유처리제 등으로 누출 위험물에 대한 긴급방제 실시

6 보일오버(boil over)

○ 탱크화재에서 탱크내부에 고인 물이 비등하면서 인화성액체가 탱크 밖으로 넘쳐, 화재면이 확산되는 상황
○ 탱크화재가 상당시간 진행되고 소화수의 탱크 내부 유입과 탱크 하부벽면에 물을 뿌려 물의 증발여부 확인
○ 탱크의 드레인(drain) 밸브를 개방하여 탱크 고인 물을 제거

7 증기운폭발(UVCE, Unconfined Vapor Cloud Explosion)

○ 유출된 다량의 가연성가스나 가연성액체에서 생성된 증기가 대기 중에서 혼합기체를 형성하여 점화·폭발되는 화재상황
○ 공기 중으로 다음과 같은 물질이 누출, 증기 생성이 용이
① 상온·상압 하에서 액체이며 인화점이 상온보다 낮은 물질 ⇒ 가솔린 등
② 상온에서 가압·액화되어 있는 물질 ⇒ 액화프로판, 액화부탄 등
③ 물질의 비점 이상의 온도이지만 가압·액화되어 있는 물질 ⇒ 반응기 내의 벤젠, 헥산 등
④ 대기압 하에서 저온으로 액화시킨 물질 ⇒ LNG
○ 누출되는 가스를 그대로 연소시켜 없애는 것과 탱크가 냉각되지 않고 차단하면 폭발 위험이 있음을 고려하여 가스누출을 차단
○ 증기운이 형성되면 이후 위험반경 설정, 엄폐물 확보, 주변 가연물 살수, 방열복 착용 등으로 강력한 폭발에 대비
○ 증기운 위쪽에 분무주수(다량의 수증기)로 증기운을 확산·제거

8 비등액체팽창증기폭발(BLEVE)

○ 가연성 액화가스 고압용기가 외부화재에 영향을 받아 내부 증기압이 증가하여 탱크가 파열되는 상황

- 안전밸브 작동으로 누출된 가스가 점화되면서 화염이 분출되고, 탱크냉각이나 화염(복사열) 차단 조치가 이루어지지 않아 탱크의 수열부분이 변색·변형되면서 부풀어 오름
- 탱크의 상부 냉각을 최우선으로 하고 탱크 주변 화재진화 병행
- 탱크의 파열로 파편이 멀리 비산하므로 유의
- BLEVE 현상 징후 상시 관찰, 임박이 예상되면 소방력 즉시 대피

9 파이어볼(fire ball)

- 비등액체팽창증기폭발(BLEVE)현상에 이어 점화되면서 폭음과 강력한 복사열을 동반하는 화구(火球)가 버섯모양으로 부상
- 비등액체팽창증기폭발(BLEVE)에 이어서 바로 나타남
- 탱크폭발 위험반경 : 약 150m
- 파이어볼 지속시간(sec) = 0.825 × 저장 가스량(kg)

$$-\text{수포생성가능거리}(m) = 114\sqrt{[\frac{\text{저장량}(kg)}{\text{지속시간}(\text{sec})}]}$$

$$-\text{통증발생가능거리}(m) = 72\sqrt{[\frac{\text{저장량}(kg)}{\text{지속시간}(\text{sec})}]}$$

* 거리=화구중심 ↔ 대원

- 위험반경 내 방열복 착용 및 엄폐물 활용
- 밸브나 배관에서 누출되는 가스가 연소하는 화염은 소화하지 말고 그 화염에 의해서 가열되는 면을 냉각
- 소방력에 따라 탱크 냉각 및 복사열 차단을 우선하고 BLEVE현상 징후 상시 관찰, 임박이 예상되면 소방력 즉시 대피

sop 211 헬기동원 화재진압 대응절차

1 항공대원, 현장(지휘관)대원 등은 아래사항을 공동으로 확인 또는 조치

2 임무수행 시

- 지상 화재진압대 위치 확인 및 통신대책 확보
- 연기에 의한 시각장애, 화재 상공 와류 및 공기희박 현상 유의
- 헬기 하향풍에 의한 연소 확대 발생 가능여부 확인
- 항공기에 의한 대민 피해 발생 가능여부 확인
- 헬기 접근 전 방수지점 통보, 지상인원 대피 조치

○ 방수 후 방수지점 정확성 확인 및 수정
○ 담수가능 저수지(수심 3m 이상) 위치 및 크기, 어망 등 수중 장애물 확인
○ 급수차량은 급수 작업시 헬기와 안전거리 확보(최소 20m 이상)

sop 212 일반 건축물화재 대응절차

1 사고특성 및 주의사항

○ 대상물의 구조(목조, 방화조, 내화조 등), 용도, 규모에 따른 대응작전 전개 필요
○ 연소층 접근 시 입체적으로 발생하는 요구조자 구조요령 필요
○ 밀폐구조로 연기 충만, 발화점 및 신속한 상황파악 곤란
○ 창문, 간판 등의 파손 낙하로 소방대원 부상 우려

2 현장대응절차

○ 소방활동은 인명구조를 최우선으로 한다.
  - 중복탐색 방지를 위해 모든 대원들이 인지할 수 있는 사전 약속한 방법(현장물건 이용, 리본, 락카, 문개방 등)을 활용하여 표시
  - 각 방, 각 층별 검색완료 시 소방무선통신 이용 전파 병행
○ 건물 구조별 관창배치와 배연방법 결정
○ 화재가 확산될 수 있는 샤프트, 장비 배선관, 배연구 등 확인
○ 모든 소방대원은 진압활동 과정에서 재산손실 경감에 주력
○ 지휘관은 한 순간에 출동대원에 위협을 가할 만큼 악화될 수 있는 화재와 건물 상황에 주의

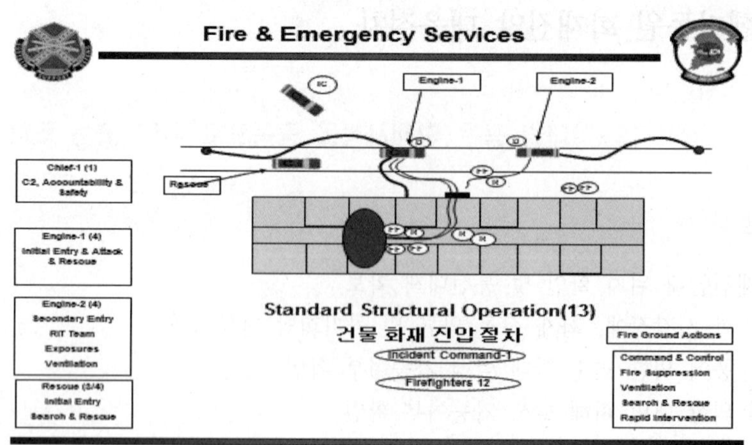

■ 미군소방대 건물화재 진압절차 예시 ■

sop 213 아파트화재 대응절차

1 사고특성 및 위험요인

○ 초기 진화 기회를 놓치면 상층부로 연소 확대될 가능성 상존
○ 고층에서 화재가 발생한 경우 소방장비와 수리 이용 제한
○ 스프링클러, 옥내소화전 등 소방시설의 적절한 활용

2 현장대응절차

○ 신고접수 및 출동단계에서 아파트 관리자에게 대피안내방송, 진입로 확보, 소방시설 작동확인, 가스차단, 주정차차량 이동 지시, 화단 장애물 제거 및 필요 시 공기안전매트 설치
○ 소형 소방차량이 우선 진입하되, 출동하는 굴절차 혹은 사다리차가 부서할 수 있도록 공간 확보
○ 현관문 개방을 위한 방화문 파괴기, 동력절단기(다이아몬드 날 포함) 등 소지
- 가스누출이 의심되는 현장에 대하여 현관문 개방 전 폭발 위험요인을 사전파악하기 위해 가스탐지기 작동
○ 주민 안전대피(구조)에 주력
- 발화지점, 발화층의 상층, 발화층의 주민 및 노약자 우선 대피
- 연기의 유입・이동경로를 파악, 대피 우선순위 결정
- 주민 추락 예상지점에 에어매트나 매트리스를 설치
○ 연기의 확산을 방지하고 배출
○ 다수피난자 발생시 방화문 폐쇄, 피난경로 확보, 연기차단 및 계단실 피난구역 설치
○ 창유리, 파편 등 낙하물에 유의
- 위험반경을 발화층 높이의 1/2로 하되, 기상 및 현장 상황을 고려하여 건물높이만큼 안전구역을 설정

sop 214 주택화재 대응절차

1 사고특성 및 위험요인

○ 화재발생건물 대부분이 저층건물로 다른 건물과 인접함
○ 노후된 벽돌조 건물의 경우 화염에 의한 붕괴 우려 상존
○ 실내 생활물품에서 인체에 치명적인 연소가스 발생

2 대응 절차 및 안전기준

- 인명검색 및 구조를 최우선적으로 고려
- 연소 확대방지를 위해 난방연료(가스, 유류)를 차단, 제거
- 진입하는 대원은 전등, 반자, 선반, 장식물, 지붕의 낙하(붕괴) 또는 가스 폭발 등에 유의
- 다른 건물로의 연소 확대를 차단
  - 화염이 분출될 수 있는 개구부에 경계관창 배치
  - 불이 옮겨 붙을 수 있는 부분(지붕, 처마 등)에 사전 살수
  - 비화(飛火)를 경계
  - 풍하(風下)쪽의 인접 건물로 연소 확대 방지를 위한 소방력 보강
- 현장지휘관은 주택의 붕괴 등에 대비하여 대원들이 함부로 진입하지 않도록 하고, 대원의 안전을 도모하기 위해 현장안전요원을 배치
- 지붕에서 작업하는 대원은 추락, 전도, 낙하물 추락방지에 유의
- 창문으로 내부진입 시 갈고리 등으로 디딜 곳의 장력과 강도확인
- 물이 고여 있는 수로, 웅덩이 등은 로프, 헝겊 등으로 표시

sop 215 지하철화재 대응절차

1 사고특성 및 위험요인

- 지하철 화재는 대부분 지하에서 발생하기 때문에 화재진압, 인명구조, 대피유도 등 많은 장애요인 상존
- 누전, 기구 내 고압전선 등 전기적 원인에 의한 화재발생가능성 높음

2 현장대응절차

- 화점(전동차, 역, 터널 내 등) 확인 후 대응방법 결정
- 강력한 열기와 농연으로 인해 역의 출구(계단)로 진입하기 곤란할 경우, 통풍구를 이용하여 진입 또는 인접역을 통해 진입
  - 진입경로는 연기유동 및 기류(급기, 배기)를 참고하여 결정
- 무선통신 유지
  - 지하공간에서는 무선통신보조설비를 이용하여 통신
  - 필요시 현장과 지휘소간 연락관을 배치
- 자연스럽게 형성된 기류를 가능한 유지하면서 배연차 또는 송·배풍기를 배치하여 급·배기
- 소방력이 부족한 경우, 지상과 가까운 곳 또는 발화지점과 먼 곳에 고립된 요구조자 구조에 주력

○ 진입경로에는 로프나 라이트라인(Light line)을 설치

○ 내부진입은 급기, 배기 확인 후 급기측 진입 원칙

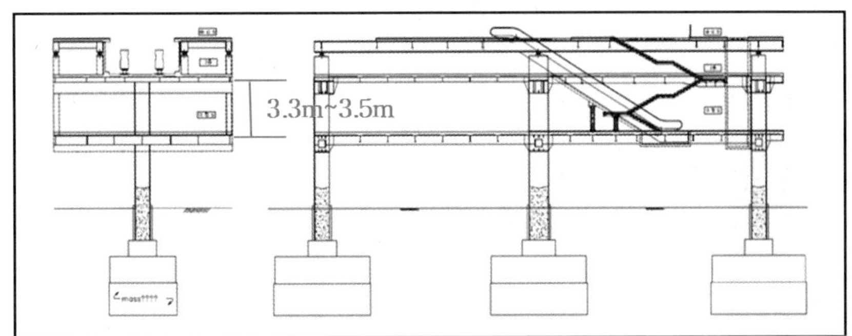

※ 승강장 깊이 : 선로 바닥에서 탑승구 까지 3.3m~3.5m

■ 승강장의 일반적인 구조 ■

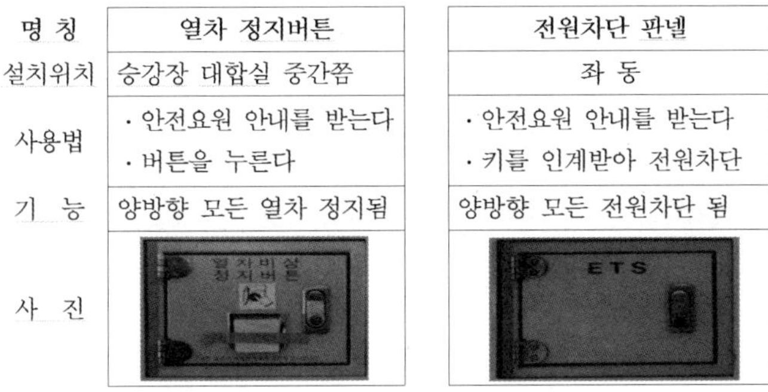

명 칭	열차 정지버튼	전원차단 판넬
설치위치	승강장 대합실 중간쪽	좌 동
사용법	· 안전요원 안내를 받는다 · 버튼을 누른다	· 안전요원 안내를 받는다 · 키를 인계받아 전원차단
기 능	양방향 모든 열차 정지됨	양방향 모든 전원차단 됨
사 진	열차비상 정지버튼	ETS

■ 열차 정지버튼 및 전원차단 ■

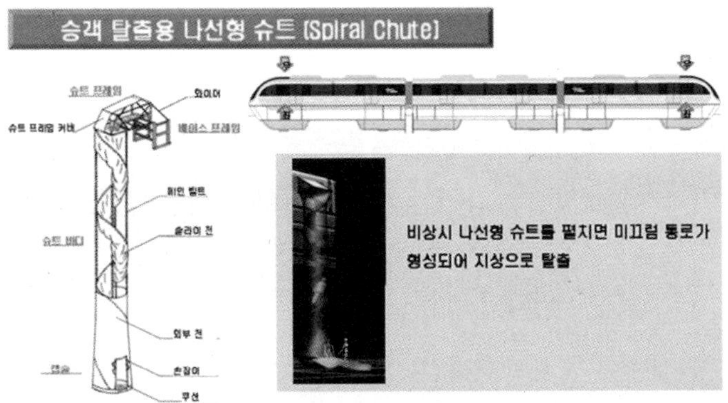

* 스파이럴슈트 : 길이(23m), 전면좌우 2X2=4개 설치, 승객탈출 소요시간(최고높이 : 12m) : 9.37초 예상, 설치시간(예상) : 73초

■ 승객탈출용 나선형 슈트 ■

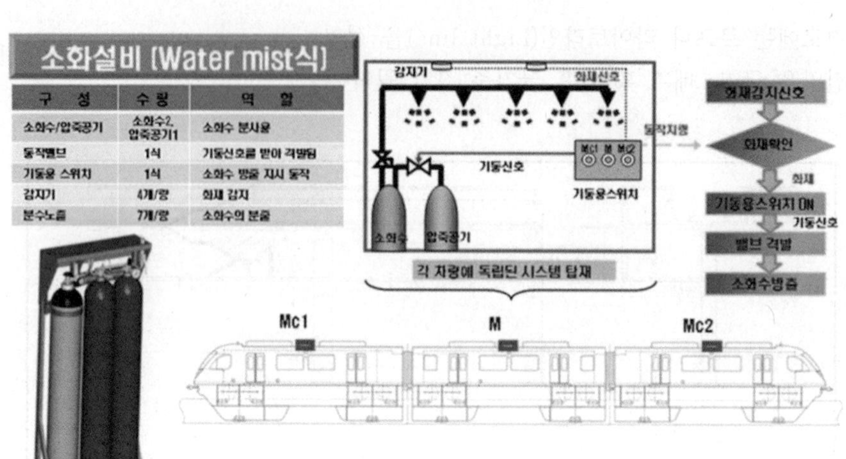

소화설비 (Water mist식)

구 성	수 량	역 할
소화수/압축공기	소화수2, 압축공기1	소화수 분사용
동작밸브	1식	기동신호를 받아 격발됨
기동용 스위치	1식	소화수 방출 지시 동작
감지기	4개/량	화재 감지
분수노즐	7개/량	소화수의 분출

■ 소화설비 계통도 ■

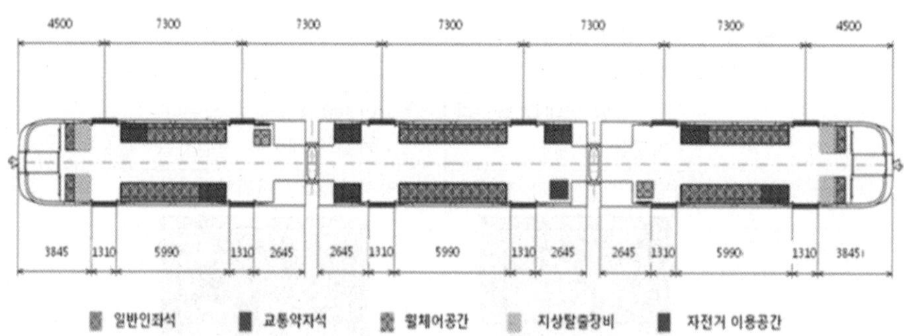

■ 지상철 모노레일 내부도 및 안전장비 현황 배치도 ■

- 비상 건넘판 탑재 및 비치

  열차 전면에 비상문을 설치하여 비상시 후속차량으로 승객대피가 가능토록 건넘판을 차량당 2개씩 탑재

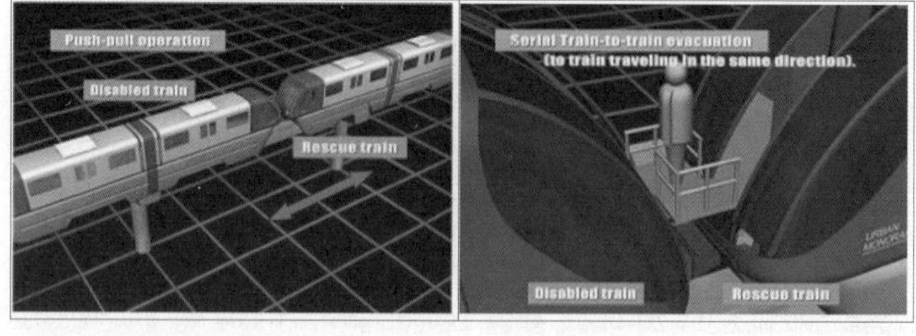

■ 비상 건넘판 탑재 및 비치 ■

반대편 선로의 차량으로 대피할 수 있도록 각 정거장에 4개씩의 건넘판을 비치

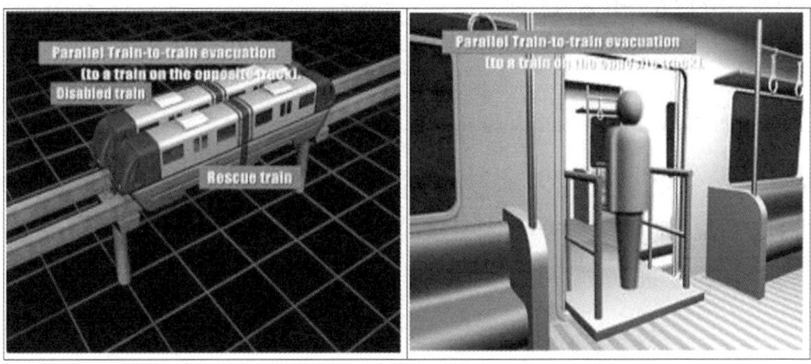

※ 지상탈출 장비와 비상건넘판의 설치, 조작은 차량에 탑승하는 안전요원에 의하여 조치

▬ 비상 건넘판 탑재 및 비치 ▬

sop 216 지하가화재 대응절차

1 사고특성 및 주의사항

- 화재위치 확인, 인명탐색, 피난유도 및 소화활동 장애 상존
- 정전과 유독가스 등에 의한 심리적·생리적 문제 발생

2 현장대응절차

- 지하철과 연결되어 있는 경우, 지하철 운행을 통제
- 강력한 열기와 농연으로 출입구 진입곤란 시, 통풍구 이용 진입 또는 인접 입구를 통해서 지하터널로 이동·진입
- 지하에 가압(송풍) 청정공간 확보가 가능하면 대피소로 활용
- 비중계 무선채널 및 간이중계기 설치로 무선통신 유지
- 방연셔터·방화셔터·방화문을 닫거나 관창을 배치하여 연기 확산 및 연소확대 차단
- 화점으로의 진입이 어려운 경우, 연결살수설비를 이용하거나 화점 직상층 바닥을 뚫고 살수하여 진화
- 요구조자가 없고 가스계소화설비가 있다면, 이를 활용 진화
- 요구조자가 없다면, 급기구(통기구, 출입구)로 고발포(高發泡) 주입 질식소화 시도
- 내부진입은 급기, 배기 확인 후 급기측 진입 원칙

sop 217 지하층화재 대응절차

1 사고특성 및 위험요인

○ 공간이 작고 공기 유입량이 적기 때문에 연소가 완만하지만 농연과 열기는 충만

○ 진입구가 협소하고 배연구 역할을 하므로 진입 곤란, 진입 시 방향감각의 상실 가능성 높아 소방활동 상 장애

2 현장대응절차

○ 진입경로에는 로프나 라이트라인(Light line)을 설치

○ 급격한 공기유입 방지하여 백드래프트 발생요인 차단

○ 비상구 개방 전 화재성상(백드래프트 등) 파악 후 천천히 개방, 급기구 진입

○ 다수인 대피 시 출입구 통제·유도요원 배치

○ 지상층으로의 연기유입이나 연소 확대를 차단
  - 방화문 폐쇄 및 경계관창 배치

○ 진입이 곤란하고 요구조자가 없을 경우, 고발포나 가스계소화약제 등을 주입하여 진화

○ 요구조자가 있을 것으로 예상되는 경우, 미분무나 살수설비로 진화

sop 218 지하공동구화재 대응절차

1 사고특성 및 위험요인

○ 전력케이블, 통신케이블, 가스배관, 수도배관이 함께 수용되어 있는 지하관로로 손실 시 생활기반(통신망 등) 마비 혼란초래

○ 폴리에틸렌 피복 등이 연소하면서 농연(유독가스)과 고열 발생

○ 소방활동이 장시간 소요되며 연기, 열 등에 의한 활동장애

2 현장대응절차

○ 지하공동구 관리기관에 작업자 고립여부 확인 구조
  - 출입자 현황 및 작업구간 등 자료 확보

○ 적외선 측정장비 등 관측장비 활용 연소구간 정확히 판별

○ 연소방지설비 설치여부 확인 설치시 활용 진화

○ 연소구간 양쪽 맨홀 및 급·배기구를 연소저지 지점으로 활용, 개방 후 급기구에서 진입하거

나 방수
○ 연소저지 지점에서 연소구간 방향으로 포(泡, foam) 주입 질식소화
○ 질식소화 또는 살수설비에 의한 소화방법이 불충분한 경우, 연소구간으로 대원을 진입시켜 직접 소화
○ 배연차나 송배풍기를 가동하여 공동구내 연기를 제거
○ 지하공동구와 연결된 다른 건물이나 시설로 연기가 유입되거나 연소확대되지 않도록 차단
○ 가연성 가스 누설 발생장소의 경우 엔진컷터, 휴대무선 및 조명기구 등 불꽃 발생 기자재는 사용자제
○ 진입구 직하에 케미컬라이트(지하가 등에서 쓰는 발광스틱) 배치로 퇴로 확보

sop 219 도로터널화재 대응절차

1 사고특성 및 위험요인

○ 터널은 폐쇄 공간 특성상 갇힌 공기 온도가 순식간에 1천℃이상 올라갈 수 있으며, 박리현상, 복사현상으로 2차 피해 우려가 있음
○ 터널내 정체차량중 LPG, 위험물 적재차량 확인 필요
○ 외기풍향에 의해 터널 내 풍향변화가 있고 진입구가 한정되어 시야확보의 어려움이 있으며, 역기류(back-layering) 및 난기류 발생으로 소방활동 위험 초래 우려

2 현장대응절차

○ 화재지점으로 차량이 더 이상 밀려들지 않도록 교통통제
- 터널 상・하행선 입구에 신속 설치 가능한 바리게이트 비치
○ 다량의 포(泡, foam)를 방사할 수 있는 소방차 출동조치
○ 터널 상부에 고압 전력선이 가설되어 있을 수 있으므로, 방수 시 감전에 유의
○ 터널 상부가 장시간 고온에 노출되었다면, 가설물이나 콘크리트 박리편이 낙하할 수 있음으로 주의
○ 터널 내 제연설비는 한국도로공사 등 터널 관계자와 협의하여 가동
○ 배수로를 따라 유류 등 오염물질이 확산될 경우, 임시로 집유정(集油井)이나 둑을 만들어 차단 또는 우회시킴.
○ 도로관리자 및 경찰기관으로부터 상하행선 교통통제 상황 확인하고 방재설비 활용
○ 인명검색, 구조 및 피난유도는 원칙적 상하행선 연결통로 적극 활용

sop 220 지하 압기공사장화재 대응절차

1 사고특성 및 위험요인

○ 귀나 코에 이상이 있는 대원은 대기압보다 높게 가압을 받는 지하 공사현장 소방활동 불가
○ 압기현장 에어로크 설치로 진입구가 한쪽방향으로 제한되고 수관 등 기자재 및 휴대무전기가 에어로크(air lock)로 절단되어 활동 곤란

2 현장대응절차

○ 갱내 정보를 파악하여 각 대원에게 임무와 함께 주지
○ 압기를 개방하여 대기압으로 조정한 후 진입
○ 대기압으로 조정되기 전에 진입할 경우, 잠수능력이 있는 대원을 우선 진입
- 안전장소를 지정하여 공기호흡기를 탈착하고 사용시간은 압력에 반비례하여 줄어든다는 점에 유의하여 활동시간을 정함
○ 소방장비 반입과 소방호스 연장에 제약이 따르므로, 자체 소방시설을 최대한 활용
○ 진입하여 진화하기 곤란할 경우, 수몰(水沒)시키거나 폐쇄하거나 불연성 가스를 봉입하여 진화
○ 요구조자 또는 다른 부분에 영향이 없거나 가연물이 많지 않은 경우, 자연히 소화되도록 방치
○ 압기현장 탈출시 맨홀로크 감압시간 고려 진입시간 결정

sop 221 금속화재 대응절차

1 사고특성 및 위험요인

○ 가연성금속은 연소물을 재가 덮을 때까지 백색섬광 발생
○ 금속분말이 공기 중에 부유하면 분진폭발 가능성 상존
○ 진압된 것처럼 보이더라도 1,083℃이상 고온이므로 주의
○ 나트륨은 물과 반응 격렬한 폭발 발생하므로 주의
○ 금속화재는 물, 폼, 할로겐약제, 이산화탄소 소화기로는 소화할 수 없음
○ 진압 후 장기간 고온 발화된 상태 유지됨으로 수분접촉 등을 통한 재 발화 주의

2 현장대응절차

○ 알루미늄분은 팽창질석, 팽창진주암, 건조사, 소금, 활석, 특수 합성물 등 천천히 불을 질식 시키는 건조 비활성 재료 사용

  - 물 사용 시 위험반응 발생 할 수 있으며 폼, 할로겐약제, 건조화합물(카보네이트), 이산화탄소 소화기로는 소화할 수 없음
- ○ 마그네슘 고형물질은 타기 전 용융하며 물이 녹은 금속과 접촉할 때 격렬하게 반응함
  - 소형화재시 흑연, 소금 등을 사용 진화하며 연소물을 삽으로 퍼서 노출, 마그네슘 화재 시 건조화합물 사용, 물이나 이산화탄소 사용 절대 금지(급격한 수축은 축을 격렬하게 폭발시킬 수 있음)
  - 마그네슘은 연소 시 자외선 백색섬광 발생, 망막손상을 가져옴
- ○ 알카리금속 → 저온발화 / 나트륨, 포테슘, 루비듐 → 습한 환경 점화, 부식성 증기 발생, 피부접촉 시 화상(중화제 아세트산, 물)
  - 나트륨 화재 시 유용한 진화 수단 : 잘 건조된 나트륨 염화물(소금), 흑연, 건조 수산화 나트륨 재, 특수 합성물, 건조사
  - 물, 폼, 소다-산, 이산화탄소, 사염화탄소 종류는 격렬한 반응을 유발하는 알카리 금속 화재 시에 절대 사용금지
  - 불타고 있는 나트륨을 등유에 가라앉히면 소화되며 가연성 액체 화재시는 CO2로 진화
- ○ 금속나트륨, 금속칼륨, 카바이트 등 금수성 물질은 주수로 인한 가연성 가스 폭발이나 폭발적 연소위험이 있으므로 절대 주수금지

sop 222 고층건물 화재 대응절차

1 사고특성 및 위험요인

- ○ 고층 건물화재는 입체적 활동이 요구되기 때문에 조직활동의 분담화가 요구됨
- ○ 굴뚝효과, 온도팽창 등 다양한 요인에 의한 연기유동 고려

2 현장대응절차

- ○ 초기 화재 시 엘리베이터, 시설물 및 건물 출입 인원 통제를 위한 로비통제 실시
- ○ 건물 내 모든 인원 대피보다 화재발생지역 위 아래로 2~3층 정도 떨어진 지역으로 거주인원 이동
- ○ 화재 발생 아래 지역(외부)은 유리파편이 떨어지는 가능성을 고려하여 반경 50m 이내 접근 금지하며, 고층건축물의 층수, 높이 및 상황을 감안하여 충분한 안전거리 확보
- ○ 현장지휘소는 화재 건물로부터 최소 50m 이상 떨어진 곳에 위치
- ○ 엘리베이터 사용이 안전하다고 판명되는 경우 화재 층을 기점으로 2개층 이하까지 엘리베이터를 이용, 기타 지역은 계단 이용
- ○ 초기 화재 진압요원들은 화재상황에 맞춰 최대한 신속하게 지원

- 화점층 및 화점상층 인명구조 및 피난유도 최우선
- 화재초기 층수 상관없이 화점층 진입 일거에 소화, 화재중기이후 화재층 상층과 인접구획 연소확대 방지 우선
- 화재층 이동시 화재진압장비 팩(연결송수관 설비에 연결할 예비호스, 관창 묶음)을 미리 준비하고 계단실이나 직접 조작하는 비상용엘리베이터를 이용하여 운반

sop 223 초고층건물 화재 대응절차

1 사고특성 및 위험요인

- 화재초기는 내부의 가연물에 착화하여 발산하는 가연성 가스, 흰 연기, 수증기가 왕성하게 분출하여 실내를 유동함
- 불완전 연소가스가 실내에 충만하여 시계(視界) 불능 상태가 됨
- 화점실에서 나온 연기는 계단 등을 경유하여 위층부터 차례로 연기가 충만해지고, 이때는 보통 공기 유입쪽(급기측)과 연기가 나가는 쪽(배기측)이 구분
- 중기이후 검은 연기 발생 및 창유리 파손으로 화염 분출
- 화염의 분출과 동시에 공기의 공급에 의하여 화세는 강렬해짐
- 고온의 불꽃으로 외벽에 박리현상 발생, 때에 따라서는 파열하여 비산
- 건물구조상 결함(슬라브의 구멍, 파이프 관통부의 마감 불완전 등)이 있으면 그 부분을 통하여 상층으로 연소. EPS(전기배선 샤프트)내에 묶여 있는 케이블은 화재가 발생할 경우 다른 층으로의 연소나 연기확산의 경로가 됨
- 베란다 등이 없는 벽면에서는 창에서 분출되는 불꽃이 상층으로 연소 확대
- 계단실, 에스컬레이터 등의 구획실이 개방된 경우 그 곳을 통하여 상층으로 연소
- 초고층 건물의 상층은 강화유리 등으로 설치되어 있어 화재가 확대될 경우 광범위하게 파괴, 낙하될 수 있음

2 현장대응절차* ☆ 21년 소방위

- 선착대장은 방재센터에서 화점층 요구조자 유무, 소방설비 작동상황, 자위소방대 활동상황, 건물내부 구조 등 확인
- 화점층이 고층인 경우 소방대는 비상용승강기를 화재 층을 기점으로 2층 이하까지 이용, 화점층 진입은 옥내 또는 특별피난계단 활용
- <u>화점층 및 화점상층의 인명구조 및 피난유도 최우선, 상황에 따라 소화활동 중지</u>
- 다수 피난자가 있는 경우 피난로 확보를 위한 조치 실시
- 거주자 피난유도 시 30층 마다 설치된 피난 및 안전구역으로 대피유도

- 현장지휘관은 선착대장 및 관계자로부터 취득한 정보를 종합적 분석 판단 연소저지선, 배연 및 화재진압 방법 결정
- 현장지휘관은 출동대 담당범위 및 각 대(원)별 임무지정 등 총괄지휘
- 화점을 확인한 시점에서 전진 지휘소는 화점층 기점 2개층 아래 설치, 자원대기소(Staging-area)는 화점 직하층에 설치하여, 교대인력, 예비용기, 조명기구 등 기자재를 집중시켜 관리
- 1차 경계범위는 당해 화재구역의 직상층으로 하며, 직상층이 돌파 될 우려가 있는 경우 그 구역 직상층을 경계범위로 하고 순차적으로 경계범위 넓힘
- 화점의 직상층 계단 또는 직상층에 경계팀 배치, 진입팀의 활동거점은 화점층의 특별피난계단 부속실에 확보
- 발화층이 3층 이상인 경우 연결송수관 활용, 내부 수관연장은 소방대 전용 방수구에서 연장
- 배연수단 신속히 결정, 방화구획, 개구부의 방화문 폐쇄상황 확인
- 인명구조 위한 사다리차 등 특수차량 활용, 외부공격은 지휘관의 통제에 따라 실시

sop 224 임야화재 대응절차

1 사고특성 및 위험요인

- 산불의 연소 확대는 지리적요인과 기후적 영향을 많이 받음
- 건물화재와는 달리 임야화재는 여러 유관기관이 합동으로 화재진압에 동원
  (통합지휘체계 도입 필요)

2 현장대응절차

- 수풀 지역으로 진입할 때 안전을 위해 경계대원을 배치
- 탈출 수단은 수풀 지역에서 작업하는 모든 대원들이 숙지
- 모든 대원은 화재가 진행 중인 방향과 위치를 명시
- 매설된 와이어 혹은 전기 철조망 같은 울타리를 조심
- 화재를 진압하기 위해 깊은 계곡으로 이동은 금물
- 산불 진화에 여러 유관기관이 참여한 경우 산불전용 통신망을 활용하고 난청지역은 휴대전화를 활용
- 현장지휘관은 인근 주거지역의 인명을 우선 대피시키고, 주택 농가시설 및 각종 건축물로 화재 확산의 우려가 예상될 경우 긴급명령
- 급한 경사, 좁은 골짜기, 강한바람, 돌풍, 낙석(落石), 낙목(落木)에 주의
- 바람을 등지고 접근, 불길이 약한 곳으로 접근
- 장비는 이동식펌프, 도끼 등 산림화재에 적합한 장비 사용

○ 연소확대와 화세가 강한 경우 등은 방어선 설정 진화

sop 225 차량화재 대응절차

1 사고특성 및 위험요인

○ 전기계통이나 연료계통의 고장 외에 충돌 등 여러 가지 발화의 요인이 있음
○ 연료에 인화하거나 적재화물에 연소하기 쉬운 물건이 있으면 급격하게 연소확대
○ 차량화재는 엔진룸 후드 아래서 발생하는 경우가 많고, 외부로부터 주수 시 효과가 적음
○ 하이브리드(고전압 배터리 사용) 차량의 경우 폭발 또는 진압에 장시간 소요 가능성이 있고, 물탱크 차량 지원 필요
○ 도로상이나 공지, 주차장 등의 발생장소, 버스 등 다수의 승차인원이 있는 경우, 트럭의 운반물의 종별 등에 따라서 화재상황은 다양함
○ 경사로 지점에서 화재차량이 움직여 2차사고 발생요인이 있음

2 현장대응절차

○ 전기차량 확인 후 화재진압 및 대응방법 결정
○ 먼저 차량 시동을 off하고 대응조치
○ 화재가 발생한 차량이 일반 수송차인 경우 적재 화물의 종류 파악
○ LPG, 위험물 운반차량의 경우 경계구역 설정 진화하고, 맨홀 등 지하로 유출 차단 방안 강구
○ 가스차량 화재 시 가스용기 밸브를 차단하고, 차단할 수 없는 경우 용기에 남아있는 잔류가스를 전부 연소시킬 것
○ 전기차(하이브리드차 포함) 화재시 메인전원이나 배터리 위치를 확인하여 차단
○ 차량 승객석에서 발생한 화재 진압시는 넓은 분무방수와 함께 정면 또는 뒤쪽으로 진입
○ 유출된 차량, 연료를 고려 진화방법 결정(가연성, 비가연성)
○ 연료 시스템의 잠재적인 폭발, 차량 본넷 개방 시 폭발 등에 주의하여 안전거리 유지
○ 배터리는 화재 발화, 전기 충격, 폭발의 원인이 되므로 위험요인 확인
○ 대부분의 버스에 장착된 서스펜션 시스템은 화재로 인한 폭발 시 10cm 내로 내려앉는 것에 주의
○ 위험물차량 화재 경우 화재진압 후 가연성증기 발생상황, 기름유출상황 확인 필요시 경계방어태세를 갖춤
○ 불꽃발생 구조장비 사용자제 및 반드시 유압장비 사용
○ 화재진압 후 차량에서 유출되는 유류 및 각종 오일 등 흡착포를 이용 제거, 관계기관에 통보
  - 하이브리드 차량 화재 시

- (발화기) 차량 연소가 시작되는 단계로 일반적인 주수 소화를 금하며, ABC분말 소화기 사용 화재진압
- (성장기) 소화기로 진화 어려운 경우 주수소화 실시하되, 감전사고 방지를 위한 개인장구 착용. 엔진화재 시 고전압 케이블이 연결되어 있음에 주의
- (최성기) 화재가 최고조의 단계로 배터리 폭발 및 전해액 누출 가능성 대비 차량과 거리 유지하여 주수소화 실시

sop 226 궁현트러스 구조물 화재 대응절차

1 사고특성 및 위험요인

○ 궁현 트러스 구조물 화재는 개방된 구조로 급속한 연소 확대위험성 상존
○ 궁현 트러스(Bow String Truss) 지붕을 가진 구조물 내에서 진화작업 시 안전기준 준수

2 현장대응절차

○ 현장지휘관은 구조물 특성을 고려하여 다음 절차를 적용
○ 제1 출동대는 65㎜ 소방호스를 배치
○ 제1 소방호스에서 물이 공급됨과 동시에 처음 수 초 내로 화재를 통제하지 못한다면 불길은 커져 내부 진화작업은 중단
○ 불이 트러스 구조에서 진행 중으로 보이는 경우 건물의 입구 봉쇄, 진화작업은 내부 공격적 진화에서 외부 방어적 진화로 변경
○ 소방차는 구조물 벽의 붕괴로부터 안전한 거리에 위치
○ 배연작업은 건물 내 배연이 시급하게 필요한 경우에만 수행

sop 227 선박화재 대응절차

1 사고특성 및 위험요인

○ 선박은 여객선, 어선, 화물선, 유조선, 기타의 선박으로 분류
○ 소화작업을 하는 장소가 한정되고 내부구조가 구획되고, 창 등 개구부가 없어 건물의 지하실과 같이 활동에 장애가 많음
○ 선체의 동요, 경사 등으로 주수에 의한 전복 위험이 큼
○ 선박내부에 고열, 농연이나 화재가스가 충만해 인명위험이 큼

2 현장대응절차

- 대부분의 선박은 기관실, 객실, 취사실, 화물창 등 복합용도 공간으로 화재 시 피난, 소화, 인명구조활동이 원활하지 못하다는 점을 인식하고 선박관계자와의 협력과 관련기관과의 정보 공유가 필요
- 대형 선박의 경우 진입구가 협소, 내부 구조가 복잡하므로 진입경로 및 방향을 사전 숙지하고 관계자의 협조(정보)를 받아서 내부진입 시도. 내부 진입 전에 비상 시 탈출로를 명확히 함
- 선박화재 시 119종합상황실에서는 관계기관(해양수산부, 해양경찰, 출입국관리사무소등)의 선박관련 정보를 신속하게 수집, 전파
- 선박관계자의 협조(대부분 선박 입구 양현에 있는 화재제어도가 있음)를 받아 선박구조(진입로)와 소방용 설비, 적재물 및 요구조자 등 제반 정보를 입수
- 파괴할 때는 정면을 피하고 분무주수로 지원하며 진입할 때는 화염의 분출에 유의하고 풍상 또는 풍횡 측으로 진입
- 방수에 의한 선체의 경사 또는 전복을 방지하기 위해서는 선박관계자와 협의하여 배수펌프 작동 등 배수 조치

3 구조활동

- 내부진입 때는 농연, 열기가 없어도 유독가스, 산소가 결핍된 공기가 체류하므로 개인보호장구 착용 및 복수대원 활동
- 진입 전에 탈출시간을 확인하고 진입 후에는 시간 경과, 공기용기의 잔량 등을 고려하여 무리한 행동은 하지 않도록 함
- 대형 선박의 경우 내부 구조가 복잡하므로 진입경로 및 방향을 착각할 수 있으므로 탈출로를 명확히 함

4 안전조치

- 선박의 구조는 선수부(창고), 중앙부(객실, 창고), 선미부(기관실, 조타실, 휴식공간)로 나누어 3도 형선이 기본이며, 발화장소 별 적합한 소방활동과 인명대피 대책을 강구
- 트랩 등을 이용하여 승선할 때는 피난자와의 충돌, 실족, 바다로의 추락에 주의
- 갑판 상에는 와이어로프, 그물, 가설물, 트랩, 사다리가 많기 때문에 충돌에 유의
- 기관실에 진입할 때는 고온의 엔진, 스팀의 분출 등으로 열상에 대비하고 공기호흡기의 면체, 호스 등의 장비파손에 주의
- 해치(hatch)를 개방할 때는 역화(back draft) 현상에 의한 화염의 분출에 대비하여 정면을 피하고 엄호주수 실시
- 이산화탄소 소화설비를 가동할 때에는 내부진입요원의 전원 탈출을 확인한 후 실시

5 종류별 대응절차

가. 여객선

- 인명검색 및 구조활동을 우선으로 함
- 육상부대는 독립행동을 피하고 선장과 연락 후 전술행동을 결정
- 분무주수를 주로 하되 상황에 따라 고발포 주입이 효과적임
- 무리한 출입문 개방이나 국부파괴는 연기나 열의 분출 위험

나. 화물선

- 수밀화 된 통로와 간벽이 많아 화점확인이 매우 곤란
- 배연효과가 떨어지고, 연기, 가스 등이 충만하여 시계 불량
- 선내의 소화작업은 곤란하고 연소속도는 일반적으로 완만함

다. 유조선

- 소화 후에도 가연성 가스가 잔존하므로 조명기구나 발전기의 불꽃 등에 의해 재발화되지 않도록 환기를 하고 활동은 상측에서 행함
- 화재의 열에 의해 선체가 팽창하고 균열이 발생하여 기름이 유출되면 화재 면적이 확대되므로 주의
- 유조선 내의 유류가 유출하는 경우는 연안시설물 및 주변에 있는 타 선박에의 연소 확대 및 환경보호에 중점을 둠

라. 항구 안에 매어둔 소형선박

- 해수면 위에 떠있는 상태로 유동성이 있어 소방활동시 추락 등 안전사고에 주의
- 기관실 및 연료탱크 등이 선박 하부에 FRP로 덮혀 있어 화점 방수시 소화수 침투가 한계가 있어 화세에 따라 전술 결정
- 상호 결박(계류)된 FRP재질의 선박들의 경우, 해풍으로 인접 선박으로 화염이 확산되므로 단시간에 많은 소화용수가 필요
- 화재선박을 분리할 경우, 해류로 인한 인접선박으로의 이동을 차단하여 2차 연소 확대 방지

sop 228 목조문화재 화재 대응절차

1 사고특성 및 위험요인

- 화재하중이 높아 대규모 대응자원 필요
- 목재를 주요 건축재료로 사용하여 급격한 화재확산 가능
- 문화재 파괴, 반출 등에 대한 외부 의사결정과정 필요

○ 독특한 지붕구조로 화원 위치 등 확인 어려움

2 현장대응절차

○ 접수·출동 단계에서 문화재 담당기관과 통신체계 확보
○ 연소확대 방지를 위한 파괴 및 문화재반출 등에 대한 협의
  - 문화재 담당기관의 정보와 의사결정 고려
○ 2차적 피해(수손피해, 붕괴 등)를 고려 화점에 집중 방수
○ 지붕 내(적심부) 화재 진행상황 확인 시
  - [1단계] 용마루 파괴
    •화점 예상지점 상부 용마루 파괴 후 틈새로 방수·진화
    •해머 등을 이용하여 수평방향으로 파괴
    •안정적 작업을 위해 지붕 위 지지점 확보
  - [2단계] 지붕해체
    •화점 예상지점 기와 제거(기와 아래 강회(보토) 제거·절단)
    •투입구 확보 후 방수
    •강회 제거를 위한 특수장비와 작업공간 확보
  - [3단계] 지붕파괴
    •크레인 등 중장비 활용, 지붕파괴 및 방수

sop 229 석유화학단지 화재 대응절차

1 사고특성 및 위험요인

○ 공정시설은 조정실, 정류탑, PIPE RACK(배관받침), 반응기, 증류탑, 열교환기로 분류
○ 복잡한 제조공정과 장치시설로 화재 시 주변지역 확산 가능 및 진화곤란
○ 보수작업 시 체류된 유증기로 인한 폭발위험과 사고 위험성 내재
○ 공정시설 노후화에 따른 설비의 교체 및 보완이 미비하여 상시 위험성 상존

2 현장대응절차

가. 일반적 진압 절차

○ 운전 중지 및 펌프 차단
○ 밸브차단 및 제품회수 조치
○ 위험물 종류에 따라 사용 소화약제 결정
○ 지면에 있는 펌프·배관 화재는 그 규모에 따라 소화기 또는 폼 소화설비로 초기 진화

- ○ 열류층이 형성된 경우는 보일오버 현상이 일어나 확산되므로 탱크 벽면을 냉각
- ○ 인접탱크에 냉각조치
- ○ 폼 사용 시 동일한 폼만을 저장·사용

나. 위험물 탱크

- ○ 탱크화재의 경우 화염에 노출된 시설의 냉각이 매우 중요함
- ○ 탱크에 설치된 포소화설비가 손상되지 않도록 냉각수를 방사하여 보호
- ○ 화재를 진화하는 방법은 포 소화설비를 사용하는 것이 가장 효과적임
- ○ 진화가 불가능할 때에는 주위의 다른 탱크나 시설의 연소확대를 방지 하는 것이 최선의 방법임
- ○ 탱크벽면 냉각시 지붕위로 물이 들어가서 지붕이 내려앉을 수 있으므로 지붕의 배수밸브 개방여부 확인 필요
- ○ 불꽃색이 청색-적색이면 화재가 탱크 내부로 전파될 가능성이 크므로 가급적 탱크 주변 접근을 피함
- ○ 지면화재로 탱크화재 진압 곤란 시 우선 지면화재부터 진압

다. 플랜트 설비

- ○ 화재가 장시간 진행되면 고열로 철 구조물 변형, 붕괴 등 예기치 않은 위험이 있으므로 내부 진압을 위한 방수 시 주의
- ○ 배관 위험물 누출 화재 시 운전정지, 밸브차단, 전원차단
- ○ 적은 양의 위험물 누출로 화재가 발생되어도 고압인 관계로 화염이 크게 되므로 인근 설비의 연소확대 방지조치도 중요

라. 유류의 유출위험 대비

- ○ 이송라인 및 공정으로 투입하는 밸브차단
- ○ 방유제 상태 및 외부밸브 닫힘 확인
- ○ 오염방지를 위해 오일펜스 등 설치
- ○ 유출된 유류를 펌프 등으로 예비탱크로 이송조치
- ○ 유류 수거를 위한 적합한 장비의 활용(Vacuum Car, 에어펌프 등)

sop 230 화력발전소 화재 대응절차

1 사고특성 및 위험요인

- ○ 석탄 연료 등 가연물을 다수 보관하고 있어 화재하중이 높고, 낙하 또는 비산되는 석탄에 의해 화재요인이 상시 존재

○ 유해화학물질 등 다수 위험물의 보관·이송·취급 중 누출 및 발화 위험성 상존
○ 화재진압을 위한 주수 시 보일러 내부 고열로 인한 수증기 폭발 위험성 존재
○ 각 동별 건축구조 및 취급물질 등이 상이하므로 가급적 사전 현장활동 정보파악

2 현장대응절차

○ 현장진입 전 반드시 관계자 등에게 건물의 위험요인을 파악
○ 내부 진입 시 단독행동 금지 및 공기호흡기 등 안전장구 착용
○ 독성 및 연성 가스 누출 등에 의한 폭발 등의 위험에 대비하기 위하여 환기 및 불활성기체 주입, 주수 등의 지원활동 병행
○ 탈황시설 및 위험물질을 취급하는 건물의 경우 기름 등이 묻어있어 미끄럼 사고 위험성이 크므로 진입 시 주의
○ 터빈 및 보일러 화재진압의 경우 분말 또는 강화액 소화기를 사용하고, 연소 확대 시에는 폼 소화약제 활용 진압
- 고온고압의 증기 배관에 냉각소화 시 배관 변형으로 인한 파열 위험이 크므로 주수소화 및 이산화탄소 소화약제 사용금지
○ 케이블덕트를 통하여 건물 전체 또는 인접 건물로 화재 확산 가능성이 있으므로 연소 확대 차단에 주력
○ 가스탱크의 경우 가스측정기 활용 누출여부 확인
- 누출 시 기계시설 및 처리장비를 이용하여 밸브를 차단하고 폭발위험이 있는 경우 가스 저장탱크 벽면 냉각 주수
○ 위험물 및 유해화학물질은 누설억제를 우선으로 하되, 누출방지가 곤란한 경우 주변의 연소 확대 방지 중점
- 가급적 오염된 소화수가 하수, 하천 등에 유출되지 않도록 유출방지 조치 실시

sop 231 원자력발전소 화재 대응절차

1 사고특성 및 위험요인

○ 피폭 등의 제2차 재해의 발생 위험이 크고 광범위 하므로 노출시간 최소화
○ 장시간에 걸쳐 지역, 인체에 영향 초래할 수 있음
○ 사고초기, 누출에 따른 위험 지역의 정확한 판단이 어려움

2 현장대응절차

○ 방사성물질 누출사고와 발전소 내 일반화재의 대응 구분

○ 방사성물질 누출여부와 관계없이 방사선 안전복장 착용하고 오염 측정장비 휴대
○ 관리구역(원자로내) 진입 시 방사선 안전팀장 등 관계자 협의 후 안내를 받아 진입
○ 원자력발전소 내 일반화재 대응
 - 진입 전 관계자 협의 후 2차 피해 또는 원자로 안전정지에 영향이 없도록 소화활동을 전개
○ 상기 기술된 이외의 사항은 「SOP 311 방사능 누출사고」에 따름

sop 232 가연성 외장재 필로티건물 화재 대응절차

1 사고특성 및 위험요인

○ 개방된 부분을 통해 건물 전체로 연소 확대 될 가능성 상존
○ 출입구가 필로티 내에 위치하고 있는 경우, 화재로 인한 인명대피 및 소방대원 진입 곤란
○ 가연성 외장재를 건축재료로 사용하여 급격한 화재확산 가능
○ 시공된 천장 및 벽면 내부 등에서 발화 시 초기 진화를 하여도 내부에는 지속적인 연소 확대 가능성 상존
○ 가연성 외장재로 사용되는 스티로폼 등이 연소되면서 유독가스와 고열 발생
○ 소방활동이 장시간 소요되며 연기, 열 등에 의한 활동장애
○ 풍속, 풍향에 따라 불씨가 있는 가연성 외장재가 인근 건물 및 적재물로 비산하여 연소 확대 우려 상존
○ 소방용수 등으로 건물과의 결속력을 잃은 가연성 외장재 낙하로 소방대원 부상 우려
○ 순간적인 연소 확대에 따른 건물외벽의 구조적 약화, 연소된 지지물(기둥)의 지지력 약화 등에 따른 건물붕괴 우려 상존

2 현장대응절차

○ 대형 소방차량 진입 가능 여부에 따른 거점 소방차량 지정
 - 대형 소방차량 진입 가능 시 : 대형펌프차 또는 물탱크차
 - 대형 소방차량 진입 불가능 시 : 소형펌프차
○ 건물 내부 화재 시 : 층수에 상관없이 화점층 진입 일거에 소화
○ 가연성 외장재 천장 및 벽면 내부화재 시 : 초기진화 후 내부 연소상황 탐색, 필요시 천장 및 벽면 파괴 후 소화
○ 정보수집 단계에서 연소 확대 중이라는 상황을 인지하면 최성기라 판단하고 대응절차 마련
○ 건물 내부 인명구조 및 피난유도 최우선
 - 출입구 위치 및 진・출입 가능 : 소방대 진입 후 인명대피 유도
 - 출입구 위치 및 진・출입 불가능 : 대형 차량 진입 가능한 경우 사다리차 이용 구조활동 전

개, 진입이 불가능할 때는 공기안전매트, 복식사다리 등을 활용하여 내부 진입

- 건물 출입구 차단 시 인명구조 거점지역 선정, 구조대 진입하여 인명구조활동 전개
- 건물의 수직적 연소 확산 저지, 비화 및 복사열에 따른 인근 건물의 연소확대 방어를 위한 고지점 점령 후 방어전술 전개
- 필로티 구역 화재 시 우선 출입구로의 연소확대를 저지하여 상층부로 열·연기 유입을 차단한 뒤 출입구에서 외부방향으로 화재진압 실시
- 외벽 가연성 외장재 낙하물에 유의
  - 풍향, 풍속 등 기상상황 및 건축물의 높이를 고려하여 위험반경 설정 및 주민통제

sop 233 전통시장 화재 대응절차

1 사고특성 및 위험요인

- 진입로가 협소하고 화물차량 등 무단 주·정차 차량들과 가판대, 천막, 캐노피 등 장애물이 많아 신속한 소방차량 진입이 곤란
- 의류, 생활용품 등 가연성 높은 내부 수용물로 인한 농연이 다량 분출
- 건축물 붕괴·낙하 등의 위험성과 복잡한 미로식 통로의 폐쇄구조로 화점방수 곤란
- 전통시장 중 1층은 상가, 2층 이상은 주택 용도로 사용하는 경우가 많아 화재발생 시 인명피해 우려가 큼
- 소방통로상에 설치된 아케이드로 인한 화재확대 및 농연의 신속한 배출이 되지 않아 인명피해 확대 우려

2 현장대응절차

- 선착대는 관계자로부터 정보 수집을 하고 자동화재탐지기 수신반에서 연소범위를 확인
  - 수신반의 표시가 여러 층인 경우에는 공조용 닥트 화재인 경우도 있음
- 선착대는 현장상황 파악과 동시 화점에 진입하여 신속하게 진압에 임하며, 후착대는 관창을 화점에 포위배치하여 연소확대 방지에 주력
  - 연소방향의 연소저지선을 설정해 충분한 예비주수를 실시
- 연결송수관 설비, 옥내소화전 설비, 기타 소화활동상 필요한 설비 등 최대한 활용
- 낙하물은 직사방수로 떨어뜨려 안전 확보, 건물의 붕괴·낙하물 주의

sop 234 항공기 화재 대응절차

1 사고특성 및 위험요인

- 추락, 공중·지상 충돌, 화재발생, 폭발 및 불시착 등 다양한 요인에 의한 사고로 대량 사상자 발생, 많은 소방력 필요
- 인화성이 높은 연료로 인한 화재의 확대 위험성이 큼
- 추락으로 인한 기체 비산, 동시다발적 화재발생 가능성 큼
- 화재에 의한 급격한 상황악화, 사상자 발생에 따른 신속한 대응이 요구됨
- 항공기사고 시 협소한 공간에서 신속 인명구조 진행 필요
- 로켓엔진, 항공기 엔진 화재 시 소화 시도하지 말 것 (연료자체가 산화제임)

2 현장대응절차

- 공항, 군, 경찰, 산림청 등 유관기관 통보 확인
- 현장상황 파악 및 관계기관 전파
  - 사고 형태, 항공기 상태, 승객 수 등
- 공항소방대 및 관계자와 긴밀한 협조체계 유지
- 출동대는 방열복 및 공기호흡기 착용
- 화재발생 대비 경계관창 배치 및 소방용수 공급대책 마련
- 화재진압은 풍상 또는 기수 측부터 행하며 풍향과 기체방향이 다를 경우 풍상 또는 풍횡에서 진압
- 방수 시 관창 65mm로 3인 이상이 고속분무주수 실시
- 항공기 내·외부 동시 화재 발생 시 초기에 포를 다량 살포
- 화재 없어도 연료누출이 있으면 발화원 제거에 노력
  - 누출 연료에 포 소화약제 등 도포
  - 엔진 냉각으로 발화원 제거(정지된 엔진도 10~30분간 연료기화 발생 가능)
- 항공기 타이어 화재 발생시, 진입은 전방 또는 후방 접근
  - 휠과 직선으로(휠 축방향) 접근 금지, 소화약제는 타이어와 제동장치에만 살포(항공기 동체 수손피해 방지)
- 대형항공기 내부 승객 구조 시 사다리 이용 진입 가능, 비상문과 출입문 외부 개폐장치 있음
- 승객 구조 시 분무주수 통한 구조대원 및 승객 엄호주수 및 동체 냉각활동 지속 실시
- 갑작스런 폭발에 대비
  - 위험물질 항공기 적재여부 관계자 통해 확인
  - 엔진 화재 시 폭발가능성 있음을 염두하여 엄폐물(소방차량 등) 및 대피로 사전파악
- 엔진동작 중 항공기 엔진 흡입력과 위험지역을 고려하여 활동

(B747기, 이륙과 출력 기준 참조)
- 흡입구 주변 : 반경 9m, 최소 출력 시 : 반경 7m
- 배기지역
  • 최소 출력 시 배기구 측면에서 40m, 이륙 시 65m
  • 최소 출력 시 배기구 후미에서 180m, 이륙 시 600m

○ 화물 중 방사성물질 누출의심 사고「SOP 313」준용

sop 235 소방시설 활용방법

1 스프링클러설비

○ 출동대는 소방차를 연결송수구에 부서, 호스(65㎜) 연결
○ 스프링클러설비에 의한 완전진화 시 대원에 의한 잔화정리
○ 스프링클러가 설치된 건물의 효과적인 화재진압을 위해서 적절한 배연이 필요
○ 무전기를 소지한 대원을 스프링클러 차단 밸브에 배치
○ 스프링클러 시스템을 차단하기 전에 화재진압 및 확대방지 작전이 필요한 적정 진압대원을 배치
○ 소방호스를 사용할 수 없는 경우 추가 소방대 도착 전까지 스프링클러 계속 사용
○ 화재발생장소에 설치된 고가설비(제품) 및 장비, 가구 등에 대한 수손피해를 최소화하기 위해 신속한 배수작업 실시

2 연결송수관 설비

가. 송수요령

○ 송수는 단독 펌프차대의 1구 송수, 소방용수가 먼 경우에 중계대형
○ 송수계통이 2이상일 때는 연합송수가 되므로 송수구 부분의 송수압력이 같아지도록 펌프를 운용, 뒤에서 송수하는 펌프차대는 약 10%정도 높은 압력으로 송수
○ 송수초기에는 압력계 등 각종 계기의 지침상황에 유의하고 송수압력이 적정한지를 확인
○ 송수쪽의 게이트밸브가 폐쇄되어 있으며 송수할 수 없으므로 관계자에게 지시하여 밸브를 신속하게 개방(게이트밸브의 위치는 방재센타 또는 소화전함 내에 표시)
○ 옥상수조쪽 체크밸브의 기능이 저하되어 송수가 옥상수조로 유입, 유효압력을 얻을 수 없을 때는 옥상수조 쪽의 게이트밸브를 잠가 활용
○ 건식배관의 경우 드레인콕크나 방수구밸브가 개방되어 있으면 누수 된 물의 손실이 크므로 콕크나 밸브를 폐쇄

나. 방수요령

- 방수압력은 방수구의 밸브 개폐로 조정
- 상 · 하층에서 동시에 방수할 때에는 하층의 방수압력을 작게 하지 않으면 상층에서 유효압력을 얻을 수 없는 경우가 있음
- 옥내소화전과 주배관이 공용으로 되어 있는 것은 기동스위치를 조작함으로써 1구 정도는 더 방수 가능
- 연결송수관의 방수구함 표면에는 방수구의표시가 있음
- 방수구는 옥내소화전함 내에 공용으로 설치된 것과 단독으로 격납함 내에 설치된 것(구형)이 있음
- 옥내소화전과 주 배관을 겸용하고 있는 것은 사용 시 고압의 방수압력이 걸리므로 자위소방대가 옥내소화전을 사용 중인 경우에는 그 사용을 중지시키는 등의 조치

3 방재센터

가. 다음 사항을 확인하고 지휘관에게 보고

- 감지기가 작동되고 있는 위치(발화 지점)
- CCTV로 보이는 상황
- 각 소방시설의 위치, 위험시설의 위치
- 건물 내 수용인원 및 구획별 용도, 진입 및 대피 경로 등

나. 제반 방재시설의 작동상태를 확인하면서 필요한 조치

- 제연설비, 소방펌프, 비상용 승강기 등 필요한 시설이 작동하고 있지 않을 경우 수동 작동
- 시설이 작동되지 않을 경우 건물관계자(시설관리 기술인력)로 하여금 긴급복구 요구
- 자체 방송시설로 수용인원 대피 유도
- 가스계 소화설비 방출구역에 사람이 없는 것을 확인 후 작동

4 옥내소화전

가. 소화전함

- 계단, 복도 등에 적색등(표시등)이 있는 장소에는 일반적으로 소화전이 설치되어 있으므로 필요시 적극 활용
- 소화전 설치개소의 적색등은 소화전의 상부에 설치
- 소화전함의 표면에는 "소화전"이란 표시
- 연결송수관 겸용 소화전함의 표면에는 소화전 이외에 "방수구"의 문자가 표시
- 소화전함의 크기는 일반적으로 0.5㎡ 이상이다. 연결송수관 설비와 겸용인 경우도 동일

나. 설치위치

○ 특별한 설치위치 규정은 없으나 보통 활용에 편리한 계단실내에 설치

다. 수 원

○ 수조규모에 따라 다르지만 일반적으로 20분 사용
○ 연결송수관 겸용인 경우는 연결송수관 송수구에 의해 가압송수시도 사용이 가능

라. 기 타

○ 소방대 방수준비가 완료될 때 까지 또는 파이프샤프트, 닥트 및 소규모 화재의 경우는 적극적으로 옥내소화전을 활용
○ 사용능력의 한계는 동일층에 있어서 5개 이상 설치된 경우는 사용가능개수 5개 까지, 5개 이하인 경우는 전부 사용

마. 건물 층수가 많으면 많을수록 아래층에 고압송수가 예상되므로 위해방지상 관창압력 조정은 소화전함내의 앵글밸브를 사용

5 이산화탄소 · 할로겐화합물 소화설비

가. 현장도착시 이미 가스가 방출되어 있는 경우

○ 다음 대상물은 자동방출방식(자탐설비연동)이며 인명위험이 높음
  • 상시 사람이 없는 대상물의 방호구역
  • 불특정 다수인이 출입하지 않는 방호구역 또는 야간에 무인이 되는 대상물내 방호구역
○ 이산화탄소 소화설비의 가스비중은 공기비중의 1.5배이며 방출후 기화가스는 침강하므로 당해 설비를 설치한 층보다 아래층에 방호구역이 있는 경우는 그 방사구역으로부터 누출된 가스 등을 예측하여 행동

나. 소방대 지시에 의해 가스를 방출시킨 경우

○ 이산화탄소 및 할로겐화합물 소화설비의 활용에 대하여는 연소실체를 파악하고, 사용의 유무를 판단
○ 전역 방출 방식에 있어서는 방출 전에 대피경보를 발한다.
○ 수동기동장치의 가스방출 버튼은 문을 개방하는 것에 의해 싸이렌 경보가 발한 후가 아니면 조작할 수 없는 구조가 되므로 경보울림에 유의
○ 수동기동장치 오작동의 경우에는 용기밸브 또는 방출밸브가 개방할 때까지의 시간내에(방출지연 장치가 20초 이상으로 고정되어 있다.) 이산화탄소가스의 방출정지 버튼을 눌러 긴급차단

다. 안전관리

○ 관계자로부터 정보 및 수신반 또는 자동화재탐지설비의 수신반 등에 가스방출 표시가 나타나

는 경우 또는 방호구역의 출입구 등의 보기 쉬운 장소에 소화제가 방출된 취지문자가 나타나는 경우는 진입대원을 한정하고 진입하는 대원에게는 공기호흡기를 완전히 장착

- 이산화탄소 소화설비가 방사한 때 내부압력상승에 의해서 출입구 방화문, 방화셔터, 개구부 틈에서 누설가스가 방호구획의 밖으로 분출할 염려가 있으므로 주의
- 선택밸브의 조작을 잘못해 화재장소 이외의 방호구획에 가스가 충만할 염려가 있으므로 산소가스 측정기로 안전을 확인한 구역 이외는 위험범위라 간주하고 행동
- 방호구역내에 요구조자 및 공기호흡기를 장착하지 않은 소방대원이 있는가를 확인하고 농연 등으로 소방대의 진입 곤란한 화재에 있어서는 관계자로 하여금 설비를 조작시켜 가스를 방출
- 이산화탄소 소화설비에 있어서는 방사시 용기 등의 금속분이 얼고 손을 접촉하면 동상의 우려가 있으므로 주의

6 제연설비

- 자연제연방식은 극장, 공연장 등의 무대부에 설치되고 수동개방장치는 배연구(창 등) 부근에 설치되어 있으며 취급방법이 명시
- 제연설비 설치대상물의 경우에는 관계자에게 제연설비의 설치장소 및 제연방법 등을 물어보고 필요에 따라 관계자에게 조작시켜 활용
- 제연설비의 활용은 화재 초기부터 중기까지의 활용이 효과적이고 중기 이후 대량의 연기가 발생할 때에는 제연효과가 적다.
- 제연설비 작동시에 환기설비가 작동되고 있으면 공기가 휘돌아 제연효과가 저하되므로 환기설비를 정지
- 스모크 타워(smoke tower) : 원격조작의 경우에는 방재센타 등에 의하여 작동 상황을 확인하고 수동인 경우에는 배연구의 개폐유무에 관하여 관계자로부터 의견 청취
- 지하주차장 : 제연설비의 작동방법이 방재센타 등에 의한 원격작동인가 또는 연기감지기에 의한 연동작동인가를 확인

7 연결살수설비

- 관계자로부터 청취 또는 최초진입대원의 상황보고 등으로 판단하여 연소범위를 확실히 파악하고 활용, 특히, 개방형헤드의 경우 송수구역을 오인하여 송수하면 다량의 수손을 초래할 염려가 있음
- 송수구 부근에 송수구역, 선택밸브, 송수계통도가 게시되어 있으므로 내용을 충분히 파악한 후 조작
- 송수구는 65mm 쌍구형으로 설치하여야하나 살수헤드수가 10개 이하인 것에 있어서는 단구형의 것으로 할 수 있다.
- 송수구역에 의해 송수구의 위치가 제각기 다를 수 있으므로 주의

○ 개방형헤드가 설치되고 송수구역에 나누어져 있는 경우는 각종 밸브의 조작을 완료한 후 송수
○ 펌프의 송수압력은 1~1.5Mpa를 목표로 조작
○ 검색조를 편성하여 지하의 소화상황을 확인하며, 소화완료 후는 즉시 송수를 중지, 또한 검색조가 농연 등으로 진입할 수 없는 경우는 10~15분마다 송수를 일시 정지하고 내부의 변화유무를 확인하고 필요에 따라 송수를 재개하는 등의 조치를 취한다.
○ 헤드에서 살수에 의한 소화효과는 배출되는 연기의 열, 색깔 및 수증기로부터 판단
○ 화점실의 온도가 높은 경우는 살수설비의 배관 등이 탈락하는 경우도 예상되므로 장시간 송수하더라도 소화효과가 없는 경우는 별도의 소화수단을 병행
○ 배관에는 배수밸브가 설치되어 있으므로 송수정지 후 헤드에서의 계속적인 살수를 중지시킬 수 있다.

8 방송설비

○ 화재발생시 자동전환에 의해 비상방송으로 교체되는 것이 원칙이지만 수동인 경우도 있으므로 업무방송에서 비상방송으로 스위치를 조작
○ 경보음(싸이렌)은 비상스위치를 조작하는 것에 의해 자동적으로 명동하고 조작부 옆의 마이크 스위치를 누르면 경보음은 정지되고 육성으로 방송할 수 있다.
○ 필요 층을 선택하여 지시, 명령을 발할 때는 층별 작동스위치를 눌러 방송한다.
○ 각 층에 있는 대원들에게 동일한 내용의 지시, 명령을 발할 경우는 일제 스위치로 바꿔 방송한다.
○ 화재층 또는 화재가 연소 확대하고 있는 층은 사용 불가능하므로 주의한다. 단, 다른 층의 스피커에는 영향을 받지 않도록 설계되어 있다.
○ 스피커의 음량은 90폰 이상이며, 상당한 소음 중에서도 유효히 방송할 수 있다.

9 비상콘센트설비

○ 11층 이상의 고층건물, 지하층 등에 설치되어 있으므로 조명기구 등을 유효하게 활용
○ 보호함의 문을 개방하고 어댑터를 꽂는다.
○ 휴대한 전기기구의 플러그를 어댑터와 연결
○ 어댑터 코드에 연결된 줄을 풀어 훅(hook)에 걸고 플러그가 빠지지 않게 한다.
○ 휴대한 기구의 스위치를 넣고 전선을 연장

10 무선통신보조설비

○ 지상 또는 방재실, 수위실 등에 설치되어 있는 무전기 접속단자를 찾는다(바닥으로부터 0.8m 이상 1.5m 이하의 위치)
○ 무전기 접속단자함의 문을 열고 단자의 캡을 벗긴 후 접속용 커넥터(방재실이나 소방차에 비치)를 연결

- ○ 휴대용무전기의 안테나를 분리시킨 후 접속단자에 연결된 커넥터의 반대 부분을 연결시킨 후 교신
- ○ 지상의 접속단자에 접속한 휴대무전기는 지하가 진입대원과의 교신 전용이 되고 당해 무전기는 지상과의 교신은 불가능
- ○ 접속단자에 접속한 휴대무전기와 지하가에 있는 대원이 교신중의 경우는 다른 지하가의 대원은 교신을 짧게 한다.

11 연소방지설비

가. 설치대상

- ○ 지하구(전력 또는 통신사업용인 것에 한한다.)

나. 활용 요령

- ○ 현장 관계자나 자동화재탐지설비의 수신반을 확인하여 화점 위치를 파악
- ○ 펌프차를 연결송수구 인근에 부서
- ○ 화점구역의 좌우 살수구역을 점령하여 65㎜소방호스를 연결송수구에 연결송수
- ○ 1개의 송수구(1개의 살수구역) 송수압력은 약 0.2~0.5Mpa로 한다.
- ○ 화재 진행 상황을 수신반으로 계속 확인

Chapter ③

사고유형별 표준작전절차

학습 목표

1. 현장지휘관은 해당 용어에 대한 개념을 정의하고 현장에 적용할 수 있다.
2. 사고유형별 사고특성 및 위험요인 등에 대해 이해할 수 있다.
   (사고 현장 평가 및 안전한 대처기준 확립 : 위험물질 누출에 대응)
3. 비상상황에 대응하는 가장 안전한 절차와 기준을 제공할 수 있다.
4. 비상전원설비의 종류와 내화배선방식을 이해한다.
5. 제한공간 진입 시 지휘관 및 진입자는 제한공간에 대한 유형(무형)의 출입위험 요인정보를 사전에 평가하고 간급탈출 방법도 동시에 수행할 수 있다.
6. 인명탐색・구조(고립, 매몰 등)활동을 안전하고 최적의 방법으로 수행할 수 있다.
7. 생활민원처리는 주민을 위한 안전 환경을 유지하고 재산 손실은 최소화함을 이해한다.

sop 300 구조공통 표준작전절차

1 출동지령 단계

○ 지령사항 청취 및 구조(생활안전)에 관한 정보 숙지
○ 구조상황＊ 및 출동로 확인, 필요 장비 적재

* 사고발생 장소, 사고유형 및 개요, 도로 및 건물상황, 요구조자 숫자와 상태, 사고의 확대 등 위험요인과 구조활동 장애요인 여부

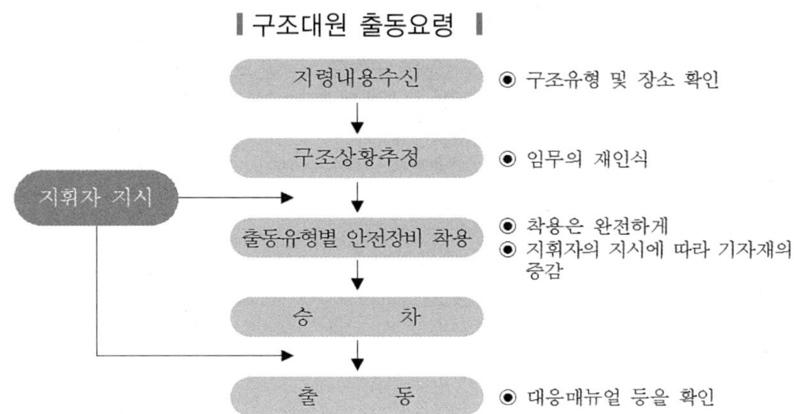

2 구조출동 단계

- ○ 추가정보 청취 및 개인안전장비 착용(지휘관이 사고 상황에 따라 추가 조정)
- ○ 현장대응방안 모색 및 장비 선택, 필요 시 추가 장비 지원요청
- ○ 사고유형에 따른 요구조자 구출 및 안전(생활안전) 조치 방법 검토
- ○ 사고유형에 따라 관계기관 등 연락 조치 상황 확인
- ○ 구조현장 상황 및 위험관련 정보를 출동대간 공유
- ○ 후착대는 선착대의 정보(활동내용, 사용장비 등)를 참고하여, 구조활동에 반영

3 현장대응 단계

- ○ 선착대는 2차 사고영향을 받지 않는 장소에 차량부서
- ○ 관계인 확보 및 정보수집, 구조지역 설정(사고장소, 활동공간, 경계구역), 현장안전점검관 지정
- ○ 선착대는 구조현장 상황 및 위험요소 무선 통보(후착대에 정보 제공)
- ○ 현장 상황에 따라 유관기관 추가 지원 요청, 일반인은 안전지역 밖으로 대피 조치
- ○ 구조(생활안전)현장대응 우선순위 설정

  * 인명안전 ➠ 사고의 안정화 ➠ 재산가치의 보전
- ○ 2차 사고 발생위험 및 현장활동 장애요인 제거 후 활동(현장안전 확보)
- ○ 현장안전점검관은 현장 진입 전 대원 안전장비 등 확인
- ○ 인명검색은 사고유형, 장소, 대상 등 특수성을 감안하여 확인
- ○ 현장변화 및 위험사항 등을 수시 보고
- ○ 현장상황에 따라 지속적인 작전변경 및 수정된 임무지시
- ○ 필요 시 추가지원 요청

헬기동원 구조임무 수행 시 유의사항

※ 항공대원, 현장(지휘관)대원 등은 아래사항을 공동으로 확인 또는 조치
- 지상 구조대원 · 요구조자 위치 확인 및 통신대책 확보
- 요구조자 인양, 탑승위치 선정, 지형지물 등 통보
- 구조지역의 장애물 여부, 항공대원 착지지점의 안전성 확인
- 항공기 유도상황(연막탄 점화, 거울 반사, 구조대원 복장상태 등) 통보

❍ 항공구조대원 지상투입 여부 통보
❍ 인양준비 완료 예상시간 및 인양준비 완료시 헬기에 통보

4 북귀 단계

○ 현장안전 최종확인
○ 출동대별 단위 지휘관 또는 선임자는 각 대별 모든 대원 신체이상 및 현장대응장비 이상여부 파악 후 지휘관에게 보고

sop 301 구조 안전관리 표준작전절차

1 출동지령 단계

○ 현장대응에 필요한 장비 적재
○ 출동 대원은 적재함 문이 닫혀 있음을 확인 후 차량 탑승하며, 출동인원 이상 유무를 선탑자에게 보고, 선탑자는 이상 없을 시 운전원에게 출발 지시

2 구조출동 단계

○ 개인안전장비 착용 및 정상작동상태 확인
※ 현장안전점검관(선임대원)은 현장 투입 전 추가 확인
○ 사이렌을 취명하고 라이트, 경광등을 켜서 긴급출동 차량임을 알리며 안전운전
○ 교차로 진입 시 안전 확인 후 진행
○ 탑승자 전원 전·측방향 경계하며 위험성 발견 시 운전원에게 통보
○ 위험상황 정보 분석 및 안전한 대응방안 모색

3 현장대응 단계

○ 현장작업 대원을 보호할 수 있는 방식으로 차량 부서 및 긴급탈출로 확보, 고임목 설치 확인
○ 관계인에게 정보수집 시 현장 안전관련 상황 파악
○ 구조지역 설정(사고장소, 활동공간, 경계구역)시 안전대책 확인

* 활동공간은 충분하게 확보하여 안전사고 방지, 경계구역은 상황 변화에 따라 변경 가능토록 확보

- 구조현장대응 안전대책의 우선 순위
  ※ 대원안전 ➠ 인명안전 ➠ 사고의 안정화(작업시 안전사고 방지)
- 현장안전점검관은 현장투입 대원의 장비착용 및 신체 · 정신 건강상태를 확인
- 현장안전 확보 후 현장진입(필요 시 관계자 및 유관기관 등 전문가 동반 진입 검토)
- 현장진입 대원은 2인1조로 현장 진입
- 구조장비 사용 시 안전수칙을 이행하며 작업(장비 허용능력 이내 사용)
- 붕괴, 추락, 고립 등의 위험성 수시 보고
- 현장대응 전문가 및 추가 인력 · 장비 지원으로 현장안전 지속 관리

4 복귀 단계

- 안전조치 사항을 유관기관(지자체, 경찰, 관계인 등)에 인계
- 대원 및 현장대응장비 안전 확인
  ※ 유해화학물질 오염여부 확인, 유해화학물질 관련 현장투입대원 추적관리
- 사용 장비 세척 및 소독 실시, 대원 피복세탁 및 건조 시 감염방지 이행

sop 302 전기사고 대응절차

1 사고특성 및 위험요인

- 소화수에 의한 소화 제한됨
- 전류접촉 아닌 근접만으로 감전 위험 존재
- 변압기 절연유 폭발에 의한 위험 존재
- 높은 위치 전기시설 낙하에 따른 부상위험 존재
- 고압시설 판단 시 한전 등 유관기관 관계자와 합동작업, 전기시설로 단독 진입 금지
  * 저압(일반가정용 전압)은 절연장비 및 보호장비 착용, 전압검전기 · 누설전류계 휴대 현장 확인
- 전기시설 주변 외상없는 사고자 있더라도 한전 등 유관기관 지원 전까지 접근 금지(주민 및 경찰관 무분별한 접근으로 사망사고 발생 가능)
- 하이브리드 차량사고 관련 매뉴얼(SOP308) 준수
- 사고현장(철도, 울타리, 물 등) 어디든 감전사고에 주의

2 현장대응절차

- 전기사고 대응장비 확인 및 출동 중 주의사항 확인

- 한전, 전기안전공사, 경찰 등 유관기관 상황전파 확인
- 가상 안전통제선 밖에 차량부서
- 선착지휘관 현장상황 판단 후 안전 통제선 재설정, 현장통제・지휘(한전, 전기안전공사 현장 도착시까지)
- 송전선 끊어진 화재현장은 끊어진 양쪽을 전신주 거리 이상 지역에 팻말 등을 이용 진입통제 표시, 2차사고 예방, 한전에 연락 화재발생 구역 전원차단 여부 확인한 후, 한국전기안전공사(유관기관) 전문가 입회하에 전기화재 적응 소화약제 사용 화재진압 실시
- 지하구, 지하공동구 등에서 화재 시 맨홀 위에 소방차량을 부서하는 것을 금지하고, 구조작업 이외 맨홀 진입 금지 및 소화 시 적응 소화약제를 맨홀속으로 도포, 젖은 담요 등으로 맨홀 뚜껑을 덮어 화재 진압 실시
- 지휘관 유관기관 도착 즉시 전류차단 등 초동조치 요청, 필요시 유관기관(전기안전공사) 전문가와 전력 통제대원 지정 운용
- 전원차단이 확인된 후 대원이 전기시설 접촉 시 절연장비 및 보호장비 착용, 전압검전기 및 누설전류계 휴대 현장확인(단, 전선 직접 접촉 엄금)
- 인명구조, 위험차단 등 긴급대응조치 상황에도 안전조치 외에는 전기시설에 방수 및 접촉・접근금지 (이산화탄소 등 적응성 소화약제 사용)
- 지상 변압기에 발생한 화재는 보호장비 착용하고 굴절차 등 이용 적응성 있는 소화기로 진화할 때까지 연소상태 유지
- 전원・냉각액 및 낙하물 위험이 있어 화재진압을 위해 전신주에 사다리 설치 또는 전신주 아래 진입하는 것 절대 금지
- 고압설비 화재 시 유독성 연기가 발생하므로, 신체보호 장비 착용, 라이트라인 등을 장착한 후 진입하며 인명검색은 손등이나 주먹쥐고 실시
- 단순 안전사고 경우 한전 등 유관기관 도착까지 안전 통제선 설치로 2차사고 예방, 유관기관 도착 시 조치사항 인계 후 철수

sop 303 기계사고 대응절차

1 사고특성 및 주의사항

- 다양한 기계장치의 특성, 구조 등 정보 부족
- 기계장치의 동력연결 또는 이상 작동 등으로 2차사고 위험 상존

2 현장대응절차

- 사고현장 진입 전 바지 및 상의 끝단 정리 후 진입

- ○ 기계장치 조작·관리 담당자 기술지원 등 협조
- ○ 2차 사고 예방 위해 요구조자 보호 실시
- ○ 기계 전원차단, 동력전달장치 해제, 브레이크장치 체결 등의 사전조치 작업
- ○ 작업장 보유·사용 공구 적극 활용
- ○ 가스·동력 절단기 사용 시 주변 착화 방지조치
- ○ 구조물 분해·절단 등은 신중히 고려 (지지대 설치 등 안전조치 우선)
- ○ 신체에 박혀있는 물체 제거하기 곤란할 경우 기계장치의 해당 부분을 분해, 신체에 붙어있는 상태로 병원 이송

sop 304 승강기사고 대응절차

1 사고특성 및 주의사항

- ○ 구조작업 도중 2차 사고발생 위험 존재
- ○ 요구조자의 패닉(폐쇄공포증, 과 호흡 등) 등 극도의 심리적 불안감 사전해소 필요
- ○ 사고위치의 특수성이 구조작업의 어려움 가중

2 현장대응절차

- ○ 승강기 고유번호 및 멈춘 위치 확인
  - 고유번호 이용 승강기 정보센터에 검색 의뢰 비상키 번호 확인
- ○ 고립된 요구조자 일반적인 정보(성별, 인원 등) 확인
- ○ 승강기 제조사 긴급출동대에 동시출동 요청
  - 건물 관리자 또는 승강기 보수업체 등에 고장상황 등 통보
  - 건물관계자에게 승강기 고장을 알리는 안내방송 실시요청
- ○ 기계실 수전반의 전원 차단
- ○ 승강기 내 고립 요구조자 수 및 건강상태 확인
- ○ 승강기 상태 확인 구조방법 설정(강제개방, 수동개방, 승강기 이동, 파손 등)

  ※ 화재, 환자발생 등 긴급상황 시 승강기 강제개방
- ○ 요구조자에게 구조작업 진행사항 수시로 알려 안정유도
- ○ 일반적 승강기 문을 통하여 구조하며, 필요시 승강기 위쪽 탈출구를 통한 구조작업도 고려
- ○ 승강기가 층과 층 사이 정지했을 경우(승강기문 안보일 때)
  - 권상기실 수전반 주전원 스위치 차단
  - 권상기실에서 브레이크를 작동 시킨다.
  - 승강기 보수 및 관리업체와 협조하여 구조 실시

○ 승강기가 층과 층 사이 정지했을 경우(승강기문 보일 때)
  - 승강기문을 강제로 개방하여 구조할 경우 요구조자 추락 방지 조치 후 구조
○ 정전으로 승강기가 정지한 경우
  - 빠른 시간 내 정전 복구가 가능할 경우 설명 후 기다림
  - 정전 길어지면 일반적인 승강기구조 방법으로 구출 시도

sop 305 맨홀사고 대응절차

1 사고특성 및 주의사항

○ 유해가스 체류 가능성이 큼
○ 제한된 공간·협소한 탈출구 등으로 구조작업 어려움
○ 전기·가스 등 다양한 내부 시설 존재로 2차사고 위험
○ 위험성 인지 어려움(눈에 보이지 않는 위험성 지님)
○ 요구조자 구조 과정에서 또 다른 2차 사고발생 우려

2 현장대응절차

○ 맨홀 내부시설 파악 위해 관계자 지원 요청
  - 전선 맨홀인 경우 관계기관에 의한 전원차단 등 선 조치 후 진입
  - 전기·가스시설 사고인 경우 한국전력 등 유관기관에 통보
○ 도로상의 맨홀인 경우 교통 차단 및 관계기관 신속 전파
○ 출입통제선 설치, 관계자 외 인원 안전지역 이동 조치
○ 내부 위험요소 및 요구조자 위치 파악
○ 산소농도 및 유해가스 측정 통해 구조활동 방법 결정
○ 맨홀 내 유해가스 체류에 사전대처(환기 및 희석)
  - 공기호흡기 밸브 개방 실린더(공기통)를 넣어 공기투입
  - 송·배풍기 이용 신선한 공기 투입 또는 유해가스 배출
○ 안전담당관은 현장통제 안전 확인한 후 작업 진행
  - 맨홀내부 유해가스 존재한다고 가정 후 활동
  - 폭발성가스 등 안전(정전기, 질식, 폭발 등)대책 수립
  - 유해가스 대비 개인안전장비 및 가스측정기 등 지참 후 진입 활동
○ 진입대원 공기호흡기 착용, 2명 1조 구조현장 접근
○ 맨홀 내부검색 필요한 경우 안전로프(유도로프) 장착
○ 함몰지역 및 수평 형태의 통로 진입 시 2차 확보 실시
○ 맨홀 내 의식이 있는 요구조자가 있을 경우 별도 공기호흡기를 착용시켜 구조

○ 필요 시 구출 위한 응급처치 실시
○ 의식 없거나 외상환자의 경우 들것을 이용 지상으로 인양
○ 맨홀구조기구, KED(척추고정장치) 등 구조·구급장비 활용 2차 사고 최소화
○ 요구조자 인양구조 시 견고한 지점이용, 크레인 혹은 로프와 도르래, 사다리, 현장의 기계·기구 등 활용

▬ 맨홀 진입 해외 사례 ▬

sop 306 건축물 붕괴사고 대응절차

1 사고특성 및 주의사항

○ 요구조자 위치를 파악하는데 어려움이 큼
○ 구조 활동간 많은 인력과 시간을 필요로 함(대기조 운영)
○ 다수 사상자가 발생할 가능성 높음
○ 2차 붕괴 위험성에 따른 구조대원 안전사고 발생우려 큼
○ 붕괴에 따른 진출입로 확보 곤란으로 인명구조에 어려움이 큼
○ 철근 콘크리트 등 각종 건축자재가 뒤엉켜 구조 활동에 어려움이 있으며 파괴 장비 이용에 따른 요구조자 2차 피해 우려 큼

2 현장대응절차

○ 붕괴상황에 따라 유관기관과 협조체제 유지
- 구·군청, 경찰, 전기, 가스시설 등 사고 관련 유관기관 통보
- 붕괴건축물의 위험물 시설현황 등 파악

- 안전통제선 설정 통제선 밖에 차량 배치
- 현장지휘관 신속한 상황판단 및 관계기관 전파
  - 피해정도, 사상자・요구조자 수 및 대응규모 파악
  - 가스, 전기, 중장비 운용 등 관계기관 공조
  - 필요한 경우, 숙련된 건축물 폭발 전문가 지원 요청
- 현장지휘관은 건물외벽 등 추가붕괴 징후 감시 요원 배치
  - 출입 통제선 ・ 위험경고 표시판 등 설치
  - 건축물 사면에 배치하되, 내부 진입대원이 보이거나 수시 연락에 지장 없는 장소에 배치
- 구조 활동에 많은 인원・시간이 소요되므로 효율적 자원 배분・관리 필요
  - 교대조 편성운영 및 휴식공간 확보
  - 2차 붕괴 등 비상상황에 대비한 지원팀 운영
- 유관기관에 가스, 전기, 수도 등 차단 및 안전조치 요청
- 추가 붕괴 예상 건축물 및 잔해물 지지
  - 진동과 충격에 의해 붕괴된 건축물 2차 붕괴대비 지주로 지지
- 화재발생 없어도 건물 주변에 경계관창 배치
- 구조견 및 탐색장비 활용 요구조자 위치 파악한 후 구조 활동
- 병원, 공장 등 건물에 방사성물질 취급설비 있음 유념
  - 방사선량 측정기, 개인선량계 등 착용 후 현장 활동
- 유독물질 누출 대비 필요시 화학보호복, 공기호흡기 등 보호장비 착용
- 요구조자 구조작업 시 응급처치 우선 실시

sop 307 차량사고 대응절차

1 사고특성 및 주의사항

- 교통흐름이 있는 현장 특성상 2차 사고의 위험이 큼
- 발화 및 폭발의 위험이 있음
- 특수차량, 운송물질에 따라 대응개념의 다변화 요구됨

2 현장대응절차

- 구조차, 펌프차, 구급차 동시 출동 확인
- 현장활동대원들이 2차 사고로부터 보호 받을 수 있도록 속도제한에 비례한 거리의 후방지점에(예 제한속도 80km → 80m) 차량 및 안전요원을 배치하고 교통통제 실시(SSG1 현장안전관리 공통표준절차/3.2.4 도로상에서 현장활동시 준용)
  - 교통흐름에 따라 차량진행 방향 또는 역방향으로 사고현장 접근

○ 선착대 교통흐름 상황 전파
○ 현장도착 경찰관에게 현장 접근통제 및 교통통제 처리요청
○ 연료 누출여부와 관계없이 차량 화재대비 경계관창 유지
 - 고가도로 등 특수현장 소방용수 공급대책 신속 마련
○ 사고차량에 대한 안전조치(고임목, 로프 고정 등)
○ 위험물 운반차량 위험물 누출은「SOP 310」준용
○ 방사성물질 운반차량 방사성물질 누출은「SOP 311」준용
○ 하이브리드 차량사고 대응은「SOP 308」준용

sop 308 하이브리드 차량사고 대응절차

1 사고특성 및 주의사항

○ 차종에 따라 144V ~ 650V까지 전압이 흐르므로 감전 주의
○ 엔진룸 및 차체내부에 고전압배터리와 연결되는 고압배선 주의
○ 차체하부 또는 트렁크내에 설치되어 있는 고전압배터리 폭발주의
○ 감전 주의사항을 제외하고는 자동차화재진압 절차를 준용
○ 하이브리드 차량 식별 : 차량외부의 표식을 확인
○ 사고차량 하체 연료 및 배터리 전해액 누출여부 확인하고 전해액에 접촉되지 않도록 주의

2 현장대응절차

○ 도로상 "고전압 위험" 또는 "접근금지" 표시로 사고주변 통제
○ 현장대원은 공기호흡기(보안경) 및 절연장갑, 절연화 등 보호장비 착용
○ 전압 측정기 이용 차량 내 고전압 누설여부 확인 후 작업
○ 고전압 발생 방지를 위하여 배터리 메인전원 차단
 - 배터리 메인전원 차단 불가한 경우 시동용 배터리의(12v) 음극(-)을 분리 전원 차단
 - 고전압 부품을 취급해야 할 경우 메인전원 스위치 off, 배터리 케이블 분리 후 잔류전압 확인
○ 엔진이 멈추어 있어도 차량전원 확인(시동 off)
 - 정지되어 있는 사고차량 계기판 (AUTO-STOP, READY 등)에 불이 들어와 있으면 가속페달 조작 시 엔진 재시동 될 수 있음을 유의

sop 309 철도사고 대응절차

1 사고특성 및 주의사항

○ 대규모 사고 또는 다수의 사상자 발생 가능성 큼
○ 독성물질, 위험물 등 을 운반하는 경우 대형사고로 이어질 가능성 높음
○ 전기시설 등 관련시설 피해로 인한 2차 사고우려가 큼
○ 구형 디젤기관차 발전기에 유해물질 포함되어 있음을 주의

2 현장대응절차

○ 현장상황 파악 및 다수 출동대 진입방향 지정 및 유도
  - 구조차, 구급차, 각종 소방차량
○ 유관기관 및 철도차량 관제센터와 사고관련 상황 공유체제 유지
  - 철도청, 경찰 등 사고와 관련된 유관기관
○ 사상자 및 요구조자 수, 피해 등 신속파악, 대응규모 결정
  - 사고현장 진입통제, 고압전력 차단 등 관계기관 선 조치 요청
○ 기관사, 철도관계자 등 전문기술인력과 합동 대응
  - 고속철도 사고 시 관제센터에 사고지점의 단전 지시
  - 화물적재, 탱크 차량은 화물의 특수성 파악(선적표 등 확인)
  - 터널의 경우 규모(길이), 진입로, 터널 내 시설 등 파악
○ 현장지휘관 인력배치 및 차량지원 계획수립 후 상황유지
○ 차량화재대비 각 방향별 경계관창 유지
○ 사고현장 특수성에 따른 지속적인 소방용수 공급대책 마련
○ 물질 종류·양에 따라 대처방법 결정(방어적 대응 등)
○ 위험물질 운반차량 위험물 누출대응은「SOP 312」준용
○ 방사성물질 운반차량 방사성물질 누출대응은「SOP 313」준용
○ 터널 및 교량내 사고대응
  - 가장 가까운 진·출입로 확인, 구급차와 안전요원 배치, 자력대피 요구조자 응급처치 및 이송 실시
  - 배연차, 조명차, 발전기 및 응급이송용 소방헬기 활용
  - 장시간 활동대비 공기호흡기 예비용기 확보
  - 터널 내 진입 시 낙하물, 고압전기시설 등에 주의
  - 2인1조 검색 및 엄호 주수 조 편성·운영 (진입 시간·범위 지정)

sop 310 유해화학물질사고 대응절차

1 사고특성 및 주의사항

- 폭발과 화재 동반될 수 있어 2차 재해 위험성 큼
- 독성중독 등 대량 인명피해 및 환경오염 발생 우려가 높음
- 피해 광범위하고 매우 복잡 · 다양한 사고특성을 보임
- 유해화학물질 특성 및 성상 등 정보 부족해 즉각 대응 어려움
- 누출현장 주변 저지대 및 구획 부분 차량배치 금지

2 현장대응절차

- 현장에 도착한 선착대는 바람을 등지고 위험구역(Hot Zone, Warm Zone, Cold Zone)설정
- 필요한 최소 소방력 이외에는 안전장소(Cold Zone)로 재 배치
- 선착대 사고물질 정보파악 및 실시간 현장상황 전파
  - 시설관계자에게 물질에 관련 정보를 추가로 획득
  - 물질 종류 따른 중화, 제독, 진화 등 정보 파악
    (유해물질 비상대응 핸드북(ERG), 안전보건공단(MSDS)등 지침 활용)
- 유관기관과 현장정보 분석 후 확산범위 판단 및 위험구역 재 설정
  - 유해물질 농도, 풍향, 풍속 등 측정하여 판단
  - 전문 유관기관(화학부대, 경찰 등) 지원 요청
- 주민대피 조치(유해화학물질에 오염 확인)
  - 위험지역 내 주민 우선 대피조치 및 진입차단(집중관리)
  - 위험지역 관계자외 출입 통제
    ※ 주민대피방송(시 · 군 · 구) 및 외부진입차단(경찰)
- 출동대는 공기호흡기, 화학보호복 등 개인안전장비 착용
- 현장진입 대원은 바람을 등지고 접근하며, 후방에 엄호주수 관창배치(물과 반응 이상 유 · 무 확인)
- 누출 부분에 대해 누출차단 조치
  - 밸브 잠그기, 쐐기 박기, 테이프감기 등
  - 하천 · 하수구 유입 방지(방유제, 누출방지둑 설치 등)
- 저지대 · 구획 부분에 가연성증기 체류 예상 시, 분무주수로 희석
- 유출된 유해화학물질 흡착포 등으로 1차 제거
- 유관기관 회수차량에 의한 유독물 회수실시 (폐기물 처리업체 등)
- LPG 등 가스 누출 시 냄새 · 소리 등 주의 깊게 경계
- 화재로 유류 · 가스 탱크외벽 가열시, 탱크외벽 냉각

  - 탱크 방호가 불가하거나 이미 위험한 정도로 가열시, 즉시 탈출
  - 안전지대로 이동 및 현장 통제(필요시 통제선 경찰 배치 요청)
- ○ 밸브 · 배관에 화염 발생시, 가열된 부분 우선 냉각
  - 밸브·배관에서 나오는 화염 직접 소화하려고 하지 말 것
  - 가스가 소진되어 화염이 사라질 때까지 계속 냉각시킨 후, 공급측 부분 밸브 차단
- ○ 오염된 장비 및 인력 철저한 제독, 검사 실시
- ○ 회수된 의복 및 오염장비는 전문기관 의뢰 폐기 실시
- ○ 현장활동 대원 추적관리

sop 311 방사능 누출사고 대응절차

1 사고특성 및 주의사항

- ○ 육안으로 누출여부를 확인 할 수 없으므로 관계자의 제보 없이 위험성을 인지하기 어려움
- ○ 피폭 등 제2차 재해 발생 위험 크고 광범위 함
- ○ 장시간에 걸쳐 지역, 인체에 영향을 초래할 수 있음
- ○ 초기 누출에 위험 지역을 정확하게 판단하기 어려움
- ○ 오염된 인체 및 장비 의한 2차 오염이 발생할 수 있음

2 현장대응절차

- ○ 선착대는 바람을 등지고 방사선 측정 후 위험구역(Hot Zone, Warm Zone, Cold Zone) 설정

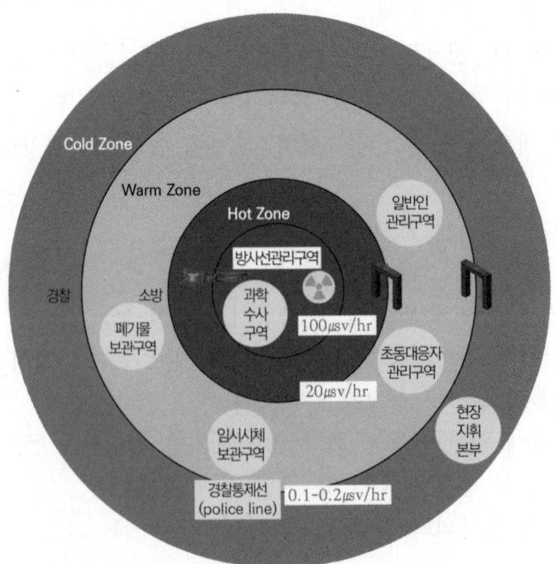

- Hot Zone
  - 출입자에 대하여 방사선의 장해를 방지하기 위한 조치가 필요한 구역
  - 공간 방사선량률 20µSv/h 이상 지역은 소방활동 구역이며 공간방사선량율 100µSv/h 이상 지역에 대해서는 U-REST* 등 방사선전문가들이 활동하는 구역

  * 방사선사고지원단(U-REST, Ubiquitous-Regional Radiation Emergency Supporting Team), 방사선 방호 전문지식을 갖춘 초동대응활동 가능한 자원봉사조직

- Warm Zone
  - 소방대원 등 필수 비상대응요원만 진입하여 활동하는 공간으로 일반인 및 차량의 출입을 제한하기 위하여 설정하는 지역
  - 공간방사선량율이 자연방사선준위(0.1~0.2µSv/h)이상 20µSv/h미만인 지역으로 Hot Zone과 경찰통제선 사이에 비상대응조치를 수행하기에 필요한 공간
- Cold Zone
  - 경찰통제선(Police Line) 바깥 지역으로 공간방사선량률이 자연방사선준위(0.1~0.2µSv/h) 수준인 구역

○ 방사선 사고대응 장비 추가적재

○ 선착대 바람 등지고 접근 가상 안전통제선 밖에 차량배치

○ 관계인 및 유관기관에 사고현장 정보수집, 실시간 신속 전파
- 전문 유관기관(군부대, 원자력관련부서, 경찰 등) 지원요청
- 시설관계자에게 방사선 관련 정보 추가 획득
- 상기 기준을 참고, 사고 상황 · 중요도, 위험도 고려하여 현장지휘관이 전문가와 협의하여 결정
- 유관기관 협조 통제선 설치(안전지역 외 지역 경찰통제선 설치)

○ 현장상황 종합 판단, 신속히 주민을 대피시킴(집중관리)
- 유출 방사성 물질의 종류, 양, 성상
- 방사능 노출 사람의 수·위치, 확산범위

○ 출동대는 공기호흡기, 방사선 보호복 등 개인안전장비 착용

○ 개인선량계 착용, 개인별 피폭 선량 · 시간대별 기록관리
- 기록관리 담당 전담요원 지정(10명 당 1명 지정)
- 대원 과다피폭 방지를 위한 교대조 운영

○ 현장진입 대원은 바람을 등지고 접근

○ 응급의료, 이송, 기록관 등 모든 현장요원 보호장구 착용
- 호흡기 보호(공기호흡기, 방독면 등), 피부보호(보호복 등)

○ 오염 가능 모든 대원과 요구조자 이름·주소·연락처 및 노출시간·선량을 기록, 의료진에 통보

○ 오염된 장비·의복·대원은 격리 관리

○ 오염된 장비는 전문업체에 의거 폐기조치

- 사고수습 관여한 인력·장비에 대해 철저히 제염, 검사 실시
- 현장진입대원 방사선 피폭선량 누적관리 실시(5년간)
- 방사선에 노출된 인원 사후 추적관리 시스템에 의한 치료 및 격리실시

sop 312 폭발물사고 대응절차

1 사고특성 및 주의사항

- 폭발물에 대한 정보수집이 어려움
- 폭발 시 제어방법이 없고, 피해규모가 크며 확산이 빠름
- 다중이용시설 등 테러 시 대량 인명피해 가능성 큼
- 무선기기 사용은 일부 폭발물의 폭발유도 가능성 있음
- 테러목적인 경우 여러 개의 폭발물 설치 가능성 높음
- 폭발에 이어 화재가 발생할 가능성이 있음

2 현장대응절차

- 현장 가상 안전통제선 설정 통제선 밖에 차량배치
- 보호장비(폭발물 방호복 등) 착용하고 최소 소방력으로 초기대응, 그 외 안전장소 대기
- 사고현장 정보수집 및 신속 전파
  - 유관기관(국정원, 군부대, 경찰 등)과 공동대응
  - 목격자 대상으로 추가정보 파악
- 고위험지역 안전 통제선 설치

▌급조 폭발물(IED)안전거리▐

참고 : 월간국방과학 기술

급조폭발물 종류	최소 안전거리	급조폭발물 종류	최소 안전거리
대전차 지뢰	150m	여행가방크기 급조폭발물	600m
105밀리 이하 폭탄	300m	V8 급조폭발물(승용차)	1,000m
105밀리 초과 폭탄	600m	V8 급조폭발물(트럭)	2,000m
손가방크기 급조폭발물	300m		

- 폭발물 사고대응 유관기관에 신속 전파, 긴밀히 협조요청
- 폭발물처리 전문팀 미도착 상태에서 안전통제선 내부로 진입금지
- 폭발에 따른 화재, 붕괴, 사상자 미 발생 시 전문기관의 검색, 대피조치, 폭발물 해체 · 폐기 등 관여 금지
- 인명구조, 응급처치, 화재진화 시 추가 폭발물에 주의

- 주변과 어울리지 않는 물체에 유의
- 폭발의심 물체는 건드리지 말고, 현장지휘관에게 보고 후 전문 기관에 인계

○ 진입대원 공기호흡기 착용(폐쇄공간 폭발 시 대기 중 산소 농도 희박)

sop 313 수난사고 대응절차

1 사고특성 및 주의사항

○ 급변하는 수중 상황에 따른 위험성 큼
○ 대원 안전사고 방지를 위한 대책을 수립하여야 함
○ 광범위한 지역 수색작업은 장기화 될 가능성 있어 피로도 증가

2 현장대응절차

○ 사고현장 정보수집 및 현장안전점검관 지정
○ 신고자 및 목격자 진술(요구조자 정보 수집)
- 사고발생 경위, 익수 지점, 익수자 수

○ 사고현장 환경 및 위험성 파악
- 수심 및 탁도, 유속, 수류의 변화, 바닥지형, 기상, 작업가능 구조대원 수, 보유 장비

○ 수난구조 활동구역 설정 및 위치 표시(통제선, 부표 등)
- 사고현장 주변 통제선 설치 및 부표 등 위치 표시
- 목격자 진술을 토대로 유속, 기상상황 등을 감안하여 수색범위 결정
- 정확한 지점을 모를 때에는 확률 높은 구역을 설정
  ※ 해안선, 방파제, 부두, 강둑, 강변, 제방 등

○ 수난구조 방법 결정
- 수상구조 방법
  • 물 밖에서의 구조, 얕은 물에 걸어(뛰기)들어가 구조, 수영구조, 도구사용 구조
    ※ 물에 빠진 요구조자 구출 4원칙(던지고, 끌어당기고, 저어가고, 수영한다)
- 수중구조 방법
  • 줄을 사용하지 않는 탐색(등고선 탐색, U자 탐색, 소용돌이 탐색)
  • 줄을 이용한 탐색(원형탐색, 반원탐색, 왕복탐색, 직선탐색)

○ 현장진입 전 안전점검
- 장비점검(잠수복, 구명조끼 등), 상호 의사소통(수신호 숙지) 방법 점검
- 진행방향, 비상시 대처방법, 입·출수 장소 확인

○ 수난구조 활동
  - 자신의 한계를 알고 그 한계 범위 내에서 수난구조 활동
  - 수중활동 중 짝을 유지(단독 잠수 활동 금지)
  - 최대 잠수 가능시간을 넘기지 않는다.

깊이 (m)	시간 (분)	깊이 (m)	시간 (분)	깊이 (m)	시간 (분)
10.5	310	21.0	50	33.5	20
12.2	200	24.4	40	36.5	15
15.2	100	27.4	30	39.5	10
18.2	60	30.0	25	45.5	5

○ 사고현장 위험성 변화 수시 관찰
  - 사고현장은 항상 변화하며, 그 상황에 맞게 작전을 변경 한다.
  - 구조방법 중지 및 변경(기상악화, 대원 체력변화 등)
  - 구조대원 및 장비 이상유·무 확인·점검
  - 수중활동 대원 잠수기록표 작성
  - 수중수색 중 위급상황 시 행동을 멈추고 호흡하며 판단하고 행동한다.
    ※ 정지(Stop) → 생각하고(Think) → 행동(Action)

sop 314 산악사고 대응절차

1 사고특성 및 주의사항

○ 기상변화에 따른 사고발생 위험성 큼
○ 등산 인구증가로 다양한 유형의 산악사고 증가
○ 요구조자 위치파악 및 접근하는데 많은 시간 소요
○ 구조장비 진입이 어렵고 대원들 체력 안배가 필요
○ 대원과 요구조자의 안전에 위협이 되는 구조방법 금지
○ 구조 작업 중 불안전한 방법이라 판단되면 즉시 중지하고 구조방법 수정
○ 외상환자 응급처치 및 고정으로 2차 손상방지 주의
○ 산악기후 특성상 저체온증에 의한 쇼크 위험성 주의

2 현장대응절차

○ 사고현장 정보수집
  - 신고자 진술 및 사전정보 수집
    • 요구조자 상황(사고발생 경위·지점, 요구조자 상태 및 수)

- 사고현장 환경(지형, 접근로, 전문적 등반 필요성 등)
- 유관기관 지원 요청(민간산악구조대 등)

○ 수집된 정보로 사고현장 여건 및 대응판단
- 거리 · 소요시간, 접근 가능한 진입로 파악
- 구조장비 확인 및 점검(통신, 조명, 응급처치 장비 등)
- 악천후, 야간, 기타 조난 대비 비상물품 휴대
- 암벽 및 빙벽 등반 중 사고 시 전문 등반가 동원 요청
- 소방헬기 동원 요청

○ 진입 전 안전점검 및 적합성 검토
- 구조방법 안전성 및 작업 중 2중 안전조치
- 구조대원 투입인원 및 능력(신체상태), 보유장비 점검
- 환경 변화(기상 및 기온의 변화 등) 검토

○ 구조 활동방법 설정 및 변경
- 대원안전을 고려해 교대인원 준비 및 임무분배
- 요구조자가 암벽 또는 빙벽에 매달려 있는 경우 우회로를 통한 이동, 로프하강 등 접근
  - 우회로 없는 경우 충분한 능력의 대원 또는 전문가 활용
- 기상변화, 대원체력에 맞는 구조방법 설정

○ 요구조자 운반 및 이송대책 수립
- 헬기접근(탑승) 가능지역 확보
- 구조대원 피로도(체력)를 감안하여 운반계획 수립

sop 315 매몰사고 대응절차

1 사고특성 및 주의사항

○ 산사태 및 공사현장 붕괴 시 다수 사상자 발생할 가능성 큼

○ 2차 붕괴 및 침하 등 대원 안전사고 발생 우려

○ 요구조자 위치 파악 및 접근 곤란

○ 토사 및 각종 건축자재 등이 뒤엉켜 구조 활동에 어려움 있으며, 중장비 및 파괴 장비 활용에 주의 필요

○ 제한된 공간 특성상 작업의 진행 속도가 느려 많은 인력과 시간 필요

○ 진출입로 확보 곤란으로 인명구조에 어려움

2 현장대응절차

- ○ 통제선 밖에 차량 배치
- ○ 건물관계인, 목격자에게 사고현장 정보수집 및 관계기관 전파
  - 사고경위와 피해정도
  - 요구조자 위치 및 인원수 파악
- ○ 구조 활동구역 및 위험지역 위치 표시(통제선, 표시판 등)
- ○ 유관기관 현장지원 요청
  - 시·군청, 경찰, 전기, 가스시설, 중장비 등
- ○ 감시원 배치, 안전지역 설정 및 경보신호(휘슬신호) 숙지
  - 비상시 대비해 작업구역에서 긴급대피 위한 안전지역 선정
  - 감시원 배치 위험상황 발견 즉시 경보신호로 안전지역 대피
- ○ 매몰구조 활동구역 설정
  - 사고현장 상황에 따라 구조 활동구역 설정
  - 1차 육체적인 탐색기법인 시각과 청각 이용
  - 전체 작업 중지시키고 정숙유지 후 요구조자와 교신 시도
  - 인명구조견 · 탐색장비 활용 요구조자 정확한 위치 파악
- ○ 도괴·붕괴가 임박한 위험한 부분은 제거 또는 보강·지지
  - 인명구조견 · 탐색장비 활용하여 요구조자 정확한 위치 파악
- ○ 요구조자 생존가능성 판단하여 무리하거나 서두르지 않음(대원안전 확보 우선 조치)
- ○ 구조에 많은 인원·시간 소요되므로 효율적 자원배분 및 관리 필요
- ○ 공사현장 및 건축물 매몰지역
  - 구조물 일부 제거할 경우 전체구조물에 대한 영향을 고려
  - 필요 시 숙련된 건축물 폭발 전문가 지원 요청
  - 잠재적 위험성에 대하여 항상 주의
    - • 건축물의 불안정성(진동과 충격에 의해 재 붕괴)
    - • 필요시 건축물 안전진단 전문가 지원 요청
  - 지지역할 하는 수직방향 벽, 기둥에 영향을 주거나 제거하지 않음
- ○ 도로지반 및 함몰 등
  - 중장비, 소방차, 대원들은 안전한 거리를 유지하여 함몰반경에 미끄러져 들어가지 않도록 하고 필요한 경우 지대를 높임
  - 함몰 구멍이 매우 큰 경우 복식사다리나 요구조자를 올리기 위한 장비, 안전로프 등 활용
- ○ 산사태 등 토사 매몰지역
  - 붕괴된 토사와 나무 위에서 발이 빠지거나 미끄러져 넘어질 우려가 있으므로 발판을 안정시키면서 행동
  - 토사를 제거할 때 2차 붕괴가능성 충분히 고려하여 말뚝 및 방수시트 등으로 안전 확보
  - 반드시 현장안전점검관 배치, 2차 토사붕괴를 대비하여 붕괴 방향과 직각의 방향에서 퇴로

확보
- 붕괴현장 토사와 가옥 등은 물을 함유하여 예상보다 무거운 경우가 많으므로 요추 등 손상 주의

○ 쓰레기 자동집하시설(크린넷)
- 배관계통도 확보, 제어시스템 관제
- 배관 진입 시 질식사고 예방을 위해 공기정화 실시
- 필요 시 관련업체 점검장비(스케이트 보드), 자체 보유장비(가스검지기, 내시경카메라 등) 활용 구조 활동전개

sop 316 고소작업 사고 대응절차

1 사고특성 및 주의사항

○ 구조과정에서 공사장 작업용 발판, 고정용 못, 철선 등에 걸려 넘어지는 안전사고 발생 우려
○ 날씨로 인한 구조작업의 제한(강풍, 폭우, 강설 등)
○ 요구조자의 패닉(고소공포증) 및 극도의 심리적 불안감
○ 대원과 요구조자의 안전에 위협이 되는 구조방법 금지
○ 안전을 심각하게 위협하는 방법이라 판단되면 즉시 중지하고 구조 방법을 변경
○ 외상환자의 경우 응급처치 및 고정으로 2차 손상방지
○ 고소 장소 특성을 감안하여 필요 시 보온대책 수립(저체온증)

2 현장대응절차

○ 현장통제선 설정 및 관계자 외 접근통제
○ 활동 중 2차 안전사고 대비
- 추락사고 대비 에어 매트 전개 및 사고현장 진입통제
- 고압전력 차단 등 관계기관에 선조치 요청

○ 낙하물 사고에 대비한 안전구역 확보
○ 사고현장 접근방법 및 구조활동방법 결정
- 굴절차 및 고가사다리차 이용 및 소방헬기 지원요청 검토
- 구조장비 외 보조장비 확인 및 점검(통신장비 및 조명장비 등)
- 요구조자 구조작업 시 심리적 불안감 해소를 위한 안전확보
  • 연결된 기타 설비의 추가 붕괴, 전도 등의 우려가 있을 시 사전 로프 결착, 지지대 설치 등 안전조치 실시

sop 317 크레인 사고 대응절차

1 사고특성 및 주의사항

- 공사현장에서 사고 시 다수의 사상자가 발생할 가능성이 큼
- 2차 붕괴 및 침하 등 위험성에 따른 대원 안전사고 발생 우려
- 요구조자의 위치 파악 및 접근 곤란
- 토사 및 각종 건축자재 등이 뒤엉켜 구조 활동에 어려움이 있으며, 중장비 및 파괴 장비의 활용에 많은 주의가 필요
- 제한된 공간의 특성상 작업 속도가 느려 많은 인력과 시간이 필요
- 진·출입로 확보 곤란으로 인명구조에 어려움

2 현장대응절차

- 현장통제선 설정 및 관계자 외 접근통제
- 공사관계인과 사고당시 목격자 확보, 요구조자 위치 파악 주력
- 크레인의 길이 및 사고 범위에 따른 추가 요구조자 및 주변 피해 파악
- 추가 위험 부분 제거 또는 보강 지지
- 다수인원이 절단 작업 시 중첩되지 않도록 활동범위를 정하여 작업
- 연결된 기타 설비의 추가 붕괴, 전도 등의 우려가 있을 시 사전 로프 결착, 지지대 설치 등 안전조치 실시
- 교대조 편성·운영 및 휴식 공간 확보

sop 318 교량 다중교통사고 대응절차

1 사고특성 및 주의사항

- 안개 및 연무 등으로 인한 시야확보 곤란
- 겨울철 폭설 및 기온하강에 의한 교량결빙 우려
- 사고지점 주변을 지나는 자동차 등으로 2차 사고 위험
- 차량 및 탑승자 추락 위험 및 다수사상자 발생 우려
- 충돌 사고로 인한 교량붕괴 및 발화, 폭발 위험성 상존

2 현장대응절차

○ 구조공간 확보를 위한 유관기관(한국도로공사, 경찰 등) 협조요청
  - 중앙분리대 개방 회차로 확보
  - 진입 불가 시 반대차선 교통통제
○ 기본적으로 차량진행 방향에서 속도제한에 비례한 거리의 후방지점에(예 : 제한속도 80km → 80m) 차량부서 및 안전요원 배치
○ 사고지점에 통제선을 설치하여 요구조자 및 구조대원 2차사고 발생방지
○ 다수사상자 발생 시 소방헬기 즉시 출동요청
○ 연료 누출여부와 관계없이 차량 화재대비 경계관창 유지
○ 필요시 드론을 이용한 대형교량 교통사고 현장 전체상황 파악
○ 교량 내 고압선 등 감전위험 존재여부 확인
○ 고압시설이라고 판단 될 경우 유관기관 관계자와 합동작업 실시
○ 요구조자 추락 등 수난사고 발생 시 구조환경(수심, 유속, 수류의 변화, 바닥 지형) 및 사용 가능한 구조장비 등을 고려하여 대응

sop 319 의료시설 사고 대응절차

1 사고특성 및 주의사항

○ 재난발생 시 거동불편 환자 등 다수의 인명피해 가능성 우려
○ 의료기구에 의존하는 요구조자 구조 시 대체할 수 있는 장비(의료기관에서 보유하는 장비 등) 필요
○ 피난행동이 불편한 노인, 입원환자 등을 한정된 인원으로 대응
○ 야간, 휴일의 경우 대부분 소수인원이 관리·운영함에 따라 초기대응에 취약
○ 노인복지시설, 정신병원 등은 요구조자의 상태(장애 등)에 따라 의사소통 곤란

2 현장대응절차

○ 의료기관의 수용인원 및 입원환자 등을 파악
○ 가용자원(의료기구 등) 확보요청
○ 요구조자 특성에 따라 구조장비 및 가능한 의료보조기구를 확보하여 구조위치로 접근
○ 인명검색 중점지역(병실, 막다른 통로, 엘리베이터, 화장실, 출입구, 계단, 피난기구 설치지역 등)확인 및 구조활동 전개
  ※ 신생아 등 보행이 불가능한 환자가 있는 장소 우선적으로 검색

○ 병원 관계자들에게 피난방법, 우선 대피장소 등의 정보를 습득
○ 미끄럼대, 구조대 등 건물 피난시설 활용하여 인명구조활동 전개
○ 인명구조 활동은 엄호주수를 병행하여 실시

sop 320 생활안전활동 안전관리 표준작전절차

1 출동지령 단계

○ 출동대원은 출동지령을 정확히 청취하여 현장정보를 파악
○ 상황이 명확하지 않은 경우 출동을 서두르지 말고 신고자와 전화통화를 실시하여 현장상황을 확인
○ 필요 장비 및 인원을 정하고 화재·구조 등 출동공백이 발생하지 않도록 지원대책을 마련

2 출동 단계

○ 도로상에서 작업이 이루어 질 경우 2차 교통사고 예방을 위하여 경찰 또는 통제차량 등 지원을 요청
○ 단순 동물포획은 시·군·구청 등 담당기관의 출동을 요청하고 시·군·구청 등의 출동이 불가한 경우 상황에 따라 조치
○ 출동대원 중 선임자가 현장지휘와 안전점검관 역할을 수행
○ 작업에 필요한 개인안전장비를 반드시 착용하고 선임자는 착용상태를 확인
○ 지원을 요청한 경우 서두르지 말고 지원대의 이동상황을 확인

3 현장대응 단계

○ 2차 교통사고의 영향을 받지 않는 장소에 차량을 부서하고 현장상황을 확인
○ 2차 교통사고의 위험이 있는 경우 무리하게 작업을 진행하지 말고 지원대의 도착을 기다리며 교통사고에 대비
○ 작업에 필요한 정보를 수집하고, 시설물 파손이 우려되는 경우 관계자에게 사전에 설명하고 동의요청
○ 사다리 작업, 로프 작업 등 추락사고의 위험이 있는 경우 작업자의 안전확보 후 실시
○ 동물포획 중 물리지 않도록 보호장구를 착용하고 동물 이송상자는 수시로 소독하여 감염사고를 예방
○ 동물포획용 마취제 및 벌집제거용 살충제 등은 즉시 사용할 수 있도록 사용법을 숙지하고 수시로 점검

○ 벌 쏘임 사고로 알레르기 반응 시 지체 없이 병원으로 이송

4 복귀 단계

○ 현장안전 최종확인
○ 모든 대원 및 현장대응장비 이상 여부 파악
○ 출동장비 정비

sop 321 벌집제거, 동물 포획 대응절차

1 사고특성 및 주의사항

○ 벌 쏘임으로 인한 과민성 쇼크, 동물에 물릴 위험 상존
○ 화염사용 시 화재발생, 공중 작업 시 추락 등 2차 피해 발생 우려
○ 동물 포획 중 난동에 따른 주민사상, 시설물 훼손 발생 우려
○ 벌집제거 시 탈수방지 위해 충분한 수분 공급
○ 벌 쏘임과 동물에 물리는 피해에 대비하여 신체가 노출되지 않도록 장갑과 신발, 보호복 또는 안전장비를 작업종료까지 벗지 않음
○ 벌집 또는 동물을 그냥 두어도 주민의 피해가 발생하지 않을 것으로 예상되는 경우 신고자에게 안내(또는 유선통보) 후 현장 철수

2 현장대응절차

○ 알레르기 반응 확인된 직원은 벌집제거 출동제외
○ 보호복, 소방장비 등 이상 유무 확인
○ 상황실 또는 신고자와 통화로 현장상황 판단
- 벌집, 동물의 상황파악 필요 시 추가 출동대 및 장비 지원 요청
  ※ 벌집의 위치, 높이, 벌집 크기, 벌 종류 및 크기 등
- 단순 야생동물 포획신고는 유관기관(구청 및 동물관련기관 등)에 이첩 통보
- 현장주변 위험시설 존재 여부확인
- 위해동물은 유관기관·단체(경찰, 포획단 등) 출동 요청

○ 벌집제거
- 벌집과 안전거리 충분히 두고 차량부서
- 벌의 공격 등 위험사항 주변 안내(현장통제)
- 전기·가스설비 등 위험시설에 형성된 벌집제거시 관계기관 지원요청으로 안전조치 실시

후 벌집제거

- 재산피해가 예상되는 육안확인 불가한 지붕·기왓장 속 벌집은 관할지역 벌 퇴치 전문가 활용(내시경 사용 위치파악 후 제거)
- 벌집모양, 위치, 벌 종류 등 현장상황에 따라 제거, 역할분담, 장비준비, 안전관리 등 임무 부여(2인 1조로 활동)
- 지상대원은 등반한 작업대원이 안전하도록 사다리 등 장비를 견고하게 고정
- 출동한 전 현장대원은 보호복 및 보호장구 착용
  - 보호복과 장갑·신발 연결부위 테이프 처리
  - 안면부 플라스틱판 없는 경우 보호안경 착용
  - 대원 상호간 점검 미흡한 부분 보완
- 퇴치 스프레이 활용 벌을 없앤 후 벌집 제거
  - 밀폐공간에서 퇴치 스프레이는 호흡마스크 등 안전장비를 착용 후 사용하며 화기사용은 폭발위험 사용금지
- 화기사용은 화재 및 안전사고 위험, 불가피한 상황에서 최대한 안전확보 후 제한적으로 사용

  ※ 작업자의 안전을 위협하는 상황발생 시 작업 즉시 중단(전문가 활용)

- 벌쏘임 발생 시 응급처치 후 즉시 병원 이송

▌높은 곳의 벌집제거 : 등검은말벌, 쌍살벌 등▐

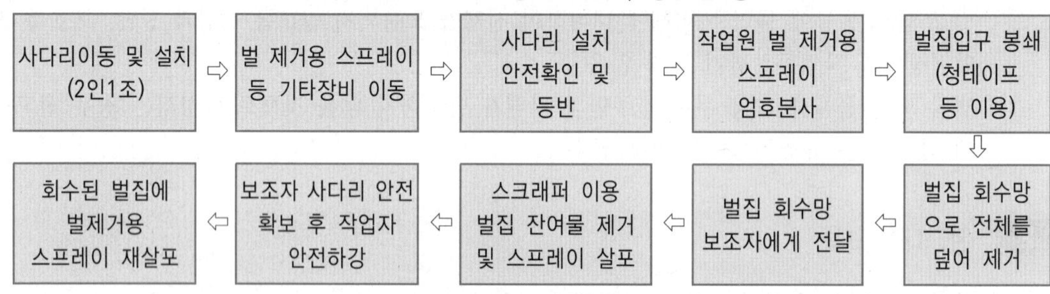

※ 등검은말벌은 토종 말벌보다 벌 개체수가 많고 공격 성향이 높아 위험

▌땅속의 벌집제거 : 장수말벌, 땅벌 등▐

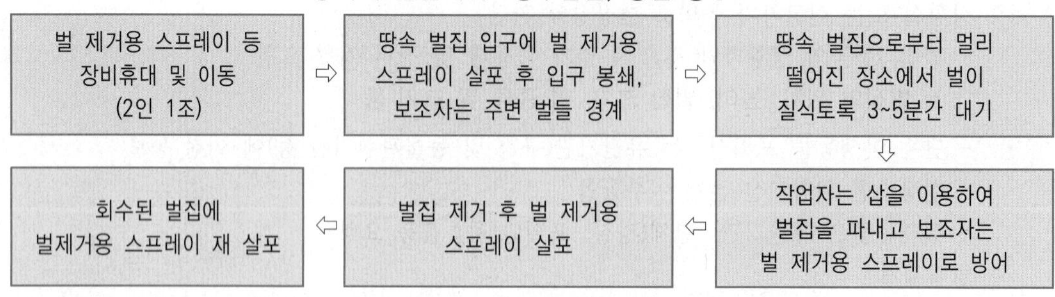

※ 장수말벌은 독의 양이 많아 치명적이며 땅벌은 침투에 강하므로 보호복 착용에 특히 주의

- 제거한 벌집을 담는 용기는 안을 볼 수 있는 말벌 전용 비닐 팩 또는 벌집 회수망을 사용하고 입구가 완전히 막혔는지 확인
- 벌집 제거위치에 살충제 등을 살포하여 벌집생성 예방
- 안전통제선 밖으로 이동하여 서로 확인 후 보호 및 장비 해체
- 현장 인근 주민에게 벌집제거 후에도 벌이 나타날 수 있음을 안내
- 벌집과 벌은 현장에서 파기하며 다른 용도로 사용금지

○ 동물포획
- 천연기념물 포획 시 관련 기관에 통보 후 인계
- 흥분상태 또는 위해동물은 주변 안전을 고려하여 안전거리확보 등 주변 통제하고 마취총, 그물망 등 장비사용
- 마취도구 사용 시 동물관계인(주인)의 동의를 구하고, 마취약품으로 인해 동물이 깨어나지 못할 수도 있음을 사전 고지
- 위해동물의 흥분 등 추가 피해유발 가능성 판단하여 관계인이 없더라도 유관기관과 협조하여 마취, 사살 등 선 조치 후 인계
- 야생동물 포획 시 인근야산 등 적정지역에 방사 조치, 조난 또는 부상을 당한 경우 관계기관(단체)에 인계
- 포획작업 중 죽었을 경우 폐기물 관리법에 의거 지자체에 인계 소각처리 조치

sop 322 위험시설물 안전조치 대응절차

1 사고특성 및 주의사항

○ 연결된 다른 구조물의 추가 붕괴 등 2차 피해 발생 우려
○ 무거운 유압장비 활용에 따른 균형상실, 넘어짐 등의 사고 우려
○ 공중작업, 지지대의 불안정 등 작업환경의 위험성 상존
○ 작업환경이 위험하며, 임무수행 중 주민피해 발생 예상 경우 신고자 등 현장 관계인에게 안내 등 주변통제

2 현장대응절차

○ 보호복, 소방장비 등 이상 유무 확인
○ 상황실 또는 신고자와 통화로 현장상황 판단
- 위험시설물 상황파악 필요 시 추가 출동대 및 장비 지원 요청
- 현장주변 전기·가스 설비 등 위험시설 존재 여부확인 필요시 관련기관 지원 요청

○ 안전조치 대상물 크기, 위치, 연결설비 등 현장상황 종합 판단, 필요 시 관련기관 지원 요청

○ 작업수행, 안전관리, 지지대 고정, 위험요소 관리 등 현장활동 대원별 임무 지정
○ 2차사고 발생 대비
  - 안전조치 대상물 낙하 대비한 주변 통제
  - 연결설비의 추가 붕괴, 전도 등에 대비 사전 로프결착, 지지대 설치 등 안전조치
○ 소방장비 활용 작업 수행 및 대원 안전조치
  - 작업환경에 적합한 무게, 크기, 용도 소방장비 활용
  - 로프, 매트리스 등 활용한 현장대원 2중 안전확보

sop 323 생활민원처리절차(문 개방, 급·배수지원 등) 대응절차

1 사고특성 및 주의사항

○ 상수도 파열, 호우로 인한 주택·시설 침수는 감전 등 2차사고 발생 우려
○ 단순 문 개방 등으로 인한 긴급서비스 수혜 사각지대 발생
○ 통상 경보시설의 오작동에 따른 것으로 원인 및 화재유무 확인 필요

2 현장대응절차

가. 문 개방

○ 문 개방 신고 접수 후 출동단계에 경찰 병행 출동 요청, 현장 관계인이 주인임을 사전 확인
○ 아래와 같이 긴박한 경우를 제외하고 주택이나 차량의 단순문 개방은 민간사업자나 차량보험사에 요청토록 안내
  - 어린이나 환자 등이 고립되어 있는 건물
  - 가스렌지가 장시간 켜 있거나 가스가 누출되고 있는 건물
  - 햇볕에 노출된 차안에 어린이나 애완동물이 갇혀 있는 경우
  - 화재가 진행 중이거나 히터(에어컨) 등이 켜져 있는 차량
○ 긴급상황 가장한 허위신고 시 과태료 부과됨과 문 개방에 따른 파손, 훼손이 있을 수 있음을 사전에 고지하고 개방
○ 문 개방 후 관계인 확인이 가능한 현장에서는 위급한 경우를 제외하고 경찰 입회하에 개방
○ 파손이 동반되는 경우는 동의서 또는 녹취 후 안전을 고려하여 파괴를 최소로 하여 개방
○ 파괴장비 활용 시 파괴대상 주변과 작업대원의 안전조치

나. 급·배수 지원

○ 긴급 생활형 급수지원이 아닌 경우 현장에서 명확히 거절
○ 생활용수 공급대상에게 음용수로 사용 불가함과 가급적 정수, 끓인 후 사용할 것을 안내

- 침수 상황은 감전, 가스누출, 기타 화재 등 다른 위험상황이 동반됨을 유념하여 안전장비 착용하고 대응
- 겨울철 작업 시 결빙 발생에 따른 차량・대원 미끄러짐 사고 유의

다. 오작동 소방시설 처리

- 상황접보 및 현장출동 중 신고자와 연락을 통해 현장상황 파악, 화재발생 징후(불꽃, 냄새 등)가 있을 시 즉시 추가지원 요청
- 건물 내 각종 위험요인에 주의하며 건물 관계자에게 안내 요청, 야간에는 조명장비 휴대하여 시야 확보
- 관계인 없을 시 보안업체의 현장도착 소요시간을 파악해 잠금장치 해제 후 화재발생 확인 선행하고 경찰 또는 건물 보안업체에 처리상황 인계
- 오작동 원인 파악 후 안전조치 및 관계자에게 상황 설명하고, 처리 불가시 소방시설업체에 연락해야함을 관계인 및 신고자에게 안내
- 조치 후에는 건물 관계자에게 임시로 복구된 상황임을 주지시키고, 유사 시 즉각 신고, 향후 소방시설 점검을 받아야 함을 안내

Chapter 4

구급단계별 표준작전절차

학습 목표

1. 현장지휘관은 해당 용어에 대한 개념을 정의하고 적용할 수 있다.
2. 구급대원의 현장에서의 부상자 처리는 기본절차(평가→분류→처치→이송)와 중증도 분류기준 등에 대해 대원별 역할분담에 따라 수행함을 이해한다.
3. 환자의 2차감염이나 전염성질환 있는 부상자로부터 의료인(응급의료인)이 감염되지 않도록 할 수 있다.
4. 범죄관련 현장 대응절차는 구급대원 안전확보가 우선임을 이해하고 경찰 등 유관기관의 협조요청에 관한 기준을 적용할 수 있다.
5. 재난현장의 각각 유형별 잠재적인 위험상황 대처와 소방작전에 필요한 구역의 안전성 여부를 사전 평가하고 판단할 수 있다.
6. 구급대원의 신체적 위험상황 대응기준 및 절차를 이해한다.
7. 주민을 위한 안전 환경을 유지 및 재산 손실을 최소화할 수 있다.

sop 400 구급 공통 표준작전절차

1 출동지령 단계

○ 구급 내용 및 출동장소 확인, 필요 장비 추가 적재
 - 사고발생 장소, 종류 및 개요, 환자 수와 상태, 구급활동 장애요인 여부

┃구급대원 출동요령┃

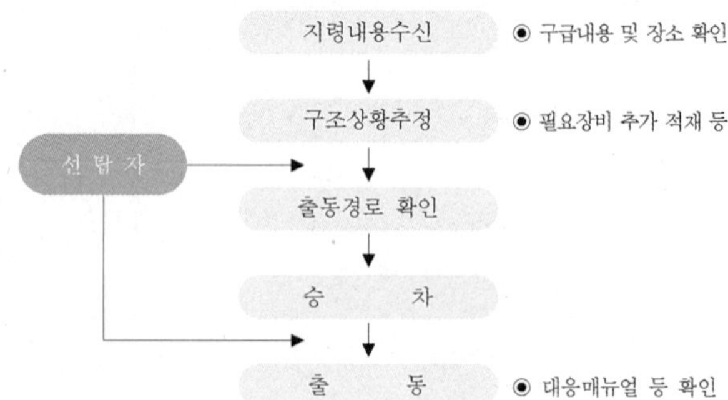

2 구급출동 단계

- (정보파악) 신고자와 통화를 통해 정확한 위치 등 추가 정보 파악
- (정보공유) 추가정보 수집 시 유・무선 통신 등을 통해 상황실과 정보 공유
- (지원요청) 추가 소방차량(구급차, 펌뷸런스 등) 등 지원 여부 판단 및 요청
- (도착안내) 교통상황 및 거리 등을 고려하여 가능하면 신고자에게 도착 예정시간 안내
- (교통정체) 출동 지연 시 상황실 보고
- (응급처치 지도) 구급대원 또는 상황요원은 현장 도착 전 심폐소생술 등 응급처치가 필요하다고 판단되는 경우 응급처치 지도 시행
- (역할분담) 출동대 리더(구급대원 중 선임자 등)는 개별 임무 부여
- (돌발상황) 출동 중 다른 구급상황을 인지한 경우, 즉시 상황실에 보고 후 기존 출동 건을 계속 진행. 단, 기존 출동 건보다 새롭게 발생한 환자의 상태가 현저하게 긴급을 요하는 경우 상황실과 협의하여 출동 구급대 교체

Tip. 구급출동 중 전화응대요령(예시)

대화진행단계	전화응대요령
자신의 신원 설명	① 예 119에 신고하셨죠? ② 저는 지금 출동하고 있는 ○○소방서 구급대원 입니다.
⇩	
정확한 위치 확인 및 추가 인력 필요여부	① 환자분 계신 위치가 ○○동 ○○번지가 맞으신가요? ② 환자분은 한 명인가요, 아니면 여러 명인가요? ③ 구급차만 필요한가요, 아니면 경찰도 필요한 상황인가요?
⇩	
환자상태확인	① 환자분이 지금 가장 문제가 되는 증상은 어떤 것인가요? ② 환자분의 성별과 나이는 어떻게 되나요? ③ 환자분께서 앓고 계신 질병이 있나요? ④ 환자분께서 과거에도 이런 증상을 보인 적이 있나요? ⑤ 환자분께서 어떻게 해서 다치게 되셨나요? ⑥ 환자분께서 혹시 부축을 하면 거동이 가능한가요, 아니면 들것이 필요한 상황인가요?
⇩	
도착예상시간	① 저희는 지금 ○○를 지나고 있습니다. 앞으로 ○○분에서 ○○사이면 도착할 수 있을 것으로 생각됩니다. ② 지금 가면서 전화를 드리는 중이니 일단은 전화를 끊으시고, 증상의 변화가 생기면 즉시 이 전화번호로 연락 주십시오.
⇩	
돌발상황	① 신고자와 정상적인 통화가 불가능한 경우(욕설 등) - 현재 현장으로 가고 있는 중이라는 점을 고지 - 신고자와 같이 흥분하지 않도록 주의 - 현장 주변의 다른 사람과 통화할 수 있도록 요청 - 현장도착시 폭력적인 상황발생에 대비하여 경찰 및 소방력 지원 출동 요청

3 현장대응 단계

○ 현장도착
- (도착보고) 통신과 단말기로 상황실에 보고
- (현장확인) 주변위험요소 및 이송되지 않은 요구급자가 있는지 확인
- (장비구비) 응급처치 및 이동(송)에 필요한 장비 구비
- (엔진정지) 정차와 동시에 엔진정지(차량 이탈 시 key 분리, 엔진을 계속 가동할 필요가 있는 경우 문 잠금)

○ 현장처치 및 차량 이동
- (역할분담) 리더(구급대원 중 선임자 등)는 상황에 맞는 임무 재조정 및 응급처치 시행
- (추가지원) 필요 시 추가 지원 요청
- (의료지도) 필요 시 지도의사의 의료지도 하에 응급처치 시행
  다만, 통신 실패 시 법령 상 업무 범위 내 응급처치 시행
- (이송병원 선정) 환자의 중증도에 따라 치료가 가능한 의료기관 선정
- 응급처치 내용 등 안내
- 현장 도착 시 환자상태 평가 및 응급처치 시행 후 이동

○ 현장출발 및 의료기관 이송
- (이송거절) 응급처치 이송 방해 등의 행위 시 이송 거절 가능
- (환자평가) 이송 중 지속적으로 활력징후 감시 및 환자상태 평가
- (수용여부 확인)「응급의료법」제48조의2에 따라 의료기관의 수용능력 확인
- (사전연락) 중증환자인 경우 이송하는 의료기관 사전 연락
- (항공이송) 이송시간·거리·중증도 등을 고려하여 항공 이송 여부 판단

○ 의료기관 도착
- (환자인계) 의료진에게 환자의 주 증상, 시행한 응급처치 내용 등 인계
- (구급활동일지 작성) 사실만을 반영하여 작성
  ※ 119구급대원 현장 응급처치 표준지침 참고
- (소지품 확인) 차량 내 소지품 확인
  • 환자 또는 보호자에게 직접 전달
  • 보호자가 없는 의식장애 환자 등의 소지품은 의료기관의 환자 인수자에게 인계
  • 환자 및 보호자 연락 후 안전센터(구급대)에 30일간 보관, 불가피한 경우 특별자치도지사·시장·군수·구청장에 인계

4 복귀 단계

○ 귀소 중
- (통신개방) 귀소 중 출동에 대비하여 통신장비의 개방 상태 유지
- (상황발생) 귀소 중 구급상황 발생 시 상황실 보고 후 상황수습

- (연료보충) 필요한 경우 연료 보충

○ 안전센터 도착
- (귀소통보) 통신과 단말기로 귀소 통보
- (장비보충) 사용한 소모품 보충 및 구급장비 점검
- (산소량확인) 산소량이 부족한 경우 교체
- (감염방지) 손 씻기 및 피복 소독 실시
- (일지확인) 구급활동일지와 관련된 시스템 오류 여부 확인
- (보고) 특이한 출동 건은 지휘자 및 상황실에 신속보고
- (검토) 필요시 출동 건에 대하여 대원 상호 간 검토 및 토론

sop 401 구급 안전관리 표준작전절차

1 구급출동 단계

○ 현장출발
- (출동로) 출발 전 지리 정보를 제공하는 장비 등을 활용
- (안전확보) 위험이 예상되는 경우에는 추가 소방력 및 경찰 공동대응 요청
- (감염방지) 현장 도착 전 개인감염방지 장비 착용
- (신체보호) 응급처치 활동에 지장이 없는 범위에서 보호 장비 착용

○ 현장도착
- (안전확인) 위험요소 확인 후 하차 및 안전 요소 확인
- (차량부서)
  • 현장 활동 대원을 보호할 수 있는 방식으로 차량 부서
  • 상황에 따라 구급차량 주위에 안전표지판 설치와 차량통제 요원 확보
- (도난방지) 엔진정지, key 분리, 문 잠금
- (연락처) 활동 중 차량을 비워 두어야 할 경우 연락처 비치
- (안전확보) 위험이 예상되는 경우 경찰과 함께 현장 진입

2 현장대응 단계

○ 현장처치 유의사항
- (환자이동) 이동 시 환자가 추락하지 않도록 안전벨트 등을 이용하여 신체 고정
- (환자보호) 이동 시 환자의 신체가 손상되지 않도록 주의하며 필요 시 체온보호
- (야간활동) 조명기구를 활용하여 시야 확보
- (기상여건) 악천후(우천 및 폭설 등)에 대비한 개인장비(우비, 아이젠 등) 확보

○ 현장출발 및 의료기관 이송
- (낙상주의) 주 들것 이동 시 불완전 조작으로 인한 낙상 주의
  • 차량 문 개방 시 보행자 및 차량 확인 후 개방
  • 측면에서 주 들것 및 환자 관찰
- (안전벨트) 구급차량에 탑승한 모든 인원은 안전벨트 착용. 단, 응급처치 지장이 있을 경우 제외
- (폭행예방) 환자 또는 보호자가 폭력적인 경우 정차하여 안전 확보 및 지원 요청
- (승차정원) 구급차의 승차 정원을 고려하여 인원 탑승

○ 의료기관 도착
- (낙상주의) 주 들것 이동 시 불완전 조작으로 인한 낙상 주의
  • 차량 문 개방 시 보행자 및 차량 확인 후 개방
  • 측면에서 주 들것 및 환자 관찰
- (안전관리) 엔진정지, key 분리, 문 잠금
- (장비정비) 환자 인계 후 상시 출동을 위해 감염방지 등 내부 기자재 정리

3 복귀 단계

○ (법규준수) 도로교통법의 규정 준수
- 탑승자 전원 전·측 방향 경계하며, 위험성 발견 시 운전원 통보
- 귀소 중 경광등, 사이렌 작동 금지

○ (장비소독) 감염성 질환자 또는 대량 출혈 환자 등의 이송으로 소독이 필요한 경우 감염관리실에서 차량 세척 및 장비 소독

○ (의류세탁) 오염된 의류는 즉시 세탁 후 일광건조

○ (감염관리) 감염병 의심 환자 이송 시 대원별 이송이력 관리

sop 402 다수 사상자 대응절차

1 최초 도착한 구급대의 기본역할(분류, 처치, 이송, 기록)

○ (상황전파) 현장의 인명피해 규모(인원·중증도) 및 추가 지원요청 여부(보건소, 의료기관, D-MAT, 항공이송 등) 등을 파악하여 상황을 전파

○ (중증도 분류) START, SALT 등 중증도 분류법에 기초하여 1순위(긴급환자) → 2순위(응급환자) → 3순위(비응급환자) → 4순위(지연환자) 순으로 분류

○ (환자분산)
- 중증도 분류에 따라 환자 치료 및 수용 능력, 이송거리 등을 판단하여 이송할 의료기관을 선정
- 특정 의료기관에 집중되지 않도록 구급상황관리센터 또는 의료지도의 도움을 받아 분산하여 이송

2 임시 현장응급의료소 역할

○ 선착 구급대원이 분류한 환자를 임시 현장응급의료소에서 재분류 실시
○ 후착 구급대는 중증도 순으로 응급처치 및 병원 이송

3 현장 응급의료소 역할

○ (지휘권 이양)
  - 임시 현장응급의료소장(구급대장)을 보건소장에게 이양
  - 현재까지 발생한 환자 현황 및 이송 현황 인계
○ (자원 분배)
  - 이송반, 분류반, 처치반 등 역할에 맞게 임무 수행

※ 중증도 분류법

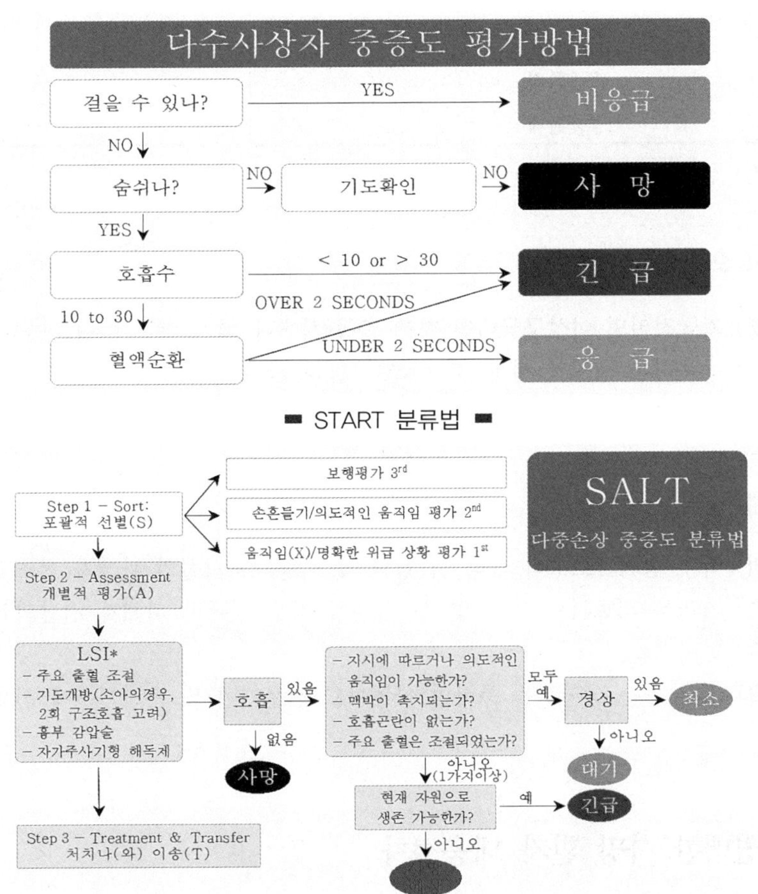

■ START 분류법 ■

* LSI(Life Saving Interventions) : 인명구호술
※ 하나의 중증도 분류 도구는 완벽하지 않으므로 다른 분류 도구도 숙지한다.

■ SALT 분류법 ■

sop 403 범죄 관련 현장 대응절차

1 범죄가 의심되는 경우

- (안전확보) 안전이 확보되지 않는 경우 진입 금지
- (경찰협조) 경찰 협조 하에 안전이 확보된 경우 현장 접근
- (역할인식) 구급대의 역할은 응급처치 및 이송이며, 필요한 경우 현장 보존, 증거 수집 및 보관
- (우선순위) 상황별 환자 중증도에 따른 우선 순위 결정

구 별		우선사항	
		현장보존	환자이송
심정지 환자	명백한 사망 징후가 있는 경우	○	
	명백한 사망 징후가 없는 경우		○
중증환자			○
경증환자		○	

- (현장보존) 현장활동 간 가능한 현장보존 노력

2 성폭력이 의심되는 경우

- (출동지령) 가급적이면 여성구급대원 함께 출동(서거나 앉지 말고 누워 있을 것을 안내)
- (증거보존) 목욕이나 생식기 세척, 대・소변, 탈의 금지 안내
- (환자이송) 성폭력 응급키트가 있고 산부인과 진료가 가능한 의료기관 이송 원칙

3 아동학대가 의심되는 경우

- (환자격리) 학대 혐의자로부터 격리 시 경찰 및 아동보호시설의 관계자 협조 요청
- (환자이송) 가까운 의료기관 이송 및 성 학대의 경우 성폭력 피해자 전담의료기관으로 이송 권장
- (학대신고) 직접 또는 상황실을 통하여 아동보호 전문기관 및 수사기관에 신고

sop 404 명백한 사망 환자 대응절차

1 (현장확인) 연령, 성별, 질병, 범죄관련성 등 정보

2 (사망징후 확인) 다음의 사항을 종합 평가

- 사후강직, 시반이 나타난 경우
- 폐 또는 심장의 노출
- 신체의 부패
- 외상에 의한 뇌 또는 체간의 분쇄손상 또는 절단

3 (심폐소생술 유보)

- 심전도 측정 결과 무수축이 나타나고 명백한 사망 징후가 나타난 경우 지도의사에게 심폐소생술 유보 확인

4 (경찰인계)

- 심폐소생술 유보에 대한 보호자 설명 후 경찰 인계

5 (특수상황)

- 보호자가 소생술을 요구하는 경우 의료지도에 따름

sop 405 구급대원 폭행 방지 및 대응절차

1 폭행사고 예방

- (폭행예방) 환자 및 보호자에 대한 자극, 논쟁, 비난 자제
- (상황설명) 다음의 사항에 대하여 설명
  - 응급처치의 필요성
  - 폭행 시 119법에 의한 구급활동방해죄 또는 형법에 의한 공무집행방해죄로 처벌
  - 폭행범죄 수사 및 기소에 필요한 채증(녹음, 녹화)

2 단계별 대응절차

- (접수단계)
  - 신고 접수 시 폭행·음주·범죄의심·상해·자해·자살시도 등 출동대에 상황 전파
  - 자해 및 폭행이 예상되는 경우 경찰 공동대응 요청
  - 상습 주취자, 폭행 이력자는 상시 등록·관리
- (현장대응단계)
  - 경찰 협조 하 안전 확보 후 진입 및 접근

- 과격한 언행 등으로 대화가 곤란한 경우, 대화 자제 및 간단하고 명료하게 대응
- 폭행범죄 수사 및 기소에 필요한 채증(녹음, 녹화)

○ (폭행 대응단계)
- 폭행이 발생(위험)한 경우 대응을 피하고 충분한 안전거리로 우선 대피
- 상황실 보고 및 경찰, 소방·구조차(대) 지원 요청
- 폭행이 발생한 경우 이송거절 사유에 해당함을 고지하고 이송 거절
- 폭행범죄 수사 및 기소에 필요한 채증(녹음, 녹화)
- 폭행 발생사실을 구급활동일지 등에 기록유지

○ 소방서장의 역할
- 소방서장은 피해 구급대원의 신체적·정신적 회복을 위하여 필요한 조치 시행
- 소방특별사법경찰관(리)에 의한 수사·송치를 원칙으로 하되, 구속필요성 경합범죄 등을 고려하여 경찰 수사시 협조

○ 구급대장(안전센터장)의 역할
- 피해 구급대원 근무 배제(휴식시간 제공) 및 희망 시 근무지 변경(요청)
- 반복적 질문(조사), 가해자 접촉, 피해대원 신상정보 누설 등 2차 피해 방지

sop 406 주취자 대응절차

1 (폭행피해 예방)

○ 논쟁 및 비난 금지

○ 위험한 장소에서 안전한 장소로 이동 권유(안내)
- 인도나 도로에 누워있는 경우
- 고온·한랭 환경에 노출되어 있는 경우
- 추락, 낙하물 피해, 익수 등 위험한 상황에 있는 경우

○ 폭력행사 또는 자해위험이 있는 경우 경찰 협조(인계)
- 폭행이 발생 또는 발생 위험이 있는 경우 폭력행위자로부터 충분한 거리로 피신(119·112 신고)
- 구급차로 이동 중일 경우에는 교통사고 위험이 없는 안전한 장소에서 정차 후 피신(119·112 신고)
- 폭행 발생사실을 구급활동일지 등에 기록유지

2 (의료기관 이송)

○ 다음 증상을 보이는 경우 의료기관 이송

○ 강한 자극에도 의식이 회복되지 아니하는 경우
○ 단순찰과상이 아닌 응급처치가 필요한 외상이 있는 경우
○ 활력징후 등이 불안정한 경우
○ 응급의료에 관한 법률 응급증상 또는 이에 준하는 증상을 보이는 경우
 - 응급환자 여부 판단 → 응급환자는 이송(단순 주취자 귀가 권유)

sop 407 정신질환자 대응절차

1 (이송대상)

○ 정신질환자로 추정되는 자가 자신 또는 타인을 위해할 위험이 커서 응급입원이 필요한 자
○ 정신질환자로 추정되는 자 중 응급환자로 신속한 응급처치 및 병원이송이 필요한 경우
○ 「정신건강증진 및 정신질환자 복지서비스 지원에 관한 법률」제44조(행정입원) 및 같은 법 제50조(응급입원)

2 (이송요령)

○ 정신질환자 또는 추정되는 자를 이송할 경우
○ 응급증상이 아닌 경우 병원 구급차 등을 이용하도록 우선 안내
○ 응급처치나 이송하기가 어려울 정도로 행동 제어가 안 되거나 자해, 폭행 등의 위험이 있을 경우 경찰을 통한 제어(결박 등) 조치 후 처치・이송

sop 408 노숙자 대응절차

1 (단순 노숙자) 병원 진료가 필요 없는 노숙자 대응

○ 본인 상담을 통해 보호시설 입소 권유
○ 상황실 통보로 관할 관청 또는 경찰 인계

상황실		구 급 대		보호시설 인계
구급출동 경찰통보	➡	◘ 주간 : 경찰・관할관청 인계 ◘ 야간 : 경찰인계 또는 피구호자인계서 발급 후 보호시설 인계	➡	상담보호센터 사전 통보

2 (경증 노숙자) 경미한 증상의 비응급 환자

- 각 자치단체 운영 무료 진료소 이송 원칙(병원 이송 고려)
- 그 외 사항은 단순노숙자 처리기준 준용

3 (응급 노숙자) 병원 진료가 필요한 환자

- 자치단체 운영 응급의료기관 이송
- 경찰 동승 또는 피구호자 인계서 사전 발급 후 이송

상황실		구 급 대		환자이송
구급출동 경찰통보	➡	◘ 구급대 : 필요 시 응급처치 후 자치단체가 운영하는 응급의료기관 이송 ◘ 경　찰 : 이송동승 또는 피구호자인계서 발급	➡	의료시설 (자치단체 운영 응급의료기관)

sop 409 법적분쟁 또는 민원발생 예방 대응절차

1 공통사항

○ 환자나 보호자의 비이성적인 행동이 발생할 수 있음을 전제로 대응
○ 환자의 인권과 이익 존중

2 구급활동일지 작성

○ 종합적 · 객관적 시각 유지
○ 구급활동의 내용을 상세하게 기록
○ 필요한 경우 사진 등 보충 자료 확보 · 보관
○ 확인한 사실 위주로 기록
○ 기타 특이사항 기록 (명백한 사망으로 인한 미이송, 법적문제 또는 민원의 소지가 있는 구급활동 등)

Chapter 5 상황단계별 표준작전절차

학습 목표

1. 현장지휘관은 해당 용어에 대한 개념을 정의하고 적용할 수 있다.
2. 상황근무자는 육하원칙에 의한 신고자의 입장에서 접보 받음을 이해한다.(상황근무는 최고의 근무상태 유지)
3. 상황근무자는 단계별 상황보고 체계를 숙지 활용할 수 있다.
4. 상황관리 단계별 표준활동지침에 따라 침착하게 대응할 수 있다.
5. 위치정보 상황관리 단계별 표준활동지침에 따라 대응할 수 있다.
6. 11종 생활안전 긴급전화 119연계 신고의 선별방법을 이해한다.

sop 500 상황관리 공통 표준작전절차

1 상황관리

가. 상황관리의 기본원칙

○ 신고자 입장에서 접근하고 항상 밝고 전문가다운 목소리로 신고를 접수

Tip

(첫 시작) 긴급신고 119상황실입니다. 무엇을 도와드릴까요?
(마무리) 상황변화가 생기면 다시 연락 주십시오?
저는 소방○ ○○○입니다.(긴급상황인 경우 생략 가능)

○ (신속) 육하원칙을 항상 염두에 두고 신속하게 요점을 놓치지 않도록 접수하고 동일 재난 신고건에 대하여 중복 질문을 하지 않도록 상황접수 시 확인된 사항을 상황근무자 간 공유

○ (정확) 신고사항은 기억이나 억측에 의하지 말고 필요시 메모 또는 기록하도록 하며, 끝까지 침착한자세로 정확한 정보를 얻도록 집중

나. 상황관리의 범위

○ (상황관리의 범위) 신고자로부터 사고·재난 유형 및 출동위치(목표물)를 파악하여 출동지령

하고 현장대응에 필요한 정보 등을 전파하는 상황관제 활동을 포함

○ (신고접수) 도입부 질문을 통해 화재, 구조, 구급등 사고·재난유형, 위치, 초기 상황정보, 신고자 확인, 신고자 및 출동대원의 안전 관련 정보를 파악하여 신속·정확하게 출동지령으로 연계

○ (출동지령 및 상황관제) 출동부대 편성·지령, 유관기관 협조요청, 출동차량 동태관리, 지리현황 및 현장정보 제공, 비상소집 등을 실시

○ (상황종료 및 귀소처리) 사고 및 재난상황 종료, 요구조자 및 요구급자 응급조치 또는 병원이송 완료를 확인하고, 출동차량 귀소보고 및 상황관제 기록, 출동태세 유지상태 확인 등을 실시

다. 신고증가 및 신고폭주 시 대응

○ 긴급신고전화 통합으로 해양신고(122) 등 다양한 재난신고에 적응할 수 있도록 상황요원의 정기교육과 예비 장비 확보로 변화하는 재난 신고 접수를 위한 적응력 향상

○ 태풍, 홍수, 지진 등 대규모 재난사고 발생으로 신고 폭주가 예상될 경우 아래와 같이 조치

○ ARS로 동일지역 동일재난에 대한 안내멘트 발송, 지역방송 활용

○ 시·도별 현 상황실의 시간당 처리건수가 2배에 도달할 경우 전화회선 및 간이접수대를 증설하고 상황근무요원 보강

라. 상황실 신고접수 우선순위

○ 119재난신고, 유관기관 공동대응, 신고이관, 단순상담 간의 체계적인 기준 정립을 위해 신고처리의 우선순위를 결정

○ (1순위) 화재, 구조, 구급 등 긴급한 재난 및 유관기관 공동대응(이관, 이첩) 신고전화

○ (2순위) 화재, 구조, 구급 등 긴급한 재난 및 유관기관 공동대응(이관, 이첩) 출동차량 상황관리

○ (3순위) 화재, 구조, 구급, 등 긴급한 재난 및 공동대응과 관련 없는 상황관리(110민원안내, 사후이첩 등)

2 상황실 지령절차

○ 지령(예비지령)은 수보 후 즉시 시작하는 것을 원칙으로 함
- 신고 받은 내용을 정리·보충하여 간단·명료하게 지령

○ 출동시킬 전 대상에게 동시에 지령하거나, 재난현장에서 가까운 출동대 또는 반드시 필요한 출동대부터 출동시킴
- 출동 중인 소방력에 대해서 추가·보충사항 지령사항이 있으면 2차 지령 및 무선장비를 이용 확인 함

○ 상황실, 각 부서, 유관기관 등 관련 정보를 수집하여 출동대에 통보함
- 선착대 현장지휘관은 현장상황을 파악 후 보고 지시

○ 유관기관 출동 협조 요청
- 화재 출동 지령 후 유관기관 출동 협조 요청

3 상황실 무선통신절차

- ㅇ 무선통신장비에 대한 관리책임자와 운용자를 지정・배치
  - 모든 간부 ・ 차량, 현장 활동 최소단위(반, 부)별로 휴대국 또는 이동국을 배치
- ㅇ 통신이 복잡해질 경우 채널을 분리 사용함
  - 통신 우선순위[비상통신(국가비상사태, 천재지변비상사태, 요인경호 작전) → 지휘통신(화재・구조・구급・재난대응 등을 지휘하는 지휘관의 지시, 상관(기관) 보고) → 작전통신(화재・구조・구급 등 재난 현장활동과 상황관리를 위한 대응자 간 통신) → 일반통신(훈련, 일반행정업무)]를 따름
  - 중계채널 = 상급기관과 통신 또는 상급지휘관간 통신 또는 원거리 소방차와 통신, 비중계채널 = 각 방면내 통신

sop 501 상황관리 단계별 절차

1 신고접수 절차

상황관리단계	단계별 조치 내역
도입부 공통질문을 통한 정보 획득	① (재난지역 파악) 사고 재난발생위치 및 규모, 재난종류, 주변 주요건물, 고속도로, 터널상하행선 등 파악 ② (인명구조 및 연소상황 파악) 불꽃, 연기발생 규모, 요구자, 인명대피 여부, 출입문 폐쇄여부, 소방차 진입장애 등 확인 ③ (신고자 정보 파악) 관계인 여부, 추가 전화번호 파악(신고자가 불쾌하게 생각 할 수 있으므로 최대한 친절히 응대)
⇩	
소방차 출동지령	① (출동지령) 신고가 접수된 경우 즉시 출동을 원칙, 재난유형・위치・신고자 전화번호 확인하고 출동지령 * 신고자의 목소리만 듣고 접수된 신고가 장난 또는 허위 등이라고 단정하지 아니하고 우선 출동조치 ② (재난정보파악) 출동지시를 받은 소방대의 출동상황 확인, 현장의 재난상황 파악 출동대에 전파(대원의 안전과 관련된 사항은 우선 전파) * 현장지휘관과 통신수단 및 유관기관과의 비상연락수단 확보, 추가지원 파악, 가동, 사상자 현황 및 이송 부상정도 파악 ③ (기록관리) 상황접수가 누락되거나 보고・조치가 지연되는 사례가 없도록 상황내용을 시간대별로 파악하여 보고 및 기록・유지 등
⇩	

도착 전 조치 할 사항 안내 및 응급처치 지도 시행	① 소방차 출동 지시를 내린 후, 상황에 따라 필요한 조치를 할 수 있도록 신고자 또는 주변인에게 고지 ② 응급환자의 경우 구급상황관리사 등이 구급차 도착전 응급처치 지도 시행
⇩	
마무리 안내 및 유관기관 협조요청	① 일반적인 경우에는 일상적인 마무리 안내를 하고, 다른 도움 요청 전화를 받아야 하는 경우 긴급 마무리 안내 * (예시) 소방차를 보냈습니다. 급한 상황이 있어 지금 전화를 끊어야 합니다. 어떤 변화가 생기면 즉시 다시 연락하세요. ② 필요한 경우 유관기관에 통보하고 협조 요청

2 출동지령 및 관제

가. 출동지령의 기본원칙

- (수보즉시 지령) 지령(예비지령)은 수보 후 즉시 시작하는 것을 원칙으로 하고 신고 받은 내용을 정리·보충하여 간단·명료하게 지령
- (적절한 출동대 편성) 재난현장에서 가까운 출동대 혹은 출동대 편성기준을 중심으로 재난유형, 규모 등에 따라 적절하게 부대편성
- (무전통한 반복지령) 2차 무전을 통해 재난위치, 현장상황 등을 반복지령하고 잘못된 지령은 수정하여 출동대에 통보
- (주요사건 시 즉시 보고) 재난현장(노숙인, 만취자, 폭행, 교통사고 등) 공동대응 필요시 관련 유관기관 통보하고 주요사건·사고 시 상황실 선임 책임자에게 즉시 보고

나. 출동지령 및 관제

- (지령용어 사용) 익숙한 소방무선 호출부호 등 미리 정해진 약어나 평소 익숙한 용어를 사용하여 정확하게 지령
- (분명한 발성·음량·속도 적정 확인) 정확한 정보전달이 되도록 분명한 어투로 또박또박 자신감 있게 지령하고 평상시에 대화하는 것과 같은 음량과 메모를 할 수 있는 속도로 지령
- (억양 강조 지시) 음성의 강약이나 고저, 억양, 말 끝맺음의 높낮이를 조절 하므로서 전달하고자하는 정보의 요점을 명확하게 표현
- (지명, 도로명, 주소, 숫자는 명확하게 발음) 유사한 지명이나 거리명, 알아듣기 어려운 외국어표기의 건물, 숫자 등은 명확하게 발음, 전달

3 출동대 제공 할 주요정보

구분	화재	구조	구급
곤통사항 (예고방송) (출동지령)	• 소재(위치) : 주소, 건물(동)명, 지점, 방향, 도로명 • 세부장소 : 가정, 작업장(공장), 도로, 산악, 강, 다중장소 • 재난유형 : 화재, 폭발, 구급, 구조, 위치정보, 일반민원, 문의, 기타		
출동대 편성 및 출동지령	• 화재규모 • 가연물(물질)의 종류 • 연소확대 여부 • 요구조자, 환자여부 • 건물의 용도 • 소방활동장비(필요시)	• 사고원인 및 규모 • 피해확대 여부 • 요구조자 인원 및 상태 • 환자발생여부 • 활동기자재(필요시) • 구급대출동 (사상자발생시)	• 사상자(환자) 수 • 환자유형(질환, 사고등) • 환자상태(심정지여부등) • 신고자(환자)연락처 • 활동 기자재(필요시) • 구조대출동(필요시)
출동 중 (상황관계)	• 소방용수시설 확보 • 출동로(진입, 우회도로) • 현장상황(추가상황) • 출대원안전정보 • 지원출동(필요시) • 관계자 초기대응 유도	• 출동로(진입, 우회도로) • 현장상황(추가상황) • 출동대원안전확보 • 지원출동(필요시) • 관계자 초기대응 지도	• 출동로(진입, 우회도로) • 현장상황(추가상황) • 출동대원안전확보 • 지원출동(필요시) • 관계자 초기대응 지도 • 수용가능병원파악
현장활동 중 (상황관리)	• 현장상황관리(사고개요, 원인, 피해현황 등) • 소비차량 및 소방활동 기자재 등 추가지원(필요시) • 사상자 관리(인명구조 상황, 이송병원)		
종료 및 기록관리	• 출동대 인원, 장비 등 이상 유무확인 • 차량별 출동 가능상태 유지확인(급수, 급유, 장비적재 등) • 상황보고 수신 및 최종보고서 작성 및 관리		

sop 502 위치정보 상황관리 표준절차

1 대응절차 및 기준

○ 이동전화로 위치조회를 요구할 경우 친절히 상담한다.

○ 조회요건 등 판단을 위해 신고자에게 안내・문의

- 요청사유 및 신고자와 요구조자간의 관계 확인
- 위치정보조회 제도, 기술에 대한 고지・안내
- 허위신고 시 1,000만원 이하의 과태료 부과에 대한 사항
  - 기지국, GPS, WiFi 3가지 방식으로 위치정보 조회가 가능
  - GPS, WiFi 방식 조회 불가 시 오차범위가 큰 기지국 방식으로 조회되며, 휴대전화 비정상 종료 시 기지국 방식도 조회 실패

- 위치정보조회 요청을 위한 정보 수집
  - 신고자와 요구조자의 성명, 주민등록번호, 전화번호
  - 수색의 용이성을 위한 나이, 인상착의, 탑승차량 등
- 소방대원의 출동사실 안내, 출동대 수색
  - 조회결과(위치)는 요구조자의 동의없이 제3자에게 안내 불가(위치정보법 제29조 제11항)
    ※ 단, 개인위치정보주체의 동의가 있는 경우 또는 긴급구조활동을 위하여 불가피한 상황에서 긴급구조기관 및 경찰관서에 제공하는 경우에는 가능
- 위치정보 요청서는 3개월간 보관하고 수신한 위치정보는 상황종료 후 파기

▌위치정보 상황관리 단계별 표준활동지침▌

단계별 처리사항	표준활동지침
요청사유 및 관계확인	▸ 급박한 위험으로부터 생명·신체를 보호하기 위함인지(긴급구조사항) 여부 확인 ▸ 요구조자와의 관계 확인(본인, 배우자, 2촌 이내의 친족, 후견인)
⇩	
고지·안내	▸ 허위 시 과태료 부과, 위치정보조회 기술적 한계 ▸ 신고내용의 녹취, 요구조자에게 문자 전송 ▸ 위치정보조회 요청에 필요한 정보 수집 ▸ 전화 또는 문자로 요구조자가 긴급구조상황인지 확인 - 요구조자의 부인 시 신고자에게 통보 후 종결
⇩	
판단 및 결재	▸ 위치정보 요청의 결재는 자체 전결 규정에 따르는 것을 원칙으로 하되, 일과 이후 등에는 시·도 절차에 따름
⇩	
위치정보 요청 및 출동사실 안내	▸ 정확한 측위를 위해 위치정보 재차 요청 후 비교·분석 결과를 출동대에 안내 ▸ 조회가 실패한 경우 상황실 신고 접수자는 그 결과를 요청자에게 통보 ▸ 조회결과에 따른 출동사실을 신고자에게 안내 ▸ 단, 조회결과(위치)는 안내 불가(위치정보법 제29조 제11항)
⇩	
출동지령 및 수색	▸ 위치조회장소 인근 관할출동대 출동지령 및 수색 ▸ 단, 조회결과(위치)는 안내 불가(위치정보법 제29조 제11항)
⇩	
결과안내 및 상황종료 처리	▸ 수색결과를 신고자에게 안내 ▸ 단, 조회결과(위치)는 안내 불가(위치정보법 제29조 제11항)

sop 503 신고통합 공동대응 및 생활안전신고 처리절차

1 용어의 정의

○ (긴급상황) 생명, 신체 등 주요 법익침해에 대한 급박한 대응이 필요하여 경찰, 소방, 해경 등 조치의 신속성이 최우선되는 상황

○ (비긴급상황) 민원, 신고, 상담(국민고충, 불편사항, 전문상담)으로 현장대응이 불필요하고, 신속성보다 정확성 및 전문성이 요구되는 상황

○ (공동대응) 신고전화로 접수한 사항이 다른 기관과 공동으로 조치가 필요한 경우에 신고전화 및 신고정보(전화번호, 신고내용, 위치정보)를 공유하고 대응하는 절차로 재난상황 또는 이에 준하는 소방력이 출동하여야 할 긴급한 상황에서 경찰·해경 등 유관기관과 공조가 필요한 신고인 경우로

※ 신고자와 신고를 접수한 119 및 유관기관과의 전화연결을 통해 3자 통화와 신고정보를 공유하여야 하는 신고를 말한다.

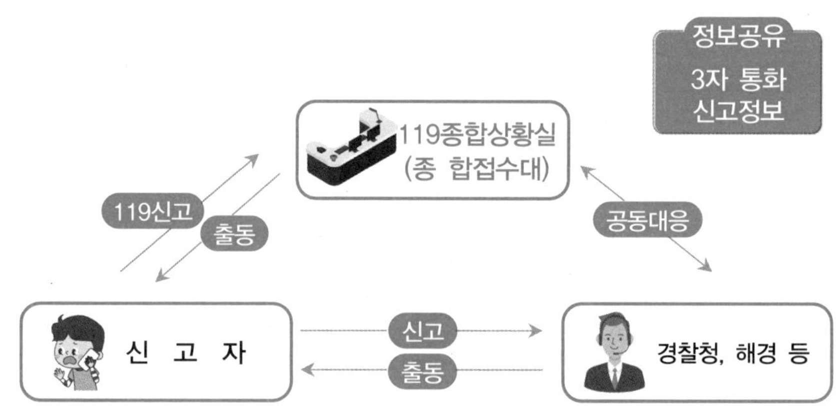

○ (신고이관) 신고전화로 접수한 사항이 소관이 아니고, 다른 기관 소관인 경우 해당 기관으로 신고전화 및 신고정보를 전달하는 절차

○ (이관접수) 다른 기관이 접수한 신고전화 및 신고정보를 이관한 경우 소관의 신고로 접수하는 절차

○ (긴급신고공동관리센터) 기관별 신고 접수사항에 대하여 기관간의 신고정보 공유 및 연계를 지원하기 위한 통합시스템을 관리·운영 하는 기관

○ (3자통화) 민원인 ↔ 119종합상황실 ↔ 민원 해당기관간의 동시통화

2 신고 유형별 공동대응 처리기준

○ 유관기관 공동대응
  - 산불, 태풍 등 자연재난으로 인명피해가 우려되는 사고신고
  - 가스, 전기, 수도 등의 사고로 인명피해가 우려되는 사고신고

○ 긴급신고통합서비스 공동대응
  - 119(재난), 112(범죄),110(정부민원상담)

유형	협 의 (4개)	광 의 (17개)
	안전 및 긴급성 높음	경우에 따라 안전 관련성·긴급성 발생
범죄	112(범죄)	1301(범죄, 검찰상담) 182(미아신고, 경찰상담) 1399(불량식품) 1577-1391(아동학대)
재난	119(화재·구급·구조) 1588-3650(재난) 122(해양사건·사고)	121(상수도) 128(환경오염 신고) 1544-4500(가스사고) 123(전기신고) 1588-7500(전기안전)
전문상담	110	110(정부민원상담), 1577-0199(정신건강 상담) 1577-1389(노인학대) 1366(여성폭력) 1388(청소년 상담, 긴급구조) 117(학교폭력) 1303(군 위기상담, 범죄신고) 118(사이버테러, 인터넷종합) 125(밀수, 관세) 1577-1366(이주여성상담)

3 소방 ⇔ 경찰 공동대응 가이드라인

○ 긴급신고전화통합 운영에 따라 경찰과 공동대응, 현장확인 후 대응요청, 단독대응 대상에 대한 가이드라인을 협의('17. 11. 9)

○ 소방은 범죄 등으로 현장 활동 중인 소방관과 국민이 급박한 생명·신체의 위험이 있는 경우, 경찰은 화재·재난·재해 등 위급한 상황에서 구조·구급 활동에 필요한 경우 상호기관에 공동대응 요청

○ 공동대응 요청 시 그 사유 및 지원이 필요한 업무 등 구체적 명시
  - 소방 ⇔ 경찰 간 재난유형별 공동대응 가이드라인

- 소방 재난유형별 코드

※ 범례	공동대응	현장확인 후 출동요청	소방단독처리

화 재	구 조	구 급	기 타
모든 화재	붕괴사고	교통사고	산사태
	산악사고	약물중독	지원출동(전기)
	수난사고	가스중독	지원출동(가스)
	교통사고	화상	지원출동(환경)
	추락사고	부상	민원출동
	약물사고	행려병자	지원출동(재해)
	폭발사고	질병 외	지원출동(풍수해)
	자살	사고부상	지원출동(경호)
	실종사	구급기타	지원출동(데모시위)
	항공구조(항공사고)	구급예약	지원출동(행사지원)
	항공구조(수색구조)	무선페이징	지원출동(근접배치)
	기계사고	임산부	지원출동(행락철)
	승강기사고	U안심폰대상자	지원출동(명절)
	항공구조(훈련상황)	질병	지원출동(배수)
	자연재해		지원출동(급수)
	기타 안전사고		지원출동(청소)
	시건개방		지원출동(한해)
	동물구조		지원출동(기타)
	벌집제거		지원출동(도로세척)
			지원출동(가옥정리)
			순찰출동
			상황출동
			예방경계
			대민지원
			업무운행
			기타출동
			훈련출동
			응원출동

- 경찰 사건종별 코드

※ 범례	공동대응	현장확인 후 출동요청	소방단독처리

중요범죄	기타범죄	질서유지	교통	기타경찰업무	타기관, 기타
살인	폭력	주취자	교통사고	실종 (실종아동등)	화재
아동학대 (가정내)	기타형사범	보호조치	사망・대형사고	자살	구조요청
아동학대 (기타)	데이트폭력	위험방지	인피도주	변사자	기타, 타기관
강도	사기	시비	교통불편	비상벨	소음
납치감금	공갈	행패소란	교통위반	경비업체요청	노점상
성폭력	협박	청소년비행	상담문의	분실습득	서비스요청
가정폭력	도박	무전취식승차		FTX	내용확인불가
치기	재물손괴	기타경범		청탁금지법	
절도	주거침입			가출 등	
	풍속영업			상담문의	
	수배 불심자				

4 해양사고(122) 신고 처리 절차

○ 해양사고(122) 주요 신고내용
- 해양에서 발생한 유・도선 등의 충돌, 좌초, 화재, 전복, 침몰, 침수 등 해양사고
- 선박・어구 등 물품 손괴 및 양식장절도, 불법조업, 마약, 밀수 등 해양범죄 관련 신고
- 유・도선의 기관고장・표류 및 통신 두절 선박 신고, 기름유출 등 해양오염, 해상교통・수상레저 관련 민원신고 등

○ 해양사고 상황별 대응 방법
- 공동대응

구분	내 용
대 상	▸ 항구 등 육지 인근에서 발생한 유・도선 등의 충돌, 좌초, 화재, 전복, 침몰, 침수 등 해양사고로서 소방활동이 필요한 신고 ▸ 항구에 메어둔 선박에서 소방활동이 필요한 신고
예 시	▸ 해상에서 바지선과 선박이 충돌하여 좌초, 전복되는 경우 ▸ 선박 엔진 및 어선 선외기 과열에 따른 화재 발생하는 경우
조 치 사 항	▸ 상황에 맞는 신속한 대응을 위해 사고 유형(좌초, 침몰, 전복 등) 및 위치 확인을 위한 선박정보(선명, 선종, 선적지 등) 파악 접수 ※ 해양관련 종사자가 아닌 경우 선명, 출항지, 목적지 등 파악 ▸ 관련 사건에 대해 유관기관 정보제공 및 공동대응 요청 ▸ 사고처리는 시・도별 119상황관리 대응매뉴얼에 따라 조치

- 신고이관

구분	내 용
대 상	▸ 선박·어구 등 물품 손괴 및 양식장절도, 불법조업, 마약, 밀수 등 해양범죄 및 안전사고 관련 신고
예 시	▸ 영종도 앞 해양에서 선박 충돌로 인한 해양오염(기름 유출)
조 치 사 항	▸ 신고자에게 관련 기관과 함께 통화할 필요가 있음을 설명한 후, 잠시 시간 양해를 구하면서 관할 해양경찰청 상황실과 3자 통화 실시 ▸ 신고자 정보(전화번호, 위치정보 등) 및 신고내용에 대한 접수기록을 관할 해양경찰청 상황실로 이관

5 생활안전 민원전화 처리 기준

○ 119재난신고, 유관기관 공동대응·신고이관·단순상담 간의 체계적인 기준 정립을 위해 신고처리의 우선순위를 결정한다.
  - 상황별 출동기준 : 긴급, 잠재긴급, 비긴급 3단계로 구분
    • (긴급) 즉시 조치하지 않으면 인명피해 등이 발생할 수 있는 경우 : 소방대, 유관기관 즉시 출동
    • (잠재긴급) 긴급한 상황은 아니나 방치할 경우 2차 사고가 발생할 수 있는 경우 : 소방대, 유관기관 등 출동
    • (비긴급) 긴급하지 않으며 인명 및 재산피해 발생 우려가 적은 경우 : 유관기관, 민간 등에 통보

○ 신고유형별 대응방법을 숙지하여 소방단독출동, 기관 간 공동대응, 단순 안내 등 신속 판단
  - 재난신고 : 국민의 생명·신체·재산을 보호하기 위하여 소방 활동이 필요하거나 신고자가 소방 활동을 요청하는 신고
  - 3자 통화, 이관(이첩),공동대응 대상 신고 : 신고자의 신고내용상 유관기관의 업무로 판단될 경우 3자통화 등을 활용하여 신고를 이관(이첩)하고, 공동대응 필요시 즉시 해당 기관 간 공조
  - 110번 안내 연결처리 : 긴급한 상황이 아닌 단순한 민원상담으로, 그 내용이 소방 업무소관이 아닌 신고

6 긴급신고전화 통합서비스 이용기관 협조사항

○ 관계 기관 접수 모니터링 상시 접속
  - 신고자 ↔ 소방상황실 ↔ 관련 기관 간 3자 통화 및 공동대응 등에 대비하여 긴급신고전화 통합시스템에 상시 접속하여야 한다.
  - 신고정보(신고자 전화번호, 신고내용, 장소 등)는 시스템을 통해 실시간 제공
  - 상시 연락체계 유지하여 신속한 신고정보 확인 필요
  - 소방관서에서 제공하는 정보(신고내용 등)를 100% 활용한다.

○ 문자메시지 수신시 조치사항

- 119종합상황실에서「3자 통화」연결이 실패할 경우 문자메시지(SMS)와 시스템 로그인 시 알림 창(POP-UP)으로 민원 내용을 통보
- 관계 기관에서는 평소 SMS 또는 팝업 확인에 유의
- 관계 기관 메시지 수신담당자는 신고내용을 확인한 후 신고자에게 전화로 답해주는 것을 원칙으로 한다.
- 메시지(알림창 통보) 수신담당자는 신고자에게 전화를 반드시 하여 진행사항 또는 처리여부를 확인한다.

○ 민원처리 결과 공유
- 시스템에 입력된 민원의 처리 결과를 공유할 수 있도록 관련 기관 담당자는 민원처리가 완료된 건은 그 결과를 즉시 입력
  - 「3자 통화」를 통한 신고접수 건
  - 문자메세지(SMS) 수신을 통한 신고 접수건
  - 로그인 시 팝업창(POP-UP)을 통한 신고 접수건

○ 긴급신고전화통합시스템 관리자 정보 현행화
- 사무실 및 휴대폰 전화번호 등 담당자 정보의 변동사항이 있는 경우 즉시 '시스템'에서 담당자 정보를 수정
  - 기관 전화번호
  - 담당자의 전화번호 및 휴대폰 전화번호
  - 인사발령 등 담당자 변경 시 변경된 담당자 정보

○ 생활민원신고전화(예)

번호	내용
"121" 수도신고	▸ 수질검사와 옥내배관, 물탱크 관리상태 종합진단 신고 ▸ 단수, 누수, 요금, 검침, 수도사용량 문의
"128" 환경신고	▸ 대기환경오염, 수질생태계오염, 오수·가축분뇨, 폐기물 불법배출, 유독물을 배출·누출하는 행위 등 신고
"1577-1366" 이주여성상담	▸ 성숙한 다문화사회 환경조성 등을 위한 이주여성에 대한 전문상담 및 안내
"1366" 여성긴급전화	▸ 부녀자를 대상으로 현저히 곤란하게 할 수 있는 성폭행 등 불이익 또는 위험에 처하게 하는 행위 등의 신고
"1388" 청소년폭력	▸ 청소년의 신체폭력, 금품갈취, 사이버 폭력, 언어폭력 등 학교 내외에서 발생하고 있는 폭력으로 고통 받는 청소년 상담
"1544-4500" 가스안전공사	▸ 가스로 인한 위험함 사고를 방지와 시설의 설치·유지 및 안전관리에 관한 사항을 처리
지역도시가스	▸ 가스 공급시설과 가스 사용시설 설치유지 및 안전관리에 관한 사항
"1577-1389" 노인학대	▸ 노인에 대하여 신체적·정신적인 폭력 뿐 아니라, 경제적 착취 또는 가혹행위 등을 하는 행위에 대한 신고·상담
"1577-1391" 아동학대	▸ 성인(보호자포함)에 의하여 아동의 건강·복지를 해치거나 정상적 발달을 저해할 수 있는 폭력, 가혹행위 등을 하는 행위에 대한 신고·상담 ※112로 통합
"1588-3650" 자연재해피해	▸ 태풍 등 자연현상으로 인하여 발생하는 재해 ▸ 국가 기반체계의 마비와 전염병 확산 등으로 인한 피해
"123" 전기고장신고	▸ 전기상담·고장신고

7 헬기출동 상황관리 절차

○ 헬기 상황관리
- 헬기 출동 후 기지 복귀 시까지 안전하게 헬기가 운항 할 수 있도록 필요한 운항정보(기상, 항공고시보, 공역통제 등)를 수집 및 제공, 현장상황 전파, 항적감시 등 상황관제 활동을 포함
- 신고내용, 재난유형에 따른 상황정보파악 및 화재진압 등 출동규모를 정확하게 확인
- 기타 헬기 현장 활동에 필요한 정보 확인(현지기상, 이착륙장, 장애물 등)

○ 헬기출동 및 상황관제
- 운항관리사가 있는 경우 : 출동지령시 현장 이착륙 장소, 바람, 시정 등 정보 확인
- 항공대원 출동 인원, 출동대수, 추가 출동 요청 등 확인
- 출동하는 헬기에게 필요 시 현장상황 전파
- 운항정보시스템을 활용한 헬기위치 추적, 감시
- 비행 경로에 뇌우, 뇌전, 안개 등 파악되면 조종사에게 즉시 전파(무선, 운항정보시스템 문자전송기능)
- 이송병원의 선정, 구급대·의료진 대기 등 필요한 조치를 하고, 환자 정보 등을 출동 헬기 및 지원기관 상황실에 제공
- 사고지역 현장 드론 운용 시 헬기와 공역 구분 및 통제대책 강구

○ 보고 및 지원요청
- 헬기 출동시 소방청 상황실로 헬기 출동보고
- 헬기 미보유 시·도 지원 필요 시 소방청 상황실로 지원 요청(유·무선 통지 후 지원요청서작성)
- 재난 확대 등으로 국가헬기 등 지원 필요시
  • 소방청 상황실 경유 타 기관(산림청, 해경, 경찰청, 국방부) 추가 헬기 지원 요청
  • 타 기관 헬기정보(소속, 기종, 지원대수, 인원, 출동시간 등) 전파 및 조정업무
  • 헬기 이·착륙장소, 연료 보급장소 등 헬기 지원정보 확인 후 조종사에게 제공
  • 필요시 재난지역을 통제구역으로 설정 등 항공고시보 요청

○ 귀소 및 상황종료
- 조종사로 부터 임무완료 보고를 받으면, 연료 잔량 확인 및 필요시 연료보급 협조
- 헬기가 안전 귀소할 때까지 운항관리시스템을 이용 항적을 지속적으로 감시
- 헬기 착륙 정보를 확인 후 상황 종료

○ 항공무선 통신망 이용
- 헬기출동~기지 복귀 시 까지 항공지휘·통제를 위한 통신망 유지
- 재난현장에서 항공지휘 통제를 위해 소방항공통신망을 유지
- 헬기별 호출부호 확인, 현장지휘관, 지상통제관을 동원 헬기에 전파
- 사고현장 항공통신망 지속적인 모니터링

sop 504 상황보고 절차

○ 상황보고 기준(소방기본법시행규칙)
- 사망 5명 이상 사상자 10명이상 발생 화재
- 이재민이 100인 이상 발생 화재
- 재산피해액이 50억원 이상 발생한 화재
- 관공서·학교·정부미도정공장·문화재·지하철 또는 지하구의 화재
- 관광호텔, 층수가 11층 이상인 건축물, 지하상가, 시장, 백화점, 지정수량의 3천배 이상의 위험물의 제조소·저장소·취급소
- 층수가 5층 이상이거나 객실이 30실 이상인 숙박시설
- 층수가 5층 이상이거나 병상이 30개 이상인 종합병원·정신병원·한방병원·요양소
- 연면적 1만5천제곱미터 이상인 공장, 화재경계지구에서 발생한 화재
- 철도차량, 항구에 매어둔 총 톤수가 1천톤 이상인 선박, 항공기, 발전소 또는 변전소에서 발생한 화재
- 가스 및 화약류의 폭발에 의한 화재
- 다중이용업소의 화재
- 통제단장의 현장지휘가 필요한 재난상황

○ 상황보고 기준(화재조사 및 보고규정)
- 대형화재
  - 인명피해 : 사망 5명 이상이거나 사상자 10명 이상 발생한 화재
  - 재산피해 : 50억원 이상 추정되는 화재
- 중요화재
  - 관공서, 학교, 정부미 도정공장, 문화재, 지하철, 지하구 등 공공건물 및 시설의 화재
  - 관광호텔, 고층건물, 지하상가, 시장, 백화점, 대량위험물을 제조 · 저장 · 취급 하는 장소, 대형화재취약대상 및 화재경계지구
  - 이재민 100명이상 발생화재
- 특수화재
  - 철도, 항구에 매어둔 외항선, 항공기, 발전소 및 변전소의 화재
  - 특수사고, 방화 등 화재원인이 특이하다고 인정되는 화재
  - 외국공관 및 그 사택
  - 기타(방송·매체 등 보도) 대상이 특수하여 사회적 이목이 집중될 것으로 예상되는 화재

○ 상황보고 기준(화재조사 및 보고규정)

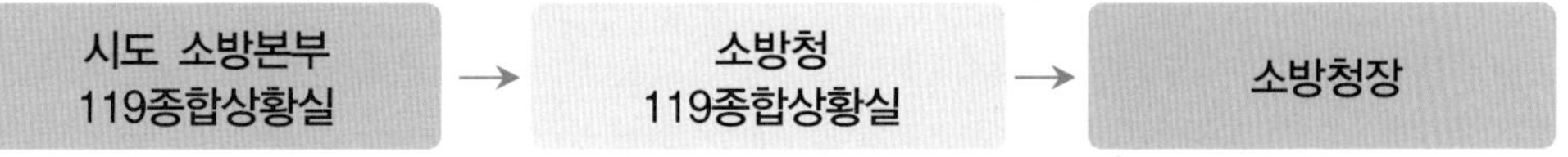

- 상황보고방법
  - 보 고 자 : 상황팀장, 상황실장, 본부장 등
  - 보고구분 : 최초보고-중간보고-최종보고

구분	주요내용
최초보고	○ '119종합상황실의 근무 및 운영지침 기준' 제5조에서 정한 상황보고 ○ 서면, 모사전송, 컴퓨터 통신, 전화 등 가장 빠른 방법 활용 **「소방기본법 시행규칙」 제3조 제2항에서 정한 사항** 1. 다음에 해당하는 화재 가. 사망자가 5인 이상 또는 사상자가 10인 이상 발생한 교통사고 나. 이재민이 100인 이상 발생한 화재 다. 재산피해액이 50억원 이상 발생한 화재 라. 관공서, 학교, 문화재, 지하철 또는 지하구의 화재 마. 관광호텔, 11층 이상인 건축물, 지하상가, 시장, 백화점, 종합병원 또는 화재경계지구에서 발생한 화재 등 바. 철도차량, 항구에 매어둔 1천톤 이상인 선박, 항공기 등 사. 가스 및 화약류의 폭발에 의한 화재 아. 다중이용업소 화재 2. 긴급구조통제단장의 현장지휘가 필요한 재난상황 3. 언론에 보도된 재난상황 4. 그 밖에 국민안전처장관이 정하는 재난상황 가. 소방활동 중 공사상자가 발생하거나 민원이 발생한 사고 나. 사망자가 5인 이상 또는 사상자가 10인 이상 발생한 교통사고 다. 피해면적이 3ha 이상으로 확산될 우려가 있는 산불 라. 인근에 문화재가 위치하거나 주택 등이 있어 인명피해가 우려되는 산불 마. 지진이 발생하여 인명피해가 발생한 사고 바. 중앙119구조본부 및 타 시도의 소방력 지원이 필요한 사고 사. 시위, 테러, 다중이 모이는 행사·집회 등 소방력 지원이 필요한 사고
⇩	
중간보고	○재난상황의 변화에 따라 수시로 하는 보고 ○119종합상황실의 근무 및 운영지침 기준 별지2호 서식 사용 * 대상물 현황(건축물 및 소방·방화시설), 소방시설 작동유무, 인명대피 현황, 관계자 인적사항, 보험가입 유무 등
⇩	
최종보고	○재난상황에 따른 소방활동이 종료된 후에 하는 보고 ○119종합상황실의 근무 및 운영지침 기준 별지3호 서식 사용 * 재난발생의 일시·장소·원인, 재난으로 인한 피해내역, 응급조치 사항, 소방활동사항, 향후 조치계획 등

현장 안전관리 표준지침 SSG(Standard Safety Guidelines)

Chapter 6

학습 목표

화재개념과 분류 이해하기

1. 현장지휘관은 해당 용어에 대한 개념을 정의하고 적용할 수 있다.
2. 재난현장의 모든 활동 대원은 위험조건과 임무에 맞는 안전장구 착용의 시기와 방법을 항상 준수해야 함을 이해한다.
3. 현장지휘관은 안전에 관한 사항이 체계적으로 관리되도록 현장안전책임관을 지정할 수 있다.
4. 유형별 안전관리 및 화재현장 인명구조 표준지침을 이해한다.
5. 각종 파괴활동 · 수난구조 · 산악구조 · 특수구조 · 생활안전활동 및 건물 공작물 구조표준지침을 준수해야 함을 이해한다.
6. 구급대원은 감염관리 표준지침을 이해하고 현장 적용할 수 있다.
7. 구급차 탑승요원은 개인보호장비 관리 체크리스트에 의해 보호장비를 관리함을 이해한다.
8. 감염성 질병 및 유해물질 등 접촉 보고서 내용을 이해하고 작성할 수 있다.
9. 구급차량 안전운행 표준지침을 준수함을 이해한다.
   [도로교통법(긴급자동차 특례)]

SSG1 현장 안전관리 공통 표준절차

○ 출동지령 단계
- 사고유형을 청취 위험요소를 확인
- 사고발생 장소, 종류 및 건물(도로)상황 파악

○ 출동 단계

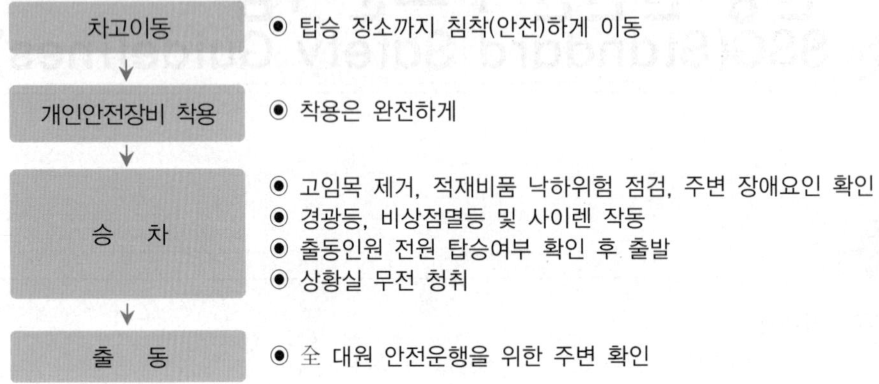

○ 현장대응 단계

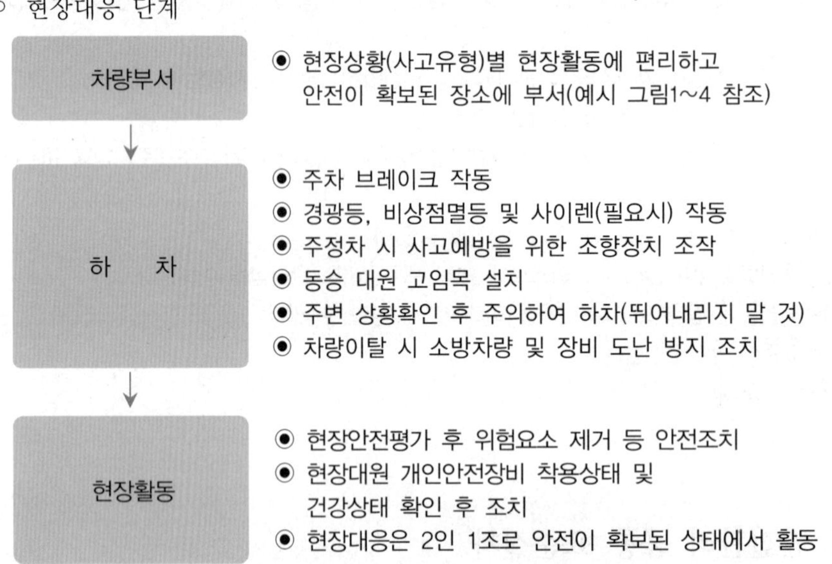

○ 복귀 단계

- 현장안전 최종확인 및 조치
- 모든 대원 및 현장대응장비 이상 유무 파악 및 조치
- 복귀 시 도로교통법 준수하여 안전운행
- 귀서 후 개인위생관리 실시(오염피복 세탁, 손 씻기 등)

※ 전대원 수시 현장안전평가 실시하여 위험요소 발견 시 전파 및 제거

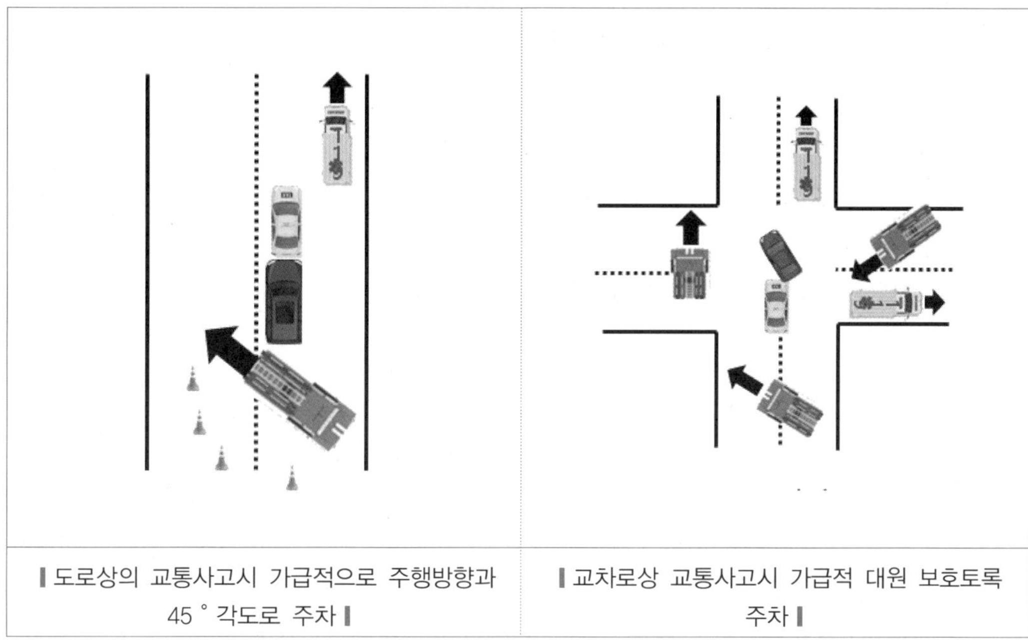	
▌도로상의 교통사고시 가급적으로 주행방향과 45° 각도로 주차▐	▌교차로상 교통사고시 가급적 대원 보호토록 주차▐

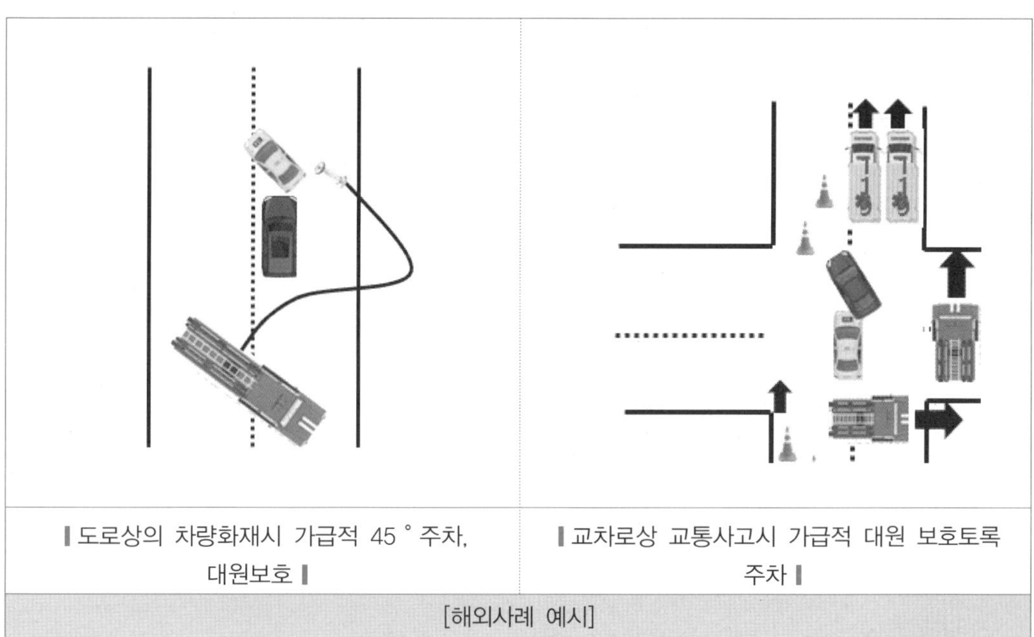	
▌도로상의 차량화재시 가급적 45° 주차, 대원보호▐	▌교차로상 교통사고시 가급적 대원 보호토록 주차▐

[해외사례 예시]

SSG2 임무별 안전관리 표준지침

1 현장지휘관

○ (현장안전평가) 현장도착 시 건축물 붕괴 및 낙하물 등 위험성 현장안전평가 후 대응방법 결정

○ (상황판단) 재난현장의 종합적 정보를 취득하고 대원과 요구조자 안전을 고려하여 대응방법 결정

- 현장활동대원과 현장안전점검관으로 구분하여 임무부여
- 개인안전장비 착용상태 대원 상호간 교차점검, 현장안전점검관 확인점검

○ 경계구역 및 안전거리 설정(Fire-Line 등 통제선 설치), 재난현장 출입통제

- 안전거리 : 유해화학물질(ERG북 활용), 건물붕괴(건물높이 이상) 등 안전조치
- 경찰 등 유관기관과 협조 경계요원 배치 주변 교통통제 및 통행 차단, 인근 주민대피

○ 방사능사고나 유해화학물질사고, 기타 특이사고 발생 시, 관계자 및 관련전문가, 관계기관의 정보를 확보하여 활동하고 특수구조대 및 관계기관 대응부서 자원 활용

- 방사능사고 : U-rest(권역별 방사선 사고지원단)
- 유해화학물질사고 : 환경부 화학물질안전원
- 폭발물 사고 : 경찰청 또는 군부대

2 현장안전점검관☆ 20년 소방위

○ (현장지휘관 보좌) 현장 소방활동 중 보건안전관리 업무이행

- 현장안전을 유지하고, 위험요소 인지 시 지휘관·대원에게 전파 및 안전조치
- 활동에 방해되거나 현장대원에 위험요소가 되는 장애물 확인 및 제거(복합적인 위험요인이 혼재하는 경우 위험이 큰 장애물부터 순차적 제거)
- 감전, 유독가스, 낙하물, 붕괴, 전락 등 위험요소에 대한 안전평가 실시
- 현장활동 중 교통사고 등 잠재된 2차 재해요인 파악

○ 현장투입 대원의 개인안전장비 착용사항 점검 후 안전조치

SSG3 상황별 안전관리 지침

1 화재현장

○ 현장진입 시
- 진입 前 선임자 및 현장안전점검관은 진입대원의 안전장비 이상 유·무 확인 후 진입
- 연기가 있을 시 적절한 배연작업 실시
- 시야확보가 안될 시(어두운 곳) 조명기구 활용
- 화재현장 내부에서 이동할 때는 낮은 자세를 유지
- 문개방 시 출입문 옆 벽에서 천천히 개방
- 출입문 주위는 장애물이 방치되지 않도록 조치
- 지하실에 소방호스 연장 시 여유수관 및 예비호스를 계단상단부에 배치
- 지하실 출입구에 위치한 대원은 지하실 입구 1층 상황 감시

○ 가스 누출된 실내 진입 시
- 진입 전 선임자 및 현장안전점검관은 진입대원의 안전장비 이상 유·무와 신체노출여부를 확인 후 진입
- 실내로 공급되는 전원스위치 및 가스밸브 차단
- 정전기 방지를 위하여 철재창문, 창틀, 배수관등에 방전조치
- 진압대원의 진입 전 적절한 환기실시(송배풍기, 공기용기 활용)로 가스농도를 폭발한계 이하로 조치
- 방수복 등에 의한 정전기 발생을 막기 위해 물을 적시고 진입
- 개인랜턴, 탐조등 등은 실내 진입 전 실외에서 점등 후 현장진입
- 진입대원 신원확인
- 공기호흡기 착용 후 가스검지기 등을 활용, 가스의 종류 및 위험범위 등을 확인 조치
- 폭발대비 위험구역과 경계구역 설정 및 화재예방 조치
- 경계구역 內의 활동대원은 필요 최소한으로 하고, 일반인 접근 통제

○ 화재현장 인명구조

유형	표준지침
공통사항	○ 겨울철 빙판길 및 방수(주수)로 인해 생긴 결빙구간에 모래 및 염화칼슘 등 뿌린 후 현장활동 및 인명구조 작업 개시
일반건물	○ 대원의 안전확보를 최우선으로 하고 인명구조활동 전개 ○ 급기측을 진입구로 설정(계단식 복도, 문, 창 등을 진입구로 확보) ○ 화재진압 완료 후에 인명검색 철저 및 잔화정리 철저 ○ 화재지점 상층 내부 연기질식 대비 인명검색 실시
고층건물	○ 계단실로 통하는 방화문을 폐쇄하여 연기차단 및 피난경로 확보 ○ 건물자체에 설치된 비상용승강기 등 소방용 설비 유효하게 활용 ○ 화점 직하층에 활동거점을 설정하고, 필요한 기자재 집결

차량	○ 불꽃을 발생시키는 구조장비 사용 자제, 유압장비 사용 ○ 속도제한에 비례한 거리의 후방지점에 차량 및 안전요원 배치하여 교통통제, 사고표지판 설치 ○ 위험물 적재 확인 및 엔진 정지 후 작업 실시
지하	○ 지하층 화재진압시 비상구개방 확인 ○ 좁은 계단으로 진입 시 필수요원만 진입
산림	○ 급경사, 골짜기, 강한바람, 구르는 바위, 쓰러지는 나무 등에 주의 ○ 바람을 등지고 불길이 약한 쪽으로 접근하며, 풍하측 및 경사면 위쪽 등 연소 확대 방향은 피함 ○ 불길에 휩싸인 경우 암석지대, 개울, 움푹 파인 곳, 이미 불탄 곳으로 대피 ○ 소화활동 시 퇴로를 확보하고 혼자 고립되지 않도록 주의
유류 (위험물)	○ 부서는 높은 곳, 풍상 또는 풍횡으로 실시 ○ 인접건물 연소방지 및 하천·하수구 등에의 위험물 유입을 방지 ○ 폭발위험 존재시 안전거리 확보하며 활동하고 관계자도 경계선 안으로 진입 통제 ○ 가스 측정기를 통해 가스누출 검측을 선행시켜 폭발 위험성을 확인하고 진입

2 구조현장

○ 인명검색 시
- 문을 개방하기 전 출입문에 진입표시, 문을 만져 열기를 확인하고(필요시 열화상카메라 활용) 검색완료 후 출입문에 검색완료 표시
- 실내 인명검색시 출입구에 1명을 대기시켜 구조대원의 퇴피로 및 탈출구를 확보
- 내부진입시 예비주수하여 낙하물 등 진입장애물을 제거
- 높은 곳에서 현장활동 시 대원의 추락방지 조치 후 활동
- 인명검색시 개구부나 추락위험이 있는 곳은 갈고리 등 장비를 이용하여 확인 후 진입
- 실내진입 시 회전방향을 기억, 방향을 잃었다면 낮은 자세를 유지하고 벽을 집고 출입문이 나올 때까지 이동(소방호스 커플링의 암컷→수컷 방향으로 대피)
- 고층건물 진입 시 개인로프 등 휴대 후 진입
- 건물 내 이동 시 낮은 자세를 유지하고 바닥을 확인하며 벽을 따라서 이동
- 지휘자에게 현장내부에 대한 지속적 상황보고
- 투입된 모든 현장대원을 위한 대피수단 확보
- 발화층 상층부에서 활동할 때는 주수 할 수 있는 소방호스를 소지
- 검색조 교체 시 검색경로, 범위 및 내부 상황 등을 인계

○ 구조장비 선택 및 활용 시
- 현장 전체의 상황을 확인. 2차사고 등 위험성에 유의
- 조작이 간단하며, 확실한 효과가 있으며, 위험성이 적은 장비를 우선적 선택하되, 긴급한 상황에 맞는 장비 선택(급할 때 가장 능력이 높은 장비 선택)
- 무거운 장비 사용시 안전사고가 발생하지 않도록 조치

○ 유해화학물질 현장활동 시
- 안전장비를 갖추고 물질의 종류 및 위험범위 등을 조사
- 유출된 유해화학물질의 종류 및 성상을 파악하여 현장활동
- 예상 확산범위를 선정하여 안전 통제선 설치
- 안전구역 및 위험구역의 현장활동 대원은 필요 최소한으로 투입
- 현장지휘통제구역 및 현장활동 시에는 바람을 등지는 장소선정
- 오염된 인력 및 장비에 대한 제염·제독 조치
- 유해화학물질 현장활동 시 신체 노출이 없도록 방호 조치 철저
- 보호장비를 착용하지 않은 대원 및 일반인은 위험지역 진입통제

○ 도로상에서 현장활동 시
- 출동 중 타 차량에 의한 사고위험성이 있는지 파악
- 선착대는 상황실에 교통상황을 전파하고 교통통제를 위한 유관기관 협조 요청
- 사고 장소를 식별할 수 있도록 현장 후면 주차 후 경광등 및 비상점멸등, 사이렌을 작동
- 대원이 활동할 수 있도록 15m 정도의 공간 확보(대원들의 2차 사고로부터 보호 받을 수 있도록 차량 배치)
- 지휘관은 주변의 안전 확인 후 대원 하차 지시
- 하차 후 즉시 교통흐름 제한 및 차량통제 실시(유관기관 인계 전까지) 및 고임목, 안전삼각대 등 안전장비 설치
- 속도제한에 비례한 거리의 후방지점에 차량 및 안전요원 배치하여 교통통제, 사고표지판 설치

(예시) 시속 80km인 도로인 경우 후방 15m 정도 차량 주차 후, 후방으로 80m 이상 유도표지 설치

<그림 참조>

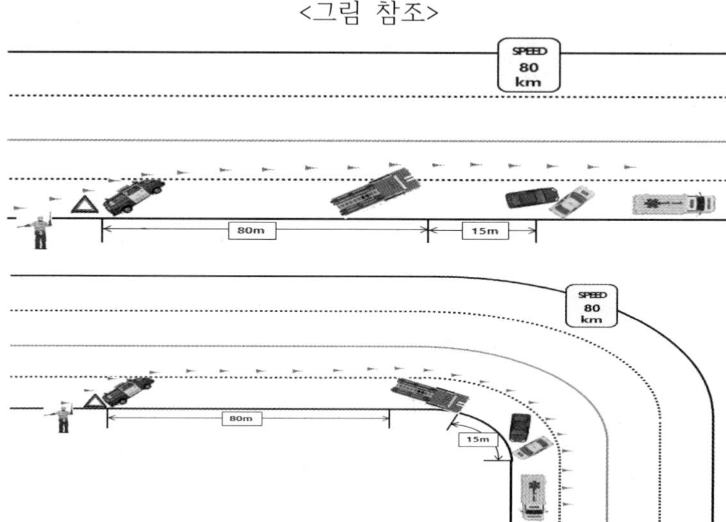

- 경사진 곳의 경우 운전원은 2차 사고를 방지할 수 있도록 조향장치를 조정하고, 동승 대원이 고임목 설치 후 운전원에게 보고

- 현장에서 활동하는 대원 모두 통제된 도로 등 방호 구역에서 벗어나지 않도록 주의

○ 일반구조

유형	표준지침
구조일반	◇ 활동환경이 열악하고 행동장애가 많아 2차적인 재해발생에 의한 대원의 부상 위험성이 높음 ○ 장비의 정확한 작동방법과 제원, 성능을 파악하고 취급 ○ 로프사용 시 파손되지 않도록 주의하며, 지지물 파손 등에 의한 2차사고 방지를 위해 안전한 장소 선정 ○ 현장활동장비에 대원이 걸려 넘어지지 않도록 정리·정돈 철저 ○ 현장 가시거리 확보를 위해 야간에는 조명기구활용 ○ 장시간 현장활동 시(체력저하에 따라 주의력이 산만해지고 부상당할 우려가 있으므로 현장지휘관의 판단하에) 교대조를 운영
교통사고	○ 현장에 흐른 유류, 오일 등으로 인한 미끄럼방지를 위해 흡착포, 모래 등을 뿌리고 작업 개시 ○ 차량 받침목 등으로 최대한 안정화, 고정화 조치 후 작업 실시 ○ 날카로운 부분은 보호조치하고, 차량 잔해물은 안전하게 제거 ○ 통제선으로 활동구역(Fire-Line 등)을 설정하고 사고차량 고정 ○ 엔진정지, 배터리 단자 제거조치(① -제거, ② +제거)를 하고 기자재의 불꽃에 주의 ○ 구조 장비 설치시 2차 사고 예방 위해 안전한 장소 선정 ○ 하이브리드(전기)차량에 메인전원 제거 등 접근 시 보호장비 착용철저
맨홀, 지하탱크, 정화조 사고 등	○ 현장도착 시 공기호흡기 착용 후 현장 확인(방독면 사용금지) ○ 밀폐된 공간에 유독가스나 가연성 가스 등이 체류, 산소부족 현상이 일어난다고 가정하고 측정장비 사용, 실내공기를 측정 후 안전조치 ○ 밀폐공간에서 활동함으로 공기호흡기 사용한계시간 준수 ○ 2차사고 방지를 위해 로프 등으로 확보 후 진입 ○ 녹슬거나 삭은 계단 및 손잡이, 미끄러운 벽면에 유의 ○ 방폭 조명기구를 사용하여 충분한 조명을 확보 ○ 충분한 공기호흡기 예비용기 공급 ○ 현장 특성상 무전통신에 어려움이 따르므로 무전통신을 위한 대원 배치
엘리베이터 사고	○ 활동 개시 전 메인전원 차단 ○ 갑자기 작동할 수 있으므로 스위치 임의조작 금지 ○ 항상 추락, 낙하물, 감전의 위험이 상존함을 인지 ○ 엘리베이터와 건물에 한 다리씩 걸치고 서 있는 행위 금지
전기관계 사고	○ 고압선, 옥외에서 수직으로 내려가는 전선 등이 있는 경우, 활동 전 전력회사에 송전 정지 요청 ○ 고압선 주변에서 사다리차 사용 시 사다리 위의 대원과 기관원은 연락을 긴밀히 하여 전선과 안전거리를 두고 활동 ○ 전력차단이 확인되기 전까지는 통전 중인 것으로 가정하고 행동 ○ 절연 고무장갑 등을 착용하며 스위치 등 노출부에 접촉하지 않도록 주의 ○ 통전상태에 있는 요구조자는 전원을 차단한 후 구조, 긴급한 경우는 내전의 성능범위 내에서 안전을 확보하여 행동 ○ 침수된 변전실에서 구조활동을 할 경우는 먼저 전력회사 직원을 통하여 개폐기 등 전원차단 및 잔류전류 확인 ○ 전선을 함부로 절단하지 않도록 하며, 부득이 절단 시 한선 한선 따로 절단 한다.

○ 각종파괴활동 구조

유형	표준지침
파괴 시	○ 고층 파괴 시 낙하물 위험요인 제거를 위해 지상과 긴밀한 연락 유지 및 경계구역 설치 ○ 사다리 위에서 파괴 시 파괴부분이 안면보다 아랫부분 파괴 ○ 방진안경, 헬멧후드를 활용하고 파편비산에 의한 부상 방지 ○ 창유리 파괴시에 신체를 창 측면에 위치
문잠금 해체 시	○ 문 개방시는 문의 측면에 위치해 내부 상황을 확인하고 개방 ○ 가열된 철제문은 주수에 의한 증기발생에 주의 헬멧후드 착용
유리파괴	**〈보통 얇은 판유리(두께 5mm 이하)〉** ○ 유리의 상부에서 조금씩 파괴(파편 및 비상이 적음) ○ 유리에 접착테이프, 모포 등을 붙여서 외부로의 비산을 방지 ○ 진입로가 되는 창은 창틀에 잔존하는 유리파편을 완전히 제거 **〈두꺼운 판유리(6mm 이상)〉** ○ 두께가 불명확한 경우 1차로 가볍게 치고 유리에서 받은 반동력으로부터 파괴에 필요한 충격력의 배분 고려 ○ 12mm 이상의 두꺼운 판유리는 가스절단기 또는 용접기로 급속 가열한 직후에 주수냉각을 실시해 열 파열이 생기게 해서 파괴 **〈맞춤유리(합성유리)〉** ○ 해머로 유리를 잘게 파괴한 후 깨진 금에 칼 등을 넣어서 플라스틱 막을 절단 또는 가스절단기, 산소용접기 등으로 가열해서 절단 ○ 강화유리는 내충격력이 강하므로 예리한 도끼 등으로 파괴
천정 파괴	○ 긴급파괴 시 이외는 전기배선의 스위치를 확인하고 실시 ○ 회반죽(모르타르) 도장 천장은 낙하에 주의하고 방진안경을 착용 ○ 천정파괴는 원칙적으로 방의 구석에서 실시하는 것을 원칙

○ 건물공작물 구조

유형	표준지침
공통사항	◇ 건물 부대시설 또는 공작물 사고는 작업위치도 불안정하고 장소도 협소하여 활동상 장애가 많고 대원의 2차적 사고 발생 위험도 높음 ○ 발코니, 베란다 등은 외관상 견고하게 보여도 쉽게 무너지는 경우가 있으므로 진입 전에 갈고리 등으로 끌어당기기도 하고 연장한 사다리를 흔들어서 강도를 확인 ○ 철제 트랩 등은 부식 우려가 있어 한 계단씩 강도를 확인 진입 - 무거운 장비를 휴대한 경우 가급적 다른 통로를 이용 ○ 로프 확보지점으로 활용하는 창틀과 기둥 등은 결속하기 전에 강도를 확인(로프의 경유점은 2개소 이상) ○ 작업장소가 높고 협소한 경우 장비를 최소한으로 제한하고 활동공간 확보
높은 곳에서의 활동	○ 높은 곳에서 활동할 때는 대원이 떨어지거나 파괴물 등의 낙하에 대원의 부상위험이 있으므로 안전로프를 결착 낙하를 방지하고 아래쪽에는 출입을 규제하는 등의 안전조치 실시
지하 공작물	◇ 일반적으로 어둡고 협소하여 힘들고 큰 장비는 활용곤란 ◇ 환기가 불충분하거나 유독물질에 대비 호흡보호에 만전 ○ 좁고 시야확보가 어려우므로 갈고리 등을 유효하게 활용하여 안전 확인 ○ 폐쇄된 지하공간으로 진입할 때에는 반드시 공기호흡기를 착용

○ 수난구조

유형	표준지침
육상에서의 구조	◇ 연안·하천가·교량하부 등에서 사고가 발생 시 구조할 수 있는 거점이 불안정하면 물에 빠질 위험이 있음 ○ 사다리차를 활용하여 구조할 경우는 회전등에 의해 대원이 부상당할 위험이 있으므로 평탄하고 지반이 견고한 장소 선정 ○ 물속에는 금속 등의 위험한 물품과 부유물 등 장애물이 있으므로 맨발로 입수 금지 ○ 익수된 요구조자에 대한 접근은 구명조끼 또는 부환에 확보로프 연결 안전을 확보한 후 후면으로부터 신중히 접근
선상 구조	○ 승선하는 대원은 활동이 용이한 잠수복, 구명조끼 등 적정한 복장 착용 ○ 물살이 새거나 급류현상을 보일시 접근을 금지하며 완만한 곳으로 돌아서 접근 ○ 승선 중 이동할 때는 자세를 낮추어 물속으로 빠지지 않도록 주의 ○ 구조현장 상황이 열악하고 사망추정 실종자 수색 등이 긴급하지 않은 경우 무리한 구조활동 자제
수중 구조	◇ 수중의 잠재적 위험요소를 피하기 위해 잠수에 앞서 잠수계획을 수립하고 그 한계 내에서 잠수하는 것이 그 무엇보다 중요 ○ 구조대원은 충분한 잠수교육 및 수준유지 훈련을 계속해야 한다. ○ 혼자 잠수 활동을 하지 않는다.(2인 1조 짝 시스템)

수중 구조	○ SCUBA 잠수를 하는 동안 숨을 참지 않는다. ○ 능력한도 내에서 잠수하며 통상 1일 3회(1인)이상 잠수하지 않는다. ○ 수중구조 시 육상과 줄신호를 주기적으로 주고 받아 구조상황 전파 및 대원 안전 확보 ○ 상승속도는 1분당 9m를(1초당 15cm) 넘지 않도록 한다. (자신이 내뱉은 공기방울보다 빠르게 상승하지 않는다.) ○ 매 잠수 후 상승도중 수심 5~6m지점에서 안전정지 3~5분간 실시 ○ 상승할 때는 위에 지나가는 배나 다른 장애물들이 없나 살피며 천천히 상승한다. ○ 일반적인 수중구조 활동시 공기통 속의 공기가 50kg/㎠(700psi) 정도 남으면 상승하기 시작하며 잠수 활동 후 약간의 공기는 항상 남겨 두도록 한다. ○ 얼음 밑 잠수 및 폐쇄공간 수중구조 활동시 공기통 속의 잔압은 싱글실린더 1/3법칙, 더블실린더 1/6법칙을 준수하며 안전로프, 수중 릴 등을 이용하여 입·출수 지점을 숙지한다. ○ 얼음 밑 잠수 등 수중에서 호흡조절기가 동결 될 경우 비상호흡을 하면서 출수 한다. ○ 얼음 밑 잠수 활동시 영하 15℃ 이하 및 수심20m 이하, 거리 30m 이상에서는 잠수 활동을 자제한다. ○ 감압병을 예방하기 위하여 잠수 후 비행기 탑승 대기시간을 준수한다. - 감압이 불필요한 잠수 후 → 12시간 후에 탑승 - 감압이 필요한 잠수 후 → 24시간 후에 탑승 - 3일 이상 연속 잠수 후 → 24시간 후에 탑승 ○ 돌이나 흙탕물이 같이 쓸려 내려와 시야확보가 어려운 경우 수중구조 활동은 하지 않는다.(2차사고 발생 방지)

○ 산악구조

유형	표준지침
공통사항	◇ 산악지역 구조활동은 장시간, 장거리 활동으로 체력소모가 많으며 급경사면이나 수풀, 계곡 등 위험요인 상존 ○ 등산길에서 선행 대원은 후속 대원에게 낙석, 붕괴, 낙하 등 위험을 알림 - 수풀에서 행동할 때에는 보호안경 반드시 착용 ○ 지지점으로 활용할 나무나 바위 등은 강도를 확인하고 가급적 2개소 이상의 지지점을 확보 ○ 장시간 활동할 경우는 휴식과 교대를 번갈아 하여 피로경감 ○ 급경사면의 구조 시 헬멧 등을 장착하고 위쪽을 주의하면서 행동 - 또한 낙석이 발생한 때는 큰소리로 아래쪽의 대원에게 알리고 경사면의 직하를 피해 횡방향으로 대피
여름 산	○ 장시간 활동할 경우 열사병 등을 방지하기 위하여 나무그늘 등의 시원한 장소에서 휴식을 취하며 수분을 공급 ○ 독사, 곤충 등으로부터 신체를 보호하기 위하여 노출부가 없도록 주의 ○ 손에 땀을 자주 닦아 미끄럼 방지에 주의하며, 경사면의 위·아래 대원이 있는 경우 상호 안전을 확보
겨울 산	◇ 적설과 결빙으로 활동 중 미끄러지지 않도록 장비를 구비하고 기상조건을 충분히 고려 행동 ○ 눈이 얼어붙은 등산길에는 크램폰(아이젠) 등으로 미끄럼을 방지하고, 상황에 따라서는 대원 상호간 로프를 확보 유지 ○ 방한복, 식량, 개인장비 등을 준비하고 대원의 체력을 고려한 보행속도를 유지하여 대열을 흐트러뜨리지 않도록 주의 ○ 보폭을 작게 하여 넘어지거나 추락하지 않도록 주의 ○ 눈 쌓인 경사면에서 행동할 경우 경사면 전반을 보는 위치에 감시원을 배치 - 감시원은 눈이 무너질 위험을 확인하면 경적 등으로 알려 항상 횡 방향으로 퇴로를 확보

○ 특수구조

유형	표준지침
항공기 사고	○ 공항 내에 진입할 때는 반드시 공항 관계자 유도에 따라서 진입, 화재발생 위험을 예측하여 풍상, 풍횡 측으로 부서함을 원칙 ○ 엔진이 가동 중인 기체에 접근 할 때는 급・배기에 의한 사고를 방지하기 위하여 기체에 횡으로 접근 - 이 경우 기체의 크기에 따라 다르지만 여객기의 경우 엔진꼬리 부근에서 약 50m, 공기 입구에서 약 10m 이상의 안전거리 확보 ○ 누출되어 있는 연료와 윤활유가 연소할 우려가 있으므로 보호복, 보호장구 등으로 신체를 보호
토사붕괴	◇ 구조활동 중 재붕괴의 우려가 크고 작업이 진척되지 않아 장시간 걸리는 등 2차적인 위험요인 상존 ○ 토사 제거 시 2차 붕괴가능성을 충분히 고려 재붕괴 위험이 있는 장소는 말뚝 및 방수시트 등으로 안전을 확보 ○ 반드시 현장안전점검관을 배치하고, 2차 토사붕괴에 대비하여 붕괴 방향과 직각의 방향으로 퇴로를 확보 ○ 일정시간을 정해 진압대원을 정기적으로 교체, 인접 구조대 등에 응원을 요청 교체대원 확보
폭발사고	◇ 폭발의 충격으로 인해 건물, 공작물 등이 불안정한 상태인 경우가 많고 재붕괴 등 2차적인 재해가 발생할 위험성이 높음 ○ 붕괴된 지붕, 기둥, 교량 등은 갈고리 등으로 강도를 확인 - 붕괴위험이 있는 경우 진입하기 전에 제거 또는 로프로 고정 ○ 2차 폭발의 우려가 있을 때는 경계구역을 설정하여 인화방지 조치 및 가스의 희석・배출 등 안전조치
원전사고	○ 대원은 옥소제를 복용하고, 필름배지에 이름표 부착 ○ 현장 투입대원은 방사능보호복 및 측정장비 등 안전장비를 갖춘 후 인명구조 활동 실시 - 개인선량계를 바깥가운의 목 부위 부착하여 오염방지 - 오염 및 부분오염지역 진입 시 2대 이상의 선량계 사용하여 측정, 안전성 확인 후 진입여부 판단 - 대원의 피폭선량 최소화 조치에 만전을 기하고 총피폭선량(누적 피폭선량)을 지속적으로 관리 ○ 오염지역(Hot Zone)은 방사능보호복 및 Level A 보호복 착용 ○ 위험구역 체류시간을 제한하고 손상 또는 누출이 있는 용기에는 직접 접촉금지 ○ 사용한 물은 오염된 것이므로 밀봉된 컨테이너에 저장 처리
화학테러	○ 독성 및 농도에 따라 적절한 대원 방호(C → B → A급) ○ 진화, 제염, 제독에 따른 오수(汚水)가 하천 등으로 유입되지 않도록 조치(희석에 의해 유해성이 상실될 수 있는 적은 양은 제외) ○ 풍상 또는 높은 곳으로 주민대피 유도 ○ 현장활동 대원뿐 아니라 장비에 대해서도 제염・제독
생활 방사선 검출	○ 신고접수 및 현장도착시 가능한 상세하게 상황을 파악하여 그 내용을 원자력위원회 등 주관・유관기관에 통보 ○ 현장 투입대원은 방사능보호복 및 측정장비 등 안전장비를 갖춘 후 인명구조 활동 및 검측 실시 ○ 경찰 통제구역, 통제선(P.L), 소방 경계구역(F.L) 설치는 합동현장지휘소에서 상황 판단회의 실시 후 설치・운영 ○ 개인선량계, 탐지장비외 현장에서 사용하는 모든 물품은 밀봉(랩, 비닐 등) ○ 작용제, 오염농도를 파악하기 전까지는 일정거리 유지 접근 ○ 2차 오염방지를 위한 오염지역 출발 시 비닐카펫 등 설치 후 출입 ○ 모든 현장활동은 비디오 영상촬영, 노트북에 시간대별 활동상황 기록

[Level A PPE] [Level B PPE] [Level C PPE]

■ Level A PPE, Level B PPE, Level C PPE 예시 ■

○ 생활안전활동

유형	표준지침
공통	○ 생활안전활동은 유형이 매우 다양하고, 불안전한 경우가 많아 복합적인 위험요인이 상존 ○ 생활안전활동은 현장 상황에 대해 종합적으로 판단할 수 있는 여지가 있는 만큼 다양한 위험 요인에 대한 사전 예측으로 사고발생 방지
벌집제거	◇무더운 날씨에 보호복장으로 인해 작업활동 상 기동성 저하 ◇대부분 처마 밑, 나무 위 등 높은 환경에서 작업 ◇대원이 벌에 쏘이거나 이를 피하려 할 경우 높은 위치에서 순간적으로 중심 상실 ◇보호복을 입지 않은 대원 쪽으로 벌이 날아들어 공격 ◇전신주 벌집의 경우 감전 우려 ○ 현장에 출동한 전 대원은 보호복 및 안전장구를 착용하고, 공중 작업의 경우 로프를 활용한 안전확보와 지지대 고정 ○ 작업 완료 후 탈의 전 안전한 장소로 이동 후 보호복 상태 확인
동물포획	◇고양이의 경우 협소하거나 높은 공간에서 포획 작업 ◇공격성이 있는 동물은 대원에게 직접 위해할 수 있는 상황 ○ 보호복 및 안전장구를 착용하고, 공중 작업의 경우 로프를 활용한 안전확보와 지지대 고정 ○ 공격성이 있는 동물은 마취 등 장비를 활용하여 포획하되, 주변으로의 2차 피해 우려 시 경찰에 요청하여 사살
고드름 등 위험시설 제거	◇고드름, 간판 등 높고 위험하고 미끄러운 환경에서 작업 ◇연결된 구조물의 붕괴, 낙하물 또는 파편에 따른 2차 피해 우려 ○ 보호복 및 장구를 착용하고, 공중 작업의 경우 로프를 활용한 안전확보와 지지대 고정이 중요 ○ 2차 피해 등을 예방하기 위해 구조물 등의 결착, 낙하물에 따른 피해방지를 위한 주변 통제 등 필요

3 구급현장

○ 근・골격계 부상방지
- (부상예방) 구급대원은 부상 예방을 위하여 노력
  • 가급적 힘이 적게 드는 장비를 최대한 활용
  • 환자의 체중을 고려하여 들어 올릴 수 있는지 판단
  • 단단하고 편평한 바닥 위에서 어깨 넓이로 발을 벌린다.
  • 허리를 곧게 펴고 다리를 이용하여 들어올린다.
  • 물체를 가능한 몸 가까이 붙이고, 몸을 틀거나 비틀지 않는다.
  • 필요한 경우 현장 주변의 관계자, 일반인, 소방대원 등의 도움 또는 지원 요청한다.
- (이동방법 선정) 안전하고 적절한 들것 등 이동수단을 선정한다.
  • 주 들것을 최대한 활용하며, 차선으로 계단용 들것(슬라이딩 형식) 등 활용
  • 들것에 환자를 안전벨트로 고정시켜 추락 예방
  • 주 들것을 의자모양에서 수평으로 변형시킬 때 들것의 틈에 신체가 끼어 손상되지 않도록 한다.

SSG4 구조・구급대원 감염관리 표준지침

※ 119구조・구급에 관한 법률 제23조(구조・구급대원에 대한 안전사고방지대책등 수립・시행)

1 책임구분

가. (소방본부장 및 소방서장) 소방공무원의 건강・후생에 대한 총괄관리 책임

○ 각 직무를 담당하는 간부에게 관리업무 위임가능
○ 소방서별 감염관리실 1개소 이상 설치・운영
○ 구조・구급장비 등 소독 및 장비공급 업무 전담 인력 1인 이상 배치
○ 감염방지위원회 구성・운영

나. (구조・구급팀장) 구조・구급대원 감염관리에 관한 책임

○ 감염방지 대책의 수립・시행 및 분석
○ 발병여부 추적관리, 감염방지를 위한 교육 실시
○ 발병여부 추적관리, 감염방지를 위한 교육 실시
○ 개인보호장비 종류 및 적정 비축량 결정
○ 전염성 질병 노출 가능성 평가 및 의료기관과 네트워크 구축
○ 위험요소 분석, 이행상태 점검결과 분석
○ 구조・구급대원 건강검진(연2회), 백신접종 계획 수립・실시

다. 119구조 · 구급대장(안전센터장)은 다음의 사항 담당

- ○ 위험요소 도출, 이행상태 점검
- ○ 불안전한 행위의 교정 및 교육
- ○ 현장 및 안전센터 내에서의 안전규칙 준수 확인
- ○ 다음에 해당하는 구조·구급대원의 현장활동 통제
  - 건강검진 또는 백신접종을 받지 않은 경우
  - 감염방지 교육을 받지 않은 경우

라. 구조 · 구급대원은 다음 사항을 이행

- ○ 개인 건강 및 안전은 궁극적으로 개인의 책임 인식
- ○ (의심)요구조급자 현장 대응 시 개인안전장비의 의무적 착용
- ○ 감염성 질병 및 유해물질 등 접촉보고서 작성·제출
- ○ (의심)요구조급자 신체적 접촉, 잠재적인 감염성 물질을 취급한 경우에는 개인보호장비 및 사용 장비 멸균·소독 철저
- ○ 전염성 질병 증상이 있을 경우 구조·구급대장(안전센터장)에게 보고

2 평상 시 감염관리

〈II.1〉 구조 · 구급활동 준비과정

가. 구조 · 구급대원 건강상태 확인

- ○ 구조·구급업무에 임하는 모든 구조·구급대원은 정기 건강검진 필수
  - 모든 구조·구급대원은 정기건강검진을 받아야 함
  - 건강검진항목 중 요추부 및 폐검사 : 1년 1회 정밀검사 필수
- ○ 감염방지위원회는 감염방지를 위하여 필요한 경우 구조·구급활동 통제
- ○ 구조·구급대원 예방접종

예 방 접 종	• A형 및 B형간염, 인플루엔자, 파상풍, 디프테리아 • 기타 소방청장이 필요하다고 인정하는 경우

- ○ 결과조치
  - 전염성 질병 보균자로서 타인에게 전염 우려가 있거나 구급활동 수행에 부적합할 경우 진료 조치와 병행 보직 변경
  - 만성질병 등으로 구급업무를 수행할 수 없을 경우 보직 변경
  - 검진결과는 소방공무원 퇴직 시까지 별도 보관·관리 등

나. 저장 · 소독 · 폐기 공간

- ○ 모든 안전센터(구조대·구급대)는 다음 공간 별도 확보 및 시건장치 설치

- 장비소독실
- 미사용 환자보호용 장비 및 개인 감염보호장비 보관실

○ 소독장소(생물학적 위험성 표시)
- 적절한 조명 및 배기시설, 장비를 건조시킬 수 있는 선반

○ 감염성 물질의 폐기
- 환자이송 병원을 통하여 즉시 분리 폐기

다. 세탁실

○ 작업복(기동복)의 세탁
- 안전센터(구조대 · 구급대) 내 구조 · 구급대원 전용세탁기를 비치 · 세탁
- 모든 구조 · 구급대원은 여분의 작업복(기동복) 구비

라. 구급대원 · 구급장비 소독 · 감염예방 우선(人 · 獸 분리 및 인명 우선 고려)

〈II.2〉 일반적 구조 · 구급활동

가. 근무교대 점검 시

○ (구급대) 근무교대 점검 시 소독장비 및 소독약품 등을 사용하여 구급차 내 장비류 및 내부소독을 실시

○ (구조대) 필요 시 감염관리실 이용하여 개인안전장비 등 소독 등 실시

나. 안전한 업무수행

○ 오염된 장갑으로 신체 접촉 금지

○ 구급차 차량 표면에 불필요한 접촉 금지

○ 오염된 개인보호장비를 착용한 구급대원이 응급실로 들어가지 않도록 해당 의료기관 인력이 응급실 문 앞에서 환자를 인수토록 조치

○ 의료기관에 환자를 인계한 후 손 위생을 실시하고, 사용한 개인보호장비는 의료폐기물로 처리

다. 모든 환자와 접촉할 경우 환자의 혈액 · 생체분비물 · 조직은 잠재적으로 전염성을 보유하고 있을 수 있으므로 주의

라. 구급대원 등은 각 상황에서 최대한의 개인보호장비를 착용

○ 구급대원 개인보호장비 착용이 전염성 질병을 가지고 있다는 것을 의미하지 않음을 환자에게 고지

○ 제거한 개인보호장비는 물이 새지 않는 통에 보관

마. 손 씻기

○ 환자를 접촉한 경우, 개인보호장비를 벗은 후

○ 잠재적인 감염성 물질을 취급한 경우, 장비세척 및 소독 후

바. 공기에 의한 전염성 질병 의심환자는 마스크나 방진마스크 착용, 구급차의 창문을 열고 환기시설 가동하면서 이송

사. 환자의 비밀보호

○ 현장에서 어떤 의료정보도 누출 금지
○ 언론에 대한 정보제공은 소방기관의 공보관에 의하여 전달

〈Ⅱ.3〉 전염성 물질에 노출된 경우

가. 구조·구급대원

○ 노출된 부위를 비누를 사용하여 깨끗하게 세척
○ 다른 대원과의 격리
○ 감염성 질병 및 유해물질 등 접촉보고서 작성, 구조·구급대장(안전센터장)에게 보고
- 주사바늘에 찔린 경우, 잠재적으로 전염성 물체에 의하여 베인 경우
- 혈액 또는 기타 잠재적으로 감염성 물체가 눈·점막·상처에 튄 경우
- 포켓마스크·one-way valve 없이 입 대 입 인공호흡 실시한 경우
- 구급대원이 느끼기에 심각하다고 판단되는 기타 노출
- 자료첨부(활동 세부내용·감염경로·사용한 개인보호장비에 관한 사항)

나. 구조·구급대장(안전센터장)

○ 감염성 질병 및 유해물질 등 접촉보고서를 검토, 소방서장에게 보고

다. 소방서장

○ 보고서 검토, 감염의 가능성이 있다고 판단되는 경우 즉시 의료기관의 검사를 받도록 조치
○ 병원으로 이송된 전염병 환자를 추적
- 병원 측에 감염성 질병에 노출되었음을 통보, 감염성 질병 판별 요청
- 의료기관으로 하여금 감염병 환자 정보 요청
- 해당 감염병 환자를 이송한 구급대원으로 하여금 즉시 검사 조치
- 노출된 구급대원에 대하여 장기간 발병여부 관리
- 질병관리본부와 관계기관 통보협의 및 구급대원 추적검사

〈Ⅱ.4〉 이송 후 차량 관리와 소독

가. 표준 운영절차에 따라 차량 청소와 소독을 실시하고, 청소하는 동안 일회용 가운 및 장갑 착용, 사용 후 의료폐기물로 폐기

나. 환자와 접촉하였을 시 환자치료를 위해 허가된 소독제로 제조사 사용권장방법에 따라 오염된 표면 청소 및 소독

〈II.5〉 직원 모니터링

가. 이송환자가 감염병 의심증상 있는 경우 즉시 보고

나. 개인보호장비를 제대로 착용하지 않고 감염병 (의심)환자와 접촉·노출된 직원은

- ○ 업무를 즉시 중지하고 자가격리
- ○ 지휘체계 보고 및 해당 보건소에 알림
- ○ 보건소에서 접촉일로부터 일정기간 일일 능동 모니터링 실시

감염병 의심환자의 밀접접촉자 자가격리 해제기준

- 의심환자가 확진환자가 아닌 것으로 최종 확인된 경우, 밀접 접촉한 직원은 자가격리를 해제하고 일상생활 복귀 가능
- 의심환자가 확진환자로 최종 확인된 경우, 밀접 접촉한 직원이 의심환자와 접촉한 날로부터 일정기간 모니터링을 완료하였고 증상이 없다면 자가격리 해제하고 일상생활 복귀 가능

[참고1] 개인보호장비

가. 개인보호장비(PPE *, Personal Protective Equipment)

* 질병관리본부 권고안

- ○ 감염병 (의심)환자를 다루는 응급의료인력은 환자와 같은 영역에 있게 된다면 PPE를 착용하고 표준주의, 접촉주의 등 감염관리 규칙을 준수
- ○ 개인보호장비는 N95 이상의 마스크, 일회용 장갑, 가운 또는 전신보호복, 눈 보호장비(고글 또는 안면보호구), 신발덮개를 기본적으로 사용하되 감염원 노출 상황에 맞는 개인보호장비 활용 가능
- ○ 운전석과 의심환자 탑승석이 물리적으로 차폐된 구급차를 운전하는 운전자가 직접 의심환자와 접촉을 하지 않는 경우 이송 중 N95 마스크와 장갑 착용
  - (구급대원) N95마스크, 장갑, 가운(전신보호복), 고글 또는 안면보호구
  - (구급 운전원) N95마스크, 장갑

나. 개인보호장비 사용에 대한 일반적 주의사항

- ○ 개인보호장비는 적절하게 착용되었을 때에만 감염을 막을 수 있음을 인지
- ○ 개인보호장비를 병실에서 착용하지 않아야 하며, 별도의 갱의실에서 개인보호장비를 완벽히 착용한 후, 병실에 입실 전 착용상태를 다시 한 번 확인함
- ○ 오염된 개인보호장비는 적절히 봉인하여 폐기하고, 재사용해야 되는 경우는 소독함
- ○ 개인보호장비 착용이 손씻기 등과 같은 개인위생을 대치할 수 없으므로 개인위생관리에 최선을 다해야 함

■ 보호복과 덧신 ■

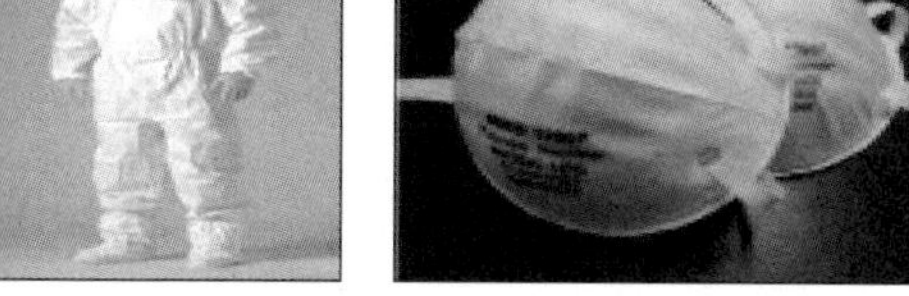
■ N-95 마스크 ■

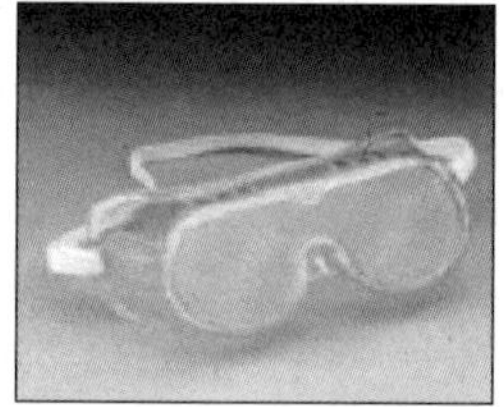
■ 고　글 ■

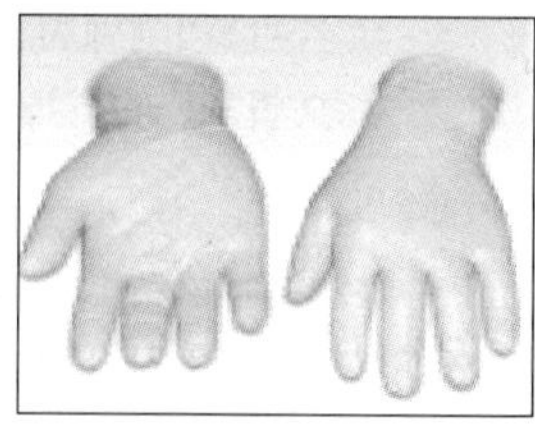
■ 일회용 장갑 ■

[참고2] 개인보호장비 착 · 탈의 순서

가. 개인보호장비 착의(착용) 순서

○ 손씻기 → 방수가 되는 개인보호복(가운) → N95 마스크 → 눈 보호장비(고글 또는 안면보호구) → 개인보호복 모자 착용 → 덧신 착용 → 일회용 장갑(옷소매가 장갑 안으로 들어가도록 착용)

나. 개인보호장비 탈의 순서(미국 CDC* 지침 참조)

* 미국 질병통제예방센터(Centers for Disease Control and Prevention)

○ 장갑
- 장갑을 낀 손으로 반대편 장갑의 외부를 잡고 벗긴다.
- 장갑을 낀 손으로 제거된 장갑을 잡는다.
- 장갑을 벗은 손의 손가락을 반대쪽 손목부분에 넣는다.

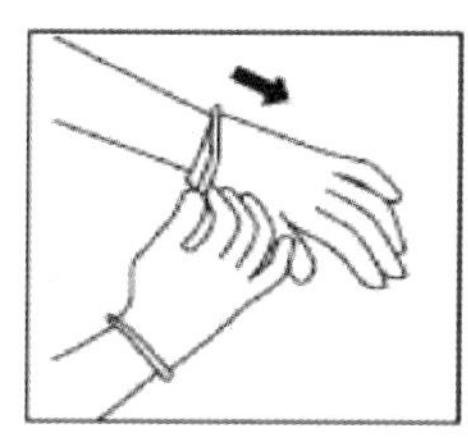

- 안쪽이 밖으로 오도록 밀어내고 쥐고 있던 장갑을 함께 감싸 폐기

○ 눈 보호장비(고글 또는 안면보호구)

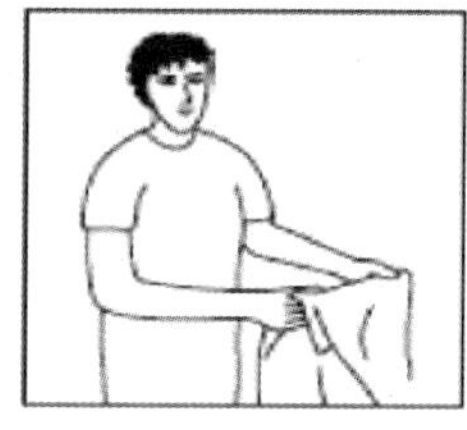

- 앞면을 만지지 않고, 머리 또는 귀쪽 부분을 잡고 제거하여 처리

○ 가운
- 끈을 푼다.

- 목과 어깨에서 멀리 가운을 잡아당기고 가운 내부만 만지도록 한다.
- 오염된 바깥 부분이 안쪽으로 오도록 말아서 벗어 생물위해봉지에 담는다.

○ 마스크
- 마스크를 30㎝ 이상 앞으로 당긴 후 머리 뒤로 젖힘
- 안경을 착용하고 있는 경우 마스크를 30㎝ 이상 앞으로 당긴 후 다른 손으로 마스크 쪽의 고무줄을 옆으로 벌려서 안경이 떨어지지 않도록 주의

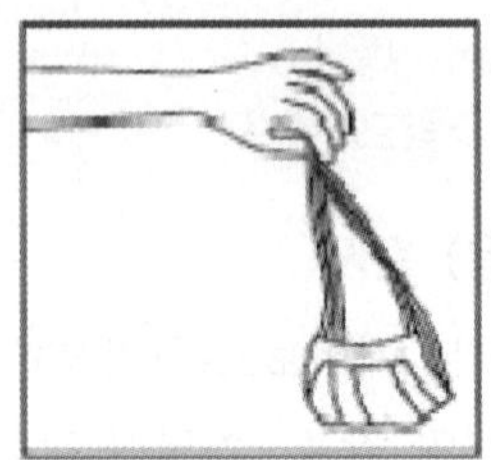

SSG5 소방차량 안전운행 표준지침

가. 안전운행 일반사항

○ (안전운전)
- 운전요원은 제반 교통법규·지침 준수
- 선탑자(지휘자)는 불안전한 행위의 시정 요구 또는 교통정보 등 제공
- 적색 신호 시 안전 확인 후 주행

○ (안전벨트) 차량에 탑승한 인원은 안전벨트 착용

○ (승하차주의)
- 운전요원은 모든 대원 승차 및 도어 닫힘 확인 후 출발
- 모든 대원은 하차 시 차량 등 주변 위험요인 확인

○ (긴급표시) 타 차량 운전자가 인식할 수 있도록 경적 및 전조등 사용, 경광등 및 사이렌 작동

○ (안전우선)
- 방어운전, 적정속도 주행
- 진출입이 곤란한 지역 통과 시 다른 대원이 내려 수신호와 함께 서행
- 앞차와의 안전거리 확보
- 악천후에 대비한 장비 보유 및 장착
- 이면도로 또는 협소 도로에서는 보행자 및 자전거 등 돌발 상황 주의
- 교차로나 신호등이 설치되지 않은 장소 운행 시 주의 및 서행(일시정지 후 좌·우 살피며 서행)
- 보행자 및 타 차량 움직임 파악

- 회전 시 보행자 및 자전거 주의

○ 특수한 상황의 안전수칙
- (각별한 주의) 언덕길 또는 산길, 도로 모퉁이나 커브길, 철길 건널목, 횡단보도의 경우에는 특히 주의
- (제한속도초과) 다음의 경우에 한하여 제한속도초과
  - 통행량이 적은 경우, 도로·시계상태가 양호한 경우, 포장도로
- (차선침범) 불가피하게 중앙선을 넘거나 반대차선 운행 시
  - 전방 차량 등에 주의를 기울이면서 안전속도로 서행
- (교차로진입) 교차로 통과 시 다음의 사항에 주의
  - 중앙선을 넘거나 반대차선으로 운행하여 교차로에 진입할 경우
  - 각 방향 주행 중 일반차량이 양보하는 것 확인한 후에만 진입
  - 시야가 나쁜 교차로에 진입할 때나 커브 길을 돌 때는 전조등을 위·아래로 번갈아 비추어 차가 접근하고 있음을 알림
- (야간운행) 야간운행 시 중앙선으로부터 조금 떨어져 운행
  - 중앙선 부근에 서 있는 보행자에 주의
  - 중앙선에 바짝 붙어오는 차량으로부터 방어운전
- (감속운전) 비 오는 날, 안개 낀 날, 눈길이나 빙판길
  - 맑은 날보다 속도를 20%이상 감속

○ 현장 도착 시 안전수칙
- (미끄럼 방지) 경사진 현장에 도착한 차량은 고임목의 설치 등 미끄럼 방지조치
- (정차방법)
  - 주변의 주행 차량으로부터 대원·환자·현장을 보호할 수 있도록 주차
  - 현장 활동에 활용되지 않는 차량은 안전한 곳에 정차
  - 야간 교통사고 현장활동 시 서치라이트를 이용하여 사고지점으로 집중 조명
- (안전표시)
  - 접근차량이 사고를 인식할 수 있는 전방지점에 안전삼각대 등을 설치하여 안전을 도모
- (등화정리)
  - 다른 차량의 시야에 지장이 없도록 주의
- (정지 후 하차) 현장에 출동한 대원은 차량이 정지한 후 주변 안전을 확인하면서 하차
- (동시출동) 고속화 도로(고속도로 등)에서 발생한 교통사고 접보 시 지원 출동 및 유관기관에 즉시 출동 요청하여 현장 활동 안전 확보

○ 위급상황 발생 시 안전수칙
- (타이어 파손) 주행 중 타이어 파손 시 안전수칙
  - 핸들을 확실하게 잡음, 비상등을 켜고 서행, 길 가장 자리에 주차
  - 어느 한쪽으로 급격히 쏠리는 위험에 대비
  - 브레이크 페달을 가볍게 반복적으로 사용

• 후방의 충분한 거리에 비상용 삼각 표지판 또는 불꽃신호기 설치
– (커브길 주행)
• 커브길 주행 시 과속 및 급제동은 자제
• 뒷바퀴가 중앙선이나 길 밖으로 미끄러지거나 차량 전복에 대비하여 주행
– (예비동작)
• 미리 브레이크 페달을 반복적으로 밟아 서서히 감속
• 뒤 따르는 차에게 의사표시를 하여 추돌사고를 예방
– (방지턱 통과) 감속하여 차량 움직임이 최소화되도록 운행

○ 교통사고 발생 시 안전수칙
– (상황보고) 상황실에 보고 (사고처리 우선원칙)

단계별 구분	주요내용
출동 중 사고	○ 다른 출동대가 현장 출동하도록 조치 ○ 소방차량 교통사고 현장정리
(구급차) 이송 중 사고	○ 다른 출동대가 사고현장으로 출동하도록 조치 ○ 운전요원은 사고처리 ○ 구급요원은 환자처치 ○ 타 구급대에 환자 인계
귀소 중 사고	○ 소방차량 교통사고 현장정리
사고처리내용	○ 상황실에 사고내용 통보 ○ 사상자 구호조치 ○ 현장보존조치 · 경찰신고 · 현장대기 ※ 긴급 · 부득이한 경우(도로교통법 제54조) - 구급요원이 현장에 남아 위 사항 처리 - 운전요원은 계속해서 환자이송

– (상황실) 상황실은 지체 없이 다른 출동대를 현장에 출동 조치
• 사고가 사망 및 상당한 부상 · 재산피해와 관련되었을 경우 소방서장 보고
– (소방서장) 사고조사 시 당해 운전요원에게 충분하게 소명기회를 제공

SSG6 교육훈련 안전관리 표준지침

가. 안전사고 방지대책

○ 안전책임관의 역할
– 훈련시작 전 안전교육과 준비운동을 실시
– 안전사고 사례를 수시 확인하여 철저하게 대비

- ◦ 교관과 교육생의 적정인원 배정
  - 적정비율은 5 : 1 내외
- ◦ 훈련장 및 훈련장비의 안전 확인
- ◦ 신체적 조건과 정서적 부분을 고려한 사고예방 교육
- ◦ 안전사고 방지를 위한 훈련지침
  - 소방장비의 적정한 조작·취급요령을 습득, 장비의 점검·정비 등 철저
  - 사고사례는 살아있는 교훈으로 지속적 연찬
  - 안전이라는 개념을 기반으로 실전을 가정한 훈련을 실시

나. 교육훈련 실시 전

- ◦ 훈련에 대한 기본 지식 교육
- ◦ 훈련장소, 시설 및 기자재에 관한 사항
  - 훈련장소 및 시설, 기자재의 점검·보강, 장애물 제거 등의 조치
  - 건강상태가 나쁜 경우는 훈련지휘자의 지시에 따른다.
  - 훈련 중에 긴급사태 발생시 신호, 연락방법 등 점검 및 확인
  - 훈련 중 휴식은 안전한 상태에서 실시(장비, 휴식장소 등)
  - 중량물의 이송은 필요인원을 확보하고 무리한 작업 금지
- ◦ 공통장비 및 개인장비에 관한사항
  - 공통 훈련장비 및 기구는 사용 전·후를 불문하고 수시로 교차점검·확인
  - 개인 안전장비는 각자 직접점검 후 착용 또는 휴대
- ◦ 준비운동에 관한 사항
  - 훈련자의 능력, 건강상태 및 컨디션에 맞는 내용으로 실시

다. 교육훈련 실시 중

- ◦ 일반적인 주의사항
  - 훈련지휘자의 지시 · 명령에 따라 행동 실시(단독행동 금지)
  - 시설 및 기자재는 허용능력 이상으로 사용 금지
  - 안전사고 위험요소 및 행동을 인지한 경우는 훈련을 즉시 훈련을 중지하고 지휘자에 보고
- ◦ 안전점검관의 지정
  - 훈련내용 전반에 걸쳐 점검하고 지휘관에게 수시보고
- ◦ 로프하강 시 필수 점검사항
  - 하강장비(안전벨트, 헬멧, 장갑, 로프, 하강기 등)의 이상유무 확인
  - 하강지점에 안전매트 및 확보요원을 반드시 설치
  - 훈련 지휘관은 하강 전에 최종적으로 장비의 결합여부를 확인토록 지시하고 이상 유무를 보고 받은 후 하강명령

라. 교육훈련 실시 후

○ 장비 정리
  - 훈련대원의 개인장비점검 손질
  - 공용장비는 임무를 분담하여 점검 및 손질
○ 훈련과정의 안전사고 요인 분석 및 개선방안 도출 향후 반영

마. 소방훈련 안전점검 체크리스트

○ 훈련계획
  - 훈련목표는 규정, 지침에 따라 명확하게 선정되어 있는가?
  - 안전교육 등 안전점검에 관한 내용이 포함되어 있는가?
  - 과거의 훈련결과에서 얻어진 교훈을 반영하고 있는가?
  - 훈련의 내용과 과정이 피교육자의 체력 및 기량에 적합한가?
  - 훈련 중 상황변화에 대응한 예비계획을 검토하고 있는가?
○ 훈련시설
  - 출동대기 근무 중 교육훈련 시 출동에 지장은 없는가?
  - 장소 및 시설의 안전성에 관하여 검토되었는가?
  - 대원 부상시 응급체계는 구축되어 있는가?
  - 안전매트 등의 안전기구는 준비되었는가?
○ 훈련장소
  - 훈련내용과 목적, 훈련대원의 능력에 적합한가?
  - 훈련 장비는 잘 정리정돈되어 있는가?
  - 잠재위험이 있는 곳을 확인하였으며 필요한 조치는 하였는가?
  - 추락위험 장소에 위험범위의 표지·통제선 등 위험방지 조치여부?
○ 개인장비
  - 방화복 등의 개인안전장구 착용상태는 완전한가?
  - 훈련에 방해되는 불필요한 장비가 있는가?
  - 훈련 중 비상상황을 알릴 수 있는 신호체계를 준비하고 있는가?
○ 훈련대원
  - 정신적, 육체적 건강상태를 확인 하였는가?
  - 개인별 체력이나 능력차이 등을 파악 · 조치하고 있는가?
  - 훈련실시 방법을 파악하고 있으며 그 이해정도는 어떠한가?
  - 위험요소 발견 시 안전행동요령은 숙지하고 있는가?

PART 04 재난현장 표준작전절차(SOP)

기출 및 예상문제

01 다음 내용 중 "화재대응 최우선" 순위는?

① 요구조자 유무
② 대원들의 안전 위협요소
③ 화점 진압이 가능 여부
④ 외부 확대위험 여부

해설 ✪ SOP 100. 대응활동계획 수립・시행(화재대응우선순위 결정, 전략선택)
① 대원들의 안전 위협요소는 있는가?
② 요구조자가 있는가?
③ 외부 확대위험이 있는가?
④ 내부 확대위험이 있는가?
⑤ 화점 진압이 가능한가?
⑥ 정밀검색 및 잔화정리가 필요한가?

02 현장지휘소 위치선정에서 다음 내용과 관계 깊은 것은?

의료, 운송자원 등이 준비되는 화재, 붕괴 등으로부터 직, 간접적으로 노출되지 않은 지역이나 위치

① Hot Zone
② Warm Zone
③ Cold Zone(대피지역)
④ Fire ball

해설 ✪ SOP 100. 지휘(통솔) 위치선정 및 상황평가
1. "Hot Zone(위험지역), Warm Zone(중립지역), Cold Zone(안전지역)" 고려
2. Cold Zone(대피지역) 이란 의료, 운송자원 등이 준비되는 화재, 붕괴 등으로부터 직, 간접적으로 노출되지 않은 지역이나 위치

정답 01. ② 02. ③

03 "지휘권 이양시기"에 대한 설명으로 틀린 것은?

① 현장지휘관의 개인적인 긴급사태 발생 시
② 재난대응기간이 장기화 될 경우
③ 사고의 복잡성이 변화할 경우
④ 효율적 재난대응을 위하여 지휘권의 변화가 필요한 경우

해설 ✪ SOP 102. 지휘권 이양절차(지휘권 이양시기)
① 법적으로 관할기관에서 지휘권을 행사하도록 규정하고 있는 경우
② 효율적 재난대응을 위하여 지휘권의 변화가 필요한 경우
③ 사고의 복잡성이 변화할 경우
④ 재난대응기간이 장기화 되어 현장지휘관의 휴식이 필요한 경우
⑤ 현장지휘관의 개인적인 긴급사태 발생 시
⑥ 상위의 지휘관이 현장에 도착할 경우 등

04 초고층건물 화재대응절차에 대한 설명으로 틀린 것은?

① 화점층 및 화점상층의 인명구조 및 피난유도 최우선으로 한다.
② 1차 경계범위는 당해 화재구역의 최상층으로 한다.
③ 발화층이 3층 이상인 경우 연결송수관을 활용한다.
④ 진입팀의 활동거점은 화점층의 특별피난계단 부속실 확보를 원칙으로 한다.

해설 ✪ SOP 222. 초고층건물화재 현장대응절차* ☆ 21년 소방위
① 화점층이 고층인 경우 소방대는 비상용승강기를 화재 층을 기점으로 2층 이하까지 이용
② 화점층 및 화점상층의 인명구조 및 피난유도 최우선, 상황에 따라 소화활동 중지
③ 화점을 확인한 시점에서 전진 지휘소는 화점층 기점 2개층 아래 설치
④ 1차 경계범위는 당해 화재구역의 직상층으로 하며, 직상층이 돌파 될 우려가 있는 경우 그 구역 직상층을 경계범위로 하고 순차적으로 경계범위 넓힘
⑤ 화점의 직상층 계단 또는 직상층에 경계팀 배치. 진입팀의 활동거점은 화점층의 특별피난계단 부속실에 확보
⑥ 발화층이 3층 이상인 경우 연결송수관 활용, 내부 수관연장은 소방대 전용 방수구에서 연장

05 "지휘권 이양절차"에 대한 설명으로 틀린 것은?

① 지휘권을 인수할 지휘관이 재난현장에 도착하는 즉시 지휘권을 이양
② 인수인계 지휘관이 서로 무선통신으로 이양 원칙
③ 지휘권을 인수하지 않은 상위지휘관은 하위지휘관의 지휘권 행사에 개입 불가
④ 현장 도착 간부는 현장지휘관에 의해 임무지정을 받을 때까지는 현장 지휘소에 대기, 승인 없이 현장지휘소를 이탈 못함

정답 03. ② 04. ② 05. ②

해설 ✪ SOP 102. 지휘권 이양절차
① 인수인계 지휘관이 서로 대면을 원칙
② 지휘권을 인계하는 지휘관은 재난상황· 대응활동상황·동원자원현황 등을 브리핑
③ 지휘권을 인수받은 지휘관은 지휘권을 선언(무선통신 등을 통해 전파)
④ 상황이 급박할 경우, 후착· 상위지휘관의 지휘권을 인수한다는 간명한 의사표시로도 지휘권이양 가능

06 지휘권 이양순서가 바르게 된 것은?

① 지휘대장-선착대장-소방서장-소방본부장- 소방청장
② 선착대장-지휘대장-소방서장-소방본부장- 소방청장
③ 소방서장-소방본부장-선착대장-지휘대장- 소방청장
④ 선착대장-지휘대장-소방본부장-소방서장- 소방청장

해설 ✪ 지휘권 이양은 원칙적으로 선착대장-지휘대장(소방서장의 사전명령이나 위임에 따라 현장지휘를 실시하는 자)-소방서장-소방본부장- 소방청장 순으로 이양

07 다음은 "대원긴급탈출절차"에 대한 설명으로 ( )안에 들어갈 내용은?

> 무전기, 지휘차의 방송장비, 재난현장 방송시설, 소방차의 싸이렌 등 기준 데시벨의( )배 이상의 장비를 사용하여 긴급탈출 지시를 전파

① 1.5 ② 2
③ 2.5 ④ 3

해설 ✪ SOP 104. 대원긴급탈출절차
① 현장지휘관, 안전담당, 단위부대지휘관은 긴박한 위험이 감지되는 즉시 긴급탈출 지시
② 무전기, 지휘차의 방송장비, 재난현장 방송시설, 소방차의 싸이렌 등 기준 데시벨의1.5배 이상의 장비를 사용하여 긴급탈출 지시를 전파
- 무전기, 지휘차의 방송장비 : 음성으로 『긴급탈출』 5회 반복
- 싸이렌 : 『[5초 취명] -3초 간격- [5초 취명] -3초 간격- [5초 취명] -3초 간격- [5초 취명] - 3초 간격- [5초 취명]』 을 지속 반복
③ 1차 전파 이후 2분 이내 2차로 전파, 2차 전파 이후 5분 이내 인원점검 실시
④ 미확인 대원이 있는 경우 3차 전파와 동시에 추가적인 위험요소를 확인한 후 긴급대응팀 투입

정답 06. ② 07. ①

08 건물내부 인명탐색 중점범위에 대한 설명으로 "발화층"과 관계 깊은 것은?

① 발화지점과 별도로 구획된 거실 중 화장실, 베란다, 엘리베이터실, 기계실 등
② 화염발생 반대 지점의 장롱, 이불, 막힌 통로, 창가, 급기구 등
③ 농연의 이동경로 상의 출입구 계단, 막힌 복도, 옥상 출입문, 창가 등
④ 출입구 → 바닥 → 벽 → 책상 등 집기류 →장롱 위, 내부 → 천장 내·외부 등

해설 ✪ SOP 202. 건물내부 인명탐색 중점 범위
① 발화지점의 거실 내부 : 화염발생 반대 지점의 장롱, 이불, 막힌 통로, 창가, 급기구 등
② 발화층 : 발화지점과 별도로 구획된 거실 중 화장실, 베란다, 엘리베이터실, 기계실 등
③ 직상층 : 농연의 이동경로 상의 출입구 계단, 막힌 복도, 옥상 출입문, 창가 등
④ 여관, 고시원 등 미로형태의 객실이 많은 숙박 및 다중이용시설의 경우 : 발화층의 직하층 내부구조를 사전 숙지 후 탐색활동
⑤ 거실 인명탐색 : 출입구 → 바닥 → 벽 → 책상 등 집기류 →장롱 위, 내부 → 천장 내·외부 등
⑥ 기타 옷더미, 화재 잔해물, 건물잔해, 흙더미 등

09 "요구조자가 다수 있는 경우 구조순서"에 포함되지 않은 것은?

① 인명위험이 절박한 부분 또는 층을 우선으로 구조한다.
② 고층에 있는 자를 우선 구조한다.
③ 자력 피난 불능자를 우선으로 구조한다.
④ 중상자, 노인, 아이 등 위험도가 높은 사람을 우선으로 구조한다.

해설 ✪ SOP 203. 인명구조 작전절차(요구조자가 다수 있는 경우)
① 인명위험이 절박한 부분 또는 층을 우선으로 구조한다.
② 중상자, 노인, 아이 등 위험도가 높은 사람을 우선으로 구조한다.
③ 자력 피난 불능자를 우선으로 구조한다.

10 "석유화학단지 화재 시 일반적인 진압절차"에서 가장 우선순위는?

① 위험물 종류에 따라 사용 소화약제 결정
② 폼 사용 시 동일한 폼만을 저장·사용
③ 밸브차단 및 제품회수 조치
④ 운전 중지 및 펌프 차단

해설 ✪ SOP 229. 석유화학단지 화재 대응절차(일반적 진압절차)
① 운전 중지 및 펌프 차단
② 밸브차단 및 제품회수 조치
③ 위험물 종류에 따라 사용 소화약제 결정
④ 지면에 있는 펌프·배관 화재는 그 규모에 따라 소화기 또는 폼 소화설비로 초기 진화
⑤ 열류층이 형성된 경우는 보일오버 현상이 일어나 확산되므로 탱크 벽면을 냉각
⑥ 인접탱크에 냉각조치
⑦ 폼 사용 시 동일한 폼만을 저장·사용

정답 08. ① 09. ② 10. ④

11 다음 보기는 유해화학물질사고 대응절차이다. 두 번째 조치사항은?

1. 주민대피 조치(유해화학물질에 오염 확인)
2. 선착대 사고물질 정보파악 및 실시간 현장상황 전파
3. 현장에 도착한 선착대는 바람을 등지고 위험구역(Hot Zone, Warm Zone, Cold Zone)설정
4. 필요한 최소 소방력 이외에는 안전장소(Cold Zone)로 재 배치

① 1 ② 3
③ 2 ④ 4

해설 ✪ SOP 30. 유해화학물질사고 대응절차(현장대응절차)
① 현장에 도착한 선착대는 바람을 등지고 위험구역(Hot Zone, Warm Zone, Cold Zone)설정
② 필요한 최소 소방력 이외에는 안전장소(Cold Zone)로 재 배치
③ 선착대 사고물질 정보파악 및 실시간 현장상황 전파
④ 유관기관과 현장정보 분석 후 확산범위 판단 및 위험구역 재 설정
⑤ 주민대피 조치(유해화학물질에 오염 확인)
⑥ 출동대는 공기호흡기, 화학보호복 등 개인안전장비 착용
⑦ 현장진입 대원은 바람을 등지고 접근하며, 후방에 엄호주수 관창배치(물과 반응 이상 유·무 확인)
⑧ 누출 부분에 대해 누출차단 조치

12 구급출동단계 조치사항에서 "현장도착" 단계와 관계없는 것은?

① 환자의 중증도에 따라 치료가 가능한 의료기관 선정
② 초기 현장상황 보고 및 추가지원 여부 판단
③ 응급처치 및 이동(송)에 필요한 장비 구비
④ 통신과 단말기로 상황실에 보고

해설 ✪ SOP 400. 구급 공통 표준작전절차(현장대응단계)
① (도착보고) 통신과 단말기로 상황실에 보고
② (지원요청) 초기 현장상황 보고 및 추가지원 여부 판단
③ (장비구비) 응급처치 및 이동(송)에 필요한 장비 구비
④ (엔진정지) 정차와 동시에 엔진정지(차량 이탈 시 key 분리, 엔진을 계속 가동할 필요가 있는 경우 문 잠금)

13 "상황실 지령절차"에서 상황실 신고접수 최우선순위는?

① 화재, 구조, 구급 등 긴급한 재난 및 유관기관 공동대응(이관, 이첩) 출동차량 상황관리
② 화재, 구조, 구급 등 긴급한 재난 및 공동대응과 관련 없는 상황관리(110민원안내, 사후이첩 등)
③ 화재, 구조, 구급 등 긴급한 재난 및 유관기관 공동대응(이관, 이첩) 신고전화
④ 화재, 구조, 구급 등 긴급한 재난 및 공동대응 지원차량에 대한 정보제공

정답 11. ② 12. ① 13. ③

해설 ✪ SOP 500. 상황관리 공통 표준절차(상황실 신고접수 우선순위)

① 119재난신고, 유관기관 공동대응, 신고이관, 단순상담 간의 체계적인 기준 정립을 위해 신고처리의 우선순위를 결정
② (1순위) 화재, 구조, 구급 등 긴급한 재난 및 유관기관 공동대응(이관, 이첩) 신고전화
③ (2순위) 화재, 구조, 구급 등 긴급한 재난 및 유관기관 공동대응(이관, 이첩) 출동차량 상황관리
④ (3순위) 화재, 구조, 구급, 등 긴급한 재난 및 공동대응과 관련 없는 상황관리(110민원안내, 사후이첩 등)

14 "고층건물화재 현장대응 절차"에 대한 설명으로 옳은 것은?

① 건물 내 모든 인원 대피보다 화재발생지역 위 아래로 2~3층 정도 떨어진 지역으로 거주인원 이동
② 화재가 발생한 아래 지역(외부)은 유리파편이 떨어지는 가능성고려 반경 20m 이내 접근 금지
③ 현장지휘소는 화재 건물로부터 최소 150m 이상 떨어진 곳에 위치
④ 엘리베이터 사용이 안전하다고 판명되는 경우 화재지역 11층 이하부터 엘리베이터를 이용, 기타 지역은 계단 이용

해설 ✪ SOP 222. 고층건물 화재 대응절차(현장대응 절차)

1. 초기 화재 시 엘리베이터, 시설물 및 건물 출입 인원 통제를 위한 로비통제 실시
2. 건물 내 모든 인원 대피보다 화재발생지역 위 아래로 2~3층 정도 떨어진 지역으로 거주인원 이동
3. 화재가 발생한 아래 지역(외부)은 유리파편이 떨어지는 가능성고려 반경 50m 이내 접근 금지하며, 고층건축물의 층수, 높이 및 상황을 감안하여 충분한 안전거리 확보
4. 현장지휘소는 화재 건물로부터 최소 50m 이상 떨어진 곳에 위치
5. 엘리베이터 사용이 안전하다고 판명되는 경우 화재 층을 기점으로 2층 이하까지 엘리베이터를 이용, 기타 지역은 계단 이용
6. 초기 화재 진압요원들은 화재상황에 맞춰 최대한 신속하게 지원
7. 화점층 및 화점상층 인명구조 및 피난유도 최우선
8. 화재초기 층수 상관없이 화점층 진입 일거에 소화, 화재중기이후 화재층 상층과 인접구획 연소확대 방지 우선
9. 화재층 이동시 화재진압장비 팩(연결송수관 설비에 연결할 예비호스, 관창 묶음)을 미리 준비하고 계단실이나 직접 조작하는 비상용엘리베이터를 이용하여 운반

15 "하이브리드 차량사고 시 대응요령"으로 틀린 것은?

① 배터리 매인전원을 차단한다.
② 매인전원차단이 불가능할 경우 시동용 배터리를 분리한다.
③ 엔진이 멈추고 있어도 오토-스톱 기능이 작동하므로 시동을 완전히 끈다.
④ 차량연소가 시작되는 단계에서는 일반적인 주수소화를 실시한다.

해설 ✪ SOP 308. 차량 내 연소가 시작되는 단계로 일반적인 주수소화를 금하며, ABC분말소화기를 사용 화재진압

☆ 16년 소방위

정답 14. ① 15. ③

16 지하층화재 대응절차 설명이 틀린 것은?

① 지상층으로의 연기유입이나 연소 확대를 차단
② 진입경로에는 로프나 라이트라인(Light line)을 설치
③ 급격한 공기유입 방지하여 백드래프트 발생요인 차단
④ 요구조자가 있을 경우, 고발포나 가스계 소화약제 등을 주입하여 진화

해설 ✪ SOP 217. 지하층화재 대응절차

(사고특성 및 위험요인)

1. 공간이 작고 공기 유입량이 적기 때문에 연소가 완만하지만 농연과 열기는 충만
2. 진입구 협소 및 배연구 역할로 진입 곤란, 진입시 위치 방향감각의 상실 가능성 높아 소방활동상 장애

(대응절차)

1. 진입경로에는 로프나 라이트라인(Light line)을 설치
2. 급격한 공기유입 방지하여 백드래프트 발생요인 차단
3. 비상구 개방 전 화재성상(백드래프트 등) 파악 후 천천히 개방, 급기구 진입
4. 다수인 대피 시 출입구 통제·유도요원 배치
5. 지상층으로의 연기유입이나 연소 확대를 차단
   - 방화문 폐쇄 및 경계관창 배치
6. 진입이 곤란하고 요구조자가 없을 경우, 고발포나 가스계 소화약제 등을 주입하여 진화
7. 요구조자가 있을 것으로 예상되는 경우, 미분무나 살수설비로 진화

17 "도로터널화재 대응절차"에 대한 설명으로 틀린 것은?

① 다량의 포(泡, foam)를 방사할 수 있는 소방차를 출동조치
② 터널특성상 다량의 포(泡, foam)를 방사할 수 있는 소방차 출동은 제외
③ 인명검색, 구조 및 피난유도는 원칙적 상하행선 연결통로 적극 활용
④ 터널 상부가 장시간 고온에 노출되었다면, 가설물이나 콘크리트 박리편이 낙하할 수 있으므로 주의

해설 ✪ SOP 219. 도로터널화재 대응절차 및 안전기준

1. 화재지점으로 차량이 더 이상 밀려들지 않도록 교통통제
   - 터널 상·하행선 입구에 신속설치 가능한 바리게이트 비치
2. 다량의 포(泡, foam)를 방사할 수 있는 소방차를 출동조치
3. 터널 상부에 고압 전력선이 가설되어 있을 수 있음으로, 방수 시 감전에 유의
4. 터널 상부가 장시간 고온에 노출되었다면, 가설물이나 콘크리트 박리편이 낙하할 수 있음으로 주의
5. 터널 내 제연설비는 한국도로공사 등 터널 관계자와 협의하여 가동
6. 배수로를 따라 유류 등 오염물질이 확산될 경우, 임시로 집유정(集油井)이나 둑을 만들어 차단 또는 우회시킴
7. 도로관리자 및 경찰기관으로부터 상하행선 교통통제 상황 확인하고 방재설비 활용
8. 인명검색, 구조 및 피난유도는 원칙적 상하행선 연결통로 적극 활용

정답 16. ④ 17. ②

18 **"현장지휘소 설치 위치"에 대한 사항 중 옳지 않은 것은?**

① 오염되거나 지반이 약하지 않은 곳
② 현장과 외부로의 출입이 차단된 곳
③ 재난 대상물은 물론 그 주변까지도 조망할 수 있는 곳(가시성)
④ 통신과 전력공급에 지장이 없는 곳

해설 ✪ SOP 101. 현장지휘소 설치 위치
- 재난 대상물은 물론 그 주변까지도 조망할 수 있는 곳(가시성)
- 붕괴·낙하물·폭발력·열복사·소음·연기 등의 영향이 적은 곳
- 통신과 전력공급에 지장이 없는 곳
- 오염되거나 지반이 약하지 않은 곳
- 차량·장비·인원의 활동을 방해하지 않는 곳
- 현장과 외부로의 출입이 용이한 곳
- 차폐성(구경꾼 등 여러 요소로부터의 차폐)이 좋을 것
- 현장지휘체계 부서별로 적절한 작업공간이 확보될 것(독립성)
- 비상상황의 확대에 따라 현장지휘체계를 확장가능한 곳(확장성)

19 **"선착대장 지휘 "에 대한 내용으로써 도착과 함께 가장 먼저 조치해야할 사항은?**

① 대상물 정보　② 요구조자 상황
③ 최초 상황전파 및 지휘권 선언　④ 수리확인

해설 ✪ SOP 100. 선착대장 지휘
1. 선착대장은 현장 도착 즉시 최초 상황전파 및 지휘권 선언
   - 출동대명 및 선착대장 지휘권 선언
     ("00센터 00차 현장도착" "00센터 00(호출부호) 현장지휘")
2. 상황판단 : 대상물정보(용도, 층수 등), 요구조자 상황(인원수, 상태), 재난 상황(화재, 구조·구급) 파악
   - 재난피해 당사자, 시설 관계자, 소방 및 지자체 보유 자료 등 다양한 방법으로 정보 수집
   - 재난의 규모에 따라 정보수집 담당자를 지정·운영
   - 범죄 등 형사적 문제가 인지될 경우 경찰에 통보
3. 재난규모에 따라 대응단계 발령(요청) 및 추가지원 요청
4. 후착대 선탑자는 현장지휘관(지휘권 선언자)에게 현장도착 보고 후 임무지정을 받고 배치 현장 대응
5. 상급지휘관이 현장에 도착하면 지휘권 이양절차(SOP 102)에 따라 지휘권 이양

20 **"인명구조작전절차"에서 설명이 틀린 것은?**

① 요구조자를 발견한 경우 우선 구조활동 후 지휘자에게 보고한다.
② 구명이 긴급한 때는 일시적으로 응급처치를 취할 장소로 우선 이동한다.
③ 요구조자를 발견한 경우 지휘자에게 보고 후 즉시 구조활동에 임한다.
④ 중상자, 노인, 아이 등 위험도가 높은 사람을 우선으로 구조한다.

정답 18. ② 19. ③ 20. ①

해설 ✪ SOP 203. 인명구조 작전절차☆ 16년 소방위
① 요구조자를 발견한 경우 지휘자에게 보고 후 즉시 구조활동에 임한다.
② 탈출방법 등은 지휘자의 명령에 근거한 방법으로 한다.(명령을 받을 겨를이 없는 경우 신속하고 안전하게 구출할 수 있는 방법으로 한다.)

21 재난현장 브리핑 절차에 대한 설명으로 틀린 것은?

① 브리핑은 가급적 상황발생 2시간 내 실시
② 통제단장은 언론브리핑을 최우선으로 한다.
③ 환자분류, 이송 등 응급환자 관련 사항은 응급의료소장이 진행
④ 브리핑은 정기적으로 실시하고 차후 브리핑 시간 사전 예고

해설 ✪ SOP 107. 브리핑 방법☆ 21년 소방위
1. 브리핑 시점은 가급적 상황 발생 후 2시간 이내 실시(통제단장 결정)
2. 발표 주체 결정(대변인, 연락공보담당, 소방서장, 본부장 등)
   - 사회적 이목, 언론 관심 등 중요 재난은 직상급 기관 실시 원칙
   - 통제단장은 현장지휘를 최우선으로 하고, 상황이 종료되거나 재난규모 및 중요성 등을 고려하여 직접 브리핑 할 필요가 있다고 판단되는 경우 직접발표
3. 재난상황에 대한 보도자료를 작성하고 브리핑 시 언론매체에 배포
4. 환자분류, 이송 등 응급환자 관련 사항은 응급의료소장이 진행
5. 브리핑 종료 후 반드시 질의·답변 시간을 가짐
6. 브리핑은 정기적으로 실시하고 차후 브리핑 시간 사전 예고
7. 현장 상황변화에 따라 필요시 특별 브리핑 실시
8. 언론의 요구사항을 파악하고 적극적으로 새로운 정보 제공

22 개인보호장비 착용순서로서 맨 마지막 단계는?

① 손씻기 ② 덧신
③ 일회용 장갑 ④ N95 마스크

해설 ✪ SSG4. 구조구급대원 감염관리 표준지침, 개인보호장비 착용 순서
손씻기 → 방수가 되는 개인보호복(가운) → N95 마스크 → 눈 보호장비(고글 또는 안면보호구) → 개인보호복 모자 착용 → 덧신 착용 → 일회용 장갑(옷소매가 장갑 안으로 들어가도록 착용)

23 "현장안전점검관"의 역할이 아닌 것은?

① 경계구역 및 안전거리 설정
② 위험요소 인지 시 지휘관·대원에게 전파 및 안전조치
③ 감전, 유독가스, 낙하물, 붕괴, 전락 등 위험요소에 대한 안전평가 실시
④ 현장활동 중 교통사고 등 잠재된 2차 재해요인 파악

정답 21. ② 22. ③ 23. ①

해설 현장안전점검관☆ 20년 소방위

① (현장지휘관 보좌) 현장 소방활동 중 보건안전관리 업무이행
- 현장안전을 유지하고, 위험요소 인지 시 지휘관·대원에게 전파 및 안전조치
- 활동에 방해되거나 현장대원에 위험요소가 되는 장애물 확인 및 제거(복합적인 위험요인이 혼재하는 경우 위험이 큰 장애물부터 순차적 제거)
- 감전, 유독가스, 낙하물, 붕괴, 전락 등 위험요소에 대한 안전평가 실시
- 현장활동 중 교통사고 등 잠재된 2차 재해요인 파악

② 현장투입 대원의 개인안전장비 착용사항 점검 후 안전조치

24 다음 내용과 관계 깊은 것은?

> 누출된 인화성액체가 고여 있는 곳이나 위험물 탱크에서 화재가 발생한 상황

① 롤오버(Rollover)
② 보일오버(Boil over)
③ 백파이어(Back fire)
④ 풀 파이어(Pool fire)

해설 ✪ **SOP 210, 풀 파이어(Pool fire)** ☆ 21년 소방위

1. 누출된 인화성액체가 고여 있는 곳이나 위험물 탱크에서 화재가 발생한 상황
2. 위험물 탱크에서 발화, 복사열로 인한 화상 우려
   ※ 복사열 위험반경 : 수포발생 =3.5×탱크지름(m), 통증발생 = 6.5×탱크지름(m)
   * 거리= 화염중심 ↔ 대원
3. 위험반경 내 방열복 착용, 내폭화학차를 활용하여 포(泡-foam) 살포, 복사열 차단 및 냉각 주수 시 보일오버 또는 슬롭오버 발생에 유의, 위험반경 내 대원들은 사전 대피방안을 준비
4. 흡착포, 유처리제 등으로 누출 위험물에 대한 긴급방제 실시

정답 24. ④

부록

21년~14년 소방전술 승진시험 복원문제

21년 소방위 승진시험 복원문제

01 고층화재진압요령으로 아닌 것은?

① 화점층 및 화점상층의 인명구조 및 피난유도를 최우선으로 한다.
② 1차 경계범위는 당해 화재구역의 직하층으로 한다.
③ 발화층이 3층 이상인 경우에는 원칙적으로 연결송수관을 활용한다.
④ 진입대의 활동거점은 화점층의 특별피난계단 부속실에 확보하는 것을 원칙으로 한다.

02 재해예방대책에서 관리적 대책이 아닌 것은?

① 부적절한 태도시청
② 적합한 기준 설정
③ 관리자 및 지휘자의 솔선수범
④ 부단한 동기 부여와 사기 향상

03 붕괴취약부분에 대한 설명으로 맞는 것은?

① 내화구조 : 콘크리트 바닥 층의 강도
② 준 내화구조 : 벽 붕괴
③ 중량 목구조 : 철재구조의 지붕붕괴
④ 경량 목구조 : 지붕과 바닥 층을 지탱하는 트러스트 구조의 연결부분

04 재난사태 선포절차에 대한 설명으로 틀린 것은?

① 행정안전부장관이 직접 선포할 수는 있다.
② 중앙위원회 심의를 거쳐야 한다.
③ 재난이 추가적으로 발생 우려가 없어진 경우 중앙위원회 심의 후 해제하여야 한다.
④ 재난사태를 선포한 경우 지체 없이 중앙위원회 승인을 받아야 한다.

정답 01. ② 02. ① 03. ① 04. ③

05 재난현장 프리핑 절차에 대한 설명으로 틀린 것은 ?

① 브리핑 시점은 가급적 상황 발생 후 2시간 이내 실시
② 언론프리핑은 통제단장이 최우선으로 실시한다.
③ 환자분류, 이송 등 응급환자 관련 사항은 응급의료소장이 진행
④ 브리핑은 정기적으로 실시하고 차후 브리핑 시간 사전 예고

06 건물화재 시 연소 확산을 위한 가장 우선되는 배연순서는?

① 지붕가장자리
② 상층창문
③ 지붕중앙
④ 출입문

07 동적로프에 대한 설명으로 옳은 것은?

① 신장율이 5% 미만 정도로 하중을 받아도 잘 늘어나지 않는다.
② 마모 내구성이 강하고 파괴력에 견디는 힘이 높다.
③ 유연성이 낮아 조작이 불편하고 추락 시 하중이 그대로 전달되는 결점이 있다.
④ 산악구조 활동과 장비의 고정 등에 적합하다.

08 다음 GCS(그로스 고우 혼수척도) 점수가 옳은 것은?

가볍게 두드렸을 때 눈 못 뜸 1, 강한 자극에 웅얼거림 2, 고함소리에 눈뜸 3

※ 6점

09 설명 소방자동차에 적용되는 포 혼합방식은?

① 펌프 프로포셔너
② 프레져사이드 프로포셔너
③ 프레져 프로포셔너
④ 라인 프로포셔너

정답 05. ② 06. ③ 07. ④ 08. 6점 09. ①

10 연결송수관 송수요령으로 틀린 것은?

① 송수계통이 2 이상일 때는 연합송수가 되므로 송수구 부분의 송수압력이 같아지도록펌프를 운용한다.
② 송수압력은 3층 이하는 0.5Mpa, 5층 이상은 1.5Mpa를 원칙으로 한다.
③ 뒤에서 송수하는 펌프차대는 약 10%정도 높은 압력으로 송수한다.
④ 송수는 단독 펌프차대의 2구 송수를 원칙으로 한다.

11 공기호흡기 유지관리사항에 대한 설명으로 틀린 것은?

① 용기를 90일 이상 보관할 때는 항상 비워서 보관한다.
② 고압조정기와 경보기 부분은 분해조정 하지 않는다.
③ 공기의 누설을 점검할 때는 개폐밸브를 서서히 열어 압력계 지침이 가장 높이 상승하는 것을 기다려 개폐밸브를 잠근다.
④ 용기는 고온 직사광선을 피하여 보관, 충격을 받지 않도록 조심스럽게 다룬다.

12 다음은 소방차량의 안전수칙에 대한 내용으로 옳지 않은 것은?

① 고가차 장비 설치 시 전, 후, 좌, 우 최대 5도 이상 기울이지 않는다.
② 굴절붐 장비 설치 시 전, 후, 좌, 우 최대 5도 이상 기울이지 않는다.
③ 주차 시에는 주차 브레이크를 체결하고 고임목으로 차량을 고정시킨다.
④ 고가 및 굴절 사다리차는 일반적으로 무게중심이 아래에 있다.

13 신생아 처치요령에 대한 설명으로 틀린 것은?

① 구형흡입기로 우선 입을 흡인하고 그 다음에 코를 흡인한다.
② 입과 코 주변의 분비물은 소독된 거즈로 닦아낸다.
③ 호흡이 있으나 팔다리에 약간의 청색증이 있다면 그냥 두도록 한다.
④ 자발적으로 호흡이 없으면 발바닥을 치켜들고 손바닥으로 치도록 한다.

14 특수현상 징후로써 다음 내용과 관계 깊은 것은?

누출된 인화성액체가 고여 있는 곳이나 위험물 탱크에서 화재가 발생한 상황

① 풀 파이어(Pool fire) ② 플래임오버(Flameover)
③ 롤오버(Rollover) ④ 보일오버(boil over)

정답 10. ② 11. ① 12. ④ 13. ④ 14. ①

15 아세톤 냄새가 나는 환자에 대한 처치와 관계있는 것은 ?

① 인슐린 주사를 맞은 후 음식물 섭취를 하지 못한 경우
② 인슐린 복용 후 음식물을 토한 경우
③ 평소보다 힘든 운동이나 작업을 했을 경우
④ 인슐린과 구강용 혈당저하제투여

16 다음 설명 중 틀린 것은?

① 화학보호복은 유독물질에 장시간 노출되어 오염되었을 경우에는 폐기를 권장한다.
② 미지근한 물에 중성 세제를 알맞게 풀어 로프를 충분히 적시고 흔들어 모래나 먼지가빠져나가도록 한다.
③ 로프는 그늘지고 통풍이 잘되는 곳에 보관하도록 한다.
④ 로프를 사리고 끝처리로 너무 단단히 묶어두지 않도록 한다.

17 구조대원이 갇혔거나 길을 잃은 경우에 행동요령으로 틀린 것은?

① 혼자서 탈출해야 하는 경우 가장 손쉬운 방법은 호스를 따라서 나가는 것이다.
② 커플링의 결합부위를 찾아서 암 커플링이 향하는 쪽으로 기어 나간다.
③ 의식이 흐려지면 랜턴이 천장을 비추도록 놓고 출입문 가운데나 벽에 누워서 발견되기 쉽게 한다.
④ 구조대원은 벽을 따라서 진입하기 때문에 벽 주변에 있으면 발견이 용이하다.

18 START 중증도 분류법에 대한 설명으로 바르지 못한 것은?

> 의식이 명로하고, 호흡수 27회/분 이하, 맥박 미약함

① 긴급
② 응급
③ 지연
④ 비 응급

19 감염노출 후 처치자가 실시해야 할 사항으로 잘못된 것은?

① 피부에 상처가 난 경우는 즉시 찔리거나 베인 부위의 피를 막고 소독제를 바른다.
② 필요한 처치 및 검사를 48시간 이내에 받을 수 있도록 한다.
③ 기관의 감염노출 관리 과정에 따라 보고하고 적절한 조치를 받는다.
④ 점막이나 눈에 환자의 혈액이나 체액이 노출된 경우는 노출부위를 흐르는 물이나 식염수로 세척하도록 한다.

정답 15. ④ 16. ① 17. ② 18. ② 19. ①

20 GHS 인화성 표시로 틀린 것은?

21 화재전술 특징 설명으로 옳은 것은?

> 호스연장 시 호스를 화재 건물과 가까이 두고 연장하지 않도록 하는 것은 화재건물의 낙하물체나 고열의 복사열에 의한 호스손상을 방지하여 결과적으로 진압활동이나 인명구조시 엄호주수가 완전히 이루어질 수 있도록 하기 위한 것이다.

① 일체성 ② 특이성
③ 양면성 ④ 반복성

22 건물동수 산정으로 맞는 것은?

① 건널 복도 등으로 2 이상의 동에 연결되어 있는 것은 그 부분을 절반으로 분리하여 각동으로 본다.
② 독립된 건물과 건물 사이에 차광막, 비막이 등의 덮개를 설치하고 그 밑을 통로 등으로 사용하는 경우는 같은 동으로 한다.
③ 구조에 관계없이 지붕 및 실이 하나로 연결되어 있는 것은 다른 동으로 본다.
④ 목조 또는 내화조 건물의 경우 격벽으로 방화구획이 되어 있는 경우도 다른 동으로 한다.

23 가연물질의 구비조건으로 잘못된 것은?

① 연쇄반응을 일으킬 수 있는 물질이어야 한다.
② 산소와 결합할 때 발열량이 커야 한다.
③ 표면적이 적은 물질이어야 한다.
④ 열전도의 값이 커야 한다.

정답 20. 21. ① 22. ① 23. ④

24 다음 내용과 관계 깊은 것은?

> ① 관절을 지지하거나 둘러싼 ( )의 파열이나 비정상적인 잡아당김으로 발생한다.
> ② 먼 쪽 청색증이나 맥박 촉지가 안 될 때에는 부드럽게 손으로 ( )하여 관절을 재 정렬한다.
> ③ 긴 척추고정판에 환자를 고정하고, PMS(팔다리의 순환, ( ), ( )을 확인한다.

※ 인대, 견인, 운동, 감각기능(PMS)

25 구급활동일지 다음 설명 중 맞는 것은?

① 감염성 질병에 걸린 요구조자와 접촉한 경우에는 그 사실을 안 때부터 72시간 이내에 소방청장 등에게 보고하여야 한다
② 구급활동 상황기록은 소속 소방관서에 3년간 보관한다.
③ 구조거절 확인서를 작성하여 소방청장에게 보고한다.
④ 소방센터별로 119감염관리실을 1개소 이상 설치하여야 한다.

정답 24. 인대, 견인, 운동, 감각기능(PMS) 25. ②

21년 소방장 승진시험 복원문제

01 화재초기 열이 물체를 통하여 전달되는 현상은?

① 전도
② 대류
③ 복사
④ 비화

02 화재전술 특징 설명으로 옳은 것은?

> 호스연장 시 호스를 화재 건물과 가까이 두고 연장하지 않도록 하는 것은 화재건물의 낙하물체나 고열의 복사열에 의한 호스손상을 방지하여 결과적으로 진압활동이나 인명구조시 엄호주수가 완전히 이루어질 수 있도록 하기 위한 것이다.

① 일체성
② 특이성
③ 양면성
④ 반복성

03 START 분류법에서 응급환자에 대한 설명으로 옳은 것은?

① 의식 장애, 호흡수 30회/분 이상, 노뼈동맥 촉진 가능
② 의식 장애, 호흡수 30회/분 이상, 노뼈동맥 촉진 불가능
③ 의식 명료, 호흡수 30회/분 이하, 노뼈동맥 촉진 가능
④ 기도 개방 후에도 무호흡, 무맥

04 용어 설명으로 옳은 것은?

① 소독 : 물리적, 화학적 과정을 통하여 모든 미생물을 완전하게 제거하고 파괴시키는 것
② 살균 : 미생물 중 병원성 미생물을 사멸시키기 위한 물질을 말한다.
③ 멸균 : 생물체가 아닌 환경으로부터 세균의 아포를 제외한 미생물을 제거하는 과정이다.
④ 세척 : 진균과 박테리아의 아포를 포함한 모든 형태의 미생물을 파괴하는 것

정답 01. ① 02. ① 03. ③ 04. ②

05 산소중독 증상으로 옳지 않은 것은?

① 산소 최소 한계량, 최대 허용량은 산소 함유량과 관계없고 산소 부분압과 관계있다.
② 현기증, 호흡곤란, 발작, 멀미, 근육경련 증상 나타남
③ 산소 부분압이 0.16 기압 이하가 되면 저산소증이 발생하고 산소 분압이 1.4~1.8 기압이 될 때 나타난다.
④ 산소의 부분압이 0.6 대기압 이상인 공기를 장시간 호흡할 경우 중독되는데 부분압이이보다 더 높으면 중독이 더 빨리된다.

06 소방자동차 운용에 대한 설명으로 틀린 것은?

① 화점 위치에서 가까운 곳, 화염에서 안전한 곳에 차량을 부서한다.
② 주차 브레이크를 확실히 체결한 후 고임목을 타이어 앞, 뒤로 확실하게 고정한다.
③ 엔진 오일과 P.T.O오일의 온도를 90℃ 이하로 유지하기 위하여 냉각수 밸브를 개방하여 열을 식혀준다.
④ 동절기 방수 후에는 체크밸브를 이용 소방펌프에 부동액을 채워 동파방지 한다.

07 유류화재 중 탱크가 파열되고 가장 위험성이 큰 것은?

① 후로스오버
② 보일오버
③ 오일오버
④ 슬롭오버

08 다음 중 화상환자에 대한 성인의 중증도 분류에서 “중증” 이 아닌 것은?

① 흡인화상이나 골절을 동반한 화상
② 체표면적 10% 이상의 3도 화상인 모든 환자
③ 체표면적 25% 이상의 2도 화상인 10세 이상 50세 이하의 환자
④ 2체표면적 15% 이상, 25% 미만의 2도 화상인 10세 이상 50세 이하의 환자

09 공기포에 대한 설명으로 옳지 않은 것은?

① 산성액과 알칼리성액의 화학 반응에 의해 발생되는 탄산가스를 핵으로 한 포이다.
② 물과 약제의 혼합액의 흐름에 공기를 불어 넣어서 발생시킨 포이다.
③ 기계적으로 발생시켰기 때문에 기계포(mechanical foam)라고도 부른다.
④ 기계포는 팽창비에 따라 저팽창포, 중팽창포, 고팽창포로 나눌 수 있다.

정답 05. ③ 06. ④ 07. ③ 08. ④ 09. ①

10 다음설명 중 옳지 않은 것은?

① 윈치 등을 이용하여 로프를 설치하는 경우 로프의 인장력을 초과하여 당기기 쉬우므로 사용하지 말아야 한다.
② 산소결핍 여부를 측정할 때는 반드시 공기호흡기를 장착하고 맨홀 등의 주변에서 개구부를 향하여 순차적으로 행한다.
③ 운항 중에는 횡파를 받아 전복할 우려가 있으므로 파도와 직각으로 부딪히지 않도록 항해에 주의한다.
④ 잠수대원은 질병 또는 피로 등 신체적 정신적 이상이 있을 때는 잠수하지 않는다.

11 3D 주수기법에 대한 설명으로 옳은 것은?

연소 가연물에 직접 주수하여 화재 진압을 하는 방법을 말한다.

① 펄싱　② 페인팅
③ 펜슬링　④ 미디움펄싱

12 다음 GCS(그로스 고우 혼수척도) 점수가 옳은 것은?

가볍게 두드렸을 때 눈 못 뜸 1, 강한 자극에 웅얼거림 2, 고함소리에 눈뜸 3

※ 6점

13 혈관계, 순환계 설명으로 옳은 것은?

① 들숨은 수동적인 과정으로 가로막과 늑간근이 이완된다.
② 소아는 비강호흡을 하고 호흡수는 15~30회다.
③ 혈압이 낮으면 충분한 혈액을 공급받지 못해 조직은 손상을 받는다.
④ 혈압은 좌심실의 피를 뿜어낼 때 올라가고 이를 이완 기압이라 한다.

정답 10. ① 11. ③ 12. 6점 13. ①

14 연소생성물 옳은 것은?

> 질소성분을 가지고 있는 합성수지, 동물의 털, 인조견 등의 섬유가 불완전 연소할 때 발생하는 맹독성 가스로 0.3%의 농도에서 즉시 사망할 수 있다.

① COCl2
② SO2
③ HCl
④ NH3

15 내부에서의 화점확인방법에 대한 설명으로 아닌 것은?

① 연기가 있는 최하층을 확인한다.
② 연기는 화점에서 멀수록 농도는 진하고 유동은 빠르다.
③ 문 개방 시 벽이나 창, 상층의 바닥에 온도변화를 확인할 때는 바닥에 손을 접촉한다.
④ 옥내외 연기가 있는 경우는 공조설비 등을 즉시 중지시킨다.

16 산화성고체 표지판 그림 옳은 것은?

17 지하화재 시 소화방법으로 틀린 것은?

① 소화는 분무, 직사 또는 포그 방수로 한다.
② 농연열기가 충만하여 진입이 곤란한 경우에는 상층부 바닥을 파괴한다.
③ 진입구와 배기구를 구분하여 배기구 측에서 고발포를 방사하여 질식 소화한다.
④ 공기의 유입이 적기 때문에 연소가 완만하지만 시간이 경과함에 따라 복잡한 연소상태를 나타낸다.

정답 14. ① 15. ② 16. 17. ③

18 구조활동에 대한 설명으로 옳은 것은?

① 출동경로를 최단거리로 한다.
② 출동 중 필요 시 응원요청을 한다.
③ 명령의 통일성을 유지하기 위해 자의적인 단독행동은 필요하다.
④ 내부에 가스렌지를 켜놓은 단순 문개방 구조는 구조 거절을 할 수 있다.

19 에어백 설명으로 옳은 것은?

① 소형 에어백과 대형 에어백을 겹쳐서 사용하여도 최대 부양능력이 소형 에어백의 능력을 초과하지 못한다.
② 2개의 에어백을 겹쳐 사용하면 능력이 증가한다.
③ 부양되는 물체가 쓰러질 위험이 없기 때문에 3개 이상 겹쳐서 사용가능하다.
④ 에어백은 단단하고 평탄한 곳에 설치하고 날카롭거나 고온인 물체(100℃ 이상)도 안전하다.

20 현장지휘관의 책임완수를 위해 요구되는 행동능력으로서 틀린 것은?

① 행동개시 후에는 즉시 관리자의 역할로 복귀
② 중간점관리 및 부족자원 관리
③ 가정과 사실을 구별하지 않는다.
④ 고독한 방랑자의 관리

21 다음 구조장비 사용에 대한 설명으로 옳은 것은?

① 동적로프는 정적로프보다 추락 시 충격이 더 크다
② 슬링은 같은 굵기 로프보다 강도가 우수하고 등반, 하강 시 자기 확보용으로 사용한다.
③ 안전벨트는 10년 지났어도 외관상 이상 없거나 박음질 부분 뜯어졌다면 교체하여 사용한다.
④ z자형 도르래로 240kg 무게를 들어 올릴 때 필요한 힘은 80kg이다.

22 다음은 감염관리에 대한 설명으로 옳은 것은?

① 신규채용 시 적절한 예방접종을 받을 수 있도록 조치한다.
② 매년 1회씩 모든 응급구조사를 대상으로 건강검사를 실시한다.
③ 결핵피부반응 검사는 2회/년 이상 실시해야 한다.
④ 감염노출 후 필요한 처치 및 거사를 12시간 이내에 받을 수 있도록 조치한다.

정답 18. ② 19. ① 20. ③ 21. ④ 22. ①

23 농연 내 진입요령 중 옳은 것은?

① 2개 이상의 계단통로가 있고 급기계단, 배기계단으로 나뉘어 있을 때는 연기가 적은배기계단으로 진입한다.
② 불꽃이 보이는 실내에서는 중성대가 형성되고 있는 경우가 많기 때문에 방수 전에 신속하게 연소범위를 확인한다.
③ 연소실 내에 진입하는 경우는 벽 부분에 직사방수를 하면서 낙하물이나 도괴물을 제거 후 진입 한다.
④ 관창 팀은 직사주수로 전방 팀을 보호한다.

24 화재원인조사가 아닌 것은?

① 화재지점
② 통보 및 초기소화
③ 열에 의한 탄화
④ 방화시설의 활용

25 유압식전개기 사용방법으로 틀린 것은?

① 전개기의 손잡이를 잡고 사용할 장소까지 옮겨 팁을 벌리고자 하는 부분에 찔러 넣는다.
② 전개기 후면의 밸브를 조작하면 전개기가 작동된다.
③ 사용 후에는 전개기의 팁을 틈새 없이 완전히 닫아두도록 한다.
④ 유압장비는 수중에서도 사용 가능하다.

정답 23. ② 24. ③ 25. ③

21년 소방교 승진시험 복원문제

01 화재조사에 대한 설명으로 틀린 것은?

① 2곳에서 화재 발생 시 화재가 발생한 지역을 관할하는 소방서에서 1건으로 한다.
② 주요구조부가 하나로 연결되어 있는 것은 같은 동으로 한다.
③ 화재가 복합되어 발생한 경우에는 화재의 구분을 화재피해액이 많은 것으로 한다.
④ 화재소실면적 산정은 연면적으로 한다.

02 화재초기 열이 물체를 통하여 전달되는 현상은?

① 전도
② 대류
③ 복사
④ 비화

03 다음 중 제거소화로 볼 수 없는 것은?

① 도로에 방화선 구축한다.
② 가연성가스 공급중단
③ 창고 내부 화재 시 문을 닫고 산소를 차단한다.
④ 전기화재 전원차단

04 현장지휘관의 책임완수를 위해 요구되는 행동능력으로서 틀린 것은?

① 행동개시 후에는 즉시 관리자의 역할로 복귀
② 중간점관리 및 부족자원 관리
③ 가정과 사실을 구별하지 않는다.
④ 고독한 방랑자의 관리

정답 01. ④ 02. ① 03. ③ 04. ③

05 **소방호스 지지·결속에 대한 설명으로 틀린 것은?**

① 5층 이상인 경우 진입층 및 중간층에 결속한다.
② 로프를 매달아 고정할 때는 로프 신장율이 크므로 로프 길이는 짧게 한다.
③ 소방호스의 지지점은 결합부의 바로 밑이 가장 효과적이다.
④ 소방호스에 로프로 걸어 매기를 하는 것이 효과적이며 원칙으로 2본에 1개소를 고정한다.

06 **백화점 화재의 화점실 진입방법으로 틀린 것은?**

① 방수는 급기측, 배기측으로 구분하고 배기측으로 진입하는 것을 원칙으로 한다
② 불꽃이 보이면 중성대가 형성되어 있으니 신속히 연소범위를 파악한다.
③ 방수는 화점을 정확하게 확인하여 직접방수를 하고 수손방지에 노력한다.
④ 낙하물은 직사방수로 떨어뜨려 안전을 확보한다.

07 **3D 주수기법에 대한 설명으로 다음 내용과 관계있는 것은?**

연소 가연물에 직접 주수하여 화재 진압을 하는 방법을 말한다.

① 펄싱　② 페인팅
③ 펜슬링　④ 미디움펄싱

08 **지하실 화재 소화방법으로 틀린 것은?**

① 소화는 분무, 직사 또는 포그 방수로 한다.
② 농연열기가 충만하여 진입이 곤란한 경우에는 상층부 바닥을 파괴한다.
③ 진입구와 배기구를 구분하여 배기구 측에서 고발포를 방사하여 질식소화한다.
④ 공기의 유입이 적기 때문에 연소가 완만하지만 시간이 경과함에 따라 복잡한 연소상태를 나타낸다.

09 **유류화재 중 탱크가 파열되고 가장 위험성이 큰 것은?**

① 후로스오버　② 보일오버
③ 오일오버　④ 슬롭오버

정답 **05.** ④ **06.** ① **07.** ③ **08.** ③ **09.** ③

10 **cavitation 발생 시 조치사항으로 틀린 것은?**

① 흡수관 측 손실을 가장 작게 한다.
② 동일한 회전수와 방수량에서는 방수밸브를 조절한다.
③ 소방펌프 흡수량을 줄이고, 소방펌프의 회전수를 높인다.
④ 흡수관의 스트레이너 등에 이물질이 있는 경우 이를 제거한다.

11 **소방안전관리 특성으로 무엇에 대한 설명인가?**

> 호스연장 시 호스를 화재 건물과 가까이 두고 연장하지 않도록 하는 것은 화재건물의 낙하물체나 고열의 복사열에 의한 호스손상을 방지하여 결과적으로 진압활동이나 인명구조시 엄호주수가 완전히 이루어질 수 있도록 하기 위한 것이다.

① 일체성 ② 특이성
③ 양면성 ④ 반복성

12 **구조활동에 대한 설명으로 옳은 것은?**

① 출동경로를 최단거리로 한다.
② 출동 중 필요 시 응원요청을 한다.
③ 명령의 통일성을 유지하기 위해 자의적인 단독행동은 필요하다.
④ 내부에 가스렌지를 켜놓은 단순 문 개방 구조는 구조 거절을 할 수 있다.

13 **엔진동력장비 조작으로 틀린 것은?**

① 2행정은 오일량이 많으면 매연이 심하다.
② 4행정은 연로와 엔진오일을 별도로 주입한다.
③ 고속회전의 장비를 다룰 때는 면장갑을 착용한다.
④ 장비는 견고한 바닥에 설치하고 확실히 고정하여 움직임을 방지한다.

14 **매듭 종류 다른 것은?**

① 두겹매듭 ② 두겹팔자매듭
③ 두겹고정매듭 ④ 이중팔자매듭

정답 10. ③ 11. ① 12. ② 13. ③ 14. ①

15 잠수병 종류로써 "공기색전증"에 대한 설명은 ?

① 후유증이 없기 때문에 질소마취에 걸렸다 하더라도 수심이 얕은 곳으로 올라오면 정신이 다시 맑아진다.
② 인체의 산소 사용 가능 범위는 약 0.16기압에서 1.6기압 범위이다.
③ 호흡이 가빠지고 숨이 차며 안면 충혈과 심할 경우 실신하기도 한다.
④ 압력이 높은 해저에서 압력이 낮은 수면으로 상승할 때 호흡을 멈추고 있으면 폐의증세 조직이 파괴된다.

16 붕괴사고현장 구조의 4단계로 옳은 것은?

※ 신속한구조 - 정찰 - 부분잔해 제거 - 일반잔해 제거

17 다음 설명이 설명하는 것은 무엇인가?

환자에게 적절한 치료를 계속 제공하지 못한 것

① 태만
② 유기
③ 면핵
④ 거절

18 혈관계, 순환계 설명으로 옳은 것은?

① 들숨은 수동적인 과정으로 가로막과 늑간근이 이완된다.
② 소아는 비강호흡을 하고 호흡수는 15~30회다.
③ 혈압이 낮으면 충분한 혈액을 공급받지 못해 조직은 손상을 받는다.
④ 혈압은 좌심실의 피를 뿜어낼 때 올라가고 이를 이완 기압이라 한다.

19 구급차 현장도착 시 배치요령으로 틀린 것은?

① 차량의 진행방향과 마주보는 경우 경광등과 전조등은 끄고 비상등만 켠다.
② 유독가스가 누출되는 경우 바람을 등진 방향에 위치시킨다.
③ 전선이 끊어지면 전봇대와 전봇대 사이를 반원으로 하는 외곽에 부서한다.
④ 유류적재 차량일 경우 700m 거리에 주차한다.

정답 15. ⑤ 16. 17. ② 18. ① 19. ②

20 다음 설명은 무엇을 설명하는 것인가?

> 입과 코를 동시에 덮어주는 산소공급기구로 작은 구멍의 배출구와 산소가 유입되는 관 및 얼굴에 고정시키는 끈으로 구성되어 있다. 6~10L의 유량으로 흡입 산소농도를 35~60%까지 증가시킬 수 있다.

① 비재호흡마스크　② 단순얼굴마스크
③ 벤트리마스크　④ 코삽입관

21 위험예지훈련 시트 작성의 유의사항으로 옳은 것은?

① 한 장의 시트에 여러 가지 상황을 기입할 것
② 아주 자세한 부분까지 그려넣지 말 것
③ 밝은 분위기가 아닌 어두운 분위기로 그려지는 것이 좋다.
④ 대원의 사고사례가 작은 상황 위주로 선정한다.

22 신체역학적 들어올리기와 잡기에 대한 내용으로 틀린 것은?

① 다리를 약간 벌리고 발끝을 밖으로 향하게 한다.
② 들어 올릴 때 등을 일직선으로 유지하고 다리, 허리 근육을 이용한다.
③ 물체를 가능한 한 몸 가까이 붙여야 한다.
④ 양손은 약 20~30cm 떨어져 손바닥과 손가락으로 손잡이 부분을 충분히 감싼다.

23 항공기 환자이송에 대한 설명으로 틀린 것은?

① 사상자를 항공편으로 후송해야 하는 경우 조종사들은 가능한 한 지표가까이 비행하여야 한다.
② MAST를 착용한 환자는 수시로 압력계를 확인하고 압력을 적정한 수준으로 조절하여야 한다.
③ 육상에서 순환기 질병을 가진 환자들은 고도 증가에 따라 추가적인 질병을 얻게 된다.
④ 기흉, 흉통환자는 가능한 헬기를 이용해 신속히 이송하는 것이 좋다.

정답 20. ② 21 ② 22. ② 23. ④

24 **다음은 응급처치의 정의로써 (　)안에 들어갈 내용은?**

> 응급의료행위의 하나로서 응급환자의 (　　)를 확보하고 (　　)의 회복, 그 밖에 (　　)의 위험이나 (　　)의 현저한 악화를 방지하기 위하여 긴급히 필요로 하는 처치

※ 기도, 심장박동, 생명, 증상

25 **소방자동차 운용에 대한 설명으로 틀린 것은 ?**

① 화점 위치에서 가까운 곳, 화염에서 안전한 곳에 차량을 부서한다.
② 주차 브레이크를 확실히 체결한 후 고임목을 타이어 앞, 뒤로 확실하게 고정한다.
③ 엔진 오일과 P.T.O오일의 온도를 90℃ 이하로 유지하기 위하여 냉각수 밸브를 개방하여 열을 식혀준다.
④ 동절기 방수 후에는 체크밸브를 이용 소방펌프에 부동액을 채워 동파방지 한다.

정답 **24.** 기도, 심장박동, 생명, 증상 **25.** ④

20년 소방위 승진시험 복원문제

01 **둔위분만 응급처치 요령으로 옳은 것은?**

① 즉각적으로 이송한다.
② 저농도 산소를 공급한다.
③ 골반과 머리를 높인다.
④ 다리를 잡아당기는 등의 분만을 시도한다.

02 **잠수표의 원리에 대한 설명으로 "할덴의 이론"과 관계있는 것은?**

① 압력 하의 기체가 액체 속으로 용해되는 법칙을 설명하는 것이다.
② 압력이 2배가 되면 2배의 기체가 용해된다는 개념이다.
③ 스쿠버 다이빙 때에 그 압력 하에서 호흡하는 공기 중의 질소가 체내조직에 유입되는 과정과 관계가 있다.
④ 용해되는 압력이 다시 환원되는 압력의 2배를 넘지 않는 한 신체는 감압병으로부터 안전하다.

03 **지휘권 확립 8단계 필수적 행동요소 순서는?**

지휘권 이양받기 - 지휘소 설치 - 기존의 상황평가 정보 얻기 - 주기적 상황평가 - 1.2차 검색 - 완진 선언 - 현장조사 - 검토회의 주재

04 **분무주수에 대한 설명으로 옳은?**

① 저속분무주수는 관창 뒤 2m 정도에 여유소방호스를 직경 1.5m 정도의 원이 되도록 하면 반동력은 약 1Mpa로 줄게 된다.
② 중속분무주수는 노즐압력 0.6Mpa 이상, 전개각도 10~30°이상으로 한다.
③ 중속분무주수는 옥내 및 풍상에 유효하며 내부 주수 시 관창가까이 얼굴을 접근 시킨다.
④ 간접공격에 가장 적합한 주수방법은 중속분무다.
거리를 확보할 필요가 있다.

정답 01. ① 02. ④ 03. 04. ②

05 현장안전점검관의 역할 아닌 것은?

① 경계구역 및 안전거리 설정
② 위험요소 인지 시 지휘관 및 대원에게 전파
③ 감전, 유독가스, 낙하물, 붕괴, 전락 등 위험요소에 대한 안전평가 실시
④ 현장투입 대원의 개인안전장비 착용사항 점검 후 안전조치

06 구조 활동의 순위에서 첫 번째 사항은?

① 요구조자의 구명에 필요한 조치를 취한다.
② 2차 재해의 발생위험을 제거한다.
③ 요구조자의 상태 악화 방지에 필요한 조치를 취한다.
④ 현장활동에 방해되는 각종 장해요인을 제거한다.

07 만성폐쇄성폐질환(COPD)환자 에게 적응성이 있는 것은?

① 백-밸브마스크
② 비재호흡마스크
③ 포켓마스크
④ 벤트리마스크

08 화상환자에 대한 성인의 중증도 분류에 있어서 "중증"에 해당되지 않는 것은?

① 영아, 노인, 기왕력이 있는 화상환자
② 손, 발, 회음부, 얼굴화상
③ 체표면적 2% 이상 – 10% 미만의 3도 화상인 모든 화상
④ 원통형 화상, 전기화상

09 붕괴건물의 "지주설치"요령으로 옳지 않은 것은?

① 같은 크기의 나무기둥은 지주가 짧을수록 더 큰 하중을 견딜 수 있다.
② 지주 아래는 쐐기를 박아 넣되 기둥이 건물의 무게를 지탱할 수 있을 때까지 박아 넣어야 한다.
③ 지주는 예상되는 최대하중을 견딜 수 있을 만큼의 강도가 있어야 한다.
④ 같은 단면을 가지는 정방형 기둥보다는 정사각형 기둥이 더 큰 하중을 견딘다.

정답 05. ① 06. ④ 07. ④ 08. ③ 09. ④

10 **방법 수중탐색설명에서 틀린 것은?**

① 등고선탐색 : 줄을 이용하지 않은 탐색 방법이며 비교적 큰 물체 탐색에 적합하다.
② 반원탐색 : 줄을 사용하며 조류가 세고 탐색면적이 넓을 때 사용한다.
③ 원형탐색 : 시야가 좋지 않으며 탐색면적 좁은 지역에 사용한다.
④ 직선탐색 : 시야가 좋지 않고 넓은 지역에 탐색에 사용한다.

11 **화재의 진행단계는?**

플레임오버 – 백드래프트 – 롤오버 – 플래시오버 – 백드래프트

12 **정당한 사유 없이 소방용수시설을 사용하거나 소방용수시설의 효용을 해하거나 그 정당한 사용을 방해한 자에 대한 벌칙으로 옳은 것은?**

① 1년 이하의 징역 또는 1천만원 이하의 벌금
② 3년 이하의 징역 또는 2천만원 이하의 벌금
③ 5년 이하의 징역 또는 3천만원 이하의 벌금
④ 10년 이하의 징역 또는 5천만원 이하의 벌금

13 **현장안전관리 10대원칙에 대한 설명으로 잘못된 것은?**

① 안전관리는 임무수행을 전제로 하는 적극적 행동대책이다.
② 자기안전은 자기스스로 확보하라.
③ 위험에 관한 정보는 지휘관만이 알 수 있도록 철저히 보안을 유지하라.
④ 지휘자의 장악으로부터 벗어난다는 것은 중대한 사고에 연결되는 것이다.

14 **"APGAR"에서 고려되지 않은 사항은?**

① 신생아의 피부색, 맥박, 호흡, 반사흥분도, 근육의 강도 등을 평가한다.
② 건강한 신생아의 전체 점수의 합은 10점이다.
③ 출생 1분, 5분 후 재평가를 실시한다.
④ 3점 이하이면 신생아의 집중관리가 필요하다.

정답 10. ① 12. ③ 13. ③ 14. ④

15 뱀에 물렸을 때 응급처치 방법으로 틀린 것은?

① 얼음이나 허브를 물린 부위에 대도록 한다.
② 부드럽게 물린 부위를 세척한다.
③ 물린 부위를 심장보다 낮게 유지한다.
④ 물린 부위에서 몸 쪽으로 묶어준다.

16 START 중증도 분류법에 대한 설명으로 바르지 못한 것은?

① 응급환자란 호흡장애, 호흡수 24회/분 이상이며 모세혈관 재 충혈이 4초 이상이다.
② 긴급 환자란 의식 장애, 호흡수 30회/분 이상이며 노뼈동맥 촉진 불가능하다.
③ 기도 개방 후에도 무호흡, 무 맥박이면 지연 환자로 분류한다.
④ 지정된 장소로 온 환자들을 다시 평가하면서 분류한다.

17 구조출동 도중 조치 사항이 아닌 것은?

① 사고발생 장소와 무선정보 등에 의한 출동지령 장소에 변경이 없는가를 확인
② 관계기관 등에 연락을 취했는지에 따른 조치 상황을 확인
③ 사용할 장비를 선정하고 필요한 장비가 있으면 추가로 적재한다.
④ 선착대의 행동내용 및 사용기자재 등을 파악하여 자기대의 임무와 활동요령을 검토

18 화재방어검토회의에 대한 설명으로 옳은 것은?

① 중요화재, 특수화재의 경우 통제관은 관할 소방본부장이다.
② 대형화재 통제관은 소방서장이 된다.
③ 화재를 진압한 소방본부 또는 소방서에서 개최한다.
④ 화재발생일로부터 10일 이내에 개최한다.

19 유압엔진펌프 사용상의 주의사항으로 틀린 것은?

① 가압할 때에는 반드시 커플링 측면에 서 있도록 한다.
② 호스를 강제로 구부리도록 한다.
③ 펌프의 압력이나 장비의 이상 유무를 점검할 때에는 반드시 유압호스에 장비를 분리하고 확인한다.
④ 절단기를 작동시킬 때 잠시 전개·절단 작업을 중지하고 대상물의 상태를 확인한 후에 다시 작업하도록 한다.

정답 15. ① 16. ① 17. ③ 18. ④ 19. ③

20 **화재 전술 옳은 것은?**

① size-up : 화재현장을 책임지고 있는 소방간부가 취해야 할 조치를 구상하는 것.
② 백드래프트 : 배연(환기)과 반대로 개구부(창문)을 닫아 산소를 감소시킴
③ 플래시오버 : 연소 중인 건물 지붕 채광창을 개방하여 환기
④ 롤오버 : 분말소화기 등 이동식 소화기를 분사하여 화재를 완전하게 진압하는 것

21 **신체감기하강요령으로 틀린 것은?**

① 경사면보다는 수직면에서 하강할 경우에 활용도가 높은 방법이다
② 기구를 사용하지 않고 신체에 직접 현수로프를 감고 그 마찰로 하강하는 방법이다.
③ 노출된 피부에 로프가 직접 닿으면 심한 부상을 입을 수 있으므로 주의한다.
④ 숙달되지 않은 경우 매우 위험하므로 긴급한 경우 이외에는 활용하지 않는다.

22 **할로겐화합물 청정소화약제 화학식 아닌 것?**

① HFC-227ea
② IG-55
③ HCFC-124
④ HF-23

23 **위험물류별 특성 및 화재진압방법으로 옳은 것은?**

① 1류 위험물 : 충격, 마찰로 O2 발생
② 2류 위험물 : 절대로 물을 사용해서는 안 된다.
③ 3류 위험물 : 다량의 열과 유독성의 연기를 발생한다.
④ 4류 위험물 : 화재 시 폭발위험이 상존하므로 충분히 안전거리를 유지한다.

24 **중성대 활용으로 잘못된 것은?**

① 중성대가 형성된 경우 요구조자, 화점, 연소범위를 확인할 수 있다.
② 밀폐된 건물내부에서 화재가 발생했을 때 신선한 공기의 유입이 없으므로 연소의 확대는 없다.
③ 중성대의 범위를 위로 축소시킬 수 있는 개구부 위치는 지붕중앙부분 파괴가 가장 효과적이다.
④ 배연을 할 경우 중성대 아래쪽을 배연하여야 효과적이다.

정답 20. ① 21. ① 22. ④ 23. ① 24. ④

25 **경련 시 응급처치로 틀린 것은?**

① 주위 위험한 물건은 치운다. 치울 수 없다면 손상 가는 부분에 쿠션 및 이불을 대어 손상을 최소화시킨다.

② 사생활 보호를 위해 관계자의 주변 사람들은 격리시킨다.

③ 경련 중에 혀를 깨물지 못하도록 설압자를 넣어 기도를 확보한다.

④ 목뼈손상이 의심이 되지 않는다면 환자를 회복자세로 눕힌다.

정답 25. ③

19년 소방위 승진시험 복원문제

01 출산 과정에 있어 "회음부위가 불룩 튀어나와 있거나 태아의 일부분이 보이는 현상"을 무엇이라고 하는가?

① 태반 ② 이슬 맺힘
③ 분만 통 ④ 배림

02 개방성연부조직 손상에 관한 설명으로 올바른 것은?

① 열상은 피부손상 깊이와 넓이가 다양하며 날카로운 물체에 피부가 잘린 상처이다.
② 찰과상은 피부나 조직이 찢겨져 너덜거리는 상태로 많은 혈관 손상으로 종종 출혈이 심각하다.
③ 결출상은 표피가 긁히거나 마찰된 상태로 보통은 진피까지 손상을 입는다.
④ 관통상은 신체로부터 떨어져 나간 상태로 완전 절단과 부분 절단이 있다.

03 수리유도 및 부서배치에 대한 내용으로 옳은 것은?

① 사다리차 등의 소방차량은 소방용수와는 관계없이 독자적으로 자기 소대의 임무에 따라 부서를 한다.
② 선착대의 소방용수에 여유가 있는 경우 선착대는 자기대의 수리부서에 집착하지 말고 선착대의 소방용수, 차량을 효과적으로 활용한다.
③ 사다리차로 고층건물의 상층에서 인명구조를 하고자 하는 경우에는 건물에 접근시켜 부서해서는 안 된다.
④ 사다리차로 높은 곳에서 현장활동을 지원하기 위하여 조명이나 주수를 하는 경우에는 반드시 화재건물에 접근하여야 한다.

04 구급 장비 중 주로 산악용으로 사용되며 주로 환자 발생 시 긴 척추고정판에 환자를 고정시킨 후 환자를 이동시키기 위한 장비는?

① 바스켓형 들것 ② 분리형 들것
③ 가변형 들것 ④ 척추 고정판

정답 01. ④ 02. ① 03. ① 04. ①

05 **구조현장 초기 대응 절차 중 LAST에 관한 설명으로 틀린 것은?**

① 현장확인(Locate) : 재난사고가 발생하면 사고 장소와 현장상황을 정확히 파악해야 한다.
② 접근(Access) : 사고 장소가 바다나 강이라면 구조대원은 지체 없이 신속하게 뛰어들어야 한다.
③ 상황의 안정화 (Stabilization) : 현장을 장악하여 상황이 더 이상 악화되지 않고 안전이 유지될 수 있도록 조치한다.
④ 후송(Transport) : 요구조자는 일단 의료기관으로 후송하는 것을 원칙으로 한다.

06 **매듭에 관한 설명으로 "굵기가 다른 로프를 결합할 때에 사용" 하는 로프는?**

① 팔자연결매듭 ② 피셔맨매듭
③ 한겹매듭 ④ 절반매듭

07 **다음 중 공기호흡기 사용가능시간은?**

충전압 300kg/㎠, 여유압력 10kg/㎠, 분당호흡량 50L, 용기용량 6.8L

① 39분 ② 42분
③ 47분 ④ 49분

08 **다음 중 플래시오버를 지연시키는 방법으로 틀린 것은?**

① 배연 지연법 ② 공기차단 지연법
③ 냉각 지연법 ④ 촉매 지연법

09 **경계구역 구분에 대한 설명으로 틀린 것은?**

① 위험지역의 색상은 붉은색으로 표시한다.
② 경고지역에는 제독·제염소를 설치하고 모든 인원은 이곳을 통하여 출입하도록 해야 한다.
③ 안전지역에는 구조활동에 필요한 각종 장비를 설치하고 필요한 지원을 수행한다.
④ 위험지역에는 구조와 오염제거활동에 직접 관계되는 인원 이외에는 출입을 엄격히 금지한다.

정답 05. ② 06. ③ 07. ① 08. ④ 09. ③

10 **동력절단기 사용시 올바른 것은**

① 철재용 절단날을 보관할 때에는 기름을 엷게 발라둔다.
② 절단날의 전방 직선상에 발을 위치하지 않도록 주의한다.
③ 절단 날에 이상 마모현상이 있을 때는 즉시 교환한다.
④ 절단날에 충격이 가해지지 않도록 하고 날의 측면을 이용하여 작업하도록 한다.

11 **심폐소생술을 적절히 하여도 잘 발생되는 것은?**

① 심장좌상
② 골절
③ 기흉
④ 대동맥 손상

12 **에어백 사용방법으로 맞는 것은?**

① 부양되는 물체가 쓰러질 위험이 높기 때문에 3개 이상을 겹쳐서 사용하지 않는다.
② 2개의 백을 사용하는 경우 큰 백을 위에 놓는다.
③ 에어백의 팽창 능력 이상의 높이로 들어 올려야 하는 경우에는 철재받침목을 활용한다.
④ 커플링으로 공기용기와 압력조절기, 에어백을 연결할 때 가능하면 공구로 연결한다.

13 **다음 중 ( )안에 들어갈 내용은?**

수격현상에 있어서 압력파가 클 경우에 가장 약한 부분이 파손될 수 있어 원심펌프에서는 임펠러 파손을 막기 위해 ( )를 설치하고 있다.

① 동력인출장치
② 지수밸브
③ 진공밸브
④ 역류방지밸브

14 **다음 중 소방활동 검토회의 준비에 관한 사항으로 틀린 것은?**

① 화재발생 건물의 표시방법은 평면도 또는 투시도로 하되 화재발생부분을 알아보기 쉽게 한다.
② 도로는 그 폭원을 미터로 표시한다.
③ 건물의 구조별 표시방법은 목조는 적색, 방화조는 황색, 내화조는 녹색으로 표시한다.
④ 방위, 풍향, 풍속, 건물의 간격과 화점, 발화건물의 소실 및 소실면적을 기입한다.

정답 10. ③ 11. ① 12. ① 13. ④ 14. ③

15 다음 중 (B)에 들어갈 내용은?

> 중성대의 범위를 위로 축소시킬 수 있는 개구부 위치는 (A)가 가장 효과적이며, 그 다음으로 (B), (C) 순서이다.

① 하층부 출입문 파괴
② 지붕의 가장자리 파괴
③ 상층부 개구부의 파괴
④ 지붕중앙부분 파괴

16 로프총 사용과 관련한 설명으로 틀린 것은?

① 즉시 발사할 것이 아니면 장전하여 세워두어야 한다.
② 발사 후에는 탄피를 제거하고 총기 손질에 준하여 약실을 청소한다.
③ 견인탄은 탄두와 날개를 완전하게 결합하고 견인로프가 풀리지 않도록 결착한다.
④ 장전 후에는 총구를 수평면 기준으로 45°이상의 각도를 유지해야 격발이 된다.

17 화상환자에 대한 성인의 중증도 분류에 있어서 "중증"에 해당되지 않은 것은?

① 영아, 노인, 기왕력이 있는 화상환자
② 손, 발, 회음부, 얼굴화상
③ 중등도는 체표면적 10%이상의 3도 화상
④ 원통형 화상, 전기화상

18 당뇨의 생리학적 설명으로 틀린 것은?

① Ⅱ형은 적정량만큼 인슐린을 생산하지 못하는 경우로 인슐린 투여가 필요한 환자이다.
② 당뇨환자는 혈액내의 포도당을 조직으로 이동시키지 못한다.
③ 인슐린은 포도당을 혈액에서 조직으로 이동시키고 포도당은 세포가 활동하는 것을 돕는다.
④ 당은 음식물 소화로 얻어지고 포도당으로 전환된다.

19 소방호스 연장과 관창배치의 유의사항으로 옳은 것은?

① 진입목표 계단이 4층 이하의 경우는 옥내연장 또는 적재사다리에 의한 연장으로 한다.
② 가능하면 간선도로의 횡단을 꾀하고 횡단하는 경우는 되도록 도로에 대해서 직각으로 연장한다.
③ 소방차 방수구 측 여유호스는 위해 방지를 위해서 펌프측의 5~6m에 둔다.
④ 펌프차 방수구 결합은 화점이 보이는 측의 방수구를 기본으로 방수구측에 여유소방호스를 둔다.

정답 15. ② 16. ① 17. ③ 18. ① 19. ④

20 **재난 및 안전관리기본법상의 내용으로 틀린 것은?**

① 중앙대책본부장과 시장, 군수, 구청장은 동원명령을 내린다.
② 시장, 군수, 구청장은 대피명령을 내린다.
③ 시장, 군수, 구청장, 지역통제단장은 응급조치종사 명령을 내린다.
④ 시장, 군수, 구청장은 중앙긴급통제단장에게 재난사태선포를 건의 한다.

21 **복통의 종류에 있어서 다음 내용과 관계 깊은 것은?**

간헐적이고 마치 분만통증과 같은 복통은 흔히 배내 속이 빈 장기로 인해 나타난다. 그리고 둔하고 지속적인 통증은 종종 고형체의 장기로 인해 나타난다.

① 내장통증
② 벽쪽통증
③ 쥐어뜯는 듯한 통증
④ 연관통증

22 **철근콘크리트조 벽 파괴활동에 대한 설명으로 옳은 것은?**

① 9mm이하 철근은 철선절단기를 사용하고 그이상은 동력절단기, 가스절단기를 사용한다.
② 관통시킨 구멍과 중간을 대해머로 강타하여 구멍을 크게 확보한다. 이때 해머를 사용할 경우는 가운데를 가격하는 것이 효과적이다.
③ 포크레인 등의 중장비를 동원해서는 안 된다.
④ 공동부분을 대해머로 강타하여 파괴한다.

23 **다음 중 화학적 폭발로 볼 수 없는 것은?**

① 공기나 산소 없이 단독으로 가스가 분해하여 폭발하는 것이다.
② 과열액체의 급격한 비등에 의한 증기폭발
③ 연소의 한 형태인데 연소가 비정상상태로 되어서 폭발이 일어나는 형태이다.
④ 촉매에 의해서 폭발하는 것으로 수소(H2)+산소(O2), 수소(H2)+염소(Cl2)에 빛을 쪼일 때 일어난다.

24 **위급상황에 처한 요구조자를 소방기관 또는 관계 행정기관에 거짓으로 알린 자에 대한 벌칙은?**

① 5년 이하의 징역
② 300만원 이하의 벌금
③ 200만원 이하의 벌금
④ 200만원 이하의 과태료

정답 20. ④ 21. ① 22. ① 23. ② 24. ④

25 **다음 고체의 연소 중 "증발연소"에 해당되지 않은 것은?**

① 파라핀 ② 황
③ 코우크스 ④ 나프탈렌

정답 25. ③

20년 소방장 승진시험 복원문제

01 **화재와 관련된 내용으로 옳지 않은 것은?**

① 배연구의 크기와 수는 화재가 어떻게 진행되는가를 결정한다.
② 천장의 높이 등은 많은 양의 뜨거운 가스층이 형성되는데 영향을 미친다.
③ 벽이나 구석에 연소하는 가연물의 화염은 구획실 중앙에서 연소하는 가연물보다 공기를 더 많이 흡수하고 차갑다.
④ 최초의 가연물의 위치는 뜨거운 가스층이 증가하는 데에 있어서 매우 중요하다.

02 **고층화재에 전술적 환경에 대한 설명으로 틀린 것은?**

① 빠른 반응시간
② 건물높이로 인한 전술적 제한
③ 내화구조
④ 중앙공조시스템

03 **고속도로 사고 현장에서 차량 부서 방법 등으로 옳지 않은 것은?**

① 주 교통흐름을 어느 정도 차단할 수 있는 위치에 주차한다.
② 주차된 소방차량의 앞바퀴는 사고현장과 일직선으로 정렬하여 대원이 부상당하지 않도록 한다.
③ 사고현장으로부터 40~60미터 뒤에 추가차량을 배치한다.
④ 주차각도는 차선의 방향으로부터 비스듬한 각도를 가지고 주차하여 진행하는 차량으로 부터 대원의 안전을 확보하도록 한다.

04 **화재조사에 관하여 옳지 않은 것은?**

① 동일범이 아닌 각기 다른 사람에 의한 방화, 불장난은 동일 대상물에서 발화했더라도 각각 별건의 화재로 한다.
② 지붕 및 실이 하나로 연결되어 있는 것은 구조에 관계없이 동일 동으로 본다.
③ 화재현장에서 부상을 당한 후 72시간 이내에 사망한 경우에는 당해 화재로 인한 사망자로 본다.
④ 화재피해 범위가 건물의 6면 중 2면 이하의 경우에는 6면 중 피해면적의 합에 10분의 1을 곱한 값을 소실면적으로 한다.

정답 01. ③ 02. ① 03. ② 04. ④

05 아래의 설명에 해당하는 소화약제로 맞는 것은?

> 장기 보존성은 원액이든 수용액이든 타 포원액보다 우수하다. 약제의 색깔은 갈색이며 독성은 없다.

① 내알코올포
② 단백포
③ 수성막포
④ 합성계면활성제포

06 시안화수소에 대한 설명으로 옳은 것은?

① 질소성분을 가지고 있는 합성수지, 동물의 털 등이 불완전 연소할 때 발생하는 맹독성 가스이다.
② 냉동시설의 냉매로 많이 쓰이고 있으므로 냉동창고 화재 시 누출 가능성이 있다.
③ 열가소성 수지인 폴리염화비닐 (pvc) 수지류 등이 연소할 때 발생된다.
④ 질산셀룰로오스가 연소 또는 분해될 때 생성되며 독성가스이다.

07 중성대에 관한 설명으로 옳은 것은?

① 중성대의 범위를 위로 축소시킬 수 있는 개구부 위치는 출입구 아래 부분 파괴가 가장 효과적이다.
② 건물 내부의 압력이 외부의 압력과 일치하는 수직적인 위치가 생긴다. 이위치를 건물의 중성대라 한다.
③ 하층부의 압력이 크기 때문에 아래에서 공기가 배출되고, 상층의 압력이 낮기 때문에 공기가 유입된다.
④ 중성대의 하층부는 열과 연기로부터 생존할 수 없는 지역이 되고 중성대의 상층부는 신선한 공기에 의해 생존할 수 있는 지역이 된다.

08 분진폭발의 가능성이 가장 적은 것은?

① 플라스틱
② 금속
③ 석회가루
④ 밀가루

09 로프 중에 내열성이 가장 높은 것은?

① 나일론
② 케브라
③ 아라미드
④ 폴리에틸렌

정답 05. ③ 06. ① 07. ② 08. ③ 09. ②

10 **다음 (　)안에 들어갈 내용은?**

① 가끔 사용하는 로프 : ( )	② 매주 사용하는 로프 : ( )
③ 매일 사용하는 로프 : ( )	④ 스포츠 클라이밍 : ( )

① 4, 3, 2, 1
② 4, 2, 3, 1
③ 2, 3, 1, 4
④ 1, 2, 3, 4

11 **동력절단기에 대한 설명으로 옳은 것은?**

① 대상물에 날을 먼저 댄 후에 절단 날을 회전시키도록 한다.
② 목재용 절단 날을 보관할 때에는 기름을 엷게 발라둔다.
③ 절단 시 조작원은 자기 발의 위치나 자세에 신경을 써야하며, 절단 날의 후방 직선상에 발을 위치하여 중심을 잡는다.
④ 절단날에 충격이 가해지지 않도록 하고 날의 측면을 이용하여 작업하도록 한다.

12 **A급 화학복 착용순서로 옳은 것은?**

① 실린더 개방 - 성애방지제 도포 - 하의 착용 - 면체 착용
② 성애방지제 도포 - 하의 착용 - 면체 착용 - 실린더 개방
③ 면체 착용 - 실린더 개방 - 성애방지제 도포 - 하의 착용
④ 면체 착용 - 실린더 개방 - 하의 착용 - 성애방지제 도포

13 **자동차 유리창 파괴방법으로 옳지 않은 것은?**

① 유리 절단기의 끝 부분으로 전면 유리창의 양쪽 모서리를 내려쳐서 구멍을 뚫는다.
② 유리 절단기를 이용해서 유리창의 세로면 한쪽을 아래로 길게 절단한다.
③ 유리창을 떼어 안전한 곳에 치우고 창틀에 붙은 파편도 완전히 제거한다.
④ 절단 과정에서 차 위에 올라서거나 손으로 유리창을 누르지 않도록 한다.

정답 10. ① 11. ② 12. ① 13. ②

14 잠수에 대한 설명으로 틀린 것은?

① 재잠수 : 스쿠버 잠수 후 5분 이후에서부터 12시간 내에 실행되는 스쿠버 잠수를 말한다.
② 최대잠수가능조정시간 : 최대 잠수 가능시간에서 잔류질소 시간을 뺀 나머지 시간이다.
③ 감압정지 : 실제 잠수 시간이 최대 잠수 가능시간을 초과했을 때에 상승도중 감압표상에 지시되는 수심에서 지시된 시간만큼 머무르는 것을 말한다.
④ 총 잠수시간 : 전 잠수로 인해 줄어든 시간(잔류 질소시간)과 실제 재 잠수 시간을 합하여 나타낸다.

15 SAMPLE에 대한 설명으로 옳지 않은 것은?

① S : 질병과 손상
② M : 복용한 약물
③ P : 과거병력
④ L : 마지막 구강 섭취

16 영아에 대한 심폐소생술에 대한 내용으로 옳지 않은 것은?

① 전문기도가 확보된 이후에는 분당 10회로 인공호흡 한다.
② 가슴압박 깊이는 1/2로 한다.
③ 가슴압박속도는 분당 100~120회로 한다.
④ 심폐소생술의 순서는 가슴압박 – 기도유지 – 인공호흡 순으로 한다.

17 인공호흡을 시작하고 호흡이 제대로 들어가지 않는 경우 해야 하는 처치 중 틀린 것은?

① 기도를 재개방하고 재 실시한다.
② 이물질이 보이지 않을 때 입안의 이물질을 손가락으로 꺼낸다.
③ 무의식, 무맥 상태라면 인공호흡을 시작하고 호흡이 제대로 들어가지 않는다면 환자의 기도를 재개방하고 재 실시한다.
④ 이물질을 제거할 때는 배・가슴 밀어내기, 손가락을 이용한 제거 법을 활용한다.

18 내장적출 환자에 대한 처치법으로 옳지 않은 것은?

① 고농도 산소를 공급한다.
② 생리식염수로 장기를 세척한다.
③ 상처 부위를 옷 등을 제거시켜 노출시킨다.
④ 무릎과 엉덩이에 상처가 없다면 무릎을 구부리게 하도록 한다.

정답 14. ① 15. ① 16. ② 17. ② 18. ②

19 화상에 대한 설명으로 옳은 것은?

① 1도 화상은 표피와 진피가 손상된 경우로 열에 의한 손상이 많다.
② 전기화상의 경우 교류보다 직류가 심각하다.
③ 9의 법칙에서 성인의 머리는 9, 소아의 경우는 18이다.
④ 성인의 경우 25%이상 2도 화상이면 중등도이다.

20 견인부목에 대한 설명으로 옳은 것은?

① 관절 및 다리 하부의 손상이 동반된 넙다리몸통부 손상시 사용된다.
② 무릎이나 무릎 인접부분 손상에 유용하다.
③ 엉덩이나 골반 손상에 유용하다.
④ 넙다리 손상시 발생되는 근육경련으로 인해 뼈끝이 서로 겹쳐 발생되는 통증과 추가적인 연부조직 손상을 줄여, 내부출혈을 감소시킬 수 있는 장비이다.

21 피난에 사용하는 계단 등 우선순위로 옳은 것은?

① 옥외계단-피난교-특별피난계단-옥외피난용사다리
② 특별피난계단-옥외피난용사다리-옥외계단-피난교
③ 옥외피난용사다리-옥외계단-피난교-특별피난계단
④ 피난교-특별피난계단-옥외계단-옥외피난용사다리

22 간접감염에 해당하는 것은?

① 수혈
② 안구에 접촉
③ 비말에 의한 접촉
④ 손상된 상처에 접촉

23 구급에 대한 설명으로 옳은 것은?

① 전문치료 팀과 장비가 대기 장소에서 출발하여 환자가 있는 장소에 도착하는 소요시간을 현장처치시간이라 한다.
② 응급환자의 발생 신고로부터 전문 치료 팀이 출동을 시작할 때까지 소용되는 시간을 반응시간이라 한다.
③ 현장에서 환자를 이동시킬 수 있도록 안정시키는데 소요되는 시간을 출동시간이라 한다.
④ 환자의 평가와 치료단계는 병원 전 처치단계-응급실 단계-수술실/중환자실 단계이다.

정답 19. ③ 20. ④ 21. ① 22. ③ 23. ④

24 **자동차사고구조와 관련하여 옳지 않은 내용은?**

① 차량이 평평한 지면위에 있다면 바퀴의 양쪽 부분에 고임목을 댄다.
② 경사면에 놓인 차량은 바퀴가 하중을 받는 부분에 고임목을 댄다.
③ 가스가 완전히 배출될 때 까지 구조작업을 실시하지 않도록 한다.
④ 배터리의 전원을 차단할 때에는 - 선부터 차단한다.

25 **소방용수시설에 관해서 맞는 것은?**

① 주거지역, 상업지역 및 공업지역에 설치하는 경우 소방대상물과의 수평거리를 140미터 이하가 되도록 할 것
② 소화전의 연결금속구의 구경은 100밀리미터 이상으로 할 것
③ 급수배관의 구경은 65밀리미터로 하고, 개폐밸브는 지상에서 1.5미터 이상 1.7미터 이하의 위치에 설치하도록 할 것
④ 저수조에 물을 공급하는 방법은 상수도에 연결하여 자동으로 급수되는 구조일 것.

정답 **24. ③ 25. ④**

19년 소방장 승진시험 복원문제

01 소방차 펌프기준 배관 및 밸브등의 위치에서 흡입측에 두는 것이 아닌 것은?

① 배수밸브　　② 냉각수밸브
③ 흡수구　　④ 연성계

02 생물체가 아닌 환경으로부터 세균의 아포를 제외한 미생물을 제거하는 과정으로 옳은 것은?

① 멸균　　② 살균
③ 소독　　④ 세척

03 프랭크버드(Frank Bird)의 5개의 요인이 아닌 것은?

① 직접 원인　　② 기본 원인
③ 제어 부족　　④ 개인 결함

04 화재진압활동 전술유형에 관한 설명으로 틀린 것?

① 공격전술 : 관창을 화점에 진입 배치하는 전술형태
② 집중전술 : 화세에 비해 소방력이 부족하여 전체 화재현장을 모두 커버 할 수 없는 경우 소방상 중요한 시설 또는 대상물을 중점적으로 대응 또는 진압하는 전술형태
③ 블록(Block)전술 : 주로 인접건물로의 화재확대방지를 위해 적용하는 전술형태로 블록의 4방면 중 확대가능한 면을 동시에 방어하는 전술
④ 포위전술 : 관창을 화점에 포위 배치하여 진압하는 전술형태

정답 01. ② 02. ③ 03. ④ 04. ②

05 119구조대 중 특수구조대에 속하는 것으로 옳은 것은?

① 수난구조대, 고속국도구조대, 지하철구조대, 항공구조구급대
② 지하철구조대, 국제구조대, 고속국도구조대, 수난구조대
③ 수난구조대, 테러대응구조대, 고속국도구조대, 지하철구조대
④ 수난구조대, 지하철구조대, 고속국도구조대, 산악구조대

06 3D 주수 기법 중 아래 설명과 관련이 있는 것은?

직사주수 형태로 물방울의 크기를 키워 중간에 기화되는 일이 없도록 물을 던지듯 끊어서 화점에 바로 주수하여 화재진압을 시작하는 방식이며, 연소중인 물체의 표면을 냉각시켜 주면서 다량의 수증기 발생 억제 및 열 균형을 유지시켜 가시성을 유지시키는 효과가 있다.

① 페인팅
② 펜슬링
③ 숏펄싱
④ 펄싱

07 유해물질 사고대응 절차에서 제독과 누출물질 처리 방법으로 틀린 것?

① 오염물질을 약품이나 흡착제로 흡착, 응고시키는 화학적 방법이 있다.
② 사고로 인하여 발생한 오염자 및 제독 작업에 참여한 대원을 위하여 제독소를 설치하고 제독소는 hot Zone 내에 위치하며 경계구역 설정과 동시에 설치하여야 한다.
③ 가스가 누출된 장소에 신선한 공기를 불어넣거나 수용성 물질에 대량의 물을 투입하는 방법을 사용하는 물리적 방법이 있다.
④ 실내의 오염농도를 낮추기 위해 고압송풍기를 이용하면 보다 효과적으로 오염물질을 분산시켜 빠른 시간에 농도를 낮출 수 있다.

08 지방이 많이 함유된 음식을 먹고 우상복부이나 어깨 또는 등쪽 통증을 호소하는 증상으로 맞는 것은?

① 쓸개염
② 이자염
③ 충수돌기염
④ 위궤양

정답 05. ④ 06. ② 07. ② 08. ①

09 분만 중 신생아의 응급상황의 평가와 처치로 알맞은 것은?

① 대부분의 신생아들은 생후 1분의 아프가 점수가 8~10점이다.
② 아프가 점수가 6점 이하이면 신생아의 집중관리가 필요하므로 기도확보 및 체온유지를 하면서 신속히 병원으로 이송한다.
③ 아프가 점수가 3~7점은 심각한 질식 상태로 CPR 해야 한다.
④ 맥박은 청진기를 사용할 수 없는 경우에는 손가락으로 제대의 박동수를 촉지하여 측정한다.

10 절단용 구조장비에 대한 설명으로 틀린 것은?

① 2행정기관 절단용 구조장비의 오일량이 많으면 시동이 잘 걸리지 않고 시동 후에 매연이 심하다.
② 공기톱은 전진 시 절단되도록 장착한다.
③ 체인톱은 목재에 반드시 체인이 작동상태에서 절단을 시작한다.
④ 동력절단기 목재용 절단 날은 보관 시 기름을 바른다.

11 근골격계에 대한 설명으로 틀린 것은?

① 척추의 등뼈는 11개로 구성되어 있다.
② 복장뼈는 갈비뼈, 복장뼈체, 칼돌기로 구성되어 있다.
③ 골반은 엉덩뼈과 궁둥뼈, 두덩뼈로 이루어져 있다.
④ 얼굴을 구성하는 뼈로 광대뼈는 눈을 보호한다.

12 위험물화재의 특수현상과 대처법으로 (　　)에 들어갈 순서로 올바른 것은?

(ⓐ) : 위험물 저장탱크 내에 저장된 제4류 위험물의 양이 내용적의 1/2이하로 충전되어 있을 때 화재로 인하여 증기 압력이 상승하면서 저장탱크내의 유류를 외부로 분출하면서 탱크가 파열되는 현상
(ⓑ) : 석유류가 혼합된 원유를 저장하는 탱크내부에 물이 외부 또는 자체적으로 발생한 상태에서 탱크 표면에 화재가 발생하여 원유와 물이 함께 저장탱크 밖으로 흘러넘치는 현상
(ⓒ) : 점성을 가진 뜨거운 유류표면 아래 부분에서 물이 비등할 경우 비등하는 물에 의해 탱크 내 유류가 넘치는 현상
(ⓓ) : 야채를 식용유에 넣을 때 야채 내 수분이 비등하면서 주위의 뜨거운 식용유를 밖으로 튀어나오게 하는 현상

정답 09. ③ 10. ② 11. ③ 12. ④

	(a)	(b)	(c)	(d)
①	슬로프오버	보일오버	후로스오버	오일오버
②	오일오버	후로스오버	보일오버	슬로프오버
③	보일오버	후로스오버	오일오버	슬로프오버
④	오일오버	보일오버	후로스오버	슬로프오버

13 구급활동 중 경련환자 응급처지로 틀린 것은?

① 사생활 보호를 위해 관계자의 주변 사람들은 격리시킨다.
② 주위 위험한 물건은 치운다.
③ 환자의 팔다리를 구속시켜 2차 손상 예방한다.
④ 목뼈손상이 의심이 되지 않는다면 환자를 회복자세로 눕힌다.

14 후두마스크 기도기 삽입 순서로 옳은 것은?

ⓐ 튜브에서 공기를 뺀 후 마스크를 입천장에 밀착시킨다
ⓑ 고정기로 고정한다.
ⓒ BVM으로 양압환기시킨다.
ⓓ 입천장을 따라 저항이 느껴질 때까지(상부 식도괄약근위) 삽입한다
ⓔ 외상환자는 그대로 비외상환자는 적정한 기도유지 자세를 취한다.
ⓕ 후두마스크 커프에 맞는 공기를 주입한다.
ⓖ 시진/청진으로 올바른 환기가 되는지 확인한다.

① ⓔ - ⓐ - ⓕ - ⓓ - ⓒ - ⓑ - ⓖ
② ⓔ - ⓐ - ⓓ - ⓕ - ⓒ - ⓖ - ⓑ
③ ⓔ - ⓐ - ⓓ - ⓕ - ⓑ - ⓒ - ⓖ
④ ⓔ - ⓐ - ⓓ - ⓕ - ⓖ - ⓒ - ⓑ

15 구조현장의 초기대응단계에서 지켜야할 LAST 순서로 옳은 것?

① 상황의 안정화 - 현장확인 - 접근 - 후송
② 현장확인 - 접근 - 후송 - 상황의 안정화
③ 현장확인 - 접근 - 상황의 안정화 - 후송
④ 접근 - 현장확인 - 후송 -상황의 안정화

정답 13. ③ 14. ② 15. ③

16 소방현장에서 가장 흔하게 활용되는 화재진압 순서로 옳은 것은?

ⓐ 정밀검색	ⓑ 내부 연소확대 방지
ⓒ 생명보호	ⓓ 화점 진압
ⓔ 외부 연소확대 방지	

① ⓒ – ⓑ – ⓔ – ⓓ – ⓐ
② ⓒ – ⓔ – ⓓ – ⓑ – ⓐ
③ ⓒ – ⓔ – ⓑ – ⓓ – ⓐ
④ ⓒ – ⓔ – ⓓ – ⓐ – ⓑ

17 매듭에 대한 설명으로 틀린 것?

① 바른매듭은 묶고 풀기가 쉬우며 같은 굵기의 로프를 연결하기에 적합한 매듭이다.
② 피셔맨매듭은 힘을 받은 후에는 풀기가 쉬워 장시간 고정시켜 두는 경우에 주로 사용한다.
③ 8자연결매듭은 많은 힘을 받을 수 있고 힘이 가해진 경우에도 풀기가 쉬워 로프를 연결하거나 안전을 확보하기 위한 매듭으로 자주 사용된다.
④ 두겹매듭은 한겹매듭에서 가는 로프를 한 번 더 돌려 감은 것으로 한겹매듭보다 더 튼튼하게 연결할 때에 사용한다.

18 백드래프트와 플래시오버에 대한 설명 중 틀린 것?

① 백드래프트는 불완전연소상태이고 플래시오버는 자유연소상태이다
② 백드래프트는 산소량이 부족하다
③ 백드래프트가 플래시오버보다 발생 빈도 높다.
④ 백드래프트는 약화요인이 산소이고 플래시오버는 열이다.

19 전염질환의 전염 경로 및 잠복기로 바르게 짝지어진 것은?

	질병	전염경로	잠복기
①	풍진	침에 오염될 물질	10-12일
②	간염	호흡기계 분비물	몇 주
③	폐렴	대변	며칠
④	결핵	비말	2-6주

정답 16. ③ 17. ② 18. ③ 19. ④

20 백화점 및 대형점포 화재진압요령으로 틀린 것?

① 방수는 화점을 정확하게 확인하여 간접방수를 하고 수손방지에 노력한다.
② 소화활동은 옥내소화전 및 소방전용방수구 등 각종 설비를 최대한 활용한다.
③ 낙하물은 직사방수로 떨어뜨려 안전을 확보한다.
④ 비상용 콘센트 또는 조명기구를 이용하여 화재진압 활동의 효과를 높인다.

21 수중탐색 방법으로 아래 설명과 관련이 깊은 것은?

- 시야가 좋지 않으며 탐색면적이 좁고 수심이 깊을 때 활용하는 방법이다.
- 인원과 장비의 소요가 적은 반면 탐색할 수 있는 범위가 좁다.

① 원형탐색
② 반원탐색
③ 직선탐색
④ 왕복탐색

22 DOT 표지 설명으로 틀린 것?

① 오렌지 - 폭발성
② 파란색 - 금수성
③ 녹색 - 불연성
④ 백색 - 산화성

23 송풍기를 활용한 배연방법의 유의사항으로 틀린 것은?

① 급기구보다 배기구의 크기를 크게 하는 것이 효율적이다.
② 송풍기는 자연바람과 같은 방향으로 설치하여 효율성을 배가해야 한다.
③ 송풍기 근처의 창문은 가능한 폐쇄하여 공기흐름에 방해가 되지 않도록 해야 한다.
④ 공기가 너무 많이 공급되게 하여 오히려 급격하게 연소 확대될 우려가 있으므로 특히 유의하여야 한다.

정답 **20.** ① **21.** ① **22.** ④ **23.** ①

24 순환계에 대한 설명으로 틀린 것은?

ⓐ 허파동맥은 산소가 가장 풍부한 혈액으로 되어 있다.
ⓑ 심방과 심실사이에 판막이 있어 혈액의 역류를 방지한다.
ⓒ 왼심방은 허파로부터 혈액을 받아들이고 왼심실은 높은 압력으로 전신에 혈액을 제공한다.
ⓓ 동맥은 낮은 압력 때문에 혈액의 역류방지 위한 판막이 발달되어 있다.
ⓔ 대동맥은 인체 내에 가장 큰 동맥으로 모든 동맥은 대동맥으로부터 혈액을 공급받는다.

① ⓐ, ⓒ
② ⓐ, ⓓ
③ ⓑ, ⓓ
④ ⓒ, ⓕ

25 제한공간에서 산소부족 및 유독가스에 대한 설명으로 옳은 것은?

① 산소농도가 17% 이상일 경우 어지러움, 두통증상
② 열경화성 수지, 나일론 등의 연소시 암모니아가 발생
③ 맨홀에서 산소농도 12%일 경우 의식불명의 증상
④ 중질유, 고무, 황화합물 등의 연소시 시안화수소 발생

정답 24. ② 25. ②

20년 소방교 승진시험 복원문제

01 대원임무부여 시 틀린 것은?

① 위험작업은 조작법을 숙달한 대원에게 부여한다.
② 구조작업도중이라도 중요사항 변경 시 전 대원에게 알린다.
③ 현장 확인 후 구출방법 순서를 개개인에게 명확히 지정한다.
④ 명령을 하달한 때에는 전 대원을 집합시켜 하달한다.

02 구조활동 순서를 나열하시오.

장해요인제거 - 2차 재해발생 위험요인 제거 - 구명 - 응급처치 등 필요한 조치 - 이송

03 엘리베이터가 최상층 및 최하층에 근접할 때 자동으로 정지시키는 안전장치는?

① 리미트 스위치
② 브레이크
③ 조속기
④ 화이널리미트 스위치

04 로프 중간에 고리를 만들 필요가 있을 때 사용하는 것은?

① 고정매듭
② 두겹고정매듭
③ 나비매듭
④ 8자매듭

정답 01. ① 03. ① 04. ③

05 소아의 호흡기계 특징에 대한 설명으로 틀린 것은?

① 구강호흡을 한다.
② 가로막에 의존한다.
③ 부종으로 기도가 쉽게 막힌다.
④ 연하고 부드럽다.

06 감염기본 예방법으로 틀린 것은?

① 바늘 끝이 환자의 몸 쪽으로 향하지 않도록 한다.
② 심폐소생술 시행 시 반드시 일 방향 휴대용 마스크를 이용한다.
③ 주사바늘, 칼날 등 날카로운 기구는 구멍이 뚫리지 않는 통에 모은다.
④ 날카로운 기구를 사용할 경우에는 손상을 당하지 않도록 주의한다.

07 소화용수설비 맞는 것은?

① 급수탑 : 물탱크차에 급수가 용이하다.
② 지상식소화전 : 도로에 설치하기 좋다
③ 지하식소화전 : 관리가 용이하다
④ 저수조 : 설치위치 선정이 용이하다.

08 고가 굴절사다리차 안전수칙에 대한 설명으로 틀린 것은?

① 고압선으로부터 3m 이상 거리를 유지한다.
② 바스켓용량을 초과하지 않는다.
③ 급커브 주행 시 전복방지를 위해 미리 감속해야 한다.
④ 장비 설치 시 전, 후, 좌, 우 최대 5도 이상 기울이지 않는다.

09 화재현장에서 구급차 배치요령으로 맞는 것은?

① 차량화재로부터 30m 밖에 위치시킨다.
② 유류 적재한 차량으로부터는 300m~500m거리를 둔다
③ 경사면이 낮은 쪽에 주차한다.
④ 바람이 불어오는 방향으로 주차한다.

정답 05. ① 06. ① 07. ① 08. ① 09. ①

10 고속도로 주차방법으로 틀린 것은?

① 소방차량 앞바퀴는 일직선으로 둔다.
② 사고현장으로 부터 40~60m 뒤에 추가차량(경찰차)을 배치한다.
③ 주 교통흐름을 어느 정도 차단할 수 있는 위치에 주차한다.
④ 주차각도는 차선의 방향으로부터 비스듬한 각도(角度)를 가지고 주차한다.

11 커플링이 잘 연결 되지 않을 때 조치방법으로 틀린 것은?

① 유압오일을 확인하고 보충한다.
② 엔진작동을 중지하고 밸브를 여러 번 변환 조작한다.
③ Lock ling을 풀고 다시 시도한다.
④ 유압호스에 압력이 존재하는지 점검한다.

12 선량계 정의로서 옳은 것은?

개인이 휴대하여 실시간으로 방사선율 및 선량 등 측정하며 기준선량(율) 초과시 경보하여 구조대원의 안전을 확보하기 위한 장비이다.(가장 보편적으로 사용되는 장비) 주로 GM관, 비례계수관, 무기섬광체를 많이 사용한다.

① 핵종분석기
② 방사선 측정기
③ 개인선량계
④ 방사능 오염방지기

13 인명구조의 4단계 순서는?

① 신속한 구출 - 정찰 - 주변 장해제거-일반적인 잔해제거
② 정찰 - 주변 장해제거-일반적인 잔해제거 - 신속한 구출
③ 일반적인 잔해제거 - 신속한 구출 - 정찰 - 주변 장해제거
④ 정찰 - 주변 장해제거 - 신속한 구출 - 일반적인 잔해제거

14 구급대원이 환자에게 적절한 치료를 계속 제공하지 못한 것은?

① 처치
② 태만
③ 상담
④ 유기

정답 10. ① 11. ① 12. ② 13. ① 14. ④

15 스타트 중증도 분류법 우선순위는?

① 호흡　　② 의식
③ 장소이동　　④ 맥박

16 지휘관의 책임완수를 위해 요구되는 지시와 통제능력이 아닌 것은?

① 가정과 사실구별
② 고독한 방랑자 관리
③ 스트레스 관리
④ 중간점 관리

17 화재조사 용어의 정의에서 틀린 것은?

① 소화할 필요가 있고 화학적인 폭발현상이다.
② 잔가율 : 화재당시 피해물의 재구입비에 대한 현재가의 비율이다.
③ 발화 : 열원에 의해 가연물질이 지속적으로 불이 붙는 현상이다.
④ 화재 : 발화지점 : 화재가 발생한 장소이다.

18 좁은 장소등에서 곧바로 사용할 수 있는 호스는?

① 두겹적재호스　　② 한겹말은호스
③ 두겹말은 호스　　④ 접은 호스

19 화재 진행단계에 대한 설명으로 맞는 것은?

① 최성기 : 화염이 상승하는 공간으로 공기를 끌어들이기 시작한다.
② 성장기 : 모든 가연물에 연관된다.
③ 플래시오버 : 최성기와 감퇴기 사이에 발생한다.
④ 쇠퇴기 : 가연물이 모두 연소됨에 따라 열이 감소한다.

정답 15. ③ 16. ① 17. ④ 18. ③ 19. ④

20 **소방활동 방어검토회의 사항으로 틀린 것은?**

① 축척은 정확하고 되도록 축소하여 작성한다.
② 소방활동에 참여하지 않은 직원도 의견진술이나 질문이 가능하다.
③ 도로는 그 폭원을 반드시 미터로 표시한다.
④ 관창진입 부서는 소대명, 방수구경 및 사용호스 수를 기입한다.

21 **최신 도미노 이론 순서는**

① 관리 - 기원 - 징후 - 접촉
② 기원 - 징후 - 접촉 - 관리
③ 접촉 - 관리 - 기원 - 징후
④ 접촉 - 징후 - 기원 - 관리

22 **들것사용 시 주의사항으로 틀린 것은?**

① 분리형 들것은 척추고정이 용이하다.
② 들것의 이동방향은 환자의 다리 쪽이 오게 한다.
③ 바닥이 고르지 못하다면 4명의 대원이 주 들것의 네 모서리에 위치해 환자를 이동시킨다.
④ 가능하다면 주 들것의 바퀴를 이용해 환자를 이동시킨다.

23 **잠수물리에서 수심 20m일 때 공기소모율(ℓ/분)은?**

① 30 ② 40
③ 45 ④ 50

24 **구조대원과 장비가 머무를 수 있는 공간에 대한 설명으로 옳은 것은?**

① 대기하는 인원들도 오염의 확산에 대비하여 개인 보호 장구를 소지하여야 한다.
② 이 지역 안에 구조활동에 필요한 각종 장비를 설치하고 필요한 지원을 수행한다.
③ 제독·제염소를 설치하고 모든 인원은 이곳을 통하여 출입하도록 해야 한다.
④ 구조와 오염제거활동에 직접 관계되는 인원 이외에는 출입을 엄격히 금지한다.

정답 **20.** ① **21.** ① **22.** ① **23.** ③ **24.** ①

25 **화재에서 경계 하여야 할 건물붕괴 징후로 틀린 것은?**

① 건축 구조물일 기울거나 비틀어져 보인다.
② 지붕 구조물에 금이 가거나 틈이 있다.
③ 건축구조물이 벽으로부터 물러나 있다.
④ 벽에 버팀목을 대 놓는 등 구조를 보강한 흔적이 없다.

정답 25. ④

19년 소방교 승진시험 복원문제

01 로프의 시간 경과에 따른 강도 저하 및 교체시기에 관한 설명으로 옳은 것은?

① 매주 사용하는 로프 교체는 3년이다.
② 가끔 사용하는 로프 교체는 5년이다
③ 큰 충격을 받은 로프, 납작하게 눌린 로프, 6개월동안 매일 사용한 로프는 즉시 교체해야 한다.
④ UIAA 권고사항에 따라 5년 이상 경과된 로프는 폐기한다.

02 누출물질 화학적 처리방법이 아닌 것은?

① 중화 ② 유화처리
③ 흡착 ④ 소독

03 위험한 상황에서 환자의 긴급 이동 방법으로 틀린 것은?

① 옷끌기 ② 어깨 끌기
③ 담요끌기 ④ 무릎-겨드랑이 끌기

04 잠수물리에 대한 설명으로 틀린 것은?

① 물은 공기보다 25배 빨리 열을 전달한다.
② 수심 20m에서 다이버는 수면에서 보다 2배 많은 공기를 호흡한다.
③ 물속에서는 빛의 굴절로 인하여 물체가 실제보다 25% 정도 가깝고 크게 보인다.
④ 수중에서는 대기보다 소리가 4배 정도 빠르게 전달되기 때문에 소리의 방향을 판단하기 어렵다.

정답 01. ④ 02. ③ 03. ④ 04. ②

05 **소아의 호흡기계에 관한 설명으로 틀린 것은?**

① 성인에 비해 상대적으로 혀가 차지하는 공간이 크다.
② 나이가 어린 소아일수록 구강호흡에 더욱 의존한다.
③ 기도개방은 머리를 중립으로 하거나 약간 신전해야 한다.
④ 기관이 좁아 부종으로 쉽게 폐쇄된다.

06 **소화전으로부터 소방용수를 흡수하는 경우 유의사항으로 틀린 것은?**

① 배관말단 소화전에는 유입되는 물의 양이 적기 때문에 방수구의 수를 제한한다.
② 지하식소화전의 뚜껑은 허리부분의 부상을 방지하기 위해서 안정된 자세로 개방하고 손발이 끼이지 않도록 주의한다.
③ 펌프로 이물질이 들어가는 것을 막기 위하여 흡수관을 결합한 후에 소화전을 개방하여 관내의 모래 등을 배출한다.
④ 흡수관의 결합을 확실하게 하고 반드시 확인한다.

07 **환자를 안전하게 들어올리기 이동을 위한 신체역학에 관한 설명으로 틀린 것은?**

① 들어 올리는 경우 등에서 멀어질수록 부상의 가능성은 높아진다.
② 들어 올릴 때 구조자는 등을 일직선으로 유지하고 다리, 엉덩이의 근육을 이용한다.
③ 잡아당기는 것보다 가급적이면 미는 동작을 사용한다.
④ 들것을 잡을 경우 양손을 최소 50cm이상 떨어지게 하여 손잡이 부분을 충분히 감싼다.

08 **119구조구급에 관한 법률상 여름철 물놀이 장소에서 안전을 확보하기 위하여 119시민수상구조대를 지원할 수 있는 자는?**

① 부산소방학교장
② 부산광역시장
③ 해양수산부장관
④ 해운대소방서장

09 **구조현장 활동방법으로 틀린 것은?**

① 현장지휘소는 물질이 흐르는 하류에 설치, 오염물질의 제거를 신속히 대처할 수 있어야 한다.
② 지휘자는 즉시 현장상황을 판단하여 구출방법과 순서를 결정하고 대원에게 임무를 부여하여야 한다.
③ 구조대원은 관계자와 연락을 긴밀히 유지, 효율적 구조활동을 할 수 있어야 한다.
④ 무선통신을 이용하여 요구조자의 자세한 신상을 송신하여 대원 간에 빠르고 정확한 정보를 공유하도록 한다.

정답 **05. ② 06. ③ 07. ④ 08. ④ 09. ②**

10 백드래프트와 플래시오버의 차이점에 관한 설명으로 틀린 것은?

① 백드래프트는 폭발이고 플래시오버는 아니다.
② 플래시오버의 악화요인은 열이고 백드래프트는 산소이다.
③ 백드래프트는 성장기, 감퇴기이고 플래시오버는 성장기 마지막 단계이다.
④ 플래시오버보다 백드레프트 빈도가 높다.

11 소방차 펌프기준 배관 및 밸브등의 위치에서 흡입측에 두는 것이 아닌 것은?

① 배수밸브
② 냉각수밸브
③ 흡수구
④ 연성계

12 건물붕괴 현장에서 부상당한 30대 남성에게 호흡부전에 따른 저산소증, 왼쪽 가슴에 개방성 손상이 관찰되었을 때 응급환자분류표상 옳은 것은?

① 긴급(적색)
② 응급(황색)
③ 비응급(녹색)
④ 사망(흑색)

13 화재진압활동에 작용하는 전략을 당성하지 위한 구체적 수단 또는 방법에 관한 설명으로 틀린 것은?

① 포위전술 : 관창을 화점에 포위 배치하여 진압하는 전술형태로 초기 진압 시에 적합하다.
② 공격전술 : 관창을 화점에 진입 배치하는 전술형태로 소규모 화재에 적합하다.
③ 블록전술 : 주로 인접건물로의 화재확대방지를 위해 적용하는 전술형태로 블록(Block)의 4방면 중 확대가능한 면을 동시에 방어하는 전술이다.
④ 집중전술 : 화세에 비해 소방력 부족하여 전체 화재현장을 모두 커버할 수 없는 경우 사회적, 경제적 혹은 소방상 중요한 시설 또는 대상물을 중점적으로 대응 진압하는 전술형태

14 무선통신의 일반적인 절차 관한 설명으로 틀린 것은?

① 무전기는 입에서부터 약 5-7cm 정도 간격을 두고 입에서 45°방향에 위치시킨다.
② 송신기 버튼을 누른 후 약 1초간 기다리고 말을 한다.
③ 환자의 평가결과는 주관적 사항으로 진단명을 간결하게 송신한다.
④ 서로 약속된 무전약어를 사용해야 한다.

정답 10. ④ 11. ② 12. ① 13. ④ 14. ③

15 **환자의 자세와 적용에 대한 설명 중 틀린 것은?**

① 옆누움자세 : 주로 척추손상환자 및 임부에게 적용된다.
② 앉은 자세 : 윗몸을 45~60도 세운 자세로 보통 호흡이 곤란한 환자에게 적용한다.
③ 트랜델랜버그자세 : 등을 바닥에 대고 바로 누워 침상의 다리쪽을 45°높여서 머리가 낮고 다리가 높게 한다.
④ 바로누운자세 : 얼굴을 위로 향하게 하여 눕게 한다.

16 **사고차량의 안정화에 관한 설명으로 틀린 것은?**

① 경사면에 놓은 차량은 바퀴가 하중을 받는 부분에 고임목을 댄다.
② 에어백을 겹쳐서 사용할 때에는 2층을 초과하지 않도록 하고 작은 백을 아래에 놓고 큰 백을 위에 놓는다.
③ 차량과 버팀목의 밀착도를 높이기 위해서 작은 나무조각이나 쐐기를 이용할 수 있다.
④ 차량이 팽팽한 지면위에 있다면 바퀴의 양쪽부분에 고임목을 댄다.

17 **구조장비 활용에서 기자재 선택 시 유의사항으로 옳은 것은?**

① 다른 기관이나 현장 관계자 등이 보유하는 것과 현장에서 조달이 가능한 것으로 효과가 기대되는 것이 있으면 활용을 적극적으로 검토한다.
② 동등한 효과가 있는 제조사가 다른 장비를 사용 시 가장 최근에 지급된 장비를 사용한다.
③ 긴급 상황에 맞는 것을 선택하고 급할 때는 능력을 고려하지 않고 선택한다.
④ 사용 목적에 맞는 것을 선택하고 위험성이 높은 장비를 선택한다.

18 **호흡유지 장비 중 백-밸브 마스크에 관한 설명으로 옳은 것은?**

① 백-밸브 마스크는 성인용과 소아용 두 가지로 구분된다.
② 보유 산소장비 없이 즉각적인 초기 환기를 제공할 수 있다.
③ 산소저장주머니 연결 후 분당 15리터의 산소를 공급할 경우 거의 55%의 산소를 공급받을 수 있다.
④ 백밸브 마스크에 산소를 추가로 투여하지 않은 상태로 16% 정도의 산소를 공급할 수 있다.

정답 15. ① 16. ③ 17. ① 18. ②

19 구급대원 감염방지 및 개인보호 장비에 관한 설명으로 틀린 것은?

① 사용한 주사바늘은 즉시 구부린 후 그대로 주사바늘통에 버린다.
② 심폐소생술 시행 시 반드시 일 방향 휴대용 마스크를 이용한다.
③ 피부에 상처가 있는 처치자는 환자를 직접 만지지 않도록 한다.
④ 장갑은 한 환자에게 사용하더라도 오염된 신체부위에서 깨끗한 부위로 이동할 경우 교환해야 한다.

20 재해예방의 4원칙에 대한설명으로 틀린 것은?

① 예방가능의 원칙 : 천재지변을 제외한 인위적 재난은 원칙적으로 예방이 가능하다.
② 손실우연의 원칙 : 사고의 결과로 생긴 재해 손실은 사고 당시의 조건에 따라 우연적으로 발생한다.
③ 원인연계의 원칙 : 사고발생에는 반드시 원인이 있고 대부분 복합적으로 연계되므로 모든 원인은 종합적으로 검토되어야 한다.
④ 대책선정의 원칙 : 사고예방을 위한 안전대책은 4M을 통해 수립할 수 있다.

21 공기호흡기 관한 설명으로 옳은 것은?

① 탈출개시압력=(탈출소요시간×매분당 호흡량/용기용량)+여유압력
② 바이패스 밸브는 활동 중 마찰 등으로 인한 개폐방지를 위해 공기가 공급되면 쉽게 열리지 않게 만들어져 있다.
③ 용기와 고압도관, 등받이 등의 결합할 때에는 반드시 공구를 사용하여 완전히 결합하도록 한다.
④ 고압조정기와 경보기 부분은 분해조정 한다.

22 소화방법에 대한 설명으로 틀린 것은?

① 냉각소화방법은 에너지를 제거, 발화점이하로 내려가게 하여 소화하는 방법, 물의 발열반응을 이용하여 열을 제거하는 방법이다.
② 부촉매소화법은 부촉매를 사용하여 연쇄반응을 억제시켜 소화하는 방법이다.
③ 질식소화는 산소를 차단하여 소화하는 방법이다.
④ 제거소화방법은 가연물을 제거하여 소화하는 방법이다.

정답 19. ① 20. ④ 21. ① 22. ①

23 **화재조사 업무처리의 기본사항에 대한 내용으로 틀린 것은?**

① 동일범이 아닌 각기 다른 사람에 의한 방화, 불장난은 동일 대상물에서 발화했더라도 각각 별건의 화재로 본다.
② 화재현장에서 부상을 당한 후 72시간 이내에 사망한 경우에는 당해 화재로 인한 사망자로 본다.
③ 화재피해액 범위가 건물의 6면 중 2면 이하인 경우에는 6면 중의 피해면적의 합에 5분의 1을 곱한 값을 소실면적으로 한다.
④ 복도 또는 내화조 건물의 경우 격벽으로 방화구획이 되어 있는 경우는 다른 동으로 본다.

24 **소방현장에서 가장 흔하게 활용되는 전략개념의 우선순위로 옳은 것은?**

① 생명보호 - 외부확대 - 내부확대 - 화재진압 - 점검, 조사
② 내부확대 - 외부확대 - 화재진압 - 점검, 조사 - 생명보호
③ 화재진압 - 점검, 조사 - 생명보호 - 내부확대 - 외부확대
④ 화재진압 - 생명보호 - 내부확대 - 외부확대 - 점검, 조사

25 **화점확인 방법에 관한 설명으로 틀린 것은?**

① 야간의 경우 소명이 소등되어 있는 층보다 조명이 점등되어 있는 층에 화점이 있는 경우가 많다.
② 수신기에 여러 층이 동시에 감지신호가 발생되는 경우 수신기에 표시된 최하층에서부터 화점검색을 시작한다.
③ 창 등 개구부로부터 연기가 분출하는 경우는 연기가 나오는 층 이하의 층을 화점층으로 판단하고 행동한다.
④ 최상층의 창 등으로부터 분출속도가 약한 백색연기가 나오는 경우는 아래층에 화점이 있는 경우가 많다.

정답 23. ④ 24. ① 25. ①

18년 소방위 승진시험 복원문제

01 119구조 · 구급에 관한 법률에서 구조 · 구급활동이 필요한 위급상황을 2회 거짓으로 알린 경우의 과태료로 옳은 것은?

① 과태료 100만원
② 과태료 150만원
③ 과태료 200만원
④ 과태료 250만원

02 구급활동을 방해한 경우의 벌칙으로 옳은 것은?

① 과태료 200만원
② 3년 이하의 징역 또는 3천만원 이하의 벌금
③ 3년 이하의 징역 또는 5천만원 이하의 벌금
④ 5년 이하의 징역 또는 5천만원 이하의 벌금

03 열손상에 대한 설명으로 옳은 것은?

① 일사병은 더운 곳에서 격렬한 활동으로 땀을 많이 흘려 전해질(특히, 나트륨) 부족으로 나타난다.
② 열 경련은 체액소실로 나타나며 보통 땀을 많이 흘리고 충분한 수분을 섭취하지 않아 발생한다.
③ 열사병은 여름철에 어린아이나 노약자에게 많이 일어나며 보통 며칠에 걸쳐 진행된다.
④ 일사병은 체온이 정상이거나 약간 오르지 않고 41~42℃ 이상 오른다.

정답 01. ② 02. ④ 03. ③

04 **오염 통제구역에서의 구급활동으로 옳은 것은?**

① 오염통제구역에서는 오염된 의복과 악세사리를 현장에서 가위를 이용해 제거 후 사용한 의료기구 및 의복은 현장에 남겨두고 환자만 이동한다.
② 오염통제구역에서는 Triage를 통해 환자를 분류한 후 우선순위에 따라 병원으로 이송해야 한다.
③ 오염통제구역 내 구급처치는 기본인명소생술로 기도, 호흡, 순환(지혈), 경추 고정, CPR, 전신중독 평가 및 처치가 포함된다.
④ 오염구역에서는 정맥로 확보 등과 같은 침습성 과정을 실시 후 안전 구역으로 옮긴다.

05 **긴급구조통제단의 운영기준에서 대응 2단계에 대한 설명으로 옳은 것은?**

① 긴급구조지휘대만 상시 운영
② 긴급구조지휘대가 현장지휘기능을 수행
③ 해당 시·군·구 긴급구조통제단을 전면적으로 운영
④ 해당 시·도 긴급구조통제단을 전면적으로 운영

06 **위험물화재 진압방법으로 틀린 것은?**

① 황화인은 CO2, 마른 모래, 건조분말에 의한 질식소화를 한다.
② 철분, 금속분, 마그네슘은 마른 모래, 건조분말, 금속화재용 분말 소화약제를 사용하여 질식소화한다.
③ 적린, 유황, 인화성 고체는 분말 소화약제에 의한 질식소화를 한다.
④ 다량의 열과 유독성의 연기를 발생하므로 반드시 방호복과 공기호흡기를 착용하여야한다.

07 **내부에서 확점 확인 방법으로 틀린 것은?**

① 야간의 경우 조명이 점등하고 있는 층보다 조명이 소등되어 있는 층에 화점이 있는 경우가 많다.
② 연기확산 방지 : 옥내·외에 연기가 있는 경우는 공조설비 등을 즉시 정지시킨다.
③ 시건 되어 있는 실내는 문의 변색, 문틈에서의 연기분출 또는 문, 벽, 상층의 바닥에 손을 접촉하여 온도 변화에 의해 확인한다.
④ 연기가 있는 최하층을 확인한다.

정답 04. ③ 05. ③ 06. ③ 07. ①

08 콘크리트 화재성상에 대한 설명을 옳은 것은?

① 콘크리트는 약 400℃에서 강도가 저하되기 시작한다.
② 박리 속도는 온도 상승 속도와 반비례하며 콘크리트 중의 수분함량이 적을수록 박리발생이 용이하다.
③ 표면온도와 콘크리트 외부의 온도 차이에 의한 열팽창율 차이에 따라 외부 응력이발생하고 이 열응력이 콘크리트의 압축강도 보다 커지면 균열이 발생한다.
④ 화재에 콘크리트의 온도가 500℃를 넘으면 냉각 후에도 잔류신장을 나타낸다.

09 소방 안전관리 특성 중 다음 내용에 대한 것은?

> 호스연장 시 호스를 화재 건물과 가까이 두고 연장하지 않도록 하는 것은 화재건물의 낙하물체나 고열의 복사열에 의한 호스손상을 방지하여 결과적으로 진압활동이나 인명구조시 엄호주수가 완전히 이루어질 수 있도록 하기 위한 것이다.

① 일체성
② 특이성
③ 양면성
④ 반복성

10 화재진압 전략개념의 우선순위는?

① 생명보호(Rescue) → 내부확대 방지(Confine) → 외부확대 방지(Exposure) → 화점진압(Extinguish) → 재발방지를 위한 점검・조사(Overhaul) 등
② 생명보호(Rescue) → 외부확대 방지(Exposure) → 내부확대 방지(Confine) → 화점진압(Extinguish) → 재발방지를 위한 점검・조사(Overhaul) 등
③ 생명보호(Rescue) → 외부확대 방지(Exposure) → 내부확대 방지(Confine) → 재발방지를 위한 점검・조사(Overhaul) 등 → 화점진압(Extinguish)
④ 생명보호(Rescue) → 내부확대 방지(Confine) → 외부확대 방지(Exposure) → 재발방지를 위한 점검・조사(Overhaul) 등 → 화점진압(Extinguish)

정답 08. ④ 09. ① 10. ②

11 **소방자동차에서 방수 정지 조작 순서로 알맞은 것은?**

> ㉠ 동력인출장치(P.T.O)작동을 중지시킨다.
> ㉡ 엔진 회전(RPM)조절기를 조작하여 소방펌프 회전속도를 낮춘다.
> ㉢ 하차하여 배수밸브를 개방하고 배관 내 물이 배수되는지 확인한다.
> ㉣ 운전석에 승차하여 클러치 페달을 밟는다.
> ㉤ 클러치 페달을 서서히 놓는다. 엔진소리가 바뀌는가 확인하고 펌프 회전이 정지 되었는가 확인한다.
> ㉥ 방수밸브를 서서히 잠근 후 메인밸브를 닫힘 위치로 조작한다.

① ㉡ - ㉣ - ㉥ - ㉠ - ㉤ - ㉢
② ㉡ - ㉥ - ㉣ - ㉠ - ㉤ - ㉢
③ ㉡ - ㉥ - ㉣ - ㉠ - ㉢ - ㉤
④ ㉡ - ㉣ - ㉥ - ㉠ - ㉢ - ㉤

12 **긴급상황으로 보고하여야 할 화재 중 특수화재인 것은?**

① 관공서
② 변전소
③ 지하상가
④ 정부도정공장

13 **구급대원이 출동 요청을 거절할 수 없는 경우는?**

① 만성질환자로서 검진 또는 입원 목적의 이송 요청자
② 가나산부인과에서 의사가 동승하여 다라종합병원으로 이송
③ 감기환자로 38도 미만의 열이 나는 환자
④ 단순 열상(裂傷) 또는 찰과상(擦過傷)으로 지속적인 출혈이 없는 외상환자

14 **중증외상환자 평가에 대한 순서가 바르게 연결된 것은?**

① 현장 확인과 1차 평가 → 척추 고정 → 손상기전 확인 → 기본소생술 제공 → 이송여부결정 → 빠른 외상평가 → 의식수준 재평가 → 기본 생체징후 평가 → SAMPLE력 → 세부 신체검진
② 현장 확인과 1차 평가 → 척추 고정 → 손상기전 확인 → 기본소생술 제공 → 이송여부결정 → 의식수준 재평가 → 빠른 외상평가 → 기본 생체징후 평가 → SAMPLE력 → 세부 신체검진
③ 현장 확인과 1차 평가 → 손상기전 확인 → 척추 고정 → 기본소생술 제공 → 이송여부결정 → 의식수준 재평가 → 빠른 외상평가 → 기본 생체징후 평가 → SAMPLE력 → 세부 신체검진
④ 현장 확인과 1차 평가 → 손상기전 확인 → 기본소생술 제공 → 척추 고정 →→ 이송여부결정 → 의식수준 재평가 → 빠른 외상평가 → 기본 생체징후 평가 → SAMPLE력 → 세부 신체검진

정답 11. ② 12. ② 13. ② 14. ③

15 **구조 · 구급 현장에서 금고를 발견했을 때 119구조 · 구급에 관한 법률 시행령에 따른 조치 방법은?**

① 경찰관 입회하에 물품을 확인 한 후 경찰관에게 인계한다.
② 재난통제단장에게 물품 리스트를 작성 후인계한다.
③ 지방자치단체의 게시판 및 홈페이지에 공고한다.
④ 현장 상황을 기록한 후 현장에 보존한다.

16 **로프에 관한 설명을 틀린 것은?**

① 8자연결매듭은 많은 힘을 받을 수 있고 힘이 가해진 경우에도 풀기가 쉬워 로프를 연결하거나 안전을 확보하기 위한 매듭으로 자주 사용된다.
② 절반매듭 묶고 풀기는 쉬우나 결속력이 매우 약하기 때문에 절반매듭 단독으로는 사용하지 않는다.
③ 말뚝매기는 묶고 풀기가 쉽지만 반복적인 충격에도 매듭이 풀리지 않는다.
④ 피셔맨매듭은 신속하고 간편하게 묶을 수 있으며 매듭의 크기가 작다.

17 **수중 탐색에 대한 설명으로 옳은 것은?**

① 등고선탐색은 평행선과 평행선과의 거리는 시야범위 정도가 적당하며 경사가 약한 곳에서는 수심계로 수심을 확인하며 경로를 유지할 수도 있다.
② U자 탐색은 장애물이 없는 평평한 지형에서 비교적 작은 물체를 탐색하는데 적합하다.
③ 소용돌이탐색은 출발점으로 한바퀴 돌아온 뒤에 중앙에 있는 사람이 줄을 조금 풀어서 더 큰 원을 그리며 탐색하는 방법을 반복한다.
④ 반원탐색은 조류가 세고 탐색면적이 좁을 때 사용한다.

18 **감염질환 및 예방에 관한 설명으로 틀린 것은?**

① B형 간염(HBV)은 간에 직접적인 영향을 미치는 치명적인 바이러스로 피나 체액에 의해 전파된다. 또한, 몇 년간 몸에 잠복해 있다가 발병되거나 전파되기도 한다.
② AIDS는 약에 대한 내성이 쉽게 생기며 몸이 약해지면 다시 재발하는 질병으로 가래나 기침에 의한 호흡기계 분비물(비말 등)로 공기 전파된다.
③ 감염질환의 예방법으로 부득이 바늘 뚜껑을 씌워야 할 경우는 한 손으로 조작하여 바늘 뚜껑을 주사바늘에 씌운 후 단도록 한다.
④ 결핵(Tuberculosis)의 주요증상은 열, 기침, 도한, 체중 감소이다.

정답 **15. ① 16. ③ 17. ② 18. ②**

19 **동의의 법칙에 대한 설명으로 틀린 것은?**

① 법률적으로 사망이나 영구적인 불구를 방지하기 위하여 긴급한 응급처치를 필요로 하는 환자는 그에 대한 치료와 이송에 동의해야 한다는 입장이다.
② 환자가 직접 119에 신고한 경우 응급처치에 동의했을 것이라고 추정한다.
③ 법률은 미성년자가 응급처치에 대해서 유효한 동의를 할 만한 판단력을 갖추지 못했다고 인정한다.
④ 환자가 치료 받기는 완고하게 거부하는 경우, 거부하는 사람(부모, 후견인,보호자 등)에게 거부를 자인한다는 내용의 공식문서에 서명을 하도록 하는 것이 필요하다.

20 **구조활동에 관한 설명으로 옳은 것은?**

① 구조활동의 우선 순위는 신체구출 후 구명(救命), 정신적, 육체적 고통경감, 피해의 최소화이다.
② 구조활동의 초기 대응 절차는 현장확인을 한 다음 현장이 더 이상 악화되지 않도로 안정 시킨 후, 접근, 이송순서로 이루어 진다.
③ 현장지휘소 위치를 정하는 기준은 상황판단이 용이하도록 높은 곳에 위치하고 풍상측, 상류측에 위치하여 위험물질의 누출이나 오염 등에 의한 영향을 최소화하려는 것이다.
④ 정밀 수색은 초기수색을 통하여 요구조자가 있을 가능성이 가장 낮은 장소부터 수색장비를 활용해 정밀하게 수색한다.

21 **재난사태에 지역통제단장의 경우 할 수 있는 응급조치 사항으로 틀린 것은?**

① 진진화에 대한 응급조치
② 급수 수단의 확보
③ 긴급수송 및 구조수단의 확보
④ 현장지휘통신체계의 확보

22 **마취총(Tranquilizer gun)사용에 관한 설명으로 틀린 것은?**

① 인명피해의 우려가 있는 동물을 생포하기 위해 사용하며 블로우건에 비하여 마취총은 사정거리가 짧다.
② 동물에 대한 마취총 사격 부위는 피하지방이 얇은 쪽에 쏘는 것이 효과적이다.
③ 마취약은 주사기에 약제 주입 후 2-3일이 지나면 효과가 다소 떨어지므로 약제는 현장에서 조제해 쓰는 것이 좋다.
④ 마취효과가 나타나려면 5분 정도가 걸리므로 주사기 명중 후 천천히 따라가 마취효과가 나타나면 포획한다.

정답 19. ② 20. ③ 21. ② 22. ①

23 **소방시설공사업 감리에 관한 설명으로 틀린 것은?**

① 감리결과보고서의 통보 및 제출은 공사가 완료된 날부터 7일 이내 소방본부장 또는 소방서장에게 보고한다.
② 감리자 변경신고는 변경일로부터 30일 이내에 소방공사감리자변경신고서(서류첨부) 제출한다.
③ 일반공사 감리대상인 경우 기계분야의 감리원 자격을 취득한 자와 전기 분야의 감리원 자격을 취득한 자 각 1명 이상을 책임감리원으로 배치한다.
④ 소방시설 공사현장에 감리원을 배치하지 아니한 자는 1500만원 이하의 벌금에 처한다.

24 **건물 붕괴 징후가 강도가 낮은 것은?**

① 철골구조의 화재에 대량주수 하였을 때
② 석조 벽 사이의 모르타르가 약화되어 기울어질 때
③ 벽에 버팀목을 대 놓는 등 불안정한 구조를 보강한 흔적이 있을 때
④ 엉성한 벽돌이나 블록, 건물에서 석재가 떨어져 내릴 때

25 **다음 안전교육 방법과 관련이 있는 것은?**

㉠ 현실적인 문제의 학습이 가능하다.
㉡ 흥미가 있고 학습동기를 유발할 수 있다.
㉢ 생각하는 학습교류가 가능하다.

① 강의식 교육　　② 시범실습식 교육
③ 토의식 교육　　④ 사례연구법

정답 23. ④ 24. ① 25. ④

17년 소방위 승진시험 복원문제

01 신생아 출생 5분 후 재평가시 손과 팔다리가 청색이고, 맥박수가 80회이며, 코 안쪽을 자극할 때 얼굴만 찡그리고 울었다면 APGAR 점수는 몇 점인가?

① 4점 ② 5점
③ 6잠 ④ 7점

02 수직맨홀 등 좁은 공간으로 진입하거나 요구조자를 구출하는 경우 유용하게 활용하며, 특히 완만한 경사면에서 확보물 없이 3명 이상이 한줄 로프를 잡고 등반하는 경우 중간에 위치한 사람들이 매듭을 만들어 어께와 허리에 걸면 로프가 벗겨지지 않고 활동이 용이한 매듭은?

① 앉아매기 ② 두겹고정매듭
③ 세겹고정매듭 ④ 잡아매기

03 화재시 콘크리트 변색의 순서로 맞는 것은?

① 붉은색-회색-황갈색-연홍색
② 붉은색-회색-연홍색-황갈색
③ 연홍색-붉은색-회색-황갈색
④ 연홍색-붉은색-황갈색-회색

04 다음과 같이 그래프가 나타났을 때 초기 조치사항으로 맞는 것은?

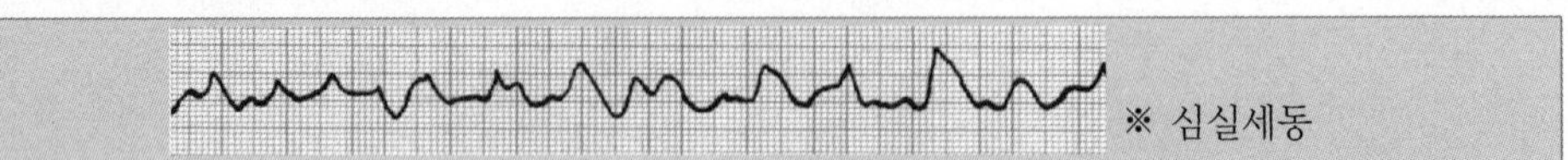

① 심폐소생술 ② 지혈
③ 맥박확인 ④ 제세동

정답 01. ① 02. ② 03. ③ 04. ④

05 신생아 맥박 60회/분인 상황이어서 백밸브마스크(BVM)로 인공호흡을 실시 후, 재평가해봤더니 그 때에도 맥박이 60회/분이라면 취해야 할 조치는?

① 산소투여　② 심폐소생술
③ 제세동　④ 약물투여

06 가슴에 날카로운 칼에 의해 자상을 입은 상태에서 종종 '빨아들이는 소리'나 '상처부위 거품'을 볼 수 있는데, 이때 해야 할 응급조치는?

① 개방드레싱　② 폐쇄드레싱
③ 삼면드레싱　④ 압박드레싱

07 국제적으로 통용되는 미국(DOT) 표지색상으로 맞는 것은 몇 개인가?

① 빨간색 : 가연성(Flammable)	② 오렌지 : 폭발성(Explosive)
③ 노란색 : 산화성(Oxidizer)	④ 녹 색 : 불연성(Non-Flammable)
⑤ 파란색 : 금수성(Not Wet)	⑥ 백 색 : 중독성(Inhalation)

① 3　② 4
③ 5　④ 6

08 성인의 복부 전부와 오른쪽 다리 전부에 화상을 입었을 경우 9법칙에 따른 화상범위로 맞는 것은?

① 18%　② 27%
③ 36%　④ 37%

09 화재조사의 과학적 방법 중 연역법에 해당하는 것은?

① 자료수집　② 자료분석
③ 가설설정　④ 가설검정

10 항공구조대원은 연 40시간의 특별교육을 받아야 하는 바 이에 해당하지 않는 것은?

① 항공구조 활동과 관련된 안전교육
② 항공구조기법 및 항공구조장비와 관련된 이론과 실기
③ 항공구조 활동시 응급처치와 관련된 이론과 실기
④ 항공조종사의 비행 및 화재진압 훈련

정답 05. ② 06. ② 07. ④ 08. ② 09. ④ 10. ④

11 **다음에 해당하는 환자의 유형은?**

> 의식 명료하고 걸을 수 없고 호흡이 24회인 자

① 응급환자 ② 긴급환자
③ 지연환자 ④ 비응급환자

12 **화재방어검토회의에 대한 설명으로 맞는 것은?** ☆ 20년 소방위

① 대형화재 발생시 통제관은 소방서장으로 한다.
② 검토회의는 화재종료일로부터 10일 이내에 개최한다.
③ 화재방어활동에 참여한 모두가 참석한다.
④ 검토회의는 화재발생지 소방본부 또는 소방서에서 개최한다.

13 **다음 중 감염노출 후 처치자가 실시해야 하는 내용 중 틀린 것은?**

① 피부에 상처가 난 경우 즉시 찔리거나 베인 부위에서 피를 짜내고 소독제를 바른다.
② 점막이나 눈에 환자의 혈액이나 체액이 노출된 경우 노출부위를 흐르는 물이나 식염수로 세척한다.
③ 기관의 감염노출관리 과정에 따라 보고하고 적절한 조치를 받도록 한다.
④ 필요한 처치 및 검사를 24시간 이내 받을 수 있도록 한다.

14 **시속 80킬로미터인 곡선 도로에서 사고가 발생한 경우 사고차량으로부터 몇 미터에 유도표지를 설치하는가?**

① 95미터 ② 80미터
③ 15미터 ④ 1미터

15 **소방자동차 구조 원리에 대해 다음 내용과 관계있는 것은?**

> 배관중간수조에 기체상태부분이 존재하지 않도록 한다.

① 수격현상 ② 서징현상
③ 캐비테이션 ④ 지수밸브

정답 11. ① 12. ② 13. ④ 14. ① 15. ②

16 **포소화약제 중 단백포와 수성막포의 단점을 보완한 약제는?**

① 불화단백포
② 합성계면활성제포
③ 내알콜포
④ 단백포

17 **수중구조에 대한 설명 중 틀린 것은?**

① 탄산가스 중독일 경우 크고 깊은 호흡을 규칙적으로 해야한다.
② 감압병을 예방하기 위해 수심 30미터 이상 잠수하지 않는다.
③ 산소중독시 공기 말고 산소만을 사용한다.
④ 공기 색전증 예방을 위해 부상할 때 절대로 호흡을 정지하지 말고 급속한 상승을 하지 않는다.

18 **임신 8개월 된 임산부가 소리 나지 않는 약한 기침에 청색증이 있으며 목을 'V'자로 잡거나 입을 가리키며, 처치자가 "목에 뭐가 걸렸나요"라는 질문에 환자가 고개를 끄덕인다면 어떤 도움이 필요한 상황인가?**

① 배밀어내기
② 등두드리기
③ 가슴밀어내기
④ 이물질 제거

19 **사고로 인하여 발생한 오염자 및 제독 작업에 참여한 대원의 제독을 위한 제독소 설치장소로 적합한 곳은?**

① 위험지역
② 오염지역
③ 경고지역
④ 안전지역

20 **다음 설명 중 맞는 것은?**

① 의식이 없거나 외상환자인 경우 머리기울임 방법을 사용한다.
② 입인두기도기는 구토반사가 없는 무의식환자에게 사용한다.
③ 입인두 기도기는 구토반사를 자극하지 않아 사용빈도가 높다.
④ 코인두 기도기는 구강환자에게 사용할 수 없다.

정답 16. ① 17. ③ 18. ③ 19. ③ 20. ②

21 긴급구조지원기관의 장이 지정하는 긴급대응협력관의 수행업무가 아닌 것은?

① 긴급구조지원기관의 긴급구조대응계획 수립
② 긴급구조지원기관의 보유자원 관리
③ 재난대응업무의 상호 협조 및 재난현장 지원업무 총괄
④ 긴급구조지원기관의 능력에 대한 평가

22 지휘자의 활동구조로 맞는 것은?

① 실태파악-결심-상황판단-명령-실시-측정
② 실태파악-측정-상황판단-결심-명령-실시
③ 실태파악-상황판단-결심-명령-실시-측정
④ 실태파악-상황판단-결심-명령-측정-실시

23 다음 소방용수시설에 대한 설명 중 맞는 것은 모두 몇 개인가?

① 소화전의 연결금속구의 구경은 1mm로 한다
② 저수조는 지면으로부터 낙차가 4.5m 이하, 흡수부분의 수심은 0.15m 이상으로 한다.
③ 흡수관의 투입구가 사각형인 경우에는 한 변의 길이가 6mm 이상이어야 한다.
④ 급수탑 개폐밸브는 지상에서 1.5m 이상 1.7m 이하의 위치에 설치한다.

① 1개 ② 2개
③ 3개 ④ 4개

24 목조건물 화재 설명 중 틀린 것은?

① 발화점에 가까워질수록 연기의 유동이 약해진다.
② 초기단계에서는 화점에 진입하여 집중 방수한다.
③ 화세가 강하면 연소방지에 중점한다.
④ 관창배치는 화재 뒷면부터 한다.

정답 21. ③ 22. ③ 23. ② 24. ①

25 **고층건물 화재진압방법 중 틀린 것은?**

① 전진지휘소와 자원대기소를 직하층에 설치한다.
② 2층 이상인 경우 연결송수관을 활용한다.
③ 경계대는 화점의 직상층 계단 또는 직상층에 배치한다.
④ 진입대 활동거점은 화점층의 특별피난계단 부속실로 한다.

정답 25. ②

16년 소방위 승진시험 복원문제

01 복통을 유발하는 질병에 대한 내용으로 틀린 것은?

① 담낭염(쓸개염) 담석 : 갑작스런 윗배 또는 RLQ 통증을 호소한다.
② 췌장염(이자염) : 만성 알콜환자에게 흔히 나타나며 윗배 통증을 호소하고 등, 어깨 통증이 방사될 수 있다.
③ 충수돌기염(맹장염) : 오심/구토가 있으며 처음에는 배꼽부위 통증(처음)을 호소하다 RLQ부위의 지속적인 통증을 호소한다.
④ 탈장 : 보통 무거운 물건을 들어 올린 후 갑작스런 복통을 호소하고 배나 서혜부 촉진을 통해 덩어리가 만져질 수 있다.

02 신생아 평가에 관한 설명으로 옳은 것은?

① 구형흡인기로 코 입 순으로 한다.
② 수분동안 팔다리 청색증이 나타난다.
③ 아프가 점수는 5분, 10분에 각각 측정한다.
④ 아프가 점수에서 활동력을 보기 위해 코 안쪽을 자극한다.

03 긴 척추고정판에 관한 설명으로 틀린 것은?

① 패드사용 시 성인은 몸이나 목 아래 공간이 있는지 주의, 소아의 경우 어깨 아래부터 발 뒤꿈치까지 패드가 필요하다.
② 고정할 때는 머리부터고정하고 가슴과 골반을 끈으로 묶는다.
③ 의식이 있는 경우 배위에 손을 교차해서 있도록 한다.
④ 무릎 위와 아래를 끈을 이용 다리를 고정

04 응급의료체계 운영상 필수요소가 아닌 것은?

① 필요한 인원　　② 일반인 참여
③ 표준화된 응급처치 지침　　④ 각 체계간의 상호협조

정답 01. ② 02. ② 03. ③ 04. ③

05 근골격계 손상환자 응급처치 설명으로 틀린 것은?

① 손상부위통증 감소를 위해 얼음찜질
② 골반부위 상처는 부목고정 후에 드레싱 실시
③ 환자를 움직이기 전에 부목을 대 준다.
④ 환자가 치명적인 상태에서는 부목고정보다 처치나 이송이 우선

06 저체온 환자로 이성을 잃고 환경에 대한반응 상실, 근육경직, 맥박과 호흡이 느려지는 증상 및 징후가 나타나는 경우 중심체온은?

① 32~35도
② 30~32도
③ 27~30도
④ 26~27도

07 기침이나 재채기 할 때 감염 균 입자가 1m이내 있는 사람에게 튀어 감염을 유발시키는 질환은?

① 수두
② 인플루엔자
③ A형 감염
④ 바이러스 출혈성 결막염

08 다음 로프의 명칭은?

로프 끝에 두 개의 고리를 만들 수 있어 두 개의 확보물에 로프를 고정하는 경우에 매우 유용하다.

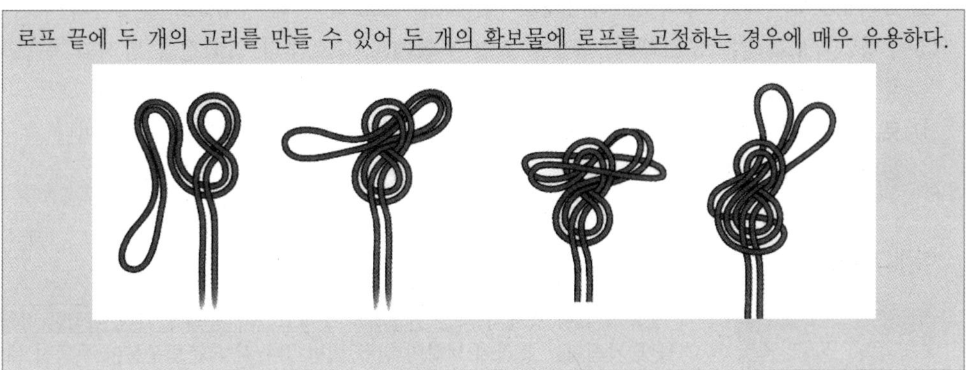

① 두겹 8자
② 이중 팔자
③ 두겹 고정
④ 8자 연결

09 119생활안전대의 주요활동 영역으로 틀린 것은?

① 장신구 제거
② 벌 쏘임 부상자 이송
③ 비상전원, 조명공급
④ 생활안전서비스 관련 소방교육

정답 05. ② 06. ③ 07. ② 08. ② 09. ②

10 잠수병 설명으로 틀린 것은?

> "압력이 높은 해저에서 압력이 낮은 수면으로 상승할 때 호흡을 멈추고 있으면 폐의 조직이 파괴되고 기침이나 의식불명 증세가 나타난다. 치료법은 재 가압요법이 있다."

① 공기색전증 ② 감압병
③ 탄산가스 중독 ④ 질소마취

11 방호복 설명으로 맞는 것은?

> "헬멧, 방호복, 공기호흡기로 구성된 위험물질의 비산에 의해 손상을 입을 수 있는 액체를 다룰 경우 사용"

① A급 ② B급
③ C급 ④ D급

12 도르래에 관한 설명으로 틀린 것은?

① 고정도프래는 힘의 방향만 바꾸어 주지만 움직도르래와 설치하면 힘의 이득을 얻을 수 있다.
② 고정도르래 1개와 움직도르래 1개를 설치하면 소요되는 힘은 1/2로 줄어든다.
③ 수평2단 도르래는 도르래와 쥬마를 결합한 형태로 도르래의 역회전을 방지할 수 있어 안전한 작업과 힘의 소모를 막을 수 있다.
④ 로프꼬임 방지기는 로프로 물체를 인양하거나 하강시킬 때 로프가 꼬여 장비나 요구조자가 회전하는 것을 방지하는 장비이다.

13 아래그림은?

캔틸레버형 붕괴*	㉠ 각 붕괴의 유형 중에서 가장 안전하지 못하고 2차 붕괴에 가장 취약한 유형이다. ㉡ 건물에 가해지는 충격에 의하여 한쪽 벽판이나 지붕 조립부분이 무너져 내리고 다른 한 쪽은 원형을 그대로 유지하고 있는 형태의 붕괴를 말한다. ㉢ 이때 요구조자가 생존할 수 있는 장소는 각 층들이 지탱되고 있는 끝 부분 아래에 생존공간이 생길 가능성이 많다. 공간 공간 ■ V자형 붕괴(좌)와 **켄틸레버형 붕괴** ■

정답 10. ① 11. ② 12. ③ 13. 그림참고

14 **엘리베이터가 최상층, 최하층에 근접할 때 자동적으로 정지시켜 과주행을 방지하는 것은?**

① 리미트 스위치　　② 화이널 스위치
③ 전자브레이크　　④ 조속기

15 **백드레프트 현상으로 틀린 것은?**

① 건물 외부에서 유리창 안쪽으로 타르와 검은 액체가 흘러내린다.
② 건물 외부에서 보면 화염이 보이고 창문이나 문이 뜨겁다.
③ 건물 내부에서 보면 훈소진행, 높은 열이 집적된다.
④ 건물외부에서 보면 부족한 산소로 불꽃이 약화되어 노란샐 불꽃이 보인다.

16 **화재진압 전략개념의 우선순위는?**

① 생명보호(Rescue) → ② 외부확대 방지(Exposure) → ③ 내부확대 방지(Confine) → ④ 화점진압(Extinguish) → ⑤ 재발방지를 위한 점검・조사(Overhaul) 등

17 **공격적 내부진압 전술의 구성요소로 틀린 것은?**

① 신속한 진입을 위해 65mm를 사용한다.
② 엄호관창이 배치되기 전에 건물 진입해서 화재지점을 검색한다.
③ 화재가 완전진압되기 전에 희생자 구조를 위한 예비검색을 실시한다.
④ 화재가 완전진압되기 전에 화재발생 위층을 검색해야 한다.

18 **내화조 건물 화재진압에 관한 설명으로 옳은 것은?**

㉠ 요구조자에 관한 정보는 애매한 내용이라고 해도 추적하여 조사를 한다.
㉡ 요구조자가 있는 경우 열기로부터 몸을 보호하기 위하여 직접 직사방수를 한다.
㉢ 방수는 수손방지를 위하여 분무방수, 직사방수를 병용한다.
㉣ 내화조 건물에서는 농연, 열기가 있어도 함부로 방수해서는 안 된다.
㉤ 경계관창은 화점 직상층 및 직하층에 경계선을 배치하고 관창까지 송수하여 연소 확대에 대비한다.

① ㉠, ㉡, ㉢　　② ㉠, ㉢, ㉣
③ ㉡, ㉢, ㉣　　④ ㉢, ㉣, ㉤

정답 14. ① 15. ② 16. 순서참고 17. ③ 18. ②

19 **통제단 운영 중 "대응3단계" 에 대한 설명은?**

① 긴급구조대응계획의 운용연습과 재난대비 훈련을 실시
② 긴급구조지휘대가 현장기능을 수행하고 시군구긴급구조통제단은 필요에 따라 부분적으로 운영
③ 해당 시도긴급구조통제단을 전면적으로 운영하고 중앙통제단을 필요에 따라 부분 또는 전면적으로 운영
④ 해당 시도긴급구조통제단을 전면적으로 운영하고 시도긴급구조통제단을 필요에 따라 부분 또는 전면적으로 운영

20 **소방용수시설 설치기준에 관한 설명으로 틀린 것은?**

① 저수조 흡수관의 투입구가 사각형인 경우에는 한 변의 길이가 60센티 이상
② 저수조 낙차는 지면으로부터 4.5 이하 흡수부분 수심은 0.5M 이하
③ 저수조는 흡수에 차질이 없도록 토사 및 쓰레기들을 제거할 수 있는 설비를 갖추어야 함
④ 급수탑의 개폐밸브는 지상에서 1.5M 이상 1.7M 이하의 위치에 설치

21 **화재 시 임무별 표준작전절차(SOP)에 관한 설명으로 옳은 것은?**

① 인명구조 우선순위는 노인, 장애인 → 어린이 → 여자 → 여자 → 남자순으로 한다.
② 대원고립 상황 시 탈출방향은 소방호스커플링의 암나사 쪽, 놓여진 소방장비 하단방향이다.
③ 소방차량의 사이렌소리가 나는 도로 쪽 또는 경광등 불빛이 보이는 방향이 더 안전하다.
④ 인명구조 행동요령은 출입구나 중앙에서부터 순차적으로 검색한다.

22 **가연물질의 구비조건으로 틀린 것은?**

① 일반적으로 산화되기 쉬운 물질로서 산소와 결합할 때 발열량이 커야 한다.
② 열의 축적이 용이하도록 열전도의 값이 적어야 한다.
③ 산소와 접촉할 수 있는 표면적이 작은 물질이어야 한다.
④ 산소화 접촉할 수 있는 표면적이 작은 물질이어야 한다.

23 **재난현장 SOP 하이브레드 차량사고 시 대응요령으로 틀린 것은?**

① 배터리 메인전원을 차단한다.
② 메인전원차단이 불가능할 경우 시동용 배터리를 분리한다.
③ 엔진이 멈추고 있어도 오토-스톱기능이 작동하므로 시동을 완전히 끈다.
④ 차량연소가 시작되는 단계에서는 일반적인 주수소화를 실시한다.

정답 19. ③ 20. ② 21. ③ 22. ③ 23. ④

24 **화재조사 용어의 정의로서 틀린 것은?**

① 조사관 : 화재조사업무를 총괄하는 간부급소방공무원을 말한다.
② 최종잔가율 : 화재 당시 피해물의 재구입비에 대한 현재가의 비율을 말한다.
③ 발화지점 : 화재가 발생한 부위를 말한다.
④ 내용연수 : 고정자산을 경제적으로 사용할 수 있는 연수를 말한다.

25 **재난 및 안전관리기본법에 따른 중앙긴급구조통제단의 단장은?**

① 행정자치부장관
② 국민안전처의 소방사무를 담당하는 본부장
③ 국민안전처장관
④ 국무총리

정답 **24. ②** **25. ②**

15년 소방위 승진시험 복원문제

01 가연물이 되지 않는 조건과 연결이 잘못된 것은?

① 0족 원소 불활성 기체 : He, Ar, Ne
② 산소와 결합하여 더 이상 화학반응을 일으킬 수 없는 물질 : 물, CO, 산화알루미늄
③ 산소와 화합하여 산화물을 생성하나 발열반응 하지 않고 흡열반응 물질 : 질소 또는 질소화합물
④ 자체가 연소하지 않는 물질 : 돌, 흙

02 건물 붕괴 위험성평가로써 연결이 잘못된 것은?

① 내화조 - 바닥붕괴
② 준내화조 - 지붕과 바닥을 연결하는 트러스트구조 붕괴(중량목구조에 대한 설명)
③ 조적조 - 벽붕괴
④ 경량목구조 - 벽붕괴

03 상황실 무선통신 우선순위로 바른 것은?

> ㉮ 현장활동 상황관리를 위한 대응자간 통신
> ㉯ 훈련, 일반 행정 통신
> ㉰ 천재지변 비상사태, 요인경호 작전
> ㉱ 지휘하는 지휘관의 지시, 상관 보고

① ㉱ → ㉰ → ㉯ → ㉮
② ㉱ → ㉰ → ㉮ → ㉯
③ ㉰ → ㉱ → ㉮ → ㉯
④ ㉯ → ㉱ → ㉮ → ㉰

정답 01. ② 02. ② 03. ③

04 재난 및 안전관리기본법에 의한 용어정의로 틀린 것은?

① 사회재난이란 화재・붕괴・황사・교통사고・금융・의료・수도 등 국가기반체계의 마비, 감염병 또는 가축전염병의 확산 등으로 인한 피해
② 재난관리주관기관이란 재난이나 그 밖의 각종 사고에 대하여 그 유형별로 예방・대비・대응 및 복구 등의 업무를 주관하는 중앙행정기관을 말한다.
③ 안전관리란 재난이나 그 밖의 각종 사고로부터 사람의 생명・신체 및 재산의 안전을 확보하기 위하여 하는 모든 활동을 말한다.
④ "안전문화활동"이란 안전교육, 안전훈련, 홍보 등을 통하여 안전에 관한 가치와 인식을 높이고 안전을 생활화하도록 하는 등 재난이나 그 밖의 각종 사고로부터 안전한 사회를 만들어가기 이한 활동을 말한다.

05 상황보고로 틀린 것은?

① 최초보고
② 중간보고
③ 최종보고
④ 응급조치보고는 1일 1회 보고한다.(1일 2회 이상 보고)

06 지역 긴급구조통제단 구성으로 틀린 것은?

① 대응계획 : 상황분석반, 상황보고반, 작전계획반
② 서비스지원 : 운영지원팀, 비상에너지 지원팀, 시설지원팀
③ 긴급복구 : 긴급구호지원반, 긴급시설복구반, 긴급오염통제반
④ 현장지휘 : 항공통제반, 구조진압반, 현장통제반, 응급의료소

07 목조건물화재 시 경계관창 배치로 틀린 것은?

① 화재의 뒷면, 측면 및 2층, 1층 순서
② 급기측, 배기측의 2개소 이상의 개구부에 배치하고 방수는 급기측에서 실시하며, 배기측은 원칙적으로 경계관창을 배치한다.
③ 바람이 불 때 풍하 - 풍횡 - 풍상 순
④ 경사가 있을 때 높은 쪽 - 횡 - 낮은 쪽 순

정답 04. ① 05. ④ 06. ② 07. ②

08 알람밸브(유수검지장치)가 작동 될 때 원인 확인 순서로 바른 것은?

가. 수신기 표시 층 확인	나. 스프링클러 리셋 후 확인
다. 건물 위층부터검색	라. 가압송수장치 펌프 확인
마. 시설업체 점검, 보수	

① ㉮ → ㉯ → ㉰ → ㉱ → ㉲
② ㉯ → ㉮ → ㉰ → ㉱ → ㉲
③ ㉰ → ㉯ → ㉮ → ㉱ → ㉲
④ ㉮ → ㉱ → ㉰ → ㉯ → ㉲

09 송풍기활용 배연방법으로 바른 것은?

① 자연바람과 같은 방향으로 설치한다.
② 배출구의 크기와 급기구의 크기가 다르도록 한다.
③ 출입구로부터 적당한 거리를 두지 않는다.
④ 송풍기에서 나온 공기의 원추가 입구를 덮지 않도록 한다.

10 위험물 유별 소화방법 틀린 것은?

① 1류 : 위험물의 분해를 억제하는 것을 중점으로 대량방수하고 연소물과 위험물의 온도를 내리는 방법을 취한다.
② 2류 : 방수소화를 피하고, 주위로 연소 방지에 중점을 둔다.
③ 4류 : 포, 이산화탄소가스, 건조사 등을 주로 사용하고, 질식소화가 효과적이다.
④ 5류 : 일반적으로 대량 방수에 의한 냉각소화 한다.

11 유독가스 특성과 연결이 바른 것은?

① 암모니아 : 프레온 가스와 불꽃의 접촉 : 허용농도 25ppm
② 시안화수소 : 열 경화성수지, 중질유 연소 시 발생 : 허용농도 10ppm
③ 아황산가스 : 우레탄, 나일론 연소 시 발생 : 허용농도 5ppm
④ 염화수소 : 플라스틱, PVC : 허용농도 5ppm

정답 08. ① 09. ① 10. ② 11. ④

12 방호복(보호복)에 관한 설명이 바른 것은?

① C급 방호복 - 호흡장비 없이 피부만 보호한다.
② B급 방호복 - IDLH농도의 유동가스 속으로 진입할 때나 피부에 접촉하면 손상을 입을 수 있는 유독성물질을 직접 상대하며 작업하는 경우에 사용한다.
③ B급 방호복 - 방독면과 같은 공기 정화식 호흡보호 장비를 사용한다.
④ D급 방호복 - 안전지대(cold zone)에 있는 사람들만 착용한다.

13 Z형 도르레에를 이용하여 90kg의 물체를 들어 올리는 경우 실제 작용하는 힘은?

① 20kg
② 30kg
③ 40kg
④ 50kg

14 확보에 관한 설명으로 틀린 것은?

① 직접 확보는 등반자 확보 시 추락 충격이 1차적으로 확보자에게 전달된다.
② 자기 확보가 가장 우선이다.
③ 확보 장비에는 8자하강기, 그리그리, 스톱하강기 등이 활용된다.
④ UIAA 권장하는 가장 좋은 확보방법은 어깨 확보법이다.

15 안전관리의 조직적 대책이 아닌 것은?

① 사고사례분석과 위험예지훈련 실시
② 안전책임자 및 요원의 제도화
③ 안전관리 담당부서 설치
④ 훈련, 연습실시 및 안전관리 규칙 제정

16 유압전개기의 문제점 및 조치내용으로 틀린 것은?

① 커플링 연결 안 됨 - 유압호스 압력 존재 확인
② 컨트롤밸브 조작했으나 전개기 미작동 - 안전스크류를 조인다.(컨트롤밸브 오일 샐 때임)
③ 컨트롤밸브 오일 샐 때 - 커플링 풀림 확인
④ 전개기 압력유지 못할 때 - 핸들 밸브 잠김 확인

정답 12. ④ 13. ② 14. ④ 15. ① 16. ②

17 **구조로프 관한 설명으로 옳은 것은?**

① 8자 로프 매듭 시 마찰에 따른 강도저하율(20~25%)
② 통풍 잘되고 직사광선 비치는 곳에 보관한다.
③ 동적로프는 일반구조용으로 사용한다.
④ 로프는 사용 횟수에 따라 강도가 저하되고, 보관연도와 무관하다.

18 **대형사고현장 구급차 최초 도착 시 조치 및 차량 배치요령으로 틀린 것은?**

① 안전한 거리에서 현장파악 및 상황대응
② 도로외측에 정차 시켜 교통장애를 최소화
③ 사고차량의 전면방향으로 구급차 전면 주차 시 비상등만 작동
④ 폭발물, 유류 적재차량으로 부터 30m 밖에 위치

19 **지하가 화재의 진압과 관련 없는 것은?**

① 지하철과 연결되어 있을 경우 대피소(공간)으로 활용
② 직상층 바닥 파괴하여 살수
③ 요구조자가 있고 가스계 설비 있을 때 설비 활용
④ 2인 1조, 라이트라인 및 지휘관 통제 하에 엄호주수하며 진입

20 **감염노출 관련 관리 시 틀린 것은?**

① 노출부위를 흐르는 물이나 식염수로 세척한다.
② 피부에 상처 난 경우는 즉시 찔리거나 베인 부위를 지혈한 뒤 소독제를 바른다.
③ 기관의 감염노출 관리 과정에 따라 보고하고 적절한 조치를 받는다.
④ 필요한 처치 및 검사를 48시간 이내에 받을 수 있도록 한다.

21 **전기화상의 설명으로 틀린 것은?**

① 전압과 전류량이 높을수록 위험하다.
② 갑작스런 근육수축으로 탈골되거나 골절될 수 있다.
③ 번개 맞았을 때 양치류 잎과 같은 상처가 생긴다.
④ 몸 밖으로 심각한 상처가 생기고, 몸 안으로 작은 흔적이 남는다.

정답 17. ① 18. ④ 19. ③ 20. ② 21. ④

22 START 분류법에 대한 설명으로 틀린 것은?

① 신속한 분류와 처치를 위해 사용된다.
② 걸을 수 있는 환자는 지정된 장소로 이동하라고 말한다.
③ 기도개방 후에도 무호흡, 무맥박 환자는 즉시 긴급환자로 분류한다.
④ 걸어서 이동한 환자 다시 재분류를 실시한다.

23 당뇨, 뇌졸중에 관한 설명으로 틀린 것은?

① Ⅰ형은 적정량의 인슐린을 생상하지 못하는 경우로 인슐린 투여가 필요하다.
② 의식이 없는 뇌졸중 환자 평가 방법으로 FAST 법이 있다.
③ 고혈당환자의 호흡에서는 아세톤 냄새가 나기도하며, 종종 빠르고 깊은 호흡이 나타난다.
④ 어지러움, 편마비, 한쪽감각 상실 등의 환자가 호흡곤란을 호소하면 BVM으로 고농도 산소를 투여한다.

24 OPQRST의 설명 중 틀린 것은?

① O : 언제 통증이 시작되었고, 그때 무엇을 하고 있었는지?
② P : 무엇이 통증을 악화시키는지?
③ R : 통증을 완화 시키는 것이 있는지? 통증이 다른 부위로 퍼졌는지?
④ S : 얼마나 오랫동안 통증이 지속되었는지?

25 미생물 소독 등 설명으로 바른 것은?

① 높은 수준 소독은 노출 시간이 충분하면 세균 아포까지 죽일 수 있고 모든 미생물을 파괴할 수 없는 소독 수준이다.
② 직접 전파는 주사바늘과 같은 오염물질 또는 호흡기를 통한 비말호흡에 의해 전파된다.
③ 뇌수막염, 폐렴, 결핵, 수두, 홍역은 비말에 의해 전파되는 질환이다.
④ 생물체가 아닌 환경으로부터 세균의 아포를 제외한 미생물을 제거하는 과정을 말한다.

정답 22. ④ 23. ② 24. ④ 25. ④

14년 소방위 승진시험 복원문제

01 다음 중 견과류, 땅콩, 우유, 계란을 먹다가 발생할 수 있는 유형은?

① 이물질 제거 ② 과민성 쇼크
③ 심장성 쇼크 ④ 신경성 쇼크

02 다음 중 지역 긴급구조통제단 구성 중 대응계획부에 해당하지 않은 것은?

① 상황분석반 ② 계획지원반
③ 상황보고반 ④ 작전계획부

03 긴급구조지원기관의 활동에 대한 종합평가 사항이 아닌 것은?

① 긴급구조대응계획서의 이행실태 ② 긴급구조 요원의 전문성
③ 긴급구조교육 수료자 현황 ④ 통합현장대응을 위한 통신체계

04 재난관리책임기관의 장은 피해시설별로 피해상황 및 대응 등이 포함된 재난상황의 기록을 작성보관, 관리하여야 할 내용이 아닌 것은?

① 피해일시, 피해원인 ② 인명 및 재산 피해내역
③ 동원인력, 장비 등 응급조치내역 ④ 긴급구조 조치계획

05 가연물질의 구비조건 및 내용이 틀린 것은?

① 화학반응을 일으킬 때 필요한 최소의 열에너지 값이 적어야 한다.
② 일반적으로 산화되기 쉬운 물질로서 산소와 결합할 때 발열량이 커야한다.
③ 조연성가스인 산소, 염소와의 친화력이 강해야하며 열의 축적이 용이하도록 열전도 값이 커야한다.
④ 산소화 접촉할 수 있는 표면적이 큰 물질이어야 한다.

정답 01. ② 02. ② 03. ④ 04. ④ 05. ③

06 연소생성물중 시안화수소의 내용 중 옳은 것은?

① 무색, 무취, 무미의 환원성이 강한 가스로서 3℃ 이상의 열 분해 시 발생한다.
② 유황이 함유된 물질인 동물의 털, 고무와 일부 목재류 등이 연소하는 화재 시에 발생하는 것으로 무색의 자극성냄새를 가진 유독성 기체로 눈 및 호흡기 등에 점막을 상하게 하고 질식사 할 우려가 있다.
③ 질소성분을 가지고 있는 합성수지, 동물의 털, 인조견 등의 섬유가 불완전 연소할 때 발생하는 맹독성가스 0.3%의 농도에서 즉시 사망할 수 있다.
④ 질소함유물이 연소할 때 발생하는 연소생성물로서 유독성이 있으며 냉동시설의 냉매로 많이 쓰이고 있다.

07 다음 중 구조활동 우선순위 중 2번째 단계인 것은?

① 요구조자의 구명에 필요한 조치를 한다.
② 현장활동에 방해되는 각종 장해요인을 제거한다.
③ 요구조자의 상태 약화방지에 필요한 조치를 취한다.
④ 2차 재해의 발생위험을 제거한다.

08 다음 중 START분류법을 이용해 신속하게 분류해야 한다. 분류하는 도중에는 환자상태에 따라 제공해야 하는 것은?

가. 기도개방 및 입인두 기도기 삽관
나. 직접압박
다. 다발성 손상
라. 중증의 화상
마. 팔다리 거상

① 가, 나, 다
② 가, 나, 라
③ 나, 다, 마
④ 가, 나, 마

09 소아의 심장마비환자 생존시술의 순서가 옳은 것은?

① 심정지 방지 → 신속한 심폐소생술 → 효과적 전문소생술 → 신속한 신고 → 통합적 소생 후 치료
② 신속한 신고 → 심정지방지 → 신속한 심폐소생술 → 효과적 전문소생술 → 통합적 소생 후 치료
③ 심정지 방지 → 신속한 신고 → 신속한 심폐소생술 → 효과적 전문소생술 → 통합적 소생 후 치료
④ 심정지 방지 → 효과적 전문소생술 → 신속한 신고 → 신속한 심폐소생술 → 통합적 소생 후 치료

정답 06. ③ 07. ④ 08. ④ 09. ③

10 **저혈당 쇼크 실혈에 따른 증상과 징후의 내용 중 다른 것은?**

① 소화기계 혈류량감소 및 오심, 구토를 일으킨다.
② 빠른 호흡, 빠르고 약한 맥박, 저혈압 모세혈관 재출혈 시간 지연된다.
③ 염분과 수분 보유기능이 저하되며 소변생산량이 늘어나며 심한 갈증이 있다.
④ 관류량 및 말초맥박, 혈압이 저하된다.

11 **코인두기 사용할 수 있는 경우 중 내용이 옳지 않는 것은?**

① 코와 귀에서 뇌척수액이 나온 경우도 삽관이 가능하다.
② 구강의 상처가 있거나 입을 벌릴 수 없는 경우에도 사용될 수 있다.
③ 연부 조직의 손상이나 출혈 가능성이 적다.
④ 구토반사를 자극하지 않아 사용빈도가 높다.

12 **호흡기계의 순서로 옳은 것은?**

① 코 → 입 → 인두 → 기관 → 후두 → 기관지 → 세기관지 → 폐
② 입 → 코 → 인두 → 후두 → 기관 → 기관지 → 세기관지 → 폐
③ 입 → 코 → 후두 → 인두 → 기관 → 기관지 → 세기관지 → 폐
④ 코 → 입 → 인두 → 후두 → 기관 → 기관지 → 세기관지 → 폐

13 **소방방재청장은 119구급대원 등에게 응급환자 이송에 관한 정보를 효율적으로 제공하기 위하여 119구급 상황센터에서 업무수행 내용이 아닌 것은?**

① 응급환자에 대한 안내, 상담 및 지도
② 이송중인 사람에 대한 응급처치의 지도 및 이송병원 안내
③ 구급이송환자 처치에 대한 평가
④ 응급처치 절차 개발 및 교육 훈련

14 **다음 중 구조장비 에어백 내용으로 틀린 것은?**

① 공기용기 메인밸브를 열어 압축공기를 압력조절기로 보내며 이때 1차 압력계에 공기압이 표시된다.
② 에어백을 부풀리기 전에 버팀목을 준비해 대상물이 들어 올려지는 것과 동시에 버팀목을 넣고 높이가 높아짐에 따라 버팀목을 추가한다.
③ 2개의 백을 사용하는 경우 작은 백을 아래에 놓으며 위의 백을 먼저 부풀려 위치를 잡고 균형유지에 주의하면서 2개의 백을 교대로 부풀게 한다.
④ 2개의 에어백을 겹쳐 사용하면 부양되는 높이는 높아지지만 능력이 증가하지는 않는다.

정답 10. ③ 11. ① 12. ④ 13. ③ 14. ③

15 **다음 중 자기제동이 되는 매듭으로 주 로프에 보조로프를 3~5회 감고 로프 끝을 고리 안으로 통과시켜 완성한다. 하중이 걸리면 매듭이 고정되고 하중이 걸리지 않으면 매듭을 위, 아래로 움직일 수 있는 감아매기와 유사한 매듭은?**

① 클렘하이스트 매듭 ② 감아매기
③ 나비매듭 ④ 잡아매기

16 **다음 내용 중 틀린 것은?**

① 보트에 접근할 때는 맞바람을 맞고 접근한다.
② 한겨드랑이 끌기는 배영동작으로 이동을 시작한다.
③ 보트는 바람을 등지고 요구조자에게 접근하는 것이 좋다.
④ 손목 끌기는 요구조자의 전방으로 접근한다.

17 **요구조자 구출방법 중 로프를 사용하지 않아도 되는 것은?**

① 업고 하강하기 ② 어깨걸어 내리기
③ 들 것 하강하기 ④ 매달고 하강하기

18 **기상조건별 관창배치 우선 순위 내용 중 틀린 것은?**

① 풍속이 5m/s 이상이 되면 비화발생 위험이 있으므로 풍하측에 비하경계 관창을 배치한다.
② 풍속이 3m/s 초과하면 풍하측이 연소위험이 크므로 풍하측을 중점으로 관창을 배치한다.
③ 풍속이 3m/s 이하가 되면 방사열이 큰 쪽이 연소위험이 있으므로 그 방향을 중점으로 관창을 배치한다.
④ 강풍 풍속이 13m/s 이상일 때는 풍하측에 대구경 관창을 배치하여 협공한다.

19 **요구조자에 대한 엄호주수 내용과 다른 것은?**

① 요구조자 있다고 생각되는 직근의 천정 또는 벽면에 주수한다.
② 유효사정을 확보하기 위해 고속분무 주수한다.
③ 주수각도의 전환은 상하, 좌우 주수한다.
④ 반사주수 또는 상하 확산주수로 수막을 형성하여 차열한다.

정답 **15.** ① **16.** ② **17.** ② **18.** ④ **19.** ③

20 **현장조직편성 중 분대편성의 이점 중 틀린 것은?**

① 의사전달체계를 효과적으로 해준다.
② 중요한 자원기능을 나열해 준다.
③ 대원의 안전을 재고시킨다.
④ 현장지휘관의 통솔범위를 줄여준다.

21 **재해예방 대책 중 대책선정의 원칙 중 내용이 다른 것은?**

① 행정적 개선
② 각종 규정 및 수칙의 준수
③ 전 작업자의 기준이해
④ 관리자 및 지휘자의 솔선수범

22 **소방방재청장은 기본계획 및 집행계획을 수립하기 위하여 필요한 경우에는 관계 중앙행정기관의 장 또는 시도지사에게 자료를 요청할 수 있다. 기본계획에 따라 매년 연도별 집행계획의 내용이 아닌 것은?**

① 기본계획 및 집행계획은 시행 전년도 10월 31일까지 수립하여야 한다.
② 구조, 구급대원의 안전사고 방지, 감염방지 및 건강관리
③ 구조, 구급에 필요한 장비의 구비에 관한 사항
④ 구조, 구급활동과 관련하여 시, 도 정책협의회에서 필요하다고 결정한 상황

23 **블레비 발생과정으로 옳은 순서는?**

① 탱크주의에 화재발생 → 액체의 온도 상승 및 압력상승 → 탱크벽 가열 → 탱크강도 약화 → 탱크파열 → 내용물의 폭발적 분출증가
② 탱크주의에 화재발생 → 탱크벽 가열 → 액체의 온도 상승 및 압력상승 → 탱크강도 약화 → 탱크파열 → 내용물의 폭발적 분출증가
③ 탱크주위에 화재발생 → 탱크강도 약화 → 탱크벽 가열 → 액체의 온도 상승 및 압력상승 → 탱크파열 → 내용물의 폭발적 분출증가
④ 탱크주위에 화재발생 → 탱크파열 → 탱크강도 약화 → 탱크벽 가열 → 액체의 온도 상승 및 압력상승 → 내용물의 폭발적 분출증가

정답 20. ④ 21. ① 22. ③ 23. ②

24 **다음 중 붕괴 시 잔해제거 순서로 옳은 것은?**

가. 신속한 구조 나. 부분잔해 제거 다. 정찰 라. 일반잔해 제거

① 가 - 나 - 다 - 라
② 가 - 다 - 나 - 라
③ 나 - 가 - 다 - 라
④ 가 - 라 - 나 - 다

25 **소방본부장 또는 소방서장이 소방방재청장에게 긴급상황보고 대상이 다른 것은?**

① 지하철, 철도, 항구에 메어둔 외항선, 항공기, 발전소 및 변전소의 화재
② 특수사고, 방화 등 화재원인이 특이하다고 인정되는 화재
③ 외국공관 및 그 사택
④ 기타 대상이 특수하여 사회의 이목이 집중될 것으로 예상되는 화재

정답 24. ② 25. ①

Memo